白话三国志

〔晋〕陈寿 撰　吴顺东 译

上册

岳麓書社·长沙

前 言

前七年的提心吊胆,后七年的韬光养晦,一朝之间让操纵皇帝废立的大将军梁冀变为无头之鬼……这样的帝王,显然不能说他是昏庸无能;但外戚既除,宦官们又迅速崛起成为朝政的附骨之蛆,并借着出入宫禁的便利,日滋月长,终于在灵帝朝毒疮迸裂,使宗庙社稷委弃于地,"荒淫无道"这样的指斥,又还不足以替后宫佳丽五千的桓帝盖棺论定。这个时候,即使光武帝刘秀再世,也难以再次续写复兴汉室的神话;刘氏的国运,注定要在诸如何进"引狼入室"、董卓乱国败政之类偶然或必然事件中,唱响"流水落花春去也"的末世悲歌。

群雄逐鹿,诸侯三千。没有哪个时代能像三国那样,使英雄豪杰的潜力发挥到极致,将忠义勇武的精神张扬到极致,让奇谋妙计运用到极致;也没有哪个时代能做到如三国一般,位无虚设而野无逸才,贤德与异能两不偏废,同时任凭是非曲直在风云激荡中淡淡平仄。从魏文帝代汉到晋武帝受禅,算上天下稳定三分的建安后期,前后也不足一个甲子的轮回,三国之中,就产生了万里摧锋的大将数十,威震遐迩的猛将数百,谋士、兼才赫赫有名者更是不可胜计。三国,的确是人才的温床,英雄的天堂。

谋士如林,猛将若云,三国是人才铸造的辉煌。官渡对峙,由郭嘉、荀彧之流成就了曹操扫平中原的雄心;赤壁之战,是周瑜、鲁肃、诸葛亮、庞统等人联手开创了吴、蜀从此力敌曹魏的奇迹。而如吕蒙袭荆州,擒关羽;陆逊烧连营,破刘备;邓艾突险道,平西蜀……论起守土拓疆的奇功,他们又何曾逊色于各自的前辈?又试想从义兵入关到三雄并立,前后二十余年,期间岂止百战而已;若非地尽其才,才尽其用,又何来最后这三足鼎立的局面!

世无伯乐,必然良弩同辕,贤愚共贯,黄钟噤声,能士结舌;有伯乐而无造父,千里马也仍与弩马无异,或老死于马厩,或枉死于鞭笞。风云三国,玩的是心跳,拼的是用才,不善用人者提前出局,善于用人者笑到最后。鼎足而立的三国领袖,当然都不乏求贤之心、知人之明及用人之度。曹操以诗人的率真豁达以及政治家的深谋远虑,在这个方面真正达到了思贤若渴,虚怀若谷,不拘一格,广泛网罗,推诚取信,唯才所宜的境界。诸如不以袁绍谋士许攸的贪鄙而拒绝他的归顺诚意,并在采纳其情报获得烧绝袁绍粮屯的大捷之后,当即给予许攸高于当赏等级的地位;坦然接纳背叛者张绣再次归降的请求,而且照旧让他带部作战无所怀疑之类超越常情的用人举措,将宽容和诚信用到极致,不仅仅只是稳固自己阵营的手段,对于敌对方的精英们而言,那也会是一种极度致命的吸引力——袁绍手下谋士郭嘉弃主来奔,就使得曹操牢牢把住了对手的命门,客观上奠定了以弱胜强的基础。后来席卷中原,他最成功的地方就还是把人尽其用的法宝用到了炉火纯青。所以有人评价说曹操深明用人之道,这个道,除了应有伯乐般的知人之明外,他还必须像造父那样无论弩马神驹都能驾驭得得心应手。孙权、刘备既然能跟曹操分庭抗礼,用人、治国亦自必有其非同凡响的独到之处,如刘备的厚道,孙权的果敢,但在用人的谋略和气度上均不及曹操,在罗致人才的数量和质量上蜀不如吴而吴又不如魏,那也都是不争的事实。

当然,君主的用人如倒持太阿,利与弊难免此消彼长。曹魏开放式的用人机制,在吸引天下文臣武将趋之若鹜,各类人才无论能力大小各得其用的同时,核心人才的失控早已埋下伏笔,司马氏借机崛起并迅速完成对曹魏集团的新陈代谢,倒像是对曹魏用人优势的一种反讽。刘备得诸葛亮一人而确立了自己的位置,国家政治格局也因此天翻地覆,只是随着后者精细谨慎作风的全面推广,平和

为体、持重为用发展为用人的主流指南,鹰隼型人才渐渐寥落殆尽,连年以攻为守的征战模式徒然耗竭有限的国家资源,一旦面对入侵,即使只是冒险深入的邓艾孤军,缺乏强臣虎将的蜀国后防还是那样的不堪一击。而东吴又与西蜀不同。国家政权渐趋稳固的东吴因为上层权利的不良分配,强悍的君主开始背离创业以来惜才若命的初衷,忠臣良将频遭枉杀,朝野上下颇怀离心,到暴君昏主执政,虐杀行径变本加厉,民心山崩,莫肯尽力,所以晋军未到而守兵先逃,国都空虚,君臣不战而降,吴国后期人才信用的丧失及其危害,至此才全面暴露无遗。

　　分久必合,三家归晋。对于灭国遗臣,晋武帝司马炎保持了难得的宽容大度,凡朝臣有所举荐,他通常都能量才叙用。陈寿生长蜀国,本性率直豁达,在蜀为官,不屑于奉迎阿附以得其志,又居丧违礼而颇受时人非议,入晋之后影响仍未消除,若非文采富丽,辞藻典雅,才名惊动了司空张华,只恐历久也难得授职进用。尽管如此,满朝要职鲜有空缺,拜官也不过平阳令、著作郎等职而已,对此他倒也不是十分在意。西晋平吴,陈寿即着手整合三国的史料史籍,撰述魏、吴、蜀三国书六十五卷,称《三国志》。这部史书紧扣汉末天下分崩,群雄并起逐鹿的历史背景,以兴衰为主线分别贯穿魏、蜀、吴三国终始,叙事流畅,条理清晰,主要人物活灵活现,重大事件因果分明;秉笔直书,弘扬正道,不给忠臣贴完人标签,不说小人无丝毫可取,发劝诫于事实,明得失于因果,辞直心诚,令人击节。此书一出,当即震动朝野,陈寿的"良史"之才得到人们的普遍认可,被誉为班、马同伦,当世无人可及,以至于夏侯湛为之毁掉了自己正在撰述的《魏书》,而张华更明言要将撰写《晋书》的重任相托。自西晋以下,虽然也不乏才华横溢的"良史",陈寿堪与史迁、班固并驾齐驱的历史定位,却迄今无人可以撼动。《三国志》所彰显的英雄主义、忠义精神、处世哲学、军事谋略等人生精髓,千百年来在整个东方文化区盛传不衰,并鲜活在历史、文学、艺术、民俗等诸多领域中,其影响的深度和广度,更是其他任何史书所难以企及。

　　音乐无国界,感动随心。好书不朽,经典永存,可惜古籍却有着

3

无奈的时间与空间制约:即使是在文化传承连绵不断的同一国度,即使好看如《三国志》,也难以让它像有翅膀的音乐那样,完全无视古今语言差异的存在。这道鸿沟,需要合适的外力才可以抹平。前人以历史名著为底本,演绎出合乎社会需求的平话或小说,客观上起到了阳春白雪到下里巴人的转化效果,同时也提升了历史原著在普通大众层面的知名度。《三国演义》就是这方面最为成功的范例。但再好的文艺作品也不可能等同于历史本身,那里面即使呈现了某些历史,了不起也只会是历史情景的折射或投影,作者创作时的情感基调和意识形态取向,甚或可能引导一段客观历史走向其真实的反面。在罗贯中的笔下,刘蜀代表着三国的正统皇权,曹魏是汉贼,孙吴是帮凶。为了贬魏抑吴,他特别设计了好几个正面冲突的章节,褒扬刘备维护汉室的大义凛然,彰显诸葛亮的高瞻远瞩和智计百出,特别是在"火烧赤壁"的重大历史事件中,将破曹的主要光荣尽归之于刘备君臣,甚至不惜用"三气周瑜"这种凿空情节,丑化赤壁之战中的主要统帅、文才武略杰出而胸怀雍容大度的周瑜,与历史真实大相径庭。因此,必须寻求一种能让人民大众自己读懂原著并了解历史真相的机会。白话版的历史名著读本,大约就是这样应运而生的吧。

2006年春夏之际,我应岳麓书社资深编辑管巧灵先生之约,开始着手《三国志》的古文今译工作。在此之前,我们曾就如何推进历史名著的传播进行过严肃认真的讨论,认为关注历史正是时下莘莘学子、文史爱好者以及大多数普通民众的共同风尚,而他们却都面临着相似的难题,即古文艰深难懂,有心恶补也并非一时半会就能登堂入室。况且在生活节奏日益加快、工作压力日益增大的今日,除了研究,也很难想象会有那种一册古籍、数本辞典,左右开弓、手忙脚乱的读书场面了。因此,加大古文今译的投入力度,出版翻译精准,行文流畅的通俗读本,就不仅必要,而且十分重要。

话虽如此,真要将《三国志》这样一部内容丰富的历史原典,转化为语言通俗易懂,同时无误人子弟之嫌的白话读本,又岂是易易之事!古汉语句法丰富,修辞多样,字词含义变化多端,对翻译而言,这是最基础的难题;古代官仪之类,同名多义,且与时变化,如"假节"一词,既有持节为符信以显示职能、职级和权威的意思,又能表示所掌生杀大权的可允许范围,而不幸的是,这样的区别却常常很难用恰如其分的方式译出;一样的文字,常因语境的细微差别而暗含截然不同的情感元素,对此有"明察秋毫"的慧眼还不够,还得具备"见微知著"的悟性……诸如此类,不一而足。有鉴于此,我在翻译《三国志》的过程中,始终坚持理解当先,直译为主,尊重原文,兼顾变通的原则,能不译的尽量维持原状,该质朴的仍以白描为体,诗赋文奏则重点修饰,有韵叶韵,讲究句式的规范整齐。一句话,译文要可信,更要可读!

裴松之赞《三国志》"诠叙可观,事多审正",也就是记事精审可信,行文优美耐读的意思。倘译文能掠原著万一之美,使读者诸君多少能有赏心悦目之得,那么这历时两载的咬文嚼字,便是收获远多于耕耘的了!

吴顺东

2008年5月8日于长沙

目 录

上 册

白话三国志卷一　魏书一
　武帝纪第一……………………………………………（1）
白话三国志卷二　魏书二
　文帝纪第二……………………………………………（28）
白话三国志卷三　魏书三
　明帝纪第三……………………………………………（37）
白话三国志卷四　魏书四
　三少帝纪第四…………………………………………（48）
　　齐王芳………………………………………………（48）
　　高贵乡公髦…………………………………………（55）
　　陈留王奂……………………………………………（67）
白话三国志卷五　魏书五
　后妃传第五……………………………………………（75）
　　武宣卞皇后…………………………………………（76）
　　文昭甄皇后…………………………………………（77）
　　文德郭皇后…………………………………………（80）
　　明悼毛皇后…………………………………………（82）
　　明元郭皇后…………………………………………（83）
白话三国志卷六　魏书六
　董二袁刘传第六………………………………………（84）

董卓 …………………………………………（84）
　　袁绍 …………………………………………（90）
　　袁术 …………………………………………（98）
　　刘表 …………………………………………（100）

白话三国志卷七　魏书七
　吕布张邈臧洪传第七 …………………………（103）
　　吕布 …………………………………………（103）
　　张邈 …………………………………………（104）
　　臧洪 …………………………………………（108）

白话三国志卷八　魏书八
　二公孙陶四张传第八 …………………………（115）
　　公孙瓒 ………………………………………（115）
　　陶谦 …………………………………………（118）
　　张杨 …………………………………………（119）
　　公孙度 ………………………………………（120）
　　张燕 …………………………………………（122）
　　张绣 …………………………………………（123）
　　张鲁 …………………………………………（124）

白话三国志卷九　魏书九
　诸夏侯曹传第九 ………………………………（126）
　　夏侯惇 ………………………………………（126）
　　夏侯渊 ………………………………………（127）
　　曹仁 …………………………………………（130）
　　曹洪 …………………………………………（133）
　　曹休 …………………………………………（134）
　　曹真 …………………………………………（135）
　　曹爽 …………………………………………（137）
　　夏侯尚 ………………………………………（140）
　　夏侯玄 ………………………………………（141）

目 录

白话三国志卷十 魏书十
 荀彧荀攸贾诩传第十 …………………………… (149)
  荀彧 ………………………………………………… (149)
  荀攸 ………………………………………………… (155)
  贾诩 ………………………………………………… (158)

白话三国志卷十一 魏书十一
 袁张凉国田王邴管传第十一 …………………… (163)
  袁涣 ………………………………………………… (163)
  张范 ………………………………………………… (165)
  凉茂 ………………………………………………… (167)
  国渊 ………………………………………………… (167)
  田畴 ………………………………………………… (168)
  王修 ………………………………………………… (172)
  邴原 ………………………………………………… (174)
  管宁 ………………………………………………… (175)

白话三国志卷十二 魏书十二
 崔毛徐何刑鲍司马传第十二 …………………… (182)
  崔琰 ………………………………………………… (182)
  毛玠 ………………………………………………… (185)
  徐奕 ………………………………………………… (187)
  何夔 ………………………………………………… (188)
  邢颙 ………………………………………………… (191)
  鲍勋 ………………………………………………… (192)
  司马芝 ……………………………………………… (194)

白话三国志卷十三 魏书十三
 钟繇华歆王朗传第十三 ………………………… (198)
  钟繇 ………………………………………………… (198)
  华歆 ………………………………………………… (203)
  王朗 ………………………………………………… (205)

白话三国志卷十四　魏书十四
程郭董刘蒋刘传第十四 ……………………（216）
　程昱 ……………………………………（216）
　郭嘉 ……………………………………（221）
　董昭 ……………………………………（223）
　刘晔 ……………………………………（230）
　蒋济 ……………………………………（235）
　刘放 ……………………………………（240）

白话三国志卷十五　魏书十五
刘司马梁张温贾传第十五 …………………（243）
　刘馥 ……………………………………（243）
　司马朗 …………………………………（245）
　梁习 ……………………………………（247）
　张既 ……………………………………（249）
　温恢 ……………………………………（252）
　贾逵 ……………………………………（253）

白话三国志卷十六　魏书十六
任苏杜郑仓传第十六 ………………………（257）
　任峻 ……………………………………（257）
　苏则 ……………………………………（258）
　杜畿 ……………………………………（260）
　郑浑 ……………………………………（270）
　仓慈 ……………………………………（272）

白话三国志卷十七　魏书十七
张乐于张徐传第十七 ………………………（274）
　张辽 ……………………………………（274）
　乐进 ……………………………………（277）
　于禁 ……………………………………（278）
　张郃 ……………………………………（281）
　徐晃 ……………………………………（283）

白话三国志卷十八　魏书十八

二李臧文吕许典二庞阎传第十八 …………………… (287)

李典 …………………………………………………… (287)

李通 …………………………………………………… (288)

臧霸 …………………………………………………… (289)

文聘 …………………………………………………… (291)

吕虔 …………………………………………………… (292)

许褚 …………………………………………………… (293)

典韦 …………………………………………………… (295)

庞德 …………………………………………………… (296)

庞淯 …………………………………………………… (298)

阎温 …………………………………………………… (298)

白话三国志卷十九　魏书十九

任城陈萧王传第十九 …………………………………… (301)

任城威王彰 …………………………………………… (301)

陈思王植 ……………………………………………… (302)

萧怀王熊 ……………………………………………… (313)

白话三国志卷二十　魏书二十

武文世王公传第二十 …………………………………… (314)

丰愍王昂 ……………………………………………… (314)

相殇王铄 ……………………………………………… (314)

邓哀王冲 ……………………………………………… (314)

彭城王据 ……………………………………………… (315)

燕王宇 ………………………………………………… (316)

沛穆王林 ……………………………………………… (316)

中山恭王衮 …………………………………………… (316)

济阳怀王玹 …………………………………………… (318)

陈留恭王峻 …………………………………………… (318)

范阳闵王矩 …………………………………………… (319)

赵王干 ………………………………………………… (319)

5

临邑殇公子上 …………………………………………（320）
楚王彪 ……………………………………………………（320）
刚殇公子勤 ………………………………………………（321）
谷城殇公子乘 ……………………………………………（321）
郿戴公子整 ………………………………………………（321）
灵殇公子京 ………………………………………………（321）
樊安公均 …………………………………………………（321）
广宗殇公子棘 ……………………………………………（321）
东平灵王徽 ………………………………………………（321）
乐陵王茂 …………………………………………………（321）
赞哀王协 …………………………………………………（322）
北海悼王蕤 ………………………………………………（322）
东武阳怀王鉴 ……………………………………………（323）
东海定王霖 ………………………………………………（323）
元城哀王礼 ………………………………………………（323）
邯郸怀王邕 ………………………………………………（323）
清河悼王贡 ………………………………………………（323）
广平哀王俨 ………………………………………………（323）

白话三国志卷二十一　魏书二十一

王卫二刘傅传第二十一 …………………………………（324）
　　王粲 ……………………………………………………（324）
　　卫觊 ……………………………………………………（327）
　　刘廙 ……………………………………………………（329）
　　刘劭 ……………………………………………………（331）
　　傅嘏 ……………………………………………………（334）

白话三国志卷二十二　魏书二十二

桓二陈徐卫卢传第二十二 ………………………………（338）
　　桓阶 ……………………………………………………（338）
　　陈群 ……………………………………………………（340）
　　陈矫 ……………………………………………………（348）

徐宣 …………………………………………………………（350）
　　卫臻 …………………………………………………………（351）
　　卢毓 …………………………………………………………（354）

白话三国志卷二十三　魏书二十三
　和常杨杜赵裴传第二十三 ………………………………………（358）
　　和洽 …………………………………………………………（358）
　　常林 …………………………………………………………（360）
　　杨俊 …………………………………………………………（362）
　　杜袭 …………………………………………………………（363）
　　赵俨 …………………………………………………………（365）
　　裴潜 …………………………………………………………（369）

白话三国志卷二十四　魏书二十四
　韩崔高孙王传第二十四 …………………………………………（371）
　　韩暨 …………………………………………………………（371）
　　崔林 …………………………………………………………（372）
　　高柔 …………………………………………………………（374）
　　孙礼 …………………………………………………………（381）
　　王观 …………………………………………………………（383）

白话三国志卷二十五　魏书二十五
　辛毗杨阜高堂隆传第二十五 ……………………………………（386）
　　辛毗 …………………………………………………………（386）
　　杨阜 …………………………………………………………（390）
　　高堂隆 ………………………………………………………（396）

白话三国志卷二十六　魏书二十六
　满田牵郭传第二十六 ……………………………………………（408）
　　满宠 …………………………………………………………（408）
　　田豫 …………………………………………………………（412）
　　牵招 …………………………………………………………（416）
　　郭淮 …………………………………………………………（419）

白话三国志卷二十七　魏书二十七

徐胡二王传第二十七 ·· (423)
- 徐邈 ·· (423)
- 胡质 ·· (425)
- 王昶 ·· (426)
- 王基 ·· (431)

白话三国志卷二十八　魏书二十八

王毌诸葛邓钟传第二十八 ·· (438)
- 王凌 ·· (438)
- 毌丘俭 ·· (440)
- 诸葛诞 ·· (442)
- 邓艾 ·· (445)
- 钟会 ·· (454)

下　册

白话三国志卷二十九　魏书二十九

方技传第二十九 ·· (463)
- 华佗 ·· (463)
- 杜夔 ·· (468)
- 朱建平 ·· (469)
- 周宣 ·· (470)
- 管辂 ·· (471)

白话三国志卷三十　魏书三十

乌丸鲜卑东夷传第三十 ·· (478)
- 乌丸 ·· (478)
- 鲜卑 ·· (480)
- 东夷 ·· (482)

白话三国志卷三十一　蜀书一

刘二牧传第一 ·· (498)

刘焉 …………………………………………………（498）
　　刘璋 …………………………………………………（499）
白话三国志卷三十二　蜀书二
　　先主传第二 ………………………………………（502）
白话三国志卷三十三　蜀书三
　　后主传第三 ………………………………………（516）
白话三国志卷三十四　蜀书四
　　二主妃子传第四 …………………………………（522）
　　　先主甘皇后 ……………………………………（522）
　　　先主穆皇后 ……………………………………（523）
　　　后主敬哀张皇后 ………………………………（523）
　　　后主张皇后 ……………………………………（523）
　　　刘永 ……………………………………………（523）
　　　刘理 ……………………………………………（524）
　　　刘璿 ……………………………………………（524）
白话三国志卷三十五　蜀书五
　　诸葛亮传第五 ……………………………………（526）
白话三国志卷三十六　蜀书六
　　关张马黄赵传第六 ………………………………（539）
　　　关羽 ……………………………………………（539）
　　　张飞 ……………………………………………（541）
　　　马超 ……………………………………………（543）
　　　黄忠 ……………………………………………（544）
　　　赵云 ……………………………………………（545）
白话三国志卷三十七　蜀书七
　　庞统法正传第七 …………………………………（547）
　　　庞统 ……………………………………………（547）
　　　法正 ……………………………………………（549）
白话三国志卷三十八　蜀书八
　　许麋孙简伊秦传第八 ……………………………（555）

9

许靖 …………………………………………………… (555)
  麋竺 …………………………………………………… (558)
  孙乾 …………………………………………………… (559)
  简雍 …………………………………………………… (559)
  伊籍 …………………………………………………… (560)
  秦宓 …………………………………………………… (560)

白话三国志卷三十九　蜀书九
  董刘马陈董吕传第九 ………………………………… (565)
  董和 …………………………………………………… (565)
  刘巴 …………………………………………………… (566)
  马良 …………………………………………………… (566)
  陈震 …………………………………………………… (568)
  董允 …………………………………………………… (569)
  吕乂 …………………………………………………… (570)

白话三国志卷四十　蜀书十
  刘彭廖李刘魏杨传第十 ……………………………… (572)
  刘封 …………………………………………………… (572)
  彭羕 …………………………………………………… (574)
  廖立 …………………………………………………… (577)
  李严 …………………………………………………… (578)
  刘琰 …………………………………………………… (580)
  魏延 …………………………………………………… (580)
  杨仪 …………………………………………………… (582)

白话三国志卷四十一　蜀书十一
  霍王向张杨费传第十一 ……………………………… (584)
  霍峻 …………………………………………………… (584)
  王连 …………………………………………………… (585)
  向朗 …………………………………………………… (585)
  张裔 …………………………………………………… (586)
  杨洪 …………………………………………………… (587)

费诗 ……………………………………………………（589）
白话三国志卷四十二　蜀书十二
　　杜周杜许孟来尹李谯郤传第十二 ……………………（592）
　　　杜微 ………………………………………………（592）
　　　周群 ………………………………………………（593）
　　　杜琼 ………………………………………………（594）
　　　许慈 ………………………………………………（595）
　　　孟光 ………………………………………………（596）
　　　来敏 ………………………………………………（597）
　　　尹默 ………………………………………………（598）
　　　李譔 ………………………………………………（598）
　　　谯周 ………………………………………………（598）
　　　郤正 ………………………………………………（604）
白话三国志卷四十三　蜀书十三
　　黄李吕马王张传第十三 …………………………………（609）
　　　黄权 ………………………………………………（609）
　　　李恢 ………………………………………………（610）
　　　吕凯 ………………………………………………（612）
　　　马忠 ………………………………………………（613）
　　　王平 ………………………………………………（614）
　　　张嶷 ………………………………………………（615）
白话三国志卷四十四　蜀书十四
　　蒋琬费祎姜维传第十四 …………………………………（620）
　　　蒋琬 ………………………………………………（620）
　　　费祎 ………………………………………………（623）
　　　姜维 ………………………………………………（624）
白话三国志卷四十五　蜀书十五
　　邓张宗杨传第十五 ………………………………………（629）
　　　邓芝 ………………………………………………（629）
　　　张翼 ………………………………………………（630）

11

宗预 ·· (631)
　　杨戏 ·· (632)
白话三国志卷四十六　吴书一
　　孙破虏讨逆传第一 ······························· (643)
　　　孙坚 ·· (643)
　　　孙策 ·· (646)
白话三国志卷四十七　吴书二
　　吴主传第二 ·· (650)
白话三国志卷四十八　吴书三
　　三嗣主传第三 ····································· (669)
　　　孙亮 ·· (669)
　　　孙休 ·· (672)
　　　孙皓 ·· (677)
白话三国志卷四十九　吴书四
　　刘繇太史慈士燮传第四 ························ (684)
　　　刘繇 ·· (684)
　　　太史慈 ··· (686)
　　　士燮 ·· (689)
白话三国志卷五十　吴书五
　　妃嫔传第五 ·· (693)
　　　孙破虏吴夫人 ···································· (693)
　　　吴主权谢夫人 ···································· (694)
　　　吴主权徐夫人 ···································· (694)
　　　吴主权步夫人 ···································· (695)
　　　吴主权王夫人 ···································· (695)
　　　吴主权王夫人 ···································· (696)
　　　吴主权潘夫人 ···································· (696)
　　　孙亮全夫人 ······································· (696)
　　　孙休朱夫人 ······································· (697)
　　　孙和何姬 ··· (697)

孙皓滕夫人 ……………………………………（698）

白话三国志卷五十一　吴书六

宗室传第六 ……………………………………（700）
　孙静 ……………………………………………（700）
　孙瑜 ……………………………………………（700）
　孙皎 ……………………………………………（701）
　孙奂 ……………………………………………（702）
　孙贲 ……………………………………………（703）
　孙邻 ……………………………………………（704）
　孙辅 ……………………………………………（704）
　孙翊 ……………………………………………（705）
　孙匡 ……………………………………………（705）
　孙韶 ……………………………………………（705）
　孙桓 ……………………………………………（707）

白话三国志卷五十二　吴书七

张顾诸葛步传第七 ……………………………（708）
　张昭 ……………………………………………（708）
　顾雍 ……………………………………………（712）
　诸葛瑾 …………………………………………（716）
　步骘 ……………………………………………（719）

白话三国志卷五十三　吴书八

张严程阚薛传第八 ……………………………（726）
　张纮 ……………………………………………（726）
　严畯 ……………………………………………（728）
　程秉 ……………………………………………（729）
　阚泽 ……………………………………………（729）
　薛综 ……………………………………………（730）

白话三国志卷五十四　吴书九

周瑜鲁肃吕蒙传第九 …………………………（737）
　周瑜 ……………………………………………（737）

鲁肃 ……………………………………………………（742）
吕蒙 ……………………………………………………（747）

白话三国志卷五十五　吴书十
　程黄韩蒋周陈董甘凌徐潘丁传第十 …………………（755）
　　程普 …………………………………………………（755）
　　黄盖 …………………………………………………（756）
　　韩当 …………………………………………………（757）
　　蒋钦 …………………………………………………（758）
　　周泰 …………………………………………………（758）
　　陈武 …………………………………………………（759）
　　董袭 …………………………………………………（761）
　　甘宁 …………………………………………………（762）
　　凌统 …………………………………………………（765）
　　徐盛 …………………………………………………（767）
　　潘璋 …………………………………………………（768）
　　丁奉 …………………………………………………（769）

白话三国志卷五十六　吴书十一
　朱治朱然吕范朱桓传第十一 ……………………………（772）
　　朱治 …………………………………………………（772）
　　朱然 …………………………………………………（773）
　　吕范 …………………………………………………（777）
　　朱桓 …………………………………………………（779）

白话三国志卷五十七　吴书十二
　虞陆张骆陆吾朱传第十二 ………………………………（783）
　　虞翻 …………………………………………………（783）
　　陆绩 …………………………………………………（786）
　　张温 …………………………………………………（786）
　　骆统 …………………………………………………（791）
　　陆瑁 …………………………………………………（794）
　　吾粲 …………………………………………………（796）

朱据 …………………………………………………（797）

白话三国志卷五十八　吴书十三
　　陆逊传第十三 ………………………………………（799）

白话三国志卷五十九　吴书十四
　　吴主五子传第十四 …………………………………（817）
　　　孙登 ………………………………………………（817）
　　　孙虑 ………………………………………………（820）
　　　孙和 ………………………………………………（821）
　　　孙霸 ………………………………………………（823）
　　　孙奋 ………………………………………………（825）

白话三国志卷六十　吴书十五
　　贺全吕周钟离传第十五 ……………………………（828）
　　　贺齐 ………………………………………………（828）
　　　全琮 ………………………………………………（831）
　　　吕岱 ………………………………………………（833）
　　　周鲂 ………………………………………………（836）
　　　钟离牧 ……………………………………………（842）

白话三国志卷六十一　吴书十六
　　潘濬陆凯传第十六 …………………………………（845）
　　　潘濬 ………………………………………………（845）
　　　陆凯 ………………………………………………（846）

白话三国志卷六十二　吴书十七
　　是仪胡综传第十七 …………………………………（857）
　　　是仪 ………………………………………………（857）
　　　胡综 ………………………………………………（859）

白话三国志卷六十三　吴书十八
　　吴范刘惇赵达传第十八 ……………………………（865）
　　　吴范 ………………………………………………（865）
　　　刘惇 ………………………………………………（867）
　　　赵达 ………………………………………………（867）

15

白话三国志卷六十四　吴书十九

诸葛滕二孙濮阳传第十九 …………………………（870）
　　诸葛恪 ……………………………………………（870）
　　滕胤 ………………………………………………（882）
　　孙峻 ………………………………………………（883）
　　孙綝 ………………………………………………（884）
　　濮阳兴 ……………………………………………（889）

白话三国志卷六十五　吴书二十

王楼贺韦华传第二十 ……………………………（890）
　　王蕃 ………………………………………………（890）
　　楼玄 ………………………………………………（891）
　　贺邵 ………………………………………………（892）
　　韦曜 ………………………………………………（896）
　　华覈 ………………………………………………（900）

附　录

《华阳国志·陈寿传》………………………………（908）
《晋书·陈寿传》……………………………………（910）

白话三国志卷一　魏书一

武帝纪第一

太祖武皇帝是沛国谯县人,姓曹,名操,字孟德,属西汉相国曹参的后裔。东汉桓帝时,曹腾任职中常侍、大长秋,爵封费亭侯。养子曹嵩继承爵位,最高做到太尉一职,但他过继之前的一切,没人知道一点因果底细。曹嵩生太祖。

太祖小时候就以机警聪明著称,遇事冷静,善于随机应变,但生性放荡,我行我素,不受成规约束,对操行、学业诸事概不在乎,因此当时的人并不觉得他会有什么非凡的造化而对他特别看重,只有梁国人桥玄、南阳人何颙独具慧眼,认定太祖必成大器。桥玄曾对太祖说:"天下即将大乱,非经邦济世之才不能扭转乾坤。能够使天下太平如初的,大概就是你啦!"太祖二十岁那年,因举孝廉而做了郎官,稍后又任职洛阳北部尉,再升顿丘县令,随后被征召入朝,官拜议郎。

灵帝光和末年,黄巾军起义。同年官拜骑都尉,负责征讨颍川一带的贼寇。升济南国国相。济南国下辖十几个县,各县官吏大都阿附皇亲贵戚,贪赃枉法,声名狼藉。太祖将这些事上书朝廷,罢免了八九个官员。同时严令禁绝漫无节制的祭祀活动,使境内奸猾违法之徒难以立足而纷纷远逃他乡。自后国境内吏清民安,气象为之一新。很久以后,朝廷又征召他担任东郡太守。太祖不肯赴任,以生病为由回乡闲居。

不久,冀州刺史王芬、南阳许攸、沛国周旌等人联络四方豪杰,谋划废除汉灵帝,另立合肥侯。他们试图说动太祖入伙,遭到太祖拒绝。王芬等人终以失败而告终。

金城郡人边章、韩遂杀刺史,害郡守,举兵叛乱,手下人马多达十几万人,天下陷入骚动不安之中。朝廷征召太祖担任典军校尉。汉灵帝恰在此时驾崩,太子即位,何太后临朝听政。大将军何进与袁绍策划诛杀宦官,何太后不同意。何进便召董卓进京,原意是以此要挟太后从而达到诛宦的目的。但董卓未到京城,何进先被宦官们杀了。董卓到京,随即废皇帝为弘农王而立献帝刘协,京都顿时大乱。董卓上表推荐太祖任骁骑校尉一职,想与他共谋朝政大计。太祖当即改名换姓,抄小道向东逃归。出了虎牢关,路经中牟县,被该县一亭长认为形迹可疑而扭送县衙。城里有私下认识他的人,出面求情,太祖才幸得释放。这时董卓又杀死了太后和弘农王。太祖得知这一消息,回到陈留县就着手变卖家产,组织义军,准备讨伐董卓。冬十二月,太祖在己吾县起兵,这一年正是汉灵帝中平六年。

(献帝)初平元年正月,后将军袁术、冀州牧韩馥、豫州刺史孔伷、兖州刺史刘岱、河内太守王匡、勃海太守袁绍、陈留太守张邈、东郡太守桥瑁、山阳太守袁遗、济北国国相鲍信等人同时起兵,每人手下都有数万兵马,共推袁绍担任盟主,太祖则任奋武将军一职。

同年二月,董卓已得到义兵四起,矛头直指洛阳的消息,就胁持天子迁都长安,他自己驻兵洛阳,竟纵火焚毁皇宫。此时袁绍驻军河内,张邈、刘岱、桥瑁、袁遗屯兵酸枣,袁术驻扎南阳,孔伷进驻颍川,韩馥已到邺城。董卓兵强马壮,袁绍等人谁也不敢率先进军。太祖说:"我们发动义兵原本就是要诛暴讨乱的。现在各路大军既已会齐,诸位还在犹疑不决些什么呢?假如董卓一听到太行山以东义兵大起,就凭借朝廷威望,据守二周故地各处险要,东向发兵控制天下,那么尽管他的所作所为完全违背道义,仍足以制造极大的忧患。但现在的形势是,董卓纵火焚烧宫室,劫持天子西迁,致使举国震动,百姓扰扰不知依附何人,这正是老天要他灭亡的大好时机啊。只须一战便足以平定天下,大好时机岂容坐失!"于是引兵西进,准备占据成皋。群雄之中,只有张邈派部将卫兹分兵跟随太祖。抵达荥阳汴水,遭遇董卓的部将徐荣,太祖交战失利,手下士卒死伤众

多,太祖本人也被流箭射中,战马受伤难以骑驰,赖其堂弟曹洪将自己的坐骑相让,太祖乘着夜色才幸而逃离险境。徐荣眼见太祖兵马虽少却能奋战一整天,自认为酸枣不易攻克,也就领兵撤回了。

太祖返回酸枣,只见各路兵马十几万人众,每天只知设筵豪饮,无丝毫进兵杀敌的打算。太祖进营责问,并且替群雄出谋划策说:"诸位不妨听取我的计策,请勃海太守袁绍带领河内大军占领孟津;眼下驻兵酸枣的各位将领据守成皋,占领敖仓,封锁辕辕及太谷二大关隘,全面控制险要地带;袁术将军可率领南阳诸军进驻丹、析二县,杀进武关,以震动京师及其核心城市为主要目的:普遍深沟高垒,守险不战,同时增设疑兵,向敌兵展示正义所至,天下归心的大势。那么,挟正义之气诛暴讨逆,何愁天下不立刻平定!现在各路兵马既然都为了伸张正义会聚到这里来了,偏又迟疑观望,不肯向前推进,岂非使天下百姓大失所望,我私下里都为你们感到羞耻!"对于太祖的责备和计谋,张邈等人仍是充耳不闻,拒不采纳。

太祖自知兵少将寡,就与夏侯惇等人一道到扬州招募士兵。扬州刺史陈温、丹杨太守周昕给了他四千多士兵。谁知等他回到龙亢县时,大部分士兵先后逃之夭夭,沿途只得又在铚县、建平重新收罗了千余士兵,整军进驻河内。

刘岱与桥瑁互相仇视,刘岱杀了桥瑁,让王肱兼任东郡太守。

袁绍与韩馥策划立幽州牧刘虞为皇帝,遭到太祖的拒绝。袁绍曾经得到一方玉印,当太祖在座时特别举臂张袖向他示意,太祖自此觉得袁绍极为可笑,从而心存厌恶。

初平二年春,袁绍、韩馥还是坚持要将刘虞拥上皇位,但刘虞始终不敢接受。夏四月,董卓回长安。秋七月,袁绍以胁迫的手段从韩馥手中夺得了冀州。

黑山流寇于毒、白绕、眭固等一干人众十多万攻掠魏郡和东郡,王肱抵敌不住,还是太祖带兵前往,在东郡濮阳大破故寇首领白绕。袁绍为此上表荐举太祖为东郡太守,以东武阳为郡治。

初平三年春,太祖驻军顿丘,于毒等人攻打东武阳。太祖带兵西向,直接进攻于毒等人的黑山大本营。于毒得到这一消息,只得放弃东武阳回军黑山。太祖伏兵截击眭固,又在内黄县境攻打匈奴於夫罗,都取得了大破敌兵的胜绩。

夏四月,司徒王允与吕布联手成功袭杀董卓,董卓麾下将领李傕、郭汜等又杀死王允,合兵进攻吕布。吕布兵败,向东逃出武关。李傕等人专制朝政。

青州黄巾军以百万之众攻入兖州,杀了任城国相郑遂,转攻东平。刺史刘岱打算派兵迎击,鲍信劝阻说:"现在贼众多达百万,百姓们都惊恐不安,士卒也毫无斗志,显见我军不宜急切对敌。据我观察,贼军家属成群,军队没有粮草补给体系,必须依靠抢掠获取给养。如今的对策,与其断然进击,不如让部队养精蓄锐,先以固守为务。敌兵求战不能遂愿,强攻又徒增伤亡,最后势必要自动离散,那时我们再选精兵锐卒,占据要害,就能稳稳当当地击破贼寇了。"刘岱不听鲍信之计,带兵出击,果然兵败被杀。鲍信便和州吏万潜等人,到东郡迎接太祖来做兖州牧。太祖于是率兵向黄巾军发起进攻,大战于寿张县东部。鲍信力战身死,才勉强击破黄巾军。太祖悬赏购求鲍信的尸体,却毫无结果,大家只得用木头刻出鲍信的模样,洒泪祭奠亡灵。然后太祖继续带兵追击,直赶到济北。黄巾军力屈求降。当年冬,太祖获得了三十几万投降士兵及黄巾军家属百余万人。太祖整编了其中的精锐,号称"青州兵"。

袁术与袁绍不和,相互攻打,袁术向公孙瓒求援,公孙瓒让刘备驻军高唐,单经屯兵平原,陶谦驻扎发干,逼攻袁绍。太祖与袁绍合兵进攻,将他们全部击溃。

初平四年春,太祖驻军鄄城。荆州牧刘表切断袁术的运粮通道,袁术带领部队进入陈留郡,驻兵封丘,黑山军余部及匈奴於夫罗等人都为之辅翼。袁术派部将刘详驻兵匡亭,太祖攻刘详,袁术出兵救援,双方交战,太祖大获全胜。袁术节节败退,先是退保封丘,几乎在太祖的重围下成为瓮中之鳖;接着逃往襄邑,仍未摆脱追兵,在太寿县被太祖的挖河灌城战术弄得束手无策,再逃宁陵,没想到太祖又尾随而来,袁术无奈,最终逃往九江。同年夏月,太祖回军定陶。

下邳县阙宣纠集数千喽啰,自称天子;徐州牧陶谦为之作伥,协同出兵,攻取了泰山郡的华县、费县,又占领了任城。秋天,太祖征陶谦,连克十余城,陶谦坚守城池,不敢出战。

这一年,孙策受袁术的派遣渡过长江,几年内就占据整个江东。

兴平元年春,太祖从徐州返回兖州。最初,太祖之父曹嵩解职后回谯县,而后董卓之乱时,曹嵩迁家到琅邪避难,不意遭陶谦毒手,以故太祖发誓要东征复仇。这年夏天,太祖委派荀彧、程昱驻守鄄城,自己再次东征陶谦,又攻下了五座城池,占领的地盘一直延伸到东海。太祖回兵途中,经过郯县,遭到屯兵郯县东面的陶谦部将曹豹和刘备的邀击。太祖果断反击,大获胜利,并乘胜攻占襄贲,而所过之处,大多实施了严酷的破坏和屠戮。

此时恰逢张邈和陈宫叛变迎接吕布,郡县纷起响应。唯独荀彧、程昱死保鄄城,范县和东阿县也坚守未下。太祖得到消息,立即率部返回。吕布一到就进攻鄄城,未能得手,撤围西屯濮阳。太祖说:"吕布一天之内就得到一个州,却不去占据东平,切断亢父、泰山的通道,凭借险要地势拦击我,反而屯兵濮阳,我断定他很难有所作为的了。"于是进兵攻打吕布。吕布出兵迎战,先派骑兵冲击青州兵。青州兵奔散,太祖军阵大乱,急切纵骑冒火突围,掉下马来,左手掌被火燎伤。幸得司马楼异扶太祖上马,总算突围而出。他们并未直接赶回军营,诸将不见太祖露面,无不惊惧万分。太祖不得已忍痛强打精神,到各营慰劳将士,并命令部队火速赶制攻城器具,再次进军攻打吕布。双方僵持了一百余天,此时蝗虫大起,众百姓饥饿无告,吕布的军粮也在相持中耗尽,这才各自撤兵离去。

秋九月,太祖返回鄄城。吕布到乘氏县,却被当地人李进击败,东屯山阳。此时袁绍派人前来游说,想与太祖建立盟友关系。太祖新近丢了兖州,军粮也已告急,就准备答应袁绍。程昱劝止太祖,太祖采纳了他的意见。冬十月,太祖来到东阿。

这一年谷米暴贵,一斛值钱五十余万,真的出现了人吃人的严酷现实,太祖不得不解散新近招募的官吏和士兵。这时,陶谦病死,刘备接掌徐州。

兴平二年春，太祖出兵袭击定陶，因济阴太守吴资力保南城，未能攻克。恰好吕布赶到，太祖便顺手将吕布击败。夏季，太祖领兵攻击驻兵巨野的吕布部将薛兰和李封，吕布前来救援，但为时已晚，结果是薛兰大败，吕布逃逸。太祖于是斩了薛兰等人。吕布在东缗会合陈宫，率领一万多人前来再战。此时太祖兵力不如对手，便采取设伏兵诱敌，出奇兵纵击的办法，以巧取胜，大败吕布。吕布乘夜逃走，太祖挥兵追击，再下定陶，并分兵平定诸县。吕布东走投奔刘备，张邈追随吕布，仅令弟弟张超带家属保卫雍丘。秋八月，太祖围攻雍丘。冬十月，天子正式任命太祖为兖州牧。十二月，雍丘城陷落，张超自杀。太祖诛灭张邈三族。张邈前往袁术处求救，被部下所杀。兖州自此平定，太祖于是向东攻略陈国一带。

这年，长安大乱，献帝在东迁途中，护卫军兵败曹阳，不过献帝还是平安渡过黄河，逃到了安邑县。

建安元年春正月，太祖的大军开到了武平，袁术任命的陈国国相袁嗣投降。太祖打算去迎接献帝，众将中有人心存疑虑，荀彧、程昱却极力赞成，于是派曹洪带兵西迎献帝。卫将军董承和袁术部将苌奴凭险阻击，曹洪不能前进。

汝南、颖川一带的黄巾军何仪、刘辟、黄邵、何曼等人，各有数万兵马，最初听命于袁术，而后又依附孙坚。二月，太祖进兵征讨，大破敌军，击斩刘辟、黄邵等人，何仪及其部下全部投降。献帝任命太祖为建德将军。夏六月，升迁为镇东将军，封费亭侯。秋七月，杨奉、韩暹护卫献帝返回洛阳，杨奉另率一军驻守梁县。太祖以护卫京师为由赶到洛阳。韩暹悄然逃走。献帝授予太祖符节、黄钺，总领尚书事。洛阳早已残破不堪，董昭等人力劝太祖迁都许县。九月，献帝的车驾东出辕辕关。献帝任命太祖为大将军，封武平侯。自从献帝西迁长安，朝廷一天比一天混乱，直到这时，才依照制度建立起像样的宗庙与社稷。

天子车驾东行之时，杨奉打算从梁县实施拦截，但未赶上。冬十月，曹公征讨杨奉，杨奉南逃投奔袁术。于是曹公放手进攻他在梁县的驻军，一举攻克。这时献帝任命袁绍为太尉，袁绍耻以官位在曹公之下而不愿接受。曹公便极力辞去自己的职位,把大将军一职让给了袁绍。献帝又任命曹公为司空,兼车骑将军。这一年曹公又采纳了枣祇、韩浩等人的建议,屯田之举由此开始。

吕布袭击刘备,攻克下邳。刘备前来投奔,程昱劝说曹公:"依我看刘备雄才素具而且深得民心,不是久居人下之辈,不如早些除掉他。"曹公说:"如今正是招揽英雄的时候,杀一人而使天下豪杰寒心,智者不为。"

张济从关中逃居南阳。张济死,他的全部人马由侄儿张绣统领。建安二年春正月,曹公到达宛县。张绣率兵投降,过后又反悔,重行反叛。曹公与他交战,兵败,曹公中流箭,大儿子曹昂、侄子曹安民阵亡。曹公带兵退回舞阴县,张绣率骑兵抄袭,反被曹公击败。张绣逃到穰县,与刘表合兵一处。曹公对众将说:"我收降张绣等人,错在没有掌握他们的人质,才弄到今天这种局面。我明白了失败的原因,诸位拭目以待,从今以后我不会再失败了。"于是撤回许都。

袁术图谋在淮南称帝,派人告知吕布。吕布扣留了他的使者,并将其密信呈送朝廷。袁术大怒,发兵攻打吕布,被吕布击败。秋九月,袁术率兵抄掠陈国,曹公率兵东征。袁术听说曹公亲自出马,弃军逃走,留下部将桥蕤、李丰、梁纲、乐就拒敌;曹公赶到,击垮了桥蕤等人,将他们全部斩首。袁术逃过淮河。曹公也返回许都。

曹公从舞阴返回那时节,南阳、章陵等县重新叛归张绣,曹公派曹洪去攻打,交战不利。撤回叶县,又屡遭张绣、刘表侵犯。冬十一月,曹公亲自南征,抵宛城。刘表部将邓济据守湖阳,曹公一举攻克,活捉邓济,湖阳投降。又进攻舞阴,也很快攻下。

建安三年春正月,曹公回许都,首次设置了军师祭酒的职位。三月,曹公围困张绣于穰县。夏五月,刘表派兵救援张绣,意在切断曹军的后路。曹公打算带兵撤回,遭张绣军队追击,曹军难以前行,不得已以连营方式缓缓推进。曹公在给荀彧的信中写道:"敌兵在后紧追不放,致使我们每天只能行军数里,尽管如此,据我估计,一到安众县,张绣将必败无疑。"到了安众县,张绣和刘表合兵据守险要,曹公部队腹背受敌。曹公连夜派兵在险要地带开凿地道,将全部军用物资由地道运走,同时布置奇兵,准备反击。一切停当时天色恰已大亮,敌军认为曹公正部署将士偷偷逃逸,连忙全军来追。曹公奇兵突发,步、骑兵两面夹攻,大破敌军。秋七月,曹公回到许都。荀彧问曹公:"您战前即料定敌兵必败无疑,究竟是凭什么呢?"曹公回答说:"敌兵阻断我军退路,使我军陷于非拼死不能求生的境地,我因此知道一定会取得胜利。"

吕布又为袁术而派高顺进攻刘备,曹公派夏侯惇出师救援,交战失利。刘备被高顺击败。九月,曹公东征吕布。冬十月,屠戮彭城,还抓获了彭城国相侯谐。曹军进抵下邳,吕布亲率骑兵迎击。曹公大破吕布,活捉敌将成廉。曹军直逼城下,吕布十分害怕,打算投降。陈宫等人阻止了他的投降意图,派人向袁术求救,又劝吕布出战;再战再败,于是坚壁守城。曹军一时也难攻下。当时曹公因连续作战,士兵都很疲惫,准备收兵,采用荀攸、郭嘉的计谋,决泗、沂二水以灌下邳。一个多月以后,吕布的部将宋宪、魏续等人抓住陈宫,全城投降,吕布、陈宫均被活捉,曹公将他们全都杀了。太山郡人臧霸、孙观、吴敦、尹礼、昌豨等人都有兵众,在吕布打败刘备时,臧霸等人都归附吕布麾下。吕布兵败丧命,臧霸等人也被抓获,曹公对他们极为厚待,划出青州、徐州靠近海边的地区委派他们治理,又分琅邪、东海、北海三郡中的部分地区,另设城阳、利城、昌虑三郡。

当初,曹公在兖州牧任上时,曾任用东平人毕谌为别驾。张邈叛乱,掳走了毕谌的母亲、弟弟、妻子和儿女,曹公很惋惜地打发毕谌离去,说:"你的老母在叛贼那里,你还是到那边去吧。"毕谌向曹公叩头,表示决无异心,曹公大为嘉赏,还为之流下了一掬感动的泪水。但毕谌一离开曹营,立刻就逃到了张邈那里。等到吕布被打败,毕谌也被曹军生擒,众人都为他的安危感到忧惧,曹公说:"一个人能尽孝思于父母,难道还会对君主有什么二心吗?我所渴求的正是这样的人啊。"命毕谌担任鲁国国相。

建安四年春二月,曹公回军昌邑。张杨的部将杨丑杀了张杨,眭固又杀杨丑,率部归附袁绍,屯兵射犬。夏四月,曹公进军到黄河边,派史涣、曹仁渡河攻打眭固。眭固命原任张杨长史的薛洪与河内太守缪尚原地留守,自己带兵北上迎接袁绍,请求救援,不意与史涣、曹仁在犬城遭遇。两军交战,曹军大胜,眭固被当阵斩首。于是曹公渡过黄河,围困射犬。薛洪、缪尚率众投降,爵封列侯。曹公返回敖仓,任命魏种为河内太守,要他全面负责黄河以北地区的军政事务。

当初,曹公举荐魏种为孝廉。兖州反叛之时,曹公说:"只有魏种不会弃我而去。"等到魏种逃走的消息传来,曹公愤怒地说:"魏种除非南逃百越,北投匈奴,否则我绝对不会放过你的!"既已攻下射犬,活捉了魏种,曹公又说:"只可惜他是个人才啊!"令人替魏种松绑,仍然加以任用。

此时袁绍已经兼并了公孙瓒,占有了青、冀、幽、并四州,人马多达十几万,打算进军攻打许都。众将都认为其势不可抵挡,曹公说:"袁绍的为人我很了解,其人志向大而智慧少,外表威严而心底懦弱,妒忌刻薄又素无威信,兵马虽多却指挥不当,将士骄横,政令不一,所以尽管他地广粮丰,到头来只不过是替我经营收藏罢了。"秋八月,曹公进军黎阳,令臧霸等人进军青州,攻破齐郡、北海和东安,留下于禁驻扎在黄河边上。九月,曹公回到许都,分兵防守官渡。冬十一月,张绣率部投降,受封列侯。十二月,曹公驻军官渡。

袁术自从大败于陈国之后,就有些势衰力弱了。袁谭从青州派人去迎接他。袁术打算从北过下邳,曹公派刘备、朱灵前去邀击。而袁术正巧病死。程昱、郭嘉听说曹公已派刘备出征,就对曹公说:"刘备不可放走。"曹公悔悟,立即派人前去追赶,但刘备早已去得远了。事实上,刘备东行之前就曾暗中与董承等人策划谋反;所以他一到下邳,便杀了徐州刺史车胄,整军驻扎沛县。曹公派刘岱、王忠攻打刘备,未能取胜。

庐江太守刘勋率部投降,爵封列侯。

建安五年春正月,董承等人的谋反情节败露,都被处死。曹公打算亲征刘备,众将都劝阻说:"与您争夺天下的人,是袁绍啊。如今袁绍正直奔我们而来,您放手不管,却要东征刘备,袁绍如果乘机从我们背后发起进攻,该怎么办才好呢?"曹公答道:"刘备是人中豪杰,不及时打垮,今后定成心腹大患。袁绍志向虽大,但反应迟钝,绝对不会马上出兵。"郭嘉从旁打气,于是出师东征,一举击败刘备,活捉了他的部将夏侯博。刘备逃奔袁绍,他的妻子和儿子都被活捉。刘备麾下大将关羽驻兵下邳,曹公乘胜进攻,关羽投降。昌豨叛归刘备,曹公又挥师将他击败。一直到曹公回到官渡,袁绍果如所料,始终按兵未动。

二月,袁绍派郭图、淳于琼、颜良进攻驻扎在白马的东郡太守刘延。袁绍亲自带兵赶到黎阳,打算渡过黄河。夏四月,曹公北上救援刘延。荀攸劝说曹公:"如我军兵少,难以力敌,只有分散敌军的兵力才能取胜。主公可先带兵赴延津,假装要渡过黄河、断敌后路,袁绍必然要分兵应付;然后,再以轻装部队偷袭白马,攻其不备,定可活捉颜良。"曹公欣然采纳。袁绍听说曹军要渡黄河,果然分兵往西应战。曹公则带兵日夜兼程,直扑白马,距白马尚有十里之遥,颜良得到消息,大吃一惊,匆忙前来迎战。曹公命张辽、关羽为先锋应敌,大败敌军,当阵斩颜良。解了白马之围,曹公即迁走当地民众,沿着黄河往西转移。此时袁绍也已渡过黄河,紧追曹军,一直赶到了延津关南。曹公停止行军,在山南坡下安营扎寨,派人登上高垒瞭望敌情,最初回报说:"大约有五六百骑兵。"一会之后,又报告:"骑兵正在增多,步兵更是数不胜数。"曹公说:"不必再报告什么了。"当即下令骑兵卸鞍放马。这时,从白马运来的粮草军资堆得满路都是。众将认为敌人骑兵太多,不如退保大营。荀攸说:"这样做的目的正是为了诱敌上钩,岂可撤回呢!"袁绍的骑将文丑与刘备带着五六千骑兵先后赶到。众将又说:"可以上马了吧?"曹公说:"还没到时候。"一会功夫敌方骑兵越来越多,并有人开始抢夺辎重。曹公说:"是时候了!"于是大家纷纷上马。当时曹军的骑兵还不足六百,曹公便挥兵出击,大败袁军,击杀文丑。颜良、文丑都是袁绍麾下著名战将,与曹军两度交锋,都先后被杀,袁军为此大为震惊。曹公撤回官渡。袁绍进军守卫阳武县。关羽伺机逃归刘备。

八月，袁绍连营，稳步推进，并依靠沙堆安置寨栅，东西军营绵延数十里。曹公也分营与袁军对抗，但交战不利。此时曹军不足一万人，受伤的士兵又占十分之二三。袁军再逼官渡，起土山，挖地道，部署攻势。曹公也在本营如法炮制，针锋相对。袁绍下令箭射曹营，一时箭如雨下，在营内行走都得举盾遮护，众人都极其恐惧。曹军又逢粮草稀缺，曹公给荀彧写信，表示准备撤回许都。荀彧认为："袁绍全部人马会聚官渡，意在一决胜负。主公用最弱小的部队抵挡最强大的军队，倘若不能制服对方，就必然会被对手打败，这是决定谁能掌控天下的关键时刻。袁绍枉称一时英雄，其实才略稀松平常，能聚集人才，却不知怎样使用。凭主公的英明神武，再加上辅佐天子诛暴伐乱的正义之名，理当所向披靡，战无不胜呢！"曹公采纳了他的意见。

孙策得知曹公与袁绍相持不下，计划奔袭许都，兵未发动，就被刺身亡。

先前投降曹公的汝南流寇刘辟等人叛变，响应袁绍，抄掠许都附近城郊。袁绍派刘备去援助刘辟，曹公令曹仁出兵打败了刘备。刘备逃走，于是曹军攻克了刘辟的军营。

袁绍几千辆运送粮食的军车到来，曹公采用荀攸的计谋，派徐晃、史涣截击，大败运粮袁军，烧毁全部粮车。曹公与袁绍相持数月，尽管每次交锋都斩获袁军大将，但兵少粮尽，士兵们都疲惫不堪。曹公对运粮的人说："十五天后定然击败袁绍，不会再让大家疲于奔命了。"冬十月，袁绍又派军运粮，命淳于琼等五人带兵万余沿途护送，在袁绍大寨北面四十里宿营。袁绍帐下谋士许攸贪财，袁绍未能满足他的要求，他便来投奔曹公，劝说曹公派兵攻打淳于琼等人。曹公左右的人都怀疑许攸，只有荀攸、贾诩二人劝说曹公用许攸之计。曹公便留下曹洪守大营，亲自带领步、骑兵五千人，连夜出发，恰好天亮时赶到，淳于琼等看见曹公兵少，就在营外摆阵迎战。曹公火速进击，淳于琼退回营内固守，曹军展开围攻。袁绍派骑兵救援淳于琼。左右的人中有人说："敌人骑兵越来越近了，请分兵迎敌。"曹公大怒说："等敌人援兵到了背后再来报告。"曹军士兵都殊死奋战,把淳于琼等打得大败,并予斩杀。袁绍刚得到曹公攻打淳于琼的消息,对大儿子袁谭说:"趁他攻打淳于琼之机,我们去攻占他的大本营,他就无处可归了。"便派张郃、高览进攻曹洪。张郃等人听说淳于琼被打败,就投降了曹公。袁军一败涂地,袁绍和袁谭弃军逃跑,仓惶渡过黄河。曹军追赶不及,但袁军所有军用物资、图书珍宝等等,与溃败士兵一道都成了曹公的囊中之物。曹公检视所缴获的袁绍书信,发现有许都官员和自己军队中的人写给袁绍的信件,当即烧毁,一概不予追究。冀州各郡见状,纷纷献城投降。

当初,也就是汉桓帝的时候,在楚国和宋国分野出现了一颗土星,辽东人殷馗善观天文,预言"五十年后必有真命天子出现在梁国与沛国一带,其势锐不可当"。到这时正好五十年,而曹公一举击败袁绍,放眼天下,已无敌手了。

建安六年夏四月,曹公沿黄河炫耀兵威,攻打了驻守仓亭的袁军,袁军大败。袁绍逃回冀州,又收罗打散的士兵,平定了那些叛变的郡县。九月,曹公回许都。袁绍未被打败的时候,曾派刘备攻占汝南郡,汝南流寇共都等人都响应刘备。曹公派蔡扬攻打共都,曹军失利,反被共都打败。曹公南征刘备。刘备听说曹公亲自前来,即逃奔刘表,共都等人作鸟兽四散。

建安七年春正月,曹公驻军谯县,下令说:"我发动义兵的目的,是为天下铲除暴乱。可是我故乡的百姓都差不多死光了,我在境内走了一天,竟未看见一个熟人,这种情形真的凄惨到让我无比悲痛。大凡从发动义兵以来,诸牺牲将士没有后人的,寻找到他的亲戚以便延续他的血脉,并给这些后嗣提供好田好地,官府配给耕牛,设置学校给予教育。给幸存者修建祠庙,使他们能够祭祀自己的先人。若灵魂有知,我死后也没有什么可悔恨的了!"于是又到浚仪县,修治睢阳渠,派使者以牛、羊、猪三牲具备的太牢之礼祭祀已故太尉桥玄。事毕,进军官渡。

袁绍自从部队被击溃以后,发病吐血,到夏五月一命呜呼。他的小儿子袁尚接替了他的职位,袁谭自封车骑将军,驻兵黎阳。秋

九月,曹公发兵征伐,接连打了几仗。袁谭、袁尚节节败退,除了死守已无还手之力。

建安八年春三月,曹公攻打黎阳外城,袁氏兄弟出战,曹军奋勇冲击,大败袁军,袁谭、袁尚连夜逃走。夏四月,曹公进军邺城。五月回许都,留贾信驻守黎阳。五月二十五日,曹公下令:"《司马法》规定'将军临阵脱逃者死',所以赵括的母亲,恳请不要因为赵括万一战败而使自己遭受牵连之罪。显见古代的将领,一旦在外面打了败仗,就是家里亲属也要被治罪。之前我派将征战,历来只奖赏有功之人,却从未处罚那些有罪的,这不是国家的法典。从现在起我命令,今后众将出征,打败仗的要依法治罪,作战失利的要免去官爵。"

秋七月,曹公又下令:"自战乱以来,已经十五年了,年青一辈对于仁义礼让的风尚一无所知,我对此深感痛心。现在发布政令,各郡国都要研习经书,居民满五百户的县就要设置学官,挑选当地的优秀人才进行教育,这样或许可以使先王的思想不致废弃,从而对天下有利。"

八月,曹公讨伐刘表,驻军西平。在曹公离开邺城南下之时,袁谭、袁尚为争夺冀州而兄弟反目,袁谭被袁尚打败,逃到平原县固守。袁尚的攻势急迫,袁谭派辛毗到曹公军营以投降为条件请求救援。众将都心存疑虑,荀攸劝说曹公答应下来,于是曹公带兵返回。冬十月,曹公到达黎阳,让儿子曹整与袁谭的女儿结婚。袁尚得知曹公北返,就从平原撤围返回邺城。东平县的吕旷、吕翔背叛袁尚,他们从驻地阳平带领自己的部众投降了曹公,被封为列侯。

建安九年春正月,曹公率兵渡过黄河,截断淇水,导入白沟,作为运粮的通道。二月,袁尚又攻打袁谭,只留苏由、审配守卫邺城。曹公军队井临洹水,苏由投降。到达邺城后就开始攻击,堆土山,挖地道。武安县长尹楷驻扎在毛城,保护通往上党的运粮通路。夏四月,曹公留曹洪攻打邺城,自己带兵攻打尹楷,打败尹楷后又立即回师邺城。袁尚的部将沮鹄驻守邯郸县,曹公又攻克了该城。易阳县令韩范、涉县长梁岐献城投降,受赐关内侯的封爵。五月,曹军毁去土山和地道，绕城做深壕一圈，掘开漳水灌淹邺城；城中人饿死大半。秋七月，袁尚回兵救邺城，众将都认为"这是返回驻地的部队，人人都会独力奋战，不如先避锋芒"。曹公说："袁尚如果从大道上返回，应该避让；如果沿着西山而来，势必成为我们的俘虏。"袁尚果然沿着西山前来，靠着滏水河安营扎寨。之后，趁夜派兵攻击围城曹军。曹公迎战，把袁军打得大败而逃，并乘胜包围袁尚大营。曹军尚未合围，袁尚就害怕了，派原豫州刺史阴夔和陈琳请求投降。曹公不肯答应，反而加大了围攻力度。袁尚连夜逃走，退守祁山，曹军紧追不舍。袁尚手下将领马延、张颉等人临阵投降，袁尚军全面溃败，袁尚逃往中山国。曹军缴获了袁军全部军用物资，还得到了袁尚的印章、绶带、符节、斧钺等物，又让袁尚军中投降的士兵举着这些东西给他们城中的家属看，邺城守军士气更形低落。八月，审配哥哥的儿子审荣乘夜打开自己守卫的城东门，接纳曹兵入城。审配迎战失败，被活捉后斩首。邺城平定。曹公亲自到袁绍墓前祭祀，哭到涕泗横流；还慰劳袁绍的妻子，将他家的仆人和珍宝一并归还，又赠送给各种丝绸棉絮，并令官府供给粮食。

当初袁绍与曹公同举义兵，袁绍曾问曹公："如果事情不能成功，有哪些地方可以据守呢？"曹公反问说："您以为呢？"袁绍回答："我南面据守黄河，北面凭借燕、代之地的险阻，再吞并戎、狄，整合其部众，然后发兵南下以争夺天下，这样或许可以成就大事了吧？"曹公回答："我依靠天下奇才俊杰的智慧和力量，用道义去统帅他们，无论我在哪里都能稳操胜算。"

九月，曹公下令："黄河以北百姓备受袁氏父子造成的灾难，特令免交本年的租赋。"又加重了惩治豪强兼并土地的法令，使广大百姓十分高兴。献帝命曹公兼任冀州牧，曹公便让出了兖州牧的职务。

曹公围困邺城的时候，袁谭则先后攻占了甘陵、安平、勃海和河间。袁尚兵败，逃奔中山国。袁谭又进攻中山国，迫使袁尚再逃故安，袁尚残部均被袁谭兼并。曹公写信给袁谭，谴责他违背彼此约定，宣布两家姻亲关系从此断绝，让他的女儿自回娘家，然后进军讨伐。袁谭很害怕，从平原撤出，跑到南皮县固守。十二月，曹公进入平原，曾被袁谭攻占的诸县皆一一平定。

建安十年春正月，曹公向袁谭发起进攻，大败袁军，斩袁谭，并诛杀了袁谭的妻子儿女，冀州平定。曹公下令："凡是与袁氏一同做过坏事的人，都给予改过自新的机会。"又命百姓们不得再报私仇，禁止厚葬之风，此后一切均按法令办事。当月，袁熙麾下大将焦触、张南等反叛，合兵攻打袁熙、袁尚，袁熙、袁尚逃往辽西、上谷、右北平三郡的乌丸人地区。焦触等人献出县城投降，封为列侯。当初讨伐袁谭时，有百姓逃避破冰行船的差役，曹公命令官吏不准接受他们投降。不久，逃亡的人有自首的，曹公对他们说："接受你们自首，显系违令；杀死你们，又是加罪于认罪之人。你们回去好好躲藏起来吧，最好不要让官吏们发现。"自首者流泪而去，后来还是被逮住了。

夏四月，黑山贼寇张燕率领手下共十多万人投降，爵封列侯。故安赵犊、霍奴等人杀死了幽州刺史和涿郡太守。三郡乌丸族人在犷平县攻打鲜于辅。秋八月，曹公带兵出征，斩杀赵犊等人，又渡过潞河救援犷平，乌丸人逃往塞外。

九月，曹公下令："结党营私，互相勾结，深为先古圣贤所痛恨。听说冀州一带民俗，父与子各自拉帮结派，相互诽谤或吹捧。从前直不疑连哥哥都没有，却有人攻击他与嫂子私通；第五伯鱼三度所娶都是父母双亡的孤女，还有人说他打过岳父；王凤独揽朝政，谷永竟将他与贤相申伯相提并论；王商刚正不阿，忠言直议，张匡却诋毁他专搞旁门左道：这一切都是颠倒黑白，欺骗上天蒙蔽君王的行为。我准备整治社会风俗，前述四项陋习不除，我感到耻辱。"冬十月，曹公回到邺城。

当初，袁绍让他的外甥高干担任并州牧，曹公攻克邺城时，高干投降，曹公让他仍做刺史。高干听说曹公前往讨伐乌丸，就在并州发动叛乱，抓住上党太守，派兵驻守壶关口。曹公派乐进、李典二人前去讨伐，高干退回壶关城固守。建安十一年春正月，曹公亲自领兵征讨高干。高干听到这个消息，就留下其他将领守壶关城，自己跑到匈奴，向匈奴单于求取援兵，但单于不肯答应。曹公围困壶关城三个月，终于攻克，高干南逃荆州，被上洛县都尉王琰抓住斩首。

秋八月，曹公东征海贼管承，到淳于县，派乐进、李典将他击败，管承逃往海岛。分割东海郡的襄贲、郯、戚三个县充实琅邪郡，撤销了昌虑郡。

三郡乌丸曾趁天下大乱之机，攻破幽州，掳掠汉人十多万户。袁绍把他们的酋长和首领都封为单于，并把本族人的女儿作为自己的女儿，嫁给他们做妻子。其中辽西单于蹋顿势力最为强大，也深受袁绍厚恩，所以袁尚兄弟投奔他，多次入塞抢掠破坏。曹公准备征讨乌丸，先开凿河渠，从呼沲河直通泒水，名平虏渠。又从泃河口凿通潞河，名泉州渠，贯通大海。

建安十二年春二月，曹公自淳于返回邺城。二月初五日，下令说："自从我举义旗，诛暴乱，已是整整十九年了，每次征战都取得胜利，难道都是我一个人的功劳吗？这都是贤才、智士、文武官员尽心竭力的结果呀！现在天下尽管还没有完全平定，我将与群贤众卿共同努力实现最终的天下太平；但像现在这样由我一个人独享大功，我又怎能心安理得呢？应该尽快论功行赏才是。"于是大封功臣中的二十几人为列侯，其余的也依次受封，还免除为国死难者子女的徭役赋税，轻重等级各有差别。

曹公想要北征三郡乌丸，众将都说："袁尚只不过是个四处逃亡的匹夫而已，夷狄贪婪无亲信之心，怎么能被袁尚利用呢？如今大兵深入，跨境征伐，刘备一定会劝说刘表袭击许都。万一真的发生变故，就将后悔无及啊。"只有郭嘉推断刘表一定不会信任刘备，鼓励曹公出征。夏五月，曹公来到无终县。秋七月，大水横流，靠海的道路都不能通行，田畴请求担任向导，得到曹公首肯。田畴带领大军出了卢龙塞，塞外道路也堙塞不通，便挖山填谷五百多里，经过白檀，穿越平冈，借道鲜卑族的领地，向东直扑柳城。距柳城尚有二百多里，敌寇已得知消息。袁尚、袁熙与蹋顿以及辽西单于楼班、右北平单于能臣抵之等带几万名骑兵前来迎战。八月，曹公登上白狼山，仓促间遭遇敌兵，而且对方人数众多，声势浩大。曹公的军资装备都在后面,身边穿战甲的人很少,左右随从都很害怕。曹公登高瞭望,发现敌军乱糟糟的不成队列,便命令张辽为先锋,主动向敌阵发起攻击,乌丸军一触即溃,单于蹋顿以及部族中许多名王都被当阵斩首,胡、汉两族投降的人多达二十几万。辽东单于速仆丸及辽西、右北平的众位头领,抛下各自的族人,与袁尚、袁熙逃奔辽东,身边还带着数千骑兵。当初,辽东太守公孙康自恃地域偏远,不服朝廷管辖。曹公打败乌丸,有人即劝曹公趁热打铁,接着征伐公孙康,那样就可以活捉袁氏兄弟。曹公说:"我正要叫公孙康砍下袁尚、袁熙的脑袋送来,不烦用兵了。"九月,曹公带兵从柳城返回,公孙康随即斩了袁尚、袁熙、速仆丸等人,将他们的首级传送到曹公军营。有将领问:"主公回兵,而公孙康却砍下他们的脑袋送来,这是什么道理呢?"曹公说:"公孙康历来害怕袁尚等人,我若急于进攻,他们就会联合起来对抗,暂缓进攻,他们就将自相残杀,这是势必会发生的事情!"十一月,曹公行营到达易水,代郡乌丸代理单于普富卢、上郡乌丸代理单于那楼带领本族的著名首领前来拜贺。

建安十三年春正月,曹公回到邺城,开凿玄武池训练水军。此时,朝廷罢废三公官制,设置丞相、御史大夫。夏六月,任命曹公为丞相。

秋七月,曹公南征刘表。八月,刘表去世,他的儿子刘琮接替他的职位,屯兵襄阳,刘备驻军樊城。九月,曹公率兵抵达新野县,刘琮献地投降,刘备逃往夏口。大军又向江陵推进,曹公下令,荆州大地的官吏百姓都将共享新的体制所带来的好处。紧接着又嘉奖荆州降服过程中的有功人员,封侯的有十五人,任用原刘表手下大将文聘为江夏太守,让他照旧统领本部兵马,并荐选聘用荆州名士韩嵩、邓义等人。益州牧刘璋开始接受纳税和服役的节制,负责为曹公提供兵源,补充部队给养。十二月,孙权替刘备攻打合肥,曹公从江陵出兵征讨刘备,到达巴丘时,分派张憙救援合肥。孙权得知张憙到来,这才撤兵离去。曹公抵达赤壁,与刘备交战失利。这时又爆发了严重的瘟疫,官吏和士兵死亡众多,曹公只得带兵撤回。于是刘备占据了荆州、江南诸郡。

建安十四年春三月，曹军来到谯县，制造快船，操练水军。秋七月，曹军从涡水进入淮河，渡过肥水，屯兵合肥。八月二十四日，曹公下令说："最近几年以来，军队多次远征，有时还遭遇瘟疫，官兵死亡者埋骨异乡，致使夫妻有生离死别之恨，百姓有流离失所之叹，这难道是仁心爱人者所喜欢的事情？实在是不得已而为之啊。特此命令，凡是从军征战死亡者的家人，若家中没有产业而难以维持生活的，官府不得停止食粮供应，官吏务必善加抚恤，这样才合乎我的心意。"设置扬州郡县各级行政官员，开凿芍陂实施屯田。十二月，曹军返回谯县。

建安十五年春，曹公下令："自古以来那些开国和中兴的君主，有哪一个不是依靠贤人君子的帮助才共同治理好国家的呢！在他们得到贤俊的时候，差不多就没有走出过里巷之外，这难道是侥幸遇上的吗？只不过是此前上层的人没去访求过罢了。现在天下还没有平定，正是最最需要寻求贤才的时候。孔子说：'孟公绰担任赵、魏两家的家臣首领是绝对胜任的，却不能作滕、薛二个小国的大夫。'假若必得廉洁之士才可以任用，那么齐桓公又如何能够成为一时霸主！当今天下，难道就没有像吕尚那种才智超群却只能衣不蔽体地垂钓于渭水的人了吗？又真的没了像陈平那样除了平白身负私通嫂子并收受贿金的恶名，却还没有遇到慧眼识才的魏无知的人呢？希望各位务必帮我去发现和搜罗那些出身卑微的才学之士，只要是人才就加以荐举，以便为我所用。"当年冬天，建造铜雀台。

建安十六年春正月，汉献帝任命曹公的世子曹丕担任五官中郎将，并设置所属官员作为丞相的副手。太原人商曜等人占据大陵县反叛，曹公派夏侯渊、徐晃带兵围攻，击破了他们。张鲁占据汉中郡，三月，曹公派钟繇前去讨伐，又命夏侯渊等人出兵河东郡，与钟繇会合。

这时，关中诸将都心疑钟繇将要袭击自己，于是，马超与韩遂、杨秋、李堪、成宜等人都起兵反叛。曹公派曹仁去征伐他们。马超等人屯兵潼关，曹公告诫众将说："关西兵精炼强悍，你们务必坚守营垒，不要与他们交战。"秋七月，曹公西征，隔着潼关扎下大营与马超等人的军队对峙。曹公以快速运动战术正面牵制住敌军主力,暗中派出徐晃、朱灵等人率兵夜渡蒲阪津,占据黄河以西要害地段扎营布防。曹公则从潼关以北强渡黄河,渡船尚未离岸,马超一军突然杀到,向曹军渡船发起猛攻。校尉丁斐见状连忙放出牛马引诱敌兵,趁着敌兵争抢牛马一片混乱之机,曹公才得以渡过黄河,沿河修筑甬道往南推进。敌兵退到渭河口据险作战。曹公增设疑兵,暗地里用船运载士兵进入渭水,驾设浮桥,当夜分兵在渭水南岸结成营垒。敌军乘夜攻营,被曹公伏兵击败。马超等人屯兵渭南,派来信使,以割让黄河以西为条件求和,曹公不肯答应。九月,曹公大军渡过渭水。马超等人多次挑战,曹公也不应战;对方再三恳请割让土地,并且愿意送儿子做人质以表诚信,曹公听从贾诩之计,假意应允。韩遂请求跟曹公会面。曹公与韩遂的父亲是同一年的孝廉,又与韩遂是平辈之人,因此两人骑着马近距离交谈多时,话题丝毫不涉及军事,只谈京城里的亲识旧事,聊到有趣之处,二人都拍手大笑。会面已毕,马超等人问韩遂:"曹公跟你说了些什么?"韩遂回答:"没说什么啊。"马超等人不免对韩遂有了猜疑。过了几天,曹公又给韩遂写了封信,故意涂抹改动多处,让它看起来是被韩遂窜改过的样子;马超等人因此更加怀疑韩遂。曹公这才与他们约定日期双方决一雌雄,会战时先用轻装部队挑逗敌军,打了很长时间之后,这才派出精锐骑兵夹击,大破敌军,当阵斩杀了成宜、李堪等人。韩遂、马超等人逃往凉州,杨秋逃往安定郡,关中被平定。众将有问曹公说:"开始时,贼军驻守潼关,渭水以北疏于防务,主公放弃从河东直接出击冯翊的捷径,反而来潼关与敌兵对峙,而且拖延了许多日子才北渡黄河,这是出于怎样的考虑呢?"曹公回答:"贼兵据守潼关,假如我军进入河东,贼兵必然会扼守黄河上的各个渡口,那么我军就难以渡过西河,为此我故意重兵逼近潼关;贼兵倾全力防守南边,西河一带守备空虚,所以徐晃、朱灵二将才能轻易攻占西河;之后再部署大军北渡黄河,贼兵却不能与我们争夺西河的关键原因,就是有我二位将军的部队先期控制了那里。用战车、栅栏在通道两面做成屏障稳步向南推进,一方面保证了敌人不能乘机打败我军,同时又向敌军示弱而麻痹了他们。渡过渭水后采取深沟高垒,敌军到来后我也拒不出战的战略,为的是进一步助长敌人的骄气;正因如此,贼军不造营垒,只希望割地求和以结束战事。我顺着他们的意思答应下来,正是要让他们在这种求和意图已经得逞的错觉中心安理得地不做大战的准备,我军则趁此机会蓄精养锐,一旦出击,就形成了兵法所说的迅雷不及掩耳之势。用兵重在临机应变,本来就不是只限于某一种方法。"最初,每当一支敌兵部队赶来,曹公都往往喜上眉梢。敌兵被打败之后,众将都问他当时那么高兴的原因。曹公回答说:"关中地域辽阔,如果贼兵各自守险作战,征讨他们,没有一二年时间不能平定。如今都聚集到一个地方,尽管他们人数众多,但彼此互不归服,敌方没有统一指挥的主帅,只需一场大战即可全部击败他们,具有事半功倍的效果,正因如此我才特别高兴。"

冬十月,曹军从长安出发,北征杨秋,围攻安定。杨秋投降,曹公恢复了他的爵位,让他留镇原地安抚民众。十二月,从安定班师,留夏侯渊驻守长安。

建安十七年春正月,曹公回到邺城。汉献帝下令曹公朝拜时无需赞礼官唱名传呼,进入朝堂不必按礼节碎步疾走,可以穿靴佩剑上殿,都照西汉丞相萧何当年所享受的待遇。马超余部梁兴等人屯兵蓝田县,曹公命夏侯渊讨平了他们。朝廷划出河内郡的荡阴、朝歌、林虑县,东郡的卫国、顿丘、东武阳、发干县,巨鹿郡的廮陶、曲周、南和县,广平郡的任城县,赵郡的襄国、邯郸、易阳县,全部纳入魏郡。

当年冬十月,曹公征讨孙权。

建安十八年正月,曹公进军濡须口,攻破孙权设在长江西岸的大营,擒获孙权属下都督公孙阳,然后才撤兵返回。此时,汉献帝下诏合并天下十四州,恢复为九州建制。夏四月,曹公回到邺城。

五月初十,汉献帝派御史大夫郗虑持皇帝符节,策封曹公为魏公。策文说:"朕德行浅薄,从小就遭遇父母丧痛,西迁流离至长安,颠沛无助于唐、卫。在那个时候,朕就像旌旗上悬垂的饰带一样飘摇不能自主,宗庙乏人祭祀,社稷无处安置;群雄心怀非分之想,将华夏大地弄得四分五裂,天下百姓没有谁还在朕的约束之下,我高祖开创的基业眼看着就要断送了。朕为此早起晚睡,辗转不能安枕,不断地用我惊愕悲痛的心灵祷告说:'我的祖辈父辈啊,先朝的辅弼功臣啊,有谁能怜悯体恤我呢?'于是感动了上苍,诞育了丞相您,保护我皇室平安,救朕于危难之际,朕所依靠的都是您啊。现在要给您举行封爵大典,请您敬听朕的命令。

"昔日董卓首先发难,使朝廷蒙羞,各地军政要员放下自己的私人事务,共同为王室分忧。您督促众人进军,并率先与贼兵交战,您对王室的忠诚由此可见一斑。后来黄巾军违逆天命,兴兵倡乱,攻占了国家的三个州,祸乱波及平民百姓,您剿除他们,使东方大地重归正轨,又是您的大功一件。韩暹、杨奉专断独行,滥用威权,您讨平他们,消除祸患,于是迁都许县,再造京师,设置百官,重建宗庙,祀典官制得以恢复,天地鬼神得以安宁,这又是您的功劳。袁术称帝造反,施虐淮南,唯独惧怕您的神威,您施展宏谋,蕲阳一战,击斩桥蕤,兵威南指,袁术惶恐而死,而叛军灰飞烟灭,这又是您的功劳。回军东征,诛杀吕布;班师途中,使张杨兵败毙命,眭固认罪受死,张绣俯首投降,这一切又都是您的功劳。袁绍悖乱天常,试图颠覆国家,仗着自己人马众多,公然举兵侵凌朝廷,那时节国家兵少力弱,天下之人心胆俱寒,没有谁能始终保持与之抗衡的勇气,只有您敢秉持人臣气节,精诚贯日冲天,奋起神威,妙计迭出,决战官渡,痛歼宵小,救我国家于危卵之下,这又是您的功劳。率师渡河,平定四州,袁谭、高干先后授首,海盗们望风溃散,黑山贼归顺朝廷,这又是您的功劳。三郡乌丸作乱两代,袁尚投靠他们,盘踞塞北,您率军翻山越岭,一战消灭他们,这又是您的功劳。刘表背叛朝廷,拒不履行人臣职责,您率军出征,王师未到,神威先至,江南百城八郡,闻风归降,这又是您的功劳。马超、成宜之辈同恶相济,自以为占据黄河、潼关之险,便能得偿私欲,您将他们歼灭于渭水以南,斩首数以万计,于是边境安定,戎狄通好,这又是您的功劳。鲜卑族、丁零族,经辗转翻译前来表达诚意;箄于人、白屋人,自请派官供职,这些又都是您的功劳。您有平定天下的大功,而且德行高尚,教化遍行海内,秩序井然,风俗日新;您孜孜不倦,言传身教,慎于刑罚,官吏不敢滥施苛政,百姓尽去狡诈之心;您尊崇帝王宗族,存亡继绝,对于以前德高望重与功绩显赫的人,您所做的安置也无不是得其所宜:就算是伊尹那种功德敢配皇天,周公那样光照四海的贤人,比较之下也远不如您呢。

"我听说先代帝王分封功德显著者,要赐给他土地,分给他百姓,宠遇崇厚,礼物完备,目的是让他拱卫王室,辅助君主。周成王之时,曾有管叔和蔡叔作乱,国难平息之后,成王念及有功之臣,便派邵康公赐给齐国姜太公一片广大的疆土,东到大海,西到黄河,南到穆陵,北到无棣,天下五侯九伯,他齐国都有权征讨,并世代担任太师,以此表彰他的宏伟功绩。到周襄王之时,也有楚人不奉王命,不纳贡赋,又命晋文公升格担任诸侯领袖,赐给他两驾天子用车、御前勇十、铁钺、秬鬯美酒和弓箭,开辟南阳的大片土地封给他,命晋侯世代担任诸侯盟主。所以周王室之不灭亡,全靠齐、晋二国的扶助。如今您功德显著,确保朕的安全,顺应天命,巨大的功业源于您的推导与发扬,九州的安定得自您的抚绥有方,因此百姓无不遵循法度,您的功劳实在还高于伊尹、周公,所得赏赐却比齐太公、晋文公还少,朕为此感到非常羞愧。朕以区区渺小之身,高居于亿万百姓之上,常常为治国之艰难而心怀忧虑,有如临深渊的感觉,如果没有您朕简直难以胜任。现在朕分出冀州的河东、河西、魏郡、赵国、中山、常山、巨鹿、安平、甘陵、平原共十个郡县作为您的封地,封您为魏公。赐给您用白茅包裹的黑土,您可以去钻龟占卜,建造魏国的社稷。从前在周朝时,毕公、毛公都曾入朝担任公卿,周公、邵公在朝身为太师、太保,在外则是一方诸侯,外为藩镇,内任公辅,都合适于您,就请您仍以丞相的身份兼任冀州牧。另外加赐九锡给您,请您敬听我的命令。因为您制定了各项礼制法律,给百姓规定了行为准则,使他们安于职守,不致各怀异心,现赐给您金辂车、战车各一辆,毛色纯黑的公马八匹。因为您教导百姓们有无相济、崇本务农,使民众致力农桑,积蓄了丰足的布帛粮食,国家大业因此兴旺,

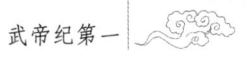

所以赏给您三公的礼服和礼帽,并配上红色的鞋子。因为您倡导谦虚礼让的美德,使广大民众遵行效仿,长幼有礼,上下和睦,所以赐给您悬挂的乐器和六队三十六人的舞蹈。因为您推行风化,教令远达四方,使边远不开化的人都懂得洗心革面,中原更加充实富足,所以赐给您红门的房子居住。因为您洞察事理,思考连帝王都感到为难的事情,因人施任,唯贤与能,有善必举,所以赐给您便于上殿登阶的纳陛。因为您执掌国家大权,处置公正,人有一丝一毫的恶行,也无不加以抑制和黜退,所以赐给您勇士三百名。因为您执法严明,使有罪者无所遁形,凡是触犯了国家大法的,无不按律诛杀,所以赐给您铁、钺各一件。因为您高瞻远瞩,八方巨细尽在眼中,征暴伐逆,捍卫四海,所以赐给您朱漆弓一张、朱漆箭一百支,黑弓十张、黑箭一千支。因为您以温良恭俭为本,以孝悌友爱为德,聪明、守信、笃实、忠诚,使朕深受感动,所以赏给您美酒一卣,另配玉圭为柄的酒器一套。魏国可以设置自丞相以下的文武百官,都跟西汉初年各诸侯王的建制一样。到封国去吧,戒慎啊,请务必服从朕的命令!选拔任用您的官属,随时明察国内政事,成就您的伟大功德,以回报和颂扬我高祖美善的命令!"

秋七月,开始修建魏国的社稷和宗庙。汉献帝聘娶了曹公的三个女儿为贵人,其中年纪小的暂留魏国。九月,曹公修筑金虎台,开凿渠道,将漳水引入白沟以接通黄河。冬十月,分魏郡为东西两部分,设置都尉。十一月,魏国开始设置尚书、侍中、六卿等官。

马超在汉阳郡,又依靠羌人和胡人作乱,氐族王千万也起兵响应马超,屯兵兴国。曹公命夏侯渊讨伐他们。

建安十九年春正月,曹公首次举行亲耕籍田仪式。南安郡赵衢、汉阳郡尹奉等人讨伐马超,杀了他的妻子儿女,马超逃往汉中。韩遂迁往金城,进入氐王千万的部落,率领羌、胡万余骑兵与夏侯渊交战,夏侯渊出击,大破韩军,韩遂逃往西平郡。夏侯渊与众将进攻兴国,攻克后实施了屠城。撤销了安东、永阳二郡建制。

安定郡太守毌丘兴即将上任之时,曹公曾告诫他说:"羌、胡想与中国通好,自会派人前来,切记不要派人前去。好人难得,派去的人一旦心术不正，必定教唆羌、胡提出非分的要求，以便自己从中获利；那时若不答应当然会使异族失望，答应其请求又对我们毫无益处可言。"毌丘兴到任，派校尉范陵前往羌人境内，范陵果然教唆羌人，让他们为自己请求做属国都尉。曹公说："我早就知道一定会发生这种情况，倒不是我是什么未卜先知的圣人，只不过经历的事情多些罢了。"

三月，汉献帝让魏公位居诸侯王之上，改授给他金印章、红色绶带和远游冠。

秋七月，曹公征伐孙权。

当初，陇西人宋建自称河首平汉王，在枹罕聚众乱制，僭号改元，设置百官，已经有三十多年了。曹公派遣夏侯渊从兴国出师征讨。冬十月，曹军血洗枹罕，斩杀宋建，凉州平定。

曹公从合肥返回。

十一月，汉献帝皇后伏氏因为从前给她那做过屯骑校尉的父亲伏完的一封信而犯罪，上面说献帝因为董承被杀而怨恨曹公，言词十分恶毒，此信不幸外泄，伏皇后被废黜杀死，他的兄弟也无一幸免。

十二月，曹公到达孟津。汉献帝命曹公设置天子仪仗专用的先驱骑兵，宫殿中摆设钟虡之乐。十二月十九日，曹公下令说："有德行的人未必能进取，能进取的人未必有德行。陈平难道称得上行为淳厚吗？苏秦难道可以算恪守信用吗？但是陈平奠定了汉朝的基业，苏秦辅助弱小的燕国渡过了难关。如此说来，一个人有缺点，就必定不能重用吗？各级官府应当想明白这个道理，这样才能做到人才不被遗漏，官府也就不致荒废政事了。"又说："刑法，关系到百姓的身家性命啊，军队中主管刑狱者倘若用非其才，却把三军将士的生死大事交付给了他，我是感到非常忧惧的。应该选用通晓法理的人，让他们来执掌刑法。"因此又设置了理曹掾属。

建安二十年春正月，汉献帝立曹公的二女儿为皇后。废除云中、定襄、五原、朔方四郡，每郡只设一县管理当地百姓，重新整合为新兴郡。

三月，曹公西征张鲁，到达陈仓县，准备从武都郡进入氐族人领地，氐人封锁了通道，曹公先派张郃、朱灵等人击败了氐人。夏四月，曹公从陈仓经由大散关，到达河池县。氐王窦茂手下有一万多人，凭借险要，不愿归服。五月，曹公击败他们之后实施了血洗。西平、金城将领麹演、蒋石等人一起斩了韩遂，并把他的首级送给曹公。秋七月，曹公到达阳平。张鲁派他弟弟张卫和部将杨昂据守阳平关，沿山修筑了十多里长的城墙，曹军发动攻击，未能攻克，便撤军而去。贼兵见曹公大军退走，就放松了守备。这时曹公便暗中派解慆、高祚等人冒险夜袭，大破敌军，杀了敌将杨任，再攻张卫，张卫等人连夜逃走。张鲁在防线崩溃时逃奔巴中。曹公大军开进南郑县，张鲁府库中的珍宝都被缴获。巴、汉人全部降服。恢复汉宁郡的名称仍为汉中郡；析出汉中郡的安阳、西城为西城郡，设置太守；分出锡县、上庸为上庸郡，设都尉辖治。八月，孙权围攻合肥，被张辽、李典击败。

九月，巴郡七姓夷王朴胡、賨邑侯杜濩率领巴地夷人和賨民前来归附，于是分割巴郡，以朴胡为巴东太守，杜濩任巴西太守，都给予列侯封爵。汉献帝命曹公秉承天子旨意而便宜行事，就地分封诸侯，任命太守以及国相。

冬十月，开始设置五大夫爵位，与原有的列侯、关内侯一起，共分为六等，用来奖赏有战功的人。

十一月，张鲁从巴中率领残余部众归降。曹公封张鲁及其五个儿子都为列侯。刘备袭击刘璋，攻取益州，于是占领了巴中。曹公派张郃攻打刘备。十二月，曹公从南郑返回，留夏侯渊驻守汉中。

建安二十一年春二月，曹公回到邺城。三月初三，曹公亲耕籍田。夏五月，汉献帝加封曹公爵位为魏王。代郡乌丸代理单于普富卢和他属下侯王前来朝见。汉献帝诏令魏王的女儿都称公主，各赐汤沐邑。秋七月，匈奴南单于呼厨泉率领他的名王前来朝见，魏王用客礼款待他们，并留他们住在魏国，让右贤王去卑代管他们的国家。八月，魏王命大理钟繇担任魏国国相。冬十月，魏王亲自训练部队，于是出征孙权，十一月到达谯县。

建安二十二年春正月，魏王驻军居巢，二月，进军至长江西岸的郝溪扎营。孙权在濡须口建造城堡防守，魏军发起猛攻，孙权退走。三月，魏王带兵返回，留下夏侯惇、曹仁、张辽等人驻守居巢。夏四月，汉献帝命令魏王设天子旌旗，出入都跟帝王一样实行警戒清道。五月，建造学宫。六月，魏王命军师华歆担任魏国的御史大夫。冬十月，汉献帝命魏王冠冕佩绶十二旒，乘坐金根车，以六匹骏马牵引，设五时副车。同时，献帝还策命五官中郎将曹丕为魏国王太子。刘备派张飞、马超、吴兰等人屯兵下辩；魏王派曹洪迎击。

建安二十三年春正月，汉朝太医令吉本与少府耿纪、司直韦晃等人造反，攻打许都，纵火焚烧丞相长史王必的兵营，王必和颍川典农中郎将严匡带兵讨伐，将他们全部斩首。

曹洪击败吴兰，斩杀了他的部将任夔等人。三月，张飞、马超逃往汉中，阴平道氐人强端斩杀吴兰，传首京师。夏四月，代郡、上谷乌丸族无臣氐等人反叛，魏王派鄢陵侯曹彰带兵征伐，打败了他们。

六月，魏王下令说："古人造墓，一定要选择贫瘠之地。现在我决定将西门豹祠以西高地规划为寿陵，就照原来地面的高度，不再培土加高，也不种树。《周礼》规定由冢人掌管国家墓地，诸侯之墓位于帝王陵墓左右偏前的地带，卿大夫的墓葬相应靠后，在汉朝的制度里也称为陪陵。大凡公卿大臣和诸将中的有功人士，都应该陪葬寿陵，要扩大墓地的范围，让它足以容纳众多的陪葬墓。"

秋七月，魏王操练士兵，于是乎西征刘备。九月，抵达长安。冬十月，宛城守将侯音等人反叛，劫持南阳太守，抄掠官吏和百姓，据守宛城。当初，曹仁因讨伐关羽，驻兵樊城。当月即派曹仁围困宛城。

建安二十四年春正月，曹仁血洗宛城，斩杀侯音。夏侯渊与刘备大战于阳平，被刘备击杀。三月，魏王从长安经斜谷出兵，先派兵扼守险要之地以形成逼攻汉中之势，然后进兵阳平。刘备凭借险要之地加以对抗。夏五月，魏王带兵返回长安。

秋七月，魏王立夫人卞氏为王后。派于禁协助曹仁攻打关羽。八月，汉水暴涨，于禁因大水淹没军营而全军覆灭，关羽擒获于禁，随即包围了曹仁。魏王派徐晃前去救援。九月,魏相国钟繇因牵连西曹掾魏讽谋反一事而被免职。

冬十月,大军返回洛阳。孙权派使者上书魏王,希望能以讨伐关羽的方式以作为自己对魏王的贡献。魏王从洛阳出发南征关羽,尚未赶到,徐晃一军已击败关羽,关羽退走,曹仁所遭到的围困解除。魏王驻军摩陂。

建安二十五年春正月,魏王来到洛阳。孙权击斩关羽,送来了他的首级。正月二十三日,魏王在洛阳去世,享年六十六岁。临终时吩咐:"天下尚未安定,还不能做到严格遵循古代的丧葬制度。下葬已毕,就该脱去丧服。所有带兵在外戍守的将领,都不准离开他所驻扎的地方。官吏要各尽其职。装敛就用平时所穿的衣服,不放置金玉珍宝之类的陪葬品。"谥号"武王"。二月二十一日,安葬在高陵。

评:东汉末年,天下大乱,群雄四起,袁绍虎视四州,兵强地广,无人能敌。太祖运筹帷幄,奇谋迭出,东征西讨,纵横八方,兼收申不害、商鞅的治国方略,并蓄韩信、白起的奇谋妙计,广揽人才,因才施任,抑制真情,趋利避害,不念旧恶,得道多助,最终独揽朝纲,成就大业,都应该是他智慧超群与谋略卓绝的结果。他大概要算是一个不同寻常的人物、世间不可多得的英雄豪杰了!

白话三国志卷二　魏书二

文帝纪第二

魏文帝名丕，字子桓，是魏武帝曹操的太子。汉灵帝中平四年冬生于谯县。建安十六年，担任五官中郎将、副丞相。建安二十二年，被策立为魏国王太子。太祖去世，他继任丞相，并继承魏国王位。尊奉魏王后为王太后。当年，改建安二十五年为延康元年。

延康元年二月十六日，魏王任命大中大夫贾诩为太尉，御史大夫华歆为相国，大理王朗为御史大夫。设置散骑常侍、侍郎各四人，规定宦官的官阶不得超过少府下属各令级官员；并作为命令鎏刻在金册上，收藏在石室之中。

当初，汉灵帝熹平五年之时，有黄龙在谯县空中现身，光禄大夫桥玄问太史令单飏："这是种怎样的预兆呢？"单飏回答说："那里以后将有称王的人兴起，不出五十年，黄龙还会再现。天象常和人事相应，这就是上天的感应。"内黄殷登把这话默记在心。事过四十五年，殷登还在人世。延康元年三月，谯县再现黄龙。殷登得到消息，说道："单飏的话，该是应验在这里了！"

三月九日，任命前将军夏侯惇为大将军。涉貊、扶馀族的单于，焉耆、于阗的国王都派使者前来进贡。

夏四月十二日，饶安县奏报辖境内出现白色野鸡。二十五日，大将军夏侯惇去世。

五月三日，汉献帝命魏王追赠其皇祖太尉曹嵩为太王，太尉夫人丁氏称太王后，另封魏王的儿子曹叡为武德侯。同月，冯翊一带的山贼郑甘、王照率领部下投降，都被封为列侯。

酒泉人黄华、张掖人张进等都劫持本郡太守发动叛乱。金城太守苏则前去讨伐,击杀张进,黄华投降。

六月七日,魏王在东郊操练士兵,二十六日,兴师南征。

秋七月六日,魏王曹丕下令说:"黄帝首建明台议事体制,帝尧有筑室于道搜集民众言论的举措,那都是为了更广泛地听取广大臣民的意见。各级文武官员,都务必要尽到规谏职责,将帅要陈述治军之法,朝臣要阐明国典政体,州牧郡守应明白禀报部内事务,士大夫应稽考六艺,我将兼收并蓄各种有益的见解。"

孙权派使者进贡。蜀将孟达率部下投降。武都氐王杨仆率领族人前来归附,留在汉阳郡居住。

二十日,驻军谯县,魏王在城东设盛宴犒赏六军和谯县的父老乡亲。八月,石邑县奏报说境内出现成群凤凰翔舞的盛况。

冬十月一日,魏王下令说:"在众将征伐过程中,有士卒战死沙场至今尚未敛葬的,我对此极为哀痛;特此通告各郡国供给小棺收殓,送归死者家中,官府为他们设祭。"四月,魏王来到曲蠡。

汉献帝因魏王已是众望所归,于是召集公卿百官,告庙祭祖。然后派兼任御史大夫的张音持天子符节,捧着皇帝的玉玺绶带,宣布将帝位禅让给魏王,策命书说:"啊魏王:从前帝尧把皇位禅让给虞舜,虞舜也一样让位给大禹,天命无常,只归有德之人。汉朝气运衰微,近世以来就动荡不安,传到朕的时候,天下大乱更加难以收拾,逆贼群起,横行不法,天下倾侧,社稷艰危。幸赖魏武王神明英武,剪平四方,救国倒悬,澄清华夏,保我宗庙,安我社稷,难道仅限于我一人获得安定带来的实惠吗?广大黎民百姓都身受武王的厚赐。如今魏王你继承先王开创的基业,用你的德行加以光大,弘大文治武功的殊勋,显扬先辈的巨大业绩。皇天显象,频降祥瑞,神灵告语,人见吉兆,皆因诞生了你这样的良辅,众人给予我的使命,都说你的气度媲美虞舜,为此我谨遵唐尧旧例,恭敬地把皇位禅让给你。喔!上天的大命已落在你的身上,请诚信地秉持中正之道吧,上苍赐予的福禄必将天长地久;你应当敬受大礼,享有万国,以顺承天命。"于是在繁阳筑坛受禅。二十八日,魏王登坛祭天,正式接受皇帝之位,文武百官陪祭见礼。受禅已毕,魏王下坛,参加完燔柴祭天的大礼后返回。改年号延康为黄初,大赦天下。

黄初元年十一月一日,魏文帝将河内郡的山阳邑一万户作为奉邑,尊奉汉献帝为山阳公,封国内仍用汉朝历法,并以天子的礼仪祭祀天地,上书也不称臣,京都祭祀太庙,致送祭肉;又封山阳公的四个儿子为列侯。追尊皇祖太王为太皇帝,父亲武王为武皇帝,尊奉王太后为皇太后。赐予天下男子每人一级爵位,那些做了父亲的继承人以及孝敬尊长友爱兄弟、勤力农桑者赏给二级爵位。改封汉朝的各诸侯王为崇德侯,诸列侯为关中侯。把颍阴的繁阳亭升格为繁昌县。增封爵位各有差异。改相国为司徒,御史大夫为司空,奉常为太常,郎中令为光禄勋,大理为廷尉,大农为大司农。郡国县邑,也变动颇多。将魏国的金玺改授给匈奴南单于呼厨泉,同时赐给他青盖车、乘舆、宝剑、玉玦。十二月,开始营建洛阳宫,八日,驾临洛阳。这一年,长水校尉戴陵劝谏不应该常常打猎,文帝大怒;戴陵被判处稍轻于死罪一级的刑罚。

黄初二年春正月,在京郊祭祀天地和明堂。三日,围猎到原陵,派使者以三牲具备的太牢之礼祭祀汉朝历代皇帝。四日,在东郊举行祭日大典。开始命令各郡国凡是人口达到十万的,每年要推举孝廉一人;对于俊秀卓越的人才的举荐,不必拘泥于户口的多寡。十日,分封给三公食邑,并封各自的子弟一人为列侯。十一日,宣布免征颍川郡一年的田租。把许县改为许昌县。划出魏郡东部为阳平郡,西部为广平郡。

魏文帝颁布诏令:"昔日孔子有着极贤至圣的资质,胸怀帝王的才器,却身处日益衰败的周朝末年,缺乏接受天命的机缘,只能在鲁、卫两个小国做个微不足道的官吏,周游于洙水、泗水之间宣扬仁德思想,以教化民众为己任,生活凄苦,疲于奔命,决计委屈自己从而使大道永存,抑损自己以拯救芸芸众生。当此之时,上自天子,下到诸侯,终究没有人肯重用他,于是放弃仕宦救世的梦想,回家专心考证五朝礼法,研修远古帝王的事迹,根据鲁史而撰著《春秋》,请教太师而纠正《雅》、《颂》,致使千载以下,没有人不宗法他的文章而著书立说,仰仗他的圣哲而修身处世。可叹啊!他可以说是闻名于当世的大圣人,流芳千年万载的师表啊!因遭受天下大乱之祸,形形色色的祀典全都颓坏无状,他故居的文庙也因长久失修而破败不堪,自褒成侯之后,孔子的后人即湮没不见继承者出世,他的故乡阙里再也听不到讲礼颂诗的声音,无论春夏秋冬,都看不到焚香上祭的庄严场面,这难道就是所谓崇尚古礼、报答功业,对德行盛大者百世不断其祭祀的正常状况么!特封议郎孔羡为宗圣侯,食邑一百户,以奉祀孔子。"命鲁郡负责修好原有的孔庙,配置百户官吏与士兵加以守护,庙外多建房舍,供研习学问的人士居住。

三月,文帝给辽东太守公孙恭加了一顶车骑将军的头衔。开始恢复五铢钱的流通。夏四月,命车骑将军曹仁升为大将军。五月,郑甘再次反叛,文帝派曹仁前去征讨,将郑甘斩首。六月一日,开始祭祀五岳与四河,其他各种祭祀也依次举行。二十八日,魏文帝夫人甄氏去世。二十九日,出现日食,有关官员奏请免去太尉的职务。文帝下诏说:"上天显示灾变,是用来警示元首的,现在却要归咎于辅佐大臣,这难道是夏禹、商汤引咎自责的道理吗?特此命令文武百官各敬本职,自今以后遇到自然灾害,不得再弹劾三公。"秋八月,孙权派使者送来奏章,并送还于禁等被俘将士。十九日,文帝派太常邢贞持皇帝符节前往江东,策封孙权为大将军、吴王,加九锡殊荣。冬十月,任命杨彪为光禄大夫。因粮价昂贵,停止使用五铢钱。十二日,任命大将军曹仁为大司马。十二月,巡视东方。这一年修筑陵云台。

黄初三年春正月初一,发生日食。五日,文帝驾临许昌宫。下诏说:"现今的计吏和孝廉,就是古代的贡士了;十户人家的小小聚落,必定会有忠诚守信的贤人存在,如果限制年龄选拔人才,那么吕尚、周晋就不会在前代晁讠夬了。特令各郡国选才举士,不限老幼;儒生通晓经术,胥史明白法规,合条件的都可试用。官员应当纠察那些故意作伪者。"

二月,鄯善、龟兹、于阗国王各派使臣前来进贡,文帝下诏说:"从前西戎各国臣服就序,氐族、羌族来朝见天王,《诗》、《书》都曾加以赞美。近来西域各族都叩关示好纷纷前来依附朝廷,特派使者给予慰劳安抚。"此后西域便与中原经常往来,朝廷在那里设置戊己校尉以方便管理。

三月初一,立齐公曹叡为平原王,文帝诸弟鄢陵公曹彰等十一人也都被封为王。开始规定,诸侯王的庶子为乡公,嗣王的庶子为亭侯,公爵的庶子为亭伯。十日,立皇子曹霖为河东王。三十日,文帝巡行襄邑。夏四月十四日,立鄄城侯曹植为鄄城王。二十九日,文帝一路巡行返回许昌宫。五月,将荆、扬以及长江以南的八郡划归荆州,这是因为孙权兼领州牧的缘故;荆州江北各郡归属郢州。闰五月,孙权在夷陵一战中大败刘备。最初,文帝听说刘备率大军东下,与孙权交战,树立寨栅、兵营相连,首尾竟达七百多里时,就对群臣说:"刘备不懂用兵之道,哪里有联营七百里却可以抵挡敌军进攻的道理呢!'围绕广平低湿地带驻军扎营者必将成为敌方的俘虏',这是兵家大忌。孙权的报捷奏章很快就要到了。"七天之后,孙权大败刘备的捷报果然到了。

秋七月,冀州蝗虫遍野,百姓陷入饥荒,文帝派尚书杜畿持皇帝符节到各地开仓放粮,救济灾民。八月,蜀国大将黄权率部下投降。九月三日,文帝下诏:"妇人参与政事,是动乱的根源。从今而后,群臣不得向太后上书奏事,皇后的家族成员不能担任辅政大臣,也不能平白无故地享受裂地封侯的待遇;将这条诏令代代相传,如有违背者,天下人可以一同诛杀他。"九日,册立郭氏为皇后。赐全国男子每人二级爵位;对鳏夫、寡妇、重病、衰老和贫苦难以自谋生计的人,赐给粮食。

这年冬天十月三日,确定首阳山东为寿陵,发布关于丧葬的文告说:"按照礼制,国君即位就给自己制作内棺,是活着的时候不忘记死亡的意思。从前帝尧葬于谷林,四周都植上树木,大禹葬在会稽,农夫不用改变田地,所以归葬山林,即与山林合而为一。聚土造坟,植树为记的制度,并不是上古就有的,我不想采用。寿陵因山为体,不必造坟植树,也不要建造寝殿、园邑和神道。人死安葬,就是埋藏的意思,目的是让别人不能看见。尸骨没有知觉,不懂痛痒,坟墓也不是神灵的住宅，古礼规定不得上墓祭祀，是要生死隔离，彼此免遭亵渎。制造棺椁足以使骨头腐朽，穿衣盖衾足够让肌肉腐烂就可以了。我之所以在这不长庄稼的地方建造坟墓，就是想在改朝换代之后没人能够知道我的葬处。不要放防腐的灰炭，也不要用金、银、铜、铁制品陪葬，全部用瓦制品，这样才合乎古代泥车涂彩、草扎人马的殉葬规定。棺木漆刷三遍就好，口中不必含珠衔玉，也不要放珠缀短衣、玉制匣子，这些都是愚蠢的世俗之人才做的事。季孙用美玉敛葬，孔子就像救人一样忙着上阶劝阻，说他这样做就跟把尸骨暴露在荒原中毫无分别。宋公被厚葬，有识之士都说华元、乐莒不是忠心事主的臣子，认为这是将自己君王弃于恶道的行径。汉文帝的陵墓没被人挖开，是因为霸陵中没有什么珍宝可以让人贪图；光武帝的陵墓遭到盗掘，是因为原陵冢高树茂的缘故。霸陵得以保全，张释之功不可没；原陵被掘毁，明帝责无旁贷。这是因为释之的忠直只为利于君主，明帝不计后果的爱亲之心反而以伤害亲人告终。是忠臣孝子，就应该好好思量孔仲尼、左丘明、张释之的话，以华元、乐莒、明帝为戒，常以怎样才能安定君主亲人，及如何保证他们的灵魂万载不受侵害为思维与行为的准则，这也就是贤圣之人的忠和孝了。从古到今，没有不灭亡的国家，也没有不被挖掘的坟墓。汉末战乱以来，汉朝历代皇帝的陵墓无不遭到盗掘，以至于为了烧取玉匣金缕，使骸骨一同化为灰烬，这样焚烧就如同火刑一样，难道不令人深深的哀痛吗！祸害产生的原因就是厚葬和造陵种树。'桑、霍为我戒'，古人不是说得够明白了吗？现在规定，皇后及贵人以下人等，凡是不跟诸侯王去相应封国的，死后都葬在涧西，先前也已经确定处所了。舜帝葬于苍梧，娥皇、女英二妃都没有追随他葬在一起；延陵安葬自己的儿子，也远在嬴博之间，魂魄有灵，就没有想去而到不了的地方，一涧之隔，并不遥远。如果谁违背了现在这条诏令，擅自变动已经实施了的规定，我在地下恰如遭受戮尸之刑，恰如戮过又戮，死了再死。为臣为子者轻侮蔑视死去的君王、父亲，属于不忠不孝，倘若死者有知，将不会保佑你。特令将此诏令藏于宗庙，尚书、秘书、三府各存一套副本。"

这个月，孙权又反叛。恢复郢州为荆州。文帝从许昌南征，诸路大军并进，孙权凭借长江拒守。十一月十一日，驾临宛地。三十日，发生日食。当年，开凿灵芝池。

黄初四年春正月，文帝发布诏令说："汉末祸乱以来，战争不断，天下人互相争斗，彼此残杀。如今海内刚刚安定，有敢私自复仇的人一律族灭。"在宛城修筑南巡台。三月八日，从宛城回到洛阳宫。十五日，月亮侵犯心宿中央大星。十九日，大司马曹仁去世。这个月，瘟疫大举爆发。夏五月，灵芝池鹈鹕群集。文帝下诏说："这就是诗人所说的污泽呀！那首《曹诗》的本意是'刺恭公远君子而近小人'，如今难道有贤明聪慧者遭到了埋没吗，否则这些鸟为什么到这里来了？此令广泛推荐天下俊德大才和特立独行的君子，用以回答曹人的讥刺。"

六月十七日，任城王曹彰在京城去世。二十八日，太尉贾诩病逝。太白星白昼出现。这个月大雨连绵，伊水、洛水泛滥成灾，淹死百姓，冲毁房屋。秋八月十一日，任命廷尉钟繇为太尉。十五日，到荥阳打猎，于是东巡。评议征讨孙权的战功，众将以下都获得了程度不一的进爵增户。九月十九日，驾临许昌宫。

黄初五年春正月，开始颁布命令，规定只有谋反大逆之罪才能检举揭发，其余的控告官府不许受理；有敢捏造事实诬告他人者，将用他所诽谤的同等罪名来惩处他自己。三月，文帝从许昌返回洛阳宫。夏四月，建立太学，制定五经考核的方法，设置《春秋穀梁》博士。五月，官府以初一、十五为众公卿朝见的日子，奏报疑难大事，文帝根据众卿意见决策大政方针，辩正利弊得失。秋七月，文帝车驾东巡，驾临许昌宫。八月，成立水军，文帝亲自统帅龙舟，沿蔡、颍二水而下，渡过淮河，到达寿春。扬州郡内将吏百姓，所犯罪为五年以下刑期的罪犯，全部获得赦免。九月，行军到达广陵，大赦青、徐二州，对所在将领和郡守进行了调整。冬十月六日，太白星白昼出现。一路巡幸回到许昌宫。十一月十一日，因冀州饥荒，文帝派使者开仓赈济灾民。当月的最后一天，发生日食。

十二月，文帝发布诏令说："先王制定礼法，是为了昭示孝道，侍奉祖先,祭祀天地社稷是首要大典,其次就是宗庙的祭祀,日月星辰、名山大川与上述祭祀对象无关,都没有列入祀典。三世衰乱,崇信巫史,以至于宫殿之内,门窗之间,无不洒酒祭奠,这种迷惑实在是到了不可思议的程度。从今而后,有人敢举行不合祀典的祭礼及宣扬巫蛊尸祝言论,一律视为旁门左道给予惩处。把这条命令著录到法典上。"这一年开凿了天渊池。

黄初六年春二月,文帝派遣使者从许昌一路往东巡视,一直到沛郡为止,沿途访问百姓疾苦,并对贫苦交加的人给予赈济。三月,文帝巡幸召陵,修通讨虏渠。二十八日,返回许昌宫。并州刺史梁习征讨鲜卑人轲比能,大破鲜卑族众。闰月二十四日,文帝亲率战舰东征。五月二日,巡幸谯县。十六日,火星侵入太微星宿。六月,利成郡士兵蔡方等人占据郡城反叛,杀死了太守徐质。文帝派屯骑校尉任福、步兵校尉段昭与青州刺史一道率兵讨平了叛军;对于其中被迫参与叛乱及流亡的人,全部赦免他们的罪行。

秋七月,立皇子曹鉴为东武阳王。八月,文帝率水军从谯县出发,沿涡水入淮河,之后由陆路巡幸徐州。九月,筑东巡台。冬十月,驾临广陵故城,临江检阅军队,士兵多达十余万,旌旗飘扬数百里。这年冬天非常寒冷,水路都被坚冰覆盖,船舰不能进入长江,于是返回。十一月,东武阳王曹鉴去世。十二月,车驾经谯县过梁地,文帝派使者用三牲具备的太牢之礼祭祀已故汉朝太尉桥玄。

黄初七年正月,文帝准备巡幸许昌,许昌南城门无缘无故自行崩塌,文帝心生厌憎,就放弃了进许昌的打算。十日,回到洛阳宫。三月,修筑九华台。夏五月十六日,文帝病重不起,召中军大将军曹真、镇军大将军陈群、征东大将军曹休、抚军大将军司马懿进宫共同接受遗诏辅助继位的皇上。放出后宫中淑媛、昭仪以下嫔妃各自回家。十七日,文帝在嘉福殿驾崩,时年四十岁。六月九日,葬于首阳陵。从入敛到安葬,都照文帝生前发布的丧葬规定办埋。

当初,文帝爱好文学,以著书立说为业,自行创作近百篇作品。又让众儒生汇撰经传,按类排序,总数达一千余篇,称为《皇览》。

评：文帝富有卓越的文学天赋，下笔成章，博闻强记，才艺兼备；若能加上宽宏的气度，再用公平的诚心加以砥砺，志存高远，心系大道，光大仁德，那么就算比之以古代的贤君明主，又会有多大的差别呢！

白话三国志卷三　魏书三

明帝纪第三

明皇帝名叡,字元仲,是文帝曹丕的太子。一出生就深受太祖的喜爱,常被太祖带在身边。十五岁那年,封为武德侯,文帝黄初二年晋爵齐公,次年进封为平原王。由于生母甄皇后被文帝赐死的缘故,一直未被册立为储君。黄初七年夏五月,文帝病危,这才将他立为皇太子。十七日,太子即皇帝位,大赦天下。尊皇太后为太皇太后,文帝郭皇后为皇太后,群臣进爵各有等级。六月十四日,追谥生母甄夫人为文昭皇后。二十三日,封皇弟曹蕤为阳平王。

八月,孙权进攻江夏郡,太守文聘坚守郡城。朝臣都认为应当发兵救援。明帝对他们说:"孙权军队的优势在于水上作战,这次之所以敢于下船上岸实施攻击,不过是想抓住文聘防守不严的时机,打他一个措手不及罢了。可眼下已跟文聘形成相持之势,而攻方与守方的力量对比是成倍计算的,他终究不敢做太长时间的相持。"在这之前,明帝曾派治书侍御史荀禹慰劳戍边将士,荀禹到江夏,便集中所经各县征集的兵马,以及随行步、骑兵千余人,凭借山势举火虚张声势,孙权率兵退走。十二日,明帝立皇子曹冏为清河王。东吴大将诸葛瑾、张霸等进攻襄阳。抚军大将军司马懿大破吴军,斩吴将张霸,征东人将军曹休又在寻阳打败了另外的东吴将领。朝廷论功行赏,各有等级。冬十月,清河王曹冏去世。十二月,升迁太尉钟繇为太傅,征东大将军曹休为大司马,中军大将军曹真为大将军,司徒华歆为太尉,司空王朗为司徒,镇军大将军陈群为司空,抚军大将军司马懿为骠骑大将军。

太和元年春正月，明帝举行郊祭，以太祖武皇帝配享上天；又在明堂举行宗祀，以文皇帝配享上帝。分出江夏郡南部地区，设江夏南部都尉。西平郡麴英反叛，杀害临羌令、西都长，朝廷派将军郝昭、鹿磐率兵平叛，斩杀麴英。二月五日，明帝亲耕籍田。十五日，在邺城建文昭皇后寝庙。二十一日，明帝到东郊祭祀太阳。夏四月初十，颁行五铢钱。十九日，开始营建宗庙。秋八月，明帝又在西郊举行祭祀月亮的仪式。冬十月四日，在东郊训练军队。西域焉耆国国王派儿子来明帝身边侍奉。十一月，立毛氏为皇后。赐天下男子每人两级爵位，对孤寡老弱不能维持生计者由官府赐给粮食。十二月，封毛皇后的父亲毛嘉为列侯。新城太守孟达反叛，诏令骠骑将军司马懿率兵讨伐。

太和二年春正月，司马懿攻破新城，擒斩孟达，将其首级传送京都洛阳。朝廷分出新城郡的上庸、武陵、巫县为上庸郡，锡县为锡郡。蜀国大将诸葛亮指挥军队侵犯边境，天水、南安、安定等三郡的官吏和百姓都叛魏响应诸葛亮。明帝派大将军曹真督师关右，同时率兵反击。街亭一战，右将军张郃大破蜀军。诸葛亮败退，三郡得以平定。三月十八日，明帝亲临长安。夏四月十五日，回到京都洛阳。下诏赦免罪不容赦者以外的所有囚犯。十六日，对讨伐诸葛亮的胜利论功行赏，有功将士封爵增邑各有等级。五月，大旱。六月，明帝下诏说："尊奉儒家学说，崇尚学术研讨，是王者教化的根本所在。但近来发现有些儒官并不称职，这样又如何能够有效地传播圣王之道？特令严格考核制度，选拔那些博学多识，其才能足以担任侍中、常侍一类官职的人才。敕令各郡国，今后向朝廷举荐的人才应以精通儒家经典者优先。"秋九月，大司马曹休率诸军开赴皖地，与东吴将军陆议战于石亭，魏军大败。二十九日，明帝立皇子曹穆为繁阳王。十月十四日，大司马曹休去世。冬十月，明帝下令朝中公卿近臣各自荐举良将一人。十一月，司徒王朗去世。十二月，诸葛亮挥军包围陈仓，大将军曹真派将军费曜等人带兵抗击。这时辽东太守公孙恭兄长之子公孙渊，劫夺了公孙恭的官位，朝廷干脆将错就错授予公孙渊担任辽东太守的实职。

太和三年夏四月，元城王曹礼去世。六月二十一日，繁阳王曹穆去世。二十六日，明帝追尊在东汉桓帝时当过大长秋的高祖曹腾为高皇帝，高祖母吴氏为高皇后。

秋七月，明帝下诏说："按照礼法，君王如果没有继位的亲生儿子，可选择支系王子以承嗣大宗，既然如此，承嗣者理当继承嫡系血脉并且坚持奉公行义之心，又怎么能凭借皇帝的特权而专顾私情呢？从前，汉宣帝以旁支承嗣昭帝登上皇位，就给自己的父亲加上皇号；汉哀帝也是从藩王中选立的，董宏等人也援引亡秦先例，惑乱当朝礼法，不仅尊奉其父为恭皇帝并在京都为之立庙，而且连他父亲的四位王妃也同享恩宠，与皇太后相提并论，以至于出现了父子在前殿同时称皇、四位皇太后并立后宫的荒唐现象，这种僭礼越制毫无节制的行为，无论人神都不肯给予庇佑的，何况最终还公然降罪一片忠心进言力谏的大臣师丹，致使丁、傅二后遭到掘冢焚尸的惨祸。自此以后，有着类似出身的帝王纷纷效仿。当年鲁文公颠倒祀典，罪咎在于夏父；宋国君主厚葬无度，讥刺集中于华元一身。现在特令众公卿和各级官吏，一定要以前代的深刻教训作为鉴戒，今后我朝万一出现即位嗣君产生于同姓藩王情况，那他务必明白自己确是作为先帝后人这一道理；有谁胆敢以奸邪言论阿谀迷惑当朝皇帝，随意加封皇号扰乱皇室正统，称新君的父亲为皇、母亲为后的，那么朝廷的辅佐大臣可将他即行诛杀，决无赦免。将此诏令用金册加以书刻，藏在宗庙，并写进国家法典。"

冬十月，把平望观改为听讼观。明帝常说"审案断狱，事关天下人的性命啊"，因此每逢审断重大案件，他常常亲临现场，听讼观审。当初，因洛阳宗庙尚未建成，先帝们的神位都安放在邺城宗庙。十一月，洛阳宗庙落成，即派太常韩暨持皇帝符节去邺城奉迎高皇帝、太皇帝、武帝、文帝的神位。十二月十日，将各位先帝神位安放到洛阳宗庙。二十四日，大月氏王波调派使者前来进贡，明帝封波调为亲魏大月氏王。

太和四年春二月四日，明帝下诏说："世上朴实有用的文章，都是追随王者的教化而不断改变的。自汉末兵乱以来，儒家经典废绝不用,年轻人的进取,并非经由钻研经典的途径。难道是朕的训导未曾得到贯彻,对官员的选拔任用还并不是唯德是举么?特令官吏只要真正学通了一部经典,才能足以担当管理百姓的重任,并经由博士考核,成绩拔尖的人,立即给予任用;对于那些华而不实不能信守立身行道及经世致用之根本的人,则一律予以斥退。"十日,明帝又下诏给三公,将文帝所著《典论》刻成石碑,立在宗庙正门之外。十五日,任命大将军曹真为大司马,骠骑将军司马懿为大将军,辽东太守公孙渊为车骑将军。夏四月,太傅钟繇去世。六月十一日,太皇太后驾崩。十九日,撤销上庸郡。秋七月,将太皇太后灵柩与武帝合葬高陵。诏令大司马曹真、大将军司马懿率兵伐蜀。八月五日,明帝东巡,派使者以一头公牛的牲礼祭祀中岳。十九日,临幸许昌宫。九月,天降大雨,伊水、洛水、黄河、汉水都涨水泛滥,于是诏令曹真等人班师。冬十月十一日,明帝返回洛阳宫。十六日,明帝下令:"在押囚犯除那些罪不容赦的死囚之外,其余人等根据其罪过大小听凭其家人用相应的赎金予以赎回。"十一月,太白侵犯岁星。十二月辛未,将文昭甄皇后改葬到朝阳陵。二十三日,下诏众公卿,让大家为朝廷举荐贤良人才。

太和五年春正月,明帝亲耕籍田。三月,大司马曹真去世。诸葛亮率军进犯天水,诏令大将军司马懿统兵反击。自去年十月到本月为止已有半年时间没有下雨。九日,朝廷举行盛大的祭祀求雨仪式。夏四月,鲜卑族附义王轲比能率族人及丁零族酋长儿禅赴幽州进贡名马,为此重新设置了护匈奴中郎将。秋七月六日,因诸葛亮率军自动退走,朝廷对抗击蜀军的有功将士分别按等级封爵增位。十五日,皇子曹殷出生,宣布大赦天下。

八月,明帝下诏说:"古代诸侯按期朝见天子,目的是促使大家亲厚和睦,让各国之间情谊不断,彼此和睦相处。先帝曾立下法令,不想让藩封诸王住在京都,是说幼主在位,母后代为处理国政,有必要防微杜渐,那是关系到国家盛衰的大事。为此,我已有十二年没有见到各位诸侯王了,悠悠情怀,血脉相系,怎能不让我格外思念!今特令诸王及宗室公侯各派嫡子一人来京朝见。以后再出现少主、母后在宫中的情况,就仍照先帝的法令办理。将此规定申明天下并载入法典。"这年冬十一月十七日,月犯轩辕大星。这个月的最后一天,发生日食。十二月六日,月犯镇星。二十日,太尉华歆去世。

太和六年春二月,明帝诏令说:"古代的帝王裂土赐爵,分封诸侯,是让他们作为王室的外围屏障。《诗经》上不是说么:'君王广施恩德,心系国家安宁,宗子同心协力,胜于天堑金城。'周朝以后,秦、汉相继,其国势或强或弱,都是对此规则缺乏正确把握的缘故。我魏朝创业之初,诸王的封邦建国都是因时制宜,并未形成确定的制度,也没有想过要作为后世永远遵循的法则。现在决定改封诸侯王,都以各自的郡为国。"三月七日,明帝东巡,所经之处,慰问高龄老人及鳏寡孤独百姓,并赐给粮食布帛。九日,月犯轩辕大星。夏四月六日,明帝巡幸到达许昌宫。二十八日,携时鲜水果到宗庙祭祀。五月,皇子曹殷夭折,追谥为安平哀王。秋七月,任命卫尉董昭为司徒。九月,明帝巡幸摩陂,命令大修许昌宫,兴建景福、承光二殿。冬十月,珍夷将军田豫率部与东吴将领周贺战于成山,并击杀周贺。十一月四日,太白星白昼出现。又翼宿附近出现彗星,趋近太微上将星。二十七日,陈思王曹植去世。十二月,明帝车驾返回许昌宫。

青龙元年春正月二十三日,北邙山摩陂井中有青龙出没。二月六日,明帝亲临摩陂观龙,并在这时将年号改为青龙,改摩陂为龙陂,赐天下男子每人爵位二级,鳏寡孤独的人免除当年租赋。三月三日,又下诏让公卿荐举品德贤良、行为淳厚之士各一人。夏五月十二日,诏令将已故大将军夏侯惇、大司马曹仁、车骑将军程昱的灵位安放到太祖庙庭,配享祭祀。十八日,北海王曹蕤去世。闰五月初一,日月同见于东方之时,发生了日食。八日,诸王女以外的各宗室女都获得改封为邑主的待遇。诏令诸郡国不得祭祀未被列入国家祀典的山川。六月,洛阳宫内的鞠室发生火灾。

接受魏国封授的保塞鲜卑首领步度根与不服管辖的鲜卑首领轲比能私自串通。并州刺史毕轨上表并立即出兵,试图达到对外向轲比能示威,对内可以压服步度根的双重效果。明帝看了毕轨的奏表,说:"步度根因受轲比能的引诱,本来还有些犹疑不定。如今毕轨出兵,适足以使两支鲜卑部落在惊慌之下合兵一起,还能威镇谁呢?赶紧敦促毕轨,已经派出去的部队万万不可跨越边塞开过句注。"但等到诏书到来,毕轨早就进军驻扎在阴馆,并派将军苏尚、董弼二人追击保塞鲜卑。轲比能派他儿子率领一千多骑兵前来迎接步度根的部落,与苏尚、董弼二将相遇,战于楼烦,二将战败并全军覆没。步度根部落全部反出塞外,与轲比能合兵一处侵扰边境。明帝遣骁骑将军秦朗统帅中军前去讨伐,鲜卑人这才远遁大漠之北。

秋九月,屯驻安定地区的保塞匈奴首领胡薄居姿职等人又率部反叛,大将军司马懿派部将胡遵带兵追击,叛逃匈奴人战败投降。十月,步度根部落的另一名首领戴胡阿狼泥等人来到并州向魏军投降。秦朗率军返回。

十二月,车骑将军公孙渊斩杀孙权派去的使节张弥、许晏,并送上二人首级。朝廷任命公孙渊为大司马乐浪公。

青龙二年春二月十日,太白侵犯火星。十八日,明帝下诏说:"以鞭笞作为官员的刑罚,为的是纠正轻忽怠惰的行为,而近年却有不少人无辜惨死在鞭杖之下。特令取消鞭刑,并载入法令。"三月六日,山阳公刘协去世,明帝身着素服表示哀悼,并派使者持皇帝符节督办丧事。二十五日,下诏大赦天下。夏四月,瘟疫盛行。崇华殿也遭遇火灾。十二日,明帝诏令有关官员备下牛羊猪三牲祭品,到文帝庙中祷告祭献。接着又追谥山阳公为汉孝献皇帝,按照汉代礼仪安葬。

当月,诸葛亮兵出斜谷,驻军渭南。司马懿统帅诸军迎击。明帝诏令司马懿:"我军只须坚壁拒守,消耗其锐气,诸葛亮必将陷于想进既难如愿,撤退又不甘心,长时间对峙必然粮草耗尽,原地抄掠却注定两手空空的被动局面,那个时候他就只能自动退兵了。等蜀军撤退之时再大举追击,以逸待劳,这就是我军大获全胜的法门啊!"

五月,太白星白昼出现。孙权率军北上到达居巢湖口,进逼合肥新城,又派将军陆议、孙韶各带万余人马分别进入淮河和沔水。

六月,征东将军满宠进军迎击。满宠建议弃守新城,把东吴兵放到寿春城外再打。明帝不予采纳,他说:"从前汉光武帝派兵坚守遥远的略阳城,最终据此击败隗嚣;先帝东面屯兵合肥,南面守御襄阳,西面固守祁山,敌军来犯每每在这三座城下折戟而回,可见它们都是兵家必争之地。这次就算是孙权亲自进攻新城,也必定不能攻陷。现敕令诸将坚守勿怠,我将亲自督师前来征讨吴军,不过,等我到达那里的时候,只怕孙权闻风而动,先就撤兵躲回自己老巢去了呢。"秋七月十九日,明帝乘坐龙舟亲自东征。孙权率军围攻新城,守将张颖等坚守力战,明帝所率大军距新城还有数百里之遥,孙权就闻讯撤兵了,陆议、孙韶也随即退走。朝臣认为"大将军正与诸葛亮相持不下,皇上可在此时西巡长安"。明帝听后说:"孙权一撤兵,诸葛亮已然闻风丧胆,西边有大将军就足可对付,我不必再为那边的战事忧心了。"于是继续进军。驾临寿春,登录诸将战功,封赏各有等级。八月七日,明帝举行盛大的阅兵仪式,并犒劳三军将士,同时派出专门使者持皇帝符节前往合肥、寿春慰问当地驻军。二十八日,明帝返驾许昌宫。

司马懿与诸葛亮进行了旷日持久的对峙,诸葛亮多次挑战,司马懿都只是紧闭营垒坚守不出。恰逢诸葛亮去世,蜀军也就撤兵退走了。

这年冬十月十四日,月犯镇星及轩辕星。二十七日,月犯太白星座。十一月,京都发生地震,震波从东南方向来,隐隐有声,房屋为之摇动。十二月,明帝诏令有关官员删定有关死刑的法律条文,以减少死囚的数量。

青龙三年春正月八日,任命大将军司马懿为太尉。十九日,重新设置朔方郡。此时,京都又爆发了严重的瘟疫。二月八日,皇太后驾崩。二十六日,天降陨石于寿光县境。三月十一日,按文帝颁布的丧葬制度为皇太后郭氏营建了陵墓,隔涧东望文帝首阳陵。

此时,明帝正大修洛阳宫,新建了昭阳殿和太极殿,筑造了总章观。这使得百姓们严重贻误了农时,秉性耿直的朝臣如杨阜、高堂隆等人多次恳切进谏,明帝尽管不肯采纳,但对这些谏臣还是采取了优容宽贷的态度。

秋七月，洛阳崇华殿发生重大火灾。八月二十四日，册立皇子曹芳为齐王，曹询为秦王。九月二日，明帝返回洛阳宫，命有关官员修复崇华殿，殿名改为九龙殿。冬十月三日，中山王曹衮去世。二十六日，太白星白昼出现。十一月二十二日，明帝临幸许昌宫。

青龙四年春二月，太白星再度白昼出现。月犯太白，又侵犯轩辕星座中一星，入太微星宿而出。夏四月，设置崇文观，征召天下善写文章的人进观。五月十三日，司徒董昭去世。十五日，北方肃慎国进献用楛木制成的弓箭。

六月初一，明帝诏令说："从前有虞氏把五刑之状画成图像昭示天下，广大百姓就不再触犯法律；周朝置刑而不用。我追随历代帝王之后，有心重现上古以来民不犯法而无所置刑的美好景象，但结果怎么就跟愿望相差得这么远呢？法令昭示得越是明确，违法的人越是增多，刑罚实行得越是普遍，而种种作奸犯科的行为就越是不能禁止。以往也曾按照制定死刑的条款，免除了不少罪犯的死刑，这也是救百姓们的性命，是朕的一片真诚心愿。但听说各郡国审断的犯人每年仍有数百之多，这难道是我的训导不够淳厚质朴，使得百姓们对违法犯罪抱着掉以轻心的态度，或者苛法犹存，反而成为激发民众触犯法律的陷阱吗？有关执法者应在议定案件时宽赦死罪，务必本着宽大为怀的原则，如果乞求施恩的人，还有来不及将申诉文状递交御览而案子早已判决，就不是力求案件清楚，仔细分辨其中一切情理细节的审理方法。现特令执掌最高司法权力的廷尉以及各郡国的司法官吏，以后所有死罪人犯一旦备文定案，凡是不属于谋反及亲手杀人的死刑犯，都应尽快通知其亲属，若有乞求施恩的犯人，有关官员应将犯人的陈请书信和有关案情文书一起呈送给朕，朕将考虑怎样才能保全他们的性命。特此布告天下，以便让大家都能明白朕的意愿。"

秋七月，辽东高句骊国王宫斩了吴国孙权所派使者胡卫等人，把他们的首级送到幽州。十三日，太白侵犯轩辕大星。冬十月十日，明帝返回洛阳宫。十五日，有彗星出现于大辰星附近。十六日，彗星再现东方。十一月六日，又见彗星，侵犯宦者天纪星。十二月十五日，司空陈群去世。十七日，明帝临幸许昌宫。

景初元年春正月二十四日，山茌县奏报境内出现黄龙。这时有关官员进奏，认为魏朝占有三统五行中的地统，应该以殷历的建丑之月作为正月。三月，议定当行历法并改年为孟夏四月，服色以黄为正，祭祀所用牺牲选用白色，逢战事则乘黑首白马，树大红之旗，朝会则立大白旗。将太和历改为景初历。如此一来，春、夏、秋、冬四季之中，孟、仲、季月的交替尽管有别于正岁，但诸如郊祀、迎气、祊祠、蒸尝、巡狩、蒐田、分至启闭、班宣时令、中气早晚、敬授民时之类活动的日期，仍以正岁农历的月建作为历数的序次。

五月二日，明帝车驾回到洛阳宫。二十二日，下诏大赦天下。六月一日，京城洛阳发生地震。四日，任命尚书令陈矫为司徒，尚书右仆射卫臻为司空。十一日，分出魏兴郡的魏阳、锡郡的安富、上庸等三县为上庸郡。撤销锡郡建制，把锡县划归魏兴郡。

有关官员进奏：武皇帝身当汉末乱世，拨乱反正，有大功大德于世，为魏太祖，所以乐舞用《武始之舞》。文皇帝应天受命，改朝换代，为魏高祖，所以乐舞用《咸熙之舞》。当今皇上致力于典章制度的完善，使国家得以大治，为魏烈祖，乐舞当用《章斌之舞》。三祖庙庭，万世不毁。其余四座宗庙，则随着后世帝王及其嫡系亲缘的变更而相应地变更归属，制度上恰如周朝后稷、文王、武王的三座祖庙与其他四座宗庙的关系一样。

秋七月二日，司徒陈矫逝世。东吴孙权派朱然率兵二万围攻江夏郡。荆州刺史胡质挥军反击，朱然退走。在此之前，孙权曾派使者走海路到高句骊国进行联络，图谋奔袭辽东。明帝便派遣幽州刺史毌丘俭率诸军以及归顺的鲜卑、乌丸部族开赴辽东的南部地区，同时下诏征召公孙渊。公孙渊发兵反叛，毌丘俭进军先行讨伐，适逢大雨连绵十余日，辽水暴涨，明帝便传诏毌丘俭暂行撤军。乌丸单于寇娄敦、辽西乌丸都督王护留等部本居辽东，这时也各率部属跟随毌丘俭来到内地归附魏国。十四日，明帝下诏宣布，辽东的将士、官吏及黎民百姓凡为公孙渊胁迫而不能向朝廷投降者，朝廷均可以从宽赦免他们的罪行。二十六日，太白星白昼出现。公孙渊从毋丘俭退兵的那一刻起，立即自封为燕王，设置百官，定年号为绍汉元年。

明帝诏令青、兖、幽、冀四州大规模制造海船。九月，冀、兖、徐、豫四州发生水灾，朝廷派侍御史到灾区巡视，对于那些洪水中不幸淹死的灾民家庭及因水灾失去财产无法生活的难民，所到之处皆打开官仓放粮加以赈济。九月十六日，皇后毛氏去世。冬十月十三日，月犯荧惑。十九日，将毛皇后安葬在愍陵。二十一日，在洛阳南郊的委粟山营造祭天的圜丘。十二月十九日，首次在圜丘举行祭天大典。二十四日，从襄阳郡分出临沮、宜城、旍阳、邔县等四县，设立襄阳南部都尉。二十六日，有关官员奏请在京都为明帝生母文昭皇后建立祀庙。朝廷又分出襄阳郡的都叶县，归属义阳郡。

景初二年春正月，明帝下诏命司马懿统帅大军征讨辽东。

二月十一日，任命大中大夫韩暨为司徒。二十一日，月犯心距星，又犯心宿中央大星。夏四月九日，司徒韩暨逝世。十一日，朝廷划出沛国的萧、相、竹邑、符离、蕲、铚、龙亢、山桑、洨、虹十县设置汝阴郡。宋县和原属陈郡的苦县都划归谯郡。以沛、杼秋、公丘、彭城丰国、广戚五县作为沛王国封地。十九日，大赦天下。五月十五日，月犯心距星，又犯心宿中央大星。六月，撤销渔阳郡的狐奴县，重新设置安乐县。秋八月，烧当羌族的土王芒中、注诣等人反叛，凉州刺史率诸郡兵马前往征讨，将注诣斩首。二十四日，有彗星出现在张宿附近。

九月七日，司马懿挥师将公孙渊围困在襄平，彻底打垮了叛军，并将公孙渊的首级传送京都。辽东叛乱被荡平，诸郡重新归属朝廷。冬十一月，朝廷评议诸将士讨伐公孙渊的功劳，自太尉司马懿以下都获得不同程度的增邑封爵。当初，明帝主持朝会商议派司马懿统兵讨伐公孙渊，准备发兵四万。群臣都以为四万兵马太多，军费开支及后勤粮草都难以保障。明帝坚持说："行程长达四千里的军事征伐，虽说可以运用出奇制胜的谋略，同时还必须要有强大的军事实力，是不应该过于计较军费开支的多少的。"于是仍以四万大军出征辽东。当司马懿率师抵达辽东之后,又赶上连绵大雨,没能取得攻打公孙渊的合适时机,朝臣中又有人认为公孙渊不是短时间内可以攻破,应当传诏让司马懿退兵。明帝说:"司马懿统兵善于随机应变,活捉公孙渊一定指日可待。"后来的战事发展果然都不出明帝的预料。

九月二十四日,任命司空卫臻为司徒,司隶校尉崔林为司空。闰月,月犯心宿中央大星。十二月八日,明帝有病。二十四日,册立皇后。诏赐天下男子人爵位各进二级,鳏夫寡妇孤独无靠者由官府赐给粮谷。又下诏任命燕王曹宇为大将军。二十七日,免去曹宇大将军职务,另以武卫将军曹爽代替。

当初在青龙三年的时候,寿春一位农民的妻子自称是天神下凡,名为登女,应当护卫帝室,为帝王去邪荐福。她取水给有病的人喝,用水给人清洗疮口,居然真有不少人因此痊愈。明帝很是惊异,于是专门为她在后宫修建了住处,下诏褒扬她的才能,极受明帝优宠。等到现在明帝病重,饮她的神水却不起任何作用,明帝一怒之下将她杀了。

景初三年正月初一,太尉司马懿班师刚刚到达河内,明帝特派驿马将他召入寝宫,拉着他的手嘱咐说:"我的病是越来越严重了,现在我把后事托付给您,您就和大将军曹爽共同辅佐太子吧!我在死前能见到您,没什么可遗憾的了。"司马懿痛哭流涕连连磕头。当天,明帝在嘉福殿驾崩,终年三十六岁。正月二十七日,安葬在高平陵。

评:明帝沉着刚毅,机谋决断,识见不凡,行事任随心意,不受他人意见左右,确有作为一代帝王的宏大气概。当他在位之时,天下百姓尚且穷愁不堪,国家也许是分崩离析的局面,他不是首先致力于继承发扬先帝披荆斩棘的创业精神,进一步开拓帝国基业,反而忙着效法秦皇、汉武,大肆营建宫馆楼阁,用深谋远虑的标准来衡量他,恐怕就要显示出他的缺陷和不足了。

白话三国志卷四　魏书四

三少帝纪第四

齐王名芳,字兰卿。明帝没有儿子,抱养了他和秦王曹询。宫廷中的事情神秘莫测,自然没有人能知道他们的来历。明帝青龙三年,立他为齐王。景初三年正月初一,明帝病重,这才立他为皇太子。当天明帝驾崩,曹芳即位为帝,下诏大赦天下。尊皇后为皇太后。由大将军曹爽和太尉司马懿辅佐朝政。少帝下诏说:"朕以微末之身,继承帝王大业,内心充满了形影相吊的孤独感觉,不知道可以向谁诉说。大将军和太尉接受先帝遗命,共同辅佐我执掌朝政,而司徒、司空、冢宰、元老则负责统领百官,共同担负起维护社稷安宁的使命,希望各位与文武百官勉力同心,尽忠朝廷,以让我称心满意。各项兴作宫室的徭役,都按照先帝的遗诏予以取消。官府奴婢凡年龄六十岁以上者,全部放出去做一般的平民。"二月,西域来使通过辗转翻译向朝廷进献火浣布,少帝诏令大将军、太尉亲自试验给朝中百官观看。

二月二十一日,少帝下诏说:"太尉力行道义,品行正直,尽忠君主,已历三代,曾经南擒孟达,西破刘蜀大军,又率师东征,破灭公孙渊,功绩显赫,当世无人能及。从前周成王设置太保太傅之官,近世汉光武帝优宠邓禹,原因在于朝廷要对才德超卓的人表示优待尊崇,理当给予尊贵的职位。特命太尉司马公担任太傅,持皇帝符节统领全国兵马都督诸军事的权力依旧。"三月,任命征东将军满宠为太尉。夏六月,由于辽东东沓县官吏百姓渡海到齐郡居住的缘故,朝廷将原来的纵城改为新沓县用于安置这些移民。秋七月,皇上开

始亲自临朝,听取公卿奏事。八月,大赦天下。冬十月,以镇南将军黄权为车骑将军。

十二月,少帝下诏说:"烈祖明皇帝在正月永弃天下,臣子将永远铭记先帝忌日的那种哀痛,特此重新启用夏历的正月为一年的开端;尽管有违先帝贯通上古三代正朔的初衷,其实这也是依据礼制而加以变更的。又夏历正月从气数上得天之正,所以决定以夏历建寅之月为正始元年正月,以建丑之月为岁末十二月。"

正始元年春二月十五日,加授侍中中书监刘放、侍中中书令孙资为左右光禄大夫。三月八日,由于辽东汶县与北丰县百姓纷纷渡海迁徙的缘故,朝廷特为规划齐郡的西安、临淄、昌国三县交界之地,设置新汶县和南丰县,用于安置这些辽东移民。

从去年冬天十二月到这个月滴雨未下。三月十八日,诏令全国各地司法官员尽快复核昭雪冤案,释放轻罪犯人;公卿群臣及各级官员们有什么利于国家的奇谋妙策,宜各自尽心上奏。夏四月,车骑将军黄权去世。秋七月,少帝下诏说:"《易经》有'抑损君上以利民众','用制度加以约束,不浪费资财,不加重百姓负担'的说法。眼下百姓们的温饱尚且缺乏保证而宫廷府库却还在大量制作金银杂饰,那些东西究竟有什么实际作用呢? 现决定从宫廷中拿出黄金白银制品一百五十种,合计一千八百余斤,重新冶炼作为军资。"八月,皇帝视察洛阳一带的秋季庄稼,对于高龄的庄稼汉以及勤奋的种田人给予不同程度的赏赐。

正始二年春二月,皇帝开始通读《论语》,派太常以牛羊猪三牲俱备的太牢之礼在太学祭祀孔子,以颜渊配享。夏五月,东吴将军朱然等人引兵围攻襄阳郡的樊城,太傅司马懿率军迎击。六月二十九日,吴军撤退。闰月七日,以征东将军王凌为车骑将军。冬十二月,南安郡发生地震。

正始三年春正月,东平王曹徽去世。三月,太尉满宠去世。秋七月十八日,南安郡地震。十日,任命领军将军蒋济为太尉。冬十二月,魏郡发生地震。

正始四年春正月,皇帝行冠礼,朝廷众臣都得到轻重不等的赏赐。夏四月二十四日,册立甄氏为皇后,大赦天下。五月初一,发生日全食。秋七月,下诏在太祖庙庭祭祀已故大司马曹真、曹休、征南大将军夏侯尚、太常桓阶、司空陈群、太傅钟繇、车骑将军张郃、左将军徐晃、前将军张辽、右将军乐进、太尉华歆、司徒王朗、骠骑将军曹洪、征西将军夏侯渊、后将军朱灵、文聘、执金吾臧霸、破虏将军李典、立义将军庞德、武猛校尉典韦等功臣名将。冬十二月,倭国女王俾弥呼派特使来朝进贡礼品。

正始五年春二月,皇帝派大将军曹爽率兵西征刘蜀。夏四月初一,日食。五月十八日,少帝已明了《尚书》的全部内容,特命太常以三牲太牢之礼在太学祭祀孔子,以颜渊配享;并对太傅、大将军及侍讲人员各有程度不一的赏赐。二十一日,大将军曹爽率军返回洛阳。秋八月,秦王曹询去世。九月,鲜卑族内迁依附魏朝,朝廷为此设置辽东属国,并设立昌黎县让他们生活居住。冬十一月十二日,天子下诏在太祖庙中祭祀已故尚书令荀攸。十八日,恢复秦国的旧称,即京兆郡。十二月,司空崔林去世。

正始六年春二月十七日,南安郡发生地震。二十六日,任命骠骑将军赵俨为司空。夏六月,赵俨去世。八月十九日,任命太常高柔为司空。九月十一日,以左光禄大夫刘放为骠骑将军,右光禄大夫孙资为卫将军。冬十一月,合祭远近先祖先帝于太祖庙,这时才开始祭祀之前评定的二十一位辅佐太祖的功臣。十二月五日,天子下诏用已故司徒王朗所著《易传》作为学者的考试科目。二十九日,又下诏说:"明日大会群臣,特许太傅坐乘舆上殿。"

正始七年春二月,幽州刺史毌丘俭讨伐高句骊,夏五月,征伐涉貊,前后两次出征都取得了大破敌军的胜绩。韩那奚等数十国首领各率其部众投降。秋八月六日,天子下诏说:"我派人去市场,看到被官家斥退而出卖的奴婢,年纪都已七十,其中还有极度病弱残废的人,正是通常所说的人民中的穷困者。而官家却以他们老弱不中用再转手出售,使他们进退都毫无依靠,特令一律作为良民放出。其中若有丧失生活能力的,由郡县给予赈济。"

七日,天子下诏说:"我要到十九日才亲去祠庙,昨天出宫就发现道路已经修好,倘若下雨又要重新整治,实在是徒费功夫。我每每想到百姓们人力不足而徭役科目繁多,总是日日夜夜用心关注而不敢懈怠。道路只要通畅无阻就可以了,但听说近日还为此鞭打过老少百姓,如果只是为了修饰路面,就致使百姓疲困流离,哀怨叹息声此起彼伏,教我如何心安理得地从这条路上乘车经过,到宗庙去向先帝奉献馨美的德行呢?从今以后,必须明确申戒类似事件。"冬十二月,天子学通《礼记》,派太常以三牲太牢之礼去太学祭祀孔子,以颜渊配享。

正始八年春二月初一,发生日食。夏五月,分出河东郡的汾北十县,设置平阳郡。

秋七月,尚书何晏上书说:"善于治理国家者必先自我修炼身心与德性,善于修炼身心与德性者必然对所学习的对象慎之又慎。学习的对象正则其身正,身正就算是没有三令五申的约束自己也会择善而行;学习的对象不正则其身不正,其身不正纵然有严刑苛律的威胁仍然免不了要肆意妄为。所以身为君主,选择的交游对象必定是为人正派的君子,所读所看必然要考察是否合乎王法正道,不听淫邪萎靡的声音,拒绝接近善用花言巧语阿谀奉承的人,长此以往就能阻止邪念的滋生并且坚守弘扬正道的决心了。自古以来各朝各代末期昏暗的君主,不懂得兴革的道理,排斥疏远为人正派的君子,招致亲近人格卑鄙的人渣,一意疏远忠臣良将,专门宠幸谄媚逢迎之辈,后者引致的祸乱就在君主身边发生,他们的危害恰如寄居于社庙的老鼠那样令人无可奈何。认真推敲起来,君主的昏聩或英明都是日积月累的结果,所以圣贤总在谆谆教诲着,将君主的交游视为最值得深思熟虑的问题。舜帝告诫大禹说'邻哉邻哉',说的是必须慎重选择哪些人可以亲近信任;周公劝诫成王说'其朋其朋',说的也是谨慎选择交往对象的问题。《尚书》说:'一人行善,万民受益。'恳请从今以后,陛下临幸式乾殿以及游玩后园的时候,都该是大臣陪同,这样既不废游乐宴饮,同时又能审阅文书奏章,咨询朝政大事,探讨经典要义,锤炼成万世效法的典范。"冬十二月,散骑常侍、谏议大夫孔乂又进奏说:"按照礼制,天子的宫室,有将椽木砍平磨光的做法，没有用朱砂所作红色涂料加以装饰的，应当依据古礼的相关规范恢复古制。现在天下已经平定，君臣名分清楚明白，陛下只要不放松国家治理，抱持公正之心，细察功过，严明赏罚，有效任用臣民就可以了。陛下应放弃在后园的骑马练习，出宫也必须乘车或坐肩舆，这是天下万民的福音，也是朝廷众臣共同的心愿。"何晏、孔乂都曾进宫对天子正言劝诫，据理谏净。

正始九年春二月，卫将军中书令孙资，三十日，骠骑将军中书监刘放，三月二十二日，司徒卫臻，以上三人分别辞去自己的职务，以侯爵身份回私第闲居，朝廷赐予位居三公之下的特进荣誉。四月，命司空高柔担任司徒；又任命光禄大夫徐邈为司空，徐邈极力推辞不肯就任。秋九月，以车骑将军王凌为司空。冬十月，出现风力强劲的恶劣天气，大风所至，往往屋倒树折。

嘉平元年春正月六日，少帝拜谒高平陵。太傅司马懿乘机上奏免去大将军曹爽和他的三个弟弟即中领军曹羲、武卫将军曹训、散骑常侍曹彦的职位，各以侯爵回私第闲居。十日，有关官员奏请逮捕宦官张当送交廷尉，审出口供，称曹爽曾与他图谋不轨。又将尚书丁谧、邓飏、何晏、司隶校尉毕轨、荆州刺史李胜、大司马桓范等人因牵连到曹爽奸谋一案，都被处死，并诛灭罪人三族。此事在《曹爽传》中另有记载。十八日，大赦天下。十九日，天子任命司马懿为丞相，因司马懿再三推辞才作罢。

夏四月八日，改年号为嘉平元年。十九日，太尉蒋济去世。冬十二月九日，任命司空王凌为太尉。十八日，任命司隶校尉孙礼为司空。

嘉平二年夏五月，任命征西将军郭淮为车骑将军。冬十月，任命特进孙资为骠骑将军。十一月，司空孙礼去世。十二月二十七日，东海王曹霖去世。十八日，征南将军王昶率兵渡过长江，掩袭吴兵，取得胜利。

嘉平三年春正月，荆州刺史王基、新城太守州泰带兵攻打东吴，击败敌军，投降者多达数千人。二月，在南郡新设夷陵县，以安置降附的东吴人口。三月，任命尚书令司马孚为司空。四月九日，任命征南将军王昶为征南大将军。十七日,大赦天下。五月三日,听说太尉王凌有废除皇帝曹芳,另立楚王曹彪的企图,太傅司马懿亲自督师,东征王凌。五月十日,王凌自杀。六月,楚王曹彪被赐死。秋七月十九日,皇后甄氏驾崩。二十八日,任命司空司马孚为太尉。八月五日,太傅司马懿去世。少帝任命卫将军司马师为抚军大将军,总领尚书事。二十二日,安葬甄皇后于太清陵。二十七日,骠骑将军孙资去世。十一月,有关官员奏请皇上,所有应当配享太祖庙庭的已故功臣,更改为根据各自生前职位的高低为排列序次,太傅司马懿功高爵显,列为第一。十二月,任命光禄勋郑冲为司空。

嘉平四年正月二日,少帝任命抚军大将军司马师为大将军。二月,册立皇后张氏,大赦天下。夏五月,在京师兵器库的屋顶上,发现了两条鱼。冬十一月,朝廷派遣征南大将军王昶、征东将军胡遵、镇南将军毌丘俭等挥师征讨东吴。十二月,东吴大将军诸葛恪率兵迎击,在东关一带大破进犯敌军。魏军折戟而还。

嘉平五年夏四月,大赦天下。五月,东吴太傅诸葛恪率师围攻合肥新城。朝廷诏令太尉司马孚督师增援。秋七月,诸葛恪撤兵返回东吴。

八月,天子下诏说:"已故中郎西平人郭修,磨砺节操,修养德行,忠于朝廷,矢志不移。往日蜀将姜维侵犯郭修所在郡县,将郭修抓获带回蜀国。后来伪大将军费祎统帅蜀军北上,图谋偷袭我朝边关,途经汉寿,大宴宾客,郭修于稠人广坐之中奋起刺杀费祎,他的勇敢超过聂政,功绩更在傅介子之上,可以说真是杀身成仁、舍生取义的壮士了。追加褒奖恩宠,为的是弘扬忠义;福荫延及后人,为的是鼓励世人见善思齐。特追封郭修为长乐乡侯,食邑千户,谥号威侯;由他的儿子承袭爵位,另外加授奉车都尉;赐给银一千饼,绢一千匹,以此表示对死者与生者的双重恩宠,并使这种荣耀永垂来世。"

自少帝曹芳即位至今,国内的郡、国、县、道或撤或置,随时变化,有的甚至刚刚设置便又撤销,或撤销不久又迅速恢复,简直记不胜记。

嘉平六年春二月七日，镇东将军毌丘俭上书说："去年东吴诸葛恪围攻合肥新城之时，城里派士兵刘整突围传送消息，不幸被吴军抓获，吴军拷问刘整，要他供出传递的消息内容，诱惑刘整说：'诸葛公想给你一条活路，你把知道的都说出来好了。'刘整骂道：'死狗，这是什么话！我早有必死之心，死了也做魏国的鬼，绝不会为了苟且偷生而向你们摇尾乞怜。你们想杀我就快快把我杀了。'一直到死，他再没说过别的话。此后城中又派士兵郑像出城传递消息，有人向诸葛恪密告，诸葛恪命骑兵绕城搜索，又将郑像抓回大营。吴军四五个人将郑像夹头夹脸捆绑起来，在绕城而行之前，先明确叮嘱他，要他对守军大声喊话，声称'朝廷的救援大军已退回洛阳，不如早点投降'。郑像不听吴兵威胁，反而趁机对守城将士高呼：'我们的救兵已近在城外。守城将士们努力啊！'吴兵用刀刺入他的嘴中，使他喊不出话来，郑像就高声痛呼，让守城的人们知道。刘整、郑像只是普通的士兵而已，却能深明大义，保持气节，对待这样的士兵也应该有所不同才对。"少帝下诏说："显贵的爵位用来褒扬建立丰功伟业的文臣武将，丰厚的赏赐是为了鼓励为国捐躯的烈士英杰。刘整、郑像只是军中普通不过的应募信使，勇于突出敌军的重重围困，无视敌人刀丛枪林的夺命威胁，纵然陷落敌军之手，能够气节凛然，不屈不挠，果决振扬我军所向披靡的气势，极大地激励了守城将士的信心。面对死亡无所畏惧，唯把所担负的使命视为至高无上。过去晋国大臣解杨出使宋国途中被楚人抓获，他宁愿被杀也决不肯背叛晋国，齐国路中大夫也是不惜一死完成了自己的使命。拿他们跟刘整、郑像比较，也不见得有什么特别出色的地方。现追赐刘整、郑像为关中侯，免除他们的士兵名分，由他们的儿子继承爵位。他们的葬礼也按照军队中阵亡将领的规格操办。"

二十二日，中书令李丰与皇后的父亲，即当时担任光禄大夫的张缉等人密谋改换大臣，让太常夏侯玄出任大将军。事情败露后，所有与此事有所牵连的人都遭到诛杀。二十三日，大赦天下。三月，废除张皇后。夏四月，立王氏为皇后，大赦天下。五月，封皇后的父亲奉车都尉王夔为广明乡侯、光禄大夫，赐位特进，王夔妻田氏为宜阳乡君。秋九月,大将军司马师图谋废少帝曹芳另立新帝,并把这个打算通告皇太后。十六日,皇太后下令说:"皇帝曹芳年龄已经不小了,仍不肯亲自处理国家大事,只是一味地跟他所喜爱的女人纵淫无度,沉溺于女色之中不能自拔,还整天召集倡优,放纵他们种种不合礼仪的丑行;甚至于还曾召来六宫家人留宿后宫,败坏人伦秩序,悖乱了男女之间的基本礼节。恭敬孝顺之心日渐欠缺,狂傲悖慢的行为倒是愈演愈烈。他不可以承受皇统,奉祀宗庙。即派司徒兼太尉高柔奉持有关策文,用一头礼牛祭告曹氏宗庙各位先帝,将曹芳送回他的齐国封地,以让出帝位。"当天,少帝曹芳被迫迁居别宫,这时他二十三岁。朝廷派出使者持节护送他到齐国,在河内郡的重门兴建齐王宫,建筑制度与普通藩国毫无区别。

十九日,皇太后又下令说:"东海王曹霖是高祖文皇帝的嫡子。曹霖的几个儿子都是魏国的至亲,其中高贵乡公曹髦有成就大业的气量,特此选择他作为明帝的继嗣。"

高贵乡公名髦,字彦士,是魏文帝曹丕的孙子,东海定王曹霖的儿子。正始五年,曹髦受封郯县高贵乡公。他自幼好学,学业早成。齐王曹芳被废,公卿商议迎立他为皇帝。十月四日,高贵乡公到达玄武馆,公卿奏请他住在前殿,曹髦因为前殿是先帝寝殿,特别避居在西厢房中。群臣又奏请以天子仪仗迎接他入京,他还是不同意。五日,曹髦进入洛阳,群臣都到西掖门南拜迎,曹髦下舆准备答拜百官,司礼官奏请说:"按礼仪君不拜臣。"曹髦回答:"眼下我也是别人的臣子啊!"于是答拜还礼。来到宫廷的止车门,曹髦也要下舆步行,左右随从都说:"按惯例您应该乘坐肩舆进去。"曹髦说:"我被皇太后征召而来,还不知道她要我做什么。"还是坚持步行来到太极东堂,晋见皇太后。当天高贵乡公曹髦便在太极前殿正式即位做了皇帝,当时陪位的文武百官都感到特别欣慰。曹髦下诏说:"本朝三位先帝神武圣德,顺应天命而承受帝位。齐王曹芳承嗣继位之后我行我素,放纵无度,德行颠倒失序。皇太后以国家社稷为重,采纳辅政大臣的建议,让我取代失德于天下的齐王,将天命交付到我一个人的肩上。想我如此微不足道的人物，一旦竟置身于诸多王公之上，自己朝夕思量，敬畏肩上重任，深为忧惧自己不能嗣守列祖列宗的教言，弘扬中兴魏室的大业，为此战战兢兢，如临深渊。现今朝中三公六卿顾命辅佐大臣，以及征战四方镇守国境的谋士名将，都积累功德，为帝室尽忠尽职；我依赖先祖先父的这些有德之臣的得力辅佐，皇室必定平安，使我这样蒙昧无知的人，就算垂衣拱手，也定可实现天下大治的目的。我听说身为一国之君，应当德行与天地等厚，恩泽如雨露普及四海，慈爱先行，明申好恶，这样才能确保教令随时颁布，百姓随时遵行的美好局面。我虽然德行浅薄，对于治世宗旨蒙昧不明，但我还是希望与天下贤俊一道朝着这个方向共同奋斗。《尚书》不是说过：'安定百姓若基于仁爱，那么民众就会感怀不忘。'"宣布大赦天下，改年正元。接着又下令削减天子的车马、服饰数量及后宫费用，并取消尚方御府等御用器物监造机构对百工技巧靡丽无益之物的制作。

正元元年冬十月七日，皇帝派侍中持皇帝符节分头巡视全国各地，了解地方风俗，慰问黎民百姓，调查冤狱和官员失职情况。八日，授予大将军司马师黄钺，并特许大将军享受入朝时不必小步快走，出班奏事唱礼官只报官职不叫姓名，并可穿鞋佩剑上殿的特权。十三日，邺城某水井中出现黄龙。十九日，曹髦命有关官员评议废立天子的有功人员，并按功劳大小分别给予封爵、增邑、进位、班赐等不同程度的奖励。

正元二年春正月十二日，镇东将军毌丘俭、扬州刺史文钦起兵造反。二十五日，大将军司马师督师征讨。三十日，车骑将军郭淮去世。闰月十六日，司马师在乐嘉击败文钦。文钦逃走，投奔东吴。二十一日，安风津都尉斩杀毌丘俭，将首级传送京都。二十九日，朝廷宣布特赦淮南一带受毌丘俭、文钦裹挟与连累的官吏百姓。又任命镇南将军诸葛诞为镇东大将军。这时，司马师在许昌去世。二月五日，任命卫将军司马昭为大将军，总领尚书事务。

十二日，东吴大将孙峻等人率军开至寿春，号称十万大军，诸葛诞挥师击败来犯之敌，斩杀东吴左将军留赞，并将捷报送往京城。

三月,册立皇后卞氏,大赦天下。夏四月三日,封皇后之父卞隆为列侯。二十三日,任命征南大将军王昶为骠骑将军。秋七月,任命征东大将军胡遵为卫将军,镇东大将军诸葛诞为征东大将军。

八月二日,刘蜀大将姜维进犯狄道,雍州刺史王经与蜀军在洮西交战,王经大败,退守狄道城。二十三日,朝廷任命长水校尉邓艾代理安西将军,与征西将军陈泰合力迎击姜维。九月十九日,又派太尉司马孚率部作为后援。九月二十一日,皇帝曹髦学完《尚书》,对亲自执经授课的司空郑冲、侍中郑小同等人分别给予了程度不一的赏赐。二十五日,姜维率师退回蜀境。冬十月,皇帝下诏说:"我由于德行不足,不能遏止敌寇的暴虐,致使蜀贼猖獗于边关之地。洮西之战,竟至一败涂地,将士阵亡者数以千计,有的尸横沙场,冤魂难归故里,有的战败被俘,从此流落异乡,我为此深感悲痛,内心充满了伤感与愧疚。特令阵亡将士所在各郡的典农和安、抚夷二护军各部主要官员,应负责慰问并抚恤阵亡者家属,并且免除这些家庭一年的赋税和徭役;凡在战场上力战被杀的将士,都按惯例办理,不得有所遗漏。"

十一月二十七日,鉴于陇右四郡及金城等地连年受到敌兵侵扰,不少人叛逃刘蜀,留在本土的亲戚又惶恐不安的情况,朝廷都一律给予特赦。十二月十六日,皇帝又下诏说:"不久前发生的洮西之战,我方将士、官吏和民众有的战死在沙场,有的溺死于洮水,他们的尸骨都无人收拾,暴露在荒野之间,我常为此心中不胜痛楚。特告征西、安西两将军,各令部下到昔日战场及其附近的河流溪沟中寻找钩取死者遗骸,一一给予收殓安葬,以让死者瞑目,使生者平复伤痛。"

甘露元年春正月二十四日,有青龙出现在轵县水井中。二十八日,沛王曹林去世。

夏四月四日,皇帝赐给大将军司马昭只许帝王与上公穿戴的礼服和礼冠,另附红色的鞋子相配。

十日,皇帝驾临太学,询问学者们:"古代圣人得到神明的帮助,仰观天文,俯察地理,因而推演出阴阳八卦,后来的圣贤进而发展成六十四卦,又演绎出涵盖数字变化极限的阳爻和阴爻,举凡天地正道,是没有什么不包藏于其中的了,但夏时号《连山》,殷代称《归藏》,周朝却又名为《周易》。同是一部《易经》,名称为何有这么多的变化呢?"《易经》博士淳于俊回答说:"远古包羲氏依据燧皇之图而创立八卦,神农氏将其演进为六十四卦,之后黄帝、尧帝、舜帝又各自通达其中的变化精义,三代因时制宜,《易经》的实质内容与外在形式也都因时而变。所以说《易》也就是变;名为《连山》,是形容它犹如大山吞云吐雾,连天接地;称它为《归藏》,就表示它有包罗万象的能量,天地万物无不包藏于它的无穷变化之中啊。"皇帝又问:"倘使确由包羲氏根据燧皇之图而创作《易经》,那孔子为何不说燧人氏死后包羲作《易经》呢?"对此,淳于俊无法作出回答。皇帝进而问道:"孔子为《易经》作《彖辞》和《象传》,郑玄又为《易经》作注,尽管他们是不同时代的圣贤,但他们所解释的经义应是一致的。如今孔子的《彖辞》、《象传》都不跟《易经》正文相连,而郑玄的注义却夹在《易经》正文之中,这又是什么原因呢?"淳于俊说:"郑玄把彖、象注解跟经文合在一起,是想让钻研《易经》的学者检索更便利,理解更明确罢了。"皇帝说道:"如果说郑玄把注解汇入正文,对于学者确实提供了诸多便利,那他之前的孔子为何不把自己的传文与《易经》正文合在一起以使学者更易明白呢?"淳于俊回答:"孔子恐怕他的传文会混淆了文王所作的经文,所以没有合在一起,这是圣人以不合表示谦虚。"皇帝又问:"如果说圣人以不合为谦虚,那么郑玄这人为什么就不谦虚了呢?"淳于俊说:"古代经义弘大深远,圣上提问玄奥莫测,都不是微臣所能了解详尽并解释清楚的。"皇上又问道:"《系辞》说:'黄帝、尧、舜垂衣裳而天下治。'这就意味着包羲、神农氏之世是没有衣裳的时代。圣人都以德教化天下,为什么差别这么悬殊呢?"淳于俊回答:"远古三皇之时,人少而禽兽众多,所以仅取禽兽皮毛就足够天下人穿用了。发展到黄帝时代,已经是人多而禽兽少了,因此需要制作衣裳才能适应时代的变化。"皇帝再问道:"在《易经》中乾代表天,而复为金,为玉,为老马,岂不是把广大的和微小的东西相提并论了吗?"淳于俊说:"圣人取象,有远有近,近者取自于眼前的万事万物,远者则取象天地。"

讲完《易经》,皇上又命学者们讲《尚书》。皇帝问道:"郑玄说'稽古同天,言尧同于天也'。王肃说'尧顺考古道而行之'。两种意思并不相同,该以谁的解释为准呢?"博士庾峻回答说:"古代儒学大师各自抱持的理解,各有其不一致的地方,我们做臣子的不便做出孰是孰非的裁定。然而《洪范》篇说:'三人占卜,以其中两个解释比较一致的结果为准。'贾、马与王肃等人都以'顺考古道'作为'稽古同天'的正确解释。那按照《洪范》的说法,还是王肃的理解为优。"皇上又问:"孔子说'唯天为大,唯尧则之'。尧帝之所以至善至美,在于他治理天下是遵行以天为法的宗旨。至于考校古事并择善而行,并不是帝尧最突出的优点。如今开篇明义以探究尧帝的圣德所在,却舍弃他本人最显著的方面,这难道合乎作者的本意吗?"庾峻回答说:"为臣仅仅只是遵循老师对我的教诲,没有弄明白其中深意。至于这两种说法该怎样调和以臻于完美,还取决于圣上明断。"接下来又谈到四岳举鲧,皇上问道:"伟大的人物,应该是德齐天地,光同日月,思虑周详决无缺失,明察秋毫无所不至。如今王肃却说:'尧帝因自己并不了解鲧,所以要对他加以试用。'如此说来,不是连圣人的英明也有其不足之处吗?"庾峻回答说:"虽说圣人英明决非常人可比,但他们也仍有自己的局限,所以大禹说'要正确鉴察他人的品行与才能,这对即使身为帝王的人来说也仍是一件难事'。但尧帝最终能将天下重任托付给了合适的圣贤,使各种事业欣欣向荣,这也就是他毕竟不愧为圣人的道理。"皇上又问:"能够善始善终的,大概也只有圣人了。如果连个好的开端都没有,又怎能称之为圣贤呢?禹说知人'就算对帝王来说也是一件困难的事情',然而尧帝最终能够改授圣贤,就是说他其实并非缺乏知人的大智大慧。圣人所难,我看讲的并不是能否知人那么简单。《尚书》说:'能正确鉴察他人的品行与才能,要真正懂得因才施任。'如果帝尧对鲧的才德本来就没有把握,仍一试九年,导致人才的选择与任用大失章法,又如何还可以说他具有超人的道德和才智呢?"庾峻回答:"微臣在诵读经典时发现,圣人的所作所为也并非挑不出一点毛病,正因如此,尧帝才会信用浑敦、穷奇、梼杌、饕餮等四大恶名昭彰的坏人,周公曾经误用野心勃勃最终起兵叛乱的管叔和蔡叔,孔子在对待宰予的问题上也同样存在严重的失误。"皇上说:"帝尧用鲧,鲧治水九年非但没有取得任何正面的成效,反而搞乱了阴阳五行的秩序,致使天下百姓更深地陷溺于此起彼伏的洪涛之中。至于仲尼失误于宰予,只是言语而非实际举措上的过失,与尧用鲧的失误有着非常本质的区别。再说周公跟管、蔡之间的复杂关系,也见于《尚书》所载,都是五经博士们必须清楚了解的东西。"庾峻说:"这些事情连先贤们都疑惑不已,臣下孤陋寡闻就更加难以辨别其是非曲直了。"再下来又谈到"有鲧在下曰虞舜"这句话,皇上问:"在帝尧那个时代,天下洪水肆虐,又有'四凶'在朝为害,理当尽可能迅速地选拔真正德才卓著的英主以拯救天下百姓。舜当时已年过三十,早就具备了治理天下的巨大能力,以及高尚纯粹的道德修为,贤哲风范令人肃然起敬,而尧帝却长期不肯予以重用,这又是什么原因呢?"庾峻回答:"尧帝慨叹自己年老智衰,曾努力寻找德行兼备的人才,想禅让自己的帝位。最初有让位给四岳的想法,四岳以自己'德行鄙陋,将辱没帝位'为由谢绝了。尧又让四岳推举才德高尚而地位卑微的贤人,这才举荐了虞舜。归根结底,虞舜得到举荐的根本原因还是取决于帝尧让贤的想法,这大概是圣人想使将来继承帝位者得到天下民众拥戴的缘故吧!"皇上又问:"帝尧已知舜的贤名却不进用,朝廷忠臣也没见几个曾被他委以重任的,最后还是让四岳向他推举民间才德兼备之人的时候才给予虞舜被推举的机会,这跟急于选用圣贤以解救受难百姓的说法好像不怎么相符啊。"庾峻说:"这就不是微臣愚见所能理解的问题了。"

于是又命学者们讲《礼记》。皇帝问道:"书上说'太上立德,其次务施报'。治理国家,是什么原因使得教化手段千差万别,都该用什么样的治理策略才能达到树立德业,建功而不求报偿的目标呢?"博士马照回答说:"太上立德,说的是远古三皇五帝的治国方式重在以德行感化民众;其次报施,说的是后来的三王时代以礼法作为治理天下的手段。"皇上又问:"那两个时代所给予民众的教化有着很大程度的不同,这是否意味着帝王们本就存在着优劣之别,或者只是时势使然呢?"马照回答:"确实是他们各自所处的时代有质朴与浮华之别,所以给予教化的程度也自然有所不同了。"

当年五月,邺城和上洛等地都奏报说天降甘露。夏六月初一,改年号为甘露。二十日,有青龙出现在元城县境内的水井中。秋七月五日,卫将军胡遵去世。

九日,安西将军邓艾在上邽大破刘蜀大将姜维。皇帝下诏说:"我军尚未大用武力,已经大胜蜀寇,斩杀和擒获的敌兵,数以万计,近年我军所取得的胜利战绩,还没有哪一次能跟这次的大捷相比。特派使者犒赏将士,大摆宴席,会聚群英,大家尽管畅饮终日,这才符合我的心意。"

八月二十六日,命大将军司马昭加大都督封号,特准他享受上朝奏事只报官职不报姓名的特殊礼遇,并授予他代行天子征伐要用到的黄钺。二十九日,任命太尉司马孚为太傅。九月,任命司徒高柔为太尉。冬十月,任命司空郑冲为司徒,尚书左仆射卢毓为司空。

甘露二年春二月,温县水井中有青龙出现。三月,司空卢毓去世。

夏四月三日,皇帝下诏说:"玄菟郡高显县官吏士民联手叛乱,县令郑熙被叛贼所杀。县民王简背着郑熙的遗体,昼夜兼程到达州治,忠贞的节操实在令人嘉许。特命王简为忠义都尉,以此表彰他卓异的操行。"

二十四日,任命征东大将军诸葛诞为司空。

五月一日,皇上亲临太学,汇集群臣,让大家赋诗。侍中和逌、尚书陈骞等人作诗时耽搁时间,有关官员奏请免去他们的职务。皇上说:"我因为自己愚昧,所以爱好文才,试图通过广收博采众卿诗赋,从中了解朝政的得失,没想到会弄出了这么些事情来,我为此深感不安。特此原谅和逌等人。主管人应当颁布命令,从今以后群臣们都应该玩味研习文字词汇的古代意义,弄明白经典意旨,以符合朕的心意。"

五日,诸葛诞不接受朝廷征召,举兵反叛,并杀了扬州刺史乐䣝。六日,朝廷宣布,所有受诸葛诞牵连的淮南将士、官吏和百姓一律赦免。七月,皇帝下诏说:"诸葛诞大逆致乱,肆虐扬州。当年黥布叛逆,汉高祖亲自督师讨伐;隗嚣违命,光武帝也曾御驾亲征,以及本朝烈祖明皇帝征伐吴、蜀,都堪称是振扬国威的重大行动。为了迅速平定诸葛诞的叛乱,皇太后和我都将暂时参与军机,以安定东面的局势。"九日,皇帝又下诏说:"诸葛诞拥兵反叛,胁迫忠义之士参与。平寇将军临渭亭侯庞会和骑督偏将军路蕃两人,各自带着身边的人员,斩将夺门,冲出贼窟,他们的忠诚与勇敢,值得特别赞美。特进封庞会为乡侯,路蕃为亭侯。"

六月六日,皇帝下诏:"东吴国特派持皇帝符节代吴王都督夏口军事的镇军将军沙羡侯孙壹,本是吴王的同宗近亲,位列上将,却能知天命,识时务,体察祸福,举义毫不犹豫,率众远奔大国。就算古代微子离弃殷商、乐毅逃出燕国那样广为传诵的事迹,也不能超越孙将军当下的义举。特此任命孙壹为侍中车骑将军,授予皇帝符节,兼任交州牧,封为吴侯,将军府任官命吏的规格与太尉、司空、司徒等三公相同,依照古代分封诸侯的八命之礼,赐给他三公所穿戴的礼服、礼冠和红色的鞋子,所有待遇均按尽可能丰盛隆厚的标准办理。"

二十五日,皇帝下诏说:"现在我已来到项县督师,大将军禀承天意亲行征伐,就要开赴淮河前线。古人惯例,每逢相国或大司马出征,都与尚书同行,现在也应当遵循旧典。"于是命散骑常侍裴秀、给事黄门侍郎钟会与大将军一道出征。秋八月,皇帝下诏说:"从前燕刺王谋反,韩谊等人力谏身死,汉朝以重用他们的子孙表示旌扬。今诸葛诞聚众叛乱,主簿宣隆、部曲都将秦絜也秉持节操,坚守忠义,在事发之时犯颜抗争,结果都被诸葛诞杀害,这正是世人所说的无比干之亲而被杀害的忠谏义士。特此任命宣隆、秦絜的儿子为骑都尉,给予馈赠赏赐,并广为宣传,以褒扬他们这种效忠朝廷的高尚行为。"

九月,大赦天下。冬十二月,东吴大将全端、全怿率部投降。

甘露三年春二月,大将军司马昭攻陷寿春,斩诸葛诞。三月,皇帝下诏说:"古人击败敌军,都要收集敌人的尸首堆放在封土而成的高冢上,目的在于惩罚叛逆而炫耀武功。西汉武帝元鼎年间,改桐乡为闻喜县,新乡为获嘉县,都是为了纪念汉军灭亡南越。如今大将军亲总戎机,屯兵丘头,对内征伐叛乱的逆贼,对外抵御敌国的进犯,功德造福百姓,声威振扬四海。平定叛逆之地,也应留个值得纪念的名字,现决定改丘头为武丘,以记载用武力平叛的事实,令子孙后代永远不忘,这也是暴敌尸于京观和汉武修改二邑地名的本义。"

夏五月,任命大将军司马昭为相国,封晋公,食邑八郡,加九锡之礼,司马昭前后辞让了九次才算作罢。

六月十三日,皇帝下诏:"当年南阳郡有山贼聚众危害百姓,他们试图劫持太守东里衮作为人质,功曹应余独自挺身而出保护太守,才使东里衮幸免于难。应余倒仆在地而死,用自己的生命保全了主人。特此告知司徒,授予应余之孙应伦相应的官职,使应余一家得到殉节成仁的应有报偿。"

二十八日,朝廷大举评议讨平诸葛诞的有功将士,依据各人功绩的大小给予相应的封爵和赏赐。

秋八月十二日,任命骠骑将军王昶为司空。九月四日,皇帝下诏说:"提倡尊老风气,推动政教风化,这是尧、舜、禹三代风教深入人心、百姓孜孜向善,从而永远成为后世典范的根本原因。国家必须推举德高望重的三老、五更给予极高的荣誉,从他们的美言善行中获取教益,并将这些美好的言行编辑成册,让全国都接受和继承良好的风尚传统,广大百姓有所典范便能自然而然地受到教化的影响。现在我们就应该精选出这样仁德兼备的长老,来充任三老、五更。关内侯王祥,具备了不起的仁义操守;关内侯郑小同,温良恭俭,孝亲爱友,能严格遵循礼制教化。特此推举王祥为三老,郑小同为五更。"于是,皇帝亲自率领众多朝廷大臣,按照古代礼仪举行了三老、五更的聘任仪式。

当年,有青龙、黄龙接连出现于顿丘、冠军、阳夏等县境的水井中。

甘露四年春正月,宁陵县的水井中出现两条黄龙。夏六月,司空王昶去世。秋七月，陈留王曹峻去世。冬十月十日，朝廷分割新城郡，恢复上庸郡的行政设置。十一月十八日，车骑将军孙壹被婢女杀死。

甘露五年春正月初一，发生日食。夏四月，皇帝下诏命有关官员遵循此前发布的诏令，再次宣布由大将军司马昭出任相国，封晋国公，加九锡大礼。

五月十三日，高贵乡公曹髦被杀，时年二十岁。皇太后下令说："我因缺乏德行，所以家中屡遭不幸。过去我扶立东海王曹霖的儿子曹髦作为明帝的继承人，见他爱好书疏文章，满心以为他可堪造就，谁知他秉性暴戾，一天比一天过分。我曾多次呵斥责备，他便心怀怨恨，更加言行放肆，竟编造丑陋卑劣的谣言对我进行人身攻击，于是不再与我来往。他诽谤我的那些话，简直让人不忍听下去，为天地所不能覆育包容。我曾给大将军有过密令，告诉大将军说这小子不堪奉祀宗庙，恐怕他会颠覆社稷，使我无颜见先帝于九泉之下。大将军觉得他年纪尚轻，认为他会改过从善，并一再坚持自己的意见。而这小子忿恨不过，越发放肆无礼，亲持弩箭遥射我的宫室，祷告说最好一箭射中我的脖子，那箭矢还真的坠落在我的面前。我对大将军说，这小子不可不废了，前后总说了不下数十遍。这小子详细了解到这一切之后，自知罪孽深重，便企图致我于死地，他买通我身边的人，让他们借我服药之机，投毒将我暗杀，并为此设计了种种行动方案。事情败露后，他一心寻找机会带兵闯入西宫先将我杀死，再出宫去伤害大将军，他召来侍中王沈、散骑常侍王业、尚书王经，掏出怀中早已写好诏令的黄色纯绢，说'今日就应当行动'。我的危险处境，恰如累卵一般。我无夫无子，又是风烛残年，难道还会过分吝惜自己的性命么？只是忧伤先帝的遗志难以实现，痛心江山社稷的倾覆罢了！幸亏有列祖列宗在天之灵的庇佑，王沈、王业两人马上跑去把这小子的图谋报告了大将军，使大将军得以提前做好严密警戒，而这小子还是带着身边的士兵冲出皇宫云龙门，自擂战鼓，亲挥战刀，与御前卫士及其他随从人员冲进大将军的军阵，结果被对方的前锋杀害。这小子有大逆不道言行在先，接着又自招杀身之祸,真的让我痛心到难以言喻。从前,汉代的昌邑王曾因有罪废为庶人,眼下这小子也应该以普通百姓的身份下葬,还应当让朝廷内外都知道这小子的所作所为。还有尚书王经,也是个凶恶悖逆之徒,特令收押王经及其家属,全部送交廷尉给予惩治。"

十四日,太傅司马孚、大将军司马昭、太尉高柔、司徒郑冲向皇太后跪奏说:"我们都已敬读皇太后的命令,已故高贵乡公悖逆不道,自取大祸以致丧命,太后援引汉朝昌邑王因罪被废的先例,命以平民身份来埋葬高贵乡公。我们身为朝廷重臣,却未能防患于未然,消除灾祸,制止奸逆的发生,见到皇太后这道令旨也是十分惊惧,内心震颤,说不出的难过。《春秋》所申明的大义,做帝王的也不能例外,而作者直书'襄王出居于郑',无非是表明襄王不能事奉母亲,所以要断绝他与国君这一尊贵地位的联系。如今高贵乡公恣意妄为,行为不合法度,几乎危及国家,自取败亡,为世人和神灵所不能容忍,按照平民身份来埋葬他,完全是合乎前人处理类似情况的基本法则的。然而我们做臣下的深知太后您其实仁慈无比,虽从大义正道出发不肯宽恕高贵乡公的罪孽,但您内心深处也毕竟为他的死亡感到哀伤和怜悯,我们做臣下的委实于心不忍,大家认为可以特别开恩按照王侯一级的葬礼来安葬高贵乡公。"太后同意了他们的请求。

朝廷派代理中护军中垒将军司马炎持旄节北迎常道乡公曹璜作为明帝后裔,入朝继承帝位。十五日,朝中重臣们禀奏太后说:"殿下帝德光辉隆盛,身当安定国家,匡济万民的重任,其旨意仍只称为令,与藩国王侯没有什么两样。请从现在开始殿下的令书一律改称诏制,就像前代旧例一样。"

二十一日,大将军司马昭坚决要求辞去朝廷先前授予他的相国职位、晋公封号及所赐九锡之礼。皇太后下诏说:"有功不自以为有德,是《周易》所推重的正道;而成人之美,也是古代圣贤所尊崇的举措。特此接受大将军的坚持,同时要把这件事告知天下,以显扬大将军的谦虚美德。"

二十六日,大将军司马昭上书说:"高贵乡公那天带领随从士兵,刀剑出鞘金鼓齐鸣地杀奔我的住处而来;我担心刀剑无眼,先已严令将士们不得对高贵乡公有所伤害,违令者军法从事。骑兵都尉成倅之弟、时任太子舍人的成济无视军令,还是冲入兵阵刺伤了高贵乡公,以致后者当场丧命;我随即下令抓住成济按军法严厉处置。为臣听说做臣下的必备节操,应当始终如一,至死不渝,臣子效忠君王的法则,是不可回避灾难。那天事出突然,灾祸快如离弦之箭,为臣确实想过弃身等死,把自己的性命安危全部交给命运去裁定。可是又考虑到事变的主要目的是要谋害皇太后,颠覆朝廷和国家。为臣身为朝中辅政重臣,更大的责任还在于使国家安宁,害怕就算自己一死了之,毕竟未能尽忠于江山社稷,身后还要担负比死还要严重的罪责。因此,为臣试图效仿伊尹、周公昔日那种权衡利弊随机应变的果决,挺身而出以安定社稷所面临的危难局面,与此同时也反复告诫部下,不得逼近皇上车驾,可是成济竟断然冲入兵阵之中,终于酿成了不可挽回的严重后果。微臣为此悲苦懊悔,五内俱焚,不知何地可以一死了之。国家法律明确规定,凡属大逆不道的罪犯,其父母妻妾子女同母兄弟都要抄斩。成济凶残暴戾,忤逆不忠,干犯国家法典,实属罪大恶极,处死他尚且难以抵偿。应立即敕令侍御史收押成济的家属,送交廷尉,对其罪行给予定案判决。"太后下诏说:"刑法上罪分五等,最大的罪名就是不孝。寻常百姓的儿子忤逆不孝,他的家人尚且要告上官府给予惩治,高贵乡公这小子的所作所为难道还称得上是一国之君吗?我一个妇道人家,不大懂得什么大道理,本来以为成济所犯罪行未必就是弑君犯上的大逆不道之罪。不过,大将军既有如此恳切的意愿,又言辞凄恻伤感,所以就照准你的奏请去办理好了。同时还应该通告四方,让天下人都知道这件事情的来龙去脉。"

六月初一,皇太后又下诏说:"古代君王所用名字,一般不容易犯讳同时又易于避讳。现今常道乡公名璜,要避开这个讳字非常困难,希望朝臣们广泛讨论给予合适的改动,确定了就列表呈奏上来。"

陈留王名奂,字景明,是武帝的孙子,燕王曹宇的儿子。甘露三年被封为安次县常道乡公。高贵乡公被害,朝中公卿大臣商议迎他承嗣帝位。六月二日,曹奂进入洛阳,见过皇太后,当天就在太极前殿登上皇位,大赦天下,改年号为景元元年,并赐给天下民众爵位以及粮食布帛各有等级。

景元元年夏六月四日,皇帝曹奂命大将军司马昭晋升相国,加封晋公,增赐二郡,加上先前所赐共计十郡封地,并依此前诏命给予的礼遇,照旧加赐九锡之礼;凡属大将军家族的子弟一辈,无论亲疏,没有爵位者一律封为亭侯,赐钱千万,帛万匹,司马昭极力推辞,这才作罢。七日,已故汉献帝的夫人曹节去世,皇帝临幸华林园,派特使持皇帝符节前往山阳公国,追谥献帝夫人曹氏为献穆皇后。安葬之时,其车马服饰制度种种都依汉代丧葬仪轨举行。十一日,任命尚书右仆射王观为司空。冬十月,王观去世。

十一月,燕王曹宇给曹奂上表祝贺冬至,向他称臣。皇帝曹奂下诏说:"古代的诸侯王们,也有对皇帝不行君臣之礼的,父王您也应当遵循这一规则。上表请不要再向我称臣了,就当是对父王养育之恩的一种报答!民间宗族之中,一旦有人被选为嫡系长房的继承者,他都应当尊重大宗血统而降低自己原有血缘至亲的地位,更何况我所承继的是如此贵重的皇帝血统呢!尽管如此,如果要我将自己的王父母视同臣妾,我在感情上确实很难接受得了。希望今后一切都依照礼法措置,务必尽可能达到合情合理的标准。"有关官员上奏,认为"最高的礼节莫过于尊敬列祖列宗,最严格的制度莫过于端正礼仪典章。陛下积德立身,终于天降大运,君临天下,继承曹氏嫡系的血统大任,肩负着振兴三代先帝开创和发扬的社稷基业之重担。念及燕王身为陛下的至亲,又位列藩王,却亲自秉持君臣礼节,诚敬严肃,率先以自己谦恭的品德为天下万国做出了表率。从国家颁定的典章制度来说,要兼顾到顺乎伦常天道的变更,恐怕都有些难以决策。圣朝诚然应把这件事当作特殊情况处理,给燕王以不作臣下看待的礼遇。臣等经反复讨论,认为燕王上奏的表章可允准他依照原来的格式和体例。皇上您给燕王的亲笔诏令或问候书信,可以参照'家宴及亲人探视的礼敬规则',予以比义推类,可以适当体现圣上的人伦敬意,增加尊重至亲的敬称,表示不敢有所指斥差遣,应该说'皇帝敬问大王侍御'。至于正式的命令,关系到国家的典章制度,是朝廷借以向天下昭彰官方体制与礼仪规范的方式,皇上还是应当遵循国家礼法,所以要说'制诏燕王'。凡是诏命、制书、奏事、上书等涉及燕王名称时,都可另行抬写,与上一行齐平。除非是宗庙助祭大事,其他场合一律不准直呼燕王的名字,朝臣奏事、上书、文书及天下官吏百姓一律不准触犯燕王名讳,以此彰显出特殊的礼遇,表明燕王的地位在所有诸侯王之上。这样,对上既遵循了帝王典章所规定的尊祖之制,对下又能体现出皇上对自己父王的拳拳孝心,二者都没有什么差错,在礼仪上也得其所宜,可以诏告天下并予实行。"

十二月六日,华阴县水井中出现黄龙。七日,任命司隶校尉王祥为司空。

景元二年夏五月初一,发生日食。秋七月,乐浪郡的外族人韩、涉貊等部首领各率其部属来朝进贡。八月三日,赵王曹幹去世。九日,皇帝曹奂再次下诏晋封大将军司马昭为晋公,进位相国,赐九锡,一切待遇均跟先前的诏命一样。因司马昭坚决推辞而作罢。

景元三年春二月,轵县水井中发现青龙。夏四月,辽东郡奏报肃慎国来使经辗转翻译前来进贡,献上该国特制强弓三十张,每张长三尺五寸,楛木制作的箭矢长一尺八寸,石弩三百枚,用皮、骨、铁等多种材料混合制作的铠甲二十套,貂皮四百张。冬十月,刘蜀大将姜维进犯洮阳郡,镇西将军邓艾率部迎击,在侯和击败蜀军,姜维逃走。这一年,皇帝诏令已故军祭酒郭嘉在太祖庙庭配享祭祀。

景元四年春二月,皇帝又命大将军司马昭进位、封爵、受赐等一应礼遇恩宠都跟先前的诏命一样。司马昭还是坚决推辞,诏命这才作罢。

夏五月,皇帝下诏说:"西蜀,不过一弹丸大小的国家,土地狭窄,人民稀少。而姜维毫无节制地驱使将士,从来就没有放弃过谋夺中原的打算。去年战败之后,他依旧留在沓中,垦荒耕耘,屯田养

兵,并侵夺剥削当地羌人,征发劳役,无休无止,广大百姓早已不堪忍受。且兼并弱国及征讨昏乱之国,本来就是军事上的经典战略,控制别人而不是被人所控制,更是自古以来的兵家上策。蜀国所能依赖的,只不过姜维一人而已,现因姜维远离后方,正是我方轻取蜀国的大好时机。现在决定由征西将军邓艾统帅诸军,开赴沓中、甘松牵制姜维,雍州刺史诸葛绪率各部人马开赴武都、高楼,与邓艾诸军首尾相应,对姜维构成四面楚歌的强大攻势。若能彻底击败姜维,两军就可乘胜由东西两道齐头并进,一举平定巴蜀了。"同时,朝廷又命镇西将军钟会由骆谷出师讨伐蜀国。

秋九月,太尉高柔去世。冬十月,皇帝再命大将军司马昭进位、封爵、受赐等一应礼遇恩宠都跟先前的诏命一样。十一日,册立卞氏为皇后。十一月,大赦天下。

自邓艾、钟会率师伐蜀,魏军所向披靡。当月,蜀主刘禅自赴邓艾军中投降,巴蜀大地全面平定。十二月十九日,朝廷任命司徒郑冲为太保。二十一日,分割益州,增设梁州。二十二日,朝廷宣布特赦益州民众,并在五年内免征当地百姓一半的租赋。二十四日,任命征西将军邓艾为太尉,镇西将军钟会为司徒。皇太后驾崩。

咸熙元年春正月初一,诏令用囚车押送邓艾回京。三日,皇帝临幸长安。十一日,派特使持玉璧缯帛祭祀华山山神。当月,钟会在蜀反叛,遭到其他众多将士的诛讨;邓艾也被杀死。二月初一,朝廷特赦益州所有可能牵连钟会反谋的人。三十日,安葬皇太后郭氏。三月十七日,任命司空王祥为太尉,征北将军何曾为司徒,尚书左仆射荀顗为司空。十九日,皇帝加封晋公司马昭为晋王,加封十郡,连同先前所有共二十个郡的封邑。二十七日,封前蜀主刘禅为安乐公。夏五月初一,相国、晋王司马昭奏请恢复公、侯、伯、子、男五等爵位。十五日,改年号为咸熙元年。二十四日,皇帝追封舞阳宣文侯司马懿为晋宣王,舞阳忠武侯司马师为晋景王。六月,镇西将军卫瓘呈献雍州兵在成都县所得到的玉璧玉印各一枚,印文像是"成信"二字,朝廷参照周成王馈赠嘉禾的古义,在宣示朝廷百官之后,将它们收藏在相国府中。

当初,也就是魏军平定蜀国之后,东吴军进逼永安,朝廷调动荆州、豫州两地驻军以掎角之势前去救援。七月,各路吴军均逃跑退却。八月三日,命中抚军司马炎担任相国副手,如同鲁公封拜重臣后人的做法一样。

六月,皇帝下诏说:"前叛逆之臣钟会曾在巴蜀图谋不轨,他把从征将校召集到一起,使用武力威逼的手段控制了局面,这才吐露自己的奸险图谋,口出凶暴忤逆的狂言,胁迫大家顺从他的意志,并让所有人当场表态,由于事情发生得特别突然,众人无不惊恐并震慑于他的淫威。相国左司马夏侯和、骑士曹属朱抚当时正好负有特殊使命来到成都,中领军司马贾辅、郎中羊琇都各自参谋钟会军事。夏侯和、羊琇、朱抚都坚守大义,不屈不挠,对于钟会的凶言邪说及其威逼利诱,他们不顾自身安危,当场给予了严厉的指责和驳斥,表现得十分慷慨壮烈。贾辅则对散将王起说'钟会大奸大逆凶残暴虐,试图杀尽所有将士',又说'相国已率三十万西征大军,前来讨伐钟会,平定叛乱',既辩明形势,又虚张声势,从而激励将士斗志,群起反抗钟会的叛变。王起出外,把贾辅的话宣示诸军,使得众将士群情激昂,反击叛乱的立场更加坚定。朝廷理应使这些有大功于国家的人获得显要荣宠,以显扬忠贞义烈的精神。特此进封夏侯和、贾辅为乡侯,羊琇、朱抚为关内侯。王起将贾辅的话传告将士,也应给予特别的奖赏。现命王起升格为部曲将。"十六日,任命卫将军司马望为骠骑将军。九月初一,任命中抚军司马炎为抚军大将军。

十四日,皇帝下诏说:"东吴国政凶狠,刑罚残酷,横征暴敛,无休无止。孙休派邓句为使臣,命令交阯太守强行押送当地百姓,为吴国补充兵源。吴国将领吕兴凭借百姓们愤怒的反抗情绪,抓住我军平定巴蜀的大好时机,趁机聚集当地豪杰,诛杀邓句等人,驱逐太守及其辅佐官员,安抚并和集民众,等待我朝授命辖治。九真、日南二郡听说吕兴深明逆顺之理,断然弃暗投明,也都齐心响应,与吕兴谐调一致。吕兴给日南州郡发布文告,宣示归顺计划,并挥兵合浦,晓谕吉凶祸福;然后派都尉唐谱等人前往进乘县,通过南中都督护军霍弋向我朝上表自陈归心。又交阯郡的将令官吏也各有上书,称'吕兴在交阯干了一番大事,获得了上上下下的拥戴。各郡原有山寇,与州郡之间互有联结,他们担心吕兴的计划遭遇变动,所以各怀二心,犹疑不定。权衡眼下形势,可封拜吕兴为都督交阯诸军事、大将军、定安县侯,请朝廷赐予褒奖,以抚慰边荒民众之心'。吕兴归顺的诚意,从他们的奏表中就显露无遗。从前仪父朝见鲁国,得到《春秋》的赞美;窦融投奔汉朝,天子给予特别的礼遇。现今我国声威远扬,安抚四海,正致力于绥服远近华夷,以达到统一全国的目的。吕兴率先归心于天子教化,率郡州官吏军民稽首臣服,又不远万里上书表达诚意,请求授官守土,对如此俊杰,当然要特赐恩遇,加封显爵。这样,不仅吕兴等人将心怀忠诚并深感欣慰,边远地区的其他人也必定视吕兴为楷模,争相劝勉。特此任命吕兴为使持节、都督交州诸军事、南中大将军,爵封定安县侯,遇事可相机决断,拥有先斩后奏的权力。"册命诏书尚未到达交阯,吕兴已被他手下人杀死。

　　冬十月初一,皇帝下诏说:"古代圣君明主,平乱救世,稳居高位,建功立业,或以文治,或凭武功,方法有别,但都功业辉煌,结果如出一辙。所以有人挥舞干戚教诫不朝于王庭的部族,有的出动大军威慑凶暴傲慢的诸侯。至于爱护民众,保全国家,必定先要修治礼乐法度,向广大百姓展示相关礼仪规范,情非得已决不轻易动用武力,所有这一切都是品德高尚者所共同拥有的东西。汉代末年,天下祸乱相继,九州分崩离析,刘备、孙权乘机割据,各自称霸一方。我朝三代先帝为了华夏和平,夜以继日尚且忙不过来,这才使得孙、刘二贼越礼犯上得行苟延数世。幸赖先帝神灵的庇佑,佐命辅国大臣的忠诚勇武,王师威震四方,平定巴蜀,战役无需跨季越年,征灭不必再战之勇。近年以来,江南衰败,国政昏聩,刑罚凶乱,刘蜀灭亡之后,孙吴更加孤立无援,交州、荆州、越州、扬州,俊杰率先归附王化,官吏百姓望风响应。如今又有交阯镇将吕兴统帅三郡,不远万里向我国倾诉归顺的挚诚;武陵邑侯相严也整合五县,恳切请求作为我朝的臣民;豫章庐陵山民率众叛吴,以助北将军作为这支义军的称号。又加孙休病死，主帅易人，国内军民上下背离，各怀异心，不肯同德。伪将施绩，本是东吴的名臣，却无端招惹是非，备受猜忌排挤。众叛亲离，人心摇动，自古至今，还从未见过哪个国家有如此明显的亡国之兆。倘若我六军齐出，旌旗南临江汉，吴、会二郡故地势必出现扶老携幼迎接王师的局面，这是必然之理。然而兴师动众，毕竟劳民伤财，该当先向吴国晓喻我朝的声威与德行，充分显示我朝的仁义和诚信，使他们明白臣服归顺王朝，彼此和睦同心的好处。现任相国参军事徐绍、水曹掾孙彧，都是当年寿春战役中的俘虏。徐绍本是东吴南陵督，资质坚实开朗；孙彧是孙权的同宗，为人忠诚善良，善于识别事势。特派徐绍、孙彧为正、副使臣，南返吴国，广泛传布我大魏的国家法令，晓喻广大吴国民众，都用事实加以说明，如果他们能够觉醒，也并不影响武力征讨的一切谋划，正所谓运筹帷幄之中，决胜千里之外，要算是自古用兵的上乘策略了。特任命徐绍兼散骑常侍，加官奉车都尉，爵封都亭侯；孙彧兼给事黄门侍郎，赐爵关内侯。朝廷赐予徐绍、孙彧的女奴，以及尚在二人身边的男女家人，全部听凭他们带同南下，以此申明国家恩典，二人也不必回朝交卸使命了，以此拓展我朝光大诚信的决心。"

二十日，皇帝册命抚军大将军、新昌乡侯司马炎为晋王世子。当年，朝廷撤销各地屯田机构以调整政事役使的关系，原任典农都改任太守，典农都尉改任县令、县长；又在巴蜀境内用奖励的办法招募愿意迁往内地的百姓，由官府供给两年食粮，并免除他们二十年的赋税。安弥、福禄等县都奏报发现嘉禾。

咸熙二年春二月十九日，朐䏰县将抓到的灵龟进献给朝廷，诏令收归相国府。二十五日，因虎贲张修当初在成都驰马奔走于各大军营之间通告钟会谋反的消息，为此献身的事，朝廷特赐张修之弟张倚为关内侯。夏四月，南深泽县奏报说天降甘露。东吴派纪陟、弘璆为使者前来求和。

五月，皇帝下诏说："相国晋王充分贯彻天子意图，光照四海；显耀武功，声威远震异域边荒，传布美好的风气，推广卓异的教化，礼仪遍行于境内境外。他哀怜同情江东民众，一心只想着救济抚育，

因而聚兵不战,推崇仁义,让声威与德行替代战争。在他的文德告谕之下,孙吴望风倾慕,委派特使前来朝见进贡,以此表明对我朝的归顺诚意,送来金银珠玉奇珍异宝,进一步证明他们的诚意完全发自内心。而晋王过于谦让,对于东吴所献礼品条列造册,全部送给朝廷,这并不是安抚初来归附的人,尊重其诚恳愿望的做法。孙皓进献的所有礼品,特此奉还晋王府,这样才符合古人立身行事的道理。"晋王极力辞谢,才算作罢。皇帝又命晋王所戴冠冕佩缀十二旒,设天子旌旗,出入设警戒并沿途禁止行人,乘坐皇帝专用的六匹马拉的金根车,配五采副车,设置前卫骑兵,前导旌旗,王宫设置悬挂钟磬的木架,可以演奏皇宫中的八佾乐舞。进王妃为王后,世子为太子,王子、王女、王孙爵号都照古礼执行。三十日,大赦天下。秋八月九日,相国、晋王司马昭去世。十日,晋太子司马炎继承王位,统领百官独揽朝政的权力,仪卫祭祀用器与帝王册命一类待遇,全都跟之前的司马昭一样。当月,襄武县奏报说有巨人出现,此人身高超过三丈,脚印就长三尺二寸,满头白发,着黄衣黄巾,拄杖,叫住乡民王始,说:"现在天下应当太平了。"九月十四日,大赦天下。十月六日,任命司徒何曾为晋国丞相。十一日,任命骠骑将军司马望为司徒,征东大将军石苞为骠骑将军,征南大将军陈骞为车骑将军。二十三日,安葬晋文王司马昭。闰月,西域康居、大宛二国进献名马,都送归相国府,以表彰司马相国怀柔万国致远万里的不朽功勋。

十二月十三日,曹魏王朝曾经享有的天赐福禄就此永远的终结了。上天将帝位相承的运数安排给了晋国。皇帝曹奂诏令文武百官在京城南郊筑坛祭天,又派特使捧着皇帝的玉玺、绥带和册命,禅让帝位给晋嗣王司马炎,如同当初汉献帝禅位给曹魏一样。十五日,晋武帝派人奉册封魏帝曹奂为陈留王。曹奂随即出宫迁往金墉,但最终改居邺城,这一年他正好二十岁。

评:古人以天下为公,只有圣贤才有机会被推举为帝王人君。发展到后来,帝位变成世代相传,帝王们都让自己的嫡长子来承嗣继位；如果没了嫡子继承，便在同宗近支中选择贤明有德者延续其血统与世系，像汉代的文帝、宣帝就都是类似情况下产生的最好例证，这当然也是属于不影响正常传位规则的做法。明帝遇到无子的难题时却不愿效法前人，而是沉溺于自己生养的私爱情结中难以自拔，不惜抱养同宗婴儿，传与江山社稷，而且临终托付辅佐大臣时用心不专，一定要让异姓大族参杂其间，终究导致曹爽被诛，齐王被废。高贵乡公天赋聪慧，大器早成，勤学好问，崇尚文采，他的风雅潇洒也差不多可以直追文帝的杰出不凡；可惜失之于轻率浮躁，激愤不能自控，终于自蹈大祸。陈留王甘心做个有名无实的末代皇帝，在位时国计民生概不过问，所有朝政全由辅政大臣一人独揽，最后还萧规曹随，仿效汉献帝禅位曹丕的前例，把江山社稷拱手让给了司马家族，于是乎受封藩王，以宾客的身份生活在晋朝，比起山阳公刘协来，他所得到的位次与荣宠，可算是又上了一级台阶了。

白话三国志卷五　魏书五

后妃传第五

《易经》中说:"男子守正道于外,女子守正道于内,男女各守正道,就是天地间的正道了。"凡属古代贤明的君主,无不明定后妃制度,以顺应天地的道德规范,因此娥皇、女英二妃下嫁虞舜,虞舜的事业得以昌盛兴隆,太任、太姒二女先后嫁给姬氏,周室基业由此蒸蒸日上,一个王朝的兴废存亡,总之都跟它的后妃制度有着莫大的关系。《春秋》说天子可以拥有十二个女人,诸侯为九个,从情理上加以考察,这确实是一个不容变更的规定呢。而每个王朝末叶,当朝君主往往穷奢极欲,荒淫无度,致使比翼折翅,鸳鸯失偶,怨男旷女为数激增,阴阳和谐遭到严重破坏,而且只重色相,善良美好的品行反而弃之不顾,因此造成整个社会的风俗教化江河日下,全国上下的政法体系败坏殆尽,难道不令人深为痛惜吗!呜呼,齐家也好,治国也罢,都应该永远以此为戒才是啊!

汉代礼制,皇帝的祖母称太皇太后,皇帝的母亲称皇太后,皇帝的正妻称为皇后,其余妃嫔分为十四个等级。魏王朝承袭汉朝制度,母后之类称号全都遵循前代惯例,但从夫人以下,妃嫔的名称却每个时期都有所增损。太祖建立魏国,才册命王后,王后以下又分为夫人、昭仪、倢伃、荣华、美人五等。文帝增加了贵嫔、淑媛、修容、顺成和良人。明帝增置淑妃、昭华、修仪,撤销了顺成这一级女官。太和年间开始恢复夫人的册封,将夫人的地位品级列于淑妃之上。自夫人以下,封爵共分十二等:贵嫔、夫人,地位仅次于皇后,爵位体系中没有哪一个等级能与她们相提并论的;淑妃地位视同相国,爵级跟诸侯王一样;淑媛地位视同御史大夫,爵级跟县公相同;昭仪爵级等同于县侯;昭华爵级等同于乡侯;修容爵级等同于亭侯;修仪爵级等同于关内侯;倢伃爵级等同于中二千石;容华爵级等同于真二千石;美人爵级等同于比二千石;良人的爵级与千石级的官员相同。

武宣卞皇后,琅邪郡开阳人,是文帝的母亲。出身倡优,二十岁那年,太祖在谯郡娶她为妾。后来跟随太祖来到洛阳。董卓祸乱朝廷的时候,太祖改换常服逃出洛阳,去东方避祸。之后袁术传布太祖已经死亡的消息,当时跟随太祖来到洛阳的人都有返回家乡的打算。卞后制止他们说:"曹君吉凶现在并未确定,如果大家今天回家,明天却得知他其实毫发无损,日后还有什么面目彼此相见呢?纵使大祸临头,大家同生共死又有何妨!"大家这才听取了卞后的意见。太祖后来听说了这件事,也打从心里赞赏她。建安初年,丁夫人被废,太祖就扶正卞后做了继室。几个失去母亲的儿子,太祖都交给卞后抚养和照料。文帝曹丕被立为太子,王宫女官们纷纷恭贺卞后说:"将军被立为太子,全天下的人都为他高兴呢,王后应当倾尽您的府库宝藏作为赏赐才对。"卞后说:"魏王因为曹丕在众兄弟中年纪较大,所以才册立他为太子承嗣王位的,我只应以能够免除教子无方的过错作为自己的荣幸罢了,又凭什么为此大肆张扬赏赐馈赠的呢!"女官们返回,把这些话如实转告给太祖。太祖喜悦地赞扬卞后说:"恼怒的时候面不改色,高兴的时候不忘乎所以,这的确是她最难能可贵的地方。"

建安二十四年,册立卞后为王后,册文说:"夫人卞氏,辛勤抚养众王子,具有担当人母仪范的德行。现在命她进位为王后,太子、诸侯负责陪位,众卿给她敬酒贺寿,国内死刑犯都减罪一等。"建安二十五年,太祖驾崩,太子曹丕继承王位,尊王后为王太后。及曹丕代汉登极,尊王太后为皇太后,所居宫室称永寿宫。明帝即位后,尊皇太后为太皇太后。

黄初年间,文帝本打算追封太后的父母,尚书陈群上奏说:"陛下以至高无上的道德奉天承运,您所缔造的帝国基业模式,以及由您所做的制度方面的改革，都应当成为后世子孙永远遵照执行的规范。检阅历代典籍的文字记载，从没有因为妇人而裂土封王的做法。根据礼典，妇人只能依附于丈夫的爵位。秦王朝违背了古代礼法，汉王朝则因循秦制，都不是经过先王千锤百炼的典章法度。"文帝说："这个意见很对，此前我所做的决定就不要施行了，而且应该把这个规定写成诏令，收藏于尚书台，作为后世永久的制度。"一直到太和四年春，明帝才追谥太皇太后的祖父卞广为开阳恭侯，父亲卞远为开阳敬侯，祖母周氏为阳都君及恭侯夫人，并都赠与印绶。这年五月，太皇太后驾崩。七月，合葬到太祖的高陵。

当初，卞太后的弟弟卞秉，因功封为都乡侯，文帝黄初七年进封开阳侯，食邑一千二百户，官拜昭烈将军。卞秉去世，他的儿子卞兰继承封爵。卞兰少年时代就有很不错的才能和学问，最终历任奉车都尉、游击将军，加官散骑常侍。卞兰去世，他的儿子卞晖继承爵位。又分卞秉的爵位，封卞兰的弟弟卞琳为列侯，后来卞琳最高做到步兵校尉一职。卞兰之子卞隆的女儿后来立为高贵乡公的皇后，卞隆因为身为皇后父亲的缘故而担任了光禄大夫，赐位特进，爵封睢阳乡侯，其妻王氏封显阳乡君。又追封卞隆前妻刘氏为顺阳乡君，这是由于刘氏是皇后生母的缘故。再后来，卞琳的女儿又被册立为陈留王的皇后，此时卞琳已经不在人世，朝廷就封卞琳的妻子刘氏为广阳乡君。

文昭皇后甄氏，中山无极人，是明帝的母亲，汉太保甄邯的后代，家族世世有人出任二千石的大官。甄氏的父亲甄逸，曾任上蔡县令。甄氏三岁时就失去了父亲。其后兵荒马乱，加上灾年饥馑，百姓们为了生存纷纷出卖家里的金银珠宝。当时甄氏家的粮食储备充足，就趁机收购了不少这样的东西。甄氏当时不过十岁出头，她对母亲说："乱世人心不占，这个时候还大肆搜求宝物，就正应了匹夫无罪，怀璧其罪那句老话，很可能给自己招来灾祸。再说眼下众多百姓正备受饥饿之苦，还不如将家里多余的粮食拿去赈济亲族乡邻，多施些恩惠给他人，多积点阴德给自己呢。"全家人都认为她这番话很有见地,当即照她的意思做了。

建安年间,袁绍为他的次子袁熙聘娶了甄氏。袁熙出任幽州刺史,甄氏留在邺城侍奉婆母。魏太祖平定冀州的时候,文帝曹丕在邺城接纳她做自己的妻子,一段时间内颇得文帝宠爱,先后生下明帝和东乡公主。延康元年正月,文帝即位为魏王,六月率军南征,甄后则留在邺城。黄初元年十月,文帝登极做了魏朝皇帝。受禅即位之后,改封为山阳公的汉献帝刘协把两个女儿献给文帝做妃子,此外还有郭皇后、李贵人和阴贵人也都深得文帝的喜爱宠幸,甄后更为郁郁寡欢,难免有所怨言。文帝听说后龙颜大怒,黄初二年六月,派使者监督甄氏自杀,并且就将她埋在邺城附近。

明帝即位,有关官员奏请为甄氏追加谥号,明帝便派遣司空王朗持符节奉策命以三牲太牢大礼祭告甄后陵,又专门为她修建了宗庙。太和元年三月,明帝划出中山国魏昌县的安城乡作为封邑追封甄后的父亲甄逸,谥号敬侯,由甄逸的长房长孙甄像承袭爵位。四月,开始兴工营建甄后宗庙,挖地时得到一方玉玺,大小为一寸九分见方,上有"天子羡思慈亲"六字铭文。明帝捧着玉玺内心大受感动,连忙备下太牢之礼到宗庙祭告。此后明帝又多次梦见甄后,于是区分众母舅的亲疏高下,分别给予了等级不同的任用,赏赐累计达万两之巨;又提拔甄像为虎贲中郎将。当月,甄后的母亲因病去世,明帝身穿丧服亲自参加葬礼,还命朝中文武百官陪位致祭。太和四年十一月,明帝觉得甄后现有陵墓所在地势过低容易积水,便委派甄像以兼职太尉的身份,持皇帝符节前往邺城,昭告后土,十二月,改葬甄后于朝阳陵。甄像回京,即荣升散骑常侍。青龙二年春,明帝下诏追谥甄后之兄甄俨为安城乡穆侯。这年夏天,吴军进犯扬州,明帝任命甄像为伏波将军,持符节监督诸将东征,从战场归来,又升甄像为射声校尉。青龙三年,甄像去世,追赠卫将军,改封魏昌县侯,谥号为贞侯;其子甄畅继承爵位。又封甄畅的弟弟甄温、甄铧、甄艳都为列侯。青龙四年,明帝下诏将甄逸、甄俨原初封爵等级都升格为魏昌县侯,各自的谥号维持不变。并封甄俨的世妇刘氏为东乡君,又追封甄逸的世妇张氏为安喜君。

景初元年夏，有关官员议定魏朝宗庙所应供奉的四亲、二祧和始祖。当年冬天，他们又奏请明帝说："大凡帝王的兴起，除了要有承受天命的君王，还要有聪明睿智的佳偶协和神灵，这样才能子孙兴旺，成就王业。远古之时，高辛氏根据卜文预测他的四位佳偶所生的儿子都将拥有天下，结果在他之后，帝挚、陶唐、商、周确实更迭兴起了。周人取得天下后，上溯远祖而举后稷配享上天，又正本清源，将王业的最初发端视为出于后稷之母姜嫄的贡献，因此特为她建立宫庙，让她接受后裔们世代不衰的顶礼膜拜，《周礼》所谓'奏夷则，歌中吕，舞大濩，以享先妣'，反映的就正是周人祭祀姜嫄的盛况。诗人也有诗颂扬说：'当初诞育我们周人的，正是可敬的姜嫄。'更为明白地道出了周朝王化的根本和周人的由来。诗人们又如此描述道：'姜嫄的神庙静谧无声，满是庄严崇高的气氛，周人仰赖您的伟大功勋啊姜嫄，您是纯正无瑕的美德的化身。'《周礼》、《诗经》所称扬的周朝盛事，竟是如此的和美。我大魏王朝承续有虞氏的天运拥有天下，自太祖开拓宏基以来已有三世繁荣昌盛的历史。宗庙之数，实在应和周王朝相同。考虑到武宣皇后、文德皇后都已列位于先帝祀庙，享受子孙万代的祭祀香火，而文昭皇后承受上天之灵符，生了英明的圣上，可谓是功济天下民众，仁德充满宇宙之间。大魏王朝江山社稷后继有人，王业风化也随之兴盛，现在皇上为文昭皇后修建了寝庙，这正如同周人所建的姜嫄神庙一般。但皇上却没有明确发布诏令，宣布文昭皇后的寝庙永远享受祭祀和保护，这样一来只怕论功报德之大义，万世后或者就要缺失不存了，这也不是向后世昭示孝悌的做法。文昭皇后的寝庙应该世世代代享受祭祀，和祖宗神庙享受同等的待遇，并由朝廷颁布万世不毁的法令，以弘扬文昭皇后圣明贤德的遗风。"于是下诏，宣布文昭皇后寝庙和另外十座宗庙享受同等祭祀礼仪，并将此规定铭刻于金鼎，藏之于金柜，以传示子孙后代。

明帝对他的舅舅们怀念不已。甄畅此时年纪尚小，到景初末年，明帝便任命他为射声校尉，加散骑常侍。还特别为他修建了一座豪华气派的大宅第，落成之日明帝亲自前往验看，并传令在府第后园为甄像的母亲建起一座观庙。将所在里巷取名为渭阳里,意在寄托对母亲的思念。嘉平三年正月,甄畅病逝,被追赠为车骑将军,谥号恭侯。其子甄绍承嗣爵位。太和六年,明帝的爱女曹淑逝世,追封为平原懿公主,为她修了祭庙,并将她与甄皇后已死的堂孙甄黄合葬,追封甄黄为列侯,又过继甄黄夫人郭氏的堂弟郭德为他们的后人,郭德改从甄姓,封平原侯,承袭公主的爵位。青龙年间,明帝封甄皇后堂兄的儿子甄毅和甄畅的三个弟弟皆为列侯。甄毅后来不断上疏对朝政提出建议,官做到越骑校尉。嘉平年间,朝廷又封甄畅的两个儿子为列侯。甄皇后哥哥甄俨的孙女被立为齐王曹芳的皇后。甄皇后的父亲早已作古,母亲被封为广乐乡君。

文德郭皇后,安平广宗人。祖上世代任官吏长。郭后年少时其父郭永就曾称奇说:"这孩子是我们家里的女中王呢!"于是以"女王"为字。她早早就失去了父母双亲,在乱离中飘泊无靠,流落到铜鞮家为奴。太祖为魏公时她被选入太子宫,因有智有谋,经常向曹丕提出一些好的建议,颇受曹丕的赏识。太祖死后,曹丕以太子身份继承王位,封郭后为夫人。等到曹丕取代汉献帝当了皇帝,又封她为贵嫔。甄皇后被文帝赐死,其中主要原因就是由于文帝对郭后的宠幸。黄初三年,文帝想要立她为皇后,中郎栈潜上书说:"古代帝王们治理天下,不仅离不开公卿朝臣的忠心辅佐,也离不开贤慧的后妃鼎力相助。能否处理好这两者的关系,可以说决定着一个王朝的兴衰存亡。故而远古时期黄帝迎娶西陵氏之女,尧帝的两个女儿娥皇和女英嫁给虞舜,都以贤明有德而著称,成为流芳千古的美谈。而夏桀亡国逃往南巢,其祸根正由于宠幸妹喜,不修朝政;商纣王以炮烙剖心等惨无人道的手段对待臣下,目的也不过是取悦于妲己。所以历来贤明的君主都格外慎重地对待册立皇后这件大事,总是在世族豪门之家选择出知书达礼的贤慧淑女充任元妃,以统领六宫,虔敬地奉祀宗庙,暗修教化之功。《易经》中说'家道正而天下定',说的是由小到大、由内及外的道理。这正是先王所规定的法典啊!《春秋》中记载宗人衅夏的话说:'世上没有以妾为夫人的礼法。齐桓公在葵丘接受爵位时,也说不能让妾成为妻子。可如今后宫中有些嫔妃,常常仗着皇上的宠幸而越礼,与皇帝一同乘舆。如果陛下再因为宠幸而册立她为皇后,使贱人骤然富贵,那么我担心后世会出现以下陵上、卑贱者废弃放逐高贵者的局面。朝廷礼法不攻自破,这样的乱子不是由上面引起的么?'"文帝不听栈潜的劝谏,照样册立了郭皇后。

郭皇后的哥哥和弟弟都早已死去,于是以她的堂兄郭表过继给她的父亲郭永为子。郭表因此被任命为奉车都尉。郭皇后的外亲刘斐要与外地女子通婚,她听说了此事专门告诫家人及亲戚:"各位亲戚遇婚嫁之事,都应该与乡里门户相当者联姻,不得借权势地位强与他方人家通婚。"她姐姐的儿子孟武归还乡里后求娶小妾,她又专门下一道敕文劝阻说:"当今由于战乱,妇女偏少,应当尽可能地将她们配给前方将士为妻,不得无缘无故纳为妾室。各位亲属在这件事情上都务必小心谨慎,不要做了首先受罚的人。"

黄初五年,文帝率师东征,郭皇后留守许昌永始台。当时大雨泛滥连降百余日,城楼多有倒塌损坏。有关的官员奏请皇后移居别处,郭皇后说:"当年楚昭王出游,他的妻子贞姜留在渐台。长江水汹涌而来的时候,使者迎接王后转移,但因身边无昭王的符信,结果贞姜坚持不走,以致在洪水中丧生。如今皇上御驾远征,我在后方还没有遇到贞姜那样的危难,有什么必要迁移住处呢?"群臣闻言无话可说,再也不提请皇后迁居的话。黄初六年文帝再次督师东征,大军开赴广陵,郭皇后留守谯宫。郭表此时留守负责警卫工作,他想拦住河水打鱼,皇后制止他说:"这河水是用来运送军粮的,况且筑坝截水又需要木材,自己的家产不在眼前,只好私自挪用公家的竹木来筑水坝。如今你这位奉车将军所缺少的,难道仅仅是鱼么?"

明帝即位后,尊郭皇后为皇太后,称永安宫。太和四年,明帝下诏封郭表为安阳亭侯,继而又进爵为乡侯,增加食邑连同以前所有的共五百户。不久迁升为中垒将军,其子郭详也被任命为骑都尉。同年,明帝追谥皇太后的父亲郭永为安阳乡敬侯,母亲董氏为都乡君。提升郭表为昭德将军,加金章紫绶,赐位特进。郭表的次子郭训也被任命为骑都尉。后来孟武的母亲病故，明帝想予以厚葬，并为她修建祠堂。皇太后制止道："自汉末天下大乱以来，许多陵墓都遭到盗掘，其原因大都在于厚葬。今安葬亡人最好以文帝首阳陵的薄葬为准则。"青龙三年春天，皇太后驾崩于许昌。朝廷按本朝丧葬制度为她营建陵墓。三月十一日，将她安葬在首阳陵的西侧。明帝进封郭表为观津侯，增加食邑五百户，连同以前所有共千户。又提升郭详为驸马都尉。青龙四年，明帝发布诏令，改封皇太后的父亲郭永为观津敬侯，母亲董氏为堂阳君；追封皇太后的哥哥郭浮为梁里亭戴侯，郭都为武城亭孝侯，郭成为新乐亭定侯。分别派出使节奉朝廷典册，以太牢之礼进行祭祀。郭表死后，长子郭详继承了爵位，又分郭表的食邑封他的第三子郭述为列侯。郭详去世，其子郭钊继嗣。

明悼毛皇后，河内人。义帝黄初年间入选东宫。当时明帝还是平原王，对她非常宠爱，进出每每同辇同车。明帝即位做了皇帝，便封她为贵嫔。太和元年，正式册立她为皇后。她的父亲毛嘉，拜为骑都尉；弟弟毛曾，任郎中。

当初明帝还是平原王的时候，曾先聘取河内虞氏为王妃。及明帝即位，虞氏没能被立为皇后，太皇太后卞氏为此慰勉虞氏。虞氏说："曹氏从来喜欢立贱人为后，没有过以德取人时候。然而皇后管理六宫内部事务，皇帝执掌天下大政，两人的职责本是相辅相成的；假如没有一个好的开端，没听说过会有什么好的结果。也许说不定会因此亡国丧祀呢！"虞氏于是被废黜送还邺宫。继而擢升毛嘉为奉车都尉，毛曾为骑都尉，优宠恩赐极为优厚。不久，又加封毛嘉为博平乡侯，升迁光禄大夫，毛曾为驸马都尉。毛嘉原是典虞车工出身，就这样突然间大富大贵起来，明帝传令公卿朝臣到毛嘉家中饮宴，毛嘉的举止行为显得说不出的粗鲁无知，开口闭口自称"侯身"，一时间为世人传为笑谈。后来明帝又赐毛嘉位列特进，同时提升毛曾为散骑常侍。青龙三年毛嘉去世，被追赠为光禄大夫，改封安国侯，增加食邑五百户，连同以前所有共达千户，谥号为节侯。青龙四年,明帝追谥毛皇后的母亲夏氏为野王君。

明帝后来又宠幸郭元后,对毛皇后的恩宠日益淡漠。景初元年,明帝赏游后园,召后宫才人以上的嫔妃参加饮宴娱乐。郭元后说"应该把皇后请来",明帝不同意。于是下令左右随从,禁止宣请毛皇后。毛皇后知道了这事。第二天明帝去见毛皇后,毛皇后问道:"昨天游宴北园,很快乐吧?"明帝以为是左右侍从泄露消息的缘故,一怒之下诛杀了十几名随身侍从。又下诏赐毛皇后自尽,但仍给予谥号,将她葬在愍陵。毛曾先被提升为散骑常侍,后改任羽林虎贲中郎将、原武典农。

明元郭皇后,西平人,世代为河右大族。黄初年间,所在郡反叛朝廷,郭后在那次事件中被没收入宫。明帝即位,郭后极受宠幸,被封为夫人。叔父郭立荣升骑都尉,堂叔郭芝为虎贲中郎将。明帝病重之际,册立郭氏为皇后。齐王即位,尊郭后为皇太后,称永宁宫。又追谥她的父亲郭满为西都定侯,让郭立之子郭建承袭封爵。封郭太后之母杜氏为郃阳君。郭芝升任散骑常侍、长水校尉,郭立为宣德将军,都封为列侯。郭建之兄郭德,奉嗣文昭甄皇后已故从孙甄黄血脉。郭德与郭建兄弟二人同为镇护将军,均封列侯,并都执掌皇宫宿卫重任。明帝以后的三位皇帝皆年幼势弱,由宰辅一统朝政,裁决内外大事,总是先向郭太后请示然后实行。毌丘俭、钟会等人的叛乱,都是以太后的命令为借口。元帝景元四年十二月,郭太后驾崩,五年二月,安葬在明帝高平陵的西面。

评:有魏一代的后妃家族,虽然也可以用富贵二字加以总结,但却从未出现东汉衰落时期那样,凭借外戚势力作威作福并趁机宰割朝政的现象。借鉴历往得失从而改变某些不合理的制度,魏王朝在这个方面确实做得非常出色。而追观文帝时期陈群的建言,栈潜的奏议,适足以成为每位君主的规章典制,像一切优秀的法度规范那样流传后世。

白话三国志卷六　魏书六

董二袁刘传第六

董卓字仲颖,陕西临洮人。少年时代就任侠尚武,曾游历羌人聚居地区,与羌族的许多首领相识并结为朋友。后来他返乡务农,羌族首领有来看望他的,董卓忙邀他们一同回家,杀了耕牛款待来宾,以助饮宴之乐。羌族首领们深为董卓这种豪爽好义的行为所感动,回去后收集各类牲畜千余头作为给董卓的赠礼。桓帝末年,朝廷在汉阳、陇西、安定、北地、上郡、西河六郡良家子弟中选拔羽林郎。董卓武艺出众,勇力少有人比,能够身挂两只箭袋,在纵马急驰中左右开弓。他为此中选,最初任军司马,因追随中郎将张奂攻打并州立下战功,升郎中,并赏赐细绢九千匹,董卓却把这些细绢一毫不剩地分给了手下的官员和士卒。后迁授广武令、蜀郡北部都尉、西域戊己校尉,因事免职。之后又被起用,任并州刺史、河东太守,升中郎将,征讨黄巾军时战败,遭到撤职抵罪的处分。直到韩遂起兵凉州,朝廷才恢复了董卓的中郎将职务,由他带兵西征迎击韩遂。在望垣峡以北地区,董卓所部遭到数万羌、胡兵的重重包围,粮食完全耗尽。董卓便摆出捕鱼充饥的架势,围堰筑坝,使自己回军必须经过的河道漫为水池,等到数十里河水蓄积高涨,这才率军悄无声息地从堤堰下悄悄穿过,之后毁堤放水。等羌、胡兵得到消息前来追击时,河水已深,无法渡过。当时朝廷共派出六路兵马出征陇西,其他五支部队损兵折将大败亏输,只有董卓所部得以完整地退回,屯兵防守扶风郡。朝廷为此提升董卓为前将军,封鏊乡侯,后征调为并州牧。

汉灵帝刘宏驾崩,少帝刘辩即位。大将军何进与司隶校尉袁绍密谋诛杀宦官,遭到皇太后的拒绝。何进密召董卓,让他率部进京,并密令他上书说:"中常侍张让等人借着太后和陛下的恩宠胡作非为,弄得国家污浊不堪。古代曾有赵鞅兴兵晋阳,铲除朝中佞臣荀寅、士吉射等人的故事。如今为臣也要击钟鸣鼓,督师开赴洛阳,立即诛讨张让一类乱臣了。"试图通过这种方式胁迫何太后。但董卓尚未赶到洛阳,何进已被宦官们击败。中常侍段珪等人劫持少帝仓惶逃往小平津,董卓当即率领部众在北邙山迎接少帝,保护少帝返回皇宫。此时,何进之弟、车骑将军何苗被何进的部属杀死,何进、何苗的部属无人统领,便全都投奔了董卓。董卓又唆使吕布杀死担任京师治安最高长官的执金吾丁原,收编了丁原的人马,这样一来,京都兵权便全部集中到了董卓一人之手。

在此之前,何进曾派遣骑都尉太山人鲍信去各处招募士兵,鲍信恰在这时返回洛阳,他对袁绍说:"董卓手握重兵,心怀不轨,我们现在若不下手,日后必然要受他的图害;趁他刚到京都士卒疲惫的当口,我们趁机突袭,一定可以擒灭董卓。"袁绍畏惧董卓,不敢发兵,鲍信心知大势已去,弃官返归故里了事。

当此之时,董卓先以久旱不雨罪在大臣这一借口,迫使少帝下诏免去司空刘弘,自己取而代之,不久飙升太尉,被授予符节、斧钺、虎贲等显示将帅最高威权的标志物。于是废少帝刘辩为弘农王。随即又杀死弘农王及其生母何太后。董卓立灵帝的幼子陈留王刘协为皇帝,这就是汉献帝。董卓自升国相,加封自己为郿侯,享有朝会时司礼官只称官职不唱姓名,以及穿鞋佩剑上殿的特殊待遇,又封自己母亲为池阳君,设置家令、家丞一类官职。董卓一方面是率领精锐兵马进京的,又恰逢皇族内部大乱,因此得以操纵皇帝废立,并窃据国家的武库甲兵,以及国家的珍宝财富,从而威震天下。董卓这人生性残忍暴戾,于是滥用严刑威慑众人,即使只是对他的无道行为侧目而视,也势必受到他的无情报复,一时间人人自危,为身家性命的朝不保夕而忧心如焚。董卓有次曾派部下巡视阳城,当时正值二月社祭,百姓们都在各自的社庙里聚会,董卓的士兵们见男人就冲上去砍下其头颅,然后赶着百姓们的车和牛,妇女和财物都装在车上，将所有砍下的脑袋悬挂在车辕车轴上，牛车首尾相连返回洛阳，声称攻贼大获全胜，口中高呼万岁。进洛阳开阳门后，放火焚烧被残杀的百姓头颅，掳掠来的妇女则分给士卒们为婢为妾。董卓甚至于还在后宫肆意奸淫嫔妃和公主。他的凶狂残暴大逆无道基本上就是这个样子。

最初，董卓一度很信任尚书周毖和城门校尉伍琼等人，并委任他们所推荐的韩馥、刘岱、孔伷、张咨、张邈等人以州牧郡守的要职。不料韩馥等人到任之后，立即联合起兵准备讨伐董卓。董卓得到消息，以为周毖、伍琼与韩馥等人早就串通好了出卖自己，便将周毖、伍琼等人都斩了。

河内太守王匡，派泰山兵驻扎河阳津，准备讨伐董卓。董卓先设疑兵摆出要从平阴渡河的架势，暗派精锐主力从小平北渡过黄河，绕到敌兵背后发起猛攻，在河阳津北将王匡的泰山兵几乎杀得片甲不留。董卓当然也因为崤山以东豪杰的纷纷起兵，心里觉得非常恐惧不安。献帝初平元年二月，董卓干脆挟持年幼的皇帝迁都长安。行前纵火焚烧洛阳皇宫，同时将历代王陵挖掘一空，掠夺其中埋藏的一切金银珠宝。迁都长安后，董卓自任太师，以姜太公自居，称自己为"尚父"。出入乘坐青盖金华车，车厢两面金花彩绘，图形张牙舞爪，时人称之为竿摩车。董卓的弟弟董旻被任命为左将军，封鄠侯；他哥哥的儿子董璜，也担任了侍中、中军校尉，掌管军事；董氏宗族及其亲眷拜官进爵，形成权倾朝野的格局。公卿大臣们路遇董卓，都要通报姓名拜谒于他的车下，董卓却从不还礼。他竟至于传令三台尚书以下的朝臣们到他家中向他陈述政事。董卓修筑郿坞，城墙高度竟与长安城相若，堡垒中储备了足够吃上三十年的粮食，为此他放言说："我的大事一旦成功，整个天下都是我的；假如不能成功，就是守住郿坞也可以一辈子高枕无忧。"有一次他离开长安去郿坞巡视，公卿以下朝臣都在横门外为他置酒饯行。董卓命令部下搭起帐篷与群臣畅饮，席间令人将数百名被他诱降的北地郡反叛者，当着众多大臣的面首先普遍割去他们的舌头，然后或砍断其手足，或剜去其双目，或者塞进大锅里烹煮，那些受刑未死之人，仆倒

在杯案之间挣扎呻吟,情形惨不忍睹。与会朝臣见状惊心,纷纷握不住手中的筷子,董卓却坐在那里照旧吃喝,神态轻松自如。太史观察天象,预测说会有大臣遭遇被诛杀的厄运。原任太尉、现任卫尉的张温,向来就对董卓没什么友善表示,为此董卓一直怀恨在心,这次既有大臣被诛的天象,董卓便想拿张温作为这次灾变的牺牲品,所以唆使他人诬告张温与袁术勾结,就这样将张温施以鞭刑活活打死。董卓法令苛刻严酷,又凭个人爱憎滥用刑罚,再加人们转相诬告,致使成百上千的人含冤屈死。天下百姓怨声鼎沸,道路相遇都只能相视无言。董卓还将宫中铜人和悬钟格架尽数砸破,并且肆意改变正常流通中的五铢钱币格局。他另行铸造小钱,直径仅五分,没有钱文花纹,肉与好都平平无轮廓,面背也不加磋磨。于是乎钱币大举贬值,物价狂飙猛涨,一斛谷的售价竟高达数十万钱。自此以后,商品交易中钱币不再是可信的凭证。

  献帝初平三年四月,司徒王允、尚书仆射士孙瑞和董卓部将吕布共同商定诛杀董卓。当时,献帝患病刚刚痊愈,下诏在未央殿大会群臣。吕布命跟自己同郡的骑都尉李肃带领心腹士兵十几人,穿戴宫廷卫士服装把守宫门,吕布怀里则暗藏诛杀董卓的密诏。董卓刚进宫门,就遭到李肃等人的格杀。董卓惊呼:"吕布何在?"吕布应声道:"奉诏杀贼!"当即将董卓杀死,夷灭了董卓三族。主簿田景扑向董卓尸体,也被吕布一击毙命;前后共杀了三个人之后,董卓的其他心腹同党都再不敢轻举妄动了。长安城的广大百姓听说董卓伏诛,无不相互庆贺,那些平日投靠奉迎董卓的人则被全部投入监牢处死。

  当初,董卓的女婿、中郎将牛辅率军驻扎在陕县一带,分派校尉李傕、郭汜、张济等人攻略陈留、颍川诸县。董卓伏诛,吕布派李肃到陕县,想以皇帝诏命诛杀牛辅。牛辅等人迎击李肃,后者战败,逃往弘农郡,吕布为此诛杀了李肃。之后不久,牛辅军营中有士兵趁夜叛逃,引发军中惊扰,牛辅误以为发生了将士们的整体叛乱,连忙收拾了金银宝物,只带着支胡赤儿等五六个心腹,出城渡河北逃,支胡赤儿等人垂涎牛辅的金银珠宝,联手杀了牛辅,把牛辅的首级送往长安请功。

等到李傕等人闻变赶回陕县,牛辅早已外逃被杀,众将士群龙无首,都打算就此散伙各回老家了事。只是朝廷并未发布赦免诏书,而且还听说长安方面立誓杀尽凉州人,难免使得他们忧心如焚而不知何去何从。最后还是采纳了贾诩的计策,李傕等人率领各部兵马西行,又沿途陆续征兵,抵达长安时,已经变成了一支十几万人的大军,随即联合董卓旧部樊稠、李蒙、王方等人,将长安城围得水泄不通。十天后长安陷落,又跟吕布大战于城内,吕布兵败脱逃。李傕等人纵兵抄掠长安,城中男女老少大致被他们杀了个一干二净,致使西京长安遍地尸体狼藉。同时大肆捕杀参与诛杀董卓的人,司徒王允被杀后还受到陈尸街市示众的羞辱。大局既定,这才在郿县为董卓举行葬礼,可惜挡不住上天发怒,突如其来的狂风暴雨震裂了董卓墓穴,水漫董卓外椁,使他的内棺整个漂浮起来。李傕自任车骑将军,封池阳侯,兼任司隶校尉,假节统领全国军队。郭汜任后将军,封美阳侯。樊稠任右将军,封万年侯。李傕、郭汜、樊稠三人专制朝政。张济为骠骑将军,封平阳侯,驻兵弘农。

同年,韩遂、马腾等人归降朝廷,各率部属前来长安。朝廷任命韩遂为镇西将军,率本部兵马回凉州驻守;任命马腾为征西将军,屯兵郿县。侍中马宇和谏议大夫种邵、左中郎将刘范等人设谋,准备让马腾突袭长安,他们自己作为内应,一举诛灭李傕等人。马腾率兵刚到长平观,马宇等人因秘密泄露而逃奔到了槐里县。樊稠进攻马腾,后者战败,率部退回凉州;樊稠又乘胜攻下槐里,将马宇等人统统杀死。当时长安周围的三辅地区尚有数十万户百姓,李傕等人纵兵肆意抢劫掠夺,攻打城市聚落,广大百姓极度饥苦穷困,两年之内人吃人死亡殆尽。

占据长安的诸将之间为权利之争彼此大打出手,先是李傕杀了樊稠,吞并了樊稠的全部人马。接下来,郭汜与李傕又互相猜忌,在长安城中你来我往地不断对攻。李傕把天子扣在自己军营作为人质,纵火焚烧宫殿城门,抢掠官府,将皇帝车马服饰及其他宫廷物资统统搬回自己家中。李傕让公卿大臣到郭汜那里去请求和解,郭汜把所有前来说项的人都抓了起来。两人相互攻打持续数月,因此而死亡的人成千上万。

李傕的部将杨奉和军吏宋果计划暗杀李傕,事情败露后,杨奉率手下兵马叛离李傕而去。李傕遭遇这次兵变,实力受到一定影响。驻兵弘农的张济此时也来长安进行调解,被李傕扣为人质的汉献帝才被释放,来到新丰、霸陵一带。郭汜又想胁迫献帝迁都郿城。献帝逃往杨奉军营,杨奉发兵攻打郭汜,获胜。郭汜率败兵退往南山,杨奉与将军董承一道护送献帝返回洛阳。李傕、郭汜都后悔放走献帝,两人为此又联合起来,在弘农郡的曹阳追上了皇帝。杨奉急请原白波军将领韩暹、胡才、李乐等赶来会合,与李傕、郭汜大战。杨奉战败,李傕、郭汜纵兵杀戮公卿百官,然后带着劫掠的后宫妇女返回弘农。献帝逃到陕县,北渡黄河,车马及随行物资全部丢失,只能步行,身边也只有皇后、贵人跟从,逃到大阳县,在当地百姓家里暂住。杨奉、韩暹等人于是让献帝暂都安邑,献帝出入仅以牛车代步。这时的所谓朝廷其实也仅有太尉杨彪、太仆韩融及从者十余人而已。献帝命韩暹为征东将军、胡才为征西将军、李乐为征北将军,负责与杨奉、董承共同主持朝政。献帝又派太仆韩融前往弘农与李傕、郭汜交涉,讨回了先前被他们劫走的宫人和公卿百官,及部分御用乘舆车马。这时蝗灾暴起,久旱之后的庄稼几乎颗粒无收,随行官员们只得靠采摘野枣野菜果腹。诸将之间缺乏统属关系,上下互不买账,粮食也已耗尽。无奈,杨奉、韩暹、董承等人只得保护献帝回东都洛阳。出箕关,经轵道,张杨携带食物在路边迎候,献帝当即任命张杨为大司马。详情记载于张杨的本传。献帝一行回到洛阳,面对的是早已烧成一片废墟的昔日皇宫,以及杂草丛生的皇城大街,百官们披荆斩棘,在断壁残垣间找个处所临时歇息。此时各州郡的长官们都拥兵自重,没有谁肯来洛阳帮助朝廷的。饥饿穷困日盛一日,自尚书郎以下的官员都亲自出外砍柴及采集野菜野果,有人就这样活活饿死在断墙残垣之间。

太祖曹操迎接献帝迁都许县。韩暹、杨奉不能遵守王朝法令,各自带兵离去,在徐州、扬州一带流窜劫掠,被刘备攻杀。董承追随太祖一年多时间之后，也因罪被诛。建安二年，朝廷派谒者仆射裴茂统领关西诸将攻杀李傕，并夷灭李傕三族。郭汜被他的部将五习袭击，死于郿城。张济缺粮，带兵到南阳郡抢掠，被穰县民众杀死，他的人马由其侄儿张绣统领。胡才、李乐留在河东，后来胡才被仇家谋杀，李乐则因病去世。马腾、韩遂二人返回凉州后，越发拥兵自重。后来马腾入朝担任卫尉，他的人马由其子马超统帅。建安十六年，马超与诸将联合韩遂一起造反，被太祖亲征击败。事情本末详见《武帝纪》。韩遂逃奔金城，被他的部将杀死。马超则据守汉阳，马腾牵连儿子马超的反叛之罪被夷灭三族。赵衢等人率义兵讨伐马超，马超逃往汉中依附张鲁，后来又投奔刘备，死在西蜀。

袁绍字本初，汝南郡汝阳县人。高祖袁安，在东汉章帝时曾任司徒。袁安以下又接连四世在朝廷中位居三公，因此袁氏家族权倾朝野，名震天下。袁绍长得身材魁梧，容貌威严，能纡尊降贵地结交社会下层的贤德人士，大家都乐意追随他，太祖曹操少年时就曾与他有过交往。最初以大将军掾的身份出任侍御史，渐渐升到中军校尉，再升司隶校尉。

灵帝驾崩，何太后之兄、大将军何进与袁绍密谋诛杀朝中宦官，遭到何太后的反对。于是密召董卓带兵进京，试图以此胁迫何太后。常侍、黄门等宦官们得到消息，纷纷跑到何进家里谢罪，表示听凭处置。当时袁绍就再三力劝何进在这时果决下手，何进不听。后者采取的措施只是要袁绍让洛阳方略武吏监督并约束宦官们的行动。又命袁绍之弟、虎贲中郎将袁术选拔二百名为人温和宽厚的士兵，进宫取代原先那些拥有兵器的黄门侍者守卫宫门。中常侍段珪等人假传太后旨意，宣何进入宫议事，趁机杀死何进，导致宫中一片混乱。袁术闻讯率虎贲勇士火烧南宫嘉德殿的青琐门，想以此逼迫宦官们出宫自保。段珪等人坚守不出，反而劫持少帝刘辩和皇弟陈留王刘协，逃往小平津渡口。袁绍在擒杀了宦官所任命的司隶校尉樊陵、河南尹许相之后，这才大肆搜捕宦官，不分年纪大小一律杀了。有人只因没长胡须也被士兵们当成宦官胡乱误杀了，以至于有人为了证明自己绝非宦官,不得已自动脱下衣裤让士兵们当场查验才免于冤死。宦官中也有行善自守的人,他们也未能幸免于难。可见当时任意滥杀到了何种程度。在这次事变中,前后有两千余人被杀。袁绍又发兵急追段珪等逃走宦官,段珪等人见势不妙,全都投河而死。少帝得以返回皇宫。

率兵入京的董卓找袁绍商议,打算废掉少帝刘辩,另立九岁的陈留王刘协为皇帝。此时袁绍的叔父袁隗在朝任太傅,袁绍假装同意,对董卓说:"废立君王属于国家大事,出去后我该找太傅问问意见。"董卓说:"刘家的种子不值得再保存下去了。"袁绍没回答,抽出佩刀横在胸前向董卓深深一揖便扬长而去。袁绍一出来,便立即逃奔冀州。侍中周珌、城门校尉伍琼、议郎何颙等人,都是当时的名士,董卓很信任他们,但这些人内心都向着袁绍,于是游说董卓道:"朝廷中君主废立大事,本来就不是普通人所能参与的。袁绍目光短浅不识大体,想必是因为恐惧他才逃走的,并非心怀鬼胎有其他意图。眼下如果缉拿过急,势必弄出想不到的变故来。袁氏家族广施恩泽已达四世之久,门生故吏遍布天下,若是袁绍接纳豪杰招集人马,那么各地英雄都将如响应声,纷纷起兵相助,不用说太行山以东就绝非明公所能控制的了。还不如干脆赦免袁绍的出逃之罪,给他一个郡太守的职位,袁绍定会因为免罪又得官而喜出望外,一定不会再成为你的祸患了。"董卓认为所言有理,就命袁绍担任勃海太守,爵封邟乡侯。

袁绍随后就在勃海郡发兵,准备诛讨董卓。事详本书《武帝纪》。袁绍自号车骑将军,担任联军盟主,并与冀州牧韩馥谋划拥立幽州牧刘虞为帝,派使者给刘虞奉送劝进奏章,但刘虞不敢接受。后来韩馥驻军安平,被公孙瓒击败。公孙瓒乘胜引兵进入冀州,以讨伐董卓为名,真实目的无非是消灭韩馥。韩馥为此内心惶惶不安。恰在这时董卓挟持献帝西迁长安,退守关西,袁绍回军屯扎延津,抓住韩馥恐惧惊慌的心理,便让陈留人高干和颍川人荀谌前去游说韩馥道:"公孙瓒乘胜南来,各郡都起来响应。袁车骑将军引军东进,他的真实意图也全然不可预料,我们私下里很为韩将军眼下的处境忧心。"韩馥说:"究竟该怎么办才好呢?"荀谌说:"公孙瓒统率燕、代精兵锐卒,其锋芒势不可挡。袁绍身为一时豪杰,必定也不肯甘居韩将军之下。而冀州实是英雄建功立业的战略要地,如若公孙瓒、袁绍两人齐心协力,兵锋交集于城下,那冀州的危亡肯定立马可待。袁将军这人,是韩将军您的旧交老友了,而且二位又是讨伐董卓的同盟者,眼下要说为韩将军打算的话,您还不如把整个冀州干脆让给袁将军。袁将军一旦拥有冀州,则公孙瓒不足以与之抗衡,袁将军必定要对韩将军您厚德报恩。冀州由亲近的人掌控,韩将军您既获让贤美名,又可从此确保平安无事。希望将军别再迟疑了!"韩馥向来生性懦弱,居然认为荀谌的建议很有道理。韩馥手下长史耿武、别驾闵纯、治中李历等人劝谏说:"冀州虽然地僻人少,毕竟还有可以披挂上阵攻坚杀敌的百万甲士,以及可支十年用度的粮食储备。袁绍一介孤客,人马穷困,事事处处仰赖我们接济,譬如掌中婴儿,断了他的奶汁,立马就可饿死。为什么反倒要把冀州拱手送给这样一个人呢?"韩馥道:"我,原本他袁氏部属,况且才能不如袁绍,权衡自身的德行而让位于贤俊,这种事自古以来就得到人们的推崇,诸位独独担忧些什么呢!"从事赵浮、程奂等人请求发兵迎击袁军,韩馥又不采纳。最终韩馥还是把冀州让给了袁绍,袁绍于是兼任冀州牧。

袁绍手下从事沮授向他进言说:"将军您在二十出仕,位列朝班,贤名传遍海内;之后奸徒乱朝,图谋废帝另立,又是您坚守忠义,愤慨形于辞色;您单骑逃出洛阳,董卓为此始终心怀忧惧;您渡黄河北行,受到勃海郡广大民众稽首拥戴。如今您统帅着勃海郡的精兵强将,再加冀州无数军民,正是将军威震河朔,名重天下之时。眼下纵有黄巾军来势汹汹,黑山草寇也骄横跋扈,但只要您挥师东征,那么青州黄巾定可一举平定;回师讨伐黑山,张燕之流也瞬息剿灭;锋芒北指,直取幽、燕,公孙瓒必将束手就擒;耀武草原,威逼戎狄,匈奴也只会俯首称臣。横扫大河以北,整合四州疆土,收罗天下英才,统率百万雄兵,西进长安以奉迎天子,东归洛阳以恢复宗庙,然后以朝廷名义号令天下,征讨那些不肯归附的叛将乱臣,用这种策略争

胜逐鹿,放眼天下又有谁堪为敌手?不需数年,将军即可建立俯瞰九州的盖世功业了。"袁绍大喜道:"您所规划的可不正是我的抱负和志向吗!"当即上奏推荐沮授担任监军、奋威将军。董卓派执金吾胡母班、将作大匠吴修带着诏书去晓谕袁绍,袁绍让河内太守王匡把这两人都杀了。董卓听说袁绍已完全控制关东局面,便把在京的袁氏宗族成员包括太傅袁隗在内杀了个一干二净。当此之时,天下豪杰侠客大多心服袁绍,他们都想替袁绍报此血仇,因此各州各郡义兵纷纷兴起,无不是借重袁绍的名义。这种情形使韩馥十分忧惧不安,请袁绍准他离去,前往依附陈留太守张邈。后来袁绍派使者去见张邈,由于涉及机密事项,使者有过与张邈附耳而谈的表现。韩馥当时在座,认为这是在设计自己,没多久起身到厕所中自杀了。

当初废少帝刘辩、立陈留王刘协为帝并非袁绍的意愿,在献帝逃到河东之时,袁绍派颍川人郭图为使者前往朝见。郭图完成使命归来即劝说袁绍将献帝接到邺城安都,袁绍不同意。恰在这时太祖曹操迎接献帝建都许县,用天子名义收复了黄河以南大片国土,关中州郡也都欣然归附。袁绍终于后悔不用谋士之言,他试图让曹操带着献帝改都甄城,以便自己能够就近接触天子和朝廷,但遭到曹操拒绝。献帝任命袁绍为太尉,继而又加大将军之职,爵封邺侯,袁绍推辞受侯爵。不久,袁绍在易京大败公孙瓒,吞并了公孙瓒的人马。袁绍让长子袁谭出任青州刺史,沮授劝谏袁绍说:"这样做必然是一切灾祸的开始。"袁绍不以为然地说:"我正想让我的儿子们各自统辖一个州呢!"于是又命次子袁熙为幽州刺史,外甥高干为并州刺史。袁绍这个时候已有将士几十万人,他命审配、逢纪统管军事,田丰、荀谌、许攸为出谋划策的主要人物,颜良、文丑为主将,挑选精锐步兵十万,骑兵万余,准备进攻许都。

在此之前,太祖曾派刘备前往徐州抗击袁术。袁术恰好病死,刘备便杀了徐州刺史车胄,引兵屯驻沛县。袁绍也派了一支骑兵前来支援刘备。太祖派部将刘岱、王忠攻打刘备,未能获胜。建安五年,太祖亲率大军东征刘备。谋士田丰劝袁绍趁机突袭曹操后方,袁绍以儿子有病为由加以拒绝。田丰以杖击地痛呼:"碰到如此难遇的制胜良机，却因为婴儿的病痛而白白放过，可惜啊！"太祖兵到沛县，大败刘备；刘备逃归袁绍。

袁绍进军黎阳，派大将颜良进攻驻守白马的刘延。沮授又劝谏说："颜良性情褊狭急躁。尽管他骁勇善战，却不可独当一面。"袁绍对此充耳不闻。太祖曹操发兵救援刘延，大败颜良所部，并击杀颜良。袁绍督师渡过黄河，在延津以南地区安营扎寨，派刘备和文丑出阵挑战。曹操挥兵击败袁军，杀死文丑。曹操两战皆胜，并且当阵斩杀袁绍麾下两大名将，这使得袁军大为震动。之后太祖返回官渡。沮授又劝袁绍："我们这支北军人数虽然众多，论果敢强劲却比不上曹操的南军，而南军军粮短缺，军需供应则远不如我们北军；对南军而言，利在速战，对北军来说，却利于缓战相持。我军应采取缓兵战略，打一场旷日持久的对峙战来拖垮曹操。"袁绍不肯采纳。他指挥大军，营寨相连，一步步进逼官渡，初战倒是占了些上风，曹军被迫退入营地坚守。袁绍下令修建敌楼以俯瞰曹营，又堆土成山，从高处向曹营发射密集箭雨，致使曹营中将士行走都必须依靠盾牌遮挡身体，曹军为此陷入极度恐惧之中。太祖曹操则赶制发石车，抛射石块摧毁了袁绍营前所有敌楼，发石车巨大的威力令人震惊，被袁军士兵称为"霹雳车"。袁绍又命令挖掘地道，试图从地道内直入曹营实施突袭。这时曹操便在军营前沿挖掘长堑深壕阻截袁军地道，又派奇兵偷袭袁绍的运粮车队，大破押送粮草的袁军，将袁军粮草全部付之一炬。曹操在与袁绍长时间对抗之后，辖下百姓不堪战争重负，纷纷背叛曹操而响应袁绍，曹军缺粮的状况也日益严重。就在这时，袁绍派将军淳于琼带一万多兵马北上迎接保护运粮车队，沮授建议袁绍说："应当再派蒋奇另带一支部队在外围配合行动，以防备曹操的偷袭。"袁绍再度听而不闻。淳于琼接到运粮车队，临时驻扎于乌巢，离袁军大本营才四十里之遥。曹操得到消息，立即部署曹洪留守大营，自己亲率步、骑兵五千人趁夜突袭淳于琼。袁绍闻报派出骑兵增援，被曹军击退。曹军大破迎粮袁军，淳于琼等袁军将领都被当阵斩杀。曹操大胜还师，未及回到军营，已有袁绍手下大将高览、张郃各带本部人马前来投降。袁军全线崩溃，袁绍与长子袁谭在混乱中单骑逃过黄河。其余袁军将士不得已假意投降,曹军察觉后便将他们全部活埋了。沮授来不及跟随袁绍渡河脱逃,被曹军活捉押解到曹操面前,曹操惜才,给予沮授很高的礼遇。沮授后来仍想逃归袁绍,被曹操诛杀。

袁绍率大军南下之初,谋士田丰曾劝谏他说:"曹操善于用兵,变化多端,曹军人数虽少,却绝对不容轻视,不如用长久相持的策略来对付他。将军您占据险要的山河地势,拥有四个州的土地和百姓,对外可以广交天下英雄,对内大力发展农业生产,操练兵马,然后简选精锐,分编为多支奇兵,在曹军缺乏防备的情况下轮流出击,骚扰黄河以南地区,曹军救援右翼则击其左翼,救援左翼则又攻其右翼,使曹军疲于奔命,百姓不得安居和从事生产;这样一来,我军还不曾大动干戈而曹军已经疲惫不堪了,用不了两年,等于坐着不动彻底击败曹操。如今却放着深思熟虑的长远大计不用,偏要倾尽精华一决雌雄,万一战败,那可是后悔都来不及了。"袁绍不听。田丰仍恳切劝说,袁绍极度恼怒,认为田丰这是蓄意散布失败情绪来破坏出兵大计,于是下令给田丰戴上脚镣手铐囚禁起来。袁绍大军溃败之后,有人对田丰说:"你一定会得到袁公的器重了。"田丰叹息说:"如果袁公打了胜仗归来,我肯定没有任何性命之忧;如今他大败而回,我大概是决无活命的机会了。"如田丰所料,袁绍一回到邺城,就对左右的人说:"当初我不肯听从田丰的意见,果真令他耻笑。"于是下令诛杀田丰。袁绍这人外表宽容优雅,喜怒不形于色,而内心深处却充满猜忌与嫉贤妒能的毛病,正像对待田丰这样。

冀州不少城邑背叛袁绍,又被袁绍先后平定。但官渡大败之后,袁绍就重病缠身,建安七年,他在极度的忧郁中死去。

袁绍喜欢小儿子袁尚,因为袁尚长相俊美,便想让他做自己的继承人,却一直没有明确宣布。袁绍身边要员审配、逢纪与辛评、郭图相互争权夺利,审配、逢纪与袁尚结党,辛评、郭图则拥护袁谭。众人因为袁谭身为长子的关系,都有意拥立袁谭。审配等人唯恐袁谭继位后,辛评一干人会对自己不利,便依着袁绍一向的意愿,让袁尚坐上了袁绍留下的位置。等袁谭赶回邺城,却与父亲的主公位置失之交臂,便给自己加上车骑将军的称号。袁谭、袁尚兄弟俩从此结下了矛盾。太祖曹操北征袁谭、袁尚。当时,袁谭驻守黎阳迎击曹军,但袁尚只拨给他很少的军队,还派自己的心腹逢纪前往黎阳监军。袁谭要求增加兵马,审配等人与袁尚商量后决定不给。袁谭大怒,杀了逢纪。曹操挥军渡过黄河进攻袁谭,袁谭向袁尚告急求援。袁尚心知非发兵增援不可,但又怕派去的军队被袁谭控制住据为己有,于是留下审配镇守邺城,他自己亲自带兵开赴黎阳抗击太祖。自建安七年九月至建安八年二月,曹军与袁军大战于黎阳城下,最后袁谭、袁尚败退进城据守。太祖准备围困黎阳城,袁军见势不妙乘黑夜逃遁。曹军跟踪追击至邺城,沿途把成熟的小麦抢收一空,又攻克了阴安县城,才撤军返回许都。此后太祖南征荆州,大军已开到西平。北边袁谭、袁尚两兄弟这时竟自己火并起来了,袁谭兵败逃到平原县。袁尚尾随穷追猛打,袁谭不敌,被迫派辛评的弟弟辛毗请求太祖曹操发兵救援。曹军于是转头向北援救袁谭,十月抵达黎阳。袁尚得知曹操大军北上,赶紧撤除对平原城的包围退回邺城去了。袁尚的部将吕旷、吕翔背叛袁尚而投向太祖。袁谭明明很清楚这件事的来龙去脉,仍旧装糊涂刻了将军印鉴授予吕旷、吕翔二将。曹操心知袁谭狡诈,便跟后者结成儿女亲家以安袁谭之心,然后才率军撤回河南。袁尚留审配和苏由守卫邺城,自己再度率兵围攻驻在平原县的袁谭。这一次,曹操率大军直接去攻打袁尚的老巢邺城。队伍开到邺城西南的洹水驻扎下来,距邺城只有五十里的路程。守将苏由暗中与曹操联络,欲为曹军做内应,内外夹攻拿下邺城。不料机密泄露,审配领兵与苏由在城中展开激战。苏由战败逃到曹操的军营,曹操于是督师开始攻城。曹军用挖掘地道的方法企图偷袭破城,审配也命令士兵掘深濠阻挡曹军。审配部将冯礼打开城门附近的秘密出口,放入曹军三百余人,审配发觉之后,当即命令从城墙上推下大石块砸向遮挡秘密出口的栅门,栅门被关闭,突入城中的三百多曹军士兵因失去接应全部战死。曹操于是采取围而不攻的战术,先绕邺城挖出一条周长四十里的堑壕,最初命令只许浅挖,造成可以随便逾越的假象。审配见此情景只是觉得曹军的行为愚蠢可笑,竟不派兵出城袭扰曹军施工。哪知曹操借着夜色掩护,一夜功夫就将浅壕扩展为深、宽各两丈的深壕大堑,并且立即决开漳河大堤,引水灌满围堑,使得守城兵马完全被阻绝在堑壕以内,从五月到八月,城内被饿死者超过半数。袁尚得知后方老巢情况紧急,连忙带了一万多精兵回师救援,沿西山而来,东行到阳平亭,距离邺城约十七里的地方,面临釜水结成阵势,即令士兵们燃起火炬与城中联络,城中守军也举火回应。审配传令守军从城北冲出,试图与袁尚配合两面夹击突破曹军的围困。曹操命令将士迎头截击突围的邺城守军,守军败回城中,袁尚一军也被曹操分兵击溃,败退到曲漳扎营,曹军乘胜追击,准备围困袁尚。眼看合围之势即将成形,袁尚忙派阳翼和陈琳到曹营请降,遭到曹操拒绝。袁尚只得率部逃往滥口,曹军紧追不放,进围急迫,袁尚手下部将马延等人临阵投降,袁军大败,袁尚逃奔中山。曹军缴获了袁尚的全部随军物资,并得到了袁尚的印绶、节钺及衣物,然后到邺城外面高高举起展示给袁尚家人及守城将士观看,城中顿时大乱,军心严重涣散。审配的侄儿审荣负责把守东门,便乘夜献门接纳曹军入城,与审配指挥的守军在城中展开激战,最后活捉了审配。审配被擒后声气壮烈,始终没有一句屈服求饶的话语,见者无不为之叹息。于是斩审配。袁绍外甥高干献出并州向曹操投降,曹操让他继续担任并州刺史。

  太祖曹操率大军围攻邺城期间,袁谭乘机攻占了甘陵、勃海、安平、河间,其后又带兵攻打已经败逃到中山的袁尚。袁尚无力迎战,奔固安投靠次兄袁熙去了,袁谭顺势将其残部尽行纳入麾下。曹操准备发兵征讨袁谭,袁谭却已先一步攻克平原,收服南皮,自己引军驻守龙凑。十二月,曹操挥军直逼袁谭营门,袁谭畏惧不敢出战,连夜退往南皮,傍清河安营扎寨。建安十年正月,曹军攻克袁谭大营,擒杀袁谭及其谋士郭图等人。此时袁熙、袁尚两兄弟因遭部将焦触、张南的攻击,逃到辽西投奔乌丸去了。焦触自称幽州刺史,用武力迫使各州郡的太守令长背叛袁氏转投曹操,当时布置了数万将士,杀白马而立盟约,下令说:"违命者斩!"众人没有敢置异词的,都次第歃血以表诚意。到别驾韩珩时,他却拒绝道:"我韩珩身受袁氏父子厚恩，如今袁氏家破人亡，我等属下智不能为他们排忧解难，武不能替他们战死沙场，于道义而言就已经很是欠缺了，如果要我再背叛他们而归顺曹操，我是绝对做不出这种事的！"韩珩一语，满座心惊，大家都替他捏一把冷汗。焦触却说："凡兴大事，应以仁德和道义为本，事情的成功与否，并非取决于某一个人的态度，可以成全韩珩这一志愿，以勉励忠心事主之人。"不久，并州刺史高干降而复叛，捉了上党太守，控制了壶口关。曹操派乐进、李典进击，未能攻克。建安十一年，曹操亲自率军实施征讨。高干命部将夏昭、邓升守城，自己前往南匈奴向单于求救，未达到目的，只好带着几个贴身卫士南逃，打算投靠荆州刘表，途中被上洛都尉捉住斩首。建安十二年，曹操督师开赴辽西征伐三郡乌丸，袁熙、袁尚与乌丸人合力迎战，被曹操打得溃不成军，二袁逃奔辽东，公孙康诱杀二袁，并派人将他们的首级传送曹操。曹操对韩珩忠心事主宁折不屈的气节颇为赞赏，多次征召他到朝中做官，韩珩屡辞不就，终老于家中。

袁术字公路，是司空袁逢的儿子，袁绍的堂弟。青少年时代就以一身侠气闻名。后来举孝廉，官拜郎中，先后担任过朝廷内外的多种职务，后升迁折冲校尉、虎贲中郎将。董卓打算依自己的意愿废掉少帝刘辩另立陈留王刘协为皇帝，让袁术担任后将军；袁术也担心因追随董卓而祸及自身，于是逃出京都跑到南阳。正巧这个时候长沙太守孙坚杀掉了南阳太守张咨，袁术也就趁这个机会占据了南阳郡。南阳百姓户口有数百万，由于袁术割据后侈糜肆欲，征敛无度，致使百姓深以为苦。袁术与堂兄袁绍早有矛盾，又与相邻的荆州刺史刘表不和，因而和远在幽州的公孙瓒结成同盟；而与幽州咫尺之间的袁绍却对公孙瓒视若仇敌，转而和荆州的刘表结为盟友。兄弟二人互不买账，彼此舍近交远竟到如此程度。袁术率兵到陈留之时，因遭曹操和袁绍的联兵攻击而大败亏输。袁术带领残部逃到九江，杀了扬州刺史陈温，占领扬州，部将张勋、桥蕤皆封为大将。董卓部将李傕等人拥兵攻入长安控制政局，有意接纳袁术为其外援，便任命袁术为左将军，封阳翟侯，假以符节，派太傅马日磾借巡行各地的名义授予袁术官职。袁术却夺下马日䃅所携符节,并且将后者拘押起来不予放回。

当时担任沛相的下邳人陈珪,是已故太尉陈球弟弟的儿子。袁术和陈珪都是豪门世族出身,少年时代曾经有过密切交往,为此袁术给陈珪写信说:"当年秦王朝政治腐败,天下英雄群起逐鹿,最后被智勇双全者捷足先登而拿到了手。现今天下也一片混乱,刘氏江山面临瓦解之势,诚然又到了英雄豪杰大有作为的时候了。我与足下您有多年的交情,怎肯随意左右您呢?不过呢若是要做谋取天下的大事,只有您才是我最信赖的人啊!"陈珪的次子陈应此时也在下邳,袁术威胁要以陈应做人质,试图逼迫陈珪务必答应自己的邀请。陈珪回信答复说:"从前暴秦末世之际,恣情肆虐,以严刑酷法统治天下,荼毒生民,致使百姓忍无可忍,以死相拼,故而促成了秦王朝的覆亡。而今刘氏虽也衰微,可天下并没有秦王朝崩溃前夕的那种酷刑暴政。曹操将军英明神武,顺应时势,正致力于恢复朝纲,荡平凶徒叛逆,四海安定太平的日子,我相信已为时不远了。我本以为将军自当与天下英雄同心协力,匡扶汉室,谁料想足下竟是要图谋不轨,以身试祸,这难道还不够令人痛心吗!眼下您若迷途知返,或许还能免去您的罪过。我为跟您是多年故交的缘故,因此才把这些心里的话坦白相陈,虽然您听起来不免逆耳,但对我来说确是表达了一种情同骨肉的心意。至于您要我为了私利而依附于您,我是宁死也不会干的。"

兴平二年冬,天子兵败曹阳。袁术召集部属们开会说:"现在刘氏天下已经衰微,海内鼎沸。我们袁家四代都是朝中的三公辅臣,百姓们都愿意归附于我,我想秉承天意,顺应民心,不知诸君意下如何?"众人听了袁术的话,谁也不敢有什么异议。主簿阎象却进言说:"当年周人自其始祖后稷直到文王,积德累功,三分天下已有两分在他们掌握之中,可他们还是小心翼翼地做殷商王朝的臣子。明公您虽然累世门庭显赫,只怕还是比不上姬氏家族那样昌盛,汉室的衰弱尽管是众所周知的事实,但眼下的王室也还不能与残暴无道的殷纣王相提并论吧!"袁术一听默然无语,心里很不高兴。时过不久，袁术到底还是借河内人张炯称他有上天预示的受命符兆为由，正式僭号登基。称帝之后，袁术任命九江太守为淮南尹。又广置公卿朝臣，在城南城北筑坛举行祭祀天地的典礼。自此生活上极度奢侈，荒淫挥霍，毫无节制，后宫妻妾多达数百，皆穿绮罗丽装，精美的食品应有尽有，而他军中的士兵却时时饥寒交迫，江淮一带财竭力尽，人吃人的现象已非罕见。袁术先为吕布击败，后来又被曹操军队打垮，连败之后逃奔占据灊山的旧部雷薄和陈兰，再遭二人拒绝，这使得袁术陷入忧虑交集计无所出的窘境。后来他想把自己的皇帝称号拱手奉送堂兄袁绍，投奔在青州的侄子袁谭，结果在半路上发病而亡。袁术死后，他的妻子儿女依附于他的老部下时任庐江太守的刘勋。孙策打败刘勋后，便把他们一并带往江东。袁术的女儿被选入孙权后宫，儿子袁燿在东吴做过郎中官职，袁燿的女儿又嫁给了孙权的儿子孙奋。

刘表字景升，山阳县高平人士。年少时就很有名，是汉末名士"八俊"之一。他身高八尺有余，长得壮实伟岸，相貌堂堂。入仕后先是以大将军掾的身份任北军中侯。灵帝驾崩，他接替王叡做了荆州刺史。当时，关东各州郡纷纷起兵讨伐董卓，刘表也整合荆州兵马屯驻襄阳。袁术占据南阳郡之时，曾与长沙太守孙坚结盟，企图夺取荆州，并让孙坚出兵攻打刘表。交战中孙坚被流箭射中身亡，军队溃败，袁术因而未能战胜刘表。李傕、郭汜等董卓旧部占据长安控制朝政后，也想联合刘表以为援军，于是命刘表为镇南将军、荆州牧，爵封成武侯，假以符节。太祖曹操迎接汉献帝迁都于许，刘表虽也派出使节前往朝拜纳贡，但暗中仍与袁绍密切交往。治中邓羲谏劝他不能这样，刘表不听，邓羲于是辞官而去，一直到刘表病死。董卓部将张济引兵进入荆州地界，攻打穰城，却被流箭射死。荆州的官吏们为此都向刘表道贺，刘表却说："张济是因为穷愁潦倒无路可走才到我们荆州来的，我们这些做主人的没能以礼相待，导致双方兵戎相见，这实在不能算是州牧的本意，身为荆州牧，我只有接受大家祭吊的份，不能接受祝贺。"他随后派人去集合收编张济的残部；张济的将士们得知刘表如此大度都很高兴，于是便都归附了刘表。长沙太守张羡背叛刘表，刘表带兵前往征讨，围城数年未能攻下。后来张羡病死，部属们又拥立他的儿子张怿为长沙太守。刘表趁机击败张怿，兼并了长沙郡，又乘胜进军岭南，将零陵、桂林二郡据为己有，北面则占据汉川，拥有地方数千里，兵马十几万。

太祖曹操与北方的袁绍各率大军在官渡形成对峙局面，袁绍派人请刘表出兵相助，刘表嘴里答应却不发兵前往，当然也无意助曹操一臂之力，试图坐保江汉，静观天下变化。从事中郎韩嵩、别驾刘先都劝说刘表："如今天下豪杰竞起，曹操与袁绍两雄相持，天下的重心，尽系于将军一身。将军若想成就大业，眼下两雄相争彼此削弱便是您崛起的大好时机；如果不愿意这样，也理应在两雄中有所选择并且形成依附关系。将军拥有十余万精兵强将，怎么能在两雄相争的当口坐观成败呢？再说看到贤者力量较弱而不肯相助，答应了结盟又不发一兵一卒，日后曹、袁两边的怨恨无疑都要集中到将军身上，将军您纵想保持中立那也是绝无可能的了。凭着曹公的雄才大略，而且天下才德出众者又纷纷归附到他的麾下，他必定会打败袁绍，然后再出兵江汉，恐怕将军您是无法抵挡的。因此我们为将军考虑，不如以整个荆州归附曹公，曹公必然对将军深怀感激；将军从此便可安享荣华富贵，您的子孙后代也能长保福荫，我们觉得这对于将军您实在是个万全之策啊！"刘表手下大将蒯越也进言劝告，刘表犹疑拿不定主意，于是先派韩嵩去见曹操以便窥探虚实。韩嵩返回荆州后，极力陈说曹操威德兼备，劝刘表把儿子刘琮送到许都去充当人质以示诚意。刘表怀疑韩嵩为吃里扒外充当曹操的说客，大怒，本来打算杀了韩嵩，在严刑拷打韩嵩的随行人员至死之后才知韩嵩确无异心，这才作罢。刘表虽然外表儒雅谦和，内心深处其实狭隘多疑，往往横生猜忌，他在许多事情的处理上都是如此。

刘备投奔刘表，刘表对他厚礼相待，但并不予以信任和重用。建安十三年，太祖曹操率大军南征刘表，尚未来到荆州，刘表已经病死。

当初，刘表夫妻两人都喜爱少子刘琮，想立他为继承人，部将蔡

瑁、张允也都是刘琮的拥护者,于是刘表让长子刘琦出任江夏太守,刘表一死,众人便拥立刘琮继承了刘表的位置。刘琦和刘琮兄弟间于是结下了仇恨。大将蒯越、从事中郎韩嵩和东曹掾傅巽等人劝说刘琮归附曹操,刘琮说:"如今我与诸位拥有整个楚地的地盘,守着先君传下来的家业,观望天下的变化,有什么不好呢?"傅巽回答刘琮:"逆和顺有一定的规则,强与弱也有一定的形势。以臣属之地位抗拒君主称为大逆不道;以新开辟的楚地来抵御国家的军队,形势上明显不是对手。再说我们以刘备来迎击曹操的南下雄师,怎么能够挡得住呢?以上三者都是我们的短处,处于这样明显的劣势而想和朝廷派出的南征大军打仗,是必然要灭亡的。将军自以为您与刘备谁更有本事?"刘琮回答说:"我不如他。"傅巽说:"倘若连刘备也不能战胜曹操,那么您的大片土地即便能保住,却也不足以令您保全自己;反过来说假如刘备足以抵御曹操,刘备又不是甘居将军之下的人了。希望将军不要再犹豫不决了。"曹操的大军开到襄阳,刘琮便献出荆州投降了。刘备逃往夏口。

曹操任命刘琮为青州刺史,爵封列侯。自大将蒯越以下封侯者达十五人。又提升蒯越为光禄大夫,韩嵩为大鸿胪,邓羲为侍中,刘先为尚书令。其他人也大都当了大官。

评:董卓心如豺狼,暴虐残忍,不仁不义,自有书籍记载以来,大概还从来没有过与他类似的人了。袁术奢侈无度,肆意荒淫,荣禄不能终身,当然是他本人咎由自取。袁绍、刘表,二人全都仪表不凡,器宇轩昂,在当时并有很大的社会知名度。刘表拥有汉水以南千里富庶之地,袁绍则逞威黄河以北,然而二人都是那种外表儒雅大度、内心狭隘多忌的人物,喜欢玩弄计谋却缺乏果决之心,手下多的是英才俊杰却不懂得重用,有善策良言也不能采纳,废长立幼,嫡庶乱序,礼法规则竟不如一己爱憎,以至于后代子孙颠沛流离,社稷尽成过眼云烟,这实在不是什么时运济与不济的问题。从前项羽不肯听从范增的计谋,他为此付出了丧失大好王业的惨痛代价;而袁绍杀害谋士田丰的行径,比之项羽的不智就更是有过之而无不及了!

白话三国志卷七 魏书七

吕布张邈臧洪传第七

吕布字奉先,五原郡九原人。凭着矫健勇猛的特长,在并州任职。刺史丁原任骑都尉,驻守河内,任命吕布为主簿,极为亲近厚待他。汉灵帝驾崩,丁原带领部队前往洛阳,与何进密谋诛杀宦官,拜官执金吾。何进败亡,董卓乘机进入洛阳,图谋不轨,想先除掉丁原,吞并丁原的兵众。董卓认为吕布最受丁原的信任,便引诱吕布让他去除掉丁原。吕布果真砍下丁原的首级献给董卓,于是董卓任命吕布为骑都尉,对吕布极为宠爱和信任,两人立誓结为父子。

吕布鞍马娴熟,膂力过人,人称飞将。不久擢升为中郎将,爵封都亭侯。董卓自知对人刻薄寡恩,唯恐别人算计他,出外或居家都总让吕布保卫自己安全。但是董卓生性刚烈又心胸狭小,一时气愤就忘了后果,曾因小事发怒,竟然拔出手戟掷向吕布。吕布敏捷地避开了,并为这件事情向董卓道了歉,董卓的怒气也就平息了。但吕布自此暗恨董卓。董卓常派吕布守卫他的内宫,吕布借机与董卓的侍婢私通,他害怕事情被发觉,心中更是惴惴不安。

在这以前,司徒王允因为吕布是并州城里的壮健男儿,很是对他优礼相待。后来吕布去见王允,述说了董卓几乎杀了他的情形。当时王允正与仆射士孙瑞密谋诛杀董卓,因此便策动吕布为内应。吕布说:"我们的父子关系该如何处置?"王允说:"你自姓吕,本来并不是亲骨肉,现今你忧虑自己的性命还来不及,还说什么父子不父子!"吕布于是答应了,亲手杀死了董卓。这件事记录在《董卓传》中。王允任命吕布为奋武将军,授与符节指挥军队,仪仗规格比照三司,晋爵温侯,与他共同主持朝政。吕布自从杀死董卓后,对凉州人既害怕又厌恶,凉州人也都怨恨他。因此李傕等人纠集在一起共同攻打长安城。吕布抵挡不住,李傕等于是攻进长安。董卓死后六十天,吕布也被打败。他带着数百骑兵出武关,想去投奔袁术。

吕布自以为杀了董卓,等于替袁术报仇,袁术厚待他才合乎情理。谁知袁术对吕布的反复无常行径很是厌恶,根本就不愿意接纳吕布。吕布只得继续北上投靠袁绍,袁绍便跟吕布一道出兵常山攻打张燕。张燕有精兵万余,骑兵数千。吕布有一匹好马,名叫赤兔。吕布与他的心腹将领成廉、魏越等,常常冲锋陷阵在先,终于打垮了张燕的军队。得胜后吕布要求扩充自己的人马,再加上他手下将士时时抢劫掠夺,袁绍对吕布很是不放心起来。吕布对此有所觉察,便请袁绍放自己离去。袁绍害怕吕布以后会回过头来危害自己,当即派遣壮士趁夜掩杀吕布,未获成功。事情败露,吕布急忙逃往河内,与张杨合兵一处。袁绍下令追杀,但将士们大多畏惧吕布的神勇,没有一个人敢于向他逼近。

张邈字孟卓,东平寿张人。少年时以豪侠闻名,赈济贫困,救人急难,倾尽家产,毫不吝惜,士人多有归附于他的。曹操、袁绍都跟他结交为友。汉朝征召他做官,他因政绩优异被任命为骑都尉,不久升任陈留太守。董卓作乱之时,太祖曹操与张邈首先兴义兵讨伐董卓。汴水之战,张邈派遣卫兹率部跟随太祖作战。袁绍做了义军盟主,神情间颇有些骄傲自得,遭到张邈义正词严的责备。袁绍让曹操杀掉张邈,曹操不理会,并责怪袁绍说:"孟卓是你我亲密的朋友,好坏都应该容得下他。如今天下未定,不应当自相残杀呀!"张邈听说这件事后,更加敬重曹操。曹操在出征陶谦前给家中留下话说:"我如果回不来,你们可以去投靠孟卓。"后平安归来,见张邈,两人相对垂泪。他们的关系就是这样的亲密。

吕布离开袁绍去投奔张杨之时,特别登门看望张邈,临别时两人还执手发誓。袁绍听说了此事,十分痛恨。张邈担心太祖最终会替袁绍杀掉自己,心里惴惴不安。兴平元年,太祖再次征讨陶谦。

张邈的弟弟张超,与太祖麾下将领陈宫、从事中郎许汜、王楷等人共同商议背叛太祖。陈宫游说张邈道:"当今雄杰四起,天下分崩,您拥有那么广阔的土地和众多的兵士,占据四方必争之地,抚剑四顾,也可称得上是人中豪杰,却反而受制于人,不是太没出息了吗?今天兖州城里的军队开拔东征,城内空虚,吕布是位壮士,善于打仗,勇往直前,如果暂且将他迎来,共同管辖兖州,静观天下形势的变化,相机行事,这也是纵横四海的大好良机啊。"张邈听从了他的话。太祖东征陶谦时派陈宫带领部分将士留守东郡,这时陈宫便率领这支人马向东迎接吕布担任兖州牧,并占据了濮阳。周围各郡县纷纷归附吕布,只有鄄城、东阿、范县仍为太祖坚守。太祖带领大部队回来,与吕布大战于濮阳,初战失利,两军对峙达一百余天。当时正值大旱,蝗虫为灾,庄稼颗粒无收,出现了人吃人的现象,吕布领兵向东屯扎山阳。在两年的时间里,太祖渐次将失地一一收回,并在巨野一战大败吕布。吕布向东投奔刘备。张邈跟随吕布,留下张超带着家眷驻扎在雍丘。太祖围攻雍丘数月,城破之日实行残酷血洗,诛杀了张超及全家人丁。张邈去向袁术讨救兵,还未到目的地,自己却遭部下杀害。

　　刘备东征袁术,吕布攻取了下邳,刘备只好返回下邳归附吕布。吕布派刘备驻扎在小沛。之后吕布自称徐州刺史。袁术派大将纪灵带领步、骑兵共三万人马攻打刘备,刘备向吕布求救。吕布手下将领对吕布说:"将军您一直想杀刘备,这次可借袁术的手干掉他。"吕布说:"道理不是这样的。袁术如果击败刘备,北面就能跟太山一带的部队连成一线,我们就将处于他们的包围之中,眼下不能不救刘备。"于是亲率精选步兵千人和骑兵二百,飞速赶往小沛。纪灵等人听说吕布兵到,都收兵不敢再实施进攻。吕布在离小沛西南一里的地方扎下营盘,派护兵去请纪灵等将领,纪灵等人也请吕布一起饮酒作乐。吕布对纪灵等人说:"玄德,是我吕布的弟弟。我弟弟被诸位所围,所以我赶来救他。我吕布生性不喜欢看别人相互争斗,只喜欢为别人排解纷争。"吕布命令守门官在营门中竖起一支戟,然后说道:"请诸位看我箭射戟上的小支,若是我一发中的,诸君当解围离开这里,如果我射不中,那你们再留下来与刘备决一死战。"说完引弓向戟射出一箭,正好射中戟上小支。诸将都大为震惊,说:"将军您真是有天神般的威力呀!"第二天,吕布又同诸将宴饮欢会,然后各自罢兵。

袁术想交结吕布做援手,于是替儿子向吕布的女儿索婚,吕布同意了。袁术派韩胤向吕布正式通告自己想僭号称帝的图谋,同时请求接吕布的女儿与自己的儿子去完婚。沛相陈珪唯恐袁术、吕布成了亲家,徐州、扬州联为一体,将会危害国家,于是前往游说吕布:"曹公奉迎天子,辅助国家政事,威武英明举世闻名,即将征讨全国,将军您应该与他同心协力地筹谋国家大事,使自己的地位像泰山一样安稳。现在您与袁术结成亲家,担上天下不义的罪名,那就随时危如累卵了。"吕布心里也怨恨当初袁术不接纳自己,连忙派人把已经跟着韩胤上路的女儿追了回来,拒绝了这门亲事,并将使者韩胤披枷戴锁送往许都,当街斩首示众。陈珪想派遣儿子陈登去太祖那里,吕布不同意。正巧这时太祖的使者来到,任命吕布为左将军。吕布大喜,随即听任陈登启程,还命令陈登带着书信,向天子谢恩。陈登拜谒太祖,乘便述说了吕布有勇无谋、反复无常等缺点,希望太祖早日翦除他。太祖说:"吕布狼子野心,实在不能久养,但不是你又怎么能如此了解内情呢。"当即把陈珪的俸禄提高到年二千石的规格,陈登则授任广陵太守。临别时,太祖拉着陈登的手说:"东方的事,便托付给你了。"嘱咐陈登暗中集结人手作为内应。

吕布最初的本意是想通过陈登谋求徐州牧的职位,等陈登回来,吕布弄明白到底只是自己的一厢情愿,顿时大怒,拔戟砍在矮几上喝道:"你父亲劝我与曹公合作,拒绝袁术的婚约;我如今一无所获,你们父子倒都大大的有头有脸起来,我被你们出卖了!你倒是对我说说看,曹公究竟说了些什么?"陈登面不改色,从容说道:"我见曹公时说:'对待将军您就像养着一头猛虎,应当让它吃饱肉,如果不饱它就会吃人。'曹公说:'并不像你所说的那样。其实像是养鹰,饥饿时可以利用,一旦吃饱可就高飞远走了。'我们说的就是这些了。"吕布的怒气才消解。

袁术对吕布的所作所为很是愤怒,便与韩暹、杨奉等人联合,派大将张勋率军攻打吕布。吕布对陈珪说:"如今招来袁术的大军,都是因为你干的好事啊,眼下该怎么办才好呢?"陈珪说:"韩暹、杨奉同袁术仓促合兵一处,策略都不是预先谋划好的,不可能维持长久,登儿形容的极好,这种情形就如强行将两只鸡绑在一起,无论如何也不能双栖双宿,稍为用点手段就可以拆散他们的联盟。"吕布采用了陈珪的计策,派人去游说韩暹、杨奉,只要他们与自己合力攻打袁军,那么战胜得来的军资等等,一切尽归他们所有。于是韩暹、杨奉转而追随吕布,张勋所率袁军被打得一败涂地。

建安三年,吕布再次叛投袁术,并派高顺攻打驻扎在沛县的刘备,刘备大败。太祖派遣夏侯惇援救刘备,也被高顺打败。太祖亲自征讨吕布,到了下邳城下,派人送信给吕布,向他陈述了祸福得失。吕布有意投降太祖,陈宫等人感到自己罪孽深重,想方设法让吕布打消了投降的念头。吕布派人向袁术求救,自己带着千余名骑兵出来应战,兵败后退回城中固守,再也不敢出战。袁术也不能救他。吕布虽然骁勇刚猛,但缺少计谋而且喜欢猜忌,他不能控制部众,只相信几个将领。而他的将领也是三心二意,相互猜疑,所以每次战斗多以失败告终。太祖在城下挖了壕沟,把吕布包围了三个月,城内上下离心,部将侯成、宋宪、魏续捆着陈宫,率领士兵开城向太祖投降。吕布与他的心腹部属逃上了白门楼。眼见得太祖士兵将包围圈越收越小,吕布只得自动下城投降。于是活活地捆绑了吕布,吕布说:"绑得太紧了,稍微松一点儿吧。"太祖说:"捆老虎,不得不捆紧一点。"吕布求情说:"明公所担心的不就是我吕布吗?今天我臣服了,天下就没有值得您忧虑的事了。明公您率领步兵,让吕布率领骑兵,那么天下就不难平定了。"太祖犹豫不决。刘备进言说:"明公难道没见到吕布是如何侍奉丁建阳和董太师的么!"太祖点头表示赞同。吕布为此手指刘备责骂道:"这小子真是最不可信任的人。"于是绞杀吕布。吕布和陈宫、高顺都被割下首级送往许都,然后才埋葬尸体。

太祖活捉陈宫时,问他想不想让老母及女儿活下来,陈宫回答说:"我听说,以孝治天下的人是不会杀绝对手的亲人的;将仁义施于四海的人,是不会让对手缺乏继承人的。老母能否留下性命,决定权在你,而不在我陈宫!"太祖接来陈宫的母亲,奉养她一直到死,还替他嫁了女儿。

陈登字元龙,在广陵一带很有威名。又因为在消灭吕布一事上有功,加封伏波将军,活了三十九岁便去世了。后来许汜与刘备同在荆州刺史刘表府上做客,刘表与刘备一起评论天下豪杰,许汜说:"陈元龙不过是意气豪放之徒,粗豪之气始终未曾去掉。"刘备问刘表说:"许君的说法对不对?"刘表说:"如果说不对,许君是位好人,不应乱发议论;如果说对呢,元龙确实名重天下。"刘备问许汜说:"你说元龙粗豪,有什么事可以证明吗?"许汜说:"从前战乱时我曾路经下邳,去见元龙。元龙没有以主人的身份待客的意思,久久也不和我说一句话,而且径自上大床睡觉,却让客人睡在下床上。"刘备说:"你有国士的名声,现今天下大乱,帝王流离失所,希望你忧国忘家,胸怀救世之志,但你却专意于购置田产房舍,言谈也没什么新意,这都是元龙所忌讳的,他哪里还有什么话可以跟你说的呢?换成是我,我会独自卧在百尺高楼上,而让你睡在地下,哪里只会有上下床之间的那点距离呢?"刘表大笑。刘备趁机发挥说:"像元龙这样具有文胆武略的人,只应到古人堆里寻找,可惜仓猝之间实在想不起可以与之媲美的合适人选。"

臧洪字子源,广陵射阳人。其父臧旻,历任匈奴中郎将,及中山、太原太守,所在之处都有好名声。臧洪体貌魁梧,不同于常人,举孝廉后担任郎官。当时选择三署的郎官充任县令,琅邪赵昱为莒县县令,东莱刘繇为邑县县令,东海王朗为菑丘县县令,臧洪也荣任即丘县县令。灵帝末年,臧洪弃官回家,太守张超招请他做了功曹。

董卓杀死少帝,图谋危害国家,臧洪对张超说:"明府历代受朝廷大恩,兄弟几个都是大郡的长官,现在王室危在旦夕,贼臣未遭殄灭,这确是天下义士效忠报恩的大好时机啊!如今您治下的郡还未受战乱而得以保全,吏民都很富足,如果您一擂战鼓,马上可得二万人。用这支军队去诛除国贼,为天下倡导,这是真正的大义啊。"张超听从了他的意见,与臧洪一起西行到陈留去见哥哥张邈,计议这件事。张邈也早有此意,于是两军在酸枣会合,张邈对张超说:"听说弟弟担任郡守,政事教化及奖惩诸事,并不都是自己做主,而是全面委任臧洪,这臧洪是什么人啊?"张超说:"臧洪的才干智慧都超过我,我很器重他。他是国内的奇才呢。"张邈就会见臧洪,与他叙谈,深感惊讶。将他介绍给兖州刘公山、豫州孔公绪,他们也都跟臧洪成了好友。于是设坛立誓,准备歃血结盟,各州郡的长官互相推让,谁也不敢担当盟主,却一致推举臧洪。臧洪于是登上了祭坛,拿起承盘,歃血发誓说:"汉室不幸,朝廷纲纪陷于混乱,贼臣董卓乘乱肆虐,杀死皇帝,虐害百姓,大有侵吞国家政权,让天下归其所有的野心。兖州刺史刘岱、豫州刺史孔伷、陈留太守张邈、东郡太守桥瑁、广陵太守张超等人,组织义兵,同赴国难。凡今天一起盟誓之人,都应当齐心协力,尽为臣大节,即使抛头颅洒热血,也不可心存二志。有谁违背此约,不但他自己性命难保,还会祸及他的子嗣家族。皇天后土,祖宗神灵,其实都是见证!"臧洪言语慷慨激昂,涕泪横下,听到他的誓词的人,即使是地位最低下的兵士、仆人,也无不激奋昂扬,人人都抱定尽节出力的决心。可是没有多久,各路军队因没有谁敢率先挺进,粮食吃光后纷纷散去。

张超派遣臧洪到大司马刘虞处与他商议对策,正值公孙瓒杀了刘虞,臧洪到达河间,又遇上幽、冀二州开仗,他最终没能完成使命。而袁绍见到臧洪,又特别器重他,与他结为关系稳定的好友。适逢青州刺史焦和去世,袁绍派臧洪去统领青州,以便抚慰那里的百姓。臧洪在青州任职二年,境内强盗纷纷逃往他方。袁绍赞叹他的才干,调他为东郡太守,郡治设东武阳。

太祖在雍丘围攻张超,张超说:"我所能依靠的只有臧洪了,他应该会来救我。"众人都认为袁绍与太祖已经和好,而臧洪又是袁绍亲自提拔重用之人,他必定不会自毁前程并引火烧身,远道赶来救助。张超说:"子源是天下有名的义士,他终究不会背叛原主,我只担心他被袁绍控制,不能及时赶来相助啊。"臧洪听说张超被围,果然赤脚号哭，立即召集手下所有人众，又向袁绍恳请拨给兵马以救援张超，但袁绍最终不肯答应。张超终于遭受身死族灭的大祸。臧洪由此怨恨袁绍，并与袁绍断绝了往来。袁绍发兵围攻臧洪，经年累月都没能够成功。袁绍便让臧洪的同乡陈琳给他写信，劝以利害祸福，责以恩德情义。臧洪回信答复说：

"离别后的思念，无论在梦中还是醒着，时时在心。我们相距不远本属幸事，可惜由于彼此的选择取舍的原则标准不同，因而不能相见，内心悲怆，确实难以承受。前些日子，承你不弃屡次来信，剖析利害祸福，于公于私，都算是恳切之至的了。我之所以没有立刻答复，既是学问浅薄，才智鲁钝，不足以回答你的诘难；也因为你携家带口，投靠了我的故主，所以尽管同出东州，我眼下却只是你的仇敌罢了。以这种种来事奉别人，即使坦白中情，披肝沥胆，却还是被疏远的有罪之人，虽言词中听还是要被嗔怪，自己尚且应接不暇，又怎能顾得上体恤他人？况且凭着你的才智，义穷尽典籍教义，难道还如此不明大理，如此不了解我的志趣吗！然而你还是反复劝说，我由此可以肯定，你说的一切全是那样的言不由衷，目的无非是要解除你自己的灾祸罢了。假如一定要计较长短、辩白是非，那么关于是非的议论，充斥天下，陈说起来只会更加糊涂，不说却也没有什么损失。再者说来说去很可能造成朋友间的恩断义绝，那恰恰是我绝对不能忍心的，为此我才将纸笔抛在一边，全然没有答复。其实也希望你能在遥远的地方忖度我这番良苦用心，明白我这人一旦拿定主意是不会轻易改变的。想不到再一次得到你的来信，援引古今，洋洋洒洒地写了六张纸，尽管我确实不想说什么，不说却又如何轻易作罢啊！

"我是一个微末小人，本来靠做一些贱事谋生，能够在冀州窃据郡守一职，实出于袁公深恩厚赐，我难道还乐于反过来与他刀剑相见么！每次登城指挥部队，望着故主的旗鼓，感念故友间的交往，抚弦搦箭，不由得泪流满面。什么缘故呢？我自认为辅佐主人，没有什么值得后悔遗憾的地方；主人对我的厚待，超出了与我身份地位相同的人。在刚接受委任登坛会盟的时候，自以为深明天下大事，立志共尊王室。哪里料到天子会不高兴,张超的州郡被曹操所攻,郡将遭遇周文王羁囚羑里似的困厄,张超败走陈留,要我出兵增援,打击曹军。假如我谋划失时,则丧失忠孝的声名,假如拄杖背物而走,则亏损交友的道义。估量这两方面,与其在不得已时,丧失忠孝的声名和亏损交朋友的道义,轻重不同,亲疏相异,故而便忍泪宣告绝交。假如主人稍稍垂怜故旧友人,对留下者侧席礼让,对因故离开者多些宽宏大量,不去汲汲追究友人的离去,不将刑戮惩罚视为维系自己威权的利器,那么,我也当效法吴季札的高风亮节,今天也不会与故主开战了。如何验证这一切呢?过去,张景明亲自登台歃血盟誓,又奉主人指令奔走游说,终于让冀州牧韩馥拱手让出印信,使袁公唾手得到了冀州地盘。然而,后来只因他奉表朝见天子,皇帝赐给他爵禄符信的缘故,转瞬之间,不仅不能得到寄过存罚以观后效的宽免,反而蒙受夷族灭家之祸。吕布刺杀董卓后前来投奔袁绍,后来请求扩充手下士兵却没有得到应允,他为此告辞离去有何大罪?却受到追击暗杀,差一点命丧黄泉。刘子璜为袁绍奉使超过了时限,辞职归家又不获批准,由于畏惧权威又怀念父母亲人,便说谎请求放还,这可以称得上是有志于忠孝,本来丝毫无损于袁绍的权威吧;却立即被打死在袁绍的面前,袁绍居然没有对他动过任何宽待减免的念头。我虽然不聪敏,又从来不能够推察初始预见终结,做到以微见著,准确揣度主人的真实用心,却又怎么能说这三个人于法该死,对他们的刑罚又恰如其分呢?其实他不过是想一统泰山以东,扩充兵力,讨伐仇人,担心战士们犹疑不定,没有办法阻止和劝勉,所以贬抑废止君王的命令来推崇顺承辖制,敬慕其义而来的人受到欢迎,简慢离去的人遭到杀戮。这纯粹出于故主个人的利益,并非游宦之士的心愿。所以我以前人的遭遇为鉴戒,困守死战。我虽然愚蠢之极,也曾经听到过君子的言论。这样做,实不是我的本心,而是主人让我不得不这样做。大概我之所以背弃国民,死守这座孤城,正是因为君子奔亡,不投敌国的缘故。因此得罪了主人,被围攻多时,而你又援引这个义理来规劝我,不恰是言辞相同而旨趣相反,哪里算得上君子休戚与共的态度啊!

"我听说过,义不背叛父母,忠不违逆君王,所以东面我尊奉张超为亲援,在东郡为袁绍扶助郡将,安宁社稷,一举两得以求尽忠尽孝,这究竟有哪些地方错了?而你却要我舍弃忠义之本和亲孝之道,只为袁君去效力尽忠。主人对于我来说,年纪可以作我的兄长,情分上是我交厚的朋友,意见不同才离他而去,以使君主和父母得安,可以说是名正言顺。而照你的话去办,那申包胥就应该为伍子胥卖命,不应当在秦国朝廷上哭号了。这真是只为排解一人的灾祸,完全置道义于不顾的做法了。或者你是看到城池被围困不解,救兵没有赶到,有感于姻亲之义,顾念平生之好,所以认为屈志降节而偷生,胜似坚持道义而灭亡。过去,晏婴面对楚人刀斧而不降志折节,南史宁死不愿用手中笔为君主隐讳,都因此而被图画成像,名垂后世,何况我据有铜墙铁壁般牢固的防御,指挥调动全体官吏平民的力量,发放三年的储备来作一年的用度,匡济穷困,补偿匮乏,以此让天下人高兴,哪里会怕袁公在城外筑室反耕长围不去呢?我只怕秋风吹起尘土,公孙瓒从幽州挥师南下,张杨和'飞燕'趁机发难,北部边陲告急,袁绍的左右心腹都乞假归家。主人应该体察我们这些人的意志,赶忙掉转旗帜,撤退兵马,回到邺城去休整军队,又怎么能听任怒气长时间地折磨自己,在我的城下显摆威风呢?你嘲讽我恃仗黑山军作救援,何独就没有想到我会和黄巾军联合呢!再加上'飞燕'的部属也全都听受了王命。过去,高祖刘邦在巨野搜罗到彭越,而光武帝的基业也开始于绿林,这两人一个龙飞九天,一个最终中兴汉室,都成就了一番帝王事业,假如可以辅佐君主弘扬教化,那又有什么嫌疑可言的啊!何况我是亲自奉持天子玺书,来与他们合作的。

"去吧孔璋!你追逐利益于境外,我臧洪却只受命于君主父母;你托身于盟主汲汲营营,我臧洪却名传京师长安。你说我将身死而名灭,我也笑你无论生死都注定无声无息。可悲啊!你和我一直交好最终却要分道扬镳,各自努力吧,还能说什么呢!"

袁绍看到臧洪的复信,知道他没有投降的意思,增兵加强了进攻。城中粮食已尽,城外又没有援军相救,臧洪忖度自己不免一死,

招呼手下人说:"袁氏无道,所图不轨,而且不援救臧洪的郡将。臧洪从大义上来说不得不死,只是害诸位平白无故地遭此大祸!你们都在城破之前,带着妻儿老小先逃出去吧。"那些将士、吏民都感动得流下了眼泪,说:"明府与袁氏本来没有恩怨过节,今天为着本朝郡将的缘故,以致落到这步田地,我们哪里忍心丢下您而独自去逃命啊!"开始时,守城官兵及民众还挖老鼠、煮皮筋充饥,到后来一点可吃的都没有了。主簿从内厨拿出三斗米来,请求从中拿出一部分为臧洪做粥,臧洪叹息说:"我独自吃它干什么呢!"让做成薄粥,大家分着喝了;臧洪又杀了自己爱妾让将士们分吃。将士们都涕泗横流,以致不敢抬起头来。最终男女七八千人相枕着死去,竟没有一个叛逃的。

　　城被攻破,袁绍生擒了臧洪。袁绍向来与臧洪亲善,大张帐幕,会集诸将来见臧洪,对他说:"臧洪,你为何如此负心!今天你服了没有?"臧洪坐在地上,怒目圆睁道:"袁氏几代都在汉室做官,四朝之中,有五人位列三公,可以说是身受浩荡皇恩。如今王室衰弱,你没有扶助王室的意愿,反而乘着这个机会,生出非分之想,杀死了众多的忠良以树立自己的奸威。我亲眼见你称张陈留为兄,那么我的府君张超就是你的弟弟,你本应和他同心合力,为国除害,为什么你手握强兵却坐视他遭受丧身灭族之祸!可惜臧洪力量不够,不能举刀为天下报仇,哪里还会有服你的道理!"袁绍本来是爱惜臧洪的,想先让他屈服,再原谅他;但一看臧洪言辞激烈坚决,知道他终究不会为自己所用,于是杀了臧洪。臧洪同乡陈容年轻时是读书人,很倾慕臧洪,便跟随臧洪做了东郡郡丞;郡城未破时,臧洪将他派出城外。袁绍见臧洪时也让他就坐,陈容眼看臧洪要被处死,当即起身对袁绍说道:"将军要成就大事,为天下除暴,却专一先杀忠良之士,这哪里是合符天意的做法!臧洪起兵完全是为了郡将,你怎么能将他杀了!"袁绍面有愧色,他身边的人叫人将陈容带出去,对他说:"你和臧洪不是同党,这样做对你有什么好处!"陈容回头对袁绍说:"仁义哪里有什么模式,能实践它的就是君子,违背它则是小人。今天我宁愿与臧洪同日死,而不愿与将军同一天生!"于是他也被杀了。在袁绍座上的人无不叹息,私下里互相议论说:"怎么能在一天中杀死两位有志之士呢!"在城破之前,臧洪曾派两位司马出城,去向吕布求救;等到他们返回时,郡城已被攻陷,两位司马当下冲入敌阵力战而死。

评:吕布勇如猛虎,但没有英才奇略,为人却轻率狡猾,反复无常,唯利是图。自古及今,没有像这样而不灭亡的人。过去汉光武帝曾被庞萌所误,近世又有魏太祖被张邈所蒙蔽。"能知人才可称为明智,虽是帝王也难以做到",这话真的令人不得不信服!陈登、臧洪都有英雄的气概和伟烈的节操,但陈登英年早逝,功业未遂,臧洪因为兵弱敌强,壮志未酬,令人痛惜啊!

白话三国志卷八　魏书八

二公孙陶四张传第八

公孙瓒字伯珪，辽西令支人。曾任郡里的门下书佐。仪表堂堂，嗓音洪亮，侯太守器重他，主动将女儿嫁给他为妻，并让他去涿郡跟随卢植学习经书。之后又担任郡里的官吏。刘太守因罪，受命赴廷尉听讯，公孙瓒为他驾车，亲自侍奉太守的饮食起居。等到刘太守被谪去日南时，公孙瓒准备了米和肉，登上北芒山祭祀祖先，举杯祷祝说："从前是父母之子，今天是他人臣下，理当远赴日南。日南瘴气弥漫，或许我们都有去无回，就在此辞别列祖列宗了。"拜了两拜即意气激昂地站了起来，当时看见这一场面的人，没有一个不歔欷感叹的。刘太守行至中途，获得赦免返回。公孙瓒以孝廉任郎中，授任为辽东属国的长史。他曾经与几十名骑从出塞，路遇数百名鲜卑族骑兵，公孙瓒于是退进一座空亭，对跟随他同行的骑士们说："现在不能果决冲杀，那大家就都只有死路一条了！"公孙瓒自己持矛，在两头都装上枪头，飞驰而出杀入敌阵，杀伤鲜卑数十人，跟随他的人也伤亡近半，于是得以免除灭顶之灾。鲜卑人吸取了这次事件的教训，此后再不敢入塞来捣乱。升涿县县令。光和年间，凉州发生叛乱，朝廷征发幽州突骑三千人，授予公孙瓒行使都督一切的权力，让他率兵进剿。部队开拔到蓟中，渔阳人张纯招引辽西的乌丸国丘力居等反叛，劫掠蓟中，自称将军，强征蓟中的官吏与庶民攻略右北平、辽西属国诸城，所到之处必定残缺破败。公孙瓒带着他的骑兵部队，追赶、讨伐张纯等有功，升骑都尉。属国乌丸贪至王率领他的部族向公孙瓒投降。公孙瓒再升中郎将，封都亭侯，进兵驻守辽西属国，与胡人相互攻击达五六年之久。丘力居等人劫掠青州、徐州、幽州、冀州，四州深受其害，公孙瓒没能组织起有效的抵御。

朝廷议论认为"宗正东海刘伯安既有德行威仪，从前又担任过幽州刺史，他的恩德历来广布，信义流传四海，境外戎狄也都曾归附于他，如果派他去镇守安抚，大可不必劳师动众即可安定东北边疆"，于是命刘虞担任幽州牧。刘虞上任伊始，即派使者去胡人聚居地，晓谕利害，并责成他们交出张纯的首级。丘力居等人听说刘虞回来了，十分高兴，各派出通译使节去见刘虞，并将部队撤回了自己的领地。公孙瓒害怕刘虞功高于自己，暗中派人截杀丘力居等人的使者。胡人得到了这一消息，改从小道去见刘虞。刘虞上表撤回了各路屯兵，只留公孙瓒带领步、骑近万人，驻扎在右北平。张纯抛下妻儿老小，逃入鲜卑族境内，被他的门客王政所杀，将首级献给了刘虞。朝廷为此给予王政以列侯的封爵。刘虞因功即时官拜太尉，封襄贲侯。适逢董卓到洛阳，迁升刘虞为大司马，公孙瓒为奋武将军，封蓟侯。

关东讨伐董卓的义军纷纷兴起，董卓于是劫持皇帝西迁长安，征召刘虞出任太傅，因道路阻隔，这一命令无法传到。袁绍、韩馥等人商议后认为，少帝既被奸臣挟持，天下人心无所归属。刘虞本来就是皇帝宗族中的知名人士，自然众望所归，于是推举刘虞为皇帝。他们派使者去告诉刘虞，刘虞始终不肯接受。袁绍等人又劝刘虞总领朝政，秉承天子意旨实行封官拜爵，刘虞还是不愿听从，不过与袁绍等人的联合交好关系照旧不变。刘虞的儿子刘和任侍中，住在长安。天子想从长安回洛阳，就派刘和化装逃离董卓的控制，偷出武关去找刘虞，让刘虞带兵前来迎接法驾。刘和途经袁术驻地，向他述说了天子的意思。袁术想利用刘虞做自己后援，于是强行留下了刘和，不让他去见刘虞，同时许愿说只要刘虞兵到，他的部队便一同向西开拔，让刘和写信给刘虞。刘虞得到刘和的书信，便派数千名骑兵赶去刘和那里。公孙瓒知道袁术另有图谋，他不想派兵，也阻止刘虞发兵，刘虞不听。公孙瓒害怕袁术知道此事而怨恨，只得也

派堂弟公孙越带千名骑兵去袁术那里,以便与袁术结为友好,暗地里又让袁术将刘和抓起来,夺取他的兵马。自此,刘虞与公孙瓒之间矛盾更深。刘和从袁术那里逃了出来,在往北行进的路上又被袁绍扣留。

这时候,袁术派孙坚屯扎阳城,以防御董卓,袁绍派周昂去占领阳城。袁术派公孙越与孙坚一起向周昂发起进攻,遭致失败,公孙越还被流箭射中而死。公孙瓒发怒道:"我弟弟的死,灾祸实由袁绍而起。"于是出兵驻扎在磐河一线,准备向袁绍报仇。袁绍很害怕,将自己所佩的勃海太守印绶交给公孙瓒的另一堂弟公孙范,派他前往勃海郡任职,想结交他作为援手。公孙范于是利用勃海兵帮助公孙瓒,打败了青州、徐州的黄巾军,公孙瓒兵势更加强盛,一鼓作气进军界桥。接着公孙瓒又任命严纲为冀州牧,田楷为青州牧,单经为兖州牧,设置了诸多郡县。袁绍驻军广川,派将领麹义作先锋与公孙瓒交战,活捉了严纲。公孙瓒兵败后逃往勃海,与公孙范合兵一处退回到蓟县,在大城的东南面筑起一座小城,与刘虞驻地相近,慢慢地相互怨恨起来。

刘虞担心公孙瓒生变,于是出兵袭击公孙瓒。刘虞被公孙瓒击败,出逃到居庸。公孙瓒攻克居庸,生擒了刘虞,并把他押回蓟县。适逢董卓被杀,天子派使者段训来增加刘虞的封邑,让他总督六州;公孙瓒被升为前将军,封易侯。公孙瓒诬告刘虞想做皇帝,胁迫段训杀死刘虞。然后,公孙瓒再上表荐举段训做幽州刺史。公孙瓒于是日渐骄狂,他记人之过而忘人之善,很多人被他残害。刘虞手下从事官渔阳人鲜于辅、齐周、骑都尉鲜于银等人,率领州兵想替刘虞报仇,攻打公孙瓒,因为燕国的阎柔向来有恩义重信用,大家共同推举他为乌丸司马。阎柔招诱乌丸、鲜卑,共得胡、汉士兵数万人。与公孙瓒所设置的渔阳太守邹丹在潞北开战,大获全胜,并斩杀邹丹。袁绍又派遣麹义及刘虞的儿子刘和,带领军队与鲜于辅合兵共击公孙瓒。公孙瓒的军队连战皆败,于是退到易京固守。在易京外围挖了十数道壕沟,堑壕间堆起土丘,都有五六丈高,上面再建高楼;壕堑中心的土堆最高,足有十丈,留给公孙瓒自住,里面储存了三百万斛粮食。公孙瓒说："过去以为天下很容易平定,今日看来,也不是我决定得了的,不如休兵,种田存粮。兵法说:敌有百楼,不可强攻。今天我所盖的高楼就像林立的桅杆,在楼上吃完这些粮食,就该看清天下的时局了。"想用这种办法拖垮袁绍。袁绍派将攻打,几年都没有攻破。建安四年,袁绍全军出动展开围攻。公孙瓒派儿子去向黑山的草寇求救,又想自己带领骑兵突围出来,依傍着西南的高山,带领黑山的人马,反攻冀州,断了袁绍的后路。长史关靖劝公孙瓒说:"现在将佐、士兵心理上都已不堪一击,他们之所以能坚守下去,是顾恋他们的妻儿老小,更以将军您为主心骨啊。将军如果旷日持久地坚持下去,袁绍必定会自动撤兵;等他撤退之后,四方的兵士必将会重新聚合起来的。如果您现在舍弃他们而去,军队失去龙头,易京之危简直立马可待。将军失去了根本据点,孤独地置身于旷野上,那还能成就什么大事啊!"公孙瓒于是打消了突围的念头,安心等着救兵到来,设想内外夹攻袁绍。他派人给儿子送去一封书信,约定援兵到来的具体时间,及点起火把作为接应行动的信号。袁绍的巡逻兵劫获了这封书信,按期点火。公孙瓒以为救兵已到,于是出城想与袁绍开战。袁绍设下伏兵,大败公孙瓒,公孙瓒只得重新退回易京固守。袁绍挖掘地道,摧毁了公孙瓒的高楼,渐渐逼近中心高丘。公孙瓒自知必败,亲手杀光了妻子儿女,然后自杀而死。

鲜于辅率众归附天子。朝廷命鲜于辅为建忠将军,总督幽州六郡。太祖与袁绍在官渡相持不下,阎柔派使者到太祖那里接受任务,太祖给予他官升护乌丸校尉的嘉奖。鲜于辅亲自去见太祖,为此官拜左度辽将军,爵封亭侯,受命回镇本州。太祖攻下南皮,阎柔率部下及鲜卑族人给太祖献上名马以慰劳军队,并追随太祖征讨三郡乌丸,因功被封为关内侯。鲜于辅其时也率领部众从征。文帝登上帝位,任命鲜于辅为虎牙将军,阎柔为度辽将军,都进封为县侯,爵位特进。

陶谦字恭祖,丹杨人。年少时即爱好学习,是有学问的儒生,以州郡官吏出仕,被举荐为秀才,任卢县令。升为幽州刺史,受征入朝官拜议郎,参与车骑将军张温的军事,西讨韩遂。适逢徐州的黄巾军起兵,朝廷任命陶谦为徐州刺史,征剿黄巾军,黄巾军大败逃散。董卓作乱,各州郡纷纷兴兵,天子迁都长安,与外界断绝了联系,陶谦派使者从小路去向天子进献,升为安东将军、徐州牧,封溧阳侯。这时候,徐州百姓都很殷实,粮食充足,四方流民都涌向徐州。但陶谦却违背正道放纵私情:广陵太守琅邪人赵昱是徐州的名士,因为忠信正直而被他疏远;曹宏等奸谗淫恶小人,反倒被陶谦亲近和重用。于是吏治司法一片混乱,善良的人多被他所害,局势由此动荡不堪。下邳人阙宣自称天子,陶谦起初与他联手四处劫掠,后来便杀了阙宣,兼并了他的部队。

初平四年,太祖征讨陶谦,接连攻克十余座城池,推进至彭城,双方展开决战。陶谦兵败如山倒,将士奔逃,死了近万人,泗水为此阻塞不流。陶谦退守郯县。太祖亦因粮少撤军。兴平元年,太祖再次东征,攻占了琅邪、东海等县。陶谦惊恐不安,想逃回丹杨。恰在这时发生了张邈背叛曹操而迎奉吕布的事变,太祖只得回军讨伐吕布。这一年,陶谦病死。

张杨字稚叔,云中人。凭着勇猛威武在并州当差,任武猛从事。灵帝末年,天下大乱,灵帝用他所宠爱的小黄门官蹇硕为西园上军校尉,戍守京都,想以此统御四方,并征募天下的豪杰做裨将。太祖和袁绍等人当时都任校尉,由蹇硕统属。并州刺史丁原派张杨带兵去蹇硕那里,代理军司马。灵帝驾崩,蹇硕被何进杀死。张杨再受何进派遣回并州招募士兵,征得千余人,因而留在上党,打击山贼。何进失败,董卓作乱。张杨带着他的部队在壶关向上党太守进攻,未能攻克,改道攻略附近的郡县,人马增至数千人。山东义兵起,欲杀董卓。袁绍到了河内,张杨与袁绍合兵一处,又与匈奴单于於夫罗一起驻扎在漳水一带。单于想要背叛朝廷,袁绍、张杨都不同意。单于胁迫张杨与他一起离开,袁绍派将领麴义追赶到邺城的南面,击败单于的军队。单于抓住张杨跑到黎阳,攻破度辽将军耿祉的部队,队伍又重新振作了起来。董卓任命张杨为建义将军、河内太守。

天子当时在河东，张杨带着队伍赶到安邑，官拜安国将军，封晋阳侯。张杨想要迎接天子回洛阳，手下将领都不同意；张杨返回野王。建安元年，杨奉、董承、韩暹挟持天子回旧都，路上粮草告罄。张杨带着粮食当路迎接，于是也一道到了洛阳。张杨对手下将领说："天子是应当为天下人所共有的，朝中自有公卿大臣们做主，我张杨应当抵御外面的战乱，留在京都能干什么呢？"于是返回野王。朝廷当即任命他为大司马。张杨向来与吕布友好。太祖围攻吕布之时，张杨想要去援救，但实力不够，只能将兵带到东市，从远处为吕布提供声援。张杨手下将领杨丑，杀死了张杨以响应太祖。张杨手下的另一个将领眭固又杀死了杨丑，带领着张杨的部队，想往北与袁绍联合。太祖派史涣前去截击，在犬城击败眭固的军队，杀了眭固，全部收编了张杨的部下。

公孙度字升济，本是辽东襄平人。公孙度的父亲公孙延，因逃避官吏来到玄菟居住，而郡守任命公孙度为郡吏。当时玄菟太守公孙琙的儿子公孙豹，年十八，早死。公孙度小时也叫豹，又与公孙琙的儿子同年，公孙琙一见他就打心里喜欢，让他去学习，并为他娶了妻。后来举为有道，任尚书郎，慢慢升为冀州刺史，但因谣言被罢免。同乡徐荣是董卓手下的中郎将，推荐公孙度做辽东太守。因为公孙度是从玄菟的小官吏发迹的，所以辽东郡的人都很看不起他。在这之前，辽东属国的公孙昭代理襄平县令，让公孙度的儿子公孙康做了伍长。公孙度一上任，立马收押公孙昭，拉到襄平市中活活打死。郡中豪门大姓如田韶等，平素对他无所关照，都被他以违法为由杀了，类似这样遭他诛灭的有一百多家，弄得郡境内人人惊恐不安。又东伐高句骊，西击乌丸，声威传播海外。初平元年，公孙度见中原一带正处于动乱之中，便对他亲信部下柳毅、阳仪等说："汉皇室的天运即将终结，我将与各位共建帝王大业。"当时襄平县延里祀社神的地方长出一块大石头，长一丈多，下面有三块小石头做它的足。有人对公孙度说："这是汉宣帝时冠石之类的吉祥，它所在的延里，又与您父亲的名字相同。社庙是祭祀土地神的地方，表明您应该拥有天下的土地,而有三公作为辅佐。"公孙度更加喜不自胜。原河内太守李敏,在郡中知名度很高,对公孙度的所作所为非常厌恶,又恐遭公孙度构害,于是带领全家迁居海岛。公孙度得知后大怒,掘开李敏父亲的坟墓,开棺焚烧尸体,夷灭了李氏宗族。又分辽东郡为辽西、中辽二郡,设置太守。渡海收取东莱各县,设置营州刺史。自封为辽东侯、平州牧,追封其父公孙延为建义侯。为汉朝的两位开国皇帝建好祠庙,然后立即照天子规格在襄平城南设坛,郊祀天地,亲耕藉田,举行阅兵仪式,出行乘坐皇帝专用的鸾辂,头戴九旒皇冠,设羽林军护卫和开道。太祖表荐公孙度做武威将军,封永宁乡侯,公孙度说:"我在辽东称王,永宁乡侯算什么东西!"竟将印绶收藏在武器库里。公孙度死后,其子公孙康继位,将永宁乡侯封给了弟弟公孙恭。这一年是建安九年。

　　建安十二年,太祖带兵征讨三郡乌丸,血洗柳城。袁尚等人逃到辽东,公孙康斩了袁尚的头献给太祖。这件事记录在《武帝纪》中。朝廷封公孙康为襄平侯,官拜左将军。公孙康死,他的儿子公孙晃、公孙渊等年纪都还小,众人拥立公孙恭为辽东太守。文帝即位,派使者任命公孙恭为车骑将军,假以符节,封平郭侯;追赠公孙康为大司马。

　　当初,公孙恭患阳痿之病变成了阉人,虚弱得不能治理境内事务。太和二年,公孙康之子公孙渊逼迫他让了位。魏明帝即位,任命公孙渊为扬烈将军、辽东太守。公孙渊派使者到南方去联络孙权,互相之间往来馈赠。孙权派使者张弥、许晏等人带来金玉珍宝,立公孙渊为燕王。公孙渊也怕离孙权太远依靠不上,且贪图财物,引诱孙权的使者到来,将张弥、许晏等人全部杀了并将他们的首级献给明帝,明帝于是任命公孙渊为大司马,封乐浪公,持节、统领辽东州郡照旧。魏朝使者到来,公孙渊派全副武装的士兵列成军阵,然后才出来会见使者,还多次对国内宾客口出恶言。景初元年,明帝派遣幽州刺史毌丘俭等带着皇帝诏书去征召公孙渊。公孙渊于是发兵,在辽隧迎击毌丘俭等。毌丘俭等交战不利撤退。公孙渊于是自立为燕王,设置了百官和有关政府机构。派遣使者拿着符节,馈送鲜卑单于印信，给沿边一些人加爵封官，并引诱鲜卑族人去侵扰北方地区。二年春，明帝派遣太尉司马懿征讨公孙渊。六月，军队到达辽东。公孙渊派将军卑衍、杨祚等率领步、骑兵数万人屯扎在辽隧，挖设围壕达二十多里。司马懿的军队到达辽隧，公孙渊即命令卑衍迎战。司马懿派将军胡遵击败卑衍。司马懿随后下令士兵穿透卑衍围堑，大军先向东南进发，然后突转东北，直奔襄平。卑衍等将领唯恐襄平失守，连夜逃走。魏军行进到首山，公孙渊又下令卑衍等人不计代价地迎击魏军。魏军这一次进攻再度大破辽东军，顺势直逼城下，挖堑围城。正巧碰上连下三十几天的大雨，辽水暴涨，魏军运输船可以从辽口直驶城下。雨停天晴，魏军立即在城周围堆起土丘，建造望楼，制作发石连弩向城中发射。公孙渊窘急无措。城中粮食吃尽，然后人吃人，死者不可胜数。公孙渊手下将军杨祚等投降魏军。八月丙寅日的晚上，一颗长数十丈的流星，从首山的东北面坠入襄平城的东南面。壬午日，公孙渊全军溃败，他与儿子公孙修带着数百名骑兵向东南突围而逃，司马懿的征剿大军在后面紧追不舍，就在流星坠地的地方，斩杀了公孙渊父子。城破之后，相国以下的数千名官吏被斩首，公孙渊的首级被传送洛阳，辽东、带方、乐浪、玄菟四郡全部平定。

当初，公孙渊家中多次出现怪异现象：狗戴头巾穿红衣直上房顶，做饭时有小孩被蒸死在饭甑里。而襄平北市长出一块肉，长宽各数尺，有头有眼有口，没有手脚，但能摇动。占辞说："有形但又不完全成形，有躯体却又不能发声，它在哪里出现，那里的国家就将灭亡。"当初公孙度在中平六年占据辽东，到公孙渊一共传了三代，共历五十年而后被消灭。

张燕，常山真定人，本来姓褚。黄巾军起兵时，张燕聚集了一帮少年为强盗，在山林沼泽间往来出击，待回到真定时，人马已超过一万。博陵的张牛角也聚众起兵，自称将兵从事，与张燕合兵一处。张燕推举张牛角为统帅，一起进攻廮陶。张牛角被飞箭射中，伤重将死，他下令众人拥戴张燕，告诉他们说："你们一定要以张燕为统

二公孙陶四张传第八

帅。"张牛角死后,大家一致拥戴张燕,所以改姓张。张燕剽悍敏捷超出常人,所以军中又称他为飞燕。其后他的部队不断壮大,与常山、赵郡、中山、上党、河内等山区的队伍都互相联络,那些地方的小头目像孙轻、王当等人,都带着各自人马归附到张燕的手下,队伍发展到百万人,名号为"黑山"。灵帝无法实施征讨,黄河以北诸郡都深受其害。张燕派使者到京都请求归顺,灵帝便拜张燕为平难中郎将。这以后,董卓挟持天子迁都长安,天下各路豪杰纷纷起兵,张燕于是率领着自己的部下与各路豪杰联合。袁绍与公孙瓒争夺冀州,张燕派将领杜长等人帮助公孙瓒与袁绍开战,被袁绍击败,手下兵士稍稍离散。太祖准备平定冀州,张燕派使者请求佐助王师,朝廷任命他为平北将军;他率领部下赶赴邺城,被封为安国亭侯,食邑五百户。张燕去世,其子张方继承了他的爵位。张方去世,其子张融继承爵位。

张绣,武威祖厉人,骠骑将军张济的族侄。边章、韩遂在凉州起兵作乱,金城人麴胜袭杀了祖厉县长刘隽。张绣当时任县吏,寻找机会击杀麴胜,郡内百姓都称赞他的义举。于是招集郡内少年,成了祖厉一带的豪杰人物。董卓败亡,骠骑将军张济与李傕等人攻打吕布,为董卓报仇。这件事记载在《董卓传》上。张绣追随张济,凭军功渐渐升为建忠将军,封宣威侯。张济驻兵弘农,因士卒饥饿,只得率部南攻穰县,被流箭射中身亡。张绣接替张济统兵,屯兵于宛县,与刘表合兵一处。太祖曹操南征,驻军于淯水,张绣等人率全军投降。太祖收纳了张济的遗孀,张绣为此内心气恨。太祖得知张绣对自己不满,私下里有了杀张绣的打算。计划泄露,张绣带着部队偷袭太祖。太祖大败,儿子和侄子战死。张绣退回到穰县驻守,太祖对他连年征讨,始终没能攻破。太祖与袁绍在官渡对峙,张绣听取了贾诩的计谋,又带领部队向太祖投降。这事记载在《贾诩传》上。张绣到来时,太祖拉着他的手,与他设筵欢会,并给儿子曹均娶了张绣的女儿为妻,拜张绣为扬武将军。官渡之战,张绣奋战立功,升为破羌将军。跟随太祖在南皮攻破袁谭的军队,又增加了封邑,

123

前后累计达二千户。当时天下户口剧减,十户人家才有一家幸存,诸将受封少有满一千户的,而张绣是特殊得多。张绣后又随太祖出征柳城,途中去世,谥号为定侯。他的儿子张泉继承了爵位,因犯了伙同魏讽谋反之罪被杀,封邑被取消。

张鲁字公祺,沛国丰县人。祖父张陵,客居蜀中,在鹄鸣山中学道,编造道书迷惑百姓,跟随他学道的人必须交纳五斗米,所以当时人称米贼。张陵死后,其子张衡继承了父亲的遗业。张衡死,张鲁仍继续奉行其道。益州牧刘焉任命张鲁为督义司马,命他与别部司马张修一起带兵攻打汉中太守苏固,张鲁借机袭杀张修,夺取了他的兵马。刺史刘焉死,其子刘璋继立,因为张鲁不顺从他,便将张鲁母亲一家尽数杀掉。张鲁于是占据汉中,用鬼道教化百姓,自称为"师君"。那些来学道的人,入门时都被称为"鬼卒"。受道以后笃信教义者,称为"祭酒"。每个祭酒各自统领一支部队,拥有兵马最多的,称治头大祭酒。张鲁教导人们要讲诚信,不欺诈,有了缺点、错误,要自我反省和检讨,所有这些大体都与黄巾军相似。各位祭酒都负责修建义舍,就像今天路旁的驿亭和驿站一样。又购置义米、义肉,悬挂在义舍中,过路人视自己肚量大小吃饱为止;如果贪吃过量,鬼神往往让他生病。教民犯法,前三次都可以得到原谅,再犯就将接受刑罚。不设官吏,一切都由祭酒管理,汉人夷人都觉得简便而乐于接受。张鲁等人雄据巴山、汉宁一带近三十年。东汉末年,朝廷无力征讨,于是宠络张鲁为镇民中郎将,兼任汉宁太守,他对朝廷要表现的忠诚只不过奉献一点地方土特产就足够了。有一老百姓挖地得一玉印,教民们因此想尊奉张鲁为汉宁王。张鲁的功曹、巴西人阎圃劝张鲁说:"汉川的老百姓有十万多户,财产富足,土地肥沃,四面又有高山做屏障;对上匡扶天子,则可以成就齐桓公、晋文公一样的霸业,次一等效法窦融,也不失富贵。现在奉皇帝之命设置官员,凡事都可做主,根本用不着称王。希望你不要称王,免得先招灾祸。"张鲁听从了他的劝告。韩遂、马超作乱,关西百姓从子午谷逃来汉中的,有数万家之多。

建安二十年，太祖曹操亲自带兵，自散关出武都来征讨张鲁，一直到达阳平关。张鲁想献出汉中投降，他的弟弟张卫不同意，率领数万人在阳平关坚守抵抗。太祖攻破张卫防线，于是进入蜀中。张鲁听说阳平关已失守，想要俯首归降，阎圃又说："今天你急迫间才去投降，功利必然微不足道；不如依附杜濩，先奔朴胡与之抗衡，然后再向他献礼称臣，功利才会显著。"于是奔入南山前往巴中。临行前，左右的人想要将金银珠宝及物资仓库悉数焚毁，张鲁说："我本来已打算归顺朝廷，只是这一愿望没能使太祖知道罢了。今天的逃离，不过是避其锋锐，并没有什么恶意。宝货、仓库，都是国家所有。"于是封妥库藏离去。太祖进入南郑，十分嘉许张鲁。又因为张鲁本来就已经有归顺的意向，所以特别派人前去慰问和晓谕。张鲁便带着全家出山谒见太祖，太祖迎接并任命张鲁为镇南将军，待以宾客之礼，封他为阆中侯，食邑一万户。封张鲁的五个儿子及阎圃等人都为列侯。曹操又替儿子曹彭祖迎娶张鲁的女儿为妻。张鲁去世，谥号为原侯。其子张富继承爵位。

评：公孙瓒保守易京，坐待灭亡。公孙度残暴而无节制，公孙渊继承旧业而更加凶残，适足以招来丧身灭族之祸。陶谦糊涂荒谬终致忧郁而死，张杨身首分离于部下之手，两人都曾拥有州郡而逞威一方，结果却连普通老百姓还不如，实在没有什么好评论的。张燕、张绣、张鲁舍弃盗贼生涯，名列功臣，远离危亡，保全宗祀，他们与陶谦、张杨相比，无疑是好得多了。

白话三国志卷九　魏书九

诸夏侯曹传第九

夏侯惇字元让,沛国谯县人,夏侯婴的后代。十四岁时,跟随老师学习,有人污辱了他的老师,夏侯惇就将那人杀了,自此以刚烈的气概闻名。太祖曹操刚起兵时,夏侯惇经常做他的副将,跟随太祖南征北战。太祖兼任奋武将军时,以夏侯惇为司马,领兵另外驻扎白马,升折冲校尉,兼东郡太守。太祖出征陶谦,命夏侯惇留守濮阳。张邈背叛太祖奉迎吕布,当时太祖的家小都在鄄城,夏侯惇立即精简人马一路轻装疾行往鄄城赶去,途中恰好遭遇吕布,两军交战。吕布后撤,于是进入濮阳,以偷袭得到了夏侯惇的军需物资。又派将领假意投降,抓住了夏侯惇,要挟他交出宝物,夏侯惇军中一时惊恐不安。夏侯惇的部将韩浩部署兵马把守营门,召集诸将及官吏,命令他们勒甲按兵各司其职,不得贸然行动,各兵营才慢慢安定下来。韩浩这才来到夏侯惇跟前,呵斥挟持夏侯惇的人说:"你们这些凶残的叛逆者,居然敢挟持大将军作为人质,你们还想活命吗!而且我既奉命讨伐反贼,难道会为了一个将军的缘故,而放任你们为所欲为吗?"又流着眼泪对夏侯惇说:"我能拿国法怎么办啊!"说完立即召集兵士攻打劫持者。劫持者害怕得连连叩头,说:"我们只想用这办法搞点钱财费用罢了!"韩浩反复训斥之后,把一干劫持者全都杀了。夏侯惇得到解脱,太祖听说了这事,对韩浩说:"你的做法可以为万世效法。"于是发布命令:"今后如有劫持人质的,都要群起攻击,不必顾忌人质。"从此以后劫持人质的做法就绝迹了。

太祖从徐州回来,夏侯惇跟随太祖去征讨吕布,被流箭射中,伤了左眼。又兼任陈留、济阴太守,加官建武将军,封高安乡侯。当时天大旱,蝗虫四起,夏侯惇于是截断太寿水修建蓄水湖,他亲自担土,率领将士们一起鼓励种植水稻,老百姓颇为获益。后转任河南尹。太祖平定河北,由夏侯惇担负断后重任。攻下邺城后,升为伏波将军,照旧担任河南尹。曹操授权他便宜行事,不受各种规章的限制。建安十二年,统计夏侯惇前前后后的功劳,又给他增加了一千八百户封邑,加上以前历次封赏的共计二千五百户。二十一年,夏侯惇跟随太祖征讨孙权,回来后曹操让他都督二十六个军,留守居巢。曹操又赐给夏侯惇歌舞艺人和出名演员,他说:"魏绛仅因连和西戎的功劳,尚且能得到钟磬之类的乐器,何况将军你有如此巨大的贡献呢!"二十四年,太祖军队在摩陂击垮了吕布的部队,凡是召见夏侯惇,常让夏侯惇与自己同乘一辆车,特别给予亲近敬重,夏侯惇也可以出入太祖的卧室,诸将中没有人可以跟他相比的。又任命他为前将军,指挥各路军队返回寿春,后转移到召陵驻扎。文帝即王位,任命夏侯惇为大将军,数月后夏侯惇去世。

尽管戎事繁忙,夏侯惇仍亲自请师受教。品行清俭,有多余的财产往往分施给众人,用度不足时从公家取给,对家计产业从不关心。谥为忠侯。其子夏侯充继承爵位。文帝追思夏侯惇的功绩,想让他的子孙都享受封侯的待遇,便分出夏侯惇的封邑一千户,封赐夏侯惇七子二孙都为关内侯。夏侯惇的弟弟夏侯廉及他的儿子夏侯楙早已封了列侯。早先,太祖将女儿嫁与夏侯楙,她就是清河公主。夏侯楙历任侍中、尚书、安西将军、镇东将军,假以符节。夏侯充去世,其子夏侯廙继承爵位。夏侯廙去世,其子夏侯劭继承爵位。

韩浩,河内人。他与沛国的史涣都以忠勇显名一时。韩浩位至中护军,史涣位至中领军,两人都执掌禁军,爵封列侯。

夏侯渊字妙才,是夏侯惇的同族兄弟。太祖家居之时,曾在县衙吃官司,夏侯渊代替他领受重罪,太祖设法营救他,得以免于刑罚。太祖起兵,夏侯渊以别部司马、骑都尉的职务追随于后,升陈留、颍川太守。太祖与袁绍在官渡开战,由他兼任督军校尉。袁绍被击败后,太祖又让夏侯渊督办兖州、豫州、徐州的军粮;当时军中粮食稀缺,夏侯渊想尽办法转运粮食从未间断,军队得以重新振奋。昌豨谋反,太祖派于禁去讨伐,没有成功,再派夏侯渊与于禁协同作战,于是击败昌豨,攻下了叛军十余个营寨,昌豨自行到于禁军营投降。夏侯渊返回,官拜典军校尉。济南、乐安的黄巾军首领徐和、司马俱等人,攻打城池,杀害官吏,夏侯渊率领泰山、齐、平原郡的军队进击,大破黄巾军,杀死了徐和,收复了诸县,收集黄巾军的粮食供给士兵。建安十四年,以夏侯渊为行领军。太祖征讨孙权回来,让夏侯渊指挥诸将进剿庐江叛首雷绪,雷绪被击散后,又兼任征西护军一职,督领徐晃攻击太原叛贼,连下二十几个营寨,杀死贼帅商曜,血洗该城。又跟随太祖征讨韩遂等人,大战于渭南。又督领朱灵平定隃糜、汧氐。与太祖在安定会合,战降杨秋。

建安十七年,太祖回到邺县,让夏侯渊兼领护军将军,督率朱灵、路招等人驻扎长安,击破了南山的草寇刘雄鸣,迫使他的部下全部投降。在鄠县围攻韩遂、张超的余党梁兴,攻克鄠县后,斩了梁兴,被封为博昌亭侯。马超在冀州围攻凉州刺史韦康,夏侯渊前去救援,尚未赶到,韦康已被打败。夏侯渊距冀州尚有二百余里,马超前来迎击,夏侯渊交战不利。汧氐又在此时反叛,夏侯渊只得率领部队返回。建安十九年,赵衢、尹奉等人谋划讨伐马超,姜叙在卤城起兵响应。赵衢等人骗马超出击姜叙,而他们随后将马超的妻子儿女全部杀光。马超逃奔汉中,回头再围攻祁山。姜叙等人紧急求援,诸将议论说只有太祖才能节制大军行动。夏侯渊说:"主公还在邺城,来回四千里路,等到书信往还,姜叙等人已必败无疑了,这不是救急的办法。"于是前去赴援,派张郃督领五千名步、骑兵为前锋,从陈仓狭道直趋汉中,他自己督粮草殿后。张郃进军到渭水,马超带领数千名氐羌族兵士前来迎击。尚未交战,马超便逃跑了,张郃进军收取了马超军队丢弃的军用器械。等到夏侯渊到来,诸县都已经投降了。韩遂驻扎在显亲,夏侯渊想要袭击他,韩遂闻风而逃。夏侯渊缴获了韩遂的军粮,追到略阳城,离韩遂营地还有二十多里地，手下将领有的提议首先攻打韩遂，也有的认为应该先攻打兴国的氐族人。夏侯渊认为韩遂兵马精良，而兴国城又很坚固，围攻兴国未必能马上拿下，不如先攻长离的各路羌人。长离的羌人多在韩遂的军队里，闻讯必定回去救家。韩遂如果舍弃羌人独守，就难免孤独无援，如果他去救长离，官兵就可以在旷野里与他作战，那样一定能将他俘获。夏侯渊于是留下督将守卫随军物资，轻兵简从奔袭长离，纵火焚烧羌人聚落，杀死了不少羌人。那些韩遂部队里的羌人，各自赶回自己的部落。韩遂果然去救长离，与夏侯渊的军队对阵。诸将见韩遂兵马甚多，心里无底，打算先扎下营盘、挖好战壕后再与他交战。夏侯渊说："我们已经转战千里，如果今天扎营盘、挖壕沟，士兵们将更加疲惫不堪，难以持久对抗。敌兵人数虽多，其实很容易击破。"于是擂鼓冲锋，大破韩遂的军队，连韩遂的将旗也给夺了过来，回到略阳，再进兵围攻兴国。氐王千万投奔了马超，其余人都向夏侯渊投降。转而进攻高平屠各，那里的守军纷纷逃走，夏侯渊尽收那里的粮草牛马。于是朝廷授予夏侯渊符节。

　　当初，枹罕人宋建趁凉州动乱，自称为河首平汉王。太祖派夏侯渊统领众将前去讨伐宋建。夏侯渊一到即围攻枹罕，一个多月后攻克了该城，杀了宋建以及他任命的丞相以下等官员。夏侯渊另派张郃等人去平定河关，该部渡过黄河到达小湟中，河西各羌族部落都相继投降，陇西全面平定。太祖下令说："宋建造反作乱三十余年，夏侯渊一举剪灭了他，恰如猛虎般称雄关右，所向无敌。就像仲尼曾说的，'我和你都比不上他啊！'"建安二十一年，太祖增封夏侯渊采邑三百户，加上以前历次所封，共食邑八百户。夏侯渊回过头来攻打武都的氐人和羌人于下辩，收缴了氐人的粮食十余万斛。太祖西征张鲁，夏侯渊等人带领凉州诸将以及侯王以下官吏，与太祖在休亭会合。太祖每次接见羌人、胡人，都要提及夏侯渊来威胁他们。恰好张鲁投降，汉中就此平定，太祖就命夏侯渊兼都护将军，督领张郃、徐晃等人击平巴郡。太祖回邺城，留夏侯渊驻守汉中，即时任命他为征西将军。建安二十三年，刘备驻军阳平关，夏侯渊率领诸将前去抵御，两军相持将近一年。建安二十四年正月，刘备趁夜偷袭，烧毁了夏侯渊营房四周的障碍物。夏侯渊派张郃护卫东面，自己带一支轻兵护卫南面。刘备向东面发起进攻，张郃军作战不利。夏侯渊分出一半兵力去援助张郃，遭刘备袭击，夏侯渊于是当场战死。谥号为愍侯。

当初，夏侯渊虽然屡战屡胜，但太祖还是经常告诫他说："为将也应该有怯弱的时候，不可以仅凭着自身的勇猛。将帅应当以勇猛为本，再凭智慧计谋去施行；只知道一味逞勇斗狠，不过是一个普通人的对手罢了。"

夏侯渊的妻子，是太祖的妻妹。夏侯渊的长子夏侯衡，娶了太祖弟弟海阳哀侯的女儿，恩宠特别隆厚。夏侯衡继承父亲爵位，后改封为安宁亭侯。黄初中，赐封中子夏侯霸以爵位。太和中，又赐封夏侯霸的四个弟弟为关内侯。夏侯霸，正始中为讨蜀护军右将军，进封博昌亭侯，一向被曹爽所厚待。曹爽被杀，他听到消息，唯恐祸及自身，逃入蜀中。因为夏侯渊以前所建功勋，赦免了夏侯霸的儿子，将他们迁到了乐浪郡。夏侯霸的弟弟夏侯威，官至兖州刺史。夏侯威的弟弟夏侯惠，任乐安太守。夏侯惠的弟弟夏侯和，任河南尹。夏侯衡死后，他的儿子夏侯绩继承爵位，任虎贲中郎将。夏侯绩去世，儿子夏侯褒继承爵位。

曹仁字子孝，是太祖的堂弟。年轻时爱好骑马射猎。以后豪杰四起，曹仁也暗中纠集少年，共有一千多人，周旋于淮、泗一带，于是追随太祖做了别部司马，代理厉锋校尉。太祖击败袁术，曹仁杀敌数量和缴获战利品颇为可观。在跟随太祖征讨徐州时，曹仁经常督率骑兵，充当先锋部队。又作为侧翼攻打陶谦的将领吕由，获胜，回头与大军在彭城会合，大破陶谦军。次后随太祖进攻费、华、即墨、开阳等县，陶谦派将领去援救这几个县，曹仁指挥骑兵将来援之敌击败。太祖征讨吕布，曹仁独自带领一支部队进攻句阳，攻陷敌城，活捉了吕布的部将刘何。太祖铲平黄巾军，及迎接天子建都许县，曹仁在这几件事上都有功劳，为此官拜广阳太守。太祖器重他的胆气和谋略，不让他去广阳就任，而以议郎身份统领骑兵。太祖征讨张绣,曹仁单独攻取其他的县城,俘虏男女三千多人。太祖引军返回,遭到张绣穷追猛打,曹军屡战失利,士气低迷不振,曹仁在激励将士方面十分用心卖力,太祖也受到这种勇气的鼓舞,于是击败了张绣。

太祖与袁绍在官渡相持了很长时间,袁绍派刘备先去攻略滍强诸县,诸县纷纷响应。自许昌以南,官吏和百姓人心惶惶,太祖深为忧虑。曹仁说:"南方诸郡县认为目前大军正处于紧急状态,无力抽身去救助他们,在刘备强兵攻打之下,他们背叛您也是可以理解的。但刘备最近才开始率领袁绍的这支部队,还未能完全发掘出将士的战斗力,我们果决进攻必定可以打垮刘备。"太祖很欣赏曹仁的意见,派他带骑兵前去攻打刘备,果然打得刘备弃甲而逃,曹仁全部收复各叛县而回。袁绍派别将韩荀截断曹军西面的道路,曹仁又在鸡洛山大败韩荀。袁绍从此再不敢分兵出战了。曹仁又与史涣等人偷袭袁绍的运输队,焚烧了袁绍的军粮。

河北平定后,曹仁随太祖围攻壶关。太祖下令说:"城破之日,将里面的人全都活埋。"但连续数月没能攻下。曹仁对太祖说:"围攻城池必须给城里的人一条逃生的出路,这样才能让对方有活下去的选择余地。而您登出告示说要将城里的人尽数活埋,他们当然会要人人全力以赴,抱定与城堡共存亡的决心了。而且壶关城池坚固,粮食储备充足,我们强攻的话必定造成士卒伤亡惨重,围而不攻又难免旷日持久;今天您陈兵在坚固的城池下,以攻击决死而战的敌人,实在不是个好办法。"太祖采纳了曹仁的意见并撤回了先前不恰当的命令,壶关自动投降。于是统计曹仁前后的功劳,封为都亭侯。

曹仁追随太祖征讨荆州,太祖命曹仁代理征南将军,留守江陵,以便抵御吴国将领周瑜。周瑜率领数万士兵前来进攻,其前锋数千名士兵刚到城下,曹仁上城观看之后,便挑选了三百名勇士,派部曲将牛金带领前去挑战。敌兵人多,牛金兵少,于是陷入重围。长史陈矫等人都在城上观战,见牛金等人覆没在即,人人都惊恐失色。曹仁怒气激昂,吩咐左右牵来自己的坐骑,陈矫等人都拉住他,对他说:"敌兵人数众多,其势不可阻挡。就算舍弃了几百人又有什么关系,将军您何必以身赴难呢!"曹仁不理睬众人的劝阻,披挂上马,带领手下数十名壮士冲出城门。距敌兵百余步,临近一条河沟,陈矫等人还都以为曹仁会隔沟声援牛金,但曹仁径直越沟向前,冲入敌人的包围圈,牛金等人才得以解脱。尚有一些兵士还被围困在敌军里,曹仁再一次冲入敌围,救出那些兵士,消灭了数名敌人,敌兵才开始后退。陈矫等人起初见曹仁执意冲出去援救,都十分担忧,及至曹仁得胜归来,惊叹说:"将军您真是天人啊!"三军都佩服他的勇敢。太祖更是激赏有加,改封曹仁为安平亭侯。

太祖征讨马超,命曹仁代理安西将军,督领诸将扼守潼关,在渭南击破了马超的军队。苏伯、田银反叛,太祖让曹仁代理骁骑将军,都督七军讨伐田银等人,大破叛军。又让曹仁代理征南将军,假以符节,驻扎樊城,镇守荆州。侯音占据宛城反叛,抄略附近郡县的百姓数千人,曹仁带诸军攻破叛军,砍了侯音的头,又回屯樊城,太祖即时任命他为征南将军。关羽进攻樊城,当时汉水暴涨,于禁等人率领的七军营房都被大水淹没,于禁向关羽投降。曹仁率领数千名士兵据守着樊城,城池只剩几板之高没被淹没。关羽乘船攻城,围了好几层,城内城外断绝了音讯,粮食所剩无几,援兵不知何在。曹仁激励将士,表示了誓死守城的决心,将士们被他的精神所感动,都心无二志。徐晃带援兵赶到时,大水也渐渐消退,徐晃从外围进攻关羽,曹仁得以突出重围,关羽撤兵退走。

曹仁年轻时也较轻浮、风流,及至长大为将,却能严格检点遵守法令,经常将条律放在左右,按章办事。鄢陵侯曹彰北征乌丸,文帝当时是太子,写信告诫曹彰说:"为将应当奉法,难道不应当像征南将军那样吗!"及至曹丕即位当了魏王,就任命曹仁为车骑将军,都督荆州、扬州、益州的各项军事,进封为陈侯,增加封邑二千户,加上以前所封的共三千五百户。追赐曹仁父亲曹炽谥号为陈穆侯,设十户人家去守曹炽的墓地。后来又召曹仁回军驻扎宛城。孙权遣将陈邵据守襄阳,朝廷命令曹仁前去讨伐。曹仁与徐晃一起打败了陈邵,于是进驻襄阳,派将军高迁等人将汉南的归附百姓迁移到汉北,文帝当即派使者传诏任命曹仁为大将军。又命令曹仁移屯到临颍，官升大司马，又督诸军占据乌江，回军驻扎合肥。曹仁在黄初四年去世，谥号为忠侯。其子曹泰继承爵位，官至镇东将军，假以符节，改封为宁陵侯。曹泰去世，儿子曹初继承爵位。又分封曹泰的弟弟曹楷、曹范为列侯。牛金最后官至后将军。

曹仁的弟弟曹纯，起初以议郎的身份参与司空的军事活动，督领虎豹骑兵队跟随太祖围攻南皮。袁谭出战，士兵伤亡惨重。太祖打算暂缓进攻，曹纯说："今天我们不远千里来攻打敌人，前进不能取胜，后退必定损丧士兵的信心；而且孤军深入，难以持久。袁谭得胜后必定骄傲；我们失败时已存戒惧。以心怀戒惧的军队攻打骄傲的敌兵，一定能攻克。"太祖认为他的意见很好，于是向袁谭发起猛攻，将袁谭打了个落花流水。曹纯手下骑兵还斩下了袁谭的首级。及至北征三郡乌丸，曹纯的骑兵又俘虏了单于蹋顿。因为他前后的功劳，封为高陵亭侯，封邑三百户。跟随太祖征讨荆州，追击刘备直到长坂，俘虏了刘备的两个女儿，缴获了刘军辎重，收罗了那些散兵游勇。进军攻降江陵，随太祖返回谯郡。建安十五年去世。文帝即王位，追谥威侯。曹纯之子曹演继承爵位，官至领军将军，正元年间进封平乐乡侯。曹演去世，其子曹亮继承爵位。

曹洪字子廉，是太祖的堂弟。太祖起义兵讨伐董卓，兵到荥阳，被董卓的将领徐荣击败。太祖失去了坐骑，而敌兵随后追赶甚急，曹洪下马，要把坐骑让给太祖，太祖推辞不肯接受，曹洪说："天下可以没有我曹洪，不可以没有您啊。"于是步行跟随太祖到了汴水旁，水深流急，不能涉水过河，曹洪沿河寻找，终于找到一条渡船，与太祖一起渡过汴水，逃回了谯县。扬州刺史陈温与曹洪一直关系要好，曹洪率领家兵千余人去陈温那里招募士兵，募得庐江带甲士兵二千人，东到丹杨，又募得数千人，与太祖在龙亢会合。太祖征讨徐州，张邈以兖州之地叛迎吕布。当时正值饥荒严重，曹洪在前面开路，先占据了东平、范县，收集粮食以供给部队。太祖在濮阳征讨张邈、吕布，吕布大败后逃走，于是占领了东阿，回头又攻克了济阴、山阳、中牟、阳武、京、密等十余个县城。统计曹洪的前后功劳,任命他为鹰扬校尉,不久升为扬武中郎将。天子迁都许县,任命曹洪为谏议大夫。又作为别部征讨刘表,击败刘表的将领于舞阳、阴叶、堵阳、博望,曹洪作战有功,升厉锋将军,封国明亭侯。屡次追随太祖征伐,被任命为都护将军。文帝即王位,任命他为卫将军,升骠骑将军,进封野王侯,增加食邑一千户,加上以前分封的,共二千一百户,赐位特进;后改封为都阳侯。

当初,曹洪家境十分富裕却生性吝啬,文帝年轻时曾向他借贷没有借到,常常怀恨在心,于是借曹洪的门客犯法一事,将曹洪打入大牢并要处死。群臣共同说情也没能改变决定。卞太后对郭皇后说:"假如曹洪今天死,明天我就下令皇帝废除皇后。"郭皇后于是痛哭着屡次请求赦免曹洪,曹洪才得以免于一死,但官职被罢免,并削去封爵食邑。曹洪是太祖的功臣,文帝如此对待他,让当时不少人颇感寒心。明帝即位,重新任命曹洪为后将军,改封为乐城侯,食邑千户,赐位特进,又被任命为骠骑将军。太和六年曹洪去世,谥号为恭侯。其子曹馥继承爵位。当初,太祖曾分出曹洪封邑封他的儿子曹震为列侯。曹洪的同族叔父曹瑜,品行谨慎忠厚,恭敬对上,官至卫将军,爵封列侯。

曹休字文烈,是太祖的同族侄子。天下大乱,族人纷纷逃离家乡。曹休十多岁时丧父,他自己单独与一个客人把父亲暂时安葬了,带着老母,渡江到了吴国。因为太祖起义兵,他改名换姓辗转到了荆州,从小路北上,去见太祖。太祖对部下说:"这是我们家的千里马呀!"让他与文帝住在一起,待他如亲骨肉。曹休经常跟随太祖去征伐,由他统领虎豹骑兵队担任警卫。刘备派将领吴兰屯兵下辩,太祖派遣曹洪去征讨,命曹休为骑都尉,参预曹洪的军事。太祖对曹休说:"虽然只让你参预军事,其实你跟将帅没有什么区别啊。"曹洪耳闻这句话,也就委任曹休参预各项军事。刘备派张飞驻扎在固山,想要截断曹军后路。众人议论纷纷,犹疑不定,曹休说:"贼兵如果果真要断我们的后路,他们理应悄无声息地直奔目的地才对。像现在这样兵马未动即大造声势,说明他们实力有所不及。我们应该赶在他们尚未集结之前,迅速攻打吴兰,吴兰一败,张飞也就会不战而退了。"曹洪听取了曹休的意见,进兵攻打吴兰,吴兰兵大败,张飞果然撤兵退走。太祖攻克汉中各路叛军回到长安,任命曹休为中领军。文帝即王位,任命曹休为领军将军,统计他前后的功劳,封为东阳亭侯。夏侯惇去世,曹休受命担任镇南将军,假以符节,都督驻军,在他起程赴驻地之时,文帝亲自为他送行,下车拉着他的手与他告别。孙权派将领驻扎在历阳,曹休一到,即大破这支东吴军,又另派部队渡过长江,烧毁了孙权设在芜州的几千座营盘。升为征东将军,兼扬州刺史,进封安阳乡侯。文帝征讨孙权,委任曹休为征东大将军,授予黄钺,负责督领张辽等将及各郡县的二十余军,在洞浦攻打孙权的大将吕范等人,把他们打得大败。官拜扬州牧。明帝即位,进封曹休为长平侯。吴国将领审德驻扎在皖城,曹休击败他的部队并杀了他,吴国将领韩综、翟丹率领部下先后向曹休投降。增加食邑四百户,加上以前分封的共二千五百户,升为大司马,照旧都督扬州。太和二年,明帝兵分两路征伐吴国,派司马懿从汉水顺流而下,曹休督诸军直攻寻阳。吴军诈降,曹休孤军深入,交战不利,只得带兵退守石亭。到夜晚部队突然受惊,士兵混乱,丢弃了不少盔甲及其他军用物资。曹休上书谢罪,明帝派屯骑校尉杨暨前来给予安慰开导,礼遇和班赐有增无减。曹休因这一仗的失利,背上毒疮发作而死,谥为壮侯。其子曹肇继承了爵位。

  曹肇有从政治世的才干,任散骑常侍、屯骑校尉。明帝重病不起,才向燕王曹宇等人吩咐后事。明帝不久改变了主意,诏令曹肇以列侯的身份归第。正始年间去世,追赠为卫将军。其子曹兴继承爵位。当初文帝曾分出曹休封邑三百户,封曹肇的弟弟曹纂为列侯,曹纂后来担任殄吴将军,去世后追赠前将军。

  曹真字子丹,是太祖的同族侄子。太祖起兵,曹真的父亲曹邵负责招募兵士,被州郡官员杀死。太祖怜惜曹真从小失去了父亲,收养了他,视同亲骨肉,让他与文帝生活在一起。曹真曾外出打猎,遭到一只猛虎的追逐,他回头向猛虎射去一箭,虎应声而倒。太祖赞扬他勇敢、刚毅,让他率领虎豹队骑兵。曹真讨伐灵丘的草寇,获胜,被封为灵寿亭侯。以偏将军的身份带兵去下辩攻打刘备的别将,又破敌立功,官拜中坚将军。跟随太祖入长安,兼任中领军。此时,夏侯渊在阳平阵亡,太祖很是忧虑。太祖任命曹真为征蜀将军,督领徐晃等将在阳平击败刘备的别将高详。太祖亲自到汉中调度驻军撤退,让曹真去武都迎接曹洪等人回军驻守陈仓。文帝即魏王位,任命曹真为镇西将军,假以符节,都督雍州、凉州的军事。统计他前后的功劳,进封为东乡侯。张进等人在酒泉发动叛乱,曹真派费曜前去击败叛军,并斩杀了张进等人。黄初三年,曹休返回京都,被任命为上军大将军,都督中外各项军事行动,假以符节、斧钺。与夏侯尚等一起征讨孙权,袭击牛渚的东吴驻兵,获胜。改任中军大将军,加官给事中。黄初七年,文帝病危,曹真与陈群、司马懿等人接受遗诏辅佐朝政。明帝即位,进封他为邵陵侯,迁升为大将军。

诸葛亮围攻祁山,南安、天水、安定三郡叛魏投向诸葛亮的怀抱。明帝派曹真都督诸军屯兵郿县,遣张郃攻击诸葛亮的将领马谡,大破马谡军。安定城的百姓杨条等人强制驱使官员和百姓保守月支城,曹真进军包围了他们。杨条对众人说道:"大将军亲自到来,我也愿意早些投降啊。"于是自行捆绑出城投降。叛投诸葛亮的三郡相继平定。曹真估计诸葛亮这次兵败祁山,以后出师必定要经由陈仓,于是派将军郝昭、王生守卫陈仓,并加固城池。第二年春天,诸葛亮果然围攻陈仓,因陈仓早已有了准备而没能攻克。朝廷给曹真增加封邑,加上以前所封达二千九百户。黄初四年,曹真回洛阳朝见天子,官升大司马,受赐享受佩剑穿履上殿、入朝参见时不必小步快走的特权。曹真认为"蜀军经常出兵骚扰边境,应当立即前去征伐,由诸将数路并进,必定能获大胜"。明帝采纳了他的计策。当曹真带兵西征刘蜀之时,明帝亲自前去送行。曹真八月份兵发长安,从子午道南进入蜀。司马懿逆汉水而上,两军约定在南郑会合。其他几路大军或从斜谷道,或者从武威开向蜀中。适逢大雨连绵三十多天,或因栈道断绝不通,明帝下诏令曹真等人班师。

曹真年轻时与同族的曹遵、同乡朱赞一同投靠太祖,曹遵、朱赞早已去世,曹真怜悯他们的家人,请求皇上将分封给他的食邑分一部分给曹遵、朱赞的儿子。明帝下诏说:"大司马有叔向抚养孤儿的仁义之心,笃守着晏平不忘旧约的美德。君子成人之美,朕同意分出曹真的封邑,赐曹遵、朱赞之子皆为关内侯,封邑各百户。"曹真每次出征,总是与将士们同甘共苦,军资赏赐不够,往往将家产拿出来颁赐将士,士卒都愿意为他效命。曹真因病回到洛阳,明帝亲自去他府邸探视病情。曹真去世,谥为元侯。其子曹爽继承爵位。明帝追念曹真的功绩,下诏说:"大司马一生致力于忠孝节义,辅佐二祖,对内不仗恃皇亲贵戚的宠信,对外不傲视普通人士,可谓是守盈持泰,勤于王业,道德高尚的人了。特此分封曹真的五个儿子——羲、训、则、彦、皑都为列侯。"当初,文帝曾分出曹真食邑二百户,封曹真的弟弟曹彬为列侯。

曹爽字昭伯,年轻时就因为自己是皇室子弟而谨慎持重,明帝还是皇太子时,就对他很是友爱。明帝即位,任命曹爽为散骑侍郎,渐次提升至城门校尉,加散骑常侍,再升为武卫将军,对他优宠厚待特别不同。明帝病危之时,将曹爽叫进卧房,任命他为大将军,假以符节、斧钺,都督中外各项军事,兼领尚书事,与太尉司马懿一起接受遗诏辅助小皇帝。明帝驾崩,齐王即位,加授曹爽侍中之职,改封武安侯,封邑一万二千户,特赐佩剑、穿履上殿、入朝无需小步快走、朝见时赞礼官只呼官职不呼姓名的特权。丁谧出谋划策,让曹爽出面劝说齐王,下诏命司马懿改任太傅,表面上以名号表示对他的尊崇,实则是想让尚书奏事时先从自己这里通过,牢牢把握朝政大权的轻重缓急。曹爽的弟弟曹羲为中领军,曹真的次子曹训为武卫将军,四子曹彦为散骑常侍、侍讲,其余几个弟弟都以列侯的身份充当皇帝侍从,出入皇宫禁地,富贵宠幸的确是无人能望其项背。当初,南阳的何晏、邓飏、李胜,沛国的丁谧,东平的毕轨都有声望名气,不过都喜欢趋炎附势,明帝认为这几个人一味讲究表面上的华丽而不务实际,故统统予以贬斥不用;及至曹爽执掌朝政,便又一齐任用,作为自己的心腹亲信。邓飏等人想让曹爽的威名传遍天下,就劝曹爽讨伐蜀国,曹爽听取了他们的意见,司马懿有心阻止却无济于事。正始五年,曹爽于是西赴长安,在那里集合了六七万大军,从骆谷入蜀。当时,关中及氐人、羌人的供给供应不上,无数牛驴骡马死于转输途中,被征发的胡汉百姓沿途号哭。入骆谷行走了数百里,蜀军依山设防,魏军无法前进。曹爽的参军杨伟为曹爽分析了形势,认为当务之急应该引军撤退,否则必败无疑。邓飏与杨伟在曹爽面前争执得不可开交,杨伟说:"邓飏、李胜这样做,只会败坏国家大事,该斩。"曹爽很不愉快,怏怏地撤回了军队。

起初,曹爽因为司马懿资历老、德行高,经常像对待父亲那样敬重他,不敢任意专行。及至何晏等人进用,他们都一起拥戴曹爽,劝他不要将大权委任他人。于是任命何晏、邓飏、丁谧为尚书,何晏主管选举,毕轨为司隶校尉,李胜为河南尹,之后诸人事很少再经由司马懿裁决了。司马懿于是称病回避曹爽。何晏等人滥用职权,擅自将洛阳、野王二地的屯田瓜分,侵蚀朝廷赐给大臣的汤沐邑并据为己有,依仗势力攫取公物,还寻找机会勒索各州郡。官府看风使舵,没有一个敢于违抗的。何晏等人与廷尉卢毓向来不和,便抓住卢毓手下官吏的一点小错误,援用苛刻的法律条文将卢毓绳之以法,命令主管者先没收了卢毓的印绶,然后才上书奏告皇帝。他们作威作福的行径大抵都这样。曹爽的饮食住行,都跟皇上攀比;皇宫里才有的珍玩,也摆满了他的家宅;后院本就妻妾成群,还私自收取先帝的才人七八人,及将吏、师工、鼓吹、良家女子共三十三人作为他私人的艺伎。又伪作诏书,征发五十七名才人前往邺台,让先帝的婕妤教习成艺伎。擅自将皇家乐器、武库兵器据为己有。又开造一座地下室,用漂亮的丝绸装饰四壁,经常与何晏等人在里面聚会,饮酒作乐。曹羲对此深以为忧,屡次劝止他。他稍后更写了三篇文章,力陈骄奢淫佚的祸害,措辞明白深切,只是不敢直接斥责曹爽,便以告诫众弟为名将文章拿给曹爽看。曹爽知道他的这几篇文章是针对自己的行为而写,很不高兴。曹羲有时因劝说告白不被采纳,不得不哭着离去。司马懿秘密地做着准备。正始九年冬,李胜出任荆

州刺史,行前去与司马懿话别。司马懿声称自己已病入膏肓,并装出极为虚弱衰颓的样子。李胜没能看出破绽,自认为司马懿的病况确实如此。

正始十年正月,皇帝朝谒高平陵,曹爽兄弟都跟随前往。司马懿部署兵马,首先占据了武器库,再出兵把守住洛水浮桥。于是向皇帝奏告曹爽罪状说:"从前我从辽东回来时,先帝召陛下、秦王和微臣同登御榻,他拉住我的手臂,对身后的事情深以为忧。我说'太祖、高祖也曾将后事托付给我,陛下你是亲眼看见的,没什么可值得悲苦不放心的;万一事有不测,我会以死报答您对我的信任。'黄门令董箕等人,以及侍候皇上疾病的才人,他们都是听见了的。如今大将军曹爽背弃先帝遗命,毁败国家的法典,在内模拟皇上的饮食起居,在外擅用威权;破坏军营,全面控制皇家禁兵,各部门要职,都任用他的亲信;将负责殿中宿卫的历世旧人悉数贬斥出宫,安插新人为个人图谋做打算;亲戚裙带关系盘根错节,为非作歹竟是日盛一日。对外既已如此,他又任黄门张当为都监,专门互相勾结,整天盯着皇上,等待机会谋取皇位,又离间太后和皇后的关系,伤害皇上的骨肉感情。天下因此动荡不堪,人人捏汗无不自危,陛下譬如寄居于宝座之上,又岂能长保社稷安稳!这不是先帝宣召陛下和我共登御床的本意啊。臣虽老朽年迈,哪里敢忘当年的诺言?昔日赵高恣意横行,秦朝政权因此灭顶;诸吕、霍之祸因及时翦除,汉代江山才得以世代延续并固若金汤。这是陛下最好的借鉴,也是我受命的时刻。太尉蒋济、尚书令司马孚等人,都以'曹爽有犯上作乱的行为,他的兄弟不应该典领军队、守卫皇宫',奏明了永宁宫的皇太后。皇太后敕令我们按照奏折上所请行事。我已命令主管者及黄门令罢去曹爽、曹羲、曹训的官职和兵权,以侯爵身份归家,不得逗留以稽留陛下返宫;如敢稽留,便以军法从事。我则支撑着病体,将部队带到洛水浮桥驻扎,以监视非常情况。"

曹爽接到司马懿的奏章,不敢禀明皇帝,自己则窘迫得手足无措。大司农、沛国人桓范听说司马懿起兵,不听太后的传召,谎称有诏打开了平昌门,拔出剑戟,劫走管城门的门侯,向南投奔曹爽。司马懿得知这事,说道:"桓范是去出谋划策的,但曹爽肯定不会听取桓范的计谋。"桓范劝曹爽让皇帝到许昌,招集外地兵马应变。曹爽兄弟犹豫不决,桓范又对曹羲说:"时至今日,你们一家就算想做回到贫贱百姓又怎么可以如愿呢?况且平民百姓抓到一个人质,尚且希求活命,今天你们与天子相随,号令天下,有谁敢不响应?"曹羲还是不用他的计策。侍中许允、尚书陈泰劝说曹爽,要他早些自动认罪。于是曹爽派许允、陈泰去见司马懿,表示愿意接受处罚,然后又将司马懿的奏章交给皇帝。于是免去了曹爽兄弟的官职,让他们以侯爵身份回自己的封邑。

当初,张当私下选择才人张、何等送与曹爽。司马懿怀疑其中大有奸情,将张当抓起来治罪。张当供出曹爽与何晏等人企图谋反的情状,称他们先事练兵,定于三月中旬发动。于是将何晏等人也抓起来关进监狱。会集在京的公卿大臣在朝廷议事,认为"《春秋》所申明的大义,在于'对于君亲不能有丝毫叛逆的念头,否则必定遭致诛杀'。曹爽本是皇帝宗族,世代蒙受朝廷的殊恩优宠,亲手接下先帝握手托付的遗诏,先帝将天下大事托付给他,但却包藏祸心,蔑弃先帝临终的嘱托,与何晏、邓飏及张当等人阴谋篡夺帝位,桓范与这些罪人串通一气,都属于大逆不道"。于是收押曹爽、曹羲、曹训、何晏、邓飏、丁谧、毕轨、李胜、桓范、张当等人,全部处死,诛灭各自三族。嘉平年间,为使功臣后继有人,册封曹真的族孙曹熙为新昌亭侯,食邑三百户,以延续曹真的后嗣。

何晏,是何进的孙子。母亲尹氏,为太祖的夫人。何晏生长在宫廷里,又娶了公主为妻。从小就以才能优秀闻名,喜好老子、庄子之言,写了《道德论》及各种文章和辞赋共数十篇。

夏侯尚字伯仁,夏侯渊的侄子。文帝与他亲近友好。太祖平定冀州,夏侯尚为军司马,率领骑兵跟随太祖征伐,后任五官将文学。魏国初建之时,升为黄门侍郎。代郡胡人叛乱,太祖派鄢陵侯曹彰前去征剿,由夏侯尚参与鄢陵侯的军事,平定了代郡,奏凯班师。太祖在洛阳驾崩,夏侯尚持节护送太祖的灵柩回到邺城。加上夏侯尚

以前的功绩，封平陵亭侯，拜散骑常侍，升职为中领军。文帝受禅登极，改封他为平陵乡侯，升征南将军，兼任荆州刺史，假以符节，都督南方诸军事。夏侯尚上奏说："刘备另有军队屯驻上庸，那里山高路险，他们肯定不会想到我们会去偷袭，如果我们派奇兵悄悄前去，出其不意，一定是取得特殊胜利的大好机会。"于是率诸军一举攻克上庸，平定了周围的三郡九县，升为征南大将军。孙权虽然自称藩国，但夏侯尚更加抓紧了攻讨东吴的准备工作，孙权后来果有二心。黄初三年，皇帝驾临宛城，派夏侯尚率领诸军，与曹真一起共同围攻江陵。孙权派诸葛瑾与夏侯尚隔江对峙，诸葛瑾带队渡河到了江中小洲，而将水兵分遣在附近江面上。夏侯尚趁夜放出许多油船，率领一万多名步、骑兵，从下游悄悄地渡河，攻打诸葛瑾的各路军队，夹江烧毁了他们的船只，水陆两道合力进攻，击垮了诸葛瑾的军队。江陵城尚未攻下，因瘟疫大起，文帝下诏令夏侯尚率诸军返回。增加夏侯尚食邑六百户，加上以前所封一共是一千九百户，又假以斧钺，升任州牧。荆州地界内荒凉残破，西南与蛮夷接壤，东面与吴国以汉水为界，最初的居民大都居住在江南。夏侯尚从上庸开辟一条通道，向西开发七百余里，山民及蛮夷大多服从他的管辖，在五六年的时间里，前后降服者达数千家之多。黄初五年，改封夏侯尚为昌陵乡侯。夏侯尚有一爱妾，深受夏侯尚的爱幸，这使他的正室夫人简直名存实亡；而夏侯尚的原配夫人，是曹家的公主，所以文帝派人绞死了夏侯尚的宠妾。夏侯尚悲哀感伤不已，生了一场大病，神情恍惚，爱妾已经下葬了，他还不胜思念，又挖开墓穴，开棺看她。文帝听说后很是恼怒，说："杜袭看不起夏侯尚，实在是有道理的。"然而因为夏侯尚是前朝旧臣，文帝对他的恩宠依旧不衰。黄初六年，夏侯尚病重，回到了京都，文帝亲去探望多次，拉着他的手流下了眼泪。夏侯尚去世，谥号为悼侯。其子夏侯玄继承爵位。文帝又分夏侯尚封邑三百户，赐给夏侯尚的弟弟之子夏侯奉关内侯的爵位。

夏侯玄字太初，年少时就名气不小，二十岁时先后担任散骑、黄门侍郎。有一次他晋见皇上,与毛皇后的弟弟毛曾坐在一起,夏侯玄深以为耻,不高兴的心情溢于言表。明帝对此很气愤,将他降职为羽林监。正始初年曹爽辅政。夏侯玄是曹爽姑姑的儿子,历任散骑常侍、中护军。

太傅司马懿与他谈及当前要事,夏侯玄认为:"根据才干选官授职,是国家的权柄,因此,量才录用官吏由尚书台专管,那是上层机构的职分;孝行存在于闾巷之中,优劣高下亦有乡邻的公论,那是下层的评价。要想社会教化清明,选派官吏审慎得当,在于明确上级评判和下层评价的界限,不使它们相互干涉而已。这是什么原因呢?假如上级的评判过度,就恐怕人才的选拔途径脱离了根本,而投机钻营、溜须拍马之类的行径就会趁虚而入;假如下层的评价过分,就恐怕道德优劣的评价会由外界插手,而机巧权变的门道就多了。道德优劣的评价受外界制约,这是平民百姓议政的权利;机巧权变的道道增多,则是产生混乱的根源。自从州郡以中正官品评衡量才干和官职以来,已经有好几年了,但这种制度仍混沌不明,从没听说有过秩序化条理清楚的时候,这难道不是上级的评判和下层的评价混杂相涉,各自失去了自身侧重所造成的吗!如果选中正只考察品行的高低等第,等第恰当品行端正,这样的人就可以为官。为什么呢?如果他在家里显示出孝行,难道还会在官府中不尽忠尽责么?仁爱宽容被九族称道,难道不会贯彻在政务处理之中?在乡党之中行义决然,难道还会出现职不胜事的现象吗?这三者都取决于中正。中正虽不能就委任以官职,但能胜任官职是不用怀疑的。德行有大小,评议有上下,那么他们所应担任官职的级别次序,也就区别清楚、一目了然了。何必一定让中正在下层干预选派的职权,而掌握选派权力的人在上面又对中正有所倚仗,上级和下层相互干扰,生出纷乱错杂呢?况且尚书台到下层去考核官吏的政绩与失职,而各种职司原有自己的官长,时时刻刻的考察,没有比这更详尽的了,而街头巷尾的议论,终不免掺杂主观判断的成分,却弄得主管官员失去了本来的位置,众官吏有手足无措的惊恐。要使风俗清静,这能办得到吗?天台遥远,断绝了众人上进的意愿。能够到达目的的人,尽在旁边近处,谁又不装好人以实现自己的愿望?假如请托有门,那在家里修养自己,便已不如自己去请求于乡党了。而自己去请求于乡党,便又不如自己到州郡里去谋求门路的了。假如听任请托之门大开,再去担心他们掩饰真情、背离根本,就算再怎么严厉地要求中正,甚至以刑罚来监督,都还是无济于事的。怎么能比得上让上下各自行使自己的职权,做官长的,就各以他的属下能力大小与否,汇报尚书台阁,尚书台阁便依据官长所作的能力大小与否的排列,参考其人在乡党中德行评价的次序,拟定其人的类属和等级,不使有所偏颇。中正则仅仅考察其人的品行事迹,区分出高下,判定属于哪一等级,不使偏高偏低。由尚书台阁来总揽它,如果尚书台阁的选派有什么差错失当,那责任便在于其主管部门。根据长官所作能力大小与否的排列、中正对考察的人所评类别等级的意见,按照相应的职级来任派,如果不相称,责任便在于尚书台阁之外。如此内外相互考察,正确与否都有相应的人员承担责任,相互对照检查,还有谁能粉饰伪装呢?这样一来人心也就自然安定,事情也办得合乎道理,或许可以使风俗清静,审才论官也就确当了。"

夏侯玄又认为:"古时候设立官府,是用来养育百姓,总管民事的,因此设立君长,以职权来辖治它们。掌管职事的长官,应该要有统一而专门的规范。统一则官职明确而上下安定;专门则业务精明而办事不乱,职掌简明而业务精通,上下相安却不能治理民物的,那是从来没有过的。先王建立万国,虽然当时的详细情况现在不能尽明,但划分各国疆界,使它们各自保守土地边境,并不是相互牵累束缚重重的体制。考察商周以来五等爵位的区别,只有大小贵贱的差别,并非君主与官僚、大臣与民众的两个系统的互相牵制与互不统属。官吏的统属不一,业务便不精通;业务不精通,政务怎么能够简明?政务不简明,人民怎么能够安宁?人民不安宁,邪门歪道的东西便会四处产生,奸诈巧伪之流也就会越来越多。先王知道会有这样的毛病,所以专一他们的职责范围,划一各自的业务系统。从秦开始,不师法圣人之道,以私心来掌管职务,以奸诈对待下属。害怕主宰官员不修明,于是设立监察部门来监督他们;又害怕监督官曲意包容，于是设立司察部门予以纠察。使得官员相互牵制，监督与司察彼此掣肘，每个人无不是各怀异心，上下政务无从统一。汉代承继秦朝的传统，没有谁来纠正改变它。到魏国兴起，没有时间来顾及这些方面，五等分别的典制，尽管难以一下恢复，还是可以粗略订立章程规则来整齐政治体制。现今委派的长吏，都是代君主管理人民，中间再横加一层郡守以及刺史之职。如果郡守所掌理的事务，只是在大的方面，便和刺史相同，就大可不必重复设置。应该省略郡守这一层，只派任刺史；有刺史一职存在，对下面的监察便不会荒废。郡一级数以万计的官员，遣放下去亲自务农，以节省繁多的费用，扩充财力，增加粮食收入。这是第一点好处。大县县令的才干，都比得上郡守，于是，他们之间争讼是非，常常产生不同的意见。县令顺从对方便相安，坚持自己的意见便不免产生争执。调合肉羹的美，在于调合不同的佐料；上下级和谐相处，在于能相互帮助。顺从才能相安，这如同琴与瑟同奏一声一样，剔除郡守这一层，便能官职精简，政务不繁。这是第二点好处。再者，主管一郡的官员，职责往往只是监督几个县，照顾、回护朋党亲戚和乡邑的旧交故友，如果有谁不合自己的心意，便借着公家的由头去予以打击。民生的困苦凋弊，祸害的根源就在这里，如若把郡县合并，造成动乱的根源便会自然堵住。这是第三点好处。如今上承前世的衰败局面，人口减少，贤良才干的人更加少见，能办事的人实在不多。郡县两级贤能的官吏，倒也不在少数，但郡官在上坐享县官的成就，繁难的工作却由下面担当，而官吏的提升，郡官却可以捷足先登。这样做就使与民相亲的官吏，往往被留在下层；官吏是百姓的命之所寄，而贪鄙顽劣之徒反倒常居高官。假如现在合并郡县，多选拔清廉优良的官吏去任职，广泛的教化得以宣畅流传，百姓也就可以安宁了。这是第四点好处。可以这么规定，有一万户人口的县，长官可以称为郡守；五千户人口以上的县，长官称为都尉；一千户人口以下的县，长官可照旧称为令、长。长吏以上的官员，应通过考核才可任用，提升要看各自的能力政绩，所掌握的人口、权力也随之增加，这是促使施展才干、建功效力的有效办法。如果这种制度统一规定下来，官职与才干就有了等级,治功和政绩也渐见明朗。这是第五点好处。假如省略了郡守这一层,县里的事情便都可以直接通达上层,不致在中间遭到壅塞堵滞,有才干的官员便不会长久羁留底层,夏商周三代的风化,虽然未必能完全实现,但简明统一的官制精神,差不多可以达到了。方便百姓、节省开支,就在于这里了。"夏侯玄又认为:"文与质的交替使用,就好比四季的交互更替。君王体察自然规律来治理天下,就一定会针对它的弊端来疏通救治。时俗过分质朴,便以礼仪来加以文饰;时俗过分奢华,便当以质朴来予以匡救。现在,承继先古百王的后绪,紧接着秦、汉的余波,世俗风习极为虚华,应花大力气以改变下民的仰慕方向。今天的等级规定,从三公、列侯以下,大将军以上,都可以穿戴华丽的绫罗绸缎,从他们以下,普通的官吏以至于平民五彩缤纷的服饰也都堂皇地穿在身上,尽管上下等级各有差别显示,但朝臣的服制,已经能够比得上君王了,玄、黄两种颜色,也已经能够通用于臣下了。想使市面上不卖华丽颜色的东西,商人不贩运珍贵稀罕的货物,工匠不去做雕凿刻镂的东西,是办不到的。因此,应该大力治理它的根本,以古代的法规为衡量标准,文和质必须恰当适宜,择取它的折衷原则,以此立为礼法制度。车轿服饰都应遵行质朴,禁令消除媚俗浮华的事情,使朝臣和有爵位的人的家庭,不再有锦绣绮罗的装饰,没有两种以上颜色的衣服和纤巧的玩物,自上到下,达到只有朴素的差别,只是表示出有等级区分就行,不要使它有哪怕是很小的过分之感。假如是因为功勋德绩所得的赏赐,是由君王特颁的恩宠,也要书面报告专管部门,然后才能够穿戴。君上感化下民的风俗习惯,就像风吹草低一样。朴素的教化从朝廷兴起,那么奢侈之心也就自然在下面消除了。"

司马懿给夏侯玄复信说:"审核官职,选择人才,省除重复的官职,改定车马服饰制度,几项建议都非常好。依礼来分类区别在乡里的行为,朝廷考核职任,大致也应当如你所说。然而,这中间有着习惯上的承继,仓促之际还难以彻底改变。秦朝没有设立刺史,只有郡守县官。汉朝虽有刺史之职,也只是奉行六条问事,所以当时的刺史又称作传车,他属下的官吏则称从事,刺史没有固定的办事衙门，官属也不成其为正式的臣下，以后才转变为专署长官罢了。过去，贾谊也担忧过服制紊乱的问题，汉文帝虽然亲自穿着黑色的粗绢，却还是不能使上上下下按他的意愿行事。恐怕这三桩事情，要等贤能的人来了才能解决。"夏侯玄又写信说："汉文帝虽然亲自穿黑色粗绢，却没有修正法规制度，使得朝廷内外有僭越职位的服饰，宠臣得到没有限制的赏赐，由此看来，大概他的宗旨只是在于修立自己的声名，并非属意于政治教化的整齐纯厚。现在，公侯作为本朝的宰辅，完全有能力追赶上古优良传统，实现天下极大的安治，排抑末细，端正根本，如果在上面制定好的礼仪制度，下层民众便会化而行之。现在正是适宜改革旧的弊端的时候，只要心怀尽忠竭诚，那么在命令发布的时候，下面的反应也就会像回音追随声响一样的迅速了。如果一味只学习谦谦君子的作风说什么等待贤能，这就如同伊尹、周公不肯端正商、周的制度。我私下对此是很不理解的。"

不久，夏侯玄担任征西将军，假以符节，都督雍、凉二州的各种军务。因为和曹爽共同发动了骆谷口战役，为当时的人所嘲笑。曹爽被诛杀后，征召夏侯玄为大鸿胪，几年后改任太常。由于曹爽的缘故，夏侯玄受到压抑，心里很不得志。中书令李丰尽管一直被大将军司马懿当亲信厚待，然而私下里内心却向夏侯玄倾斜，于是结交皇后的父亲光禄大夫张缉，计划让夏侯玄来代替司马懿辅政。李丰既在内把持国家权柄，儿子李韬又与公主为婚，和张缉都是陕西冯翊人，所以张缉很相信李丰。李丰暗地命令他的弟弟兖州刺史李翼请求入朝，想使他率兵进来，合力发动政变。等李翼请求朝见，却未获批准。嘉平六年二月，应当册封贵人，李丰等人打算趁皇帝亲登前殿，各门都有卫兵把守之机，诛杀大将军司马懿，以夏侯玄取而代之，以张缉为骠骑将军。李丰秘密地威胁黄门监苏铄、永宁署令乐敦、冗从仆射刘贤等说："你们几个人在内廷，做了许多不法的事，大将军严厉刚毅，常常说起这些，张当的下场你们应该引以为戒啊。"苏铄等人都应诺听从他的命令。大将军司马懿稍稍听到了一点风声，于是请李丰来相见。李丰不知就里，欣然而去，立即就被杀了。这件事下交给主管部门，逮捕了夏侯玄、张缉、苏铄、乐敦、刘贤等人，押送给廷尉监管。廷尉钟毓启奏说："李丰等人阴谋要挟皇帝，然后专权诛杀丞相，大逆无道，请依法论处。"于是会集公卿朝臣和廷尉合议，都认为："李丰等人各受朝廷特殊的恩宠，掌管机要；张缉还得到外戚的尊宠；夏侯玄家族累世为朝廷大臣，他们一同位居列卿地位，然而却包藏祸心，谋划叛逆，勾结宦官，授以奸计。由于畏惧皇帝天威，不敢明目张胆公开造反，便想要胁君王，施展机诈作虐，图谋诛杀出色的辅政丞相，擅自封官许愿，将要颠覆国家社稷。钟毓所判处的都符合刑法条律，兹批复钟毓按律处置。"皇帝的诏书说："齐长公主，是先帝留在人间的骨肉，赦免她所生三个儿子的死刑。"于是，李丰、夏侯玄、张缉、乐敦、刘贤等，都被诛灭三族，旁系亲属远徙乐浪郡。夏侯玄胸襟开阔，度量弘大，在东市临刑时，面不改色，举止自如，时年四十六岁。正元年间，朝廷封赏功臣后代，封夏侯尚的堂孙夏侯本为昌陵亭侯，食邑三百户，以奉续夏侯尚的后嗣。

当初，中领军高阳人许允和李丰、夏侯玄友善。在那件事之前，有人伪造了一尺一寸长的诏书，委任夏侯玄为大将军，许允为太尉，共同统领朝政。有一个身份不明的人在天没亮时骑着马来把诏书交给许允家看门的人，说声"有诏"，随即驰马而去。许允随即把它撕掉烧毁，没有打开呈报给司马懿。后来，李丰等人的事情败露，便调他为镇北将军，假以符节，都督黄河以北军事。许允还未启程，又以放散官物的罪名，被抓进廷尉大牢，发配乐浪郡，死于发配途中。

清河郡的王经，也和许允一样俱称冀州名士。甘露年间担任尚书，因受高贵乡公一案的牵连被杀。起初，王经任郡守，他的母亲对他说："你是农家之子，今天已做到了二千石的官，事情太过分了不祥，可以到此为止了。"王经不能听从，历任二州刺史、司隶校尉，终于因此败亡。许允的同乡朋友崔赞，也曾经以处世太招摇劝告过许允。

评：夏侯氏、曹氏两家，世代通婚，因此夏侯惇、夏侯渊、曹仁、曹洪、曹休、夏侯尚、曹真等，都由于是亲戚旧好、心腹之人而显贵一时,勋业随身,有功于国。曹爽德行浅薄,却地位尊显,又过分沉溺声色服玩,这本来就是《周易》早已著明的危害,是道家所忌讳的。夏侯玄卓有才能,气度杰出,名盛一时,然而和曹爽内外纠缠固结不解。地位如此尊崇荣显,却从未听说他曾匡正补救曹爽的错误,为后者引荐良才。举这件事而论,他又怎能避免这最终的结局啊!

白话三国志卷十　魏书十

荀彧荀攸贾诩传第十

荀彧字文若,颍川郡颍阴县人。祖父荀淑,字季和,曾任郎陵县令,在汉顺帝、桓帝期间,闻名于当时。荀淑有八个儿子,号称八龙。荀彧的父亲荀绲,曾任济南国相。叔父荀爽,曾任司空。

荀彧年轻时,南阳人何颙十分赏识他,说:"这是个能辅佐帝王的人才!"永汉元年,荀彧被推举为孝廉,授守宫令。董卓作乱之时,请求出任地方官。他被任命为亢父县令,于是弃官回乡,对父老们说:"颍川是四面受敌的争战之地,天下一有变乱,常常成为军事要冲,应当赶紧离开这里,不可久留。"乡里人大多怀恋故土,犹豫不决,适逢这时担任冀州牧的同郡人韩馥派遣骑兵来迎接颍川人,但没有人愿意跟随,只有荀彧带领宗族迁往冀州。而这时袁绍已夺了韩馥的官位,袁绍用对上宾的礼仪对待荀彧。荀彧的弟弟荀谌及同郡人辛评、郭图,都被袁绍所任用。荀彧料定袁绍最终不能成就大事,当时魏太祖曹操任奋武将军,驻扎在东郡,初平二年,荀彧离开袁绍去跟随太祖。太祖特别高兴,说:"你就是我的张子房啊。"任他为司马,这时荀彧才二十九岁。当时,董卓正逞威国内,侵陵四方,太祖以此事询问荀彧,荀彧说:"董卓凶狠残暴已超过极点,必定要以暴乱终结,不可能有什么作为。"董卓派李傕等人出关东,所过之处大肆掳掠,直到颍川、陈留才返回。颍川留下未走的乡人大多遭到杀害掳掠。第二年,太祖兼任兖州牧,后来做镇东将军,荀彧常以司马身份追随左右。兴平元年,太祖征讨陶谦,任用荀彧主持留守事宜。适逢张邈、陈宫在兖州反叛,暗中派人迎接吕布。吕布到了以后，张邈就派刘翊告诉荀彧说："吕将军来帮助曹使君攻打陶谦，应当赶快供给他军粮。"众人感到疑惑。荀彧料定张邈已经叛乱，当即约束士兵，加强守备，飞马召东郡太守夏侯惇，而兖州各城这时都已响应吕布了。其时太祖全军出动进攻陶谦，留守的兵力很少，而督将、大官一类人物大多与张邈、陈宫通谋。夏侯惇来到，当夜杀了谋叛者几十人，部下才安定下来。豫州刺史郭贡率兵众数万来到城下，有人说他与吕布是同谋，大家都很害怕。郭贡求见荀彧，荀彧准备前往。夏侯惇等人说："您是一州的主心骨，前去相见必定危险，不能去。"荀彧说："郭贡与张邈等人，并非向来就有勾结，现在他来得很急，一定还未打定主意；趁他主意未定去说服他，即使不能为我所用，也可以使他保持中立，如果先就猜疑他，他将在一怒之下打定攻打我们的主意。"郭贡看到荀彧毫无惧意，认为鄄城不容易攻下，于是领兵离去。荀彧又与程昱计议，让他去游说范和东阿二县，终于保全了二座城池，以等待太祖回车。太祖从徐州掉头直扑濮阳攻击吕布，吕布往东逃走。兴平二年夏，太祖驻军乘氏县，饥荒极为严重，当地发生了人吃人的事情。

  这时陶谦已死，太祖想要趁机夺取徐州，回头再平定吕布。荀彧说："过去汉高祖保守关中，光武帝占据河内，都是先巩固根本之地以控制天下，这样进足以战胜敌人，退则足以坚守，所以虽也有困窘失败的时候，最终却能完成大业。将军本来是凭借兖州首先起事，平定山东的祸乱，百姓无不心悦诚服。况且黄河、济水流域是天下要地，现在虽然残破，还是容易自保的，这里也就是将军您的关中、河内，不可以不先稳定它。现在已击破了李封、薛兰，如果再分兵东击陈宫，陈宫必定不敢打西面的主意，我们利用这段时间组织部队收割成熟的麦子，节约食粮，储备谷物，然后一举就可以打垮吕布。打垮吕布之后，再向南联合扬州，共同讨伐袁术，以控制淮水、泗水一带。如果舍弃吕布不打而东攻徐州，多留守兵则不足攻城之用，留守兵太少则广大百姓也都得守城，就没人出去砍柴和采集。吕布乘虚侵掠施暴，民心将更加危惧，除了鄄城、范县、濮阳三处可以保全，其余的地方将非我所有，这等于丢了兖州。假如徐州攻不下来,将军准备到哪里去呢?况且陶谦虽然死了,徐州也仍然没那么容易攻克。他们鉴于往年失败的教训,将会因畏惧灭亡而外结同盟,相互扶持。现在东方已收麦入仓,必定会采取坚壁清野措施以防备将军征伐,将军进攻无效,掠取又没有收获,用不了十天,十万人马就将不战而自陷困境。前一次讨伐徐州,实行了暴力惩罚,徐州子弟想到父兄被杀的耻辱,必定会人人主动坚守,不会有投降的念头,就算能够攻破徐州,还是不能拥有它。天下事本来是可以弃此取彼的:可以以大换小,可以以平安换危殆,甚至可以以权且放弃大本营以换取根据地的长治久安。现今这三个方面无一有利,希望将军深思熟虑。"太祖于是放弃了攻打徐州的计划。然后集中人力大肆收割小麦,再与吕布作战,同时分兵平定各县。吕布败走,兖州于是平定。

建安元年,太祖击破黄巾军。献帝从河东返回洛阳。太祖计议迎接献帝迁都许县,有人以"山东尚未平定,韩暹、杨奉新近将天子送到洛阳,北面又跟张杨联盟,仓促间尚不能制服他们"为由表示质疑。荀彧劝太祖说:"从前晋文公迎接周襄王返回王城而使天下诸侯对他如影随形,汉高祖东征项羽,为义帝服孝举丧而天下归心。自从天子流亡在外,是将军首先倡义勤王,只因山东地区扰乱不定,不能远赴关右,但还是分派将帅,冒险与朝廷通使联系;所以尽管抵御国难于朝廷之外,内心深处却无时不在为效忠王室而打算,这正是将军匡扶天下的夙愿呢。现今天子大驾返回京城,而东京洛阳早已荒草丛生,义士有保存朝廷根本的想法,百姓则为感念旧主而倍增哀伤。如能趁此时机,拥戴皇上以顺从民众意愿,这就是顺乎伦常天道的做法;秉持至公至正以赢得天下英雄豪杰的归心,这就是远大的谋略了;匡扶大义以招致英才俊杰,这就是非常高尚的品德了。如此,就算天下虽有叛逆之辈,必定个致成为国家的忧患,这是再明白不过的道理。韩暹、杨奉之流怎么敢有胆加害!但现在如果不能及时定计,等到四方之人都有类似想法,到时再来谋划此事,就什么也来不及了。"太祖于是亲赴洛阳,迎接天子迁都许县。天子任命太祖为大将军,提升荀彧为汉朝侍中,代理尚书令。荀彧经常在朝中承担重任，太祖虽然征伐在外，军国大事都要与荀彧筹划。太祖问荀彧："谁能替代您为我出谋划策？"荀彧说："荀攸、钟繇。"在此之前，荀彧谈到出谋划策之人，曾推荐过戏志才。志才死后，又推荐过郭嘉。太祖认为荀彧有知人之明，凡他所推荐的人也大多是称职的，只有严象任扬州刺史，韦康任凉州刺史，是以败亡告终的。

自从太祖迎奉天子之后，袁绍内心不服。袁绍已经兼并了黄河以北地区，天下人都畏惧他的强大。太祖正忧虑东边的吕布，抗拒南面的张绣，而张绣在宛县打败了太祖的军队。袁绍更加骄傲，他给太祖写信，措辞傲慢无理。太祖大怒，举止神态大不同于寻常，众人都说是因为失利于张绣的缘故。钟繇为这事问荀彧，荀彧说："曹公是个聪明人，必定不会为往事失态，恐怕是有其他的顾虑吧。"于是见太祖询问原因，太祖便将袁绍的信给荀彧看，说："我现在想要讨伐不义之人，而力量敌他不过，该如何是好？"荀彧说："考量自古以来的成败实例，不难发现那些真正有才能者，他即使弱小也必将变得强盛，如果人非其才，即使强大也容易变为弱小。刘邦、项羽的存亡经验，足以使人看清这一点。当今与您争夺天下的人，只有袁绍。袁绍貌似宽容而内心充满猜忌，用人却常常怀疑其人的忠诚，您明智通达，不拘小节，只要是有才能就加以任用，这在度量方面就胜过了袁绍；袁绍遇事优柔寡断，失败在于纵放良机，您能决断大事，随机应变，不守成规，这是在谋略上胜过袁绍。袁绍治军松弛放纵，不立法令，将士人数虽多，其实难以运用，您法令严明，赏罚必行，士兵虽少，都争先效力，这是在用兵上胜过袁绍。袁绍凭借其世代名门的资本，装模作样，专以小聪明沽名钓誉，所以士人中无真才实学而喜欢虚名的人大多都归附于他，您以仁爱之心待人，推诚相见，不求虚名，行为谨严克己，而奖赏有功之人无所吝惜，因此天下忠诚正直、注重实际的士人都愿为您所用，这是在德行上胜过袁绍。凭借这四个方面的优胜辅佐天子，匡扶正义，征伐叛逆，有谁敢不服从？袁绍虽强，终究又能有什么作为！"太祖很高兴。荀彧又说："不先攻取吕布，河北也还是不易图谋。"太祖说："不错。我所困惑的，是怕袁绍侵扰关中，招引羌人、胡人作乱，南面则利诱蜀、汉二郡

为之作伥,那样我将只能以兖、豫二州抗击全国六分之五的势力。那该怎么办呢?"荀彧说:"关中将帅数以十计,没有人能统一调度,只有韩遂、马超最强。他们见崤山以东地区正在争战,必定各自拥兵自保。现在如果能以恩德安抚他们,派遣使者跟他们建立连和关系,即使相互间不能保证长久安定,但在您平定山东之前,足以使他们不生变动。关西的事情可以托付给钟繇。这样您就可以不必忧虑这些了。"

建安三年,太祖已经攻破张绣,东面又活擒吕布,平定了徐州,于是发兵与袁绍对抗。孔融对荀彧说:"袁绍地广兵强;田丰、许攸是智计百出之人,替他出谋划策;审配、逢纪,是尽忠之臣,为他处理政事;颜良、文丑勇冠三军,为他统率军队:只怕是很难战胜他啊!"荀彧说:"袁绍兵虽多而法令不严;田丰性情刚直而喜欢言语犯上,许攸贪婪而不检束;审配专权而无谋,逢纪果决而刚愎自用,审、逢二人留下主持后方事务,如果许攸家有人犯法,必定不能宽纵,不能宽纵,许攸必然叛变。至于颜良、文丑,不过匹夫之勇罢了,可以一战而擒。"建安五年,太祖与袁绍连续打了多次大仗。太祖保守官渡,袁绍展开围攻。太祖军粮即将耗尽,写信给荀彧,与他商议可否返回许都以引开袁绍大军。荀彧回信说:"眼下军粮虽少,还比不上楚、汉在荥阳、成皋之间那样的情况。当时刘邦、项羽二人彼此都不肯先退,因为先退的一方必定在形势上处于被动地位。您以仅及敌方十分之一的兵力,划地而守,扼住敌人咽喉使其不能前进,已经半年了。敌人的情形已经明了,其锐气也已枯竭,局面必将有所变化,这正是奇谋奇策大有用武之地的时候,不可失去机会啊。"太祖这才坚持了下来。于是他以奇兵袭击袁绍的其他军营,斩杀了袁绍手下的大将淳于琼等人,袁绍退走。审配因为许攸家有不法行为,收捕许攸的妻子儿女,许攸一怒之下背叛了袁绍,颜良、文丑临阵毙命;田丰由于劝谏而丧身,情况正如荀彧所预想的那样。

建安六年,太祖为筹粮移兵到东平的安民县,粮食缺少,不足以与河北相持,想趁袁绍刚刚失败的空隙讨伐刘表。荀彧说:"现在袁绍失败,部众离心,应当把握他的困境,一举平定河北;但是离开兖州、豫州，远征长江、汉水一带，假若袁绍纠集残余，乘虚攻击我们的后方，您的大事就完了。"太祖于是再次驻军于黄河岸上。袁绍病死。太祖渡过黄河，攻击袁绍之子袁谭、袁尚，而高干、郭援则率冀州兵马侵略河东郡，致使关右震动，钟繇率马腾等人打败了他们。此事载于本书《钟繇传》。建安八年，太祖统计荀彧前后的功绩，上表封荀彧为万岁亭侯。建安九年，太祖攻下邺城，兼任冀州牧。有人游说太祖"应当恢复古代设置的九州的区划，那么冀州所控制的地区得以增广，天下就容易归服您了。"太祖准备听取这个意见，荀彧说："如果这样，冀州应当包括河东、冯翊、扶风、西河、幽州、并州这些地方，所夺占的地方众多。前段时间您打败袁尚，捉到审配，全国震动惊骇，必定人人害怕不能保持自己的地盘，拥有自己的军队；现在又想使他们归属冀州，将会导致不约而同的人心骚动。况且已有很多人在劝说关西诸将采取闭关自守的办法；现在听到这个消息，关西将领们必然以为要挨个被剥夺官职和军权。一旦形势出现变乱，即使有守善之人，辗转胁迫之下也会为非作歹，那么袁尚得以宽限死期，袁谭就会怀有二心，刘表会得以保守江、汉流域，天下就不那么容易平定了。希望您赶快率领大军先平定河北，然后修复旧京洛阳，南征荆州，谴责刘表不向天子朝贡，那么天下人都会了解您的心意，人人安心守志。天下完全平定之后，再计议恢复古制，这才是国家长远的利益。"太祖于是搁置了恢复九州的建议。

这时荀攸常常是太祖的主要谋士。荀彧的哥哥荀衍任监军校尉，驻守邺城，统领河北军事。太祖征讨袁尚时，高干秘密派遣士兵图谋偷袭邺城，荀衍事先觉察，将来袭袁兵尽行诛杀，因功被封为列侯。太祖把女儿嫁给荀彧的长子荀恽，此女后来被称为安阳公主。荀彧、荀攸均官显位重，但又都谦虚节俭，所得俸禄大多分给宗族故旧，自己家无余财。建安十二年，太祖又给荀彧增加封邑一千户，合计二千户。

太祖准备讨伐刘表，问荀彧应当采取什么策略，荀彧说："现在中原地区已经平定，南方该知道其处境困难了。可以表面上出兵宛县和叶县，暗中却从小路轻装急进，打刘表一个出其不意。"太祖于是率军南征。恰逢刘表病死，太祖按照荀彧的计策直奔宛县和叶县，刘表之子刘琮献出荆州迎降。

建安十七年，董昭等人认为太祖应该晋升爵位为国公，备置了九锡等最高皇礼，以表彰太祖的特殊功勋，先就此事秘密征询荀彧的意见。荀彧认为太祖原来首倡义兵本意在于匡扶朝廷、安定国家社稷，因此怀着忠贞的诚意，保持退让的谦和；君子爱人应从德行高尚的角度出发，所以不应该这样做。太祖由此对荀彧心怀不满。正好遇上征讨孙权，太祖上表荐派荀彧到谯县慰劳军队，乘机留下荀彧，让他以侍中、光禄大夫身份，持节参与丞相府军事。太祖军队到达濡须，荀彧因病羁留寿春，内心忧郁而死，时年五十岁。谥号为敬侯。第二年，太祖就成了魏国公了。

荀彧的儿子荀恽继承侯爵，最终官阶为虎贲中郎将。当初魏文帝与平原侯曹植都有被作为世子的拟议，文帝曲意礼待荀彧。到荀彧去世以后，荀恽却与曹植交好，而与深受文帝亲善的夏侯尚不和，文帝因此深恨荀恽。荀恽弃世较早，有荀甝、荀霬两个儿子，因为是文帝外甥的缘故还能受到优待。荀恽的弟弟荀俣，任御史中丞；荀俣的弟弟荀诜，任大将军从事中郎，都很有名，去世也早。荀诜的弟弟荀顗，咸熙年间任司空。荀恽的儿子荀甝成为继承人，任散骑常侍，晋爵广阳乡侯，三十岁那年去世。荀甝的儿子荀頵继承爵位。荀霬官至中领军，去世后谥号贞侯，追赠骠骑将军。荀霬的儿子荀恺继承爵位。荀霬的妻子，是司马师、司马昭的妹妹，二王都与荀霬亲善。咸熙年间，开始设立五等爵位，因为荀霬在前一朝功勋卓著，改封荀恺为南顿子爵。

荀攸字公达，是荀彧的侄子。荀攸的祖父荀昙，曾任广陵太守。荀攸年幼时即成了孤儿。到荀昙去世后，荀昙的故史张权请求为荀昙看守墓地。当时荀攸才十三岁，怀疑张权，对叔父荀衢说：“这人神色异常，恐怕有不良图谋！”荀衢醒悟，于是加以推究考问，张权果然是杀人在逃的罪犯。从此人们认为荀攸与众不同。何进掌权时，征召荀攸等国内知名士人二十多人。荀攸到京，授官黄门侍郎。董卓作乱，关东起兵，董卓迁都长安。荀攸与议郎郑泰、何颙、侍中种辑、越骑校尉伍琼等人商议说："董卓不近人道，比夏桀、商纣还厉害，天下百姓都痛恨他，虽然手握重兵，实际上不过是一介匹夫而已。现在我们干脆刺杀了他以向百姓谢罪，然后守住崤山、函谷关，辅佐君王，号令天下，这正是当年齐桓公、晋文公的举动。"事情在将发未发之际被董卓察觉，于是何颙、荀攸都被逮捕关进大牢，何颙忧虑惧怕，自杀了事，荀攸却饮食自如，适逢董卓被杀，他得以免于一死。于是弃官返乡，又被公府征召，政绩名列优等，升为任城国相，没有赴任。荀攸认为蜀汉险阻坚固，人民生活殷实富有，于是请求担任蜀郡太守，因道路断绝不能到达，暂驻在荆州。

太祖迎接天子迁都许昌，写信给荀攸说："现今天下大乱，正是智谋之士劳心费神的时代，而您却耽于静观蜀汉时局的变化，不是太过久远了吗！"于是征召荀攸为汝南太守，不久又让他进京担任尚书。太祖久闻荀攸的名声，与他交谈后十分高兴，对荀彧、钟繇说："公达不是寻常人，我能够与他谋划大事，天下还有什么可担忧的呢！"任用他为军师。建安三年，荀攸跟随太祖征讨张绣。荀攸对太祖说："张绣与刘表互相依赖，实力才会增强，但张绣是流动部队，军需物资的供给要仰仗刘表，刘表一旦无力供给，双方势必背离。我们不如暂停进军等待一下，这样可以诱使张绣投降；如果逼得太急，他们势必互相救援。"太祖没有听从这个意见，于是进军到穰县，与张绣作战。张绣危急，刘表果然赶来援救。太祖军作战不利。太祖对荀攸说："没有采纳您的建议才弄成这样。"于是设置奇兵再次作战，打得张绣大败。

这一年，太祖从宛县出师征讨吕布，到了下邳，吕布兵败退入城中坚守，太祖进攻不下，连续作战之后，士卒疲惫，太祖打算返回。荀攸和郭嘉劝说道："吕布有勇无谋，现在交手三次他都失败了，其锐气已经衰落。军队以将帅为主，主帅意志衰颓，部队就没有斗志了。而那个陈宫虽有智谋但反应迟钝，现在趁着吕布锐气还没恢复，陈宫的计谋还没确定，立即发兵猛攻，吕布就可以被彻底打败。"于是引来沂水、泗水灌城，下邳城墙被水冲毁，终于活捉了吕布。

荀攸后来追随太祖在白马救援刘延,为太祖筹划计策斩了颜良。这事记载在本书《武帝纪》中。太祖攻下白马城返回,命令军资运输队沿黄河向西行进。袁绍渡过黄河追击,仓猝中与太祖相遇。曹军众将领都有些恐慌,劝说太祖回保大营,荀攸说:"这正是诱敌上钩的大好机会,凭什么却放他们一马!"太祖目视荀攸而笑。于是用军械粮食装备引诱敌兵,敌兵争相抢夺辎重,阵势因而大乱。太祖随即指挥步兵和骑兵出击,打得袁兵大败,斩杀了袁绍手下的骑兵大将文丑,太祖于是和袁绍在官渡形成相持局面。军粮将要用尽,荀攸对太祖进言说:"袁绍的运输车早晚就会到达,押运将领韩猛精干勇猛但是轻敌,攻击他可以获胜。"太祖说:"谁可出击?"荀攸说:"徐晃可以。"于是派遣徐晃及史涣半路截击,打败赶走了韩猛,烧光了他押送的军需物资。适逢许攸前来投降,说袁绍派遣淳于琼等人率领一万多士兵迎运粮食,将领骄恣,士兵懒散,可以中途截击。众人都怀疑他的话,只有荀攸和贾诩劝说太祖相信许攸。太祖于是留下荀攸和曹洪守营,亲自率兵袭击袁军运输队,打败了袁军,全部斩杀了淳于琼等人。袁绍的大将张郃、高览等人烧掉进攻用的望楼之后,投降了曹军,袁绍于是丢下部队逃走。张郃前来投降时,曹洪有所怀疑而不敢接纳,荀攸对曹洪说:"张郃的计谋不被袁绍采用,一怒之下前来归降,您怀疑什么呢?"这才接纳了张郃等人。

建安七年,荀攸随从太祖到黎阳讨伐袁谭、袁尚。第二年,太祖正在征讨刘表时,袁谭、袁尚兄弟交兵争夺冀州。袁谭派辛毗乞求投降并请求救援,太祖准备答应,就这事询问众人。部下认为刘表强大,应该先平定他,袁谭、袁尚不值得担忧。荀攸说:"天下正当多事之秋,而刘表却安坐保守江、汉一带,可见他并没有逞威四海、并吞八荒的宏图大志。袁氏占据四个州的地盘,拥有甲兵十万,袁绍凭借宽厚聚集众力,假使他的两个儿子和睦相处,保住他们已有的基业,那么天下战乱就不会消除。现在袁氏兄弟反目成仇,这种情势不可能使双方都得到保全。二袁一旦合并,力量就会专一,力量专一就不容易图谋他们了。趁他们内乱之时下手打击,天下大局可定,这就是机不可失的道理。"太祖说:"有理。"于是答应与袁谭结亲,随即回军击败袁尚。这以后袁谭背叛,荀攸又随从太祖在南皮斩杀袁谭。冀州平定,太祖上表为荀攸请求封爵说:"军师荀攸,从开始就辅佐臣下,没有哪次出征不跟随,前后多次攻克敌军,都出于荀攸的奇谋妙策。"于是封荀攸为陵树亭侯。建安十二年,颁布命令大举论功封官拜爵,太祖说:"忠诚正直谋划缜密,抚慰内外安定人心,是文若的功劳。其次非公达莫属了。"给荀攸增加封邑四百户,连同以前的共七百户,转升为中军师。魏国初建国时,荀攸任尚书令。

荀攸多谋善断,心思缜密,大智大慧而能保守机密,自追随太祖征伐以来,常常与太祖在军帐中出谋划策,其他人以及他自己的子弟无从知道他说了些什么。太祖每每称赞他说:"公达外愚内智,外怯内勇,外弱内强,不夸耀自己的长处,不夸大自己的功劳,他的内智别人或者可以达到,他的外愚他人绝难赶上,即使是颜子、宁武子也不能超过他。"文帝身为太子时,太祖对他说:"荀公达,是人之师表,你应当尽礼尊敬他。"荀攸曾经生病,太子前去慰问,跪拜在床下,他所受到的尊敬竟达到如此程度。荀攸与钟繇友善,钟繇说:"我每次有所行动,都反复思考,自以为没有什么可变更的了;但拿去一问公达,他的答复总是超过我的意料。公达前后共筹划奇谋妙策十二条,这些都只有我钟繇知道。"钟繇准备将它们编撰成集,还没完成他自己就去世了,所以世间不能全部知道它们的内容。荀攸在随从太祖征讨孙权时,在途中去世。太祖说起他来就流泪不止。

荀攸的长子荀缉,有荀攸的风范,早年弃世。封爵由荀攸次子荀適继承。荀適没有儿子,封爵至此断绝。黄初年间,续封荀攸的孙子荀彪为陵树亭侯,封邑三百户,后又转封为丘阳亭侯。正始年间,追谥荀攸为敬侯。

贾诩字文和,武威郡姑臧县人。少年时没有人知道他的才能,只有汉阳人阎忠特别看重他,说他有张良、陈平的奇才。被举荐为孝廉,任郎官。贾诩因病辞职,向西返回,到了汧县,中途遇上反叛的氐人,同行的几十人都被氐人抓住了。贾诩说:"我是段公的外孙,你们别活埋我,我家一定会拿很多钱来赎我。"当时太尉段颎,过去曾长期担任守边大将,威震西境,所以贾诩借他的名字来威吓氐人。氐人果然不敢害他,与他立誓盟约送走了他,其余的人都被杀死了。贾诩实际上并不是段颎的外甥,善于随机应变以成大事,都像这一种情况。

　　董卓进入洛阳,贾诩以太尉掾的身份任平津都尉,升讨虏校尉。董卓的女婿、中郎将牛辅驻扎在陕县,贾诩当时在牛辅的部队中任职。董卓败亡,牛辅又死,部众惶惶不知所措,校尉李傕、郭汜、张济等人想要解散队伍,走小路返回故乡。贾诩说:"听说长安城里议论着要杀尽凉州人,而各位丢弃部队单独行动,即使是一个亭长也能把你们逮住。不如率领众人向西走,沿途收集士兵,举兵攻打长安,为董公报仇,如果侥幸事情成功,就借着国家名义以征服天下,如果不成功,那时再走不迟。"众人认为他说得对。李傕于是西攻长安。此事记在本书《董卓传》中。后来贾诩任左冯翊,李傕等人想根据他的功劳封他为侯,贾诩说:"那不过是救命的打算,有什么功劳!"坚决推辞不肯接受。又让他做尚书仆射,贾诩说:"尚书仆射是官员的师长,为天下人所瞩望,贾诩名字向来没有分量,不能令人信服。即使贾诩在荣誉利益面前昏了头,我又能把国家朝廷的大事怎么办呢!"于是改授贾诩为尚书,主管选举事务,对人事多有匡正保全,李傕等人对他既亲近又畏惧。适逢母亲逝世,贾诩辞去尚书官职,后又任光禄大夫。李傕、郭汜等人在长安城里争斗,李傕又请贾诩担任宣义将军。李傕等人和好,释放天子,保护大臣,在这些事情上贾诩都出了大力。天子被释放之后,贾诩就交还了官印丝带。这时将军段煨驻扎在华阴县,段煨与贾诩是同郡人,贾诩于是离开李傕依附段煨。贾诩平素有名气,为段煨部众所敬仰。段煨心底下惟恐贾诩夺了他的兵权,但表面上仍对贾诩礼节周全,贾诩更加不能自安。

　　张绣在南阳,贾诩暗中和他联系,张绣派人迎接贾诩。贾诩将要起程时,有人对他说:"段煨待您很优厚嘛,您干嘛还要离他而去呢?"贾诩说:"段煨性情多疑,有猜忌贾诩的意思,礼节虽然周全,却不可作为依靠,时间一长就可能遭他算计。对于我的离去他一定很高兴,又希望我在外面为他联系到强有力的援兵,必定会厚待我的妻子儿女。张绣没有得力的谋臣,也愿意得到贾诩,这样我的家庭和我自己就都能保全了。"贾诩于是赴张绣驻地,张绣对他秉持晚辈的礼节,段煨也果然好好照顾了他的家眷。贾诩劝说张绣与刘表联合和好。太祖接连征讨张绣,一天早晨突然带领军队退去,张绣亲自带兵追击。贾诩对张绣说:"不能追,去追必定要吃败仗。"张绣没有听从,进兵交战,结果大败而回。此时贾诩又对张绣说:"火速再追,再战必胜。"张绣面有愧色说:"没听您的话,才弄到这个地步。现在已经败了,为什么还要去追?"贾诩说:"用兵的情势已经变了,急速前往必定有利。"张绣这次相信了,于是收拢散乱的士兵前去追击,与曹军大战,果然凯旋归来。他问贾诩:"我用精兵追击败退之军,而您说我必定失败;接下来用败兵追击打了胜仗的军队,您却说必能战胜。一切都跟您所说的一样,为什么违背常情的做法反而都应验了呢?"贾诩说:"这很容易理解。将军您虽然善于用兵,却并不是曹公的对手。曹军虽然开始退却,曹公却必定亲自压阵断后,您的追兵虽然精锐,但将领既然不是对手,对方的士兵也还强大,所以知道追击必败。曹操攻打将军并无失策的地方,且其实力也还没有耗尽时却自行撤退,必定是他们国内发生了变故;在已经击败将军的前提下,他们必然轻装快进,即使留下诸将断后,而诸将虽然勇猛却也不是将军您的敌手,所以即便您用败兵追击也必定能够取胜。"张绣这才信服。这以后,太祖在官渡抗拒袁绍,袁绍派人招揽张绣,并给贾诩写信要求结援互助。张绣想要答应他,贾诩在张绣座席上公开地对袁绍的使臣说道:"回去替我回绝袁本初,说兄弟之间尚且不能容纳,还能容纳天下的杰出人士吗?"张绣惊惧地说:"怎么能这样说话!"私下对贾诩说:"既然弄成这样,我们该归附谁呢?"贾诩说:"不如归附曹公。"张绣说:"袁强曹弱,我们与曹公又是仇家,怎么能归附他呢?"贾诩说:"这正是应该依附曹公的原因。曹公事奉天子以号令全国,这是应该归附他的第一个原因。袁绍强盛,我们以这少的人去归附他,必然不会重视我们。曹公

的队伍弱小,他得到我们必定高兴,这是应归附他的第二个原因。有王霸志向的人,本来就该放弃私人恩怨,以向天下人显示他的德行,这是应归附他的第三个原因。希望将军不要迟疑!"张绣听取了贾诩的意见,率领众人归附了太祖。太祖见到他们,十分高兴,拉着贾诩的手说:"使我在全国得到信任和尊重的人,就是您啊。"上表任命贾诩为执金吾,封都亭侯,升任冀州牧。当时冀州尚未平定,留京参与司空军事。袁绍在官渡包围太祖,太祖粮食将要用尽,询问贾诩有什么好的解决办法,贾诩说:"您精明胜过袁绍,勇敢胜过袁绍,用人胜过袁绍,果决机智胜过袁绍,您有这四个方面的长处而半年之久不能平定袁绍的原因,是只考虑万全之策的缘故。必须在关键时刻当即立断,那样在极短时间里就可以将敌人平定。"太祖说:"有理。"于是集中兵力,强攻袁绍长达三十多里的营地,一举打垮了袁绍。袁绍军队大举溃逃,黄河以北终于被平定。太祖兼任冀州牧,改任贾诩为太中大夫。建安十三年,太祖攻破荆州,想要顺长江东下。贾诩劝告说:"明公您过去攻破袁氏,如今又收服江南,威名远扬,军事势力已经十分强大;如果利用荆州已有的富饶,以恩赏网罗官吏士人,安抚百姓,让他们安居乐业,那么就可以不用兴师动众而使江东地区俯首称臣。"太祖没有听从,决然出兵,终于失利而回。太祖后来在渭南与韩遂、马超作战,马超等人要求太祖割让一块地盘换取双方和好,并且索要嗣子作为人质。贾诩认为可以假装答应他们。太祖又向贾诩询问计策,贾诩说:"离间他们罢了。"太祖说:"明白了。"——采用了贾诩的计谋。此事记载在本书《武帝纪》中。最终打败韩遂和马超,贾诩是根本的谋划者。

此时,文帝还是五官中郎将,而临菑侯曹植正是才华盛显的时候,兄弟俩各有自己的势力,时有争夺嫡子地位的说法。文帝让人询问贾诩巩固自己地位的办法,贾诩说:"希望将军宏大自己的德行气度,亲自实践普通士子的修业,朝夕不倦,不违背人子之道。能够做到这些就可以了。"文帝听从了他的劝告,刻苦地自我磨砺。太祖又曾经支开左右人等就此事询问贾诩,贾诩默然不答。太祖说:"我有事问您您不吱声,这是为什么呢?"贾诩说:"下属正好在思考问题,所以没有及时回答。"太祖问:"思考些什么?"贾诩说:"在想袁本初父子、刘景升父子罢了。"太祖大笑,于是立太子的事就此定了下来。贾诩自认为不是太祖的旧臣,而又多谋善策,恐怕被猜忌怀疑,于是闭门自守,回家绝少与他人交往,子女嫁娶,不攀豪门高第,天下人谈论起有智慧计谋的人都推他为翘楚。

文帝即位,让贾诩做太尉,晋升爵位为魏寿乡侯,增加封邑三百户,加上以前的共八百户。又分出贾诩封邑二百户,封贾诩的小儿子贾访为列侯。任命贾诩的大儿子贾穆为驸马都尉。文帝问贾诩说:"我想讨伐不听从命令的人以统一天下,吴、蜀二国,该先征哪一个呢?"贾诩回答说:"致力于攻取敌国的人以军事实力为先,致力于建设根本的人则崇尚德行教化。陛下上应天命接受禅让,君临天下,如果用文教道德来安抚他们,等待他们内部的变化,那么平定他们是不难的。吴、蜀虽然是小不点儿的国家,但有山作天然屏障,有水为千里壕堑,刘备有雄杰之才,诸葛亮善于治国,孙权明白虚实大势,陆议懂得军事形势,他们占据险地,把守要塞,水军游弋江湖,这些都是难以仓猝取胜的关键因素。用兵的规则是,先有取胜的把握然后再战,估量敌人的情况再讨论调兵遣将,所以每次行动都不会失算。臣下私自估量我们群臣中,没有刘备、孙权的对手,即使以天子的神威亲临敌境,也看不出有万无一失的优势。过去舜舞干戚而有苗臣服,臣认为现在应该先用文德后用武力。"文帝没有采纳这个建议。后来发动江陵战役,士卒伤亡惨重。贾诩七十七岁去世,谥号为肃侯。儿子贾穆继承爵位,历任太守。贾穆去世,其子贾模继承爵位。

评:荀彧清廉杰出,通达雅正,具有辅佐帝王的风范,然而他的机智明鉴远见卓识,未能根据他的志向充分发挥。荀攸、贾诩,几乎可以说得上是计谋一出,万无一失,在筹谋通达随机应变方面,大概是仅仅次于张良、陈平一类的人物了!

白话三国志卷十一　魏书十一

袁张凉国田王邴管传第十一

袁涣字曜卿，陈郡扶乐县人。父亲袁滂，曾任汉朝司徒。当时各家公子大多逾越法令制度，而袁涣始终清雅宁静，一举一动必定合乎礼节。郡守命袁涣任功曹，郡里的奸吏都自动辞职离去。后来袁涣被征召到官府，考绩名列优等，升迁为侍御史。被任命为谯县县令，没有就任。刘备任职豫州时，举荐袁涣为秀才。后来袁涣迁移到江、淮之间避祸，被袁术所任用。袁术每次有所咨议询问，袁涣往往有严正的议论，袁术不能提出相反的意见，但也不敢不有礼貌地对他。不久，吕布在阜陵攻击袁术，袁涣追随袁术左右，于是又被吕布拘留。吕布当初与刘备亲善和好，后来有了嫌隙。现在吕布想要让袁涣写信辱骂刘备，袁涣不肯答应，再三强迫之下，袁涣仍然无动于衷。吕布大怒，用兵器威胁袁涣说："写就活命，不写就死。"袁涣仍旧面不改色，笑着回答说："袁涣听说只有德行才能使人蒙受耻辱，没听说过有用辱骂达到目的的。假使他本来就是个君子，那他将不以将军的话为耻辱；假使他本来是个小人，那他将像将军一样写信，回骂将军，那样耻辱将在这一方而不在他那一方。况且过去我曾跟随过刘将军，就像现在侍奉将军您一样，如果我一旦离开这里，也回过头来辱骂您，这样可以吗？"吕布感到羞惭，不再逼他。吕布被杀，袁涣得以归附太祖。

袁涣进言说："兵器，实即凶器，要到不得已的时候才使用它。以道德征服对手，以仁义讨伐敌国，加上安抚民众，为他们兴利除害。这样做了，就可以与民众同生共死。自从天下大乱以来，已有

十几年了,民众渴望安定,如同倒悬时希望获得解脱一样,然而暴乱远未止息,原因是什么呢?想来大概是政治没走上正道吧!我听说圣明的君王善于拯救时世,所以世道纷乱就用仁义来治理,世道虚伪就用质朴来克制;世道不同,时势变易,治国的手段就应有所不同,这一点不可以不细察。制度的兴革增减,今天与古代是不必相同的。至于兼爱天下,拨乱反正,即使以武力平定动乱也应兼之以道德相助,这确实是百代君王不可改变的原则。曹公您明哲超出世人,古代那些用来罗致民心的措施,您已经努力去做了,当今那些丧失民心的做法,您已经引以为戒了,海内全仗有您才得以免除了危亡的灾祸,然而民众还不知道这其中的道理,希望您用这些道理来教诲他们,那样就是天下的大幸了!"太祖完全接受了这个意见。任命袁涣为沛郡南部都尉。

  这时太祖刚开始招募民众开办屯田,百姓不乐意,有很多逃亡的。袁涣对太祖说:"民众安于故土,把迁徙当作大事,不可以仓促改变他们的习惯,顺遂他们心愿就行事容易,违逆他们心愿的举动就难达目的,应该顺从他们的心意,他们乐意的就予以吸收,不愿干的就不必勉强。"太祖欣然采纳,百姓十分高兴。升袁涣为梁国相。袁涣每每告诫各县:"务必要抚恤鳏夫、寡妇、高龄老人,表彰孝子和贞节妇女。常言说'世道安定礼仪就周详,社会动乱礼仪就简略',这个分寸全在于临事斟酌。现今虽然很不太平,难以推广礼仪教化百姓,然而这也要看我们是如何去做的。"袁涣治理政务崇尚教化训育,凡事宽容思虑以后才行动,外表温和柔顺而内心往往当即决断。袁涣因病辞职,百姓很感念他。后来被征召为谏议大夫、丞相军祭酒。先后得到的赏赐很多,都被他分发给了别人,家里没有积蓄,他也始终不过问家计产业,困乏了就从别人那里去取,没有什么貌似清白明察的举动,然而当时的人都佩服他的清廉。

  魏国刚建立时,袁涣任郎中令,代行御史大夫的职权。袁涣对太祖说:"现今天下大难已除,文治武功必须同时并举,这样才是长治久安的途径。我认为可以大量地收集文章典籍,宣扬先代圣人的教诲,用来改变民众的视听方式,使全国百姓闻风仰慕,自觉效仿,

那么远方的人如果不服从,就可以用文德使他们自觉前来。"太祖认为他的话正确。当时传闻刘备已死,众大臣都表示庆贺;袁涣因为曾经被刘备举荐为吏,只有他不去庆贺。袁涣在职几年以后去世,太祖为他的死流下了眼泪,赏赐谷物两千斛,一令"用太仓谷一千斛赐给郎中令家",一令"用垣下谷一千斛送给曜卿家",外人不明白他的意思。太祖的教令说:"用太仓谷,是依据官法;用垣下谷,因为他是我的亲交故旧。"魏文帝听说袁涣过去抗拒吕布的事情,问袁涣的堂弟袁敏:"袁涣在勇敢怯懦方面是什么样的?"袁敏回答说:"袁涣外表平和柔顺,可是当他面临大节,身处危难之时,即使是孟贲、夏育也比不过他。"袁涣的儿子袁侃,也清纯娴雅,有乃父遗风,历任郡守、尚书。

起初,袁涣的堂弟袁霸,公正谨慎,有功业才干,魏国初年任大司农,与同郡人何夔同样闻名于世。而袁霸的儿子袁亮,何夔的儿子何曾,又与袁侃同样知名彼此又很友善。袁亮坚守正道,有学问和德行,厌恶何晏、邓飏等人,曾著文立论嘲讽指责他们,他的官位后来做到河南尹、尚书。袁霸的弟弟袁徽,以儒雅朴素著称,因遭遇天下大乱,在交州避难。司徒征召他,不愿就职。袁徽的弟弟袁敏,有武艺,且专意于发展水利事业,官做到河堤谒者。

张范,字公仪,河内郡修武县人。祖父张歆,曾任汉朝司徒。父亲张延,任太尉。太傅袁隗想让女儿做张范的妻子,张范推辞没有接受。张范性情恬淡平静,乐于恪守圣贤之道,不重视功名利禄,凡有征召任命全不接受。张范的弟弟张承,字公先,也知名于世,因为行为端方正派被征召,拜官议郎,升任伊阙县都尉。董卓作乱,张承想要聚合徒众与天下豪杰一起讨伐董卓。张承的弟弟张昭当时任议郎,正好从长安来,对张承说:"现在想要诛杀董卓,明显是众寡悬殊,我们敌不过他,况且一时间想出的计划,凭仗的又都是一帮乡农作战,士人平素没有得到抚慰,兵士很少经过训练,难以成功。董卓倚仗兵力,不守道义,本来就不能持久;不如慎重选择归附一方英雄,等时机成熟再行动,这样才可以达成夙愿。"张承同意了,于是解下官印绶带辞职,从小路返回家乡,与张范来到扬州避乱。袁术备好礼物前去招请,张范自称有病不肯前往,袁术也不好勉强他。张范派张承与袁术相见,袁术问道:"过去周王室衰颓,就成就了齐桓公、晋文公的霸业;秦朝丧失政权,汉朝接着代替了它。如今我凭借土地广阔、士民众多的优势,想要求取齐桓公那样的福分,追随汉高祖的足迹,你看怎么样?"张承回答说:"在于德行而不在于实力强大。能推行德政以统一天下人的欲望,即使只凭着普通百姓的资历,要建立霸王功业,也是不难的。假若超越界限妄加比拟,背离时机而动,那就成了众人所抛弃的对象,谁还能达到目的呢?"袁术很不高兴。这个时候,太祖将要征讨冀州,袁术又问道:"现在曹公想要以几千人的疲惫士兵,与对方十万大军抗衡,这真叫不自量力啊!你认为怎么样?"张承就说道:"汉朝的德政虽然衰颓了,但天命还没改换,现在曹公挟天子之威号令天下,即使与百万大军对抗也是可以的。"袁术脸色一变,很不愉快,张承于是离开了他。

太祖平定了冀州,派遣使者迎接张范。张范因病羁留彭城,派张承去见太祖,太祖上表荐举张承为谏议大夫。张范的儿子张陵以及张承的儿子张戬被山东盗贼捕去,张范径直来到盗贼巢穴,请他们放了两个孩子。盗贼把张陵还给了张范。张范道谢说:"诸位把孩子还给我,对我是够宽厚的了。人的感情虽然很爱自己的孩子,但我怜惜张戬年龄更小,请允许我用张陵换回张戬。"贼人很为张范的仁义之言所感动,把两个孩子都还给了张范。太祖从荆州返回,张范得以在陈县与他见面,太祖让他作议郎,参丞相军事,很受敬重。太祖出兵征战时,常常留张范与邴原辅助世子曹丕一同留守。太祖嘱咐曹丕:"若有所行动必须向这两个人咨询。"世子对他遵行晚辈对长辈那样的礼节。张范救济抚恤贫穷困乏的人,自己家里毫无余财,各地的孤儿寡母都来投靠他。对于别人给他的馈赠,当时不退回去,但始终不去使用,到了离开的时候,就拿来退还原主。建安十七年去世。魏国刚建立时,张承以丞相参军祭酒的身份兼任赵郡太守,政治教化得到普遍施行。太祖准备西征,征聘张承参与军事,到达长安后,张承因病去世。

凉茂字伯方，山阳郡昌邑人。少年时喜好学习，议论事情常常引经据典，以此判断是非。太祖征召他担任司空掾，考核结果列为优等，补任侍御史。当时泰山郡盗贼众多，于是任命凉茂为泰山郡太守，一个月之内，山寇拖儿带女而来投降的达一千多户。调任乐浪太守。公孙度在辽东，擅自羁留凉茂，不让他赴任，然而凉茂始终不肯屈服于他。公孙度对凉茂及众将领说："听说曹公远征，邺城没有人防守，现在我想要用三万步兵、一万骑兵，直攻邺城，谁能抵挡得住呢？"众将领都说："对。"公孙度又看着凉茂说："在您看来怎么样呢？"凉茂回答说："近来海内大乱，国家将要倾覆，将军您拥有十万大军，居然安闲地坐观成败，作为臣下，难道就应该是这样的吗！曹公忧虑国家的危亡，怜悯百姓的疾苦祸患，率领正义之师为天下人诛杀凶残的民贼，功高德广，可以说是独一无二的了。由于国内刚刚平定，百姓刚刚安定和顺，所以还没来责问将军的罪过罢了！而将军您却想要兴兵向西进攻，那么生死存亡的效验，用不着一个早晨的时间就可见分晓。将军您好自为之吧！"众将领听到凉茂的话，都震惊心动。过了许久，公孙度说："凉君的话是对的。"后来凉茂调任魏郡太守、甘陵相，在他任职过的地方都有政绩。文帝任五官中郎将时，凉茂被选任长史，升左军师。魏国建立初期，升任尚书仆射，后任中尉、奉常。文帝在东宫时，凉茂又担任太子太傅，很受文帝的尊敬和礼遇。凉茂死于职任之上。

国渊字子尼，乐安盖县人。曾拜郑玄为师学习。后来与邴原、管宁等人到辽东郡躲避兵乱。返回故乡以后，受太祖征召任司空掾属，每每在曹公府上议论政事，常常正色直言，退朝后再无私议。太祖想要推广屯田制，就让国渊主管这项事务。国渊屡次陈述应当减损增益的项目，考察土地以安置相应民众，计算百姓数量以设置相应官吏，明确考核的办法，五年的时间里，就使粮仓丰实，百姓竞相勉励，乐于从事这项事业。太祖征讨关中，让国渊任居府长史，总管留守事宜。田银、苏伯在河间谋反，田银等人既被打败，其余党按律都当伏法。国渊认为这些人不是首恶分子,请求不对他们执行死刑。太祖听从了他的意见,依赖国渊这个建议得到活命的有一千多人。写战胜贼兵的文书,旧例往往以一当十,到了国渊上报斩杀首级数量的时候,实有多少就报多少。太祖询问其原因,国渊说:"征讨境外敌寇时,多报斩首及捕获数量的人,目的无非是要夸大战绩,并且显示给百姓去看、去听。而河间在我国境之内,田银等人叛逆,虽然制胜有功,但国渊我私下里仍为这事感到耻辱。"太祖很高兴,提升国渊为魏郡太守。

当时有人写匿名信讥刺朝政,太祖痛恨这种举动,一定要弄清楚写信人是谁。国渊请示把原信留下,而不把它宣传泄露出去。那封信很多地方引用了《二京赋》的内容,国渊敕令功曹说:"这个郡本来很大,现在虽是首都,却少有喜好学问的人。你选择聪明有知识的年轻人,我想派他们去拜师学习。"功曹选派了三个人,国渊在派遣前先召见了他们,教训说:"你们所学习的东西还不广泛,《二京赋》是博学多识的书,世上人忽略了它,很少有能讲解它的老师,你们可以去找寻能读懂它的人,向他请教。"又秘密地告诉他们自己的真实意图。花了十来天时间就找到了能读《二京赋》的人,三人就去拜师。官吏趁机请那个人写了一纸笺书,与那封信一比较,明显出自于同一人的手笔。随即把那人拘捕审问,得到了全部事实真相。升国渊为太仆。国渊虽然位居列卿,但仍穿布衣吃素食,把俸禄赏赐都分给亲朋故旧,自己保持着谦恭节俭,最后死在官任上。

田畴字子泰,右北平郡无终县人。喜好读书、击剑。初平元年,关东兴义兵讨伐董卓,董卓胁迫汉献帝迁都长安。幽州牧刘虞叹息说:"贼臣制造叛乱,天子流亡失所,海内嚣扰,谁也没有坚定的信念。我身为宗室遗老,自然不能与众人相同。现在我想要请一使臣前去朝廷见天子以表达臣下尽忠的节操,怎样才能得到不辜负这一使命的人士呢?"众人议论,都说:"田畴虽然年轻,但很多人称赞他是个奇人。"田畴这时二十二岁。刘虞随即备礼邀请田畴相见,对田畴十分满意,于是暂时任命田畴担任从事,为他准备车马。将要起

程时,田畴说:"现在道路阻塞断绝,贼寇纵横劫掠,如果以官员身份奉命出使,将会受到众人指认。宁愿暗自上路,只望能顺利到达就行。"刘虞听从了他的意见。田畴于是回到家里,自己挑选家人和年轻勇敢壮健且仰慕他的随从共二十多人,骑马一同前往。刘虞亲自出来祭祀路神,为田畴饯行。上路以后,田畴改上西关出塞,沿着阴山直接奔赴朔方郡,顺着小路走去,终于到了长安,完成了使命。朝廷下诏任命田畴为骑都尉。田畴认为天子正流亡在外,政局动荡不安,自己不可以承受这样的尊荣宠幸,所以坚持辞让不受。朝廷看重他崇高的道德,三公官府同时召用田畴,田畴都没有应召。得到答复后,田畴快马加鞭赶回,还没到达,刘虞已被公孙瓒害死。田畴回来后,亲到刘虞坟墓前拜谒祭扫,陈述朝廷的章表,痛哭一场后离去。公孙瓒听说后大怒,用重金悬赏通缉,捕获了田畴,对他说:"你为什么自己到刘虞的墓上去哭,却不把朝廷章报送给我呢?"田畴回答说:"汉朝王室衰落颓败,人人怀有异心,只有刘公没有失掉忠信的节操。朝廷章报中所说的,对于将军恐怕就不是什么好话,您大概不会乐意知道的,所以就没有送给您。并且将军正在兴办大事以满足自己的私欲,已经杀了无罪的君长,又仇视坚守忠义的区区在下,果真这么做了,那么燕、赵地区的士人都将自投东海而死,哪里还能容忍有跟从将军的人呢!"公孙瓒因为田畴的回答理直气壮,不杀他。但把田畴拘留在军营中,禁止他的亲朋故友与他往来。有人劝说公孙瓒说:"田畴是个义士,您不能以礼相待,反而把他囚禁起来,这恐怕会失去民心的。"公孙瓒于是释放了田畴。

田畴得以北归,率领所有宗族里的和从别处前来依附的共几百人,扫地盟誓说:"主公的大仇不报,我就不再立足于人世!"于是进入徐无山中,营造了一块地处深远险峻又很平敞的空地居住,亲自耕种粮食用来供养父母。百姓都来归附,几年之中即达到五千多户。田畴对父老们说:"诸位不认为我田畴不肖,从远处前来相就。人多就成了城镇,但没有人统领,恐怕不是长久安定的办法,希望大家推举贤能年长者做首领。"大家都说"好"。共同推举田畴。田畴说:"现在我们来到这里,不是为了苟且偷安,而是要图谋大事,报仇雪耻。我私下担心还没能实现我们的志愿,而那些轻佻浮薄的人先就自相侵扰欺侮,苟且痛快一时,却没有深谋远虑。我有一条不高明的计划,愿意和诸位共同施行,可以吗?"众人都说:"可以。"田畴就为大家制定了有关杀伤、盗窃、诉讼的法律,规定犯重法的人处以死刑,其次的抵罪,一共有二十多条。又制订了婚姻嫁娶的礼仪,兴办学校讲授知识的规划,颁布给众人,大家都觉得方便合适,聚居之处到了路不拾遗的程度。北方边境地区的人服从他的威信,乌丸、鲜卑也都各派通译使者来送贡物,田畴都予以接纳、抚慰,嘱咐他们不可进行侵扰。袁绍几次派使者前来招请,又立即授予将军印,听凭他安抚管辖自己的部众,田畴都拒不接受。袁绍死后,他的儿子袁尚又来征召,田畴始终没有去。

田畴时常为乌丸过去多次残杀这个郡的官吏的缘故,有讨伐他们的意思,但实力不够。建安十二年,太祖向北征讨乌丸,还没到时,先派遣使者征召田畴,又命令田豫晓谕意旨。田畴戒令门客赶快整理行装,收拾行李。门客对他说:"过去袁公倾慕您,备礼征召您的使节来了五次,您大义不屈;现在曹公使者第一次来,您就像恐怕来不及了一样,这是为什么?"田畴笑着回答说:"这就不是你所明白的了。"于是跟随使者到了太祖军中,暂任司空户曹掾,太祖接见了他并与他谈了很多事情。第二天太祖下令说:"田子泰不是我所可以任命为吏的人。"就举荐为秀才,授官为蓨县县令,田畴没去上任,随着军队暂驻无终县。当时正当夏季降水,海滨低洼地区,泥泞不能通行,敌兵又把守险要路段,魏军难以向前推进。太祖很忧虑,拿这事询问田畴。田畴说:"这条道路秋夏季节常常有水,说它浅呢又不能通行车马,说它深呢又不能载动船只,这种糟糕状况形成的时间已经很久了。原先的北平郡治在平冈县,道经卢龙,直通柳城;从汉光武帝建武年间以来,故道破败断绝,至今已近二百年了,但还有隐蔽的小路可以找到。现在贼人还正以为大军将经由无终这一通道,因无路前进只能撤退,因此其防备肯定松懈。如果我们悄悄回军,从卢龙口越过白檀的险要处,从荒芜无人地带出兵,路又近又便捷,乘他们没有防备去攻打,蹋顿的首级就可以不用战斗而砍下来了。"太祖说:"好。"于是率领部队返回,并在水边路旁竖立一块大木牌题写道:"现在正当暑夏季节,道路不通,姑且等到秋冬,然后再行进军。"贼军骑兵侦探看到了,真的以为魏国大军已经撤走了。太祖命令田畴带领他的部众作向导,登上徐无山,越过卢龙塞,经过平冈,登上白狼堆,离柳城只有二百余里时,贼军才警觉。单于亲自上阵,太祖与他交战,终于大获全胜,追赶奔逃的敌兵直到柳城。魏军得胜进关,论功行赏,封田畴为亭侯,食邑五百户。田畴自己认为当初为了主君死难,才率领众人遁入深山,现在大志未酬,大义未立,反而受封获利,这不是自己本来的意思,所以坚持推让。太祖知道他心意至诚,应允不勉强他接受封赏。

辽东斩了袁尚的首级送来,太祖下令三军:"有敢为袁尚而哭的,斩。"田畴因为曾被袁尚所征召,就前往吊唁祭奠。太祖也不追究。田畴率领他的家属及族人三百多户全部迁到邺城居住。太祖赐给田畴车马粮食布帛,他又都分送给了族人和知交旧友。田畴随从太祖征讨荆州回来,太祖追念他的功劳特别卓著,后悔上次听从了田畴的辞让,说:"这是成全了他一个人的志向,而损害了国家的法律制度啊。"于是就又用上次赐封的爵位封给田畴。田畴上表陈述自己的诚意,以死表示自己不愿接受的决心。太祖这次没有接受他的推辞,想要他以礼受封,前后四次,田畴终究不肯接受。官府弹劾田畴洁身自好,违背正道,只知固守小节,应该罢免他的官职,施加刑罚。太祖很慎重地对待此事,犹豫不决了好长时间。于是把此事交给世子曹丕及大臣们广泛讨论。世子曹丕认为田畴和过去子文辞让封地、申包胥逃赏相同,应该不要勉强他,而成全他的忠节。尚书令荀彧、司隶校尉钟繇也认为可以听从他自己的意愿。太祖仍有给田畴封侯的想法。田畴平素与夏侯惇友善,太祖便对夏侯惇说:"你夫田畴那里以情打动他,他自然会听你的劝告,但不要告诉他这是我的意思。"夏侯惇就到田畴那里借宿,就像太祖告诉他的那样去做。田畴揣测到了他的来意,就什么话也不再说。夏侯惇临离去时抚摸着田畴的后背说:"田君,主公的心意这么诚恳周到,你难道不能考虑考虑么!"田畴回答说:"这话说得太过分了!我田畴不过是个负义逃窜的人,蒙受恩惠得以保全活了下来,实在是很幸运了。怎么可以靠卖卢龙要塞,来换取封赏利禄呢?纵然国家庇护我田畴,田畴难道就不问心有愧吗?将军素来是了解田畴的,尚且如此,如果一定不得已的话,我情愿在这里自刎,以死报效朝廷的恩宠。"一语未毕,就痛哭流涕。夏侯惇把这情形都报告了太祖。太祖喟然感叹,知道不可以再勉强了,于是任命田畴为议郎。田畴四十六岁时去世。他的儿子也早就不在了。魏文帝受禅登极,敬重田畴的德行信义,赐给田畴的堂孙田续爵位为关内侯,以承继田畴的香火。

王修字叔治,北海郡营陵县人。七岁时丧母。他的母亲是在社日那一天死的,来年邻里举行社日活动,王修感念母亲,极为哀痛。邻里知道了,为他停止了社日活动。二十岁那年,王修游学南阳郡,住在张奉的家里。张奉全家人生病,没有人能照顾他们,王修亲自精心照顾他们,直到他们病好了才离开。初平年间,北海国相孔融召王修为主簿,暂任高密县令。高密人孙氏向来强横任侠,门客屡次触犯法律。百姓有被抢劫的,盗贼逃入孙氏门下,衙役不敢前去搜捕。王修率官吏百姓包围了孙氏大宅,孙氏抗拒坚守,官吏百姓因害怕不敢靠近。王修命令他们:"谁敢不向前进攻,与孙氏一同治罪。"孙氏害怕了,终于交出贼人。从此以后,豪强们大多畏服他。荐举孝廉时,王修推让给邴原,孔融不同意。当时天下大乱,王修没能成行。不久,郡中有人反叛。王修听说孔融遭遇危难,连夜赶往孔融那里。反贼开始发难时,孔融对左右人说:"能冒着危难赶来的,只有王修而已!"话刚说完,王修就到了。又令王修担任功曹。当时胶东贼寇横行,又命令王修暂任胶东县令。胶东人公沙卢宗族强盛,自己设置营寨壕堑,不服从官府的调遣,拒不交纳赋税。王修独自带领几个人骑马径直闯进公沙卢家门,斩杀了公沙卢兄弟,公沙氏族人震惊,无人敢动。王修对其余的人进行了安抚,自此贼寇逐渐止息。孔融每次有了危难,王修即使是在家里休息归养,没有不马上赶到的。孔融往往依仗王修得以免除祸患。

袁谭在青州时，征召王修任治中从事，别驾刘献几次诽谤贬低王修。后来刘献因为犯了事应当判死罪，王修审理这件案子，刘献得以免于一死。当时人因此更加称赞王修。袁绍又征召王修任即墨县令，后来王修又回到袁谭手下担任别驾。袁绍死后，袁谭、袁尚之间产生仇隙。袁尚攻打袁谭，袁谭战败，王修率领官吏百姓前往营救袁谭。袁谭高兴地说："保全我部队的人，就是王别驾啊！"袁谭失败时，刘询在漯阴起兵，各个城池都起来响应。袁谭叹息说："现在全州都背叛了我，难道是因为我没有德行吗？"王修说："东莱太守管统虽然远在海边，但这人不会反叛，他一定会来。"十几天后，管统果然抛下妻子儿女赶来袁谭这里，而他的妻子儿女随即都被叛贼杀害，袁谭让管统改任乐安太守。袁谭又想要进攻袁尚，王修劝谏说："兄弟之间往复攻击，是走向失败并最终灭亡的根本原因所在。"袁谭不高兴，但他明白这是他的忠贞而有节操的体现。后来袁谭又问王修："还有什么办法么？"王修说："所谓兄弟，就像一个人的左右手。这正像一个人即将与别人决斗，却先砍断了自己右手，并且说'我一定胜利'，这样能行吗？抛弃兄弟情谊彼此不相亲近，天下人还有谁可以亲近！那些进谗言的人，本来就是要在你们兄弟之间挑起争斗，以求取一时的利益，希望您这样英明的人塞住耳朵不要去听。如能斩杀几个奸诈巧媚的官吏，兄弟重新亲近和睦，共同抵御四面八方的侵害，就足以横行天下。"袁谭不听从，于是与袁尚互相攻击，又向太祖曹操请求援助。太祖攻破冀州之后，袁谭又背叛太祖。太祖于是带领军队在南皮县进攻袁谭。王修这时正在乐安运送粮食，听说袁谭危急，就立即带着押粮士兵和属下从事一共几十人，赶往南皮救援袁谭。到高密县时，听到袁谭已死的消息，王修下马放声大哭，说："没有您我归附谁呢？"于是去见太祖，请求让他收葬袁谭的尸体。太祖想要观察王修的心意，沉默着一声不吭。王修又说："我曾受过袁氏的厚恩，如果能让我收殓袁谭尸体，再让我死，我不会有什么遗憾。"太祖赞赏他的义气，顺从了他的意愿。太祖让王修督运军粮，返回乐安。袁谭被击破后，全州各个城池都降服了太祖，唯独管统据守乐安城不愿服从。太祖命令王修去

173

取管统首级,王修认为管统是亡国的忠臣,于是解开他的绑缚,让他去见太祖。太祖很高兴,就赦免了管统。袁氏政令宽纵,有职有权者大多聚敛财物。太祖攻破邺城,查抄没收审配等人的家财物资数以万计。待到攻破南皮,察看王修家,粮谷不满十斛,另有书籍几百卷。太祖叹息说:"士人不是虚有其名。"于是礼聘王修为司空掾,代理司金中郎将,升为魏郡太守。王修处理政务,抑制豪强,扶助弱小,赏罚严明,受到百姓称道。魏国建立以后,王修任大司农郎中令。太祖计议实行肉刑,王修认为时机还不允许实行,太祖采纳了他的建议。调王修为奉常。后来严才反叛,与他的属下几十人攻打宫门两侧边门。王修听说兵变,召唤的车马没到,就率领属下官吏步行赶到宫门。太祖在铜爵台看到他们,说:"那赶来的人一定是王叔治。"相国钟繇对王修说:"旧例,京城发生事变时,九卿是居守各自府衙闭门不出的。"王修说:"吃了国家的俸禄,怎么可以逃避国家的危难?居守官府虽是旧制,但不符合奔赴危难的大义。"不久,王修病死在官任上。王修的儿子王忠,官做到东莱太守、散骑常侍。当初,王修在高柔二十岁时就赏识了他,在王基还是幼童之时,王修就认为他与众不同,这两人最终都成了大器,世人因此称赞王修有知人之明。

邴原字根矩,北海国朱虚县人。年轻时与管宁都以节操高尚著称,州府征召他们,都不去就职。黄巾军兴起,邴原带领家人进入东海,住在郁洲山中。当时孔融任北海国国相,推举邴原为有道。邴原认为黄巾军正在兴盛时期,于是去了辽东郡,与同郡人刘政都富于胆略意气。辽东郡太守公孙度对刘政畏惧并厌恶到不杀不能解恨的地步,便收押了刘政全家,刘政却逃脱了。公孙度布告各县:"敢有窝藏刘政的人,与刘政同样治罪。"刘政窘迫危急,前去投奔邴原,邴原将他藏匿了一个多月,这时正值东莱郡太史慈正要返回,邴原趁机把刘政托付给了太史慈。不久邴原对公孙度说:"将军前些日子要杀刘政,是认为他是您的祸害。现在刘政已经离开了,您的祸害岂非已被连根拔掉!"公孙度说:"确实如此。"邴原说:"您之所以害怕刘政，是因为他有智谋。现在刘政已经脱身，他的智谋将有使用的机会了，为什么还拘押刘政的家属呢？不如赦免了他们，别结下又一重仇怨。"公孙度于是放出了刘政家属。邴原又出钱资助刘政家人，使他们都得以返回故乡。邴原在辽东郡，一年内前往归附他的人就有几百家，游学的士人往来络绎，传授学业的声音终日绕梁。

后来邴原得以从辽东返回，太祖征召他担任司空掾。邴原的女儿早已去世，这时太祖的爱子仓舒也死了，太祖想求邴原的女儿与自己的儿子合葬，邴原推辞说："合葬，不符合礼法。邴原之所以自愿追随明公，明公之所以厚待邴原，是因为都能遵守先贤教导的礼仪典规而不改变的缘故。如果我顺从了明公的意愿，那就是平庸低俗，明公您又将怎么看待呢？"太祖于是打消了这个念头，调邴原署理丞相征事。崔琰是东曹掾，他在奏事议论的文书中谦让地说："征事邴原、议郎张范，都秉持道德，品行纯正美好，志向忠诚正直，行为清廉洁净足以激励凡俗，坚贞自守足以办好事情，正是人们所说的龙的羽毛凤的翅膀，是国家的重器奇珍。推举任用他们，不讲仁德的人就会闻风远走。"邴原接替凉茂担任五官将长史，闭门坚持个人操守，若非公事决不迈出家门一步。太祖征讨吴国，邴原随从出征，不幸去世。

这以后大鸿胪巨鹿人张泰、河南尹扶风人庞迪以清廉贤明著称，永宁太仆东郡人张阁以老实质朴闻名。

管宁字幼安，北海国朱虚县人。十六岁时父亲去世，中表兄弟们怜悯他孤独贫困，都送钱送物资助他办理丧事，管宁全都推辞不肯接受，借债为父亲送了终。管宁身高八尺，须眉美好。与平原人华歆、同县人邴原为好友，都在外地游学，都敬重亲善陈仲弓。天下大乱，管宁听说公孙度在海外建立了统治秩序，就与邴原及平原人王烈等到了辽东。公孙度空出馆舍等候他们。见过公孙度之后，管宁随即就寄居在山谷中。当时渡海避难的人大多住在郡南，而管宁却独居郡北，表示自己没有迁动的意思，后来人们便渐渐都来归附他。太祖任司空,有令征召管宁,公孙度的儿子公孙康将征召令藏起拒绝宣布。

王烈字彦方,当时的知名度还在邴原、管宁之上,他推辞公孙度给予的长史任命,用经商的行径以游戏人生。后来太祖任命他为丞相掾征事,未及上任,死在海外。

中原地区稍稍安定后,逃到辽东的客人都返归了,只有管宁安然不动,就像要在那里终老一样。黄初四年,朝廷诏令公卿大臣举荐特立独行的君子,司徒华歆举荐管宁,文帝当即征召管宁,管宁终于带着家眷渡海回到本郡,公孙恭亲自把他送到南郊,加赠给他衣物。自从管宁东渡,公孙度、公孙康、公孙恭前后所赠送的财物,他都接受后收藏起来。西渡之后,又原封不动地退还给了公孙氏。文帝下诏任命管宁为太中大夫,管宁坚持辞让不肯接受。明帝即位,太尉华歆退位让给管宁,明帝于是下诏说:"太中大夫管宁,深怀道德,熟习六艺,他的清静超脱足以媲美古人,其廉洁清白可以担当当今重任。过去遭遇王道衰败,渡海隐居,现在大魏受命于天,他于是携妻带子来到这里,这就是神龙或潜或升的道理,圣贤用世弃世的准则。但黄初年间以来,征召的命令几次颁布,他每次都称病辞谢,违令拒不应召。难道朝廷的政事,与先生志趣竟如此不同,竟要在山林中安逸享乐,一去不返吗?以姬公那样的圣明,老成有德之辈不肯降低志向,凤鸣之声就无法听到。以秦穆公的贤明,还想着向黄发人咨询。何况凭我这样德行肤浅的人,怎么能不希望闻大道于士子大夫呢!现在任命管宁为光禄勋。礼法有几项最基本的伦理道德规范,君与臣的秩序,不可废弃。望您一定迅速前来,以满足朕的心意。"又诏令青州刺史:"管宁坚守道德操守,潜隐海角,接连颁下诏书,他违抗命令不来就职,逗留在他的居处,认为这是高尚的事情。虽然富于隐士高人的操守,可是丢弃了考父位愈高而愈恭敬的义理,使我虚心等待已有年余,这该怎样解释才好呢?他只想自安于林泉,一定要满足他的所谓志向,不想想古人也有幡然改变节守以使百姓兴盛的人吗!日月流逝,时机将要过去,修身养性使之纯洁,这样做究竟是为了什么呢?孔仲尼说过:'我不是这人的徒党又会是谁的呢!'现命令别驾从事、郡丞掾，奉诏按礼节遣送管宁前来京都，供给他安车、随从、褥垫、路上厨司食物，上路之前先行奏闻。"管宁自称草莽之臣上疏说："臣下不过是居处海边的孤立无助的微下之人，行为不端的农夫，无人肯与为伍，食禄的运气还好不错。承蒙陛下继承洪大的统绪，德行可比三皇，教化超过唐尧。长久以来承受恩泽，一生侍奉皇上也不能报答陛下恩养我的福泽。沉溺萎顿，病重弥留，迟延、违背了臣下隶属服从的职责，昼夜惊恐，无地自容。臣下于太和元年十一月承蒙公车司马令所下州郡，以八月甲申日诏书征召臣下，并赐予安车、衣被、褥垫，按礼遣送。荣耀恩宠一起到来，优厚的命令屡屡下达，使我惶恐忧惧，内心伤悼，不知所措。想要自己陈述剖白我的心情，但诏书明令不准书写章表上奏，因此郁结迟疑，直到今日。本来以为陛下恩泽已到了极点，不想却更加隆重煊赫。今年二月承蒙州郡颁下三年十二月辛酉日诏书，重行赐予安车、衣服，别驾从事与郡功曹按礼遣送。又特别得到皇上任命文书，以臣下为光禄勋，有劳陛下亲自谦虚劝谕，援引周秦事例，自损以益于臣下。受诏之日，臣魂飞魄散，存身无处。臣再三反思，论德行我不是园公、绮里而蒙受赏赐安车的荣耀，论功劳不是窦融而蒙受赐玺书封官的宠幸，本是短桂，才能低劣，却肩负栋梁的责任，垂死之人，却获取了九卿尊位，恐怕会有朱博鼓妖那样的灾祸。并且我疾病日重，有增无减，无法勉强上路以敷衍皇上的重托。心慕皇宫，徘徊阙下，谨拜奉章奏，陈述愚情，请求皇上哀怜，收抑洪恩，听任臣自放在外，不要让我的骸骨委弃在大路之上。"从文帝黄初年间直到明帝青龙年间，征召管宁的命令接连不断，常常在八月时赐予牛酒。明帝又下诏书询问青州刺史程喜："管宁究竟是守节自高呢，还是老病委顿呢？"程喜上报说："管宁有一个族人叫做管贡，现为州吏，与管宁是邻居，臣下常常让他探听消息。管贡说：'管宁常常戴黑色帽子，穿着布衣布裙，随季节不同或单或夹，出入于内室外庭，能自己凭借手杖走路，不须别人扶持。一年四季的祭祀，总是自己强力支撑，改换衣服，着粗丝绵巾，穿着过去在辽东时所有的白布单衣，亲自敬献祭食，跪拜成礼。管宁年少时就失去了母亲，不记得母亲的形象,祭祀时常常特意在母亲牌位前加设酒觞,泪流满面。他的住宅离水池有七八十步远,夏天常到水中洗手洗脚,常到园圃观看。'臣下揣测管宁前后推辞谦让的意思,只在于认为自己出身低微,生长于偏远地区,年纪老迈,智力衰退,因此安于休息,每次都谦逊退让。这是管宁想要保全自己的志向操行,算不得故意矫情以显示自己的高尚。"

正始二年,太仆陶丘一、永宁卫尉孟观、侍中孙邕、中书侍郎王基荐举管宁说:

"臣下听说龙凤隐藏它们的光彩,只与美德相呼应才显现,明哲的人士潜遁隐逸,是等待时运而发动。因此凤凰在岐山上鸣叫,周朝就道运兴隆,四皓出来辅佐,汉朝王治因此康宁。伏见太中大夫管宁,体现了天地二仪的中正和谐,凝结了各种德行的纯美,包涵文采,内质素雅,冰清玉洁,玄虚淡泊,逍遥守道;爱好黄老,熟习六艺,升堂入室,学问精深,胸怀古今韬略,包蕴道德机要。中平年间,黄巾作乱,中原动荡,王纲废弛,于是躲避时乱,乘船渡海,寄居辽东三十多年。藏匿身影,隐匿光辉,认为退隐而合于正道,可颐养浩然之气,潜心于儒墨之学,傍通其他学派,心情畅达,不同于流俗。

"黄初四年,高祖文皇帝向群臣咨询,征求贤俊,司徒华歆推举管宁应选,朝廷公车特别征召,他在边远之地振翅飞来。途中遭遇困厄疾病,于是授官为太中大夫。烈祖明皇帝赞美他的德行,升他为光禄勋。管宁病重将死,未能成行。现在管宁旧病已除,年将八十,志气并不衰败倦忽。退居陋巷柴门之中,以粥饭糊口,吟咏《诗经》、《尚书》,不改其乐。困厄时能够通达,遭遇危难必能渡过,历经危险,不改节操,金声玉色,历久更显。考察他的一贯表现,大概是上天赐福,应当辅佐大魏。现在三公之位有缺,众人瞩望。过去殷高宗刻像,以求贤哲;周文王用龟骨占卜,以求良臣。况且管宁为前朝所表彰,名声德行赫赫于世,而长久耽搁,没有及时引入朝中,这算不上遵奉明训,发扬光大前贤意志的道理。陛下即位,承续洪大的统绪。圣明日益精进,超越西周成王。每次发布德音,常常向太师太傅咨询。如能继承二祖招致贤俊的旧例,礼敬贤哲,以广揽才俊,盛大的教化将超越前代。

"管宁清高恬淡,可以比拟前贤,德行卓绝,海内无双。纵观前代所任命的贤人,如申公、枚乘、周党、樊英等辈,观察他们的来源,考察他们的清浊,没有拒俗独行像管宁这样的。实在应该以丝帛玉璧,优礼征聘,重新授予几杖,延请他进入东序,由他宣讲典籍,坐而论道,上助朝廷,协和王法,下启群生,匡正天地间的常道顺序,治道一定会成效显著,使国家教化发扬光大。如果管宁固执不出,心坚如石,守志箕山,追迹洪崖,学步巢父、许由,那也是圣朝与唐尧、虞舜时代相同,优待贤士,表扬治绩,这是名扬千古的好事。虽然出仕和隐居完全不同,为民为官确实有异,但说到兴盛政教,美化风俗,道理都是一样的。"

于是特地备好安车蒲轮,束帛加璧前往礼聘管宁。适逢管宁去世,时年八十四岁。朝廷任命他的儿子管邈为郎中,后任博士。当初,管宁的妻子先死,知心故友劝他再娶,管宁说:"每当想起曾子、王骏的话,心里常常表示赞许,哪里能自己遇到了这种事就违反本意呢?"

当时,巨鹿人张臶,字子明,颍川人胡昭,字孔明,也都一心养志修行,不愿做官。张臶少年时曾到太学学习,既习五经,也习图谶,后来返回故乡。袁绍前后几次征召他做官,张臶没有答应,移居上党县。并州牧高干上表任命张臶为乐平县令,他不肯就职,逃到常山隐居,门徒将近几百人,又迁居任县。太祖担任丞相后,征召张臶,不去。太和年间,明帝下诏征求隐逸有学问的人士特别是能够消除灾患解答有关异常现象的人,郡里屡次向上推荐张臶,遣官护送他去京城时,却因年老有病不能成行。广平郡太守卢毓上任三天,纲纪禀告说可照以前事例持手版去见张臶。卢毓教训说:"张先生正是所谓上不事奉天子,下不亲和诸侯的人。对这样的人难道仅用手版请见就可以为他增光美饰吗!"只派了主簿带着信送上羊酒礼物。明帝青龙四年辛亥诏书说:"张掖郡有玄妙的川流涌溢,波涛翻腾,冲出奇石上有图形,其状如灵龟屹立于川流的西端,青色的质地,素色的纹路,又画有麟凤龙马,形象鲜明,文字宣告天命,粲然可观,意义著明。太史令高堂隆上奏说:'这种宝物是古代圣明皇帝所没有见到过的,实在是大魏的吉祥国运,太学世代相传的罕见之宝。'"将此事颁告天下。任县县令于绰连诏书及石图致送并向张臶请教,张臶秘密地告诉于绰说:"神明只显示未来,不追究以往,吉祥的征兆先行显现,而兴废的实际随之而来。汉朝已经灭亡很久了,魏已得到了天下,哪还用得着搜寻兴发的祥兆呢!这块石头,应当是当前将发生的变异和将来的吉祥命运的预兆。"正始元年,有戴胜鸟在张臶家门背后筑巢。张臶告诉看门人说:"那戴胜属于阳鸟,却在门阴做巢,这是凶兆啊。"于是拿过琴来歌唱吟咏,作诗两篇,仅仅十天就去世了,享年一百零五岁。这一年,广平太守王肃到任,教令属下县官:"先前我在京都,听说过张子明这个人,来到这里一问,赶上他已经亡故,实在感到痛惜。这位老先生学问深湛,隐居不出,不与时运竞争,以道行愉悦自身。当年绛县老人屈身隐居,如在泥途,赵孟提升了他,诸侯因此而和睦。我怜惜张子明老而勤勉,喜好道行,却不接受荣誉宠幸,信到之时,派官吏慰劳他的家眷,题字光显其门户,务必给以特殊荣誉,借以慰藉已逝的贤人,劝勉将来的人们。"

胡昭起初避乱冀州,也辞谢了袁绍的任命,逃归故乡。太祖任司空丞相后,频频以礼征召。胡昭前往应召,到达以后,自己陈述本是一个在野书生,无益于军国大事,归心诚恳,请求离去。太祖说:"人各有志,出仕隐居,各异志趣,勉力完成你高雅的喜好吧,按道义我不会勉强你屈就。"胡昭于是移居陆浑山中,亲自耕种,以求道为乐事,以研读经籍自娱。邻里人尊敬并且喜爱他。建安二十三年,陆浑县长张固被命令调集壮丁到汉中服役。百姓厌恶远道服役,都心情纷乱不安。平民孙狼等人趁这个机会起兵杀了县主簿,发动叛乱,县镇因此而残破。张固率领十几个吏役士兵,在胡昭住所周围,招呼聚集留下的百姓,平定了叛乱。孙狼等人于是向南归附了关羽。关羽授给他官印,拨给士兵,但他回去后继续他的草寇行径,到了陆浑南面的长乐亭,自动誓约说:"胡居士是个贤者,一律不得侵犯他居处一带。"整个地方依赖胡昭,都用不着担心害怕了。国内安定后，胡昭迁居到了宜阳县。正始年间，骠骑将军赵俨，尚书黄休、郭彝，散骑常侍荀顗、钟毓，太仆庾嶷，弘农太守何桢等人相继荐举胡昭说："他心地纯真，品行高洁，越老越笃诚。玄远虚心，静穆朴素，有伯夷、四皓的节操。应该得到征召任命，这样才可以勉励世风世俗。"到了嘉平二年，公车特别征召，适逢胡昭去世，享年八十九岁。任命他儿子胡纂为郎中。当初，胡昭爱好书法，与钟繇、邯郸淳、卫顗、韦诞一同有名，他的书信手迹，往往被人作为学习范本。

评：袁涣、邴原、张范清纯踏实，出仕退隐都遵从道义，与贡禹、龚胜、龚舍相比不相上下。凉茂、国渊也属同等次的人物。张承的名声和操行都次于张范，可说是张范的贤能弟弟。田畴刚正守节，王修忠诚坚贞，足以矫正世俗时弊；管宁学问渊博品德高尚，志节坚定不移；张臶、胡昭闭门守静，不在当时钻营取巧，所以一并传录于此。

崔毛徐何邢鲍司马传第十二

崔琰字季珪，清河郡东武城县人。年少时朴实木讷，喜好击剑，热衷武功。二十三岁那年，由乡兵转为正卒，才开始感慨发奋，研读《论语》《韩诗》。到二十九岁，与公孙方等人结交，一起到郑玄门下受学。学习未满一年，徐州的黄巾军攻破了北海，郑玄与其弟子到不其山躲避兵难。那时能买进的粮谷十分缺乏，郑玄只好停止授学，辞退各位弟子。崔琰既被遣还，又到处都是盗寇，西去的道路不通。于是周旋于青、徐、兖、豫四州郊野，往东到寿春，向南也几乎到了长江、洞庭一带。从离开家乡算起，四年后才得返回，从此以弹琴读书自娱自乐。

大将军袁绍听说后征召崔琰。当时袁绍的士兵专横暴虐，挖掘古人坟墓，崔琰劝谏说："昔日荀况有过这样的话：'对士兵平素不进行教育，作战就不利，即使是商汤、周武王那样的人，也不能取得胜利。'现今道路上尸骨暴露，百姓没有见到所谓德政，应该命令各个郡县掩埋尸骸，以显示您为死者伤痛的爱心，追效周文王的仁慈之举。"袁绍任命崔琰为骑都尉。后来袁绍在黎阳县结集大军，在延津渡口驻扎时，崔琰又规劝说："天子现在许昌，百姓希望扶助正道，我们不如谨守治境，向天子陈述职守，以便安定这一地区。"袁绍不听，于是在官渡溃败。袁绍死后，他的两个儿子互相争斗，都想要得到崔琰。崔琰声称有病坚决推辞，因此获罪，被关进了监狱，依靠阴夔、陈琳营救才免于一死。

太祖打败袁绍，兼任冀州牧，征召崔琰任别驾从事，他对崔琰说:"昨天查核户籍,可以达到三十万之多,冀州可称得上是个大州了。"崔琰回答说:"现在天下分崩离析,九州分裂,袁尚、袁谭兄弟二人手足相残,冀州境内百姓尸骨遍野。没有听说王师以仁政为先导,慰问民间疾苦,救民于水火之中,反倒算计甲兵多少,把它当成头等大事,这难道是我们这个州的男女百姓对明公的期望吗?"太祖脸有愧色向崔琰道歉。这时在场的所有宾客无不对崔琰有这番话而大惊失色。

太祖征讨并州,留下崔琰在邺城辅佐文帝。文帝照旧出外打猎,改换服装、车辆,兴趣全放在追逐猎物上面。崔琰上书规劝说:"听说沉溺于游玩打猎,是《尚书》所载以为鉴戒的,鲁隐公外出观鱼,《春秋》直书其事加以讥刺,这是周公、孔子的格言,两部经典的明确意旨所在。夏桀无道,成为商朝的一面镜子,《诗经》说'殷鉴不远',甲子乙卯日不该举乐,《礼记》将它视为必须的禁忌,这又是比较切近的得失事例,不可以不深思明察。袁氏家族富强,而其公子放纵,游玩作乐,奢侈无度,仁义之声不听,明哲君子,立刻有观色而离去的想法,勇武壮士,不肯为其尽爪牙之用,这就是为什么袁氏徒然拥有百万大众,地盘跨越整个河北,最终却没有他们立足之地的根本原因。现今国家困苦,恩惠的施予尚不普遍,黎民百姓企望德政。况且您父亲亲自参与戎马征讨,上上下下,操劳辛苦,世子您应当遵行正道,谨慎地端正品行,思虑治国的最好策略,对内有所鉴戒,对外发扬先贤的节操,深加思索你世子的责任,珍重你自身修养。而您却忘了身份地穿上管理山泽园囿者的卑贱的服装,急急地四处奔驰,身临险地,志向只限于猎获野鸡兔子这类小小的娱乐,忘了国家社稷有多么重要,这实在是有识者所痛心的地方啊。希望世子您烧毁射猎用具,舍弃行猎骑服,以满足众人的期望,不使老臣得罪上天。"世子答复说:"昨天奉悉您谆谆的教诲,要我烧猎具、骑服。现在猎具都已焚毁,骑服也已丢弃了。以后再有类似的错误,还望您再次给我教诲。"

太祖做了丞相,崔琰又做了东、西曹的掾属征事。刚开始授予他东曹掾时,太祖的教令说:"您有伯夷的风范,史鱼的耿直,贪鄙的人因敬仰您的大名而变得清廉,壮士因崇尚您的名称而更加勉励自己,这是可以作为时代表率的。所以授予东曹之职,去就职上任吧。"魏国新建,任命崔琰为尚书。这时尚未确立谁是太子,临菑侯曹植有才华并且深受宠爱。太祖犹豫不决,发出信函命令在外地秘密征求意见。只有崔琰信不封口答复说:"我从《春秋》里听说,册立嗣子应从长从嫡,况且五官中郎将曹丕仁孝聪明,应当继承正统。崔琰不惜以死来坚守这个原则。"曹植,是崔琰兄长的女婿。太祖十分赞赏崔琰的公正耿亮,长声叹息,提升他为中尉。

崔琰体态雄伟,声音洪亮,眉目疏朗,须长四尺,仪态威重,朝廷中人很是敬仰,而太祖对他也有几分敬畏。崔琰曾经推荐过巨鹿人杨训,杨训这人虽然才能不足,却清廉贞洁,遵守正道,太祖于是按礼仪征召了杨训。后来太祖当了魏王,杨训上表称赞太祖功绩,夸述太祖的盛德。当时有人讥笑杨训迎合世俗,浮夸虚伪,认为崔琰荐人不当。崔琰从杨训那里取来表文的草稿一看,就给杨训写信说:"读表文,是事情做得好罢了!时代啊时代,总有变化的时候。"崔琰的本意是讽刺那些批评者好谴责呵斥而不循情理。有人却报告说崔琰这封信有傲世怨谤的成分,太祖发怒说:"谚语说'生女耳','耳'不是个好词。'会有变的时候',意思很不恭顺。"于是罚崔琰为做苦工的囚徒,并派人监视他,崔琰言谈表情竟没有一点屈服的意思。太祖下令说:"崔琰虽在服刑,却与宾客来往,门庭若市,在宾客面前吹胡子瞪眼睛,好像有所怨忿。"于是下令赐死崔琰。

原先崔琰与司马朗友善,而晋宣王司马懿正当壮年,崔琰对司马朗说:"你的弟弟聪敏明哲公允,刚毅果断,才德优异,恐怕不是你能比得上的。"司马朗认为不是这样,而崔琰总是坚持这个看法。崔琰的堂弟崔林,年轻时没有名望,即使是亲戚也大多轻视他,崔琰却常说:"这是个所谓大器晚成的人,他终究会有远大的成就。"涿郡的孙礼、卢毓刚进入魏王军府,崔琰又称赞他们说:"孙礼诚信耿直,刚毅果断,卢毓清醒机警,深明事理,百折不挠,都是要做三公的人才。"后来崔林、孔礼、卢毓三人都官至宰辅。还有,崔琰的朋友公孙方、宋阶都死得早,崔琰抚养他们留下的孤儿,那份恩爱像对待自己的子女一样。他的明鉴卓识,笃于情义,大都像这个样子。

本来,太祖性格忌刻,凡是他所不能容忍的人,如鲁国人孔融、南阳人许攸、娄圭,都因为依仗自己的老资格,有所不恭而被诛杀。而崔琰之被杀,最为世人所痛惜,至今还有人为他呼冤。

毛玠字孝先,陈留郡平丘县人。年轻时为县吏,以清廉公正著称。他打算到荆州躲避战乱,尚未到达,听说刘表政令不清明,于是去了鲁阳。太祖执掌兖州,征召他为治中从事。毛玠对太祖说:"现今国家分裂,君主迁移,民众失业,饥寒交迫,流离失所,公室没有能维持一年的储食,百姓没有安定的心思,这种状况是难以持久的。眼下袁绍、刘表虽然兵强民众,却都没有长远的考虑,没有建立根本大业的人。用兵之事,合乎正义的才能取胜,巩固地位则需要财力,因此,应当拥戴天子以命令那些不守臣节的人,致力耕植,积蓄军资,这样霸王之业就可以成就了。"太祖郑重地采纳了他的意见,转任他为将军府中的功曹。

太祖任司空、丞相时,毛玠曾做过东曹掾,与崔琰一起主持选举。他所推荐任用者,都是清廉正直的人士,那些在当时享有盛名而行为虚浮、不务根本的人,最终没有谁得到引荐任用。他力求以俭朴作风为人表率,因此全国士人无不以廉洁的操守自我勉励,即使是地位尊贵、受到宠信的大臣,车马服饰也不敢超越制度。太祖感叹说:"用人能做到这样,能使天下人自己管理自己,我还有什么可做的呢!"文帝做五官中郎将时,亲自去见毛玠,托他任用自己的亲属。毛玠答复说:"老臣因为能够恪守职责,才侥幸得以免罪,现在您所提到的人不合升迁的等次,因此我不敢奉行您的命令。"大军返回邺城,商议省并官职一事。因毛玠对以私情向他请托为官的一概拒绝,当时一些人很畏惧他,都想要撤除东曹。于是他们一起禀告说:"过去是西曹为上,东曹为次,应该撤销东曹。"太祖知道其中实情,下令说:"太阳出于东方,月亮最明亮的时候也是在东方,凡人说到方位,也是先说东方,为什么要废撤东曹?"于是撤销西曹。起初,太祖平定柳城,分赐所缴获的器物,特意把古朴素净的屏风和靠椅赐给毛玠,说:"您有古人的风范,所以赐给您古人的用具。"毛玠身当显要职位,却常常穿布衣吃素菜,抚育哥哥的孤儿尽心尽意,所得赏赐用来救济贫苦族人,自己家里没有多余的财物。后升任右军师。魏国刚刚建立时,担任尚书仆射,又主持选举之事。当时太子还没有确定,而临菑侯曹植受到宠爱,毛玠秘密地劝告太祖说:"近来袁绍因为嫡庶不分,导致家破国亡。废立太子是件大事,不应当像我们所听说的那样做。"后来群臣聚会,毛玠起身去厕所,太祖用眼睛看着他说:"这就是古人所说的国家的司直,是我的周昌啊!"

崔琰被杀之后,毛玠心中不愉快。后来有人检举毛玠说:"毛玠出门看见脸上刺字的犯人,他们的妻子儿女被籍没为官府的奴婢,就说:'使老天下不雨的原因大概就是这个吧。'"太祖大怒,把毛玠逮捕下狱。大理寺卿钟繇责问毛玠说:"自古圣明帝王惩治犯罪,都株连妻子儿女。《尚书》说:'作战中车左不尽车左的职责,车右不尽车右的职责,我不但要杀了你们,还要株连你们的妻室儿女。'司寇的职责,是将男人没入官府为奴隶,女人没入官府做舂米制弓箭的苦役。汉朝法律规定,罪人的妻子儿女没入官府做奴婢,脸上刺字涂墨。汉朝法律所实行的脸上刺字的刑罚,在古代经典中已有记载。现今真正的奴婢是他们祖先有罪,即使经历百代,还是要接受脸上刺字供官府服劳役的惩罚,一则可以宽减良民的劳役负担,二则减免同案犯的罪过。这怎么会是违背了神明的意志,进而导致旱灾呢?按照《尚书》的说法,法令峻急,则天气寒冷;法令宽松,则天气温暖;法令宽缓,则阳气过盛,所以造成旱灾。毛玠你说这样的话,是认为魏王的法令过宽了呢,还是过严了呢?如果是过严了,应当导致阴雨连绵,怎么会反而天旱?成汤时代可称圣世,但田野不生青草;周宣王也是贤明的君主,但当时也是大旱成灾。自从大旱发生以来,已有三十年之久,把这归罪于给犯人脸上刺字,这中间有任何关系吗?春秋时卫人征伐邢国,本来是干旱天气,但刚出兵天就下雨,要是罪恶没有征兆,怎么会感应上天?你毛玠讥刺诽谤的言论已流传到百姓当中,心怀不满的声音,圣德之主已有所闻。毛玠你说出这样的话,肯定不是一个人自言自语,当时你看见的脸上刺字者,总共是几个人?黥面的奴婢,你认识吗?你怎么能够见到那些人,对他们发感叹牢骚呢?当时你是对谁说的?他是怎样回答的?是在几月几日?在什么地方?事情已经暴露,不得隐瞒欺骗,要原原本本地回答情况。"毛玠说:"我听说萧望之自杀,是因为被石显的陷害弄入困境;贾谊被贬斥在外,是因为周勃、灌婴的谗言中伤;白起被赐剑自刎于杜邮,晁错被斩首于东市,伍子胥命断于吴都,这几个人,或是由于有人公开妒忌,或是由于有人在背后陷害。我从小时候起就执简苦读,因勤勤恳恳而取得官职,我的职务处在中枢机要之所,牵涉复杂的人事关系。凡将私人事情托付臣的,他再有权势我也要加以拒绝,凡将冤屈申诉给我的,再细微的事件我也要审理。人之常情是贪图私利,这是法律所禁止的,谁要按照法律去禁止非法求利,有权势的人就可能陷害他。进谗言的小人就像青蝇一样四处存在,对我进行诽谤,诽谤我的人一定不在乎别的。过去王叔、陈生与伯舆在朝廷上争辩曲直,范宣子进行评判,他叫双方举出证词,以使是非曲直,判断合宜,《春秋》称许此事,所以加以记载。我并没有说过那样的话,也谈不上什么时间、对象。说我说过,一定要有证据。我请求得到范宣子那样的评判,与王叔、陈生那样的诬陷者对质。如果曲在于我,行刑的日子,我就像得到安车驷马的赠予;送来让我自杀的赐剑,我将把它比作重赏的恩惠。谨将实情回答如上。"当时桓阶、和洽进谏营救毛玠。毛玠于是被免职罢官,后来死在家中。太祖赐给棺木、祭器、钱和绢帛,授给他的儿子毛机郎中的官职。

徐奕字季才,东莞人。曾经到江东避难,孙策按礼仪聘任他。徐奕改换姓名,身着平民服装回到家乡。太祖任司空,征召徐奕为掾属,跟随西征马超。马超被打败,太祖军回返。当时关中刚刚归服,不很安定,太祖留下徐奕任丞相长史,坐镇管理西京,西京人称颂他的威信。后转任雍州刺史,又恢复为东曹属。丁仪等人在当时很受宠信,都忌妒陷害徐奕,而徐奕始终没有动摇。后出任魏郡太守。太祖征讨孙权,调徐奕为留府长史,叮嘱他说:"您的忠贞诚信,即使古人也不能超过,但稍微过严。过去西门豹佩戴皮绳以警醒自己的性急,能以柔弱克制刚强,是我对您的希望。现在让您统管留守大事,我就不再有后顾之忧了。"魏国建立之后,徐奕任尚书,又主管选举事宜,后升任尚书令。

太祖征讨汉中时,魏讽等人图谋反叛,中尉杨俊降职。太祖叹息说:"魏讽之所以萌生叛乱的心思,是因为我的得力之臣中没有能遏制内奸防备阴谋的人。怎样才能得到像诸葛丰那样的人才,让他替代杨俊呢?"桓阶说:"徐奕就是那样的人。"太祖于是任命徐奕为中尉,手令说:"过去楚国因子玉尚在,晋文公因此席不安坐;汉朝有汲黯在朝廷中,淮南王因此不敢谋反。《诗经》上说的'邦之司直',说的就是您吧!"徐奕在职数月,因病重请求引退,授职谏议大夫,不久去世。

何夔字叔龙,陈郡阳夏人。他的曾祖父何熙,在汉安帝时官做到车骑将军。何夔幼年失去父亲,与母亲、哥哥一起生活,以孝顺父母友爱兄弟著称。何夔身高八尺三寸,容貌庄重严肃。曾经到淮南避乱。后来袁术到寿春,征召他,何夔没有答应,但最终被袁术羁留。过了很久,袁术与桥蕤都去攻围蕲阳,蕲阳人替太祖牢牢守着这块领地。袁术因为何夔是蕲阳郡人,想胁迫他去说降蕲阳守军。何夔对袁术的谋臣李业说:"过去柳下惠听说鲁君计划攻伐齐国而心生忧虑,说'我听说攻伐别国的事不应向仁者询问,这话为什么要和我说!'"于是出逃藏在灊山。袁术知道何夔终究不会为己所用,这才作罢。袁术的堂兄山阳太守袁遗的母亲,是何夔的堂姑姑,所以袁术虽恨何夔却没有加害他。

建安二年,何夔将要返乡时,揣度袁术必定急追,于是走小路才得脱身,第二年回到陈郡。不久,太祖征召他为司空掾属。这时有人传言说袁术军队内乱,太祖问何夔说:"您认为这消息可信吗?"何夔回答说:"上天所帮助的是那些顺从民心的人,人民所帮助的是那些取信于民的人。袁术没有顺天意明信义的实际行动,而想望得到天、人之助,这就决定了他不可能得志于天下。那些丧失道义的霸主,连亲戚都会背叛他,何况他手下的人!在我看来,袁术军中的叛乱是一定的。"太祖说:"治理国家如果失去贤士的支持,这个国家就会灭亡。您不为袁术所用,他的内乱不是很自然的吗!"太祖性情严峻,对于掾属办事有错往往用杖责打;何夔常常身藏毒药,誓死不受屈辱,因此类似的事情始终没有发生在他身上。后出任城父县令。升为长广太守。长广郡背山临海,黄巾军尚未平定,豪杰人物多数背叛,袁谭就授给他们官位。长广县人管承,手下信从者有三千多家,成为草寇为害一方。议论此事的人希望派军队攻打他们。何夔说:"管承等人并不是生来就乐于叛乱的,他们习惯了作乱,不能靠自己的力量改正,又没能接受道德教育,所以不懂得回心向善。现在如果军队逼迫得太急,他们害怕遭受灭族之祸,必定合力死战。攻打既不容易拔除,即使打胜了,也一定会伤着官吏平民。不如慢慢地用恩德去开导,使他们自己悔改,那样就可以不劳动兵马而平定此乱。"于是派遣郡丞黄珍前去对他们讲述成败的大势,管承等人都请求降服。何夔派遣佐吏成弘兼任校尉,长广县丞等人带着牛酒到郊外迎接,同到郡所。牟平县贼人从钱,兵众也有几千,何夔率领郡兵与张辽一起讨伐平定了他们。东牟县人王营,部众有三千多家,胁迫昌阳县人一同作乱。何夔派遣佐吏王钦等,授给他计谋,使王营的部属自行离散了。旬月之内,这几起叛乱都被平定。

这时太祖开始制订新的法令颁发到各州郡,并且征收租税丝绵织品。何夔认为各郡刚从乱离中恢复建制,又遭兵火不久,不宜仓猝间便以法令约束,于是上书说:"自从离乱以来,百姓流离失所,现在虽然初步安定,但他们接受教化的时间不长。这次所颁布的新条令,都是靠严明的刑罚来整顿法律秩序,以统一全面的教化。长广所辖六县,疆域刚刚划定,又加上饥馑流行,如果一切都用法律禁令统一治理,恐怕会有人不服政教,对这些人又不得不予诛杀,那样就不是观民风而设教化、顺从天时的意思了。先代圣王以距王畿之地远近辨析'九服',对九个不同地区分别征收几种不同的赋税,制订轻典、中典、重典三类不同程度的刑典以平治乱。我认为长广这个郡应该依循离王畿较远的地域和新邦轻典来对待,这里民间发生的小的纠纷,就让负责管理的官吏临时采取措施处理。这样做对上不违背正大的法典,对下是随顺了百姓的心意。待到三年以后,民众安居乐业,然后再施以统一的法律,就没有行不通的地方了。"太祖采纳了何夔的意见。何夔后被召回,参谋丞相府军事。海贼郭祖作乱于乐安、济南地界,州郡官吏百姓深受其害。太祖因为何夔以前在长广郡很有威信,任命他为乐安太守。何夔到任几个月后,各县城均被平定。

何夔调入丞相府任东曹掾。他对太祖说:"自从起兵以来,各种制度都处于草创阶段,用人方面不能详细地制定根本性的原则,因此各人引荐他们的同类,往往忘记了他们的道德好坏。我听说依据贤能制定爵位,百姓在道德方面就会慎重;依据功劳来制定俸禄,百姓就乐于立功。我认为从现在起在用人上,必须首先在其家乡进行核查,以使得长幼顺序没有互相逾越的情况发生。明确地显示出对忠诚正直品德的奖赏,对公正诚实行为的报答,那样贤者与不肖之徒的区分,就判然有别了。还可以制订有关举荐用人故意不根据实际的法令,使主管官员各自担当责任。在朝的大臣,时常接受教令的人与各曹同时负责选举的人,各负其责。在上可以观察朝廷大臣的节操,在下可以堵塞互相争夺的根源,借以监督群臣,统率民众,这样天下人就幸运极了。"太祖认为这个建议很好。魏国建立后,任命何夔为尚书仆射。文帝是太子时,任命凉茂为太傅,何夔为少傅;特别任命二傅和尚书东曹一并选用太子、诸侯的官属。凉茂去世,命何夔代替凉茂担任太傅。每月初一日,太傅入见太子,太子端正法服履行礼仪;其他日子就没有会见的礼仪。何夔升为太仆,太子想要和他讲讲话,前一天就斋戒致诚,备礼等候,何夔没有前往的意思;太子于是写信请他,何夔认为国家有常法,终究没有前往。他行为之端正履行正道,大多如此。但是对于节俭的时代来说,何夔是极为豪富奢侈的。文帝受禅登基,封何夔为成阳亭侯,食邑三百户。后来何夔患病,屡次请求辞职。文帝下诏答复说:"礼敬贤者亲近旧臣,是帝王经常的任务。从亲而论,您有辅佐的功勋,说到贤明,您有淳朴坚定的美德。有阴德的人就一定会有阳报,现在您的病虽未痊愈,神明会听到的。您请安心养病,以顺遂我的心意。"何夔去世,谥号为靖侯。长子何曾继承爵位,咸熙年间担任司徒。

邢颙,字子昂,河间鄚县人。曾被举荐为孝廉,受司徒征召,都不肯就职。变姓埋名,到了右北平郡,跟随田畴交游。五年以后,太祖平定冀州。邢颙对田畴说:"黄巾军起兵以来二十多年,海内鼎沸,百姓流离失所。现在听说曹公法令严明。百姓已经厌恶了内乱,乱到了极点就要安定。请让我先行一步。"于是整装返回故乡。田畴说:"邢颙,是平民中首先觉悟的人。"于是拜见太祖,请求担任向导去攻克柳城。

太祖征召邢颙为冀州从事,当时人称赞他说:"邢子昂品德行为端端正正。"被任命为广宗县长,因为旧主死去而弃官不做。官署举报纠察这事,太祖说:"邢颙对旧友情深谊厚,有前后一致的节操。不必追究了。"改征为司空掾,任行唐县令,勉励百姓从事农桑,风俗教化得到普遍推行。后入京任丞相府门下督,升为左冯翊,因病离职。这时,太祖的各个公子高标准征求官属,下令说:"侯爵家的官吏,应该得到法度渊深像邢颙那样的人。"于是邢颙就成了平原侯曹植的家丞。邢颙严守礼仪来防范曹植,一点也不屈服,因此二人关系不能融洽。曹植的家臣庶子刘桢写信劝谏曹植说:"家丞邢颙,是北方俊彦之士,少年时即秉持高尚的节操,性格深沉,淡泊寡欲,言少理多,是真正的高人雅士。刘桢实在不足以和他为伍,并列您的左右。但刘桢受到的礼遇很是特殊,邢颙反被疏忽简慢,我私下里担心旁观的人将会说您习惯于接近不贤之人,而对贤者礼遇不够,采摘了春天的花朵,忘却了秋天的果实;顾了庶子,忘了家丞。给您招来指责,罪过不小,因此辗转反侧不能自安。"后来邢颙参丞相军事,转任东曹掾。当初,太子尚未确定,而临菑侯曹植受到宠爱,丁仪等人一同赞颂帮助他。太祖以这事问邢颙,邢颙回答说:"以庶子代替嫡子,是前代的禁戒。希望殿下特别慎重地考虑这件事!"太祖懂得他的心意,后来就任命邢颙为太子少傅,再升太傅。文帝受禅登基,邢颙任侍中、尚书仆射,爵封关内侯,出任司隶校尉,改任太常。邢颙在黄初四年去世,儿子邢友继承了他的爵位。

鲍勋字叔业,泰山郡平阳县人,是汉朝司隶校尉鲍宣的第九代孙。鲍宣的后代有从上党迁移到泰山的,于是就在那里安了家。鲍勋的父亲鲍信,汉灵帝时曾任骑都尉,大将军何进派他去东方招募士兵。后来担任济北相,协助太祖共图大事,遇害身亡。这些事记载在本书《董卓传》、《武帝纪》。建安十七年,太祖追记鲍信的功绩,上表封鲍勋的哥哥鲍邵为新都亭侯。征召鲍勋担任丞相掾。

建安二十二年,确立太子,任用鲍勋为中庶子。调任黄门侍郎,出任魏郡西部都尉。太子郭夫人的弟弟任曲周县吏,被判定偷盗官府布匹,按律应于闹市砍头曝尸。太祖当时在谯县,太子留守邺城,几次亲自写信替他请罪。鲍勋不敢擅自宽纵,把他的犯罪事实全部写明上报。鲍勋以前在东宫时,笃守正道而不屈服,太子本来就不喜欢他,到了又出现这件事,对他的恼怒怨恨就更加厉害。适逢魏郡边境军队休整又超过期限,太子就秘密命令中尉上奏罢免鲍勋官职。很久以后,才又任命鲍勋为侍御史。延康元年,太祖去世,太子即王位,鲍勋以驸马都尉的身份兼任侍中。

文帝受禅登极,鲍勋常常陈述"当今的急务,只在于军事和农业,对百姓宽厚仁惠。楼台水榭林苑园囿的建设,应该放在以后再议"。文帝将要出宫游猎,鲍勋拦住车驾上疏说:"臣下听说三皇五帝,无不明确治国的根本,树立教化,以孝道治理天下。陛下仁爱英明,有恻隐之心,如同古代英烈。臣希望陛下继承前代的圣迹,让后代万世可以效法,怎能在守丧之际从事围猎之事呢!臣下冒死让您听到这些,希望陛下深思。"文帝亲手撕毁了鲍勋的奏表,争逐行猎,中途停下休息时,问身边侍臣说:"游猎作为娱乐,比起音乐的愉悦怎么样?"侍中刘晔回答说:"游猎胜过音乐。"鲍勋驳斥说:"音乐上达神明,下可调和人事,使政治兴隆,达到天下大化,万邦安定。移风易俗,没有比音乐更好的了。况且游猎的事,在原野中暴露帝王的车盖,是损伤身体的根本原因,迎风冒雨,不是有违时间的规律吗?过去鲁隐公到棠地去观鱼,《春秋》指责了这件事。即使陛下把游猎当作急务，也是愚臣所不希望的。"接着又奏："刘晔巧言谄媚，不忠，他的言辞是阿谀顺从陛下的游戏之言。从前梁丘据在遄台取媚齐侯，刘晔就是这样的人。请求有关部门议定他的罪名，以使皇廷清净。"文帝恼怒得变了脸色，结束了游猎返回，随即贬鲍勋出任右中郎将。

黄初四年，尚书令陈群、仆射司马懿一同举荐鲍勋为宫正，宫正就是御史中丞。文帝不得已任用了他，百官尊敬畏惧，无不肃然。黄初六年秋，文帝想要征讨吴国，众大臣广泛讨论，鲍勋当面规劝说："朝廷的部队屡次征伐而没能攻克敌人的原因，是因为吴国、蜀国唇齿相依，凭依山水险阻，有难以攻拔的态势。往年御船漂荡，被隔断在南岸，陛下身处危险之中，臣下心惊胆破。那时朝廷几乎导致倾覆，成为百世的警戒。现在又劳动士兵，袭击遥远的目标，每天耗费许多钱财，国中财力消耗殆尽，使得狡黠的敌人轻视我国的威势，臣私下认为不可如此。"文帝更加恼怒鲍勋，把他降职为治书执法。

文帝从寿春返回，驻军在陈留郡境内。太守孙邕晋见文帝，出来后探望鲍勋。当时营垒还没修好，只立了标记矮栏，孙邕斜着穿行而过，没走正路，军营令史刘曜想要追究其罪责，鲍勋认为壕堑营垒还没建成，调解和阻止了这件事情，没有举报。大军返回洛阳，刘曜有罪，鲍勋上奏要求将他贬退，而刘曜却秘密上表，告发鲍勋私下解脱孙邕一事。文帝下诏说："鲍勋指鹿为马，逮捕交给廷尉处理。"廷尉依法议决："按刑罚，剃发戴枷服劳役五年。"三官驳回："依照律条罚交金子二斤。"文帝大怒说："鲍勋没有活的资格了，而你们竟敢宽纵他！逮捕三官以下人员交付刺奸执法，让你们十鼠同穴。"太尉钟繇、司徒华歆、镇军大将军陈群、侍中辛毗、尚书卫臻、代理廷尉高柔等人一同表奏说"鲍勋的父亲鲍信在太祖时有功"，请求赦免鲍勋的罪过。文帝不答应，于是诛杀鲍勋。鲍勋本就很注重修养日常品行，为政廉洁而能施舍，死的时候，家里没有多余的财产。二十天以后，文帝也去世了，没有人不为鲍勋叹息遗憾。

司马芝字子华,河内郡温县人。年轻时是个书生,到荆州躲避战乱时,曾在鲁阳山遇到强盗,一起赶路的人都丢弃老弱自顾逃命,唯独司马芝坐在那里守着老母亲。强盗来到后,把刀架在司马芝头上,司马芝磕头说:"我母亲年纪已老,她的生死也全看各位了!"强盗说:"这是个孝子,杀了他不义。"于是司马芝得以免害,用一辆手推车载送母亲。司马芝住在南方十多年,亲自耕种,坚守节操。

太祖平定荆州,让司马芝担任菅县县长。当时天下处在草创时期,人们多数都不能奉公守法。郡主簿刘节,是个出身巨族的豪杰,宾客有一千多家,在外成为盗贼,在郡内扰乱吏治。不久,司马芝差遣刘节的门客王同等人服兵役,掾史依据过去的情况禀报说:"刘节家向来没有出过徭役,如果到期他把王同等人藏匿起来,必定会留下个负担。"司马芝不听这套,写信给刘节说:"您是巨族大宗,又是郡守的辅佐,但您的宾客每次都不肯服役,这已使众百姓怨恨失望,有可能传给上面知道。现在调派王同等人服兵役,希望按时派出他们。"新兵已在郡里集中,但刘节藏起了王同等人,于是令督邮用战时法令责求县府。县掾史没有办法,只得请求代替王同等人上路。司马芝于是派人飞马向济南呈报檄文,详细陈述了刘节的罪行。太守郝光素来敬重信任他,立即让刘节代替王同服役,青州人称司马芝"让郡主簿当兵"。司马芝升任广平县令。征虏将军刘勋,依恃贵宠,骄恣强横,又因是司马芝故乡河内郡的大将,他的宾客子弟在境内多次犯法。刘勋给司马芝寄信,不署姓名,却常有请求嘱托的事,司马芝对此不给回复,全都依法办事。后来刘勋以图谋不轨罪被诛杀,与他有关系的人都获了罪,而司马芝则以有识见被人称道。

司马芝升任大理正。有人偷盗了官府的白熟绢放在厕所里,吏役怀疑是一名女工干的,把她逮捕关了起来。司马芝说:"惩罚罪犯的失误,在于苛酷暴虐。现在先得到赃物而后审讯口供,如果嫌犯经不住拷打,有可能导致冤屈认罪,这种情况是不可以断罪结案的。况且简明而易于遵从,是圣人的教化。不放过有罪的人,是一般朝代也能做到的治理方法,现在饶恕了被怀疑的人,以便发扬简而易从的原则,不也是可以的吗!"太祖接受了他的建议。后历任甘陵

郡、沛国、阳平郡的太守,在所任职的地方都有政绩。黄初年间,入京担任河南尹,抑制豪强,扶助弱小,对私下请托不予放行。适逢宫中内官想要请托司马芝办事,不敢开口,于是托司马芝妻子的伯父董昭说情,董昭也畏惧司马芝,不敢开口。司马芝为此教育下属众人说:"君主能设立教令,但不能做到让当官的必定不违犯。当官的能违犯教令,也不能做到一定不让君主知道。设立政教而有人违犯,是主君过于软弱;违犯政教而让人知道,是这官吏的祸患。君主在上过于软弱,官吏在下为非作歹,这就是政事所以不能治理的原因。难道不应该各自勉励吗!"自此属下吏役没有不自我勉励的。司马芝属下的循行曾经怀疑门下办事人员偷盗了自己的头簪,门下办事人员的口供与事实不符,官曹将他拘捕审讯。司马芝教诫说:"大凡事物有的互相类似而难于分别,除非是离娄那样的高人,否则很少有不迷惑的。就这件事的实际情况而言,循行怎么能为了爱惜一支簪子,而忍心轻易地伤害他的同事呢!还是压下这事别再过问了。"

明帝即位,赐封司马芝为关内侯。不久,特进曹洪乳母当氏与临汾公主侍者因为共同奉事无涧山神,被拘捕入狱。卞太后派遣宦官到司马芝府中传令,司马芝不让他进门通报,立即命令洛阳狱吏把他们拷问致死,然后上疏说:"各种应判死罪的情况,都应当事先上奏等待回报。先前曾下制书明确禁绝淫祀以端正风俗,现在当氏等人触犯了有关妖邪罪行的刑法,供辞刚刚确定,黄门吴达来到臣下这里,传达太皇太后命令。臣下不敢让他通报,恐怕会有人营救她们,急速报给圣上知晓,如不得已,也只好请皇上下令保护。此事如不能早些结案,是臣下的罪过,因此冒犯常规制度,自行命令县吏拷问致死,擅自执行刑罚,下臣等待皇上降罪。"明帝手书答复说:"看了奏表,明白了你的忠心,遵奉诏书,依凭权宜手法行事,是正确的。这是你奉接诏书的本意,哪里用得着请罪?以后宦官再去你处,千万不要让他们通报。"司马芝任大理正一职十一年,几次处理法律条文所不便治理的案子。他在公卿之间,秉持正直原则行事。适逢诸王来京朝见,与京都人交往串通,司马芝受到牵连被免职。

司马芝后任大司农。在这以前,各个典农部属的官员各自带领吏民从事商业以谋生计,获取大利。司马芝上奏说:"君王治理天下,尊崇本业,抑制末业,以农业为急务,视粮食最为重要。《王制》说:'没有三年的粮食储备,国家就不成其为国家。'《管子·区言》认为积存粟谷是最急要的。现今吴、蜀两国尚未剿灭,军旅没有止息,国家的首要任务,就是猛抓粮食布帛。武皇帝特意开设屯田官,专门管理农桑事业。建安年间,全国仓库充实,百姓富足。从黄初年间以来,听任各典农自谋生业,各自为部下算计,实在不是国家大局所应该容许的。做君主的人以天下为家,所以《春秋传》说:'百姓不富足,君王与谁一起富足!'富足的由来,在于不违背天时而尽地利。现在行商所求得的,虽有成倍的明显利润,但是对于国家统一的大计,已有不可估量的损失,不如垦田增加田亩的收入。农民耕作田地,从正月里开始耕种,然后锄草采桑,抗旱种麦,收割建场,到了十月里才结束。又得缮修仓库、架桔槔准备抽水,运送租赋,修道路,刷房子,一年到头,无时不在为农事忙活。现在各位典农都说'留下的人耕种出行的人的宗田,按为他们付出的劳力征收税赋,情势不得不这样。没有荒废的地方,就应当平常有剩余的劳力'。臣下认为不应该仍然让商业杂乱其间,应专门以农业为当务之急,对国家而言,这样才比较有利。"明帝接受了这个意见。

每当上级官员有召问的时候,司马芝常先召见下属掾吏,替他们判断召问的原因,教给他们应答的办法,而结果正像他所预料的那样。司马芝性情诚信正直,不矜持,有志节。与宾客谈论时,凡有不满意的地方,就当面批评那人的短处,背后却从不乱说人家短长。死在官任上,家里没有多余的钱财,从魏朝到现在,担任河南尹的人没有人能比得上司马芝。

司马芝死后,他的儿子司马岐继承了爵位,从河南丞转为廷尉正,升陈留国相。梁郡关在狱中的囚犯,牵涉面大,几年不能结案。诏令将这些官司迁移到司马岐下属的县里,县里申请预先制造监牢器具。司马岐说:"现在囚犯有几十人,既然他们狡诈,难符实情,并且已经被痛楚弄得疲倦了,其中真情是容易看出来的。怎么能仍然长久关在监狱中呢!"等到囚犯到了,责问他们,都没人敢于隐瞒欺诈,一个早上就判决结案,于是越级提升司马岐为廷尉。这时大将军曹爽专权,尚书何晏、邓飏等人做他的辅佐。南阳人圭泰曾因讲话违反了他们的意旨,被拷打后交由廷尉拘押。邓飏审讯,要判圭泰重刑。司马岐数落邓飏说:"中枢机要大臣是朝廷的辅佐,纵使不能辅助皇上推行教化道德,以与古代圣人齐肩比美,也不该像这样为泄一己私忿,平白冤枉无辜。使百姓心情忧惧的,不就是这样的人吗?"邓飏于是羞惭恼怒地退出。司马岐恐怕时间久了终究会获罪,托病辞去了官职。在家里住了不到一年就死了,享年三十五岁。儿子司马肇继嗣。

评:徐奕、何夔、邢颙崇尚峻急严厉,是当世的知名人士。毛玠清廉公正,行为朴素,司马芝忠贞老实,不偏不倚,大抵也不会欺软怕硬。崔琰人格高尚,最为优秀,鲍勋秉持正义,无所欠缺,但都不免于杀身之祸,可惜啊!《诗经·大雅》推崇"既明智又贤德"的人,《尚书·虞书》崇尚"刚直又温和"的人,如果不是全才,又有谁能同时具备这两种品格呢?

白话三国志卷十三　魏书十三

钟繇华歆王朗传第十三

钟繇字元常,颍川郡长社县人。曾经与同族叔父钟瑜一同去洛阳,路上遇到一个相面的人,那人说:"这个孩子有贵人相貌,但命里有溺水之劫,要尽最大努力避免不幸发生!"他们继续前行不到十里,过桥时马惊了,钟繇掉下水去几乎淹死。钟瑜因为相面的人说中了,更加看重钟繇,就供给他资金费用,使他能够专心求学。后钟繇被举荐为孝廉,任尚书郎、阳陵县令,因病离职。又被三府征召,任廷尉正、黄门侍郎。这时,汉献帝在西京,李傕、郭汜等人大乱长安,与关东地区关系断绝。太祖兼任兖州牧,开始派遣使者向天子上书。李傕、郭汜等人认为"关东想要自行奉立天子,现在曹操虽然派来使者,料想不是他们的真心实意",商议扣留太祖使者,拒绝他的意图。钟繇劝说李傕、郭汜等人说:"现今英雄并起,各人都假借皇命独断专行,只有曹兖州才心系王室,如果违逆他的忠心诚意,是不符合我们对将来时局发展的希望。"李傕、郭汜等人采用了钟繇的建议,对太祖给以优厚的回报,从此太祖的使命才得以与朝廷沟通。太祖已经几次听到荀彧对钟繇的称赞,又知道他对李傕、郭汜的劝说,心里更加有了他的位置。后来李傕胁迫天子,钟繇和尚书郎韩斌一同策划计谋对付他。天子得以离开长安,有钟繇的一份功劳。后官拜御史中丞,升任侍中、尚书仆射,并且合计他以前功劳封为东武亭侯。

这时关中众将马腾、韩遂等人,各自拥有强兵,相互争战。太祖在山东地区正有战事,忧虑关西的局势。于是上表任命钟繇以侍中的身份暂时署理司隶校尉,持节督察关中各路部队,将后方事务委托给他,特许他不受法律条文的约束。钟繇到达长安后,送书信给马腾、韩遂等人,为他们陈述利弊祸福,马腾、韩遂各派一个儿子入京侍奉天子。太祖在官渡与袁绍对峙,钟繇送去两千余匹战马资助战事。太祖给钟繇写信说:"得到送来的马匹,很适应部队的急需。关西地区能够平定,朝廷从此无西顾之忧,都是足下的功勋。当年萧何镇守关中,以充足的食粮成全了前方的军队,你的功劳也恰好与他相当。"这以后匈奴单于在平阳郡作乱,钟繇率领各路军队包围他们,尚未攻克;而袁尚所安置的河东太守郭援到了河东,人数众多。众将议论想要放弃单于撤军,钟繇说:"袁氏正在强盛的时候,郭援到来,表示关中将领有人暗中与他勾结,之所以还没有全部反叛,不过是顾忌我的威势名声罢了。如果我们放弃此地离去,就是向他们示弱,那么所在的百姓,谁不是我们的仇敌?即使我想要回去,会有这样一条送我们平安回家的通途吗!这是尚未开战先将自己置于必败的境地。况且郭援刚愎自用,争强好胜,必定轻视我军,如果他们渡汾河扎营,我们趁他们将渡未渡之时打击他们,可以大获全胜。"张既劝说马腾来会合攻击郭援,马腾派儿子马超率领精锐部队迎面攻来。郭援到了以后,果然轻率地要渡汾河,众人劝止,他不听从。当他们渡河不到一半时,钟繇发兵攻击,大败郭军,斩杀了郭援,降服了单于。此事记在本书《张既传》中。这以后河东卫固作乱,与张晟、张琰及高干等人一起攻城掠地,钟繇又率领众将领讨伐并打败了他们。自从天子西迁长安,洛阳百姓人口剧减,钟繇将关中民众迁徙过来,又招纳逃亡叛离的人口来充实,几年之内百姓户口逐渐充实,太祖征讨关中时,得到它作为资用基地,因此上表任命钟繇为前军师。

魏国建国之初,钟繇任大理卿,升迁相国。文帝在东宫做太子时,赐给钟繇五熟釜,在釜上铭刻文字说:"堂堂魏国,是汉室的藩屏。相国钟繇,是魏国的栋梁。日夜操劳,无暇安居。百官效法,堪称楷模。"几年后,钟繇受西曹掾魏讽谋反一事的牵连,被免职归家。文帝即魏王位,恢复了钟繇的大理卿职务。到文帝受禅登极之后,钟繇改任廷尉,晋封为崇高乡侯。后升迁为太尉,改封平阳乡侯。当时司徒华歆、司空王朗,同是上代名臣。文帝退朝后对身边人说:"这三公,都是一个时代的伟大人物,后世大概难有后继了!"明帝即位,晋封钟繇为定陵侯,增加封邑五百户,连同以前共一千八百户,升迁为太傅。钟繇膝关节有毛病,下拜起身不方便。当时华歆也因为年老患病,上朝晋见时都让他们乘坐肩舆,由虎贲卫士抬着上殿就坐。这以后三公有病,就以此作为惯例。

当初,太祖下令,让大家讨论关于死刑可以改判宫割之刑的设想。钟繇认为:"古代的肉刑,经历了圣人的设置改定,现在应该再次施行,以代替死刑。"参加讨论的人认为肉刑不是取悦民众的方法,于是终止。到文帝亲以酒食犒劳群臣之际,下诏说"大理卿想要恢复肉刑,这确实是圣王的法度。各位公卿应当好好地共同讨论这个建议。"还未议决,赶上发生战事,于是再次搁置。太和年间,钟繇上疏说:"大魏承受天命,继承虞夏足迹。汉文帝改革刑法,不合古人之道。先代皇帝的圣德,本来就是上天所恩赐的,三坟五典的事业,要一脉相承到底。因此文帝继承前世,接连颁发明智的诏令,打算恢复古刑,作为一代的法典。因为接连发生战争,终于没能施行。陛下追随父祖的遗志,痛惜于斩趾的刑罚可以禁除坏事,遗憾于被判死刑者的无辜受戮,让臣下好好地学习律例法令,与众大臣共同商议。建议本当斩去右趾而归入死刑范畴的,恢复执行斩趾的刑罚。《尚书》说:'皇帝详问百姓,鳏夫寡妇都对有苗有怨恨之辞。'这是说尧将要废除蚩尤、有苗的虐刑,先详细询问百姓中那些有怨言的人。如果现在审断官司时,传讯询问三槐、九棘、众吏役、万民百姓,就让他们按照汉景帝的法令规定的那样,对那些应当执行死刑的犯人,自己想要改为斩去右趾的肉刑,就准许他们的请求。对那些应当执行黥、劓、斩左趾、宫等肉刑的人,仍然依照汉文帝的办法,改为髡、笞等刑罚。犯有男女奸情的人,通常年纪在二十到四五十岁之间,即使斩了他们的右脚,还是能够生育。现今全国人口少于汉文帝时代,估计臣下的建议所能全活的人,每年约有三千。张苍废除肉刑,而所杀的人每年数以万计。臣下想要恢复肉刑,每年

可以使三千人活命。当年子贡问孔子能够拯救百姓可以称为仁吗？孔子说：'哪里仅仅是仁爱，那一定是圣德了，尧舜大概也难于做到完美无缺呢！'又说：'仁爱离我们远吗？我想要实行仁爱，仁爱就来了。'如果确实这样做，百姓将能永久地得到好处。"书上奏，明帝下诏说："太傅学优才高，留心政事，又深通刑法义理。这是件大事，公卿群臣要一起好好讨论。"司徒王朗认为"钟繇想要轻易减少大辟的条款，增加刖刑的数量，这就好像是把躺下的人竖立起来，把尸体转化为活人。但是臣下愚蠢，仍然有与这个建议不完全符合的稍稍有异的意见。五刑的条款，都明确记载在法律条文之中，法律条文本来就有减死一等的规定，不执行死刑，就是减刑了。这个规定施行已经很久了，不必凭借斧凿来大兴肉刑，然后才有罪刑的等次。前世仁爱的人，不忍心见到肉刑的惨厉酷毒，因此废弃不用。不用以来，已经过去好几百年了。现在恢复实行，恐怕减轻死刑的文书还没公布到万民眼前，有关我们滥施肉刑的质问已经宣扬到仇敌耳中了，这可不是用来招徕边远人民的做法。现在可以按照钟繇所要减轻的死罪，把死刑减轻为髡、刖的刑罚。这样惩处若还嫌轻的话，可以加倍增添犯人服劳役的年限。这样做，可以说对内有起死回生不可估量的恩德，对外没有用砍足代替脚镣的骇人听闻的名声"。参加讨论的有一百多人，意见与王朗相同的居多。明帝因为吴、蜀尚未平定，暂且搁置了这项讨论。

太和四年，钟繇去世。明帝身穿缟素前往吊唁，谥钟繇为成侯。钟繇之子钟毓继承父爵。当初，文帝曾分出钟繇的部分封邑，赐封钟繇之弟钟演和钟演之子钟劭、其孙钟豫为列侯。

钟毓字稚叔。十四岁担任散骑侍郎，机智敏捷，言谈幽默，有父亲钟繇的风范。太和初年，蜀国丞相诸葛亮围攻祁山，明帝想要西征，钟毓上疏说："谋划贵在出于朝廷之中，战功也以运筹于帷幄之中为上，不用走出殿堂，而决定胜负于千里之外。皇上应该镇守中原，以作为四方军事威势的后援。现在大军西征，即使有百倍的威力，对于关中的损失已不止一点。并且在盛暑时节出动军队，曾被诗人看得很重，实在不是至尊车驾行动的时候。"迁升钟毓为黄门侍郎。当时正在洛阳大兴土木，营造宫室，明帝车驾就到了许昌，全国官员都应当来许昌朝见。许昌地方狭促，于是在城南铺上毛毡作为朝会大殿，上演鱼龙曼延的文艺节目，百姓疲于劳役。钟毓进谏，认为"现在水旱灾害无常，国库空虚，这一类事情，应该等待丰收年份再去进行"。又上书说："应该恢复在关内地区开垦荒地的措施，使百姓尽力于农耕。"这些事于是得以施行。正始年间，钟毓任散骑常侍。大将军曹爽在盛夏时节发兵征讨蜀国，蜀国顽强抗击，魏军不能前进。曹爽正准备增加兵力，钟毓给他写信说："我私下认为决胜于朝廷的策略，不应亲冒飞箭滚石的危险；王者之兵，应该是只征讨而无须正面交锋。果真是舜舞干戚可以征服有苗，晋文公后退三十里就足以取胜于中原，而不必像吴汉那样长驱直入江关，像韩信那样奔战井陉。见可而进，知难而退，是自古以来征战的正道。希望公侯您慎重考虑！"曹爽最终无功而返。后来钟毓因为不合曹爽的心意，改任侍中，出任魏郡太守。曹爽被诛杀后，钟毓又入京担任御史中丞、侍中、廷尉。听到君父已死，臣下可以出面辨诬，以及士人有了侯爵以后，他们的妻子不得再嫁，这些规定都是钟毓所创设的。

正元年间毌丘俭、文钦反叛，钟毓持符节到扬州、豫州颁行朝廷赦免令，通告士人百姓，回来后担任尚书。诸葛诞反叛，大将军司马昭打算亲自去寿春讨伐诸葛诞。适逢吴国大将孙壹率领部下前来投降，有人认为"吴国近来有矛盾，必定不能再出兵。我们在东线的兵力已很多，可等以后再说"。钟毓认为"评论事情，估量敌人，应当以己之心，度人之腹。现在诸葛诞将全部淮南土地送给吴国，而孙壹所率领的，人口不到一千，士兵不过三百。吴国所失去的，几乎可以说根本不算什么。如果寿春的重围不能解除，而吴国国内又转为安定，是不宜断然料定他们决不会出兵的呢。"大将军说："正确。"于是带着钟毓出发了。淮南平定以后，钟毓任青州刺史，加官后将军，升迁为都督徐州诸军事，假以符节，又转为都督荆州。景元四年去世，追赠为车骑将军，谥号为惠侯。儿子钟骏承嗣。钟毓的弟弟钟会，自己有传。

华歆字子鱼，平原郡高唐县人。高唐是齐国有名的都邑，士大夫没有不到市里交游的。华歆做官时，休假的日子离开官府，就回家关门不出。议事论人公正持平，始终也不毁谤别人。同郡人陶丘洪也很知名，自己认为见解明智超过华歆。当时王芬与一些豪杰人物策划废黜汉灵帝，此事记载在本书《武帝纪》中。王芬暗中招呼华歆、陶丘洪共同确定计策，陶丘洪打算前去，华歆劝阻他说："废立皇帝是一件大事，连伊尹、霍光都感到为难。王芬性情放纵又欠缺果决，这事必定不能成功，而灾祸将要涉及族人。你别去！"陶丘洪听从了华歆的话没有去。后来王芬果然失败，陶丘洪这才服气。华歆被举荐为孝廉，任郎中，因患病辞去官职。汉灵帝驾崩，何进辅佐朝政，征召河南人郑泰、颍川人荀攸及华歆等人。华歆到京，授任尚书郎。董卓胁迫天子迁都长安，华歆请求出任下邽县令，因病没有到职，于是从蓝田到了南阳。这时袁术在穰城，留住了华歆。华歆劝说袁术进军讨伐董卓，袁术不能采纳。华歆想要离开袁术，适逢天子派太傅马日磾安定关东，马日磾征召华歆为属官。华歆向东到了徐州，朝廷下诏任命他为豫章太守，因为在处理政事上公正廉洁而不烦琐，受到官吏民众的感激爱戴。孙策占领江东，华歆知道孙策善于用兵，就以幅巾束发前往迎奉。孙策因为华歆是年长的人，所以用上宾礼节对待他。后来孙策死了。太祖在官渡，上表天子征召华歆。孙权不想让他走，华歆对孙权说："将军您奉帝王之命，才与曹公交好，料想情义尚未巩固，让我能为将军效劳，岂不是有益的事吗？现在徒然留下我，是养了个无用的东西，这不是将军的最佳选择啊。"孙权高兴了，这才遣走了华歆。宾客旧友来为华歆送行的有一千多人，赠送的礼金多达数百金。华歆都没有拒收，私下做好标记，到了临走时，才把各种礼物聚在一起，对众宾客说："我本来没有拒绝各位的心意，但所接受的终究太多。考虑我独自乘车远行，将因怀藏美玉而招致灾难，希望各位宾客替我考虑。"众人于是各自收回了自己的赠品，对华歆的德行表示佩服。

华歆到了太祖那里，拜官为议郎，参司空府军事，又进任尚书，转任侍中,代替荀彧担任尚书令。太祖出征孙权,上表任命华歆为军师。魏国建立后,担任御史大夫。文帝即魏王位,任命华歆为相国,封安乐乡侯。到文帝受禅登极之后,改任司徒。华歆向来以清贫自守,俸禄赏赐常用来救济亲戚故旧,家里没有一担粮的储蓄。公卿都曾受赐没入官府的仆人,而只有华歆把她们放出嫁人。文帝叹息,下诏说:"司徒,是国家才德过人的公卿,为国调和阴阳管理日常事务。现在大官都用丰盛的膳食,而司徒却素菜淡饭,实在不太妥当。"特别赐给华歆御衣,又为他的妻子儿女都制作了衣服。三府建议:"荐举孝廉,本来应以德行为标准,不再用考试经典来限制。"华歆认为"天下大乱以来,六经毁坏衰败,应当努力恢复保存,以发扬王道。制订法令,是用来治理衰世。现听说举荐孝廉不用经过经学考试,恐怕学业就要从此废弃。如果有特异优秀的人才,可以特殊征用。我们担忧的是没有人才,哪里担忧有人才而不能得到呢?"文帝听从了他的意见。

黄初年间,朝廷下诏命公卿举荐有特立独行的君子,华歆举荐了管宁,文帝便用安车征召他。明帝即位后,晋封华歆为博平侯,增加封邑五百户,连同以前的共一千三百户,转任太尉。华歆托病请求退职,把官位让给管宁。明帝不准。临近朝臣大型朝会之时,明帝派散骑常侍缪袭奉诏劝告华歆说:"朕新近治理各种事务,日理万机,担心处理有不妥之处。想依赖有德行的大臣,出大力辅佐朝政,而您几次称病辞让职位。选择考量君主,不处朝廷,抛弃荣华富贵,不求官位,这样的事例,古人固然已经有过了,回看周公、伊尹却不是这样。洁身自好,坚守贞操,平常人可以那样做,却不希望您也那样。您还是应当勉力来参加朝会,就算是给我一个人好处。我将在餐桌前站立,让百官各统己职,等您到来,我然后入座。"明帝又命令缪袭:"必须等到华歆起行,你再回来。"华歆不得已,才起身赴朝会。

太和年间,明帝派遣曹真从子午谷山道讨伐蜀国,明帝车驾向东到了许昌。华歆上疏说:"自从战乱发生以来,已超过了二十四年。大魏承受天命,陛下凭借圣德正当周成王、周康王那样的隆盛时期,应该弘扬一个时代的治绩,继承三王的胜事。虽然还有吴、蜀两个敌国依凭险阻苟延残喘,如果圣王教化日益发展,僻远地方的人民感怀德政,也将背负幼儿前来投奔。军队要到不得已的时候才用,所以平时要刀枪入库,停止用兵,时机合适才可以行动。臣下诚恳希望陛下先留心于治理国家的方法,把出兵征伐作为以后的事情。况且从千里之外转运军粮,不是用兵的有利条件;穿越重重险阻,深入敌国,难有独力克复的功效。听说今年征调兵役,于农桑事业颇有损失。治国的人以百姓为基础,百姓以穿衣吃饭为根本。假使中原地区没有饥饿寒冷的忧患存在,百姓没有离开故土的心思,那样就是全国最大的幸运,两个敌国要面临的灾祸,可以坐等它自行到来。臣下身任宰相,年已老迈疾病一天比一天加深,再效犬马之劳的时日不多,恐怕不能再侍奉陛下了,所以不敢不竭尽臣子的忠心,希望陛下裁决明察!"明帝答复说:"您深忧国家大计,我很是赞美。贼国凭借山川险阻,武帝、文帝二祖在前代操劳,尚且不能攻克平定,我岂敢自我夸耀,认为一定能消灭他们呢!众将认为如果不去试攻一下,无从使他们自行衰败,因此出兵观察以寻找他们的破绽。如果天时还没到来,像周武王那样的自动回师,已有前代事例作为借鉴,朕将不会忘记您的告诫。"当时正值秋季大雨,明帝下令曹真带领军队返回。太和五年,华歆去世,谥号为敬侯。其子华表承嗣。当初,文帝曾分出华歆封邑,封华歆的弟弟华缉为列侯。华表在咸熙年间任尚书。

王朗字景兴,东海郡郯县人。因为通晓经学,官拜郎中,任菑丘县长。师从太尉杨赐,杨赐去世,他弃官服孝守丧。被荐举为孝廉,公府征召,他都不肯上任。徐州刺史陶谦举荐王朗为秀才。当时汉献帝在长安,关东起义兵,王朗任陶谦手下的治中,与别驾赵昱等人劝说陶谦说:"《春秋》的义旨是,谋求诸侯地位不如勤王。现在天子远在西京,应该派遣使者去朝见并接受君王的指令。"陶谦于是派赵昱带着章奏到了长安。天子赞美他的心意,任命陶谦为安东将军。任命赵昱为广陵郡太守,王朗为会稽郡太守。孙策渡过长江攻占江北土地。王朗的功曹虞翻认为我方兵力不足拒敌,不如避敌不战。王朗认为自己身为汉朝官吏,应该保守城镇,于是发兵与孙策作战,战败,渡海到东冶。孙策又来追击,王朗大败。王朗于是去见孙策。孙策因为王朗风度儒雅,只诘问责难了一番而没有杀害他。王朗虽然陷于颠沛流离的境地,自己穷困潦倒,朝不保夕,但是仍然接收和抚恤亲戚故旧,分多割少,施行仁义的事迹十分显著。

太祖上表征召王朗,王朗从曲阿出发,辗转于江、海之上,奔波了一年多才到。官拜谏议大夫,参司空府军事。魏国刚建立时,王朗以军祭酒的身份兼任魏郡太守,又升迁为少府、奉常、大理卿。他处理案件以宽恕为本,罪行难以决断时则从轻判处。钟繇对刑法有精细透彻的见解,两人都以治理诉讼案件著称于世。

文帝即魏王位,王朗升任御史大夫,封安陵亭侯。王朗上疏劝谏抚育民众减省刑罚说:"战乱以来三十余年,四海动荡倾覆,万邦劳瘁绝灭。幸赖先王铲除贼寇,扶助育养孤弱百姓,才使中原重新有了秩序和法纪。天下百姓聚集在魏国土地上,疆域内鸡鸣狗吠的声音传到四面八方,百姓快快乐乐,庆幸自己遇上升平世界。现今远方的敌寇还没有归服,征战之事还没有停止,果真下令免除徭役赋税,可以使远方民众归附,有才德的宰相足以向天下宣示德行恩泽,田间道路都被修复,四方百姓殷富强盛,必定会超过古代而比从前的日子更好。《周易》称述'赦法',《尚书》著录'祥刑','天子一人有善,亿万人民便得到幸福',说的就是慎于用法制刑的意思。过去曹参相国把断案托付给后任,路温舒憎恨严酷的狱吏。治理官司的人善于获得真情,那么就没有负冤而死的人犯;壮年男子能够努力耕种土地,那么就没有遭受饥饿的百姓;穷困老人能够依靠国库积蓄接济,那么就不会发现因饥饿而死的尸体;婚娶及时,那么男女就没有孤枕难眠的怅恨;对胎儿的保养一定要健全,那么怀孕的妇人就没有自身受到伤害的哀痛;对新生婴儿必定免除赋税,那么孕育者就没有无力生养的哀痛;壮年以后才服徭役,那么幼小的人就没有离开家庭的愁思;头发斑白的老人不必当兵,那么老年人就没有困顿倒伏的忧虑。有医有药,以治疗那些患了疾病的人,宽减徭赋,以使劳动者安居乐业,有威有罚,以抑制强横之徒,施恩施仁,以帮助弱者,发放赈贷,以赡养那些贫苦困乏的人。十年以后,成年女子必定充满里巷。二十年以后,能胜任兵役的人必定漫山遍野了。"

到了文帝受禅登极,王朗改任司空,晋封为乐平乡侯。当时文帝常常外出游猎,有时天黑才回皇宫。王朗上疏说:"帝王的居处,外面设置周密的护卫,里面有重重禁门,将要出行则布置了卫队以后才走出帷幄,布好警卫以后才走下台阶,弓弦拉开以后才登上车驾,清道以后才导引车驾,掩蔽后才发车,房室清理以后才休息,这都是用来突出至尊地位,务必保持警戒慎重,给后人留下效法的典范。近些天来陛下车驾出行捕虎,午后出发,到了黄昏才返回,违背了帝王出入的常规,不是君王极端慎重行动的做法啊。"文帝答复说:"看了您的奏表,即使是魏绛称引虞人的箴言以劝谏晋悼公,司马相如敷陈猛兽形状以告诫汉武帝,都不像您说的这样通透明白。现在吴、蜀二寇尚未歼灭,将帅都在远方征战,所以我要不时走入原野以练习战备。至于夜间回来的警戒,已经诏令有关部门施行了。"

起初,建安末年,孙权曾经派遣使者来自称属国,而与刘备交战。文帝下诏命大臣讨论"应当出兵和吴国一起攻取蜀国与否"。王朗议论说:"天子的军队,重于华山、泰山,应该安坐以显示上天的威严,像大山一样岿然不动。假使孙权亲自与蜀国贼寇相持,双方搏战旷日持久,势均力敌,不能迅速决定胜负,需要我们出兵以促成他们的胜败局势,那时再选派行为持重的将领,集中打击寇贼的要害,但也须观察时机然后采取行动,选择地形然后出兵,一战成功不留后患。现在孙权的部队尚未行动,那么我们援助吴国的部队就用不着先行出征。况且现在雨水正盛,不是兴师动众的有利时机。"文帝采纳了他的建议。黄初年间,有鹈鹕聚集在灵芝池上,文帝下诏命令公卿举荐志节行为高尚的君子。王朗推荐了光禄大夫杨彪,并且托病把自己的职位让给杨彪。文帝于是为杨彪设置吏役士卒,使他的地位与三公相同。文帝诏令说:"我向您求取贤才没有得到,您却反而自称有病,使我不但没有得到贤才,还开启了失去贤才的方便之门,增加玉铉倾斜的忧虑。莫非我曾经言辞不善,违背了您的心意!您还是别再推辞了。"王朗这才出任。

孙权想派他的儿子孙登入朝做侍臣，还没有到。这时文帝车驾迁移到许昌，正大兴屯田，想要出兵东征孙权。王朗上疏说："从前南越奉行善举，派遣太子婴齐入侍汉朝，这才成了继承王位的人，回国做了君王。康居骄傲狡猾，情实不符，都护郭舜奏议，认为应该把他入朝做侍臣的儿子遣送回去，以贬斥他的无礼。并且当初吴王刘濞的灾祸，就萌发于他的儿子入侍汉帝朝廷，隗嚣反叛，也不曾担忧他的儿子隗恂会被杀掉。以前听说孙权有过送儿子来朝的话，却不见到来，现在六军戒备森严，臣下恐怕众人没有明白您的旨意，该说国家怨恨于孙登拖延入朝，所以为之兴师动众。假设部队还没出发而孙登突然来了，那么就是所发动的事情极大，而所引发的原因却极小，还不足以为之庆贺。假设他傲慢凶狠，一点也没有入侍朝廷的意思，恐怕那些未能明白圣旨的舆论，将一同怀有愤懑抑郁。臣下愚见认为应该命令各路出征的将领，各自明确地奉行禁令，谨慎地看守所率领的部队。对外炫耀烈烈声威，内则广泛从事耕稼，使将士们安静如山，恬淡如潭，威势不可动摇，计谋不可预测。"这时，文帝因已集结成军而终于发兵出征，孙权的儿子没有到来，文帝到了长江边便返回。

　　明帝即位，晋升王朗为兰陵侯，增加封邑五百户，连同以前的共一千二百户。王朗受命赴邺城察看文昭皇后陵墓，他看到百姓中有一些人不能维持生活。此时明帝正在大修宫室，王朗上疏说："陛下即位以来，屡次发布施恩的诏书，黎民百姓无不欢欣鼓舞。臣下刚刚奉命出使北方，往返中听说各种徭役可以免除减轻的有很多。希望陛下重视日中则昃的道理，用计谋制御敌寇。过去大禹将要拯救天下的大灾患，因而先移居到低矮的房子里，节衣缩食，因此能够全部占有九州之地，纠正收伏五服四方。越王句践想要扩大吴界边戍之地御儿的范围，以便将来有机会报复夫差，也大力约束自己及其家属，节省家用以供给国用，因此能够囊括五湖，席卷三江，威震中原，在全国确立了他的霸主地位。汉朝的文帝、景帝也想要弘扬祖业，增加崇高宏大的统绪，所以决意不建耗资百金的露台，用穿粗布衣服来表明节俭，在朝廷内减少太官，不接受贡献，在外省减徭役税赋,让百姓专务农桑,因此能够实现升平,几乎使刑法搁置不用。汉武帝之所以能发挥军事优势,开拓境外疆土,实在是因为祖上蓄积的实力素来充足,所以终于能成就大的功业。霍去病,不过是个中等才分的将领,也因为匈奴未灭,不修建居室。这表明忧虑长远事务的人,对近旁的事务应务求简略,从事对外事务的人,对内务应力求简单。从汉朝初建到它的中兴,都是在战事大致停息以后,然后才宫殿并起,宗庙齐建。现在建始殿前面足够用于朝廷大会,崇华殿后面足够用于安排内宫,华林园、天渊池足够用于游宴。或者且先建成高大的宫门观阙,使它足够用来排列前来朝贡的远人,修整城池,使它足够用来禁绝攀缘,成为皇宫的险要构筑,至于其余的一切建筑,暂且等到丰收年份再去考虑。一心一意以努力农耕为急务,练习军事防备为要务,那么国中就没有怨女旷男,人口增长,民富兵盛,如果贼寇还不来归顺,百姓还不能和乐,那样的情况是不会有的。"王朗改任司徒。

  当时皇子接连病死,但后宫中与皇帝同居的妃嫔却不多,王朗上疏说:"过去周文王十五岁生有周武王,才享有十个儿子的福祚,增多了姬姓的后代。周武王老了以后才生了周成王,成王因此兄弟很少。这两位周王,各自树立了大德,不相上下,但说到享有子孙的福祚,则大不相同。大概是因为他们生育有早有晚,所生下的子女有多有少的缘故。陛下已经德行福祚兼具两位圣人之美,年龄高于文王生育武王之时,而您的像姬发一样的儿子还没有在后宫中出生,藩王们在众嫔妃的居室中也生得不多。拿周成王的出生来作比喻,虽然还不算晚,但如果取譬于武王的哥哥伯邑的出生时间,就不算早了。《周礼》规定六宫宫人为一百二十人,而诸种经典的平常说法,都以十二人为限度,到了秦朝汉朝末年,有时就数以千百计了。但虽然姬妾很多,而及时生育的却极少,说明'多子'的根本,实在在于一心一意,不只在丁贪多务广。老臣诚恳希望国家有像轩辕黄帝生育二十五个儿子那样的福祚,而现今还不及周文王的生育十个儿子,因此抑郁。另外幼儿常常苦于被褥太暖和,太暖和了就不适宜于柔弱的体肤,所以难以防护,以至转而令人伤感。如果常常让幼儿的丝绵袍不至于太厚,就必能全部保存金石般坚强的体性,而能寿比南山。"明帝答复说:"忠诚至深的人言辞恳切,爱心深厚的人语言深刻。您既劳心思虑,又手写奏疏,顺势且成美善之事,几次三番阐述有德之言,使我无比欣喜。朕的继承人尚未确立,成为您的忧虑,我恭敬地接受您的至诚之言,很高兴地听到善意的规劝。"王朗著有《易》、《春秋》、《孝经》、《周官》诸传,还有他的奏议论记各类著作,都流传于世。太和二年去世,谥号为成侯。其子王肃继承爵位。当初,文帝分王朗封邑,准备封他的一个儿子为列侯,王朗请求封给他哥哥的儿子王详。

王肃字子雍。十八岁时,师从宋忠研读《太玄》,并能重作解析。黄初年间,王肃任散骑、黄门侍郎。太和三年,任散骑常侍。太和四年,大司马曹真征讨蜀国,王肃上疏说:"以前有过这样的话:'靠千里以外转运粮食,士兵会面有饥色,靠砍柴打草以后烧火做饭,士兵们不能隔夜饱。'这说的是在平坦道路上行军的情况。又何况现在是深入险阻地区,靠开山凿路前进,这样行军的劳苦更要超出百倍。现在又加上雨水连绵,山高路滑,众人走在山路上面,拥挤不能前进,粮食悬于千里之外,难以供给,这实在是行军的大忌。听说曹真出发已经超过了一个月,而子午谷这才走了一半,这是士兵们把精力都用在开路以便通行上面了。这使贼寇意外地得以以逸待劳,这是军事指挥员最害怕的情况。说到以前的朝代,周武王讨伐商纣王,出了关又回去;论到较近的事例,武帝、文帝分别征讨孙权,到了江边却没有渡过。难道不是所谓随顺天意、知晓时运、通于权变的举动吗!百姓知道圣上是因为雨水连绵、路途艰险的缘故,才停止出征、与民休息,那么以后的日子里要是有了什么机会,再乘隙而入,这就叫'心悦诚服地去犯难冒险,众百姓也会舍生忘死'的境界了。"于是终止了这次出征。王肃又上疏说:"应该遵行旧时礼仪,为大臣举行哀悼仪式,在宗庙进献果品进行祭祀。"这些事情都施行了。王肃又上疏陈述处理政事的根本问题说:"废除无事可做的职位,减少并不急需的俸禄,停止多余食用的经费,裁并无所事事的官员;使官员必有职责,有职就要胜任其事,做事必定接受俸禄,俸禄可以代替耕作的劳役,这是自古以来的常规,也是当今所适用的原则。官少俸禄增多,那样公家的开支就少,人们晋升官职的愿望就强烈。每个人各自施展自己的才能,不会相互依赖。用章奏发表见解建议,以考核检查政绩功劳,这样某个官员贤能与否及可否任用提升,就一切全在帝王心里了。因此唐尧、虞舜设置官员,分派职位,命令公卿各负其责,然后只让龙一个人担任喉舌之官,像今天的尚书,通过他来向帝王禀报官属动态并向下宣布帝王的命令而已。夏朝、商朝情况如何不能详知。《甘誓》上说'六事之人',说明六卿之职也主管政事。《周官》就记载得详备,帝王五天一次到朝廷处理公务,公卿大夫一同进朝,而由司事辨别他们各自的位置。《考工记》称'坐而论道,说的是王公;站着做事,叫作士大夫'。到了汉朝初年,参照比拟前代,公卿都亲自为处理公事到朝廷办公。所以汉高祖亲身追赶返身而走的周昌,汉武帝远远许可汲黯的奏事,汉宣帝让公卿五天一朝,汉成帝开始设置尚书五人。从此以后制度废弛,朝会礼仪便不完备。可以恢复五天一次朝廷共同办公的礼仪,让公卿尚书们将各自要办的事情进奏。把废弛的礼仪复兴起来,光大弘扬圣王的传统,这真是名声好而实效多的措施啊。"

青龙年间,山阳公刘协去世,他原是汉朝的君主。王肃上疏说:"过去唐尧禅位给虞舜,虞舜禅位给夏禹,都是完成了三年的居丧期,然后才即位登极。因此皇帝的称号没有亏损,君父的礼仪仍然存在。现今山阳公顺应天命,应合民众的愿望,将帝位让给大魏,自己退处宾客的位置。山阳公奉事魏朝,不能说不尽礼节。魏朝对待山阳公,优待尊崇而不视为下臣。到了山阳公去世,棺椁入殓的制式,车子役夫的装饰,都与帝王相同,因此远近肯定魏朝的仁慈,认为是隆盛美好的安排。另外汉朝将帝、皇两个称号结合起来,号称皇帝。有分开称帝的,没有单独称皇的,那么皇的称号梢微次一级的了。因此在汉高祖登基之初,他的父亲还健在,于是让人称他父亲为太上皇,表明是要避开两个帝王的误解。何况现在是用来赠送给已死的人,可以让人称山阳公为皇,以和他的谥号相配。"明帝没有听从，而让山阳公称帝，于是追谥山阳公为汉孝献皇帝。

后来王肃以常侍的身份兼任秘书监，兼崇文观祭酒。景初年间，宫室建造十分兴盛，民众无法从事农业生产，官府不守信用，刑罚处理仓促。王肃上疏说："大魏承继百王之末，人民所剩无几，战火未熄，实在应该使百姓休养生息获得恩惠以使远近安宁。欲求蓄积财物而使疲倦的百姓得以休息，在于省减徭役而努力耕种。现今宫室没有修好，功业没有完成，漕运调派粮物，需要层层辗转供应。因此丁壮在各种劳役中疲于奔命，农夫离开了他们的田地，种粮的人少，吃粮的人多，旧粮已经吃完，新粮却无法接续。这是一个国家的最大忧患，而不是事先有准备的长远策略。现在可以看到服劳役的有三四万人，九龙殿可以使天子安居，它的里面足以排列六宫，显阳殿也即将完工，只有太极殿的前面工程量还大，正逢酷寒，疾病时有发生。诚恳希望陛下快降福音，颁下贤明的诏令，深深怜悯役夫的疲劳，深切哀怜役夫们的疲惫，确实体谅广大百姓的衣食不足，裁去那些常食官粮的人，取消不急需的费用，选择其中的壮年男子，留下一万人，使他们一个工期就得到替换，都知道休息替代有固定的日期，那样就没有人不高兴地做事，即使劳累也不会心怀怨恨。合计一年有三百六十万役夫的工作日，也不算少了。按原计划应当一年完成的，且让它三年完成。分别遣返其余的劳力，使他们都从事农业生产，这是好处无穷的办法。粮仓有多余的粮，民众有多余的劳力，用这些来建立功业，有什么功业不能建立？用这些来推行教化，有什么教化不能成功？取信于民，是一个国家最宝贵的东西。孔仲尼说：'自古以来人都要死，不讲信用民众就不会服从。'一个小小的晋国，微不足道的重耳，想要调发使用他境内的人民，就先让大家看到他的信用，因此虽明知原国投降在即，仍信守承诺而退兵回国，从而用一次征伐就完成称霸，至今仍被人称道。前一段时间，天子车驾将要到洛阳去，征发民众服役建立大营，官府许诺说大营建成就停止服役。但是建成以后，又利用这些劳力继续为他们谋利，不放他们回去。官府中只知谋取眼前的利益，而不顾及治国的根本。臣下认为从今以后，如果再使用民众服役，应该明确宣布命令,必定遵守规定期限。如果接着还有别的事情需要劳力,那就宁可再次征发,不要有一次丧失信用。凡属陛下临时下令执行刑罚的,应该说都是些犯有罪行的官吏,应该处死的犯人。但是众百姓不知道这种情况,把它说成是仓猝行事。所以希望陛下干脆把这种判决交给下面的官吏,宣布那些犯人的罪行。同样是处死,不要让他们玷污宫廷而又让远远的人们怀疑。并且人命关天,杀死容易,要让他活过来可就难了,断了气就无法接续了,因此圣贤把这事看得很重。孟轲说过,即使杀一个无辜的人而获得天下,仁者也不做这样的事情。汉朝时有人触犯帝王车驾,惊动了为皇帝驾车的马,廷尉张释之奏请判决犯罪人交纳罚金。汉文帝责备他惩罚过轻,而张释之却说:'要是在事情发生的当时,圣上把他杀了也就罢了。现在已下交廷尉。廷尉,这是国家的天平,只要有一点倾斜,天下施用法律都会跟着任意或轻或重,百姓不就会手足无措了吗?'臣下认为这些话很没有道理,不是忠臣所应该陈述的。廷尉,是天子的官吏,如果他尚且不可以丧失公平,难道以天子的身份,反而可以出现迷惑和谬误吗?重视为己,轻视为君,是最不忠实的行为。周公说:'天子没有玩笑话;他的话,史官要记录,乐工要诵唱,士大夫要称引。'说话尚且不同于儿戏,何况是行为呢?所以对张释之的话不可不明察,对周公的告诫不可不效法。"又陈述"各种鸟兽都是没有用的东西,却有粮谷人力等种种浪费,都可以屏弃"。

明帝曾经询问说:"汉桓帝时,白马县令李云上书说:'帝的意思就是谛。现在的情况是皇帝想要不谛。'应当怎样才能使李云免于死罪?"王肃回答说:"李云只不过是说话忘了悖逆顺从的尺度。推究他本意,都是想要尽自己的心意,念念不忘弥补国事的缺失。并且帝王的威势,比雷霆还要厉害,杀死一介匹夫,跟杀死一只蚂蚁没什么两样。宽容并且原宥李云那样的人,可以表明自己能够容纳接受恳切的言论,把德行风化推广到全国。所以臣下认为杀掉李云未必是正确的。"明帝又询问说:"司马迁因为受了宫刑的缘故,内怀私怨,写作《史记》指责贬低汉武帝,令人切齿痛恨。"王肃回答说:"司马迁记叙事情,不虚伪地滥作溢美之辞,也不肯隐瞒恶行。

刘向、扬雄佩服他善于记事,具有优秀史官的才能,认为那是如实记录。汉武帝听说他在写作《史记》,索取汉景帝和他自己的本纪阅览,于是大怒,削去字迹后把它丢了。到了今天这两篇本纪只有目录,没有文字。司马迁后来遭遇李陵事件,竟把他下蚕室处以宫刑。可见,深切的私怨是在汉武帝心中,而不在司马迁。"

正始元年,王肃出任广平郡太守。后因公事被征召回京,授官议郎。不久,任侍中,升太常。当时大将军曹爽专权,任用何晏、邓飏等人。王肃与太尉蒋济、司农桓范谈论到时政,王肃严肃地说:"这类人也就是弘恭、石显之流,还提他们干什么!"曹爽听说后,告诫何晏等人说:"你们都应当谨慎!公卿们已把各位比作前世恶人了。"王肃因宗庙祭祀事犯了罪,被免官。后任光禄勋。当时有两条一尺长短的鱼,聚集在武器库的屋顶上,官府认为是吉祥的事。王肃说:"鱼是生活在深渊里的,现在却在高高的房顶上,表明长有鳞甲的动物丧失了居住的地方。边境上的将领难道将要有兵败投降的变故吗?"这以后果然有东关战役的失败。改任河南尹。嘉平六年,王肃持符节兼太常,敬奉皇帝车驾至元城,迎接高贵乡公。这一年,有白气贯穿天空,大将军司马师询问王肃是什么缘故,王肃回答说:"这叫蚩尤旗,东南方面大概有作乱的吧?人君如果能自修其身以安定百姓,那样天下乐于安定的人就会归附于仁德,倡导变乱的人先就灭亡了。"第二年春天,镇东将军毌丘俭、扬州刺史文钦反叛,司马师对王肃说:"霍光有感于夏侯胜所说的话,开始重视儒学人士,实在是有原因的。安定国家,使君主权位稳固的方略在哪里?"王肃说:"当年关羽率领荆州士兵,在汉水边上降服了于禁,于是才有了北向争夺天下的志向。后来孙权偷袭并获取了他的将士家属,关羽的士兵一下子就瓦解了。现在淮南将领士兵的父母妻儿都在内地,只要急速赶往那里防御毌丘俭、文钦来犯,阻止他们进军内地州郡,那就一定会出现当年关羽那种土崩瓦解的局势了。"司马师听从了他的计策,于是打败了毌丘俭、文钦。后来王肃升迁为中领军,加散骑常侍,增加封邑三百户,连同以前的共有二千二百户。王肃在甘露元年去世,门生为他服丧的数以百计。追赠为卫将军,谥号景侯。他的儿子王恽继嗣。王恽去世，因他没有儿子，封国的继承断绝。景元四年，又封王肃的另一个儿子王恂为兰陵侯。咸熙年间，开始设置五等爵制，因为王肃在前朝功勋卓著，改封王恂为丞子。

当初，王肃精通贾逵、马融的学问，而不喜好郑玄的学说，采集会通各家异同，为《尚书》、《诗经》、《论语》、《三礼》、《春秋左氏传》作了注解，加上他编定的父亲王朗所作的《易传》，都列于学校。他所论述、辩驳有关朝廷典章制度、郊祀、宗庙、丧纪、轻重等问题的文章，共有一百多篇。当时乐安人孙叔然，在郑玄门下受学，人称东州大儒。朝廷征召他为秘书监，不肯上任。王肃撰著《圣证论》来讥刺贬低郑玄，孙叔然进行了反驳和解释。后来作了《周易》、《春秋》例，《毛诗》、《礼记》、《春秋三传》、《国语》、《尔雅》等各种经书的注解，还著书十余篇。另外，从魏国初年征召的士人如敦煌人周生烈，明帝时的大司农弘农人董遇等人，也陆续对经书及其传文作了注解，在当时流传颇广。

评：钟繇开朗通达有治国干才，华歆清廉纯洁有朴质德行，王朗文才杰出有渊博学识，确实都是才德超卓、名震一时的巨人了。魏王朝初受天命，他们也都跻身庙堂，位列三公，那真叫盛况空前啊！王肃诚实正直而博学多闻，治学条分缕析，有种析薪一般的精明细致呢！

程郭董刘蒋刘传第十四

程昱字仲德,东郡东阿县人。身高八尺三寸,胡须很美很有风度。黄巾军起事,县丞王度反叛响应,烧了仓库。县令翻越城墙逃走,官吏百姓纷纷扶老携幼向东逃奔到渠丘山。程昱派人侦察王度的动静,王度等人夺得一座空城无法据守,出城在城西五六里的地方驻扎。程昱对县中大族薛房等人说:"现在王度等人得到城郭而不能据守,他们的势力可想而知。他们不过想要抢掠财物,并非有扩大装备训练军队攻城坚守的志向。我们如今为什么不率领人们返回城中坚守呢?并且城墙又高又厚,城中储存的粮食充足,现在如果回去找到县令,一同坚守,王度一定坚持不了多久,那时便可攻破他了。"薛房等人认为他说得对。但其他官吏百姓不肯听从,说:"贼在西边,只有向东去才是道理。"程昱对薛房说:"愚民不可和他们商议大事。"于是秘密派遣几人骑马到东山上举起旗帜,让薛房等人能望到,大呼"贼已攻来",随即下山直奔县城。官员百姓们慌忙奔走跟随,进城后找到县令,于是共同守城。王度等人来攻城,攻不下,想要离去;程昱率领官员百姓打开城门火速掩杀,王度等大败而逃。东阿县城因此得以保全。

初平年间,兖州刺史刘岱征召程昱,程昱没有答应。当时刘岱与袁绍、公孙瓒和亲,袁绍让他的妻儿住在刘岱那里,公孙瓒也派从事范方带领骑兵去援助刘岱。后来袁绍与公孙瓒产生仇隙。公孙瓒打败袁绍军队,接着派使者告诉刘岱,让他遣返袁绍妻儿,与袁绍绝交。另外敕令范方:"如果刘岱不遣返袁绍家眷,你就带领助他的

骑兵返回。我一平定袁绍,就要发兵与刘岱开战了。"刘岱连日商议,不能决断,别驾王彧告诉刘岱:"程昱很有计谋,能决断大事。"刘岱于是召见程昱,请问他有何计策,程昱说:"如果放弃袁绍的近援而寻求公孙瓒的远助,这正是所谓越地借人来救已经溺水的儿童。而公孙瓒,不是袁绍的敌手。现今他虽然挫伤了袁军,但是最终要彻底栽倒在袁绍手下。如果只顾一时的权变而不考虑长远的利益,将军您终究会尝到失败的苦头。"刘岱听从了他的建议。范方带领他的骑兵返回,还没到达,公孙瓒已被袁绍打得大败亏输。刘岱上表推荐程昱为骑都尉,程昱以有病为由辞谢。

  刘岱后来被黄巾军所杀。太祖到了兖州,征召程昱。程昱准备前往,他的同乡人对他说:"怎么前后的态度这么不一样啊!"程昱笑而不答。太祖与他交谈后,对他很满意,命他暂代寿张县令。太祖征讨徐州,让程昱与荀彧留守鄄城。张邈等人反叛迎接吕布,各郡县纷纷响应,只有鄄城、范县、东阿坚守不动。吕布军中投降的人说,陈宫准备自己带兵攻取东阿,让氾嶷攻取范县,官吏百姓都很害怕。荀彧对程昱说:"现在兖州反叛,只剩下这三座县城了。陈宫等人以重兵逼城,若非有人深入结纳以上三县的官吏和百姓,使大家同心同德,这三座城池也必生变故。您是民众的希望所在,若是由您回去劝说他们,大概是可行的!"程昱于是返回东阿,路过范县,劝说县令靳允说:"听说吕布拘捕了您的母亲、弟弟、妻子、儿女,这是孝子所绝对不能容忍的!如今天下大乱,群雄并起,必定会有命世之才,能够平息天下祸乱,这是聪明睿智者必须慎重抉择的大事。得明主的一定昌盛,失明主的一定败亡。陈宫叛迎吕布,各城都去响应,好像他们能有所作为似的;然而在您看来,吕布毕竟是个什么样的人啊!那吕布粗暴而六亲不认,强横而无礼,不过有匹夫之勇罢了。陈宫等人因吕布势力大才与之合作,不会尽心辅佐他的。他们人马虽多,最终却很难有所作为。曹使君杰出的智慧韬略世所稀有,大概是上天所授!您一定要固守范城,我则守住东阿,这样,我们便可建立田单那样的功勋。是坚守立功还是违背忠义顺从恶人而导致母子双亡呢?希望您仔细考虑这件事!"靳允流着眼泪说:

"我不会有异心的。"这时氾嶷已在范县,靳允于是求见氾嶷,发动伏兵刺杀了他,然后回去约束兵士守城。程昱又另派骑兵阻绝仓亭津渡口,陈宫到来,不能渡河。程昱到了东阿,东阿县令枣祗已经率领官吏民众,凭城坚守。又得兖州从事薛悌与程昱协力谋划,最终保全了三城,等待太祖。太祖回来,握着程昱的手说:"如果不是你尽心尽力,我就真的无家可归了。"于是上表推荐程昱为东平相,驻扎在范县。

太祖与吕布在濮阳作战,屡战不利。这时蝗虫成灾,于是各自撤兵回自己驻地。这时袁绍派人劝说太祖与他联合,想要让太祖迁家到邺城居住。太祖刚刚丢掉兖州,军粮已尽,打算同意袁绍的要求。当时程昱出使正好回来,去见太祖,趁机劝谏太祖说:"听说将军想要迁家,与袁绍联合,果真有这件事吗?"太祖说:"不错。"程昱说:"我看将军大概是遇到困难而害怕了,要不然怎么考虑得这样不周到呢!那袁绍占据燕、赵地区,有吞并天下之心,只可惜才智低下不能成事。将军您自己揣度能安居于袁绍之下吗?将军凭借龙虎般的威势,怎么可以做出韩信、彭越那样的事情来呢?现在兖州虽然残破,但还有三城在我们手中。能够战斗的士兵,不下万人。凭将军的神武,与荀文若和我程昱等,收拾余部,发挥他们的力量,称霸称王的事业是可以成功的。希望将军三思!"太祖于是打消与袁绍联合的念头。

汉献帝迁都许县,任命程昱为尚书。兖州尚未安定,又任命程昱为东中郎将,兼任济阴太守,都督兖州事务。刘备丢失徐州,前来归附太祖。程昱劝说太祖杀了刘备,太祖不听。这事记载在本书《武帝纪》中。后来太祖又派遣刘备到徐州半路截击袁术,程昱与郭嘉劝说太祖说:"您前些天没有除掉刘备,我等确实没有您这样的度量。现在借兵给刘备,他一定会生异心。"太祖大为后悔,追赶刘备,没有赶上。恰逢袁术病死,刘备到徐州,随即杀了车胄,举兵背叛了太祖。不久,程昱升任振威将军。袁绍驻扎黎阳,准备南渡。这时程昱只有七百名士兵守卫鄄城,太祖听说这个消息,派人通知程昱,想给他增兵两千。程昱不肯接受,说:"袁绍拥有士兵十万之

多,自以为所向无敌。现在见我兵少,一定没放在眼里,就不会前来进攻;如果增加我的兵力,人多了,袁绍经过时就不可能不来进攻,而他一进攻就必定攻下,徒然使我们两处损失力量。希望您不要顾虑!"太祖听从了这个建议。袁绍听说程昱兵少,果然没去攻城。太祖对贾诩说:"程昱的胆识,比孟贲和夏育有过之而无不及。"程昱收罗窜逃在山泽中的亡命之徒,得到精兵数千人,于是率部与太祖在黎阳会合,讨伐袁谭、袁尚。袁谭、袁尚被打败逃走,授程昱为奋武将军,封安国亭侯。太祖征讨荆州,刘备逃奔东吴。议论的人认为孙权一定会杀刘备,程昱推测说:"孙权刚刚即位,尚未被国内所惧怕。曹公无敌于天下,刚刚攻下荆州,声威震动江南,孙权虽然有谋略,但不能单独抗衡。刘备有英名,关羽、张飞都能力敌万人,孙权必定帮助他们以与我们对抗。危难一过,刘备羽翼丰满,孙权再要杀他又不可能了。"孙权果然多给刘备兵力,以抗御太祖。此后中原地区逐渐平定,太祖抚摸着程昱后背说:"兖州失败后,如果不采用您的意见,我怎么能达到今天这个地步?"程昱同族的人奉上牛、酒慰劳程昱,程昱说:"知足者不会自招羞辱,我可以引退了。"于是上表归还兵权,闭门不出。

程昱性情刚猛乖张,与人相交多有抵触。有人状告程昱阴谋反叛,太祖对他的赏赐和待遇却更加丰厚。魏国建立以后,程昱担任卫尉,与中尉邢贞争仪仗和随从,被免职。文帝受禅登极,恢复了程昱的卫尉职务,进封他为安乡侯,增加封邑三百户,连同以前的共八百户。又分封程昱的小儿子程延及孙子程晓为列侯。正要将程昱纳入三公行列,他恰在这个时候去世了。文帝为之流泪,追赠程昱为车骑将军,谥号为肃侯。程昱之子程武继承爵位。程武去世,其子程克承嗣。程克去世,其子程良继承。

程晓,嘉平年间任黄门侍郎。当时校事官放纵横暴,程晓上疏说:"《周礼》说:'设置官位,分派职掌,作为百姓的准则。'《春秋左传》说:'天上有十个太阳,人间有十个等级。'愚人不得统治贤人,贱人不得统治贵人。于是共同建立起好的道德风范,对官吏的政绩进行严明的考试。这样人们各自专心于自己的职业,心思不会超越自己的本位。所以栾书想救晋厉公,他的儿子不肯听命;死尸横陈大街,邴吉不闻不问。君主不要求超出本分的功劳,臣下不追求自己分外的奖赏,官吏没有兼管并统的权势,百姓没有两种以上的劳役,这些实在是治理国家的重要原则,是国家安定或动乱的根由所在。远者看古代的典章制度,近世观秦、汉两个王朝,虽然官名有所变化,职责范围有所不同,但说到尊崇君权,抑制臣下,确定职责范围和职责条例,其原则是大体一致的。最初并没有校事官参与或干预各种政务的情况。从前武皇帝宏大的事业处于草创之时,各种官职配备尚未完善,而且征伐往返辛勤劳苦,民心欠缺安定,官吏就算只有小的过错,也不能不及时省察,所以设置校事一职,无非是看在它能大包大揽罢了,但是因为检察制御有方,不至于形成放纵恣意的局面。这是称霸时期的权宜之计,并不是帝王的正式法典。后来就渐渐增加了对校事官的信任,成了干预朝政的弊端,辗转因袭,没有人能够正本清源。终于导致校事能够上察宫殿宗庙,下统各个官府,职能没有一定范围,职权不受限制,随意任情,全凭他们主观意志行事。法条就在他们的笔下形成,根本不依据于国法诏令;官司就在门下结案,从来不必顾及复审。他们选用官员,把谨慎认为是粗疏草率,把夸张虚妄当成是贤能。他们处理政务,将刻毒暴戾作为公正严明,把遵循法理当作怯懦软弱。对外则盗用朝廷的威望为自己虚张声势,对内又收罗奸诈小人作为心腹。大臣们耻于和他们争权夺势,含愤忍怒而一言不发,一般官吏畏惧他们的锋芒,怨屈郁结在心无从申诉。以至于使尹模公然在人们注视之下肆无忌惮地行奸作恶;其罪恶昭彰,路人皆知,却连纤细微小的过错都多年不使君主知晓。这种局面的形成,既不是《周礼》设置官职的本意,也不符合《春秋》关于人有十等的大义。现在外有公卿将校总管各个部门,内有侍中尚书协助帝王治理各项事务,司吏校尉督察京师重地,御史中丞管理宫殿禁区,都是严格选举贤明人才充任这些职务,申明国法诏令以监督官吏的违法举动。如果这些贤才还不足任事,那么校事那样的区区小吏,当然是更加不可信任的了。如果这些贤才都尽忠尽责,那么区区校事,设置也就更没有必要。如果重新严格选举一国杰出的人士以做校事,那又不过是在中丞司隶以外重复增设一个官位而已。而如果仍然依照旧例选举校事,那么尹模之流的奸行今天将会重新出现。无论从进退各方面考虑,可以肯定校事一职实在没有必要设置。过去桑弘羊为汉朝谋求利益,卜式认为只要烹了他一人,上天就会普降甘霖。如果一定要把政治上的得失与天地自然现象的感应联系起来,在我看来,恐怕近年的水旱灾害,未必就不是校事横行所引起。过去曹恭公疏远君子,亲近小人,《国风·候人》托言讥刺。卫献公舍弃大臣,而与小臣谋划,定姜认定他有罪。即使校事对国家有益,但站在礼义的角度来看,还是伤害了大臣们的感情,何况这些任校事的人奸邪行为早已昭然若揭,若再不罢免,这就是君上有所缺失而不能补救,迷途而不能知返。"于是就此废除校事官职。程晓后升为汝南太守,四十多岁时去世。

郭嘉字奉孝,颍川郡阳翟县人。早年,郭嘉曾北行去见袁绍,对袁绍的谋士辛评、郭图说:"聪明的人能审慎周到地选择君主,所以凡有举措都很周全,从而可以立功扬名。袁公只想学周公的礼贤下士,却不懂得用人的道理。思虑多端而缺乏要领,喜欢谋划而不能决断,要想和他共同拯救国家危难,建立称霸称王的大业,很难哪!"于是就此离开了袁绍。在这之前,颍川郡人戏志才,是个善于筹划的人士,太祖很器重他。戏志才死得早。太祖给荀彧写信说:"自从志才去世后,我就没有可以与之商量军国大事的人了。汝川、颍川本来多有奇特人士,有谁可以继承戏志才呢?"荀彧推荐了郭嘉。太祖召见郭嘉,议论天下大事。太祖说:"能使我成就大事业的,必定是这个人了。"郭嘉出来后,也十分高兴地说:"这才真正是我要投奔的主人啊。"太祖上表任命郭嘉为司空军祭酒。

太祖征讨吕布,三战三胜,吕布退入坚城固守。这时因士兵疲倦,太祖想要率领军队撤回,郭嘉则劝说太祖挥兵急攻,终于活捉吕布。这件事记载在本书《荀攸传》中。

孙策转战千里,占据了全部江东地区,听说太祖与袁绍在官渡相持不下,于是打算渡江而北袭击许昌。众人听到这个消息都很恐惧,郭嘉预料说:"孙策刚刚吞并江东,所诛杀的都是些能得人死力相助的英雄豪杰。但孙策为人轻率而不善于设置戒备,即使他拥有百万大军,却跟一个人来到中原没什么两样。如果有刺客伏击,那他就不过是一人之敌罢了。在我看来,孙策必定要死在一个普通人手中。"孙策到长江边尚未登船渡江,果然被许贡的宾客杀死。

郭嘉随从太祖打败袁绍,袁绍死后,又随太祖到黎阳讨伐袁谭、袁尚,屡战屡胜。众将想要乘胜攻击,郭嘉说:"袁绍爱他这两个儿子,一直没有确立哪一个为继承人。二人分别有郭图、逢纪做自己的谋臣,一定会在其间挑起争斗,互相离心。我们攻得太急,他们就会互相扶助,我们攻势一缓和,他们互相争斗的心思就产生了。我们不如南下荆州作出征讨刘表的样子,以等待形势的变化;变局已成,而后出兵攻击,就可以一举平定了。"太祖说:"好。"于是率军南下。军队开至西平县,袁谭、袁尚果然开始争夺冀州。袁谭被袁尚军队打败,退守平原,派辛毗向太祖乞请投降。太祖回兵救助袁谭,于是顺势平定了邺县。郭嘉后来又随太祖在南皮攻打袁谭,平定了冀州。太祖封郭嘉为洧阳亭侯。

太祖准备征讨袁尚和北地三郡的乌丸人,手下将领大多顾虑刘表会支使刘备袭击许昌以征讨太祖,郭嘉对太祖说:"您虽然威震天下,但乌丸依恃他们地处偏远,一定不会预加防备。乘他们没有防备而突然袭击,就可以击破他们。况且袁绍生前对汉人、乌丸人有恩,而袁尚兄弟还在那里。现在四州的百姓,只因迫于威势而归附我们,德政恩惠并未来得及给予他们,如果我们舍弃北征乌丸而南征刘表,袁尚就会凭借乌丸的资助,召集愿意为之死战的部下,乌丸一动,当地的汉人、胡人都会响应,这就将助长蹋顿的野心,坚定他们非分侵吞中原的计划,那时恐怕青、冀二州就又不是我们所有了。刘表不过是个空谈家罢了,自知才能不足以驾驭刘备,重用刘备又怕不能控制他,如不重用刘备又不会为他出力。所以我们即使出动全军远征,您也不用为此忧虑。"太祖这才出征。走到易县时,郭嘉建议说:"兵贵神速。现在我们远行千里偷袭敌人,带的军用物资太多,难以迅速推进以把握良机,而且对方要是知道了,一定会预作防

备；不如留下军用物资，轻兵兼程而前，出其不意地攻击敌人。"太祖于是秘密从卢龙塞出兵，直指单于巢穴。乌丸人突然听到太祖军队杀到，仓猝迎战。太祖大败乌丸军，斩杀了蹋顿和名王以下不少将领。袁尚和他哥哥袁熙逃往辽东郡。

郭嘉深沉通达，精于筹谋，通晓事物情理。太祖说："只有郭奉孝能知道我的心思。"三十八岁时，郭嘉从柳城返回，病势沉重，太祖派去探问病情的人一个接着一个。到郭嘉去世，太祖亲自前去吊丧，神情极为悲伤，他对荀攸等人说："诸位的年纪和我是同辈，只有郭奉孝年纪最轻。寄望于天下战事完毕，我还要把军国大事托付给他，而他却中年夭折，真是天命啊！"于是上表说："军祭酒郭嘉，随我征战有十一年。每当有重大决策事宜，他总能临敌随机应变。我的决策还未作出，郭嘉往往已经谋划成熟。在平定天下的大业中，郭嘉参与谋略的功绩很高。不幸英年早逝，远大的事业尚未完成。追思郭嘉的功勋，实在不可忘却。可以增加他的封邑八百户，连同以前所有，共一千户。"谥号为贞侯。由他的儿子郭奕承嗣。

后来太祖征战荆州返回，在巴丘遇上流行疾病，战舰亦被焚毁，太祖叹息说："郭奉孝如果健在，不会使我到这个地步。"当初，陈群曾批评郭嘉行为不很检点，多次在朝堂上指责郭嘉的不是，郭嘉却神情自若。太祖更加器重他，同时因为陈群能秉持公正，对陈群也很欣赏。郭奕后来担任太子文学，早年逝世。其子郭深承嗣。郭深去世，其子郭猎承嗣。

董昭字公仁，济阴郡定陶县人。曾被举荐为孝廉，授任瘿陶县长、柏人县令，袁绍任用他为参军事。袁绍在界桥迎战公孙瓒，巨鹿太守李邵和郡中仕官认为公孙瓒兵力强盛，都想归附公孙瓒。袁绍听说后，让董昭兼任巨鹿太守，并问他："你想用什么办法驾驭他们？"董昭回答说："凭我一个人的微力，不能消除众人的预谋，我想假装迎合同意的样子，引诱他们说出实情，然后再根据具体情况加以处理。计策只能临时实施，现在没法预先谈论。"当时郡里的大姓人家孙伉等数十人是主要的策划者，鼓动官吏和百姓。董昭到巨鹿，伪造了一份袁绍的檄文告谕全郡说："得到敌军侦察兵安平张吉的供辞，他们准备进攻巨鹿，由他们以前荐举的孝廉孙伉等人作为内应。檄文一到，着即将孙伉等人逮捕军法从事，只惩罚他们本人，妻儿不予连坐。"董昭依照檄文发布告示，立即将孙伉等人全部斩首。全郡人惊惶恐慌，董昭一一予以安慰，于是全都安定下来。事情结束后向袁绍禀报，袁绍十分赞许。恰逢魏郡太守栗攀被乱兵所杀，袁绍就让董昭兼任魏郡太守。当时魏郡边境秩序大乱，贼人数以万计，派遣使者相互往来，进行买卖贸易。董昭厚待使者，找机会在他们中间进行离间，乘他们内部空虚时发兵征讨，动辄大破贼军。两天之中，告捷文书就三次传来。

董昭的弟弟董访当时在张邈的军中任职。张邈与袁绍有嫌隙，袁绍听信谗言将要找机会把董昭治罪。董昭打算去拜见汉献帝，到河内时，被张杨留下。通过张杨将印绶送还朝廷，被任命为骑都尉。当时太祖兼任兖州太守，派使臣来见张杨，想借道西夫长安，张杨不答应。董昭劝告张杨说："袁、曹现在虽然还是一家，但其情势是不会长久联合下去的。曹操现在虽然弱些，但他实在是天下的英雄，您应当有意地和他结交。况且现在正有机会，应该帮助他通达朝廷，并且上表予以荐举；如果事情成功，那将永远是我们给他的深重情分。"张杨这才向朝廷通报太祖的情况，又上表荐举太祖。董昭又为太祖写信给长安的各个将领如李傕、郭汜等人，根据他们的地位轻重分别致以恳切问候。张杨也派使者去见太祖。太祖赠给张杨犬马金帛，从此与关西有了往来。汉天子当时在安邑，董昭从河内前去拜谒，被任命为议郎。

建安元年，太祖在许县平定了黄巾军，派遣使臣到河东去。正碰上天子返回洛阳，韩暹、杨奉、董承及张杨相互间意见不一致。董昭因为杨奉兵马最强而缺少同盟援手，就以太祖名义写信给杨奉说："我早已听闻将军的威名，倾慕您的大义，所以推心置腹，赤诚相见。现在将军您将天子从艰难中解救出来，返回旧都，您辅佐的功劳，当世无人能比，这是多么了不起的美事啊！现今群凶扰乱中原，国家不得安宁，天子朝廷至尊至重，关键就在于维护和辅佐；必须依靠众多贤士来重建王朝秩序,这不是哪一个人能够独力承担的。心腹与四肢互相依赖,互为支持,缺一不可。将军您在京城主持策划,我作外援。现在我有军粮,您有军队,我们互通有无,足以互相接济,生死约定,我们当患难与共。"杨奉接到信后十分高兴,对各位将军说:"兖州的军队近在许县,他们有兵有粮,国家应当依靠仰仗他们。"于是众人一同上表荐举太祖为镇东将军,继承他父亲的爵位为费亭侯,董昭则升职符节令。

太祖到洛阳朝见天子,招董昭同坐,问他说:"现在我来洛阳,应当采用什么计策?"董昭说:"将军发起义兵以诛暴乱,入京朝拜天子,辅佐王室,这是可以媲美春秋五伯的功绩。这里各个将领,人心各异,未必肯服从您,现今您留在这里辅弼天子,看情势可能不利,只有护送天子到许县。然而朝廷流亡迁徙之后刚刚回到旧京,无论远近都在企望,希图尽快安定下来。现在又一次迁移圣驾,不会令大家满意。但是,只有做不寻常的事才会有不寻常的成功,希望将军筹划怎样做才能利多弊少。"太祖说:"这正是我的本意。但杨奉近在梁县,听说他的队伍兵强马壮,会不会成为我的障碍呢?"董昭说:"杨奉缺少同党援助,而将军独来进见。镇东、费亭的事情,都是杨奉所促成,又听说他写信命令约束自己的士兵,足可以显示诚信。应该时常派遣使者送上优厚的礼物答谢他的好意,以便安定他的心意。就说'京城缺乏粮食,想要圣驾暂时移幸鲁阳,鲁阳离许县较近,转相运输较为容易,就可以没有粮食严重缺乏的忧虑了'。杨奉为人勇敢而缺少思虑,必定不会怀疑,等到双方使者有了往来,那时足可以确定计策了。杨奉哪里能成为障碍!"太祖说:"好。"立即派遣使者去见杨奉,然后将天子迁移到许昌。杨奉因此大为失望,与韩暹等到定陵劫掠骚扰。太祖不应战,秘密派兵攻击杨奉的梁县驻军,降的降、杀的杀,即时平定。杨奉、韩暹失去兵众,向东投奔袁术。建安三年,董昭升任河南尹。这时张杨被其部将杨丑所杀,张杨的长史薛洪、河内太守缪尚守住城池,等待袁绍来救。太祖派董昭单身入城,劝谕薛洪、缪尚等人,使他们当天就率领众人投降了太祖。太祖任命董昭为冀州牧。

太祖派刘备抗拒袁术,董昭说:"刘备英勇而志向远大,关羽、张飞做他的辅佐,恐怕刘备的心思还真不好揣摩啊!"太祖说:"我已经答应他了。"刘备到了下邳,当即杀了徐州刺史车胄而反叛。太祖亲自征讨刘备,调董昭担任徐州牧。袁绍派大将颜良进攻东郡,董昭又奉命调任魏郡太守,随从太祖讨伐颜良。颜良死后,太祖进兵围困邺城。袁绍的同族人袁春卿是魏郡太守,正在城里,他的父亲袁元长在扬州,太祖派人把他接了过来。董昭写信给袁春卿说:"听说孝敬父母的人不离开双亲去获取功利,仁慈的人不忘记君上去照顾私情,有志之士不趁时局动乱而侥幸获得成功,明智的人不行诡异之道而自陷危难。您的父亲过去因逃避国内动乱而南游百越之地,并非有意疏远骨肉至亲,在吴会乐而不返,明智的人深深懂得这一点,认为这很恰当。曹公哀怜他坚守自己的志向,清廉高格,离群索居,鲜有伴侣,所以特意派遣使者前往江东,有迎有送,现在就快到了。即使您现在处在偏僻平静的地方,依从的是有德重义的主人,位置像泰山一样的稳固,过的是神仙一样的日子,从道义上说,都还应该背弃那边,归向这里,舍弃百姓,奔向父亲。况且过去郑仪父与鲁隐公盟誓,鲁国人赞美这事,却没有记载他的爵位,可见王室没有任命,不能尊爵位,这是《春秋》的义旨。何况您今天所依托的仅仅是一个危难动乱的地方,所接受的是一些假托的命令呢?假若你与那些不可造就之人为伍,而对父亲却不加体恤,就不必谈论什么孝道了。忘记了祖宗所居住的是汉朝,安于不是正统的伪职,实在难说是尽忠。忠与孝都被废弃,更难说是智。再说您过去曾被曹公所优礼征召,现在却亲近族人而疏远生父,以所寄托之处为内而以王室为外,留恋不正当的利禄而背叛知己,自远福祚而走近危亡,放弃明正大义而接受奇耻大辱,不也是很可惜的吗!如果能够幡然悔悟,改变立场,奉戴天子,侍养老父,归附曹公,那样就能忠孝不失,荣耀的名声显扬天下了。您应该十分留心计议,早定良策。"邺城平定之后,任命董昭为谏议大夫。后来袁尚依附于乌丸蹋顿,太祖准备征讨。但顾虑军粮难以运到,于是凿开平虏、泉州两条河渠,引水入海形成运粮通道,就是根据董昭的建议。太祖上表荐封董昭为千秋亭侯,转而任命为司空军祭酒。

后来董昭提出建议:"应该遵循古代礼制,设立五等爵位。"太祖说:"设五等爵位的是古代的圣人,不是一般臣下所能制定的,我怎么能担当如此重任呢?"董昭说:"自古以来,大臣辅佐扶助天下的,谁也没有建立过像您今天这样的功绩。即使有类似您这样的功绩的,也没有长久自居于臣子的地位的。现今明公您为自己德行上尚有缺陷,未达到尽善之境而感觉羞愧,乐意能保守名誉节操而没有大的失误,德行的美好超过了伊尹、周公,这达到了道德的最高境界。然而,太甲、周成王那样的明君未必可以遇到,而今天百姓的难于教化,更甚于殷周二代,处在大臣的地位上,让别人在大事上怀疑自己,实在是不能不再三考虑啊。明公您虽然努力于建立威信德行,又深明法度,但不能及时奠定根基,为子孙万世考虑,还是没有做到家啊。奠定基础的根本,在于土地和百姓,应该在这两方面逐渐有所建设,以便自我保障和护卫。明公您忠诚的节操已经脱颖而出,异乎寻常的威仪也显现在容颜上,但当年耿弇劝光武帝统一天下的床下之言,朱英希望春申君取代楚王的论述,却无法听到。董昭我受您的恩惠非同寻常,所以不敢不如实陈述。"后来太祖终于接受了魏公、魏王的称号,都是因为董昭的这个建议。

到关羽将曹仁包围在樊城时,孙权派遣使者来告诉太祖说:"我想要派兵西上,掩袭关羽,江陵、公安两县地位十分重要,关羽失掉了这两座城池,一定会自动奔逃,樊城驻军的重围就将自行解除。请您保密,以免关羽有所防备。"太祖询问大臣们该如何对待此事,大家都说应当替他保密。董昭说:"军事上的事情注重权变,要求它合乎时宜。应当表面上答应孙权保密的要求,暗地里把它泄露出去。关羽听说孙权出兵西上,如果退兵保护自己的领地,樊城的包围就会很快解除,我们就得到了好处,还可以使孙权、关羽两支贼军对垒相持,我们作壁上观,而后坐收渔利。如果我们保密而不使它泄露,让孙权的计划得以实现,那不是上策。另外,围城中的将士官吏如果不知道外有救兵,算计粮食越来越少,会产生恐惧情绪,倘若有了其他的想法,造成的危难将不会小,所以还是泄露这个秘密对我们有利。况且关羽为人剽悍凶猛，自认江陵、公安二城防守坚固，必定不会立即退兵。"太祖说："我同意。"随即命令前去救助曹仁的大将徐晃把孙权的来信射到围城里和关羽的军营中，围城里的曹军知道了这个消息，斗志倍增，而关羽果然犹豫不决。等到孙权军队夺得江陵、公安二城，关羽竟遭惨败。

文帝即魏王位，任命董昭为将作大匠。到了文帝受禅登极，又升董昭为大鸿胪，晋封为右乡侯。黄初二年，分出董昭的一百户封邑，赐封董昭的弟弟董访为关内侯，改任董昭为侍中。黄初三年，征东大将军曹休进兵长江驻扎在洞浦口，上表自荐："愿率领精锐部队征伐江南，从敌人那里获取资财，战事必然告捷；如果臣下不幸阵亡，不必顾念臣下。"文帝恐怕曹休立即渡江，忙派驿马传诏令他停止行动。这时董昭正在旁边奉侍，于是说："我私下里窥见陛下脸上有忧虑的神色，难道只是因为曹休将要过江的缘故吗？现在渡江，从人之常情上说，都认为很难，就算曹休有这个愿望，从形势看，他很难独力实行，必须依赖众将领协同。臧霸等人已经富贵，不再有其他愿望，只想要终老天年，保住利禄福祚不失而已，怎么会无视危险而自投死地，以谋求侥幸的成功呢？假如臧霸等人不愿向前推进，曹休自然会心灰意冷，放弃渡江打算。臣下恐怕陛下即使有命令他渡江的诏书，他也许还要沉思犹豫，未必就一定听从命令呢。"此后不久，暴风雨袭击敌方战船，敌兵自动跑到曹休等人的军营下，被曹军斩的斩首，活的活捉，敌军随即四散奔逃。文帝下诏书命令各路军队火速渡江。部队还没按时进军，吴军救援的战船已经开到。

文帝巡幸南阳郡宛城，征南大将军夏侯尚等人攻打江陵，没能拿下。当时长江水浅江面狭窄，夏侯尚想要乘船率领步兵骑兵进入江中沙洲上驻扎，制作浮桥，南北往来，计议的人多数认为这样就一定能攻克江陵。董昭上疏说："武皇帝智慧勇敢都超过常人，而他用兵时都十分重视敌人，不敢轻敌到如此程度。行军打仗，易进难退，这是军事常识。平地没有险阻，尚且还很艰难，即使应当深入前进，也还应当趋利避害，用兵有进有退，不能随心所欲。现在驻扎在洲渚中,陷得很深;架浮桥渡河,极其危险;只从一条道路通行,是十分狭窄的:这三种情况都属于兵家大忌,而现在竟然都实行了。如果敌兵频繁攻击浮桥,浮桥一旦有所闪失,那么洲渚中的精锐力量,就不是魏国的军队,而是吴国的俘虏了。微臣私下为这种情势忧愁,废寝忘食,而那些计议这件事的人却怡然自得,不以为忧虑,不是太糊涂了吗!再加上江水向来是要涨的,一旦江水暴涨,用什么来防御?就算破不了敌兵,自己也应当自我保全。为什么身陷险地,却不害怕?事情将是十分危急了,希望陛下明察!"文帝听了董昭的劝告,立即命令夏侯尚等人急速撤出。敌兵分两路向前挺进,魏军成一路退却,不能及时退出,将军石建、高迁仅仅自己幸免不死。魏军退出沙洲十来天,江水暴涨。文帝说:"您论断这件事情,多么严密周详!就算是张良、陈平碰上这种事,也绝难有所超越!"黄初五年,改封董昭为成都乡侯,官拜太常。同年,改任光禄大夫、给事中。随从文帝东征,黄初七年返回,任命为太仆。魏明帝即位后,晋封为乐平侯,封邑一千户,转任卫尉。又分出董昭封邑一百户赐封他一个儿子为关内侯。

　　太和四年,董昭代行司徒职事,太和六年,正式任司徒。董昭上疏陈述衰乱时代的弊病说:"凡是拥有天下的人,没有人不崇尚敦厚朴实忠诚贞信的人士,而对虚伪不真的人深恶痛绝,因为他们败坏礼教,扰乱治安,伤风败俗。以近年为例,魏讽在建安末年被诛杀,曹伟在黄初初年被斩首。我恭敬地注意到圣上前后所颁布的诏令,对浮猾虚伪表示深恶痛绝,想要击破解散不正当的结党,常常切齿而使用严厉手段;然而执法官吏都畏惧那些人的权势,没有人能够对他们进行揭发纠察,致使风俗的败坏情况越来越严重。我私下看到当今少年不再将学问作为上进的根本,转而把四处交游作为他们的职业;国中有才能的人士不把孝悌和清廉的修养当作首务,竟然把追逐权势、唯利是图当作第一位的事情。他们群相纠结,拉帮结派,互相吹捧褒扬,以诽谤诋毁来惩罚和羞辱别人,把袒护赞誉作为给同党的封赏,谁依附他们就对谁赞叹不已,谁不依附就展开指责攻击。以至于竟然相互谈论:'这一生一世有什么愁苦不能度过的?

只求各方在人事上不很勤勉，各种人才收罗得不十分广博罢了；不用担心人们不知道自己，只须以美誉当作良药让他们服下，自然就柔顺服贴了。'又听说还有人让家奴门客冒名顶替在职官员的下属，出入往来官府禁地，交换书信公文，探问有关人事。所有这些事情，都是国法所不允许，刑罚所不能赦免的，即使是魏讽、曹伟的罪行，也不会超过这些了。"文帝于是发出严厉的诏令，斥免了诸葛诞、邓飏等人。董昭在八十一岁时去世，谥号为定侯。其子董胄承嗣。董胄历任郡守、九卿。

刘晔字子扬，淮南郡成德县人。他是汉光武帝的儿子阜陵王刘延的后代。父亲刘普，母亲名修，生了刘涣和刘晔两人。刘涣九岁、刘晔七岁时，母亲病危。其母临终时告诫刘涣、刘晔，刘普的侍妾有谄媚害人的天性，"我死以后，我担心她一定会搞乱我们这个家。你们长大了能除掉她，我就没有遗憾了"。刘晔十三岁那年，对哥哥刘涣说："亡母的话，今天可以实行了。"刘涣说："哪能这样呢！"刘晔随即进屋杀了父亲的侍婢，直奔母亲的墓前跪拜。家里人大吃一惊，告诉了刘普，刘普大怒，派人追赶刘晔。刘晔返回拜见父亲，道歉说："我是按照亡母临终嘱咐的话行事的，愿意接受不请示而擅自行事的惩罚。"刘普深感惊异，于是没有责备他。汝南郡人许邵以善于知人闻名，正在扬州避难，称赞刘晔有辅佐君王的才能。

扬州士人大多轻佻侠义，狡黠而残暴，郑宝、张多、许乾之流，各自拥有自己的武装。其中郑宝最为勇健果敢，才力过人，当地人都惧怕他。郑宝想要驱使百姓渡水到江北去，因为刘晔出身巨族，又很知名，试图强逼刘晔为他倡导这个行动。刘晔当时二十多岁，心里很为这件事忧虑，但没有合适的机缘解决它。适逢太祖派遣使者来到扬州，查问有关情况。刘晔去见使者，为他评论世事形势，又邀请他一起回府，住了好几天。郑宝果然带了几百人携带牛酒来问候使者，刘晔命令家里的奴仆带领郑宝的随从坐在中门外面，为他们设置酒饭；自己与郑宝在内室设宴痛饮。秘密安排了壮健军卒，命令他们听行酒的信号而砍杀郑宝。郑宝生性不喜欢饮酒，观察室内动静十分清楚。行酒的人不敢发出信号。刘晔于是自己拔出佩刀砍杀了郑宝,斩下他的首级以号令他的士兵,说:"曹公有令,敢有反抗的人,与郑宝一样治罪。"众人都震惊害怕,逃回军营。军营中有督将精兵几千人,刘晔恐怕他们发难,随即骑着郑宝的马,带领几个家奴,来到郑宝军营门前,叫出他们的首领,向他们晓谕祸福利害,众首领都叩头,打开门让刘晔进去。刘晔对士兵进行安抚慰劳以安定军心,大家都心悦诚服,拥戴刘晔为首领。刘晔目睹汉朝皇室渐渐衰微,自己作为旁系宗室,不想拥有军队,于是将这些私人武装托付给庐江太守刘勋。刘勋奇怪他为什么这样做,刘晔说:"郑宝没有法制,他的部下一向只知抢劫抄夺获利,我素来没有地位可以依凭,由我来整顿约束他们,必定使他们心怀不满,难以长久,所以才送给您。"这时刘勋的兵力在江、淮之间是很强大的。孙策对此很是厌恶,派使者携带厚礼,言辞谦恭,送信劝说刘勋说:"上缭的土著宗族屡次欺负我方,我为此忿恨已有好几年了。我去袭击它,路途多有不便,希望借助您的力量来讨伐它。上缭很是富实,得到它可以使国库富足,请您出兵作为外援。"刘勋相信了孙策的话,又得到孙策送来的珠宝、葛布等珍贵礼物,很是高兴。内外官员都来庆贺,而刘晔独独不这样做。刘勋询问他是什么原因,刘晔回答说:"上缭虽小,但城池坚固,进攻很难,防守容易,不是十几天就能攻克的,那样就会造成外面的士兵疲惫而国内空虚的局面。如那时孙策乘虚袭击我们,我们的后方肯定不能独自坚守。那时将军进则被敌人挫败,后退又没有归路。如果您执意出兵,灾祸现在就到了。"刘勋不听从刘晔的劝阻,兴兵攻打上缭,孙策果然袭击刘勋的后方。刘勋穷困窘迫,于是投奔太祖。

　　太祖到达寿春县。这时庐江郡境内有山贼陈策,手下有几万兵众,依凭险要地势据守。以前曾派副将前去攻打,没有能够攻克。太祖询问各位部下,可以讨伐与否?大家都说:"那里山势险峻,而山谷又深又窄,防守易、攻打难;并且没有它不足以对我们造成损失,得到它也不能给我们带来好处。"刘晔说:"陈策这些毛贼,是趁着动乱奔赴险地,依靠险地而成为强梁,而不是有爵位威信使人信服。过去派去的副将资望太轻，而中原地区又尚未平定，所以陈策敢于凭借险要坚守。现在天下初步平定，可以先征讨后降服。大凡畏惧死亡，追求奖赏的心理，无论上智下愚都是相同的，因此广武君为韩信筹划计策，说韩信的威名足以先利用声威再用行动而使邻国服从。更何况是明公的贤明仁德，已是向东征讨而西方抱怨大军不来，现在先公开进行赏赐招募，再以大军予以威逼，等到命令宣布之时，陈策的军营就会大开四门而其部众则自行溃散了。"太祖笑着说："您说的跟事情相差无几！"随即派遣猛将在前先行，大军殿后，到那里就收服了陈策，正如刘晔所预料的那样。太祖返回，任命刘晔为司空仓曹掾。

太祖征讨张鲁，改授刘晔为主簿。太祖军到了汉中郡，山势险峻，难于攀登，军粮非常匮乏。太祖说："这是个妖妄的地方，有它没它能产生什么影响？我军缺少食物，不如迅速收兵。"就先行返回，命令刘晔督责后面的各路军马，让各部按顺序撤出。刘晔算计张鲁可以攻克，加上运粮的通道不能接续，虽然退出，军马仍然难保完好无损，于是飞马禀报太祖："不如尽力进攻。"于是继续进军，多用弩箭射击张鲁军营。张鲁逃走，汉中郡终于平定。刘晔进一步劝说太祖说："明公当初带领五千步兵，准备诛杀董卓，后来北破袁绍，南征刘表，九州百郡，统一了十分之八，威震国内，慑人声势直达海外。现在攻拔汉中，蜀人望风心惊，城池要塞连连失守，在这种基础上向前推进，蜀地可不战而得。刘备是杰出的人物，有计谋，但行动较迟，得到蜀地的日子不久，还不能以蜀地人民为依赖。现今我们攻破汉中，蜀人都很惊恐，势必要自行倾覆。凭借您的聪慧明智，把握有利形势而出兵逼迫，没有不能攻克的。如果稍稍迟缓，那么诸葛亮善于治国而担任丞相，关羽、张飞勇冠三军而做大将，蜀地民众安定以后，他们凭借险地坚守，就不可进犯了。现在不攻取他们，必定会成为后患。"太祖没有听从刘晔的建议，率大军返回。刘晔从汉中返回后，担任行军长史，兼任领军。延康元年，蜀将孟达率领兵众投降。孟达的仪容举止才能都颇好，太祖十分器重他，任命孟达为新城太守，加散骑常侍。刘晔认为"孟达有苟且取舍的心理，又依仗才能,好用权术,必定不能感恩图报,心怀仁义。新城与吴、蜀相连,如果那里有什么变故,将为国家带来祸害。"文帝终究没有改变决定,后来孟达果然叛乱败亡。

黄初元年,任命刘晔为侍中,赐爵关内侯。文帝下诏书询问群臣,让他们预测刘备是否会出兵吴国为关羽报仇。众人的议论都说:"蜀国是个小国,名将只有关羽。关羽已死,军力削弱,国内担忧恐惧,没有机会再出兵。"只有刘晔说:"蜀国虽然又小又弱,但刘备的意图是要依仗威武自强,势必会出兵以显示他力量有余。并且关羽和刘备的关系,名义上是君臣,但从恩义上来说与父子无异;关羽被杀而刘备却不能为他起兵报仇,这在他们全始全终的情分上是说不过去的。"后来刘备果然出兵攻击吴国。东吴举国应战,同时派遣使臣到魏国称臣。朝中大臣都表示祝贺,只有刘晔说:"吴国处在江、汉之南,我们与那里隔绝难通,他们没有臣服的心思已是很久了。陛下您的仁德虽然与虞舜相同,但吴国这些蛮子的习性却没有被感化。因为遭遇灾难而来臣服,必定难有信任。他们一定是在外有蜀军迫境,内部也很困难的情况下才派来这个使者,我们可以趁他们穷困的机会,突袭而攻克吴国。放纵敌人一天,就是几代人的隐患,不可不明察呀。"刘备军队战败退走,吴国的礼敬态度也转变了,文帝准备兴兵讨伐,刘晔认为"他们新败蜀国,上下齐心,而且江湖阻隔,我军一定难于迅速取胜"。文帝不听劝告。黄初五年,文帝亲自率军到达广陵泗口,命令荆州、扬州各路军马一同进发。召集群臣问道:"孙权会亲自前来么?"大家都说:"陛下亲自出征,孙权心怀恐惧,一定会以全国的兵力应战。又不敢把全军的指挥大权委托给臣下,他一定会亲自率大军前来。"刘晔说:"孙权认为陛下会以皇帝的贵重身份来牵制自己,而领兵渡江作战的想必是别的将领,所以一定会整治军队等待事态发展,不会亲自来的。"文帝车驾停住多日,孙权果然不来,文帝于是班师回朝,说:"您的估计是正确的。应当为我考虑消灭吴蜀的方略,不能仅仅了解敌情就算了。"

魏明帝即位后,晋封刘晔为东亭侯,食邑三百户。明帝的诏书说:"尊崇祖先,是为了表彰孝行;追本溯源,是为了重视传播教化。

所以成汤王、周文王、周武王，缔造了商朝、周朝，《诗经》《尚书》的本义，是以追崇后稷和殷契，歌颂有娀和姜嫄的事迹，从而阐明盛德的源流和受命于天成为海内至尊的由来。自从我大魏上承天命，发迹于高皇、太皇帝，功绩最大的是武皇、文皇帝。至于高皇的父亲，是一个没有入仕的君子，具有渊深的修养和谦让的美德，行动圣明，这是天地给予的福分、神异灵光的来源。而精神幽深清远，没有什么称号，这不符合所谓崇敬孝行重视本源的原则。现特令公卿大臣，会同商议以给出谥号。"刘晔表示意见说："圣明皇帝作为孙辈想要褒奖崇敬祖先，确实是无上好事。然而亲疏远近的基本礼数，长期以来礼法已有明文规定，其所以割断私情，努力成全公法，是要它成为万世遵循的法式。周王所以祖述后稷，是因为他辅佐唐尧有功，盛名符合祭祀规则的缘故。至于汉朝创始之时，汉高祖追谥祖先，不过只涉及了他的父亲。往前比拟周室，那么大魏的发迹是从高皇帝开始的；往下比论汉代，那么追谥的礼仪也不涉及刘邦的祖父。这实在是历代遵循的法式，当今明确的礼制规范。陛下发自内心的孝思，确实是没有止境，但君王的举动一定要书入史册，这就是帝王在礼制方面必须谨慎的原因。我认为追尊祖先的准则，应该以高皇那一代为限。"尚书卫臻与刘晔的意见相同，追谥一事于是按照他们的建议施行。辽东太守公孙渊夺取了他叔父公孙恭的位置，擅行自立为太守，派遣使者上表陈述事状。刘晔认为："公孙氏从汉朝开始就已任命为官，所以世袭辽东太守职位，由于山水海陆的阻隔，又外接胡夷之境，远隔京城绝难加以控制，因而世袭权位的日子已经很久了；现在如果不将公孙渊除掉，以后必定造成祸患。若等公孙渊怀有二心并拥兵自强，那时想再行诛杀，事情就难办了。不如趁他刚刚上任，还有不少仇人，出其不意，先以大兵压境，开设赏赐招降纳顺，可以不动用军队而平定。"后来公孙渊终于谋反。

刘晔在朝廷中一般不和当时人士交往。有人问他原因，刘晔回答说："魏室登上皇帝位时间不长，明智的人知晓天命，而世俗的人或许还不以为然。我在汉朝属于皇室宗族，在魏国又是心腹大臣，少一些朋友下属，是比较合适的。"太和六年，刘晔因病拜官太中大夫。不久，任大鸿胪，两年后退位，仍为太中大夫，去世。谥号为景侯。长子刘寓承嗣。小儿子刘陶，也同样属于才分很高却品行不佳的人物，官至平原太守。

蒋济字子通，楚国平阿人。曾任九江郡计吏、扬州别驾。建安十三年，孙权率军包围合肥。当时太祖大军征讨荆州，遇上流行疾病，只派了将军张喜率一千骑兵，兼率汝南士兵去解围，也染上了时疾。蒋济暗中告诉刺史，假装得到了张喜的书信，说有步兵和骑兵四万人已经到达雩娄，同时派遣主簿迎接张喜。三次派遣使者携带信件告诉城中众将领，一次进了城，另两次被吴兵抓到。孙权信以为真，匆匆烧了围城工事退走，合肥城因此得以保全。第二年蒋济出使谯县，太祖问他说："过去我与袁本初相持于官渡，迁徙燕、白马两地民众，百姓没有离散，贼兵也不敢抢掠。现在想要迁徙淮南百姓，你认为怎么样？"蒋济回答说："当时我弱而敌强，不迁徙百姓我们就会失去他们。自从打败袁绍，向北攻柳城，向南打到江、汉，荆州守军对我们十分恭敬，威震天下，百姓没有其他心思。然而百姓怀恋故土，实在不愿意迁徙，定要迁徙他们恐怕会造成不安。"太祖没有听从，而江、淮之间十几万民众都惊慌逃奔吴国。后来蒋济作为使者到邺城，太祖迎见他后大笑："本来我是想使他们躲避吴兵的，没想到却是把他们全部赶往吴国去了。"任命蒋济为丹阳太守。大军南征返回，让温恢担任扬州刺史，蒋济为别驾。太祖下令说："当年吴季札为臣，吴国仍应当有君主。现在你回到了扬州，我也就没有忧虑了。"有人诬告蒋济阴谋策划叛乱，太祖知道后，指着原先的命令书对左将军于禁、沛相封仁等人说："蒋济岂能有这种事！有这种事，那就是我太不了解人了。这一定是愚民乐于兴乱，胡说八道罢了。着即将此案驳回。"征召蒋济为丞相主簿、西曹属。下令说："过去舜举荐了皋陶，使不仁慈的人远去；品评选拔人才恰到好处，就寄望于各位贤官了。"关羽包围樊城和襄阳。太祖因为汉帝在许县，距离敌军太近，打算迁都。司马懿和蒋济劝阻太祖说："于禁等人被水淹没，不属于战守的失误，对国家大计没有构成多大损害。

刘备、孙权外表亲密,实际疏远,关羽得志,孙权必定食不甘味。可以派人去随时跟在孙权身后,承诺割出江南封赏孙权,那样樊城的包围就会自动解除。"太祖按照他们说的去做了。孙权闻知后,立即带兵向西攻袭公安、江陵两县。关羽被吴军擒获。

　　文帝即魏王位,蒋济转任相国长史。到了文帝受禅登极,命蒋济出京任东中郎将。蒋济请求留在京城,文帝的诏书说:"汉高祖歌吟道'安得猛士兮守四方'!现在天下尚未安宁,须有良臣来镇守边境。如果边境太平无事了,那时返回京城继续任职,也并不晚。"蒋济上《万机论》,文帝认为不错。后蒋济入朝任散骑常侍。这时有诏书给征南将军夏侯尚说:"你是心腹大将,应当特别给你使命。施恩德足以令人效死,行惠爱常能令人铭记肺腑。从此你就可以作威作福了,可以杀人,也可以让人活。"夏侯尚把这个诏书给蒋济看了。蒋济到了京城,文帝问他说:"就您所闻所见,如今天下风俗教化怎么样呢?"蒋济回答说:"没什么好的地方,只听见些亡国的言论。"文帝气愤得变了脸色,问他为什么这样说话,蒋济全都告诉了他,接着说:"那'作威作福'的话,是《尚书》中明明白白的告诫。'天子无戏言',也是古人都极为谨慎的教训。希望陛下明察。"这时文帝的怒意冰释,派人去追回了原先那封诏书。黄初三年,蒋济与大司马曹仁征讨吴国,蒋济另率军队袭击羡溪。曹仁准备杀进濡须洲,蒋济说:"吴军占据西岸,战船排列在我们上游,而我方士兵进入洲中,那是自进地狱,是会导致危险死亡的做法啊。"曹仁没有听从,结果大败。曹仁去世后,又由蒋济任东中郎将,代领曹仁的部队。诏书说:"您具备文武全才,志向气节风发昂扬,常常有跨越江湖吞并吴国的大志,因此再次授予您将帅的重任。"不久,征召蒋济为尚书。文帝出征广陵,蒋济上表陈述水路难于通行,又献上《三州论》用来劝告文帝。文帝不听,于是几千条战船都停滞在水中不能前进。参与议论的人想把部队顺便留在那里屯田,蒋济认为:"那里东近洪泽湖,北面又有淮河,到了水盛季节,吴军容易前来骚扰,不可在那里安营屯田。"文帝听从了他的意见,车驾立即出发。回到精湖时,湖水渐渐退尽,文帝把船都留给蒋济统领。那些船只本来散

置于几百里长的浅水中,蒋济下令开凿四五条水道,将船聚拢,预先制作土墩用来阻断湖水,把水引到船后,一下子打开土墩,船就被决堤之水推进淮河里。文帝返回洛阳,对蒋济说:"办事不能不了解情况。我原先决意在山阳池中烧掉一半船只,而您率船从后面赶来,却大致与我一同到达谯县。又每次得到你的条陈,实在合乎我的心意。从今以后有关讨伐吴蜀的计划,您多思考建议。"

魏明帝即位,赐封蒋济为关内侯。大司马曹休率领军队进入皖地,蒋济上表认为"我军深入吴军的地盘,与孙权的精锐部队相对,而朱然等人占据上游,处于曹休的背后,臣下没有见到这样做有什么好处"。曹休率军到达皖地,吴国则出兵安陆,蒋济又上疏说:"现在吴兵让我们看到他们西进的情形,一定是想要合并兵力进攻东面,应该迅速下诏命令各路军队前往救助。"适逢曹休军队已经战败,丢弃了全部仪仗辎重撤退返回。吴军准备在夹石截击曹军,因救援的军队赶到,因此魏军才不致全军覆没。蒋济升任中护军。当时中书监、中书令这两个职位称为专任,蒋济上疏说:"大臣权柄太重会危及国家,近侍过于亲密将蒙蔽君王视听,这是古人极其深刻的告诫。过去曾有过大臣主持政事,致使内外鼓动为奸。陛下眼界高远,亲自日理万机,没有人不恭敬肃然。并不是大臣心怀不忠,然而威望权力都在大臣手中,大家就会怠慢君王,这是事态发展的一般规律。陛下既然已经对大臣专权有所明察,还希望您不要过分依赖左右近侍。左右近侍在忠诚公正和远大的谋略方面,未必比大臣贤能,说到逢迎谄媚取悦一类技巧,他们或许都能精益求精的。现在外面说话,动不动就说中书如何如何,虽然您让他们谦恭谨慎不敢交结外面的势力,但是一有了这个名声,还是能够蛊惑世俗的。何况他们实际上担任要职,每天在您的眼前活动,假如陛下因为疲倦而一时让他们决定或改变某些事情,大家看到他们能够影响或改变君王决定,就也会依据时势而趋附他们。一旦有了这个开头,中书监、中书令的设置跟着就要进一步完善,然后大家都将私自结交,把他们作为内援。这样一来,褒贬毁誉就必定兴盛,功过赏罚就必定有所改易;通过正常渠道努力上进者也许会升迁无门,曲附那些左右近臣的反而能够畅通无阻。他们因卑微而进入内廷,以善于攀缘而出人头地,陛下对他们亲近而信任,就不能觉察到种种正在发生的奸行。这是明智的圣上应当早有所闻的,留心注意,他们的形迹自必显露无遗。也许是朝廷大臣畏惧因言语不合而招致左右近臣的怨恨,所以没有人能把这类情形反映上来让您了解。我诚挚地相信陛下能够沉思默想,广泛听取各方面的意见并仔细观察,如果发现事情有不完全符合情理,事物有没完全发挥作用的情况,就改变这些做法,说得远些则能与黄帝、唐尧的功绩媲美,说得近点也可以光大武帝、文帝的业迹,岂止是仅仅改变眼下的风习而已呢!然而君王还不可能知悉和明察全天下的事情,因而应当有所托付。三个官职交由一人担任,如果既没有周公旦的忠诚,又没有管夷吾的公正,就会有玩弄机巧败坏官风的弊病。当今可做柱石的人士虽然不多,但说到品行与一州长官所应具有的,智能足以在一个官职上效力,忠诚守信,竭尽全力,忠于职守的人,还是有很多可以供朝廷驱策的,他们将不会使圣明的朝廷背上官吏专任的名声。"明帝的诏书说:"刚直的大臣,是君王的依靠。蒋济文武全才,服事勤勉,尽心尽责,每有军国大事,总有奏议,忠诚奋发,我特别欣赏。"随即升任蒋济为护军将军,并加官散骑常侍。

　　景初年间,魏国朝廷对外频繁出征,兵役繁重,内部大兴土木,营建宫室,旷男怨女比比皆是,而又赶上粮谷歉收,饥馑严重。蒋济上疏说:"陛下正应当恢复光大前代的事业,实在不能高枕无忧治理天下。现在虽然有十二个州的地盘,但说到人口数量,只不过相当汉代一个大郡的人数。吴、蜀二国还未平定,而士兵驻守边陲,又耕种又作战,怨旷的情绪积蓄了多年。宗庙宫室,各种事务都还在草创时期,从事农桑的人很少,等着穿衣吃饭的人却很多,当今的急务,只有停止消耗百姓,使他们不至于太过困乏。困乏如果再加上水旱灾害,广大百姓将会不为国家所用。一般而言,役使百姓必须乘农闲之机,不能耽误农时。想要建立伟大功业的君王,先要估计民力并给予他们及时的抚慰。从前勾践鼓励生育以待大用,燕昭王吊死问疾以备将来报仇雪耻,所以弱小的燕国能征服强大的齐国,赢弱的越国灭亡了强大的吴国。现在对吴国、蜀国这两个敌人，不进攻就不能消灭它们，不好好对付便会遭到它们的侵扰，在您这一代不蠲除他们，百代以下，就都是您的责任。凭借陛下圣明神武的韬略，舍弃那些可以缓一步实行的事情，专心于讨伐吴、蜀二国，臣下认为是没有什么困难的。再说沉溺于欢娱逸乐，将有害精神；精神使用得过分就会枯竭，身体太劳顿了就会疲惫。希望您大力选择那些贤良美好并能生育皇子的女子，其他多余闲散及年纪小的女子，应该把她们全部遣出，务必保持清心和平静。"明帝下诏书说："如果不是护军将军，我是听不到这样的进言的。"

　　齐王即位，改授蒋济为领军将军，进封昌陵亭侯，升为太尉。当初，侍中高堂隆议论郊祀的事，认为魏是舜的后裔，推舜作为在祭天时的配享。蒋济认为舜本来姓妫，他的后代姓田，并不是曹姓的祖先，于是写文章追问高堂隆。这个时候，曹爽专擅朝政，丁谧、邓飏等人随意修改法令制度。恰好有日食出现，齐王下诏询问众大臣日食所反映的政事得失，蒋济上疏说："过去大舜佐助尧帝治国，以结党营私为戒；周公辅佐政事，对于任命亲朋十分谨慎；齐景公询问灾情，晏子回答说应当广布恩惠；鲁僖公询问灾异，臧孙回答说应该缓减劳役。顺应天意防止灾变，其实质全在于人事。现今吴、蜀二国尚未剿灭，将士们往来征战已有几十年，男旷女怨，百姓们贫寒困苦。为国家制定法律制度，只有治世的贤才可以胜任，怎么能让一般的官吏随意改动呢？那样做终究对治国无益，恰恰足以使民众受到伤害。希望您能让文武大臣各自忠于职守，遵循清静平和之道，那样祥和吉瑞就会感应而到来。"蒋济因随司马懿驻守洛水浮桥，诛杀曹爽等人之功，晋封为都乡侯，食邑七百户。蒋济上疏说："臣下愧被朝廷宠任，担当太尉要职，而曹爽竟敢包藏祸心，这是臣下的失职。太傅毅然独断，陛下明察他的忠信节操，使罪人遭到惩罚，这是国家社稷的福气。封赏宠信，必定要施加给有功的人。现在论谋划则臣下未能先知，论战功则士兵也不是臣下所统帅，再说在上如果违背了分封的制度，下面就会承受这一弊端。我既身任宰辅，一言一行都受到民众关注，实在担心冒领封赏的行为从我这里开始，推辞谦让的风气从这里废弃。"于是坚决辞让,不被允许。蒋济当年去世,谥号为景侯。其子蒋秀承嗣。蒋秀去世,其子蒋凯继承爵位。咸熙年间,设五等爵位,因为蒋济在前朝功勋卓著,改封蒋凯为下蔡子。

刘放字子弃,涿郡人,是汉代广阳王的儿子西乡侯刘宏的后代。曾任郡纲纪,被举荐为孝廉。遇天下大乱,当时渔阳人王松据守涿郡,刘放前往依附。太祖攻克冀州,刘放劝说王松说:"过去董卓倒行逆施,各路豪杰纷纷起兵,擅自发号施令不受朝廷节制,只有曹公能够拯救危乱,拥戴辅佐天子,奉天子之命讨伐罪逆,所向无敌。袁绍、袁术不是不强大,但论防守则袁术守不住淮南,说征战则袁绍在官渡大败;曹公乘胜平定天下,势如卷席,必将扫清河北地区,声威与征伐合一,事情的大势就显现出来了。早些投奔他的总会得福,迟后臣服的就要灭亡,这就是不能等待一天就应迅速投奔的时机。过去黥布放弃为王的尊贵地位,率军归依汉朝,确实是懂得盛衰的道理,明察进退的区分。将军您应该役身于曹公,把自己的命运交付给他,好好同他交结。"王松同意他的看法。适逢太祖在南皮讨伐袁谭,写信召唤王松,王松献出雍奴、泉州、安次归附了太祖。刘放替王松所写答复太祖的信,文辞十分华丽。太祖看后十分赞赏,又听说了刘放劝说王松归服的事情,为此就征召了刘放。建安十年,刘放与王松一同到了太祖那里。太祖十分高兴,对刘放说:"过去班彪归依窦融才有了窦融带着河西归附汉朝的功劳,现在的事情和当年多么相似啊!"随即任命刘放参司空军事,历任主簿、记室,后出任郃阳、祋祤、赞县三县县令。

魏国建立,刘放与太原人孙资一同担任秘书郎。先前,孙资也担任过县令、参丞相军事。文帝即魏王位,刘放、孙资转任左、右丞。几个月后,刘放改任秘书令。黄初初年,朝廷改秘书为中书,任命刘放为中书监,孙资为中书令,两人都加官给事中;赐封刘放为关内侯,孙资为关中侯,于是二人开始掌控国家机密。黄初三年,刘放晋封为魏寿亭侯,孙资进封为关内侯。魏明帝即位,二人尤其被宠信重用，一同被加官为散骑常侍；晋升刘放的爵位为西乡侯，孙资为乐阳亭侯。太和末年，吴国派遣将领周贺从海路到达辽东，对公孙渊进行引诱招降。明帝打算从半路拦击周贺，朝廷中的议论多数认为不可。只有孙资决断可以执行，果然大败吴军，于是进封为左乡侯。刘放善于起草文书，武帝、文帝、明帝三朝的诏书中那些征召告谕的文字，多数出于刘放之手。青龙初年，孙权与诸葛亮联合，想一同出兵讨伐魏国。边境守将得到孙权的信，刘放删改了其中的辞句，往往抽换了原文却又能接近信的原意，将信送给征东将军满宠，让他装作想要归附蜀国的样子，将孙权的信封好交给诸葛亮。诸葛亮把信传回给吴国大将步骘等人，步骘等人拿信去见孙权。孙权担心诸葛亮产生疑心，花了很大力气为自己辩解。这一年，刘放、孙资都加官为侍中、光禄大夫。景初二年，辽东平定，因为参与谋划的功劳，刘放、孙资二人各自晋升爵位，封在本县，刘放为方城侯，孙资为中都侯。

这一年，明帝卧病不起，打算任命燕王曹宇为大将军，加上领军将军夏侯献、武卫将军曹爽、屯骑校尉曹肇、骁骑将军秦朗共同辅佐朝政。曹宇性情谦恭善良，言辞诚恳坚持辞让。明帝召刘放、孙资进入卧室，问道："燕王为什么这样？"刘放、孙资回答说："燕王实在是因为自知不能担当这样的重任罢了。"明帝说："曹爽可以代替曹宇吗？"刘放、孙资随即表示赞成，又竭力陈述应该迅速召回太尉司马懿，以扶持皇室。明帝采纳了他们的意见，随即将黄纸授给刘放，让他书写诏书。刘放、孙资出去后，明帝的主意又起了变化，下诏制止司马懿，让他不要来京城。不一会儿又召见刘放、孙资说："我自己要召回太尉，而曹肇等人反对，几乎坏了我的大事！"命令他们再写诏书，明帝独独宣召曹爽和刘放、孙资一同接受诏命，于是罢免了曹宇、夏侯献、曹肇、秦朗等人的官职。太尉司马懿也到了，走到明帝的床前接受诏令，然后明帝驾崩。齐王曹芳即位，因为刘放、孙资决定了辅政的大计，给他们增加封邑三百户，刘放连同以前的封邑达到一千一百户，孙资是一千户；又封二人各一个爱子为亭侯，次子为骑都尉，其余诸子都担任郎中。正始元年，再加官刘放为左光禄大夫，孙资为右光禄大夫，用金印、紫绶，仪仗与太尉、司徒、司空三司相同。正始六年，刘放担任骠骑将军，孙资为卫将军，两人仍兼任中书监、中书令不变。正始七年，又封二人各自一个儿子为亭侯，两人都因年老退位，以列侯身份在每月初一和十五上朝，官位特进。曹爽被诛，又任命孙资担任侍中，兼任中书令。嘉平二年，刘放去世，谥号为敬侯。其子刘正继承爵位。孙资再次退位归家，继而担任骠骑将军，转任侍中，依旧官位特进。嘉平三年去世，谥号为贞侯。其子孙宏继承爵位。

刘放的才智计谋优于孙资，而自我修养不如后者。刘放、孙资既善于秉承顺从主上的意旨，又从来没有明显地议论过朝政的得失，曾因贬斥辛毗而帮助王思，因此而受到世人讥讽。然而他们还是能够时常顺着众大臣的直言规劝，扶助、赞同他们的意见，并且不时秘密地向帝王陈述朝政损益之处，而不是专事选择阿谀奉迎之言。到咸熙年间，设立五等爵位，因为刘放、孙资在前朝功勋卓著，改封刘正为方城子，孙宏为离石子。

评：程昱、郭嘉、董昭、刘晔、蒋济等人的才智谋略，都称得上是当时出类拔萃的人物，虽然在政治清明和德业方面有别于荀攸，但出谋划策及预测时事，应该与荀攸不相上下。刘放精通文墨，孙资勤勉谨慎，两人共掌机要，权倾一时，高雅诚信确非他们的主流，因此讥讽他们阿谀奉承的言论，每每言过其实。

白话三国志卷十五　魏书十五

刘司马梁张温贾传第十五

刘馥字元颖,沛郡相县人。为躲避战乱来到扬州,建安初年,游说袁术部将戚寄、秦翊,使他们率领部众同自己一同投奔曹操。曹操对他很赏识,由司徒府召为掾吏。后来孙策设置的庐江太守李述引兵攻打扬州,杀死扬州刺史严象。庐江一带的梅乾、雷绪、陈兰等人聚集起几万人马,横行于江淮一带,州县因此残破。当时曹操正被袁绍围攻,分身乏术,认为管理东南地区的政事刘馥可以胜任,于是便上表朝廷任命刘馥为扬州刺史。刘馥一接到任命,就单人匹马奔赴合肥空城,建立起扬州治所,对合肥南部的雷绪等人采取安抚的策略,让他们都安定地集结,进贡接连不断。几年时间,这种感化恩抚的政策收到了极大的效果,百姓很满意他的治理,当初流离逃难的人成千上万地渡江越岭返回故乡。这时候,刘馥开始集中儒生,建立学校,扩大屯田,修治芍陂、茄陂、七门、吴塘等阻水的土堰,以灌溉稻田,官府和百姓都有了积储。又加高城上防御工事,大量贮存滚木擂石,编制了数千万张草苫,并增加了几千斛鱼膏的储积,充分做好了守战的准备。

建安十三年,刘馥去世。孙权率领十万大军围攻合肥达一百多天。当时连降大雨,城墙几乎要坍塌了,于是用草苫蓑席紧密覆盖,夜间点燃鱼脂照亮城外,以便观察敌方的动向并采取相应的防御措施,吴军终因损失严重而撤退。扬州地区的官吏百姓因此对刘馥更加怀念,认为刘馥的守御策略比起春秋时期守晋国的董安于还要出色。至于他所兴修的水利设施,至今还在发挥作用。

刘馥的儿子刘靖,黄初年间由黄门侍郎升任庐江太守,魏文帝下诏说:"你父亲过去在那里任职,现在你又要去管辖这个郡,真可以说是能为国家担当重任了。"转而调任河内太守,升尚书,赐封为关内侯,后出任河南尹。散骑常侍应璩给刘靖写信说:"你在京城担任纳言的职务,出京又承担拱卫京都的重任。使百姓富足的办法,一天会比一天增多。院墙篱笆要造得又高又陡,以杜绝那些偷盗的企图。搭配种植好不同的作物,可以预防水旱灾害引起的饥荒。农具一定要充足完备,不能因此而耽误农时。养蚕、种麦要有苫盖的准备,那样才能避免遭受雨水的灾患。官吏要按期升迁,不要让他们滞留原位。鳏寡孤独的人,应让他们享受到官仓的赈济。再加上明察秋毫,执法如山,使各级官吏遵奉朝廷的旨意,就能从容治理好辖区内的政务。那么,即使是前朝治理京兆的能臣赵文汉、张敞、王尊、王章、王骏之流,也不能同你相比。"而刘靖施政大多做到了应璩所说的那样。起初似乎失于琐碎繁复,但最终还是便利了百姓,行事有乃父遗风。母亲去世,刘靖离任奔丧,后来担任大司农、卫尉,晋封广陆亭侯,食邑三百户。刘靖曾上疏陈说儒家教育的根本:"儒学,是治乱的法则,是圣人的伟大训诲。自从文帝黄初以来推崇建立太学,到现在已有二十几年,但罕见培养出有成就的人才,原因就在于博士的选拔过于轻率,太学生又是为了逃避兵役才来就学,豪门大族的子弟耻于跟这样的太学生为伍,所以没有真正来求学的。虽有太学之名而无求学之人,虽然设立了教育机构却并无实际功效。应该用高标准来选拔博士,选择那些德行能够为人表率,经学能够胜任人师的人来执掌太学,教导公卿大夫们的子弟。遵照古代的制度,让食邑两千石以上官员的子孙,从十五岁开始,都进入太学。明确制定进退奖罚的规则,对那些能通晓经书、德行美好的人,要提升他们以发扬盛德;对那些授业三心二意及学习不思上进者,要斥退他们以示惩罚。推选出素质好的来接受教育,对一般人则加以劝勉,这样一来,那种浮华庸俗夸夸其谈的交游,不用禁止也会自行消失了。阐发弘扬儒家思想的根本宗旨,使那些还没有归顺的地区也得到安抚;使九州六合都来承受儒家风尚的沐浴,边远地方的

人民也会闻风而动前来归服。这都是圣人的教诲,是达到国家大治的根本所系。"后来升为镇北将军,假以符节,都督河北地区一应军事。刘靖认为"作为边防贯穿始终的最重要策略,没有比守御更好的办法,防守能有效划分境内百姓与蛮夷的界限"。于是开拓边疆扩大防线,屯兵据守险要地带。又修凿拓宽了戾陵渠大堰,引水灌溉蓟州南北的大片农田;田地自此能够连续种稻三次,边疆百姓都得到实惠。嘉平六年刘靖去世,朝廷追赠他为征北将军,并晋封建成乡侯,谥号为景侯。其子刘熙承袭爵位。

司马朗字伯达,河内郡温县人。九岁时,有人直呼他父亲的字而不称名,司马朗说:"不尊重别人的父母,是不敬自己父母的人啊。"那个人对他道了歉。十二岁的时候,考试经学晋级童子郎,监考官因为司马朗长得又高又壮,怀疑他隐瞒实际年龄,予以审问。司马朗说:"我家的人,世代都身体高大,我司马朗虽然幼稚,却没有攀高的习气,少报年岁来谋求学业的早成,这不符合我的志向。"监考官对他的回答感到惊异。后来关东兴兵,原冀州刺史李邵老家在野王,临近盗寇出入的险恶山地,打算移居温县。司马朗劝李邵:"唇亡齿寒的道理,难道只限于春秋时的虞国和虢国,温县与野王县也是如此;现在您离开野王而迁居温县,只不过是逃避了一时的危难罢了。而且刺史为一郡百姓所仰望,现在贼寇未到您就先离开,沿山一带州县的百姓必然恐惧震惊,这等于动摇民心,为那些强盗坏人大开了方便之门,我私下里真为全郡百姓担忧。"李邵不听劝告。靠近山区的百姓果然发生动乱,纷纷往内地迁徙,很多人遭到贼寇的洗劫。

这时董卓强迫皇帝迁都长安,他自己留在都城洛阳。司马朗的父亲司马防官居治书御史,理应随皇帝一同西行,因虑及到处都不太平,就让司马朗带家眷先回家乡。于是有人举报司马朗要逃亡,抓住他去见董卓,董卓对他说:"你与我死去的儿子同岁,可是你却几乎大大地辜负了我。"司马朗回答说:"明公您凭着崇高的德行,在这兵荒马乱的年代,能够为国家清除群凶,广荐贤士,这真可以说是呕心沥血,想国家得到大治的措施。您的威望品德因此而更加崇高,功勋业绩也因而更加卓著,但是战乱仍是一天比一天严重,各州各郡人心惶惶,京城境内的百姓不能安居乐业,抛弃了居室产业,流亡藏匿,尽管四边的城门都设置了关卡,用重刑杀戮来惩罚逃亡的人,仍然禁止不住百姓逃亡,这就是我要回家乡的原因。希望明公能洞察往事,稍加深思,那么您的光辉业绩就将与日月同辉,即使伊尹、周公也难和您相比。"董卓说:"我也想到了这些,你的话很有意义。"

司马朗断定董卓必然灭亡,担心被留在洛阳,就用家中财物贿赂董卓手下管事的官吏,请求放自己还乡。到家乡后对父老乡亲说:"董卓谋逆叛乱,普天下的人都把他看作仇敌,这正是忠臣义士奋发有为的时刻。我们这个郡土地同京城地界相连,洛阳的东边有成皋县,北临黄河,各地义兵讨伐董卓的诸侯倘若不能进驻洛阳,就必然要在此处羁留。这里实在是四分五裂的战场,极难安定,不如趁现在道路还通畅,全族人迁往黎阳。黎阳驻有军队,监军的官员赵威孙过去同咱们乡里有姻亲,他现在担任监营谒者,统帅兵马,足以为大家主持大局。以后再有别的变故,慢慢观望也不为晚。"父老乡亲都怀恋故土,没有肯听从司马朗的,只有同县人赵咨带着家属和司马朗一起去了黎阳。几个月之后,关东各州郡纷纷起兵,总数多达数十万人,都驻扎在荥阳和河内一带。诸将不能统一指挥,放纵士兵烧杀抢掠,百姓死了大半。以后,关东的军队纷纷瓦解,曹操和吕布在濮阳相持,司马朗于是携带家眷回到温县。这一年闹饥荒,严重到人吃人的程度,司马朗收养抚恤宗族成员,教育训导同宗兄弟,不肯因为世道衰败便懈怠了家业。

司马朗二十二岁时,曹操征召他为司空掾属,命他出任成皋县令,因病离职,后又任堂阳县长。他治理地方政策宽厚仁惠,不用鞭、杖等刑罚,但百姓也不犯法。以前,有些老百姓被迫迁徙以充实京都,后来朝廷征调堂阳县负责造船,迁走的百姓担心司马朗不能完成使命,就互相联络,私自回来帮他,他被百姓爱戴到了这种程度。后升任元城县令,入朝担任丞相府的主簿。司马朗认为:"天下

四分五裂的局面,是因为秦朝废除了五等爵位制度,而郡国也不再进行备战演练而造成的。现在虽然不可能恢复施行五等爵位,却可以下令州郡都设置军队,对外防卫异族侵略,对内威慑图谋不轨的人,这是治国的上策。"又认为应当恢复井田制:"过去由于百姓都有历代积累的地产,很难断然收归国有,所以一直拖到今天。现在正赶上大乱之后,百姓云飞四散,地产没有主人,因而都是公田,应该趁这个时机恢复井田制。"他的建议虽然没有实施,但后来州郡属下设置军队,却是采纳了司马朗的主张。升任兖州刺史,政策和教化得到了全面的推行,百姓都称赞他。即使在行军打仗的时候,司马朗也总是穿着粗布衣服,吃粗劣的饭食,用俭朴的生活给部下作出表率。他非常喜爱有关人伦的典籍,他的同乡李觌等人有很高的名望,可是司马朗却常常当众贬损他们;后来李觌等人果然败亡,人们都佩服司马朗的远见卓识。钟繇、王粲著书立论说:"不是圣人治国就不能达到太平盛世。"司马朗却认为"伊尹、颜渊等人虽然不是圣人,但让这样的人连续几代继承下来,太平仍然可以达到"。建安二十二年,与夏侯惇、臧霸等人征伐吴国。军到居巢,军中流行传染病,司马朗亲自巡视军营,为士卒请医配药。不幸染病去世,时年四十七岁。遗嘱只穿粗布衣服,束发不带冠,用普通服装殡殓。兖州百姓对他十分怀念。明帝即位,封司马朗的儿子司马遗为昌武亭侯,食邑百户。司马朗的弟弟司马孚又把自己的儿子司马望过继给司马朗为子嗣。司马遗去世,司马望的儿子司马洪承袭了爵位。

当初同司马朗一起迁往黎阳的同县人赵咨,官做到太常,也是当时的优秀人物。

梁习字子虞,陈郡柘县人,担任过郡国的主簿。太祖曹操任司空时,征召为漳县长,继而担任乘氏、海西、下邳县令,所在之处有善于治理地方的名声。后入朝担任西曹令史,升为西曹属。建安十一年,并州刚刚归附曹操,梁习以别部司马的身份兼任并州刺史。当时借高干作乱的余波,南匈奴部落就在并州边界活动,骄横势盛,飞扬跋扈,并州的官吏百姓纷纷逃亡,不少人叛入匈奴部落;州中豪强拥兵为寇,危害乡里,互相煽动,与官府形成对抗之势。梁习到任以后,采用诱导、劝谕、招抚的策略,对于那些豪强大户都很礼貌地召请,并稍稍加以荐举,让他们进入幕府担任官职;豪强大户都得到安置以后,紧接着有序征发成年健儿,组建地方义勇部队;又借大军出征的机会,分别请求诸将让他们充当勇士。官吏和士兵问题解决以后,梁习又让他们的家属作适当的迁移,前后送往邺县的达好几万人;对那些不肯执行命令的,梁习派兵前去讨伐,杀死了一千多人,上万人投降归顺。南匈奴的单于恭恭敬敬地服从了梁习,各部落的名王也俯首听命,部民都听从梁习的驱使,同入籍的百姓一样。边境自此清平,百姓都安于故土,梁习经常鼓励农桑,往往是令行禁止。州里的儒生、名士经过梁习的推荐,都得到朝廷的任用,有关事迹都记载在本书《常林传》。曹操嘉奖梁习,赐以关内侯的爵位,并正式任命他为并州刺史。州中的父老称颂梁习的事迹,认为从他们有所听闻以来,没有哪一任刺史能够赶得上梁习的。建安十八年,并州并入冀州,改授梁习为议郎、西部都督从事,总揽冀州事务,统领原来的部下。又出使上党,督运高大木材以供修建邺城宫殿。梁习上表请求设置屯田都尉两名,带领六百个民夫,在大道边种粟种豆,满足来往人畜的需要。后来单于入朝称臣,西北边境没有了兵患,那都是梁习的功劳。文帝受禅登极,恢复并州设置,梁习又担任刺史,进封申门亭侯,食邑百户;他的政绩总是全国最好的。太和二年,朝廷征召他担任大司农。梁习在并州任职二十多年,饮食起居都十分简朴,家里没有一点当地的珍贵财物,明帝对此很是诧异,给予他优厚的礼遇和赏赐。太和四年,梁习去世,其子梁施承袭爵位。

当初,济阴郡的王思与梁习一同担任西曹令史。一次王思值日禀告事情,不合曹操的意图。曹操大发雷霆,教传唤主事的官吏,要以重罪论处。当时王思刚刚外出,梁习代替他前往应对,到了就被关押起来。王思急忙赶回,主动承认自己的罪责,认为罪应处死。曹操对梁习默默地代人受过颇为感动,也很满意王思能勇于承担责任,他说:"谁能想到我的军队中竟然有两位义士呢?"后来两个人被同时提拔为刺史,王思兼任豫州刺史。王思也是个能干的官员,只是苛刻琐碎而不识大体，后来官至九卿，爵封列侯。

张既字德容，冯翊郡高陵县人。十六岁时，在郡中担任小吏。后来曾担任过郡中要职，被推举为孝廉，没有应荐。曹操任司空的时候，征召他进京，他也没有去，被推荐为秀才，担任新丰县令，治绩在三辅地区名列榜首。袁尚在黎阳同曹操的兵马对峙，派他所署置的河东郡太守郭援、并州刺史高干以及匈奴的单于攻取平阳，又派使者西行联络关中诸将对抗曹操。曹操部下的司隶校尉钟繇派张既去游说将军马腾等人，向他们陈述利害关系，马腾等人都被说服。马腾派儿子马超带领一万多人马，会同钟繇的部队攻击高干、郭援，大败河北军，斩杀了郭援。高干和匈奴单于都被迫投降。此后高干再次凭借并州反叛。河内郡的张晟拥兵一万多人独来独往，在崤山、渑水一带为寇，河东郡的卫固、弘农郡的张琰都起兵响应张晟。曹操任命张既为议郎，参与钟繇军事，让他西去征召马腾等将领，会同钟繇联合攻击张晟等，击败了他们。斩了张琰、卫固，高干逃奔荆州。封张既为武始亭侯。曹操将要讨伐荆州，但马腾等人分别据守着关中。曹操再次派遣张既告谕马腾等人，让他们离开各自的部队回朝待命。马腾已经答应了而又犹豫不决。张既担心再生变故，就移文沿途各县赶快做好准备，派食禄两千石以上的官员到郊外迎接马腾。马腾不得已，启程入朝。曹操表奏马腾为卫尉，封他的儿子马超为将军，统领马腾的兵马。后来马超反叛，张既跟随曹操在华阴县大败马超，平定了关西。让张既出任京兆尹，招抚流离失散的民众，修复加固已残败的县级城池，百姓都很爱戴他。魏国建立以后，张既任尚书，出任雍州刺史。曹操对张既说："您回故乡做州官，可以说是衣锦昼行了。"后来张既又跟随曹操去征讨张鲁，他单独率领一支部队进入散关讨伐叛变的氐族人，收割氐族人的麦子以供给军粮。张鲁投降以后，张既劝说曹操迁出汉中数万户人家充实长安及附近地区。这以后，张既与曹洪在下辩击败了吴兰，又跟夏侯渊一起讨伐宋建，单独领兵平定临洮、狄道两县。这时候，曹操正移民充实河北地区，陇西、天水、南安各郡的百姓恐慌不安，张既利用籍贯为上述三郡的文武官员回乡休假的机会，让他们在家修房建屋，制作水碓，当地民众因此安定下来。曹操将要拔除汉中的守备，又担心刘备向北征服武都的氐族人而威胁关中，便向张既问计。张既说："可以劝说百姓出关到产粮的地方躲避蜀军，先去的予以重赏厚待，这样先去的就会知道有利可图，落后者必定心生羡慕。"曹操听从了张既的计策，亲自到汉中率军后撤，命令张既到武都郡，迁移五万多户氐族人到扶风、天水郡界内。

这时，武威人颜俊、张掖人和鸾、酒泉人黄华、西平人麹演等同时率领本郡人造反，各称将军，继而互相攻击。颜俊派人将自己的母亲、儿子送到曹操那儿做人质，请求曹操发兵援助。曹操向张既问计，张既说："颜俊等人对外凭借国威，对内又心存悖逆，他的预谋实现了，势力强大了，随后仍要造反。现在我们正在对付蜀国，不妨让他们数雄并存而互相争斗，就像卞庄子刺虎一样，最后坐收两只死虎。"曹操说："不错。"一年多时间里，和鸾果然杀了颜俊，武威人王秘又杀了和鸾。当时没有设置凉州，从三辅地区直到西域都属于雍州。曹丕即王位，才开始设凉州，任命安定太守邹岐为凉州刺史。张掖人张进捉住郡守率兵抗拒邹岐，黄华、麹演等人也各自赶走了原来的太守，领兵响应张进。张既率兵为护羌校尉苏则壮大声势，所以苏则得以平定凉州。张既进封为都乡侯。凉州卢水一带的羌族人伊健妓妾、治元多等人反叛，河西大乱。文帝十分担忧，说："除了张既，没有人能安定凉州。"于是便召回邹岐，让张既接替凉州刺史。文帝诏书说："昔日贾复请求统兵攻打郾城之敌，光武帝笑着说：'执金吾攻郾城，我还有什么烦恼呢？'您智谋胆略都胜过常人，现在正是您施展本领的时机。我特许您因利乘便，相机行事，不必先事奏请。"又派护军夏侯儒、将军费曜等人领兵随后接应。张既率军到达金城，要渡过黄河，部下将领、守备都认为"兵少路险，不可深入敌方腹地"。张既说："道路虽然险峻，却不像井陉那样狭窄危险，夷狄都是乌合之众，不会有李左车那样的计谋，现在武威危急，应该迅速赶到。"于是下令渡河。胡人七千多骑兵在鹯阴口狙击张既的部队，张既放出风声要由鹯阴口渡河，却悄悄地经过且次县到达武威。胡人都以为神兵天降,退却到显美县。张既已占领武威,费曜的接应部队才赶到,而夏侯儒的部队还在路上。张既犒赏部下,准备进军攻击胡人。诸将都说:"我方士卒疲惫,敌人却保存着锐气,很难同他们一决胜负。"张既说:"军中没有现成的粮草,应当夺取敌人的物资以供给军需,如果敌人发现我方兵力聚集,就会退守深山,若是那时追击他们,道路既险峻难走,士兵又困乏饥饿,如果退兵不追,又会遭受敌人的抄袭。这样的话,部队就总也得不到解脱,正应了前人所说的'一日纵敌,患在数世'啊。"于是进军显美。遭遇胡人数千骑兵,想趁大风放火烧毁魏军的营寨,张既属下的将士都很恐惧。张既夜间埋伏下三千精锐士卒,让参军成公英督率一千多骑兵挑战,命令他们假装败退。胡人果然争先恐后地来追赶,这时伏兵四出,截断了胡人的后路,首尾夹击,大获全胜,斩首俘虏一万多人。文帝非常高兴,下诏说:"您渡黄河,历险境,以疲劳之军攻击安逸之敌,以少胜多,功劳超过南仲,勤苦超过吉甫。这个功绩不仅仅是打败了胡人,而是使河西一带永远宁静,让我再也不用顾虑西边的国土了。"改封张既为西乡侯,增加食邑二百户,连同以前所封共四百户。

　　酒泉人苏衡谋反,同羌族豪强邻戴以及丁令胡人一万多人马攻打边境各县。张既同夏侯儒前往击败他们,苏衡和邻戴都投降了。于是,张既上书请求与夏侯儒共同整治左城,修建要塞,设置烽火台,修建军需仓库以防御胡人。西部的羌族首领心怀恐惧,带着二万多户人家前来归顺。后来西平郡的麴光等人杀死郡守,诸将要去攻打他们,张既说:"造反的只有麴光等人,同郡官吏百姓不一定全部附和。如果因为这样就兴兵讨伐,当地的官吏百姓、羌人、匈奴人就会说国家不辨是非,更会使得他们联合起来与我们作对,这就等于是为虎添翼。麴光等人想借羌人和匈奴人作为后援,现在我们先让羌人和匈奴人围攻他们,用重金招募奖赏应征的,把俘虏也都送给羌人和匈奴人。从外面扼止他们的势力发展,从内部离间他们的朋党,就一定会不战而平定这个地方。"于是发布檄文通告各部落的羌人,凡是受麴光等人牵连的一律不追究;能斩杀叛军首领并送来首级的加倍封赏。于是麹光的部下杀了麹光并送上他的首级，其余的人都像过去一样安居无事。

张既治理雍、凉二州十多年，政绩和仁惠闻名于世，他依礼聘请的扶风人庞延、天水人杨阜、安定人胡遵、酒泉人庞淯、敦煌人张恭、周生烈等人，后来都有名声地位。黄初四年张既去世。文帝下诏说："往日荀林父在翟土立功，晋侯赏给他千户之国作为他的封地；冯异为东汉贡献出自己的力量，光武帝为此赐封他两个儿子。原凉州刺史张既，能收容安抚百姓，使群羌归顺朝廷，可以说是国家的良臣。他不幸逝世，朕非常痛惜，现在赐他小儿子翁归关内侯的爵位。"明帝即位，追封张既为肃侯，由他的儿子张缉承嗣。

张缉由中书侍郎渐升为东莞太守。嘉平年间，张缉女儿为皇后，征拜张缉为光禄大夫，赐位特进，他的妻子向氏也被封为安城乡君。后来张缉跟中书令李丰同谋，被杀。这事记载在本书《夏侯玄传》中。

温恢字曼基，太原郡祁县人。父亲温恕，曾任涿郡太守，去世。温恢十五岁时，送父丧回乡，发现家里积蓄丰足。温恢说："世道正乱，要这么多家财有什么用呢？"一下子把家财全都散尽救济本族的人。州里认为他的做法高尚，拿他同西汉郇越相比。后来温恢被推举为孝廉，担任过廪丘县长，鄢陵、广川县令，彭城、鲁国的国相，所在都有好评。入朝担任丞相主簿，又出任扬州刺史。曹操对他说："我很想让您留在我身边，但又不如扬州的事情那么重要。所以《尚书》上说：'股肱之臣优良啊！诸事都将安宁啊！'是不是需要让蒋济来担任治中辅助您呢？"当时蒋济正任丹杨太守，于是便下令让他回到扬州。曹操又对将军张辽、乐进等人说："扬州刺史温恢通晓军事，凡事要和他共同商议。"

建安二十四年，孙权统兵攻打合肥，那时各州都屯兵守卫淮南边境。温恢对兖州刺史裴潜说："这里虽然也有敌军，但还不构成威胁，所害怕的是曹仁的征南部队遭遇变故。现在洪水已经来了，而曹仁孤军深入，没有长远防备。关羽骁勇善战，将士精锐，借江水上涨而进攻,一定会造成危害。"后来果然有水淹樊城的事。朝廷诏书征召裴潜以及豫州刺史吕贡等人,裴潜等人最初并不急于赶路。温恢暗中对裴潜说:"这一定是襄阳危急,急需外援。之所以没有火急火燎地催你们会集,是不想这事惊动远处的民众。一两天内一定会有密信催促你们上路,张辽等人也会接到召集令。他们一向知道魏王的心思,一定会后召先到,您可就要受责备了!"裴潜听从了温恢的话,留下军械粮草等笨重物资,改换轻装迅速出发,随后果然接到了催发的急令。张辽等人紧接着也分别被征召,完全像温恢所预料的那样。

魏王曹丕受禅登极,任命温恢为侍中,出任魏郡太守。几年后,升凉州刺史,持皇帝符节,兼任护羌校尉。赴任途中病逝,时年四十五岁。文帝诏书说:"温恢有栋梁之才,跟随先帝,功劳卓著。为朕办事,尽忠王室,所以授予他凉州刺史要职,将治理西北的重任交给他。可上天为什么就不从人愿呢?我为此甚为痛惜!"特赐温恢之子温生为关内侯。温生去世得早,爵位后继无人。

温恢去世后,汝南人孟建担任凉州刺史,也很有治绩名声,官做到征东将军。

贾逵字梁道,河东郡襄陵县人。幼年时玩儿童游戏,就常常摆阵列兵模拟打仗,祖父贾习感到很惊异,说:"你长大后一定会当上将帅。"口授他兵法好几万字。贾逵起初在郡中做一名吏员,代理绛邑长。郭援攻打河东,所经过的县城都被攻破,只有贾逵据城坚守,郭援久攻不下,就联合单于军一同猛攻。绛邑城眼见要被攻破,绛邑父老同郭援说定,不许杀害贾逵。绛邑陷落以后,郭援知晓贾逵的名声,想用他为将军,用利器威胁他,而贾逵不为所动。郭援的部下押着贾逵让他叩头,贾逵怒叱他们说:"岂有国家的官吏对叛军叩头的道理!"郭援大怒,要将他斩首。绛邑的官吏百姓听说要杀贾逵,都登上城墙高呼:"谁要背信弃义杀我们的好官,我们宁愿一齐去死!"郭援的部下认为贾逵很有义气,很多人为他求情,于是贾逵幸免于难。起初,贾逵经过皮氏,曾说:"这是块兵家必争之地,交战

时先占领皮氏的一方必胜。"到郭援包围绛邑,形势危急的时候,贾逵知道绛邑难免沦陷,就派人从小路把他的印绶送回河东郡,并让他通知郡守"赶快据守皮氏"。郭援兼并了绛邑守军,准备继续进军。贾逵怕他先占领皮氏,就用别的计策使郭援的谋士祝奥产生疑虑,郭援因此在绛县耽搁了七天。河东郡长官听取了贾逵的意见,所以没有落败。

后来贾逵被推举为秀才,任渑池县令。高干谋反,弘农郡的张琰准备兴兵响应。贾逵先不知道张琰的图谋,去见张琰。到达以后,听说叛乱已经成形,想回去,又怕被张琰扣留,就替张琰出谋划策,好像是他的同谋,使张琰对他信之不疑。当时渑池县寄治于蠡城,城墙与围堑都不坚固,贾逵便向张琰借兵修城。那些意图作乱者都不对贾逵隐瞒,所以贾逵能够把他们一网打尽。而后再修城抗拒张琰。张琰败亡以后,贾逵因为祖父去世离官,后被司徒征召为掾吏,以议郎身份参与司隶军事。曹操征伐马超,到达弘农郡,说:"这里是西行途中的要冲。"任命贾逵为弘农太守。又召见贾逵商议国事,曹操十分满意,对左右说:"假使天下食禄二千石的官吏都能像贾逵这样,我还有什么可担忧的呢?"后来大军进发,贾逵怀疑屯田都尉藏匿逃亡的百姓。都尉认为自己不属郡守管辖,出言不逊。贾逵发怒,扣押都尉,历数其罪状并打断了他的腿,贾逵因此被免官。但曹操心里还是喜欢他,将他召入京城授予丞相主簿之职。曹操征讨刘备,先派贾逵去斜谷观察地形。路遇管理水利的官员押解几十车犯人,贾逵认为军情紧急,正是用人的时候,就让该官员只把一名犯重罪的押走,其余的全放了。曹操很赏识贾逵,任命他为谏议大夫,与夏侯尚共同掌管军事。曹操在洛阳逝世,贾逵主管丧事。这时鄢陵侯曹彰代理越骑将军,从长安赶来奔丧,问贾逵:"先王的印绶在哪?"贾逵正颜厉色说:"太子在邺县,国家已经有了储君。先王的玺绶,不是您应当问的。"于是护送曹操灵柩回到邺县。

文帝曹丕即魏王位,因为邺县的几万户人家都在京城居住,多不守法,便任命贾逵作邺县令。一个多月以后,升魏郡太守。后来大军出征,贾逵再次担任丞相主簿祭酒。贾逵曾经因人犯罪而受牵连，曹丕知道后说："晋国大夫叔向因为立功，他的十世子孙还能受到原谅，何况贾逵自己立了不少功勋呢？"贾逵跟随曹丕到黎阳，渡口秩序混乱，贾逵杀了几个为首的人，整顿了秩序。到达谯县，曹丕任命他为豫州刺史。那时候国土刚刚收复，州郡大多缺乏有效管理。贾逵说："州政府原来都是用御史中丞负责巡视监督各郡，以有关六条诏令监察食禄二千石以下的官吏，所以关于御史的报告上都写的是严厉能干威武有督察之才，而不提宽厚仁爱有平易近人的品德。现在各郡的官长轻慢法律，盗贼公然横行，州里知道却不纠正，那么，国家用什么来树立公正呢？"州里一位兵曹从事由前任刺史准假离开职位，贾逵到任几个月后，这位兵曹从事才回来；贾逵将食禄二千石以下官员中阿谀放纵不守法的，都考察清楚，并奏报朝廷免去了他们的职务。文帝说："贾逵真不愧是刺史。"把他的事迹布告全国，让各州都以豫州为榜样。赐给贾逵关内侯的爵位。

豫州南面与吴国接壤，贾逵修建哨所，整治军备，为防御进攻做了充分的准备，吴军不敢侵犯。贾逵对外整顿军队，对内治理民事，遏制鄢水和汝水，修造挖掘新陂，又阻断山间的瀑布、溪水，修建了小弋阳陂，又修通运河达二百多里，这就是后人所说的贾侯渠。黄初年间，贾逵同诸将一同征伐吴国，在洞浦大破吴国大将吕范，进封为阳里亭侯，加官建威将军。明帝即位，增加贾逵食邑二百户，连同以前所封共四百户。当时孙权在东关，正当豫州南面，距长江四百多里。孙权每次出兵侵犯，总是西从江夏，东从庐江进军。而魏国征伐吴国，也总是从淮河、沔水进军。那时豫州的军队在项郡，汝南、弋阳各郡，兵力只能够守土而已。孙权不用顾虑北方，东边或西边一旦危急，可以全部出动去援救，所以很少败北。贾逵认为应该开一通道直达江边，这样进攻吴国时如果孙权自守东关，那江夏、庐江就可以攻克；如果江夏、庐江不能实施救援，就可以夺取东关。于是移兵屯驻潦口，对明帝陈述攻取的计策，明帝很是满意。

吴国的将军张婴、王崇率部投降魏国。太和二年，明帝命贾逵总督前将军满宠、东莞太守胡质等四路军队，从西阳直向东关挺进，曹休从安徽、司马懿从江陵发兵共同征伐吴国。贾逵到达五将山，曹休再次上表说吴军又有请求投降的,要求深入接应。明帝下诏,命令司马懿就地驻扎,贾逵向东同曹休会师共同进发。贾逵料定吴军既未在东关严密布防,就一定是在皖县聚集;曹休孤军深入,必然失败。于是调兵遣将,水陆并进,走了二百里,捉到一名俘虏,说曹休打了败仗,孙权派兵截断夹石。魏军各将领不知道走出山口的道路,有的人想等待后面的援军,贾逵说:"曹休兵败于外,夹石退路又被截断,前进不能和敌人作战,后退又退不回来,这正是生死存亡的关键时刻,一天都等不得的。敌人认为曹休的部队没有后援,所以才如此部署;现在若是迅速出击,出其不意,这就是所谓行动先于敌人可以挫伤敌人锐气的做法,敌人发现我军突然出现必定逃跑。如果等待后面的援军,天险就都被敌人截断了,那时兵再多又能起什么作用!"于是兼程进军,多装备旗帜战鼓虚张声势,吴军发现贾逵的部队,果然自行退走。贾逵占据了夹石,将军粮补给曹休的部队,曹休的部队才又振作起来。起初,贾逵与曹休不和。黄初年间,文帝打算假以贾逵符节,曹休说:"贾逵性情刚烈,一向轻视怠慢诸将,不能让他担任都督。"文帝便打消了原来的想法。但夹石口的败仗,要不是贾逵,曹休的部队几乎就要全军覆没了。

贾逵病重的时候,对左右说:"我受国家的厚恩,遗憾没能斩了孙权去见先帝。我的丧事一概不许铺张。"去世以后,追谥为肃侯。其子贾充承袭了他的爵位。豫州的官吏百姓追思贾逵,为他树碑并建立祠堂。青龙年间,明帝东征,乘车进入贾逵祠,下诏说:"昨天过项城,看见贾逵的石碑石像,追思他的功勋,真令人忧伤。古人说过,人只忧虑不能树立名声,不必担心寿命不长。贾逵活着有忠义功勋,死后还被人们思念,真可以说是死而不朽的了。特此告示全国,以勉励后人。"贾充,咸熙年间担任中护军。

评:自从汉末以来,刺史总管各郡,在外掌握军政大权,不像过去只是负责监察而已。太祖创立基业,直到魏国结束,上述六人都是刺史中受到称赞、享有盛誉而又名实相符的人物。他们都精通事物的机变,又懂得恩威并施的道理,所以能整肃万里,直到后世仍被称颂。

白话三国志卷十六　魏书十六

任苏杜郑仓传第十六

任峻字伯达,河南郡中牟县人。汉朝末年,四方骚乱不宁,关东地区都受到震动。中牟县令杨原忧愁恐惧,打算弃官逃走。任峻劝杨原说:"董卓首倡暴乱,天下没有谁不对他侧目而视的,然而至今不见有人发兵讨伐,倒并不是人们没有诛乱之心,而是迫于形势严峻不敢轻举妄动罢了。您如果能率先倡义勤王,一定会有人起来响应。"杨原问:"应该怎么办呢?"任峻说:"现在关东有十多个县,能打仗的不少于一万人,若肯权宜行使河南尹的权力,把他们集中起来加以任用,就没有办不成的事了。"杨原听从了任峻的筹划,任命他为主簿。任峻便替杨原上表朝廷请求暂时代理河南尹,传檄各县坚守自己的领地,于是发兵征讨董卓。恰好曹操从关中起兵,进入中牟县界,当地人不知道该归附谁,只有任峻与同郡的张奋计议,率全郡归顺曹操。任峻另外又召集自己宗族、宾客以及家丁一共几百人,希望跟随曹操。曹操非常高兴,上表任命任峻为骑都尉,并将自己的堂妹嫁给他,对他十分亲近信任。曹操每次出征,任峻总是留在后方主管部队的给养。当时正赶上饥荒干旱的年景,军粮不足,朝廷羽林监颍川人枣祗建议开设屯田,曹操便命任峻为典农中郎将,招募百姓在许昌周围屯田,收获粮食达到百万斛,各郡都设置屯田官,几年间凡有屯田的地方都积贮了粮食,仓库都堆满了。官渡之战,曹操命任峻主管军用器械和粮食的运输。敌人几次截断粮道,任峻便以一千辆车为一部,列成十路方队,使阵势重叠拱卫粮车,敌人不敢靠近。军队和国库能够粮食充足,最初是依靠枣祗的屯田而最终的成功却是全凭任峻的努力。曹操认为任峻功劳很大，于是上表封他为都亭侯，食邑三百户，升长水校尉。

任峻待人宽厚有器量，通晓事理，每次有所建议，曹操大多很满意。饥荒时节，他收养抚恤朋友的遗孤，对贫困的中表亲戚和本族同宗，也总是大力救助急难，周济贫乏，信义为人所称道。建安九年任峻去世，曹操为他的死曾长时间的流泪。任峻之子任先承袭爵位。任先没有儿子，他死之后，封国被撤销。后来文帝追录功臣，追谥任峻为成侯，又赐封任峻的次子任览为关内侯。

苏则字文师，扶风郡武功县人。少年时就以学问操行闻名，被推举为孝廉、秀才，公府征召，他都未去。后来由平民出任酒泉太守，调任安定郡、武都郡郡守，所在之处都传颂他的威名。曹操征伐张鲁，经过苏则所管辖的郡，一见苏则就对他很是欣赏，命他担任部队的向导。击破张鲁以后，苏则平定安抚下辩一带的各氐族部落，打通了河西走廊，改任金城太守。当时正是战乱之后，官吏百姓流离失所，饥饿穷困，户口剧减，苏则十分谨慎地做好安抚。对外招抚羌人、氐人等部落，得到他们的牛羊，用来供养贫困老弱的人。苏则自己则和老百姓分粮而食，如此仅一个月的时间，流民都从外地返回，一共有几千家。于是苏则明确宣布禁令，有违犯的立即处罚，对听从教化的给予奖赏。又亲自教导百姓耕种，当年就获得了大丰收，因此前来归附的人越来越多。陇西郡的李越发动叛乱，苏则率领羌胡包围了李越，李越立即请求投降。曹操去世，西平郡的麹演谋反，自称护羌校尉。苏则领兵讨伐。麹演恐慌，请求投降。文帝因为苏则平叛的功劳，又给他加官护羌校尉，赐封为关内侯。

后来麹演再次勾结邻郡叛乱，张掖人张进扣押了太守杜通，酒泉人黄华不接受太守辛机的管辖，张进、黄华都自称太守以响应麹演。再加上武威郡三个胡人部族也都趁势掳掠，河西通道因而阻绝不通。武威太守毌丘兴向苏则告急。当时雍州、凉州的豪族大户都驱使羌人、胡人来追随张进等人，郡中百姓都认为张进势不可当。在此以前将军郝昭、魏平在金城屯兵驻守，也接到不许西进的诏书。

苏则便去面见郡中的大吏和郝昭等人,同羌族的豪强首领商议说:"现在敌寇的势力虽然强盛,但都是刚刚起事的乌合之众,有的还是被迫服从,他们未必同心,利用他们的矛盾打击他们,好的和坏的就一定会分离,好的分离出来归顺我军,我军的数量便增加而敌人的数量便要减少。既得到人力补充的好处,又鼓舞了士气,这时候出动讨伐敌人,一定能打败他们。如果等待大军前来,旷日持久,好人找不到归宿,必然要和坏人同流合污,善恶一旦搅在一块儿,就很难把他们一下子分开了。现在虽然有朝廷的诏命,违背它而行使权宜之计,我看是可以的。"因此郝昭等人听从了苏则的意见,于是便发兵去救武威,迫降了三种胡。又与毌丘兴率军在张掖郡攻击张进。麴演得到消息,率领步军、骑兵共三千人来迎接苏则,托辞前来助战,其实是想趁机哗变。苏则引诱他来相见,将他斩首示众,麴演的党羽都四散逃走。苏则便与各路军队包围了张掖,破城后杀死了张进和依附于他的党羽,其余的都投降了。麴演的部队被打败,黄华感到害怕,放出了他所拘押的酒泉太守以示投降的诚意,河西被平定。苏则于是回到金城。进封都亭侯,食邑三百户。

朝廷征拜苏则为侍中,与董昭为同事。一次,董昭枕着苏则的膝盖睡觉,苏则把他的头推下去,说:"苏则的膝盖,不是阿谀奉承之辈的枕头。"当初,苏则同临菑侯曹植听说魏氏废汉自立,都穿上丧服为汉朝悲哀哭泣。文帝只知道曹植如此,苏则的表现他却并不知情。文帝在洛阳,有一次从容说道:"我顺应天命接受禅让,却听说有人哭,到底是为什么呢?"苏则还以为是对他质问,胡须都竖立起来,立即正颜厉色要上前辩论。侍中傅巽连忙掐他说:"不是说您呢。"苏则才没有发作出来。文帝问苏则说:"前些时攻破酒泉和张掖郡,与西域互通使节,敦煌献来直径一寸的大珠,还能不能再通过互市买到呢?"苏则回答说:"陛下如果能把国内治理得和睦融洽,使德化流布西域,宝珠就会不求自来;靠搜求而获得,那么也就算不得珍贵了。"文帝默然无语。后来苏则陪同文帝打猎,拦截野兽的围栏被撞倒,眼见到手的鹿逃之夭夭,文帝大怒,坐在胡床上拔出佩刀,把有关官吏都抓起来,要处死他们。苏则长跪叩头说:"臣下听说古代的圣王不因为禽兽而害人,现在陛下正推崇唐尧的教化,却因为打猎的游戏要杀死这么多吏员,愚臣认为不该如此。愿以一死来请求赦免他们!"文帝说:"您很正直。"便把被抓官员全部赦免了。然而苏则也因此被文帝忌惮。黄初四年,降职担任东平相。途中病死,谥号为刚侯。其子苏怡承袭爵位。苏怡死后,没有儿子,由他弟弟苏愉袭封。苏愉,咸熙年间担任尚书。

杜畿字伯侯,京兆杜陵人。幼年即成了孤儿,继母虐待他,但他仍以孝顺闻名。二十岁时,担任郡中功曹,兼郑县县令。县里关押了几百人,杜畿亲自审问,衡量犯人罪行的轻重,全部判案发落,虽然不是全部恰当,郡中人们对他年轻而有如此魄力感到惊奇。被推举为孝廉,任汉中府丞。碰上天下大乱,于是弃官客居荆州,建安年间才返回故乡。荀彧把他推荐给太祖,太祖任命他为司空司直,升护羌校尉,让他持节兼任西平郡太守。

太祖已经平定河北,高干又在并州反叛。当时河东太守王邑被朝廷征召,河东人卫固、范先表面上以请求封地为名,暗地里却跟高干同流合污。太祖对荀彧说:"关西那些将领,凭借险要地形和强大的骑兵,如果发兵征讨他们定必引起更大的祸乱。张晟在郩山、渑水一带四出骚扰,南面勾结刘表,卫固等人又借张晟作为自己的靠山,我担心他们为害太深。河东依山临河,四周常生变故,是当今天下的战略要地。请您为我推荐像萧何、寇恂那样的人去镇守那里。"荀彧说:"杜畿就是这样的人。"于是追加任命杜畿为河东太守。卫固等人派了几千人马封锁陕津渡口,杜畿到了那儿不能渡河。曹操派夏侯惇征讨,但兵还未到。有人对杜畿说:"应该等待大军到来。"杜畿说:"河东郡有三万户人家,绝不是人人都想作乱。现在如果大兵压境,把他们逼急了,想做好事也找不到带头的,就一定会因为惧怕而听命于卫固。卫固一旦能够消除后顾之忧,必然要拼死抵抗。讨伐他如果不能取胜,四周就会起来响应他,天下的变乱就平息不了;征讨获得胜利,那也是对本郡百姓的残害。况且卫固等人还没有明目张胆地抗拒朝廷,表面上只是以请求过去的太守回来执政为名,一定不会加害新任太守。我单身前去,恰恰出其不意。卫固为人计谋虽多却缺乏决断能力,一定会假意接受我。我只要在河东任职一个月,就能设法用计困住他,那就足够了。"于是经由隐秘小道从郖津渡过黄河。范先想杀杜畿来威慑部下,决定先观察一下杜畿的进退动向,便在门前连续杀了郡中主簿以下官吏三十多人。杜畿目睹惨状,显得无动于衷。于是卫固说:"杀了杜畿也无济于事,徒然为自己树立恶名;再说控制他的主动权握在我们手中。"于是认可了杜畿的太守身份。杜畿对卫固、范先说:"两位是河东的民望所归,我不过坐享其成罢了。但君臣之间有一定的规则,成败都一样,遇到大事我们应当平等地在一块儿商量。"杜畿任用卫固为都督,行使郡丞的权力,并兼任功曹;将军、校尉、吏员、士兵三千多人,都归范先统管。卫固等人很高兴,表面上倒也服从杜畿,其实并不在意。卫固想大举发兵,杜畿很是担心,他劝卫固:"要想成就非常的大事,不能轻易地动摇民心。现在大举征发兵役,百姓一定会骚乱不安,不如慢慢用钱来招募士兵。"卫固认为他说得对,就听从了,于是筹资征兵,花了几十天才调度停当,而部下诸将却因为贪图钱财只招募了少于额定人数的兵员。杜畿又去面见卫固,为他分析说:"人情都顾恋家庭,可以分别让诸将和掾吏们回家休息,有紧急情况再召他们回来也不难。"卫固等人担心违背众心,又听从了杜畿的劝告。这样一来,不肯谋反的好人留在外边,可以暗地里支持杜畿;而坏人分散,各自回家,卫固的势力就削弱了。碰上张白骑的兵马攻打东垣,高干的叛军进入濩泽,上党一带各县杀死县官,弘农郡扣押了郡守,卫固等人秘密调兵遣将,还来不及到位;杜畿知道周围各县都服从自己,就借出城之机,单独率领几十名骑兵赶赴张辟城坚守,城中官吏和百姓都全力支持杜畿,不过几十天时间,就集合了四千多人。卫固等人与高干、张晟联合起来攻打杜畿,却未能攻破城池;抄掠附近诸县,也一无所得。恰在这时朝廷征讨大军赶到,高干、张晟被打败,卫固等人被抓获斩首,其余从犯党羽都被赦免,让他们回家重操旧业。

当时全国的郡县都残破不全,河东最先平定,且损失不大。杜畿治理河东，推崇宽松惠民的政策，让百姓休养生息。百姓有前来诉讼告状的，杜畿亲自为双方陈说大义，让他们回去认真思考，如果还有什么想不通的，再来太守府中找他评理。乡邑父老都争相自责："有这么好的太守，我们为什么不听他的教诲？"从那以后，很少再有争讼之事发生。杜畿明令下属各县，推举出孝子、贞妇、顺孙，免除这些人的徭役，并随时给予慰问勉励。渐渐地开始督促百姓畜养母牛雌马，细到鸡犬和大猪小猪，都颁布了清楚明白的规章制度。百姓勤于农作，家家户户丰衣足食。杜畿于是说："百姓富足了，不可不进行教育。"于是便在冬天练兵讲武，又开设学校，亲自讲授儒家经典，郡中百姓普遍受到了教化。

韩遂、马超叛乱，弘农郡、冯翊郡不少县城都起兵响应他们。河东郡虽然同敌境比邻，百姓却没有二心。曹操西征到达蒲陂，与敌人隔着渭河列阵相持，军粮完全依赖河东郡供给。等到韩遂、马超战败，郡中储备的粮食还剩下二十多万斛。曹操下令说："河东太守杜畿，就像孔子所说的'禹，我简直找不出一点毛病来批评他'。特增加杜畿俸禄到中二千石。"曹操征伐汉中，调发河中郡的五千民伕担任运输工作，这些人竟自发地互相劝勉："人总是免不了一死，可不能辜负了我们的太守。"最终没有一个人开小差。杜畿就是这样深得人心。魏国建立以后，任命杜畿为尚书。平定汉中后，朝廷又下令说："过去萧何平定关中，寇恂平定河内，您也有他们那样的功劳，本打算马上授予您纳言的职位；但又考虑到河东是我的股肱大郡，是粮食充足之地，凭借河东就足以控制全国，所以姑且麻烦您继续坐镇河东。"杜畿在河东十六年，治绩常常是全国最好的。

文帝曹丕即魏王位，赐封杜畿为关内侯，征召他担任尚书。到文帝受禅登极，进封杜畿为丰乐亭侯，食邑百户，代领司隶校尉。文帝征伐吴国，任命杜畿为尚书仆射，总管留守事宜。文帝去许昌，又是杜畿担当留守重任。后来奉诏制造御用楼船，在陶河试航时遇大风船沉人亡。文帝为杜畿的死而痛到流泪，下诏说："从前冥忠于水官的职守而死于水中，稷勤于百谷种植而死在山上。原尚书仆射杜畿，在孟津试航，以致船翻沉没，这是忠诚的最高表现。朕实在深为痛惜。现追赠杜畿为太仆,谥号为戴侯。"杜畿之子杜恕承袭了爵位。

杜恕字务伯,太和年间任散骑、黄门侍郎。杜恕以朴质诚信对待他人,不肯夸大粉饰自我,所以年轻时没有什么名气。等到在朝中做官,也不结党营私,一心尽忠王室。每当政策有所缺失,他总是引用纲纪法度加以规谏,于是侍中辛毗等人对他颇为器重。

当时自公卿以下朝廷官员大举讨论兴革诸事,杜恕认为"古代的刺史,奉行宣示朝廷的六条规则,以清静无为的作风与使人敬畏的声势气派互为表里,为人称道,现在大可取消刺史兵权,让他们专心去管理民众事务"。不久又有镇北将军吕昭兼任冀州刺史的任命,于是杜恕上书说:"帝王之道,没有比安民更为重要的事;安定黎民百姓的办法,在于大量积聚财富。而财富的大量积累,离不开对农桑这一根本大计的尽心竭力以及节约用度这一原则的坚持。当今吴、蜀二国尚未灭亡,军队一再出征,这正是英雄豪杰努力奋斗的时机。但当今朝中的文臣士大夫,竟格外地推崇武功,扼腕高论,把孙子、吴起那样的事业置于首位,州、郡一级的长官,都一致忽视安抚人民的办法,而格外热心于将帅事务。以农桑为生的百姓,忙于战争方面的竞争,这不可以说是崇农务本。国库一年比一年空虚而各种法规制度也与日俱增,民力一年比一年衰弱而赋税徭役一年比一年名目繁多,这不可以说是节用。现在魏国拥有十二州的土地,由于兵乱的损耗,十州的户口还不如过去一个州所拥有的民众数量,然而吴、蜀二国僭位称帝公然作对,北方的胡人也没有臣服,三个方向都频频发起变乱,几乎对中原形成了密不透风的合围强攻;所以统辖人口仅为一州之数的百姓,而经营管理九州的广大地域,那种艰难,就如同赶着一匹羸弱的马行走远路一样,难道还能不加倍地珍惜它的力量吗?凭着武皇帝的节俭,府库充实尚且不能让十个州都拥有驻军;何况眼下设郡已不下二十个了。现在荆州、扬州、青州、徐州、幽州、并州、雍州、凉州等边境各州都有自己的驻军了,而能够凭借内部府库充实扼制外族入侵的,只有兖州、豫州、司州、冀州而已。我此前认为州、郡一级的长官如果掌握兵权,他们就只会专心于军事,而轻忽于民众的事务,应该另外安置将领,从而使军、政事务各自得到最大程度的治理;而陛下又把冀州交给吕昭以表示对他的优遇宠信。冀州户口最多,田地大部分已经开垦,又有桑枣副业的繁荣,是国家征粮收税的府库,实在不该让该州刺史再兼任军事。倘若认为北方应当派兵镇守,自然可以专门委派大将前去镇守。预计另设将吏所需开支,跟兼官相比并没有什么区别。然而像吕昭这样的人才尚且不算难得;朝廷如果人才奇缺,兼具军政才能好像也还大有人在。以这个道理推论,可知国家应该根据人才安排官职,不应为了官职而挑选人才。官吏如果是称职的人选,那么政治就会清明,诉讼也会公允;政治清明所以百姓富足充实,诉讼精审所以监狱就会空虚。陛下登极之时,全国断案治狱的官员才一百几十人而已,此后年年递增,现在已经达到了五百多人。百姓事实上没有增加太多,法律也并没有比从前严苛。以此而论,这难道不是政治教化日益衰落,州牧郡守又多不称职的明显后果吗?往年耕牛死亡,在全国范围统计其比率通常为十分之二;麦子收获上来的不到一半,而秋天的种子还没播下。要是吴、蜀二国在疆场上阴魂不散,还要厮杀,那我们即使增派车船加速运输粮草,相隔千里恐怕也有所不及。追究这些治理方法,怎能说是强兵呢?军队越来越多,越多毛病越大。一个国家就如同人的身体,腹心充实了,四肢即使有点毛病,终究不会有大的妨害;现在兖州、豫州、司州、冀州就是国家的腹心。所以愚臣我怀着恳切恭谨的心情,希望四州的长官,专心干好农桑这一根本大业,来承担四肢的重任。但孤论难以持久,触犯上意的愿望难以成功,招惹众人怨恨的言论难以存续,疑似不确定的道理难以辩白,所以愚见年复一年也没有被英明的君主体察。大凡有这种主张的人,多半都是关系疏远或地位卑下;而疏远卑微之人的由衷之言,确实不容易上达天听。如果认为好的策略都必定出自于亲信贵宠,亲信贵宠本来就用不着冒犯我所说的四大难事来求取钟爱,这正是古往今来的人们所常常心忧的问题。"

当时朝中又对官吏考核制度展开大规模的讨论,拟议对朝廷内

外的官吏都要考核。杜恕认为用人而不能让他尽力发挥自己的才能,那么即便有才的人也没有多大用处。目前的考核制度不符合官吏应达到的要求,而官吏的标准又不符合社会的实际需要。他上疏说:"《尚书》说'公开地用成绩来考核官吏,通过三次考试决定升降',实在是帝王创立的伟大制度。让有才能的人做官,有功绩的人受禄,就如同大力士乌获举起千钧重物,王良、伯乐能甄别千里马一样。虽然经历了六代但考核的制度并不明确,圣贤已出过七位但考核的规章还没能流传下来,我确实认为这是由于考核的制度只能作为粗略的依据,而详细的章程难以一一列举的缘故。俗语说得好:'世上有作乱的人而没有作乱的法。'要是法律可以独任的话,那么尧、舜也就用不着稷、契的辅佐,商、周二代也就用不着推重伊尹、吕望的辅助之功了。现在奏议考核办法的人,离不开对周、汉两朝制度做法的引用,其间推崇汉代京房的考功课法,可以说是通晓考核的关键了。然而对于推崇礼让的风气,建立美好的政治,我认为还没有尽善尽美。要想让州、郡考核儒生,必须经由四科,都要有具体的事例效果,然后考察举荐,由公府征召试用,担任直接管理民事的县级长官,接着因政绩次序转升为郡太守,或者就增加俸禄,赐与爵位,这是考核官吏最紧要的事情。我认为就应当选用这种考核办法,使它成为考核州郡官吏的根本制度,制度完备即推广实施,建立起有功必受奖赏,有错必受惩处的实施规则。至于公卿和皇帝身边的大臣,也理应根据他所履行职务的情况进行考核。

"古代的三公,专门陪侍帝王讨论国家的大政方针,朝廷机要大臣负责宣纳王命补救君王过失,没有一条好的意见不记录,没有一点过失不被指出。国家如此之大,事务如此之多,实在不能光靠帝王一个人的光明照亮所有的地方。所以皇帝被称为元首,大臣被称为肱股,说明君臣是一体相连相辅相成的关系。所以古人说朝廷重任,不是一个人的力量能够支撑起来的;帝王的基业,也不可能取决于某一个谋臣的奇谋妙策。由这个道理来说,哪有大臣守着自己的职务、清楚考核的条文就能造成理想盛世的到来呢!况且平民百姓之间交往,还有因为看重信义而去赴汤蹈火,因为彼此知己而披肝沥胆,舍身为名而树立节义的人;更何况朝廷官员,位至公卿相国,他们所经营的应该不止是匹夫之间的那种信义,所感动的应该不止是知己间的恩遇,所为之献身的又难道仅止是个人的声名么!

"那些蒙受宠幸,享用厚禄,担当重任的大臣,不仅仅要把英明的君主推到高于尧、舜的位置罢了,自己也想跻身于稷、契的行列。所以古人对没有全心全意考虑治国的臣子并不担忧,担忧的是那些不敢承担责任的臣子,而这实在又是君主造成的。尧、舜那样的君主,委任稷、契、夔、龙而督责他们成功,等到他们犯了罪,便处死鲧而放逐了四凶。现在做大臣的亲自领受明确的诏旨,在君主的眼皮底下办事,这些人当中有朝夕为公,恭谨勤劳,独立不移,当官不屈服于贵戚强权,办事讲求公正不徇私情,言行都非常正直的臣子,自然是英明的君主您都知道的。还有一些空受俸禄却自认为清高,垂着手不发表意见却自认为聪明,当着官却一心想着推卸责任,站在朝中却总不忘保住自己的职位,小心翼翼说话做事的人,自然也是英明的君主您所明察的。如果真要使那些存身保位的臣子没有放逐贬谪的顾虑,而让那些为公事尽大节的臣子反而受到朝廷的怀疑,正义得不到扶植而出于私心的议论反而占了上风,那么即使是孔子来出谋划策,也不能让一个人竭尽自己的才能,又何况普通之人呢!当今的学者,以商鞅、韩非为师而崇尚法术,争着指责儒家学说迂腐疏阔,不切世情,这是不良风气得以流传的弊端,创业的君主最应当谨慎对待的。"后来考核官吏的制度最终没能得到施行。

乐安县的廉昭因为有才能被提拔,很喜欢上书言事。杜恕上书尽力规劝说:"我看到尚书郎廉昭奏左丞曹璠审理罪案而没有遵照诏令向上级报告,被判处剖析其事而责问的罪行,又说'其他应当判罪的另行上奏'。尚书令陈矫自己上奏说不敢推卸罪责,也不敢以加重处罚来表示恭谨,心意十分恳切忧伤。臣私下里很为朝廷怜悯惋惜。圣人不挑拣时世而兴盛,不更换百姓而达到治世。但一定得有贤能智慧的人的辅佐,原因就在于必须奉行道义,遵循一定的礼法。古代能够治理国家、抚育人民的帝王,莫不是远得百姓的欢心爱戴,近则发挥群臣的聪明才智。就算现在真能让所有任职的官员都是从全国推选出来的,如果不能让他们尽心竭力,仍然算不上会用人;如果录用的不是天下的优秀人才,也不能说是善于量才任用。陛下日理万机,忧虑辛苦,有时甚至废寝忘食,然而诸事不宁,刑法禁令一天比一天松弛,难道不是大臣不称职的明显的结果吗?追究它的根源,不仅仅是做臣子的有不尽忠的表现,君主也有不善用人的缺点。百里奚在虞国很愚钝而在秦国却成了智者,豫让在范中行家苟且栖身,可是为了智伯却甘愿舍身建立大节,这些是古人显著的例证。现在若说满朝的臣子都不忠,是诬蔑满朝的文武官员,但其中的事理,都可以推导出来。陛下认为库藏不充实,而征战远未平息,以至下令免除四时贡赋,减少御用私谷,完全是出于您的心意,而满朝称赞英明,那些参预政事的机要大臣,难道有为这些事而忧心忡忡的吗?

"骑督尉王才、受宠乐人孟思所干过的违法行径,震动京城,但其罪行的揭发来自于下级官吏,公卿大臣最初连一句话也不说。自从陛下即位以来,司隶校尉、御史中丞哪里有严格执法以督察作奸犯科者,从而使朝廷秩序得到整肃的呢?倘若陛下认为当世少有良才,朝廷缺乏贤明的辅佐,难道就这样缅怀稷、契遥远的踪迹,坐等来世的杰出人才吗!今天所说的贤者,多的是官位显赫而又享受厚禄的人,然而辅佐君主的大节未能树立,为国办事的心思不能专一,原因就在于委任给他们的职责不够明确,而习惯上又有很多的忌讳。我认为忠臣不一定非要亲近君主,而亲近的臣子不一定就有忠心。为什么这么说呢?因为只有身处没有嫌疑的地位才能获得妥善解决分内事务的主动性。如果有被疏远的官员批评别人,不核查其批评是否属实就一定说他为了私心而挟嫌报复,而他赞扬别人时同样不经核实其称誉当否就一定说他是出于私情,周围的人也会顺势发表憎爱的言论。不单单是褒贬人事有这种现象,政事的损革增益,也都有相似的地方。陛下应当考虑如何开阔臣子的胸襟,鼓励高尚的节操,让他们自动地向古代贤臣看齐,去追求名垂青史的功业。现在却让廉昭这种人扰乱朝廷,我恐怕大臣们于是就要设法安身保位,坐观得失,为后世的人作鉴戒了。

"过去周公告诫鲁侯说'不要使大臣有不被任用的怨言',不说贤愚,就表示都是些才堪任用者。尧帝褒奖虞舜的功绩,提到去除四凶,却不说大小,那也表明了只要有罪,就该除掉。现在朝臣不觉得自己没有才能,认为是陛下不能任用他们;不觉得自己欠缺才智,认为是陛下不肯向他们咨询。陛下何不遵循周公因材施任的标准而用人,效法大舜因罪施罚的规则而治人呢?让侍中、尚书这一类官员能坐的时候就侍奉在您的旁边,出行则随时跟随车驾,亲自应对诏问,有什么建议就一定能够上达,那么群臣品行孰优孰劣,能力才干孰高孰低您就都心中有数了;忠诚而有才能的人给予进用,昏庸无能者予以斥退,试问有谁还敢敷衍塞责不竭尽自己的心力呢?凭着陛下的圣明,亲自与群臣讨论政事,使群臣人人都能自觉自愿地尽心竭力,人人都自认为是陛下的亲信,人人都想着用什么才能报答陛下,朝臣的贤明愚笨,能与不能也就全在于陛下的任用上。这样来治理国家,还有什么事办不成呢?这样来建立功业,什么功绩建不成呢?每当军情紧急,诏书常说:'谁来担忧这些?我应当自己来担忧罢了。'最近的诏书又说:'公而忘私的一定不是这个样子,但能做到先公后私者也就足以把事情办好。'拜读英明的诏书,知道陛下的思维已经穷尽下情,但还是对陛下不从事情的根本着手反而担忧那些细枝末节感到诧异。人的才能高下,实在有他本性的制约,即便是我也认为朝臣并不全都称职。英明的君主用人,应该使有才能的不敢留有余力,才能低下的不要给他胜任不了的职务。荐举选拔了不适当的人选,不一定就是有罪;至若满朝官员都容许有人担任不胜任的职务,那才真的是咄咄怪事了。陛下明知臣子不尽力却替他担忧分内的事,明知臣子没有才能却教导他处理事务,这难道仅仅是君主劳碌于上,人臣安逸于下的问题吗?我看纵然是圣贤同时出世,终究也不可能按照这样的思路来治理好国家。

"陛下又忧虑尚书府禁令不够严密,说情请托的现象司空见惯,仿效伊尹实行迎客出入的制度,选择司徒更换了凶恶的吏员守卫台阁大门;威严禁令都听任他们的,实际并没有找到为禁的根本。过去汉安帝的时候,少府窦嘉征召廷尉郭躬无罪的侄子,还被举报了,弹劾的章奏纷纷递上。而近来司隶校尉孔羡征召大将军那狂妄荒唐的弟弟,有关官署对此竟默不作声,看风使舵以迎合别人的意图,甚至超过了接受君王授予的使命。选举不从实际出发,这是政事当中最大的缺陷。窦嘉拥有皇亲国戚所应得的宠遇,而他征召的郭躬也不是什么社稷重臣,他尚且免不了招致纷纷纭纭的弹劾;用今天的事来对比古代,陛下自是没有督责必须执行的惩罚来杜绝结党营私的根源罢了。伊尹创立的制度,让恶吏守门,并不是太平时代当用的法则。假使我的话能被稍微采纳一些,还担心什么奸党不能铲除,豢养的又怎会有像廉昭这样的人呢!

"纠察奸佞不法,是效忠国家的好事,然而世人之所以都憎恶小人身当如此要职,是因为他们的目的只在于升官进爵安身立命。倘若陛下不去复核查验事情的来龙去脉,就一定会把违背民意抵触世人的行为当作尽心奉公,把告密侦缉的做法当作尽职尽责,而那些学识渊博且才能出众的人难道反倒干不了这种事情么?其纯粹因为顾全道义公理而不愿那样去做罢了。如果让天下人都违背做人原则而去争名逐利,那可真是最让人主担忧的大事,陛下又怎么可以乐此不疲,为什么还不消灭它于其萌芽状态呢?那种预先设法揣摸人主心意以图容身获利的人,大抵是浅薄无聊、不讲道德的人,他们一心想的只是如何得到人主的宠爱,而不是为了安定天下并让百姓安居乐业的;陛下何不试一试改变办法以启示他们,他们难道会坚持自己的一贯做法而违背圣意吗?臣子得到人主的信任,他的职位就能安妥稳当;担任尊贵显要的官职,那是人臣的荣耀;享受千钟的俸禄,就是丰厚的实惠了。做臣子的就算再怎么愚蠢,也没有不喜欢这些而乐于犯上的,只是受到道义的驱动,不得已而强自为之而已。我原以为陛下应当爱惜及维护他们,对他们稍加信任,怎么反而听信廉昭等人动摇国本的意见,而忽视上述这一类自强之臣呢?现在外有伺机而动的敌寇,内有贫困无依的民众,陛下应该慎重地考虑国计之损革增益,政事的得失,实在不应该有所懈怠呢。"杜恕在朝八年,他的议论刚劲率直,都像上面所说的那样。

杜恕出任弘农郡太守,几年后转任赵相,因病离职。再度从家中起用为河东太守,一年后,改任淮北都督护军,再次因病离职。杜恕在他的职位上,只求能坚持大的原则,至于树立恩惠仁爱,赢得百姓爱戴,不如杜畿。不久,征召为御史中丞。杜恕在朝廷,因为与当朝官员都不融洽,所以屡次出京任职。后又出任幽州刺史,加官建威将军,使持节,护乌丸校尉。当时征北将军程喜屯驻蓟县,尚书袁侃等人告诫杜恕说:"程喜曾在先帝时,在青州倾轧陷害过田国让。今天你跟他都有符节,又同驻一座城池,应该特别注意防范他。"但杜恕不以为意。到任不满一个月,有鲜卑族首领的儿子,带领几十人马,没有经由关口检查擅自来到州城,州里处死了其中一名鲜卑人,却没有章表上奏,程喜于是上奏弹劾杜恕,杜恕被征入廷尉,依法应当处死。因为他父亲杜畿忠于职守死在水中,得以减刑被免官为平民,流放章武郡,这一年是嘉平元年。杜恕为人豪迈任性,想不到要防备别人,终于导致了这次祸败。

当初,杜恕从赵郡还朝,陈留人阮武也从清河太守的职位上被征召,都要自动去廷尉接受审问。阮武对杜恕说:"我看您的才质性情可以遵循公正之道却把持不力,器量能力可以担任大官却追求不够顺利,才力学问可以记述古今但志趣不够专一,这就是所谓的有这种才能而没有发挥其应有的作用。现在将安静无事了,可以深思一些问题,自成一家之言。"杜恕在章武郡,真的撰写出《体论》八篇。后又写了《兴性论》一篇,主要是探讨自我修养问题。嘉平四年,杜恕在流放地去世。

甘露二年,河东郡人乐祥年逾九十,上书称述杜畿治理河东的功绩,朝廷受到感动。下诏赐封杜恕之子杜预为丰乐亭侯,食邑一百户。

杜恕的奏议论辩都很可观,以上仅选择其中切合当时重大事件的著录于此。

郑浑字文公,河南开封人。高祖父郑众,郑众的父亲郑兴,都是一时名儒。郑浑的哥哥郑泰,和荀攸等人密谋诛杀董卓,担任过扬州刺史,已去世。郑浑带着郑泰的小儿子郑袤在淮南避难,袁术以贵宾之礼给予厚待。郑浑料知袁术一定失败。当时华歆担任豫章太守，向来跟郑泰关系不错，郑浑便渡过长江投奔华歆。曹操听说他品行忠厚，召他担任掾史，又升任下蔡县长、邵陵县令。当时天下还没有平定，百姓们强悍轻捷，不考虑生产养殖；孩子生下来难以养活，干脆一概都不生养。郑浑每到一地任职，就没收当地人的渔猎工具，督责他们种地养蚕，又开垦稻田，加重对弃子不养的惩处。开始百姓怕犯法，后来衣食逐渐富足，没有人再过着朝不保夕的日子了；大家生下来的男孩女孩，很多都取郑字为字。后来郑浑被征召担任丞相掾属，升左冯翊。

当时梁兴等人驱掠五千多户人家一同烧杀抢掠，附近各县无力抵抗，都很恐惧，纷纷把官署迁移到郡城。议论的人认为郡治也应当转移到险要地方，郑浑说："梁兴的势力都是些散兵游勇，在山间险地流窜，虽然有很多同伙，大都是被迫跟随他的。现在应当广开投降的门路，宣传晓谕朝廷的恩德信义。一味占据险地驻守来保护自己，那是向敌人示弱的行径。"于是便集聚官吏百姓，缮修城郭，做好防御准备。而后发动民众追捕贼寇，明确赏罚的制度，商定公约盟誓，允许百姓获得他们缴获的十分之七的财物。百姓都非常高兴，愿意捕捉叛军，得到许多妇女、财物。结果贼寇中失去妻子的，都回来请求投降。郑浑责令他们捕捉同伙的妇女，然后还给他妻子。这一来叛军内部互相抢夺，梁兴的党羽被瓦解离散。郑浑又派有威信的官吏平民各到山谷中劝降，叛军跑出来投降的络绎不绝，于是让各县的官吏都回到原来管辖的地方安抚百姓。梁兴等人害怕了，率领余党聚集在鄜城。曹操派夏侯渊率军协助郑浑出击，郑浑带领民众首先登城，斩杀梁兴及其党羽。又有靳富等人挟持夏阳县长、邵陵县令及两县官吏百姓进入硙山，郑浑再次带兵征剿，大破靳富，解救出两位县令及官吏，将靳富抢劫的东西归还二县。另有叫赵青龙的人，杀死了左内史程休，郑浑听说后，派遣壮士就地砍下了赵青龙的首级。前后归附郑浑的达四千多家，从此山贼都被扫平，人民安居乐业。郑浑调任上党郡太守。

曹操征伐汉中，任命郑浑为京兆尹。郑浑因为京兆地区的百姓都是新近迁来的,便制定了移居的法规,让宗支多的家族与单弱的人家同伍,让温和诚实的人家同孤寡老人为邻,奖励勤于农事的人,申明禁令,以揭发奸邪之人。从那以后,百姓安心务农,盗贼之患也被消除。到大军进入汉中的时候,京兆地区转运的军粮最多。又派遣一部分人去汉中屯田,没有中途逃跑的。曹操更加赏识郑浑,让他再次入朝担任丞相掾。文帝曹丕即魏王位,郑浑担任侍御史,加官驸马都尉,先后升任阳平、沛郡太守。这两个郡的地势低洼潮湿,水患严重,百姓穷困饥饿。郑浑在萧、相两县的边界,修筑陂塘土堰,开垦稻田。郡中人都认为不应当这样,郑浑说:"地势低洼,灌溉很方便,最终会有收获鱼稻的长久利益,这是富民的根本所在。"于是亲自率领官吏民众,兴建水利设施,仅用一个冬天就都建成了。以后连年大丰收,田地年年增多,租税的收入也比平时成倍的增长,百姓依靠这些设施获利不小,因此刻碑颂扬郑浑的功绩,把他兴建的塘堰称为郑陂。后来调任山阳、魏郡太守,郑浑治理的措施同沛郡相仿。又鉴于魏郡百姓有木材奇缺的苦恼,郑浑便督责他们种植榆树为篱笆,并且大量种植桃、李、杏、栗、枣五种果树;后来榆树都长成藩墙,五果丰实。进入魏郡地界,村落整齐划一,百姓都富裕丰饶。明帝听说后,下诏赞美,把他的事迹布告天下。升郑浑为将作大匠。郑浑为官清廉朴素,妻子儿女竟常有饥寒之事。到郑浑病逝,朝廷任命他的儿子郑崇为郎中。

仓慈字孝仁,淮南人氏。起初作郡吏。建安年间,曹操在淮南招募士卒屯田,任命仓慈为绥集都尉。黄初末年,调任长安县令,为官清正简约又讲究策略,官吏百姓对他既畏惧又很爱戴。太和年间,升任敦煌太守。该郡地处西部边陲,因为兵乱和内地隔绝,有二十余年空缺太守了,当地豪强骄横跋扈,于是相沿成俗。前任太守尹奉等人,依照过去的章程敷衍而已,没有什么改革匡正的措施。仓慈到任以后,抑制豪族,抚恤贫弱百姓,各项措施非常适宜。原先大族田土多有富余,可是小民们简直贫无立锥之地;仓慈就按照人口将大族的土地分给贫苦百姓,让他们慢慢交清大族土地原来的地价。起初属下各县的案件又多又杂，县里不能决断，就都集中到郡府；仓慈亲自审阅案卷，衡量罪行的轻重，除了重罪必杀的囚犯，其他的都处以鞭杖之刑后全部释放，一年中判决死刑的还不到十个人。又往常西域的各族胡人要来献纳礼品，郡中的豪族总是先行截断；即使与他们互相贸易，也是欺骗侮辱对方，狡诈轻视，多不分辨是非。胡人常心怀怨恨，仓慈都给予了慰劳。有要到洛阳去的，替他们办好沿路的关引文书，有要从郡城回国的，官府同他们公平交易，常用库存现货进入交易市场，让官吏百姓护送他们上路，因此汉人胡人都交口称赞仓慈的德行恩惠。几年以后仓慈在任上去世，官吏百姓都像死了亲人一样的悲痛，为他画像，寄托哀思。到西域各族胡人得知仓慈死讯，全都聚集到戊己校尉和县令的官署前面表达哀思，有些人甚至用刀划破自己的脸，以表示血诚，又为他建立祠堂，共致遥祭。

从太祖到元帝咸熙年间，魏郡太守陈国人吴瓘、清河太守乐安人任燠、京兆太守济北人颜斐、弘农太守太原人令狐邵、济南相鲁国人孔乂，他们中或是慈悲断案，或是诚实仁爱，或是廉洁清白，或是为民伸冤，都是优秀的太守。

评：任峻首先兴起义军，及时投奔曹操，垦地种谷，使得仓库丰盈，可谓劳苦功高。苏则威慑敌寇，平息叛乱，政事既处理得当，为人又勇武刚直，风教德业值得称道。杜畿为政宽猛相济，能以仁惠安定百姓。郑浑、仓慈，抚恤百姓很有办法，治理政事有条不紊。他们都应该算是魏朝有名的太守了吧！杜恕屡次评论时政，很多意见直接触及当时的治国根本，确实很是可观。

张乐于张徐传第十七

张辽字文远,雁门马邑人。原是聂壹的后裔,因为躲避仇家而改姓。年轻时担任郡中小吏。汉朝末年,并州刺史丁原因为张辽武艺与膂力超过常人,召他担任从事,派他带兵去京都。何进派他到河北征兵,得到一千多人。返回京都时,何进已失败,张辽就带着招募的新兵归附董卓。董卓败亡,又带兵投靠吕布,升任骑都尉。吕布被李傕打败,张辽跟随吕布向东逃奔徐州,兼任鲁相,那一年他二十八岁。曹操在下邳大破吕布,张辽率众投降,被任命为中郎将,赐封关内侯。因屡建战功,升为裨将军。袁绍被打败以后,曹操派张辽另率一军平定鲁国各县。张辽与夏侯渊在东海郡包围了吕布的余党昌豨,几个月后军粮将尽,将军们商议撤退,张辽对夏侯渊说:"最近几天来,我每次巡视阵营,昌豨总是专注地盯着我,而他们射出的箭也一天比一天减少了,这一定是昌豨心中犹豫不知道该战还是该降,所以不奋力抵抗。我想诱使他同我对话,或许可以劝他投降。"就派人传话说:"曹公有命令,让张辽传达给你。"昌豨果然从城上下来与张辽谈话。张辽对他说:"曹公神武英勇,正在用他的仁德感化四方各派的势力,先归附的可以受大赏。"昌豨于是答应投降。张辽单人登上三公山,进入昌豨的家,向他的妻子儿女致礼。昌豨非常高兴,跟随他去见曹操。曹操让昌豨返回,责备张辽说:"这不是大将应采用的方法。"张辽道歉说:"凭着明公远播四海的威信,再者我又声称奉有圣旨,昌豨必然不敢害我。"后来跟随曹操在黎阳征剿袁谭、袁尚,有战功,代行中坚将军的职务。又随曹操在邺城攻击袁尚,袁尚坚守,难以攻克。曹操回许都,命令张辽同乐进攻取阴安,把当地百姓迁移到黄河以南。而后张辽再次跟随曹操攻打邺城,邺城被攻破之后,张辽另率一军攻占赵国、常山,招降沿山各路贼军以及黑山孙轻等人。此后又随曹操攻打袁谭,打败袁谭后,曹操另外又派张辽率军夺取海滨,击溃了辽东柳毅等部敌军。回到邺县,曹操亲自出来迎接,拉着他同乘一辆车,任命他为荡寇将军。又领兵攻打荆州,平定了江夏各县。回军屯扎临颍,进封都亭侯。张辽又随曹操征伐袁尚,在进军柳城途中突然遭遇匈奴,张辽劝曹操决战,意气非常振奋,曹操被他的胆魄所感染,把自己手持的令旗授给张辽。于是张辽出击,大败匈奴,杀死了单于蹋顿。

　　当时荆州还没有平定,曹操派张辽屯驻长社。临出发的时候,部队中有谋反的,乘夜间放火呼叫,全军都被扰乱。张辽对左右的卫士说:"不要动。决不是全营都造反了,一定有制造变乱的人,想借此煽动扰乱军心罢了。"于是传令军中:"不造反的都安静地坐着!"张辽带着几十个亲兵,站在军营中间。不一会军营都安定下来,便抓到了带头谋反的,当即处死。陈兰、梅成控制了氐、六二县反叛,曹操派于禁、臧霸等领兵征讨梅成,命张辽督率张郃、牛盖等人征讨陈兰。梅成佯装投降于禁,于禁撤军。梅成就同陈兰合兵一处,转入灊山。灊山中有天柱峰,高峻陡峭达二十余里,山道狭窄嵯峨,宽度仅容一人通过,陈兰等在上面筑起营垒。张辽想要进军,众将都说:"兵少路险,难以深入。"张辽说:"这正是一对一的拼搏,谁勇敢谁就能占到先机。"于是推进到山下安营,发起攻击,将陈兰、梅成斩首,贼兵全部成了俘虏。曹操评论众将功劳说:"登天柱,历险境,战胜陈兰、梅成,这是荡寇将军的功绩。"为张辽增加了食邑,并假以符节。

　　曹操征讨孙权返回,命张辽与乐进、李典等率领七千多人屯驻合肥。曹操出征张鲁,临行交与护军薛悌一份手令,在函外写上"敌军到了再打开"。不久,孙权带领十万兵马包围了合肥,于是各位将军一起打开密封的教令。教令说:"如果孙权兵来,张辽、李典二位将军出战;乐进守城,护军薛悌不得参战。"众将都疑惑不解。张辽说:"主公远征在外,等救兵赶到,敌人必定已经把我们打败了。所以命令我们趁敌人尚未形成包围就立刻迎击,挫伤他们的锐气,以安定军心,然后就可以坚守了。成败的关键,就在这一战,大家有什么可怀疑的呢?"李典也赞成张辽的意见。于是张辽连夜招募敢死的士兵,得到八百人,杀牛犒劳将士,第二天大战。天一亮,张辽披甲持戟,率先攻入敌阵,连杀几十名敌兵,斩杀两名敌将,大呼自己姓名,冲入敌军营垒,直到孙权的旗帜之下。孙权大惊,众多将领不知所措,逃上山顶,用长戟护住孙权。张辽喝叱孙权下来接战,孙权不敢动。望见张辽带领的兵士很少,孙权的部下渐渐聚拢,把张辽层层包围起来。张辽左冲右突,奋勇向前,冲开缺口,部下几十人随着冲出,余下的士兵高声呼喊道:"将军要抛弃我们吗!"张辽返身再入重围,救出余下的士兵。孙权的人马都望风披靡,没有敢阻挡他的。从早上战到中午,吴军的士气大为受挫,退回修筑防御工事,大家的心情才安定下来,众位将军都很钦佩张辽。孙权包围合肥十多天,眼见不可能攻破,便领兵撤退。张辽率领各路兵马追击,几乎再次抓获孙权。曹操深为张辽的勇武而感动,任命他为征东将军。建安二十一年,曹操再次征伐孙权,到合肥,巡视张辽当年作战的地方,感慨叹息良久。于是给张辽的部队增加了士兵,多留军队,移驻居巢。

关羽在樊城包围曹仁,适逢孙权向魏国称臣,曹操召张辽以及各路军马一律回兵救援曹仁。张辽尚未赶到,徐晃已打败关羽,曹仁的围困被解除。张辽与曹操在摩陂会合。张辽的部队到达的时候,曹操乘车前往慰劳,然后张辽回军屯驻陈郡。文帝曹丕即魏王位,让张辽改任前将军,并分封他哥哥张汎和一个儿子为列侯。孙权再次背叛,派张辽仍到合肥驻扎,进封张辽为都乡侯。赐与张辽的母亲舆车,派兵马护送张辽的家眷到驻地,命令张母到达的时候,仪仗队出迎。所部各军的将吏都要在道边罗列下拜,旁观者都认为张辽一家十分荣耀。曹丕受禅登极,进封张辽为晋阳侯,增加食邑一千户,连同以前的共二千六百户。黄初二年,张辽朝拜洛阳宫,文帝在建始殿会见他,亲自问他当年打败吴军的情况。文帝听了以后,叹息着对左右侍从说:"这也是古代召虎那样的勇将。"文帝为他建造了宅第,又专门为他母亲盖了殿宇,让原来应募跟随张辽冲锋陷阵打败吴军的士兵都担任虎贲郎。孙权再次向魏国称臣。张辽回军屯驻雍丘,得了疾病。文帝派侍中刘晔带着太医前去诊治,派禁兵前往探问病情,一路上络绎不绝。病没全好,文帝把张辽接到自己的行营,乘车亲自来探视,握着他的手,赐给他御衣,太官每天给他送上御膳。病势稍有好转,张辽又回到屯兵的地方。孙权再次背叛,文帝派张辽乘船,同曹休到海陵,面临大江驻军。孙权心有余悸,告谕众将:"张辽虽然有病,还是勇不可当,应当谨慎行事!"那一年,张辽同诸将打败了孙权的大将吕范。张辽病入膏肓,在江都去世。文帝为之痛哭流涕,赠与他刚侯的谥号。张辽之子张虎承袭爵位。黄初六年,文帝追怀张辽、李典在合肥的战功,下诏说:"合肥战役,张辽、李典凭着八百步兵,打败了十万吴军,自古以来用兵,没有过这样的战例。张辽使吴军至今威风扫地,可以说是国家的虎将了。特分出张辽、李典食邑各一百户,赐封他们每人一子为关内侯。"张虎任偏将军,去世。其子张统承嗣。

乐进字文谦,阳平郡卫国人。身材短小,凭胆识勇气跟随曹操,为帐下小官。曹操派他回本郡招募士兵,得到一千多人,回来后代理军司马,担任陷阵都尉。随曹操到濮阳攻打吕布,到雍丘围攻张超,到苦县攻打桥蕤,都曾率先登城立功,封广昌亭侯。又随曹操在安众征讨张绣,在下邳包围吕布,另率一军在射犬攻打眭固,到沛郡攻击刘备,都获得胜利,升任讨寇校尉。渡黄河攻打获嘉,回军后又随曹操在官渡迎击袁绍,作战奋勇,杀死袁绍大将淳于琼。又随曹操在黎阳攻击袁谭、袁尚兄弟,斩袁军大将严敬,代任游击将军。又另外领兵击败黄巾军,平定乐安郡。再次跟随曹操包围邺城,平定后又随曹操赴南皮攻打袁谭,乐进抢先登城,攻入东门。袁谭被打败以后,乐进单独率兵攻破雍奴城。建安十一年,曹操上表献帝,表彰乐进、于禁和张辽说:"武力强大,计谋周全,品性忠正,操守高洁,每次征战,总是身先士卒,勇猛顽强,攻克险阻,无坚不摧,亲自擂鼓进军,身手不知疲倦。他们还单独领兵出征,统帅部队,能抚慰将士,纪律严明,秋毫无犯,临敌决策,极少失误。论功记职,应该分别予以重任,以示特别显著的恩宠。"于是封于禁为虎威将军,乐进为折冲将军,张辽为荡寇将军。

乐进率军另征高干,从北路进入上党,迂回到敌后出现,高干退守壶关,乐进连续作战,大量杀伤敌兵。高干坚守壶关,未能攻破,恰好曹操亲自前来征伐,于是攻取壶关。曹操征讨管承,驻军淳于,派乐进和李典进攻。管承被击败,逃进海岛,海滨一带得以荡平。当时荆州还没有平定,曹操派乐进屯军阳翟。此后,乐进随曹操平定荆州,留驻襄阳,进攻关羽、苏非等人,都打得对手大败而逃,南郡各处山谷中蛮夷都到乐进那里投降。乐进又奉命讨伐刘备署置的临沮县长杜普、旌阳县长梁大,都大败他们。后又随曹操征讨孙权,被授予朝廷的节杖。曹操回都后,留下乐进、张辽和李典驻军合肥,增加乐进食邑五百户,连同以前的共一千二百户。由于乐进多次立功,特分出其食邑五百户,封他的一个儿子为列侯;升乐进为右将军。建安二十三年乐进去世,谥号为威侯。其子乐綝袭爵。乐綝勇敢刚毅,有父亲遗风,官做到扬州刺史。诸葛诞谋反的时候,突然袭击乐綝,杀死了他。朝廷下诏深表哀悼惋惜,追赠为卫尉,谥号为愍侯。由他儿子乐肇承袭爵位。

于禁字文则,泰山郡巨平县人。黄巾军起兵,鲍信招集徒众,于禁参加了他的队伍。等到曹操兼兖州牧时,于禁与同事都去投奔,担任队长,隶属将军王朗。王朗对于禁的才能感到很惊异,就推荐他,说他的才能可以胜任大将军的职务。曹操召见于禁,同他谈话后任命他为军司马,派他带兵开赴徐州,攻打广威,获胜,升为陷阵都尉。随同曹操到濮阳讨伐吕布,于禁单独率兵在城南攻破了吕布两支部队,又率兵在须昌打败了高雅。跟随曹操攻打寿张、定陶、离狐,在雍丘包围张超,都一一攻克。又随曹操讨伐黄巾军刘辟、黄邵等部,屯兵于版梁,黄邵等乘夜袭击曹操营寨,于禁率部下迎击破敌,斩杀黄邵等人,迫使敌人全部投降。升任平虏校尉。又跟随曹

操在苦县包围桥蕤,斩了桥蕤等四名敌将。又随曹操进军宛县,逼张绣投降。后来张绣又叛,曹操与之交战失利,败退,返回舞阴。当时魏军混乱,各个部队都抄捷径小道奔回到曹操所在之地,只有于禁约束几百名部下,且战且退,虽有负伤战死的大家也不曾离散。敌人追势稍缓,于禁徐徐整理队伍,敲着战鼓回营。还没回到曹操驻地,途中看到十多个带伤裸奔的士兵,于禁问他们缘故,回答说:"被青州兵抢劫。"当初黄巾军投降的时候,号称青州兵,曹操对他们很宽容,所以敢乘机抢掠。于禁大怒,对部下发布命令说:"青州兵也属曹公统辖,还敢继续做贼吗!"便领兵讨伐他们,列举他们的罪过。青州兵当即跑到曹操那儿去告状。于禁抵达以后,先设立营垒,没有按时去进谒曹操。有人劝他说:"青州兵已经告你的状了,应该赶快去曹公那里分辩。"于禁说:"现在敌人还在后面,说不定什么时候就会追来,不事先做好防备,用什么来抵抗敌人?况且曹公通达明智,诬告我又能起什么作用!"等到壕沟营垒都安排就绪,于禁才去拜见曹操,把事情经过一一禀报。曹操很高兴,对于禁说:"淯水的危难,我已经惊慌失措,将军能在混乱当中整顿军队,责讨抢掠的暴行,安营筑垒坚守阵地,有不可动摇之节操,即使是古代的名将,也不可能超过你啊!"于是统计于禁前后的功劳,封他为益寿亭侯。之后于禁又随曹操到穰县攻打张绣,在下邳活捉吕布,另与史涣、曹仁在射犬攻打眭固,打败并杀死了眭固。

曹操开始讨伐袁绍时,袁绍兵力强大,于禁自愿担任先锋。曹操很为嘉赏,派他率领二千名步兵,守延津以抗御袁绍,曹操自己率军返回官渡。刘备占据徐州反叛,曹操东征刘备。袁绍引军攻打延津,于禁坚守,袁绍未能攻破。于禁又和乐进等人率领五千名步骑军,攻击袁绍另外的营垒,从延津西南沿黄河而上直到汲、获嘉二县,焚烧了袁绍三十多个营垒,杀死、俘虏各几千人,袁绍部将何茂、王摩等二十多人投降。曹操又派于禁另外率军屯驻原武城,攻破了袁绍在杜氏津的其他营寨。于禁升任裨将军。后随曹操回官渡,曹操和袁绍都分别把自己的营帐连接起来,筑起土山对峙。袁绍的部队向曹营射箭,很多士兵被射死射伤,曹军都很害怕。于禁督守土山,奋力作战,气势更加高昂。袁绍被打败,于禁升任偏将军。冀州平定。昌豨又反叛,曹操派于禁征剿。于禁急行军攻击昌豨;昌豨同于禁过去有过交情,自动前往于禁大营请求投降。诸将都认为昌豨已经投降,应该送到曹操那儿。于禁说:"你们不知道曹公一贯的命令吗!被围以后投降的不赦。奉行法令,这是下属服从上级的基本规则。昌豨虽然是我的老友,于禁难道会因此而失节吗!"于是亲自同昌豨诀别,流着泪将他斩了,当时曹操驻军淳于,听说后叹息说:"昌豨不到我这儿投降而去找于禁,难道这不是命吗!"从此更加器重于禁。东海平定,任命于禁为虎威将军。后来他同臧霸等人攻击梅成的队伍,张辽、张郃等人征讨陈兰。于禁到达以后,梅成带领三千多人投降于禁。随后梅成又反,率部下投奔陈兰。张辽等人同陈兰相持,军粮不足,于禁押运粮草前后相接,张辽得以攻杀陈兰和梅成。曹操下令增加于禁食邑二百户,连同以前的共一千二百户。那时候,于禁同张辽、乐进、张郃、徐晃都是名将,曹操每次出征,都交替着让他们担任先锋,而回军时负责殿后;而于禁带兵严肃齐整,缴获的财物,自己一毫不取,因此赏赐特重。但他以法令约束部下,所以不很得人心。曹操一直痛恨朱灵,想夺了他的军权。考虑到于禁威严过人,就派于禁带几十名骑兵,手持军令直接冲入朱灵军营解除他的兵权,朱灵和他的部下都不敢动;于是命朱灵担任于禁手下的督军,大家都被震服,于禁就是这样让人畏惧。升任左将军,假以节钺,又分出于禁食邑五百户,封他的一个儿子为列侯。

建安二十四年,曹操在长安,命曹仁去樊城讨伐关羽,又派于禁协助曹仁。正值秋天,连下暴雨,汉水泛滥,平地水深好几丈,于禁等七军都被淹没。于禁同众将登上高坡,望着汪洋一片,无处躲藏,关羽乘着大船逼近攻击,于禁于是投降,只有庞德不愿屈节而死。曹操听说后,哀叹了很久,说:"我了解于禁有三十年,哪里想得到临危处难,他反而不如庞德呢!"当孙权擒获关羽,俘虏关羽部下,于禁又到了吴国。文帝曹丕受禅登极,孙权自称藩国,将于禁送回魏国。文帝召见于禁,于禁须发都已斑白,面容憔悴,流泪叩头。文帝用荀林父、孟明视的事安慰他,任命他为安远将军。想派他出使吴国,先让他到邺城拜谒曹操的陵墓。文帝预先让人在陵堂画上关羽战胜、庞德愤怒不屈、于禁投降的图画。于禁看到以后,惭愧愤恨,发病而死。他的儿子于圭袭爵,封益寿亭侯。给于禁的谥号为厉侯。

张郃字俊乂,河间郡鄚县人。东汉末应征讨伐黄巾军,担任军司马,属韩馥统率。韩馥失败以后,带兵归服袁绍。袁绍任命张郃为校尉,派他率军抵御公孙瓒。公孙瓒被击溃,因张郃军功多,升宁国中郎将。曹操和袁绍在官渡相持,袁绍派将军淳于琼等人督运粮草屯驻乌巢,曹操亲自领兵迅速攻击乌巢。张郃劝袁绍说:"曹公士兵精锐,进攻一定会击溃淳于琼等人;淳于琼一旦失败,那么将军的大事就完了,应该赶快发兵援救。"郭图说:"张郃的计策不可取,不如进攻曹操大本营,他们势必回救,这叫做不救自解。"张郃说:"曹公营盘牢固,肯定攻不破,如果淳于琼等将领被打败,我们也就全部都要成为俘虏了。"袁绍仅派出少量兵力增援淳于琼,而用重兵攻打曹操大营,没能攻下。曹操果然打败淳于琼,袁绍军队溃败。郭图羞惭,进一步诽谤张郃说:"张郃对于我军战败显得很开心,而且出言不逊。"张郃害怕了,于是归顺曹操。

曹操得到张郃非常高兴,对他说:"从前伍子胥不早觉悟,终于自陷绝境,哪比得上微子抛弃殷纣,韩信离楚归汉呢?"任命张郃为偏将军,封为都亭侯。拨给张郃人马,让他跟随自己攻打邺城,一举攻克。张郃又随曹操到渤海攻打袁谭,另率一军围攻雍奴,大败敌军。随同曹操征讨柳城,张郃与张辽俱任先锋,因功升为平狄将军。又领军征讨东莱郡,讨伐管承,又同张辽等人讨伐陈兰、梅成等人,破敌获胜。随曹操到渭南,击溃马超、韩遂。包围安定,迫使杨秋投降。同夏侯渊一同征剿鄜城的草寇梁兴以及武都一带的氐族叛军,又击败马超,平定宋建的叛乱。曹操征讨张鲁,先派张郃督率诸军讨伐兴和的氐族人王窦茂,曹操从散关进入汉中,又派张郃督率五千步兵在前开路。到阳平关,张鲁投降,曹操班师,留张郃与夏侯渊等人驻守汉中,抵御刘备的进攻。张郃另外督率诸军,攻降巴东、巴西两郡,将两郡百姓迁往汉中。进军宕渠,被刘备的大将张飞所阻,退回南郑。朝廷任命张郃为荡寇将军。刘备屯兵阳平关,张郃驻扎广石。刘备把一万多精兵分成十部,乘夜猛攻张郃。张郃率领亲兵拼死奋战,刘备未能攻克。后来刘备在走马谷焚烧曹军围栅,夏侯渊去救火,路遇刘备,两军短兵相接。夏侯渊战死,张郃退回阳平关。当此之时,刚刚丧失了主帅,魏军都害怕刘备乘机进攻,全军都惊慌失措。夏侯渊麾下司马郭淮便命令全军说:"张将军是国家的名将,刘备也怕他。现在形势紧迫,非张将军不能安定军心。"于是便推张郃为主帅。张郃出面调度部队排列阵势,众将都服从张郃的节制,军心这才安定下来。曹操在长安,派遣使臣授予张郃符节。曹操于是亲自赶到汉中,刘备守住高山不敢接战。曹操便率领汉中各路军队后撤,张郃回军屯驻陈仓。

　　文帝曹丕即魏王位,任命张郃为左将军,爵封都乡侯。等到文帝曹丕登极,又进封为鄚侯。诏令张郃与曹真征伐安定一带的卢水胡人和东部羌人,召张郃与曹真到许昌宫朝见,派他南下同夏侯尚进攻江陵。张郃另外督率诸军渡过长江,夺取了百里洲上的吴军据点。明帝即位,派张郃南下屯兵荆州,与司马懿进攻孙权部将刘阿等人,追到祁口,两军交战,大破刘阿。诸葛亮率军出祁山。明帝给张郃加官特进,派他总督各路军马,在街亭阻挡诸葛亮部下将领马谡。马谡依傍南山扎寨,而不在山下占据城池。张郃断绝了马谡取水的通道,发动进攻,大败马谡。南安、天水、安定三郡叛魏响应诸葛亮,张郃都分别加以平定。明帝下诏说:"诸葛亮用巴、蜀大军,抵挡我像虎狼一样声势威猛的部队。张将军披坚甲、执利器,所到之处都被平定,朕十分赞赏他。增加他食邑一千户,连同以前的共四千三百户。"司马懿在荆州整治水军,打算沿着沔水进入长江讨伐东吴,明帝诏令张郃统率关中诸军南下接受司马懿的调度。到荆州以后,正值冬天水浅,大船不能通行,于是退还方城屯兵。诸葛亮再出祁山,猛攻陈仓,明帝派驿马召张郃到京城。明帝亲临河南城,设置酒宴为张郃送行,派南北士兵三万人受张郃节制,另外选派武卫、虎贲战士护卫张郃,因而问张郃说:"等将军赶到那儿,诸葛亮该不会已经占领陈仓了吧!"张郃知道诸葛亮孤军深入没有粮草,不能久攻,回答说:"臣还没到那儿,诸葛亮应该已经撤走了;屈指计算,诸葛亮的粮草只怕还支撑不了十天。"张郃昼夜行军,到达南郑时,诸葛亮果已撤退。诏令张郃回京师,任命他为征西车骑将军。

张郃懂得军事的变化规律,善于安营布阵,预料战争形势和地形条件,无不符合他的算计,连诸葛亮都惧怕他。张郃虽然是武将却喜欢同儒士交往,曾经推荐通晓五经、德行出众的同乡卑湛,明帝下诏说:"从前祭遵任将军,奏设五经大夫,于军中同诸儒生唱雅诗、投壶。现在将军在外统率军旅,心中还存念朝廷国家。朕非常感谢将军的美意,现在提拔卑湛为博士。"

诸葛亮再次军出祁山。诏命张郃统领众将西到略阳,诸葛亮退守祁山,张郃追到木门,与蜀军交战,飞箭射中张郃右膝,因此去世,谥号为壮侯。其子张雄袭爵。张郃前后征伐建立战功,明帝分出张郃食邑,封他四个儿子为列侯。又赐他小儿子为关内侯。

徐晃字公明,河东郡杨县人。曾任郡吏,随车骑将军杨奉讨伐叛乱有功,官拜骑都尉。李傕、郭汜大乱长安之时,徐晃劝说杨奉,要他和皇帝同回洛阳,杨奉采纳了他的计策。献帝渡过黄河到达安邑,封徐晃为都亭侯。到洛阳以后,韩暹、董承天天争斗,徐晃便劝说杨奉归顺曹操;杨奉打算听从他的意见,继而又反悔了。曹操到梁地讨伐杨奉,徐晃便投奔了曹操。曹操拨给徐晃军队,派他攻打卷县、原武的贼寇,获胜,升为裨将军。跟随曹操征伐吕布,徐晃另率一军逼降吕布的将领赵庶、李邹等人。又同史涣一道在河内郡斩了眭固。又随曹操大破刘备,继而打败颜良,攻取白马城,进军到延津,大败袁绍手下另一名大将文丑,升为偏将军。以后又同曹洪一道击败滠强的贼军祝臂,同史涣在故市截击袁绍粮车,功劳最多,进封都亭侯。曹操包围邺城以后,攻破邯郸,易阳县令韩范佯装献城投降却负隅顽抗,曹操命徐晃进攻。徐晃来到易阳,向城中射箭传书,向韩范陈说利害。韩范悔悟,徐晃随即准许他降服。不久之后徐晃劝曹操说:"袁谭、袁尚都还没有被打败,那些没有攻取的城池都在看风使舵,今天要是灭了易阳,明天各城就都会拼死守御,恐怕河北就没有平定的日子了。希望您允许易阳投降为别的城做个榜样，那么各城就都会望风而降。"曹操认为很好。徐晃又单独率兵攻打毛城，设置伏兵突然袭击，攻占了三屯。随曹操在南皮击败袁谭，平定平原诸郡的叛乱。随曹操征剿蹋顿，升横野将军。随曹操南征荆州，他另率一支军队屯扎樊城，讨伐中庐、临沮、宜城的敌军。与满宠到汉津讨伐关羽，与曹仁在江陵攻打周瑜。建安十五年，徐晃统兵讨伐太原叛军，包围大陵，迅速攻克，杀死了叛军首领商曜。韩遂、马超在关西造反，曹操派徐晃屯驻汾阴以安抚河东，赐给他牛酒，让他为祖先上坟。曹操到潼关，担心无法渡过黄河，召徐晃询问。徐晃说："主公大兵在这里，而敌军不另派兵驻守蒲阪，可见敌军没有什么深谋远虑。现在给我一支精兵，从蒲阪津渡河，作为全军的先头部队，以截击敌军的后部，就可以擒获敌人了。"曹操说："好。"派徐晃率领步兵、骑兵四千人渡河。徐晃领兵挖堑立栅还未站稳脚跟，敌将梁兴率五千多骑兵、步兵来进攻，徐晃击败了他们，曹操大军得以渡河。于是打败了马超等人，曹操派徐晃与夏侯渊平定隃糜、汧县的各部氐族，同曹操在安定会师。曹操回师邺城，派徐晃与夏侯渊平定鄜县、夏阳的叛军余党，斩梁兴，降服三千多户。随曹操讨伐张鲁。另派徐晃去征剿㯛、仇夷诸山氐族，都降服了他们。徐晃升任平寇将军。他又替将军张顺解困。攻打叛军陈福等人的三十多个屯兵据点，都取得胜利。

　　曹操返回邺城，留下徐晃与夏侯渊在阳平关防御刘备。刘备派陈式等十多个营的部队断绝马鸣阁道，徐晃另率军击破了他们，蜀军自己跳入山谷，死了不少人。曹操听说后，非常高兴，许徐晃持节，发布通报说："这一条阁道是汉中的险要咽喉。刘备想断绝我军内外联系，以夺取汉中。将军这一举动，粉碎了刘备的计划，真是再好不过的了。"曹操于是亲自到阳平关，率领诸军撤出汉中。又派徐晃协助曹仁讨伐关羽，驻军宛城。碰上汉水泛滥，于禁诸军被淹。关羽在樊城包围曹仁，又在襄阳包围将军吕常。徐晃的部下大多是新兵，认为很难同关羽交锋，便进军屯驻阳陵陂。曹操再次返回，派将军徐商、吕建等人去协助徐晃，传令说："必须等兵马全部赶到，再一起进军。"蜀军屯扎偃城。徐晃到达后,故意放风说要设合围堑壕,意思就是要截断蜀军后路,蜀军烧毁自己的屯营撤走。徐晃占领偃城,两面连营,又渐渐前进到距离蜀军营寨三丈左右的地方。未发起进攻,曹操前后派殷署、朱盖等一共十二营的部队前往支援徐晃。敌人在围头有兵屯驻,另外还在四冢驻军。徐晃扬言要攻打围头蜀寨,却秘密地进攻四冢。关羽眼看四冢要被攻破,亲率五千步、骑兵出战,徐晃迎击,关羽退却,徐晃便乘胜追击,与关羽一道进入蜀军营区,大破敌军,蜀军很多人自投沔水而死。曹操下令说:"敌人堑壕鹿角多达十重,将军攻陷敌围,作战全胜,杀死、俘虏大批敌军。我用兵三十多年,以及所听到的古代善于用兵的人,也没有像这样长驱直入冲进敌人重围的。况且樊城、襄阳的被包围,超过了当年的莒县、即墨,将军的功勋,也超过了孙武和司马穰苴。"徐晃整顿部队回到摩陂,曹操出城七里迎接徐晃,设宴庆祝。曹操亲自举杯向他劝酒,慰劳他说:"保全樊城、襄阳,都是将军的功劳。"当时各路军马都集中在摩陂,曹操巡视各营,士兵都离开阵营观看曹操,只有徐晃的军营整齐,将士驻守营地不动。曹操感叹说:"徐将军真可谓有周亚夫的风度了。"

曹丕即王位,任命徐晃为右将军。晋封逯乡侯。曹丕登极之后,又晋封徐晃为杨侯。徐晃同夏侯尚到上庸讨伐刘备,击败了蜀军。命徐晃镇守阳平关,改封为阳平侯。明帝即位,徐晃在襄阳抵御吴将诸葛瑾。增加食邑二百户,连同从前的共三千一百户。病垂危,徐晃留下遗言,让人用合乎时令的一般服装殡殓。

徐晃生性小心谨慎,生活俭朴,统率军队总是高度依靠侦察,先做好不能打胜仗的准备,然后才开始作战,穷追不舍以争取胜利,将士常常顾不上吃饭。徐晃常感叹说:"古人担心遇不上英明的君主,现在幸而让我遇到了,应该建功效力,何必要什么个人的荣誉呢!"一生都不广交朋党、攀附权贵。太和元年去世,谥号为壮侯。其子徐盖承袭爵位。徐盖去世,其子徐霸袭爵。明帝分出徐晃的部分食邑,封徐晃的儿孙二人为列侯。

早年,清河人朱灵在袁绍手下担任将军。曹操征讨陶谦的时候,袁绍派朱灵统率三营人马援助曹操,作战有功。袁绍派来的那些将领大多收兵返回,朱灵说:"我观察人已有很多了,没有比得上曹公的,这才是真的明主。现在我已经遇到了,还要再去哪里呢?"于是留下来不走。朱灵所带的将士都信任朱灵,全跟着朱灵留下了。朱灵后来也成了不错的将领,名声稍次于徐晃等人,官做到后将军,封高唐亭侯。

　　评:曹操建立这样的武功,而当时的良将,这五个人应列在前面。于禁最为坚毅持重,但未能努力善始善终。张郃以灵巧机变著称,乐进以骁勇果断闻名,但考察所记载的事迹,与所听说的并不相符。也许是注记有所遗漏,不如张辽、徐晃那样记载得全面详尽吧。

白话三国志卷十八　魏书十八

二李臧文吕许典二庞阎传第十八

李典字曼成,山阳郡巨野县人。叔父李乾,有豪雄气概,在乘氏县聚集了几千家宾客。初平年间,李乾率领这些人投奔曹操,在寿张打败了黄巾军,又跟随曹操攻打袁术,征讨徐州。吕布作乱的时候,曹操派李乾回到乘氏,慰劳周围各县。吕布的别驾薛兰、治中李封招李乾入伙,打算一起叛变,李乾不听,于是被杀。曹操指派李乾的儿子李整统领他父亲的旧部,与诸将一起攻击薛兰、李封。薛兰、李封被击败,李整又随曹操平定兖州各县,有功。渐渐升任青州刺史。李整去世,李典改任颍阴县令,担任中郎将,统领李整的部队,升为离狐郡太守。

当时曹操同袁绍在官渡相持,李典率领族人和自己部下运输粮食衣物供应。袁绍被打败以后,李典担任裨将军,屯驻安民亭。曹操在黎阳进攻袁谭、袁尚,派李典与程昱用船输送军粮。适逢袁尚派魏郡太守高蕃领兵屯扎在黄河的上游,断绝了水路,曹操命令李典、程昱:"倘若船只不能通过,就下来走陆路。"李典与众将商议说:"高蕃的部队缺乏甲胄而只靠占据着水上优势,有麻痹思想,进攻他一定能够取胜。军队在外可以不受朝廷节制;只要有利于国家,我们自作主张也是可以的,应该立即进攻他们。"程昱也认为有理。于是向北渡河,攻打高蕃,把高蕃打得大败,水路得以通畅。刘表派刘备侵犯北方,到达叶县,曹操派李典随同夏侯惇抵御。一天早晨,刘备烧毁营寨撤走,夏侯惇率领诸军追击,李典说:"贼兵无故撤退,只怕一定有埋伏。往南去的道路狭窄,草木茂盛,不可追赶。"

夏侯惇不听,同于禁一道追击,让李典留守。夏侯惇等人果然陷入敌人埋伏,交战失利,李典前去营救,刘备望见救兵来到,才撤退而去。后来李典随曹操包围邺城,邺城平定后,又同乐进在壶关围攻高干,在长广攻打管承,都击溃了敌人。升任捕虏将军,封都亭侯。李典宗族部属三千多家,居住在乘氏,他向太祖要求移居到魏郡。曹操笑着说:"你想效法耿纯吗?"李典辞谢说:"我愚钝胆小,功劳低微,而享受的禄位太厚,实在应该全族效力;加上现在征伐还没有停止,应当充实都城,以控制四方,这不是效仿耿纯。"于是迁移宗族部属一万三千多人到邺城居住。曹操嘉奖他,提升他为破虏将军。与张辽、乐进屯兵合肥,孙权率众包围了他们,张辽打算按照曹操的指示出战。乐进、李典、张辽平素都不和睦,张辽怕他们不听指令,李典慨然说:"这是国家大事,只看你的计策如何罢了,我们难道会因为私人恩怨而忘记公义吗!"就领兵同张辽出击,打败吴军,赶走了孙权。给李典增加食邑一百户,连同以前的共三百户。

李典勤学好问,尊尚儒雅,不与众将争功。很尊敬贤能的士大夫,谦恭谨慎好像常常感到不足,军中都称他为长者。三十六岁去世,他的儿子李祯承袭了爵位。曹丕登极,追念李典在合肥的功劳,给李桢增加食邑一百户,又赐给李典另一个儿子关内侯的爵位,食邑一百户;赠给李典愍侯的谥号。

李通字文达,江夏郡平春县人。以侠义在长江、汝水一带著名。与同郡人陈恭在朗陵一道起兵,很多人都来归附。当时有个叫周直的,部下有两千多户人家,与陈恭、李通表面和睦其实有矛盾,李通想设法杀掉周直但陈恭感到为难。李通知道陈恭没有决断,便独自定计,与周直约定日期聚会,趁酒酣之机杀了周直。众人大乱,李通带领陈恭诛杀周直党羽中的首领,并吞了他的队伍。后来陈恭的妻弟陈郃,杀死陈恭据有了他的部队。李通击败陈郃,斩下陈郃的人头来祭奠陈恭的坟墓。又活捉了黄巾军大头目吴霸并招降了他的部属。碰上大饥荒,李通倾家荡产赈灾救民,同部下分食糟糠,大家都争着为他效力,从那以后盗贼不敢前来侵犯。

二李臧文吕许典二庞阎传第十八

建安初年,李通带领部众到许昌投奔曹操。曹操任命他为振威中郎将,屯驻汝南郡西部地界。曹操征讨张绣,刘表派兵援助张绣,曹操部队失利。李通带兵连夜赶到,曹操得以再战,李通率先冲锋陷阵,大破张绣的军队。李通被任命为裨将军,封建功侯。曹操从汝南郡分出两个县,命李通担任阳安都尉。李通妻子的伯父犯法,朗陵县长赵俨将他关押起来,判处死刑。当时生杀大权,掌握在州牧太守的手中,李通的妻子号哭着请李通设法营救。李通说:"刚刚为曹公出力,依理决不能以私废公。"李通嘉许赵俨执法不徇私情,与他结成生死之交。曹操与袁绍在官渡相持,袁绍派使者任命李通为征南将军,刘表也在暗中拉拢李通,李通全都拒绝了。他的亲戚部属流着泪说:"现在我们孤军独守,失去大兵的援助,灭亡已经是眼前的事了,不如立即答应袁绍。"李通手按剑柄大声怒叱说:"曹公英明智慧,定能平定天下。袁绍虽然强大,却统帅无方,最终仍要被曹公俘虏。我至死也不会有贰心。"马上杀了袁绍的使者,把袁绍送来的征南将军印绶送交曹操。又攻打郡中的贼寇瞿恭、江宫、沈成等,把他们全部击溃,将他们的首级送给曹公。于是平定了淮河、汝水一带。改封李通为都亭侯,并授任汝南郡太守。当时,草寇张赤在桃山聚集了五千多家党羽,被李通攻破。刘备同周瑜在江陵包围了曹仁,另派关羽截断了北边的通道。李通率兵进击,下马拔除鹿角冲进敌围,一边战斗一边前进,接应曹仁的部队,全军将士中以李通最为勇敢。李通在路上染病去世,时年四十二岁。朝廷给他追赠食邑二百户,连同以前的共四百户。曹丕登极,追谥李通为刚侯。下诏说:"当初袁绍大兵压境,从许昌、上蔡以南,人人都怀有异心。李通坚持正义,不顾个人安危,使怀二心的人都对他服气,朕非常赞赏。他不幸早逝,其儿子李基虽已承袭了封爵,但还不足以酬劳他的殊勋。李基的哥哥李绪,以前屯驻樊城,又有功。举世都很看重他们的功劳,特以李基为奉义中郎将,李绪为平虏中郎将,以表示对他们的特殊恩宠。"

臧霸字宣高,泰山郡华县人。父亲臧戒,曾在县里担任狱掾,执法严肃,不肯依从太守以私怨杀人。太守大怒,下令拘捕臧戒送往府中,当时押送的士兵有一百多人。臧霸那时十八岁,带着几十名门客在费县西部山中拦截,救下父亲,押送的士兵没有敢动的,于是臧霸同父亲一起逃亡到东海郡,从此以豪壮勇敢闻名。黄巾军起事,臧霸跟随陶谦打败他们,拜官骑都尉。于是收兵于徐州,与孙观、吴敦、尹礼等人聚集人马,由臧霸任元帅,屯驻开阳。曹操讨伐吕布的时候,臧霸等人领兵援助吕布。后来吕布被擒,臧霸便躲藏起来。曹操募人寻找,见到臧霸便很喜欢,让他招集吴敦、尹礼、孙观以及孙观的哥哥孙康等人,他们都来到了太祖帐下。曹操任命臧霸为琅邪国相,吴敦为利城郡太守,尹礼为东莞郡太守,孙观为北海郡太守,孙康为城阳郡太守。分割青州、徐州的一部分,委托给臧霸治理。曹操在兖州,以徐翕、毛晖为将军。后来兖州大乱,徐翕、毛晖都叛变了,兖州平定后,徐翕、毛晖逃亡到臧霸那里。曹操告诉刘备,让刘备通知臧霸送上徐、毛二人的首级。臧霸对刘备说:"我所以能够自立于世,就因为不干这种事。我受曹公不杀的大恩,不敢违抗命令。但致力于王霸大业的君主是可以用信义来说服的,希望将军替我做次说客。"刘备把臧霸的话告诉曹操,曹操大为感叹,对臧霸说:"这是古人才能做到的事情而你能施行,我也希望这样。"便把徐翕、毛晖都任命为郡守。当时,曹操正与袁绍相持,臧霸几次率精兵进入青州,所以曹操能够一心对付袁绍,不用顾虑东部的局势。曹操在南皮大破袁谭,臧霸等人一道前往祝贺。臧霸乘机请求遣送子弟以及诸将的父兄家眷前往邺城。曹操说:"各位忠孝,难道还要表现在这种地方!过去萧何让子弟入京侍奉皇上,高祖未予拒绝,耿纯焚烧了自家住宅,带着棺材跟随光武帝,光武帝也不反对,我又凭什么改变前例呢!"后来东部州郡发生骚动,臧霸等凭正义出兵,平定暴乱,肃清了海岱一带,功劳特大,都封为列侯。臧霸被封为都亭侯,加官为威虏将军。又同于禁讨伐昌豨,与夏侯渊讨伐黄巾军余党徐和等人,因功升任徐州刺史。沛国人武周担任下邳县令,臧霸很尊重武周,亲自到他的居处看望。部从事有人夸诞违法,武周获得罪证,便把他拘捕拷问致死,臧霸更加敬重武周。后来,臧霸跟随曹操征讨孙权,总是率先冲锋陷阵,又进入巢湖地区,攻打居巢,打败了吴军。张辽征剿陈兰的时候,臧霸被派往皖县,讨伐吴将韩当,使孙权不能援救陈兰。韩当派兵迎击,在逢龙大战,韩当另外派兵在夹石口迎击臧霸,也被臧霸打败,臧霸回军屯驻舒县。孙权派几万军马乘船屯扎舒口,分兵援救陈兰,听说臧霸的部队在舒县,便退了回去。臧霸连夜追击,到天明时,行军一百多里,前后拦击敌人。吴军腹背受敌,处境窘迫危机,上不了船,很多人落入水中。于是吴军未能援助陈兰,张辽得以击溃陈兰的军队。此后,臧霸又随曹操到濡须口征讨孙权,他与张辽任先锋,半路遇到大雨,大军先赶到了,水势渐涨,敌船渐渐前进,魏军将士都很不安。张辽想撤退,臧霸阻止他说:"曹公明察利弊,他难道会抛弃我们么?"第二天果然接到了命令。张辽回去后,把臧霸的话对曹操说了。曹操很赞赏,任命臧霸为扬威将军,假以符节。后来孙权请求投降,曹操回军,留下臧霸与夏侯惇屯驻居巢。

曹丕即王位,提升臧霸为镇东将军,进封他为武安乡侯,总督青州各军事。曹丕登极,进封他为开阳侯,又改封良成侯。臧霸同曹休讨伐东吴,在洞浦大败吕范,朝廷征拜他为执金吾,官位特进。每当有军事行动,文帝总是询问他的意见。明帝即位,给他增加食邑五百户,连同以前的共三千五百户。臧霸去世,谥号为威侯。其子臧艾袭爵。臧艾官至青州刺史、少府。臧艾去世,谥号为恭侯。其子臧权承袭爵位。臧霸前后有功,封他的三个儿子为列侯,赐一个儿子为关内侯。而孙子臧观也做到青州刺史,朝廷假以符节,跟随曹操讨伐孙权,战斗中负伤去世。其子臧毓继嗣,官也做到青州刺史。

文聘字仲业,南阳郡宛县人,是刘表手下大将,被派去守御北方。刘表死后,儿子刘琮继任。曹操讨伐荆州,刘琮率整个荆州投降,叫文聘一起去,文聘说:"我不能保全荆州,应当在家待罪。"曹操渡过汉水,文聘才来投奔,曹操问他:"你为什么来得这样晚?"文聘说:"先前不能辅助刘表为国家作出贡献,刘荆州虽然去世,我还总想固守汉川,保卫荆州,生不辜负刘家的孤儿,死不愧于地下的旧主。但形势迫不得已,以至到了现在这个地步,实在是惭愧悲伤,没脸早来相见。"说完流泪不止。曹操也为之感伤,说:"仲业啊,你真是忠臣。"用隆重的礼节对待他。拨给他人马,让他同曹纯一道追击刘备到长陂。曹操先安定了荆州,江夏郡与东吴接壤,民心不安,便任命文聘为江夏太守,让他统领北方军队,把边境事宜都托付给他,赐与他关内侯的爵位。文聘与乐进到寻口讨伐关羽,有功,进封延寿亭侯,加官讨逆将军。又在汉津攻击关羽的辎重,在荆城焚毁了关羽的战船。曹丕登极,进封文聘为长安乡侯,假以符节。文聘与夏侯尚围攻江陵,文帝命文聘另率一支部队在沔口屯驻,据守石梵,他独当一面,抵御吴军有功,升任后将军,封新野侯。孙权亲自率领五万军马在石阳城包围文聘,形势危急,文聘坚守不动,孙权包围了二十多天,于是解围而去。文聘追击打败了吴军。朝廷增加文聘食邑五百户,连同以前的共一千九百户。

文聘在江夏几十年,恩威并施,名震敌国,故军不敢侵犯。文帝将文聘的食邑分出一部分赐封其子文岱为列侯,又赐文聘的侄子文厚为关内侯。文聘去世,赠给他壮侯的谥号。文岱又死于文聘之前,文聘的养子文休承袭了爵位。文休死后,其子文武袭爵。

嘉平年间,谯郡人桓禺担任江夏太守,清廉简约,有威名也有恩惠,名声仅次于文聘。

吕虔字子恪,任城人。曹操在兖州的时候,听说吕虔有胆略,任命他为从事,让他率领家兵防守湖陆城。襄贲校尉杜松辖境内平民炅母等人作乱,与昌豨勾结。曹操命吕虔取代杜松的职务。吕虔到职后,招诱炅母及其党羽几十个人,赐给他们酒食。挑选壮士埋伏在旁边。吕虔看到他们都喝醉了,便出动伏兵把他们全部杀死。再安抚其余的人,平定了暴乱。曹操让吕虔担任泰山郡太守。该郡依山连海,时世混乱,郡民大都逃跑或藏匿起来。袁绍所设置的中郎将郭祖、公孙犊等几十人,占山为寇,百姓深受其害。吕虔率领家兵到达泰山郡,广施恩惠、讲信用,郭祖等人的党羽都被降服,藏到山里的百姓也都出来安居生产。吕虔挑选强壮者充实军队,泰山郡从此便有了精兵,名冠州郡。济南的黄巾军首领徐和等人,所到之处,劫持虐杀县官,攻打城邑。吕虔率兵与夏侯渊合击他们,前后打了几十仗,斩首俘虏了几千人。曹操派吕虔总督青州各郡的部队,讨伐东莱一带的草寇李条等人,立了功。曹操发布命令说:"有志向就必定有所成就,这是愿意为功业献身的人所追求的目标。你到泰山郡以来,捕捉奸人讨伐贼寇,百姓以此获得安宁。你亲冒矢石,所以每战必胜。过去寇恂在汝南、颍川树立名声;耿弇在青州、兖州献策,古今都是一样的。兹推举为秀才,加官骑都尉,依旧典掌泰山郡。"吕虔在泰山郡十几年,甚有威德恩惠。曹丕即魏王位,加官裨将军,封益寿亭侯,升任徐州刺史。再加官威虏将军。吕虔请琅邪人王祥担任别驾,民政事宜一概委托给王祥,世人都赞扬他能够任用贤人。征讨利城的叛贼,斩首俘虏有功。明帝即位,改封吕虔为万年亭侯,增加食邑二百户,连同以前的共六百户。吕虔去世,其子吕翻袭爵。吕翻死,其子吕桂承袭爵位。

许褚字仲康,谯郡谯县人。身高八尺多,腰阔十围,相貌雄壮刚毅,勇气和力量大异常人。汉朝末年,许褚聚集青年以及本族几千家,共同坚壁清野抵抗贼军。那时候汝南葛陂的草寇一万多人来进攻许褚的壁垒,许褚人少抵敌不住,拼死力战,疲劳已极。弩箭也用光了,就叫壁垒中的男女老少,把经过粗制形似饮水器或酒器的石头堆上城垛。许褚飞石投向敌人,贼军身体凡被掷中之处都被打碎。敌人于是不敢逼近。许褚缺少粮食,佯装同敌人讲和,用牛和敌人交换食物。敌人来取牛,牛立刻跑回。许褚便冲出阵前,一手倒拽牛尾,一口气走了一百多步。贼军大惊,不敢取牛,返身而逃。从此,淮、汝、陈、梁一带,只要是听说过这件事的人都害怕许褚。

曹操巡行淮、汝一带,许褚率部众归顺曹操。曹操一见他就大为激赏,说:"这是我的樊哙呢。"当天就任命他为都尉,引入自己行营担任警卫。跟随许褚前来的侠客,都用为虎士。许褚随曹操讨伐张绣,抢先登城,杀敌斩首数以万计,升任校尉。又随曹操在官渡讨伐袁绍。当时常随曹操的谋士徐他等人密谋反叛,因为许褚总是在曹操旁边宿卫,害怕他而不敢发难。总算等到许褚休息不在曹操跟前的时候,徐他等人马上怀藏利刃进了曹操的营帐。许褚回到住处时突然心悸不安,立即赶回来侍卫曹操。徐他等人不知道这一情况,进帐一见到许褚,大惊失色。许褚觉察到这几个人神色反常,立即扑杀了他们。曹操更加亲信许褚,出入同行,时刻不离左右。许褚跟随曹操包围邺城,奋战立功,曹操赐封他为关内侯。又随曹操到潼关讨伐韩遂、马超。曹操准备北渡黄河,渡河之时,让士兵先渡,曹操自己和许褚及一百多名虎士留在南岸断后。马超率领一万多步、骑兵追来,猛扑曹军,箭如雨下。许褚告诉曹操,敌人来的很多,现在士兵都已经渡河上岸,您也应马上离开了,便扶着曹操上船。敌军猛烈攻打,曹兵争着渡河,船超重眼看将要沉没。许褚乱刀砍杀攀船的士兵,左手举着马鞍护住曹操,船工为流矢射死,许褚右手撑船,勉强渡到对岸。那一天若没有许褚,曹操几乎性命不保。后来曹操同韩遂、马超单独对话,左右侍卫都不许跟随,只带了许褚一人。马超自恃力大,想暗中冲过来捉住曹操,早听说许褚勇猛,怀疑跟来的就是许褚。便问曹操说:"公有位虎侯在什么地方?"曹操示意许褚,许褚瞪眼看住马超。马超不敢动手,于是各自返回。过了几天交战,曹军大败马超,许褚亲自斩杀敌人,升任武卫中郎将。武卫的称号,就是从这时开始的。军中因为许褚力大如虎却又憨憨痴痴,都称他为虎痴;所以马超问虎侯,到现在人们还这样称呼他,都以为是他的姓名。

许褚性格谨慎守法,朴素凝重,沉默寡言。曹仁从荆州来拜见曹操,曹操还没出来,曹仁就进去到殿外和许褚相见。曹仁招呼许褚进来坐下谈话,许褚说:"魏王就要出来了。"便返身进殿,曹仁心里很是忌恨。有人责备许褚说:"征南将军是宗室重臣,纡尊降贵来招呼你,你为什么拒绝呢?"许褚说:"他虽然是亲戚重臣,却是外藩。我担任内臣,大家当众谈话就足够了,进屋去谈莫非有什么隐秘吗?"曹操听说以后,更加器重他,提升他为中坚将军。曹操去世,许褚痛哭吐血。曹丕受禅登极,进封许褚为万岁亭侯,升为武卫将

军,总督中军宿卫禁兵,对他十分亲近。当初许褚所统帅的虎士跟随曹操东征西讨,曹操认为他们都是壮士,同一天把他们都任命为将领,后来因功升任将军封侯的有几十个人,做都尉、校尉的一百多人,都是精于剑术的侠客之流。明帝即位,进封许褚为牟乡侯,食邑七百户,赐封他一个儿子为关内侯。许褚去世,谥号为壮侯,其子许仪承袭爵位。许褚的哥哥许定,也因军功封振威将军,都督徼道虎贲。太和年间,明帝思念许褚忠孝,下诏褒扬,又赐他子孙二人为关内侯。许仪被钟会所杀。泰始初年,许仪的儿子许综承袭爵位。

  典韦,陈留郡己吾县人。相貌魁伟,膂力过人,行侠仗义,有志气大节。襄邑的刘氏和睢阳的李永有仇,典韦替刘氏报仇。李永是原富春县长,左右防卫严密。典韦乘车带着鸡和酒,伪装成看望李永的宾客,李家门一开,他藏着匕首进去杀了李永,连他的妻子也没有放过,再慢慢走出来,取出车上的刀戟步行离去。李永的住处接近集市,整个街市都震惊了。有几百人追典韦,可是没有敢靠近他的。走了四五里,遇到他的伙伴,转身来了个下马威才得以脱身。从此地方上的豪杰都认识他。初平年间,张邈起义兵,典韦为军士,隶属司马赵宠。军营门前的牙门旗又高又大,士兵都举不动,典韦一只手就把它立了起来,赵宠对他的神力很惊异。后来典韦归属夏侯惇,屡次杀敌立功,升为司马。曹操在濮阳讨伐吕布。吕布在濮阳西边四五十里的地方另有一支兵马屯驻,曹操夜间偷袭,到天亮击溃了敌人。还没有来得及撤军,吕布的救兵恰好赶到,从三面夹击。当时吕布亲自上阵搏杀,从早晨到午后攻击了几十个回合,双方僵持,情况紧急。曹操招募冲锋陷阵的勇士,典韦首先中选,让招募的几十个人都穿上双重铠甲,丢掉盾牌,只拿着长矛撩戟。这时西面告急,典韦率军阻挡。敌兵弓箭乱射,纷纷如雨,典韦看也不看,对同伴说:"敌人冲到离我十步的时候再告诉我。"同伴说:"十步啦!"典韦又说:"五步再告诉我。"同伴都害怕了,大声疾呼:"到啦到啦!"典韦手握十几支戟,大呼跃起,碰上他的没有不应手就倒的。吕布率军退却,正好天色也已经傍晚,曹操得以脱身。任命典韦为都尉,安排在自己身边,率领亲兵几百人,常常环绕大帐巡逻。典韦雄壮勇武,部下都是精选的士卒,每次战斗,总是先冲上去攻敌陷阵。升为校尉。典韦性格忠诚谨慎,总是白天在曹操旁边侍立,夜晚睡在大帐左右,很少回自己的帐中休息。喜欢大碗喝酒大块吃肉,吃喝都是两个人的数量,曹操每次赐他饮食,他总是大吃大喝,双手左右开弓,几个人轮番侍应才供得上,曹操认为豪壮。典韦喜欢使用大双戟和长刀等兵器,军中为他编了顺口溜说:"帐下壮士有典君,提一双戟八十斤。"

曹操征伐荆州,到宛城,张绣主动归降。曹操非常高兴,邀请张绣和他的将帅,设宴庆贺。曹操劝酒,典韦握着大斧站在背后,斧刃长一尺,曹操劝酒到哪个人的面前,典韦就举起长斧盯住对方。酒宴自始至终,张绣和他的将帅没有谁敢抬头看他的。十多天后,张绣谋反,偷袭曹操大营,曹操战斗失利,单身骑马逃走了。典韦挡住正门死战,叛军攻不进去,就散开从别的门一拥而入。当时典韦身边校尉还有十多人,都拼死战斗,无不以一当十。叛军越聚越多,典韦用长戟左挡右突,一戟过去,就有十几支矛被击断。而他身边的同伴也死伤殆尽。典韦受伤几十处,用短兵器接战,敌兵冲上前来跟他贴身搏杀。典韦左右两臂各夹死一个贼兵,其余的不敢上前。典韦又上前冲杀贼兵,杀死几人,伤重发作,瞪眼大骂而死。贼兵才敢上前,割下他的头,互相传看,又返身仔细察看他的躯体。曹操退驻舞阴,听说典韦战死,痛哭流涕,招募间谍取回他的遗体,亲自到典韦灵柩前哭奠,派人将典韦送回老家襄邑安葬,任命典韦的儿子典满为郎中。曹操车驾每次经过襄邑,总用士大夫的中牢祭礼来祭奠典韦。曹操思念典韦,任命典满为司马,安排在自己身边。曹丕即王位,任命典满为都尉,赐爵关内侯。

庞德字令明,南安郡狟道县人。年轻时曾担任郡吏、州从事。初平年间,跟随马腾反击羌人、氐人叛军,屡次立功,逐渐升到校尉。建安年间,曹操在黎阳征讨袁谭、袁尚。袁谭派郭援、高干等人去夺取河东,曹操命钟繇率关中诸将讨伐他们。庞德随马腾的儿子马超在平阳抵御郭援、高干,庞德担任先锋,进攻郭援、高干,大败敌军,亲手斩了郭援。升中郎将,封都亭侯。后来张白骑在弘农郡反叛,庞德再次随马腾征剿,在两崤之间击败张白骑。每次出战,庞德总是陷阵退敌,在马腾军中最为勇猛。后来马腾被征召为卫尉,庞德留在马超麾下。曹操在渭南大败马超,庞德随马超逃入汉阳郡,保守冀城。后来又随马超跑到汉中,投奔张鲁。曹操平定汉中,庞德随众人投降。曹操早就听说庞德骁勇,任命他为立义将军,封关门亭侯,食邑三百户。

　　侯音、卫开等人在宛城反叛,庞德率领部下与曹仁攻克宛城,斩侯音、卫开,于是南行驻扎在樊城,讨伐关羽。樊城诸将因为庞德的哥哥在汉中,对他颇怀疑虑。庞德常常说:"我蒙受国家恩惠,理当舍死效力。我要亲自击杀关羽。今年我不杀关羽,关羽就该杀了我。"后来他亲自同关羽交战,射中关羽额头。那时庞德总骑白马,关羽军中称他为白马将军,都很畏惧他。曹仁让庞德在樊城北面十里的地方扎营,碰上连下十几天大雨,汉水暴涨,樊城一带平地水深五六丈,庞德与众将上高堤避水。关羽乘船进攻,四面包围向堤上放箭。庞德披甲持弓,箭无虚发。将军董衡、部将董超等人想投降,庞德当即将二人斩首。从清晨一直战到午后,关羽攻击更急,庞德军中箭已用完,就短兵相接。庞德对督将成何说:"我听说良将不怕死,不苟且偷生,烈士不毁大节以求活命,今天就是我死的日子了。"更愤怒地投入搏斗,胆气更壮烈,但水势也越来越大,将士们都投降了。庞德同部下一名将领,两名行刑衙役弯弓搭箭,乘小船打算返回曹仁军营。水大船翻,弓箭遗失,庞德一人抱着船沉到水中,还是被关羽俘获,庞德站立不跪,关羽对他说:"你哥哥在汉中,我想用你为将军,为什么不早早投降呢?"庞德骂关羽说:"你这小子,什么叫做投降!魏王率领百万雄兵,威震天下。你们刘备不过是个庸才,怎可与魏王匹敌!我宁肯做国家的鬼,也不当贼人的将。"于是被关羽所杀。曹操听说后很悲伤,为他流泪,封他两个儿子为列侯。曹丕即王位,就派使者到庞德墓上赐送谥号,策命说:"从前先轸丧失脑袋,王蠋绞断颈项,丧身殉节,前代人都赞美他们。庞将军果敢刚毅,赴难立名,当时就声名流播,义干青云,超过前贤,寡人十分怜惜。赠谥号为壮侯。"又赐给庞德的儿子庞会等四人以关内侯的爵位,食邑各一百户。庞会勇猛刚烈有乃父遗风,官做到中卫将军,爵封列侯。

庞淯字子异,酒泉郡表氏人。最初任凉州从事代理破羌县长,恰其时武威太守张猛反叛,杀死凉州刺史邯郸商,下令说:"敢有为邯郸商哭墓的,杀无赦。"庞淯听说后,弃官不做,昼夜赶路,到邯郸商陈尸之处痛哭致哀,然后来到张猛门口,怀中藏着匕首,想借见面的机会杀死张猛。张猛知道他是义士,下令把他送走,没有杀他,从此庞淯以忠贞刚烈闻名。酒泉太守徐揖请他担任主簿。后来酒泉人黄昂造反,围攻郡城。庞淯抛下妻子儿女,乘夜越城逃出,向张掖、敦煌两郡告急。二郡的太守开始犹疑着不肯发兵,庞淯打算伏剑自杀,二郡的太守被他的义气感动,于是为之发兵。援军未到而酒泉已被攻陷,徐揖被害。庞淯便收殓徐揖的遗体,送回他的老家安葬,为他守丧三年才回。曹操听说后,征召他为掾属。曹丕登极,任命他为驸马都尉,升为西海郡太守,赐封关内侯。后来征拜为中散大夫,逝世,其子庞曾承袭爵位。

原先,庞淯的外祖父赵安被同县的李寿所杀,庞淯的三个舅舅同时病死,李寿家非常高兴。庞淯的母亲赵娥悲痛父仇未报,便乘帏车袖藏短剑,大白天在都亭前刺杀了李寿,然后从容来到县衙,面不改色地说:"父仇已报,请判我死刑吧。"禄福县长尹嘉弃官放走赵娥,赵娥不肯离去,于是强行用车把她载回家。恰好朝廷大赦,得以免罪,州郡都对她表示赞叹,十分推重她,为她刻碑旌表她所在的里巷。

阎温字伯俭,天水郡西城人。以凉州别驾的身份代理上邽县令。马超逃亡到上邽,当地任养等人率众迎接。阎温极力阻止,但毫无作用,便骑马跑回到州城。马超又包围了凉州治所冀城,攻势凌厉。州府派阎温秘密出城,向夏侯渊告急。马超的军队围了几重,阎温夜里潜水出城。第二天,敌人发现踪迹,派人追踪拦截,在显亲边境上追上他,捉住他回来见马超。马超解开他的束缚,对他说:"现在胜败已经分明,您为孤城请求救兵却被人捉到这儿,还怎么施展大义呢?如果听我的话,反过来告诉城里'东方不会有救兵来了',这是转祸为福的办法。不这样的话,现在就会被杀死。"阎温假装答应了,马超便用车载着他来到城下。阎温向城内大声呼喊:"大军不出三天就会赶到,大家努力呀!"城中都为他哭泣,高呼万岁。马超怒骂他:"你真的要找死吗?"阎温不答。当时马超久攻州治不下,所以慢慢引诱阎温,希望他回心转意。又对他说:"你在城里的朋友,有想跟我同心合力的吗?"阎温还是不予理睬。于是马超更加严厉地斥责他,阎温说:"事君之道只有死而无二心,你却要让长者说出不义的话,我难道是苟且偷生的人吗?"马超便把他杀了。

  先前,河西一带骚乱不宁,道路隔绝不通。敦煌太守马艾死在任上,辅弼官员里又没有郡丞。功曹张恭学问品行一向都好,郡人便推举他代行长史的工作,恩惠信义都很突出,于是派儿子张就往东去见曹操,请求委派太守。当时酒泉郡的黄华、张掖郡的张进都各占本郡,想与张恭结成一方势力。张就到达酒泉,被黄华抓住,用利刀威胁。张就终不屈服,私下给张恭写信说:"大人治理敦煌,忠义昭著,岂可因我身处困境而放弃初衷呢?从前乐羊喝儿子的肉做成的羹,李通全家人都被王莽杀害,治国的大臣岂能顾念妻子儿女呢?现在大军将到,只应当督促部队在后牵制他们。希望不要因为对儿子的爱,让我死不瞑目。"张恭便派堂弟张华领兵攻打酒泉郡沙头、乾齐两县,并随后连续派兵紧跟张华,准备首尾支援。另派二百名铁骑,迎接主要官员的属吏,往东沿着酒泉郡的北部边塞,直出张掖郡北河,迎接新任太守尹奉。这时,张进需要黄华的援助,黄华想要救张进,又顾虑张恭的部队,担心他们袭击自己的后方,于是到金城太守苏则那里投降了。张就终于平安无事。尹奉得以到官上任。黄初二年,朝廷下诏褒扬张恭,赐封他为关内侯,拜官西域戊己校尉。几年后又召他回朝,打算让他在朝内任职,另让他儿子张就接替他的现职。张恭到达敦煌，坚持说自己病重推辞了朝廷的征召。太和年间去世，朝廷追赠为执金吾。张就后任金城太守，父子在凉州都很著名。

评：李典崇尚儒雅的风度，为大义不计较个人恩怨，品质纯美可爱。李通、臧霸、文聘、吕虔镇守州郡，都以威严仁惠著称。许褚、典韦捍卫在曹操左右，大抵也就算得上汉朝的樊哙了。庞德舍命骂敌，有周苛的气节。庞淯不怕伏剑自杀，忠诚感动了邻郡。阎温向城内大喊，可以与解杨、路中大夫的刚烈不屈一较雌雄了。

白话三国志卷十九　魏书十九

任城陈萧王传第十九

任城威王曹彰,字子文,从小就善于射箭、驾车,臂力过人,徒手与猛兽格斗,不避危险。几次随军征战,意气慷慨昂扬。曹操曾经批评他说:"你不想读书修习圣贤之道,却喜欢骑马击剑,这只能起到一个普通人的作用,哪值得珍贵!"督促他学习《诗经》、《尚书》。曹彰对身边的人说:"大丈夫应当做卫青、霍去病那样的大将军,率领十万人马纵横大漠,驱逐戎狄,立功扬名。怎么能做专精一艺的博士呢?"曹操有一次问几个儿子的爱好,让他们各自说出自己的志向。曹彰说:"愿做将军。"曹操说:"做将军干什么呢?"曹彰回答:"披坚甲,握利器,面临危难不顾自己,身先士卒,有功必赏,有罪必罚。"曹操大笑。建安二十一年,曹彰被封为鄢陵侯。

建安二十三年,代郡的乌丸族反叛,曹操任命曹彰为北中郎将,代行骁骑将军。临出发时,曹操告诫曹彰:"在家里我们是父子,接受国命就是君臣了,一举一动都得按王法办事,你可要小心谨慎呀!"曹彰北征进入涿郡境内,叛军几千骑兵突然攻到。当时曹军尚未集结,只有步兵一千人,战马几百匹。曹彰采纳田豫的计策,坚守要塞。敌军退走。曹彰追击,亲自与敌兵搏斗,箭射敌骑,应声而倒的前后连成一串。战斗持续了大半天,曹彰的铠甲中了几箭,意气反而更加威猛,乘胜追赶败逃之敌,直到桑干河,距离代郡有二百多里。军中长史和众将都认为部队刚刚远道而来,人疲马乏,又有指令不得越过代郡,深入敌境,已是违令轻敌。曹彰说:"率军出征,只看怎样对作战有利,怎能盲目接受遥控指挥呢?敌人还没跑远,追上去就能击败他们。为服从命令而放纵敌人，就不是什么能征善战的将领。"便上马，下令军中："落后者斩！"一天一夜追上了敌军，交战，将敌军杀了个丢盔弃甲，斩首及俘获敌兵数以千计。曹彰超常规地加倍犒赏将士，将士们无不为此心花怒放。当时鲜卑族的首领轲比能率领儿万人马观望双方强弱，见曹彰奋力冲杀，所向披靡，于是请求臣服。北方地区全部平定。那时曹操在长安，召曹彰来行在所相见。曹彰从代郡经过邺城，太子曹丕对曹彰说："你刚立了功，现在去西边面见父王，切记不要骄傲自夸，回答问题要时常显得仍有许多不足之处。"曹彰到了长安，按照太子所说的，把功劳都归于众将。曹操很高兴，握着曹彰的胡子说："黄须儿竟然大出我的意料之外了！"

曹操回京都，命曹彰兼任越骑将军，留守长安。曹操到洛阳，生了病，驿马传召曹彰，曹彰尚未赶到，曹操已经去世。曹丕即王位，曹彰与诸侯各去自己的封国。曹丕颁布诏令说："古代帝王之道，重用功臣爱护亲属，并分封同胞兄弟，建立邦国，继承家业，所以能保卫大宗，抵御外侮，防止灾难。曹彰以前奉命北伐，平定朔方，功勋盛大。给他增加食邑五千户，连同以前共一万户。"黄初二年，进封公爵。黄初三年，立为任城王。黄初四年，曹彰进京朝见，因病死于京都的官邸，谥号为威。安葬之时，朝廷赐他銮辂、龙旂、虎贲勇士一百人，比照汉朝东平王的旧事。其子曹楷承袭爵位，改封到中牟县。黄初五年，改封任城县。太和六年，再改封任城国，食邑为五县二千五百户。明帝青龙三年，曹楷犯了私派官属到中尚方衙门制作禁物的罪名，削减食邑二千户。正始七年，改封济南，食邑三千户。正元、景元初年，连续给他增加食邑，共四千四百户。

陈思王曹植字子建，十几岁就诵读《诗经》、《论语》以及辞赋几十万字，擅长作文。曹操有一次看到他的文章，对他说："你请人代笔的么？"曹植跪下说："出口成论，下笔成章，尽管当面考试，怎么会请人代作呢？"当时邺城铜爵台刚刚建成，曹操带领所有儿子登台，让他们各自作赋。曹植拿起笔来立刻就写成了，文辞很是可观，曹操感到十分惊奇。曹植性情平易随和,不喜欢摆出威严的气派,车马服饰,都不追求华丽,每次见曹操答问辩难,总能应声作答,特别受曹操宠爱。建安十六年,被封为平原侯。建安十九年,改封临菑侯。曹操征讨孙权,让曹植留守邺城,告诫他说:"我从前任顿丘县令时,才二十三岁。想起那时候所干的事,到今天也没有什么可后悔的。现在你也二十三岁了,能不努力吗!"曹植既因为有才而特别受宠,又有丁仪、丁廙、杨修等人作为他的左膀右臂。曹操有些犹疑,好几次几乎要立曹植为太子。可是曹植行事任性,不注意修饰约束自己,饮酒无节制。曹丕则玩弄手段,掩饰真情以粉饰自己,因此连曹操身边的宫人与内官,也都随时替曹丕说话,所以终于策立曹丕为太子。建安二十二年,增加曹植食邑五千户,连同以前的共一万户。曹植有一次驾车在御街上行驶,打开司马门出宫。曹操大怒,负责管理官车的公车令因此被判有罪处死。从那以后强化约束诸侯的法令,而曹操对曹植的宠爱也日渐衰减。曹操担心曹植的势力太大会成为后患,因为杨修很有才华和谋略,又是袁术的外甥,于是罗织罪名杀了杨修。曹植心里更加不安。建安二十四年,曹仁被关羽围困,曹操任命曹植为南中郎将,代行征虏将军,准备派他去救曹仁,召他来要告诫他一番话,曹植喝醉了酒不能接受指令,曹操后悔,撤销了对曹植的任命。

曹丕即王位,诛杀丁仪、丁廙和他们家里所有的男子。曹植和诸侯全都回到各自封国。黄初二年,监国谒者灌均迎合曹丕的旨意,奏曹植:"醉酒之后行为悖逆荒唐,劫持威胁使者。"有关官员请求治曹植的罪,曹丕因为太后的缘故,将他贬为安乡侯。同年又改封为鄄城侯。黄初三年,立曹植为鄄城王,食邑二千五百户。

黄初四年,改封曹植为雍丘王。当年,曹植进京朝见。上疏说:

"臣自从负罪回到藩国,深刻反思所犯的罪过,寝食难安。的确认为国家法纪不可以重犯,圣恩难以反复依赖。私下里有感于《相鼠》所言人不守礼,不如速死的深刻含义,不禁形影相吊,五内俱焚,惭愧无比。因罪轻生,那样做是违背古圣先贤'早上有错,傍晚改正'的劝勉;而苟且偷生,又涉嫌诗人'何不速死'的讥刺。我俯首思考陛下德配天地,恩逾父母,施予像春风时雨一样舒畅温润。因此对荆棘之流不另眼相看,这是五色祥云的恩惠;七子都得到平等的哺育,那是布谷鸟般的仁爱;允许戴罪立功,那是圣明君王的举动;怜悯愚钝的而爱护有才的,这是慈父般的恩德:这就是我始终逡巡徘徊于君主恩泽之中而不能自我放弃的原因。

"上次接到诏书,禁止我等诸侯进京朝见,我当时心灰意冷,自忖到老也难得再有持珪朝见的指望了。没想到圣诏竟然屈尊召唤,人刚到京,心就已经飞到了您的身边。但住在西馆僻静的房间里,一直没有机会朝见,那种迫不及待的心情,使我翘首瞻望,坐卧不宁。谨上此表并献诗二篇,其辞为:'伟大的先父,就是武皇,受命于天,安定四方。红旗所指,九州归降,德化广布,臣服远方。超越商周,功比有唐。诞育我皇,聪明倜傥,武功勇烈,文才辉煌,受禅炎汉,君临万邦。万邦受教,遵循旧章;推广天命,至亲封王。帝曰尔侯,君此青州,统辖海滨,治理一方,譬如鲁君,拱卫周王,车驾耀眼,服饰闪光,显示尊贵,旗帜徽章,惟贤与德,辅弼皇上。无知小子,恃宠骄狂,扰乱国纪,触犯法网,身为藩屏,行为悖妄,怠慢使臣,触犯朝纲。国有刑律,职削爵降,依法论罪,罪无可宽。圣明天子,手足情深,不忍判罚,暴露朝堂,哀怜违宪,小子无恙。改封鄄城,与河为邻,官吏不设,有君无臣,放荡错失,谁为匡正?形影相吊,冀州一角,悲叹小子,活罪难逃。赫赫天子,恩施万物,赠我玄冠,衣赐锦绣。锦裳无语,天子之心,封王赐玺,符节为凭。仰承金玺,俯持策命,春风浩荡,惭愧圣恩。小子可叹,屡触厄运,羞对先祖,抱愧当廷。非敢傲慢,实仗皇恩,改封加级,难忘威灵。昊天无极,人生有限,忧罪无功,抱恨黄泉。愿冒矢石,树旗东岳,希建微功,稍减罪愆。赴汤蹈火,不惧凶险,免罪知足,乐于征战,挥戈满弦,楚越之间。慧灵天启,衷心天鉴,远听天音,近见天颜,如饥似渴,小子夙愿。倾心仰慕,悲怆待命,天高听低,君肯照微!'另又说:'敬受圣主明诏,允许进京朝觐,星夜整治车马,以便清晨启程,车轴加油马吃饱,马疾车轻好驰骋。命令车夫,整肃行旅,晓启鸾台,夜宿兰渚。茫茫原野,纷纷士女,路过公田,乐我稷黍。樛树浓荫,不忍休息;虽有干粮,忍饥饿不食。望城不过,见邑不游,仆夫挥鞭,驱驰照旧。驷马玄黑,蹄声得得,昂首喷涎,风驰电掣;流风猎猎,绕我车衡,轻云舞蹈,来聚车顶。穿过山阴,顺涧而行,穿山过涧,黄陂近临。西过潼关,或下或上;马困人乏,睡醒再进。将朝圣上,谁敢消停;止节长奔,限日速征。前驱举火,后车持旌;轮不停转,铃不住声。来到帝京,暂住西城;暂未宣召,不可朝觐。瞻望宫阙,遥拜内廷;长怀渴慕,忧心如醒。'"

文帝对诗词内容及其文采表示嘉许,下诏书好言回答并予以勉励。

黄初六年,文帝东征,回师时路过雍丘,临幸曹植王宫,给曹植增加食邑五百户。明帝太和元年,改封曹植到浚仪。太和二年,又回雍丘。曹植常常愤恨抱怨,认为自己空有一身才能却无处施展,于是上疏请求试用说:"我听说士人活在世上,在家侍奉父亲,离开家庭则侍奉君主;侍奉父亲以使亲族荣耀为上,侍奉君主以使国家振兴为贵。所以慈父不能爱无益于亲族的儿子,仁君不能容忍无助于国家振兴的臣子。能根据德行授予官职的,就是能成大事的君主;能衡量自己能力接受爵位的,定是可以尽忠于国家的臣子。所以君主没有虚授官职的,臣子也没有虚受职务的。虚授被称为谬举,虚受被称为尸禄,《诗经》中的'素餐'就是因此而作的。从前虢仲、虢叔不推辞两国的任命,是因为他们德行深厚的缘故;周公旦、召公奭不推辞燕、鲁的封地,是因为他们的功劳很大的缘故。而微臣蒙受国家的大恩,至今已历三朝了。正赶上陛下政治升平的时候,沐浴着陛下的恩泽,默默感受着仁德教化,可以说是非常幸运了。但我被封在东部的藩国,爵位列于上等,身披着轻软暖和的衣服,口中吃厌了各种美味,眼睛看惯了华丽奢侈的装饰,耳朵听腻了丝竹管弦的声音,这都是爵位太高、俸禄太厚所造成的。转念想到古代授赐爵位俸禄的制度,跟我眼下的情况有所区别,那都是授给勤劳为国,辅君惠民的有功之人的。现在我没有德行可以称述,没有功劳可以记录,如果像这样长年无益于国家,那就要应了诗人'他这个人,才德与官服不相称'的讥刺。所以我上愧头上的玄色工冠,下愧腰间的朱红王服。

"当今天下一统，九州和睦，但回眸四顾，西边仍有违抗王命的刘蜀，东边还有不肯臣服的孙吴，这使得守边将士还不能卸甲归田，谋士们也还不能够高枕无忧，确实是要统一天下以达太平了。过去夏启灭了有扈氏而令夏朝的武功昭彰，成王克商灭奄，周朝的威德才得以彰显。现在陛下以圣贤之道治理天下，将要完成文王、武王那样的功业，继承成王、康王的鼎盛局面，选贤任能，用方叔、召虎那样的臣子镇守四方边境，充当国家的爪牙，可以说是再恰当不过的了。然而高飞的鸟没有挂在轻丝箭绳上，深渊中的鱼还没有张嘴吞钩，究其原因，大概是钓、射二途尚未穷尽机巧。从前耿弇不等光武帝到达，就迅速出击张步，说是不能把贼寇留给君王。所以从前齐王的车右卫士因为左轮鸣响而伏剑自刎，雍门狄因为越兵侵入齐境而自杀，像这两个人，难道是厌恶生而喜欢死吗？实在是对怠慢或凌辱君主的行为深恶痛绝的缘故。大凡君主宠爱臣下，是需要他们为国家兴利除害；臣子侍奉君主，一定要全身赴难，立功报答君主。从前贾谊刚刚成年，就要求试用他去整治属国，希望亲手捆住单于的脖子置之于死地；终军十八岁出使南越，也想用长缨牵着南越王来帝京朝拜汉朝天子。这两位大臣，难道是要向皇帝夸口而向世人炫耀自己吗？是因为抱负有时候郁结在心里，要施展才力，奉献给英明的君主罢了。从前汉武帝为霍去病营建住宅，霍去病推辞说：'匈奴未灭，为臣不必有家！'忧国忘家，舍身救难，那是忠臣的志向。现在臣身居外藩，并不是俸禄不厚，可是却睡不安稳，饮食无滋无味，是挂念着吴、蜀二国还没有平定的缘故。

"看到先父武皇帝的武臣旧将，年老去世的时有所闻。虽然世上不缺贤者，老将旧卒，也还在操练战阵，私下不自量力，确有为国效力的志向，也许能建立微小的功劳，报答所受的大恩。倘若陛下能破例下诏，让臣发挥出小小的用处，使我西属大将军曹真，带领一支人马，或者隶属于东边的大司马曹休，统领一部分水兵，我必定赴汤蹈火，骋船催马，冲锋陷阵，身先士卒。尽管不一定能擒住孙权、割下诸葛亮的脑袋，或者亦可能俘虏敌人的将帅，歼灭敌军，让我能用须臾的胜利,洗去终身的耻辱,也使自己能够名垂史册,事列丹青。即使在蜀地粉身碎骨,在吴国断头高悬,也如同获得了新生。如果微小的才能不能被试用,默默无闻地死去,白白地享受荣誉,养肥身体,活着对国家没用,直到死去还是无声无息,徒然占据很高的爵位享用优厚的待遇,养尊处优,直到白头,就像笼子里的鸟雀一般的活着,实在不是臣所抱的志向。传闻征东大军失于防备,吃了小亏,我饮食不进,磨拳擦掌,抚剑东望,心早已飞驰到吴会了。

"臣从前跟随先父武皇帝南到赤岸,东临沧海,西望玉门,北出玄关,看到他行军用兵的策略变化,可以说是神机妙算了。所以战争不能预言,临敌再根据形势采取相应的变化才最关键。我一心想效力于这清明的年月,立功于圣明的朝代。每次阅读史籍,看到那些古代的忠臣义士,霎那间将自己的生命交出,以殉身国家的危难,身体虽被宰割分裂,但功绩铭刻在鼎钟之上,名字书写于史册之内,没有哪一次不曾抚胸叹息的。臣听说英明的君主用人,不废斥曾经有罪的。所以秦国、鲁国起用打过败仗当过逃兵的将军孟明视、曹沫,最终成就大功;楚国、赵国赦免了绝缨盗马的臣子,结果关键时刻靠他们解救了危难。我私下想到先帝早崩,威烈君王弃世而去,而我是什么人,凭什么能活得这么长久!常常担忧死得太快,坟上的土还没有干,而身和名已经全都泯灭了。臣听说好马长声嘶鸣,伯乐就能辨认出它的能力;卢狗悲声吠叫,韩国就知道它的本领。因为这个缘故,所以要让好马奔驰于齐、楚大道之上,以验证及表现它日行千里的能量;让名犬追逐敏捷的狡兔,以检验它奔跑、厮咬的本领。现在臣的志向是建立犬、马那么微小的功劳,可是私下里忖度,却没有伯乐、韩国那样的举荐者,所以心情抑郁而私自感伤。

"面临博戏而抬起脚跟看得出神的人和听见音乐而私下打拍子的人,也许是知音或懂得博戏之道的。从前的毛遂,不过是赵国诸侯的一名门客,尚且借着锥处囊中的比喻,来启发主人而立下功劳,何况在如此人才济济的伟大魏国的朝廷,竟没有慷慨赴难的大臣吗!自我吹嘘、自找婆家的,那是士女的丑陋行径;干谒求官,这是有道者的显明忌讳。而臣所以敢向陛下陈述这些话,实在是因为和国家同气连枝、忧患与共的缘故。希望能以尘土雾气那么小的东西来使山海有所增加,以萤火虫、蜡烛那么弱的光来为日月增辉,所以敢冒羞耻献上一颗忠心。"

太和三年,曹植被改封为东阿王。太和五年,曹植再次上书请求探问亲戚,因此表达他的意思说:"臣听说天称为高,是因为它有无所不能覆盖的能力;地称为广,是因为它有无所不能承载的能力;日月称为明,是因为它们有无所不能照亮的能力;江海称为大,是因为它们有无所不能包容的能力。所以孔子说:'伟大呀,尧作君主!只有天可以称大,只有尧能效法于天。'天的恩德对于万物来说,可算是弘大广远了。尧施行教化,是先亲后疏,由近及远。他的《帝典》说:'彰明大德,以亲近九族;九族和睦,然后辨别彰明百姓。'到周文王时也推崇这种教化,《诗经》说:'首先做妻子的榜样,然后做兄弟的榜样,最后推广到治理整个宗族和国家。'所以能够融洽和睦,引来诗人的歌咏。从前周公伤心管叔、蔡叔不同心同德,便大肆分封至亲来做王室的藩屏,典籍上说:'周王举行盟会,异姓诸侯排在同姓诸侯的后面。'的确是骨肉的恩情,尽管有小差错也不能分离,尊奉父母的意义其实在于诚朴坚定,没有讲求大义却把君主摆在后面,大谈仁德却遗弃自己父母的道理。

"陛下具有唐尧开明的德行,体用文王恭谨的仁爱之心,融洽王室,施恩九族。列侯百官,轮番休息,依次入值执政不废除公开的朝议,下情能够上达到内廷,宗族之间的联系很通畅,庆贺吊问的感情能够自由抒发,真可以说是扩充自己的仁爱之心去治理百姓,广泛地实施恩惠了。至于臣,与亲戚的联系已经断绝,被禁锢在这个政治清明的时代,私下常常自悲自怨。不敢过分地希望能与志同道合的朋友相交,讲求与亲人来往,叙一叙亲戚间的人情。近来亲戚无联系,兄弟无来往,吉凶祸福的消息闭塞,庆贺慰问的礼节荒废,亲情的疏绝,比路人还严重,隔绝的程度,比胡、越还要遥远。现在臣下由于这一切的制约,永远也没有朝见的指望了。至于倾心皇上,情系朝廷,神明是知道的。但这是皇上定下的规矩,我还能说些什么呢!诸王大概都有这种想要亲近的心意,希望陛下尽快下诏,让各封国互相慰问,庆贺四时之节,畅叙骨肉之间的欢乐恩爱,成全兄弟间和顺怡人的深厚情谊。让妃妾的家庭,互赠脂膏一类的化妆品,一年两次,与贵戚享有一样的待遇,和百官平等地享受恩惠,这样,古人所赞叹的,古诗所咏唱的情景,就会在今天的圣世重新出现了。

"我俯伏着自我反省,连锥刀那么小的用处也没有。及至看到陛下所提拔任命的官员,似乎把我当作异姓了,而我私下里忖度,自己并不比那些朝臣落后。倘若能够摘下远游冠,戴上武弁帽,解下华丽的朱衣,佩上青丝带,或驸马都尉,或奉车都尉,快快地得到一个职务,安宅于京城,手持马鞭,插着毛笔,出门则紧跟着皇上的华盖,入门则侍奉在皇上的身边,承接应答皇上的提问,在皇上左右拾遗补缺,是我赤诚的愿望,梦寐以求的理想。远远地向往着《鹿鸣》这首诗所描绘的君臣的宴乐,中间讽咏《常棣》诗中'兄弟匪他'的诗句,再下思《伐木》重视'友生'的深远含意,终于感怀《蓼莪》无法报答父母之恩的悲哀,每当四时节令的盟会,孤独一身,旁边只有仆人奴隶,面对的只有妻子儿女,高谈阔论却没有对象,发表见解却没人要听,没有哪次听到音乐不捶胸,面对酒杯不叹气的。我认为狗和马的诚意不能动人,就好比是人的诚意不能感动上天。杞梁妻哭崩长城,邹衍的冤屈使夏天降霜,我以前深信不疑,可用我的心和他们相比,这一切全都是虚假谎言罢了。葵藿转动叶子承受阳光,太阳虽然不为它回转光线,然而向着它的意愿是诚挚的。私下把自己比作葵藿,而像天地一样布施恩泽,像日、月、星辰一样普降光明的,其实就在于陛下。

"我听说《文子》讲过:'不做首先享福的,也不做首先惹祸的。'现在的隔绝不通,兄弟们都同样忧虑,可是只有臣一人提出来,是因为私心不愿意让圣世出现没有蒙受到恩惠的东西。若有不曾蒙受恩惠的东西,那一定会引起强烈的怨恨,所以《柏舟》有'母也天只,不谅人只'的怨声,《谷风》有'将安将乐,女转弃予'的嗟叹。所以伊尹对他的君主不效法尧舜感到耻辱,孟子说:'不像舜侍奉尧那样侍奉自己君主的人,是不尊敬君主的人。'我很愚笨,固然不是虞舜、伊尹之辈；至于要让陛下推崇和善亲族的美德，弘扬唐尧光明的德行，那是我恭谨的诚意，我一直独自保持着不想改变。实在是怀着鹤一样孤立企盼的心情期望着愿望的实现，所以敢一再冒昧地陈述，是希望陛下用天生的聪明来听一听臣下的倾诉并予以采纳。"

明帝下诏回答说："教化所经由的途径，各有兴隆和衰弊，并不都是开始很好最终就变坏了，而是事势使它成了那个样子。所以忠厚施行到草木身上，就有人作出《行苇》的诗篇；恩泽衰薄，不亲九族，就有人作出《角弓》的诗篇讥刺。现在让各诸侯国兄弟之间，情义简慢，妃妾的家庭脂膏的互赠也减少了，我即使不能使他们亲厚和睦，而你援引古训讲明的道理也够全面了，为什么说精诚不能够感通呢？判明贵贱等级，崇尚亲族和睦，礼待贤良人士，理顺少长关系，是国家的根本秩序和法纪，本来就没有禁止各封国之间互通问候的诏令，由于矫枉过正，下级官吏害怕被处罚，所以才弄到今天这种地步罢了。已经着令有关部门，遵照你所陈述的去办。"

曹植又上书陈述明察和选拔官吏的道理，他说："臣听说天地二气交合才能化生万物，君臣志同道合才能办好政事；五帝时代世上并不是人人都聪明，夏、商、周三代的末年也并不是人人都愚蠢，是在贤人的问题上用和不用，知与不知的缘故。已经有了举荐贤人的名义，事实上却没有得到贤人，那一定是大家都各自把自己的同类推荐上来了。谚语说：'宰相门里出宰相，将军门里出将军。'宰相，必须文才品德昭著；大将，必须武功显赫。文才品德昭著，才能辅佐朝廷，使国家达到太平和乐，稷、契、夔、龙就是这样的人；武功显赫，才能去征伐那些异端叛逆，威服四夷，南仲、方叔就是这样的人。从前伊尹作陪嫁的奴隶，那是最低贱的地位了；姜子牙处在屠夫渔民的行列，那是最卑下的工作了。可是等到他们被推荐给汤武、周文王的时候，那真是志同道合，神机妙算而心神相通，哪还用得着借助亲近之人的举荐，靠着身边宠臣的介绍呢！《尚书》说：'有非常之君，定能用非常之臣；用非常之臣，定能立非常之功。'殷、周的汤王、文王是这样的。至于那些局促保守、停步不前、循规蹈矩、毫无魄力的人又哪里值得对陛下说呢！所以阴阳不能调和，三光不能普照，

官位空旷缺乏适当人选,各种政务得不到治理,这属于三司应承担的责任;战场骚乱,领土被侵犯,败军丧师,战争不断的责任,应由守卫边疆的大将来担当。难道能白白享受朝廷的恩宠而不胜任自己的职务吗?所以职务越高其负担也就越重,官位越高其责任也就越大,《尚书》说'不虚设职司官位',《诗经》有'在职当心系责任'的说法,就是这个意思。

"陛下具有天生的善良纯厚的品性,登上皇位继承帝业,希望听到《康哉》那样的歌声,看到偃武修文的升平盛世。可是多年以来,旱涝灾害不时发生,百姓缺衣少食,军队一年比一年增加调派的人数,再加上东边有几乎全军覆没的部队,西边有中箭身亡的大将,以至于蚌蛤在淮河、泗水里浮游,鼠辈喧哗于树林。我每每想起这些事,总是吃不下饭,对着酒杯扼腕愤激不已。从前汉文帝出巡代郡,顾虑朝中会发生变故,宋昌说:'朝内有朱虚侯、东牟侯那样的亲人,外面有齐、楚、淮南、琅邪四王,这都是磐石一样坚固的宗亲,希望您不必疑虑。'我希望陛下远观虢仲、虢叔对周文王的帮助,其次想想召公、毕公对周成王的辅佐,最后再把宋昌关于宗族坚如磐石的说法记在心中。从前骐骥在吴阪,可说是走投无路了。等到伯乐相中了它,孙邮驾驭着它,形体不曾劳损而轻易地日行千里。伯乐善相马,明智的君主善于驾驭臣子;伯乐驱驰千里,明君达到太平;这实在都是任用贤能所取得的明显功效。如果朝廷各部门都选用好官,繁多的政务都经由文官得到治理,武将帅师出征,铲平祸乱,安定国家。陛下就能够在都城无忧无虑,又何必劳动陛下的车驾,让它暴露在边境之上呢?

"臣听说'羊披着虎皮,看见草就高兴,看见豺狼就发抖,忘了它身上披的是虎皮了'。现在设置的将领不适当,也与这个很相似。所以有人说:'怕就怕任事的人不知道做,而知道做的人又不能任事。'从前乐毅逃到赵国,内心不忘燕国;廉颇身在楚国,却一心想当赵国的大将。臣生于乱世,长在军中,又多次受到武皇帝的教诲,曾看到他行军用兵的要领,不必取孙子、吴起的兵法之书来对照而与兵法暗合。私下在心里揣度,总希望能够在朝廷侍奉,进金门,踏玉阶,排列在有职务的臣子之中,赐给我不时陈述愚见的资格,让我施展一下抱负,抒发一下蕴积,就死而无憾了。

"看到鸿胪下达的征调士兵之子的通告,集合报到的日期非常急迫。又听说皇帝的车驾已安排了,兵车很快就要出发,陛下又将劳动玉体,费神费心。我实在惶恐不安,不能平静地度日。希望能够扬鞭催马,首先冒着尘土、露水,手握着风后的奇经,执掌着孙子、吴起用兵的要领,像卜商一样能发明孔子的思想,效力先驱,尽忠尽力,虽然不一定有大用,或者能有小补。但上天听觉高远,情意难以通达,只能独自望着苍天而抚胸长叹。屈原说:'国家有骐骥却不知道骑乘,何用急急忙忙地寻找好马呢!'从前管叔、蔡叔被流放处死,周公、召公担任辅相;叔鱼触犯了刑律,叔向却扶助了国家。'三监'那样的罪过,由我一人来承当;周公、召公那样的辅弼,去找寻一定不会太远。宗室贵族、藩王当中,一定有合适的人选。所以古书上说:'没有周公与成王的那种亲近关系,不能做周公所做的事。'希望陛下稍稍留意。

"近世汉皇大肆分封藩王,多的食邑几十座城池相连,少的只能供以祭祀祖宗罢了,不如周代分封各国用五等爵位的制度。至于公子扶苏对秦始皇的谏劝,淳于越对周青臣的问难,可以说是懂得应时变化的道理。能让天下人竖起耳朵听,睁大眼睛看的是当权者。所以计策谋略能够改变主上的旨意,威权能够使下属震慑,豪门大族执政,权力并不在亲戚手里。权力所在的地方,即使关系疏远也一定要重用;形势需要罢免,即使是亲戚也一定要看得很轻。夺取齐国的是姓田的族人,而不是吕尚的宗族;瓜分晋国的是赵、魏,而不是姬姓之人。希望陛下明察。那些在平安时安于官位,困厄时避开祸患的人,都是异姓的臣子。希望国家安定,祈祷家族贵重,生存时共享荣华,危亡时同受祸患的人,都是自家宗族的臣子。现在自己家族的臣子疏远,异姓的臣子反而亲近,我私下实在迷惑不解。

"我听说孟子讲过:'君子困厄的时候就修养自己的品德,显贵的时候就要改善天下人的处境。'现在我与陛下踏薄冰,踩火炭,登山涉涧,无论寒暖燥湿,高高低低都在一起,难道能离开陛下吗!不

能承受满腔郁闷的压力,拜上这篇奏章陈述隐情。如有不对的地方,请暂时收在书府,不要毁掉,我死之后,所说的话也许还可供追思。如有一丝一毫触犯圣意的地方,请求在朝堂上发表,让学问渊博的大臣们,指摘这篇奏章中不合大义的地方。如能那样,我的愿望就满足了。"明帝很客气地写了答报的诏书。

这年冬天,颁布诏令,让诸王在太和六年正月到京师朝见。二月,以陈郡四县封曹植为陈王,食邑三千五百户。曹植总想与明帝单独交谈,讨论时政,希望能够被试用,终究没有得到丝毫机会。回封国以后,心中惆怅而绝望。当时的法律对待藩国很严苛,部属都是商贾俗人,士兵给的也都是老弱病残,总数不超过二百人。而曹植因为以前的过失,各方面待遇又减去一半,十一年中竟然三次迁移封国,内心常常郁闷不乐,于是发病去世,时年四十一岁。遗嘱命予以薄葬。他认为小儿子曹志是个能保存家业的主子,欲立曹志为嗣。以前,曹植登上鱼山,下临东阿县,喟然叹息,便有了在那儿终老的心思,于是兴建了坟墓。其子曹志承袭爵位,又改封济北王。景初年间明帝下诏说:"陈思王过去虽有过失,但后来能约束自己,谨慎行事,弥补了以前的错误,而且从小到老,书籍不离手,实在是难能可贵的了。那些黄初年间所有奏报曹植罪状的奏章,公卿以下关于曹植的议论文字,凡收藏在尚书、秘书、中书三府、大鸿胪处的一律销毁。收录曹植前后撰写的赋、颂、诗、铭、杂论共一百多篇,制成副本,收在朝廷内外藏书处。"曹志多次增加食邑,连同从前的共九百九十户。

萧怀王曹熊,早逝。黄初二年追封谥号为萧怀公。太和三年,又追封为王。青龙二年,其子哀王曹炳承嗣,食邑二千五百户。正始六年曹炳去世,没有儿子,封国被取消。

评:任城王武艺高强,勇猛雄壮,有将领的气概。陈思王文才华丽,足能流传后世,但他不能容让防嫌,终于招致嫌隙。《传》说:"楚国是失误了,而齐国也并不正确。"说的大概就是这个道理吧!

武文世王公传第二十

武皇帝有二十五个儿子：卞皇后生文皇帝、任城威王曹彰、陈思王曹植、萧怀王曹熊，刘夫人生丰愍王曹昂、相殇王曹铄，环夫人生邓哀王曹冲、彭城王曹据、燕王曹宇，杜夫人生沛穆王曹林、中山恭王曹衮，秦夫人生济阳怀王曹玹、陈留恭王曹峻，尹夫人生范阳闵王曹矩，王昭仪生赵王曹干，孙姬生临邑殇公子曹上、楚王曹彪、刚殇公子曹勤，李姬生谷城殇公子曹乘、郿戴公子曹整、灵殇公子曹京，周姬生樊安公曹均，刘姬生广宗殇公子曹棘，宋姬生东平灵王曹徽，赵姬生乐陵王曹茂。

丰愍王曹昂，字子修。二十岁行冠礼时被举荐为孝廉。随从太祖南征，被张绣所杀。无子。黄初二年，追封谥号为丰悼公。黄初三年，让樊安公曹均的儿子曹琬承袭曹昂香火，封中都公。当年改封为长子公。黄初五年，追加曹昂封号为丰悼王。太和三年改曹昂的谥号为愍王。嘉平六年，让曹琬继承曹昂爵位为丰王。正元、景元年间，屡次增加封邑，连同以前的共有二千七百户。曹琬去世，谥号为恭王。其子曹廉继承王位。

相殇王曹铄，早逝，太和三年追加封爵和谥号。青龙元年，其子愍王曹潜承嗣，当年去世。青龙二年，由曹潜的儿子怀王曹偃继承，食邑二千五百户，青龙四年去世。曹偃无子，封国废除。正元二年，又让乐陵王曹茂的儿子阳都乡公曹竦继承曹铄，以接续香火。

邓哀王曹冲，字仓舒。从小机敏善于观察，十分聪慧，才五六岁时，他的智力思虑所达到的，就像成年人的智慧那样了。当时孙权曾进献一只巨象,太祖想要知道象的重量,询问众部下,都没人能想出可行的办法。曹冲说:"把象放在大船上面,刻下水淹到的位置,再称量物品装在船上,比较以后就可以知道了。"太祖十分高兴,马上施行。当时军国事务繁多,刑罚失于严峻。太祖的马鞍放在仓库里,被老鼠咬坏了,管理仓库的吏员害怕必定会被处死,商量着准备反绑双手去自首,但仍然惧怕不能免罪。曹冲对他说:"等待三天,然后你再去自首。"曹冲于是拿刀戳穿自己的单衣,就像老鼠咬破的样子,表现得闷闷不乐,脸上一副愁容。太祖问他这事,曹冲回答说:"民间相传被老鼠咬了衣服,主人就会不吉利。现在单衣被咬了,所以忧虑难过。"太祖说:"那是胡说八道罢了,用不着为此苦恼。"不久库吏把老鼠咬破马鞍的事故禀报上来,太祖笑着说:"我儿子的衣服就在身边,尚且被咬坏,何况是挂在柱子上的马鞍呢?"一点也没责备。曹冲心地仁爱,识见通达,都像这件事情所表现的那样。大凡因犯罪应被处死,却被曹冲暗中分辨事理而得到帮助宽宥的,前后有几十人。太祖几次对众大臣称赞曹冲,有把王位传给他的意思。曹冲十三岁时,建安十三年,得了重病,太祖亲自向天祷告请求保全曹冲性命。到了曹冲死去时,太祖极度哀痛。文帝宽解安慰太祖,太祖说:"这是我的不幸,却是你们的幸运。"一说就眼泪直流,为曹冲聘了甄氏已经死去的女儿与他合葬,追赠骑都尉的官印绶带,命宛侯曹据的儿子曹琮做曹冲的后人。建安二十二年,封曹琮为邓侯。黄初二年,追赠曹冲谥号为邓哀侯,又追加封号为邓公。黄初三年,晋升曹琮的爵位,改封为冠军公。黄初四年,改封己氏公。太和五年,加给曹冲封号为邓哀王。景初元年,曹琮因中尚方制作违禁器物而受牵连,削减食邑三百户,降爵为都乡侯。景初三年,恢复己氏公封爵。正始七年,转封为平阳公。景初、正元、景元年间,屡次为曹琮增加封邑,连同以前的共有一千九百户。

彭城王曹据,建安十六年封为范阳侯。建安二十二年,改封为宛侯。黄初二年,晋升为公爵。黄初三年,晋升为章陵王,同年又改封为义阳王。文帝因为南方低下潮湿,又因为曹据的母亲环太妃是彭城人,就改封曹据到彭城。又改封为济阴王。黄初五年,文帝下诏书说："前代帝王建立国家，随着时代的变化而设建制。汉高祖增加了秦朝所设置的郡的数量，到了汉光武帝，因为全国人口严重消耗，合并减少了郡县。拿现在去比，就更不如那时多了。特此将诸王都改封为县王。"曹据改封定陶县。太和六年，改封各王，都以郡为封国，曹据又封回彭城王。景初元年，曹据因私自派人到中尚方制作违禁器物获罪，削减封县二，计食邑两千户。景初三年，恢复了所削减的封邑。正元、景元年间屡次为曹据增加封邑，连同以前的共四千六百户。

燕王曹宇，字彭祖。建安十六年，封为都乡侯。建安二十二年，改封为鲁阳侯。黄初二年晋升为公爵。黄初三年，晋封为下邳王。黄初五年，改封到单父县。太和六年，改封为燕王。明帝少年时和曹宇在一起居住，特别喜爱他。到了即位以后，对曹宇的恩宠赏赐都比其他各王特殊。青龙三年，征召曹宇入朝。景初元年，返回邺城。景初二年夏天，又征召曹宇来到京都。这年的冬十二月，明帝病重，任命曹宇为大将军，把身后事务嘱托给他。受命暂任了四天，曹宇坚持极力辞让；明帝的主意也变了，于是免去了曹宇的官职。景初三年夏天，曹宇回邺城。景初、正元、景元年间，屡次为曹宇增加封邑，连同以前的共有五千五百户。常道乡公曹奂，是曹宇的儿子，后进宫做继承人。

沛穆王曹林，建安十六年封为饶阳侯。建安二十二年，迁移封地到谯。黄初二年，晋升为公爵。黄初三年，晋封为谯王。黄初五年，改封谯县。黄初七年，迁移封地到鄄城。太和六年，又改封沛王。景初、正元、景元年间，屡次为曹林增加封邑，连同以前的共有四千七百户。曹林去世，其子曹纬承嗣。

中山恭王曹衮，建安二十一年封为平乡侯。年少时就喜好学习，十余岁时能写文章。每次读书，文学官和左右近侍常常担心他太耗精力而得病，屡屡劝他停下休息，但他性喜读书，不能中止。建安二十二年，迁封为东乡侯，当年又改封为赞侯。黄初二年，晋升为公爵，官员属下都向他祝贺，曹衮说："我生长在深宫之中，不知稼穑的艰难，有很多骄奢逸乐的过失。各位贤者已经庆贺了我的喜庆事,也应该辅助我弥补失误。"每次兄弟们游玩娱乐时,曹衮总是独自深思经典。那些监视诸侯王的官——文学防辅们互相商议说:"我们接受诏令考察赞侯的举止,有过失应当奏闻,有好事也应当奏闻,不能隐瞒他好的一面啊。"于是一同上表称述曹衮的美好事迹。曹衮知道了,极为惊惧惶恐,责备文学官说:"自己提高修养,坚守节操,这不过是普通人的行为罢了,但各位却报告给上面知道,这恰恰是增加了我的负担和拖累。况且如果有善言善行,何必怕别人不知道,却急急忙忙一起这样做,这不是有益于我的做法。"他的警戒慎重就像这样。黄初三年,封为北海王。当年,黄龙出现在邺城西边的漳水中,曹衮上书就这件事表示赞颂。文帝下诏赏赐他黄金十斤,诏书说:"从前唐叔把一株奇异的谷子送给周公,汉东平王刘苍向光武帝敬献颂文,都是对骨肉之亲的赞美,表达了美好的亲情。北海王精通三坟五典,对道行的真义深有品味,文雅的气质光彩焕发,我很欣赏。北海王应该能够慎重地表现出自己的德行,以成就美好的名声。"黄初四年,改封曹衮为赞王。黄初七年,迁移封地到濮阳。太和二年到了封地,崇尚节约俭朴,敦促妻妾纺线织补,逐渐形成习惯,成了居家的日常事情。太和五年冬天,曹衮回到京都。太和六年,改封中山王。

当初曹衮前来朝见时,违犯了京都的禁令。青龙元年,官府举报曹衮。明帝下诏书说:"中山王素来恭敬谨慎,偶然来到这里,还是用评议帝王亲属的规则来评判这事吧。"主管官员固执不肯。明帝只得下诏削减曹衮两县七百五十户的封邑。曹衮忧虑惶恐,告诫属下官员更加谨慎。明帝赞赏他的心意,青龙二年,恢复曹衮被削减的封地。青龙三年秋,曹衮患病,明帝下诏派遣太医为他诊治,由殿中、虎贲带着手书的诏书和常赐的珍贵膳食相跟随,又派遣太妃、沛王曹林一起去探视病情。曹衮病情日益沉重,命令属下官员说:"我缺少德行,愧受天子的恩宠,现在我的生命即将完结。我喜好俭朴,而圣明的朝廷制定了治理丧葬的制度,作为全国遵行的法规。我气断的时候,从停放灵柩到下葬,务必遵奉诏书的命令。过去卫国大夫蘧瑗埋葬在濮阳,我看到他的坟墓,就常常想到他不朽的风范,希望在贤人的灵魂附近长眠,营造我的坟墓,一定要选在它的近旁。《礼》规定:男子不死在妇人手里。赶快按时建成东堂。"东堂建成,曹衮把它命名为遂志之堂,坐着车子急忙去那里居住。又告诫将继承自己王位的儿子说:"你还太小,没有听到过做人的正道,这么早就成了王爷,只知道乐,不知道苦;不知道苦,必将会有骄傲奢侈的过失。接待大臣,务必按照礼仪。即使不是大臣,对老人也应该以礼答拜。事奉哥哥要恭敬,体恤弟弟要慈爱;兄弟有不好的行为,应当跪下劝谏他们。劝谏不听从,就流着泪给他们讲道理;讲道理还不改正,那就禀告他们的母亲。要是仍然不改,应当上奏天子,一起辞掉封地。与其依恃恩宠而遭到灾祸,不如过贫贱生活以保全自身。这里说的不过是大的罪恶罢了,至于微不足道的过错,就应当为他们遮掩。你这小子啊,谨慎地修养你自己吧,用忠诚坚贞来侍奉圣朝,用恭敬孝顺来侍奉太妃。在家里听奉太妃的命令,在外面要接受沛王的教训。不要懈怠了你的心思,以此来安慰我的灵魂。"当年曹衮去世。明帝下诏让沛王曹林留在那里完成葬礼,让大鸿胪持符节执掌护理丧事,宗正前去吊唁祭祀,赠送的丧葬礼品十分丰厚。曹衮著有文章共两万多字,才华虽不如陈思王曹植,但爱好与曹植相同。其子曹孚继承王位。景初、正元、景元年间,屡次为曹孚增加封邑,连同以前的共三千四百户。

济阳怀王曹玹,建安十六年封为西乡侯。去世得早,没有儿子。建安二十年,让沛王曹林的儿子曹赞承袭曹玹的爵位和封邑,曹赞也去世得早,没有儿子。文帝又让曹赞的弟弟曹壹接续曹玹,做他的后代。黄初二年,改封曹壹为济阳侯。黄初四年,晋升为公爵。太和四年,追封曹玹爵位,谥号怀公。太和六年,又晋升曹玹的谥号为怀王,追谥曹赞为西乡哀侯。曹壹去世,谥号为悼公。他的儿子曹恒承嗣。景初、正元、景元年间,屡次增加曹恒的封邑,连同以前的共一千九百户。

陈留恭王曹峻,字子安,建安二十一年封为郿侯。建安二十二年,迁移封地到襄邑。黄初二年,晋升公爵。黄初三年,晋封为陈留王。黄初五年,改封到襄邑县。太和六年,迁封为陈留王。甘露四

年去世,其子曹澳继承爵位。景初、正元、景元年间,屡次为曹澳增加封邑,连同以前的共四千七百户。

范阳闵王曹矩,去世得早,没有儿子。建安二十二年,让樊安公曹均的儿子曹敏奉继曹矩,做他的后代,封临晋侯。黄初三年追谥曹矩为范阳闵公。黄初五年,晋封曹敏为范阳王。黄初七年,迁移封地到句阳,太和六年,追封曹矩的谥号为范阳闵王,改封曹敏为琅邪王。景初、正元、景元年间,屡次为曹敏增加封邑,连同以前的共三千四百户。曹敏去世,谥号为原王。其子曹焜承嗣。

赵王曹干,建安二十年封为平亭侯。建安二十二年,迁封为赖亭侯。当年改封弘农侯。黄初二年,晋升爵位,迁封为燕公。黄初三年,晋升为河间王。黄初五年,改封乐城县。黄初七年,迁移封地到巨鹿。太和六年,改封为赵王。曹干的母亲被太祖宠爱。对于文帝成为继承人,曹干的母亲出了力。文帝临去世时,在遗诏中对此有所暗示,因此明帝对曹干常常给予恩宠。青龙二年,曹干私自交结宾客,被有关官员上奏弹劾,明帝赐给他用印信封记的诏书告诫教诲他说:"《易》称'创立国家、继承家业,不要使用小人',《诗》有'大车扬尘,遮人眼目'的告诫。自从太祖承受天命开创基业,深刻地观察了天下治乱的根源,戒鉴国家存亡的关键,刚开始分封诸侯,就用恭敬慎重的至理名言教训他们,用天下正直的人士辅佐他们,常常称引马援遗留的告诫,加强遏止诸侯的宾客互相交通结纳的禁令,竟至于把它与妖邪罪同等看待。难道是用这些措施来疏远兄弟骨肉感情吗?只不过是想使曹氏子弟没有过失罪愆,士人民众没有遭到创伤的悔恨罢了。高祖文帝登基之后,恭敬慎重地处理日常政务,颁布诸侯不得进京朝见的命令。我有感于《诗经》作者创作关于兄弟之情的《常棣》,赞赏《采菽》讥刺周幽王对来朝见的诸侯侮慢无礼的喻义,也因为诏书文字中说过'如果有诏书的命令,可以来到京都',所以命令诸王实行定期前来朝见天子的礼仪。但楚王、中山王一同触犯了私自交往结纳的禁令,赵宗、戴捷都因他们的罪过受到了严惩。近来东平灵王又让他的下属官员殴打寿张县吏,官员举报,我裁决削减他的封县。现在有关官员认为曹纂、王乔等人借九族的定期节日,在赵王您家里集会,有不合时宜的地方,这都是违背禁令的。我考虑赵王您年轻时候有恭敬顺从的素质,加上受到先帝临终关照,想要给以恩爱礼貌的尊崇,并且延续到后代,何况是您本人呢?况且人非圣贤,孰能无过?所以我已诏令有关官员原有赵王您的过失。古人说过:'在别人看不到的时候也要警戒谨慎,在别人听不到的地方也要心存惶恐畏惧。没有什么东西可以隐蔽却不显现,也没有什么东西细微得可以不显露出来,所以君子在个人独处的时候也应当极为谨慎。'请叔父您遵循先世圣人的教典,以继承先帝的遗命,战战兢兢、恭恭敬敬的保守你的王位,以称我的心意。"景初、正元、景元年间,屡次给曹干增加封邑,连同以前的共五千户。

临邑殇公子曹上,去世得早。太和五年,追封谥号。没有后代。

楚王曹彪,字朱虎。建安二十一年,封寿春侯。黄初二年,晋升爵位,迁封为汝阳公。黄初三年,封为弋阳王。当年迁封为吴王。黄初五年,改封到寿春县。黄初七年,迁移封地到白马。太和五年冬,进京朝见天子。太和六年,改封楚王。当初,曹彪前来朝见时违犯了禁令,青龙元年,被主管官员所举奏,明帝下诏削减他三县一千五百户的封地。青龙二年,大赦天下,恢复了曹彪被削夺的三个县封地。景初三年,为曹彪增加封邑五百户,连同以前的共三千户。嘉平元年,兖州刺史令狐愚和太尉王凌谋划迎立曹彪,在许昌建都。此事记在本书《王凌传》中。齐王于是派遣太傅和侍御史到他的封地考察验证,把与此有牵连的人逮捕治罪。廷尉请求征召曹彪治罪。于是依照汉朝惩治燕王刘旦的旧例,派兼廷尉大鸿胪持节赐给曹彪用玺印封记的诏书,对他进行了严厉的谴责,让他自谋出路。曹彪于是自杀。他的妻子和几个儿子都免罪废为平民,迁移到平原郡居住。曹彪属下官员以及监国谒者,因为犯了知情而没有尽辅正教导责任的罪行,都被处死。曹彪的封国被取消,改为淮南郡。正元元年齐王下诏书说:"已故楚王曹彪,背叛国家,依附奸人,自己身死,后代被废为平民,虽然是咎由自取,还是令人哀悯叹惜。国君具有容忍包涵的器量,是亲近自己的亲人的原则,特封曹彪的世子曹嘉为常山真定王。"景元元年,为曹嘉增加封邑,连同以前的共二千五百户。

刚殇公子曹勤，去世得早。太和五年追封谥号。没有后代。

谷城殇公子曹乘，去世得早。太和五年追封谥号。没有后代。

郿戴公子曹整，做了他堂叔父郎中曹绍的后代。建安二十二年，封为郿侯。建安二十三年去世。没有儿子。黄初二年追进封爵，谥号为戴公。让彭城王曹据的儿子曹范做曹整的后代。黄初三年，封为平氏侯。黄初四年，迁移封地到成武。太和三年，晋升为公爵。青龙三年曹范去世，谥号为悼公。没有后代。青龙四年，明帝下诏书改封曹范的弟弟东安乡公曹阐为郿公，做曹整的后代。正元、景元年间，屡次为曹阐增加封地，连同以前的共一千八百户。

灵殇公子曹京，去世得早。太和五年追封谥号。没有后代。

樊安公曹均，做了叔父蓟恭公曹彬的后代。建安二十二年，封为樊侯。建安二十四年去世。其子曹抗承嗣。黄初二年，追进曹均为公爵，谥号为安公。黄初三年，迁移曹抗的封地，为蓟公。黄初四年，迁封为屯留公。景初元年，曹抗去世，谥号为定公。其子曹谌承嗣。景初、正元、景元年间，屡次给曹谌增加封地，连同以前的共一千九百户。

广宗殇公子曹棘，去世得早。太和五年追封谥号。没有后代。

东平灵王曹徽，做了叔父朗陵哀侯曹玉的后代。建安二十二年，封历城侯。黄初二年，晋升为公爵。黄初三年，晋爵为庐江王。黄初四年，迁封为寿张王。黄初五年，改封寿张县。太和六年，改封东平王。青龙二年，曹徽派属下官员殴打寿张县官吏，被主管官员上奏控告。明帝下诏削夺他一县五百户的封地。当年恢复所削夺的全部封地。正始三年曹徽去世。其子曹翕继承。景初、正元、景元年间，屡次增加曹翕的封地，连同以前的共三千四百户。

乐陵王曹茂，建安二十二年封为万岁亭侯。建安二十三年，改封为平舆侯。黄初三年，晋升爵位，迁封为乘氏公。黄初七年，改封中丘。曹茂性情骄傲乖戾，小时候太祖对他毫无宠爱。到文帝时代，又只有他没有封王。太和元年，迁封曹茂为聊城公，当年封王。明帝的诏书说："从前象为非作歹到了令人齿冷的程度，而大舜仍封他在有庳为侯。近世汉朝刘氏的淮南王、阜陵王,都是大逆不道的乱臣贼子,尚且也有在世就恢复了封地的,而有人到了儿子一代再重新赐给封地。这种做法,虞舜创始于上古之时,汉朝文帝、明帝、章帝又实行在前一个朝代,这都是按次序亲近应该亲近者的深刻道理。聊城公曹茂年轻时不习礼教,成年后缺少美善的作为。先帝认为古代封立诸侯,任命的都是贤良之人,所以周朝姬姓中就有人未被封侯,因此独独没有封曹茂为王。太皇太后屡次提及此事。似乎听说曹茂近来渐渐知道悔改过去的错误,想要在以后秉诚向善。君子理应与时俱进,不应当固守以往的错误。现在封曹茂为聊城王,以慰藉太皇太后对子孙的顾念。"太和六年,改封曹茂为曲阳王。正始三年,东平灵王去世,曹茂自称咽喉疼痛,不肯发布哀告,出入起居像没事一样。有关官员上奏请求废除他的封地,齐王下诏削夺他一个县共五百户的封地。正始五年,迁移封地到乐陵,因为曹茂租俸较少,孩子又多,齐王又下诏恢复他被削夺的封邑,并且还增加了七百户。嘉平、正元、景元年间,屡次为曹茂增加封邑,连同以前的共有五千户。

文皇帝有九个儿子:皇后甄氏生明帝,李贵人生赞哀王曹协,潘淑媛生北海悼王曹蕤,朱淑媛生东武阳怀王曹鉴,仇昭仪生东海定王曹霖,徐姬生元城哀王曹礼,苏姬生邯郸怀王曹邕,张姬生清河悼王曹贡,宋姬生广平哀王曹俨。

赞哀王曹协,去世早。太和五年,追封谥号为经殇公。青龙二年,又追赠并改谥号。青龙三年,其子殇王曹寻承嗣。景初三年,给曹寻增加封邑五百户,连同以前的共三千户。正始九年曹寻去世。无子,封国废除。

北海悼王曹蕤,黄初七年,明帝即位,立他为阳平县王。太和六年,改封北海王。青龙元年去世。青龙二年,让琅邪王的儿子曹赞继承曹蕤,封昌乡公。景初二年,立曹赞为饶安王。正始七年,迁移封地到文安。正元、景元年间,屡次为曹赞增加封邑,连同以前的共三千五百户。

东武阳怀王曹鉴,黄初六年封王。当年去世。青龙三年赐给谥号。无子,封国废除。

东海定王曹霖,黄初三年立为河东王。黄初六年,改封馆陶县。明帝即位,因为先帝的遗愿,对曹霖的爱护恩宠超过其他各王。但曹霖性情粗暴,在家里内室中对婢妾常有残害。太和六年,改封东海王。嘉平元年去世。其子曹启承嗣。景初、正元、景元年间,屡次给曹启增加封邑,连同以前的共六千二百户。高贵乡公曹髦,是曹霖的儿子,进入长房继承帝位。

元城哀王曹礼,黄初二年封为秦公,以京兆郡为封国。黄初三年,改为京兆王。黄初六年,改封为元城王。太和三年去世。太和五年,让任城王曹楷的儿子曹悌继承曹礼,做他的后人。太和六年,改封曹悌为梁王。景初、正元、景元年间,屡次给他增加封邑,连同以前的共四千五百户。

邯郸怀王曹邕,黄初二年封为淮南公,以九江郡为封国。黄初三年,晋升为淮南王。黄初四年,改封陈王。黄初六年,改封邯郸王。太和三年去世。太和五年,让任城王曹楷的儿子曹温继承曹邕,做他的后人。太和六年,将曹温改封鲁阳。景初、正元、景元年间,屡次为曹温增加封邑,连同以前的共四千四百户。

清河悼王曹贡,黄初三年封王。黄初四年去世。没有后人。封国废除。

广平哀王曹俨,黄初三年封王。黄初四年去世。没有后人。封国废除。

评:魏氏家族的王公,既空有封土之名,而无辖境之实,又处处备受禁止,防范与阻隔,就跟身陷囹圄没什么两样;爵位名号变化无常,封地大小随时变动;骨肉恩义扭曲变质,《常棣》一诗的主旨废弃不用。不良法规所造成的危害,竟然到了如此地步!

白话三国志卷二十一　魏书二十一

王卫二刘傅传第二十一

王粲,字仲宣,山阳郡高平县人。曾祖父王龚,祖父王畅,都在东汉时位列三公。父亲王谦,担任过大将军何进的长史。因为王谦是名公的后裔,何进想和他结成姻亲,就把两个儿子引见给他,让他从中挑选一个做东床快婿。王谦没有答应。后因病免官,在家里去世。

献帝西迁,王粲移居到长安,右中郎将蔡邕一见就觉得他非比寻常。当时蔡邕的才学名满天下,受到举朝敬重,他家门前经常是车骑填巷,客厅经常是宾客满堂。那天蔡邕听说王粲在门口求见,急忙出迎,连鞋子都穿倒了也顾不得正过来。王粲一进门,年纪不大,身材又矮,使满屋子的人都很吃惊。蔡邕说:"这位就是王畅司空的孙子王粲,才华奇异,我比不上他。我家里收藏的书籍文章,应当全部送给他。"十七岁的时候,受司徒征召,及朝廷下诏任命为黄门侍郎,王粲都因为西京长安局势混乱,未曾赴任。于是前往荆州投奔刘表。刘表见王粲其貌不扬,身体孱弱,又不拘小节,对他不很看重。刘表死后,王粲力劝刘表的儿子刘琮归附了曹操。曹操命王粲为丞相掾,赐爵关内侯。一次,曹操在汉水边上设宴款待百官,王粲举杯祝贺说:"当今袁绍崛起河北,倚仗兵多将广,志在夺取天下,但他喜欢贤才却不能任用,因此杰出之士纷纷离他而去。刘表从容坐镇荆楚,坐观时势变化,自以为可以仿效西伯周文王。那些因乱避居荆州的贤能人士,都是国内的俊杰;可刘表却不懂得任用他们,结果当国家面临危难时无人可以辅佐。明公您平定冀州的时候,一下车就忙着整顿冀州的军队,收罗当地的豪杰各尽其用,借此横行天下;等到平定了江、汉,又征召这一带的贤才,把他们放在适当的位置上,使天下归心,望风来附,文武并用,英雄尽力,这些都是夏、商、周三代开国之君才能做到的事呢。"后来,王粲升迁为军师祭酒。魏国建立以后,官任侍中。他博学多识,遇到提问没有不能从容应答的。当时一切旧的礼仪制度废弛殆尽,需要重新制订的东西,常由王粲主持。

当初,王粲与友人同行,诵读路边古碑文字,友人便问他:"你能背诵吗?"王粲回答说:"能。"于是大家让他背对碑文背诵,居然一字不差。看人下围棋,棋局乱了,他帮着人家按原来的布局把棋子重新摆好。下棋的不信,用手帕盖住棋盘,让他换个棋盘重摆。把两副棋盘互相比较,连一道的误差也没有。王粲过目不忘的记忆力强到这种程度。而且生来就长于计算,做算术,能很简捷地把问题解答出来。擅长写文章,提笔一挥而就,不用修改,当时的人常常以为他是预先写好的;但是即使专意精深,写出来的文章也不可能更好了。他共撰写了诗、赋、论、议近六十篇。建安二十一年,王粲跟随曹操征伐吴国。二十二年春,病死于途中,时年四十一岁。王粲有两个儿子,因为受到魏讽谋反案的牵连,被诛杀。王粲绝后。

当初文帝曹丕还是五官中郎将的时候,和平原侯曹植都很喜好文学。王粲与北海人徐干字伟长、广陵人陈琳字孔璋、陈留人阮瑀字元瑜、汝南人应场字德琏、东平人刘桢字公干都被曹丕、曹植所友善。

徐干曾任司空军师祭酒、司空掾属及五官将文学。

陈琳先前曾任何进主簿。何进想诛杀所有宦官,太后不同意,何进就召集四方猛将,让他们各自领兵开往京城,想以此要挟太后就范。陈琳劝阻何进说:"《周易》称'即鹿无虞',谚语说'掩目捕雀'。这些弱小动物尚且不能靠欺诈获取,何况是国家大事,怎可以用欺骗手段达到目的呢?如今将军总揽朝政,手握兵权,龙骧虎步,进退裕如;以这样的权威办事,无异于鼓洪炉以燎毛发,触之立尽。只要行动迅速,权宜变通而当机立断,有违规矩却合乎道义,上天和百姓都会赞同并支持您的做法；您反而放弃有利条件，另行征召各地兵马进京。到时候大兵合聚，强者称雄，您这样做正所谓倒持干戈，授人以柄；非但事情肯定不能成功，只怕反成了祸乱的阶梯。"何进不采纳他的建议，结果自取其祸。陈琳逃到冀州避难，袁绍让他主管文稿写作。袁绍失败，陈琳归附曹操。曹操对他说："你当初为袁绍起草檄文，只数说我一个人的罪状就可以了，所谓憎恨一个人到他身上为止，为什么还要上及我的父亲和祖父呢？"陈琳谢罪，曹操爱惜他的才学而未加追究。

阮瑀年轻时跟随蔡邕学习。建安年间，都护曹洪打算让他主管文书工作，他始终不愿屈从。曹操同时任命陈琳、阮瑀任司空军师祭酒，负责起草文稿，军国的文书公告，大多出自陈琳、阮瑀之手。后来陈琳调任门下督，阮瑀调任仓曹掾属。

应玚、刘桢分别被曹操征召为丞相府属官。应玚转任平原侯侍从官。后来担任五官将文学。刘桢因犯不敬罪判刑，刑满后当了一名小官。应玚和刘桢都撰有文赋数十篇。

阮瑀死于建安十七年。徐干、陈琳、应玚、刘桢都死于建安二十二年。文帝曹丕在给元城令吴质的书信中说道："当年疫病流行，亲朋故旧大多罹难，徐干、陈琳、应玚、刘桢一时间相继去世。纵观古今文人，大都不拘小节，很少有人能以名节自立于世。但是，唯独徐干能够才学与品德兼备，恬淡寡欲，有隐居志向，真称得上是个文质兼备的君子。他著有《中论》二十余篇，词意典雅，足以流传后世。应玚经常有兴致勃勃的创作欲望，他的才学也足够著书立说，但是他的美好愿望竟没能实现，实在令人深为痛惜！陈琳的章表写得相当劲健有力，只是词藻稍嫌繁复。刘桢才气奔放，但遒劲不足。阮瑀的书札、奏记写得轻灵敏捷，读来令人赏心悦目。王粲在辞赋方面独有心得，可惜体势欠弱，提不起散文应有的气势；至于他所擅长的辞赋，就是古人也比他强不了多少。从前俞伯牙为钟子期之死摔断琴弦，孔仲尼为子路之死倒掉肉酱，痛惜知音难遇，哀伤活着的弟子没人能赶上他。他们几位的成就只不过赶不上古人，但无疑都是一代俊杰。"

颍川的邯郸淳、繁钦,陈留人路粹,沛国人丁仪、丁廙,弘农人杨修,河内人荀纬等,也有文学才华,但都不在这七子之列。

应场的弟弟应璩,应璩的儿子应贞,都以文章名重一时。应璩官至侍中。应贞在魏元帝咸熙年间参与相国府军事。

阮瑀的儿子阮籍,才华超迈,文辞艳丽飘逸,而为人倜傥放浪,恬淡寡欲,以庄周为自己的楷模。官做到步兵校尉。

当时谯郡还有个嵇康,文辞壮丽,好言老庄,而且崇尚奇节,任侠好义。到景元年间,因犯事被杀。

景初年间,下邳县桓威,出身低微贫贱,但十八岁就写成《浑舆经》,依照道家学说阐发自己的见解。任齐国门下书佐、司徒署吏,后来担任安成令。

吴质,济阴郡人,以文才被文帝曹丕所看重,官做到振威将军,假以符节都督河北诸军事,爵封列侯。

卫觊,字伯儒,河东郡安邑县人。年少早成,以才学著称。曹操征召他为司空掾属,任命为茂陵令、尚书郎。曹操征讨袁绍的时候,刘表作袁绍的后援,关中各路将领又都保持中立。益州牧刘璋与刘表素有嫌隙,卫觊以治书侍御史的身份出使益州,让刘璋发兵牵制刘表的军队。到长安时,因道路不通,卫觊不能前进,于是就留下来镇守关中。当时各地有很多还乡的老百姓,关中诸将纷纷把他们招纳来做自己的部属,卫觊为此致信荀彧说:"关中是个丰腴富饶的地方,前些时兵荒马乱,百姓流亡到荆州的有十余万户,听说老家已经安定下来,都翘首思归。可是回来的人无以自谋生计,各路将领便竞相招纳作为自己的部属。各郡县因自己力量不足,无法和他们抗争,所以各路将领的势力就一天强于一天。一旦发生变故,就必定成为后患。盐是国家的宝贵财富,自战乱以来也失去管理,应像从前那样设专人监卖,再拿赚到的钱购买农具耕牛。如果有归来的百姓,就把这些东西供给他们。这样即可鼓励他们辛勤耕作,积累粮食,以使关中重新富足起来。远方的百姓听说了这些事,也一定会日夜兼程,争相赶回。再派司隶校尉留治关中全力主管,那么各路将领的势力就将日益削弱,地方官府与百姓的力量就可以日益强盛,这可是强本弱敌的好事呢。"荀彧把卫觊的建议禀告曹操。曹操同意了,开始派谒者仆射监理盐官,由司隶校尉开府弘农,分别予以辖制。关中各地归服之后,曹操就把卫觊召了回来,稍后升他为尚书。魏国建立以后,卫觊被任命为侍中,和王粲一起主持各项典章制度的修订。曹丕即魏王位,调任尚书。不久,回东汉朝廷任侍郎一职,劝说献帝禅让并称颂禅让替代的好处,为皇帝作文德告谕的诏书。文帝受禅登极,卫觊仍做尚书,受封阳吉亭侯。

明帝即位,卫觊被晋封为閺乡侯,食邑三百户。卫觊上奏说:"九章刑律是自古流传下来的,对于断案定罪,作用精微深奥。因此主管一方的官员,都应该明了法律。刑法是国家最重要最宝贵的一项制度,但人们却很轻视它;执掌刑法的官员,是掌握老百姓生死衰荣的重要人物,而选用官吏的又看不起他们。国家政治的弊端,未必不是由此产生的。因此请您下令设置刑律博士,逐级传授这方面的知识。"这件事于是得到施行。当时老百姓的生活十分困苦,而劳役繁多且无休无止,卫觊就上疏说:"改变常情,伤害本性,强迫人去做不能做的事情,做臣子的说出来已不容易,而做君主的要能接受意见就更难了。况且人们乐于追求的是富贵显荣,厌恶的是贫贱死亡,但是这四种境况,都是由君主控制掌握的,君主喜欢谁谁就会富贵显荣,君主厌恶谁谁就会贫贱死亡;喜欢顺从君主的旨意就能赢得君主的喜欢,违背君主的意志就会遭到君主的厌恶。因此做臣子的都争着顺君旨而避免逆君意,除了那些肯于破家为国、杀身为君的忠良之臣,有谁敢顶撞君主,触犯忌讳,提一点意见建议,偶尔发发一家之言呢? 陛下您留心观察,那么我说的这种情况您就可以看得再清楚不过。如今发议论的大都爱说悦耳的话,他们说起政治教化来就把陛下比作尧舜,说起征战杀伐来就把吴蜀二国比作狸鼠。臣下认为不是这样。过去汉文帝时,诸侯强大,贾谊尚且恐惧得不敢喘息,认为国家到了最危急的时候。何况现在天下三分,群臣尽力,各为其主。那些来投降的,也不愿意说是舍邪就正,都自称是迫于急困。这种状况,与从前的六国分治,实在是没什么区别。当今千里之内少见人烟,老百姓饥寒交迫,困苦不堪,陛下要是再不留意,国家就会更加凋弊败落,一蹶而不可复振。依礼,天子所用器具一定要有金玉的装饰,饮食的菜肴一定要有八珍佳味,而遇到荒年或战乱,就应该降低服饰与饮食标准。这说明奢华节俭的规则,一定要看社会丰饶与否。武皇帝在世的时候,后宫里吃饭不超过一盘肉的菜,衣服不用锦绣,褥垫不加花边,器物不涂丹漆,因此能够平定天下,造福子孙。这些都是陛下所亲眼目睹的。当前最急迫的事,就是君臣上下,一起筹谋计划,统计核查国库里的物资,量入为出。深刻思考领会勾践使人民繁庶的办法,犹恐不及,而尚方所造的金银器物,数量和品种一天天增加,工人们不停地劳作,奢靡的风气一天比一天强烈,国库里的财富一天比一天枯竭。从前汉武帝相信并寻求神仙之道,说是服食天上降下的甘露就能长生不老,说什么应当获得云层之上的甘霖来吞服玉屑,为此兴建了仙掌承露盘以承接云端甘露。陛下通达圣明,每每嘲笑这事做得毫无道理。汉武帝有求于甘露,尚且被人指责不该兴建承露盘,而陛下并不希望得到甘露却空设承露盘;毫无益处而空耗财力,这都是需要陛下好好考虑并慎重裁决的。"卫觊经历过汉、魏两朝,时常向皇帝进献忠言,大都如上面说的那样。

卫觊曾受命主管国史资料及撰述工作,还写作了《魏官仪》,前后著述总有数十篇之多。喜好古文、鸟篆、隶草,每一样都很有水平。建安末年的尚书右丞河南人潘勖,黄初年间的散骑常侍河内人王象,也和卫觊一同以文章著名。卫觊去世,谥号为敬侯。他的儿子卫瓘继承了他的爵位。卫瓘咸熙年间任镇西将军。

刘廙,字恭嗣,南阳郡安众县人。十岁时,在讲堂里游戏,颍川的名士司马德操抚摸着他的头说:"小孩了,小孩子,'黄中通理',你自己知道吗?"刘廙的兄长刘望之,当时很有名气,荆州牧刘表征召他为从事。而他有两个朋友,都因受到谗言污蔑而被刘表杀害。刘望之又因直言规劝,意见不同,弃官回家了。刘廙对他说:"从前赵简子杀铎鸣、犊犨,孔子物伤其类,回车而返。如今兄长既然不能仿效柳下惠与世无争于内，就应该学习范蠡迁徙变易于外。坐在那儿自绝于时势，大概是不行的！"刘望之不听从他的劝告，不久被杀。刘廙恐惧，逃奔扬州，于是归附了曹操。曹操聘任他为丞相府的属官，转任五官将文学。曹丕很器重他，让他精通草书。刘廙回信说："臣当初以为尊卑有序，是礼的本分。因此固守着一般的礼节，不敢习草书。您叫我习草书的尊严命令，使我深深懂得了辛劳谦和的本意，并不看重有什么特殊的高贵出身，而倚重的是清廉的有识之士，假如郭隗不被燕昭王轻视，献九九算术的人不被齐桓公忽略，乐毅自己到来，霸业就兴盛起来了。损失一个普通人的节操，成全弘大深邃的美德，臣下虽然愚钝，又敢用什么理由予以推辞呢？"魏国刚建立时，刘廙任黄门侍郎。

曹操在长安，准备亲征蜀国，刘廙上疏说："圣人不因为自己睿智而轻视普通人，王者不因人各异而废弃良言。因此，能够功成名就、千载流芳的人，必定能够以近察远，智慧周全、能独自决断大事的人，又必定能够不耻下问，这也就是要博采众长的缘故。皮带和弓弦虽然都是不会说话的物品，但古代的圣贤却能用来警醒纠正自己。臣下虽然才智不足，但是愿意把自己比作皮带和弓弦。从前乐毅能够以弱小的燕国打败强大的齐国，却不能以轻兵平定即墨，原因在于自强者虽然弱小但是必然坚不可摧，自溃者虽然貌似强大却必然会一败涂地。自从殿下您起兵以来，三十余年之中，您的对手没有不被您打败，强敌没有不被您制服的。如今凭着来自全国的军事实力，以及百战百胜的强劲军威，却有孙权凭险抗命于东吴，刘备拒不臣服于蜀中。想那边远地区的大臣，比不上冀州的一个小卒，孙权、刘备的家当，也比不上袁绍当时的基业，但是袁绍已经灭亡，而孙权、刘备却至今逍遥自得，决不是我国的武力不如从前，或者智力比以前衰弱了。这不过是有心自强不息者，与放任自我崩溃者的情势上的截然不同罢了。因此，当年周文王讨伐崇侯虎时，三次没攻下来，于是就罢师退兵，回去习德养性，然后终于把崇侯虎制服了。当初秦国还是诸侯的时候，战无不胜，攻无不克，等到一统天下，秦王当上了皇帝，秦国却让百姓们振臂一呼就摧毁了。这就是对外施用强力，对内不爱护体恤百姓的结果。臣下担心吴、蜀边寇不是六国那样的敌人，而世上却不乏出类拔萃的人才，天下有土崩瓦解之势，这是不能不认真思考对待的。天下的事有重大的得益，就会有重大的损失：形势对我有利而我又能认真努力，这样就将有重大收获；形势对我不利而我还要盲目努力，这样就可能导致重大的失败。现在的策略，不如勤察四方的险阻，选择要害之处谨慎据守，再挑选天下的甲士，随着各方的情况变化而不断更换驻守。这样，您就可以高枕在大厦之内，潜心思考安邦治国的大计；推广农桑，励行节约，整治十年之后，就一定会出现国富民安的局面了。"曹操于是上前回答刘廙说："不但君主应了解臣下，臣下也应该了解君主。如今你想要让我坐在这儿空行周文王的德政，恐怕我不是那种人啊。"

魏讽谋反，刘廙的弟弟刘伟受到牵连，刘廙也该株连斩首。曹操下令说："叔向不因其弟羊舌虎犯罪而受牵连，这是古代已有的制度。"特别赦免刘廙不予问罪，调任为丞相仓曹属官。刘廙上疏道谢说："臣下所犯的罪，理应祸灭宗族。幸亏遇到天地之间的英灵，碰上时气带来的好运，承蒙殿下使我全家幸免于焦烂；这就像寒灰之上复燃生烟，已枯之树重新发芽开花一样。万物不知道怎样才能感谢生养它的天地，儿子不知道怎样才能报答生养他的父母，大恩大德只可以用死来报效，却难以用笔墨表述这种肺腑之情。"刘廙共撰写了几十篇文章，此外还和丁仪共同论述过刑礼，这些著作都流传于世。文帝曹丕即魏王位，授任侍中，赐封为关内侯。黄初二年去世。刘廙没有儿子。文帝以他弟弟之子刘阜作为刘廙的衣钵传人。

刘劭，字孔才，广平郡邯郸县人。建安年间，曾任计吏，到许昌。太史报告说："正月初一将有日食。"刘劭当时正在尚书令荀彧的住所，在座的有几十人，听到这消息后，有的说应该停止岁首的谒庙大礼，也有人说这一天应放弃朝会。刘劭说："梓慎、裨灶，那都是古代优秀的史官，但是他们在占卜吉凶的时候，尚且有过不能准确推测天时的失误。《礼记》说：诸侯们按顺序朝见天子，到了宫门却不能举行完朝见仪式的原因有四个,日食是其中一种。但是圣人传下来的制度,同样也存在不因变异而预先废止朝礼的做法,理由要么是因为灾祸消除、转移,或者因为太史的推测本来有误。"荀彧觉得此言有理。敕令朝会如期举行,而当天也并没有发生日食。

御史大夫郗虑征召刘劭,正好郗虑此时免官,刘劭就被任命为太子舍人,调任秘书郎。黄初年间,任尚书郎、散骑侍郎。受诏命汇集五经群书,分门别类,编纂成《皇览》。明帝曹叡即位,刘劭出任陈留太守,推崇弘扬教化,受到百姓称颂。征入朝中任命为骑都尉,与议郎庾嶷、荀诜等制订法令条规,编写《新律》十八篇,著《律略论》。升为散骑常侍。当时传闻公孙渊接受了孙权授予他的燕王名号,议论的人提出羁押公孙渊手下执掌簿籍负责上计的官员,派兵实施讨伐。刘劭则认为"当初袁尚弟兄俩投奔公孙渊的父亲公孙康,公孙康将他们斩首传送朝廷,这事表明了公孙渊祖上对朝廷的忠心。再者现在传闻之事真假如何,还没能获得确实的依据作为评判。古代圣贤网罗未开化的地区,只修德政而不事征伐,是担心给老百姓增加负担。应该对公孙渊表示宽大为怀,使他有所自新"。后来公孙渊果然斩杀了孙权派去的使臣张弥等,并把他们的首级传送给朝廷。刘劭曾经写了一篇《赵都赋》,颇得明帝激赏,有诏让他再写《许都赋》、《洛都赋》。当时魏国对外频兴军旅,对内大兴土木以建造宫室,刘劭写这两篇赋,都含有委婉曲折的劝谏之意。

青龙年间,东吴兵马围攻合肥,当时魏军将士都在分批休假,征东将军满宠写来报告请求中军调拨兵马支援,并急召休假将士,等待集中兵力抗击吴军。刘劭在议论军情时认为"敌军刚刚攻到,用心专一,士气旺盛。满宠带着少数兵将在我方阵地上作战,倘若此时出击,不一定有克敌制胜的把握。满宠请求等待援军,自然没有什么不对。我看可以派五千步兵,三千精锐骑兵,先于大军出发,大张旗鼓,虚张声势。骑兵一到合肥,即拉大行军队伍的距离,多设旗帜和战鼓,耀武扬威地显露于城下,之后直扑敌军后阵,做出断其归路,绝其粮道的架势。敌军听说魏国大军杀到,试图采用骑兵切断其归路,定会因惊惧恐慌而急于逃走,如此则不战就已击破敌军了"。明帝采纳了他的建议。等援军到合肥,吴军果然退兵回去了。

当时皇帝下诏广求贤才。散骑侍郎夏侯惠推荐刘劭说:"我私下观察常侍刘劭,为人忠诚敦厚,办事周到合乎礼仪,所作所为,都可以找出依据和源流,因此对各种人才的能力大小,都能找出相同之处予以比较评价。也正因为这样,品质诚实的人佩服他的平和端正,不尚名利的人敬慕他的清淡退让,文章博学之士推许他的论议详细周密,研习法律者佩服他法度规制精细,思想深刻的人感悟他深沉专一,文才出众的人喜爱他辞采飞扬,足智多谋的人赞赏他的妙想入微,总观这些评论,都是取自己所擅长的和他的某些才能相比较的结果。我曾经多次倾听他的清谈,阅读他的著述,时间越久佩服的感觉就越加深长,实在替国家为他的器量感到惊奇。臣下认为像刘劭这样的人,是应该协助处理军国大事,参谋于帷幄之中,堪与国家命运一同兴隆的贤俊,而非世间寻常意义上的人才。恳请陛下垂爱,使刘劭能得到您的欢心和信赖,把自己的才华都展现在您的面前,那么贤德的声音就会经常传送到您的耳边,国家在您的光辉照耀下也会日渐辉煌了。"

景初年间,诏令刘劭负责制订《都官考课》。刘劭上疏说:"考核百官,是国家政治的大事,但是历朝历代都未能实施,因此治官的典章制度缺而未补,官员的好坏和才能的高低互相混淆而无法分辨。现在陛下以圣贤的宏图大略,哀怜国家纲常的弛颓,心忧于内,诏令于外。臣下承蒙皇恩,而心境旷然,得以启发愚蒙,就写了《都官考课》七十二条,又写《说略》一篇。臣下才识浅薄,实在不足以弘扬您的旨意,而把这些典章制度编订得更好更完善。"刘劭还认为应该制订礼乐制度,以移风易俗,于是就写了《乐论》十四篇,写完后尚未呈奏。正值明帝去世,诸事没能施行。正始年间,刘劭执讲经学,赐爵关内侯。他总共撰写了《法论》、《人物志》之类的著作百余篇。死后,追赠光禄勋。其子刘琳承嗣。

与刘劭同时代的东海郡人缪袭也很有才学,著述颇丰,官至尚书、光禄勋。

缪袭的好友山阳人仲长统,东汉末年曾任尚书郎,四十来岁就去世了。著有《昌言》,文辞佳美,值得欣赏品味。

　　散骑常侍陈留人苏林、光禄大夫京兆人韦诞、乐安太守谯国人夏侯惠、陈郡太守任城人孙该、郎中令河东人杜挚等人也著有辞赋,不乏传世之作。

　　傅嘏,字兰石,北地郡泥阳县人,傅介子的后代。伯父傅巽,黄初年间担任侍中、尚书。傅嘏二十来岁就已闻名遐迩,司空陈群征召他为属官。当时散骑常侍刘劭正在制订《都官考课》,事情交由三公审议。傅嘏就对刘劭的著述提出异议说:"我听说帝王之制宏大广远,圣人之道玄奥深邃,假使不是那种合适的人才,那么大道不会凭空运行,要使它达到既明白又神妙的程度,取决于实际操作的人。等到国家的政治制度有所亏颓而且连年荒废,圣人的精微之言就会被淹没,六典遭淆乱玷污。这是什么道理呢?因为圣人之道义旨弘大意境深远而众人的才能无法获得正确精细的理解。推究刘劭的考课之论,无非是要寻求前代考核官吏进退升降的条义作为依据,可是这些东西大都已经散亡缺失了。大礼留存于今者,只有周典,讲的是外封侯伯,从而安边卫国,内立各司,以便完善六职,保证各地有常年进贡,官吏有确定的准则,百官各司其职,百姓各安其业,因此考核的成绩便于管理比较,而官员的进退升降也易于贯彻执行。我大魏继百王之末,承秦汉之烈,制度不断流变,无从借鉴采纳。自建安到现在的青龙年间,忙于拨乱反正,奠基开国,扫除凶逆,平定遗寇,军政要事,日不暇给。等到开始治理国家时,权力和刑法并用,文武百官,军国通任,因时因事,随机应变。因此要照搬古代的典章制度用在当代,难免受到事务繁多复杂及概念不同的制约,就很难行得通了。所以会这样的原因在于,制度的建立应该考虑国家的长治久远,或许并不贴切于近日;法规的建立应依据当时的情况,有些并不足以流传后世。建立官位,调整职务,管辖百姓,治物理财,这是立本;督察考核官员,纠正改善旧的规章制度,这是治末。本未建而末先行,治国大略尚未完备就忙着推行考课,我担心并不足以有效地考评贤愚,精确地区分善恶。从前先王选拔人

才,一律先根据他在本地的品质行为,再让他在学校里讲解大道,行为端正者即称为贤才,道德高尚者则称为能士。然后由乡里年高德劭的人把贤才、能士推荐给君王,君王接纳他们,挑选其中的贤俊,让他们出任地方长官,考察其中的能人,将他们纳入朝廷治理国家大政,这就是先王招揽人才的规则。当今各地的士民,一直到京城之内,没有乡里年高德劭者出面举荐这一环节,选拔贤才的职能,由吏部专司其责。按照品德任用则实际才能未必具备,任用有微薄功劳的人又未必和他的德行相符,由此可见这样的考核很难保证人尽其才。综述先王的制度,陈奏国家制定的法则,可以说内容广泛而意义深广,实在很难论说周详呢。"

正始初年,任命为尚书郎,后调任黄门侍郎。当时曹爽主持国政,何晏为吏部尚书,傅嘏对曹爽的弟弟曹羲说:"何晏外表恬静清淡而内心浮滑取巧,贪图个人利益,不考虑立身行事的根本。我恐怕他一定会先迷惑你们兄弟两个,导致仁人贤士将会离你们越来越远,而朝政也将败坏衰微。"何晏等人因此便与傅嘏不和,借小事免除了他的官职。后从家中征召出来授任荥阳太守,他没去上任。太傅司马懿请他担任从事中郎。曹爽被诛杀后,任河南尹,升为尚书。傅嘏时常认为"从秦朝开始废除分封,建置郡守,设官分职,不同于古代。汉、魏沿袭秦制,直到今天。但是儒生学士,都想把三代的礼制交错综合起来,然而礼是弘大而久远的,不怎么适合今天的形势,有关制度也常常背离当前的具体事务,以致名实不符,因而历代都不能达到大治,原因都在于此。是有必要大力改定官制,依据古制正本清源,只是眼下正值王室多灾多难,没办法及时革除或改变了"。

针对当时一些议论者自告奋勇要去征伐东吴的事,朝廷三次征求献策却各不相同。齐王下诏让傅嘏谈谈看法,傅嘏回答说:"过去吴王夫差威逼齐国,战胜晋国,威加四方,最终还是引祸姑苏;齐闵兼土拓境,辟地千里,后来竟遭颠覆之祸。好的开端不一定便有好的结果,这是古代诸多事实证明了的道理。孙权自从击破关羽夺得荆州之后,志得意满,凶恶奸邪达到极点,因此宣文侯极力筹划宏图大举的办法。如今孙权已死，把太子托付给诸葛恪。假如能够矫正孙权的苛暴，减除吴国的虐政，使老百姓免遭困苦，得到新政策的实惠，又能内外同心，有风雨同舟的戒惧谨慎，尽管不能保证东吴的国运长久，仍足以在长江以南延长据守的时间了。现在议论的人，有的说要泛舟径渡，横行于长江以南；有的说要四路并进，攻击吴国的城垒；有的说要大规模的在边界武装屯垦，寻找敌人的破绽伺机而动；诚然都是些破敌的常用办法。但是自从治兵以来，攻战进退已有三年，表明不是凭借掩袭可以一决雌雄的强弱对比。吴国作为我们的仇敌，已将近六十年了，他们伪立君臣，患难与共，元首新丧以后，他们上下忧虑戒惧，假如部署战船封锁重要渡口，凭借险要，坚守城池，那么泛舟渡江，横行于长江以南那样的计划，大概是很难奏捷的了。只有在边境上大举屯垦的办法，还勉强算是比较完备的。军队守在百姓的外围，吴军进攻也掠夺不到我方人口和其他资源；坐吃历年积存的粮食，不须烦劳后方兵士长途运送；乘机出击，不劳远征；这些都是军事上的当务之急。从前樊哙愿意带十万大军横行匈奴，季布当面指出他的短处。如今有人想越长江，入险境，攻下敌人的巢穴，这就很像是从前樊哙想做的事了。不如严明法令，训练士卒，制订万无一失的策略，凭借长远计划把握敌寇国势衰竭的良机，这才是攻敌取胜的必然之理。"后来吴国的大将诸葛恪攻破东关之时，乘胜宣称要进军青州、徐州，朝廷为此准备加强守备。傅嘏认为"淮海并不是敌军敢于轻易通行的路径，从前孙权派兵入海，兵船遇浪沉溺，没有几个人幸存下来，诸葛恪怎敢倾尽国家根本而把众多将士的性命托付给瞬息万变的大海，以图侥幸之成功呢？诸葛恪不过是要派素习水军的偏将，带领小股部队从海路上溯淮水，做出进攻的样子给青州、徐州的守军看，他自己却纠合大军以进攻淮南罢了。"后来诸葛恪果然带兵攻打新城，未能攻克而回。

傅嘏时常谈论才能与性格的同异关系，钟会把它们收集起来并有所评定。嘉平末年，傅嘏被赐予关内侯的爵位。高贵乡公即帝位，晋封他为武乡亭侯。正元二年春，毌丘俭、文钦作乱。有人认为司马师不宜亲自带兵讨伐，可派太尉司马孚前往，只有傅嘏和王肃

竭力鼓动。司马师于是亲自出征。以傅嘏代理尚书仆射,一同随军东去。后来毌丘俭、文钦之乱被平定,其间就有傅嘏的谋划之功。等到司马师去世,傅嘏与司马昭直接回到洛阳,司马昭就此获得辅政大权。这事记载在《钟会传》里。钟会自此以后有骄矜之色,傅嘏便劝告他说:"你的志向大于你的器量,而功业不易成就,难道不应该多些谨慎吗!"傅嘏因功晋封为阳乡侯,增加食邑六百户,连同以前所封共一千二百户。当年去世,享年四十七岁,追赠太常,谥号元侯。其子傅祗承嗣。咸熙年间开设五等爵,因为傅嘏在前朝功勋卓著,改封傅祗为泾原子。

评:从前魏文帝曹丕、陈思王曹植二人贵为公子,深喜文辞,一时同声相应,才士并出,其间又以王粲等六人最为出类拔萃。王粲独居建安六子之首,兴起一代文章流派,但在气度雅量方面,不如徐干纯粹。卫觊也因为通晓古代的典制和成例,对当时君主建立起制度规章贡献不俗。刘劭博览群书,文才和品德兼备。刘廙因清鉴著称,傅嘏凭才能显达。

白话三国志卷二十二　魏书二十二

桓二陈徐卫卢传第二十二

桓阶,字伯绪,长沙郡临湘县人。在郡任功曹一职。太守孙坚举荐桓阶为孝廉,任尚书郎。因父亲去世返回家乡。适逢孙坚攻打刘表时战死,桓阶便冒着生命危险前去拜见刘表,请求准许他带回孙坚的遗体,刘表被他的义气所感动而将孙坚的遗体交给了他。后来,曹操与袁绍在官渡对峙,刘表以全州人马策应袁绍。桓阶劝说太守张羡道:"办事不以道义为根本,就没有不失败的。所以从前齐桓公就率领诸侯尊崇周天子,晋文公驱逐叔带送天子返回王城。如今袁绍违背这个道理,而刘州牧还随后响应,这都是自取其祸的做法。您可一定要明大义,辨是非,保全福运而远离灾祸,不应当跟他们同走败亡之路呀。"张羡问:"那么现在又该何去何从呢?"桓阶说:"眼下曹操的力量虽然很弱,但他是仗义起兵,挽救朝廷危亡,奉王命讨伐罪臣,天下人谁敢不服?如今您若能带领四郡的力量保守三江等待曹公前来,届时作为曹公的内应,不也是很好的吗!"张羡说:"好。"于是集中长沙和周围三郡的人马抗拒刘表,又派出使者前去谒见曹操。曹操十分高兴。时值袁、曹之间的战事接连不断,曹军无暇南下。而刘表却加紧进攻张羡,张羡病死。临湘城被攻破,桓阶于是藏匿不出。过了很久,刘表征召桓阶为从事祭酒,打算把妻妹蔡氏嫁给他。桓阶说明自己已有妻室,拒不接受,于是称病辞职归家。

曹操平定荆州,听说桓阶曾经为张羡出谋划策,认为他是个奇才,就征聘他担任丞相掾主簿,升任赵郡太守。魏国建立以后,桓阶任虎贲中郎将、侍中。当时尚未确定谁为太子,而临菑侯曹植很受曹操的宠爱。桓阶就在曹操面前屡次陈述曹丕德优年长,应当册立为国家储君,公开场合的规劝和单独相对时的力谏,桓阶自始至终保持着十分恳切的态度。其时,大臣毛玠、徐奕因为刚直忠正,不纳私党,遭到西曹掾丁仪的忌恨,丁仪多次在曹操面前说他俩的是非,全仗着桓阶在一旁劝解周全。桓阶奖顺助成、匡救忠良,大多像这种情况一样。后升任尚书,负责选举。曹仁被关羽围困,曹操派徐晃前去援救,没有解围。曹操打算亲自南征,以此征求臣僚的意见。大臣们都回答说:"大王要是不赶紧前去,这场战事是必败无疑的了。"唯独桓阶说:"大王您认为曹仁等人能不能完全由自己判断形势、处理战事?"曹操回答说:"能。"桓阶又问:"大王是不是担心他和徐晃不曾尽心竭力?"曹操说:"不是。"桓阶再问:"那您为什么还要亲自前往呢?"曹操说:"我只是担心敌军人马众多,恐怕徐晃等抵敌不住罢了。"桓阶说:"眼下曹仁等人身陷重围而能拼死守城毫无二心,确实都是以大王您的遥相呼应作为他们的后盾。人常说,居万死之地,必有死争之心;如今他们内有死争之忠,外有强大的救援,大王让六军按兵不动,向敌兵显示我军绰有余裕,又何必担心他们失败而亲自前往呢?"曹操赞许他的分析,就统率大军驻扎摩陂。敌军于是退去。

文帝受禅登极,桓阶升任尚书令,封高乡亭侯,加官侍中。桓阶患病,文帝亲去探望,对他说:"我正打算托孤于你,把国家的命运托付在你的身上。你可要多加保重啊!"改封桓阶为安乐乡侯,食邑六百户,还把他的三个儿子都赐封为关内侯。因为桓祐是桓阶的嗣子,所以没有封侯,但是当桓祐病故之后,文帝也追赠他为关内侯。后来桓阶病重不起,曹丕又派使者传诏拜他为太常,桓阶去世,文帝为之伤心流泪,谥桓阶为贞侯。其子桓嘉承嗣。朝廷任命桓阶的弟弟桓纂为散骑侍郎,赐爵关内侯。桓嘉娶升迁亭公主,嘉平年间,他以乐安太守身份领兵和吴军大战于东关,兵败身亡,谥号为壮侯。其子桓翊承嗣。

陈群,字长文,颍川郡许昌县人。祖父陈实,父亲陈纪,叔父陈谌,都很有名。当陈群还是小孩子的时候,陈实就觉得他不同凡俗,常对宗人父老说:"这孩子必定要振兴陈氏宗族。"鲁国的孔融才高意广,生性高傲,目中无人,年纪在陈纪、陈群之间,他先和陈纪成为朋友,后又和陈群结交,于是改视陈纪为长辈,陈群由此声名显扬。刘备担任豫州刺史的时候,征聘陈群为别驾。当时陶谦病死,徐州的佐吏迎奉刘备,刘备打算前往,陈群劝刘备说:"眼下袁术的力量还很强大,若现在东取徐州,一定会与袁术发生争斗。吕布若袭击将军后方,将军就算取得徐州,事情也一定不会成功。"刘备还是带着人马东进,陷入与袁术之间的缠斗。吕布果然乘机袭取了下邳,然后派兵支援袁术,将刘备的人马打得溃不成军,刘备这才悔恨没听陈群的劝告。陈群被举荐为秀才,授柘县县令,没去上任,而是跟随陈纪一起到徐州避难。正值吕布兵败身死,曹操征聘陈群为司空府西曹掾属。当时有人推荐乐安的王模、下邳的周逵,曹操便征召二人。陈群把征召的指示原封不动退还给曹操,认为这两个人品行污秽,早晚会败亡,曹操不听。后来王模、周逵果然都由于奸诈不法而遭杀身之祸,曹操为此向陈群道歉。陈群推荐广陵的陈矫和丹阳的戴乾,曹操都任用了。以后吴人叛乱,戴乾忠义赴死,陈矫则成为一代名臣,世人为此都称道陈群是慧眼识人。陈群先后担任萧县、赞县、长平县的县令,因父亲去世而离职。后来又以司徒掾的身份在官吏考试中名列优等,任治书侍御史,转任为参丞相军事。魏国建立以后,升任御史中丞。

当时曹操正和大臣们一起商议是否有必要恢复肉刑,下令说:"从哪儿才能找到一位明晓事理、通达古今的君子,让他来评论评论这件事呢!从前陈鸿胪认为死刑有助于树立君王的仁德恩惠,说的也就是这件事。御史中丞能陈述发挥一下他父亲的观点主张吗?"陈群回答说:"臣下的父亲陈纪认为汉朝废除肉刑而增加鞭刑、杖刑,本意是出于仁恻之心,但未料到死去的人反而更多,正所谓表面上减轻刑名而实际上却加重了刑罚。名义上的轻刑导致老百姓更容易犯罪,实际上的重罚则使老百姓更容易受到伤害。《尚书》说:

'只有敬慎地遵行五种刑罚,才可以成就三种品德。'《周易》上也记载着割鼻、断足、砍脚趾的刑法,这些都是用来辅助政教并惩治邪恶的。况且杀人偿命,本就合乎古代制度;对于伤人之罪,让犯人受到身体被摧残的惩罚并剃去头发圈住脖颈干活服役,就不合道理了。如果沿用古刑,使奸淫者去势闭宫,使偷盗者肢体残缺,那么就永远不会发生淫乱盗窃一类的坏事了。虽说古代惩罚犯罪的措施多达三千多种,现在不可能全部恢复,但是像奸淫、偷盗这一类时下常有的祸患,应该首先施行相应的古刑。按汉朝法律,凡必须执行斩首的死刑人犯,是任何仁义举措也不能顾及的,而对于其他仅达到死刑标准的犯人,可处以死刑或者减死处置。这样,所受之刑与所犯之罪就大致相当了。如今以鞭、杖打死人犯的刑罚代替肉刑,明显是只重视人的肢体而轻视人命的做法。"当时钟繇和陈群的意见相同,王朗及其他一些参与讨论的大臣却大都认为此法不可施行。曹操对钟繇、陈群的意见深表赞同,只是因战事未息,又考虑到多数人的看法,就暂且将此事搁置一旁。

　　陈群转任侍中,兼丞相东西曹掾。他在朝里对人对事不存成见,特别注重名声与道义,不用不正当的手段施加于人。曹丕还是太子的时候,就对他深为敬重,待他像朋友一样,还常常借用孔子的话赞叹陈群说:"自从我有了颜回,门人和我的关系便日益亲密了。"到曹丕即魏王位,封陈群为昌武亭侯,调任尚书。九品官人法,就是陈群这之后提议制订的。文帝曹丕受禅登极之后,陈群迁任尚书仆射,加官侍中,又调任尚书令,晋爵颍乡侯。文帝征伐孙权,到达广陵,让陈群兼任中领军。文帝返驾,假以陈群符节,都督水军。文帝回到许昌,任命陈群为镇军大将军,兼任中护军,总领尚书事务。文帝病重,陈群与曹真、司马懿等人一起接受遗诏辅佐朝政。明帝即位,晋封陈群为颍阴侯,增加食邑五百户,加上以前所封共一千三百户,与征东大将军曹休、中军大将军曹真、抚军大将军司马懿一起开府设置官属。不久,陈群担任司空,仍总领尚书事。

　　那时,明帝刚开始亲理朝政,陈群便上疏说:"《诗经》上说'仪刑文王,万邦作孚';又说'刑于寡妻,至于兄弟,以御于家邦',道德的传布和教化的普及一定是从身边开始的,然后由近及远地广布于天下。自从天下大乱以来,战争连年不断,老百姓不懂得先王教化的根本所在,王教怕是已衰败得很厉害了。陛下如今正处在魏国的兴盛之时,继承二祖开创的基业,四海之内都向往着天下大治,只要能够崇尚德治,布施仁化,体恤黎民,那百姓就幸运极了。如果当臣子的同声相应,彼此附和,混淆是非,互相包庇,那就是国家的大患。如果大臣们彼此不和睦,就会产生对立的党派,有了对立的党派,对文武官员的好坏评价就会失去标准和根据,而评价好坏没有标准和根据,就将导致对真假的评判失误,因此不能不深加防备,并采取措施以断绝其源流。"太和年间,中军大将军曹真上表,打算兵分几路从斜谷伐蜀。陈群认为"太祖当年到阳平关攻打张鲁,事先曾收割了大量豆麦以充实军粮,可是张鲁还未打败,粮食就差不多耗尽了。如今出兵伐蜀既无军粮上的事先准备,又加上斜谷地势险峻,缺乏进退空间,粮草运输肯定会受到抄掠堵截,如果多留人马看守要路,又要减少参加战斗的士兵,这些都不能不深思熟虑。"明帝采纳了他的意见。曹真接着又上表请求从子午道进兵伐蜀。陈群再次陈述了出兵的种种不利,并申明了有关军事行动、军费开支等方面的意见。明帝下诏把陈群的建议批转给曹真,曹真却把诏书作为依据发兵出征了。碰上连日大雨,陈群又提出应该诏令曹真返回,明帝予以采纳。

明帝的女儿曹淑夭逝,追赠谥号为平原懿公主。陈群上疏说:"人的生命长短由命决定,生死存亡自有定分。因此圣人们制定礼仪时,或抑止或极尽,以取折中。孔子父母在防地的坟墓有不修饰的俭朴名声,延陵季子那葬在嬴县、博城之间的儿子是难归故里的游魂。所以说,圣人的一举一动都合乎天地之道,因此能够流传千古,大德之人的一举一动都不超越法则,这是因为他们的行为应当为人师表的缘故啊。八岁以上十一岁以内还属于下殇,依据礼法都不具备治丧的资格,何况还是尚未满月的孩子,如果用成年人的礼仪给她送葬,加做丧服,让满朝文武都穿上,按早、晚各一次到场哭祭,自古以来,还没有可以比照的先例。而且听说陛下还要亲自视

察其陵寝,在其升枢将葬之际亲自为她举行祖祭之礼。诚愿陛下能抑止割舍这些有损无益的事情,一切送葬事宜但凭大臣们安排,不必御驾亲临,这是国家最大的希望了。听说陛下准备驾临摩陂,实际上要去许昌,您和太后以及宫中的上下人等,全都跟着一起东行,满朝大小官员,没有不感到惊讶奇怪的。有的说您想要东行避灾,有的说您打算找个合适的地方迁移宫殿,或者就根本猜不出其中的原因。臣下认为,吉凶有命,祸福由人,迁徙求安,也不见得一定有什么益处。如果一定要迁移回避,那么修缮一下金墉城的西宫,以及孟津别宫,也还可以暂时居住了。这样既能免除两宫上下露宿原野的不便,也不至于因此而耽误百姓们的农忙时节最紧张的农桑大事了。再者吴、蜀两国若听到这个消息,还以为是帝宫遭遇大祸,又加上移徙所费不可胜算。况且一般的吉士贤人,都应该能够承担盛衰,直面安危,秉执道义,笃信天命,并非依靠动辄搬家以求安宁,周围的人受到影响和感化,就不会产生恐惧的心理。何况帝王乃是万国之主,您平静天下就会安定,您躁动天下就会纷乱,您的动静举止,怎么可以轻率呢?"明帝不予采纳。

青龙年间,朝廷大兴土木,营建宫室,致使百姓们耽误了农桑时间。陈群上疏说:"大禹继承了唐尧、虞舜的盛世,尚且只建低矮的宫室、穿粗陋的衣服,何况从汉末变乱以来,老百姓的数量剧减,与汉文帝、汉景帝时期相比,现在的户口也还比不上那时的一个大郡。再加上边境战事频繁,将士劳苦,如果再遇到旱涝灾害,国家的忧患可就深重了。况且吴国、蜀国尚未消灭,国家远未能高枕无忧。应该乘他们还没有兴师进攻,加紧训练军队,鼓励农桑,做好反击侵犯的准备。现在陛下舍弃这些当务之急,反而忙于兴建宫室,臣下恐怕老百姓会日渐困乏,将来拿什么来抵抗敌兵呢?当初刘备从成都到白水,沿途建造了许多驿舍,征用耗费了不少劳役,太祖就认为那是劳民的行径。如今中原地区这样耗费劳力,正是吴国和蜀国所乐意看到的。这可是国家安危的关键,希望陛下考虑。"明帝回答说:"帝王宫室,也应当同步营建。平吴灭蜀之后,罢兵守成,怎么可能再征用劳役呢?你是司空,和当年建未央宫的萧何一样,建造宫室本就是你的职责。"陈群又说："从前汉高祖刘邦只和项羽争夺天下,项羽灭亡后,宫室都被大火烧毁殆尽,因此萧何才修建了武库、谷仓这些急切需要的设施,可汉高祖仍然责备萧何不该把它们造得过分豪华。如今吴、蜀尚未平定,实在不应该就向那时看齐。人为了满足欲望,没有找不到借口和辩解之词的,何况身为天子,没有谁敢违逆您的意志。譬如以前要拆毁武库,就可以说不能不拆;后来打算重新修造,又可以说不能不重建。如果一定要做,固然不会屈从于臣下的言辞;但是如果您能稍加留神,断然回心转意,也绝非臣下的力量所可达到的。当初汉明帝想建造德阳殿,钟离意一劝谏,汉明帝就马上采纳了,后来到底还是动工修建了;宫殿建成后,汉明帝对群臣说:'要是钟离尚书还在,就不能修成此殿。'当帝王的又怎么会惧怕区区一个大臣,其实都是能否替百姓着想的关系。现在微臣不能让陛下稍稍凝神倾听一下我的意见,我比钟离意简直差得太远了。"明帝于是在修建宫室时有所减省。

当初太祖在世时,刘廙因为受到弟弟刘伟参与魏讽谋反一事的株连,本当诛杀。陈群向太祖谈了自己的看法,太祖说:"刘廙是一代名臣,我也正想赦免他。"于是令刘廙官复原职。刘廙由衷感谢陈群的恩德,陈群道:"议论刑罚是为了国家,并非顾及私情;况且决定本出自明主,我又怎么能知道呢?"陈群心胸博大,从不骄矜自傲,都像这一类事情。青龙四年陈群去世,谥号为靖侯。其子陈泰承嗣。明帝追思陈群的功德,分出他的部分食邑,又封他的一个儿子为列侯。

陈泰,字玄伯。青龙年间,任散骑侍郎。正始年间,改任游击将军,任并州刺史,加官振威将军,持节为护匈奴中郎将,采取怀柔政策,对汉夷百姓普施恩惠,在当地很有威望。京师的达官显贵有很多人寄金银珠宝给他,请他代买奴婢,陈泰把这些财宝统统挂在墙上,连封口也不打开,直到他被征召为尚书时,又全部归还原主。嘉平初年,替代郭淮担任雍州刺史,加官奋威将军。西蜀大将姜维率军依傍麴山修筑了两座城池,派牙门将句安、李歆等分别据守,并聚集了羌胡人质任子,进犯诸郡。征西将军郭淮与陈泰商讨如何抵御敌军,陈泰说:"麴城虽然坚固,但是远离西蜀,道路险峻,粮食只能长途运输;羌胡的人质任子们害怕为姜维服劳役,必定不肯真心归附。如今只须围住这两座城池,兵不血刃就可以夺取;西蜀虽然可能发来救兵,但山道险阻,不是用兵的地方。"郭淮听从了陈泰的计策,让陈泰率领讨蜀护军徐质、南安太守邓艾等进兵围城,切断蜀军运粮的道路及城外的水源。句安等人挑战,也不许应战,城里的蜀军将士日渐困窘,只好把一个人的口粮分给几个人,把积雪融化后当饮用水,以拖延时日。姜维果然亲自领兵前来救援,出牛头山后,和陈泰两军相对。陈泰说:"兵法贵在不战而屈人之兵。如今只要我们切断牛头山的通道,使姜维没了退路,就可以击败他了。"于是下令诸军各自坚守阵地不许出战,又派使者通知郭淮,说自己打算南渡白水然后沿河向东,请郭淮带兵赶赴牛头山,截断姜维的归路,这样就可以连姜维也一并围歼。郭淮认为他的计策很好,马上率军进发到洮水附近扎下营寨。姜维恐惧,自行逃走,句安、李歆等见自己孤立无援,于是全部投降了。

郭淮去世,陈泰代理征西将军,持皇帝符节都督雍州、凉州诸军事。两年以后,雍州刺史王经禀告陈泰,说姜维、夏侯霸准备兵分三路进攻祁山、石营、金城,请求进兵为翅,并派凉州兵马赶赴枹罕,讨蜀护军奔赴祁山。陈泰推测蜀军的兵力无论如何不能分成三路,而且兵势历来忌讳分散,凉州的兵马也不宜越境,于是通知王经说:"要了解敌人的确实消息,探明他们的真实动向,等我军东西两翼会合后才能进兵。"当时姜维等已率数万人马赶到枹罕,并直趋狄道。陈泰敕令王经进兵屯驻狄道,等蜀军赶到,再根据当时情况确定破敌之策。陈泰自己进军陈仓。而王经所率诸军在故关和敌军作战失利,然后又轻率地渡过了洮水。陈泰得知王经没有坚守狄道,必有其他变故发生,连忙派出五营军队前去支援,自己带领大军随后接应。王经与姜维第二次大战又已发生,王经大败,仅剩下一万余人逃回来死守狄道城,其余的四散奔逃。姜维乘胜包围狄道。陈泰的兵马已屯驻上邽,一面分兵把守要害,一面日夜兼程向前推进。邓艾、胡奋、王祕也各率所部先后赶到,陈泰当即与邓艾、王祕等分为三军，推进到陇西。邓艾等人认为"王经的数万精兵大败于洮水以西，敌兵士气大振，这样的乘胜之兵已然势不可当，而将军以乌合之众，继败军之后，士气低落，军威不振，陇山以西已经面临倾荡的危险了。古人说过：'蝮蛇螫手，壮士解其腕。'《孙子》云：'兵有所不击，地有所不守。'讲的都是牺牲局部而保全大局的道理。如今陇西面临的危害，其实远超过蝮蛇之伤，狄道之地，不仅仅只是限于'有所不守'的困难选择。而姜维现在的兵马，拥有的就是理当有所回避的兵锋。不如割险自保，静观其变，等敌军自行露出破绽，然后进兵救援，这才是可行之计。"陈泰说："姜维率轻兵深入，正是要跟我军在平地旷野之间争锋，争取一战获胜即决定全局。王经本当采取高壁深垒战术，挫折对方锐气。可他偏要出战，结果使敌人的计谋得逞，自己大败而回，被姜维围困在狄道城中。倘若姜维攻克狄道，乘胜向东进兵，凭借栎阳的粮食储备，纵兵招降纳叛，收罗羌、胡，然后东向争夺关中、陇右，进逼陇西、南安、天水、广魏四郡，这可是我们最大的忧患。而姜维凭借得胜之兵，一旦受挫于高壁坚城之下，我方将士必锐气高涨，从而形成不遗余力不惜捐躯的奋勇局面，导致攻与守的形势逆转，主与客的位置互换，还怕消灭不了蜀军？兵书上说'建造望楼攻城战车，要三个月才有成效，堆筑靠近敌城的土丘，要三个月才能做到'，这些都不是轻兵远入的军队，依靠姜维的阴谋诡计所能仓促办到的。眼下姜维孤军深入，粮草不继，正是我军速进破敌的大好时机，所谓迅雷不及掩耳，自是必然之势。洮水在外围环绕，姜维等被圈在其中，如今只要我们居高临下，占据有利地势，扼制住敌军要害，蜀军一定会不战而逃。敌寇不宜姑息放纵，包围不能任其长久，诸位如何会有这样丧气的说法？"于是进军越过高城岭，一路悄然前进，当夜到了狄道城东南的高山上，点燃漫山烽火，又下令鼓角齐鸣。狄道城里的将士一见救兵到了，顿时精神振奋，踊跃不已。姜维起初还以为曹魏援军肯定要等各方人马全面集结以后才能发兵，此刻忽然听说魏军已经杀到，以为这是魏军早就设计好的诡异策略，因此全军上下都很震惊和恐慌。魏军从陇西进发之时，先已考虑到一路上山道深险，敌军必然会在途中设伏守候。于是陈泰变计从南路进兵,姜维果然连续三天派出伏兵。陈泰安定部队,悄然进军,所以突然出现在狄道南面。姜维也在此时沿山道突然杀到,陈泰与他交战,姜维退回营地。这时凉州军也已从金城南下赶到沃干阪。陈泰和王经秘密约定日期,计划一同攻击姜维兵马返回的通道。姜维等人听说了这个消息,便撤围逃走了,狄道城中的将士得以解围而出。王经慨叹道:"粮食供应已不足十天,如果此时救兵不到,非但狄道城陷人亡,整个一州也都将丢失不保。"陈泰慰劳将士,将各路援军先后遣回,又另外派人驻守险关要隘,并且加紧整修城垒,然后才带兵回屯上邽。

当初,陈泰听到王经被围困的消息后,认为该州将士向来团结一心,只要王经带领部下齐心协力坚守城池,狄道城就不是姜维三两下所能攻陷的。于是一面将情况和部署上表洛阳,同时率军火速西进,昼夜兼程,赶赴狄道。朝廷大臣们商议这事认为"王经既已大败,狄道城就很难自保,倘若姜维切断通往凉州的道路,大举搜罗陇西、南安、天水、广魏四郡汉夷民众,占据关中和陇山以西的险要之处,就肯定能够消灭王经所部而席卷陇右。应该调集四方大军,然后才能实施攻讨"。大将军司马昭说:"当年诸葛亮就常有席卷陇右的志向,但他最终也没能实现。事情太大就需要更为深广的谋略,而这并不是姜维所能胜任的。而且狄道城并不是急切间就能攻陷,只是城内粮食紧张,征西将军陈泰决定迅速救援,是深得兵法的上策了。"陈泰每每鉴于常因某个地方有事,就免不了虚张声势造成天下扰动不宁的弊端,所以他很少上奏,通过驿站传递公文也不过六百里。司马昭对荀𫖮说:"玄伯沉着勇敢,多谋善断,他肩负一方的军事重任,解救将被攻陷的城池,却不请求朝廷增兵,又很少上奏,是必定有办法对付敌军的缘故。都督一方的大将,难道不该都像他这样吗!"

后来朝廷征召陈泰为尚书右仆射,主管选举事宜,加侍中光禄大夫。吴国大将孙峻出兵淮河、泗水。朝廷命陈泰为镇军将军,假以符节,都督淮北诸军事,又诏令徐州监军以下将领均受陈泰节制调度。孙峻退兵,陈泰班师回朝,转任尚书左仆射。征东大将军诸葛诞在寿春叛乱，司马昭率六军屯驻丘头，陈泰暂时主管随行的尚书台工作。司马师、司马昭都跟陈泰亲近友好，沛国的武陔也与陈泰关系友善。有一次司马昭问武陔："玄伯与他父亲陈群司空相比怎么样？"武陔回答："通达儒雅，渊博练畅，而以天下教化为己任，玄伯不如其父；但严明纲纪，简捷精干，建功立业，比起乃父有过之而无不及。"陈泰因功先后增加食邑两千六百户，子弟中一人被赐封为亭侯，二人被赐封为关内侯。景元元年陈泰去世，追赠司空，谥号为穆侯。其子陈恂承嗣。陈恂去世，没有子嗣。其弟陈温承袭封爵。咸熙年间开设五等爵制度，因为陈泰在前朝功勋卓著，改封陈温为慎子。

陈矫，字季弼，广陵东阳人。因避乱来到江东及东城，先后推辞孙策和袁术的任命，回到本郡。太守陈登请他出任功曹，让他前往许都，对他说："许都时下的议论，多指责我的不足；请你替我相机观察了解一下，回来后希望得到你的指点。"陈矫从许都返回后，对陈登说："我听到远近的议论，不少人都说您有些骄傲自大。"陈登说："说到家门雍容肃穆，有德有行，我敬佩陈元方兄弟；说到渊清玉洁，有礼有法，我敬佩华子鱼；说到洁身自好，嫉恶如仇，有识有义，我敬佩赵元达；说到博闻强记，奇逸超卓，我敬佩孔文举；说到雄姿杰出，有王霸的才略，我敬佩刘玄德：我对这些人如此敬重，哪里还谈得上骄傲自大！其余的诸位都是平平常常，也值得一提吗？"陈登这样志意雅远，但他却由衷地敬重和友爱陈矫。

孙权围困广陵郡的匡奇，陈登命陈矫向曹操求救。陈矫游说曹操道："鄙郡虽然地域狭小，但却是个地理形势很有利的地方，若能得到您的救援，使它成为您的外围屏障，那么东吴的阴谋就会遭到挫败，徐州一带就将获得永久的安宁，而您也能声威远震，仁爱四处流布，让还没有顺服的地方望风归附，推崇仁德，树立威望，这可是关系王业成就的大事啊！"曹操认为陈矫是个奇才，想留住他。陈矫推辞说："我的家乡正处在极度危急之中，我只想到处奔走告急，纵然收不到从前申包胥痛哭秦廷的效果，又怎敢忘记当年弘演舍身救国的忠义呢?"曹操于是派军队前去救援。吴军后撤之后,陈登多设伏兵,亲自领兵追杀,大败吴军。

曹操征召陈矫为司空掾属,先后担任过相县县令,征南将军长史,彭城、乐陵太守,魏郡西部都尉。曲周县有个百姓因为父亲患病,就杀牛祷告,县衙结案判决杀头示众。陈矫说:"这是个孝子啊。"于是上表赦免了这个人。陈矫升任魏郡太守。当时魏郡的牢房里囚禁着上千的罪犯,有的已经关押有好几年了。陈矫认为周朝有三典之制,汉代有约法三章,如今只重视囚犯罪行的轻重,却忽视了长久拘押人犯的祸患,可以说是很荒谬的。于是陈矫亲自审阅了所有犯人的罪状,很快定罪判决完毕。太祖大军东征,陈矫进相府担任丞相长史。大军回师后,又任魏郡太守,转任西曹属。随曹操征伐汉中,返回后担任尚书。回师还没到达邺城,曹操便在洛阳去世了,大臣们拘泥于常礼,认为太子即位,必须要有先王诏命。陈矫说:"魏王亡故于邺城之外,天下人心惶惶不安。太子应节哀即位,以抚慰远近各地官民的期望。况且魏王的爱子又在旁边,倘若兄弟之间发生事变,那国家可就危险了。"于是当即配备官员,准备礼仪,一天之内都布置停当。第二天一早,凭王后命令,督促太子即王位,实行大赦而国内面貌一新。文帝说:"陈季弼在紧要关头和重大问题面前,能够深明大义,胆略过人,确是一时俊杰!"曹丕受禅登极,转派陈矫执掌吏部,封高陵亭侯,迁任尚书令。明帝即位,晋爵为东乡侯,食邑六百户。一次明帝突然亲临尚书令的府门,陈矫跪问明帝道:"陛下要到哪里去?"明帝说:"我要考查一下你经办的那些文书案卷罢了。"陈矫说:"这些都是臣下职责以内的事务,并不适宜陛下亲自办理。要是认为我不称职,就请即时罢免臣下的官职。陛下请回吧。"明帝感到羞惭,返驾回宫。陈矫为人就是如此骨鲠忠直。后又加官侍中光禄大夫,升任司徒。景初元年去世,谥号为贞侯。

儿子陈本继承爵位,历任郡守、九卿。在职期间,都能提纲挈领,顾全大局,善于使部下尽职尽责。他很有驾驭才能,不亲自过问琐碎细小的事务。他不读法律,却得到了廷尉的称号,比司马岐等还优秀;而且精通文理。后升任镇北将军,假以符节都督黄河以北诸军事务。陈本去世,其子陈粲承嗣。陈本的弟弟陈骞,咸熙年间任车骑将军。

当初,陈矫担任广陵郡功曹时,曾在出使途中路过泰山。泰山郡守东郡人薛悌觉得他很奇特,就和他结为好友。他曾经和陈矫开玩笑说:"凭郡吏的身份结交二千石的大官,邻国的君主屈尊与陪臣交游,不也是可以的吗!"薛悌后来担任魏郡太守以及尚书令,都是接替陈矫的职务。

徐宣,字宝坚,广陵郡海西县人。因避乱来到江东,又因推辞孙策的任命,返回本郡。他和陈矫一同任纲纪,二人齐名却私交不甚融洽,然而同样都受到太守陈登的器重,和陈登齐心协力效忠于曹操。海西、淮南两县的乡民作乱,都尉卫弥、县令梁习深夜逃到徐宣的家里,徐宣派人秘密把他们送走,使他们幸免于难。曹操派督军扈质前来征讨叛贼,扈质以兵力不足为由不肯进兵。徐宣暗地里去见扈质,责备他不该按兵不动,并为他分析形势,扈质这才进兵打败了乱贼。曹操征召他为司空掾属,又任命他为东缗、发干的县令,升齐郡太守,又调进司空府任门下督,跟随曹操到了寿春。正值马超作乱,大军西征,曹操会见属下官员说:"现在应该远征马超,但此地尚未安定,不能让我做到后顾无忧,需要一位清正无私有大德的人坐镇统理这里的事务。"于是任命徐宣为左护军,留下来统领诸军。大军返回后,徐宣被任命为丞相东曹掾,后出任魏郡太守。曹操在洛阳逝世,群臣都到大殿哀悼。有人提议应该更换各城驻守将官,一律任用曹操老家沛、谯一带的人。徐宣厉声说道:"如今四方统一,人怀忠孝,何必非用谯、沛二地之人,而让那些始终追随拥护先王的将士寒心。"曹丕听说后赞叹道:"这就是人们常说的那种社稷之臣。"曹丕受禅登极,徐宣被任命为御史中丞,赐爵关内侯,改任城门校尉,一个来月以后升任司隶校尉,再转任散骑常侍。徐宣随从曹丕去广陵,六军乘船,突遇狂风巨浪,曹丕的船直往回倒,徐宣恨自己处在后面,于是驱船逆风破浪前来护卫,群臣没有比他先到的。

曹丕认为他很勇敢,提升他为尚书。

明帝即位,封徐宣为津阳亭侯,食邑二百户。中领军桓范推荐徐宣说:"臣下听说帝王用人,根据不同的情况任用不同的人才,争夺天下的时候以是否有谋略做先决条件,天下既定以是否忠义为首要标准。因此晋文公采用舅犯的计策败楚人于城濮,却优先奖励了批评舅犯之策是'竭泽而渔'的雍季,高祖刘邦生前重用足智多谋的陈平,临死却把身后大事托付给周勃。我私下认为尚书徐宣,品行忠厚,秉性亮直;清雅独立,不拘世俗;且刚劲坚强,有尽忠国家的大节;历任州郡要职,所在政绩突出。如今朝廷仆射之职空缺,我觉得这个责任重大的关键职位,没有比徐宣更合适的人了。"明帝于是任命徐宣为尚书左仆射,后又加官侍中光禄大夫。明帝车驾到许昌,命徐宣留守京城总理政务。明帝返回后,主管文书的官员把奏章等呈递上来,明帝说道:"由我查阅与左仆射查阅能有什么不同?"竟看也不看一眼。主管制作皇室兵器玩物的尚方令因积弊暴露被刑讯致死,徐宣上疏明帝,认为严厉的刑法到了非常过分的程度,又劝说明帝不要大建宫殿以至于穷尽民力,明帝都亲笔下诏嘉许并采纳了他的意见。徐宣说:"七十岁就该举行'悬车'辞官家居的仪式,我今年已经六十八岁,也该离开了。"于是以有病在身为由坚决请求让位,明帝始终不予批准。青龙四年徐宣去世,临死时嘱咐家人,入殓时给他穿上布衣粗巾平常衣服就可以了。明帝下诏说:"徐宣内直外方,历任三朝,公正无私,高风亮节,有托孤寄命的节操,可以说是国家的柱石大臣。我常想委任给他三公重任,还没来得及委任,可惜他就撒手尘寰了!现追赠他为车骑将军,用三公的规格给予礼葬。"谥号为贞侯。其子徐钦承嗣。

卫臻,字公振,陈留郡襄邑县人。父亲卫兹,节操高尚,曾拒绝三公的征召。曹操初次到陈留,卫兹就说:"能平定天下的,定是此人。"曹操也觉得卫兹非同一般,好几次去他那里商议大事。后来卫兹跟随曹操讨伐董卓,在荥阳战死。曹操每次路过陈留,必定派使者前去祭扫他的坟墓。夏侯惇担任陈留太守的时候,举荐卫臻担任计吏,因夏侯惇让夫人出席宴会,卫臻认为这是"末世才有的败俗之举,不合正礼"。夏侯惇发怒,收押卫臻,不久又把他放了。后来卫臻担任汉朝的黄门侍郎。东郡朱越谋反,将卫臻引为同谋。曹操下令说:"我和你父亲共同起事,又钦佩你的美好名声。开始听到朱越的供词,我就不相信。等收到荀令君的书信,那上面把你的忠诚写得更明白了。"其时卫臻恰好奉诏,为献帝到魏国聘娶贵人,曹操趁机上表让卫臻留下来参丞相军事。追录其父卫兹以前的功勋,赐封卫臻为关内侯,转任户曹掾。曹丕即魏王位,任命卫臻为散骑常侍。到曹丕受禅登极,晋封卫臻为安国亭侯。那时候群臣都异口同声替魏国歌功颂德,大多贬损前朝。唯独卫臻深明禅让相授的礼义,称赞汉室的美德。文帝曹丕几次注视着卫臻说:"天下的珍宝,我应该和山阳公共同享用。"迁升卫臻为尚书,转侍中、吏部尚书。曹丕赴广陵,卫臻代理中领军,陪同前往。征东大将军曹休给曹丕送来表章,奏报说从吴军投降者的口中得知"孙权已经在濡须口"。卫臻说:"孙权虽有长江作为依靠,却也不敢与我军抗衡,这一定是敌军因害怕而散布的谎言。"详细审问投降的人后,才知道果然是吴军守将故意编造出来的。

　　明帝即位,卫臻晋封为康乡侯,后转任右仆射,仍像从前一样负责选举,加领侍中。中护军蒋济曾写信给卫臻说:"汉高祖拜亡虏韩信为大将,周武王提拔渔父姜尚为太师;出身微贱的寻常百姓,包括那些喂马的、做饭的,都可以当上王公大臣,何必一定要墨守成规,先考试然后再任用呢?"卫臻回答:"古人凭借智慧量才而用,也必须经过考核实绩才能决定罢免还是升迁;如今你说的就恰好要求周朝的成王、康王之世与武王大战牧野的时期一致,汉代的文帝、景帝的太平盛世和高祖斩白蛇、起草莽的乱世等同,喜欢不合常规的举动而开启选拔奇才的途径,这就必将引起天下人的奔竞相赴了。"诸葛亮进犯天水,卫臻向明帝建议说:"应该派一支奇兵急赴散关,断绝蜀军粮道。"明帝就任命卫臻为征蜀将军,假以符节都督诸军,但卫臻刚到长安,诸葛亮便退兵了。卫臻回京,恢复原职,加官光禄大夫。当时,明帝正热衷于修建宫殿,卫臻曾好几次恳切地规劝。等到殿中监擅自拘押了兰台令史,卫臻又上奏弹劾。明帝下诏说:"宫殿没有盖成,是我时刻关注的问题,你管这事干什么?"卫臻上疏说:"古代制定处理官员侵权的法规,并不是厌恶他们勤于职事,实际上是因为所办的事情收益小,而最终的害处更大。臣每每观察校事官,大多如此,我是担心将来各职司会跟着越职越权,致使整个制度衰败不堪呢。"诸葛亮又兵出斜谷;征南将军上表说:"吴国朱然等将也领兵过了荆城。"卫臻说:"朱然是东吴的一员骁将,一定要听候孙权之命而前往下游,这次只不过做出样子,牵制征南将军罢了。"孙权果然召朱然进驻居巢,进攻合肥。明帝打算亲自东征,卫臻说:"孙权外表上响应诸葛亮,其实内心只是想在一旁观望。况且合肥城池坚固,不足为虑。陛下大可不必御驾亲征,这样也就节省了大军出征的费用。"明帝到达寻阳,孙权果然撤退了。

幽州刺史毌丘俭上疏说:"陛下即位以来,还没有什么大功值得载入史册。眼下吴、蜀倚仗着山水险要,不是短时间就能平定,不如姑且用我这里的闲置兵力,前去平定辽东。"卫臻说:"毌丘俭所说的都是战国时代使用的琐屑的计谋,并非成王业者应该做的大事。东吴连年举兵,侵扰边境,而我国仍旧按兵不动,休养将士,没有断然讨伐他们,实在是因为老百姓疲惫劳累的缘故。况且公孙渊从小生长在海滨,对辽东的统治已经前后延续了三代,他们对外安抚少数民族,对内整修武备训练战阵,而毌丘俭却想用主力以外的部分军队长驱直入,一蹴而就,可想而知他的想法有多荒诞不经。"后毌丘俭草率出兵,果然失利。

后来,卫臻升任司空,转任司徒。正始年间,进爵为长垣侯,食邑一千户,一个儿子被赐封为列侯。当初,太祖曹操很久不立太子,心里其实很珍视临菑侯曹植。丁仪等人是曹植的亲信羽翼,都劝卫臻依附曹植,但卫臻以大义拒绝了他们。到文帝曹丕即位,东海王曹霖很受宠爱,曹丕曾问卫臻说:"他与平原侯曹植相比怎么样?"卫臻只称赞曹霖美德却始终不说别的。曹爽辅政时,让夏侯玄传达指示,想让卫臻试任尚书令,又替自己弟弟向卫臻家求婚,卫臻都没有答应。后一再坚持辞官让位。皇帝下诏说:"当年段干木退职,还能义压强秦;留侯休养,仍旧不忘楚事。你有什么好的构想和谋略,希望不要保守。"于是赏赐给他一座宅院,赐位特进,俸禄等级同三司一样。卫臻去世,追赠为太尉,谥号敬侯。其子卫烈承嗣,咸熙年间任光禄勋。

卢毓,字子家,涿郡涿县人。父亲卢植,在当时很有名气。卢毓十岁就成了孤儿,因遇上本州战乱,两个哥哥后来也死于非命。在袁绍和公孙瓒交战那段时间,幽州、冀州一片饥荒,卢毓就担负起抚养寡嫂孤侄的责任,他的学问和品行受到大家的一致称道。曹丕为五官中郎将,征召卢毓担任门下贼曹,崔琰又举荐他出任冀州主簿。当时天下草创,士人外逃现象严重,因此,对逃亡士人的惩罚非常严厉,要株连其妻子儿女。逃亡士人的妻子白氏等人,嫁到夫家没几天,还没和丈夫见过面,大理寺就奏请将她们一并处死并弃之于闹市。卢毓驳斥这件事说:"大凡女子之情,因为和丈夫相处才产生恩爱,成了妇人才重视和丈夫的情义。因此《诗经》说'未见君子,我心伤悲;亦既见止,我心则夷'。又《礼记》有'未庙见之妇而死,归葬女氏之党,以未成妇也'的说法。如今白氏等人活着时有未曾和丈夫见面的悲哀,死去则有未成妇人的深痛,可执掌刑法的人还想将她们处以极刑,真要这样的话,那她们如果已和丈夫行过合卺之礼,又该给她们加什么罪呢?况且《礼记》上还有句话叫作'附从轻',说的就是依附于他人的罪责,应以轻刑为参照。再说《尚书》上也说过'与其杀不辜,宁失不经',担心的就是刑罚过重的问题。如果因为白氏等人已经接受了夫家的聘礼,进了丈夫的家门,判刑也就可以了,处死实在是太重了。"太祖说:"卢毓的话有道理。而且能够引经据典阐述自己的意见,真让我感叹不已。"自此担任丞相法曹议令史,转任西曹议令史。

魏国建立以后,卢毓担任吏部郎。文帝曹丕登极之后,卢毓调任黄门侍郎,后出任济阴相和梁、谯二郡太守。曹丕因为谯郡是曹氏的故乡,曾经下令大举移民充实谯郡,推行屯田。然而谯郡土地贫瘠,百姓穷困,卢毓心生怜悯,上表文帝将百姓迁徙到土地肥沃的

梁郡,而这建议很不合乎文帝心意。文帝虽然批准了卢毓的请求,心里却恨恨不已,于是降了卢毓的职务,让他担任管理移民的睢阳典农校尉。卢毓一心利民,亲自到乡村视察,为老百姓挑选宅地和好田,百姓们都依赖他。后升安平、广平太守,所治之处,都施以仁惠教化。

青龙二年,卢毓入朝担任侍中。在这以前,散骑常侍刘劭受诏制定律条,尚未完成。卢毓上疏论述古今科律的宗旨,认为法律只应当有一种正确的解释,不宜在两种不同的定义间游移,以免奸吏有隙可乘,宽容私情。到侍中高堂隆因屡次就修建宫室的事情恳切进谏,明帝明显不高兴时,卢毓就进言说:"臣下听说君主贤明则臣子忠直不阿,古代圣帝明王唯恐听不到臣子指出自己的过错,为此专门设立了敢谏之鼓。作为近臣就要尽力规劝君王,这正是臣等不如高堂隆的地方。高堂隆是个儒生,大家都认为他狂放直率,陛下应该宽容他。"卢毓担任侍中三年,多次和明帝发生过辩驳和争论。明帝下诏说:"量才而用,因才施授,这是贤明的君主也感到为难的事情,必须要有好的辅佐,才能保证优秀者得以提拔进用而不称职者得以罢免替换。侍中卢毓,禀性守持正道,坚定不移,心态平和,立身正直,是一个不懈于位的有功之臣。特此任命卢毓为吏部尚书。"又让卢毓自己挑选一个合适的人接替他原来的职位,说:"能够像你一样才行。"卢毓推荐散骑常侍郑冲,明帝说:"郑文和,我本就很了解他,请再举荐我没有听说过的人。"卢毓又推荐了阮武、孙邕,明帝于是任用孙邕。

在此之前,诸葛诞、邓飏等人互相抬举吹捧,有人嘲讽地称他们为"四聪"、"八达",明帝对这十二个所谓贤俊名流的做法也很反感。当时朝廷正在推选执掌机要的中书郎,明帝特此下诏说:"能不能得到这个人选,全在卢毓了。选举不要只取有名气的人,名气就像画地作饼,是不能吃的。"卢毓回答说:"名气不足以罗致奇才,但可以得到正常人才。正常人才因为服从教化和仰慕善行,然后才会名声在外,是不应该列入厌弃的范围的。愚臣既不足以识别出奇才异人,主管的工作又正是依照名声按照常规为职责的,只是应当在其任职后对他们进行考察和检验。所以古代考察官员的贤能与否，先听其言语陈奏，然后依言对实际事功进行明白考量。到如今考绩制度已经荒废，决定一个人进退升降依据的却是别人对他的褒扬批评，因此真伪混杂难辨，虚实互相隐匿。"明帝采纳了他的意见，当即下诏制订考核官员的制度。正值司徒一职空缺，卢毓就推荐了有才德而隐居不仕的管宁，但明帝并没有任用他。明帝又问还有谁能胜任，卢毓答道："敦厚高尚，要属太中大夫韩暨；亮直清明，要属司隶校尉崔林；忠贞纯正，要属太常常林。"于是明帝任用韩暨。卢毓对人的评价和举荐，首先着眼于气质品行，然后才谈能力。黄门侍郎李丰曾经为此询问过卢毓，卢毓说："才能是为了用来成就善事，因此才大成就的善事也大，才小成就的善事也小。如今有些被人称作有才能的人并不能办成善事，正是才干不符合标准。"李丰等人都佩服他的见解。

齐王曹芳即位，赐封卢毓为关内侯。当时曹爽掌管大权，想要树立朋党，于是调卢毓担任仆射，让侍中何晏取代卢毓原来的职位。不久，又把卢毓调出尚书台担任廷尉，司隶毕轨歪曲事实奏免了他的官职。大臣们纷纷上表为卢毓鸣冤，于是又让卢毓担任光禄勋。曹爽等人被收押后，太傅司马懿命卢毓代理司隶校尉，审理曹爽等人的案件。后又恢复了卢毓吏部尚书的职务，加官奉车都尉，封高乐亭侯，后转任仆射，仍主管选举事宜，加光禄大夫。高贵乡公曹髦即位，晋封卢毓为大梁乡侯。又封卢毓的一个儿子为亭侯。毌丘俭叛乱，大将军司马师出征，由卢毓留守处理一应朝政大事，加官侍中。正元三年，卢毓因病要求辞官让位。朝廷提升他为司空，他又一再推让并荐举骠骑将军王昶、光禄大夫王观、司隶校尉王祥代替自己。曹髦下诏命使者当面授予卢毓印绶，晋封他为容城侯，食邑二千三百户。甘露三年卢毓去世，谥号为成侯。由他孙儿卢藩继承封爵。卢毓的两个儿子名叫卢钦、卢珽，咸熙年间，卢钦任尚书，卢珽任泰山太守。

评：桓阶明识成败，才高当世。陈群凡有举动都合乎名节，有名流雅士的声望；陈泰雄才大略，精明强干，确实称得上国家栋梁了。魏朝天下大事都由尚书台统管，重内轻外，所以八座尚书，就相当于古代六卿之职。陈矫、徐宣、卫臻、卢毓等四人久居此位。陈矫、徐宣刚强果断，正直不阿；卫臻、卢毓见识深刻，精于事理，都有胜任之实。

白话三国志卷二十三　魏书二十三

和常杨杜赵裴传第二十三

和洽,字阳士,汝南郡西平县人。被举荐为孝廉,及受大将军征召,都不肯就任。袁绍辖制冀州,派使者迎接汝南的士大夫。和洽偏偏认为"冀州土地平坦开阔,百姓富足强悍,是天下英雄豪杰志在必得,战火从四面烧来的要害之地。袁绍凭借着这种优势,即使能够强大起来,但当今天下群雄并起,能否保全冀州还不一定。荆州的刘表没什么远大的志向,却能爱护百姓,喜欢人才,那里地势险恶可为屏障,山平民弱,是个容易依靠的地方。"于是与亲朋故旧一同南下归附了刘表,刘表以上宾之礼对待他。和洽说:"之所以不去投奔袁绍,无非是要避开那个是非之地。黑暗腐败的时代的主子,不可狎近,时间一长就会临近险境,因为必然会有奸谗小人混杂其中挑拨离间。"于是南渡到了武陵。

曹操平定荆州,征聘和洽为丞相掾属。当时毛玠、崔琰都以忠诚廉正处理职任内事务,而选用人才也首先着眼于节俭。和洽说:"治理天下的关键,在于根据职位选拔人才,不能以是否节俭做首要的标准。节俭朴素过度,对于自己立身处世是没问题,但若以此来规范一切事物,就可能失之偏颇。如今朝廷里议论人的时候,看到有的官员穿件新衣服、坐辆好马车,就说他不清廉;大官们到治所来,衣服破旧,仪容不整,称之为廉洁。致使士大夫们故意弄脏了衣服,把好车子、好穿戴都藏起来;朝廷大臣之中,也甚至有自带水壶、食物到官署上班的。要说树立政教,观察流俗,都贵在中庸,才能被人接受和继承。如今却推崇一种死板而又要求人人接受的行为,用

这种行为规范去要求不同的人,即使当时勉强推行了,也早晚会出问题。古代大的教化,重在顺通人情罢了。凡是过激过异的办法,就会包藏隐蔽虚伪了。"

魏国建立后,和洽担任侍中。后来有人举报毛玠诽谤曹操。曹操接见身边大臣时,显得十分恼怒。和洽认为毛玠的行为举止一向很本分,请求查明此事的真相。下朝以后,曹操说:"今天报告这事的人说毛玠不但诽谤我,还为崔琰抱屈。这种有损君臣恩义,妄为死友怨叹的行为,几乎是不可忍受的。当年萧何、曹参与高祖刘邦同出于卑微低贱,也都建立了很大的功勋。高祖每次身处逆境的时候,萧、曹二人仍能恭顺相随,为臣之道更加彰显无遗,因此福泽能够延及他们的后代。你要求查实此事,我所以不想采纳,就是想能够重新考量此事罢了。"和洽回答说:"如果真像举报者所说,毛玠罪过深重,当受极刑。臣下并非敢于曲意替毛玠辩护而悖逆君臣伦理,只是因为毛玠在群臣之中出类拔萃,受到您特殊的提拔,地位显赫且担任着最重要的职位,历年蒙受您的恩宠,又为人刚直忠正,为众人所惧惮,不应该做出这样的事情。然而人情难保,关键在于应有认真调查,验证两方面的事实如何。如今您怀着蒙受污垢的仁德,不忍心据理查实,将使得是非曲直更加难以明辨,而疑心却由此滋生了。"曹操说:"我不纠察的原因,是想使毛玠和举报者双方都得到保全。"和洽说:"如果毛玠真有诽谤您的言论,就应当处死暴尸于闹市之中;如果毛玠没有这回事,举报者就犯了诬陷大臣以误导君主听闻的罪行,二者若不加以核查,臣下心中不安。"曹操说:"眼下正在打仗,怎么可以听了几句话就随便考察人?从前狐射姑在朝堂上刺杀阳处父,是身为人君应该引以为戒的事情。"

曹操打败张鲁,和洽建议:应该及时撤出军队并迁移百姓,以节省守卫管理的费用。曹操没有采纳,以后竟然移民而放弃了汉中。和洽后来出任郎中令。曹丕受禅登极,任命和洽为光禄勋,封安城亭侯。明帝即位,晋封为西陵乡侯,食邑二百户。

太和年间,散骑常侍高堂隆奏告说:"应当有风的季节而风不来,而有衰败之气,一定有不勤于职位而违背天道常规的事情。"明帝于是下诏谦虚地引咎自责,并广泛征求意见。和洽认为"现在人民稀少而从事农桑耕植的人更少,不事耕作等着吃饭的人却比比皆是。国家以百姓为根本,百姓以粮谷为性命。所以荒废一时的农事,就可能让许多人失去养家活命的根基。因此先王毅然排除其他烦杂事务,专门治理农耕。自春夏以来,百姓们被劳役弄得疲惫困顿,农事荒废,民众忧愁呼号。时风不至的原因,未必不在于此。消灾的办法,莫过于节俭。太祖开创宏图伟业,在确保军队需求及封赏费用充足的同时,官吏士人也资食丰足,仓府之中还谷帛充盈,这都是太祖从不修饰无用的宫室,革除浮华享乐费用的缘故。目前的急切大事,根本在于停止或减省繁重的劳役和其他多余的杂务,以补充军队的储备。三边的守卫防御,也应该早做准备。了解推断敌人的虚实,养精蓄锐,筹划好长远胜算,明确攻取策略,详细征询众人意见以采取正确的策略。倘若不早定策略,轻视弱国,小看敌军,屡次兴兵却于事无补,所谓'悦武无震',这可是古人的告诫。"

后转任太常,清贫而自守俭朴,以至于卖田卖宅才能勉强维持一家生活。明帝听到这种情况,就加赐给他一些谷帛。和洽去世,谥号为简侯。其子和离承嗣。和离的弟弟和逌,多才多艺而情操志向豁达美好,官至廷尉、吏部尚书。

和洽的同郡人许混,是许劭的儿子。清廉醇正,识见不凡,明帝在位时任尚书。

常林字伯槐,河内郡温县人。七岁时,有一个父辈登门造访,问常林:"伯先在家否?你怎么不向我跪拜行礼!"常林说:"虽说应该尊敬客人,但是你当着我的面直呼我父亲的名字,哪里还值得下拜呢?"于是大家都称赞他。太守王匡起兵讨伐董卓时,派众儒生在下属各县窥伺官员和百姓的过失,一旦发现,立即关押,拷问勒索钱粮赎罪,如果延误期限就要灭其宗族,借此树立威严。常林的叔父因拷打佃户,被王匡的儒生告发,王匡大怒,就把他关进牢房问罪。整个常氏家族惶恐担忧,不知道究竟责罚多少钱粮作为赎罪的代价,甚或难以救赎。常林去见王匡的同乡胡母彪说:"王府君凭着文武

高才,到我们这个郡来当太守。鄴郡外有黄河而内有高山,土地宽广,百姓富足,又有很多贤能的人才,可以任他选用。如今天子年幼,贼臣割据称雄,整个华夏为之震惊害怕,正是英雄豪杰为国奋起出力的时候。若想诛天下之贼,扶助王室走出困境,天下的智者将望风归附,响应者将纷至沓来,以协调平和克制暴乱,什么样的征伐能不获胜。但是如果对百姓不讲恩德,任用的又不是适当的人才,自己的覆灭都朝忧夕至,哪还顾得上匡扶朝廷,树立功名呢?您还是隐退避祸为妙啊!"接着常林就把叔父被关押的情况述说了一遍。胡母彪当即写信责求王匡,王匡就把常林的叔父给放了。常林于是迁到上党避乱,耕种于大山之中。当时天气大旱,蝗虫成灾,常林家偏能获得丰收,于是他叫来周围邻居,把自己的粮食均分给大家。常林住的地方紧挨着原河间太守陈延的坞堡。陈、冯二姓,是当地旧族首领。张杨贪图他们的妇女,窥伺其财产。常林就亲率他们宗族,为陈延出谋划策。虽然被围困了六十多天,但是终于保全了陈氏坞堡。

并州刺史高干上表举荐常林为骑都尉,常林推辞不受。后刺史梁习又举荐本州知名人士常林以及杨俊、王凌、王象、荀纬,太祖曹操都任命他们各为一县之长。常林任职于南和县,治绩教化都卓有成效,被越级提升为博陵太守、幽州刺史,所在之处,政绩斐然。文帝曹丕担任五官中郎将时,常林为属下功曹。曹操西征,田银、苏伯乘机反叛,幽州、冀州动荡不安。曹丕打算亲自带兵去讨伐他们,常林说:"我从前在博陵任过职,后来又主管过幽州,对于贼寇的情况,大略可以推断个十之八九。北方的官吏百姓,喜好和平安定,厌恶战乱,受教化已久,安分守己的占绝大多数。田银、苏伯不过是乌合之众,就像犬羊相聚,阴谋虽大却才智不足,成不了什么大气候。如今我军主力远离京师,外面又有强敌,将军现在可是国家的重心,如轻易出兵远征,即使取胜也不足以显示威武。"曹丕听从了他的劝告,便派将前去讨伐,一到那里就把叛军消灭了。

常林后来出任平原太守、魏郡东部都尉,然后入朝担任丞相府东曹属。魏国建立以后,任尚书。曹丕称帝,升任少府,封乐阳亭侯,转任大司农。明帝即位,晋封为高阳乡侯,调任光禄勋太常。司马懿因为常林是同乡中德高望重的长辈,每每遇到他也要跪拜见礼。有人就对常林说:"司马公地位高,权力大,你应该阻止他行如此大礼。"常林说:"司马公自己愿意诚恳地叙行长幼之礼,以此为年轻人树立榜样。地位高贵并不是我所惧怕的,跪拜也并不是我能制止的。"说话的那人恭敬而局促不安地走了。当时朝臣们都认为常林节操廉洁高尚,想要推举他位居三公,但常林却推说自己重病在身,谢绝了。后担任光禄大夫。八十三岁去世,被追赠为骠骑将军,按三公规格举行葬礼,谥号为贞侯。其子常峕承嗣,官至泰山郡太守,有罪被杀。常峕的弟弟常静继承封爵。

杨俊,字季才,河内郡获嘉县人。曾是陈留人边让的门下弟子,边让很器重他,认为他不同凡响。杨俊认为当时兵荒马乱,而河内郡又处于四通八达的要冲,迟早会成为战场,便扶老携幼来到京、密一带的大山里,同去的共有一百多家。杨俊热心救济贫困人家,与他们互通有无。宗族和朋友中有六户人家被掠去做奴仆,杨俊拿出全部家财把他们赎回。司马懿十六七岁时,曾与杨俊相遇,杨俊说:"这可不是个平平常常的人。"又司马朗很早就有了名声,但他的族兄司马芝如何,大家却并不了解,独有杨俊说道:"司马芝虽平时声望赶不上司马朗,实际上只怕要更优秀一些。"后来杨俊转到并州避乱。该郡有个王象,少小孤贫,给人家当仆役,十七八岁时,主人让他放羊他却偷偷地读书,因而遭到主人鞭打。杨俊赞赏王象的资质,当即把他赎出来带回家中,替他娶了媳妇盖了房,然后才和他分别。

曹操任命杨俊为曲梁县长,又入朝任丞相掾属,举荐为秀才,任安陵县令,升南阳郡太守。在任期间,他推广道德教化,兴办学校,受到官员和百姓的称赞。后调任征南军师。魏国建立后,升任中尉。曹操征伐汉中,魏讽在邺城谋反,杨俊自承罪过到曹操的行在所认罪。杨俊因自身方正免罪,于是写信给太子曹丕辞官。曹丕很生气,说:"杨中尉说走就走,怎么能故做高超深远到如此地步呢!"

于是将杨俊降职为平原太守。曹丕受禅登极之后,杨俊又再任南阳太守。当时王象任散骑常侍,他举荐杨俊说:"臣下认为南阳太守杨俊,秉性特为纯粹,有身体力行忠诚恭敬的雅量,仁恕足以覆育万物,纯厚朴实足以感动众人,孜孜提携后进,推惠赐教不倦,外宽内直,仁而有断。从出仕以来,所到之处均能垂布教化,他再次出任南阳太守,恩德广布,声闻四方,非邻非故及不同乡党的人,都携带家小前来归附。如今南阳境内清静安定,已无处施展他的才智能力,应该让他返回朝廷,在您身边尽心竭力,以弘扬光大帝王的功业。"

杨俊从小到大,始终以鉴识人才为己任。同郡人审固、陈留人卫恂原来都是当兵出身,经过杨俊的提拔奖掖,都成了优秀人才;后来审固历任郡守,卫恂也先后担任御史、县令,杨俊的明鉴仗义,大多像这些事例一样。当初,临菑侯曹植和杨俊的关系很友善,太祖曹操因尚未确立太子,曾经为此秘密地探问各个职司府署。杨俊虽然不分等次地评价了曹丕和曹植的各自所长,并坦言不应进据失当而有所偏袒,但对曹植的优点似乎说得更多一些,曹丕为此对他常怀怨恨。黄初三年,曹丕的车驾到了宛城,借口市面不丰盛人民不安乐,发怒将杨俊收监下狱。尚书仆射司马懿、常侍王象、荀纬都为杨俊求情,以至叩头流血,曹丕却始终不肯宽免。杨俊说:"我知道自己所犯何罪了。"于是自杀。众人都为杨俊的死感到冤屈和悲痛。

杜袭,字子绪,颍川郡定陵县人。曾祖父杜安,祖父杜根,在前代都很有名。杜袭到荆州避乱,刘表用上宾的礼节相待。同郡人繁钦多次向刘表显示自己的奇特不凡,杜袭便对繁钦说:"我所以和你同来荆州投奔刘表的原因,只为能够藏身不显,相机而动,难道是把刘牧当作平定乱世的主公,而规劝长者你归附于他吗?你如果定要不断显示自己的才能,就和我不是同类人,我恐怕就要和你绝交了。"繁钦慨然说道:"请让我接受您的教导。"杜袭于是又南行到了长沙。

建安初年,太祖曹操迎接天子迁都许县。杜袭逃回家乡,曹操任命他为西鄂县长。西鄂靠近南边,常有敌寇前来骚扰。当时西鄂的长官就把百姓都聚拢起来以保卫城池,不能进行正常的农业生产。于是田园荒芜,百姓穷困,仓库空虚。杜袭知道要为老百姓做些好事才能体现朝廷的恩德,于是派出年老体弱的百姓分散到城外去耕田种地,留下青壮年坚守城池,官员和百姓们都很高兴。不久,荆州派出一万多骑兵前来攻城,杜袭就把承担守备的官民五十多个人全召集在一起,和他们结盟立誓。这些人中如有亲戚要去城外自行保全的,都准许放他们出城而去;而这五十多人全都跪在地下叩头,情愿拼死守城。于是杜袭亲自放箭抛石,率领大家戮力抗敌。官员、百姓感恩戴德,都豁出命来参加战斗。临阵斩杀了数百敌兵,而杜袭这边也死了三十多人,剩下的十八个人也全都身负重伤,敌兵这才得以入城。杜袭又带领受伤的官员和百姓突围出城,几乎全部战死,却没有一个人反叛投降。杜袭重新聚集杀散的百姓,转移到摩陂扎下营寨,官员和百姓因仰慕他而纷纷跟从,就像回到自己的家里一样。

司隶钟繇上表推荐杜袭为议郎参军事,荀彧又举荐杜袭,曹操便任命杜袭为丞相军祭酒。魏国建立后,杜袭任侍中,与王粲、和洽同时并用。王粲强识博闻,因此曹操游览出入的时候,大多让他在车右陪乘,至于受敬重的程度则比不上和洽和杜袭。杜袭曾被曹操单独召见,一直谈到夜半时分。王粲生性急躁好动,站起来对和洽说:"真不知道曹公对杜袭说些什么?"和洽笑着回答说:"天下的事怎么谈得完呢?你白天陪侍就可以了,何必如此郁郁不欢,难道你想一并兼起来不成!"后来杜袭兼任丞相长史,跟随曹操到汉中去讨伐张鲁。曹操返回,任命杜袭为驸马都尉,留他都督汉中军事。经过他的安抚开导,老百姓中自愿从汉中迁往洛阳、邺城的,共有八万多人。夏侯渊被刘备杀死,军队失去主帅,将士们大惊失色。杜袭与张郃、郭淮督察统领各军事务,暂推张郃为都督,以统一军心,三军将士于是安定下来。曹操要东还洛阳,准备选拔留府长史以镇守长安,主管官员挑选的人大多不合适,曹操便下令说:"放着千里马不骑,何必匆匆忙忙到别处去寻找?"于是便亲自任命杜袭为留府长史,驻守关中。

当时将军许攸拥用大量私兵，不肯归附曹操，而且说了不少轻慢的话。曹操大怒，首先想去讨伐许攸。大臣们多数建议："可以招抚许攸，共讨强敌。"曹操把刀横放在膝盖上，脸色阴沉塞耳不闻。杜袭走进来也要提建议，曹操截住话头对他说道："我的主意已定，你不必再说了。"杜袭说："假如殿下的主意正确，臣下正可以帮您完成；假如殿下的主意不正确，即使已经确定了也应该修改。殿下截住我的话不许我讲下去，为什么就不能等我把道理说完呢？"曹操说："许攸怠慢轻侮我，难道要我就这样放过他么？"杜袭说："殿下认为许攸是个什么样的人？"曹操说："普通人。"杜袭说："正所谓'是贤人才可以了解贤人，是圣人才可以了解圣人'，普通人怎么能了解非凡的人呢？如今豺狼当道却要先除去狐狸，别人将认为您避强攻弱，往前一步称不上勇，退一步说算不上仁。我听说有千钧力量的弓弩不去射杀小小的家鼠，有万石容积的大钟不会被草茎撞响，如今区区一个许攸，哪用得着劳动殿下的神武大驾呢？"曹操说："有理。"于是派人前去以厚礼招抚许攸，许攸于是归附。当时夏侯尚受到太子曹丕的宠信，两人感情非常亲密。杜袭说夏侯尚不是个有益的朋友，不值得特殊优待，并把这事禀报了曹操。曹丕起初很不高兴，到后来才怀念杜袭的忠告。这件事已经载入《夏侯尚传》。杜袭为人柔顺而不可冒犯，都像前面所说的那样。

曹丕即魏王位，封杜袭为关内侯。到曹丕受禅登极，又任命杜袭为督军粮御史，封武平亭侯，后改任督军粮执法，入朝担任尚书。明帝即位，进封杜袭为平阳乡侯。诸葛亮出兵秦川，大将军曹真都督各路人马抵抗蜀军，调杜袭为大将军军师，又分出杜袭的食邑一百户，赐封其兄杜基为关内侯。曹真去世，司马懿接替了他的职务，杜袭再任军师，增加食邑三百户，连同以前的共五百五十户。后杜袭因病被征召回朝，任命为太中大夫。去世后，追赠为少府，谥号定侯。其子杜会承嗣。

赵俨字伯然，颍川郡阳翟县人。因避乱来到荆州，与杜袭、繁钦共同生活，合为一家。曹操当初迎接献帝迁都许县时，赵俨就对繁钦说："曹操应时顺世，一定能匡正救助国家，我知道我的归宿了。"建安二年，赵俨二十七岁，就扶老携幼去投奔曹操，曹操任命他为朗陵县长。县内有许多强横狡诈之徒，一贯横行无忌。赵俨把其中为害最烈的歹徒抓起来关进监牢，立案审查后，都该判死罪。赵俨把他们关押起来，然后又上表郡守释放了这些人，从此恩惠威信都深入人心。当时袁绍大举发兵攻打黄河以南，派使者引诱招纳豫州各郡，诸郡大多接受了袁绍的任命。只有阳安郡不为所动，但都尉李通又急于向老百姓征收户口税。赵俨面见李通说："如今天下动荡不安，各郡先后叛变，有心归附朝廷的地方再要征收户税绵绢，万一有小人惟恐天下不乱，所引发的恨事就难以预料！况且远近都有忧患危险，这些都不能不审慎呢。"李通说："袁绍和大将军曹操相持不下，军情紧急，左右郡县又先后背叛才不得不如此啊。假如我们再不征收户税绵绢输送过去，舆论一定会说我们是在看风头，有什么别的意图了。"赵俨说："事情也确如您考虑的那样；然而还是应当权衡轻重，先且放慢征收，我来帮您解除这个忧患。"于是就写信给荀彧说："现在阳安郡应该把征收的绵绢送往朝廷，但是道路艰难，险阻重重，必然遭到拦劫抢掠。眼下百姓穷困，邻近郡县又全部背叛，我们阳安郡也很容易被倾覆，这可是一方安危的关键。况且本郡百姓执守忠节，虽处险境依然不生二心。对微小的善事必定有所奖赏，那么心怀忠义的人才会受到鼓励。善于治理国家的人，一定要将财富收藏在民间。我们觉得朝廷应该垂怜抚慰本郡的百姓，将已经征收的绵绢，全部退还给他们。"荀彧答复说："我即刻将此事禀报了曹公，公文已下发你郡，将绵绢全部退还给百姓。"于是上下欢喜，郡内人心安定。

后赵俨入朝任司空掾属主簿。当时于禁屯驻颍阴，乐进屯驻阳翟，张辽屯驻长社，各位将军处事纵任意气，经常不能协调一致；于是派赵俨同时担任这三位将领的参军，随时开导劝慰，三位将军于是渐渐互相亲近和睦起来。曹操征讨荆州，派赵俨兼任章陵太守，又调任为都督护军，负责协调于禁、张辽、张郃、朱灵、李典、路招、冯楷七路人马。后又任丞相主簿，升任扶风太守。曹操把原来在韩遂、马超手下当兵的五千多人调出，命平难将军殷署等督领指挥，以赵俨为关中护军，统帅诸军。其间羌人多次前来骚扰，赵俨率殷署等一直追到新平，大破羌兵。有个被招募来屯田的外地人吕并自称将军，聚集党羽攻占了陈仓，赵俨又率领殷署等人进剿，叛党随即土崩瓦解。

当时朝廷命赵俨派一千二百名士兵前往汉中协助驻守，赵俨让殷署负责督送他们。被选中的士兵一下子要和自己的妻儿老小分别，个个愁容满面。殷署出发后一天，赵俨担心他们路上有变，于是亲自追到斜谷口，挨个慰劳士兵，又再三告诫殷署。返回时借宿在雍州刺史张既的家里。殷署带兵又往前走了四十里，士兵果然叛乱，殷署本人一时间也不知吉凶如何。而跟随赵俨的一百五十名随行步兵和骑兵，又都和叛乱士兵同在一个军营里共过事，有的还是姻亲关系，得到消息后，个个惊慌失色，披上铠甲，拿上兵器，没人能够自以为安定无事。赵俨打算追上去平叛，但张既等人认为"如今本营士兵也不安稳，你一个人去了也没有用处，还是先探听明白再说"。赵俨说："我虽然也怀疑本营的士兵和叛乱者同谋，但重要的是一听说远行的士兵叛乱，就应当发兵前去。还是有些人不愿叛乱却又拿不定主意，应该趁他们犹豫不决时，赶快去安抚。况且作为他们的主帅，既然不能使他们安心亲睦，就是身受祸难，那也是命该如此呀。"于是毅然前往。走了三十里后，赵俨让士兵停止前进，放马休息，然后叫齐所有人，向他们论说成败，分析利害，恳切地安慰鼓励他们。士兵们都慷慨激昂地表示："生死都愿意跟随护军，绝对不敢心怀二志。"赵俨前进到先行的各营，让主将各自召集检束部属，将可能勾结叛乱的八百余人，分开散布在原野里，只捉拿那些制造叛乱的罪魁祸首治罪，其余一概不问。郡县捕捉送来的人，都放了，于是叛兵都互相跟随着回营归降。赵俨秘密地向朝廷报告："宜派大将前来带他们到大营，请用旧兵镇守关中。"曹操便派将军刘柱带领二千人前来，本应等他们到达后才发送士兵，不料事情暴露，各营士兵大为惊惧震动，再怎么安抚也无济于事。赵俨就对众将说："这里朝廷的旧兵本来就少，东面的部队又还没赶到，因此各营都有不轨图谋。假如酿成叛乱，灾祸就难以预料了。应该乘他们犹豫不决时，及早解决。"于是当众宣布要留下一千名温良厚道的新兵镇守关中，其余的全部派去东方。赵俨又立即会见有关主管官员，把各营士兵的花名册按家属财产重新分类排列，加以区别对待。批准留下来的士兵放了心，便一心一意听从赵俨的指挥。那些应该离开的也不敢轻举妄动，赵俨在一天之内便把他们全部送走上路，又将留下来的一千多人，分布在各营加以控制。等朝廷援兵十天后从东面赶来，赵俨才又胁迫催逼，让已承诺使之留守关中的千余士兵，也一起前往东方，全部完满地送回两万余人。

关羽把征南将军曹仁围困在樊城，赵俨以议郎的身份南行去参预曹仁的军务，与平寇将军徐晃领兵一同前往。到达以后，关羽对曹仁的围困已非常坚固，其余的魏国救兵也尚未赶到。徐晃率领的人马不足以解樊城之围，而众将又催促徐晃赶快出兵救援。赵俨对众将说："如今敌寇把樊城围困得异常坚固，水势又很大。我军步卒势单力薄，而曹仁又被隔断不能同力破敌，仓促出兵救援对内对外都很不利。目前不如命前军进逼包围圈，暗派间谍通知曹仁，使他知道城外救兵已到，以此来激励将士。算来北路援军不过十天也会赶到，围城还足以坚守。然后里应外合，一齐发起攻击，敌寇一定会被打退。如果受到救援迟缓的责难，我愿为各军承担责任。"众将都很赞成，于是一面挖掘地道，一面用弓箭把书信射入城中通报曹仁，多次互通消息，北路援军也已赶到，于是合兵大战。关羽的兵马撤围之后，蜀军的舟船仍占据着沔水，往襄阳的水路被隔断不通，而孙权又乘机袭取了关羽的辎重，关羽听到消息后，当即往南退走。曹仁召集众将商议军情，大家都说："如今关羽处境危急，难免惊慌失措，追上去定能将他活捉。"赵俨说："孙权趁关羽长线布兵的弱点进攻，是想袭击控制关羽的后方，见关羽回兵救援，怕我军乘他们两军疲惫之机采取行动，因此言辞卑顺，愿为我们效力，而实际上暂在一旁随机应变，坐观胜败，捡现成便宜。如今关羽已经成为孤军，更应该留下他作为孙权的心腹之患。如果我们穷追不舍，孙权就会改变想法与关羽联合回过头来对付我们了。我想魏王此时也一定在为此事而深深忧虑。"曹仁于是暂缓追击。曹操听说关羽败走,唯恐众将追赶,果然急忙派人传令给曹仁,就像赵俨预想的那样。

文帝曹丕即魏王位,赵俨担任侍中。不久,任命他为驸马都尉,兼任河东太守、典农中郎将。黄初三年,赐爵关内侯。孙权侵犯边境,征东大将军曹休统领五州大军抵御,征召赵俨为军师。孙权退兵,大军返回,赵俨被封为宜土亭侯,转任度支中郎将,升尚书。后赵俨跟随曹丕征伐东吴,到达广陵,又留任征东将军军师。明帝即位,晋封为都乡侯,食邑六百户,并监荆州各军军事,假以符节。正赶上他身体有病,未能成行,仍担任尚书,出监豫州各郡军事,转任大司马军师,入朝担任大司农。齐王曹芳即位,任命赵俨都督雍州、凉州各郡军事,假以符节,转任征蜀将军,又升征西将军,都督雍、凉诸军。正始四年,赵俨因年老多病请求回京,于是被征召为骠骑将军,升为司空。去世后,谥号穆侯。其子赵亭承嗣。当初,赵俨与同郡的辛毗、陈群、杜袭都有名气,人称"辛、陈、杜、赵"。

裴潜,字文行,河东郡闻喜县人。因避乱来到荆州,刘表以上宾之礼待他。裴潜私下里对关系亲近的王粲、司马芝说:"刘州牧不是霸王之才,却想以周文王自居,不用多久就会失败了。"于是南行来到长沙。曹操平定荆州,命裴潜为丞相参军,后出京连任三县县令,再回京任丞相府仓曹属。曹操问他说:"从前你和刘备都在荆州,你认为刘备的才略如何?"裴潜说:"如果让他盘踞中原,只能生乱而不能治理。如果让他乘机占据一方险阻,足以成为一方霸主。"

当时代郡大乱,任命裴潜为代郡太守。乌丸王及其部落首领,一共三人,都自称单于,控制了代郡局势。前任太守不能行使权力,曹操便想授权让裴潜带领精兵前去镇守讨伐。裴潜推辞说:"代郡人口众多,稍有行动便能聚集上万兵马。单于自知放肆横行日久,自己心里也不安定。如今多带兵马前去,他们一定会因害怕而在边境抵抗,兵马带少了他们又不放在眼里。应该用计谋解决他们,而不能用军队来威迫。"于是只身乘车前住代郡。单于又惊又喜,裴潜用平静和缓的道理给予安抚。单于以下首领都摘下帽子叩头,全部归还了前后几次掠夺的妇女、器械和财物。裴潜按律诛杀了与单于内外勾结的代郡官员如郝温、郭端等十余人，北方边境地区大为震惊，老百姓心归朝廷。裴潜管理代郡三年之后，回朝任丞相府理曹掾，曹操称赞他治理代郡的功劳，裴潜说："我对百姓虽然宽宏，但对胡人却很严峻。如今谋臣们一定认为我治理过严，而处事过于宽厚实惠；其实胡人一向骄横恣肆，管治过宽必然导致松弛散漫，松弛散漫又只能把他们绳之以法，这就是争斗产生的原因。从现在的形势判断，代郡一定还会发生叛乱。"听完这番话，曹操十分后悔这么快就让裴潜回来。几十天以后，果然又传来三个单于造反的消息，曹操只得派鄢陵侯曹彰为骁骑将军前去征伐。

以后裴潜出京担任沛国相，升任兖州刺史。曹操在摩陂驻军时，对裴潜军阵严谨赞叹不绝，特别加以赏赐。曹丕受禅登极，裴潜入朝担任散骑常侍。又出任魏郡、颍川郡的典农中郎将，上奏陈述意见和选拔推荐人才，相当于郡守与国相，从此农官的仕途逐渐宽广通达起来。后迁任荆州刺史，赐爵关内侯。明帝即位，裴潜入朝担任尚书。出任河南尹，转任太尉军师、大司农，封清阳亭侯，食邑二百户。后又入朝担任尚书令，奏述了关于纠正各种职位的责任权利，推求考查名位与实际的关系，发生事故应由官府评判处置等等条文共一百五十多条。后因父亲去世辞官守孝，授任光禄大夫。正始五年去世，追赠为太常，谥号为贞侯。其子裴秀承嗣。裴潜临死留下遗言，命家人为他办丧事一定要节俭，墓中只置备一个座位，几件瓦器，其余一概不得置入。咸熙年间，裴秀任尚书仆射。

评：和洽清静和平而治理有序，常林操守清白而纯粹坚定，杨俊善于知人而好行仁义，杜袭温和纯粹而明辨大体，赵俨刚强果决而雅有尺度，裴潜持平稳重而精明干练，都堪称一代优秀士子。说到常林不将三公荣禄放在心上，只以大夫的身份告老退休，该是多么令人惊叹的品行啊！

白话三国志卷二十四　魏书二十四

韩崔高孙王传第二十四

韩暨字公至,南阳郡堵阳县人。同县的豪门大族陈茂,诬陷韩暨的父兄,几乎让他们受到极刑处罚。韩暨表面上不以为意,受雇替人干活以积累资金,暗地里结交敢死之士,然后追赶呼喊搜寻活捉了陈茂,用他的人头祭奠父亲的坟墓,从此出了名。被荐举为孝廉,受司空征召,都不就任。于是变姓埋名,隐居避乱在鲁阳山中。山民纠合在一起,准备做盗贼。韩暨布散变卖家财准备牛肉酒食,请来他们的首领,当面陈述利害关系。山民受到感化而解散,最终也没有为害作乱。为了躲避袁术的任命,又迁到山都县的大山中居住。荆州牧刘表以礼征召,韩暨为此又悄悄逃跑,往南来到孱陵县界内居住,所到之处都受人敬爱,但刘表非常恨他。韩暨内心忧虑害怕,出来接受了刘表的任命,担任宜城县长。

曹操平定荆州,征召韩暨为丞相士曹属。后被提拔为乐陵太守,改任监冶谒者。以前冶铸都用马排鼓风,每次冶炼一炉矿石,都要用一百匹马;改用人排鼓风,又太费人力;韩暨于是凭借长流水来制作水排鼓风,计算这种方法的效率是以前的三倍。在职七年,国内所需器具很是充实。朝廷下令褒奖,即时加官司金都尉,位次仅在九卿之后。义帝曹丕受禅登极,封他为宜城亭侯。黄初七年,义升为太常,进封南乡亭侯,食邑二百户。

当时才开始定都洛阳,法令、礼俗等一应规范尚未完备,而宗庙和祖先神主还都在邺城旧都。韩暨上表奏请迎接邺城四庙中的先祖神主,建立洛阳庙,以便天子四时荐新上祭,亲自奉献祭祀谷物。

在尊崇辨明正统礼仪,废除不合礼制的祭祀方面,韩暨提出了很多修正的建议。在位八年,因病退职。景初二年春,明帝下诏说:"太中大夫韩暨,修身养性培固道德,志气节操高尚纯洁,年过八十,执守道义更加坚定,真可以说是纯朴敦厚,年老而更加自强不息。特此授予他司徒的职位。"夏四月韩暨去世,遗嘱入殓时只穿当季所穿的衣服,用土掩埋即可。谥号为恭侯。其子韩肇承嗣。韩肇去世,其子韩邦承嗣。

崔林字德儒,清河郡东武城人。年轻时成器较晚,同族都没人了解他的能耐,只有堂兄崔琰认为他与众不同。曹操平定冀州,征召崔林担任邬县县长,他贫穷无车马,就步行前去上任。曹操征讨壶关,询问哪位郡县长官德政最为优秀,并州刺史张陟推举崔林,于是提拔崔林为冀州主簿,又改为代理别驾、丞相掾属。魏国建立后,逐渐提升为御史中丞。

文帝受禅登极,崔林被任命为尚书,出任幽州刺史。北中郎将吴质统领黄河以北军事,涿郡太守王雄对崔林的别驾说:"吴中郎将,可是皇上亲近和重用的显贵大臣。持皇帝符节统领军事,州郡官吏无不写信向他致敬,而崔刺史一开始就不与他互通消息。如果吴质以边塞缺乏修治为罪名斩你,崔使君又怎能保护得了你呢?"别驾将这番话告诉了崔林,崔林说:"我把丢掉幽州刺史这个职位看得如同脱鞋一样,难道会牵累你吗?该州与胡人接壤,应该以平和宁静的方法加以镇守,扰动他们就会使他们生出反逆之心,那就只会给国家造成北方边塞的顾虑和忧患,我只是在这个问题上放心不下。"在崔林一个任期之内,胡人的骚扰掠夺没有发生过;但崔林还是因为不侍奉上司,降职为河间太守,议论的人都为崔林鸣不平。

后升任大鸿胪。龟兹王派侍子来朝见,朝廷嘉赏他们远道而来,褒赏给龟兹王非常厚重的礼物。其余属国也都派侍子前来朝见,来往使节络绎不绝,崔林担心这些使者有些不是真的,只是临时找些支属中的经商胡人,凭借通使朝见名义,以获得朝廷封官授爵的种种好处而已,而朝廷派人护送使者,损失更多。动用人力,花费钱财来干这些无益之事，被夷狄胡人所取笑，这是前代就遗留下来的祸患。于是移书敦煌郡说明意图，并抄录前代给予诸国赏赐或丰厚或略薄的旧事，使这件事有个常规。明帝即位，赐崔林为关内侯，转任光禄勋、司隶校尉。所属各郡都精简了那些非法任命的超编官吏。崔林为政看重诚信，管理措施简明扼要，务存大体而已，所以他离职后，部属官员每每怀念他。

散骑常侍刘劭作《考课论》，明帝诏令下达给各级官吏。崔林议论说："考察《周官》中关于考核官吏成绩的内容，条文已经是很完备了，自周康王以后，就逐渐地衰落，这说明考查政绩的方法完全在于执行的人。到了汉末，难道是因为官吏的组织法规不健全而招致失败的吗？当前的战争，或猛烈或突然，准备了法令条规，申明于朝廷内外，但又随时增减，本来就难于一致。而且万目不张时应当举其纲，众毛不整时应当提其领。皋陶做虞舜的刑官，伊尹在殷为大臣，无仁厚德行的人都远远的离去。三王五帝的政治方略未必一致，但各人都凭借它达到天下大治。《易经》上说：'平易简单，那么天下的道理就都得到了。'太祖根据情况制定法令，到现在还在使用，也没担心过别人说他不效法古人。我认为如今的法令制度，并不是因为不周密，关键只在于专守定法不轻言放弃。如果朝中大臣都能像仲山甫那样承担重任，给百官做好榜样，又有谁敢不恭敬严肃？"

景初元年，司徒、司空的位置都空缺，散骑侍郎孟康推荐崔林说："所谓宰相，是天下人所仰望效仿的对象，实在应该寻求秉忠办事、行为端正、品德高尚、主持正义，足以成为全国表率的人来担任。我认为司隶校尉崔林，秉性正直自然，胸襟高雅开阔。拿他的长处与古代贤人相比，那么其忠直不阿正与史鱼相仿，其清廉俭约则与季文子匹敌。他出任州郡长官，所在州郡都治绩突出，到他执掌外国事务时，又使得属国朝贡安靖整饬，确实是三公职位的杰出人选，辅弼帝王的优秀人才。"隔年就任命崔林为司空，封安阳亭侯，食邑六百户。三公封列侯，就是从崔林开始的。不久，又进封为安阳乡侯。

鲁国国相上书说："汉朝过去立孔子庙，由褒成侯四时奉礼祭祀，大学举行典礼，必定先祭先师孔子，由王室提供粮谷，春秋两季祭祀。如今宗圣侯充任孔子后嗣，还没有钦命祭祀的礼仪，应该给予祭牲，让高级官吏前往主祭，将孔子尊为贵神。"诏令司马、司空、司徒三府合议。博士傅祗认为，依据《春秋传》所说可以进入国家祀典的对象，那么孔子是符合这样的条件的。宗圣侯恰好足以承续孔子已经断绝的世系，彰明孔子的盛德。至于显扬孔子的学说，崇敬圣人完美的德行，就应该按照鲁国国相上书中所说的那样去做。崔林认为"宗圣侯实际也是按照王命进行祭祀，不能说是没有钦赐祭仪。周武王分封黄帝、尧、舜的后代，以至立为三个王国，夏禹、商汤之世系，未列入时祭范畴，又特别命令其他官府祭祀。如今周公以上，一直到三皇，忽略而不祭祀，而这一类礼仪也还记载在《周礼》之中。现在唯独祭祀孔子，是由于世代相近的缘故。以一个大夫的后代，享受没有极限的祭祀，礼仪上超过了古帝王，道义上则超过了商汤、周武，可以说是崇敬明德、报答恩德了，不需要再让非孔氏宗族的人来祭祀了。"

明帝又分出崔林部分食邑，封他的一个儿子为列侯。正始五年崔林去世，谥号为孝侯。其子崔述承嗣。

高柔字文惠，陈留郡圉县人。父亲高靖，担任蜀郡都尉。高柔留在家乡，对同乡人说："如今英雄并起，陈留是个四面受敌之地。曹将军虽然占据了兖州，但他本来就有一统天下的意图，不可能安心守着这一州疆土便心满意足。而张邈太守先一步占据了陈留郡，我担心灾变就要在最近发生，想与各位一起出去避难。"众人都认为张邈与曹操私交很好，高柔又年轻，都不把他的话当回事。高柔的堂兄高干，是袁绍的外甥，在黄河以北召高柔前去，高柔带着全族人跟从了他。恰好高靖在蜀郡去世，当时道路上充满艰难险阻，乱兵与盗寇往来穿梭，而高柔冒着艰险去蜀郡迎丧，一路上历尽磨难，三年后才回来。

曹操平定袁术、袁绍，任命高柔为菅县县长。县里的人都听说过高柔的名声，有几个行为不正的县吏，都自动引退离去。高柔教导说："过去邴吉当政，官吏曾经有针对他本人的严重错误，他尚且包容宽待了。何况这些县吏，对我可并没有丝毫过失呢！应该召他们回来复职。"这几个县吏回来后，都自行勉励，全部成为了很不错的县吏。高干已经投降曹操，不久又在并州反叛。高柔自己投归曹操，曹操想找借口杀掉他，就故意任命他为刺奸令史；而高柔执法公允得当，官司中没有滞留的案件，曹操便征召他为丞相仓曹属。曹操准备派钟繇等人去讨伐张鲁，高柔进行规谏，认为"现在频繁调动大军，西边的韩遂、马超，会以为这是为他们而兴兵，将会互相煽动而叛乱，应该先招抚三辅地区，假如这些地方安定无事，汉中就可传檄而定"。钟繇带兵进入函谷关，韩遂、马超等人果然反叛。

魏国建立之初，高柔任尚书郎。后转任丞相理曹掾，曹操下令说："说到承平时期的治理和教化，无疑该把礼义放在首位。治理乱世的施政措施，当以刑罚优先。所以舜流放四个凶族，任命皋陶为卿士。汉高祖消除秦代苛刻的刑法，让萧何制定法律。丞相理曹掾高柔见识高明，公平恰当，深明法令典章，请勤勉谨慎吧！"演奏军乐的官员宋金等人在合肥逃跑。按照旧法，军队出征而军士逃跑，要收押其妻儿老小拷问至死。曹操担心这样做仍不能制止逃亡，更加重了刑罚。宋金的母亲、妻子和二个弟弟都在为官府服役，主管官员奏请将他们全部杀掉。高柔陈述说："士卒逃离军队，确实可恨，然而我听说他们当中常有后悔的。我认为应该宽恕他们的妻儿老小，一来可以使敌方不信任他们，二来也可以诱使他们产生回头的心思。先前的处罚，已经断绝了他们回头的指望，而再次加重刑罚，我担心如今在军中的士兵，见一个人逃跑，处罚将殃及亲近者，大家就会彼此跟随一起出逃，使得不能再有杀他们的机会。因此这种重刑并不是制止逃跑，而是在助长逃亡。"曹操说："有理。"当即停止这种处罚，不杀宋金的母亲和弟弟，蒙高柔这一言之恩而活下来的人很多。

后担任颍川太守，又回朝任法曹掾。此时设置了校事，卢洪、赵达等人负责刺探百官，高柔进谏说："设置官位，分配职守，各有自己主管的事务。如今设置校事，这就不是上司信任下属的做法；而且赵达等人多次凭着个人的爱憎擅自作威作福，应予以查明惩治才对。"曹操说："你对赵达等人的了解，恐怕就不如我了。要能够侦查揭发而且辨别众官所做的事情，派贤人君子去承担这样的工作，那就不可能做到。过去叔孙通任用很多盗贼，确实是有原因的。"赵达等人后来因为非法谋取私利的事情败露，曹操杀了他们以向高柔表示歉意。

文帝曹丕受禅登极，任命高柔为治书侍御史，赐封关内侯，又转加治书执法。民间屡有针对朝廷的诽谤妖言，文帝为此痛心疾首，一有传妖言的人就杀，并奖赏告发者。高柔上疏说："如今传妖言的就杀，出面告发的就赏。这样做一方面使得有过失错误的人完全没有改过自新的机会，同时又将为那些凶残狡诈之徒诬陷别人大开了方便之门，实在不是以消除奸伪、减少诉讼为目的，正大光明的治国之道。过去周公作诰命，称颂殷代的祖宗，全然不顾小人的怨言。汉代有文帝，也曾下令撤销有关诽谤妖言的法令。我认为应该根除诽谤妖言及奖赏告发的法令，以隆盛上天养育万物的仁慈之心。"文帝没有马上采用，而后相互诬告的人果然越来越多。文帝于是下诏说："有敢以诽谤罪告发他人者，用他本人所告发的同一罪名给他治罪。"于是诬告之风才断绝。校事刘慈等人，在黄初初年的几年时间内，就检举出官吏百姓犯有奸邪罪的事件数以万计，高柔都请求分清虚实再进行惩罚；其余犯法不重的人，不过罚款而已。黄初四年，高柔升迁为廷尉。

魏朝初年，三公无事，又很少参与朝政。高柔上疏说："天地因为有四季才能生成万物，帝王因为有大臣辅佐才能治好天下；成汤倚仗伊尹的辅佐，周文王、周武王凭借周公、姜尚的力量，到了汉初，萧何、曹参之辈以国家元勋的身份相继成为刘邦倚重的相国，这都是明王圣主在上任用贤臣，贤相良臣在下尽力辅佐的实例。如今三公都是国家的栋梁，为民众所瞻仰，而将三公置之一边，不让他们执掌朝政，他们各自安闲地休息养老，很少有进言献策的，这实在不是朝廷崇奉任用大臣的正理，也不是大臣进献正确建议废除不好政策的做法。古时候国家有疑难问题,三公九卿就都汇聚在朝堂槐棘之下,一起讨论解决。从今以后,朝廷中有疑难的问题以及刑罚大事,应该多征求三公的意见。三公除每月初一、十五的例行上朝之外,还可以特别延请参加朝会,议论国家政事的得失,广泛地讲述事实,也许能够有益于启发帝王视听,弘扬光大皇上的教化大业。"文帝赞许并采纳了他的建议。

文帝因为过去的旧怨,有意要将治书执法鲍勋无辜地处死,而高柔坚决不肯执行文帝的诏命。文帝极度恼怒,于是召高柔到尚书台;同时派使者秉承皇帝旨意前往廷尉府,终于将鲍勋拷打至死,然后才放高柔回自己府衙。

明帝即位,封高柔为延寿亭侯。这时博士都执经授业,高柔上疏说:"我听说遵循先王之道并尊尚学术,是圣人的宏大教诲;褒扬礼乐典章及崇奉儒学,是帝王的圣明道义。汉末国家衰败,礼崩乐坏,龙争虎斗,人们竞相研习战阵,就此导致众多文人学士,得不到重视任用。太祖开始兴起,就忧虑这一不良局面,一边忙于拨乱反正,同时没忘记让各郡县一起设立学官。高祖即位,进一步发展了这一事业,恢复太学,各州设官考试,于是天下的士子,又能接受学校教育,亲身体会祭祀礼仪的神圣。现在陛下执掌国政,能够发挥您的智慧,推行伟大的计划,将先帝的法度发扬光大,即使是夏启、周成王继承前业,也实在是无法超过陛下了。然而现在博士都通晓经术、德行优良,国内精选人才,而升迁官员又限定不超过县长一级,恐怕这不是用来崇奉显扬儒术、鞭策激励懈怠懒惰者的办法。孔子说'推举优秀的人才执经授业,才智不足者将得到激励而力求上进',所以楚国礼待申公,文人学士就锐意进取,汉代尊重卓茂,士大夫们就竞相仰慕。我认为所谓博士,是道德的集大成者,是儒家六经的宗师,应该根据他们学业和品行的优劣,给予他们不依寻常次序安排的合适职位。重视推崇道德教化,以勉励学者,这对于推行教化的作用是弘大的。"明帝采纳了他的建议。

后来明帝大建宫殿,百姓劳役繁重;又大选美女,充实后宫;而后宫的皇子接连夭折,还没有继承人。高柔上疏说:"吴、蜀这两个敌国奸诈狡猾，暗中偷偷地练兵习武，计划发动战争，并没有想过束手就缚；应该用心培养将士，修缮整治兵器铠甲，养精蓄锐来对付两个敌国。而近来大建宫殿，上上下下不胜劳役之烦；如果让吴、蜀探得虚实，就将合谋联手，一起发兵前来送死，那事情就有些难以应付了。过去汉文帝悯惜资财，不肯动用十户寻常人家就能筹措到的不起眼资金来营造小小的台榭供自己娱乐；霍去病忧虑匈奴的祸害，竟无意抽出余暇来考虑自己府第的修建之事。何况如今所损耗不只是百金这样的小数目，所需忧虑的也并不只是北狄这样的小祸害吧？可以粗略地完成已营建的宫殿，用来举行朝会和宴会。请让修建宫殿的百姓回家，使他们得以从事农业生产。等吴、蜀平定之后，再渐次修建不迟。过去黄帝因为有二十五个儿子，帝位的承传才那么久远；周王室因为有四十个姬姓诸侯国，经历的年代才多到令人惊异的程度。陛下聪慧贤达，深究事物的义理和人的本性，而近来皇子接连夭折，又还没有其他皇子降生的祥兆。百官们的心情，无不抑郁悲伤。按照《周礼》，天子可以在后妃以下再配置一百二十个女人，宫廷内嫔妃的礼仪，已经是很盛大可观的了。我听说当今后宫妃嫔的数目，或许已经超过了这个规定，皇上后嗣的不昌盛，恐怕就是因此而起。我认为可以精选一些贤良的美女，以满足妃嫔的数目，其余的全部遣送回家。而且育精养神，以专心静气为最可贵。这样的话，子孙众多的吉兆，只怕很快就会来临了。"明帝答复说："我知道你很忠诚，内心常牵挂着王室，才总是直言不讳；有其他意见可再上奏。"

当时管理狩猎的法令非常严厉。宜阳县典农刘龟私下在禁苑内射兔，他的功曹张京将此事告发给校事。明帝隐匿了张京的名字，收押刘龟投入大牢。高柔上表请求明帝告知举报人的名字，明帝大怒说："刘龟应该处死，他竟敢在我的禁地狩猎。将刘龟送到廷尉处，廷尉就应该拷问他，为什么还要请得告发者的名字，难道是我随便逮捕刘龟的吗？"高柔说："廷尉，是国家的天平，怎么能够以皇上的喜怒来毁坏法律呢？"他继续反复上奏，言辞深刻恳切。明帝醒悟了，于是向高柔透露了张京的名字。高柔立即回去审讯，刘龟、张京两人各当其罪。

当时的制度规定,胥吏一级遇上丧事的,一百天后都要开始工作。司徒府吏员解弘遇上父亲去世,后来有军事行动,命令他前去,他却以生病为由推辞。明帝下诏书愤怒地说:"你又不是曾参和闵子骞那样的孝子,为什么要说因为哀痛过度而身体有病呢?廷尉火速收押解弘拷打至死。"高柔见到解弘,确实相信他的身体非常虚弱,就上表陈奏事实,认为应该宽恕他。明帝于是下诏说:"解弘还真是孝子啊!特此赦免他。"

当初,公孙渊的哥哥公孙晃,替他叔叔公孙恭入侍朝廷,充当人质,他在公孙渊反叛之前,就曾多次向明帝陈述了公孙渊有反叛的图谋。等到公孙渊谋叛事暴露,明帝不忍心在街市斩杀公孙晃,就打算在大牢里结束他的性命。高柔上疏说:"《尚书》中说'用惩处来讨伐罪行,按照德行来表彰善举',这是王朝制度的显明法则。公孙晃及妻儿若属叛逆同党,实在是应该斩首示众,不让他再有后代。而我私下听说公孙晃先前几次主动求见,陈述公孙渊图谋叛逆的苗头,虽然是叛逆者的同族,深究初意,还是可以宽免的。孔子解脱司马牛的忧患,祁奚辨明叔向的过失,是过去就有过如此优美高尚的大义。我认为公孙晃如果确实预先陈述过公孙渊的情况,就应该宽免他的死罪,如果没有事先上言,就应该在街市当众斩首。现在进不发布赦他的命令,退又不公布他的罪行,关押在监狱中,让他自杀,全国各地观察朝廷,难免会怀疑这种做法。"明帝不听,最终还是派人让公孙晃及其妻儿以酒吞服黄金粉末自杀,赐给棺木、衣服,在他的家中入殓殡葬。

当时,凡猎杀禁地之鹿的人要被处死,财产没收充公,有能够发现上告的给予重赏。高柔上疏说:"圣明的帝王治理国家,无不致力于发展农桑,用心于节俭用度以积蓄资财。农业发展了则粮食充足,用度节俭了则资财有余,储蓄资财屯积粮食如果还依然存在忧患,这样的事情是从来没有过的。在古代,一个农夫不耕作,会有人因此而挨饿;一个妇女不纺织,会有人因此而受冻。最近以来,百姓们要服众多的徭役,种田的人已经减少,加上近来又有了狩猎的禁令，群鹿侵害作恶，残食庄稼，处处为害，损失已无法估量。百姓虽然设置障碍防护，但力量有限，无法抵挡。以至于荥阳周围几百里，每年几乎没有收成，百姓的命运，实在令人同情悲伤。如今天下生财之道很少，而因为麋鹿受损失的又实在太多。一旦发生战争，或者遇上凶年天灾，将没有办法应付。陛下应该明察先代圣明君主的顾念，怜悯耕种劳作的艰难，放宽对百姓的限制，让他们能够捕鹿，就此解除这些禁令，那么百姓们得到长久的利益，也就没有谁不欢欣鼓舞了。"

不久，护军营士兵窦礼出营后没有回来。军营里以为他逃走，上表要追捕他，收押他的妻子盈及其子女作为官家奴婢。盈接连到州府呼冤申诉，没有人来察看过问。最后告到廷尉。高柔问道："你怎么知道丈夫不会逃跑？"盈流泪回答说："我丈夫小时孤单，奉养一个老太太当作母亲，侍奉恭谨孝顺，又怜爱儿女，抚养照看他们从不远离，并不是那种轻薄狡诈不顾家室的人。"高柔又问道："你丈夫别是跟人结过怨仇吧？"盈回答说："我丈夫很善良，与别人没有怨仇。"又问道："你丈夫与别人在钱财上没有互助来往吗？"回答说："曾经借钱给同营军士焦子文，让他还，钱没收回。"这时焦子文正好因犯小罪坐牢，高柔于是去见焦子文，问他所犯的罪行。言谈中间，高柔又问道："你曾经向人借过钱吗？"焦子文说："我自幼因为孤独贫困，从来就不敢向人借钱物。"高柔看到焦子文脸色有变，就说："你过去就借过窦礼的钱，怎么还说没有呢？"焦子文很惊讶，以为事情已败露，应对语无伦次。高柔说："你已经杀了窦礼，早些自行认罪吧。"焦子文于是叩头认罪，坦白了杀害窦礼的经过，以及埋藏尸体的地方。高柔便派遣吏卒衙役，按照焦子文所说的地点掘地寻找，立刻找到了窦礼的尸体。明帝下诏恢复盈母子为平民。向全国发布告，以处理窦礼的事情为鉴戒。

高柔在廷尉任职二十三年，转为太常，十余天又升司空，后改任司徒。太傅司马懿上奏请求免除曹爽的大将军职务，皇太后诏令征召高柔假节代理大将军的职务，进驻曹爽军营。太傅对高柔说："你成为周勃了。"曹爽被杀，高柔进封为万岁乡侯。高贵乡公曹髦即位,进封为安国侯,转任太尉。常道乡公曹奂即位,增加高柔的食邑,连同以前所封共四千户,先后封他的两个儿子为亭侯。景元四年,高柔以九十高龄去世,谥号为元侯。他的孙儿高浑继承爵位。咸熙年间,开设五等爵位,因为高柔等人在前朝功勋卓著,改封高浑为昌陆子。

孙礼字德达,涿郡容城县人。曹操平定幽州后,征召孙礼为司空军谋掾。当天下大乱之时,孙礼与母亲走失,同郡人马台找到了孙礼的母亲,孙礼便把家财全部给了马台。马台后来犯法应当被处死,孙礼私下引导马台,让他越狱去自首,不久又说:"做臣民的没有逃跑的道理。"直接来到刺奸主簿温恢处投案陈说罪行。温恢赞许他们的行为,将这些情况如实向曹操汇报,各人减死罪一等。

后来孙礼被任命为河间郡丞,慢慢升到荥阳都尉。鲁国大山中有数百草寇,凭借坚固险要的地势,为害百姓;于是调孙礼为鲁国相。孙礼到任后,拿出自己的俸禄粮食,发动官吏和百姓,悬赏收买草寇的首级,招纳投降的人,再让他们回去刺探情报,鲁国不久就恢复了太平。历任山阳、平原、平昌、琅邪郡太守。跟从大司马曹休在夹石征讨东吴,孙礼劝谏曹休不可深入作战,曹休不听从而战败。调任阳平郡太守,后入朝担任尚书。

明帝正着手大修宫殿,节气不调,全国缺粮。凭借孙礼坚持不懈的据理力争,朝廷终于停止了修建宫殿的无休止劳役,明帝下诏说:"恭敬地采纳正直的进言,着即遣返百姓们回家务农。"这时李惠是修建宫殿的监工,又上表要求将修建宫殿的百姓再留一月,使修建能完成几项工程。孙礼直接来到修建工地,不再上表陈奏,当下口述明帝诏令遣散了正服劳役的百姓,明帝惊奇于孙礼的坚定立场而没有责备。

明帝在大石山狩猎,有老虎跑向明帝的车驾,孙礼便扔掉鞭子下马,想奋力挥剑砍击老虎,明帝下令让他上马。明帝临死时,任命曹爽为大将军,考虑他应该有一个好的辅佐,就让曹爽在病床边接受遗诏,任命孙礼为大将军长史,加官散骑常侍。孙礼为人诚信磊落，正直不屈，曹爽认为有他在身边自己多有不便，就让孙礼出任扬州刺史，加官伏波将军，赐封关内侯。东吴大将全琮率领几万军队前来侵犯，而这时州兵多数休假，留下来的没有几个。孙礼亲率卫兵抵御，在芍陂与吴军交战，从早到晚，将士死伤过半。孙礼在刀丛剑林中冲锋陷阵，战马多处受伤，他依然频击战鼓，奋不顾身，敌人这才退却。朝廷下诏慰劳，赐绢七百匹。孙礼为死于这场战事的将士举行祭祀并亲至灵前吊祭，从内心发出悲痛的号哭，把绢全都分给死难将士的家人，自己一匹也没要。

此后经历回京任少府，出任荆州刺史，再调任冀州牧的职位变动。太傅司马懿对孙礼说："如今清河、平原二郡为边界已争了八年，换了两任刺史，都没能解决；就像春秋时虞国和芮国争夺地界由周文王来决断一样，应该妥善令其分清两郡边界。"孙礼说："诉讼者以丛葬的冢墓为依据，听讼者用先辈的订约作为凭证，而又不可能鞭笞已死的先辈长老弄清楚是非黑白，再者原来的冢墓有的已迁往高敞之地，有的则为了避仇而迁往别处。要从现在听到的一切便做出正确判断，即使是皋陶再世也很难做到。如果一定要彻底了结这场争端，应当凭借烈祖当初分封平原王的地图来下决断。又何必要推论古代询问过去，来助长争讼呢？过去周成王用桐叶作珪与叔虞开玩笑，周公就把唐封给了叔虞。如今地图藏在朝廷府库之内，可以坐而论道式地轻松判明的问题，难道还非得到了州里才能解决吗？"司马懿说："不错。应当另行颁下地图。"孙礼到了州治，察看地图判定有争执的土地应属平原郡。而曹爽相信清河郡所说的，就下书说："地图不可用。应当参考其他异同细节。"孙礼上疏说："管仲是霸王的佐相，他的器量也小，尚且能够夺取伯氏的骈邑，使对方终身没有怨言。我身为冀州牧，敬奉圣朝明确无误的地图，甄别二郡土地的分界，地界确实以王翁河为限；而鄃县却以马丹候为凭据，谎称以鸣犊河为界。用虚假作伪的诉讼，使台阁产生疑误。我听说众口铄金会淆乱真假，浮石沉木将颠倒是非，三人成虎以流言耸人听闻，慈母投梭是传闻毁掉信心。如今平原、清河争界八年，之所以瞬间就得以解决，是因为有解送的文书和地图，可以摘取证据驳正疑误。平原郡在两河地带,沿河向东上流,其间有爵堤,爵堤在高唐西南,而二郡所争之地却在高唐西北,相距二十多里,真可说是令人声声长叹而哭笑不得。根据证书与地图情况的判断而上奏表,而鄃县仍拒不接受诏令,这是我软弱而不能胜任,我还有什么脸面白白占据这个官位而空拿国家俸禄呢。我将立即束好腰带穿上鞋子,驾好车子等待贬官流放。"曹爽看了孙礼的奏表,极为愤怒。随即弹劾孙礼对上司心怀不满,判处了五年徒刑。孙礼在家一年,很多人为他上言说好话,于是又被任命为城门校尉。

当时匈奴王刘靖部落强盛,而鲜卑族又屡屡侵扰边境,于是任命孙礼为并州刺史,加官振武将军,及使持皇帝符节,护匈奴中郎将。孙礼去见太傅司马懿,脸上有怨怒的神色却一言不发。司马懿说:"你得到并州,觉得少吗?还是在怨恨以前划分郡界所受到的不公正的待遇呢?如今将要远别,干嘛这样不高兴啊!"孙礼说:"怎么您会说出如此不精当的话来!我孙礼虽然没什么德行,难道还会把官位和往事放在心上吗?本来我以为您会追随伊尹、吕尚的踪迹,匡正辅助魏朝王室,向上回报明帝的重托,在下建立万代不灭的功业。如今国家面临危险,天下骚动不安,这才是我孙礼之所以高兴不起来的原因。"于是痛哭流涕。司马懿说:"暂且止住,忍一忍那些忍无可忍之事。"曹爽被诛杀后,孙礼入朝任司隶校尉,前后治理过七州五县,都有威信。升为司空,封大利亭侯,食邑一百户。孙礼与卢毓同郡同辈,彼此关系却不能融洽和睦。为人虽然互有长处和短处,但名望地位大体相同。嘉平二年孙礼去世,谥号为景侯。他的孙子孙元继承爵位。

王观字伟台,东郡廪丘县人。年轻时孤单贫贱而能勤勉奋发,曹操征召他为丞相文学掾,出任高唐、阳泉、酂、任等县县令,所在治绩值得称道。文帝曹丕受禅登极,入朝任尚书郎、廷尉监,出任南阳、涿郡太守。涿郡北面与鲜卑地界相连,常常遭到对方的抢掠骚扰,王观命令边民凡十家以上屯居一处,在高处修建哨所。当时有人不愿这么去做,王观就借派朝廷吏员,让他们回去帮助各自子弟,不限定时间,只要把交代的事情做完了就回。于是吏卒和百姓相互协作,无需督促,自相勉励,十来天时间就全部完成了。防御有了准备,敌寇的掠夺骚扰也就停止了。明帝即位,下诏书要各郡县按繁难、中等、平治三等,逐条列举上报。主管人员想把涿郡列为中等或平治,王观说:"本郡靠近外敌,常遭外敌侵掠,为什么不能列为繁难呢?"主管人员说:"如果把涿郡列为边境繁难地区,恐怕太守要派儿子入朝作为人质。"王观说:"所谓君长,就是应为百姓着想的人。如今列在边境繁难一等,那么在服劳役、征户税方面就要降低等级。难道能为了我个人的利益而有负于一郡百姓吗?"于是上言涿郡为边境繁难郡,随后王观将自己的儿子送到邺城去作人质。当时王观就只有一个幼弱的儿子。他的公正无私之心就是如此。王观修身自好,清静朴素,以俭朴作风为属下官吏做出表率,下属官员学习他的作风,无不勉励自己。

明帝到许昌,征召王观为治书侍御史,管理御史行台的案卷。当时明帝多有仓猝之举,喜怒不定,而王观却不阿谀逢迎。太尉司马懿奏请王观为从事中郎,升为尚书,出任河南尹,调任少府。大将军曹爽让材官张达削减国家建筑房屋的材料,用到自己的各种私用物品上面,王观听说后,全部造册登记后将曹爽侵夺的一切财物没收充公。少府统管三尚方令御府,其间收藏着供玩赏的宝物,曹爽等人奢侈放纵,多次求取,但又害怕王观守法严正,于是改调王观为太仆。司马懿诛灭曹爽,让王观代理中领军,进占曹爽弟弟曹羲的军营,赐封为关内侯,再任尚书,加官驸马都尉。高贵乡公曹髦即位,进封王观为中乡亭侯。不久,加授光禄大夫,转任右仆射。常道乡公曹奂即位,进封他为阳乡侯,增加食邑一千户,连同以前所封共二千五百户。升为司空,王观坚决推辞,朝廷不许,派使者到他家去授予官职。就任只几天,即上交官印绶带,然后立即坐车直奔老家而去。最后在家里去世,遗嘱只要墓穴足够容纳棺材,不用明器随葬,墓上不做封土也不植树。谥号为肃侯。其子王悝承嗣。咸熙年间,开设五等爵位,因为王观在前朝功勋卓著,改封王悝为胶东子。

评：韩暨在野即隐居静修以推广教化，出仕则以胜任职务而广受赞誉；崔林简约朴实却有过人一等的智慧才能；高柔对法律原理有通明透彻的了解；孙礼刚强果敢并且质直严厉；王观正直清廉始终品行高洁：都进入了三公宰辅的行列。至于韩暨年过八十还出任司徒；高柔保持官位二十余年，以元老年纪寿终正寝才终结职位；二人与徐邈、常林相比，这点上只怕要有些问心有愧的了。

辛毗杨阜高堂隆传第二十五

辛毗，字佐治，颍川郡阳翟县人。他的先人于建武年间从陇西东迁而来。辛毗随哥哥辛评依附袁绍。曹操任司空，征聘辛毗，而辛毗不能从命。到袁尚在平原进攻他的哥哥袁谭之时，袁谭派辛毗去找曹操连和求援。曹操正要征讨荆州，军队驻扎在西平。辛毗见到曹操，转达了袁谭的意图，曹操十分高兴。几天后，曹操改变想法决定还是先平定荆州，让袁谭、袁尚相互消耗。隔天曹操设宴款待，辛毗观察曹操脸色，心知定有变故，于是把心中的疑问告诉了郭嘉。郭嘉又说给曹操，曹操问辛毗："袁谭可信吗？袁尚一定能被打败吗？"辛毗回答说："您不必问真与诈的问题，直接讨论其间形势就够了。袁氏本来是兄弟之间的相互攻伐，不认为他人可以乘虚而入，只以为天下可由他们自己定夺。现在既然袁谭要向您求救，其势可想而知。袁尚明明看到袁谭困顿却不能攻取，这说明袁尚也已经精疲力尽了。对外进攻有败无胜，谋臣在内你争我斗，兄弟手足自相残杀，大好疆土一分为二；连年无休无止的交战，以至于士兵的铠甲里都生了虱子，加上旱灾蝗灾，饥荒临头，国家粮仓形同虚设，士兵行军打仗没有可供携带的余粮，真可谓上应天灾，下有人祸，无论上智下愚，都知道他们即将面临土崩瓦解的局面，这正是上天要袁尚灭亡的时机。兵法所谓城池固若金汤甲兵超过百万而没有粮食支持，就是一支无法坚守的军队。而今若前往攻打邺城，袁尚不回师救援，邺县就能自行守住城池。袁尚若回师救援，那么袁谭就将尾追不放。凭借您的声威，攻打穷困疲惫的敌人，跟秋风扫落叶又有什么分别。上天把袁尚这件礼物交给了您,您不趁机消灭他反而要去攻打荆州。荆州物产丰富人民安乐,郡国上下没有空子可钻。仲虺说过:'攻取乱亡之地。'而今二袁不考虑未来而自相残杀,可以说是乱了;家居的人没有食物,出行的人没有干粮,可以说是亡了。二袁朝不虑夕,百姓的生存也到了无以为继的时候,此时不去纠集安抚,还想等待以后;来年万一收成好了,他们又醒悟到灭亡的危险,洗心革面修炼美好的德行,您就会失去用兵的机会了。而今顺应袁谭的求救而给予安抚,对您来说没有比这更有利可图的事了。再说四方的对手还没有比黄河以北的袁氏更强大的;河北之地平定了,那么您的军威将就此强盛而使得全天下闻风失色。"曹操说:"说得有理。"于是同意袁谭的请求,屯兵黎阳。第二年攻打邺城,攻克后,上表荐举辛毗为议郎。过了很长时间,曹操派遣都护曹洪平定下辩,让辛毗和曹休当参谋,下令说:"从前汉高祖刘邦贪财好色,张良、陈平曾纠正他不少过失。而今辛佐治、曹文烈的责任不轻。"大军返回,辛毗任丞相长史。

　　文帝曹丕受禅登极,辛毗升为侍中,赐封为关内侯。当时朝议修改正朔。辛毗认为曹魏遵循的是虞舜、夏禹禅让的传统,顺乎天意民心;至于商汤、周武,靠武力取得天下,因此才改变历法制度。孔子说"依据夏朝的历法制度",《左氏传》说"夏朝的历法与天地气象相适应",何必要向相反的方向修改。文帝认为他的话有道理而加以采纳。

　　文帝打算迁移冀州的十万户士人充实河南。当时连年蝗灾,百姓饥饿困顿,群臣都认为不可移民,而文帝态度极为坚决。辛毗与朝臣们一起求见,文帝知道他们又要劝谏,就带着满脸怒气与群臣相见,大家没有敢说话的。辛毗说:"陛下要移居士民,这个想法是怎么产生的呢?"文帝说:"你认为我迁徙他们有什么不对吗?"辛毗说:"确实是不对。"文帝说:"我不跟你讨论此事。"辛毗说:"陛下不认为我才能低下才把我置于您的旁边,专管出谋划策,又怎么能不跟我共议此事呢!我所说的并非私事,是关系国家社稷的忧患呢,你怎能对微臣如此发怒!"文帝不吱声,起身要进内室;辛毗跟上去拉住文帝的衣襟,文帝用力甩开辛毗的手不肯回头,过了许久才出来,说:"佐治,你为什么这么急切地逼我呢?"辛毗说:"现在大举移民,既失去民心,又没有粮食供给他们。"文帝于是决定只迁移五万人家。辛毗曾跟文帝射猎山鸡。文帝说:"射山鸡真是件令人快乐的事啊!"辛毗说:"射山鸡于陛下确实十分快乐,对于众臣民来说就非常痛苦。"文帝默然不语,以后就很少出来打野鸡了。

上军大将军曹真到江陵征伐朱然,辛毗代理军师。返回后,辛毗被封广平亭侯。文帝准备调动大军讨伐东吴,辛毗劝谏说:"吴、楚百姓,很难驯服和驾驭,政治兴盛他们才最后服从,政治污秽他们就率先叛离,自古如此,这种忧患倒并非始于今日。而今陛下拥有天下,那些不对您致敬的人,能长久地存在下去吗?从前南越尉佗称帝,公孙述号称天子,结果时间不长,一个臣服,一个被杀。为什么呢?违背大道所以难保长久,如有大德是没有谁敢不心悦诚服的。而今天下刚刚有所平定,土地空旷,百姓稀少。一般情况下,如果要出军讨伐,朝廷必须事先制定克敌制胜的谋略,尽管这样,到出兵时还是要战战兢兢,深怕考虑不周,何况眼下连长远谋略还有欠缺,我实在看不出优势何在。先帝不止一次兴师动众,但每次只是打到江边就返回。如今军队人数并没有比过去增加多少,而又仿效过去的办法,是不易取胜的。考虑眼下迫切的军国大计,没有比遵循范蠡的办法让百姓休养生息,效法管仲的成法以充分发挥群臣治国,采取赵充国的屯田致富策略,申明孔子的怀远方针更好的了;如能这样,十年以内,现在强壮之人还不太老,现在七八岁的儿童又到了可以参战的年龄,百万民众都心怀正义,将士都只想为国奋战,然后用兵,则无往而不胜了。"文帝说:"按照你的意思,难道还要把敌人留给我们的子孙去消灭吗?"辛毗回答说:"以前周文王把商纣留给周武王消灭,他是深知时势的。如果时势不成熟,容得了这样吗!"文帝执意率众伐吴,结果到了长江边就无功而返。

明帝即位,进封辛毗为颍乡侯,食邑三百户。当时中书监刘放、中书令孙资受明帝宠信,专断朝政。大臣们无一不想方设法跟他们沟通交好,只有辛毗不与这二人往来。辛毗的儿子辛敞劝道:"而今刘、孙当权执政,众人都对二人如影附形,大人您应该稍稍屈尊,做得随波逐流一点;要不然必定要有诽谤的言论为您而起了。"辛毗表情严肃地说:"当今皇上虽然说不上耳聪目明,可也不是个昏庸顽劣之辈。我立身行道,自然明白主次先后。就算我与刘、孙二人不和,最多不让我做三公而已,对我来说这又算得上什么危害?哪有大丈夫为了三公名位不惜自毁气节的呢?"冗从仆射毕轨上表说:"尚书仆射王思是很勤奋敬业的老臣,但在忠诚磊落和方法策略方面不如辛毗,辛毗理应取代王思的职位。"明帝为这事询问刘放、孙资,刘、孙回答:"陛下任用王思,需要的本来就是王思埋头苦干不重虚名的精神。辛毗确实磊落正直,但性格刚强作风专断,这是陛下应当慎重考虑的问题。"于是明帝不用辛毗。随后还将他调出担任卫尉。

明帝正在大修宫殿,百姓服役十分劳苦,辛毗上疏劝谏道:"我听说诸葛亮讲武治军,孙权到辽东买马,估量他们的意思,似乎要与我们争个高低。刻意预防不可预料的变故,这是古来就称道的善政,而今却大举营建宫殿,加上连年粮食欠收。《诗经》上说:'人民已经极度辛劳,应使他们略为安康,爱护这些中原百姓,以便安抚六合四方。'深愿陛下多为国家社稷着想。"明帝回答说:"东吴、西蜀还未平定而这里却在大兴土木,正是直言敢谏者立功扬名的大好时机。帝王的都城,理当让老百姓分担劳役共同修筑,使得后世无需有所兴建,这是萧何为汉朝国都规划的基本策略。而今你身为大魏朝廷的重臣,也应当清楚了解这一主旨。"明帝又想削平北芒山,令人在山顶上建造高台楼观,以便遥望孟津。辛毗上谏说:"天地有其本来的品性,该高的让它高,该低的让它低,而今反其道行之,本来就有违自然法则;再加上劳民伤财,百姓们不堪劳役之苦。再说,况且万一大河及其支流涨水决堤,洪水泛滥成灾,而山陵都已夷为平川,将拿什么来抵御它呢?"明帝这才停止。

青龙二年,诸葛亮率军出击渭南。在此之前,大将军司马懿反复请求出兵与诸葛亮作战,明帝始终不予批准。这一次明帝担心再难禁止,于是任命辛毗为大将军军师,使持皇帝符节镇军;全军肃然,一切听从辛毗的节度,没有谁敢违抗命令。诸葛亮病死于军中,辛毗回朝仍做卫尉。去世后,谥号为肃侯。其子辛敞承嗣,咸熙年间担任河内太守。

杨阜,字义山,天水郡冀县人。以州从事身份受凉州牧韦端委派出使许都,朝廷任命他为安定郡长史。杨阜返回,关西诸将问他袁绍和曹操谁将取得胜利,杨阜说:"袁公宽容而不果断,喜欢计谋而缺乏决断;办事游移不定就难以建立威信,迟疑不决就会丧失对后续大事的正确把握,所以尽管眼下势力强大,终究不可能成就大业。曹公具有雄才大略,并且行事果断,法度专一而兵马精炼,能任用常人想不到的各种人才,而这些人又各尽其能,所以曹公一定能成就大业。"长史并非他所喜欢的职位,于是辞职。此时韦端被征召为太仆,他的儿子韦康代任刺史,就征召杨阜为别驾。被举荐为孝廉,要征召到丞相府,州里上表留下他参谋军事。

马超在渭南战败之后,逃往胡人聚居区谋求自保。曹操追到安定,苏伯又在河间反叛,曹操准备率军东还。杨阜此刻正作为使节来到曹营,他对曹操说:"马超有韩信、黥布的勇猛,极得羌、胡等族人的拥戴,西部的人都很敬畏他。如果您的大军回师东去,而不做严密的准备的话,陇上诸郡恐怕就不再是国家所有的了。"曹操深表赞同,但是军队撤离得很仓猝,缺乏周密的防御部署。马超率各部胡人首领攻打陇上诸郡县,各郡县都纷纷响应,只有冀城拥护州郡官员坚决守卫。马超搜罗了陇右的全部兵力,张鲁又派大将杨昂协助马超,大约有万余人,攻打冀城。杨阜率领官员和宗族子弟中能打仗的有千人,又让堂弟杨岳在城上修筑偃月式营盘,与马超接战,从正月坚守到八月而救兵不至。州刺史派别驾阎温沿水路逃出求救,被马超杀害,于是刺史、太守都惊慌失色,开始考虑向马超投降。杨阜流泪劝谏说:"我们率领父兄子弟以节义互相激励,宁死而没有二心;当年田单死守的即墨,城池还没有现在的冀城坚固。而今放弃马上就要建立的功名,给自己蒙上不义的罪名,我情愿以死坚守到底。"于是号啕大哭。刺史、太守最终还是求和,打开城门迎接马超。马超进城,把杨岳抓起来,又让杨昂杀死刺史和太守。

杨阜内心怀着向马超复仇的志向,只是一时找不到机会。不久,杨阜以妻子亡故的理由请求休假。杨阜的表兄姜叙屯兵历城。杨阜少年时在姜叙家长大,去见姜叙和他母亲,述说了冀城陷落的经过,哽咽流涕,悲不自胜。姜叙说:"你也用不着这样吧?"杨阜说:"守城而不能保全,君长已死而不能追随,我还有什么脸面在世上苟且偷生!马超背逆父亲背叛君王,残杀州将,这何止是我个人怕受人指责,全州士大夫都要蒙受耻辱。您带兵专管一方却没有诛讨叛贼之心,这就跟赵盾未曾弑君却被史官大书'赵盾弑其君'的内在原因没有任何区别。马超强大而无信义,破绽不少很容易被打败。"姜叙的母亲感情激昂,敦促姜叙听从杨阜的劝说。计议已定,姜叙便联络同乡姜隐、赵昂、尹奉、姚琼、孔信,以及武都人李俊、王灵等共同谋划,约定讨伐马超的日期,又派堂弟姜谟到冀城告知杨岳,并联络了安定的梁宽,南安的赵衢、庞恭等。盟誓以后,于建安十七年九月,杨阜和姜叙在卤城起兵。马超闻讯后亲自率军出击。而赵衢、庞恭等解救出杨岳,关闭冀城大门,诛讨马超的妻子儿女。马超袭击历城,抓住了姜叙的母亲。姜母骂马超说:"你这个背叛父亲的逆子,杀害君长的叛贼,天地岂能容你长久作恶,你不早死,还敢在大家面前抛头露面吗!"马超大怒,杀死了姜叙的母亲。杨阜与马超作战,身上五处受伤,宗族兄弟七人战死。马超于是南逃投奔张鲁。

陇右平定,曹操封赏讨伐马超的功臣,封侯的有十一人,赐封杨阜为关内侯。杨阜推辞说:"我杨阜的君长在世时我没有尽力保全的功劳,他们被害之际我也没有尽节献身,在道义上该当遭贬退,在法理上应被诛杀;而马超又没被杀死,我不应该随便接受爵禄。"曹操回复说:"你与群贤共创大功,西部百姓至今传为美谈。子贡辞让封赏,孔子认为那是损害善举。请你放开心胸顺从国家的封赏命令吧。姜叙的母亲劝姜叙早日起兵,她的远见卓识达到如此程度,即使拿杨敞的妻子作比也丝毫不能过分。实在是了不起的德行,令人崇敬啊!优秀的史官记录历史,这一切必定不会有所遗漏的了。"

曹操征讨汉中,命杨阜为益州刺史。返回,又任命他为金城太守,尚未启程赴任,又转任武都太守。武都临近西蜀,杨阜请求依据袭遂的老办法,仅仅采取安抚政策。适逢刘备派张飞、马超等从沮道逼近下辩,氐族雷定等七个部落响应马超群起造反。曹操派都护曹洪抗击马超等人,马超等人退回。曹洪大摆酒宴,让歌舞倡优穿着薄可见肉的罗衣,踏行鼓上翩翩起舞,在座者都边看边笑。杨阜厉声责备曹洪说:"男女有别,这是国家的根本纲纪,怎么能在大庭广众面前让女人裸露形体!即使夏桀、商纣的败乱,也不会比这更严重不堪。"于是振衣辞出。曹洪马上停止女乐,请杨阜还座,在座的无不肃然起敬而对杨阜心生畏惧。

刘备攻取汉中以逼下辩,曹操考虑到武都孤立而遥远,打算迁治移民,但又怕当地官吏百姓眷恋故土。杨阜的威信一向受人称道,先后将一万多户汉人和氐人,迁往京兆、扶风、天水等郡,把郡治移到小槐里,百姓竟扶老携幼相随。杨阜治理政务只管大事,属下也没有人忍心欺骗他。文帝曹丕问侍中刘晔等人:"武都太守是个怎样的人?"刘晔等人都一致称赞杨阜有担任三公职位的节操。还未来得及任用,文帝恰好驾崩了。在郡府呆了十几年,才被召任为城门校尉。

杨阜经常看见明帝戴着绣帽、穿着缥绫做的短袖衣服。杨阜问明帝:"这是礼法所规定的哪种服饰呢?"明帝默然不答,之后不穿礼服就不见杨阜。

杨阜升任将作大匠。此时明帝已开始大建宫殿,并广选美女以充实后宫,还不断出宫到禁围中巡猎。这年秋天,大雨雷电,很多鸟雀被雷电击毙。杨阜上书说:"我听说圣明君主在位,群臣都能直言不讳。唐尧、虞舜都是圣明的君主,他们还主动征求群下的批评劝谏;大禹勤于事功,一心降低宫室的规格;成汤遇上旱灾,当即引咎自责;周文王先给自己的妻子做好榜样,然后才进而治理国家;汉文帝亲行节俭,身穿粗布衣服:所有这些例证都是能听取好的建议,为子孙后代殚精竭虑的举措。臣下诚愿陛下能遵奉武皇帝开拓的伟业,恪守文皇帝始终如一的传统,确实应当向历往古圣先贤的善政看齐,总观末代帝王放荡亡国的恶政。所谓善政,就是指崇尚节俭,

看重民力;所谓恶政,就是指尽力放纵自己的欲望,有人触犯了自己就发怒。诚愿陛下细心考察古代治世所以昌明兴盛,到了它们的末世所以衰弱以至灭亡的原因,就近观察汉末的变乱,就足以引起心灵的震撼和理智的警惕了。昔日假定汉桓帝和汉灵帝不废弃汉高祖的法度,以及文帝、景帝奉行节俭的举措,那么我朝太祖即使再英明伟大,又能到哪里去施展其才能呢?而陛下又凭借什么有如此尊贵的帝位呢?当今吴、蜀还未平定,大军还在边境作战,愿您行动时要三思而后行,出入亦应特别慎重,根据古代的成败来作为治理朝政的借鉴,说起来好像轻易,涉及的成败其实十分重大。近来天降大雨,来势大多急骤猛烈而且雷电反常,以至于击毙鸟雀。天地神明,视君王为自己的儿子,凡是王政失当,它就会以灾害表示谴责。应该及时克制反省自己,这是圣人记述的道理。愿陛下在忧患还没有发生以前就早做思考,在事情初露端倪时就谨慎对待,效法汉文帝放出惠帝后宫美人的举措,把不必留在宫里的美女放出宫去听凭她们各自嫁人;不久前征选入宫的小女孩,远方人听了名声不好,应该做长远打算。修建宫室和制作器物,一定要本着节约的原则。《尚书》说:'九族既已敦睦,就能协和万国。'凡事应考虑周全,拿出恰当妥帖的办法,精心筹划,以便节省费用。平定吴、蜀以后,那时皇上安心而百姓也得欢乐。如此下去,祖先也会欢心,尧舜恐怕也找不出什么毛病!今后应开启信义于天下,安抚百姓,用以昭示边远之人。"当时雍丘王曹植深怨诸侯地位低贱,认为藩王之间本属至亲,却受到法令的严酷隔绝,所以杨阜又上书称述九族亲睦的要旨。魏明帝下诏回复杨阜说:"看过密表,先是陈述古代明王圣主业绩,用以讽刺昏暗的政治,言辞切直,心地坦诚。我退思补过,将有所匡正,会尽可能细致周全。看到你用心良苦的忠言,我特别嘉许。"

  后升任少府。这时大司马曹真率兵伐蜀,因遇连续雨天不得前进。杨阜上疏说:"从前周文王时有赤乌那样好的征兆出现,但他尚且忧虑得到了日色西斜还顾不上吃饭;武王伐纣时,有白鱼跳进船里的吉兆,君臣都为之变了脸色。行动时有吉祥征兆出现,他们还如此忧虑不已,更何况实有灾异又怎能不为之战战兢兢呢?而今吴、蜀未平,而天灾不断,陛下应当深刻反省,专精应答,侧席而坐,用德行昭示远方,用节俭安抚内部。大军刚刚出发就遇上大雨,被阻隔滞留在艰险的崇山峻岭之中,已经有很多天了。转运粮草的劳顿,肩挑背负的痛苦,耗费的已经超过预期,如果不能提供后继,一定事与愿违。《左传》说:'见可而进,知难而退,军之善政也。'徒然将大军困在山谷之中,进退不能,这不是用兵的道理。武王见白鱼入船而还师,殷商最终还是被灭掉,这是武王懂得天意的表现。如今年成歉收,百姓饥苦,应发布圣明诏令,减损宫廷中食物和衣服的花销,技巧珍玩之物,都可以撤销。从前邵信臣在天下太平的世道担任少府,但还是奏请抑制撤除不事耕作而食的闲人;而今军队用度不足,更应加大节制调控。"明帝下诏让各路大军班师。

后来皇帝下诏让大臣议论哪些政治措施不便于民,杨阜认为:"要取得好的政治在于任用贤人,使国家振兴的根本在于致力农桑。如果放着贤人不用而只用自己的亲信,自然是最糟糕的政治了。为了使宫殿开阔轩敞,以及亭台水榭高耸入云,因此妨害百姓们正常的生产活动,自是对农业最大的伤害;各种工匠不务正业,而是竞作奇巧,以迎合皇上的私欲,自然是对国家根本大计的最大危害。孔子说:'苛政猛于虎。'现在那些拘守功利安于习俗的官吏,治理国家的时候都不了解治政的基本规则,一味喜好烦琐和严厉,这是最为乱民的问题了。当务之急是要根除忘治、害农、伤本、乱民这四大弊端,昭示于公卿百官与各州郡及藩国,推举贤良方正、朴实敦厚的士子并任用他们,这也是求取贤能的途径之一。"

杨阜又上疏,想弄明白后宫没被明帝临幸的宫女数量,于是召集御府吏问后宫人数。御府吏遵守旧时规定,回答说:"这是宫禁机密,不能泄露。"杨阜大怒,对这官吏着实杖责一百,并数落说:"国家都从来不对九卿保守什么机密,怎么到了一个小小府吏这里反倒有了九卿不能知道的机密么?"明帝听说这事之后更加敬畏杨阜了。

明帝的爱女曹淑,未满周岁就夭折了,明帝十分悲痛,追封曹淑为平原公主,在洛阳专为她修庙,把她安葬在南陵。明帝还打算亲自送葬,杨阜上疏说:"文皇帝、武宣皇后驾崩,陛下都不去送葬,原因在于必须关注国家安危、要随时防备不可预知的事变。而今只是一个小孩的丧事,为何竟可以打破常规亲自前去送葬呢?"明帝没有听从。

明帝在许昌建好新宫之后,又动工营建洛阳城的宫殿观阁。杨阜上疏说:"尧居茅屋而天下人安居,禹住在低矮的宫室里而百姓乐业。到商代和周代,有的宫室的台阶高仅三尺,开间可容纳九张竹席而已。古代的圣明帝王,没有谁为了给自己建造高大华丽的宫殿而让百姓们生计凋零财力枯竭的。夏桀修筑璇室、象廊,商纣建造倾宫、鹿台,他们都因此弄到亡国。楚灵王因为修筑章华台而身受其祸;秦始皇营造阿房宫而殃及其子,致使天下背叛,帝位才传到第二代就灭亡了。凡是不估量人民财力,一味放纵声色欲望的,没有不自取灭亡的。陛下应当效法尧、舜、夏禹、商汤、周文王、武王,深刻吸取夏桀、殷纣、楚灵王、秦始皇的教训。高高在上,当修德行。要谨慎地守护王位,才能继承祖业,否则巍巍皇权,或者有可能因此丧失。不是早晚警惕,抚恤臣民,相反只顾自己安闲享乐,专意于扩建装饰华丽的宫室,是一定会有国家颠覆社稷危亡的灾患。《周易》上说:'盖起大屋,遮蔽其家,从窗外往里张望,寂寂然了无人迹。'君王以天下为家,这里说的盲目修建大屋的灾祸,终究会是有其家而无人居住。而今吴、蜀结为同盟,谋划危害我们国家,国家十万大军,忙于东遮西挡,边境就没有过一天安逸的日子;百姓不能从事农业生产,人民面带饥色。陛下不忧虑这些大事,而是大兴土木建造宫室,没有停止的时候。如果国亡而为臣可以单独活下来,我也就不说什么了;但君王为首领,大臣为肢体,存亡合一,得失与共。《孝经》说:'天子若有七个敢于直谏的大臣,就算是社会纷乱政治黑暗,他也不会失去自己的天下。'我虽然愚笨怯弱,又怎敢忘记做直言劝谏之臣的大义呢?言语不切直尽理,就不足以感动陛下。如果陛下不能认真思量臣子规谏的内容,恐怕魏国延续两代的福运会就此戛然而止。假如用我一个人的死亡而对国家有万一的匡正补益,那么我死去的日子就如同是我重生之际。我已经准备好棺材并且沐浴完毕,俯伏在地敬候陛下的诛杀。"明帝为他的忠言而感动,亲笔写诏书作答。每当朝廷会议大事，杨阜总是侃侃而谈，以天下为己任。反复直言规谏，明帝始终不肯采纳，于是多次乞求退位，明帝也不批准。到杨阜去世的时候，家里没有多余的财产。由他的孙子杨豹继承封爵。

高堂隆，字升平，泰山郡平阳县人，是鲁国高堂生的后代。少年时为儒生，泰山太守薛悌任命他为督邮。郡里的督军和薛悌争论，直呼薛悌的名字来呵责他。高堂隆按剑呵斥督军说："从前鲁定公受到侮辱，孔子两次登阶陈辞；赵王被要挟弹奏秦筝，蔺相如奉盆缻让秦王演奏。当着臣下面而直呼长官的名字，按道义应该声讨你。"督军一听这话顿时面无人色，薛悌也大惊起身制止他。后来高堂隆辞职，到济南避难。

建安十八年，曹操征召他为丞相军议掾，后任历城侯曹徽的文学，转任历城国相。历城侯遭遇曹操的丧事，并不哀痛，反而策马四处游猎；高堂隆根据礼义给予严正劝谏，尽到了辅佐侯王的职责。黄初年间，任堂阳长，经推选担任平原王曹叡太傅。曹叡即位，就是明帝。明帝命高堂隆担任给事中、博士、驸马都尉。明帝刚登极，群臣中有提议应大摆筵宴的。高堂隆说："唐尧、虞舜去世时百姓悲哀得三年静绝音乐，殷高宗因考虑兴复殷室而三年不言政事，因此德行深厚，能光照四海。"他认为不宜举办宴会，明帝恭敬地采纳了他的意见。后任陈留太守。犊民西牧，年纪已七十余岁，德行高尚，高堂隆推举他担任计曹掾；明帝嘉许西牧，又特别任命为郎中以表示显宠。征召高堂隆入朝任散骑常侍，赐封关内侯。

青龙年间，明帝大建宫室，派人西行去取长安大钟。高堂隆上疏说："从前周景王不效法文王和武王的贤明德政，忽视周公旦的圣人法制，既铸造了大钱，又建造大钟，对单穆公的劝谏不肯采纳，泠州鸠批评时也不理会，就此执迷不悟，周朝国运因此而衰弱，优秀的史官将这些记录在案，作为后人永久的借鉴。但是，今天一些小人，喜欢叙说秦、汉奢侈靡丽的生活以迷惑皇上，而求取大钟这样不遵礼度的亡国之器，辛劳百姓并耗费财力，因此有损伤德政，这不是所以兴和礼乐,确保神明美好的途径。"这天,明帝巡视上方,高堂隆与卞兰随行。明帝把高堂隆的奏章交给卞兰,让卞兰责难高堂隆说:"兴衰在于政治,这跟音乐扯得上什么关系?政教的昏暗不明,怎么又会是大钟的罪过呢?"高堂隆说:"礼乐,是为政治国的根本大事。所以箫韶九奏,凤凰来朝,雷鼓六变,天神降临,政治所以稳定,刑法得以实施。这是和乐到极点的明证。新作的乐曲奏响,商辛一命呜呼;大钟铸成之际,周景王衰败之时,存亡关键,都纠结于此,怎么能说无关乎政治的兴衰呢?君王的一举一动都要载入史书,这是自古以来的规矩,君王的行为不合常道,如何可以表率后人?圣帝明王都乐意听到别人对自己缺点错误的批评,所以才有箴言规谏的途径;忠臣愿意尽心竭力以保全节操,所以才有不顾自己安危的义举。"明帝认为他说得有理。

高堂隆迁任侍中,仍兼太史令。崇华殿发生火灾,明帝下诏问高堂隆:"这是什么灾祸呢?按礼法,难道有求福消灾的办法吗?"高堂隆说:"凡是灾变的出现,都是借此向人们申明教诫,只有遵行礼义修炼德行,才可以战胜它。《易传》说:'上头不节俭,下边纷纷效法,大火将会烧掉其房屋。'又说:'君修高台,天火作灾。'这是因为君王只知道修缮宫室,不知道百姓的困苦,所以上天应之以干旱,大火从高殿烧起。上天降下鉴戒,让灾异告诉陛下;陛下应该尊崇人道,爱惜民力,以应答天意。从前太戊时有桑谷生在朝廷,武丁时有野鸡飞到鼎上,他们都一听到灾异便心怀恐惧,倾侧其身以修炼道德,三年以后,远方的部落也来朝贡,所以称他们为中宗、高宗。这是前代明鉴。今考查过去的占卜,凡是火灾发生,都是因为修建台榭宫室产生的告诫。然而现在之所以要大修宫室,实在是因为后宫人数太多的缘故。应当把那些有才德的人留下来,比照周朝的后宫人数制度就可以了,其余的都放出去。这也就是祖己之所以要训导高宗,而高宗之所以流誉久远的根本原因。"明帝又下诏问高堂隆:"我听说汉武帝时,柏梁台发生火灾,武帝反而大修宫殿予以镇压,这又是基于什么道理呢?"高堂隆说:"我从《西京赋》上读到:'柏梁既灾,越巫陈方,建章是经,以厌火祥。'兴建建章宫以镇压火灾所显示的不祥,实是夷越巫师蛊惑武帝的结果,决非出于圣贤的训诫。《五行志》说:'柏梁台火灾,其后即有江充巫惑卫太子的祸事发生。'据《五行志》所述,越国巫师劝汉武帝修筑建章宫以压火灾,并没有起到任何作用。孔子说:'灾异按类与人们的行为相感应,人神相感,用以惩戒君主。'因此圣贤往往见有灾异就引咎自责,连忙修养德行,从而消减灾异的危害。当今应停止百姓徭役。宫室规格,应力从俭约,只要内能抵御风雨,外能讲求礼仪就行。清扫一下灾祸发生的地方,不再在该处兴建宫殿,葽莆嘉禾一定会从这里生长,用以回报陛下诚信礼敬上天的品德。怎么可以让百姓们为劳役疲惫不堪,并且耗尽人民的资财呢!这实在不是引致祥瑞而招抚远方的措施。"明帝还是修复了崇华殿,当时郡国奏称出现了九条龙,所以改名九龙殿。

开始建造陵霄阙的时候,有喜鹊在上面筑巢,明帝问高堂隆是什么缘故,高堂隆回答说:"《诗经》说:'喜鹊筑巢,鸠鸟来住。'现在兴建宫室,盖陵霄阙,喜鹊筑巢,这是宫室未盖成、陛下不能居住的征兆。天意像是说,宫室未成,将会有异姓人来控制它,这是上天的劝诫。天道是大公无私的,只是与善人相亲,不能不严加提防,不能不深刻反思。夏、商末世,帝王都是继位的,但他们不恭敬地听取上天的明训,只听信谗言,不修德政而放纵私欲,所以很快就亡国了。太戊、武丁,看见灾异而颤栗恐惧,赶紧听从上天的劝诫,所以迅速兴盛壮大。当今如果停止各种劳役,崇尚节俭,广施德政,行动遵循帝王的规则,为百姓兴利除害,那么,您就可以成为继三王五帝之后的伟大帝王,哪里仅止于殷王转祸为福的境界呢!臣下作为朝廷的心腹之臣,如果能辅佐陛下福运绵长,保全国家不受损害,即使身死族灭,就还是微臣的再生之年。我岂能惧怕犯下忤逆大罪给自己招来灭顶之灾,就让陛下听不到这样深切的直言呢?"于是明帝为之改容。

这年,有彗星在房心尾三宿间显得特别明亮。高堂隆上疏说:"凡是帝王迁都立城,都要首先确定天地社稷的位置,并恭敬地侍奉它。凡建宫室,首先应是宗庙,其次是车马库和粮仓,最后才是宫室。而今，圜丘、方泽、南北郊祀、明堂、社稷，这一切的神位都还未确定下来，宗庙制度也没有按礼仪实施，却急于修缮宫室，让官员百姓丧失了各自的本业。外边的人都说'后宫所需费用，与兴兵军费大体相当'。民不堪命，都含怨怒。《尚书》说'上天的视听依从民众的视听，上天的赏罚依从臣民的赏罚'，轿夫作颂，上天赐予五种福事，百姓怨怒悲叹，则天降六种凶事威恐，是说上天的奖赏与惩罚，都是依从民言，顺应民心。因此，临朝当政以安抚民众当先，然后遵从古代的教化，使之成为帝王、百官以及广大百姓共同遵从的准则，从古至今，无不如此。以不加斫削的柞木为梁建造低矮窄小的宫室，唐尧、虞舜、大禹因此能垂范后世；修筑玉台琼室，夏桀、商纣因此冒犯上天。今天的宫室规格，确实有违礼仪法度，而且修复九龙殿，其华丽装饰又大大超过了它的前身。彗星在房心尾三宿间发光，进犯帝王星宿而旁及紫微垣，这是上天宠爱陛下，才向您发出劝诫的征象，始终都停留在尊位，殷勤郑重，想务必以此使陛下感悟；这是慈父般恳切备至的训诫，应当尊崇孝子事母般的恭敬惶恐的礼仪，让全天下从陛下这里开始率先实施，从而明白宣示给后世引为鉴戒，不应漠视不理，而加重上天的愤怒。"

当时国家与吴、蜀二国之间的战争频繁，用刑用法严峻苛刻。高堂隆上疏说："大凡开疆拓土承袭帝业，一定得等圣明君主才能实行，夹辅天子匡正朝政，也必须得有贤良之臣才能实现，因为只有这样的人才差不多可以继续光大前人的成就而令万物安治。大凡移风易俗，倡明教化，使四海同风，远近臣服，使道德教化趋向光明，让全国各地都仰慕道义，这本来就不是那些俗吏所能做到的。如今的官吏只知纠缠刑律条文，不研究治国的根本方略，因此刑法施用而无实效，世风颓弊而难以回归到敦厚笃实的状态。当务之急应当是推行礼乐，崇叙明堂，修辟雍、明堂、灵台等三雍，推行大射、养老等礼仪，营建郊庙，尊重儒士，推举隐逸名流，制定各种礼仪，修改正朔，重订服色，倡导孝顺友爱，崇尚节俭朴实，然后礼仪周备而实施封禅，把功劳归于上天和大地，让雅颂之声传遍四面八方，使光明的教化垂范于后世。这才是最好的政治，也才是不朽的盛事。如此则四海之内，可以在礼乐文德的熏陶下达到大治，那还有什么可值得忧虑的呢！不是致力于正本清源而只关注些细微末节，这就像把纷杂的丝线揉成一团一样，绝非正确的治政道理。可以命令朝廷官员和通经大儒，制定切实可行的规则，作为国家治理的法式。"高堂隆还认为，修改正朔，规定服色，改换徽号，变动器械，这是自古以来的帝王为了新人耳目、改弦易辙的基本办法。所以三春称王，无非是要显明天统、地统、人统等不同的历法制度。于是又铺陈论述旧的规章制度，上奏相关的改变方略。明帝听从了他的建议，将青龙五年春三月改为景初元年孟夏四月，朝服改为尚黄，祭牲尚白，按地正建丑，以农历十二月为正月。

后升迁光禄勋。明帝更加大肆修筑宫殿，雕饰观阁，凿取太行山的石英，开采谷城的文石，在芳林园建造景阳山，在太极殿北筑起昭阳殿，又以黄龙、凤凰等奇特伟岸的形态铸为脊兽，用以装饰金墉殿、陵云台和陵霄阙。名目多样的劳役频频兴起，为殿阁建设服务的百姓多达万余人，公卿大臣以至于学生，没有谁不为此出力的，明帝甚至于亲自挖土作为表率。而就在此时发生了辽东不肯朝贡的事件。悼皇后驾崩。天雨绵绵不绝，冀州大水决堤，漂没百姓财物。高堂隆上疏恳切劝谏道："所谓'天地间最大的品德是生命，圣人最大的宝物是权位。拿什么守住权位？用仁。该怎样聚集万民？用财'。人民，是国家的宝物；粮食布帛，是人民的生命。没有好的年成谷物不会丰收，没有劳力投入其中，衣物也不可能制造完成。因此帝王有亲耕以鼓励农业生产的仪式，皇后有亲自采桑以促进女红纺织的举措，就是要向上帝表明，子民们将以虔诚的努力以报答上天的恩德。从前在唐尧之时，阳九数穷，厄运四起，洪水滔天，派鲧去治水，没有成效，于是又推举大禹，随山砍树开辟通道，前后经历了二十二年。灾异之严重，没有再超过那个时候的，而百姓劳作勤苦的年月，也没有比那时更长久的了。而尧、舜及其君臣，却只是面南而坐发号施令而已。大禹分设九州，士大夫和普通百姓，功臣与普通官吏都有不同的等级，君子小人，各有服饰。而今并没有大禹时那么危急，却动用了公卿大夫与民众一起从事土木兴建工作，周边邻国若是听说了,不会是什么美好的声誉,载入史册,也不会是什么流芳后世的好事。因此有国有家的人,就近的取法于身,远处的取象于物,致力于温馨养育,所以有'和乐平易君子啊,是人民的父母'的说法。而今上下劳苦,疾病荒灾,没有几个人能够安然地耕耘稼穑,饥荒并至,许多人年头不知道该怎样熬到年尾;应当给予哀怜抚恤,以解救民众的困苦。

"我观览古书所载,天人之间,没有不发生感应的。因此古代圣君明王,都敬畏上天的神明,遵循阴阳的逆顺规律,兢兢业业,戒慎自持而唯恐有所违失。然后国家因此兴旺,德行与神明相辅相成;一旦发生灾异,立即怀着恐惧戒慎之心修改政治弊端,没见过这样做还不能延长国运的。到了王朝末年,君主昏暗荒淫,不遵行先王法度,不采纳忠臣直言苦谏,一味恣意放纵个人私欲;对于灾变和上天的告诫如果还毫不在意,也很少不大祸临头,国家不遭遇颠覆的。

"天道方面既已清楚明白,请再听听人道方面的内容。七情六欲,人所共有,嗜欲、廉耻、坚贞,各居其中之一。本性发动,会先在内心深处争斗不已。欲望很强而意志薄弱,则情欲恣肆泛滥而有禁不止;精诚不能压制,就将放纵无度。情性的本意,自然是喜爱美好;而追求美好,没有人力不行,没有谷物绵帛也不能。如果情欲没有极限,就将出现人民疲困不堪驱使,物资枯竭难以满足欲求的局面。人民劳苦资源枯竭同时达到极限时,灾祸也就该来临了。因此不割舍情欲,就无法满足无止境的需求。孔子说:'人无远虑,必有近忧。'由此来看,礼仪的制定,不仅是坚守本分而已,而且还将带来远离灾害而振兴国家政治的影响。

"而今吴、蜀两个敌国,决不是地小人寡的小贼,而是占据山川天险,拥兵众多,各自僭号称帝,想和中原争一高低的对手。如果有人来禀报说:'孙权、刘备都在推行有仁德的政治措施,又亲行节俭,减省租赋,不习玩好,行动就询问年高贤德之人,办事则遵守礼仪法度。'陛下听闻之后,难道不会心生警惕并且厌恶他们所做的这一切,担心难以尽快剿灭而为国家大计感到忧虑? 如果禀报者说:'孙权、刘备都不行正道,奢侈无度,以无休止的劳役耗竭民力,用横征暴敛搜刮民财，人民不堪驱使，哀怨浩叹日甚一日。'陛下听说后，难道不会勃然震怒他们竟让我们无辜的人民疲困如此，而产生立即发兵讨灭他们的想法吗？其次，难道不会庆幸敌人疲弊而使得我们的征伐更加容易了吗？假定这样，那么也可以站在对方的立场加以揣度，事理的必然性也就彼此相差不会太远了。

"秦始皇不筑牢道德的根基而是修筑阿房之宫，不忧虑祸起萧墙而是修建万里长城，当那些君臣这样做的构想，也都是想创立什么万世基业，让子子孙孙长有天下；谁能想到一旦有匹夫振臂一呼，大好天下就顿时倾覆呢？所以微臣认为假如前代君主知道自己的所作所为必将导致败亡，他们也就不会这样做了。因此亡国的君主总认为亡不了，但终究还是灭亡；圣贤的君主总怕亡国，但终究不会亡国。从前的汉文帝称为贤主，躬行节俭，用实惠养育天下百姓，这种情况下贾谊仍上疏比喻，认为天下百姓实同倒悬，要为之痛哭的理由有一个，要为之流泪的理由有两个，要为之长叹的理由则有三个。更何况当今天下凋敝，百姓没有一石两石粮食的储备，国家也没有够吃一年的积蓄，而且外有强敌，六军不停息地奔驰于边境，而国内却大兴土木，州郡开始骚动不安，如果出现敌人入侵的紧急情况，我担心那些修筑宫殿的士民只怕不能为杀敌卫国而舍生忘死了。

"再说，将吏的俸禄已逐渐折减，比之于过去，不过五分之一而已；凡已离职者不再供给官粮，不应缴纳的财物也比过去增加一半：这说明现时官府的收入是过去的两倍，但是供给正常使用的费用却比过去减少了三分之一。而花销用度还是每每不足，牛肉小赋的征收居然前后不断。反而推之，这些费用，都一定用在其他的某个地方。况且大凡用于俸禄赏赐的谷物和衣物，是君主用以惠养官吏和人民同时也是为后者掌握命运的东西，如果而今有所废减，那跟夺去他们的性命没什么区别。已经得到了而又重新丧失，这就是产生怨恨的根源。《周礼》说，大府掌管九赋之财，以便分配使用，收入有一定的法度，支出有一定的归宿，不互相干预计算而用度各自满足。满足各种用度之后，才用多余的财产，供君王玩好。又天子用财,必须要由主管财政经济的司会考察。而今陛下与同在朝廷治理天下的人,不是三公九卿,就是台阁近臣,都是皇上的腹心股肱,应当无所隐讳。如果发现财富的增减而不敢陈述,一味地根据命令左右奔走,惟恐承受不了,这就只是备位充数的臣子,不是鲠直可堪辅弼重任的良臣。从前李斯教秦二世说:'作为皇帝而不敢放肆,天下就好像是您的监狱一样。'二世遵循此言,秦朝因此亡国,李斯也遭灭族之灾。因此司马迁讥讽李斯不能循正道进谏,特别提出来告诫后世。"

奏疏呈进,明帝浏览之后,对中书监、中书令说:"看高堂隆这份奏疏,使我深感畏惧啊!"

高堂隆病势沉重,口述上疏说:"曾子有病,孟敬子去探望他。曾子说:'鸟快死的时候,它的叫声总是悲哀的;人将死的时候,他的言语总是和善的。'臣下卧病,一天比一天严重,常常担心突然死去,而自己的一腔忠言还没有来得及完全倾诉。人臣的赤诚,难道只有曾子一人?希望陛下稍稍听我几句善言,涣然纠正以前的过错谬误,勃然兴起将来的深远诚实,让天神与人民交相感应,远方异域慕义同归,则麟、凤、龟、龙等四灵就会来献珍宝,北斗星精就会光芒闪耀以显示吉祥,那么就连三王五帝都可以超越,哪里只是继承先君基业遵循先王法度而已呢。

"我常常痛心世间君主没有谁不想效法尧、舜、汤、武的治绩,结果却是重蹈桀、纣、幽、厉的覆辙,他们无不嘲笑末世昏乱亡国的君主,自己却又不肯身体力行以遵循虞、夏、殷、周的正轨。可悲啊!用这样的所作所为,去追求他们内心想要达到的目标,就好像上树捕鱼、烧水制冰,终究会事与愿违,那是再明白不过的道理了。考察一下三代拥有天下之时,圣贤的君主前后相承,统治历经数百年,真正是普天之下莫非王土,率土之滨莫非王臣,万国安宁,九州整齐划一;鹿台的黄金,巨桥的积粟,多到无处使用,照旧面南而治,这是什么原因呢!夏桀、商纣之徒,靠着自己的武力、智慧足以拒绝忠臣的劝谏,才能足够掩饰自己的过错,崇尚阿谀奉承,高建殿阁楼台,喜好荒淫嬉乐,开心于倡优的表演,制作靡靡之音,沉溺于桑间濮上的曲调之中。上天不以为洁,于是蓦然回首,国家变为废墟,奴隶激愤反抗,商纣的头颅悬于太白之旗,夏桀败亡被流放到鸣条之地;天子宝座,归于商汤、周武,难道他们是什么非凡之人,都不过是圣明君王的后代。六国之时,天下繁盛,秦国既已兼并六国,不修圣人之道,而修阿房宫室,而筑长城守卫,好大喜功,威服四夷百蛮,天下震恐颤栗,人们路上相遇不敢说话只能以目光示意;他们自以为根深叶茂,帝业永存万世,哪里料想到只传了两代就崩溃倾覆呢?近世汉武帝秉承文帝、景帝的家业,境外抗击夷狄,国内大修宫殿,十余年间,天下一片喧嚣。于是听信越国巫者胡言,怨恨上天试图转嫁镇压上天的震怒,大修建章宫,千门万户,终于导致江充诬告太子巫蛊的事变,以至于宫室乖离,父子相残,所造成的祸害,影响了后来的好几代嗣君。

"臣观察黄初年间,天象已降下劝诫,有奇怪的飞禽,竟在燕巢里长大,口爪及胸部都现赤红,这是魏室发生大变异的征兆,应当谨防朝廷内部出现奋发威武并胸怀野心的人物。可精选诸王,让他们掌管国事和兵权,镇抚皇畿,辅佐王室。从前周平王东迁,依靠晋、郑;吕后作乱,幸赖朱虚侯刘章才得以平定,这些都是前代显著的鉴戒。上天公正无私,只辅助那些有德之人。百姓咏唱国家德政,国运才会久长,若是怨声发自民间,就要赶紧授贤任能以防微杜渐。由此看来,所谓天下是天下人的天下,并非陛下一人的天下。臣下百病缠身,气力日渐低微,就要坐车离开京都,返回故里。如果就此命归黄泉,灵魂若有知觉,一定结草衔环以报答陛下的知遇之恩。"明帝下诏说:"先生的廉洁比肩伯夷,正直超过史鱼,用心坚贞洁白,忠直而不计个人得失。怎么能小病未愈,就退位回归故里呢?从前邴吉因为积有阴德,结果病愈而且长寿;贡禹因信守节义,病危了还得以痊愈。愿先生勉强饮食并专心养病以战胜疾病。"高堂隆去世,遗嘱实行薄葬,入殓只用当时一般的服装即可。

当初,在太和年间,中护军蒋济上疏说"应照古礼封禅"。皇帝下诏说:"听了蒋济这话,使我汗流浃背。"事情搁置了好几年,后来又重提此事,明帝让高堂隆修撰封禅礼仪。明帝得悉高堂隆去世的消息,叹息说:"上天不想让我成就封禅大典,高堂隆丢下我先去了。"高堂隆的儿子高堂琛承嗣。

最初,景初年间,明帝认为苏林、秦静等人都已年老,担心没人能够传承他们的学业。于是下诏说:"从前先圣去世,他们的遗言和教导,都著述于六艺之中得以保存。六艺涉及的内容,礼最重要,是一刻也不能离开我们日常生活的。末世风俗违背根本,由来已久。所以闵子讥讽厚伯不治学问,荀卿把秦世的焚书坑儒视为最可耻的事。儒学被废弃后,良好的社会风气该怎样恢复呢?而今宿生巨儒,都年事已高,教育大业,谁来继承?从前伏生将老的时候,汉文帝让晁错继承他的学业;《穀梁传》研习的人越来越少,汉宣帝命蔡千秋选十位郎官跟随他学习。现挑选有才能且能理解经义的郎官三十人,随光禄勋高堂隆、散骑常侍苏林、博士秦静学习四经三礼,主管人都为此设置考试的法规。夏侯胜说过:'儒生最担忧的是不通经术,经术若能了解明白,那么得到卿大夫之类的官位就如同弯腰捡起地上的杂草罢了。'当今学者要是有能穷尽经术堂奥的,那么爵禄荣宠,将自行到来。能不互相勉励吗!"几年时间,高堂隆等相继去世,习学经术者也就荒废了。

起初,任城人栈潜在太祖曹操时代做过县令;曾督守邺城。当时曹丕还是太子,沉溺打猎,早出晚归。栈潜劝谏说:"王公设置险阻是为了保卫国家,都城的禁卫制度是用来戒备不测。《诗经·大雅》说:'国君的子弟就像京城的墙垣,要保护城池不被毁坏。'又说:'王者缺少深谋远虑,要用大道理进行劝谏。'如果过于沉迷游猎,早出晚归,为了一日纵游的快乐,忘记无边无尽的危害,我私下里觉得不可理解。"曹丕不高兴,但自此之后出外游猎的次数有所减少。黄初年间,文帝曹丕想立郭贵嫔为皇后,栈潜又上疏劝谏,这事记载在《后妃传》里。明帝时,劳役繁多,帝王宗亲也都遭到疏远排斥,栈潜上疏说:"上天生养众多百姓并设立君主来统治他们,就是要让君王负责保护苍生,化育兆民的,所以仅仅控制四海还不算天子,仅仅受封疆土也算不上诸侯。从三皇开始,到唐尧虞舜,都以广泛救助的精神施加于天下,厚德广布,百姓都仰赖这样的天子。三王胜迹渐渐式微，到了两汉，开明政治日益减少，丧乱现象越来越多，从此之后，天下就不安定了。太祖聪明威武，平定暴乱，恢复正统，开创帝业。文帝应天承命，拓展帝王大业，登极七年，常因治国而无暇休息。陛下圣明，继承大业，应当推崇和平，让百姓休养生息。时下吴、蜀二国窃据一隅还未被平定，因此征夫四出，纷纷远离家国，边境战事纷纭不断，战旗常悬于万里之外，六军奔走穿梭，水陆转运应接不暇，百姓们为此舍家弃业，而国家每天都要耗费千万钱财。这边又大建殿阁楼台，兴工服役者数以万计，徂徕山的上等松树，几乎被砍尽伐光，美石奇石，在黄河、淮水上穿梭运来，京城外方圆千里，都成了京师的属地，要供给马料、粮食等调赋，这些地方也成了皇家苑囿选择禽兽的场所，有意让这些地带草木繁密秽气冲天，从而大量繁殖野鹿野兔；结果是严重危害农民事功，导致土地荒芜，疫病流行，民物毁败，上天消减和气，庄稼难以下种。我听说文王立丰都，开始并不急迫，百姓们自愿前来，没有多少日子就完成了新都的建设。灵沼、灵囿，又与百姓共享其利。而今宫室极高，雕饰极妙。忘记了有虞虔敬于明堂的宗旨，向往殷纣王的华丽宫室，禁地达到千里大小，华丽堪与阿房宫比肩，百役云集于干溪，臣下耽心民力枯竭，已不堪承受如此繁重的劳役了。从前秦王依据殽函天险得以一统天下，自以为德高三皇，功盖五帝，想将秦王朝的皇帝名号承传万世，但传了只两代就灭亡了，俯首甘为普通百姓，实在是因为王室枝叶已尽，根基早已拔出。圣王统治天下，都致力于任用贤能之士，嘉奖功臣亲和宗族；朝廷有良臣，功业就可望兴隆，宗亲荣显任用，才会共同居安思危而彼此同舟共济；用情用心培固根本，让他们远近左右地充当王室护卫，即使经历盛衰变化，内外都有大臣辅佐出力。从前周成王年幼，未能亲政，周、吕、召、毕等人并在左右辅弼；如今既无卫侯、康叔那种监国名臣，又没有周公、召公这样足以分陕而治的封疆大吏。而且东宫还没有太子，国家还缺乏储君。愿陛下留心边关，永保王位，天下百姓幸甚！"后被任命为燕地中尉，以身体有病为由不肯就职，去世。

评：辛毗、杨阜，刚直公正，敢言能谏不顾个人安危，高风亮节仅次于汲黯。高堂隆学问谨饬而清明，一心匡正君主谬误，利用已发生的灾变陈述历史上的鉴戒，言辞恳切源于内心，那是多么的忠诚啊！但当他一定要求修改正朔，让曹魏以虞舜为始祖，大概就是某些人所说的意气用事而不知变通了！

满田牵郭传第二十六

满宠,字伯宁,山阳郡昌邑县人。十八岁时,担任本郡督邮。当时郡境内李朔等人各自拥有私人武装,侵害平民百姓,太守让满宠负责纠治。李朔等人主动请罪,不再干侵扰勾当。满宠后任高平令。本县人张苞任郡督邮,贪赃枉法,收取贿赂,扰乱政事。满宠趁他来传舍休息住宿之机,率领吏卒突然将他收押,责问他所犯罪状,当日将他拷打至死,然后他即弃官回家。

曹操领兖州刺史,征召满宠为从事。到曹操任大将军时,又召任满宠为西曹属,任许县令。当时曹洪作为宗室成员很得曹操的亲近贵幸,他有个宾客在许县,多次犯法,满宠依法收押惩治。曹洪写信给满宠求情,满宠不听。曹操召见许县主管官员。满宠知道曹操有意宽免,于是火速处决了这个人犯。曹操高兴地说:"任职当事不是都该像他这样吗?"原太尉杨彪被收押在许县监狱,尚书令荀彧、少府孔融等都嘱托满宠:"只须审出供词,不要加以拷打。"满宠任谁嘱托也不买账,照旧依法拷问。过了几天,满宠求见曹操,禀报拷问结果说:"杨彪经过拷问没有任何认罪供词。对该杀的人首先要彰明其罪,这个人闻名海内,如果罪状不明,必使百姓大失所望,我私下里很为明公您觉得惋惜。"曹操当日就赦免了杨彪。最初,荀彧、孔融听说满宠拷打杨彪,都很愤怒,但后来杨彪竟因此得以平安,二人就更加亲善满宠了。

当时,袁绍在黄河以北势力强盛,汝南郡又是袁绍发迹之地,他的门生宾客遍布郡内各县,替袁绍拥兵拒守。曹操忧虑此事,便委任满宠为汝南太守。满宠招募了五百余名服从调派的人,率领他们攻下二十多个营垒,又设计引诱那些没有投降的首领,在席间杀死十余人,一时豪门都被平定。共获得二万余户人家,士兵二千余人,满宠都遣发他们务农种田。

建安十三年,满宠跟随曹操征讨荆州。大军回师,留满宠代理奋威将军,屯兵当阳。孙权多次侵扰东部边境,曹操又召满宠回来任汝南太守,赐封关内侯。关羽围攻襄阳,满宠协助征南将军曹仁屯兵樊城,反击关羽,而左将军于禁等军因为大雨连绵汉水持续上涨而被关羽消灭。关羽猛攻樊城,樊城墙垣受到雨淋水浸,往往发生崩塌,众人都忧虑失色。有人对曹仁说:"今日所面临的危机,不是靠我们的能力所能解决的。可以在关羽合围之前,乘小船连夜逃走,虽然失去樊城,却可以保全性命。"满宠说:"山洪来势迅猛,希望它不会持久。听说关羽已另派部下集结于郏县,自许县以南,老百姓扰动不宁,关羽所以不敢再往前推进,是担心我军从背后攻击他罢了。如果现在弃城逃跑,洪河以南的大片疆土,就不再是国家所有了;您应该继续坚持下去。"曹仁说:"有理。"满宠于是将白马沉在水中,与军士一起盟誓。正好这时徐晃等人率援兵赶到,满宠奋力冲杀,立下战功,关羽于是退兵。晋封满宠为安昌亭侯。文帝曹丕即魏王位,满宠升为扬武将军。在江陵打败东吴军队,改授伏波将军,屯兵新野。大军南征东吴,到精湖,满宠率诸军在前,与敌兵隔水相对。满宠命令手下将领:"今夜风势迅猛,敌兵一定会来放火烧军营,应做好准备。"诸军都设置了警戒。到半夜,果然有十来部敌兵趁着夜色掩护来烧军营,满宠率兵突然出击打败了他们,进封南乡侯。黄初三年,假以满宠符节和斧钺。黄初五年,被任命为前将军。明帝即位,进封为昌邑侯。太和二年,兼任豫州刺史。太和三年春,来投降的人说东吴正处于紧急战备状态,扬言要会猎于长江以北,孙权打算亲自出征。满宠估计吴军一定要袭击西阳,于是加强了守备,孙权闻讯,自行退兵了。这年秋天,朝廷派曹休从庐江郡南部进入合肥,命满宠进兵夏口。满宠上疏说:"曹休虽然聪明果敢但很少用兵,如今他的行军路线,背靠巢湖而临近长江,易进难退,这是军队陷入困境的地带。如果进入无强口,应该特别做好防备。"满宠的上疏还没有报入,曹休已经挥兵深入。而敌兵果然在无强口遏断了夹石通道,拦截了曹休的退路。曹休苦战不利,步步退却。正好朱灵等从后面跟进断道,与敌军相遇。敌兵惊恐而逃,曹休军得以退还。这一年曹休去世,满宠以前将军身份代理都督扬州诸军事。汝南士兵和民众仰慕和思恋满宠,扶老携幼,沿途跟随满宠,不可禁止。护军上表,打算杀掉为首的人。明帝让满宠带领一千亲兵相随,其余的一个也不过问。太和四年,满宠任征东将军。当年冬天,孙权扬言进攻合肥。满宠上表要求召集兖州、豫州各军,都按期会齐。敌兵不久退还,朝廷也命满宠撤兵。满宠认为"敌军大举进兵而又退还,恐怕不是他们的本意,这一定是假装退却来麻痹我们,等我们撤军后好趁虚而入,掩袭缺乏守备的我们"。于是上表要求不要罢兵。十多天以后,孙权果然率兵再来攻打合肥城,因攻打不下终于撤军而去。太和五年,东吴将领孙布派人到扬州求降,说:"因为道远不能自己到达,请派兵前来迎接。"扬州刺史王凌将孙布书信传到满宠手里,请兵前去迎接。满宠认为此中必有奸诈,不给兵马,替王凌回信给孙布说:"你认识到了正邪之别,想脱离灾祸归顺朝廷,离开暴政而改走正道,志向十分令人嘉叹。现在本想派兵相迎,但顾虑到兵太少不足以提供护卫,兵太多又容易泄露机密。暂请先期周密筹划以实现你的良好愿望,临时调节合适的应变措施。"满宠正好收到诏书应当入朝觐见,行前叮嘱留府长史:"如果王凌想去迎接,不要给他派兵。"王凌后来求兵不到,于是只派了一名督将率步兵、骑兵七百人前往迎接孙布。孙布趁夜发起突然袭击,督将惊慌逃走,带去的七百人死伤大半。当初,满宠与王凌共事关系不和,王凌的党羽诋毁满宠年老力衰且言行荒谬不明事理,因此明帝才召满宠入朝。满宠到来,身体健康气魄雄健,明帝见状,当下即要求满宠回自己驻地去。满宠屡次上表请求留在京城,明帝下诏回复说:"从前廉颇勉强自己尽可能多吃饭,马援借力于马鞍顾盼自雄,现今你并未年老却自认为已经衰老,为什么与廉颇、马援不服老的做法背道而驰呢?你该多想想保卫边境,把安宁惠赐给国家的大事。"

太和六年，东吴大将陆逊移兵庐江，议事者都认为应该火速赴援，满宠说："庐江虽小，但将领勇猛士兵精锐，只要坚守就能持久。再说敌军弃船深入二百里，后援悬空，我还想引诱他们深入，如今应当任凭他们往前推进，其实只怕他们溜得太快我们赶不上罢了。"整肃军队开往杨宜口。敌兵听说大军东下，当夜就逃走了。当时孙权每年都有进攻中原的计划。青龙元年，满宠上疏说："合肥城南临长江和巢湖，北面则远离寿春，敌兵围攻合肥，得以发挥其水上优势，我方发兵救援，必须先攻破其军队主力，然后才能解围。敌军前往攻围十分容易，而我军救援则十分困难，应当转移城内的驻军，往城西三十里，那里地势非常险要可以作为屏障，可另外建造新城来加强防守，这是将敌兵引到陆地上来从而截断其退路的办法，属于攻守两便的上策。"护军将军蒋济则认为："这样做一方面是向天下对手示弱，况且望见敌人烽火就先毁坏我方城池，这是敌人还没进攻就自己打垮了自己。一旦弄到这一地步，意味着平白留给敌军肆意劫掠的广阔空间，我军必须以淮北作为前沿防线。"明帝为此不肯同意满宠的建议。满宠又重新上表说："孙子说：'所谓兵法，其实就是诡诈之术。'所以强大却表现出弱小，有能力却表现出无能，给予微不足道的胜利使敌兵骄傲自大，尽力让敌军觉得我方懦弱畏怯。这就是所谓形与实不必相副的道理。孙子又说'善于调动指挥敌人的要给敌人以假象'。而今敌兵尚未到来我们就转移城池到内陆，这就是要以假象诱敌深入。引诱敌兵远离水面，选择有利时机对他们发动攻击，那么就能外收胜果，而达到造福于内的目的了。"尚书赵咨以为满宠的计划大有长处，于是皇帝下诏批准实施。这一年，孙权亲自出兵，想围攻合肥新城，但因为新城离江湖太远，在船上犹豫了二十天不敢下船。满宠对各位将领说："孙权得知我移兵新城的消息，一定在众人中夸下过海口，现在他大举前来是想邀取全部功劳，因此他虽不敢直接进攻新城，但必定会上岸耀武扬威以显示其实力绰绰有余。"于是派出步、骑兵六千人埋伏在合肥城的隐蔽处以等待孙吴兵上岸。孙权果然上岸耀武扬威，满宠布置的伏兵突然冲出来攻击他们,杀死吴兵数百,也有吴兵惊慌跳入水中而被淹死。青龙二年,孙权亲自统帅十万大军来攻合肥新城。满宠招募勇猛之士数十人,折松枝做成火炬,又灌上麻油,从上风头一起放火,焚烧吴兵的攻城器械,并且射杀了孙权弟弟的儿子孙泰。吴兵于是撤退。青龙三年春天,孙权派遣数千家兵士到江北种地。到了八月,满宠认为庄稼临近成熟收割,敌方男女老少布满田野,而屯卫士兵离城最远的有数百里之遥,可以对他们发动突然袭击。于是派品级较高的官员率领三军沿江东下,摧毁东吴各个屯兵营,焚烧了他们的谷物而回。朝廷下诏褒奖,满宠则将明帝所赐全都赏赐给将士。

　　景初二年,朝廷因满宠确已年老而将他召回京城,升他为太尉。满宠从不留心家业积累,家里没有多余的财产。明帝下诏说:"将军领兵在外,一心一意忙于国家防务,有行父、祭遵的高尚风范。特赐给你田十顷,谷五百斛,钱二十万,以表彰你清廉忠诚勤俭节约的高风亮节。"满宠前后受诏增加封邑,累计共九千六百户,子孙二人受封亭侯。正始三年去世,谥号为景侯。其子满伟承嗣。满伟以品格气度著名,官做到卫尉。

　　田豫,字国让,渔阳郡雍奴县人。刘备投奔公孙瓒时,田豫还很年轻,居然自动托身于刘备,这使得刘备倍感惊奇。刘备任御州刺史,田豫因母亲年老请求回家,刘备流泪与他分别,说:"很遗憾不能和你共创大业了。"

　　公孙瓒让田豫代任东州县令,公孙瓒的将领王门背叛公孙瓒,替袁绍率兵万余人来攻东州。众人都害怕而打算投降。田豫上城对王门说:"你受到公孙瓒的厚待却离他而去,还以为你有自己不得已的苦衷;但你现在回过头来为虎作伥,才知你是一个乱臣贼子罢了。正所谓即使才智浅小,替人看管财物都懂得不能出借的道理,而我已经接受别人这样的委托了;你干嘛还不挥兵猛攻呢?"王门感到羞愧而退兵。公孙瓒虽然知道田豫很有随机应变的谋略,却不愿给予重用。公孙瓒失败后鲜于辅受众人推举,代行太守事,他一向欣赏田豫,就任命他为长史。当时群雄并起,鲜于辅不知该追随哪

一位才好。田豫对鲜于辅说："最终能平定天下的人，那一定是曹操了。应当尽快归附他，不要等灾祸到来后才拿定主意。"鲜于辅听从了他的计策，因此得到曹操的封赏宠信。曹操征召田豫为丞相军谋掾，让他出任颍阴、朗陵县令，升为弋阳太守，而田豫每一处的治绩都不错。

鄢陵侯曹彰征伐代郡，以田豫为相。军队驻扎在易水以北，敌人埋伏骑兵攻打曹军，军士惊慌骚乱，不知该怎么办才好。田豫根据地形，把战车排成圆阵，弓箭手在阵内满弦以待，战车空隙之间则布满疑兵。胡人不能进入阵内，散开离去。曹彰发兵追击，大败胡人，于是前往平定代郡，这都跟田豫的谋略有关。田豫升任南阳太守。此前，南阳郡侯音反叛朝廷，带领几千人在山中落草为寇，给该郡造成了很大的祸害。前任太守收押了侯音的五百多名党羽，上表奏报朝廷应当全部处死。田豫逐一见过所有这些在押人犯，一一给予安慰开导，给予他们改过自新的机会，然后开枷统统释放。这些囚犯都伏地叩头，表示愿意效力，并随即互相转告，山中群盗霎时间都解体离散，郡境得以清静。田豫把这些情况备细上报，得到曹操的赞赏。

文帝初年，北方狄族势力强盛，侵犯边关，于是派田豫持皇帝符节担任护乌丸校尉，由牵招、解隽并护鲜卑。从高柳以东，涉貊以西，鲜卑族多达几十个部落，比能、弥加、素利割地分管，各自拥有自己的疆界；于是共同相约发誓，大家都不准用马和中原进行贸易。田豫认为戎狄各部落整合一心，不利于国家朝廷，于是设计离间，让他们自行变为仇敌，相互攻击。素利首先违背盟誓，出售一千匹马给官府，遭到比能的攻击，而向田豫求救。田豫又担心他们因此而造成鲜卑族的兼并局面，对国家会产生更深远的危害，应当救援善良并讨伐恶人，以便向众多少数民族昭示国家的信义。于是仅率领精锐士兵，深入敌境，胡人众多，对田豫所部前后包抄，并截断了官兵的退路。田豫继续进军，离敌军十多里结成军营，收聚大量牛马粪点燃后，再率兵从其他通道撤走。敌人见官兵营地烟火不绝，以为田豫还在，等田豫他们走了十几里，这才发现。于是派兵追赶，直

至马城,把马城围了十几重,田豫秘密布置,让司马用主将旌旗,鼓乐喧天,率领步、骑兵从南门出城,敌人的注意力都被吸引同时向司马所部人马杀了过去。田豫却率领精兵强将从北门冲出,同声呐喊,南北两面一起夹击,大出胡人意外,胡人兵马惊慌散乱,都丢下武器马匹撒腿逃命,田豫率兵追杀了二十多里,直杀得敌军尸横遍野。又乌丸王骨进,凶悍狡黠不尊奉朝廷,田豫借出塞巡视之机,只带了百余名心腹骑手进入骨进部落。骨进迎拜行礼时,田豫命令左右斩杀骨进,公布他的罪状以震慑其部众。骨进的部众全都恐惧害怕得不敢动弹,当即让骨进的弟弟替代骨进为部落首领。从此以后胡人心胆俱裂,田豫的声威震动整个沙漠。山贼高艾,拥有数千人马,专干些烧杀掳掠的勾当,是幽州和冀州的祸害,田豫诱使鲜卑族的素利部落斩杀了高艾,将其首级传送京都。朝廷封田豫为长乐亭侯。田豫任护乌丸校尉九年期间,他驾驭乌丸鲜卑诸部,经常采取挫败与抑制两手并用的方针,离散其强大狡猾的部落。凡是逃亡并违法作乱,替胡人出谋划策而不利于官府的人,田豫都能设计离间,使那些凶残阴险的图谋不能得逞,并让他们不能安然地成群结伙。他还有很多事情未能做完,可是幽州刺史王雄的党羽想让王雄兼领乌丸校尉,于是诋毁田豫扰乱边境,给国家滋生事端。朝廷以此让田豫调任汝南太守,加官殄夷将军。

太和末年,公孙渊在辽东反叛,朝廷想发兵征伐又一时间物色不到合适的统帅,中领军杨暨推荐田豫中选。于是让田豫以汝南太守身份都督青州诸军,假以皇帝符节,前往征讨。恰好东吴派人与公孙渊相勾结,明帝顾虑敌人众多,又要渡海,于是下诏让田豫停止进军。田豫认为东吴船舰即将返航,而年底海风峻急,吴人必定害怕漂流,向东又无岸可泊,肯定要前往成山靠岸。成山没有可藏船的地方,于是沿海而行,一路巡察山势,发现险要地段,都设兵屯守。他自己进入成山,登上汉武帝当年祭日的高楼。敌船返回,果然遇上狂风,不少船只都触山沉没,被波涛卷到岸上的敌兵,无处可逃,都成了魏军的俘虏。起初,很多将领都嘲笑田豫在这块空地上等待敌人,等敌人被击败后,他们又都争相出谋划策,请求下海去钩取那些随波漂流的东吴船舰。田豫担心那些无路可走的敌兵会决一死战,对这些建议全都充耳不闻。当初,田豫以汝南太守身份都督青州诸军,青州刺史程喜内心很是不服,在制定军事方针时,两人意见常有分歧。程喜知道明帝特喜欢明珠,于是秘密上奏说:"田豫虽立战功,但军令松弛,他缴获众多武器和金银珠宝,都流散在众人之手而不上缴官府。"因此田豫的战功没能列入朝廷功劳簿。

后来孙权发兵号称十万来攻合肥新城,征东将军满宠想率诸军救援。田豫说:"东吴大举兴兵,目的显然不是为了一点小小的胜利,只不过以攻打新城为名,诱使我大军出战罢了。应当听凭他们攻城,挫败他们的锐气,不应当急于和他们正面交锋。新城攻不下来,敌人就会疲怠懈怠;在他们疲怠懈怠之后再行反攻,定获大胜。如果敌方看出了我们的意图,就会弃城不攻,其势将自动退走。如果我们急于进兵,正好中了他们的圈套。而且大军出动,本应使对方琢磨不透,不应当给自己画地为牢的。"田豫立即上奏陈述有关策略,明帝同意他的意见。正好敌人退走。后来吴军又来进攻,田豫率部迎击,敌军又随即撤退。诸军大营夜里突然发生惊扰,说"敌兵又来了"。田豫高卧不动,命令军中:"有敢于乱动者斩首。"过了好一会,发现根本没有军情。

景初末年,增加田豫食邑三百户,连同以前所封共五百户。正始初年,升迁为使持节护匈奴中郎将,加官振威将军,兼任并州刺史。塞外匈奴等族听到田豫威名,相继前来贡献。州境内社会治安良好,百姓对他十分感怀。后召为卫尉。田豫多次请求退位让贤,太傅司马懿认为田豫精力还饱满,下书告知他朝廷不许。田豫又写信答复说:"年过七十仍占据官位,就好像已是钟鸣漏尽还在夜行不停一样,是罪人呢。"于是坚决声称病情危重。拜官太中大夫,俸禄与九卿相同。八十二岁时去世。其子田彭祖继承爵位。

田豫为人清廉节俭,作风简约朴素,所得赏赐都分给将士。每每有鲜卑、乌丸等族私下馈赠的财物,都记录在册收进官府,不进自己家门;家里常常贫穷匮乏。即使那些与田豫作风不同的人,也都认为田豫节操高尚。嘉平六年,朝廷下诏褒扬田豫,赐给他家钱粮。

这事记载在《徐邈传》中。

牵招,字子经,安平国观津县人。十余岁时,到同县人乐隐那里拜师求学。后来乐隐担任车骑将军何苗幕下长史,牵招跟随他完成自己的学业。正值京城大乱,何苗、乐隐被害,牵招和乐隐门生史路等人甘冒生命危险,一起将乐隐的尸首收殓起来,送回其家乡安葬。路遇强盗抢劫,史路等人都逃散不见。强盗想劈开棺材撬出棺钉,牵招流泪求情。强盗认为他够义道,于是放过他走了。牵招由此而闻名。

冀州牧袁绍征召牵招为督军从事,兼任乌丸突骑。袁绍的舍人违犯法令,牵招先斩后奏,袁绍很欣赏他办事果断而没有怪罪他。袁绍死,牵招又追随袁绍的儿子袁尚。建安九年,曹操围困邺城。袁尚派牵招去上党督办军粮。还未返回,袁尚已被打败,逃往中山。当时袁尚表兄高干任并州刺史,牵招认为并州左有恒山作为天险,右有大河可以固守,又有甲兵五万,北边有强大的胡人作为阻隔,所以他劝高干邀请袁尚来并州,两家合力观察时势变化。高干才能低下,暗中还想杀害牵招。牵招得知内情,从小道逃走,因为道里阻隔来不及追随袁尚,于是向东投奔曹操。曹操兼任冀州牧,征召牵招为州从事。

曹操准备征伐袁谭,而柳城乌丸想派骑兵救助袁谭。曹操因为牵招曾经担任过乌丸突骑,于是派他前往柳城。他到达之时,正值峭王戒严,将派五千骑兵去袁谭那里。而辽东太守公孙康也在此时自称平州牧,派韩忠带着单于的印绶来授予峭王。峭王召集诸部首领,韩忠也在坐。峭王问牵招:"从前袁绍说他受天子之命,任命我为单于;而今曹操又说他将另行奏明天子,授我为真单于;辽东这又拿单于印绶前来。如此这般的,谁该是正宗的呢?"牵招回答说:"从前袁绍承天子命令,可以有所封拜;但后来发生变故,天子命曹公取而代之,他说上书朝廷,改授您为真单于,那是对的。辽东是国家属郡,哪有权擅自封拜呢?"韩忠说:"我辽东在大海东边,拥兵百万,又有扶余、涉貊可堪驱使;当今之势,强者为王,为什么只有曹操可以承制封拜呢？"牵招呵斥韩忠说："曹公信实恭勤而明智睿哲，拥戴天子，讨伐叛逆安抚服从者，让天下重归安宁祥和，你们君臣愚妄奸诈，不过仗着边远天险，违抗王命，还想擅权封拜，侮辱帝王的符节玉玺，应当被斩首，怎么还有胆诋毁曹操大人呢？"便抓住韩忠的头摁在筑上，拔刀要斩。峭王惊恐万状，光着脚赶紧抱住牵招，请求放了韩忠，左右人等也都面无人色。牵招这才退回座位，向峭王等人陈述成败的因由及祸福的道理。在场的人都离开座席跪伏在地，恭敬地接受他的教诲，当下辞退了辽东的使者，同时解散了整装待发准备援助袁谭的五千骑兵。

曹操在南皮灭了袁谭，命牵招代理军谋掾，随从征讨乌丸。到柳城，任命他为护乌丸校尉。回到邺城，辽东传送袁尚的首级到来，悬挂在马市，牵招看见后悲痛伤感，在首级下设坛祭奠。曹操为牵招的义气所感动，推举他为秀才。后随曹操平定汉中，曹操返回，留牵招任中护军。汉中事毕，牵招回到邺城，任平虏校尉，率兵都督青州、徐州诸军事，击败东莱流寇，斩杀其主要首领，东部疆土得以平静。

文帝受禅登极，任命牵招为使持节护鲜卑校尉，屯兵昌平。当时，边民多流散在山间河谷，也有逃入鲜卑部落的，各处均多达千余人。牵招广泛地传播朝廷的恩惠信用，招诱流民投降或归附。建义中郎将公孙集等人各率部属，全部归附朝廷；牵招都让他们返回本郡。又怀柔安抚鲜卑族素利、弥加等十余万聚落，都使得他们自动前来通好。

朝廷大军要讨伐东吴，将牵招召回，牵招刚到，恰好征伐计划也已取消，于是任命牵招为右中郎将，出任雁门太守。雁门郡地处边境，虽有烽燧哨所负责守望，还是时常遭到侵扰抢掠。牵招在训练百姓排兵布阵的技巧之后，又上表要求免除乌丸五百余家的租税户调，让这些人自备鞍马，随时派他们深入敌境侦察。敌人每有进犯，就派兵迎击，入侵者往往惨败逃走，于是官员百姓们的胆量和勇气都大为振奋，即使身在荒野之中也不再担惊受怕。又使用离间计，让敌方各部落之间相互猜忌。鲜卑首领步度根、泄归泥等与轲比能有仇隙,于是各率三万多家来雁门郡边塞附近居住。牵招命令他们回去攻击轲比能,杀死了轲比能的弟弟苴罗侯,以及叛变的乌丸归义侯王同、王寄等,结下巨大怨仇。为此牵招亲自出征,率领泄归泥等在云中故郡讨伐轲比能,大败对手。牵招又与河西鲜卑等十余万家建立联系,整治陉北故城上馆城,设置屯兵以镇守境内外,远近胡人无论部落大小,没有谁不诚心归附的,对于背叛逃亡者就算是亲戚都不敢隐瞒窝藏,全都收押送往官府。于是荒野居民都可以夜深闭户,盗贼从此销声匿迹。牵招接下来便挑选有才识的人,送他们到太学读书,回郡再教授学生,几年之内便学校兴盛。郡治所在地为广武城,井水既咸又苦,百姓们只得推车挑担去很远的河边挑水,往返达七里。牵招勘察地形,根据山势,开凿河渠,引水入城,百姓大为受益。

明帝即位,赐封牵招为关内侯。太和二年,护乌丸校尉田豫出塞,在马邑故城被轲比能包围,让牵招前往救援。牵招当即部署人马,准备前去救援田豫。但并州官员按常法禁止牵招出兵,牵招认为持节的大将被围,不能再拘泥所谓吏议而见死不救,于是写好上奏章表就立即出发。又同时发布快递文书,声称根据形势,自己"当从西北奔袭敌人老巢,然后东行,会师消灭敌军主力"。文书到达,田豫所部军心踊跃。牵招又故意留下一份文书在敌军险要地段,敌军当时十分害怕,不少部落因此而自行离散。大军到了平城故址,敌军都崩溃而逃。轲比能又云集大批骑兵,来到平州故塞以北。牵招又秘密行军实施突袭,大肆斩杀敌兵。牵招认为西蜀诸葛亮多次出兵,而轲比能狡猾,很懂得串通呼应这一套,于是上表提醒朝廷应防备西部边境,朝议认为二者相距遥远,不相信会有这样的事。诸葛亮刚好在祁山,果然派人与轲比能联系。轲比能率兵来到原北地石城,与诸葛亮的蜀军遥相呼应。明帝命牵招自行斟酌,可不拘陈规决断处理对轲比能的征讨。其时轲比能已回大漠以南,牵招和并州刺史毕轨商议说:"胡人迁徙不定,没有常规可循。如果使军队劳累而远距离追击,只怕难以追上目标。如果想悄无声息地进行偷袭,又面临山溪艰险,军资粮草转运不可能秘密进行的难题。可以先派新兴、雁门二处守将，出塞屯守陉北，外可镇抚，内可息兵种田，储蓄军资粮食，等秋冬粮足马肥，州郡诸军全部会合，利用机会出师征伐，想来必获全胜。"还未及施行，牵招恰好病逝。牵招在郡十二年，威名远扬。他治理边郡的名声，仅次于田豫，老百姓一直很怀念他。而渔阳人傅容在雁门也有名望业绩，紧接牵招之后，在辽东又建功勋。

牵招的儿子牵嘉承嗣。次子牵弘，也勇猛刚毅有乃父风范，以陇西太守身份跟随邓艾讨伐西蜀建功，咸熙年间任振威护军。牵嘉与晋司徒李胤同母，去世得早。

郭淮，字伯济，太原郡阳曲县人。建安年间，被推举为孝廉，任平原府丞。曹丕为五官中郎将，征召郭淮为门下贼曹，转任丞相府兵曹议令史，随曹操征伐汉中。曹操返回，留征西将军夏侯渊抵御刘备，命郭淮为司马。夏侯渊与刘备作战，郭淮有病没有出阵。夏侯渊被杀，军中惊惶不安，郭淮收集散兵，推举荡寇将军张郃为军中主帅，各部军营才安定下来。第二天，刘备想渡过汉水进攻魏军。诸将认为敌我双方兵力悬殊，刘备又有刚刚获胜的优势，于是都想凭借汉水列阵迎击刘备。郭淮说："这种做法只能向敌人示弱而不能击败敌人，不是上策。不如远离河岸列阵，诱使敌人前来，等他们渡到河中央再发起进攻，刘备就一定可被打败了。"战阵部署完毕，刘备心有疑虑而不肯渡河，郭淮于是坚守，表示决无返回之意。此事上奏以后，曹操很赞赏，授予张郃符节，又以郭淮为司马。曹丕即魏王位，赐封郭淮为关内侯，转任镇西长史。又代任征羌护军，协调左将军张郃、冠军将军杨秋讨伐山盗郑甘及卢水叛乱胡人，都取得了彻底击败对手的战略性胜利。关中开始安定，百姓得以安居乐业。

黄初元年，郭淮奉使命前来祝贺文帝曹丕的受禅登极大典，因途中得病，依据路程远近来看便有稽留嫌疑。等到群臣欢会时，曹丕严肃地说："从前大禹在涂山大会诸侯，防风氏来晚了，禹就诛杀了他。而今普天同庆你却最后一个到来，为什么啊？"郭淮答道：

"我听说五帝首先是推行教化,用道德来开导臣民,夏王朝政治衰败,才开始使用刑法。而今我生逢尧舜盛世,因此知道自己不会遭受防风氏那样的诛罚。"曹丕觉得这话很中听,提拔郭淮兼任雍州刺史,封射阳亭侯,五年后正式任命为雍州刺史。安定郡羌族大帅辟蹄造反,郭淮发兵征讨大获全胜,以反叛者的投降告终。每当羌、胡有人前来投降,郭淮总是先让人询问他们的亲属邻里,子女多少,年龄老幼等一应细节;等见到他们,一二句话就知道了他们的内情,询问周到详细,来者都称他明智如神。

太和二年,西蜀丞相诸葛亮兵出祁山,派将军马谡到街亭,高详屯列柳城。张郃攻打马谡,郭淮进攻高详,都击破了对手。又在枹罕攻破陇西名羌唐蹄,加官建威将军。太和五年,西蜀出兵卤城。当时,陇西缺粮,一些人主张从关中大举转运,郭淮恩威并施,安抚存恤羌人和胡人,让每家拿出粮食,抵消这些人的户口税,军队粮食用度充足,转任扬武将军。青龙二年,诸葛亮兵出斜谷,并在兰坑屯田。当时司马懿屯兵渭南;郭淮估计诸葛亮一定会争夺北原,主张应先占领,议论者大多认为不会这样。郭淮说:"假如诸葛亮跨过渭水登上北原,部署军队直达北山,隔绝陇道,煽动汉人和夷人,这对国家就将大为不利了。"司马懿认为有理,于是郭淮得以屯兵北原。堑壕壁垒尚未修成,蜀军大批杀到,郭淮奋力反击打退了他们。几天以后,诸葛亮结集重兵向西挺进,诸将都认为诸葛亮想攻西围,郭淮独独认为这是诸葛亮虚张声势之举,是要引诱魏军重兵应付西线,其实是要进攻阳遂罢了。当夜蜀军果然进攻阳遂,因为守军事先有所防备没能攻克。

正始元年,蜀将姜维出兵陇西。郭淮进军,追赶到强中,姜维撤退后,郭淮又顺势攻讨羌人迷当等部,安抚羌、氐三千多个聚落,迁移这些人充实关中。升任左将军。凉州休屠胡人梁元碧等人,率种落二千多家归附雍州。郭淮奏请让这些人居住在安定郡的高平,作为当地百姓的保护屏障,其后还专门设置西州都尉。转任前将军,仍旧兼领州牧。

正始五年,夏侯玄伐蜀,郭淮督率诸军担任前锋。郭淮估计形势对己不利,及时撤军退出,所以损失不大。回来后朝廷假以郭淮符节。正始八年,陇西、南安、金城、西平诸羌饿何、烧戈、伐同、蛾遮塞等相互勾结起兵叛乱,围攻城镇,南招蜀兵协助,凉州名胡治无戴也举兵响应。讨蜀护军夏侯霸率诸军屯兵为翅。郭淮刚到狄道,很多人认为应当首先讨平枹罕,这样对内则平定凶恶的羌人,对外则可以挫败西蜀趁乱出兵的如意算盘。郭淮估计姜维一定会进攻夏侯霸,于是进入沨中,转兵向南,接应夏侯霸。姜维果然进攻为翅,正好郭淮所部到达,姜维退走。郭淮再进兵讨伐诸叛羌,杀饿何、烧戈,投降归顺的羌人有万余聚落。正始九年,遮塞等屯兵河关、白土故城,凭借黄河天险对抗魏军。郭淮做出要从上游渡河作战的样子,暗地里却派兵从下流渡河占据了白土城,发起进攻,大败蛾遮塞。治无戴围攻武威,家属留在西海。郭淮进军直扑西海,想偷袭治无戴的家属和辎重,正好治无戴率兵折回,两军在龙夷之北相遇,治无戴战败逃走。令居一支胡人蛮横强暴,巢穴在石头山西边,当大道安营扎寨,阻断朝廷使节的往来。郭淮回师途中讨伐了他们,大获胜利。姜维兵出石营,经由强川,于是西行迎接治无戴,留阴平太守廖化在成重山修筑城堡,收集诸羌流散者作为人质。郭淮想分兵攻取他们。诸将认为姜维西面连接强大的胡人,廖化已据守险隘,如果兵分两路,兵势就不够强大,进不能控制姜维,退不能打败廖化,不是用兵之策,不如集中兵力一起向西开拔,趁胡、蜀尚未连兵同谋,就彻底拆散他们,这才是兵法所谓破坏敌方联盟的道理所在。郭淮说:"如今派兵攻打廖化,可以出其不意,姜维肯定要有所顾及。等姜维赶来,我们已足以击败廖化,同时还可以使姜维疲于奔命。军队不必远距离向西进军,而姜维与胡人的联盟自然离散,这才是一举两全的策略。"于是派夏侯霸等人到沓中追击姜维,郭淮则率诸军攻打廖化。姜维果然火速返回援救廖化,正如郭淮所预料的那样。郭淮被进封为都乡侯。

嘉平元年,升征西将军,都督雍州、凉州诸军事。这年,与雍州刺史陈泰共同谋划,在翅上迫降蜀牙门将句安等人。嘉平二年,齐王曹芳下诏说:"以前在汉川战役中,差不多全军覆没。郭淮临危济

难,军功记在史册。在关右三十多年,外征敌寇,内抚民夷。近年以来,打败廖化,生擒句安,功绩卓著,我特别嘉赏他。现任命郭淮为车骑将军、仪同三司,持节、都督照旧。"进封阳曲侯,食邑共二千七百八十户,分出三百户,封一个儿子为亭侯。正元二年去世,追赠为大将军,谥号为贞侯。其子郭统承嗣。郭统官至荆州刺史,去世,其子郭正承嗣。咸熙年间,开设五等爵位,因为郭淮在前朝功勋卓著,改封郭正为汾阳子。

评:满宠立志刚毅,有勇有谋。田豫立身清白,规划谋略明达纯熟。牵招坚持大义,意气豪壮激越,声威功绩卓著。郭淮谋略精详,名声传遍秦、雍。而田豫的品级终止于小州刺史,牵招的官位则只到郡守,实在还没有充分发挥他们的作用。

白话三国志卷二十七　魏书二十七

徐胡二王传第二十七

徐邈,字景山,燕国蓟县人。曹操平定黄河以北,征召徐邈为丞相军谋掾,试任奉高县令,后来入朝任东曹议令史。魏国建立之初,任尚书郎。当时法令禁酒,但徐邈私下痛饮以至于酩酊大醉。校事赵达询问曹操之事,徐邈说:"中圣人。"赵达把这话禀报曹操,曹操大怒。度辽将军鲜于辅劝说道:"平常饮酒一醉方休者称清酒为圣人,浊酒为贤人,徐邈生性谨慎,这不过是一时醉话罢了。"结果免于刑罚。后兼任陇西太守,转南安太守。文帝曹丕受禅登极,徐邈历任谯相,平阳、安平郡太守,颍川典农中郎将,所在都有不错的口碑,赐封关内侯。文帝巡视许昌,问徐邈说:"还经常中圣人吗?"徐邈回答说:"从前子反在谷阳醉酒夜逃,御叔饮酒被罚以重赋,臣的嗜好和这二人相同,不能自禁,所以时常喝酒。然而宿瘤因为长相丑陋而被载入史册,我则因醉酒而被皇上记得。"文帝大笑,对身边的人说:"果然名不虚立。"升任抚军大将军军师。

明帝因凉州距内地过于遥远,南面又和西蜀接壤,就任命徐邈为凉州刺史,并使持符节任护羌校尉。到任时,正赶上诸葛亮兵出祁山,陇右三郡相继反叛,徐邈即时派参军以及金城太守等人讨伐南安叛乱,打败了他们。河右地区少雨,常因无粮苦恼,徐邈上书修整武威、酒泉等地盐池以交换胡人的粮食,又广开水田,招募贫民租种土地,使得家家丰足,仓库盈满。又支取州中军费的部分余额,用来购买金帛犬马,运往中原供给朝廷消费。同时逐步收缴民间私人武器,收藏于官方府库。然后以仁义言行为表率,建立学校申明训诚,禁止厚葬,断绝不合礼制的祭祀,奖善惩恶,风教王化得到大力推行,百姓们心悦诚服。中原与西域的交流往来,远方少数民族向朝廷进贡,这些都是徐邈的功绩。后因讨伐反叛的羌人柯吾有功,封都亭侯,食邑三百户,加官建威将军。徐邈和羌、胡打交道,对于小的过失从不过问;但如果他们犯了大罪,先通报部帅让他们知道应该处死的理由,然后斩首示众,因此人们都信服和敬畏他。所得朝廷赏赐他都分给将士,从不收入自家,妻子儿女却常常衣食不足;天子听说后很是嘉叹,按时令供给他家用度。徐邈惩治邪恶,纠正不良,一州之内,秩序井然。

正始元年,回朝任大司农。升为司隶校尉,百官都敬畏他。因公事免官。后任光禄大夫,几年后就升为司空,徐邈感叹说:"三公是谋虑治国政令的官位,没有合适的人就空缺,怎么能让我这又老又病的人辱没这个职位呢?"于是坚持推辞不受。嘉平元年,徐邈七十八岁,以大夫品级在家去世,朝廷特命按三公礼仪安葬,谥号为穆侯。其子徐武承嗣。嘉平六年,朝廷追思节操高洁者,下诏说:"大凡彰显贤能显扬德行,受到历来圣帝明王的重视;推荐德才兼优的人以引导后学,则是孔子所赞美的举措。已故司空徐邈、征东将军胡质、卫尉田豫都在前朝任职,历任四代,出外则统帅军队,在朝则处理各种政务,忠心为公,忧国忘私,不营家产,身死之后,家无余财,我特别嘉赏他们。特赐徐邈等人每家粮食二千斛,钱三十万,布告天下。"徐邈同郡的韩观字曼游,有器识和才干,与徐邈齐名,而在孙礼、卢毓之先,任豫州刺史,治绩十分突出,死在官任上。卢钦著书,称赞徐邈说:"徐公志气高远,行为高洁,博学多才,气质豪迈。他的政治措施每当施行时,高雅而不固执,廉洁而不孤僻,博学而能简约,威猛而能宽恕。圣人以清白为难,而徐公以清白为易。"有人问卢钦:"徐公在武帝时代,人们认为他通达,自从任凉州刺史以及回京任职之后,人们又认为他固执,这是为什么呢?"卢钦回答说:"以前毛孝先、崔季珪等主事,尊崇清素之士,当时都改换车服,用来猎取高名。而徐公仍一如既往,所以人们认为他通达。近来天下崇尚奢靡,竞相效仿,而徐公风雅高尚淡泊自如,不与世俗同流合污,所以前时的通达，就变成今日的固执了。这是因为世人没有一贯的操守，而徐公却能持之以恒。"

胡质，字文德，楚国寿春县人。少年时即与蒋济、朱绩在江淮一带知名，都曾任职于州郡。蒋济任别驾，作为使者去见曹操。曹操问："胡敏是年长德高的人，该有子孙了吧？"蒋济说："有个儿子叫胡质，思考大问题不如父亲，但处事细密超过父亲。"曹操当即征召胡质为顿丘县令。县民郭政与堂妹通奸，杀死堂妹夫程他，郡吏冯谅被关在监狱作为证人。郭政和堂妹都忍痛抵赖，倒是冯谅耐不住打，竟然自认其罪，应当用他所告罪名惩罚他本人。胡质到任，细致勘察情色，重新追究根底，经考查验证使罪犯终于承认了全部罪行。

后担任丞相东曹议令史，扬州刺史请他任治中。将军张辽与其护军武周有仇隙。张辽去见刺史请胡质出任幕僚，胡质托病不去。张辽出来后对胡质说："我有心对你委以重任，你为什么要这样辜负我的厚意呢？"胡质说："古人相交，对方索取虽多但仍相信他不贪，打仗临阵逃脱而仍相信他不怯，听到流言也不怀疑对方本质，这样的交情才可以保持长久。武周身为高雅人士，以前您对他赞不绝口，如今只为一点点小事，就对他心生嫌隙。何况我胡质才能低下，又怎能始终得到您的信任呢？因此我不愿意做您的手下。"张辽因此感悟，重新与武周和好如初。

曹操召任胡质为丞相属。黄初年间，改任吏部郎，任常山太守，又调任东莞太守。当地士人卢显为人所杀，胡质说："这个人没有仇人却有一个年轻的妻子，就是因此而丧命的么！"于是逐一召见卢显左右邻居中的年轻人，书吏李若被询问时神色异常，于是胡质穷追不舍。李若当即自首，罪人就这样浮出了水面。每当因军功得到赏赐，他都分给众人，从不收入家里。在郡任职九年，官吏百姓便利安适，将士自觉效命。

升任荆州刺史，加官振威将军，赐封关内侯。东吴大将朱然包围樊城，胡质率轻兵赶去救援。议论者都认为敌兵人多势众，不可逼近，胡质说："樊城地势低下，兵力又少，所以应当进军作为外援；

不这样做，樊城就危险了。"于是率兵赶赴樊城外围，城中军队得以安定。升为征东将军，假以符节都督青州、徐州诸军事。他在那里大力扶植农业增加粮食生产，有跨年度的粮食储备，又修筑东征台，边耕边守。此外还开挖大渠连通诸郡，建造舟船，严阵以待来犯之敌。沿海地区平安无战事。

胡质性情深沉，善于深思，不以自己的标准衡量他人，因此所在之处都得到人们的爱戴。嘉平二年去世，家无余财，只有皇帝所赐衣物和书籍而已。军师把这些情况禀报朝廷，追封并晋升他为阳陵亭侯，食邑百户，谥号为贞侯。其子胡威承嗣。嘉平六年，齐王曹芳下诏褒扬胡质清廉的品行，赐给他家钱和粮食。这事记载在本书《徐邈传》中。胡威在咸熙年间官至徐州太守，有突出政绩，历任三郡太守，所在声誉都很不错。病逝于安定郡。

王昶，字文舒，太原郡晋阳县人。少年时与同郡的王凌都有名声。王凌年长，王昶把他当兄长侍奉。文帝曹丕在东宫时，王昶担任太子文学，后迁中庶子；曹丕受禅登极，王昶改任散骑侍郎，任洛阳典农。当时洛阳树木成林，王昶倡导开荒种地，勤勤恳恳鼓励劝勉百姓，因此开垦了很多田土。后升任兖州刺史。明帝即位，加官扬烈将军，赐封关内侯。王昶身在外地，仍一心关注朝政，认为本朝承袭秦、汉以来的许多弊端，法制苛酷而又琐碎，不对国家典章制度大大改革一番使之合乎先王规范，要想政治局面和社会风气得到根本性好转，是不可能的。于是撰著《政论》，大体依照古代制度而借鉴其间可为当前适用的有关内容，共写了二十多篇，又著《兵书》十多篇，探讨正面交锋和设伏掩袭的战术运用，青龙年间呈奏给朝廷。

他为兄弟的孩子和自己的孩子取名字，都基于谦虚朴实，用以显示他的志趣，所以他兄弟的孩子王默字处静，王沈字处道，他自己的孩子王浑字玄冲，王深字道冲。于是又写信劝诫他们说："大凡身为人子的规则，没有比珍惜身体保全名节及让父母得以荣显的事情更重要的。应该说人人都明白这三个方面的好处，可还是有人身败名裂，危及家族，陷于灭亡大祸的，原因何在呢？这是因为他们宗奉学习的东西不合正道。尽孝敬老推仁守义,这是各种品行的首领而且是立身处世的根本。尽孝敬老才会受到宗族成员的喜爱接纳,推仁守义才能得到乡亲邻里的尊重,这就是道行育成于家族之内,好的名声却会自然传到外面的世界里去。为人如果不能严格修炼卓绝的品行,而是舍本逐末,就会沉溺于表面上的华丽阔气而不务实际,就会为了私利而拉帮结派;讲究华丽阔气而不务实际就会受到虚假不真实的拖累,拉帮结派就有可能彼此给对方带来严重的祸患。二者的鉴戒,如此地昭然若揭,而重蹈覆辙者反而日益众多,舍本逐末的现象日盛一日,这都是因为受到当时虚名的诱惑,对眼前的利益执迷不悟的缘故。大凡富贵声名,是人生来就喜欢的东西,但君子有时得到这些之后却并不敢安之若素,这又是为什么呢?因为他们厌恶不是通过正道求取的名利。人生最大的祸患是只知进而不知退,只知追求物欲而不知满足,所以才会有困辱的忧患,以及悔恨的不幸。俗语说:'如果不懂得知足,喜欢的也会失去。'所以人要知足,才会满足。纵览古今的成败事例,考察将来的人事吉凶,那些追名逐利、欲壑难填的人,没有谁能保持家世不衰,富贵绵延而不毁灭的。我希望你们立身要严谨,遵从儒家的教义,信奉道家的言论,所以给你们取的名字为玄、默、冲、虚,就是想让你们看到自己的名字就顾名思义,不敢违背它们所包含的言行规则。古代时盘杆上有铭文,几杖上有诫言,为的是低头抬头都能看见它们,用来节制自己免于言行出轨;更何况是自己的名字,难道不该随时警戒自己吗!大凡事物成长得越迅速消亡得也迅速,生长较慢的往往结果也较为理想。清晨开花的草,到傍晚就零落;而松柏的青翠,历严冬而不衰败。因此德高而有大才的君子都厌恶成就迅速,这是以孔子的成就历程作为自己的典范。像范匄三次答对秦客所出的谜语而武子用杖击打范匄,打断了范匄委貌冠上的簪子,那是因为武子恨他在突出自己的同时而掩盖了别人的优点。一般人有了点长处很少有不自卖自夸的,有了点能耐也很少有不自傲的。自夸就会掩盖别人的优点,自傲就会盛气凌人。掩盖他人优点的人别人也会掩盖他的优点,盛气凌人的人他人也不会给他基本的尊重。所以郤锜、郤犨、郤至三人在晋国被杀，王叔成为周朝罪人，这不都是他们喜欢自夸自傲争强好胜而咎由自取的吗？所以君子不自我称扬，并非是礼让别人，而是厌恶这样做会掩盖别人的优点。凡能以屈为伸，以让为得，以弱为强的，没有什么是不能称心如意的。诋毁和赞誉，是爱憎的根源和祸福的机缘，因此圣人对此也特别谨慎。孔子说过：'我对于别人，少誉少毁。如果有所褒誉，一定要有根据。'又说：'子贡喜欢讥评别人。他也真是高明啊，我却没有这闲工夫。'以孔子那样的圣贤，尚且这样，更何况是我们这种平庸之人又怎能轻易毁誉别人呢？

"从前，伏波将军马援告诫他的侄子说：'听到有关他人的不良传闻，应当如同听到自己父母的名字，耳朵可以听，却不能经由自己的嘴再传出去。'这个告诫真的妙到极点。别人有诋毁自己的言论，自己应当反躬自省。如果自己确有值得别人诋毁的行为，别人的诋毁就是恰当的；如果自己没有什么过错让人诋毁，那么别人所说的一切就是虚妄的。批评恰当就不要怨恨别人，批评本来虚幻也就对自己毫无危害，那又何必报复仇怨呢？况且听到别人诋毁自己就发怒的人，通常会将恶名强加于他人身上，那么人家报复你的手段就会更加恶毒，这还不如默默无言地提升自己的修养。谚语说：'帮助别人解脱寒冷之苦没有好过又重又厚的皮裘的，停止别人的诽谤不如自己修养道德。'这话是很对的。假定对方本就是搬弄是非的人，甚至于还是特别凶残阴险的人，接近他尚且是不可以的，更何况还硬要跟他当面辩明是非呢？凡是虚伪的人，他的言论不需要任何道义为依据，行为也不必跟自己的言论保持一致，其浮浅是比较容易识别的；可惜世人多受到他们的迷惑，还不愿意用这些人的言行相互比较以辨别真伪。近世的人如济阴人魏讽、山阳人曹伟都因为邪僻不正而失败丧身，他们迷惑世人，心怀奸诈，唆使煽动年轻人作乱。尽管他们已被依法诛灭，可以作为非常典型而明显的鉴戒，但是他们的所作所为带给世风的污染，早已是为祸不浅的了。怎可不特别谨慎呢！

"至于那些遁迹山林的隐士，像伯夷、叔齐那样，宁可饿死在首阳山也不肯与世俗同流,或者像介子推之流人物宁可烧死在绵山也不愿出仕的行事方式,尽管可以警戒贪欲激励世俗,但是圣人绝不可以那样去做,我也不希望你们有所效法。如今你们的先辈累世做官,崇尚仁义,为人谨慎,在家孝顺父母并敬爱兄长,出游则向老师和朋友求经问道。我和时下的人们交往,虽然他们出仕、隐居的选择不一,但都会从他们那里学到一些东西。颍川人郭奕,爱好和崇尚亨通显达,并且有知有识。可他为人不够心胸开阔,对轻贱贵重的把握却有些过分;他把自己认定德行深厚的人推崇到高山仰止的地步,而对自认为德行肤浅者则视同于草芥一般。我因为被他引为相知所以和他交往密切,但不希望你们也这样。北海人徐干,不求高名冠世,无意于苟且获取,淡泊处世,只一心一意地追求道德修养。就算他有所褒贬,也都假托古人以婉转表达自己的本意,而对当世则从不评论是非。我特别敬重他,希望你们向他学习。东平人刘祯,博学多识才华横溢,诚信守节胸怀大志,然而他的本性与行为缺乏均衡调节,言行无所顾忌,得和失足以相互抵消。我很喜欢他并且看重他,但不希望你们有所仰慕。乐安人任嘏,淳厚精粹躬行正道,内心敏锐而外表宽恕,谦逊恭让,清洁而不怕身处污泥,胆小却能见义勇为,在朝任职克己忘私。我把他视为好友而推重他,愿你们以他为榜样。如果你们能引而申之,触类旁通并加以发扬,你们就可以从我所推举的人物中得到启发了。至于享用财物应优先亲友,施舍一定要特别注意周济急需者,出门归来要问候年长乡人,议论评价不要有所贬黜,做官时要尽忠尽节,用人交友一定要诚实厚道,处世一定要解除骄淫,贫贱时不必过于忧愁,进与退要想到是否合适,行事要做到三思而后行,如此即可。我对你们还有什么好忧虑的呢?"

青龙四年,明帝下诏说:"朝廷想要罗致有才能和智慧,能深谋远虑,料远若近,洞见暗昧心如明镜,精心运筹卓有成效,出谋划策足以实施,庄重专一办事谨慎,操行纯洁缜密沉静,孜孜不倦坚持不懈,立志高洁一心为公的人才,不限年龄,不拘贵贱,卿校以上官员请各荐举一人。"太尉司马懿推举王昶中选。正始年间,转任徐州刺史，封武观亭侯，升征南将军，假以符节都督荆州、豫州诸军事。王昶认为国家总有基本恒定的军队，却并没有绝对取胜的战争；地势的险峻不会轻易改变，却没有一成不变的守备之势。而今屯兵宛城，离襄阳三百多里，诸军分散屯兵，战船远在宣池，有紧急情况根本来不及调动赴敌，于是上表请求移兵屯驻新野，在三州操练水兵，大举鼓励农桑垦田种植，积聚了丰足的粮食。

嘉平初年，太傅司马懿诛杀曹爽之后，于是上奏说应广泛咨询大臣了解政治得失。王昶陈述了五条治国方略：第一，应崇尚道统，鼓励学业，抑制根除不务实际的习俗，让学生们进入太学而修炼安详肃穆作风；第二，应设立考试制度，考试如同准绳，没有舍弃准绳而凭感觉修正曲直，废除升降奖惩标准却可以凭空判定官员的贤能与否的；第三，应让官员尽可能比较持久地担当某一个固定的职务，取得政绩则就地的加官进爵；第四，应裁减官员而增加他们的实际收入，用廉耻给予鞭策激励，让他们不得和老百姓争利；第五，应杜绝奢侈靡烂，务必倡导节俭，使各级官员服饰有别，上下有序，储备粮棉，敦促人民返璞归真。齐王曹芳下诏给予褒扬。并让王昶修撰百官考试的条例，王昶认为唐尧、虞舜时代虽然有升、降官吏的文字，但是如何考核官吏的方法没有流传下来。周朝制度里虽设有冢宰一职，全面考察群僚的政绩而实施赏罚，但是又没有考核评定的确定标准可资参考。从这个方面来说，实际取决于圣主确实明白如何用贤任能，而后大略提出任贤黜劣的基本要求，委任职位显贵的顾命大臣，由他们总揽纲纪，所以官员的有能无能都可以因此获知了。王昶的主要意思就是这些。

嘉平二年，王昶上奏说："孙权放逐贤良大臣，嫡庶争立矛盾重重，可以乘机制服吴、蜀；从白帝城到夷陵之间，黔、巫、秭归、房陵等地都在长江以北，汉、夷百姓与新城郡接近，可以袭取这些地方。"于是朝廷派新城太守州泰袭击巫、秭归、房陵，由荆州刺史王基进攻夷陵，王昶则攻打江陵，他在两岸用竹索做桥，渡水攻打敌军。敌人逃往南岸，又开凿七条通道同时来攻。王昶用连弩一起发射，东吴大将施绩连夜逃进江陵城，魏兵追杀数百人。王昶想把敌人引到平旷的地段交战，于是先派五军列队沿大道撤回，让敌人看见撤兵而感到高兴，又派人披上缴获的铠甲骑上缴获的战马提着斩杀的吴兵头颅，在江陵城的四周耀武扬威以激怒吴军，同时设下伏兵等待敌军出城。施绩果然派兵追杀，王昶挥兵对攻，打败了施绩。施绩逃走，斩了他手下大将钟离茂、许旻，缴获了吴军的铠甲、旗、鼓、珍宝和武器，奏凯班师。王基、州泰也都立下了战功。于是提升王昶为征南大将军，仪同三司，进封京陵侯。毌丘俭、文钦反叛，王昶率兵迎击有功，朝廷赐封他的两个儿子分别为亭侯和关内侯，王昶升为骠骑将军。诸葛诞反叛，王昶占据夹石以逼江陵，牵制住施绩、全熙，使他们不能东进增援诸葛诞。诸葛诞被诛杀以后，皇帝下诏说："从前孙膑救援赵国，率军直逼大梁。王昶挥军西逼江陵，也因此助成了我军东征的胜利形势。"给王昶增邑千户，加上以前所封共四千七百户，升他为司空，照旧持符节都督诸军。甘露四年去世，谥号为穆侯。其子王浑承嗣，咸熙年间任越骑校尉。

　　王基，字伯舆，东莱郡曲城县人。小时候就失去父亲，与叔父王翁住在一起。王翁精心抚养，王基也以孝顺著称。十七岁那年，郡里征召他为小吏，非他所好，于是离去，进入琅邪郡境内游学。黄初年间，各地荐举孝廉，他被任命为郎中。当时青州刚刚平定，刺史王淩特意上奏请求让王基出任手下别驾，后朝廷召王基为秘书郎，王淩再次请求让他回青州任职。不久，司徒王朗征召王基，王淩不放。王朗上书弹劾王淩说："凡是诸侯王公家臣有优秀的，应由三公四辅提拔任用，公辅有优秀臣僚，应举荐为天子的职官，因此古代有侯伯贡士的礼仪。而今州郡取用本应宿卫皇宫的大臣，留滞可充任尚书台的官吏，这样的事情还真是罕有所闻。"王淩仍旧不放王基入朝。王淩所以得到青州士人的普遍称赞，应该说王基的辅佐协助起了不小的作用。大将军司马懿征召王基，人还未到，又被提升为中书侍郎。

　　明帝大建宫室，百姓极度劳苦疲惫。王基上疏说："我听说古人用水来比喻人民，说：'水能载舟，亦能覆舟。'因此君临万民的天子,不能不随时戒惧。大凡百姓安逸则思量和平,生活艰难困苦就会想到发难。因此先王都使居处简约朴素,为的是防止祸患从民间发生。从前颜渊观察东野子驾御马匹,马已用尽气力而东野子仍驱赶不止,因此知道东野子必定出事。而今劳役繁重艰苦,男女长久分居产生怨旷情绪,希望陛下能深思东野子御马的弊端,留心舟和水的比喻,让那些还未力竭的马匹休息一下,让那些还未困顿到极点的百姓省些劳役。从前汉代得到天下,到汉文帝时只有同姓诸侯,而贾谊尚且深感忧虑地说:'下边堆积着已经点燃的柴草还躺在上面高枕安睡,应该将这样的情况称为安宁吧。'而今敌国并未消灭,猛将拥兵,若约束限制他们就难以应敌,长久下去则帝位难以留给后人,在此盛明之世,不专心致志地消除祸患,如果子孙再不争气,国家就危险了。如果让贾谊再生,一定要比过去发表更深刻痛切的感慨了。"

散骑常侍王肃撰著群经传解并论定朝仪,修改郑玄的原有解释,而王基则依据郑玄之说,常常与王肃抗衡。后出任安平太守,因公事去职。大将军曹爽请他担任从事中郎,后出任安丰太守。郡界临接吴国,王基治政清明严谨,甚有威惠,又防备森严,吴兵不敢前来进犯。加官讨寇将军。东吴曾在建业集中大军,扬言要进攻扬州,刺史诸葛诞让王基分析预测。王基说:"以前孙权屡次进犯合肥,一度到了江夏,其后全琮出击庐江,朱然进犯襄阳,但都是无功而返。如今陆逊等名将已死,而孙权年老,王室没有贤能的嗣子,朝中又缺乏出谋划策的主要人物。孙权亲自出击又怕内部生乱,各种矛盾一齐爆发而导致局势崩溃;要派将又是老将都已不在人世,新将还不值得信任。他这样做不过是想修补内部缺漏,回头保护自身罢了。"后来孙权终究没有领兵出击。当时曹爽专权,风化大坏,王基撰《时要论》来讥讽时事。因为有病离任回乡,后又起家任河南尹,尚未就职,曹爽被诛,因为王基曾经是曹爽的下属,也照例罢免。

同年为尚书,出任荆州刺史,加官扬烈将军,随征南将军王昶讨伐东吴。王基在夷陵独立率领一路兵马袭击步协,后者紧闭城门固守。王基假意摆出进攻的架式,暗中却分兵袭取雄父邸阁,缴获粮食三十余万斛,俘虏东吴国安北将军谭正,接纳投降者达数千人。于是迁移投降的东吴百姓,将他们安置到夷陵县。赐封王基为关内侯。王基又上表请求在上昶地方筑城,把江夏郡治迁到该处,从而逼近夏口,自此吴军就不敢轻易渡江了。他申明礼仪制度,整备军务和农耕,同时兴办学校,南方士人无不称赞。当时朝廷商议准备大举伐吴,下诏命王基策划考虑进攻的适当时机。王基回答说:"如果出兵而不能建功,那么外损威风,内耗财力,因此出兵必须准备周全才行。如果不预先开通河渠,聚积粮食,修造水战设备,即使陈兵江北,也不会形成必渡之势。今江陵有沮水、漳水,灌溉良田在千亩以上。安陆附近,也有不少水利设施而土地肥美平坦。如果水田旱地都以农业为主,收获粮食充实军用,然后率大军攻向江陵、夷陵,分据夏口,沿沮水、漳水运输粮食一同东下。吴军知道我军具备了长期作战的优势,那么抗拒朝廷征讨的人就会丧失斗志,而有意弃暗投明者的立场就会越来越坚定。这时再联合蛮夷从其内部攻击,我军精锐在外部征讨,则夏口以上各据点一定可以攻下来,而江南州郡也就都守不住了。如此一来,吴、蜀的交通遭到阻断,两国联合相互声援的格局从此不再,东吴也就成为瓮中之鳖了。不这样的话,我军出征能否获胜,就并不一定了。"于是朝廷打消了出兵的念头。

司马师刚执掌朝政,王基上书劝诫说:"天下特别辽阔,政事极为繁杂,确实不能不兢兢业业,夜以继日。大凡秉志淳正就没有奸邪滋生的余地,心平气和就不会在面对千头万绪的政事时显得心浮气躁,深思熟虑之后所制定的教令就能简而不繁,亲近重用忠臣贤人就能使远近人心归附。所以知道绥抚远方之人在乎身体力行,安定国内百姓取决于自己的诚心决心,许允、傅嘏、袁侃、崔赞等都是时下的正直人士,有正直朴实的资质而没有游移放纵的心性,是可以共同处理大事的好帮手。"司马师接受了王基的忠告。

高贵乡公即帝位,进封王基为常乐亭侯。毌丘俭、文钦叛乱,朝廷命王基为代理监军。假以符节,统领许昌驻军,正好与司马师在许昌会合。司马师问王基:"您预测毌丘俭等人会采取怎样的动作?"王基说:"淮南叛乱,并不是当地官吏百姓图谋不轨,而是受到毌丘俭等人的欺骗胁迫,害怕眼下即遭到屠杀,所以不得不暂随大流罢了。如果大兵压境,必然土崩瓦解,毌丘俭、文钦的首级不久就会悬挂在辕门之上了。"司马师说:"有道理。"于是派王基为先锋进军。议论者都认为毌丘俭、文钦轻捷勇猛,很难与他们争胜。朝廷下诏让王基停止前进就地驻军。王基认为:"毌丘俭等人兴兵就足以长驱直入,但这么长时间仍不进军,说明已露出诈伪的马脚,部众已产生恐惧沮丧之心。我们这时还不显示令人生畏的声势以副民望,相反停止进军躲在高垒之中,与畏惧怯弱相似,不是用兵的道理。如果叛军驱使挟持民众,又假如我州郡士兵的家属有被叛军控制的,那些士兵就难免离心离德;为毌丘俭等人所挟持的人,自认为身犯重罪,不敢回返到朝廷旗下,这是把兵放在不能发挥作用的地方,却反而会成为奸诈不法者的嚣张源头。如果东吴再趁机出兵,那么淮南大片疆土就不是国家所有的了,谯、沛、汝、豫等地就面临迫切威胁而骚动不安,这是最大的失策。大军应迅速进据南顿,南顿有大粮仓,估计储备的粮食足够我军吃上四十天。坚守森严壁垒,凭借粮仓储备,造成先声夺人之势,这是平定叛贼的关键所在。"王基反复请战,朝廷这才让他进据㶏水。到了以后,王基又上书说:"用兵只听说有快慢之分,而没见过因持重谨慎造成的缓慢行动而得益的例子。而今外有强敌,内有叛臣,如果不能当机立断,叛乱之事将演变成什么局面就实在是难以预料的了。议论者都希望率兵打仗应该持重。持重进军是对的,而停军不进就错了。持重绝不是按兵不动的意思,而是推进过程中不让敌人有可趁之机罢了。而今占据坚城,坐守壁垒,让那边的粮食储备资助敌人,而我们却要远道运粮,这是非常不合适的策略。"司马师还想等待各路兵马齐集之后再一同进兵,仍然不批准王基的意见。王基说:"将在外,君主的命令也有可以不接受的。敌人得到则敌人有利,我得到是我有利,这就是兵法所说的争城,而南顿就是这样的地方。"于是自行进军占领南顿,毌丘俭等人也从项县发兵前来争夺南顿,推进了十余里,听说王基已捷足先登,又退保项县。当时兖州刺史邓艾屯兵乐嘉,毌丘俭让文钦率兵袭击邓艾。王基知道他们已兵力分散,就挥兵进逼项县,毌丘俭的部众于是溃败。毌丘俭等人被平定后,王基升任镇南将军,都督豫州诸军事,兼任豫州刺史,进封安乐乡侯。他上疏请求分出自己的封邑二百户,赐封叔父的儿子王乔为关内侯,用来报答叔父抚育的恩德。朝廷下诏特许。

诸葛诞反叛,王基以本官代理镇东将军,都督扬州、豫州诸军事。当时大军在项县,认为叛军属于精兵锐卒,诏令王基收拢人马就地修筑坚固堡垒。王基多次上书请求讨伐。恰好东吴派朱异前来援救诸葛诞,屯兵安城。王基又接到诏令让他率军转占北山,王基对诸将说:"眼下我军修筑的营垒已经比较坚固了,兵马也刚刚集中,只须精修防守设施防范敌军逃跑就可以了,这时反而要移兵屯驻险地,使得叛军解除束缚而行动自如,就是再聪明的人也难以收拾这样的局面了。"于是采取便宜行事的态度,上疏说:"眼下与敌人对阵相持,应当像大山一样岿然不动。如果转移军队坚守险要,势必造成人心摇荡,这对我军的形势是很大的损害。各路军队都已据守深沟高垒,军心都已安定,不可震动,这是统领军队的基本要领。"奏表报入,朝廷同意了他的请求。大将军司马昭进兵屯驻丘头,分派部队设围防守,各部都有自己的管辖系统。王基都督城东城南二十六军,司马昭敕令军吏说:"凡入镇南将军管辖区域,一律不得有发号施令。"城中叛军粮食吃尽,昼夜攻打王基营垒,王基随时迎击,将他们打得缩进城里。攻下寿春后,司马昭写信给王基说:"当初议者云云,要求移兵的人极多,当时我没有临阵,也认为应如所议。将军深思熟虑分析利弊,独独坚持自己的意见,以至上违诏命,下拒众议,终于战胜叛军生擒贼首,即使古人所称述的名将,也不会超过将军了。"司马昭又打算派将领率精锐部队深入战区,招迎唐咨子弟,并想乘此机会造成颠覆东吴的局面。王基劝谏说:"以前诸葛恪乘着东关的胜利,调动江左所有兵力,包围新城,结果城没攻下,自己人马却死伤过半。姜维凭借洮上胜利之势,轻兵深入,军粮供应不上,结果大军在上邽覆没。大凡大捷之后,上下轻敌,轻敌难免对可能面临的灾难考虑不周。而今敌人刚刚在境外吃了败仗,国内忧患又未平息，因此正是他们整顿守备精于防范的时候。况且我军连年作战，军人都有回家团聚的想法。如今俘获十万降兵，叛逆者如此下场，从历代征伐以来，还没有过像现在这样自身军队未受损失而全胜敌人的盛况的。武皇帝曹操在官渡大败袁绍，自以为创获已多，不再追击逃奔之敌，也是担心军威受挫。"司马昭于是罢兵。因为淮南地区刚刚平定，朝廷调任王基为征东将军，都督扬州诸军事，进封东武侯。王基上疏坚决辞让，把功劳归给参谋和辅佐的下属，于是长史、司马等七人都被封侯。

同年，王基母亲去世，朝廷下诏对丧事秘而不宣，并把王基父亲王豹的灵柩迎取到洛阳与王基母亲合葬，追赠王豹为北海太守。甘露四年，王基转任征南将军，都督荆州诸军事。常道乡公即皇帝位，为王基增加食邑千户，加上以前所封共五千七百户。还前后分封王基的两个儿子分别为亭侯和关内侯。

景元二年，襄阳太守上表说东吴人邓由等人要来归顺，王基接到诏令说："应趁此良机动摇东吴基业。"王基怀疑其中有诈，于是派驿使快速向朝廷陈述意见，并说："嘉平以来，内乱不断，当务之急，在于安定国家，绥抚百姓，不应兴师动众获取外部利益。"司马昭回信说："人们处理事务，多是曲意逢迎，很少有人能坚守自己意见并和上司共商达致合理共识的。应是精诚感动神祇因而出现的奇迹，一直得到您的忠诚与仁爱，您但有任何规劝指教，均照着您所说的办理好了。"后来，邓由等人果然没有来投降。

当年王基去世，追赠司空，谥号为景侯。其子王徽承嗣，去世得早。咸熙年间，开设五等爵，因为王基在前朝功勋卓著，改封王基的孙子王廙，而把东武侯余下的食邑赐封王基的另一个儿子为关内侯。司马氏受禅开国，下诏说："已故司空王基功勋卓著，而且立身清廉朴素，不营私产，长期担任要职，家无私财，可以说是身死之后品行更加彰显无遗，完全可以激励世俗之人。特此赐给他家奴婢二人。"

评：徐邈清洁高尚而宽宏通达，胡质操守清白而坚定纯粹，王昶情怀开通美好而识见气度不凡，王基学问杰出而品行坚贞，他们都肩负封疆重任，并且都以功绩巨大而著称于世。可以说都是国家的良臣，风云一时的才德杰出之人了。

白话三国志卷二十八　魏书二十八

王毌丘诸葛邓钟传第二十八

王凌字彦云,太原郡祁县人。叔父王允,任汉朝司徒,主谋诛杀了董卓。董卓的部将李傕、郭汜等为董卓报仇,带兵进入长安,杀了王允,并杀害了他全家。王凌和哥哥王晨,当时年龄都不大,翻城墙逃脱,改名换姓逃回老家。后来王凌被举荐为孝廉,任发干县长,逐渐升为中山郡太守,在两地都有治绩,曹操征召他为丞相府掾属。

曹丕受禅登极,任命王凌为散骑常侍,出任兖州刺史,与张辽等人一起到广陵讨伐孙权。到江边,夜里起大风,孙吴大将吕范等部战船被吹到北岸。王凌与诸将迎击,活捉斩杀及俘虏了不少敌兵,缴获敌人船只,立下战功,封宜城亭侯,加官建武将军,又转任青州刺史。当时沿海地区在经历汉末政局动乱之后,法令制度尚未恢复。王凌发布政令推行教化,赏善罚恶,大纲要领掌握得很有分寸,百姓们对他的治绩到了赞不绝口的程度。后随曹休征伐东吴,在夹石与吴军相遇,曹休军队失利,王凌拼死作战冲破重围,曹休得以幸免于难。王凌仍调任扬州、豫州刺史,都颇得军民的欢心。他一到豫州,立即旌表当地先贤的后裔,搜罗没有被人注意到的优秀人才,各方面都有法规教令,声誉极佳。当初,王凌与司马朗、贾逵的关系甚好,等他任职兖、豫二州,又承续光大了两位好友的声名与业绩。正始初年,任征东将军,假以符节都督扬州诸军事。正始二年,东吴大将全琮统率数万兵马入侵芍陂,王凌率诸军迎击,与敌军争夺芍陂,激战多日,迫使吴军退走。进封为南乡侯,食邑一千三百五十户,升为车骑将军,仪礼比同三司。

当时，王凌的外甥令狐愚凭自己的高才得以担任兖州刺史，屯兵平阿。舅舅与外甥都统帅军队，执掌淮南方面军政重任。王凌顺势升为司空。司马懿诛杀了曹爽，晋升王凌为太尉，假以朝廷符节和斧钺。王凌、令狐愚私下密谋，认为齐王才智不足以担当帝位，打算迎立楚王曹彪建都许昌。嘉平元年九月，令狐愚派部将张式去白马，与曹彪互相赠送并建立了联系。王凌又派舍人劳精去洛阳，对儿子王广说了自己的想法。王广说："废立皇帝是很了不得的事情，不要带头给自己招来灾祸。"当年十一月，令狐愚又派张式去见曹彪，未等到张式回来复命，令狐愚就已病死了。嘉平二年，火星侵犯南斗星宿，王凌说："斗中有星，应当有突如其来的大富大贵者现身。"嘉平三年春天，东吴军队云集涂水。王凌想借两国交兵之机发难，因此大举整饬诸军，上表请求率兵讨伐东吴。朝廷下诏说不批准。这时王凌的图谋变本加厉，于是派部将杨弘把他的废立打算告知兖州刺史黄华，黄华、杨弘联名将此事禀报给太傅司马懿。司马懿率中军沿水路讨伐王凌，先下赦令赦免王凌之罪，又带着尚书王广一同东行，命王广写信劝告王凌，大军则突然推进到百尺对王凌形成威逼之势。王凌自知大势已去，于是单独乘船出来迎接司马懿，派部下王彧认错请罪，交出了自己的印绶、符节和斧钺。大军到达丘头，王凌双手反绑于背后站在水边表示自动投降。司马懿奉朝廷之命让主簿解开王凌的绑绳并让他穿回朝服，召见王凌，给予慰劳，还给王凌印绶、符节和斧钺，派兵马六百把王凌送回京城。王凌走到项地，饮毒药自杀。司马懿然后进达寿春。张式等人自首，于是严厉追究王凌图谋废立的来龙去脉。楚王曹彪被赐死，凡与此事有关者都被诛灭三族。朝议都这样认为：按《春秋》所陈述的规则，齐崔杼、郑归生都被追加诛杀，开棺陈尸示众，事实都记载在史书上。王凌、令狐愚的罪行处置也应遵行历史上的成例。于是重新掘开王凌、令狐愚的坟墓，劈开其棺材，在就近街市暴尸示众三天。又将各自的印绶、朝服一起烧掉，最后把他们的尸体再直接扔在土坑中掩埋。晋升杨弘、黄华为乡侯。王广有志向而且学问品行优异，株连被杀时只有四十余岁。

毌丘俭,字仲恭,河东郡闻喜县人。父亲毌丘兴,文帝黄初年间任武威太守,讨伐叛逆,安抚四边,开通河西走廊,盛名仅次于金城太守苏则。讨伐张进及胡人的叛乱有功,封为高阳乡侯。后入朝任将作大匠。毌丘俭承袭父亲的封爵,任平原侯文学。明帝曹叡即位,毌丘俭任尚书郎,又升为羽林监。因他曾任职东宫的特殊渊源,很受明帝的亲近器重。出任洛阳典农。当时征发农民修筑宫室,毌丘俭上疏说:"依愚臣之见,天下应最先消灭的是吴、蜀二国,最应该优先解决的事是丰衣足食。假使吴、蜀二国不被消灭,人民饥寒交迫,即使宫室再高再美,还是毫无益处。"升为荆州刺史。

青龙年间,明帝有意讨伐辽东,因为毌丘俭才干和谋略不错,就改调他担任幽州刺史,加官度辽将军,使持朝廷符节,护乌丸校尉。毌丘俭率幽州诸军到达襄平,屯兵辽隧。右北平乌丸单于寇娄敦、辽西乌丸都督率众王护留等人,以及从前追随袁尚逃奔辽东者,率众五千多人向毌丘俭投降。寇娄敦派弟弟阿罗槃等入朝纳贡,朝廷封赐前来的首领二十多人为侯为王,又赐给车马锦缎等各有等级。公孙渊出兵迎战,毌丘俭受挫,率军撤回。第二年,明帝派太尉司马懿统领中军及毌丘俭等部数万人讨伐公孙渊,平定了辽东。毌丘俭因功进封为安邑侯,食邑三千九百户。

正始年间,毌丘俭因高句骊多次进犯边境,于是率诸军步、骑兵一万人从玄菟分道出击,讨伐高句骊。高句骊国王宫率兵二万,进军沸流水上游,两军在梁口大战,宫的军队连连溃败而逃。毌丘俭约束人马面对险阻,登上丸都,血洗高句骊的都城,斩获了数以千计的敌人首级。担任高句骊沛者的官员名叫得来,曾反复劝谏宫,宫不听他的劝告。得来叹息说:"此地马上就要遍生蓬蒿了。"于是绝食而死,全国都认为得来十分贤德。毌丘俭下令诸军不许破坏得来的坟墓,不准砍伐该墓周围的树木,而得来的妻子儿女,都释放并遣送回家。宫仅仅带着自己的妻子儿女逃窜。毌丘俭班师而归。正始六年,又讨伐高句骊,宫于是逃奔到买沟。毌丘俭派玄菟太守王颀追击,越过沃沮有一千多里,一直到肃慎氏南界,刻石纪功,在丸都山摩崖大书始末,于不耐城立碑铭刻胜迹盛事。凡所杀戮及纳降的有八千多人,论功受赏,封侯的就有百余人。然后穿山修渠灌溉田园,当地百姓受益匪浅。

毌丘俭升为左将军,假以符节,都督豫州诸军事,兼任豫州刺史,转任镇南将军。诸葛诞在东关作战,不能取胜,于是让诸葛诞与毌丘俭对换职守,诸葛诞任镇南将军,都督豫州诸军事。毌丘俭为镇东将军,都督扬州诸军事。东吴太傅诸葛恪包围合肥新城,毌丘俭与文钦联手抗击,太尉司马孚统领中军从东部解围,诸葛恪退回东吴。

当初,毌丘俭和夏侯玄、李丰关系甚佳。扬州刺史前将军文钦,是曹爽同乡,勇敢刚毅而粗鲁凶猛,多次立下战功,同时喜欢夸大俘虏缴获的战果,以获取朝廷的优宠嘉赏,但总是事与愿违,因此文钦的怨恨情绪与日俱增。毌丘俭运用策略厚待文钦,两人关系十分融洽。文钦也感恩戴德,对毌丘俭忠心不二。正元二年正月,天上出现数十丈长的彗星,从头至尾直贯西北天空,开始于吴、楚分野。毌丘俭、文钦十分高兴,认为这是自己的吉祥征兆。于是假称皇太后的诏命,历数大将军司马师的罪状,布告诸郡,举兵反叛。他们胁持淮南一带镇守其他军屯的将士及官吏百姓都进入寿春城,在城西筑造祭坛,歃血结盟立誓,分出老弱者留下守城,毌丘俭、文钦亲自统帅五六万大军渡过淮河,西行到达项地。毌丘俭坚守城池,文钦在城外负责流动作战。

大将军司马师统帅中军和诸郡兵前来讨伐,另外派诸葛诞率豫州诸军从安风津准备攻取寿春,征东将军胡遵率青州、徐州的军队从谯、宋之间出击,以断绝毌丘俭的退路。大将军司马师率兵驻扎汝阳,派监军王基率前锋诸军据守南顿守候叛军。司马师下令各路军队都坚守壁垒不得与叛军正面交战。毌丘俭、文钦等前进不能与朝廷军队决一胜负,后退又怕寿春遭到袭击,从而无处托身,计谋不知所出,进退不知所为。淮南将士,家乡都在北边,众心沮丧涣散,投降的前后相继,只有淮南新近归属的当地农民愿意为他们打仗。大将军司马师派兖州刺史邓艾统帅泰山郡诸军数万人到乐嘉,显示软弱以诱使毌丘俭、文钦出击，大将军司马师很快率军从洙地来到。文钦不知是计，果然想趁夜袭击邓艾等人，恰好天亮，见对方兵马强盛，忙撤回军队。司马师派勇猛骑兵穷追不舍，大破叛军，文钦逃走。当天，毌丘俭听说文钦战败，恐惧而连夜逃走，部众随即溃散。等到了慎县，毌丘俭身边的士兵逐渐抛弃毌丘俭逃走，毌丘俭和小弟毌丘秀及孙儿毌丘重三人藏身于水边的草丛内。安风津都尉的部民张属就地射杀了毌丘俭，将其首级传送京都。张属被封为侯。毌丘秀、毌丘重二人逃入吴国。凡是被毌丘俭、文钦所胁迫的将士，全部投降。

毌丘俭的儿子毌丘甸任治书侍御史，他预先得知毌丘俭的图谋即将实施，于是私下出城带领家属逃向新安灵山上。朝廷另派军队攻下灵山，诛灭毌丘俭的三族。文钦逃归东吴，吴国命文钦为都护、假以符节、镇北大将军、幽州牧、谯侯。

诸葛诞，字公休，琅邪郡阳都县人，是诸葛丰的后代。起初以尚书郎的资格做了荥阳县令，后入朝任吏部郎。凡是别人有所嘱托推荐，他都把嘱托话公开出来后才任用被推荐的人，之后的任用得当与否，则由大家共同评议其间得失来作为对举荐者的褒贬，因此群僚向他推荐人才没有谁敢草率随意。累迁为御史中丞、尚书，与夏侯玄、邓飏等人相互亲善友好，在朝廷内名声鹊起，京都士大夫都争相趋附他们。有人上奏陈事说诸葛诞、邓飏等人追求表面上的华丽阔气而不务实际，相互吹捧获取虚名，这种风习不可任其发展滋长蔓延。明帝得知后也深为痛恨，免去了诸葛诞的官职。恰逢明帝驾崩，正始初年，夏侯玄等都在朝廷任职。他们又让诸葛诞重任御史中丞、尚书，出任扬州刺史，加官昭武将军。

王凌图谋兴兵造反时，太傅司马懿暗中派兵东征，任诸葛诞为镇东将军，假以符节都督扬州诸军事，封山阳亭侯。东吴诸葛恪兴兵攻打东关，朝廷派诸葛诞统帅大军征讨，与吴军交战，不能获胜，返回，改任镇南将军。

后来毌丘俭、文钦反叛，派使者来见诸葛诞，目的是招揽豫州人民同反。诸葛诞斩杀了使者,将毌丘俭、文钦的阴谋公布天下,让人们知道他们的叛逆行为。大将军司马师东征,派诸葛诞都督豫州诸军,渡安风津进逼寿春。毌丘俭、文钦溃败之时,诸葛诞最先抵达寿春。寿春城中有十余万人,听说毌丘俭、文钦失败,都害怕被杀,于是纷纷弃城而逃,流亡到山间河泽,有的分散逃奔东吴。朝廷因诸葛诞在淮南任职时间长,于是又命他再为镇东大将军、仪礼比照三司、都督扬州。东吴大将孙峻、吕据、留赞等听说淮南大乱,正好文钦到来,于是率大军带着文钦直赴寿春;当时诸葛诞已率军抵达寿春,吴军无法攻城,于是退走。诸葛诞派手下大将蒋班追击,斩杀了留赞,将其首级传送京都,又缴获了其印绶符节。诸葛诞进封为高平侯,食邑三千五百户,转任征东大将军。

诸葛诞与夏侯玄、邓飏等关系最为亲密,又见王凌、毌丘俭等先后灭族,内心恐惧不安,于是拿出所有积蓄救济施舍以笼络人心,以优厚的待遇养育亲信以及扬州轻生重义的侠士几千人为自己效命。甘露元年冬天,东吴打算进攻徐堨,朝廷估算诸葛诞所统领的兵力足以抵御外侵,但他还是请求朝廷增派十万人守卫寿春,又请求沿淮河修筑城池以备敌寇,内心实想保住淮南以便跟朝廷讨价还价。朝廷也约略知道诸葛诞已不能信任,但考虑诸葛诞是旧臣,想把他召回来加以观察。甘露二年五月,征召诸葛诞为司空。诸葛诞接到诏书,更加恐惧,于是举兵造反。他召集诸将会议之后,便亲自领兵攻击扬州刺史乐綝,将他杀死。又聚集淮南淮北郡县各屯田官兵十余万人,加上扬州新近归附可以当兵作战的四五万人,储备足用一年的粮食,闭城死守。又派长史吴纲领着小儿子诸葛靓到东吴求救。吴人得信大喜,派将领全怿、全端、唐咨、王祚等人,率兵三万,秘密地与文钦一道来接应诸葛诞。并以诸葛诞为左都护、假节、大司徒、骠骑将军、青州刺史、寿春侯。这时镇南将军王基刚到,率领诸军包围寿春,尚未合围。唐咨、文钦从城的东北面,凭借山势险要,得以率众冲进城中。

六月,高贵乡公曹髦御驾东征,抵达项地。大将军司马昭率领二十六万大军,亲临淮河征讨。大将军屯兵丘头。派王基及安东将军陈骞等四面合围,内外形成双重防线,堑壕堡垒都修得十分高大坚固。又派监军石苞督率兖州刺史州泰等人,选拔精兵为机动部队,以便防范东吴军从外部攻入。文钦等人多次试图冲出包围,都被击退。吴将朱异又派重兵接应诸葛诞,渡过黎浆水,州泰等人在此迎战,每次都挫败了他们进攻的锋芒。孙綝因为朱异的攻击没有推进的实效,一怒杀了朱异。城中粮食渐渐减少,外援又不到,部众无所依靠。将军蒋班、焦彝,都是诸葛诞的左右亲信而共商大事者,这时也背弃诸葛诞,滑下城墙向司马昭投降。司马昭又使反间计,用奇计劝说全怿等人,全怿等人率众数千打开城门出降。城中震惊害怕,不知所措。

甘露三年正月,诸葛诞、文钦、唐咨等大举制造进攻装备,连续五六天不分昼夜地强攻南面围城壁垒。壁垒上的守军居高临下用发石车发射石块、用火箭烧毁攻城器具,箭石如雨,死伤者遍地都是,鲜血把壕沟都流满了。诸葛诞等人只得退回城内,城内粮食日益短缺,出城投降的人已达数万,文钦想放走所有北方人以便节省粮食,与东吴人一起坚守,诸葛诞不肯接受,因此两人产生隔阂。文钦本来就与诸葛诞有仇隙,只是因为一时的图谋苟合而已,事情越是紧急就越不信任对方。文钦去见诸葛诞商议事情,诸葛诞趁机杀掉文钦。文钦的儿子文鸯、文虎在小城中领兵,听说父亲被杀,率众赶赴现场,而他们的部下不听使唤。于是文鸯、文虎只好独自逃出城去,投奔司马昭。军中官员要求诛杀这兄弟二人。司马昭下令说:"文钦的罪恶即使被诛杀也抵偿不了,他的儿子本来也应诛杀。但是文鸯、文虎是在走投无路的情况下投降的,而且目前城池还未攻下,如果杀了他们俩就无异于坚定了城中士兵死守的决心。"于是赦免了文鸯、文虎,又让他们率领几百名骑兵到城外巡视,向城内呼喊:"文钦的儿子都没有被杀,其他的人还有什么可担心的呢?"司马昭上奏任命文鸯、文虎为将军,分别赐封为关内侯。城内惊喜而骚动,而且加上日益饥饿劳顿,诸葛诞、唐咨等人都到了绞尽脑汁却无计可施的地步。司马昭这时亲临围城前线,挥军从四面进击,同时击鼓呐喊登城,而城内无人敢于抵抗。诸葛诞困迫危急,独自骑马,率贴身部下从小城门突围。大将军司马昭麾下司马胡奋部署士兵迎击,斩杀了诸葛诞,将其首级传送洛阳,灭其三族。诸葛诞贴身部下数百人,因不投降而都被诛杀,他们都说:"为诸葛公而死,没那么遗憾。"诸葛诞是如此深得人心。唐咨、王祚及诸将都将手反绑于背后投降,俘虏吴兵万余人,缴获的武器和军用物资堆积如山。

最初合围寿春,议论的人大多想立即实施强攻,司马昭认为:"城防坚固而守军众多,强攻必然严重消耗我方军力,如果再有外兵杀来,就将内外受敌,这是很危险的做法。而今三个叛将相聚在同一座孤城之中,或是上天要使他们同时灭亡吧,我们应当用万全之策控制他们,可以安坐不动而获得胜利。"诸葛诞在甘露二年五月开始造反,三年二月兵败被杀。朝廷大军按兵不动,凭借深沟高垒以逸待劳,而诸葛诞自然而然困窘不支,竟不用强攻而被消灭。等到攻破寿春,议论者又认为"淮南常常成为叛逆的策源地,东吴士兵的家室都在江南,不能放过他们,应当全部活埋"。大将军司马昭认为"自古用兵,以完全征服敌国为上策,诛杀敌方罪魁祸首也就行了。东吴士兵就算有逃回江南去的,也正好是向东吴展示中原的宽宏大量罢了"。所以最终没有杀死一个被俘的东吴士兵,而且还把他们妥善安置于三河附近诸郡。

唐咨本来是利城人。黄初年间,利城郡反叛,杀死太守徐箕,众人推举唐咨为首领。文帝派兵征讨攻破利城郡,唐咨逃入海岛,于是流亡到了东吴。官至左将军,封侯、持皇帝符节。诸葛诞、文钦被杀,唐咨也被活捉,三大叛将同时覆灭,天下称快。朝廷授任唐咨为安远将军,其余偏将也都获得爵号官位,所有被俘的东吴人都心悦诚服。东吴感念魏国的做法,都没有诛戮这次投降魏国各将领士兵的家人。凡是被诸葛诞所胁迫而参与造反的淮南将士和人民,只杀了其中的首要罪犯,其余人等全部赦免。还听凭文鸯、文虎兄弟收殓文钦尸首,供给牛车,拉回到他家祖坟安葬。

邓艾,字士载,义阳郡棘阳县人。很小就成了孤儿。曹操攻破荆州后,邓艾迁家到汝南,替当地农民放牛。十二岁这年,邓艾随母来到颍川,读到已故太丘长陈寔的碑文,上有"文辞是世人的典范,品行是士大夫的准则"的称颂,邓艾为此给自己取名叫"范",字士则。后因同宗成员中早有了相同的名字,所以他又改取了别的名字。出仕之初任都尉学士,因为有口吃的毛病,不能担任主要辅助官员。改任稻田守丛草吏。同郡官吏之父怜悯他家境穷困,给予他丰厚的资助,邓艾当时都不在口头上表示感谢。每当他看到高山大湖,就规划测度指点出可以安营扎寨的处所,当时的人大多笑话他。后来担任典农纲纪,要向朝廷呈报上计簿册,便借着这一出使的机会拜见了太尉司马懿。司马懿很欣赏邓艾的才能,就召他作为自己的属官,后升为尚书郎。

当时朝廷打算大面积垦田种地积蓄粮食,为消灭敌国做好准备,于是派遣邓艾巡行视察陈、项等县以东直至寿春。邓艾认为"田地虽好但缺乏水源,不能够充分发挥土地的效用,应当开凿河渠,从而既能引水灌溉田地,大举储备军粮,又达到了开通运粮通路的作用"。于是撰写《济河论》来阐明自己的见解。他又认为"从前平定黄巾之乱时,顺势部署士兵屯田,将粮食转运储藏于许都以便掌控四方。如今三面均已平定,凡有战事都发生在淮河以南,每次大军征发,负责运输的兵力就占去一半,工程所需费用巨大惊人,从而成为耗费大量劳力的艰巨徭役。陈、蔡之间,田地低平肥沃,可以减少压缩许昌周围的稻田面积,引水东下。若在淮河以北屯兵二万,淮河以南屯兵三万,按十分之二的比例轮休,通常仍有四万人,种田和戍守两不耽搁。雨水丰沛时节,这里的收成常常是西部的三倍有余,扣除屯兵的开销,每年可以获得五百万斛充实军资。六七年之间,可以在淮河平原积蓄三千万斛粮食,这些粮食足够十万将士吃上五年。凭着这些积蓄进攻东吴,就将无往而不胜了"。司马懿认为邓艾说得有理,于是照他所说予以实施。正始二年,开凿拓宽漕渠,每当东南有战事发生,曹魏兴师动众,都乘船顺流而下,直达江淮之间,因此军队积蓄充足而免于水患,这些都出于邓艾的建策之功。

后出京参谋征西将军夏侯玄军事,升南安太守。嘉平元年,与

征西将军郭淮一起抵御西蜀偏将军姜维的进犯。姜维退走,郭淮有乘机向西袭击羌地的想法。邓艾说:"敌兵撤离不远,也许他们有回马一枪的把戏,应当分别部署驻军以免发生意外。"于是留邓艾屯兵白水北岸。三天以后,姜维派遣廖化从白水南岸面向邓艾驻地扎下营寨。邓艾对诸将说:"姜维现在突然杀回,见我军人少,理当迅速渡河而不必架桥。这是姜维想使廖化来牵制我军,不让我们动兵。姜维一定会亲自领兵袭击洮城。"洮城在白水以北,离邓艾兵营有六十里。邓艾就在当夜秘密率军直奔洮城,姜维果然前来渡河,但因邓艾事先赶到城内据守,洮城得以安然无恙。朝廷赐封邓艾为关内侯,并加官讨寇将军,后迁升为城阳太守。

当时并州右贤王刘豹合并建立起一强大部落,邓艾上疏进言说:"戎狄人面兽心,没法通过道义使他们亲附,他们一强大就侵犯施暴,实力衰弱便顺附朝廷,所以周宣王的时候有玁狁侵逼周都之事,汉高祖刘邦也有被匈奴大军围困在平城的遭遇。每次匈奴强盛,都给前代历朝带来过巨大的忧患。由于单于远在塞外,朝廷对于匈奴上下人众无计牵制。所以想方设法引诱单于前来内地,使他入朝奉侍。自此之后羌夷失去统帅,聚合分散都没有了首领。因为单于居于内地,才使得他所统领的广大部落归顺正道。如今留在内地的南单于在自身尊贵和对部属的影响方面都日显轻疏,而境外右贤王刘豹的势力则渐渐强大,这都是我们不能不深加防备的。听说刘豹部落内有叛变他的胡人,我们应当抓住他们内部叛乱的时机将其领地分割为两个国家,以此削弱刘豹的势力。右贤王去卑在前代可谓功绩显赫,他的后代却未能继承他的遗业,应当给他的儿子加封显号,让他们居守在雁门一带。离间敌国削弱敌寇,表彰褒扬单于昔日的功勋,这该是安边保国的长远之计了。"又陈述说:"凡有羌胡与汉民同居杂处的,应当逐渐地迁移他们,使羌胡居编民之外,得以尊崇分辨廉耻的教义,堵塞为非作歹的路径。"大将军司马师新近执掌朝政,对邓艾的计策大多都能欣然接纳。邓艾后来迁任汝南太守,一到郡内便着手寻找从前慷慨接济自己的官吏之父,但其人早已去世,他当即派小官吏祭奠,并赠予他的老母厚礼,又荐举他的儿子做了计吏。邓艾任职所在,荒芜的田野都得到开垦,军民丰衣足食。

诸葛恪围攻合肥新城,没能攻克,退回东吴。邓艾对司马师说:"孙权已经去世,大臣还没能归附新主,东吴著名的宗族大姓,各自都有一批私人武装,拥兵仗势,足以形成独霸一方的格局。诸葛恪刚刚把持朝政,国内缺乏众望所归的君主,他不是首先考虑如何安抚上下以稳定政权,却忙于对外用兵动武,暴虐地役使百姓,不惜动用全国军力攻打合肥坚城,战死者不下数万,带着这样的灾祸返回东吴,自是他招致死罪的时候。从前,伍子胥、吴起、商鞅、乐毅都曾得到各自国君的重用,君主一死也就到了他们自己的末日。更何况诸葛恪的才能远不能和上述四位贤能之士相提并论,却不懂得思虑防范必将面临的巨大隐患,他的败亡实在是指日可待的了。"诸葛恪回到东吴,果然遭到诛杀。邓艾又升为兖州刺史,加官振威将军。他上书说:"一个国家最为急迫的事情,只有农业与战备二者为重。国家富裕了自然军备强盛,军备强盛了自然战无不胜。而农业,是取得胜利的根本。孔子说过'有丰足的粮食就有丰足的兵力',粮食的重要地位显然是放在兵力之前的。朝廷没有设立爵位奖赏功勋的鼓励政策,要臣民们致力于建功立业当然不切实际。现在若把考核官吏政绩的奖赏,实实在在地放在储粮富民方面,那么,依靠交际谋求权势的人们自必无门可入,那些表面华丽而不务实际的人也就没有立足之地了。"

高贵乡公曹髦即皇帝位,进封邓艾为方城亭侯。毌丘俭起兵造反,派遣善于走路的人充当信使带着书信,想因此迷惑众人,邓艾杀了信使,日夜兼程进军,先一步赶到乐嘉城,制作浮桥。司马师到来,便以此城为指挥中心。文钦因后到而在乐嘉城下大败亏输,邓艾乘胜追杀一直将文钦赶到丘头。文钦逃奔东吴。东吴大将军孙峻等率领大军号称十万,准备渡江,镇东将军诸葛诞派邓艾据守肥阳,邓艾认为此地距敌兵进攻方向太远,不是什么要害之地,便自行移兵驻扎于附亭,派泰山太守诸葛绪等在黎浆迎击敌军,于是击退了吴兵。这一年,邓艾被任命为长水校尉。因击破文钦等项战功,进封为方城乡侯,代理安西将军职事。雍州刺史王经被困狄道,邓艾前往解围,西蜀大将姜维退兵屯扎钟提,朝廷就此任命邓艾为安西将军,假以符节,兼任护东羌校尉。当时参议军事者大多认为姜维已军力衰竭,不能再次出击了。邓艾说:"我军兵败于洮西,不是一次小的失利;军队溃败损失大将,仓库内空空如也,百姓们流离失所,几乎到了危亡的边缘。现在若以兵法分析,敌人有乘胜而来的势头,而我方事实上虚弱不堪,这是其一。敌人上上下下彼此十分熟悉,作战兵器犀利,而我方将领刚换,士兵也大多是新近补充,武器装备尚未更新完善,这是其二。敌人乘船推进,而我方依靠步行,彼逸我劳,这是其三。狄道、陇西、南安、祁山,各应当驻兵防守,敌人只需集中兵力专一进攻,我方则必须分兵守御四座城池,这是其四。从南安、陇西开拔,要征用羌人粮食,如果挺进祁山,千顷熟麦一路飘香,等于是敌人的现成军粮,这是其五。敌人有自己的机智权变,他们要来进攻是肯定不用怀疑的了。"不久,姜维果然挺进祁山,听说邓艾早有防备,于是回军从董亭直扑南安,邓艾据守武城山与姜维对垒相持。姜维与邓艾争夺险要,未达目的,当天夜里,渡过渭水向东进发,沿着山路杀奔上邽,邓艾领兵与蜀军在段谷交战,大败姜维。甘露元年皇帝下诏说:"逆贼姜维多年以来诡计多端,致使我国边境汉、胡人百姓备受骚扰,西部国土不得安宁。邓艾策划有方,忠诚勇武,顽强有为,斩杀敌将多达十余人,消灭敌兵数以千计;使国威震撼巴蜀大地,威武的名声传扬于长江、岷山一带。今任命邓艾为镇西将军、都督陇右诸军事,进封邓侯。分出其食邑五百户另行分封他的儿子邓忠为亭侯。"甘露二年,邓艾又在长城与姜维对抗,姜维退还。邓艾升征西将军,前后封邑增加到六千六百户。景元三年,又在侯和击败姜维,姜维退到沓中固守。景元四年秋天,朝廷下令各路大军征伐蜀国,由大将军司马昭总领指挥,派邓艾牵制姜维;雍州刺史诸葛绪邀击姜维,使他无法退回。邓艾派天水太守王颀等部直接进攻姜维大营,陇西太守牵弘等人邀击姜维前路,金城太守杨欣等直扑甘松。姜维听说钟会诸军已进入汉中,便率兵撤退。杨欣等跟踪追击到强川口,与姜维大战,姜维败逃。听说雍州刺史诸葛绪已经截断自己归路,屯兵桥头,于是姜维从孔函谷进入北道,试图从背后绕过雍州刺史诸葛绪所部的拦截。诸葛绪闻讯,后撤三十里应变。姜维进入北道三十余里,听说诸葛绪所部已后撤,当即引军火速折回,顺利穿过桥头,诸葛绪立即督军再奔桥头狙击,还是晚了一天错失了拦截的时机。姜维于是率军东行,回蜀据守剑阁。钟会进攻姜维未能取胜。邓艾上书建言说:"现在敌兵士气已被摧折,我军应乘胜发威,从阴平道穿越斜径再经汉德阳亭直赴涪县,出剑阁西百里,距成都三百余里,派一支出敌意料的突袭部队直接冲击敌国腹心地带。姜维的剑阁守军必定要回兵救援涪县,那么钟会就可抓住时机从容越过剑阁天险平稳推进;如果剑阁守军不肯撤守去救涪县,那么敌方可以救援涪县的兵力就很少了。兵法说:'攻其不备,出其不意。'如今掩袭敌人的空虚之地,击败他们那是毫无疑问的了。"

景元四年冬季十月,邓艾从阴平道一口气穿过七百多里无人之地,沿途凿山开路,架设桥梁栈道。山高谷深,行进极度艰险,而且粮食转运供应即将断绝,接近危险的境地。邓艾用毛毡裹住身体,推滚下山。众将士都手脚并用攀缘树木悬崖,一个挨一个地依序前行。邓艾所部率先到达江由县,西蜀守将马邈投降。西蜀卫将军诸葛瞻从涪县退还绵竹,布好战阵等着迎击邓艾。邓艾派儿子惠唐亭侯邓忠等率兵攻击敌军右翼,司马师纂等人攻打敌军左翼。邓忠、师纂都出师不利,一起退回本阵,禀报说:"敌人还不可攻打。"邓艾大怒道:"生死存亡的分际,在此一举,还有什么不可攻打的道理可言?"他痛斥了邓忠和师纂一通,准备将二人推出斩首。邓忠、师纂飞马出阵再战,大败敌兵,斩下了诸葛瞻及尚书张遵等人的首级,进军至雒县。刘禅派使者捧着皇帝的玉玺绶带以及亲笔降书,来邓艾军前请求投降。邓艾进兵到成都,刘禅率领太子诸王和一干大臣共六十余人各自反绑双手,用车载着棺材来到邓艾军营门前,邓艾持朝廷符节解开刘禅等人的绳索并烧掉棺材,接受他们投降同时赦免了他们。邓艾又巡视军营约束将士,进入成都后没有发生魏军抢掠居民的事情,对于投降归附者实施接纳安抚,使他们各安其旧业,蜀地百姓都因此称许邓艾。又仿照东汉邓禹的做法,秉承皇帝旨意命刘禅代理骠骑将军,太子为奉车,诸王为驸马都尉。蜀国所有原任官员也都根据他们各自的品第等级任命为魏国官吏,或者成为邓艾的部属。又任命师纂为益州刺史,陇西太守牵弘等兼管蜀中各郡。派人在绵竹筑起高台作为京观,用以炫耀魏军武功。魏军的阵亡士兵,都与战死的蜀兵埋在一处。邓艾有些过分地恃才夸功,他对蜀地士大夫说:"诸位幸亏遇上我,所以才有今天。如果遇上吴汉那样的人,你们必定无一幸免了。"又说:"姜维自然算是一时的雄杰,遇上了我,所以他的穷途末路也就到了。"有见识的人都嘲笑他的盲目自负。

十二月,皇帝下诏说:"邓艾扬威耀武,深入敌国巢穴,斩将拔旗,将凶恶的敌人悬首示众,使得僭越称帝的国主,绳索加于颈项而俯首请降,历经数代逃脱诛伐的罪人,一朝之间就得到平定。出征不超过预定的时间,生死大战在朝夕之间即落下帷幕,如云开席卷,荡平巴蜀。即使白起攻破强大的楚国,韩信打败强劲的赵国,吴汉活捉公孙述,周亚夫殄灭七个作乱的诸侯国,论其功绩的大小,都不足以跟邓艾平蜀的功勋相提并论。特此任命邓艾为太尉,增封食邑二万户,另封他两个儿子为亭侯,食邑各一千户。"邓艾向司马昭建言说:"兵家有先声夺人而后实战的做法,如今凭借平定西蜀的声威乘势伐吴,东吴震惊恐惧,确实是一举荡平吴国的大好时机。但大举征伐刚刚结束,将士疲劳,不可马上兴兵,还是暂缓伐吴之举为宜;这里留下陇右兵二万人,蜀兵二万人,煮盐炼铁,提供军民必需用品,同时建造舟船,为顺流而下讨伐东吴做好准备,然后派使者以安危利害警告东吴,吴国必定望风归服王化,大可不用征讨就能平定东吴了。眼下应当厚待刘禅以招致吴主孙休自动归顺,安抚人民从而招致远方的人,如果急于将刘禅送往京城,东吴人会认为与流放无异,那么与劝化吴人归顺的用意实际上是背道而驰。应当暂且让刘禅仍留在蜀地,只需等到来年秋冬,那时东吴也完全可以平定了。我认为可封刘禅为扶风王,赐给他财物,提供必要的人手照顾他的饮食起居。扶风郡内有董卓所筑坞堡,可以做刘禅生活的宫室。给予他的儿子以公侯一级的封爵,以扶风郡内诸县作为他们的食邑,用来显示归顺朝廷所获得的恩宠。开放广陵、城阳为诸侯国封地级别以待吴主孙休归顺,那么后者就将畏惧朝廷威武同时感怀朝廷恩德,望风前来归服了。"司马昭派监军卫瓘明白告知邓艾说:"此等大事必须上报,不宜擅自施行。"邓艾再度陈述说:"我奉命征讨,一切遵行诏书指示,敌国首恶已经归服;至于秉承皇帝意旨任命一些临时性的官员,以便安定刚刚归附者的人心,说到底也合乎权宜规则。如今蜀国全面归服,其疆域南面直抵南海,东面与吴会接壤,应当尽早镇服稳定。如果等待朝廷命令,道路往返,拖延时日。《春秋》称述的道理,大夫离开了国境,遇到可以安定社稷、有利国家的事,可以专权自行决策。眼下东吴尚未归顺,又地接巴蜀势若唇齿,我们不应当拘泥于常法而丧失良机。兵法说过,前进不为功名,后退不辞罪咎,我邓艾虽然没有古人那样的气节,毕竟不会为了让自己避嫌而让国家利益受到损害的。"钟会、胡烈、师纂等人都禀报说邓艾的所作所为涉嫌谋反作乱,发生变乱的征兆已经明朗。朝廷下诏用囚车羁押邓艾送往京城。

邓艾父子被囚禁后,钟会到成都,先送走邓艾,然后反叛。钟会死后,邓艾部下将士追上邓艾的囚车,将他接回。卫瓘派田续等讨伐邓艾,在绵竹县西相遇,杀死邓艾。邓艾儿子邓忠也同时被杀。其余的儿子也在洛阳全部被杀。邓艾的妻子及孙子被流放到西域。

当初,邓艾将伐西蜀之时,梦见自己坐在山上而有流水在侧,他问殄虏护军爰邵这个梦的吉凶如何,爰邵说:"按《易经》卦辞,山上有水叫《蹇》。《蹇》的系辞说:'《蹇》利西南,不利东北。'孔子说:'《蹇》利西南,只要前去就能获成功;不利东北,怎样都是穷途末路。'这次出征一定能攻克蜀国,只是恐怕回不来了!"邓艾怅然若失而闷闷不乐。

泰始元年,晋朝受禅开国,皇帝下诏说:"过去太尉王凌图谋废掉齐王,而齐王最终也不足以保住帝位。征西将军邓艾,居功自傲有失人臣节操,着实应处以斩首之刑。但他接到诏书之日,当即遣散人众,束手受罪,与那些为了活命铤而走险的凶徒相比,确有不同。现在赶上大赦他的亲属得以回到中原,如果没有子孙的可以听凭其亲属选立后人,使他家的香火不致断绝。"泰始三年,议郎段灼上疏为邓艾鸣冤说:"邓艾忠心耿耿却背负叛逆的恶名,平定巴蜀却遭受身死族灭的诛讨,我私下里着实为他痛心。可惜啊,竟有人会说邓艾谋反!邓艾性情刚直急躁,容易冒犯众人,不懂得协调同僚朋辈关系,所以没有人肯替他申冤。我敢说邓艾没有谋反的情形。从前,姜维有阻断陇右的意图,邓艾机敏应对完善守备,积蓄粮食强化军队。那时正值旱灾极度严重,邓艾推行区种的方法,身穿粗衣,手挥农具,以身作则以发动将士。上下都为之感动,没有谁不是倾尽全力的。邓艾奉持朝廷符节镇守边疆,统辖着万余人马,却仍然身体力行着贩夫走卒般的辛劳和寻常百姓家的勤苦,试问若非忠心尽节,谁又会这样去做呢?所以落门、段谷的两次战役,邓艾以少胜多,击败强敌。先帝深知邓艾可堪重任,所以把克敌制胜的方略委托给他,把平定蜀国的大计交付给他。邓艾接受国命即奋不顾身,拴马弃车,亲自率军杀奔九死一生的险境,英雄气概直冲霄汉,将士奋勇所向无前,迫使刘禅君臣反绑双手俯手称臣,叉手屈膝自动投降。邓艾功成名就,本该功载青史,永远流传后世。七十岁的老翁了,谋反又所为何事!邓艾确实是凭借圣上养育的弘恩,内心不自猜疑,假传皇上旨意擅自任命官员,权宜行事试图安定国家;做法虽然有违常规,其实也与古义吻合,推究本意裁定罪状,本来还是有可以讨论的余地。钟会忌讳邓艾的威名,所以凭空捏造出邓艾谋反的罪名。忠心耿耿反而受到诛杀,诚实不欺反而遭致猜疑,头颅高悬于马市,几个儿子全被处斩,亲眼目睹者为之泪流满面,耳闻此事者为之黯然长叹。陛下奉天承运受禅登极,阐扬光大宽宏气度,捐弃一切嫌疑禁忌,使得因罪伏法的人家,也可以不限制而予以录用。从前秦国百姓哀怜白起无罪被杀,吴国民众伤悼伍子胥蒙冤而死,都为他们立祠祭祀。现在天下百姓为邓艾的冤死而痛心疾首,情况也跟前面的例子一样。我认为邓艾身首分离,被抛弃在荒野之中,官家应当为他收尸安葬,并归还他的田产住宅。依据邓艾平定巴蜀的功勋,让他孙子继承他原来的封爵,盖棺论定追赠谥号,让死者无所遗恨。如此则九泉之下的冤魂得以赦免，朝廷的信用和道义也将得到后世的赞许，埋葬一人而使天下仰慕德行，昭雪一魂而使天下归附正义，可谓所做的事情虽少而喜悦者则人数众多啊。"泰始九年，晋武帝司马炎下诏说："邓艾有功勋，束手承受罪责而不逃避刑罚，而子孙沦为平民，我常常同情他们。特此任命他的嫡孙邓朗为郎中。"

邓艾在陇西时，修缮要塞关隘，筑造防御城堡。泰始年间，羌人大举叛乱，多次攻杀刺史，凉州通道阻绝。那些平安存活的官吏百姓，全得益于邓艾修筑的城堡。

与邓艾同州同辈的南阳郡人州泰，也喜欢建功立业，善于调兵遣将，官做到征虏将军，假以符节都督江南诸军事。景元二年去世，被追赠为卫将军，谥号为壮侯。

钟会字士季，颍川长社人，是太傅钟繇的小儿子。少年时聪慧早成。中护军蒋济著书，认为："观察某人眼眸，足以了解此人。"钟会五岁时，钟繇让他去见蒋济，蒋济认为钟会很不寻常，说道："这孩子绝非寻常之辈。"等钟会长大后，果然才艺出众并且博学多识，精心钻研事物名和理的是非同异，往往夜以继日，由此声誉鹊起。正始年间，出任秘书郎，升尚书、中书侍郎。高贵乡公曹髦即帝位，赐封钟会为关内侯。

毌丘俭造反之时，大将军司马师率兵东征，钟会跟随，执掌机密事务。卫将军司马昭作为大军的后继部队。司马师在许昌去世，司马昭统率六军，钟会于军帐中出谋划策。当时宫中有诏敕令尚书傅嘏，因东南一带刚刚稳定，权且留下卫将军司马昭屯兵许昌作为京城的外援，命令傅嘏率诸军返回洛阳。钟会与傅嘏密谋，让傅嘏上表拖延，同时和卫将军一起出发，回到雒水南岸屯兵驻守。为此朝廷只得任命司马昭为大将军，辅佐朝政；钟会升任黄门侍郎，封东武亭侯，食邑三百户。

甘露二年，征诸葛诞入朝任司空，当时钟会在家替亡母守丧，料到诸葛诞一定不会听从任命，于是飞马禀告司马昭。司马昭因任命已施行,不再追改。到诸葛诞反叛,皇帝曹髦驻跸于项县,司马昭至寿春,钟会再次随行。

起初,东吴大将全琮,是同孙权有婚姻亲戚关系的重臣,全琮的儿子全怿、孙子全静、堂侄全端、全翩、全缉等都率兵来替诸葛诞解围。全怿兄长的儿子全辉、全仪留在建业,因与家里人争吵,便携老母,带领私人武装数十户人家渡江而来,自动归附司马昭。钟会设计,暗地里替全辉、全仪写好书信,派全辉、全仪的亲信带着书信进城告知全怿等人,说东吴国内对全怿等人不能解决寿春的战事甚为恼怒,准备杀尽诸将的家人,所以他们才渡江投奔司马昭的。全怿等人感到畏惧,于是打开他们守卫的东城门出来投降,所有这些人都得到封赏恩宠,城内主将之间因此出现分裂不和。寿春之被攻破,钟会谋划的计策最多,因此日益得到司马昭的宠信厚待,当时的人将他称为张良。大军凯旋,让他升职为太仆,钟会坚决辞让不肯就职。后以中郎官身份担任大将军府记室,那是司马昭的心腹重任。因为讨伐诸葛诞的功绩,钟会被进封为陈侯,但他反复辞让不肯接受。朝廷下诏说:"钟会总管军事,共同参加作战策划,料敌制胜,有出谋划策的功绩,但坚决推辞不受封赏,言辞意旨恳切诚实,先后数次,志趣立场不容改变。那些居功而不自傲的人,自古以来受人尊重,特此听从钟会的请求,以成全他的美德。"升迁为司隶校尉。虽然身处外任,但朝廷大小事,官吏任免权,钟会无不总管。嵇康等人被杀,都是钟会出的点子。

司马昭认为,西蜀大将姜维持续侵扰边境,料想蜀国疆土狭小百姓疲惫,财力将尽,有意派大军讨伐西蜀。钟会也认为西蜀可以攻取,便与司马昭共同谋划,测度地形,纵论形势。景元三年冬天,朝廷任命钟会为镇西将军、假以符节都督关中诸军事。司马昭下令青州、徐州、兖州、豫州、荆州、扬州等诸州,同时建造战船,又命令唐咨建造航海大船,对外做出将要讨伐东吴的架势。景元四年秋天,朝廷下诏命邓艾、诸葛绪各统帅三万多人,由邓艾开往甘松、沓中等地牵制姜维,诸葛绪则杀奔武街、桥头等地切断姜维的退路。钟会统帅十余万人,分别从斜谷、骆谷等地入蜀。先派牙门将许仪在前面修路,钟会率大军随后,因桥有漏洞,过桥时马腿下陷,钟会为此斩了许仪。许仪是许褚的儿子,许褚曾为王室立下过汗马功劳,尚且不能获得宽免。诸军听了这件事,无不震惊畏惧。蜀国命令诸外围关隘守军不得与魏军交战,都退回到汉、乐二城固守。魏兴太守刘钦直赴子午谷,诸军数路齐头并进,来到汉中。西蜀监军王含固守乐城,护军蒋斌守卫汉城,各有兵五千。钟会派护军荀恺、前将军李辅各率万余兵马,由荀恺包围汉城,李辅围困乐城。钟会率兵一直深入,西出阳安口,派人祭扫诸葛亮的坟墓。他让护军胡烈等率军打前阵,攻破关城,获得仓库中的粮食。姜维从沓中撤回,行至阴平,纠集兵力,打算赶赴关城。还未到达,听说关城已经陷落,于是退往白水,与西蜀将领张翼、廖化等合兵一处守卫剑阁抵御钟会。钟会向蜀国文武官员及军民人等发布檄文说:

"从前汉朝国运衰微,国家分崩离析,生灵涂炭,几乎灭绝。太祖武皇帝曹操神明威武,道德才智超凡入圣,拨乱反正,拯救汉朝于垂危之中,造福诸夏大地。高祖文皇帝曹丕顺应天意民心,受禅登极。烈祖明皇帝累世盛德而辉光相承,开拓大业。但我国之外,政教不同,那些地方的广大百姓尚未接受王化的洗礼,这是我国三位圣祖为之遗憾的原因。当今皇上帝德敬肃明察,继承并光大着先祖业绩,辅佐大臣忠诚贤明,为王室辛勤操劳,心系国政,流惠百姓,所以四方协调和谐,得到恩惠的远方蛮夷也纷纷前来朝见纳贡。可悲啊只有你们巴蜀黎民,独独不被当人看待,可怜啊这一方百姓,一辈子苦役在身没完没了。为此朝廷下令六军,恭谨地奉行上天的诛罚,征西将军、雍州刺史、镇西将军等各率诸军,五路并进。古人用兵,以仁恕作为根本,用道义整肃军纪;帝王的军队,实行征伐而不滥用武力;所以虞舜挥舞干戚倡导文德教化而使有苗臣服,周武王灭商则有散鹿台之财、开矩桥之仓赈济殷人、旌表商朝贤臣闾里的义举。如今镇西将军奉命征伐,统领大军,姑且弘扬先以文德告谕的古训,以赈济珍惜黎民百姓可贵的生命,并非试图穷兵黩武的生死大战,以快意于意识片刻胜利的喜悦,所以约略地陈述一下安危的机要,请大家敬听善言。

"益州先主刘备以著名于当世的治国英才,兴兵于北方原野,困顿颠沛于冀、徐二州之间,受袁绍、吕布迫胁而无立足之地,太祖曹操为他解围济困,待他以人所共知的深恩厚德。谁知刘备中道背逆违反,抛弃同盟而亲近异类,诸葛孔明频繁地窥视秦川,而姜伯约则屡次出兵陇右,在我边境滋扰生事,侵害我氐、羌各族民众,当时正值国家多事,没有来得及实施讨伐。而今边境安宁,国内太平,积蓄力量之后等到了时机成熟,汇聚大军集中进攻这一个方向,而巴蜀只不过相当于一个州的兵力,还需要分散各地保境守土,实难抵御荟萃天下精锐的王朝大军。以段谷、侯和那两次重创所摧毁的蜀军士气,难以跟勇气百倍的强大魏军分庭抗礼。连年以来,巴蜀国无宁日,征夫们辛苦劳累,又挡不住心系国家的广大魏国民众。这一切都是各位贤士所亲眼目睹的。古蜀国的丞相陈壮被擒于秦人,公孙述被吴汉攻杀,天下的险要地区,并非某一姓所能长久拥有。这一切又是诸位贤俊所听说过的。聪明者能预见尚未成形的危险,睿智者能够看到还在萌芽之前的灾祸,因此微子离开商朝,永久地贵为周朝的上宾;陈平背离项羽,在汉朝的旗帜下建功立业。诸位又岂能苟且偷安如饮鸩毒,眷恋蜀国的俸禄而不懂得弃暗投明呢?如今国朝推广上天覆盖大地的弘恩,宰辅弘扬宽大仁恕的德政,恩惠行之于前而诛伐行之于后,尊重生命而痛恨残杀。从前东吴将领孙壹率众人归附中原,结果他成为魏国的高级官员,得到的恩宠和地位不同寻常。文钦、唐咨曾经是魏国的大害,是背叛君主的寇仇,还做了敌人的首领。唐咨在走投无路时被擒,文钦的两个儿子自动投降,他们都得到拜将、封侯的待遇;唐咨其后还参预国家大政。孙壹等人窘迫之时归顺朝廷,尚且给予如此显著的恩宠,更何况是巴蜀贤明多智而能见机行事的人呢!诚然能够明察成败,深谋远虑,效法微子,帅从陈平,那么诸位将福同古代贤哲,福泽传给后裔,境内百姓,安居乐业,农田不会荒废,市场照样繁荣,让自己远离身家性命一起不保的凶险,投身于永远安定的福境,难道不是最美好的事吗!如果苟且偷安于一时,迷迷瞪瞪而不懂得觉悟,大兵一到,玉石俱焚,到那时纵然后悔,也已经来不及了。请诸位审慎思虑利害关系,自求多福,并请各自转述如上公之于众的内容,让众人都了解清楚我们的意图。"

邓艾追击姜维到阴平,挑选精锐士兵,打算从汉德阳进入江由左儋道直达绵竹,赶赴成都,与诸葛绪一起前行。诸葛绪因为本来受命邀击姜维,让他向西进发并非朝廷本来旨意,于是挺进白水,与钟会会合。钟会派将军田章等人从剑阁西行,直出江由。行军不到百里,田章首先攻破西蜀伏兵三个营垒,邓艾让田章担当前锋。于是诸军长驱直入。钟会与诸葛绪所部开往剑阁,钟会想独霸军权,就向朝廷密告诸葛绪畏缩不前,朝廷便将诸葛绪用囚车押解回京。诸军全都由钟会统领,进攻剑阁,没能攻克,魏军后撤,蜀军占据险要固守。邓艾于是进军绵竹,与蜀军大战,斩杀诸葛瞻。姜维等人得知诸葛瞻已被打败,率领人马东行进入巴郡。钟会这才率兵到达涪县,派遣胡烈、田续、庞会等将追击姜维。邓艾挺进成都,刘禅向邓艾投降,又派使者命令姜维等人向钟会投降。姜维行进到广汉郪县,下令士兵放下武器,将玺节送交给胡烈,然后从东道向钟会投降。钟会上奏说:"蜀贼姜维、张翼、廖化、董厥等怕死逃跑,原想赶回成都。我立即派遣司马夏侯咸、护军胡烈等部,直出剑阁,经新都、大渡等地阻截敌军归路,由参军爰彭、将军句安等在后追击,参军皇甫闓、将军王买等从涪县南面拦腰截击,我则占据涪县为东西两路人马声援。姜维等人所统领的蜀军步、骑兵有四五万之多,都身披坚甲手执利器,塞满了山川河谷,在长达数百里的川谷中敌军首尾相接,他们仗着人马众多,无所顾忌地齐头向西挺进。我命令夏侯咸、皇甫闓等兵分几路各占据有利地势,布下天罗地网,南边断绝蜀军逃往吴国的通道,西边堵住他们撤回成都的归路,北面断绝其出逃的所有羊肠小道,从四面同时逼近,首尾一起挺进,使得姜维等人的兵马走投无路。我又发布亲笔告示,指示他们一条生路,敌寇们困顿急迫,知道自己气数已尽,只得脱掉甲胄抛下武器,束手投降,我军收缴敌人的印绶成千上万,武器和其他战利品一时堆积如山。昔日虞舜挥舞干戚,有苗氏自行臣服;周武王伐纣对阵牧野,殷朝军队临阵倒戈:实施征伐而不滥用武力,是帝王盛大的功业。使敌国不战而降为上策，以武力攻降敌国为下策；使敌军不战而降为上策，用武力击败敌军为下策：是用兵的美好典范。陛下至高无上的道德，堪与前代明王比美，宰辅则忠正贤明，可以直追周公旦那样的名臣，仁恕哺育天下众生，道义征伐不顺服的首恶，使风俗虽异者向往王化，没有谁不是心悦诚服，出师不超过预定的时间，兵不血刃，即四海同受天子教化，九州贯通尽消阻隔。我随即宣布天子的命令，引导宣扬恩惠教化，恢复政治，安定百姓，免除其租赋，放宽其劳役，以道德礼仪训导他们，以使他们移风易俗，百姓欢欣鼓舞，人们安居乐业。用明君到来下民更生来加以形容，也绝不过分。"钟会于是约束将士不许抢掠，自己表现出虚怀若谷而礼贤下士，用以交结蜀地百官，和姜维尤为关系亲密。十二月朝廷诏书说："钟会所向摧枯拉朽，一往无前，控制各城，杜绝逃逸。蜀国大将，束手归降，思虑万无一失，所以战无不胜。被歼之敌，数以万计，全胜独克，有征无战。平定安抚西蜀，四方边境太平。特此任命钟会为司徒，进封为县侯，增加他的食邑一万户。封他的两个儿子为亭侯，食邑各一千户。"

钟会怀有叛逆之心，他借着邓艾秉承皇帝旨意而有擅自行事的嫌疑，密告邓艾有反叛的动向，于是朝廷有诏用囚车押解邓艾回京。司马昭害怕邓艾可能不服诏命，还命令钟会同时进军成都，监军卫瓘先于钟会到达，拿出司马昭亲笔敕令晓谕邓艾部下，邓艾的将士都放下了武器，于是将邓艾押进囚车。钟会惧怕的只有邓艾，邓艾才被捕钟会没多久就赶到了成都，独自统帅大军，威震西蜀。他自认为功名盖世，不可再屈居人下，加之猛将精兵都在自己手中，于是谋反。他想让姜维等人都率领蜀兵由斜谷出击，自己则统帅大军紧随其后；到达长安以后，下令骑兵走陆路，步兵从水路顺流经渭水入黄河，料定五天就可以抵达孟津，与骑兵会师于洛阳，一时即可以拥有天下。钟会收到司马昭的书信说："我担心邓艾可能不服命令，现已派中护军贾充率步兵和骑兵万人直接进入斜谷，驻军乐城，我亲自率十万大军驻扎长安，用不了多久我们就能相见了。"钟会看完信后，大惊失色对亲信说："只抓邓艾，司马昭知道我单枪匹马就能办妥；现在我带来的人马太多，他一定觉得我的行动异常了，我们只有迅速发兵。兵变成功，可以得天下；不能成功，就退守西蜀，仍不失做一回刘备。我自从淮南之战以来，谋划从未失手过，这是天下人都知道的事实。我要身怀这样的才能到哪儿去呢！"钟会在甘露五年正月十五日来到成都，第二天，他请来所有的护军、郡守、牙门骑督以上的将士以及西蜀的旧官，在蜀国朝堂为郭皇太后发丧。他假造皇太后有遗诏，让他钟会起兵废掉司马昭，并将假诏出示给所有在坐者过目，让众人议定之后，成文加以部署设置，并更换其亲信代领诸军。他所请来的众多官员，全部关在益州各官府中，城门、宫门统统关闭，派兵严加看守。钟会的帐下督丘建原来属于胡烈旧属，胡烈把他推荐给司马昭，钟会召他跟随自己征蜀，对他很是亲近器重。丘建同情胡烈被独关一室，就请示钟会，准许派一名亲兵替胡烈递送饮食，其他牙门将也照例配备一员亲兵给予照顾。胡烈欺诳亲兵并托信给儿子说："丘建密告消息，钟会已挖好大坑，准备了几千根白棒，想叫所有外面的士兵进来，赐给他们人各一顶白帽帽，授官为散将，依次棒杀埋在坑内。"其他牙门的亲兵都传说此事，一夜之间相互转告，消息都传得尽人皆知了。有人建议钟会："应该杀尽牙门、骑督以上的将官。"钟会犹豫着尚未拿定主意。十八日中午，胡烈部下士兵与胡烈的儿子擂鼓冲出营门，其他军营也都不约而同地呐喊着杀出，根本就没让谁督促，众兵都争先恐后地冲向城门。当时正在发给姜维铠甲兵器，有人来说外面闹哄哄地，似乎失火了，没多久，又说士兵们直奔城门而来。钟会大吃一惊，对姜维道："士兵们冲向城门好像是要暴乱，该怎么处置呢？"姜维说："只需攻打他们罢了。"钟会派兵去杀关押在屋内的牙门、郡守，屋里的人一起搬动桌子顶住房门，外面的士兵用刀斫门，还是砍不开。一会儿功夫，城门外的士兵驾梯上城，有人放火烧屋，如蚂蚁般拥来，箭如雨下，牙门、郡守设法逃出屋子，与各自的士兵会合。姜维率领钟会的贴身卫士左冲右杀，亲手击毙五六人，最终敌不过众多士兵的围攻而被杀死，钟兵杀了姜维之后，又一拥而上击杀钟会。钟会这年四十岁，死于这场兵乱的将士多达数百人。

了,阁下不值得亲自远征。"司马昭说:"你难道忘了前时说过的话么,现在怎么反倒建议我不必亲自出马了呢?尽管如此,这些话也还是泄露不得。我深信自己应当以诚意对待他人,只望别人也不辜负我就行,我怎么可以首先对人心生猜疑呢!近日护军贾充问我:'是否很有些怀疑钟会?'我说:'如果今天派你前去,难道又要怀疑你吗?'贾充也没有什么话可说了。我一到长安,事情自会明了的。"等司马昭率军到达长安,钟会果然已被士兵杀死,一切都如他先前所料。

钟会曾论述《易经》没有交互体例、才能和性格的相似与区别。到钟会死后,从钟会家里搜得文章共二十篇,书名叫《道论》,实际属于法家刑名之学,可谓文如其人。当初,钟会二十岁时与山阳县的王弼齐名。王弼喜欢讨论儒学道统,才思敏捷而雄辩,注过《易经》和《老子》,曾任尚书郎,年仅二十几岁就去世了。

评:王凌风骨节操方正高尚,毌丘俭才能识见特出干练,诸葛诞严厉刚毅威严持重,钟会精研熟悉术数谋略,他们都因此而声名显赫,位高权重,却都因为心大志远,不能细思谨防灾祸,以至于事变突如其来,宗族尽遭残害,难道不是非常荒谬迷乱的事情吗!邓艾坚定刚劲势力强盛,一心建功立业,却不懂得如何防止祸患,灾祸和败亡竟瞬息降临,难道他只能远知诸葛恪的灾祸却看不到自己眼前的危险么,这大概就是古人所说的眼睛能分辨毫毛却看不见自己眼睫毛的道理吧!

当初,邓艾为太尉,钟会为司徒,都持符节,都督诸军如故,但都未来得及拜受任命就丢了性命。钟会的兄长钟毓在景元四年去世,钟会居然毫不知情。钟毓之子钟邕也与钟会一同被杀。钟会抚养的侄子钟毅以及另外两个侄儿钟峻、钟迪等都打入大牢,按律当被处死。司马昭上表请皇帝下诏说:"钟峻等人的祖父钟繇,在武帝、文帝、明帝三朝,贵为三公,辅佐帝王创业立下不少功勋,享有配享宗庙祭祀的荣宠。其父钟毓,历任内外要职,政绩突出。从前楚人顾念子文治国之功,不忍断绝他斗氏一门的香火。晋人追怀赵衰、赵盾的忠诚,而不使赵家绝后。若因为钟会、钟邕的罪行而断尽钟繇、钟毓的子孙,我内心为此深感悲悯!钟峻、钟迪兄弟特予宽免,原有官爵仍维持不变。只限钟毅及钟邕的后代应当依法处以死刑。"有人说,钟毓曾暗地里启奏司马昭,说钟会身怀权术难保忠诚,不可独任军国大事,所以司马昭才宽宥了钟峻兄弟云云。

当初,司马昭打算派钟会讨伐蜀国,西曹属邵悌求见进言:"现在派遣钟会率十余万人马伐蜀,我认为像钟会这样毫无家口拖累者不宜独当重任,不如派其他人去。"司马昭笑着说道:"我难道又不懂得这个道理吗?蜀国带给天下灾难,使人民长期得不到休养生息,我现在讨伐它其实易如反掌,而众人都说蜀国还不可讨伐。大凡人们首先心虚胆怯就难免智慧与勇气一起丧失殆尽,让智与勇两者都丧失殆尽的人勉为其难,适足以为敌人提供俘虏罢了。只有钟会与我的思路一致,现在派钟会伐蜀,一定能灭亡蜀国。灭蜀之后,即便出现你所顾虑的那种情况,那又该当如何处置呢?大凡战败的将军你不可以跟他讨论勇武的问题,亡国的士大夫你也不可能跟他谋划国家存亡的大计,这都是因为他们早已心胆俱裂的缘故。如果蜀国被攻灭,幸存的蜀国子民都惊魂未定,就不足以跟这些人图谋军国大事;中原将士各自想着早回故乡,没人愿意跟谋叛者同流合污。如果作乱,只能给自己招致杀身灭族大祸。你不必忧虑这些东西,但切记不要让其他人知道我刚才所说的道理就是了。"等到钟会密告邓艾图谋叛乱之时,司马昭准备率兵西行,邵悌又说:"钟会所统率的兵力,超出邓艾五六倍之多,只需命令钟会拿住邓艾就可以

[晋]陈寿 撰 吴顺东 译

白话三国志

BAIHUA SANGUOZHI

下 册

岳麓书社·长沙

白话三国志卷二十九　魏书二十九

方技传第二十九

华佗字元化,沛国谯县人,又名旉。游学于徐州一带,精通多种经书。沛国相陈珪举荐他为孝廉,太尉黄琬征召他出仕,他都没有接受任命。他通晓养生之术,年纪将近百岁了却还是青壮年时的容貌,当时的人都以为他已登仙。又精通医方药物,替人治病,配药不过几种,心里十分清楚剂量大小,不必称量。煎好立即服用,交待下服用规则,病人吃完药就能迅速痊愈。如当用灸,不过灼烧一二处穴位,每处不过七八个灸点,病也就治好了。如需施针,也不过扎一二处穴位,下针时说"针应当刺到某个地方,针已到,就出声告知"。病人说"已到",应声拔针,病情也将很快好转。如果病积结在体内,针灸汤药之力不能达到,必须进行手术的,就饮用他的麻沸散,片刻间病人就像一场大醉毫无知觉,当即动刀破腹割取病灶。病因若在肠子内,便切开肠子予以清洗,然后缝好伤口敷上膏药,四五日之后开始恢复,没有什么痛楚,病人自己也没什么感觉,一个月左右,就能平复如初了。

原甘陵相的夫人怀孕已六个月,腹部疼痛不得安宁,华佗诊脉,说:"胎儿已死。"又让人用手触摸胎儿所在位置,在左边则是男胎,在右边则是女胎。摸胎的人说"在左",于是让孕妇服下汤药,果然打下一男胎,孕妇的病当即好了。

县吏尹世苦于四肢疲劳,口中干渴,不愿听见人声,小便困难。华佗说:"试着做些热食吃下,能够出汗即可痊愈;倘若不能发汗,三天之后人就完了。"这人当即做热食但吃后无汗可出,华佗说:"元气已在体内耗尽,当哭泣而死。"后果如华佗所言。

府吏兒寻、李延住在一起,都觉头痛和身体发烧,症状完全相同。华佗说:"兒寻应当下泻,李延应当发汗。"有人诘问为何二人病情相同而治法各异,华佗说:"兒寻外实,李延内实,所以治疗方法应有分别。"随即给两人开不同的药,第二天两人就都能起床了。

盐渎县的严昕与几个人一起等候华佗,华佗刚到,即问严昕说:"您身体好否?"严昕说:"自然跟平常一样。"华佗说:"您的脸上显示出患有急症,不要多喝酒。"严昕他们坐了一会告辞,走出几里地,严昕突然头晕从车上掉了下来,人们搀扶着他返回,用车送他到家,当天夜半时分就死了。

原督邮顿子献患病已差不多完全治好,去找华佗诊脉,华佗说:"还虚弱呢,尚未完全恢复,别干过于劳累的事,如和妻子同房就会死。临死的时候,舌头会吐出数寸。"顿子献的妻子听说丈夫的病已根除,从百余里之外赶来探望他,当夜留宿行房,隔三天之后发病,结果完全像华佗预言的那样。

督邮徐毅得病,华佗前往探视。徐毅对华佗说:"昨天让医官刘租用针刺胃管后,便苦于咳嗽不止,睡不安宁。"华佗说:"针没刺到胃管,误刺了肝脏,您的饮食会日趋减少,五天之内就没救了。"后来果如华佗所言。

东阳县陈叔山的小男孩二岁得病,下泻时常先哭,日见消瘦无力。请华佗诊病,华佗说:"他母亲怀他之时,阳气内养,乳中虚寒,这孩子得了母寒,所以使他不能及时获得健康的生长。"华佗给他四物女宛丸,十天就把病治好了。

彭城夫人夜里去厕所,手被毒虫螫伤,痛得呻吟呼叫无可奈何。华佗叫人把汤药烧到温热,夫人将手泡在药汤中,终于得以入睡,只是旁人反复给她换热汤,保持水温,第二天天明就好了。

军吏梅平得病,被斥退回家,他家住广陵,离到家还有二百里脚程时,在一个亲戚家过夜。不久,华佗偶然来此人家里,主人求华佗诊视梅平,华佗对梅平说:"您要是早点见到我,病情不至于发展到这个程度。如今已是病入膏肓了,火速赶回去还来得及和家人相

见,五天后就会死。"梅平即时启程回家,他的死亡时间正如华佗预计的那样。

华佗走在路上,见一人有吞食困难的病,想吃东西却难以下咽,其家属正拉着病人去找大夫。华佗听见他的呻吟声,停车前去探视,对病人说:"过来的路边有卖饼人家,店里有蒜末大醋,买三升喝下去,此病自当没事。"病人当即按华佗的说法去做,立即吐出一条蛇,他们把蛇悬挂在车边,想去拜谢华佗,而华佗尚未回家,只有他家小孩在门前玩,迎面看见来人,自语道:"车边挂着蛇的病人,想必是遇见我父亲了。"那位病人进屋坐,见华佗房内北墙上悬挂着十几条这样的蛇。

又有一个郡守得病,华佗认为这个人只要怒气大发病情即可好转,于是接受他很多财物却不给诊治,不久之后不辞而别,还留下书信辱骂郡守。郡守果然大怒,令人去追杀华佗。郡守的儿子知道个中奥妙,嘱咐手下人不得去追。郡守恼怒之极,吐出了几升黑血之后病也就好了。

又有一个士大夫自感不适,华佗说:"您的病藏得很深,应当开腹取出病灶。不过您的寿命也不会超过十年了,此病不至于危及您的生命,忍病十年,病与寿命当同时完结,不值得为了治病而剖开肚腹了。"士大夫不能忍受发病时的痛痒,下决心要去除病根。华佗于是为他动了手术,这人的病随即好转,十年后竟如华佗所言寿终正寝了。

广陵太守陈登得病,心中烦闷,面色发红而全无食欲。华佗诊脉说:"您的胃中有虫数升,将要成为你体内的毒疮,是吃腥物所致。"随即做二升汤药,让陈登先服一升,一会再全部喝下。服药后片刻之间,吐出三升多虫子,红头能动,半身还是生鱼肉,陈登的病也就痊愈了。华佗说:"这种病三年后还当复发,遇上良医才能获救。"到期果然复发,当时华佗不在,陈登不治而死。

曹操听说后征召华佗,让华佗常在自己左右。曹操患有头痛病,每当发病之时,即心烦意乱而目眩神迷,华佗施针于膈俞穴,往往应手即好。

李将军妻子病情危重,请华佗诊脉,华佗说:"伤了孕但死胎仍在。"将军说:"期间确实伤了孕,胎儿已经没了。"华佗说:"根据脉象,胎儿没掉。"将军认为并非如此。华佗离去后,病妇有所好转。百余天后再度复发,又叫华佗来看,华佗说:"脉象中明明跟上次一样显示胎在腹中。以前应生下两个小孩,一胎儿先生,因出血太多,后一胎儿没能及时生下。孕妇本人没有感觉,旁人也不懂得,没继续接生,于是这个胎儿就没能生下来。胎儿已死,血脉不再营养胎儿,使胎儿枯死贴连母背,所以使得孕妇后背疼痛。今当给予汤药,并且针扎一处穴道,这个死胎一定出来。"汤药喝过针也扎完,孕妇剧痛得好像快要生小孩一样。华佗说:"这个死胎枯萎的时间太长,不能自行出来,应请旁人助产。"果然生下一个死了的男胎,手脚齐全,但肤色发黑,长一尺左右。

华佗的绝妙医术,大抵都如上面所说。然而他原本是士人,后来把医术作为自己的职业,内心常常后悔,后来曹操亲自处理朝政,得病愈是严重,让华佗专门诊治。华佗说:"这种病短时间内很难治愈,应持续不停地治疗,可以延寿。"华佗长时间离家难免思乡心切,因此说:"应当去家里整出一个治疗偏方才好,我打算回家一小段时间。"他回家之后,借口老妻有病多次请求延长假期不愿返回。曹操屡次写信催他,又命郡县官吏敦促。华佗仗着自己艺有专长讨厌受官府役使,仍然不肯上路。曹操大怒,派人前往华佗家里查看。如果华佗的妻子确实有病,赐给他小豆四十斛,并宽限其假期约定返回时间;如果华佗所言属于弄虚作假,就要将他收捕押送来京。结果华佗被传车押入许都监狱,经拷问自认有罪。荀彧为华佗求情说:"华佗医术实在高明,关系到解救人命。应当宽容赦免他。"曹操说:"不用担心,天下难道就没有像华佗这样的小人了吗?"于是将华佗拷打至死。华佗临死,拿出一卷书递给看管狱吏,说:"这本书有治病救人的法门。"狱吏害怕受到法律制裁而不敢接受,华佗也不勉强,取火把书烧了。华佗死后,曹操的头痛病没有根除。曹操说:"华佗能治好我这个毛病。那个小人故意拖延治疗我的病痛,想借此抬高自己的身价罢了,然而就算我不杀这小子,他最终也不会给我去除病根的。"及至后来爱子仓舒病重,曹操叹息道:"我后悔杀了华佗,使我的爱子枉死。"

起初,军中小吏李成患咳嗽不止之病,昼夜难以安枕,不时口吐脓血,他求华佗诊断。华佗说:"您得了肠臃病,您咳吐出来的东西,不是出自肺部。给您开两钱散剂,将吐出二升左右的脓血就止住了,赶紧调养,一个月就可稍稍起床,然后小心保重,一年就能恢复健康。十八年后会小有复发,服用此药,也就能再次好转。如果不能得到此药,只怕就逃不过一死了。"于是又给李成两钱散剂。李成拿到药,之后过了五六年,他的亲戚中有人得了跟他一样的病,那人对李成说:"你现在身体强壮,我快要死了,你何必没有急症却守着那些药等着不吉利的事情到来?先把药借我,等我病好,替你到华佗那儿另要就是。"李成把药给了这个亲戚。后因事到谯县,正值华佗被收押,仓猝间不忍心追着华佗要药。十八年之后,李成的病终于发作,无药可服,直至病死。

广陵县人吴普、彭城县人樊阿都随华佗学医。吴普严格遵循华佗的方法治病,不少人因为他的医术而得以痊愈。华佗对吴普说:"人体需要劳动,但不能劳累过度罢了。人体运动则胃气得以消除,血脉通畅,不会得病,就好像门枢经常活动而不易腐烂的道理一样。因此古代学仙的人练习导引,模仿熊攀枝悬挂的动作,模仿鸱鸟回顾的样子,曲伸肢体,活动各个关节,从而力保青春不老。我摸索了一套健身强体之术,名叫五禽戏,其一为虎戏,其二为鹿戏,其三为熊戏,其四为猿戏,其五为鸟戏,也可以用来去病,并且利于强健腿脚,以此当作导引。如身体感到不适,站立做做一禽之戏,全身微微出汗,然后敷上粉,身体得以轻捷,食欲也因此大增。"吴普遵照练习,年纪九十余岁时,还耳聪目明,牙齿完整坚固。樊阿擅长扎针。人凡行医者都说后背和前胸不能轻易施针,即使施针也深不过四分,而樊阿在后背施针深入一二寸,而在肚脐以上的巨阙等危险要穴更敢下针深达五六寸,施针后病人往往得以痊愈。樊阿向华佗求问利于人体健康的服用型丹药秘方,华佗传授他炼制漆叶青黏散。漆叶碎屑一升,青黏碎屑十四两,以此为配方标准,说坚持服用能除去三虫，利于五脏六腑，且身轻体健，使人头发不白。樊阿听从华佗的指导，活到一百余岁。漆叶到处都有，青黏生长在丰县、沛县、彭城及朝歌等地。

杜夔字公良，河南郡人。因他通晓音律而担任雅乐郎，中平五年，因病辞官。州、郡、司徒先后以礼征召，他因为当时的动乱而逃往荆州。荆州牧刘表让他和孟曜为汉帝郊庙朝会编排雅乐合奏，编排完成后，刘表打算当庭欣赏一下，杜夔规劝说："而今将军宣称给天子调试合奏雅乐，却要在厅堂内演奏它，只怕这样子是不可以的吧！"刘表听取杜夔的意见而停止了这场演奏。后来刘表的儿子刘琮投降太祖曹操，曹操让杜夔担任军谋祭酒，参与太乐署职事，并命令杜夔创作雅乐。

杜夔通晓音律，聪慧巧思过于常人，各种乐器，无所不能，只有歌舞非其所长。当时散郎邓静、尹齐擅长演唱雅乐，歌师尹胡能唱宗庙祭祀的乐曲，舞师冯肃、服养知晓前代的各种舞蹈，杜夔总管精研，远考各种古代经典，近采当世人文典故，教授讲习，制作乐器，继承恢复前代古乐，这些事都是从杜夔手里开始的。

黄初年间，杜夔任太乐令、协律都尉。当初，汉铸铜匠人柴玉心灵手巧且很有主见，各种形铸乐器，多出于他的手，也为当时达官贵人所赏识。杜夔命柴玉铸造铜钟，但钟的乐调清浊大多不合古法，为此多次让柴玉销毁重铸。柴玉极度厌烦。他认为杜夔关于乐调的清浊纯粹任随其意，所以对杜夔的要求很是抗拒。杜夔、柴玉将各自的意见禀报给曹操，曹操让取来所铸铜钟，让人交错敲击反复聆听，之后明白杜夔确实精于音律而柴玉平庸无知，于是降罪柴玉及其儿子们，让他们改为养马。文帝曹丕却喜欢并厚待柴玉，又因曾经下令杜夔和左骐等当着众宾客吹笙弹琴，杜夔面有难色，为此曹丕对杜夔深感不满。后来借其他事由将杜夔关押起来，让左骐等人向他拜师学艺，杜夔声称自己研习的都是雅乐，而出仕做官皆基于这一基础，曹丕仍然不满，于是罢黜杜夔的官职，杜夔为此郁结而死。

杜夔的弟子有河南邵登、张泰、桑馥,这几人都官至太乐丞,而下邳县人陈颃任司律中郎将。自汉代左延年等人开始,精于音乐的可谓大有人在,但他们所擅长的都属民间俗乐,说到喜爱古代音乐及保持古音正统,这些人没有谁能赶得上杜夔的。

朱建平,沛国人。精通相面术,游走于民间替人相面,应验的事情不少。太祖曹操为魏国公,对朱建平的事迹有所耳闻,就召他担任郎官。文帝曹丕任五官中郎将时,曾有三十多位宾客在座,曹丕问朱建平自己的寿命能有多长,又让朱建平给所有在座宾客相面。朱建平说:"将军能活到八十岁,在四十岁的时候会有个小小的困厄,请用心保护自己。"又对夏侯威说:"您四十九岁时将担任州牧,同时会遭遇危难,如能避过困厄,可以活到七十,位列宰辅。"又对应璩说:"您六十二岁能任常伯,同时会遭遇困厄,之前一年,您会独自见到一条白狗,而旁人谁也不能见到。"又对曹彪说:"您将贵为藩王,到五十七岁这年当遭遇兵难,应善加提防。"

起初,颍川郡人荀攸和钟繇亲近友善。荀攸先死,儿子年幼。钟繇管理照料荀攸家事,想把荀攸的妾嫁掉。他给人写信说:"我和荀攸曾经一起让朱建平看相,朱建平说:'荀攸虽然年轻,但他的后事得托付给钟君。'我当时还调笑荀攸说:'只需把你的爱妾阿骛嫁出去罢了。'没想到荀攸果真早死,当时的戏言竟应验了!今天想把阿骛嫁出去,让她找个好人家。回想朱建平相术的高超神妙,就算是古代唐举、许负之类那样的相术名家又能在什么地方比他更高一筹呢!"

黄初七年,文帝曹丕年四十,病情危重,他对身边人说:"朱建平说我的寿命八十岁,是每个昼夜相加计算的,我将与你们永别了。"没多久,果然驾崩了。夏侯威担任兖州刺史的时候,恰好是四十九岁,当年的十二月上旬患病,想起朱建平先前所说,自己料想必死无疑,于是预先写下遗书并做好了丧葬准备,都按丧事办理。到该月下旬病情好转,眼看着即将完全康复。三十日傍晚,请来主要州吏摆下宴席,说:"我的病渐渐好了,明天鸡鸣,我就五十岁了,朱建平的预言说我四十九岁有生死之劫,果真就要躲过去了。"夏侯威宴罢客散之后,闭目入睡时疾病发作,夜半时分就死了。应璩六十一岁任侍中,来宫中轮值,忽然看到一条白狗,他问在旁众人,都说没谁看见。于是应璩频频招聚亲朋好友,并且抓紧回乡游览,设宴饮酒自寻乐趣,过了一年,正好是六十三岁去世。曹彪被封为楚王,当年五十七岁,因与王凌通谋反叛获罪,被朝廷赐死。大凡所说上面这样一些人的吉凶祸福,没有一件不是吻合朱建平当年的预言的,不能一一列举,所以只大略记述几件事。据说只有给司空王昶、征北将军程喜、中领军王肃相面的预测与结果互有差池。王肃六十二岁这年,病情危重,众多医生都认为不可能治愈。王肃的夫人问王肃有什么遗言,王肃说:"朱建平给我看相说我能年过七十,位至三公,如今都还没到应验的时限,这个时候有什么可忧虑的呢!"但王肃终究病死。

朱建平还善于相马。文帝曹丕准备外出,侍从牵马进宫,朱建平在路上遇见说:"看这匹马的样子,今天必死。"曹丕正要上马,那马讨厌曹丕衣服上的香气,受惊咬了曹丕的膝盖,曹丕大怒,当即把马杀死。朱建平在黄初年间去世。

周宣,字孔和,乐安县人。曾为郡吏。太守杨沛梦见有人对他说:"八月一日曹公会来,必定会给您手杖,给您饮用药酒。"杨沛让周宣占梦。当时正是黄巾军纵横之时,周宣回答说:"手杖是为了帮助弱者,药能替人治病,八月一日,黄巾贼一定会被消灭。"到八月一日那天,黄巾军果然一败涂地。后来东平县人刘桢梦见蛇生四足,在门中打洞盘踞,他让周宣占这个梦,周宣说:"这个梦有关国家大事,跟你的家事毫无关联。朝廷会要剿杀那些做贼的女子。"不久,果然有女贼郑、姜等人全都遭到诛杀,这是因为蛇是女子的征兆,而脚不宜为蛇所有的缘故。

文帝曹丕问周宣说:"我梦见宫殿上掉下两片瓦来,化为一对鸳鸯,这是什么兆头呢?"周宣说:"后宫必定有人要暴病死亡。"曹丕说:"我只不过骗你而已。"周宣说:"大凡梦出于意念,若能以物态加以表述，便会涉及吉凶。"话未落音，就有黄门令前来禀报说后宫发生了宫人彼此残杀的事故。没过多久，曹丕又问周宣道："我昨晚梦见一股青气拔地冲天。"周宣说："天下恐怕会有一个显贵女子冤死。"当时，曹丕已派使者赐给甄皇后命她自裁的诏书，听了周宣的话心生悔意，当下派人去追赶使者已经望尘莫及了。曹丕又问周宣："我梦见自己摩擦铜钱上的文字，只想着磨掉它却偏是更加明亮起来，这究竟意味着什么呢？"周宣怅然不答。曹丕再问，周宣回答说："这自是陛下的家务事了，您意有所为而皇太后拒不认可，因此钱文越磨反而越亮。"当时曹丕执意要办弟弟曹植一条重罪，但迫于皇太后的压力，最终给曹植贬爵了事。曹丕任命周宣做中郎，属太史管辖。

　　曾经有人问周宣："我昨夜梦见一条小狗，这是什么征兆？"周宣说："你将要得到一顿美味佳肴了。"不久，这人外出办事，果然遇上一顿丰盛的美餐。同一人后来又问周宣："昨夜我再次梦见小狗，这又有什么意义呢？"周宣说："你将发生摔下车跌断脚的事故，应当警惕谨慎啊。"不久，果然应验了周宣的话。后来这人再问周宣："我昨夜又梦见小狗，是什么道理呢？"周宣说："你家要失火，应小心防范。"不久这人家里果然发生了火灾。事后这人对周宣说："我前后所说的三个梦，其实全都没有做过那样的梦。仅仅想试试您的占术罢了，为什么却都应验了呢？"周宣回答说："这是神灵触动你让你说出来，所以和真梦没什么区别。"这人又问周宣说："我所说三次梦都是看见小狗但预示的东西却各不相同，又是什么原因？"周宣说："小狗是祭神之物。所以你第一次梦见它，理当得到饮食。祭祀完毕，则有小狗被车轧过的仪式，所以你的第二个梦预示着你将从车上掉下来摔断脚。小狗在被辗过之后，一定要被焚烧，所以你最后　个梦预示着家里即将失火。"周宣占梦，大都类此。他所占过的梦最终应验的十居八九，当时的人把他和朱建平的相术相提并论。其余效验就不再一一列举。周宣在魏明帝末年去世。

　　管辂，字公明，平原郡人。长相粗俗丑陋，毫无威武仪容并且好酒贪杯，饮食与言谈嬉戏，不分对象，因此人们大多喜欢他却并不尊重他。

管辂的父亲是管理利漕的官员，利漕居民郭恩兄弟三人，都患有不能走路的足疾，让管辂占卜原因何在。管辂说："卦里显示有您本家先人坟墓，墓里有一女鬼，不是您的伯母，应当是叔母。从前饥馑之年，曾有为了贪图她家几升米的人，将她推入井中，她在井中呻吟呼救，井上的人又推下一块大石头，砸破了她的头，孤魂冤痛，自己向上天控诉。"于是郭恩哭泣着认了罪。

广平刘奉林的妻子病势危重，已买好棺材准备后事。当时是正月，让管辂占上一卦，管辂占毕说："她将命绝于八月辛卯日的正午时分。"刘奉林认为一定不会这样，而他妻子渐渐好转，到秋天疾病发作，死去的时间全都吻合管辂所说。

管辂去见安平太守王基，王基让他占卦，管辂说："应该会有一卑贱女子，生下一个男孩，男孩刚落地就自己走入灶里而死。又床上会有一条大蛇嘴叼毛笔，一家大小全能看到这一幕，而蛇又会很快就离去。又有一只乌鸦飞入室内，与燕子相斗，燕子死，乌鸦飞走。有这么三件怪事。"王基大惊，忙问卦象包含的吉凶。管辂说："不过是因这官舍年代过久，所以有魑魅魍魉作祟罢了。小儿出生会走，不是他自己能走，只是火精宋无忌抓着他走入灶中。大蛇叼笔，只是老书佐成精变化的罢了。乌鸦与燕子相斗，只是老门卫的精魂作怪。现今卦上只显卦象而不见凶咎，可知并非灾异的征兆，不必为此忧虑。"王基家后来终究没事。

当时信都县令家里的女眷们突觉惊惧恐慌，她们交替患病，县令让管辂占问休咎。管辂说："您家北面房屋西头有两个死男子，一男握矛，一男举弓箭，两人头在墙，脚在墙外。持矛者管刺头，所以女眷们头痛得抬不起来。握弓箭者管射胸射腹，所以女眷们心痛肚子痛不能饮食。两死者的魂魄白天四处游动，入夜就来害人患病，所以女眷们会觉得惊恐不安。"于是县令派人挖出尸骨迁移到别处，家中女眷们的病就都痊愈了。

清河县人王经辞官回家，管辂去看他。王经说："近来有一怪

事,我很不喜欢它,要麻烦你算上一卦。"算卦完毕,管辂说:"吉卦,不是凶怪。您夜晚在堂屋窗户之前,见到一束流光形如燕雀,飞入您的怀中,还嘤嘤有声,您为此心怀不安,解开衣服徘徊,还叫来您妻子,寻觅这流光的余光。"王经大笑说:"确实和你说的一模一样。"管辂说:"吉祥,这是升官的征兆,会很快应验的。"不久,王经果然升为江夏太守。

管辂又到郭恩家,有只鸠鸟飞来停在他家房梁上,叫声十分悲戚。管辂说:"应当有一老人从东方来,带着一头猪,一壶酒。主人虽然欢喜,但会发生小小的事故。"第二天果然有客到来,一如管辂所占。郭恩让客人少饮酒、不吃肉、小心火烛,但在射野鸡做菜时,箭从树枝上反弹射中一名年龄才几岁的小女孩的手,鲜血直流吓得小孩惊恐失色。

管辂去安德县令刘长仁家,有喜鹊一路鸣叫着飞到他家房顶,叫声十分急促。管辂说:"喜鹊说东北方向有个妇人昨晚杀死了自己丈夫,准备牵连家住她家西面的妇女的丈夫离娄涉案,时间不会超过傍晚时分,告状的人就会到了。"到当天黄昏,果然就有东北方向跟那杀夫之妇同村的人前来告状,说邻居家女人亲手杀死自己丈夫,还诈称"西头邻居和我丈夫有所过节,为此杀了我的丈夫"。管辂到列人县典农王弘直家,看到一股旋风高逾三尺,从西面过来,在庭院回旋,消停之后再度剧烈,持续了许久才消失不见。王弘直询问管辂这是什么征兆,管辂说:"东方当有马吏到来,只怕有父亲悲苦儿子的事情发生,奈何!"第二天胶东官吏到,王弘直的儿子果然死了。王弘直问是什么缘故,管辂说:"日子正当乙卯,属于长子的征候。木叶在申时飘落,北斗斗柄指向申辰,申破寅,这是有噩耗的征候。时间为中午而起风,是马到的征候。风起风息为离,离为文采,是有吏到来的征候。申未为虎,虎为大人,是父亲的征候。"有只公野鸡飞来,飞到王弘直家的铃柱头上,王弘直甚感不安,让管辂算卦。管辂说:"到五月一定升官。"当时还是三月,到了五月,王弘直果然升为勃海太守。

馆陶县令诸葛原升任新兴太守,管辂前往饯行,宾客也都到齐了。诸葛原亲自取下燕子蛋、蜂窝、蜘蛛藏在容器中,让管辂猜物占卜。管辂占卦完毕,说:"第一种东西,含藏元气必然变化,栖身房梁,雄雌相似,翅膀舒展,这是燕子蛋。第二种东西,它的房子倒立悬挂,门户众多,收藏精华孕育毒素,到了秋天才能变化,这是蜂窝。第三种东西,长着令人惊惧的长脚,口吐丝线编织罗网,漫步网上等待美食,利在黑夜,这是蜘蛛了。"在座的人无不又惊又喜。

管辂的族兄管孝国,家住斥丘,管辂前去跟随他,正好有两个客人在那。客人离去之后,管辂对孝国说:"这两个人的天庭和口耳之间全有凶气,怪异的变化同时出现,意味着魂不守舍,魂魄将顺流入海,尸骨则回归其家,用不了多时这两人会同时丧命。"又过了数十天,二人喝酒大醉,夜里同乘牛车回家,牛受惊后冲入漳河,全都淹死于河中。

在那个时候,管辂的邻里,不需要关门闭户,没有互相偷盗的现象。清河太守华表,召管辂担任文学掾。安平人赵孔曜向冀州刺史裴徽推荐管辂说:"管辂性情宽厚,与世无争,仰观天文神妙如同古代的甘公、石申一样;俯览《周易》神思与汉代卜筮大师司马季主相同。而今您正注意寻求非同一般的贤士俊才,管辂理应蒙受贤者的邀请,得到足以发挥其才德的待遇。"裴徽于是征召管辂为文学从事,会面交谈之后,对他特别器重友好。后来刺史府衙迁往巨鹿,管辂升为治中别驾。

当初响应州里的征召,管辂和弟弟季儒同乘一车,到武城西面时,管辂自己占卦以卜吉凶,他对弟弟说:"我们应当在故城中见到三只狸猫,那时就可明确吉凶休咎了。"前行到达河西故城城脚,的见到三只狸猫蹲坐在城墙下,兄弟二人都有说不出的高兴。正始九年管辂被推举为秀才。

十二月二十八日,吏部尚书何晏邀请管辂,邓飏当时也在何晏那里。何晏对管辂说:"听说您算卦神妙,请替我试卜一卦,看看我能不能位列三公?"又问:"近些日子接连梦见几十只苍蝇,飞来落在鼻子上,怎么赶都赶不走,有什么缘故么?"管辂说:"大凡飞鸮,是天下的贱鸟,当它们在林间吃到桑椹之时,都会向人们发出悦耳动听的声音,何况我管辂心非草木,怎么敢不尽忠言?从前八元、八凯辅弼虞舜,博爱和顺,周公辅佐成王,夜以继日,所以福泽流布天下,万国都获得安宁。这些都是躬行正道得到的吉兆,不是卜筮所能探究明白的东西。而今您权重位高,势如雷电,但真正能感念您的德行的鲜有其人,惧怕您权威的人倒是为数众多,恐怕不是什么小心翼翼自求多福的仁德做法。再说鼻子属艮,这是天庭中的高山,所谓'高而不危,因此长守富贵'。如今青蝇这种逐臭之物,居然都云集其上了。权位越高摔得越惨,轻佻骄横的人灭亡也快,不能不思量满招损的规律,以及兴盛与衰败的限度。所以《易经》说山在地下称为谦,雷在天上称为壮;谦,意为削减有余以补不足,壮表示不合礼仪制度的事情不为。天下没有损己利人而自身不能得到更大发展的怪事,也没有为非作歹而自己毫发无伤的幸事。愿您前则追步文王六爻关于三才至极的宗旨,下则思量孔子象象所言谦则受益的道理,如此而后三公之位可成定局,青蝇也可从梦里驱走了。"邓飏说:"这真是老生常谈。"管辂回答说:"大凡老生看见不生的人,常谈的人看见不谈的人。"何晏说:"来年再跟你见面。"管辂回去之后,把自己说过的话原原本本告诉了舅舅,舅舅责怪他说话过于恳切周至。管辂说:"和死人说话,有什么可怕的呢?"舅舅大怒,骂管辂狂妄无理。这年朝会,西北起大风,沙尘遮天蔽日,才隔十几天,就得到何晏、邓飏被诛的消息,舅舅这才服气。

起初管辂顺道拜会魏郡太守钟毓,共论《周易》义理,管辂随口说到"卜筮可以知道您的生死之日"。钟毓让他占算自己的出生月、日,管辂竟说得分毫不差。钟毓大为惊讶,说:"您真的令人敬畏。我的死日托付给天,不能再托付给您了。"于是不敢再算。钟毓问管辂:"天下会太平不?"管辂说:"而今飞龙在天,有利于大人出现,以吉凶祸福威服天下而不用刑杀的格局正在飙升上扬,仁政人行而文德辉煌,还用得着担忧什么大下不能太平?"钟毓当时并没有理解管辂的话,没多久,曹爽等人被杀,钟毓这才明白过来。

平原太守刘邠把印囊和山鸡毛装在容器中叫管辂卜算,管辂说:"内方外圆,五色成文,含玉守信,出则有章,这是印囊。巍巍高山，有鸟红身，羽翼上有天玄地黄二色，鸣叫不错过早晨，这是山鸡毛。"刘邠说："本郡的官舍，接连出现怪事，叫人惊恐不安，这是什么原因造成的呢？"管辂说："或许因为汉末大乱，兵马纷争，士兵的尸体鲜血，污染了山丘土地，所以借着黄昏清晨，会冒出许多奇形怪状的东西。您的道德美善之至，自有老天庇佑，愿您安享福禄，以光大获得的荣耀与恩宠。"

清河县令徐季龙派人打猎，让管辂算算能打到什么猎物。管辂说："会获小兽，又不是可食的飞禽，尽管爪牙具备，却并不强悍，尽管皮毛也有光彩，却并不鲜亮，不是老虎也不是山鸡，它的名字叫做狐狸。"猎人傍晚返回，所得猎物果如管辂所言。徐季龙取来十三种东西，装在箱子里，叫管辂猜测。管辂说："箱子里胡乱装着十三种东西。"先说出鸡子，后说蚕蛹，然后逐一说出箱子里的其他物件，仅仅误把梳子说成了笓子。

管辂随军西行，路过毌丘俭之父毌丘兴的墓园，当时靠着树哀吟不已，神情低沉很不快乐。别人问他是何原故，管辂说："林木虽然繁茂，但没有长久的形态；碑文虽然很美，却没有后人可以看守。玄武藏头，苍龙无足，白虎衔尸，朱雀悲哭，四种不祥之兆都一起显示全了，从规则上看当有灭族的大祸。不出两年，就会应验了。"果真如他所言。后来得闲，管辂前去探望清河倪太守。当时天旱，倪太守询问管辂什么时候有雨。管辂说："今晚会下。"当天正是烈日炎炎，白天看不出一丝即将有雨的迹象，府丞和清河县令都在现场，大家都认为无此可能。到夜晚八时许，星月全都无影无踪，风云齐起，竟是下了一场好雨。于是倪太守设下盛宴，一起欢庆。

正元二年，弟弟管辰对管辂说："大将军对你相当不错，你期望自己会富贵吗？"管辂长叹道："我自知分际如何，只是上天给我才智，却不给我年寿，只怕我要死在四十七八岁之间，是看不到女儿嫁人儿子娶亲了。如果过得了这一关，我想做洛阳令，一定可以做到境内路不拾遗，报警之鼓再不会敲响。但恐怕要到泰山去治鬼，不能够治理活人了，如之奈何！"管辰寻问原由，管辂说："我额头上无长寿的骨相，眼睛里无凝聚的神采，鼻无鼻梁骨，脚无足后跟，背无三甲,腹无三壬,这些都是不能长寿的征象。又我的本命年是寅年,加上在月食之夜出生。天道有常,不可规避,只是寻常人不能明白罢了。我这一生中已给超过一百多人算过他们的死期,大体上就没有什么差错。"这年八月,管辂担任少府丞。第二年二月去世,享年四十八岁。

评:华佗的医术,杜夔的音乐,朱建平的相术,周宣的占梦术,管辂的卜筮术,确实都是深奥微妙不可捉摸的特出技巧,非同寻常的卓越艺能了。从前司马迁为扁鹊、仓公及占候卜筮者流作传,目的无非是为了记述传播新异奇特之事。所以这里也循例做了一些收录。

白话三国志卷三十　魏书三十

乌丸鲜卑东夷传第三十

《尚书·尧典》载"蛮夷扰乱华夏",《诗经》说"狎狁十分嚣张",他们对中原的侵害为时已久。秦、汉以来,匈奴长时间为害边境。汉武帝虽曾致力于收服四方蛮夷,东面平定两越、朝鲜,西边讨伐贰师、大宛,打通邛苲及夜郎的道路,但这些民族都无不远离王畿,不能对中原构成多大的实质性影响。而匈奴地界距离中原最近,一旦它的骑兵南侵就直接威胁华夏地区的三面边境,因此从汉朝以来屡次派遣类似于卫青、霍去病这等名将北伐,率师深入敌境,对单于穷追猛打,夺取匈奴人那些富饶平旷的土地。其后匈奴退守塞外并向中原朝廷臣服称藩,其势力日益衰落。建安年间,呼厨泉南单于入朝觐见,就此留在中原担当侍奉天子的大臣,而让右贤王治理其领地,这时匈奴臣服中原的程度,还要超过西汉鼎盛之时。但是乌丸、鲜卑又渐渐强盛起来,也是因为汉末大乱,中原政局动荡战火纷飞,没有闲暇征讨外敌,因此乌丸、鲜卑人得以擅自将势力范围延伸到大漠以南,攻陷城池,杀戮抢掠内地百姓,中原北部边境屡遭困扰。等到袁绍兼并黄河以北地区,于是着手安抚三郡乌丸,尊宠其有名望的首领同时改编统领其精锐骑兵。其后袁尚、袁熙又北投蹋顿。蹋顿剽悍勇猛,边境年长的人都把他比做昔日威名赫赫的匈奴首领冒顿,而且蹋顿仗着自己远离中原京师,敢于接纳袁尚、袁熙之类的逃亡者,在边塞各族之中称霸争雄。魏太祖曹操秘密北伐,出其不意,一战就平定了蹋顿,各少数民族无不惊惧臣服,中原朝廷的声威震撼漠北。那之后曹操又让乌丸兵马按照朝廷意志征伐漠北不安分的部落,边地居民得以安居乐业。后来鲜卑首领轲比能又做北边各少数民族的盟主,并且全面占领了匈奴故地,从云中、五原以东直至辽河,都在鲜卑人的控制之下。他们多次侵扰边境,幽州、并州两地深受其害。魏文帝曹丕初年,名将田豫曾有马城之围,而毕轨也有过陉北之败。青龙年间,明帝曹叡采纳王雄的建议而派剑客刺杀了轲比能。此后鲜卑部落离散,自相攻打,实力稍强的远逃塞外,势力弱小的部落都请求归附朝廷。于是边境基本安静下来,大漠以南很少发生战事,虽然还时不时地会有小规模的入境抢劫,但毕竟不能形成相互鼓动的气候了。乌丸、鲜卑就是古代所说的东胡人。他们的习俗、历史,撰写汉代历史的作者都已经收录记述过了。所以这里的叙述仅限于汉末魏初以来,以便完备国境四面少数民族的变革档案。

东汉末年,辽西乌丸首领丘力居,统领五千余聚落部众,上谷乌丸首领难楼,统辖九千余部,二人各自称王,而辽东属国乌丸首领苏仆延,拥有一千余聚落部众,自称峭王,右北平乌丸首领乌延,统领八百余聚落,自称汗鲁王,他们都善用谋略勇敢强健。中山太守张纯叛国逃到丘力居部落中,自号弥天安定王,充当三郡乌丸元帅,侵扰青、徐、幽、冀等四州之地,攻杀抢掠官吏百姓。汉灵帝末年,朝廷委任刘虞为幽州牧,招募胡人将张纯斩首,北方各州才得以安定。后来丘力居死,他的儿子楼班年龄还小,而其侄蹋顿有军事谋略,于是代领王位,总领乌丸三王各部,部众都听从他的号令。袁绍和公孙瓒交手不断却难分胜负,蹋顿派使者到袁绍那里请求和亲,帮助袁绍攻打公孙瓒,结果大胜。袁绍假托君命赐给蹋顿、峭王、汗鲁王印绶,任命他们都为单于。

后来楼班成年,峭王率领部下推举楼班为单于,蹋顿为王,但出谋划策仍以蹋顿为主。广阳人阎柔,自小流落到乌丸、鲜卑部落中,得到当地人的信任。阎柔便利用鲜卑的实力,攻杀乌丸校尉邢举而他自己取而代之,袁绍则顺水推舟安抚阎柔以安定北部边疆。后来袁尚失败,逃奔蹋顿,凭借蹋顿势力,谋夺冀州。这时太祖曹操正扫平黄河以北,阎柔率鲜卑、乌丸前来归附,曹操就便任命阎柔为校尉，让他仍持汉朝符信，照旧以广宁为治所。建安十二年，曹操亲赴柳城征伐蹋顿，走捷径秘密出兵，距敌巢穴百余里时，敌兵这才察觉。袁尚和蹋顿率领部众在凡城迎击，兵马黑压压的看起来煞是强盛壮观。曹操登上高处遥望敌阵，按兵不动；等到敌兵阵形稍稍出现躁动迹象之时，这才挥兵进攻，杀得敌军一败涂地，当阵斩杀蹋顿，被杀的敌兵简直尸横遍野。速附丸、楼班、乌延等逃奔辽东，辽东把他们都杀了，将首级送呈朝廷。其余战败而奔散的残兵都投降了。曹操将这些人马连同幽州、并州等地由阎柔统帅的乌丸一万余部众，全都迁徙到中原定居，让各部的侯王大人及其部众都参与征战。从此三郡乌丸的骑兵闻名天下。

鲜卑步度根成为部族首领之后，人众减少实力有所衰弱，其兄扶罗韩也另外拥有数万部众自为首领。建安年间，太祖曹操平定幽州，步度根和轲比能等鲜卑首领通过乌丸校尉阎柔开始向朝廷纳贡。后来代郡乌丸能臣氐等人反叛，请求归附扶罗韩，扶罗韩率领万余骑兵前往迎接。到桑干之时，能臣氐等人商议，认为扶罗韩所领部众法令宽松，只怕在他那里难有什么前途，当下便另外派人送信让轲比能前来，轲比能当即率上万骑兵赶到。之后有结盟立誓的仪式，轲比能就在盟会上杀了扶罗韩，扶罗韩的儿子泄归泥及所有部众都归轲比能统辖。轲比能自认为亲手杀了泄归泥的父亲，所以对泄归泥特别善待。步度根为此怨恨轲比能。文帝曹丕受禅登极，命田豫担任乌丸校尉，持朝廷符节并护鲜卑，屯兵昌平。步度根派使者向朝廷献马，文帝封拜步度根为王。其后因与轲比能之间的多次相互对攻，步度根所部日显人少势弱，只得率领部下万余人入塞来到太原、雁门郡以求自保。步度根又派人对泄归泥说："你父亲被轲比能所杀，你不想法替父报仇，反而归依仇人。现在虽然厚待你，那是为日后杀你做的铺垫而已。不如来我这儿，我和你是骨肉至亲，怎能和仇人一样呢？"为此泄归泥率其部落逃归步度根，轲比能派兵追赶最终没有追上。到了黄初五年，步度根亲赴朝廷纳贡，得到朝廷的重赏，此后他便一心守在边疆，不干那些侵扰抢掠的坏事，而轲比能的势力于是强大起来。明帝曹叡即位,一心只想安和四周少数民族,以便平息征伐,对于轲比能、步度根等两个鲜卑部落只是采取怀柔安抚的手段而已。到青龙元年,轲比能诱使步度根彼此深心接纳并互为亲家,于是步度根率领泄归泥及全部族众都依附轲比能,劫掠并州,攻杀掳掠官吏民众。明帝派骁骑将军秦朗前往征讨,泄归泥率众背叛轲比能,向秦朗投降,朝廷封拜泄归泥为归义王,并赐给他幢麾、曲盖、鼓吹,让他率部众照旧住在并州。步度根则被轲比能所杀。

轲比能本来只是鲜卑族内一个弱小部落的人,因为勇敢强健,又能平正执法,不贪财物,所以众人推举他作为首领。其部落靠近边塞,自从袁绍雄据黄河以北,中原地区有很多人逃奔轲比能,向他传授兵器铠甲盾牌的制造技术,轲比能还很是用心地学习中原文化。所以他统帅部众,模仿参照中原做法,出行归来及狩猎等事,设立帅旗,以击鼓作为进退信号。建安年间,他通过阎柔向朝廷纳贡。曹操西征关中,田银在河间造反,轲比能率三千骑兵跟随阎柔击垮田银。后来代郡乌丸反叛,轲比能再度为虎作伥,曹操命鄢陵侯曹彰为骁骑将军,率兵北征,大败轲比能。轲比能逃往塞外,后来又跟朝廷有进贡往来。延康初年,轲比能派使者向朝廷献马,曹丕也立轲比能为附义王。黄初二年,轲比能遣出住在鲜卑的五百余家魏国人,让他们回到代郡居住。第二年,轲比能率本部落以及代郡乌丸修武卢等共三千多骑兵,驱赶牛马七万余口与中原通商,并遣发七千余家魏国人前往上谷居住。后来轲比能与东部鲜卑首领素利及步度根三部互相争斗,彼此攻击。乌丸校尉田豫出面协调,让他们不得相互侵扰。黄初五年,轲比能再次侵犯素利,田豫率轻骑直攻轲比能的后方。轲比能另派小帅琐奴抵御田豫,田豫出击,击退琐奴,轲比能因此怀有贰心。之后他给辅国将军鲜于辅写信说:"我们夷狄不识文字,原乌丸校尉阎柔向天子保奏我。我与素利结仇,往年派兵攻讨,但是田校尉却出兵帮助素利。我临阵之时派琐奴前往,听说田使君来,就马上撤回了军队。步度根屡次劫掠我部,又杀了我弟弟,反而诬蔑我为强盗。我们夷狄虽不懂得什么礼义,但我们兄弟子孙拜受了天子赐予的印绶,牛马尚且明白赞美水草,何况我有人心啊!将军应替我向天子辩明实情。"鲜于辅得到书信后上奏朝廷,文帝又派田豫招纳抚慰。轲比能的势力因此更加强盛,战士多达十余万人。每次抢得财物,他都平均分配,当着众人面处理完毕,从不私贪,所以部下愿意为他卖命,其余各部首领都很敬畏他,但是他的影响力还是没有赶上檀石槐。

魏明帝太和二年,田豫派通译夏舍前往轲比能女婿郁筑鞬部落,夏舍竟被郁筑鞬所杀。这年秋天,田豫统帅西部鲜卑蒲头、泄归泥出塞讨伐郁筑鞬,大败对手。回师马城,轲比能亲率三万骑兵围困了田豫七天。上谷太守阎志,是阎柔的弟弟,历来为鲜卑人所信任。阎志前往劝解晓谕,轲比能才解围而去。后来幽州刺史王雄兼任校尉,以恩义诚信加以安抚轲比能。轲比能多次入塞,到幽州进贡。到青龙元年,轲比能诱使步度根归附,让他反叛并州,承诺与他结成亲家,还亲率万余人马在陉北迎接步度根的家室资产。并州刺史毕轨派苏尚、董弼等部发起攻击,轲比能则派儿子率骑兵在楼烦与苏尚大战,当阵杀死了苏尚、董弼。到青龙三年,王雄派勇士韩龙刺杀轲比能,另立轲比能的弟弟为王。

素利、弥加、厥机都是部落首领,在辽西、右北平和渔阳塞外。因远离中原,最初并没有对边境构成侵扰,然而他们人众还多于轲比能。建安年间,他们通过阎柔向朝廷进贡,并互通贸易,曹操都上表替他们邀宠,让朝廷都封他们为王。厥机死,又立他的儿子沙末汗为亲汉王。延康初年,诸王又各派使者献马。文帝曹丕立素利、弥加为归义王。素利与轲比能彼此交替攻击。明帝曹叡太和二年,素利死。他的儿子年幼,立他的弟弟成律归为王,代为统领部落。

《尚书·禹贡》说:"东边至海,西及流沙。"王畿以外九等地区的规制,是可以得到了解说明的。但是更加偏远的蛮荒地带,要通过辗转翻译才能去到那些个地方,事实上根本无人到过,没人说得清楚那里的风土民俗。从虞舜到西周,只有西戎进献过白玉环,东夷肃慎氏进贡过方物,他们都久历年代才来到中原,其距离竟是遥远到如此地步。到汉代派遣张骞出使西域,直至黄河源头,历经西域各国,于是设置都护府管辖它们,这样西域才被了解,史官得以把它们详细记载下来。魏国兴起,西域各国虽然不能都来朝贡,但其中一些大国如龟兹、于阗、康居、乌孙、疏勒、月氏、鄯善、车师等国,没有哪一年不来朝贡,说起来与汉代那个时候的情形大体相近。公孙渊沿袭父祖前后三代统治辽东,天子因为那里极度僻远,便将四海之外的大事任其处置,于是隔断东部各族,不能沟通中原。魏明帝景初年间,朝廷大举发兵,诛杀公孙渊,又秘密出兵渡海,收复乐浪、带方等郡,此后境外鸦雀无声,东部各族统统降服。其后高句丽反叛,朝廷又派偏师征讨,连续追击到很远的地方,跨越乌丸、骨都,再经沃沮,穿越肃慎领地,东面直到海滨。长老说有面貌不同的人群,他们生活在距离太阳升起处很近的地方,于是天子军队遍历诸国,博采各地的风俗习惯,长幼区别,各有名目,均加以详细记载。尽管只是些少数民族地区,但养生事死也都各有自己的规则。中原有失传的礼仪,在边远地区寻求,都还信而可征。因此我编纂各国史实,条列他们的异同,以便于补充前代史书记述不完备的地方。

　　夫馀在长城以北,离玄菟有千余里。南边与高句丽,东部与挹娄,西部与鲜卑接界,北部是弱水,方圆约二千里。全国有八万户人家,都是当地土著,有宫室、仓库、监狱。国内多山陵湖泊,在东夷各族中地势最是平坦开阔。土地适宜种植五谷,但不宜种植果树。这里的人长得高大魁伟,性情刚强勇猛却谨慎忠厚,不干那些杀人越货的勾当。国家有君王,官职都用牲畜的名字,有马加、牛加、猪加、狗加、大使、大使者、使者。部落有大户豪族,所管众人都是奴仆。诸加出掌各地,大的主管数千家,小的管数百家。饮食都用俎、豆。朝会之时,有拜爵、洗爵、揖让升降等仪式。在殷历正月举行祭天活动,国民大举聚会,连日饮宴歌舞,称为迎鼓,在这个时候不用刑罚,并释放囚徒。在国内穿衣崇尚白色,白布大袖,袍子、裤子,脚蹬兽皮靴子。出国则崇尚穿五彩纷披的丝绸织品或皮毛制品,首领加饰狐狸、狖白和黑貂的毛裘,并在帽子上用金银装饰。翻译传达双方意思时，都跪下来，双手撑地轻言细语。用刑严酷，杀人者皆判死刑，其家属都没收作为奴仆。偷盗罪处以判赔所窃财物的十二倍。男女淫乱，妇人妒嫉，一律诛杀。尤其憎恶妒嫉，妒妇被杀以后，还要暴尸于国都的南面山上，直至腐烂。女方家想要回尸首，必须交纳牛马才能获得恩准。哥哥死去弟弟可以娶嫂为妻，这一习俗与匈奴相同。该国擅长饲养牲畜，出产名马、赤玉、貂狖、美珠。珠子大的有如酸枣。用弓、箭、刀、矛做武器，各家都有自己的铠甲和兵器。国中老人自称族人属于古时流亡者的后裔。城栅都做成圆形，就像监狱。走在路上不管白昼黑夜也不论年纪大小都唱歌，整日歌声不断。发生征战大事也要祭天，杀牛观察蹄以占卜吉凶，牛蹄张开是凶，牛蹄合拢为吉。有敌人到来，诸加亲自作战，其名下的人户负责运粮保障饮食。官长死亡，夏天都用冰加以冷冻。杀人殉葬成风，殉葬人数最多的达到数百人。讲究厚葬，葬具只有外椁而无内棺。

　　夫馀本来属于玄菟郡。汉朝末年，公孙度向东部扩张，以威力慑服境外各族，夫馀王尉仇台于是改属辽东。当时句丽、鲜卑强盛，公孙度考虑到夫馀被夹在这二强中间，就把自己同宗女儿嫁给尉仇台。尉仇台死后，简位居继位。其正妻没有生儿子，有庶子叫麻余。简位居去世，诸加共立麻余继位。牛加哥哥的儿子名叫位居，官居大使，轻财好施，国人拥戴他，他每年都派使者到京城进贡。正始年间，幽州刺史毌丘俭讨伐句丽，派玄菟太守王颀来到夫馀，位居派大加远远迎候，供应军粮。位居的叔父牛加怀有贰心，位居杀了叔父父子，没收其财产，并派使者将其造册清理送到官府。夫馀以前的习俗，如遇水旱灾害，谷物歉收，往往归罪于国王，有说该换掉的，有说该杀掉的。麻余去世，他的儿子依虑才六岁，继承王位。汉代时，夫馀王死后用玉匣埋葬，玉匣通常预先存放在玄菟郡，国王死亡国人就去郡里迎取玉匣用来安葬国王。公孙渊被杀的时候，玄菟郡的仓库里还存有一具玉匣。而今夫馀仓库里还有玉璧、珪、瓒等历代宝物，世世代代相传以为珍宝。长老们说这些是祖先恩赐给后人的。他们的印章上刻有"濊王之印"，该国又有旧城叫濊城，大概本属濊貊之地，而夫馀在这里建国称王，自称是"逃亡者的后代"，是有几分道理的样子。

高句丽在辽东以东约一千里，南边与朝鲜、涉貊，东边与沃沮，北边与夫馀接壤。在丸都山下建都，方圆约二千里，户口三万。境内多高山深谷，没有平原大湖。当地人都住在山谷之间，饮用山涧水。没有良田，即使卖力耕耘，粮食仍不足以果腹。习俗节制饮食，但喜欢盖屋建房，在住房左右另盖大屋，用来祭祀鬼神、灵星、土神和谷神。当地人性情凶恶暴烈，喜欢劫掠。国有君王，职官有相加、对卢、沛者、古雏加、主簿、优台丞、使者、皂衣先人等，各有尊卑等级。东夷以前所用语言多是夫馀语的分支，因此高句丽人说话及各方面风俗多与夫馀相同，但其性情、服饰与夫馀有所差别。他们原有五个部族，包括涓奴部、绝奴部、顺奴部、灌奴部、桂娄部。本来是涓奴部称王的，后来该部逐渐衰弱，当前是桂娄部取而代之。汉代时朝廷赐给这个部族吹鼓艺人，他们常从玄菟郡领受朝服、衣帽，高句丽县令主管他们的名册。后来他们逐渐骄傲放纵，不再到玄菟郡来，而是在东部边境筑起一座小城，把朝服衣帽放在城里，每年朝会时取用，至今当地人还称这个城叫帻沟溇。沟溇，是高句丽人对城的叫法。这里设置官吏的规则是，有对卢就不设沛者，有沛者就不设对卢。国王宗族中，担任大加者都称为古雏加。涓奴部原本是国家的统治者，而今虽然不再称王，但这个部落世代传袭的大人，也叫古雏加，也可以设立宗庙，祭祀灵星、土神和谷神。绝奴部世世代代都与王族通婚，也得以称为古雏加。各个大加官下也自设使者、皂衣先人，但这些下属官员的名字都要在国王那里备案，如果是卿大夫的家臣，朝会时的举止行动，不能和国王任命的使者、皂衣先人处于同等地位。这个国家的上层人士不必劳作，不耕而食者多达一万余人，他们名下的人户须长途跋涉挑米担鱼背盐保证供给。民众都喜爱歌舞，国内有聚落的地方，夜幕降临之后常常是男女群聚，相互对歌嬉戏。国都没有仓库，各家自备小仓，称为桴京。当地人喜欢干净和自我欣赏，擅长酿造。跪拜时伸出一脚，这一点与夫馀不同，行走时一路小跑。在十月祭天，国内大举聚会，称为东盟。公事集会时，人们都穿金戴银锦绣满身以相互比美。大加主簿头戴帻冠，形似帽子却又没有后面的部分，小加戴折风冠，也是形状像帽子而已。这个国家东部有个大洞穴，名为隧穴，每到十月国内大举集会，迎接隧神到国都东部进行祭祀，并在神座上放置木隧。国中不设监狱，有罪者经诸加评议，随即予以诛杀，并将其妻子儿女没入官府充当奴婢。当地习俗，婚姻只须双方口头商定，女方便在自家居所后面造间小屋，称为婿屋，女婿傍晚时分来到女方家门外，自报姓名跪拜行礼，请求跟女孩同宿，如此再三地恳求，女方父母才允许女婿跟女儿到婿屋内同宿，一旁放置金钱布帛，等生下的儿女已经长大，男方这才带着妻子一起回家。当地风俗淫佚放纵。男女结婚后，便逐渐制作入殓时的丧服。讲究厚葬，金银财宝，全都用来陪葬，坟墓用石头填封，然后种上成行的松柏。马都矮小，便于登山。人们推崇力量，习惯于战斗，沃沮、东涉都是他们的属国。又有小水貊。高句丽立国，依傍大江而居，西安平县北有小河，南流入海，高句丽的旁支依傍小河立国，所以称为小水貊，出产好弓，就是所谓貊弓了。

王莽当初征发高句丽兵讨伐胡人，高句丽兵不愿出征，王莽强行发遣，高句丽兵便都逃出塞外专干起抢劫侵扰的事。辽西大尹田谭追击他们，反被高句丽人击杀。州、郡、县都归罪于句丽侯骊。严尤上奏说："貊人犯法，罪名并非因骊而起，只应给予安抚，而今突然间让他背负如此大罪，恐怕他会就此造反。"王莽不肯采纳，下诏让严尤去攻击句丽侯骊。严尤诱使句丽侯骊赴会而等他一到便将骊斩首，将骊的首级传送到长安。王莽十分高兴，布告全国，将高句丽改名为下句丽。当时高句丽还是侯国，汉光武帝八年，高句丽王派使者向朝廷进贡，才见高句丽称王。

到汉殇帝和汉安帝年间，句丽王宫多次侵扰辽东，还祸及玄菟郡。辽东太守蔡风、玄菟太守姚光因为宫是二郡的祸害，而兴师讨伐句丽。宫假装投降请求讲和，二郡守便按兵不动。宫秘密派遣军队进攻玄菟郡，纵火焚烧候城，又攻进辽隧城，残杀官吏百姓。其后宫又侵犯辽东，蔡风轻率地率领官兵追击，结果全军覆没。

宫死后，他的儿子伯固继承王位。汉顺帝、桓帝之际，伯固又侵犯辽东，抢掠新安、居乡，又攻西安平，在路上杀死了带方县令，掠走乐浪太守的妻子儿女。汉灵帝建宁二年，玄菟太守耿临出兵讨伐句丽，斩杀及俘虏数百敌人，伯固投降，其地归属辽东。熹平年间，伯固乞求归属玄菟郡。公孙度称雄大海以东时，伯固派大加优居、主簿然人等协助公孙度攻打富山草寇，大破贼军。伯固死时，有两个儿子，长子叫拔奇，次子叫伊夷模。拔奇不能成器，众人便共同拥立伊夷模做了国王。从伯固那时开始，句丽就不断侵扰辽东，又接纳了逃亡的胡人五百多家。建安年间，公孙康出兵进攻句丽，攻破其国都，焚烧聚落。拔奇为自己身为长子却不能继承王位而心怀怨愤，便跟涓奴加各自统领部属三万余人向公孙康投降，仍回沸流水旁居住。原先投降的胡人这时也背叛了伊夷模，伊夷模只得转换地方另行开辟新国，就是今天高句丽国都所在的地方。拔奇于是迁往辽东，他有儿子留在句丽国，就是今古雏加驳位居。后来句丽又进攻玄菟郡，玄菟与辽东联手合击，大败句丽人。

伊夷模没有儿子，与灌奴部女人通奸，生子叫位宫。伊夷模死后，位宫被立为王，就是今天的句丽王宫。他的曾祖也叫宫，刚出生就能睁眼四顾，人们不喜欢他，等宫长大之后，果然凶残暴虐，屡次劫掠，国家因此遭到摧残破坏。而当今的国王宫刚刚出生，也能睁开眼睛看人，当地人把相似叫做位，因他跟自己的祖父相似，所以给他取名叫位宫。位宫力大而勇猛，擅长骑马射猎。景初二年，太尉司马懿率军讨伐公孙渊，宫派主簿、大加率数千人助战。正始三年，位宫侵犯西安平，正始五年，被幽州刺史毌丘俭击败。这些事情记载在本书《毌丘俭传》中。

东沃沮在高句丽盖马大山的东边，濒临大海。其地形东北狭窄，西南较开阔，国境内方圆约千里。其北部与挹娄、夫馀，南部与涉貊接壤。人口五千余户，没有统领全境的大君，世世代代各部落自有首领。当地语言与句丽大体相同，有时会小有差异。汉初，燕国逃亡者卫满在朝鲜称王，当时沃沮各部归属卫满。汉武帝元封二年，讨伐朝鲜，杀死卫满的孙子卫右渠，将其领地分割为四郡，以沃沮城为玄菟郡治所。后因受到夷貊的侵扰，迁郡治到句丽西北，这就是今天所说的玄菟故府。沃沮又划归乐浪郡管辖。汉朝认为这里地域辽阔遥远，在单单大领的东部，又设置东部都尉，以不耐城作为治所，另外统领东部七个县，当时沃沮也为其中的一个县。汉光武帝建武六年，减省边郡，都尉由此废除。之后都各以县境内的首领为县侯。不耐、华丽、沃沮等县都是侯国。夷狄部落互相攻伐，唯有不耐涉侯至今还设置有功曹、主簿等官，都由涉人担任。沃沮各个部落的首领，都自称三老，这是原来县级侯国的旧制。因为是小国，夹在大国之间备受挤兑，所以自动臣服句丽成为其属国。句丽又设置沃沮各部大人为使者，使其统领东沃沮各地，又派大加统管催收租税，貊布、鱼、盐、海产等等，让沃沮从千里之外背扛肩挑送到句丽国都，另外还要选送美女作为句丽大人物的婢女妾妇，句丽对待沃沮跟对待奴仆毫无区别。

沃沮土地肥美，背山面海，适宜种植五谷，而人民也善于耕田种植。国民性情朴实正直而顽强勇敢，缺少牛马，就手持长矛步行作战。饮食起居，服饰礼节，都与句丽相近。安葬死者要用大木制作棺椁，木椁长十余丈，开一头作门户。刚死的人都暂时埋起来，只覆盖上薄薄的一层土，让皮肉烂尽，再取骨架装在木椁中。全家共用一具木椁，用木头刻成死者生前形象，木偶数量以椁中死人数量为基准。又有陶鬲，里面装上大米，按顺序悬挂在木椁的门户旁边。

毌丘俭讨伐句丽，句丽王位宫逃往沃沮，毌丘俭于是又挥师进攻沃沮。沃沮城池聚落都一律攻破，斩首及俘虏了三千多沃沮人。位宫又逃奔北沃沮。北沃沮又名置沟娄，离南沃沮约八百里，风俗习惯南北相同，与挹娄接壤。挹娄人喜欢乘船劫掠，北沃沮人很怕他们，夏天常在山上的岩洞深穴里守备，冬天冰封，水路不能通船，才回到村落居住。王颀另派了一支人马追讨位宫，直抵北沃沮东部边境。他们询问当地长老："大海东面还有人吗？"长老们说，国内曾有人乘船捕鱼，遭遇风暴随波逐流在海上漂泊了几十天，东边靠上了一座海岛，岛上有人，语言彼此不通。岛上风俗常在七月挑选童女沉海。又说还有一个岛国也在海中，只有女人没有男人。又说

曾见一件布制的衣服,从海水里浮出,衣服主体的长度跟中等个子的人所穿相近,而两袖却有三丈多长。又见过一条破船,随波漂到海岸边,船上有一人脖子上还长着一张脸,把他活捉了,跟他说话又互相不明白,那人绝食而死。以上所说的岛国都在沃沮东边的大海中。

挹娄在夫馀东北一千多里的地方,濒临大海,南部与北沃沮接壤,但不知其北部边境到了哪里。境内多山遍地险阻。国民相貌类似夫馀人,但语言跟夫馀、句丽不同。出产五谷、牛、马、麻布。人们勇猛而有气力,没有统领各部的大君,各个部落都有各自的首领。居住在山林之间,常常穴居,大户人家住在需要九节的梯子才能上下的深洞内,因为人们认为梯子的节数越多越好。气候要比夫馀寒冷得多。习俗喜欢养猪,吃猪肉,以猪皮为衣。冬天用猪油涂满全身,油膏厚数分,以抵挡风寒。夏天赤身裸体,只用一尺大小的布块遮住下体前后,算是遮蔽了身体。人们普遍不讲卫生,厕所建在住地中央,所有人都在厕所周围居住。弓长四尺,力大如弩,箭用楛木制造,长一尺八寸,箭头以青石制作,这里就是古代肃慎氏的国度。善于射箭,射人都直中眼睛。箭头有毒,被射中的人必死无救。出产赤玉、好貂,就是现在所说的挹娄貂。自汉代以来,挹娄一直臣属于夫馀,夫馀强迫他们交纳苛重的田租赋税,他们便在魏文帝黄初年间反叛夫馀。夫馀多次讨伐他们,但挹娄尽管人少,但出没于高山险地,邻国人都惧怕他们的弓箭,终究不能制服他们。挹娄惯于乘船侵扰劫掠,邻国深以为患。东夷各族饮食大抵都使用俎豆一类器具,只有挹娄不然,他们的风俗习惯是最没有秩序的。

濊,南边与辰韩,北边与高句丽、沃沮接壤,东边临海,今天朝鲜以东都是它们的领地。有二万户人家。从前箕子来到朝鲜后,制定了八条教令来教化他们,使得境内房屋没有门户之类的防范设施而民众没有谁产生盗窃的念头。从那以后传承四十余代,朝鲜侯准越制称王。陈胜率百姓起兵造反,天下同声叛秦,燕、齐、赵等地居民逃到朝鲜避难的多达数万人。燕人卫满,盘起头发改穿胡人服装,又来朝鲜称王。汉武帝出兵征伐灭了朝鲜,将朝鲜分为四郡。从那以后,汉人和胡人逐渐有了分别。涉人没有国君,自汉代以来,官吏有侯、邑君、三老,负责统管百姓。当地长老自称与高句丽属于同一种族。涉人性情谨慎老实,不太贪图身体感官方面的享受,懂得廉耻,不乞求人。语言风俗与高句丽大体相同,衣服穿着有所差异。男女衣服都作曲领,男子衣服上还用数寸大的银花作为装饰。自单单大山领以西归属乐浪郡,领东共有七县,由都尉统管,都以涉人为治下百姓。后来减省都尉官,汉朝廷封涉人的首领为侯,今天的不耐涉都是他们的后裔。汉代末叶改属高句丽。当地风俗是看重山川,山川各有分部,不能随便进入。同姓不通婚。多忌讳,家中有人生病死亡往往就要抛弃旧宅,另建新居。产麻布,也种桑养蚕纺织丝绵。常在清晨观测星象,以便预测一年的收成丰歉。不把珠玉看成宝物。常在十月节举行祭天仪式,通宵达旦地饮酒歌舞,称之为舞天。又祭祀老虎奉为神明。凡是部落间发生有相互侵犯之事,都要责令交纳奴隶、牛、马等作为惩罚,称之为责祸。杀人者偿命。很少有偷盗抢劫的事。他们制作的矛长达三丈,有时好几个人共持一矛,很能徒步作战。乐浪檀弓就产于此地。海中出产斑鱼皮,山林中颇多豹子,又产果下马,汉桓帝之时他们曾向朝廷进贡过这些特产。

魏正始六年,乐浪太守刘茂、带方太守弓遵因为领东涉归属句丽,起兵讨伐,不耐侯等带着全体百姓投降。正始八年,他们前来朝见纳贡,朝廷下诏改封他为不耐涉王。涉人杂居于汉人中间,四季都要到郡衙朝谒。乐浪、带方二郡若有军事征用赋税收取,一应供给驱使事项,对待涉人都像对待汉民一样。

韩,在带方的南边,东西都直到大海,南边与倭国相邻,方圆约四千里。有三个种族,一为马韩,二为辰韩,三为弁韩。辰韩,就是古代的辰国。马韩在西部。这里的人都土生土长于本地,会种庄稼,懂得养蚕植桑,会纺纱织布。各有首领,等级高的自称臣智,其次是邑借，散居在山海之间，没有城镇。有爰襄国、弁水国、桑外国、小石索国、大石索国、优休牟涿国、臣渍沽国、伯济国、速卢不斯国、日华国、古诞者国、古离国、怒蓝国、月支国、咨离牟卢国、素谓乾国、古爰国、莫卢国、卑离国、占离卑国、臣衅国、支侵国、狗卢国、卑弥国、监奚卑离国、古蒲国、致利鞠国、冉路国、儿林国、驷卢国、内卑离国、感奚国、万卢国、辟卑离国、臼斯乌旦国、一离国、不弥国、支半国、狗素国、捷卢国、牟卢卑离国、臣苏涂国、莫卢国、古腊国、临素半国、臣云新国、如来卑离国、楚山涂卑离国、一难国、狗奚国、不云国、不斯濆邪国、爰池国、乾马国、楚离国，一共五十多国。大的国家有一万多户人家，小国数千户，总共有十余万户。辰王以月支国为治所。臣智有的加优呼臣云遣支报安邪踧支渍臣离儿不例拘邪秦支廉的称号。其官职有魏率善、邑君、归义侯、中郎将、都尉、伯长等。

侯准僭号称王后，被燕国逃亡来的卫满攻夺了政权，他率领宫人和随从逃到海岛，居韩地，自称韩王。其后灭绝，今天的韩人还有奉祀侯准的。汉代之时韩属乐浪郡辖制，韩人每年四季各一次到郡衙朝谒。

汉桓帝、灵帝末年，韩涉日益强盛，郡县无力辖制，中原百姓多流亡韩国。汉献帝建安年间，公孙康分屯有县以南的荒地为带方郡，派公孙模、张敞等人收集各地流民，起兵讨伐韩涉，原先流亡者逐渐离开韩地回到汉地，其后倭、韩便归属带方郡。景初年间，魏明帝曹叡秘派带方郡太守刘昕、乐浪郡太守鲜于嗣跨海平定二郡，韩国各臣智又被加赐邑君印绶，其次级别的赐予邑长。当地风俗好戴衣帽，臣智一类首领的属下人户来郡里朝谒，都要借用衣帽，私自佩带印绶及穿戴官员衣冠的有一千多人。部从事吴林因乐浪郡原本统辖韩国，就将辰韩分成八国以划归乐浪郡，官吏译使转译时与原意有所出入，臣智故意激怒韩国，于是进攻带方郡崎离营。当时带方郡太守弓遵、乐浪郡太守刘茂起兵讨伐，弓遵战死，二郡终究灭了韩国。

马韩习俗缺少法度约束，国家虽有主帅，但各个部落交错杂居，不能进行有效的管理。无跪拜的礼节。居室做成草顶土穴，形状就像坟冢，门户开在顶上，全家都住在里面，没有男女老少的分别。其葬俗是有外椁无内棺，不懂得骑马驾牛，牛马都用于丧葬。把璎珠当宝物，有的缝在衣服上作为装饰，或者当作项链耳坠，不觉得金银锦绣有何可贵之处。国民性情顽强勇敢，盘发成髻而不戴帽子，如明亮的兵器，穿布袍，脚穿兽皮鞋。每当国中大事兴作或者官府让他们筑城，那些勇敢健壮的年轻人，都把自己背脊皮穿一洞孔，用大绳贯穿，又用一丈多长的木头挖土，整日吆喝奋力，并不觉得疼痛，既用米鼓励劳作，又以此显示自己的壮健。常在五月播种完毕之后，祭祀鬼神，人们成群相聚载歌载舞，昼夜痛饮。舞蹈之时，数十人一起协调动作，双脚踏地高低起伏，手脚相互配合，节奏有些类似于铎舞。十月收割完毕，还要如此庆贺一番。人们迷信鬼神，城邑各立一人主管祭祀天神，称之为天君。又诸国各有别邑，称为苏涂。竖大木，悬铃鼓，敬事鬼神。逃亡者来到这里，都不再回去，喜欢做贼。他们设置苏涂的本义，有些类似浮屠，但二者在结果上却有善恶之别。在其北部靠近郡治的几个国家勉强知晓一些礼俗，而远离郡治的人就像是囚徒奴仆聚在一起毫无规矩。没有别的珍宝。野兽飞禽草木与中原大体相同。出产大栗，大的像梨一样。又出细尾鸡，鸡尾长达五尺有余。其间男子时时会给自己文身。又有州胡，生活在马韩西边的海岛上，身材较为短小，语言与韩国不同，都像鲜卑人一样不留头发，只穿熟皮制作的衣服，喜欢养牛和猪。他们的衣服有上衣而无下衣，基本上就跟裸体相似。乘船往来，与韩国通商。

辰韩在马韩的东部，据老人们口口相传，自称他们的祖先因避秦朝的赋役来到韩国，马韩把东边地界划给他们。设有城堡寨栅。他们的语言与马韩不同，把国叫做邦，弓叫做弧，贼叫做寇，行酒叫做行觞。彼此以徒相称，与秦人相似，不仅仅是燕国、齐国那种称呼。称乐浪人为阿残。东方人称我为阿，认为乐浪人本来是他们所杀戮后幸存的人。辰韩今天还有叫秦韩的。最初六国，后来逐渐分为十二个国家。

弁辰也有十二国，各国又有许多小部落，部落都有首领，大首领叫臣智，次一级的叫险侧，再次一级的叫樊涉，更低级别的叫杀奚，最低的称为邑借。有已柢国、不斯国、弁辰弥离弥冻国、弁辰接涂国、勤耆国、难弥离弥冻国、弁辰古资弥冻国、弁辰古淳是国、冉奚国、弁辰半路国、弁辰乐奴国、军弥国、弁辰弥乌邪马国、如湛国、弁辰甘路国、户路国、州鲜国、马延国、弁辰狗邪国、弁辰走漕马国、弁辰安邪国、弁辰渎卢国、斯卢国、优由国。弁韩、辰韩合计共有二十四国，大国有民户四五千家，小国六七百家，总共有四五万户。其中十二国属辰王管辖。辰王常由马韩人充任，世代相承。辰韩人不得自立为辰王。辰韩土地肥美，适宜种植五谷和水稻，人们懂得种桑养蚕，纺织缣布，乘马役牛。婚姻嫁娶礼俗，男女有别。他们用大鸟羽毛送葬死者，用意是想让死者飞升上天。该国出产铁，韩人、濊人、倭人都来这里取用。各地市场买卖都用铁当货币，就像中原使用铜钱一样，还将铁供给乐浪、带方二郡。习俗喜爱歌舞饮酒。有瑟，其形状类似筑，弹奏时也可发出动听的乐曲。小孩出生，就用石头压他的头，希望头能长成扁状。现在辰韩人都是扁头。男女长相与倭人相似，也有文身的习惯。他们熟习步战，兵器与马韩相同。他们的风俗，人们在路上相逢，都停下不动让对方先走。

弁辰与辰韩杂居在一起，也有城郭。衣服居室与辰韩相同。语言礼法规矩风俗习惯也与辰韩相似，祭祀鬼神有所区别，灶都造在门的西边。弁辰中的渎卢国与倭国接界。弁辰十二国也各有王，人们体形普遍高大。他们的衣服清洁，留长发。也纺织宽幅细布。风俗习惯特别严厉。

倭人居住在带方郡东南的大海之中，依山傍岛修建国都。从前有一百多国，汉朝时就有前来朝见的倭人，现在与中国保持使者往来、翻译相通的有三十国。从带方郡到倭国，沿着海岸航行，要经过韩国，忽而向南忽而往东，来到倭国北岸的狗邪韩国，全程七千多里，又跨过一大海，航行一千多里再到达对马国。对马国的大官叫卑狗，副职叫卑奴母离。所在为一孤岛，方圆大约四百多里，多高山险阻，深山密林极多，道路狭窄像禽鸟野兽所走的小路一样。人口一千多户，没有良田，靠吃海中出产的东西为生，乘船往南北各地去买粮食。由此往南又渡一海约一千多里，名叫瀚海，到一小国，大官也称卑狗，副职叫卑奴母离。方圆约三百多里，多竹木丛林，人口有三千来户，略微有些田地，但耕耘所得不够食用，粮食也得依靠往南或往北购买。从这里又渡一海，航行一千多里来到末卢国，人口有四千多户，依山傍海居住，草木茂盛，走在路上，后面的人看不见前面的人，人们喜好采捕鲍鱼，不管水的深浅，都潜入海底采取。从这里往东南方向由陆路走五百里，就到了伊都国，此处的大官称为尔支，副职叫泄谟觚、柄渠觚。人口一千多户，世代有王，都归女王国统辖，带方郡使者来往常在这里停驻。由此往东南到奴国有一百里，大官叫兕马觚，副职称为卑奴母离，人口二万多户。由此往东到不弥国有一百里，该国的官叫多模，副职叫卑奴母离，有一千多户人家。又往南到投马国，从水路航行需二十天，其官叫弥弥，副职叫弥弥那利，人口约有五万多户。往南到邪马台国，是女王都城所在，从海路要走十天，从陆路要走一个月。该国的大官叫伊支马，其次的叫弥马升，再次叫弥马获支，又次叫奴佳鞮，人口大约七万多户。从女王国往北，居民户数和道路里程能够大略记载，其他各方之国距离遥远，不能得知它们的详情。其次有斯马国，有已百支国，有伊邪国，有都支国，有弥奴国，有好古都国，有不呼国，有姐奴国，有对苏国，有苏奴国，有呼邑国，有华奴苏奴国，有鬼国，有为吾国，有鬼奴国，有邪马国，有躬臣国，有巴利国，有支惟国，有乌奴国，有奴国，至此为女王辖地的尽头。由此往南有狗奴国，由男人担任国王，其官有狗古智卑狗，不属女王管辖。从带方郡到女王国共一万二千余里。

　　倭人男子不管年纪大小都在身上脸上刺有花纹。自古以来，倭人使者来到中国，都自称大夫。夏朝国君少康的儿子被封在会稽，也曾断发文身以躲避蛟龙的伤害。现在倭国渔民喜好潜水捕鱼拾蛤，他们文身也是为了吓退大鱼和水鸟，后来逐渐变为一种装饰。倭人各国文身各不相同，文身位置有左有右，图案有大有小，这些又因身份等级不同而有所差别。从航行里程计算，倭国所在应在会稽、东冶的东面。倭人风俗不淫乱,男子都露发髻,只以木棉布约束。他们穿的是横幅布裙,将布的两端扎缚在身上即可,基本上无需缝制。妇女们披着头发曲转发髻,制作衣服就如一张单被,在中间穿一个洞,将头往上一伸就穿好了。种植禾稻、纻麻,种桑养蚕、析麻搓线,出产细麻布、细绢布和丝绵。该国境内见不到牛马虎豹羊鹊一类动物。兵器有矛、盾、木弓。木弓下短上长,使用配以铁制箭头或骨制箭头的竹箭,所有这些没有一样与儋耳、朱崖相同的。倭国全年气候温暖,冬夏吃生菜,都光脚无需鞋袜。建造房屋居住,父母兄弟睡觉休息不在一处,用朱丹涂抹身体,就像中国用粉一样。饮食使用笾豆,用手抓食。倭人死亡,埋葬只用内棺而无外椁,堆土做成墓冢。死人需在家停尸十多天,这段时间不能吃肉,由丧事的主持人负责哭泣,其他人等尽管歌舞饮酒。死者安葬以后,全家要到水里洗澡沐浴,就像练沐一样。倭人派使者渡海来中国,会同时选定一个男人,途中不梳头、不清除身上的虮虱、保持衣服肮脏、不吃肉、不近妇人,就如守丧一样,称为持衰。假若使者路途吉祥安好,大家便会共同给予此人奴隶和财物以示慰劳;假如使者途中生病,或者遭凶暴祸害,人们就要杀了他,说他持衰不严谨。倭国出真珠、青玉。山中产丹砂,树木则有楠、杼、豫樟、楺枥、投橿、乌号、枫香等,竹子则有篠簳、桃支。物产还有姜、橘、椒、蘘荷,但倭人并不懂得这些东西可以食用。山林里可见猕猴、黑野鸡。当地风俗凡要办事出门行走,及有所决定,都要烧灼骨头进行占卜,以此占卜吉凶,占卜时先要祷告所占之事,告辞与中原用龟甲占卜的规则一样,然后观察骨头烧灼后呈现的裂纹以判定其吉凶征兆。倭人聚会时的举止行为,不论父子男女都没有什么分别,生性嗜好饮酒。觐见尊长或首领,只合掌行礼以当跪拜。倭人长寿,有的年满百岁,有的活到八九十岁。倭人风俗,国家级官员都有四五个妻子,普通百姓中也有娶两三个妻子的。妇人不淫乱,不妒忌。国民不盗窃,纠纷争讼之类的事很少发生。倭人犯法,轻罪者将其妻子儿女没入官家,罪行严重者则要满门抄斩。至于宗族地位上下尊卑,都各有等级差别,足以使人们服从统治。国家向百姓征收租税。建有储存粮食和其他物资的仓库，各国都有市场，进行交易互通有无，派大倭对市场加以监管。从女王国往北，特设一位大率，检举稽查各国，各国对大率都很畏惧。大率常把治所设在伊都国，其职权相当于中原的刺史。女王派使者前往京都、带方郡、韩国各地，以及带方郡使者出使倭国，大率都要亲临渡口搜检查验，负责传送文书以及中原朝廷颁赐和韩国赠送给女王的物品，不得有所差错。平民百姓路遇官员，就要迂回躲进路旁草丛。传达辞意讲述事情，人们或蹲或跪，两手抵地，表现出恭敬小心的样子。应答时说噫，跟中原说然和诺是一个意思。

倭国本来也是以男子为王的，经过七八十年，倭国发生内乱，互相攻打多年，后来才共立一女子为王，名叫卑弥呼，这女人经营鬼道邪说，善于迷惑众人，她年龄已大，没有丈夫，有弟弟帮助她治理国事。自从她当国王以来，很少有人见到她。以一千婢女侍奉自己，只有一个男子供给她的饮食，传递消息和下达命令。住在宫室楼观之中，周围有高墙栅栏严密设防，经常有人手持兵器守卫。

从女王国往东渡海一千多里，还有些国家，都是倭人种族。又有侏儒国在倭国南面，人高只三四尺，离女王国四千多里。又有裸国、黑齿国远在倭国东南方，乘船航行一年可到。考察探究倭国地方，孤处在海中洲岛之上，地形或隔断或相连，周回大约有五千多里。

明帝曹叡景初三年六月，倭国女王派遣大夫难升米等人来到带方郡，请求朝见天子贡献物品，太守刘夏派吏员把他们送到京都。这年十二月，诏书回复倭国女王说："朕今下诏给亲魏倭王卑弥呼：带方太守刘夏派使者送你国大夫难升米、次使都市牛利奉上你所进献的男奴四人，女奴六人，班布二匹二丈，都已收到。你所在地方遥远，还派遣使者向朝廷贡献，这是你忠孝的表现，我很怜爱你。现在以你为亲魏倭王，授予你金印紫绶，装封交付带方太守执行非正式的委任。希望你安定抚慰你的部族，勉力发扬爱敬天下之人、顺应天下人心的美好德行。你派来的使者难升米、牛利二人远涉重洋，一路辛勤劳苦，现在任命难升米为率善中郎将，牛利为率善校尉，授予他们银印青绶,接见慰劳赏赐之后让他们回国。现在以绛地交龙锦五匹、绛地绉粟罽十张、蒨绛五十匹、绀青五十匹,作为你所贡献物的回报。此外特地赐给你绀地句文锦三匹、细班华罽五张、白绢五十匹、黄金八两、五尺刀两口、铜镜一百枚、真珠与铅丹各五十斤,都装封交付难升米、牛利二人回去后呈交你收纳。你可把以上物品全都给你们国家的人见见,使他们知道我朝廷怜爱你,因此郑重地赐给你这些好东西。"

齐王曹芳正始元年,带方太守弓遵派建忠校尉梯俊等人带着诏书印绶前往倭国,拜授倭王,并奉诏赐给倭王金、帛、锦罽、刀、镜、采物,倭王借此上表托梯俊带交朝廷答谢皇帝降恩的诏书。正始四年,倭王又派大夫伊声耆、掖邪狗等八人,向朝廷进献奴隶、倭锦、绛青缣、绵衣、帛布、丹木、狖、短弓箭等。掖邪狗等人全被魏朝授予率善中郎将的印授。正始六年,朝廷下诏赐给倭人难升米黄幢,交付带方郡授予。正始八年,带方太守王颀到任。倭国女王卑弥呼与狗奴国男王卑弥弓呼素来不和,她派了倭人载斯、乌越等人到带方郡诉说她与狗奴国男王互相攻打的情况。王颀派遣塞曹掾史张政等人顺势带着诏书、黄幢,借着拜授难升米时发布檄文训示晓谕女王和男王。这时卑弥呼已死,倭人为她大建陵墓,直径达一百多步,殉葬的奴婢有一百多人。改立男王,但其国中有人不服,互相争斗杀伐,当时就杀了一千多人。倭国只得仍旧再立卑弥呼的宗女壹与,她年纪刚十三岁就当了王,国内这才恢复平静。张政等人发布檄文训示晓谕壹与,壹与派遣倭国大夫率善中郎将掖邪狗等二十人送张政等人回到带方郡,乘便又进京朝见,献上男女奴隶三十人,进献白珠五千颗,青大句珠二枚,花色各样的杂锦二十匹。

评:《史记》、《汉书》记载了朝鲜、两越,东汉史官撰写了西羌的情况。当魏朝之时匈奴已经衰弱,而有乌丸、鲜卑崛起,此外还有东夷诸国,这些地方与中原传译通使互有往来,记述史实当随事变化,怎可因循常例而一成不变啊!

白话三国志卷三十一　蜀书一

刘二牧传第一

刘焉,字君郎,江夏郡竟陵县人,是西汉鲁恭王的后代,东汉章帝元和年间改封到竟陵,其旁宗人员就在那里安家落户。刘焉年轻时曾在州郡做官,凭借宗室身份被授予中郎一职,后又因老师祝恬丧事辞去官职。然后住在阳城山,钻研学术收徒讲学,被举荐为贤良方正,应征在司徒府,后来历任洛阳县令、冀州刺史、南阳太守、宗正、太常等职。刘焉目睹汉灵帝国政衰败,王室变故频出,于是向朝廷建议说:"刺史、太守,凭借贿赂谋职为官,对下侵夺百姓利益,以致天下众叛亲离。应当选择声誉清美而可为国家倚重的大臣出京担任州牧郡守,以安抚天下。"刘焉本意是想谋求出任交阯牧,打算借此躲避当世的灾难。还没有议定成行,侍中广汉人董扶私下对刘焉说:"京城必将大乱,益州一带有天子之气。"刘焉听了董扶的话后,便打算改赴益州任职。恰逢益州刺史郤俭赋税纷扰,百姓的怨言远传京城,此时又发生了并州杀刺史张壹,凉州杀刺史耿鄙的事件,刘焉的愿望得以实现。朝廷让他出任监军使者,兼任益州牧,并封他为阳城侯,准备逮捕郤俭治罪;董扶也请求出任蜀郡西部属国都尉,而原任太仓令的巴西郡人赵韪这时恰好免官,二人便跟刘焉一道前往蜀中。

这时益州叛贼马相、赵祗等在绵竹县自称黄巾,招聚苦于繁重劳役的百姓,一两天中就得到数千人,他们先杀了绵竹县令李升,官吏百姓纷纷归服,一时间人马已达到万余,于是往前推进攻破雒县,接着进攻益州杀了郤俭,之后又转攻蜀郡、犍为,短时间内连破三郡。马相自称天子，部众数以万计。益州从事贾龙率家兵数百人来到犍为郡东界，聚集官吏百姓，得到千余人马，进攻马相等人，数日后马相兵败退走，益州界内得以安定。贾龙于是选派官员士卒迎接刘焉。刘焉将治所迁到绵竹，招降纳叛，力行宽仁惠政，暗里图谋不轨。张鲁的母亲最初凭借鬼道邪说，又有童颜，常往来于刘焉家中，因此刘焉便派张鲁为督义司马，驻守汉中，断绝山谷间的栈道，杀死汉朝使臣；刘焉上书说："五斗米贼众断绝栈道，无法重新开通入朝的道路。"又借故将益州豪强王咸、李权等十余人杀死，以树立严厉的刑罚。犍为郡太守任岐以及贾龙为此反攻刘焉，刘焉击杀了任岐和贾龙。

　　刘焉割据称雄的意愿日益炽烈，为此制造了上千辆天子车驾。荆州牧刘表上奏朝廷论及刘焉有似昔日子夏之在西河比拟圣人。这时刘焉的儿子刘范在朝任左中郎将，刘诞任治书御史，刘璋任奉车都尉，都随汉献帝在长安，只有第三个儿子别部司马刘瑁一向跟随刘焉。献帝派刘璋去晓谕刘焉，刘焉却将刘璋留下不放。这时征西将军马腾在郿地拥兵造反，刘焉、刘范与马腾串通策划领兵袭击长安。刘范因图谋败露，逃往槐里，马腾兵败，退回凉州，刘范即刻被杀，于是刘诞也被收押处死。议郎河南人庞羲因与刘焉是姻亲，因而募集人手带着刘焉的几个孙子入蜀。此时刘焉遭遇天火烧城的剧变，他所制造的天子车驾被天火烧得精光，火灾还殃及四周民居。刘焉将治所迁往成都，既痛心亲子被杀，又受天灾惊吓，在献帝兴平元年因背部毒疮发作而死。益州主要官员赵韪等人片面地认定刘璋温厚仁爱，一同上表推荐刘璋为益州刺史，于是朝廷下诏任命刘璋为监军使者，兼任益州牧，以赵韪为征东中郎将，让他率军攻打刘表。

　　刘璋，字季玉，他继承刘焉的职位后，张鲁逐渐变得骄横放纵，不肯遵奉顺从刘璋，刘璋杀死张鲁的母亲和弟弟，两人就此成为仇敌。刘璋多次派遣庞羲等人去攻打张鲁，结果每次都被张鲁击败。由于张鲁的武装力量大多集中在巴西郡，所以刘璋便任命庞羲为巴西太守，领兵抵御张鲁。后来庞羲与刘璋的交情恶化，赵韪率兵发动内乱，部众溃散而被杀，这种局面的出现，都是因为刘璋不能明辨是非而轻信外人之言的缘故。刘璋听说曹操征伐荆州，已经平定汉中，便派河内人阴溥向曹操表达敬意。曹操加封刘璋为振威将军，刘璋的哥哥刘瑁为平寇将军。刘瑁得癫狂病而死。刘璋又派别驾从事蜀郡人张肃向曹操送去了三百名以作战勇猛著称的叟兵，曹操任命张肃为广汉太守。刘璋再派别驾张松去见曹操，这时曹操已平定荆州，赶走了刘备，不再存恤录用张松，张松因此心怀怨愤。恰在此时赶上曹军在赤壁大败，又兼瘟疫流行而死亡众多。张松返回，大肆诋毁曹操，劝说刘璋自动与曹操断绝往来，他对刘璋说：“刘豫州是您的宗室近亲，值得与他密切交往。”刘璋等都深以为然，派法正去跟先主刘备结盟，不久又命法正和孟达送给刘备数千士兵，帮助刘备抵御曹军，法正于是返回。后来张松又劝刘璋说：“现在州中诸将庞羲、李异等人都仗着有功而骄傲自雄，心怀异志，如果不得刘豫州之助，一旦遭遇外敌进攻，百姓们又从内部进攻的局面，益州的失败就是必然之事了。”刘璋又听信张松之言，派法正前往荆州迎接刘备入蜀。主簿黄权向刘璋陈说迎请刘备的危害，州从事广汉人王累将自己倒挂在州门之上向刘璋进谏，但刘璋都一律不予理会，反而下令凡是刘备所经之处都由当地官府供给，要让刘备入蜀有种回家的感觉。刘备到了江州北岸，经由垫江北上到达涪县，距离成都仅三百六十里。这年是汉献帝建安十六年。刘璋率领步兵和骑兵三万余人，车驾帷幕，映日生辉，去与刘备相会，所率将士也相互往来，彼此欢宴达一百余日。刘璋又资助刘备，让他去讨伐张鲁，两人随后分别。

第二年，刘备到达葭萌，回兵向南进攻刘璋，所向披靡。建安十九年，刘备进军围困成都数十日，当时城内还有精兵三万，粮草财帛也足够支持坚守一年，官员百姓都想与刘备决一死战。刘璋说：“我们父子在益州二十多年，没有什么恩德给予百姓。百姓攻战三年，尸横荒野，都是因为我刘璋一人的缘故，我如何可以安心！”于是开城出降，部下没有不流泪的。刘备将刘璋迁往南郡公安县，并将刘

璋的财物和他从前佩戴的振威将军印绶尽数归还给他本人。后来孙权杀死关羽,夺回荆州,又任命刘璋为益州牧,让他驻守秭归。刘璋死后,益州南部地区豪强雍闿占据益郡反叛,归附东吴。孙权又命刘璋的儿子刘阐为益州刺史,驻守在交、益两州的交界处。蜀丞相诸葛亮平定南方,刘阐返回东吴,担任御史中丞。当初,刘璋长子刘循的妻子是庞羲的女儿。刘备平定蜀地后,庞羲任左将军司马,刘璋当时听从庞羲请求留下刘循,刘备以刘循为奉车中郎将。因此刘璋两个儿子的后人,分别居住在吴、蜀两国。

评:从前魏豹听了许负的话就把薄姬纳为妻室,刘歆看到帝王受命征验一类的预言就改了自己的名字,但终究没能逃脱祸难,而福泽却归于二位帝王。这说明神明不可凭空招致,天命不许非分之想,这真是断难质疑的效验了。而刘焉听了董扶的话就一心想着益州,听了相面人的话就主动与吴氏联姻,忙不迭地制造帝王车驾服饰,图谋窃取王位,这人也确实是糊涂到家了。刘璋才智丝毫不足以当豪杰二字,却割据一方扰乱国家,恰如炫耀满车财宝必将给自己招来强盗,这是很自然的道理,他被刘备夺去益州,并不是什么不幸的事。

白话三国志卷三十二　蜀书二

先主传第二

先主姓刘,名备,字玄德,涿郡涿县人,是汉景帝之子中山靖王刘胜的后代。刘胜的儿子刘贞,元狩六年被封为涿县陆城亭侯,后因献金助祭违规失礼而被削夺爵位,这样便在涿县定居。先主祖父刘雄,父亲刘弘,前后两代都在州郡做过官。刘雄被举荐为孝廉,官至东郡范县县令。

先主少年丧父,与母亲相依为命,靠卖草鞋及编织苇席维持生计。他家住房东南角篱笆墙边长有一棵五丈多高的桑树,远远望去树冠繁茂有如车盖,往来经过此处的人都对这棵不寻常的大树啧啧称奇,其间有人预言树边人家应当会出贵人。先主还很小的时候,与同宗小孩在树下玩耍嬉戏,说:"我必定要乘坐这种用鸟羽联缀为饰的华盖车。"叔父刘子敬告诫他说:"你可别胡说八道,弄不好会让整个宗族遭受灭顶之灾啊!"先主长到十五岁,母亲命他出门游学,先主与同宗刘德然、辽西人公孙瓒一同师事原九江太守、同郡人卢植。刘德然父亲刘元起常常资助先主,将他和刘德然一样看待。刘元起的妻子说:"各自一家,怎么能够常常这样呢!"刘元起说:"我们宗族中出的这个孩子,他将来可不是个普通人。"而公孙瓒也主动跟先主建立起深厚的交情。公孙瓒年纪稍大,先主把他当兄长一样对待。先主不太喜欢读书,却喜好狗马、音乐和华美衣饰。他身高七尺五寸,双手过膝,回头能看到自己的耳轮。生性少言寡语,善于谦让他人,喜怒不形于色。平时喜欢结交豪侠之士,许多少年争相归附他。中山国巨商张世平、苏双积累有千金家财,他们贩马行商往来于涿郡一带，见到先主便叹为奇人，为此资助了不少资金财物给后者。先主因此也才有整合发展人马的经济基础。

　　汉灵帝末年，黄巾军大举起事，州郡各自组织义兵，先主率领其部属追随校尉邹靖讨伐黄巾军立下军功，被任命为安喜县尉。督邮因公事到县里来，先主上门求见，遭到拒绝，先主径自闯入绑住督邮，痛打了二百杖，然后解下县尉印绶挂在督邮脖子上，再将督邮在拴马桩上捆牢之后，自己弃官逃亡。不久，大将军何进派都尉毌丘毅到丹杨招兵，先主与毌丘毅同行，到下邳后遇上贼军，先主奋力作战有功，被任命为下密县丞。又再次去职。后来又担任高唐县尉，升为县令。高唐被贼军攻破后，先主投奔中郎将公孙瓒，公孙瓒上表任命他为别部司马，让他替青州刺史田楷抗击冀州牧袁绍。先主多次立下战功，朝廷命他代理平原县令，后又兼任平原国相。本郡人刘平一向轻视先主，以受他管辖为耻，派刺客行刺他。刺客不忍下手，将事情本末告知先主后离去。先主得人心到这个程度。

　　袁绍进攻公孙瓒，先主与田楷往东屯兵齐地。曹操征讨徐州，徐州牧陶谦派人向田楷告急，田楷与先主一同领兵救援。当时先主自己有千余士兵以及部分幽州乌丸各部落的骑兵，又凑了数千饥民。到达徐州之后，陶谦又调拨了四千丹杨兵充实先主力量，先主于是离开田楷依附陶谦。陶谦上表举荐先主为豫州刺史，驻扎小沛。陶谦病重时，对州别驾麋竺说："要安定本州非刘备不可。"陶谦死后，麋竺率州人迎请先主，先主不敢担当。下邳人陈登对先主说："时下汉朝王室政治衰败，天下大乱，建功立业，就在今日。徐州殷实富饶，人口多达百万，想要委屈您主持州里大事。"先主说："袁公路近在寿春，他家四代出了五位公卿，天下人都归附他，您应该将徐州交托给他。"陈登说："袁公路骄矜作态，不是治理乱世的人才。现在我们想为您整合步、骑兵十万，使您上可匡扶朝廷济世安民，成就春秋五霸那样的功业，下可以割据称雄，功垂青史。如果您不肯应允，我陈登也就不敢再听从您的吩咐了。"北海国相孔融也劝说先主道："袁公路难道是一个忧国忘家的人吗？他不过是坟墓中的一堆枯骨，实在不值得在意。现在的形势是，百姓们拥戴贤能者做主，上天所赐却不接受,将来后悔可就来不及了。"先主于是接管了徐州。袁术前来攻打先主,先主部署人马在盱眙、淮阴一带迎击。曹操上表举荐先主为镇东将军,并封为宜城亭侯,这年是汉献帝建安元年。先主与袁术相持一个多月的时候,吕布乘虚袭击下邳。下邳守将曹豹窝里反,暗中迎接吕布。吕布抓获先主的妻子和儿子,先主移军驻扎海西。杨奉、韩暹在徐州、扬州之间侵扰百姓,先主实施截击,将他们全部击毙。先主向吕布请求和解,吕布放还先主的妻子和儿子。先主派关羽镇守下邳。

先主回到小沛,又整合起了万余人马。吕布憎恨先主的做法,亲自率兵马攻打先主,先主战败投奔曹操。曹操厚待先主,任命他为豫州牧。先主准备先到小沛招集失散士卒,曹操给他提供军粮,并增补兵员让他向东攻打吕布。吕布派部将高顺进攻先主,曹操派夏侯惇前去救援,却未能达到目的,先主被高顺击败,高顺又俘获了先主的妻子儿女献给吕布。曹操亲自率兵东征,帮助先主将吕布包围在下邳,活捉了吕布。先主重新迎回妻子儿女,随同曹操回到许都。曹操上表举荐先主为左将军,对他的礼遇更加有增无减,出则同乘一车,坐则同在一席。袁术打算经徐州北上去袁绍那里,曹操派先主督率朱灵、路招所部拦路截击袁术。先主所部尚未到达,袁术已病死在路上了。

先主出兵之前,汉献帝的舅舅、车骑将军董承自称"接受了献帝写在衣带上的密诏,应当诛杀曹操"。先主没有发难。在此紧要关头曹操却在饮宴时语调悠闲舒缓地对先主说:"当今天下英雄,只有您和我曹操两人了。袁本初这些人,根本不值一提。"先主正在吃饭,曹操一席话吓得先主手中的羹匙筷子都掉到了地上。于是先主便和董承以及长水校尉种辑、将军吴子兰、王子服等人共同谋划诛杀曹操的大计。刚好碰上使命到来,就未能实施预定计划。后来事情败露,董承等人都被处死。

先主占据下邳。等到朱灵等人返回许都,先主便杀死了徐州刺史车胄,留下关羽镇守下邳,他自己则返回小沛。东海人昌霸造反,各郡县纷纷背叛曹操而归附先主,算起来有好几万人马,先主派孙乾去与袁绍结盟,曹操派刘岱、王忠前去攻打先主,未能取得胜利。建安五年,曹操亲自东征攻打先主,先主战败。曹操将先主的部队尽行收编,并俘获了先主的妻子和儿子,然后带着也被活捉的关羽返回许都。

先主逃奔青州。青州刺史袁谭,是先主以前举荐的茂才,此时亲率步、骑兵前来迎接。先主随袁谭来到平原县,袁谭派信使快马飞报父亲袁绍。袁绍派部将沿途迎接,自己则出城二百里,与先主相会。先主在袁绍那里住了一个来月,他手下那些失散的士卒渐渐汇集到他身边。曹操与袁绍在官渡对垒相持,汝南郡黄巾首领刘辟等人背叛曹操响应袁绍。袁绍派先主率兵和刘辟所部去攻掠许都外围。关羽逃归先主。曹操派部将曹仁攻打先主,先主回到袁绍军营,暗中想脱离袁绍,于是游说袁绍向南与荆州牧刘表结盟。袁绍派先主率本部兵马再赴汝南,与敌军龚都等人会合,共有数千人。曹操派蔡阳前来攻打,被先主杀死。

曹操在官渡击败袁绍之后,亲自率兵南下进攻先主。先主派糜竺、孙乾去向刘表报信联络,刘表亲自到城郊迎接,以上宾礼节对待先主,充实先主兵员,让他驻扎在新野。荆州归附先主的豪杰之士日益增多,刘表怀疑先主的用心,暗中防备先主。刘表派先主前往博望县迎击夏侯惇、于禁等人。过了一段时间,先主预先设下伏兵,一天清晨自己纵火烧毁营寨假装逃跑,夏侯惇等人率兵追击,被先主伏兵打败。

建安十二年,曹操北征乌丸,先主劝刘表乘虚袭击许都,刘表不能采纳。后来曹操南征刘表,恰逢刘表死去,刘表的儿子刘琮继承荆州牧职位,刘琮派使者请求投降曹操。先主驻扎樊城,不知曹操突然到来,等曹军攻到宛城他才得到消息,于是慌忙率领兵马撤走。路过襄阳时,诸葛亮劝说先主进攻刘琮,如此荆州便是自己的了。先主说:"我不忍心这样。"于是停下马招呼刘琮,刘琮吓得站不起身来。刘琮的下属以及荆州百姓有很多归附了先主。到达当阳县时,追随先主的人已有十多万,粮草物资装了几千辆车,每日只能前行十多里,先主另派关羽率数百艘船走水路,让他在江陵与自己会合。有人对先主说："应当加速前进保住江陵,现在我们人数虽多,但能披甲作战的人却很少,如果曹操的大军追来,我们用什么去抵挡他呢?"先主说："大凡成就大业都必须以人为本,现在人们都归附我而来,我怎忍抛弃他们!"

曹操因江陵囤有大批军用物资,担心先主抢先占有,于是放弃粮草辎重,轻装急行赶到襄阳。听说先主已经过去了,曹操便亲率五千精锐骑兵急速追击,一日一夜行进三百余里,终于在当阳县的长坂追上了先主。先主丢下妻子和儿子,与诸葛亮、张飞、赵云等数十人骑马逃走,曹操俘获了先主的大批人马辎重。先主抄近路奔往汉津,恰好与关羽的船队相逢,得以渡过沔水,半道又与刘表长子江夏太守刘琦所率的万余人马相遇,与刘琦一同到了夏口。先主派诸葛亮主动和孙权联络结盟,孙权派周瑜、程普等将率水军数万,跟先主合力,与曹操在赤壁展开激战,大败曹军,烧毁了曹军的舰船。先主与吴军水陆并进,一直追击到南郡,当时正赶上瘟疫流行,曹军死伤惨重,曹操只好撤兵返回。

先主上表举荐刘琦为荆州刺史,又出兵征讨南方四郡。武陵太守金旋、长沙太守韩玄、桂阳太守赵范、零陵太守刘度先后投降。庐江郡雷绪率部属数万人归附先主。刘琦病死,属下共推先主为荆州牧,治所设在公安县。孙权渐渐畏惧先主,将妹妹嫁给先主以巩固双方的盟友关系。先主到京城拜见孙权,以加深感情。孙权派人约先主共同攻取蜀郡,有人认为应该答应孙权,因为东吴无法跨越荆州拥有蜀郡,这样一来蜀郡自然就是先主的了。荆州主簿殷观进言说："如果为东吴充当先锋,万一向前未能攻下蜀郡,后退又遭东吴人攻击,那大事就完了。眼下只能赞成他们攻蜀,并且强调我们因新近才攻取数郡,不能再兴师动众,这样东吴肯定不敢越过我们的领地单独去攻取蜀郡。按照这样的进退策略办理,我们就可以坐收吴、蜀双方的渔利了。"先主听从了殷观的建议,孙权果然打消了进攻蜀郡的计划。先主提升殷观为别驾从事。

建安十六年,益州牧刘璋听说曹操打算派钟繇等人向汉中讨伐张鲁,心中十分害怕。别驾从事蜀郡人张松劝刘璋说："曹操兵强马壮所向无敌,如果他在攻下汉中之后凭借张鲁囤积军资来攻取蜀地,有谁能够抵御他呢?"刘璋说:"我正为此事忧心,暂时没想到什么好的办法。"张松说:"刘豫州,他是您的同宗并且又跟曹操有深仇大恨,此人善于用兵,如果请他来攻打张鲁,张鲁必会大败。张鲁失败,益州的实力就会增强,这样就算曹操亲自前来,也无能为力了。"刘璋认为他说得对,便派法正率四千人去迎请先主,前后赠送的礼物数以亿计。法正乘机向先主陈述了夺取益州的策略。先主留下诸葛亮、关羽等人镇守荆州,自己率步兵数万人进入益州。到了涪县,刘璋亲自出城来迎,两人相见十分高兴。张松让法正禀告先主,等到谋士庞统进言游说,便可在相会处袭击刘璋。先主说:"这是大事,不能操之过急。"刘璋推举先主代理大司马,兼任司隶校尉;先主也推举刘璋代理镇西大将军,兼任益州牧。刘璋给先主增补兵员,让他去攻打张鲁,又令他统帅白水关一带的兵马。先主聚集各军共有三万多人,车甲兵械粮草也甚是丰足。这年,刘璋回到成都。先主北上到达葭萌之后,并没有立即进攻张鲁,而是停在当地广施恩德,收买人心。

第二年,曹操征伐孙权,孙权向先主求救。先主派使者告诉刘璋说:"曹操攻打东吴,东吴担心情况危急。孙氏与我本是唇齿相依的关系,而且眼下乐进所率曹军正在青泥与关羽对峙,现在如不前去救援关羽,乐进必会大获全胜,紧接着将侵犯益州,这种忧患可比张鲁大得多了。张鲁不过是个尽力自保的蟊贼,不足多虑。"于是请求刘璋拨给一万兵马以及粮草物资,想因此东进。刘璋只答应给他四千兵马,其他物资也只提供一半。张松给先主和法正写信说:"现在大事眼看着就要成功了,怎么能弃之而去呢!"张松的哥哥广汉太守张肃,害怕祸发连累到自己,便向刘璋告发了张松的阴谋。于是刘璋逮捕并处斩张松,与先主之间的仇恨由此滋生。刘璋下令守关诸将凡一应文书不得再传达给先主。先主大怒,召见刘璋白水军督杨怀,指责他无礼,将他处斩。又派黄忠、卓膺率兵向刘璋进攻。先主自己领兵直奔白水关内,将益州将领和士卒的妻儿老小扣押作为人质,然后率军与黄忠、卓膺等进入涪县,占据县城。刘璋派刘璝、冷苞、张任、邓贤等人到涪县迎击先主，都被击败，只好退守绵竹。刘璋又派李严督率绵竹诸军，李严却率军投降了先主。先主的兵力更加强大，分派诸将平定州属各县，而诸葛亮、张飞、赵云等人又领兵溯江而上，平定了白帝、江州、江阳，只留关羽镇守荆州。先主进军包围雒县；当时刘璋的儿子刘循守城，被围攻了将近一年。

建安十九年夏，雒城被攻克，先主进兵包围成都数十天，刘璋出城投降。蜀郡富足安乐，先主大摆筵席犒赏士卒，将蜀城中的金银分赐给将士，将粮食布帛等归还原主。先主再兼益州牧，诸葛亮为辅佐大臣，法正为谋士首领，关羽、张飞、马超为武将，许靖、糜竺、简雍为宾客朋友。至于董和、黄权、李严等人本来是刘璋任用的官员，吴壹、费观等人与刘璋更是姻亲关系，彭羕又曾被刘璋排斥摈弃，刘巴以前也曾是先主所忌恨的，凡此之类先主都让他们担任显要的官职，充分发挥他们的才能。因而有志之士，无不竞相自勉以尽心效力。

建安二十年，孙权因先主已取得益州，派使者告诉先主他想收回荆州。先主说："必须等我取得凉州，那时才会把荆州交还给你们。"孙权非常恼怒，便派吕蒙突袭夺取了长沙、零陵、桂阳三郡。先主率兵五万顺流而下到达公安，命令关羽进入益阳。这年，曹操平定汉中，张鲁逃往巴西。先主闻讯，与孙权和解结盟，将荆州的江夏、长沙、桂阳等三郡划归东吴，南郡、零陵、武陵归属西蜀，然后领兵返回江州。又派黄权率军迎接张鲁，但此时张鲁已投降了曹操。曹操派夏侯渊、张郃屯驻汉中，频频进犯骚扰巴西郡界。先主命张飞进兵宕渠，与张郃等人在瓦口一带交战，击败张郃等人，张郃收兵回到南郑。先主也返回成都。

建安二十三年，先主率众将进兵汉中，分派将军吴兰、雷铜等人进入武都郡，但都被曹军杀得全军覆没。先主驻兵在阳平关，与夏侯渊、张郃对峙。

建安二十四年春天，先主从阳平关向南渡过沔水，沿着山脚慢慢向前推进，在定军、兴势两山安营扎寨。夏侯渊率军前来争夺。先主命黄忠居高临下击鼓呐喊着向曹军发起攻击，大败夏侯渊所部，斩杀了夏侯渊和曹操任命的益州刺史赵颙等人。曹操从长安发大军南征。先主预料说:"曹操即使亲自前来,仍是无能为力,汉川必定是我们的了。"等到曹操到来,先主集结军队防守险要,始终不与曹操正面交战,曹军攻打了一月未能奏效,私自逃亡的士兵日渐增多。到了夏天,曹操果然撤兵返回中原,先主于是占有了汉中。之后先主派刘封、孟达、李平等人开赴上庸进攻申耽。

秋天,群臣拥立先主为汉中王,并上表汉献帝说:"平西将军都亭侯臣马超、左将军长史兼镇军将军臣许靖、营司马臣庞羲、议曹从事中郎军议中郎将臣射援、军师将军臣诸葛亮、荡寇将军汉寿亭侯臣关羽、征虏将军新亭侯臣张飞、征西将军臣黄忠、镇远将军臣赖恭、扬武将军臣法正、兴业将军臣李严等一百二十人上奏说:古代唐尧最为圣明而朝中仍有四凶,周成王既仁且贤可诸侯中还有四国作乱,高后吕雉临朝听政而有诸吕篡夺国柄,汉昭帝年幼继位而有上官桀谋反逆谋,他们都依靠世代所得恩宠,凭借手中掌握的国家大权,极端凶残暴乱,致使国家几乎到了危亡的边缘。假如没有虞舜、周公、朱虚侯刘章、博陆侯霍光,就不可能流放四凶、平定乱国、铲平诸吕及捉拿乱臣,而使动荡的国家再入正轨。仰承陛下天赋雄才而且道德至高无上,统辖治理天下万国,却遭遇了艰难困苦的不幸。董卓首开暴乱先河,使国都及其行政官署所辖地区面目全非,曹操接续祸乱,肆意窃取国家权柄;皇后、太子相继被鸩酒毒杀,天下备受离乱之苦,百姓命如草芥财物化为烟尘。他让陛下长久地蒙受劳碌风尘和忧愁困顿,幽禁于空城许都。宗庙与天地无人祭祀,君王的命令遭到阻绝,大中至正之道黯然无光,凡此种种无非想让他篡夺皇权的意图变为现实。左将军兼司隶校尉豫、荆、益三州州牧宜城亭侯刘备,身受朝廷爵位俸禄,一心想着汉室安危,不惜为国肝脑涂地。窥破曹操谋篡先兆,他便怒发冲冠拍案而起,与车骑将军董承密谋诛杀曹操,以使国家重获太平,让帝都洛阳再现安宁繁华的盛况。可惜董承行事不够机密,致使曹操苟延残喘作恶至今,继续摧残侵吞天下。臣等常常忧虑当今汉室局势,最严重的可能是面临阎乐杀害秦二世那样的祸患,退一步估计也仍有王莽废孺子为定安公那样的变故,臣为此忧惧戒慎不舍昼夜,胆战心惊得不敢自由呼吸。从前《虞书》中有载，应按亲疏顺序亲近九族，周朝基于夏、商二代的前车之鉴，分地裂土遍封同姓为拱卫王室的诸侯，又通过《诗经》阐明了其间的道理，所以周王朝的统治最是久远悠长。汉朝初创之时，割土分封，使王室子弟享受封王称孤的尊贵荣耀，因此最终挫败了诸吕的变乱，成就了太宗汉文帝的大业。臣等认为刘备本是汉室的近亲旁支，藩王嫡子及捍卫王室的重臣，他一心顾念国家，志在消除叛乱。自从汉中一役击败曹操，天下英雄望风而来纷纷归附，但他的爵位名号至今并不显赫，朝廷也还没有赐予他九锡殊荣，这不是让他得以捍卫国家社稷，功德光耀万世的道理。臣等奉君主之正辞而远离帝京，国家的礼籍和君王的策命一概断绝不通。从前河西太守梁统等人在汉室中兴之时，因山河阻隔而无法奏报朝廷并接受诏命，郡守们地位一样权力相等，彼此不能统率，于是众人一致推举窦融为元帅，最终大建功绩，挫败了隗嚣的叛乱。现在国家遭遇的灾难，比隗嚣割据陇西、公孙述割据巴蜀更为紧迫，曹操对外兼并天下，对内残害文武百官，朝廷面临君臣之礼悖乱的危险，而宗室藩王拱卫大宗的体系未能建立，实在令人寒心。臣等擅自依据旧典，册封刘备为汉中王，官拜大司马，督察统率六军，准备联络同盟，扫灭凶恶悖逆之徒。以汉中、巴、蜀、广汉、犍为等郡为封国辖境，按照汉初诸侯王的先例开府设官。大凡因事变通的办法，假如利于国家社稷，专断也是可以的。等将来大业有成社稷稳如泰山之时，臣等将退而承担假托诏命之罪，虽死无憾。"于是便在沔阳设立坛场，让士兵和民众排列整齐，群臣站立两旁，宣读奏章已毕，将王冠进献给先主。

先主向汉献帝陈情说："臣以备位充数之才，担负起上将的重任，督察统率三军，奉君主之正辞奔走于帝京之外，不能扫除内乱外患所造成的灾难，安定和扶持王室，致使尧舜以来诸圣的教化长期衰败，国境之内，未能出现否极泰来的局面，为臣因此忧虑得辗转反侧，烦热得如患头痛之疾。从前董卓首倡祸乱，从那以后，乱国奸贼肆意横行，天下备受离乱之苦。幸托陛下至高无上的道德和显赫的声威，人神一起同声相应，或者是忠臣义士奋起讨伐，或者有上天降

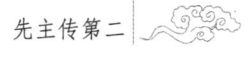

祸给予惩罚，凶暴忤逆者先后灭亡，如同冰消雪化。只有曹操一人，还一直未被剪除，他篡夺国家大权，肆意扰乱天下。臣过去曾与车骑将军董承谋划诛杀曹操，但因机密泄露，董承遭到杀害，臣流离失所，忠义之心没能实现。这样一来竟使得曹操得以极端地凶残悖逆，皇后被他杀害，皇子被他毒死。为臣尽管聚集同盟，一心想着奋发努力，但因臣秉性怯懦缺乏武威，多年来未能如愿以偿。臣常担心自己突然死去，从而辜负了国家的隆恩，睡里梦中都在长声叹息，至夜仍怀忧惧工作不懈。现在臣的属下认为从前《虞书》上有使九族亲厚而有序，群贤勉力辅佐的教诲，五帝的做法虽然有增有减，但这一主张没有废弃。周朝基于夏、商二代的教训，分封了众多同姓诸侯，平王中兴确实全赖晋、郑二国的全力辅佐。高祖刘邦创立汉朝基业，使同姓子弟得到裂土封侯的尊宠荣耀，设立了九大王国，最终得以诛灭诸吕的叛乱，安定了刘氏江山。现在曹操厌恶仇视忠直之士，罪证很多，他包藏祸心，篡权窃国的意图非常明显。如今宗室衰微，帝族无人有要职大权，臣的下属参照古时的典制仪范，姑且按照暂时适宜的措施，尊臣为大司马、汉中王。臣俯伏在地再三反省，觉得身受国家厚恩，肩负镇守一方的重任，施展才力却迄今未见成效，得到的回报已经超过了应得的尺度，不应该再忝居高位从而加重自己的罪责毁谤。然而百官不从，以大义逼臣称王。臣退而想到当前贼寇未灭，国难不止，宗庙倾侧危险，社稷摇摇欲坠，这一切都让我有种重任在肩就是碎裂头颅也不能退缩的感觉。如果随机应变采用暂时适宜的措施，确实能使吾皇安如泰山，即使让臣赴汤蹈火，也在所不辞，又怎敢拘泥于寻常规则，以至于将来后悔莫及呢。因而擅自顺从众人的建议，拜受印玺，以尊崇国家的威严。我抬头想着获得的封爵名号，可谓位高而宠厚，低头思考着怎样报效国家，察觉忧患和责任如此深重，不免惊恐的呼吸紧迫低微得像要停止，就如站在悬崖深谷面前那样。臣一定尽心竭力尽忠于朝廷，努力勉励六军将士，督率天下义勇之士，顺应天意把握时机，扫灭凶残暴虐的恶徒，安定国家社稷，以报答陛下万分之一的恩德。谨此拜上奏章并通过驿使交还陛下原来所授左将军、宜亭侯的印绶。"于是先主返回将治所设在成都。提拔魏延为都督，以镇守汉中。这时关羽率兵进攻曹操麾下大将曹仁，在樊城活捉了于禁。不久孙权派人突袭杀了关羽，夺取了荆州。

建安二十五年，魏文帝曹丕称帝，改年号为黄初。或者还有传闻说献帝被害，先主为此穿起丧服为献帝发哀，并为献帝追加谥号为孝愍皇帝。此后他所在之处都说有众多祥瑞出现，每天每月无不如此。原议郎阳泉侯刘豹，青衣侯向举，偏将军张裔、黄权，大司马属殷纯，益州别驾从事赵莋，治中从事杨洪，从事祭酒何宗，议曹从事杜琼，劝学从事张爽、尹默、谯周等都上奏说："臣听说《河图》、《洛书》，五经谶、纬，都是经孔子选定的，其灵验应证自然有着久远的依据。根据《洛书甄曜度》所说：'尚赤的第三个人主道德光明，九世之后会有一个其名为备的人出现，他理当登基称帝。'《洛书宝号命》说：'具有天子的度量和帝王德行的备将登上皇位，他凭借王室正宗后裔的身份执掌国家符节，只有成功而不会失败。'《洛书录运期》说：'九侯七杰争权夺利致使百姓用人骨烧火做饭，道路上人们踩着纵横散乱的人头，让谁来主宰天下啊，原来是名字中有玄字的人即将到来。'《孝经钩命决录》说：'天帝以斗建三旋之象显示出与名备的人已有过多次盟会。'臣的父亲去世之前，曾说西南方多次出现黄气，直立数丈，出现过多年，并时时有祥风瑞云从北斗星宿下来与黄气呼应，这是一种不寻常的吉祥征兆。建安二十二年，又多次有瑞气如旗帜，由西往东，行经天空中央，《河图》、《洛书》解释这类祥兆说'必定会有天子出现在那些地方'。再加上当年太白、荧惑、填星常常跟随岁星移动。汉朝初兴时，也曾见五星追随岁星；岁星管义，汉廷位于西方，属于义的上界，因此汉朝常以岁星的行踪作为占验皇帝的根据。现在将会有圣明的君主出现在本州，使汉室得以中兴。当时许都的献帝还活着，所以群臣不敢将此话说出。近来荧惑又与岁星相聚，出现在胃、昴、毕三星之间；昴、毕是天体的中枢，《星经》说：'帝星出现在这一位置，所有的邪恶都将被消灭。'您的名字已经在谶、纬中得到预见，推求应验的日期，像这样人事与天降符命相合的现象已不止一次。臣听说'圣明的君王兴起于天象出现之前而天命不致相违,起于天象显现之后则顺应天时',所以因缘际会顺势而动,就是与神灵意愿相符。希望大王能顺应天意民心,迅速登上皇位,以安定天下。"

太傅许靖、安汉将军麋竺、军师将军诸葛亮、太常赖恭、光禄勋黄柱、少府王谋等上书说:"曹丕篡夺帝位杀害君主,毁灭汉室,窃取国家政权,胁迫忠良之士,残暴无道。人鬼皆极度愤恨曹氏,天下百姓思念汉室。现在上无天子,四海之内人心惶惶,无所仰仗。群臣先后有八百人上书,都称出现吉祥的征兆,图、谶也并有明显的征验。近来武阳县赤水河有黄龙出现,过了九天才飞走不见。《孝经援神契》说'德泽直达深泉就会有黄龙出现',龙为神物,是君王的象征。《易·乾》九五爻有所谓'飞龙在天',大王当如龙腾九天,登上帝位。还有从前关羽包围樊城、襄阳,襄阳男子张嘉、王休献出玉玺,玉玺落入汉水,潜伏于深水之中,如日光闪耀,神异的光辉照彻云霄。汉,本来是高祖平定天下时所定的国号,大王继承先帝足迹,也是从汉中肇兴大业。如今天子玉玺的神光先行闪现,玉玺出自襄阳,地当汉水下游,表明大王承袭的正是高祖一脉,所以授予大王以天子之位,显示天命的瑞应以及与人事相应的征兆,不是人力所能做到的。昔日周朝建立前夕有赤乌白鱼的祥瑞,人们都称说美好。高祖、世祖二帝先后承受天命,《河图》、《洛书》都提前显示征兆,作为应验的明证。如今上天降下祥兆,儒士才俊竞相称述,并引《河图》、《洛书》所载祥瑞与人事的呼应关系及经孔子审定的图谶释义,所有应证实是无不清晰明辨的了。我们认为大王作为孝景皇帝之子中山靖王的后裔,嫡系庶出已传百代,天地神灵赐福,天子仪容伟岸高大,英明威武集于一身,仁义广施积德深厚,爱护百姓礼贤下士,因此得到四方民众的衷心拥护。考校查核《灵图》,阐明谶、纬,诸神用种种迹象给予指引,您的名字与之相合已是昭然若揭的了。应当登上帝位,继承二祖大业,接续刘氏宗庙祭典,那就是天下百姓的荣幸。臣等谨与博士许慈、议郎孟光,制定登基的礼节和仪式,选好吉日良辰,向您奉献帝号。"于是先主就在成都武担山南面即位登极。祭告天地说:"建安二十六年四月初六日,皇帝刘备冒昧地奉上黑色公牛作为祭品,明告皇天上帝,后土神灵:汉朝拥有天下,万代相传。从前王莽篡夺君位,光武皇帝怒发冲冠起兵将他诛灭,刘氏社稷重新得以保存。现在曹操依仗武力滥施残暴,谋害皇后太子,罪恶滔天泯灭人性,对上天的警告置若罔闻。曹操的儿子曹丕,继承他父亲的凶残悖逆,公然篡位窃取国家政权。群臣将士认为国家毁弃,刘备应当治理它,继承高祖、世祖的大业,虔诚地代行上天对悖逆者的惩罚。刘备德行肤浅,忧惧难以承担君临天下的重任。为此对内询问黎民百姓,对外兼顾蛮夷部落首领的意见,他们都说'上天的命令不能够不答复,祖宗的基业不可以长久废弃,天下不应该没有君主'。普天之下的殷殷期望,集中在我刘备一人身上。刘备敬畏上天圣明的命令,又害怕汉朝的福运从此泯灭于地下,于是谨慎地选择吉日,与百官登上祭坛,承受了皇帝的玺绶。举行燔柴瘗埋仪式,郑重祭告于尊神,诚愿天神欣然享用祭品,赐福于汉朝,使天下永得安宁!"

章武元年夏四月,大赦天下,更改年号。任命诸葛亮为丞相,许靖为司徒。设置百官,建立宗庙,合祭高皇帝刘邦以下列祖列宗。五月,册立吴氏为皇后,长子刘禅为皇太子。六月,封儿子刘永为鲁王,刘理为梁王。车骑将军张飞被他手下部将杀害。当初,先主因为孙权以突袭手段攻杀关羽一事怒火填膺,早就准备东征,这年的秋七月,他便亲率诸军讨伐吴国。孙权派使者送信请求和解,先主盛怒之下拒不应允。吴将陆议、李异、刘阿等人屯兵巫县、秭归,将军吴班、冯习从巫县发起攻击打败李异等人,大军进抵秭归,武陵五溪蛮各部落都派使者前来请求发兵。

章武二年春正月,先主率军返回秭归,将军吴班、陈式率水军驻守夷陵,在长江东西两岸扎营。二月,先主率领众将从秭归进军,翻山越岭,在夷道县的猇亭扎营,从佷山打通向武陵的道路,先主派侍中马良安抚五溪蛮蛮夷,各部纷纷响应。镇北将军黄权督率江北诸军,与吴军对峙于夷陵道。夏天六月,黄气在距秭归十余里之处出现,宽有几十丈。此后十几天,陆议在猇亭大败先主大军,将军冯习、张南等人阵亡。先主从猇亭退还秭归,收拢被打散的士卒,由此放弃舟船,从陆路返回到鱼复县,改鱼复县为永安县。吴国派将军李异、刘阿等人跟踪追击,兵屯南山。秋天八月,先主撤军回到巫县。司徒许靖去世。冬十月,诏令丞相诸葛亮在成都营修南、北郊祭坛。孙权听说先主驻屯在白帝城,十分害怕,派来使者求和。先主同意了,派太中大夫宗玮前往吴国谈判。冬十二月,汉嘉郡太守黄元听说先主患病在身,抗命据险坚守。

章武三年春二月,丞相诸葛亮从成都赶到永安。三月,黄元进兵攻打临邛县。先主派将军陈曶讨伐黄元,黄元兵败,顺长江下逃,被他的亲兵抓住绑得结结实实,活生生地押送到成都后斩首。先主病危,把辅佐太子的事托付给丞相诸葛亮,以尚书令李严为副手。夏四月二十四日,先主在永安宫去世,时年六十三岁。

诸葛亮上书给后主说:"我大行皇帝勉力实行仁政德治,泽被无边,但不为上天哀悯庇佑,以致身患重病长久不愈,于本月二十四日溘然长逝,群臣与嫔妃放声痛哭,如同父母去世。回首再看遗诏,国事交由太子执掌,服丧期间举止仪容应得体合度;百官哀悼,满三天后除去丧服,到葬时再以礼行事;各郡国太守、国相、都尉、县令县长,三日后便当脱去丧服。臣诸葛亮亲自接受先主告诫,敬畏神灵,不敢有违遗命。臣请求宣布遵照实行。"五月,先主灵柩从永安县运回成都,谥号称昭烈皇帝。秋八月,在惠陵入葬。

评:先主抱负远大,意志坚强,性情宽大厚道,善于鉴察他人的品行才能又很能礼贤下士,有汉高祖刘邦的风范,以及英雄豪杰的气度。当他将整个国家以遗孤相托的方式委托给诸葛亮时却毫无疑虑之心,这确实是君臣都正直无私到了极点,堪称古今美好的典范。他的机智权谋雄才伟略,赶不上魏武帝曹操,因此基业的规模也较小。然而他百折不挠,始终不甘屈居于曹操之下,原因想必是揣摸到曹操的器量一定不会相容,因此并非仅仅为了争名夺利,事实上也是使自己规避必然的灾祸。

白话三国志卷三十三　蜀书三

后主传第三

后主名禅,字公嗣,是先主刘备的儿子。汉献帝建安二十四年,刘备做汉中王时,册立他为王太子。到刘备登极称帝的时候,册封后主说:"章武元年五月十二日,皇帝如此说道:太子刘禅,我遭逢汉室国运艰危,贼臣窃国篡位,社稷没有主宰,体察有识之士与文武百官的良苦用心,尊重上天圣明的命令,我继承了汉朝的帝业。现在以刘禅为皇太子,以便将来敬奉宗庙,恭谨而严肃地安定国家社稷。特此委派使持节丞相诸葛亮授予印绶,望太子敬听师傅教导,做一件好事便可得到多种益处,不可不努力啊!"章武三年夏四月,刘备在永安宫逝世。五月,后主在成都继承皇位,这时他十七岁。尊奉吴皇后为皇太后。大赦天下,改换年号。这一年是魏文帝黄初四年。

后主建兴元年夏天,牂牁郡太守朱褒占据本郡造反。在此之前,益州郡发生了世家大族雍闿的反叛事件,他将太守张裔放逐到吴国,占据本郡不服管辖,越嶲夷王高定也在其时背叛。这年,后主册立张氏为皇后。派尚书郎邓芝为使节前往吴国巩固两国的友好关系,吴王孙权与蜀国友好亲善并遣使访问,这年两国友好往来。

二年春,致力于耕耘稼穑,闭塞关门使百姓能够休养生息。

三年春三月,丞相诸葛亮南征南方四郡,四郡都被平定。将益州郡改为建宁郡,将建宁、永昌二郡分割合并为云南郡,又将建宁、牂牁二郡分割合并为兴古郡。十二月,诸葛亮回到成都。

四年春,都护李严从永安县返回驻扎江州,在那里兴工修筑大城。

五年春，丞相诸葛亮出兵驻扎汉中，设营于沔水之北的阳平、石马一带。

六年春，诸葛亮出兵攻打祁山，未能取胜。当年冬天，再从散关出兵，围攻陈仓县，粮草用完后退兵。魏国将军王双率兵追击诸葛亮，诸葛亮回兵交战，大败魏军，击斩王双，随后率军回到汉中。

七年春，诸葛亮派陈式攻打武都、阴平，于是攻克平定两郡。冬天，诸葛亮将大本营迁到南山下的平原地带，修筑了汉、乐二城。这一年，孙权在东吴称帝，与蜀国订立盟约，共同平分天下。

八年秋，魏国派司马懿从西城，张郃从子午谷，曹真从斜谷，三路出兵准备攻打汉中。丞相诸葛亮在城固、赤坂一带严阵以待，因大雨断绝道路，曹真等人都被迫撤军。这一年，魏延在阳溪击败魏国的雍州刺史郭淮。迁封鲁王刘永为甘陵王，梁王刘理为安平王，因为鲁、梁两王封地都靠近吴国边境的缘故。

九年春二月，诸葛亮再次出兵围攻祁山，开始用木牛运送粮草。魏国司马懿、张郃救援祁山。夏六月，诸葛亮粮草用完后撤兵，张郃追击到青封，与诸葛亮交战，被箭射死。秋八月，都护李平被废黜并流放到梓潼郡。

十年，诸葛亮在黄沙休整军队奖励农桑，在成功制作流马木牛之后，开始训练士兵，讲习武事。

十一年冬，诸葛亮下令各军运送粮米，都集中到斜谷口，为此建造了斜谷仓库。这年，南方夷人刘胄反叛，将军马忠将其攻破平定。

十二年春二月，诸葛亮从斜谷出兵，开始用流马运粮。秋八月，诸葛亮在渭滨去世。征西大将军魏延与丞相长史杨仪因争夺权势发生矛盾，发兵相互攻打，魏延兵败逃走；杨仪斩杀魏延，率各路兵马返回成都。大赦天下。任命左将军吴壹为车骑将军，假以符节都督汉中。以丞相留府长史蒋琬为尚书令，总领国家政事。

十三年春正月，中军师杨仪被废黜并流放到汉嘉郡。夏四月，提升蒋琬为大将军。

十四年夏四月，后主到湔县，登上观坂，观看汶水水流，十天后返回成都。将武都氐王苻健和氐族百姓四百多户迁到广都。

十五年夏四月,皇后张氏去世。

后主延熙元年春正月,立前皇后之妹为皇后。大赦天下,更改年号。册立儿子刘璿为太子,儿子刘瑶为安定王。冬十一月,大将军蒋琬出兵驻屯汉中。

二年春三月,提升蒋琬为大司马。

三年春,命越嶲太守张嶷平定越嶲郡。

四年冬十月,尚书令费祎来到汉中,和蒋琬商议军政事宜,年底返回成都。

五年春正月,监军姜维督率一部兵马,从汉中回到涪县驻扎。

六年冬十月,大司马蒋琬从汉中返回,住在涪县。十一月,大赦天下。任命尚书令费祎为大将军。

七年闰月,魏国大将军曹爽、夏侯玄等率军挺进汉中,蜀镇北大将军王平在兴势迎击时被围,大将军费祎督率诸军前去救援,魏军撤退。夏四月,安平王刘理去世。秋九月,费祎返回成都。

八年秋八月,皇太后去世。十二月,大将军费祎来到汉中,巡视各营垒守备。

九年夏六月,费祎返回成都。秋天,大赦天下。冬十一月,大司马蒋琬去世。

十年,凉州胡王白虎文、治无戴等人率众投降,卫将军姜维前去迎接安抚,将他们安置在繁县。同年,汶山平康一带夷人反叛,姜维前去讨伐,平定了这次叛乱。

十一年夏五月,大将军费祎出兵驻扎汉中。秋天,涪陵属国的汉民夷人反叛,车骑将军邓芝前去讨伐,将他们一一击败。

十二年春正月,魏国诛杀大将军曹爽等人,右将军夏侯霸前来投降。夏四月,大赦天下。秋天,卫将军姜维出兵攻打雍州,不胜而归。蜀将句安、李韶投降魏国。

十三年,姜维再次出兵西平郡,不胜而归。

十四年夏,大将军费祎回到成都。冬天,又北上驻扎汉寿县。大赦天下。

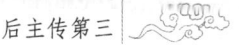

十五年,吴王孙权去世。后主立儿子刘琮为西河王。

十六年春正月,大将军费祎在汉寿县被魏国降将郭修杀害。夏四月,卫将军姜维再次率军围攻南安郡,不胜而归。

十七年春正月,姜维返回成都。大赦天下。夏六月,姜维再次率军出击陇西郡。冬天,撤出狄道、河关、临洮三县百姓,全部迁往绵竹、繁县一带居住。

十八年春,姜维回到成都。夏天,再次率领诸军出狄道,与魏国雍州刺史王经在洮西交战,将王经杀得一败涂地。王经退守狄道城,姜维后撤驻扎钟题。

十九年春,提升姜维为大将军,执掌全国军队,姜维与镇西将军胡济约定在上邽县相会,胡济失约不到。秋八月,姜维在上邽被魏国大将军邓艾击败。姜维撤军回到成都。这年,后主立儿子刘瓒为新平王。大赦天下。

二十年,姜维听说魏国大将军诸葛诞占据寿春反叛魏国,于是再次率军出兵骆谷,到达芒水。这年蜀国大赦。

后主景耀元年,姜维回到成都。史官说天上有景星出现,于是大赦天下,更改年号。宦官黄皓开始把持朝政。吴国大将军孙綝废掉吴主孙亮,改立琅邪王孙休为国君。

二年夏六月,后主立儿子刘谌为北地王,刘恂为新兴王,刘虔为上党王。

三年秋九月,为已故将军关羽、张飞、马超、庞统、黄忠追加谥号。

四年春三月,为已故将军赵云追加谥号。冬十月,大赦天下。

五年春正月,西河王刘琮去世。这年,姜维再次率军出兵侯和,结果被邓艾击败,姜维后撤驻扎沓中。

八年夏天,魏国调集大军,命令征西将军邓艾、镇西将军钟会、雍州刺史诸葛绪等兵分几路进攻蜀国。于是后主派左右车骑将军张翼、廖化,辅国大将军董厥等人迎击。大赦天下,更改年号为炎兴。冬天,邓艾在绵竹击败蜀卫将军诸葛瞻。后主接受光禄大夫谯周的建议,投降了邓艾,上书说:"因为有长江、汉水阻隔,适逢山高水远，依凭蜀中这一狭小的角落，负隅顽抗，抵触国命而冒犯天威，光阴流逝多年，终于与京师远隔万里。每每回想起黄初年间，魏文皇帝派虎牙将军鲜于辅前来，宣读温和亲切的诏命，申明三好的恩意，广开归顺之门，要旨明确，而我德行肤浅又愚昧软弱，私底下贪图上辈所留下的功业，勉强维持多年，不服国家教化。天威震怒，人鬼归向亲善之道，天朝大军令人惊恐，神威所到之处，怎敢不洗心革面顺从听命！我当即下令众将放下武器解除盔甲，而官府国库毫发无损。百姓排列郊野，丰饶的粮食留在田亩之中，以等待圣明君主赐予恩惠，保全黎民百姓的性命。俯伏想到大魏广布恩德推行教化，又有伊尹、周公那样的贤相良臣，定会覆载灭亡之国，包容伤残黎民。谨派私自署置的侍中张绍、光禄大夫谯周、驸马都尉邓良奉交印绶，表明降服诚意，恭敬地献上一片忠心，存亡生死，全凭将军裁决。棺材就放在身边，因而这里就不再一一细说了。"这一天，北地王刘谌因哀伤国家灭亡，先杀了妻子儿女，随后自尽。张绍、邓良在雒县与邓艾相逢，邓艾见到后主的投降书，十分高兴，当即回信答复，派张绍、马良先回成都。邓艾来到成都城北，后主自行捆绑，用车载着棺材来到魏军大营门前。邓艾替他解下绑绳并烧毁棺材，请他入营相见。邓艾秉承魏国皇帝旨意拜授后主为骠骑将军。守城众将全都在接到后主敕命后，才向邓艾投降。邓艾让后主仍居住在原来的宫中，自己亲自前去拜访。财货物资均未启运，第二年春正月，邓艾被逮捕。钟会从涪城来到成都谋反作乱。钟会死后，驻扎蜀地的军士四处抢劫掠夺，人员死伤众多，几天后才恢复安定。

后主全家向东迁移，到了洛阳，魏国皇帝曹奂册封他说："景元五年三月丁亥，皇帝临朝，派太常嘉赐封刘禅为安乐县公。於戏，刘禅进前听我的命令！所谓统领天下调协万物，至大莫过于使一切安定纯和，广有四海，最美莫过于让时世太平。因此养育万民，是为人君主应遵行的法则，而顺从承受天命，是大地资生万物的道德规范。上下交互畅达，然后万物协调融洽，各安其所易于治理。从前汉朝丧失治理纲纪，天下陷入震荡混乱。我太祖皇帝承受天命开创大业，广为救助天下苍生，这是因为顺应天意民心，所以最终得以平定

中原。当时你的先父刘备眼见得中原群雄龙争虎斗,全国各地动乱不宁,抓住机会凭借险阻遥远,占据蜀中,顿时造成国家西部脱离朝廷,隔绝中原。从那以后,战争不断,黎民百姓,性命难保,就这样耗了将近六十年。我常念祖先遗志,一心想着安抚平定四方疆土,让国家归于一统,所以整治六军,显示威武于梁、益二州。你品德高尚气度宽广,深明大义,不惜屈身归降,贵在爱护百姓保全国家的善意,平抑心气不固执己见,顺应时机能脱胎换骨,履行诚信而欣然归顺,使自己得享千秋万世的美名,这难道不是目光远大的明智之举么!我十分赞赏并愿意使你永享贵显的爵禄,因此考察先君的教诲,裂土赐爵让你建立藩国,遵奉先代的典章制度,赏赐给你祭祀用的黑色公畜,以白茅包土,你当永为我大魏的藩屏辅臣,去努力吧!你要恭敬地听从我的命令,尽其所能地广开仁善之心,以完成你显著的功业。"让后主获得万户封邑,又赐给他绢帛万匹,奴婢一百多人,其他物品与此相当。后主的子孙担任三都尉和被封侯的有五十多人。原蜀国尚书令樊建、侍中张绍、光禄大夫谯周、秘书令郤正、殿中督张通都被封为列侯。安乐县公刘禅于晋武帝泰始七年在洛阳去世。

评:后主刘禅任用贤明的丞相就还是一个讲理的君王,受到宦官蛊惑就变成了一个昏庸的皇帝,《尚书大传》说:"白色的生丝没有固定不变的颜色,就看人们去怎样染它。"事理确实如此啊!按照礼制,国君继位,隔年才改换年号,而后主在先主刘备去世的章武三年,就将年号改为建兴,考察古人立身行事的道理,这很显然地违背了礼制的规定。此外国家不设史官,没有专掌记载的官员,因而君臣大事多有遗漏,自然灾害和某些异常现象也都没被记录在案。诸葛亮尽管在治国行政方面具有通达明辨的能力,但像前面所说的这些事情,他仍有思虑不够周详的地方。然而在他接受托孤直至自己去世的十二年间未曾更改年号,屡屡兴兵征伐却从不随意发布大赦天下的命令,不也是足够卓尔不凡了么!自诸葛亮去世之后,这一制度渐渐受到损坏,成败优劣就日益明显了。

白话三国志卷三十四　蜀书四

二主妃子传第四

刘备甘皇后，沛县人。刘备任豫州刺史，住在小沛，娶了甘氏为妾。刘备多次死去正妻，甘皇后常常主持家事。后跟随先主到荆州，生下刘禅。遭遇曹军尾追，到当阳县长坂追上刘备，当时情势困顿急迫，刘备抛下甘皇后与刘禅逃走，全靠赵云保护，才幸免于难。后来甘皇后去世，安葬在南郡。章武二年，追谥她为皇思夫人，迁往蜀国内地安葬，但她的灵柩还没运到刘备就去世了。丞相诸葛亮上奏刘禅说："皇思夫人德行和平，立身贤淑谨慎。去世的先帝从前位为上将之时，与她婚配，诞生陛下，可惜她天年不够长久。先皇帝在世的时候，对她恩义深厚，想到皇思夫人灵柩远在异地动荡不安，特别委派使者前去迎取改葬。恰在其时先皇帝驾崩，如今皇思夫人灵柩已经运到，大行皇帝的棺材正在运回的途中，先帝墓地即将建成，安葬之日已经不远了。臣下和太常赖恭等人商议：《礼记》说：'实行仁爱要从父母双亲开始，这是教百姓孝敬；崇尚恭敬要从长子做起，这是教百姓恭顺。'不忘双亲，是因为自己由父母生育的缘故。《春秋》大义，母亲凭借子女而显贵。过去高祖皇帝给其母亲皇昭灵夫人追加尊号为昭灵皇后，孝和皇帝改葬他的母亲梁贵人，上尊号为恭怀皇后，孝愍皇帝也改葬了他的母亲王夫人，加尊号为灵怀皇后。现在皇思夫人也应有尊号，以表示对九泉之下亡灵的思念，臣与赖恭等人查考谥法，皇思夫人的谥号宜为昭烈皇后。《诗经》说：'生不能同室而居，死也得同穴而葬。'因此昭烈皇后应与去世的先皇帝合葬，臣请太尉到宗庙将此事告知祖先，颁布天下，葬礼仪

二主妃子传第四

式待准备完毕后另行奏明。"刘禅下诏说可以。

刘备穆皇后，陈留县人。兄长吴壹，少年丧父，吴壹的父亲从前与刘焉素有交情，因此吴壹便全家随刘焉入蜀。刘焉心怀异志，他听相面的人指称穆皇后日后将大富大贵。当时刘焉带着儿子刘瑁跟随自己，于是刘焉便替儿子迎娶了穆皇后。刘瑁死后，穆皇后守寡在家。刘备平定益州后，孙夫人返回东吴，群臣劝刘备聘娶穆皇后。刘备因自己与刘瑁是同族而犹豫不决，法正劝说道："说到亲疏，哪里还有比晋文公与子圉的关系更近的呢？"于是刘备聘娶穆皇后为夫人。建安二十四年，立为汉中王王后。刘备章武元年夏五月，册封穆皇后说："我承受上天之命，登上至高无上的帝位，君临万国。现在以汉中王王后为皇后，特派使持节丞相诸葛亮授予皇后玉玺绶带，奉祀宗庙，母仪天下，皇后请谨慎啊！"建兴元年五月，后主刘禅即位，尊奉穆皇后为皇太后，太后所居宫室为长乐宫。吴壹官至车骑将军，爵封县侯。延熙八年，穆皇后去世，与刘备合葬在惠陵。

刘禅敬哀皇后，是车骑将军张飞的长女。章武元年，立为太子妃。建兴元年，立为皇后。建兴十五年去世，葬在南陵。

刘禅张皇后，是前任敬哀皇后的妹妹。建兴十五年，入宫为贵人。延熙元年春正月，册封她说："我继承皇位，君临天下，执掌国家社稷。现以贵人为皇后，特派行丞相事左将军向朗持符节授予玉玺绶带。努力整治后宫事务，恭敬严肃地履行祭祀职责，皇后请谨慎啊！"咸熙元年，张皇后随刘禅迁往洛阳。

刘永字公寿，是刘备的儿子，刘禅的异母弟弟。刘备章武元年六月，派司徒许靖立刘永为鲁王，玉册说："皇子刘永，接受这白茅包裹的青土。我承袭帝王世系，延续帝王基业，遵循古训，为你开建藩国，封你于东方疆土，全部占有龟山和蒙山一带，世世代代为国家藩屏辅翼。呜呼,恭敬地听从我的诏命!想想从前的鲁国,一次变革就归从道统,风俗教化至今犹存。人们注意道德修养,美好的品德世代相传。鲁王你要持心遵循礼法,安抚你的臣民,虔诚地履行祭祀职责,千万要谨慎啊!"建兴八年,改封为甘陵王。最初,刘永憎恶宦官黄皓,黄皓得到刘禅信任把持朝政后,向刘禅进谗言陷害刘永,刘禅为此日渐与刘永疏远,以至于刘永竟有十几年没能朝见刘禅。魏元帝曹奂咸熙元年,刘永东迁到洛阳,被任命为奉车都尉,爵封乡侯。

刘理,字奉孝,也是后主刘禅的异母兄弟,与刘永也不同母。章武元年六月,派司徒许靖立刘理为梁王,玉册说:"皇子刘理,我继承汉朝帝系,恭敬地顺应天命,遵循典常,为你在东方建立王国,作为我蜀汉的藩屏辅翼。想想从前的梁国,是邻近京都的地方,百姓亲近教化,容易为礼法引导。此去你要尽心竭力,安抚保护黎民百姓,以使你的国家福运长久,梁王你可要谨慎啊!"刘禅建兴八年,改封刘理为安平王。延熙七年,刘理去世,谥号为悼王。刘理的儿子哀王刘胤继承王位,延熙十九年去世。刘胤的儿子殇王刘承继承王位,延熙二十年去世。景耀四年刘禅下诏说:"安平王,出于先帝册立。三代国王都不幸早逝,王位后继无人,我为此十分悲伤哀痛。现在特命武邑侯刘辑承袭王位。"刘辑是刘理的儿子,魏元帝曹奂咸熙元年,东迁到洛阳,授官奉车都尉,爵封乡侯。

刘禅太子刘璿,字文衡。刘璿的母亲王贵人,本来是敬哀张皇后的侍女。延熙元年正月被册封说:"从前的帝王,继位后就确定继承人,作为国家的储君,这是古今一定的法则。现在册立刘璿为太子,以发扬光大祖宗的政令,特此委派行丞相事左将军向朗持节授予玺印绶带。希望你努力完善自己美好的品性,严守道德义理,研习制度礼仪,孝敬友爱师长,吸取众人的善言善行,以养成你的美德,怎可不努力修身自勉啊!"刘璿当时十五岁。景耀六年冬天,蜀汉灭亡。魏元帝曹奂咸熙元年正月,钟会在成都反叛作乱,刘璿被乱兵杀害。

评:《周易》说"有了夫妇然后才有父子",大凡尊卑长幼之间的等级关系的发端,人间恩情的兴盛,没有能超越这些的了。因此纳入记叙,以探求完备一国的体制。

白话三国志卷三十五　蜀书五

诸葛亮传第五

诸葛亮,字孔明,琅邪郡阳都县人,是汉朝司隶校尉诸葛丰的后裔。父亲诸葛珪,字君贡,东汉末年曾任太山郡郡丞。诸葛亮少年丧父,叔父诸葛玄被袁术委任为豫章郡太守,诸葛玄带着诸葛亮和诸葛亮的弟弟诸葛均前去上任。恰逢东汉朝廷改派朱皓代替诸葛玄。诸葛玄一向与荆州牧刘表有些老交情,于是就去投奔刘表。诸葛玄去世后,诸葛亮亲自耕种田园,好为《梁父吟》。诸葛亮身高八尺,自己常跟古代贤相管仲、名将乐毅相比,当时他周围的人都不以为然。只有博陵郡的崔州平、颍川郡的徐庶与诸葛亮关系亲善,认为他确实具有那样的才能。

当时刘备正屯兵新野。徐庶去见刘备,刘备对他十分器重,徐庶对刘备说:"诸葛孔明这个人,是条卧龙呀,将军难道不想见见他吗?"刘备说:"你和他一起来吧。"徐庶说:"此人只能俯就求见,不能随便将他召来。将军应该屈尊亲自去拜访他。"为此刘备亲自去见诸葛亮,前后去了三次,才得以见面。刘备屏退身边的人对诸葛亮说:"汉朝政权日益衰败,奸臣窃取国家大权,皇上逃亡在外而蒙受风尘。我不思量自己德行的厚薄和能力的高低,打算替天下伸张正义,而我因为智谋权术狭隘肤浅,因而使得奸人任意横行,一直到今日这种局面。但我原来的志向仍未泯灭,您认为我该怎么办才好呢?"诸葛亮答道:"从董卓悖逆作乱以来,天下豪杰纷纷起兵,割据州郡的人不胜枚举。曹操与袁绍相比,本来名望低微而实力弱小,然而曹操最终战胜袁绍,由弱而变强的原因,并非仅限于天意,或许

还在于人为的努力。现在曹操已拥有上百万人的大军,挟持天子从而号令四方诸侯,这人确实无法与他一较雌雄。孙权占据江东,已经历了三代,国土有险可守并且百姓归附,贤士能人都乐意为他效力,这人可以结盟作为外援而不能谋取其地盘。荆州北有汉、沔二水作为屏障,南有南海的丰富资源可以利用,向东与吴郡、会稽郡相连,西与巴、蜀相通,这是便于使用武力的好地方,但它的主人却不懂得如何守住它,这大概是上天特地用来资助将军的,将军是否有夺取荆州的打算呢?益州地理崎岖阻塞,有千里沃野,世称天府之国,从前汉高祖就是凭借它成就帝业的。刘璋昏庸懦弱,张鲁则占据北边一角,百姓殷实国家富足但他却不懂得慰抚,那些有智谋与才能的人都希望找到一个贤明的主子。将军既是汉朝皇室的后裔,信用和道义流布四海,又广为延揽天下英雄,求贤若渴,如能占据荆、益二州,扼守险阻,向西连和戎族各部,南面安抚夷越各族,对外与孙权结盟通好,对内修明为政之道;一旦天下形势发生变化,就派一员上将率荆州军队挺进宛县、洛阳,将军则亲率益州大军出师秦川,百姓谁敢不箪食壶浆来迎接将军呢?倘若确能如此,那么称霸诸侯的大业就可以成功,汉朝也就可以复兴了。"刘备说:"好!"从此与诸葛亮的情谊越来越深厚。关羽、张飞等人很不高兴,刘备向他们解释说:"我有了孔明,就像鱼儿有了水一样。希望你们不要再多说了。"关羽、张飞这才停止不喜欢诸葛亮的言行。

　　刘表的长子刘琦,也十分器重诸葛亮。刘表听信后妻的话,偏爱小儿子刘琮,不喜欢刘琦。刘琦每每想请诸葛亮赐教保全自己的办法,诸葛亮总是加以拒绝,不替他出谋划策。刘琦便在精心策划后引领诸葛亮游览后园,一同登上高楼,饮酒中间,刘琦让人撤走楼梯,然后对诸葛亮说:"如今上不着天,下不着地,话从您口中说出,只进入我的耳里,可以说了吧?"诸葛亮说:"您没看到晋公子申生留在国都而身陷危险,重耳逃亡在外却反而安然无恙么?"刘琦受到启发,开始暗中策划离开襄阳。正好江夏太守黄祖死去,刘琦得以脱身,出任江夏太守。不久刘表去世,刘琮听说曹操前来征讨,就派使者向曹操请求降服。刘备在樊城听到这个消息,连忙率领将士和百姓向南开拔,诸葛亮与徐庶也一道跟随,刘备被曹操追上击败,曹军抓获了徐庶的母亲。徐庶向刘备告辞却指着自己的心口说:"我本来想和将军一起谋求霸王大业,靠着内心这块方寸大地方。现在我失去了年迈的母亲,方寸乱了,留下来对您的事业也不会有什么帮助,请允许我自此跟您分别吧。"于是就到曹操那里去了。

　　刘备到达夏口,诸葛亮说道:"大事十分危急了,请您下令让我去向孙将军求救。"这时孙权正率军驻扎柴桑,从旁观望曹、刘战局的胜负。诸葛亮游说孙权道:"天下大乱,将军起兵占据江东,刘豫州也在汉水以南招集人马,与曹操一同争夺天下。如今曹操铲除祸变,中原各路英雄已被他基本平定,又顺势南下攻破了荆州,声威震动天下。英雄已无用武之地,所以刘豫州才逃到这个地方。请将军权衡自己的实力以应对当前局势:如能凭借吴越的军队与中原的曹军对抗,不如早点与曹操断绝关系;假如无力抗衡,为什么不放下兵器捆束铠甲,干脆向曹操投降称臣!如今将军表面上说是顺服并遵从曹操,内心深处却迟疑不决,情势危急却不能当机立断,大祸没几天就要临头了啊!"孙权说:"假如真像你所说的那样,刘豫州为什么不降服于曹操呢?"诸葛亮说:"田横只不过是齐国的一个壮士,尚且能够坚守道义不肯辱没自己,何况刘豫州身为汉朝王室后裔,英才盖世,众人都佩服尊敬他,如同江河流归大海那样,如果功业不能成就,这就只能说是天意了,又怎能再做他曹操的臣下!"孙权愤怒得脸上变色说:"我不能拿整个东吴疆土,以总数超过十万的大军,而接受他人的控制。我的决心已经下定了!似乎除了刘豫州就没人能与曹操分庭抗礼的了,可是刘豫州新近才吃了大败仗,他又怎能抗击如此强大的对手呢?"诸葛亮说:"刘豫州的兵马虽在长阪战败,但现在失散归来的士卒加上关羽的水军,也还有上万精兵,刘琦整合的江夏士兵也不下一万人。曹操的军队,远道而来本就疲惫困顿,听说他们追赶刘豫州的时候,使用轻骑兵一日一夜追赶了三百多里,这就是所谓'强弩之末,势不能穿鲁缟'的道理。因此兵法十分忌讳这种做法,强调说'必定会损失上将'。并且曹操的士兵多为北方人,不习惯水战;荆州百姓之所以归附曹操,受到兵威的逼迫罢了,并不是心悦诚服。现在将军确实能命猛将统率几万兵马,和刘豫州同心协力,就必然能够击败曹操。曹操大军战败,他必然要撤回北方,这样一来荆州、东吴的势力就会大大增强,三足鼎立的局面也就形成了。成功与失败的关键,就在今日此时。"孙权大喜,当即派周瑜、程普、鲁肃等人率水军三万人,随诸葛亮去见刘备,合力抗击曹操。曹操在赤壁遭到惨败,领兵撤回邺城。刘备于是乘机收复了江南各郡,任命诸葛亮为军师中郎将,让他都督零陵、桂阳、长沙三郡,征调三郡赋税,以便充实军用器械和粮饷。

汉献帝建安十六年,益州牧刘璋派法正来迎接刘备,让他去攻打张鲁。诸葛亮与关羽镇守荆州。后来刘备从葭萌回击刘璋,诸葛亮与张飞、赵云等人率军沿长江逆流而上,分别平定了沿江各郡县,然后与刘备一同围困成都。成都平定后,刘备任命诸葛亮为军师将军,并兼管左将军府事务。刘备外出时,诸葛亮常任留后镇守成都,备足粮草兵员。建安二十六年,众部下敦促刘备称帝,刘备不肯听从,诸葛亮劝刘备说:"从前吴汉、耿弇等人最初劝世祖光武皇帝称帝,世祖也推辞不肯,先后推让了四次,耿纯为此进言说:'天下的英雄们对您仰望期待,是想得到想望的东西。您不依从众人的建议,士大夫们就将各自离去另投新主,没有办法使大家继续追随您了。'世祖觉得耿纯的话恳切深刻,于是应允了众人所请。现在曹丕篡夺了汉朝政权,天下没有君主,大王您是刘氏王朝的嫡系宗裔,承续汉朝世系兴起,现在登上帝位,完全是合宜的事。士大夫们长期追随您不辞艰辛劳苦,正如耿纯所说的那样也是希望建立一些微小的功勋罢了。"刘备于是即位称帝,册命诸葛亮为丞相说:"我遭遇家室不幸,继承帝业,兢兢业业,不敢奢望安宁,只想安定黎民百姓,但又忧虑达不到使天下和乐的目标。於戏!丞相诸葛亮请您体察我的心愿而无所倦怠,辅佐我克服缺点,协助我布施天子的恩德福泽,以便使汉室的光辉普照天下,请您努力啊!"诸葛亮以丞相的身份总理尚书台事务,假以朝廷符节。张飞去世,诸葛亮再兼任司隶校尉。

章武三年春天,刘备在永安病危,将诸葛亮从成都召来,向他嘱托后事,刘备对诸葛亮说:"您的才智胜过曹丕十倍,一定能安邦定国,最终成就统一天下的大业。如果太子刘禅值得辅佐,就辅佐他;如果他没有才能,您可以取而代之。"诸葛亮流泪说道:"微臣敢于斗胆承诺将竭尽所能担当辅佐重任,奉献自己忠贞不二的节操,直至死去!"刘备又写诏敕令刘禅说:"你与诸葛丞相共掌国事,一定要像侍奉父亲一样侍奉他。"刘禅建兴元年,封诸葛亮为武乡侯,成立府署并选置僚属治理军国大事。不久,又命诸葛亮兼任益州牧。政事无论大小,都由诸葛亮全权裁决。其时南方各郡,全都背叛作乱,因新遭先主大丧,所以没有立即出兵讨伐,并且也派使者访问吴国,与吴国建立亲善友好关系,于是两国成为盟友。

建兴三年春天,诸葛亮率军南征,到当年秋天才将南方诸郡的叛乱全部平定。军需资费都来自于新平定诸郡,国家因此富饶,于是整顿军队训练士兵,等待时机出兵伐魏。建兴五年,诸葛亮统率诸军北上驻扎汉中,临出发前,他上疏陈述道:"先帝开创的基业还没有来得及完成一半就中途去世了,现在魏、蜀、吴三足鼎立,益州困苦穷乏,这确实称得上生死存亡的危急时刻。然而朝中大臣之所以在内兢兢业业丝毫不敢懈怠,忠诚的将士之所以在前方舍生忘死,这都是为了追念先帝在世时对他们的特殊恩遇,想以此来报答陛下。陛下确实应该广泛听取忠言,以便发扬光大先帝留下的美德,振奋志士们的勇气,不应该妄自菲薄,称引比喻丧失原则,以致阻塞臣下忠心规劝的言路。宫廷和丞相府,都是一个整体,赏罚褒贬,不应有什么不同。如果有作恶犯法或为善尽忠的,应该交给主管官员确定相应的处罚与奖赏,以昭显陛下平正明察的立场,不应该持有偏见私心,使宫内与宫外的法度不一。侍中、侍郎郭攸之、费祎、董允等人,都忠良信实,思想忠诚纯正,因此先帝选拔他们留给陛下任用。臣认为宫廷中的事情,无论其大小如何,都应该咨询他们的意见,然后才可实施,如此则一定能够弥补缺失遗漏,增添益处。将军向宠,本性与行为善良公正,精通军事,以前经过试用,先帝称赞他是个有才干的人,因此大家共议而推举他担任中部督。臣认为军中之事,都应先向他咨询,这样一定能使军旅和睦,存优汰劣得其所宜。亲近贤臣,疏远小人,这是前汉得以兴盛的原因;亲近小人，疏远贤臣，这是后汉之所以衰败倾覆的根源。先帝在世之时，经常与臣谈论这些事，没有一次不为桓、灵二帝感到痛心疾首。侍中郭攸之、费祎，尚书陈震，长史张裔，参军蒋琬，这些人都是忠正诚信不惜以死报国的贤臣，希望陛下能亲近并信任他们，那么汉室的兴盛，就将是指日可待的了。

"臣本来是一个平民，在南阳亲自耕田种地，只想在乱世中苟且保全性命，并没有想过要在诸侯中扬名显达。先帝不嫌臣低贱鄙陋，亲自屈驾前往，三次到茅庐中去访问微臣，向臣咨询天下大事。臣因此十分感激，于是答应为先帝奔走效力。后来遇上军事失利，臣在兵败之时担负了重任，在危难之际接受了使命，从那时到现在已有二十一年了。先帝了解微臣言行慎重小心，所以在临终前将复兴汉室的大事托付给臣。自从接受命令以来，臣昼夜忧虑叹息，唯恐托付给我的事做得没有成效，以致损害先帝的知人之明，所以在五月渡过泸水，深入不毛之地讨伐背叛。如今南方各郡已经平定，武器军备已准备充足，应当勉励督率三军，挥戈北上平定中原了。或许能尽自己平庸的才能，铲除奸凶邪恶，复兴汉室，回到旧都洛阳。这是臣用以报答先帝并向陛下效忠所应尽的职责。

"至于权衡政事的轻重得失，向陛下进献忠言，则是郭攸之、费祎、董允的责任。希望陛下将讨伐奸贼复兴汉室的成效交付给臣；没有效果，就请治臣的罪，以告慰先帝的在天之灵。如果听不到劝勉陛下发扬圣德的忠言，那就应责怪郭攸之、费祎、董允等人怠慢失职，公布他们的过错。陛下也应当自己谋划，向群臣征询治国的好方法，鉴别采纳正确合理的意见，深深追念先帝遗诏的旨趣。微臣蒙受大恩，感激之情难以言表，现在臣就要远离陛下了，奏表未写泪水先已模糊了双眼，不知道自己说了些什么。"于是，诸葛亮率军出发，在沔阳扎下营寨。

建兴六年春天，诸葛亮扬言经斜谷道攻取郿县，并派赵云、邓芝率军疑惑敌人，占据箕谷，魏国大将军曹真率兵迎击。诸葛亮则亲率大军进攻祁山，军容整齐，赏罚严肃而号令分明，南安、天水、安定三郡背叛魏国响应诸葛亮，整个关中地区震惊骚动。魏明帝曹叡亲自西行坐镇长安，命令张郃率军抵御诸葛亮，诸葛亮派马谡督率诸军前冲，与张郃战于街亭。马谡违背了诸葛亮的作战部署，行动失当，被张郃打得大败，街亭也丢了。诸葛亮迁移西县百姓一千多户，退回汉中，处死了马谡，而由自己承担败军的责任。诸葛亮上疏给刘禅说："臣以微弱的才能，担任了不能胜任的职务，亲自秉持白旄黄钺以激励三军，却不能训导规章，严明法纪，面临大事惊慌失措，致使发生了街亭违背军令的错误，箕谷戒备不严的过失，责任都在于微臣用人不当。微臣缺乏知人善任的聪明，考虑问题也多不明智，按照《春秋》军事失利责罚主帅的原则，承担所有过错在臣正是责无旁贷。臣请求自行降职三级，以责罪纠错。"于是改任诸葛亮为右将军，代理丞相职务，总管全国军政事一如从前。

建兴六年冬，诸葛亮再次出兵散关，围攻陈仓，魏将曹真率兵抗击，诸葛亮粮草用尽后撤兵而回。魏将王双率骑兵追击诸葛亮，诸葛亮与王双交战，大败魏军，斩王双。建兴七年，诸葛亮派陈式攻打武都、阴平。魏国雍州刺史郭淮率军准备进攻陈式，诸葛亮亲自领兵来到建威，郭淮退回雍州，于是诸葛亮平定武都、阴平二郡。刘禅下诏册封诸葛亮说："街亭之战，罪在马谡，而您引咎受过，对于自己的责罚抑制到了极为苛刻的地步，我当时不想违背您的意愿，所以同意您的请求以便成全您的操守。您上一年率兵展示军威，使魏将王双夺魄授首；今年再次出征，又迫使郭淮逃命；安抚降服了氐、羌各部，平定了武都、阴平二郡，兵威震慑凶狠残暴之徒，功勋昭著。当今天下动荡喧扰，元凶首恶尚未扫除，您肩负着重责大任，主持国家军政大事，却长期自我贬抑谦退，显然不是发扬光大先帝伟大功业的道理。现在恢复您的丞相职务，请您不要推辞。"

建兴九年，诸葛亮再次兵出祁山，用木牛作为运输工具，粮草用尽撤军时，与魏将张郃交战，射杀张郃。建兴十二年春，诸葛亮统率全部蜀军从斜谷出征，用流马作为运输工具，凭借武功县的五丈原屯兵，与魏国司马懿在渭河以南对峙。诸葛亮时常忧虑粮草接济不上，使自己的意愿难以实现，因此分兵开荒屯田，作为长期驻扎的基础。垦荒军人交杂居住在渭水边的百姓之中，而百姓安居如初，士

兵们也没有谋求私利的。双方相持一百余天，这年八月，诸葛亮染病，在军中去世，时年五十四岁。等到蜀军撤走，司马懿逐一巡视蜀军留下的营垒，说道："诸葛亮真是天下的奇才啊！"

诸葛亮遗言要求将自己安葬在汉中的定军山，依山造坟，墓穴能容纳棺材即可，入殓也只穿平时的衣服，不必用其他器物殉葬。刘禅下诏策命诸葛亮说："您天生文武兼备，才干超群，英明多智而又忠厚诚实，接受先帝托孤遗命，给予我尽心竭力的辅佐，继绝世，兴衰微，立志平定天下战乱；整治六军，没有哪一年不曾出师征讨，英明威武，名声昭著，军威震慑四方，即将为蜀汉建立特殊的功绩，勋业势必比美殷商的伊尹和西周的周公。为什么如此不幸，在大业即将成功之际，您却染病去世了！我为您的逝世哀痛悲伤，肝心欲裂。大凡推崇德行评定功勋，记录事迹追封谥号，目的无非是让美好的声名彰明显扬于将来，青史为证，永垂不朽。现在特派使持节左中郎将杜琼，赠给您丞相武乡侯的印绶，加谥号为忠武侯。泉下英灵有知，将对此尊宠荣耀备感欣慰。呜呼哀哉！呜呼哀哉！"

当初，诸葛亮曾上表给刘禅说："臣在成都有桑树八百棵，薄田十五顷，家属子弟的衣食费用已比较宽裕。至于臣任职在外，没有别的花费安排，随身的衣食全靠国家供给，不用再经营别的产业，来增加自己的家产积蓄。微臣去世之时，倘若家中不曾有多余的丝帛，外面也没有多余的财产，那就是不敢辜负陛下恩宠的意思了。"到他去世时，果然与他从前所说的一样。

诸葛亮天生长于巧思，他曾改进箭矢并射连发的强弩，作为运输工具的木牛流马也出于他的奇思妙想；他推论演绎兵法，制作八阵图，都很得其中要领。诸葛亮生前议论、教诲、书信、奏章之类都很值得一读，另编为一集。

景耀六年春，刘禅下诏在沔阳为诸葛亮建立祠庙。这年秋天，魏国镇西将军钟会领兵伐蜀，到达汉川时，曾前往诸葛亮祠庙上祭，并下令军中士卒不可在诸葛亮的墓葬附近牧马砍柴。诸葛亮的弟弟诸葛均，官至长水校尉。诸葛亮的儿子诸葛瞻，继承父亲的爵位。

《诸葛氏集》目录：

开府作牧第一	权制第二	南征第三
北出第四	计算第五	训厉第六
综核上第七	综核下第八	杂言上第九
杂言下第十	贵和第十一	兵要第十二
传运第十三	与孙权书第十四	与诸葛瑾书第十五
与孟达书第十六	废李平第十七	法检上第十八
法检下第十九	科令上第二十	科令下第二十一
军令上第二十二	军令中第二十三	军令下第二十四

以上共二十四篇，总共有十万四千一百一十二字。

臣陈寿等人上奏说：臣从前担任著作郎时，侍中兼中书监济北侯荀勖、中书令关内侯和峤上奏陛下，让臣审订原蜀汉丞相诸葛亮的旧事。诸葛亮辅佐垂危的蜀国，凭借地形险阻，拒不归附，然而仍旧保留整理了他的言论著作，以美好的言行有所遗漏为耻，这实在是我大晋光明磊落的最高道德，恩泽遍布天下，自古以来，还没有同样可比的举措。臣将诸葛亮著作中内容重复的删去，将同类的归在一起，共整理出二十四篇，篇名如上。

诸葛亮年轻时就已显示了出类拔萃的才华，气概英武雄健，他身高八尺，相貌堂堂，当时的人都认为他非比寻常。因遭遇汉末动乱，诸葛亮随叔父诸葛玄到荆州避难，亲耕于田野之中，不求闻名显达。当时左将军刘备认为诸葛亮才气特别，因而三次前往诸葛亮的茅庐去拜访他；诸葛亮也深为刘备杰出不凡的雄姿吸引，于是推心置腹奉献忠诚，深深接纳刘备。后来魏武帝曹操南征荆州，刘琮献出荆州大地自动投降，刘备顿时陷入四顾渺茫，势单力薄的处境，几乎窘困到毫无立足之地。诸葛亮当时年仅二十七岁，及时为刘备筹划了一条扭转乾坤的奇谋妙计，并且亲任使节拜见孙权，向东吴求救。孙权素来佩服刘备，又见诸葛亮谈吐奇妙儒雅，对后者甚为敬重，当即派兵三万援助刘备。刘备借助东吴援兵与魏武帝曹操交战，大败曹军，接着乘胜出击，连打胜仗，长江以南诸州郡均被平定。之后刘备又西进夺得益州。益州平定后，刘备任命诸葛亮为军师将军。刘备称帝，又拜诸葛亮为丞相，授予他总管尚书台政务的权力。

等到刘备病逝,继位的嫡子刘禅年幼平庸,因此国家军政事务无论巨细,都由诸葛亮一人裁决。于是诸葛亮对外与东吴结盟,内部平定了南中各郡,立法推行,整顿军队,他让木牛流马这一类机械装置的自动化水平达到了相当精妙的程度。他法令严明,赏罚决不失信,作恶的人没有不受惩罚的,为善的人没有不被表彰的,以至于官吏不敢心怀奸诈,人各严于自律,路不拾遗,强不欺弱,风俗教化一片肃然。

在当时,诸葛亮的一贯志向十分明确,理想境界是龙骧虎视,囊括四海;退一步也要割据一方,震动六合。他又认为,一旦自己去世,蜀国没了可以统军北伐、匹敌魏国强大军力的统帅,因此他年年用兵不止,屡屡炫耀武力。但诸葛亮的才干,治军用兵虽然是他的强项,运用奇谋妙策克敌制胜的能力却略显不足,治理国家常显得游刃有余,军事指挥才能确实相形见绌。另一方面,与他对阵作战的对手,偏不乏当世奇才俊杰,再者双方力量过于悬殊,明明已攻守易势仍旧固守成规,因此,纵然连年兴师动众,终究未能取得预期的成功。从前萧何举荐韩信,管仲举荐王子城父,那都是因为他们考虑到自己的才能长于治国而短于治军的缘故。诸葛亮的才能与卓越的政绩,或者足以与管仲、萧何匹敌,而当时的名将之中,却没有王子城父、韩信那样的人物,所以才使得功业衰微,弘大目标难以实现么?这大概就是天命有所归宿,不是他凭借凡人的智慧和力量所能争取的。

魏明帝青龙二年春天,诸葛亮率军挺进武功县,分派士卒开荒屯田,打算作为长久驻守的战略基地。当年秋天诸葛亮因病去世,百姓不胜追思怀念,对他的事迹交口称赞。直到现在,梁州、益州的民众追述赞美诸葛亮的言辞,还随处可以听到,即使拿《甘棠》歌咏召公,郑国人赞颂子产那样的事来作比较,也实在是有过之而无不及的。孟轲曾经说过:"用安民之道役使百姓,百姓即使劳苦也没有什么怨言;用保民之道诛杀罪人,罪犯纵然身首异处也不会心怀恼怒。"道理的确如此啊!评论者有认为诸葛亮的文辞不够华美,而论述又过于详尽琐细的人。按微臣的愚见,其实不是那样,皋陶是人们公认的大贤,周公是人们公认的圣人,然而考察《尚书》中的记载,不难发现皋陶的话简略而又典雅,周公的话繁复而又详尽,两人的表述风格显著不同。原因何在呢?这是由于皋陶是在和圣君舜、禹交谈,而周公却是在和群臣立誓的缘故。诸葛亮的谈话对象,全都是普通的将士百姓,所以他在措辞用语时不可以过于深奥,必须浅显易懂才行。然而他的教诲遗言,都是他治国安民的经验之谈,他那公正诚实的精神,也流露于字里行间,通过他的这些文章,足以了解他的思想见解,对当今世事自必有所补益。

微臣想到陛下遵循效法古代圣贤的事迹,胸怀坦荡而无所忌讳,即使是敌国诽谤的言论,也都原样存留,不加删改,毫无讳避,以便彰显宽宏豁达的正道。臣小心地录下诸葛亮的这些文章,上呈著作省。臣心中诚惶诚恐,反复跪拜叩头,冒犯天威,该当死罪。泰始十年二月一日,平阳侯相臣陈寿敬上。

诸葛乔字伯松,是诸葛亮兄长诸葛瑾的次子,原来字仲慎。他跟自己的哥哥诸葛恪在当时都很有名望,谈论者认为诸葛乔的才干不如他的哥哥,而性情品格优于诸葛恪。最初,诸葛亮没有儿子,请求诸葛瑾将诸葛乔过继给自己,诸葛瑾请示孙权后,让诸葛乔西行来到蜀国,诸葛亮将诸葛乔视为自己的嫡长子,所以为他改了字。诸葛乔被授官为驸马都尉,随诸葛亮到了汉中。后主建兴六年,诸葛乔去世,年仅二十五岁。诸葛乔的儿子诸葛攀,官至代理护军、翊武将军,也早年去世。后来诸葛恪在东吴遭灭门大祸,子孙被诛杀一尽,而诸葛亮这时已有了嫡亲骨肉,因此诸葛攀仍然恢复成诸葛瑾的后裔继承香火。

诸葛瞻字思远。后主刘禅建兴十二年,诸葛亮出师武功县,他在给哥哥诸葛瑾的信中说:"诸葛瞻如今已经八岁,长得聪明可爱,只是嫌他过早成熟,反而担心他将来难以担当大事罢了。"诸葛瞻十七岁时,娶公主为妻,担任骑都尉一职。第二年任羽林中郎将,以后节节高升,先后担任射声校尉、侍中、尚书仆射,加衔为军师将军。诸葛瞻精通书画,记忆力很强,蜀人怀念诸葛亮,也都喜欢诸葛瞻的才思敏捷。每当朝廷有一桩好的政事,尽管不是出于诸葛瞻的建议

倡导，百姓们仍会互相传告说："这是葛侯所做的。"因此诸葛瞻的美名受到过分渲染，有些言过其实。后主刘禅景耀四年，诸葛瞻为代理都护并任卫将军，与辅国大将军、南乡侯董厥共同执掌尚书台政务。景耀六年冬，魏国征西将军邓艾率兵征伐蜀国，从阴平郡穿过景谷道附近山区杀入蜀国腹地。诸葛瞻督率诸军赶到涪县扎营，蜀军先头部队战败，诸葛瞻被迫后撤，屯兵绵竹。邓艾派人送信诱劝诸葛瞻说："若肯投降，我一定上表朝廷保举你为琅邪王。"诸葛瞻大怒，斩了邓艾的使者。与邓艾交战，蜀军大败，诸葛瞻阵亡，死时年仅三十七岁。诸葛瞻所率蜀军溃败，邓艾长驱直入来到成都。诸葛瞻的长子诸葛尚，跟诸葛瞻同时战死。次子诸葛京，以及诸葛攀之子诸葛显等人，在魏元帝咸熙元年一同迁往内地的河东郡。

董厥，在诸葛亮做丞相时任丞相府令史，诸葛亮称赞他说："董令史是位贤能之士，我每次和他交谈，都感到他思考问题谨慎恰当。"董厥后升主簿。诸葛亮去世后，董厥稳步升迁到尚书仆射，代替陈祗为尚书令，之后再升为大将军、平台事，原尚书令一职由义阳人樊建代任。后主刘禅延熙十四年，樊建以校尉身份出使吴国，正赶上孙权病重，没有亲自接见樊建。事后，孙权问诸葛恪："樊建与宗预高下如何？"诸葛恪答道："樊建才能识见不及宗预，但本色性情高于后者。"后来樊建担任侍中，仍代尚书令一职。自从诸葛瞻、董厥、樊建执掌国事以来，姜维经常征战在外，宦官黄皓乘机窃取权柄，朝中大臣都迁就庇护他，没人肯站出来指斥纠正，而只有樊建一人坚持不与黄皓往来结交。蜀国被攻破的第二年春天，董厥、樊建都来到了魏国京城，一同担任相国参军，当年秋天又一同兼任了散骑常侍，受命出使蜀地抚慰当地军民。

评：诸葛亮担任丞相期间，安抚百姓，昭示礼法规矩，简省官职，使政策法令尺度合宜。他开示真心诚意，广布公平之道；凡精忠为国、有益于时局的人，即使是仇敌也必定受到奖赏；玩忽职守、触犯国法的人，即使是亲人也必定加以责罚；坦白自首、诚心认错的人，即使罪行很重也必定从宽发落；巧言令色、文过饰非的人，即使罪行轻微也必定严加惩治；善事即使微小也无不奖赏，恶行即使轻微也无不贬责；他做事精明干练，处理问题善于从根本入手，他讲求名实相符和言行一致，对虚伪狡诈切齿痛恨；因此在整个蜀国之内，人们都畏惧而又爱戴他，他推行的刑法政令虽然严厉却没有人对他心怀怨恨，实在是因为他用心公正而且劝诫明确的缘故。诸葛亮可以说是很懂得治国安民的良才了，与管仲、萧何这类杰出的政治家相比也应该相差无几。然而他连年用兵，却终究未获成功，大概是临机应变的将帅谋略，说到底并不是他的长处吧！

白话三国志卷三十六　蜀书六

关张马黄赵传第六

关羽字云长,原本字长生,河东郡解县人。因逃亡来到涿郡。先主刘备在家乡招兵买马,关羽和张飞担任他的护卫。刘备做平原国国相时,让关羽、张飞作为别部司马,分管属下士兵。刘备与关、张二人同床共寝,亲如兄弟。而在稠人广众之中,关、张二人常常整天站在刘备身旁进行保护,跟随刘备应付各种场面,从不逃避艰难险阻。后来刘备袭击徐州杀了刺史车胄,让关羽领兵镇守下邳城,代理太守职务,他自己则率军返回小沛。

汉献帝建安五年,曹操东征徐州,先主刘备逃奔袁绍。曹操活捉关羽后返回,任命关羽为偏将军,待他非常客气。袁绍派大将颜良在白马县进攻东郡太守刘延,曹操派部将张辽和关羽为先锋进击颜良。关羽远远看见颜良的帅旗车盖,当即拍马上前,在千军万马中杀死颜良,并割下他的首级返回本阵,袁绍的其他将领没人可以抵挡他,于是解除了白马之围。曹操随即上表朝廷,奏封关羽为汉寿亭侯。最初,曹操十分佩服关羽的为人,渐觉关羽无久留之意,便对张辽说:"你凭私人情谊去探问个虚实。"不久张辽见机探问关羽的想法,关羽感叹说:"我深知曹公待我极好,但我深受刘将军的厚恩,曾经立誓同生共死,我不可以背誓弃义。我终究不可能留在这里,但我也一定得等自己立下大功报答了曹公的恩遇后才会离去。"张辽将关羽的话回报了曹操,曹操认为关羽是个义士。等到关羽飞马斩杀颜良,曹操心里明白他必定要离开自己了,便给予他丰厚的赏赐。关羽封存曹操赏赐的全部财物,留下书信向曹操辞别,然后赶往袁绍军中投奔刘备。曹操身边将士打算追回关羽,曹操说:"彼此各为其主,不必追了。"

后来关羽跟随刘备投奔刘表。刘表死后,曹操平定了荆州,刘备准备从樊城南渡长江,另派关羽统率几百艘舰船走水路到江陵会合。曹操追击刘备到当阳县的长阪,刘备穿小路逃到汉津渡,恰好与关羽的船队相遇,两军会合同奔夏口。孙权派兵协助刘备抗击曹操,曹操撤兵返回北方。刘备乘机攻占了江南各郡,于是封赏有功元勋,任命关羽为襄阳太守、荡寇将军,让他领兵驻守江北。刘备西进平定益州以后,命关羽全权管辖守护荆州。关羽听说马超前来投降刘备,因他从前与马超并不相识,于是写信给诸葛亮,询问说"马超的人品才干可与谁相比"?诸葛亮心知关羽好强护短,便回信答复他道:"马超文武兼备,勇武刚烈超出常人,堪称当世的杰出人物,本质上类同英布、彭越,可与张飞并驾齐驱,一争高低,但还是不及美髯公你这样超凡出众卓尔不群的英雄。"关羽留有漂亮的长须,因此诸葛亮称他为美髯公。关羽看完诸葛亮的回信后十分高兴,把它交给宾客幕僚传看。

关羽曾被乱箭射中,箭头贯穿左臂,后来伤口虽然愈合,但每一到阴雨天气,臂骨仍常常疼痛。医生说:"箭头有毒,毒素入骨,应当重新剖开原来的伤口,刮去骨头上的余毒,才能完全根除创痛。"关羽当下便伸出手臂让医生开刀。当时关羽正好请诸将对坐宴饮,手术过程中其手臂鲜血淋漓,流满了接在下面的盘子,关羽却如常切肉饮酒,谈笑自若。

建安二十四年,刘备被拥立为汉中王后,任命关羽为前将军,并假以统帅诸军的符节斧钺。这一年,关羽率兵在樊城攻打曹仁。曹操派部将于禁率军救援曹仁。时值秋季,樊城一带大雨连绵,汉水泛滥,于禁统率的七军因此全部败没。于禁投降关羽,关羽又斩杀了魏将庞德。梁、郏、陆浑三县的地方豪强有的在远处接受了关羽的印信号令,成为关羽指挥下的支系党羽,关羽的威名震动了中原。曹操为此提议迁离许都以避关羽锋芒,司马懿和蒋济则认为"关羽得志,孙权必定不想他这样。可以派人去劝说孙权偷袭关羽后方,并且承诺事成之后割出江南分封给孙权,那么关羽对樊城的围困到时也就自然解除了",曹操采纳了二人的建议。在这之前,孙权曾派使者为自己的儿子向关羽的女儿求婚,关羽辱骂来使,不答应这门婚事,孙权因此已十分恼怒。再者南郡太守糜芳镇守江陵,将军士仁驻守公安,这二人都因关羽对自己的轻视素来心怀不满;而关羽领兵出征,由糜芳、士仁负责军需供应,两人又没能全力担当关羽的后援,关羽放言说"回去后一定要给予惩处",糜芳、士仁为此更加惊恐不安。于是孙权暗中诱降糜芳、士仁,糜芳、士仁派人去迎接孙权。而这时曹操又派徐晃来救援曹仁,关羽未能拿下樊城,只得领兵退还。孙权这时已占领江陵,将关羽及其部属的妻儿老小全部俘获,关羽所率军队因此溃散。孙权派将迎击关羽,在临沮斩杀了关羽及其儿子关平。

关羽死后被追谥为壮缪侯。其子关兴继承了关羽的爵位。关兴字安国,年少时就有美名,丞相诸葛亮对他特别器重,认为他不同凡响。关兴二十岁那年便担任了侍中、中监军,没几年却去世了。他的儿子关统继承爵位,娶公主为妻,官至虎贲中郎将。关统去世后,因他没有儿子,改由关兴的庶子关彝承续封爵。

张飞字益德,涿郡人,年轻时与关羽一同侍奉先主刘备。关羽大张飞几岁,张飞将关羽当兄长看待。刘备跟随曹操打败吕布后,又跟着曹操返回许都,曹操任命张飞为中郎将。后来,刘备背弃曹操先后投靠袁绍和刘表。刘表死后,曹操进占荆州,刘备被迫逃往江南。曹操率兵追击,急行一昼夜,在当阳县的长阪追上刘备。刘备听说曹操突然赶到,抛下妻子儿女逃命,命令张飞率领二十名骑兵断后。张飞占据河岸,拆毁河桥,手执长矛,怒目圆睁,大喝:"我是张翼德,谁敢与我决一死战!"追兵无人敢于逼近,刘备等人这才免于被俘。刘备平定江南各郡后,任命张飞为宜都太守、征虏将军,封爵为新亭侯,后来又调他驻守南郡。刘备西进益州,北上攻打张鲁,又回兵进攻刘璋,张飞与诸葛亮等人沿长江逆流而上,分兵平定沿途各郡县。到江州,张飞又击败了刘璋的部将巴郡太守严颜,将他活捉。张飞怒斥严颜说："见我大军到来，你凭什么不自动投降，竟然还敢领兵抗击？"严颜说："你们无故兴兵，侵夺我益州，我益州只有断头的将军，没有投降的将军。"张飞发怒，下令左右："拉他出去砍了！"严颜面不改色，说道："砍头就砍头，犯不着如此怒气冲冲呢！"张飞敬佩严颜的勇气，下令将他释放，反把他当作宾客。张飞一路攻无不克，与先主刘备会师成都。刘备平定益州后，赏给诸葛亮、法正、张飞和关羽每人黄金五百斤，白银一千斤，铜钱五千万，锦缎一千匹，对其余将士也给予了数量不等的赏赐，同时命张飞兼任巴西太守。

曹操打败张鲁后，留下夏侯渊、张郃镇守汉中。张郃独率几支兵马南下巴西郡，打算将巴西百姓迁往汉中，为此他进兵宕渠、蒙头、荡石，与张飞相持了五十多天。张飞统率精兵一万多人，从其他通道拦腰截击张郃，两军交战，因山路狭窄，使得张郃的部队前后不能呼应，张飞终于将张郃击败。张郃丢弃马匹，攀登山崖，只带着十几名部下从小路逃脱，然后领兵返回南郑，巴西郡得以安宁。刘备被拥立为汉中王后，任命张飞为右将军，假以符节。先主章武元年，张飞晋升为车骑将军，兼任司隶校尉，晋封爵位为西乡侯。册封说："我秉承汉室帝王世序，继承高祖皇帝开创的大业，扫除残敌，平定祸乱，但至今尚未使天下大治。眼下贼寇为害，百姓备受荼毒，思念汉室的志士，都像鹤一样伸长了脖子盼望着国家的中兴。我因此心中悲伤忧虑，坐不安席，食不甘味，整肃军队，发布誓辞，准备遵奉天意铲除乱国逆贼。由于你忠勇坚毅，如卫护周宣王的名臣召虎，远近都传颂你的美名，现特授予显赫的荣誉，晋升你的官职和封爵，并且授权你兼掌京城和附近郡县。望你大力弘扬君王恩威，推行仁德以安抚百姓，立刑施威以讨伐叛逆，从而让我称心如意。《诗经》里不是这样说过么，'不能侵害百姓也不可急躁冒进，一切要依王朝的礼法而行。尽心竭力而速建功业，这将带给你不尽的荣华富贵'。怎么可以不谨慎努力啊！"

当初，张飞雄壮威猛，仅次于关羽，魏国谋臣程昱等人都称赞关羽、张飞有万夫不当之勇。关羽很能善待下级士卒却在士大夫人物面前傲气十足,张飞敬重地位名望高的人却不怎么体恤爱护普通士兵。刘备常常告诫张飞说:"你杀人用刑过度,又常常鞭打军士,还把这些人安置在自己身边,这可是自取祸害的做法啊。"张飞听了仍不知悔改。刘备征伐东吴,张飞本该率一万兵马,从阆中出兵赶赴江州与刘备会合。出发之前,张飞帐下将领张达、范强杀了张飞,带着他的首级,顺流而下投奔孙权。张飞军营都督上表奏报刘备,刘备听说张飞的都督来了奏表,悲叹说:"唉!张飞死了!"于是追谥张飞为桓侯。张飞的长子张苞,早年夭折。次子张绍继承爵位,官至侍中、尚书仆射。张苞之子张遵担任尚书,跟随诸葛瞻到绵竹御敌,在与邓艾作战时阵亡。

马超字孟起,扶风郡茂陵县人。父亲马腾,汉灵帝末年在西州与边章、韩遂等人一同兴兵起事。灵帝初平三年,韩遂、马腾率领人马到达长安。东汉朝廷任命韩遂为镇西将军,让他领兵返回金城,任命马腾为征西将军,派他驻扎郿县。后来马腾率军袭击长安,兵败逃走,撤回到凉州。当时司隶校尉钟繇镇守关中,他派人给韩遂、马腾去信,向他们陈述祸福利害。马腾派马超跟随钟繇到平阳讨伐郭援、高干,马超的部将庞德亲手斩杀了郭援。后来马腾与韩遂不和,马腾请求调回京城。于是朝廷召回马腾任命为卫尉,同时任命马超为偏将军,封爵都亭侯,由他统领马腾的人马。

马超统领军队后,便与韩遂联合,又与杨秋、李堪、成宜等人结盟,进军到潼关。曹操单人匹马与韩遂、马超会谈,马超自负身强力壮,暗暗蓄势准备突然袭击活捉曹操,曹操身边的勇将许褚瞪眼怒视马超,马超这才没敢动手。曹操采用贾诩的计谋,设法离间马超、韩遂,使得二人互相猜疑,因而将他们打得大败。马超逃奔西戎部落自保,曹操追击到安定,恰在这时北边又发生战事,只得领兵东还。杨阜劝说曹操:"马超有韩信、英布那样的勇力,而且深得西北羌、胡各族的拥戴。大军回师之后,如不对他严加防范,恐怕陇上各郡就不再是我们的了。"后来马超果然率领戎族各部兵马袭击陇上郡县,陇上郡县纷纷响应马超,马超攻杀凉州刺史韦康,占据冀城,收编了韦康的兵马。马超自称征西将军，兼任并州牧，都督凉州军事。韦康的旧部杨阜、姜叙、梁宽、赵衢等人，共同密谋攻打马超。杨阜、姜叙先在卤城起兵，马超出兵攻打，未能攻下；梁宽、赵衢乘机关闭冀城大门，马超不能入城。马超进退两难，于是逃往汉中依附张鲁。但张鲁并无共谋大事之志，马超为此抑郁不乐，他听说刘备在成都围困刘璋，便向刘备写密信请求归降。

　　刘备派人迎接马超，马超领兵直接来到成都城下。城中军民惊恐不安，刘璋随即投降。刘备任命马超为平西将军，总督临沮军事，仍袭用他以前爵号封为都亭侯。刘备做汉中王后，任命马超为左将军，假以符节。章武元年，晋升马超为骠骑将军，兼凉州牧，进封为斄乡侯，册封说：“我因为缺乏德行，却继承尊位，将国家命运执掌在自己手中。曹操父子，作恶相继，祸害天下，我为此悲伤忧虑，痛心疾首。天下百姓对曹操父子的所作所为深恶痛绝，渴望恢复汉室正统，以至于氐、羌、獯鬻等四边异族都因敬慕大义相继归附。由于你以信义闻名北部边地，威望、武功都显扬于世，因而决定委你重任，望你以猛虎般的雄风，统辖北边的辽阔土地，以解除所在百姓的疾苦。望你能大力宣扬王朝教化，招抚安定远近人民，慎重地施行赏赐刑罚，使汉朝的福祉更加厚实，以答谢天下苍生。”马超于章武二年去世，时年四十七岁。即将去世之际，马超上书奏请刘备道：“臣一家宗族二百多人，几乎全被曹操杀害，只有一堂弟马岱，应当让他来执掌臣业已衰败的宗族血祀，此事要深深托付陛下，此外微臣就没有什么要说的了。”追谥马超为威侯，由他儿子马承继承爵位。马岱官至平北将军，进爵为陈仓侯。马超的女儿许配给了安平王刘理。

　　黄忠字汉升，南阳郡人。荆州牧刘表曾任命他为中郎将，与刘表的侄儿刘磐共同镇守长沙郡的攸县。到曹操占有荆州，黄忠受命代行副将军之职，仍留在原来任所，由长沙太守韩玄统辖。刘备平定南方各郡，黄忠就归顺了刘备，后又跟随刘备入蜀。自从在葭萌接受任命，回兵攻打刘璋，黄忠常常身先士卒，冲锋陷阵，勇猛坚毅

为三军之冠。益州平定后，被任命为讨虏将军。建安二十四年，黄忠率军在汉中定军山攻打夏侯渊。夏侯渊所率军队十分精锐，黄忠勉励督率士卒，奋力向前推进，金鼓震天，呐喊声响彻山谷，只一战就斩杀夏侯渊，夏侯渊所率军队被打得大败。晋升黄忠为征西将军。这一年，刘备被拥立为汉中王，打算起用黄忠为后将军，诸葛亮劝说刘备说："黄忠的名望，向来就未到跟关羽、马超相提并论的地步，如今却要让他们平起平坐。马超、张飞就在近前，他们都亲眼看到过黄忠的战功，这还可以向他们解释明白；关羽远在荆州，听说这事只怕一定不会高兴，照这样任命怕是不行啊！"刘备说："我自会向他解释清楚。"于是黄忠取得了与关羽等人相同的官位，封爵为关内侯。第二年，黄忠去世，追谥为刚侯。其子黄叙，早年去世，没有后人。

赵云字子龙，常山郡真定县人。他原是公孙瓒的部下，公孙瓒派刘备帮助田楷抗击袁绍，赵云就随同前去，替刘备掌管骑兵。到刘备在当阳县长阪被曹操追赶，刘备抛下妻儿往南逃跑，赵云怀抱刘备的幼子（即后主刘禅），保护着甘夫人（即刘禅的母亲），奋力拼杀，才使他们母子俩幸免于难。因而提升赵云为牙门将军。刘备率军入蜀，赵云受命留守荆州。

刘备从葭萌县回攻刘璋，召诸葛亮前去。诸葛亮率领赵云、张飞等人沿长江逆流西进，平定沿途郡县。到江州，诸葛亮分派赵云率一部兵马从岷江直上江阳，与诸葛亮在成都会师。平定成都后，刘备任命赵云为翊军将军。刘禅建兴元年，任命赵云为中护军、征南将军，封爵为永昌亭侯，再迁镇东将军。建兴五年，赵云随诸葛亮驻守汉中。第二年，诸葛亮出兵攻魏，扬言要从斜谷进兵，魏将曹真忙调派大军前来抵挡。诸葛亮命赵云与邓芝前去抗击斜谷之敌，自己则率军进攻祁山。赵云、邓芝以弱小的兵力抗击强敌，在箕谷受挫失利，但他们随即整束兵马固守，终究避免了一场惨败。大军回撤后，赵云被贬为镇军将军。

建兴七年赵云去世，追谥为顺平侯。

最初，刘备在世时，只有法正一人获得谥号。后主刘禅之时，诸葛亮因功德盖世，蒋琬、费祎因曾担负全国军政重任，也都获得谥号；陈祗深受刘禅宠信，死后也得到这一特殊恩典，夏侯霸从远方来归附蜀汉，因而得到谥号；于是关羽、张飞、马超、庞统、黄忠和赵云才给予追加谥号，当时的舆论认为这是十分荣耀的事。赵云的儿子赵统继承爵位，官至虎贲中郎将，督行领军。次子赵广，任牙门将，跟随姜维驻守沓中，战死在阵地上。

评：关羽、张飞都被人称赞有万夫不当之勇，是当世的勇猛武将。关羽立功报效曹操，张飞仗义释放严颜，这样的表现全都具有国士的风范。然而关羽刚愎自负，张飞性情暴躁对下属刻薄少恩，二人最终都因自己的短处而败亡丧命，在理在命实属必然。马超依仗西戎诸部的拥戴和自己的勇武，致使宗族因此覆灭，可惜啊！能因困厄而走向通达，最终不也还是转祸为福的很好例证吗！黄忠、赵云强壮勇猛，都是刘备得力的武将，大概要算是灌婴、滕公一类的人物吧。

白话三国志卷三十七　蜀书七

庞统法正传第七

庞统字士元,襄阳郡人。年少时为人朴实而不肯显山露水,当时没有谁了解他的人品才干。颍川郡人司马徽清高脱俗,有伯乐的慧眼。庞统二十岁那年去见司马徽,司马徽正在树上采桑,他让庞统坐在树下,两人从白天一直谈到晚上。司马徽对庞统的学识才干十分惊异,盛赞他是南方各州郡文士中的翘楚,庞统的名声从此渐渐地显露出来。后来本郡任命庞统为功曹。庞统天性注重人伦道德,对后代的抚育培养十分尽心尽力。每当他称扬述说他人,常常夸大其人的优点,当时的人感到奇怪而问他,庞统回答说:"如今天下大乱,正道衰微,好人少于坏人。要想振兴风俗,增长善行美德,不把值得夸赞的人说得更完美一些就不足以让他们的名声受到他人的仰慕效仿,不能产生这种仰慕效仿的效应就只能形成好人好事越来越少的局面。现在选拔十个人即使其中只有五个人完全名实相符,仍然还可以得到一半,可以凭借这些人达到促进世风教化的目的,使有志于善行者自我勉励,不也是可以的吗?"东吴大将周瑜协助刘备夺取荆州,因此兼任了南郡太守。周瑜去世,庞统护送他的灵柩到了东吴,东吴境内不少人都听说过庞统的大名。等到庞统告辞回西部时,人们都齐聚在昌门为他送行,陆绩、顾劭、全琮也都来了。庞统说:"陆先生可以说是看似驽马其实却奔腾颇有余力,顾先生可谓看似驽牛却足以负重致远。"又对全琮说:"您乐善好施,敬慕美名,很像汝南的樊子昭。虽然智力一般,但也会是一时的优秀人才了。"陆绩、顾劭对庞统说:"假若国家重归太平,应当和您一同品评天下的名士才俊。"他们与庞统深深结交而别。

刘备兼任荆州牧后,庞统以州从事身份代理耒阳县令,因在任不理政务,被免除官职。东吴将领鲁肃写信给刘备说:"庞士元不是一个治理百里小县的人才,只有让他担任治中、别驾之类的官职,他才有一展所有才学抱负的机会啊。"诸葛亮也向刘备陈述过类似的意见,于是刘备召见庞统并与他深谈,发现此人才识果然非比寻常,当下二话不说就任命庞统为治中从事。之后刘备对庞统的亲信程度仅次于诸葛亮,庞统于是跟诸葛亮一同担任军师中郎将。诸葛亮留下镇守荆州。庞统随从刘备入蜀。

益州牧刘璋和刘备在涪城会晤,庞统献计说:"今天借会面机会,便可抓住刘璋,这样一来将军无需劳师动众便可轻而易举地拥有益州了。"刘备说:"刚刚踏进他人地盘,道义恩情都尚未显示于人,这样做是不行的。"刘璋返回成都后,刘备本当替刘璋北征汉中讨伐张鲁,这时庞统又劝刘备说:"可以暗中选派精锐兵马,日夜兼程,从小路捷径奔袭成都;刘璋没有战略才能,又向来缺乏守备措施,我们大军突然到达,一举便可平定成都,这是上策。杨怀、高沛,二人都是刘璋手下名将,他们各自凭借所掌握的强大兵力,据守关头,我听说他们都曾几次写信劝说刘璋,要刘璋打发您返回荆州。将军在到达白水关之前,先派人去告知杨、高二将,就说荆州出现了紧急军情,我等打算赶回去救援,同时又命令士卒整装待发,外表做出要撤回荆州的假象;这杨、高二将本就敬服将军的威名,又对您返回荆州的决定内心暗喜,我料想他们必定要轻装前来拜别将军,将军可以乘此机会扣押他们,进兵收编他们的军队,趁势进军成都,这是中策。率军退回白帝城,连接荆州积蓄实力,慢慢图谋杀回蜀中,这是下策。如果犹豫不决,长久滞留此地,就将深陷困境,于理是难以持久的。"刘备采纳了庞统的中策,按计划杀死杨怀、高沛,回兵进攻成都,沿途所过郡县纷纷被攻克。刘备在涪城大会将士,摆酒奏乐,对庞统说:"今日的聚会,可以说是享受快乐啊。"庞统说:"征伐他人的国家却认为是件赏心乐事,这可算不上仁义之师了。"刘备已经喝醉,发怒说:"周武王讨伐殷纣王时,前歌后舞,难道就不是仁义之师吗？你的话很不得体，应当速速起身退出！"于是庞统迟疑着告退而出。刘备稍后就感到后悔了，忙派人请庞统回席。庞统回到原位，既不理睬刘备也不道歉，只管像原来那样吃喝。刘备问他说："刚才的讨论，究竟是谁的错呢？"庞统回答道："君臣全都有错。"刘备听了放声大笑，席上的欢快热闹气氛仍像刚开始时那样。

刘备进兵包围雒县，庞统率军攻城，被流箭射中身亡，时年三十六岁。刘备十分痛心惋惜，一提起庞统就要流泪。刘备任命庞统的父亲为议郎，后又提升为谏议大夫，丞相诸葛亮亲自为他主持任命仪式。追封庞统为关内侯，赐给他谥号为靖侯。庞统的儿子庞宏，字巨师，天性刚强率略而且喜爱褒贬人物，他对当时得宠的尚书令陈祗有轻慢倨傲的表现，遭到陈祗压制排挤，最后死在涪陵太守任上。庞统的弟弟庞林，以荆州治中从事身份参与镇北将军黄权的军事攻打吴国，遇上蜀国兵败，便随黄权一起投奔了曹魏，在魏国爵封列侯，官至巨鹿太守。

法正字孝直，扶风郡郿县人。祖父法真，气节清廉，名声高尚。汉献帝建安初年，天下饥荒，法正与同郡人孟达一同入蜀投靠刘璋，过了很久，法正才被任命为新都县令，后被召回成都任代理军议校尉。他既未受刘璋重用，又有侨居蜀地的同乡人诽谤他品行不良，很有些郁郁不能得志的感觉。益州别驾张松与法正关系很不错，两人一想到跟随刘璋很难有所作为，都常在私下相对叹息。张松到荆州见过曹操归来，就劝说刘璋与曹操断绝关系，而跟刘备结盟。刘璋问他："谁可以充当使者？"张松于是举荐法正，法正推让，不得已才接受命令去见刘备。法正出使归来，向张松夸赞刘备有雄才大略，两人私下秘密策划，打算共同拥戴刘备，只是一时找不到适当的机会。后来借着刘璋听说曹操要派兵进攻汉中的张鲁而心生忧惧的机缘，张松便乘机劝说刘璋应当迎请刘备入蜀，让刘备来讨伐张鲁，并且再次让法正受命出使。法正向刘备转告刘璋的意图后，又私下向刘备献计说："凭着将军的英才，足以利用刘璋的懦弱；张松，是益州的心腹大臣，又足以在成都担当内应；事成之后将军便可以凭借益州的富庶，以及天府之国的四周险阻，来成就复兴汉室的大业，就实是易如反掌的事情了。"刘备认同了法正的主意，于是率军逆长江而上向西进兵，与刘璋相会于涪城。之后刘备先北上到达葭萌，接着又掉头南行攻击刘璋。

郑度劝说刘璋说："刘备只不过用一支深入敌方而缺乏后援的孤军来袭击我们，其兵卒不满一万，民众对他没有归附之心，仅靠收集民间粮食，军中缺乏粮草军需供应。对付他们的最好策略莫过于将巴西、梓潼两地的百姓全部迁往涪水以西，以上两个地区不论地里还是粮仓储备的粮食，一概放火烧掉，这里筑高垒挖深壕，以逸待劳，静等他们到来。当他们前来，听凭他们挑战，我们只管坚守不出，时间一长其物资供给就将完全断绝，不出一百天，他们必定要自行退走。在他们撤退时我们再尾随猛攻，刘备势必要成为我们的俘虏。"刘备听说郑度如此献策大为恼恨，问法正应该怎样对付。法正说："刘璋终究不会采用郑度的计谋，将军无需忧虑。"刘璋果然不出法正所料，他对下属们说："我只听说过抗击敌人来保护百姓，还没听说过迁移百姓来逃避敌人。"于是斥退郑度，不用他的计谋。等到刘备的军队包围了雒城，法正写信给刘璋说："我法正生性没什么学识本领，如今左将军与您的友好盟约受到破坏损害，我担心您身边的人不明白事情的来龙去脉，势必要将所有过错都归咎到我一人身上，使我终生蒙受耻辱，也使您连累受辱，因此才舍身在外，不敢回去复命。我担心您讨厌听闻我的声音，所以这期间就没敢写信给您，想及您对在下的一贯知遇，我常常翘首远望，内心充满了悲伤惆怅。然而我也仔细回想了从前向您表白自己心迹的经过，前前后后那么多次，自始至终我都没有隐藏自己的任何真情实意，如果说确实还有没有表白清楚的地方，那想来不过是我的愚笨和缺乏策略所致，总之我的诚意没能打动您的胸怀，才最终导致了眼下这种局面的出现。现在国事已摇摇欲坠，大祸即将临头，我虽流落在外，进言也实足以招致您怨恨情绪的增加，我仍然要把自己的所思所想向您和盘托出，以竭尽我最后的一点忠心。将军您的本心，法正我再明白不过的，您其实只是出于谨慎并且担心先前决策有违左将军的心意,而最终发展到目前这种局面,纯粹由于您身边的人不明白英雄处事的原则,以为可以违背信义誓约而但凭意气行事,时间推移,就趋向于追求顺耳悦目,以至于察言观色阿谀奉承的行事规则,替代了对国家安危长远考虑的缘故。事变既已成形,那些人又不能正确地估量双方力量的强弱形势,只以为左将军远道而来孤军深入,缺乏粮食储备,对付他只须采取以多击少,使战局长期僵持下去的策略。而事实却是,自从左将军从白水关推进到现在这个地方,一路所向披靡,将军您的行宫和其他兵营日渐零落。雒下虽有一万兵卒,但大多是逃回败兵,以及败军之将,如想凭此争一时战争的雌雄,双方兵将从实力看实在不可以相提并论。假如试图通过长期相持来比拼彼此的军需给养,如今左将军的兵营已得到巩固,粮草也已囤积停当,相反将军您的土地却日渐减少,百姓日益贫困,敌对者将越来越多,军队所需给养转运的路程越来越远而持续供给的数量将越来越少。以在下愚见,将军您的军需资源必定会率先枯竭,到时只怕难以实现所谓的长久相持。即使照眼下计划坚守不战,将军尚且难以维持长久的局面,更何况外围还有张飞所率数万兵马已平定巴东,进入了犍为郡界,先后夺取了资中、德阳,现正兵分三路向前推进,将军您拿什么前去抵御?原先为将军出谋划策的人,一定会说左将军是孤军远来而缺乏粮草装备,远途转运也供不应求,兵力方面也十分单薄而绝无后援。可如今往荆州的道路已被打通,左将军的军队比原来多出几十倍,另外还有车骑将军孙权派他的弟弟以及李异、甘宁等率军作为左将军的后援。比较主客双方形势,如果想以土地广大来取胜,那么对方现在已经全部占领了巴东,广汉、犍为也大半被平定,巴西一郡,也很快不再是将军的领地了。细想益州的支柱也就是蜀郡而已,可惜蜀郡也已破败,其间三分之二的空间已然丧失,官民疲惫,十户中怕有至少八户想起事作乱;如果应敌太远征调的百姓又难以承受长途转运军需的劳苦,敌人太近就会见到百姓们转眼间改换门庭的格局。广汉郡各县发生的情形,就是非常显著的例证。又鱼复与关头显系关涉益州祸福成败的门户,现在这两大门户都已洞开,坚城固垒被纷纷攻克,各路军队都被击败,士兵将领伤亡殆尽,而敌方数道并入,已杀进益州的腹心地带,而将军您仅能困守成都、雒城而已,胜败存亡的结果早已是昭然若揭了。我这里所说都只是个大略,是无需深究就能看明白的东西,至于其他曲折隐晦之处,就很难用言语表达详尽的了。愚钝如我,尚且知道此事之所以行不通的道理,何况是将军身旁那些聪明机智的谋士,他们难道会看不到事态的必然结局?我看那些人只是图个短时间的苟且侥幸,所以一味取悦献媚,不计长远利弊,没有谁肯尽心奉献妙计良策罢了。一旦形势困穷窘迫,他们都将为自己各谋生路,力保家族门户安全,到时思前想后,就与现在的打算大不一样了,如何肯为将军您尽忠死难,而将军家门还得承受来自这些人的忧患。法正我虽蒙受了不忠的诽谤,然而我扪心自问,觉得并没有辜负您的恩遇,顾念君臣间应有的名分与行为守则,我实在从私底下无比痛心。左将军出于国家的根本利益率兵前来,旧情无所变更,对您实在没有什么敌意。我认为您可以考虑改变策略,以便保全您的家族。"

　　建安十九年,刘备进兵包围成都,刘璋的蜀郡太守许靖准备越城投降,事情败露,许靖此举失败。刘璋因益州危在旦夕,所以没有诛杀许靖。刘璋投降后,刘备因此而鄙夷许靖的为人而不肯任用他。法正劝刘备说:"天下多的是徒有虚名而并无真才实学的人,像许靖就是这样。然而如今主公刚刚开创大业,又不能对天下之人挨家挨户地加以说明,许靖的虚名传遍天下,如果对他礼数不周,天下人就会因此说主公您轻视贤才。应该用敬重的姿态对待许靖,以便向远近的人们显示您求贤若渴,正在努力追慕效仿从前燕昭王厚待郭隗那样的美好举措。"刘备于是厚待许靖。任命法正为蜀郡太守、扬武将军,在外统领都城及其附近地区,在内则充当刘备的主要谋臣。法正得志,即使是一顿饭那样的小恩小惠,一瞪眼那样微不足道的失礼,他无不加以报恩或复仇的处置方式,对曾经对他有过毁谤行为的人,他更是擅自处死了他们。有人对诸葛亮说:"法正在蜀郡太过骄横放纵,您应该禀明主公,抑制约束他作威作福的行径。"诸葛亮回答道:"主公从前在公安之时,北面害怕曹操的强盛,东面担心孙权的逼迫，近身处又惧怕孙夫人在身边生变；在那个时候，真的是进退两难，法正作为主公的左右手，使他得以展翅高飞不再受人钳制，现在又怎么可能禁止法正使他不能按自己的意志行事呢！"当初，孙权将自己妹妹许配给刘备，孙权妹妹才思敏捷而性情刚猛，颇有她几位兄长的风范，她的贴身侍婢多达一百多人，常常持刀侍立在她身边，刘备每次进她房间，心中都惊惧不安；诸葛亮又知道刘备很喜爱法正，所以才有了上面那些说法。

建安二十二年，法正劝说刘备："曹操一战就迫使张鲁投降，平定了汉中，他没有抓住这一有利时机趁势攻取巴、蜀，却留下夏侯渊、张郃镇守当地，自己率军匆匆北去，这并不是他的智谋和实力不足施展，必然是他内有忧患才逼迫他不得不如此的缘故。现在我分析评估夏侯渊和张郃的才干谋略，比不上我国的将帅，假如我们出重兵讨伐，一定能取得成功。取胜之后，再大力鼓励农桑以积蓄粮食，同时密切关注敌方破绽寻找出兵的有利时机，这样上可以消灭敌寇，辅佐安定汉朝王室，中可以蚕食雍、凉二州，广开疆土，下可以固守关口要塞，做长久对峙的准备。这大概是上天有意将这么好的机会恩赐给我们，时不可失啊！"刘备觉得法正的计策不错，于是便率众将进军汉中，法正也跟随前往。建安二十四年，刘备从阳平关南渡沔水，沿着山势逐渐向前推进，在定军山凭险扎下营寨。夏侯渊领兵来争夺这个地方。法正说："可以出击了。"刘备命令黄忠居高临下，擂鼓呐喊向夏侯渊发起攻击，大败夏侯渊军队，并将夏侯渊等人斩首。曹操领兵西征乌丸，听说是法正的计策，说："我本就料到刘备不可能想出这样的计策，一定是有人教他的。"

刘备被拥立为汉中王，命法正为尚书令、护军将军。第二年法正去世，时年四十五岁。刘备为法正之死流泪多日。赠予法正谥号为翼侯。赐法正的儿子法邈为关内侯，法邈后来官至奉车都尉、汉阳太守。诸葛亮与法正虽然爱好和崇尚的东西不同，但都能以大义为重，彼此取长补短。诸葛亮常常对法正的智慧和谋略感到惊奇。刘备称帝后，准备东征孙权为关羽报仇雪耻，群臣大多劝谏阻止，而刘备一概不听。章武二年，刘备统帅的东征蜀军遭到惨败，后撤驻扎于白帝城。诸葛亮叹息说:"法孝直如果在世,就能劝阻主上,使他放弃东征的决定;即使仍然进兵攻打东吴,也不至于惨败到如此程度。"

评:庞统平素讲究品评人物,经学谋略杰出,在当时的荆、楚一带可称为高才俊士。法正善于预见成败,筹划计谋常有神来之笔,却不是因为品德高尚被人称颂。与魏国的群臣相比,庞统与荀彧在伯仲之间,法正大概可以匹敌程昱、郭嘉一类的人物吧。

白话三国志卷三十八　蜀书八

许麋孙简伊秦传第八

　　许靖字文休,汝南郡平舆县人。年轻时与堂弟许劭都知名于世,而且都有品评褒贬人物的名声,但兄弟间感情不和。许劭担任本郡功曹,排斥许靖使他得不到收录叙用,许靖落到靠替人赶马磨粮来养活自己的地步。颍川人刘翊担任汝南太守,这才举荐许靖做了计吏,后来许靖被推举为孝廉,任尚书郎,掌管官员的选拔录用。汉灵帝死后,董卓掌政,任命汉阳人周毖为吏部尚书,让他和许靖一同计议,确定选拔与斥退规则,淘汰昏庸腐败的官吏,提拔怀才不遇的贤能。为此提升颍川人荀爽、韩融、陈纪等人分别担任公、卿、郡守,任命尚书韩馥为冀州牧,侍中刘岱为兖州刺史,颍川人张咨为南阳太守,陈留人孔伷为豫州刺史,东郡人张邈为陈留太守;许靖本人则晋升为巴郡太守,他不去上任,于是改任御史中丞。韩馥等人到任后,各自发兵向京城进发,打算诛杀董卓。董卓怒骂周毖:"你们都说应当选拔品行高尚之人,我听取了你们的计议,不想违背天下人心。而你们录用的这些人,刚一到任就掉转头来向我进攻。我董卓凭什么要起用这些忘恩负义的家伙!"喝令将周毖带出,在外面处斩。许靖的堂兄许玚任陈国国相,又与孔伷合谋攻打董卓,许靖害怕遭董卓诛杀,就投奔了孔伷。孔伷死后,又依附扬州刺史陈祎。陈祎死后,吴郡都尉许贡、会稽太守王朗与许靖素有交情,许靖于是又向他们寻求保护。许靖收罗抚恤亲戚邻里,自己经营买卖来接济他们,完全出于一片仁厚之心。

　　孙策东渡长江,人们纷纷逃到交州躲避战乱,许靖自己坐在江边，先让船将随从渡往对岸，以及近亲远族都出发之后，他自己才随后上船，当时看到这一幕的人都无不赞叹。到了交阯郡，交阯太守士燮对许靖十分敬重厚待。陈国人袁徽也客居交州，他在给尚书令荀彧的信中说："许靖才华出众，智慧谋略足以谋划大事。自从流落交州以来，他与众人在一起的时光，每当有危急忧患，他总是先人后己，与亲族内外的人同受饥寒，他对同类之人，仁义宽厚，都有很好的事例，我不能一一列举了。"巨鹿人张翔奉王命出使交州，乘势召来许靖，打算与许靖订立誓约，许靖拒不答应。许靖向曹操写信说：

"时事艰难，祸乱交加，我愚钝怯懦，苟且偷生，被迫自动投身于蛮夷之地，阔别十年，吉凶礼仪完全荒废。过去在会稽郡曾得到您的书信，信中言辞诚恳亲切，在我的记忆中历久弥新。迫于当时袁术抗拒王命，煽动反叛，四方道路隔绝不通，我虽心向北方，却没法动身上路。正礼的军队撤退，袁术兵马进入，会稽遭到颠覆，景兴失去依靠，三江五湖，全部落入敌人之手。面对当时的艰难困厄，无法向上控告。于是便和袁沛、邓子孝等人渡过大海，南下到了交州。沿途经过东瓯、闽、越各国，行程万里，看不到汉朝国土。一路漂泊于风浪之中，粮尽只能以草根充饥，一大半人就这样饿死途中。渡过南海后，与兼任郡守的兒孝德相见，知道您忠义奋发，整顿军伍，向西迎回皇上，巡视中岳嵩山。得知这一喜讯，我心中又悲又喜，当即便与袁沛以及徐元贤重新整理行装，准备北上荆州。恰好赶上苍梧郡各夷、越部落起事，州府被攻破，道路又被隔断，徐元贤遭到杀害，全家老少也无一幸免。我们随后沿着河岸行走五千余里，不幸又遇上瘟疫，伯母丧命，瘟疫也传染了所有随从，从他们到他们的妻子儿女，一时死伤将尽。人们相互帮助扶持，再次来到交阯郡，计算路上被敌兵杀害和病死的人数，十成只剩下一二成。百姓的艰难、辛苦的程度，难道是言辞可以一一述说清楚的！害怕突然倒地不起，永远成为逃亡罪人，我忧心忡忡，废寝忘食。想要依附朝见天子的使节，使自己得到救助，返回朝廷，老死故乡，不幸通向荆州的水陆道路不通，交州的来往驿使也长久断绝。想北上益州，又有严厉的关卡盘查，原来汉朝的官员大吏，一概不得进入。从前曾让交阯太守士燮深切地托付益州的兄弟，我也曾亲自写信给他们，言辞诚恳痛切，然而又如泥牛入海，毫无回音。虽然仰望思慕朝廷恩泽，顾盼殷切，又该从何处借对翅膀飞腾而去呢？

"知道皇帝公允明察，明确地授与您专事征伐的特权，反叛谋逆之人，大多被讨伐诛杀，想必那些曾经奋力角逐竞争的人已倾心皈依，顺从王命者也都站到了相同的立场。另外张子云过去在京城，立志匡扶王室，现虽身处蛮荒，难以参与朝政，但也是国家的藩屏，您的外援。如果荆、楚平定，王室恩泽流布南方，您只要下个命令给他，答应尽力保全他的部属，让他能借道从荆州出兵，否则，我将再次把他介绍给益州的兄弟，让他们给予接纳。假如上天能让我长寿，人事能迟缓祸患的降临，使我终得返回朝廷，解脱逃亡的罪责，即使丧身九泉之下，我也将无所遗恨！倘若时局艰难，国事反复，人生命运变化无常，使我在死前不能返回，我就将永远身负罪责，葬身于蛮夷之乡了。

"过去营邱太公吕望辅佐周朝，持黄钺执掌征伐之权，博陆侯霍光辅佐汉室，羽林卫士为他警戒清道。现在您扶危济困，力挽狂澜，作为国家的柱石，身兼太公望与霍光的重任，天下五侯九伯，都属您管辖，从古到今，还没有哪位人臣的尊贵可以盖过您的。大凡爵位高贵忧虑就深，俸禄丰厚责任就重，您担负着爵高者的重任，身处职权重大的位置，一言既出，就是赏罚的依据，意念所及，便关涉天下祸福。行事符合道义，国家就能得到安宁；行事失道，天下就会离散流乱。国家安危，百姓性命，莫不掌握在您一人之手。从华夏中原到夷越各族，都敬慕仰望着您。您担当如此重任，怎么可能不从古籍史书记载的事实中细察国家兴亡和人生荣辱的根由，以古为鉴，忘掉从前的个人恩怨，宽厚地对待百官，甄别人才，为国家选贤择能呢？如果得到合适的贤能，就算是自己的仇人也必定举荐录用；如果人非贤能，即使是自己的亲人也不能拜官授任。使国家得以安宁，使利益归于苍生，等到大功告成，您的业绩将在丝竹管弦中流淌，您的功勋将在钟鼎彝器上闪耀。愿您尽心努力！为了国家敬请自重，为了百姓敬请自爱。"

张翔恼恨许靖不为自己所用,搜出许靖所寄的所有信简,将它们统统投进水中。

后来刘璋派使者来征召许靖,许靖来到蜀中。刘璋任命许靖为巴郡、广汉太守。南阳人宋仲子在荆州给蜀郡太守王商写信说:"许文休潇洒倜傥才干卓异,是治世的栋梁,您应当把他作为自己的行为指南。"建安十六年,许靖调任蜀郡太守。建安十九年,刘备攻克蜀地,任命许靖为左将军长史。刘备做汉中王,许靖担任太傅。刘备即位称帝时,册封许靖说:"我奉承帝统,君临天下,日夜惶恐不安,担心不能平定国家。百姓互不亲善,仁义礼智信五德不顺,你做司徒,要谨敬地布施五常之教,使它得以弘扬光大。你要自勉努力啊!望你坚守德行无所懈怠,让我称心如意。"

许靖虽年过七十,依然喜爱人才,教育并提拔引荐年轻才士,言谈清雅而不知疲倦。丞相诸葛亮等人的授职仪式都是由他来主持。先主刘备章武二年,许靖去世。长子许钦先于许靖去世。许钦之子许游,景耀年间官任尚书。最初许靖以兄长之礼侍奉颍川人陈纪,与陈郡的袁涣、平原国的华歆、东海郡的王朗等人也很有交情,华歆、王朗以及陈纪之子陈群,在曹魏初年曾担任公辅大臣,他们都给许靖写信,陈述旧日友情,情义十分诚恳真挚,因文章太长,所以这里不再收录。

麋竺字子仲,东海郡朐县人。前辈世代经商,家中有奴仆上万人,财产巨亿。后来徐州牧陶谦征召他为别驾从事。陶谦死后,麋竺奉陶谦遗命,前往小沛迎请刘备。建安元年,吕布乘刘备出兵抵御袁术之机,袭击下邳,俘获了刘备的妻儿。刘备转军到广陵海西县,于是麋竺便将妹妹献给刘备做夫人,并献上奴仆二千多人,以及许多金银财产以资助刘备筹集军需。刘备当时非常困苦窘迫,凭借这笔财富才得以重新振作。后来曹操上表举荐麋竺为嬴郡太守,麋竺之弟麋芳为彭城国相,两人后来都辞去官职,追随刘备转战周旋。刘备打算南下荆州,派遣麋竺先去通报刘表,任命麋竺为左将军从事中郎。益州平定后,任命麋竺为安汉将军,职位在军师将军之上。

麋竺雍容华贵，敦厚文雅，但才干谋略不是他的长处。因此刘备只是以上宾之礼对待他，没有让他统率兵马，然而赏赐丰厚，宠信备至，没人能与他相比。

麋芳担任南郡太守，与关羽共事，但私交不好，由于麋芳叛迎孙权，关羽因此兵败身亡。麋竺反绑双手向刘备请罪，刘备好言劝慰他说兄弟犯罪跟他无关，仍像从前一样尊重他。麋竺却终因羞愧与气恼交加，一年后去世。其子麋威，官至虎贲中郎将，麋威的儿子麋照，任虎骑监。麋家从麋竺到麋照，都熟习弓马，善于骑射。

孙乾字公祐，北海郡人。刘备兼任徐州牧，征召孙乾为州从事。刘备背叛曹操时，曾派孙乾先行与袁绍联合，刘备准备南下荆州，孙乾又与麋竺一同出使荆州结好刘表，每次都能准确地遵行刘备的意旨而不辱使命。后来刘表给袁尚写信，谈到他们兄弟纷争之事时说："每次与左将军刘备以及孙公祐一道谈论此事，没有一次不痛心疾首，彼此感伤不已。"由此可见他被刘表看重的程度。刘备平定益州，孙乾由从事中郎升为秉忠将军，受到的礼遇仅次于麋竺，与简雍相同。不久，孙乾去世。

简雍字宪和，涿郡人。年轻时就与刘备很有交情，随从刘备转战周旋。刘备到荆州后，简雍与麋竺、孙乾一同担任从事中郎，常作为刘备的说客，肩负往来使命。刘备进入益州，刘璋见到简雍，十分喜欢他。后来刘备围困成都，派简雍前去劝说刘璋，刘璋于是便与简雍同坐一辆车，出城投降。刘备任命简雍为昭德将军。简雍悠闲自得，讽谏议论，性情高傲而放浪形骸，就算跟刘备同席，也仍是伸足而坐，身体歪斜，仪容举止毫不严肃，只管自己坐得舒服。与诸葛亮以下的人在一起，他常常自占一张坐榻，枕着脖子，躺着与众人说话，没有谁能使他屈身附就。当时因天气干旱粮食歉收而禁酒，酿酒的要受刑罚。吏役在一户人家搜出了酿酒工具，执法者准备让这户人家跟酿酒者同受处罚。简雍与刘备一同游玩，看到一男子走在路上，便对刘备说："那人想要淫乱，为什么不把他捆绑起来？"刘备问他："你是怎么知道的？"简雍回答道："他有淫乱的工具，与那家拥有酿酒工具并可能酿酒的人不是一样吗？"刘备哈哈大笑，于是便释放了那户有酿酒工具的人。简雍的滑稽风趣，大抵都与此类似。

伊籍字机伯，山阳郡人。年轻时依附同乡镇南将军刘表。刘备在荆州时，伊籍常与刘备来往并表达了依附刘备的想法。刘表去世，伊籍便随刘备南渡长江，接着又追随刘备进入益州。益州平定后，刘备任命伊籍为左将军从事中郎，所受礼遇仅次于简雍、孙乾等人。刘备派他出使东吴，孙权听说他有才善辩，想要用言辞折辱他。伊籍刚入殿行礼，孙权说："侍奉无道之君很辛苦吗？"伊籍马上答道："一拜一起，谈不上什么辛苦。"伊籍的机变敏捷，大都与此类似，孙权对他十分惊异。后来伊籍被提升为昭文将军，与诸葛亮、法正、刘巴、李严一同制订了《蜀科》；《蜀科》中的典章律令，都出自这五人之手。

秦宓字子敕，广汉郡绵竹人。年轻时就很有才学，州郡多次征召，他总是托病不去。秦宓给益州牧刘焉上书，举荐儒士任定祖说："过去百里奚、蹇叔以垂暮之年为秦国制定国策，甘罗、子奇在少年时代立下功勋，因而《尚书》赞美高寿老人，《易经》称颂颜渊，由此可知选拔人才，不能拘于年纪的长幼大小，这是十分明白的了。近时以来，国家选拔人才，一般总是注重年轻才士而忽略有德望的老人，舆论对此评价不一，肯定与否定各占一半，这是太平年间的悠闲漫步，不是战乱时代的急需。要扶危济困，平定祸乱，修养自身，安定他人，就应当卓绝出众，有不同于当世人的志趣，震动邻国四方，上顺天意，下合民心，如果天道人事相和为一，自己问心无愧，那么即使遭逢祸乱，又有什么忧愁、恐惧的呢！从前楚国叶公好龙，神龙真的降临，喜欢假龙都能感动上天，何况是真的呢？现有儒士任安，仁义正直，美名远扬，如果能选拔他，全州士人百姓都会心服口服。从前商汤选拔伊尹，使不仁义的人远远逃避，何武举荐二龚，双双扬名史册，因而贪图寻常高度而忽略万仞高山，乐享眼前美饰而忘却

天下人的称誉，这实在都是古人慎重回避的事情。想到凿石取玉，剖蚌取珠，如今随侯珠、和氏璧光彩照人，如同明亮的太阳，那还有什么可迟疑犹豫的呢！我深知白昼不用掌灯秉烛，太阳自有余光，但还是想把自己不明智的情感见解倾吐出来。"

刘璋执掌益州时，秦宓的同郡王商任治中从事，他给秦宓写信说："贫贱困苦，什么时候可以这样了结一生！卞和抱玉向世人炫耀，你应该来一趟，与州牧相见。"秦宓回信说："从前尧厚待许由，恩遇不可谓不宏大，然而许由却认为得天下治权玷污了双耳所以要掬起颍水仔细洗涤；楚王聘请庄周，心境并非不宽广，然而庄周却手持钓竿不屑一顾。《易经》说：'坚强啊，他的意志不可改变。'又有什么可炫耀的呢？况且凭现在国君的贤明，你作为贤良的辅臣，不在此时献上萧何、张良那样奇策良谋，不能称之为明智。我能顶着烈日在田野耕种，诵读颜渊的箪食瓢饮，歌咏原宪的蓬门陋巷，时时漫步在山林水泽，与长沮、桀溺为伍，听玄猿悲声长叫，看仙鹤在沼泽中啼鸣，以安身存命为乐，无忧无虑为福，抛弃空虚的名望，像普通的龟那样生活，使知道我的人日渐减少，这正是我所珍惜向往的。眼下正是我得志的日子，有什么困苦贫贱值得忧虑的！"后来王商为严君平、李弘修建祠庙，秦宓给他写信说："我因病躲避世外，才知道您为严君平、李弘修建祠庙，可称是对同道者的厚待与勉励。观看严君平的文章，冠绝天下，许由、伯夷的超俗品格，简直像高山一样不可动摇，即使没有扬雄的赞叹，它本来自己也会名闻世间。如果李仲元不遇上《法言》，名声必会沦落淹没，这是因为他的文章缺乏斑斓文采的缘故，可以说他是攀龙附凤的人。像扬雄这样潜心著书立说，有补益于当世，出淤泥而不染，行事以圣人先师为榜样，今日天下的人们，仍然在诵读他的义章言论。国中有此人，足以向四方夸耀，可奇怪的是您却本末倒置，不为他建立祠庙。蜀地原本没有学者文士，文翁派司马相如到东方去学习七经，回来教导官员百姓，从此蜀地的学术可与齐、鲁比肩。因此《地里志》说：'文翁倡导教化，司马相如是老师。'汉室获得人才，在那时最为繁盛；董仲舒这类人，不通封禅之礼，司马相如为封禅制订了礼仪。能够制订礼仪，创制音乐,移风易俗,这不是礼所规定的有益于世道的秩序吗!虽有卓王孙一事拖累,但就像孔子推崇齐桓公的霸业,公羊高赞美叔术的谦让,我也赞许司马相如的教化之功,应该为他修建祠庙,并赶快写定铭文。"

从前,李权曾向秦宓借《战国策》,秦宓说:"战国合纵连横之书,读它做什么?"李权说:"孔子、严君平汇集众书,写成《春秋》和《老子指归》这样的书,因此海以能汇合众流为阔大,君子以能博闻强记为宏大。"秦宓答复他说:"书籍除了正史和周朝文献,孔子不采纳;道法除了崇尚虚无自然的,严君平不推演。海因受到泥沙淤积,每年都要清除荡涤;君子虽然主张博闻强记,但不符合礼仪的却不能观看。《战国策》充斥着张仪、苏秦的谋略权术,宣扬杀害别人、灭亡他国以保全自己,这是圣人经典所痛恨的。因而孔子发愤写作《春秋》,推崇符合正道的行为,又制订《孝经》,广泛地宣扬陈说道德节操。防微杜渐,对不好的事情要预先加以制止,因此老子主张要把祸患消灭在没有萌发之时,难道不是这个道理吗!商汤是位大圣人,却因看到郊野之鱼有了沉溺渔猎的过失;鲁定公是贤明君主,却因观看了美人歌舞而荒废朝政,像这样的人和事,哪里是可以例举得完的。道家的道法说:'不要去看你所想要的东西,这样你的心怀才不会受到惑乱。'因此天地以正道示人,日月以固守运行轨道的常明而示人;它的正直有如箭矢,这正是君子应该实行的。《洪范》记载灾异现象,往往从人的言谈举止表现中引发出来,哪里像战国所崇尚的那些奸诈权谋呢!"

有的人对秦宓说:"你既然想把自己比作巢父、许由和商山四皓,那为什么还要宣扬自己的文采辞藻,表现自己的奇瑰才能呢?"秦宓答道:"我的文章无法尽言,言辞不能尽意,有什么文采辞藻可宣扬的呢!从前孔子三次拜见哀公,言论集成七卷,这大概是世事有不允许沉默不语的。接舆边走边唱,评论者认为这是光彩的诗篇;渔父咏诵浩渺的流水,贤士们认为这是闪光的辞章。这二人,并不想对这个时代有什么打算。老虎生来就有斑斓的花纹,凤鸟生来就有五彩的羽毛,难道是它们用色彩来装饰自己么?这是天生使

许麋孙简伊秦传第八

然。大概《河图》、《洛书》因文采而兴盛,圣人六经因文采而兴起,君子有美好的文才和美德,文采辞藻又有什么妨害!凭我的愚笨,都以革子成反对文采的过失为耻,何况那些比我贤明的人呢!"

刘备平定益州后,广汉太守夏侯纂迎请秦宓出任师友祭酒,让他担任佐吏之长,称为仲父。秦宓假托有病,躺在家中不出,夏侯纂领着功曹古朴、主簿王普,带上酒食到秦宓家宴饮交谈,秦宓仍像原来那样高卧不动。夏侯纂问古朴说:"说到你们益州养生的酒肴食器,的确远远地超过了别的地方,不知文人才士比其他州郡怎样?"古朴答道:"从西汉以来,益州才士的爵位官职也许不如其他州的人那么高,但说到著书立说被当世之人效法学习,却决不比其他州差。严君平读黄、老写下了《老子指归》,扬雄读《易》写下了《太玄》,读《论语》写下了《法言》,司马相如为汉武帝起草封禅的文章,这是当今天下人人共知的。"夏侯纂说:"仲父怎么样?"秦宓用记事的笏板拍打着自己面颊,说:"请您不要用'仲父'这样的言语假借到小民身上,让我为您说一说本州的源流始末。蜀地有山名叫汶山,长江从山腹中流出,天帝使它得到昌盛,神灵使它得到福佑,因此才有了这里的沃野千里。江、河、淮、济四水,长江名列榜首,这是其一。大禹出生于石纽,就是现在的汶山郡。从前唐尧遭受水患,鲧治水未获成功,大禹疏通长江,清理黄河,使它们向东流入大海,为民除去了祸患,自从有人类以来功劳没有超过它的,这是其二。天帝通过房、心二星来整治天下,以参、伐二星来决定政令,参、伐二星正与地下的益州对应,三皇乘坐车所出的谷口,就是现在的斜谷。这就是本州的始末由来,您平心而论,它比天下其他州郡怎样?"于是夏侯纂迟疑语塞,半晌无言以对。

益州征召秦宓为从事祭酒。刘备称帝后,准备东征孙吴,秦宓劝阻说天时不当,一定难以取胜,因此获罪被卜狱囚禁,以后被赦免释放。后主刘禅建兴二年,丞相诸葛亮兼任益州牧,提拔秦宓出任别驾,不久又任命他为左中郎将、长水校尉。吴国派使者张温前来问候修好,文武百官前去为他饯行。众人都已聚齐,唯独秦宓没有到,诸葛亮几次派人催他,张温问道:"他是什么人?"诸葛亮答道:

"益州的学士。"等秦宓到后,张温问他:"你读书吗?"秦宓说:"五尺高的孩童都读书,你何必轻视人!"张温又问道:"天有头吗?"秦宓说:"有。"张温问:"在什么地方?"秦宓说:"在西方。《诗经》说:'于是眷恋地向西瞻望。'从这句话推论,头在西方。"张温问:"天有耳朵吗?"秦宓说:"天高高在上却能听到下界的声音,《诗经》说:'鹤鸣叫于水泽之中,声音被上天听见。'如果上天没有耳朵,用什么来听它呢?"张温问:"天有脚吗?"秦宓说:"有。《诗经》说:'上天的步履是那么艰难,那人已不可靠。'如果上天没有脚,怎么行走呢?"张温问:"天有姓吗?"秦宓说:"有姓。"张温问:"姓什么?"秦宓说:"姓刘。"张温问:"你怎么知道的?"秦宓答道:"当今天子姓刘,因此我知道天姓刘。"张温问:"太阳诞生在东方吗?"秦宓说:"虽在东方诞生,却最终沉落于西方。"一问一答,有如山中回音应声而出,张温因此对秦宓十分敬佩。秦宓的文才辩才,大多都像这样。秦宓后升任大司农,建兴四年去世。最初,秦宓看到记载帝王世系的文献典籍,五帝都出于同一部族,秦宓考察出这一记录不对的根据。另外他论证皇帝王霸饲养神龙的传说,也很有道理,谯周年轻时曾多次拜访请教秦宓,将秦宓的言论记录在《春秋然否论》,因文字较多这里不予收录。

评:许靖一向有显赫美名,既因忠实厚道受人称赞,又对人才关注有加,虽然他的行事举动未必样样平允适当,但蒋济认为他"大体上来说是位治国的人才"。麋竺、孙乾、简雍、伊籍,都风度雍容而长于清谈议论,也都受到时人的敬重。秦宓最初羡慕隐士君子的高洁,却没有大智若愚的实际表现。然而他在应对交涉方面显得游刃有余,文辞壮美,可以算是当时的一位才士了。

白话三国志卷三十九　蜀书九

董刘马陈董吕传第九

　　董和字幼宰，南郡枝江人，他的祖先本来是巴郡江州人。汉代末年，董和率领宗族西迁，益州牧刘璋命他担任牛鞞、江原县长、成都县令。蜀地富足殷实，当时奢侈之风盛行，经商人家，过的是诸侯般锦衣玉食的生活，婚丧大事，不惜倾家荡产。董和倡导节俭，身体力行，粗布常服，素食为主，防止行为越轨，为此制定了专门的规章制度，因此他所到之处，风尚习俗都得到了良好的转变，人们都畏惧规定而不敢冒犯。豪强们却害怕董和的严格法规，便游说刘璋改调董和为巴东属国都尉。而董和离境之日，境内吏员和民众数千人扶老携幼，遮道坚决挽留，刘璋只得批准董和留任二年，然后升他为益州太守，董和在太守任上，仍同以前一样清简节约。他在处理周围少数民族事务时，总能跟对方推心置腹，以诚相待，所以南方少数民族地区的人们也都爱戴信任他。

　　刘备平定蜀地后，征召董和为掌军中郎将，与军师将军诸葛亮共同主持左将军大司马府的事务，献计献策，厘定可否，关系和乐融洽。自从董和居官食禄以来，在外治理异域，在内参掌军机，前后二十余年，临终时家中竟无值一石粮的私财。诸葛亮后来做丞相，教导部下说："大凡府署设置参谋僚佐，目的就是要集思广益。如果刻意回避小小猜嫌，因此而不提出自己的不同意见，取长补短的机制就受到了损害。各抒己见而最终得出比较适当的决策，就如同抛弃破败的外壳而获得其中的珠玉。然而人心经常苦于不能穷尽这些小事，只有徐庶处理这类问题时从不迷惑。又有董和来到府中任职七年,事情一旦不够详尽周到,他总是不惜往返十次,反复前来陈述意见和建议。如果每个人能做到徐庶的十分之一,像董和那样勤恳负责,那么我的过失就可以少多了!"又说:"从前我初交崔州平,便屡屡从他那里听到我的过失,后来与徐庶结交,常常得到他的启发教诲,先前与董和共事,他总是言无不尽,后与胡济共事,他屡进劝谏之言;我虽然性格鄙陋固执,不能完全采纳他们的意见,但跟这四个人始终保持着非常融洽的关系,这也足以表明他们直言敢谏是没什么疑惑犹豫的。"诸葛亮就是这样深切地怀念董和。

刘巴字子初,零陵郡烝阳人。从小就出名,荆州牧刘表接连几次征召他出山,以及举荐他为茂才,他都不肯应允。刘表去世后,曹操征讨荆州。刘备逃奔江南,荆、楚一带士人纷纷追随于刘备身后,而刘巴却北上去见曹操。曹操召任他为府掾,让他招降接纳长沙、零陵、桂阳三郡。恰好刘备已经占领了这三个地方,刘巴不能回去向曹操复命,只好远走交阯,刘备深以为憾。

刘巴又从交阯来到蜀地。不久刘备平定益州,刘巴向刘备道歉请罪,刘备没有加以任何责备。而诸葛亮又几次称赞推举,刘备就征召刘巴为左将军西曹掾。建安二十四年,刘备称汉中王,刘巴任尚书,后又代替法正为尚书令。他为人清贫,力行节俭,不治产业,又自认为并不是一开始就归附刘备的人,担心受到猜疑,所以总是恭敬沉默,清静做人,私下里不肯结交什么朋友,若非公事不轻易开口。刘备称帝时,昭告于皇天上帝后土神祇,所有的文诰策命,都出于刘巴之手。章武二年刘巴去世。他死后,魏国尚书仆射陈群在给丞相诸葛亮的信中,专门问到刘巴的近况,称他为"刘君子初",对他极是敬重。

马良字季常,襄阳宜城人。兄弟五人,都以有才著名,乡里专为他们编了谚语说:"马氏五常,白眉最良。"马良眉中有白毛,所以人们这样称呼他。刘备兼任荆州牧后,征召他为从事。到刘备入蜀,诸葛亮也接着前往,马良留守荆州,写信给诸葛亮说:"听说我们已

攻下雒城,这是上天的福佑。尊兄顺应期运,辅佐主公治理天下,功配前人并光耀国家,这一吉兆已经显露无遗。大凡随机应变来自于高明的谋略,深思熟虑贵在审慎明察,因此选拔人才,应当及时合宜。至于施治而能高瞻远瞩,勉力树德于天地之间,使时俗遵行法令的约束,让世人服从正道的指挥。整顿荟萃高雅美妙的音乐,纠正郑、卫那样的粗俗之声,使它们全都有利于国家大事,并且不产生迷惑扰乱的影响,这才是管弦中的极品,属于俞伯牙和师旷所达到的最高音乐境界。我虽然不是钟子期,却也不能不为之击节叫好啊!"刘备任命马良为左将军。

后来马良受命出使东吴,他对诸葛亮说:"今天接受君主的使命,协调和洽二国的关系,希望您能向孙权将军介绍我的情况。"诸葛亮说:"那就请您自己来起草这份文件吧。"马良当即挥笔疾书道:"本国君特派官员马良前往继续搞好两国关系,以发扬光大昆吾、豕韦(夏时部落同盟)那样的同盟友谊。此人是吉士贤人,曾任职于荆楚,虽没有口若悬河的辩才,却有善始善终的美德,希望您能平抑心气给予接纳,以抚慰奉使传命的忐忑。"后来孙权果然给予马良十足的尊敬厚待。

刘备称帝后,任命马良为侍中。到东征东吴时,又派马良进武陵招纳五溪蛮夷,蛮夷首领都接受刘蜀的官印封号,一切都合乎刘备的意图。后来刘备所统大军在夷陵遭到惨败,马良也遇害身亡。刘备任命马良之子马秉为骑都尉。

马良的弟弟马谡,字幼常,以荆州从事的身份跟随刘备入蜀,担任过绵竹、成都县令和越巂太守。马谡才气出众,胸襟过人,喜欢讨论兵法军计,丞相诸葛亮对他特为器重。刘备临终之前,叮嘱诸葛亮说:"马谡这人言过其实,不可委以重任,先生请细加考量!"诸葛亮对此仍旧不以为然,任命马谡为参军,每每叫来马谡倾谈兵法,通宵达旦而不知疲倦。

建兴六年,诸葛亮出兵祁山。当时还有久经战阵的将领如魏延、吴壹等,议论者都认为应当让这样一些大将担任先锋,而诸葛亮却不顾众人意见断然提拔马谡担此重任,统领大军在前,与魏将张郃在街亭交战，被张郃击败，士兵溃散。诸葛亮进军没了依托据点，只好退还汉中。马谡被捕下狱而死，诸葛亮为他痛惜流泪。马良死时三十六岁，马谡死时三十九岁。

陈震字孝起，南阳人。刘备兼任荆州牧，征召他为从事，巡视诸郡，后随刘备入蜀。蜀地平定后，陈震任蜀郡北部都尉，因郡名更改，于是改任汶山太守，转犍为太守。建兴三年，回成都担任尚书，升尚书令，奉命出使东吴。建兴七年，孙权称帝，陈震被授予卫尉职务，前往东吴祝贺孙权的登极大典。诸葛亮在给兄长诸葛瑾的信中说："孝起忠义纯朴，老而弥坚，至于他赞美称道两国关系，达成彼此的欢乐和洽，更有可贵之处。"陈震进入东吴国界，给守关官员的公文中说："吴、蜀两国，驿使东来西往，冠盖络绎不绝，申明最初的盟好关系，友谊日益增进。东帝理应常保帝运，焚柴祭天，接受符命，裂地辟疆，天下响应，各有所归。在这个时候，以同心协力之势讨贼，那么还有什么样的敌寇不能消灭啊！我们蜀国君臣，对此翘首企盼，欣欣然多所仰赖。我陈震才能低下，得以充任使节，奉通好之命结和睦之实，未踏上贵国地界之前早就兴奋莫名，一入境那种如同回家的感觉便油然而生。春秋时晋献子前往鲁国，触犯了人家的忌讳，受到《春秋》的讥讽。希望您赐告贵国的风俗禁忌，使我能在前行的过程中避免言行犯忌而影响彼此的和洽。今天我就将张开使者的旌节，从而将我的来意告示给众人，并向众人立誓我此行必须履行的职责。顺流放舟，船行如箭，而每个国家的典章制度各有不同，我很担心万一有所触犯，所以也希望您能给予必要的指教，告诉我言行合宜的方式。"陈震到达武昌，孙权和他升坛歃血盟誓，并约定二家将来拓展疆土的规则：徐、豫、幽、青四州应归属东吴，并、凉、冀、兖四州将成为蜀国辖境，至若司州所辖疆域，当以函谷关为界由两家均分。陈震回蜀后，爵封城阳亭侯。建兴九年，都护李平因诬蔑丞相诸葛亮而被废黜为平民；诸葛亮在给长史蒋琬、侍中董允的信中说："从前孝起临去吴国前，曾对我说过李平腹中长有鳞甲，其同乡人都认为他不可接近。我当时还只以为对这种有鳞甲的人不招惹他也就是了,绝没料到又有苏秦、张仪那样的怪事发生。这事应该让孝起知道。"建兴十三年,陈震去世。其子陈济承袭爵位。

董允字休昭,是掌军中郎将董和的儿子。刘备立太子时,董允被选为舍人,调任洗马。刘禅继承帝位后,又升董允为黄门侍郎。丞相诸葛亮准备兴师北伐,住在汉中时,担心后主年轻,不懂得分辨是非轻重,认为董允秉心公正无私,让他入宫辅佐后主最是适当。于是上疏给刘禅说:"侍中郭攸之、费祎、侍郎董允等人,都是先帝通过精心选拔留给陛下的重臣,至于斟酌可否,尽忠进言,都是他们的职责所在。我认为宫中的事情,不论大小,全都向他们讨教,一定可以补缺堵漏,并有所增广改善。如果陛下听不到振兴盛德的建言,那么就当严惩董允等人以昭彰他们怠慢失职的罪责。"诸葛亮不久就请刘禅任命费祎为丞相参军,董允随即升为侍中,兼虎贲中郎将,统领宿卫亲兵。郭攸之的性格向来和善温顺,只不过挂名而已。向后主进言劝谏的重任,全由董允承担了。董允的处世治事重在防微杜渐,因此可以说是穷尽了匡正补救的法门。刘禅常想采选天下美女来充实后宫,董允认为自古以来天子的后妃数也不过十二名而已,现在嫔嫱足数,不应再有所增加,就始终坚执不肯让步。刘禅更加畏惧他了。尚书令蒋琬兼任益州刺史时,上疏请求让位给费祎和董允,又表奏说"董允在宫内任职多年,辅佐王室,应当赐给他封爵采邑以表彰他的功勋"。董允坚决推让不肯接受。刘禅渐渐长大,喜欢宦官黄皓。黄皓谄媚逢迎而又狡黠非常,一心钻营打算爬上高竿。董允经常对上则态度严肃地匡正后主,对下则多次指斥黄皓。黄皓畏惧董允,不敢胡作非为。在董允辅佐期间,黄皓的职位终究不过是一个黄门丞而已。

有那么一次董允曾和尚书令费祎、中典军胡济等人约定外出游宴,车马都已准备停当,这时职任郎中的襄阳人董恢前来拜见。董恢年轻而官小,见董允即将出门,呆了一会儿便起身告辞,董允不让他走,说:"本来出门的目的,就是想跟朋友们交游谈心的,现在您既已屈尊来访，正好叙谈久别之后的感受，放弃这样的叙谈，而赶到别处去聚会，实在没有这个道理呀。"于是下令解开车马，费祎等人也只好停车不去了。他坚持正道而礼贤下士，都像上面所陈述的事例。延熙六年，给董允加官辅国将军。七年，以侍中职务代理尚书令，作为大将军费祎的副手。延熙九年去世。

陈祗接替董允为侍中，和黄皓相互勾结，里外串通，黄皓这才开始干预政事。陈祗死后，黄皓由黄门令一路高升为中常侍、奉车都尉，把持朝政，玩弄威权，终于弄到刘蜀亡国。蜀人无不追念董允。邓艾到蜀国，听说黄皓奸佞阴险，便下令收押起来，准备杀掉他，而黄皓通过重金贿赂邓艾左右的手段，居然免于一死。

陈祗字奉宗，汝南人士，是许靖哥哥的外孙。他小时候就失去了父亲，在许靖家长大。二十岁时就有了名气，慢慢升职为选曹郎，仪容举止庄重严厉。多才多艺，而且天文、历法、占卜一类术数类学问也很有造诣，费祎特别看重他，所以越级提拔让他接替董允的内侍之职。吕乂去世，陈祗又以侍中身份代理尚书令，加官镇军将军。大将军姜维虽然职位在陈祗之上，但他常年带兵在外，很少亲自过问朝政。陈祗对上逢迎皇上所好，对下勾结宦官，为此深受后主的信任和喜爱，实际权力还大于姜维。景耀元年陈祗去世，刘禅感到痛惜，一说起他便流泪不止，还下诏书说："陈祗总领政事十二年，奉行柔和美善的原则，治事干练整肃并很有章法，调和得体利于万物，政绩突出而公允明智。可惜他生命如此短暂，让我内心深为悲痛。在世名声美好，去世后理应获得美好的谥号，特赠他谥号为忠侯。"后主又赐封他儿子陈粲为关内侯，提拔其次子陈裕为黄门侍郎。自从陈祗得宠以来，刘禅对董允的追恨便日益加深，认为董允根本没把他放在眼里，这全是陈祗一味阿谀谄媚皇上，而黄皓挑拨离间所致。董允的孙子董宏，西晋时担任巴西太守。

吕乂字季阳，南阳人。父亲吕常，送原将军刘焉入蜀，因官道堵塞，于是未能返回中原。吕乂从小失去父亲，喜欢读书弹琴。当初，刘备平定益州时，设置盐府校尉，管理食盐和冶铁的财政收入，后来

校尉王连求请让吕乂及南阳人杜祺、南乡人刘干等人并任典曹都尉。吕乂后升任新都、绵竹县令，用心哀怜抚恤，受到百姓称道，声誉在一州各城中首屈一指。升巴西太守。丞相诸葛亮连年出师北伐，向诸郡征调人丁财物，而诸郡不肯听令增援的不在少数，吕乂招募了五千士兵带交给诸葛亮，好言安慰并严厉督查，五千士兵竟没有一人脱逃的。调任汉中太守，兼领督农，负责供给军需粮草。诸葛亮去世，吕乂又相继升为广汉、蜀郡太守。蜀郡为国都所在地，户口众多，在诸葛亮去世之后，士兵逃亡，冒名顶替，形形色色作奸犯科的事层出不穷。吕乂到任后，制定了防备禁戒的措施，加以说理劝导，几年之间，前后自首的逃亡者竟多达一万多人。后来吕乂入朝任尚书，代董允担任尚书令一职，公事纷繁却没有一件留滞，衙门里人来人往却没有让一个办事者无奈地等待。吕乂先后在朝内朝外任职，立身节俭，谦虚敬慎而寡言少语，为政简明而不繁琐，以清静和能干著称；但用法严酷苛刻，喜用文官俗吏，所以虽然官居高位，名声却远不及任职于郡县之时。延熙十四年去世。儿子吕辰，景耀年间任成都令。吕辰的弟弟吕雅，官任谒者。吕雅耿介自重而有文才，著有《格论》十五篇。

杜祺历任郡守、监军、大将军司马，刘干官至巴西太守，都和吕乂关系很好，当时也都很有名，但在节俭朴素和安分守法方面，都比不上吕乂。

评：董和操行洁白而进退有节，刘巴力行清廉而气节高尚，马良忠贞诚实，才学美盛，陈震忠诚恭谨，操行老而弥坚，董允匡正国君过失，忠义形于辞色，他们都是蜀国大臣中的优秀代表。吕乂在郡做官时受人推崇，入朝后声名反而受损，也是黄霸、薛宣之流的人物。

白话三国志卷四十　蜀书十

刘彭廖李刘魏杨传第十

刘封,本是罗侯寇氏的儿子,长沙刘氏的外甥。刘备到荆州时,因自己无香火继承者,就收养刘封作为养子。到刘备入蜀时,从葭萌掉头回攻刘璋,当时刘封还只有二十来岁,有武艺,气力过人,带兵与诸葛亮、张飞等一起逆江西上,所到处攻无不克。益州平定后,刘备任命刘封为副军中郎将。

当初,刘璋派遣扶风人孟达作为法正的副手,各带兵二千人,让他们去迎接刘备,刘备就让孟达统一指挥这四千人马,留守驻扎在江陵。蜀地被平定后,任命孟达为宜都太守。建安二十四年,命令孟达从秭归北进攻打房陵,房陵太守蒯祺被孟达的部队杀害。孟达准备进攻上庸,刘备私下担心孟达一个人难以胜任,就派刘封从汉中顺沔水而下统领孟达的部队,与孟达在上庸会合。上庸太守申耽率众投降,把妻子儿女及宗族人员派送到成都。刘备给申耽加官为征北将军,仍兼上庸太守,员乡侯的爵位照旧,又任命申耽之弟申仪为建信将军、西城太守,升迁刘封为副军将军。自从关羽围攻樊城、襄阳以来,曾接连呼叫刘封和孟达,让他们发兵相助。刘封和孟达推脱说自己所辖的郡归附不久,不可因此造成动荡,都拒绝理会关羽的军令。恰好关羽在这期间兵败被杀,刘备对二人心生痛恨。而刘封和孟达又相互争斗,彼此关系不和,刘封不久还抢夺了孟达的仪仗乐队。孟达既害怕获罪,又愤恨刘封,于是就上表辞别刘备,率领自己的部属投降魏国。魏文帝曹丕很欣赏孟达的资质和容貌仪表,任命他为散骑常侍、建武将军,封平阳亭侯。将房陵、上庸、西城三郡合为新城郡，让孟达兼任新城太守。又派遣征南将军夏侯尚、右将军徐晃与孟达一同出兵袭击刘封。

孟达写信给刘封说："有句古话说：'疏不间亲，新不加旧。'这就是说上面英明公正而下面正直无私，那么谗言诽谤也就难行其道了。至于懂得权变之道的君主，作风贤明慈爱的父母，尚且还有忠臣建功立业而遭横祸，孝子仁心宅厚而平白受难的事情发生，像文种、商鞅、白起、孝己、伯奇等人，就都属于这种情况。其所以如此，并非骨肉有彼此分离的嗜好，亲人有给予祸患的怪癖。说到底有的是因为恩爱转移，也有因小人从中挑拨离间，即使是忠臣和孝子也不可能改变君王和父亲的主意。到了权势和财利起主要作用的时候，亲人都会变成仇敌，更何况还不是亲人之间的关系呢！所以像申生、卫伋、御寇、楚建等人都秉承优秀血气化身成人，处于嫡传的正当地位，却还不免被亲人加害的下场。今天阁下之跟汉中王刘备，不过是道路相逢的人罢了，论亲情并非骨肉关系却让你手握大权，说道义又非君臣关系却使你身处尊位，出征则拥有副官的威风，闲居则有副军的名号，这是远近的人都听说了解的事实。自从立阿斗为太子以来，有见识的人都为之感到寒心。如果当年申生能采纳子舆的建议，那他必定可以成为像太伯那样独辟一方疆土的君王；卫伋如果肯听取弟弟的计谋，也不会受到吹嘘父亲的讥讽了。况且齐国的公子小白出奔，再回国才有了他齐桓公的春秋霸业；晋国的重耳跳墙逃命，最终也才有了成功获得王权的晋文公。这类事自古以来屡见不鲜，并非只有今天才有。

"智慧贵在能够免去灾祸，聪明人注重及早通达，据我推测汉中王在继承问题上，对内主意已定而对外正心生疑虑的倾向已非常明确；主意既定就将心如磐石，疑虑产生就难免内心忧惧，祸乱的兴起，没有哪一次不是由废立之事引发的。私人恩怨和人之常情，这时往往就会特别敏感，所以只怕汉中王身边一定有人止以这种恩怨人情实施离间了。如此一旦疑心成形而怨声上达，灾祸就将如触动机关那样轻易发生了。你现在远在他们的视线之外，还可以暂时避开这些是非侵害；如果我们的大军就此猛然推进，阁下丧失这块立身之地再回去国内，我私心里确实替你的安危感到忧虑。从前微子离开殷朝，智果与他本族本姓分道扬镳，及时远离祸患，还都应做到像他们那样。如今阁下背弃亲生父母而替他人承担后代的责任，本来就不合礼法；明知大祸即将临头还坚持留在是非之地，至少是不明智的行为；见到正确的东西不能及时追随却还心生怀疑，又明显跟道义的本质背道而驰。既然自称为大丈夫，却做出这三种事，可贵的究竟还有些什么呢？以你的才能，离弃汉中王而东奔魏国，继承罗侯氏的血脉荣耀，算不上是背叛亲族；北面事奉君王，维护纲常正轨，算不得背弃故主；汉中王虽会恼怒却还不至于招致祸乱，阁下又可以免除自身的危亡，就并不是无谓的徒劳了。再加上魏文帝新近受禅登极，虚心纳贤，用仁德感化远人，如果足下你能翻然悔悟改投明主，就不仅仅限于跟我平起平坐，接受三百户的封爵，继承罗侯国的爵统而已，还将裂地给予你更高层次的分封，让你成为一个全新侯国的开国君王。皇帝陛下的大军，战鼓齐声轰鸣，打算改都宛、邓；如果吴、蜀不被征服，永不退军。你应当抓住这一大好时机早定良策。《易经》说'利见大人'，《诗经》有'自求多福'之说，对阁下的决定应该大有帮助。现在请足下仔细考虑，不要落得像从前的狐突那样闭门不出终于束手被杀的不幸结局。"刘封不肯听取孟达的劝告。

申仪背叛刘封，刘封兵败逃回成都。申耽降了魏国，魏国暂授申耽为怀集将军，迁居南阳，任命申仪为魏兴太守，封员乡侯，屯兵洵口。刘封回到成都，刘备对他欺凌孟达及不救关羽的行径给予了严厉指斥。诸葛亮考虑到刘封刚强勇猛，在刘备百年之后终究难以驾驭，就劝刘备趁此机会除掉他。于是赐刘封死，让他自尽。刘封叹息说："遗憾的是没听孟子度的劝告！"刘备为刘封之死流下了眼泪。孟达本来字子敬，为避刘备叔父刘敬的名讳，这才改为子度的。刘封的儿子刘林，任牙门将，咸熙年间内迁到河东郡；孟达的儿子孟兴，任议督军，当年迁回扶风。

彭羕字永年，广汉郡人。身长八尺，容貌十分魁伟。生性骄傲，

目空一切,只敬重同郡人秦子敕,他向太守许靖推荐说:"过去高宗梦见傅说,周文王访求吕尚,到了汉高祖,还提拔了郦食其这样的平民,这都是帝王开创帝业、维护帝统、积功累德的做法。现在您稽考古代帝王大中至正之道,公平执政有如神灵,效法公刘的盛德,奉行召伯的惠政,像《诗·周颂·清庙》歌颂周文王那样的颂诗就要针对您而发生了,那些赞扬或贬低的舆论规则也将围绕着您而接踵上演,然而羽翼还是不够丰满。我所知道的隐士绵竹人秦宓,他服膺仲山甫的德行,履行隽不疑的直率,以石为枕,流水洗漱,吟诗咏唱,衣服以乱麻为絮,仁义路上他幽幽漫步,浩然境界中他恣意翱翔,节操崇高,本性不失,就算是古代的高明隐士,也未必有更多超越他的地方。如果您能招徕这个人,必然会带来忠诚正直胸襟磊落的美誉,丰功厚利,建立功勋,然后功劳被记在王府之中,名声传扬到来世之后,不也是美事吗!"

彭羕在州中做官最大没超过书佐,后来又被众人诽谤诬告到州牧刘璋那里,刘璋对他施以髡刑和钳制,让他去服劳役。正好刘备也在这时入蜀,沿江北上。彭羕想游说刘备,就前去见庞统。庞统和彭羕没什么交情,又赶上庞统当时有其他宾客在,彭羕无需主人招呼就直接来到庞统的床上躺下,对庞统说:"等你的客人走了我要跟你好好地谈谈。"庞统等客人走后,靠近彭羕坐下,彭羕又先问庞统要吃的,然后再和他说话,于是就留在那里过夜,次日又谈了一天。庞统非常欣赏他,而法正以前就很了解彭羕,于是一起向刘备推荐。刘备也认为他是奇才,多次让彭羕在军中传达军事命令,还指导诸将兵法,奉命出使也令人满意,刘备对他的赏识知遇也日渐增长。成都平定后,刘备兼任益州牧,提拔彭羕为治中从事。彭羕白手起家,突然间竟位处州人之上,不免得意形于言表,自夸机遇更好则造化必将更加辉煌。诸葛亮虽然表面上很接纳彭羕,但内心深处却对他很不以为然,他曾屡次向刘备秘密进言,说彭羕这人野心很大,任用他有可能充满变数。刘备既然敬重信任诸葛亮,加上自己再仔细观察过彭羕的所作所为,意念中便渐渐疏远起来,接着就让彭羕降职出任江阳太守。

彭羕听说自己要到远方任职，私下里很不开心，便去见马超。马超问他说："您的才力美好特出，主公对您也极为器重，说您当与诸葛亮、法正并驾齐驱，怎么可以让您出任那么小的边郡郡守，与本来的愿望背道而驰呢？"彭羕说："那老兵油子荒唐无理，还有什么可说的！"又对马超说："您为外官，我为内官，天下没有什么平定不了的。"马超长久在外，归顺蜀国后常心怀危惧之感，听到彭羕的话大惊失色，默不作声。等彭羕走后，马超便将彭羕的话写下呈报，于是收押彭羕交给有关部门处置。

彭羕在狱中写信给诸葛亮说："我过去曾和各路诸侯打过交道，觉得曹操行事暴虐，孙权不行正道，刘璋又昏庸懦弱，唯有主公刘备有霸王的资质，可以和他开创霸业并实现天下大治，所以才有了鸿鹄高飞的志向。恰好主公西行入蜀，我因为法正的夸奖和推荐，庞统从中沟通安排，能够在葭萌与主公相见，我们抵掌而谈，从治国机务，讲到成就霸业的道理，并且筹划了夺取益州的计策，主公对此事原已深思熟虑，当即赞同我的意见，于是有了后来的攻成都取益州的军事行动。我在原来的州里不过是很平庸的一个人，还常常有种种无妄之灾，幸而赶上了风云变幻的大时代，而且找到了赏识自己而且令自己倾心爱戴的主公，终于得志扬名，从一个普通平民当上了朝廷大臣，取得茂才的称号。主公将爱子之情分及于我，这样的恩宠又有谁能超过啊。我一时狂妄悖逆，自寻死路，应当称为不忠不义的鬼吧！古人说得好，左手握着天下疆域图，右手挥刀切割自己的咽喉，傻瓜也不会这么做的。况且我还很能分得清麦子和豆子呢！之所以有些怨言，是我自己不自量力，轻率以为自己为主公建有首倡大业之功，所以才有关于发配江阳的那些怪话，其实我没能理解主公的意图，心里激动，又喝酒过量，脱口说了个带'老'字的胡话。这是我的浅薄和愚昧所致，主公实际上并不老。况且开创大业，难道会在乎老少，周文王活到九十岁，哪里有什么衰颓之志，我实在亏负了慈父般的主公，实在是百死难赎其罪啊。至于'内外'那句话，是想让马超在北边开土拓疆，全身心地为主公效力立功，共同讨伐曹操罢了，哪里敢有别的任何想法呢？马超的陈述是对的，但是他并没有理解我的真实意思,这太让人痛心了。以前我经常和庞统一起发誓,希望能跟在您的后面,为主公的事业尽心尽力,力争盛名与古人看齐,功勋载入史册。庞统不幸中箭身亡,我也身败得祸。可我是自行毁灭,还能怨谁呢!足下,您是当代的伊尹和吕尚,应当善于为主公出谋划策,帮助他完成大业。天地明察,神祇有灵,还再说些什么啊!只不过希望足下能明察我本心罢了。好了努力吧,保重,保重!"彭羕终究被杀,时年三十七岁。

廖立字公渊,武陵郡临沅人。刘备兼任荆州牧时,征召他为从事,廖立还不到三十岁,又被提升为长沙太守。刘备入蜀后,诸葛亮镇守荆州,孙权派人与诸葛亮建立友好关系,便问诸葛亮蜀国士人中有谁和他共同治理政事,诸葛亮回答说:"庞统、廖立,都是楚地的优秀人才,是能够辅佐君主建功立业的人。"建安二十年,孙权派吕蒙暗中突袭南方三郡,廖立脱身逃出,自己回到刘备那里。刘备平素很赏识他,所以也没有过多责备,让他做巴郡太守。二十四年,刘备自立为汉中王,征召廖立为侍中。刘禅继位,改廖立为长水校尉。

廖立的本意,认为自己的才能名声应是仅次于诸葛亮而已,但实际上班次地位总落在李严等人之下,所以心里时常郁郁不乐。后来丞相掾李邵、蒋琬等人到来,廖立跟他们计议说:"大军会远出,你们要认真仔细地处事。以前先帝不取汉中,而去和吴人争夺南方三郡,结果被吴人夺去三郡,白白让军士受累,徒劳无益而回。丢失汉中之后,又让夏侯渊、张郃深入巴郡,几乎丢掉整个益州。后来到了汉中,又使关羽连骸骨都收不回来,上庸一战惨败,白白丢掉了一方疆土。这是关羽倚仗自己勇猛之名,治军无方,只凭意气冲杀所致,所以前后几次损兵不少。又如向朗、文恭,都只是些才能平庸的凡夫俗子罢了。文恭任治中一职毫无法度;向朗过去侍奉马良兄弟,称他们为圣人,现在他当了长史,只懂得拘泥于所谓的人道天道。中郎郭演长,只是个跟在他人后面亦步亦趋的角色,不足以跟他共谋大事,却当上了侍中。现在属于弱世,皇上要使这样三个人担当重任,是不恰当的。王连不过一流俗之人,苟且敛财,使百姓疲于奔命，以至于闹到今天这个模样。"李邵、蒋琬把廖立这些话原原本本告知了诸葛亮。诸葛亮上表条列廖立之罪说："长水校尉廖立，自高自大，任意褒贬满朝文武，公然说国家不懂任用贤明通达之人而任用平庸之吏，又说统兵大将都是些无知小辈；还诽谤先帝，诋毁群臣。当有人说国家军队简练、建制分明时，廖立居然眼望屋顶，愤愤然变脸呵斥说：'这有什么值得评价的！'像这样的情况不可胜数。一只羊搅乱羊群，尚且可以造成危害，况且廖立身处高位，常人以下谁能分辨他的真伪呢？"于是废黜廖立为平民，流放到汶山郡。在那里，廖立亲自率领家人耕耘自足，听到诸葛亮去世的消息，他垂泪叹息说："我一辈子都要穿着这种衣襟左掩的衣服了！"后来监军姜维率领部队经过汶山，前去看望廖立，说他意气不减当年，言谈自若。廖立终于老死在流放地。他的妻子儿女后返回蜀地。

李严字正方，南阳人。年轻时担任过郡中的低级官史，以才干著称。荆州牧刘表让他到各郡县任职历练。曹操进入荆州那时，李严是秭归县令，于是便西奔蜀地，刘璋任命他为成都县令，又有能干的名气。建安十八年，命李严担任护军，在绵竹抗击刘备。李严率领部队投降刘备，刘备任命他为裨将军。成都平定后，又升他为犍为太守、兴业将军。二十三年，有盗贼马秦、高胜等人在郪地起兵，合聚部队共数万人，到达资中县。当时刘备在汉中，李严没有另外发兵，只带领郡中士兵五千人前去讨伐，斩了马秦、高胜二人的首级。其余的人都四散逃走，全都回家当百姓去了。又有一次越巂的少数民族首领高定派兵围困新道县，李严迅速出兵前往援救，贼人都大败而逃。为他加官为辅汉将军，照旧兼任原太守职务。章武二年，刘备征召李严赴永安宫，任命他为尚书令。三年，刘备病重，李严和诸葛亮同时接受遗诏辅佐少主；以李严为中都护，统管内外军事，留下镇守永安。建兴元年，被封为都乡侯，假以符节，加官光禄勋。四年，转为前将军，因诸葛亮准备出兵汉中，李严应当负责后方事务，便转移到江州屯驻，留护军陈到驻守永安，都归李严统属。李严在给孟达的信中说："我和孔明同受先帝托孤遗命，忧虑深切，责任重大，总想得到优秀的同事。"诸葛亮在给孟达的信中也说："处理公务如行云流水，取舍决策从无凝滞，恰是正方的风格。"他就是这样受到尊敬和重用。建兴八年，升为骠骑将军。因曹真准备三路进逼汉川，诸葛亮命令李严带领二万人赶赴汉中。诸葛亮又表奏提升李严的儿子李丰为江州都督督军，执掌李严遗留的事务。诸葛亮因第二年要出兵，便命令李严以中都护代理丞相府事。李严改名李平。

九年春，诸葛亮出兵祁山，李平负责督运粮草军需。夏秋之际，正值阴雨连绵，粮食运输跟不上前方需求，李平便派参军狐忠、督军成藩谕示旨意，让诸葛亮撤军；诸葛亮接到指令随即退兵。李平听说军退，又假装惊讶，说"军粮充足，为什么这就撤军"！打算诛杀督运官以解脱自己办粮不力的责任，同时彰显诸葛亮不进反退的罪过。他又上表给后主刘禅，说"军队是假意后撤，目的是诱敌深入然后与其决战"。诸葛亮便将李平前后所写书信奏章及其内容始末一一公示，李平前后矛盾的问题顿时显露无遗。李平理屈辞穷，终于自动认罪。于是诸葛亮上表奏告李平罪名说："自从先帝去世后，李平所到之处忙于治理家业，喜欢施予些小恩小惠，只在意自己的安稳和名声，对于国家大事无所用心。当我打算出师北伐时，想让李平带领所统部队前来镇守汉中，李平绞尽脑汁反复推脱，没有来的意思，反而想要合并五郡自己做巴州刺史。去年我打算西征，想让他主管汉中，李平却说司马懿等人正在魏国开设府署选置僚属，我知道李平的鄙陋心理，他是想在启程之前逼迫我给予实惠，所以我才上表推举他的儿子李丰主管江州，给他这样破格的待遇，以应一时之急。李平到任后，我把大小事情都委托给他，朝臣们都奇怪我为何要如此厚待李平。这正是因为国家大事未定，汉室危亡，与其批评他的短处，不如对他予以褒奖。我本以为李平不过是为了得到些荣誉和利益而已，没料到他会将黑白颠倒到如此地步。如果再让他留任下去，必将给国家招致祸败，本人愚昧，说多了增加错误。"于是废黜李平为平民，流放到梓潼郡。建兴十二年，李平听说诸葛亮去世，也发病而死。李平此前还常常指望诸葛亮会再次起用他，并且他料定接替诸葛亮的人却做不到这一点,所以激愤致死。李丰官至朱提太守。

刘琰字威硕,鲁国人。刘备在豫州时,征召他为从事,因他与刘备同姓,又风雅潇洒,善于谈论,所以特亲近厚待他,让他跟随自己应酬交接,常在宾客之位。刘备平定益州后,任命刘琰为固陵太守。后主刘禅继位,封他为都乡侯,朝中排位常紧随李严之后,任卫尉中军师后将军,后升车骑将军,但不参与国家政事,只是领着一千多士兵,跟着丞相诸葛亮提提意见而已。他的衣食住行非常奢侈,有数十名服侍婢女,都懂得吹拉弹唱,他又教她们每个人都诵读《鲁灵光殿赋》。建兴十年,与前军师魏延不和,言语荒诞不稽,受到诸葛亮的责备。刘琰写信认错:"我这人本性空虚,操行本就浅薄,加上又有贪杯的毛病,自跟随先帝以来,奇谈怪论不断,几乎断送身家性命。多蒙您看在我一心为国的分上,原谅我身上种种缺点毛病,扶持保全,让我获得官禄职位,以至今日。前些时再度昏乱糊涂,言语错乱颠倒是非,您宽容隐忍,不对我据理较真,使我得以保全,区区性命得以再造。自此我一定克制私欲,严以律己,改过自新,并向神灵发誓;如果不能继续为国效力,那我也就没脸再苟活下去。"于是诸葛亮让刘琰回成都,其官位照旧。

刘琰从此失魂落魄,精神恍惚。建兴十二年正月,刘琰的妻子胡氏入宫给太后贺喜,太后下令让胡氏多住几天,结果过了月余才出宫。胡氏长得很漂亮,刘琰怀疑她在宫中与刘禅私通,便让问事役卒拷打胡氏,甚至于用鞋子打她的脸,然后写休书将她遣送回娘家。胡氏便上告刘琰的混账言行,刘琰因此被捕入狱。有关部门议定说:"士兵不是打老婆的人,脸面不是受践踏的地方。"刘琰居然被处以死刑。从那以后大臣妻子或母亲的进宫行贺礼仪也被禁绝。

魏延字文长,义阳人。作为刘备的私人武装跟随刘备入蜀,屡建战功,升为牙门将军。刘备被拥立为汉中王,迁治成都,必须选取重要将领来镇守汉川,大家都以为定是张飞无疑,张飞心里也以为非自己莫属。刘备这时却提拔魏延为督汉中镇远将军,兼任汉中太守,全军上下无不惊讶。刘备大会群臣,问魏延说:"现在对你委以重任,你在这个位置上有何打算啊?"魏延问答说:"如果曹操带领天下的兵马而来,请允许我为大王您抗击他;如果是由偏将带十万人马前来,请允许我为大王您吃掉他们。"刘备连声叫好,众人也认为他的话十分豪迈。刘备称帝后,升魏延为镇北将军。建兴元年,封为都亭侯。五年,诸葛亮驻军汉中,让魏延统率先锋部队,兼任丞相司马、凉州刺史。八年,让魏延向西进入羌族地区,魏国后将军费瑶、雍州刺史郭淮与魏延在阳溪交战,魏延大败郭淮等人,升为前军师、征西大将军,假以符节,晋封为南郑侯。

魏延每次跟随诸葛亮出兵,都想请得一万兵马,与诸葛亮分兵会师于潼关,像从前的韩信那样,诸葛亮总是制止而不允许。魏延常以为是诸葛亮胆怯,叹息遗憾自己的才能不能尽情施展。魏延本就善待士兵,自己也勇猛过人,又加性情矜持高傲,当时很多人都避让他而甘居其下。只有杨仪对他无所容让,魏延对此十分恼火,两人关系势同水火。建兴十二年,诸葛亮出兵北谷口,魏延为先锋。离开诸葛亮的营地十里远近时,魏延夜梦头上长角,便问占梦者赵直,赵直骗他说:"大凡麒麟有角而不必用它,这是我军不战而敌人自行破败的征兆。"退下后赵直却告诉别人说:"角字的构成,刀下加用字;头上用刀,这凶兆就很可怕了。"

当年秋天,诸葛亮病重,便秘密地与长史杨仪、司马费祎、护军姜维等筹划他死后退军的安排,让魏延断后,姜维次之;如果魏延万一不听从命令,可不理会他让大军照常撤退。诸葛亮病逝后,秘不发丧,杨仪命费祎前去探听魏延的意思。魏延说:"丞相虽然死了,我还健在。府中的亲戚和官员家属可以护送丞相灵柩回去安葬,我仍然应当率领诸军攻击敌人,凭什么因为一个人的死就要荒废国家大事呢?况且我魏延是什么人物,竟然要听他杨仪的指派,做断后的将领呢!"紧接着便要和费祎对护送灵柩回国及留下作战的队伍同时做好分派部署,让费祎写好文告并和自己连名告知下面诸将。费祎骗他说:"还是让我回去把您的意见跟杨长史解释一下,长史是文官，不太明白军事，他一定不会反对您的决定。"费祎出门，立即飞马而去，魏延很快就后悔了，追他已来不及。魏延派人去观察杨仪等人的动静，才知道他们准备按照诸葛亮安排好的方案，各个兵营依次引兵撤退。魏延一听大怒，趁杨仪还未行动，便率领自己的部队直接向南进发，将经过之处的所有山谷间栈道全都烧毁。魏延、杨仪各自都上表奏告对方叛逆，一天之内，这样的文书先后送达朝中。刘禅拿此事来问侍中董允、留府长史蒋琬，董允、蒋琬都保杨仪而怀疑魏延。杨仪等人劈山开路，昼夜兼程，也紧跟在魏延之后。魏延先到，占据南谷口，派兵迎击杨仪等人，杨仪等人命令何平在前抗击魏延。何平叱责魏延先到的举动说："丞相去世未久，尸骨未寒，你们这些人怎么就敢这样！"魏延手下的将士都明白魏延理屈，没人愿意为他卖命，部队全都散去。魏延只是和他的儿子几个人逃亡，直奔汉中而去。杨仪派马岱领兵追杀了魏延，马岱将魏延的首级带回给杨仪，杨仪起身用脚踩着魏延的脑袋说："愚夫！还能干坏事么？"于是诛杀魏延三族。当初，蒋琬率领保护宫廷的宿卫诸营北行，已前进了数十里，魏延被杀的消息传来，于是返回。考究魏延的本意，他不向北投降魏国而是向南返回，目的只不过要杀掉杨仪等人罢了。平日里诸将本来关系不和，希望时论以为一定是由自己接替诸葛亮。魏延的本意只是如此，不能说他是背叛。

杨仪字威公，襄阳人。建安年间，身为荆州刺史傅群的主簿，他却背叛傅群去投奔襄阳太守关羽。关羽任命他为功曹，派他为使者西行去见刘备。刘备跟他讨论国家军事计策，政治得失，非常喜欢他，便任命他为左将军兵曹掾。到刘备立为汉中王时，又提拔杨仪为尚书。刘备称帝，东征孙吴，杨仪与尚书令刘巴不和，受降职处分，授予他无须赴任的弘农郡太守职衔。建兴三年，丞相诸葛亮任命他为参军，代理丞相府事，准备南行。五年，跟随诸葛亮到汉中。八年，升为长史，加官绥军将军。诸葛亮多次出兵，杨仪总是帮他规划部署，筹措粮草，做事不用过多的思考，一会儿就干脆利索地处理完毕。军中的调度指挥，都直接交由杨仪承办。诸葛亮深深爱惜杨仪的才干，同时依仗魏延的勇武，常常遗憾这两人不能和睦相处，而又不忍心偏废他们任何一方。十二年，杨仪跟随诸葛亮出兵屯驻谷口。诸葛亮病死沙场。杨仪负责带领部队返回，又攻杀了魏延，自以为功勋无与伦比，应当代替诸葛亮执政，他让都尉赵正以《周易》来卜筮，得到的卦名为"家人"，便默然而不高兴。而诸葛亮生前已有秘密指令，认为杨仪为人急躁狭隘，意思是蒋琬合适，因此蒋琬这时升为尚书令、益州刺史。杨仪回到成都后，授予中军师，没有统领的对象，优游闲处而已。

当初，杨仪在刘备手下任尚书时，蒋琬只是一介尚书郎，后来虽然同为丞相参军、长史，杨仪每每随同诸葛亮出征，承担军中繁重的工作，自以为资历比蒋琬老，才能也超过他，于是脸上经常露出怨愤的表情，叹息愤怨之声发于五脏六腑。人们都害怕他说话没有节制，没有谁肯跟他私下来往，只有后军师费祎去慰问看望他，杨仪对费祎发泄内心不满，以前如何以后怎样地说了一大通，又对费祎说："以前丞相去世的时候，如果我率全军迎合魏延，处境又怎会落到如此程度！令人追悔莫及呀。"费祎便秘密地把这些话向上汇报。建兴十三年，废杨仪为平民，流放到汉嘉郡。杨仪到达流放地，又上书怨望，措辞激烈直率，于是朝廷派人去郡中收押他。杨仪自杀，他的妻子儿女返回蜀地。

评：刘封身处嫌疑之地，而思虑防范不足以保护自己。彭羕、廖立以才能突出晋身，李严以办事的才干器局而闻达，魏延以有勇有谋而担当军事重任，杨仪以居官称职知名，刘琰是刘备的老部下，这些人全都是位高任重的大臣。考察他们的所作所为，加以人事规律的比照，发生在他们身上的灾祸，应该全都是由他们自己造成的。

白话三国志卷四十一　蜀书十一

霍王向张杨费传第十一

霍峻字仲邈,南郡枝江人。哥哥霍笃,曾在乡里召集了私人武装数百人。霍笃死后,荆州牧刘表就让霍峻统领这支部队。刘表死后,霍峻带领部众投奔刘备,刘备任命霍峻为中郎将。刘备从葭萌南返袭击刘璋,留霍峻镇守葭萌城。张鲁派将领杨帛诱惑霍峻,请求与他共同守城,霍峻说:"你们可以得到我的头,却得不到这座城池。"杨帛于是退走。后来刘璋的将领扶禁、向存等人率领一万余人由阆水而上,围攻霍峻,攻了将近一年,没能打下。霍峻城中士兵才几百人,他抓住敌军麻痹大意的机会,选拔精锐主动出击,大败敌人,当阵斩下了向存的首级。刘备平定蜀国,嘉赏霍峻所立奇功,于是特别从广汉郡中分出梓潼郡,任命霍峻为梓潼太守、裨将军。霍峻在官三年,四十岁时去世,返回成都安葬。刘备十分悲痛惋惜,下诏给诸葛亮说:"霍峻本就是位品行与才学并优的人,又有大功于国家,我要亲自祭奠他。"于是刘备亲率群臣前去吊丧,还在墓上留宿,当时的人都为霍峻感到光荣。

霍峻的儿子霍弋,字绍先,先主刘备末年任太子舍人。刘禅即位后,任谒者。丞相诸葛亮北驻汉中,请他任记室,让他和儿子诸葛乔交游相处。诸葛亮死后,任黄门侍郎。刘禅立太子刘璿,任命霍弋为中庶子,刘璿喜欢骑马射猎,出入毫无节制,霍弋援引经典教义,尽心规劝,很合互相切磋的原则。后任参军、庲降屯副贰都督,又转任护军,管辖事务照旧。当时永昌郡夷民倚仗险阻不肯归服,多次烧杀抢掠,于是派霍弋兼任永昌太守,率领一支军队前往讨伐,

于是斩杀了他们的首领,捣毁了他们的村落,永昌郡界归于宁静。升任监军、翊军将军,兼建宁太守,回来后统管南郡事务。景耀六年,进封为安南将军。这一年,蜀国被魏国吞并。霍弋和巴东领军襄阳人罗宪各自保全一方,率部投降魏国,二人之前拥有的一切包括职官封爵等等,都一概维持不变,魏国对他们优宠厚待还有增无减。

王连字文仪,南阳郡人。刘璋任州牧时进入蜀地,任梓潼县令。刘备在葭萌起兵,率军南进,王连紧闭城门拒不投降,刘备觉得他很讲道义,就不再逼攻了。到成都平定后,任命王连为什邡县令,转任广都,所在都有治绩。升职司盐校尉,管理盐铁方面的收入,获利丰厚,对国家用度大有裨益,于是又精选优秀人才作为自己的部属,像吕乂、杜祺、刘干等人,后来全都做了大官,都出于王连的提拔。又升为蜀郡太守、兴业将军,照旧兼管盐务府事务。建兴元年,被任命为屯骑校尉,兼任丞相长史,封平阳亭侯。当时南方各郡都不肯归服,诸葛亮准备亲自前去征讨,王连进谏,认为"这些不毛之地,瘟疫之乡,不应该让国家仰赖的支柱人物冒险而行"。诸葛亮考虑诸将的才能不如自己,意下是非去不可,但王连的劝谏往往十分恳切,所以为此延迟了很长时间。但王连这期间很快就去世了。其子王山继承爵位,官至江阳太守。

向朗字巨达,襄阳郡宜城人。荆州牧刘表曾任命他为临沮县长。刘表去世,他归附刘备。刘备平定江南,让向朗统管秭归、夷道、巫山、夷陵四县的军政民事。蜀地平定后,命向朗为巴西太守,不久转任牂牁太守,又调职房陵。刘禅即位后,任步兵校尉,代王连兼任丞相长史。丞相诸葛亮南征,向朗留下处理后方事务。建兴五年,跟随诸葛亮到汉中。向朗平常和马谡关系很好,马谡逃亡后,向朗知情不报,诸葛亮为此很生气,罢了他的官,让他回成都。多年之后,起用为光禄勋,诸葛亮去世后转任左将军,追论他过去的功劳,封显明亭侯,赐位特进。当初,向朗年轻时虽然涉猎文学,但无意于清素俭约的书生作风,倒是在做官任事方面才能突出。自从被撤掉长史的职务后,悠闲无事的生活将近三十年,于是沉下心来钻研典籍,达到了孜孜不倦的境界。年过八十,仍然亲自校书,刊定谬误,他所收藏的书籍,在当时为数最多。坦诚接待宾客,招引接纳后学,只谈古书文义,不问时事政治,因此而大为著名。上起掌权高官,下到儿童少年,都很敬重他。延熙十年去世。他的儿子向条继承爵位,景耀年间任御史中丞。

向朗哥哥的儿子向宠,刘备在世时任牙门将。秭归一战失利,向宠的部队保存得为完整。建兴元年封都亭侯,后任中部督,掌管护卫宫廷的兵马。诸葛亮北征之前,上表给后主刘禅说:"将军向宠,本性与行为善良公正,精通军事,从前经过试用,先帝也称赞他能干,所以公众一致推举他为中部督。我认为禁卫军中的事务,一切都应向他咨询,这样定能保证军中和睦,能力高下不同的人都可以各得其用了。"升为中领军。延熙三年,在征讨汉嘉郡蛮夷时,遇害身亡。向宠的弟弟向充,历任射声校尉、尚书。

张裔字君嗣,蜀郡成都人。专攻《公羊春秋》,并博览《史记》、《汉书》。汝南人许靖入蜀后,认为张裔干练敏捷,是中原地区的钟繇那一类的人物。刘璋任益州牧时,推举张裔为孝廉,任鱼复县长,回州后代理州从事,并兼帐下司马。张飞自荆州由垫江入蜀,刘璋交给张裔一支部队,让他在德阳陌下抗击张飞,结果兵败,撤回成都。作为刘璋的使节去见刘备,刘备答应他一定尊敬刘璋并善待刘璋的部下,张裔返回,刘璋才开城投降。刘备任命张裔为巴郡太守,回成都后又担任司金中郎将,负责监造兵器农具。在此以前,益州郡人杀死太守正昂,老将雍闿,以恩德信义著称于南方一带,使命交往,与远在东吴的孙权联系密切。于是刘备命张裔出任益州太守,直接前往该郡。雍闿徘徊犹豫不肯归服,假扮鬼传话说:"张府君就像葫芦一样,外表虽然光亮而里面却很粗糙,不值得杀他,命你们把他绑起来送往吴国。"于是就把张裔送给了孙权。

赶上刘备去世,诸葛亮派邓芝出使吴国,叮嘱邓芝在谈完正事后记得求请孙权放回张裔。张裔到吴国几年,一直过着东躲西藏流离失所的生活,孙权根本就不知道这个人,所以答应邓芝放还张裔。张裔临走前,孙权召他见面,问他说:"蜀国卓氏的寡妇,竟和司马相如私奔,贵国的风俗怎么是这个样子呢?"张裔回答说:"我个人认为卓氏的寡妇,还是比朱买臣的妻子贤慧。"孙权又问张裔:"你回去后,必然要为蜀国效力,终究不会像种田人那样呆在小巷里,你将用什么来报答我呢?"张裔又回答说:"我负罪而回,将由有关部门处置我的命运。如能侥幸保住脑袋,那么我五十八岁以前的生命是我父母给的,而从今以后则是大王您赏赐的生命。"孙权谈笑风生,神色间有器重张裔的表示。张裔出了孙权宫门,十分懊悔没能假装愚笨,当下火速上船,兼程加速离去。孙权果然派人追他,张裔已经进入永安界几十里了,追的人已经望尘莫及。

到了蜀国后,丞相诸葛亮任命他为参军,代行府事,又兼任益州治中从事。诸葛亮出兵驻扎汉中,张裔以射声校尉身份兼任留府长史,经常称赞道:"丞相赏赐不遗漏关系疏远的人,责罚又不宽纵关系亲近的人,爵位不可以无功而得,刑罚不可能因富贵权势而免,这就是聪明人和糊涂人都忘掉自身而为国努力的原因。"第二年,北上去向诸葛亮汇报和询问有关事务,送他的人数以百计,车马都堵满了路,张裔回来后写信给自己的亲人说:"近来远道跋涉,日夜接待宾客,得不到安闲休息的机会,人们敬重的自是丞相长史这个官衔,男儿张君嗣又附着在这个官衔上,所以累得要死。"他的谈吐诙谐和反应敏捷,都是这个样子。年轻时与犍为郡人杨恭关系很好,杨恭早年去世,身后的孩子还没有几岁,张裔就把杨恭的家属接到自己家中,分出房子供他们居住,侍奉杨恭的母亲就像自己的母亲一样。等到杨恭的儿子长大,他又替他们娶妻子,买田宅产业,让他们自立门户。抚恤故交老友,赈济救助衰落的同宗,躬行仁义可以说是无所不至。加官辅汉将军,照旧兼任长史。建兴八年去世。儿子张毣承嗣,历任三个郡的郡守、监军。张毣的弟弟张郁,任太子中庶子。

杨洪字季休,犍为郡武阳人。刘璋任益州牧时曾巡行诸郡考核官吏政绩。刘备平定蜀地,太守李严任命他为功曹。李严准备迁郡建房,杨洪因坚持劝谏而不被采纳,于是辞去功曹一职,告辞了事。李严打算把他推荐到州里,任蜀部从事。刘备争夺汉中时,发急信要求增兵支援,军师将军诸葛亮拿这事来问杨洪,杨洪说:"汉中是益州的咽喉,是存亡攸关的要害所在,如果没了汉中就没有蜀国了,这是家门口的灾祸呀。今天这事,是男子就应当参战,而女子则应当参与运输,发兵的事还有什么可疑虑的?"当时蜀郡太守法正跟随刘备北行,诸葛亮便上表让杨洪代任蜀郡太守,各项事务都得到办理,于是让杨洪正式就任太守。不久,又转为益州治中从事。

刘备称帝后,征讨吴国时遭到惨败,回撤住在永安。汉嘉太守黄元向来不被诸葛亮所喜欢,听说刘备有病,担心以后会有祸患,便举兵造反,烧毁临邛城。当时诸葛亮东行探望刘备病情,成都兵力单薄守备空虚,所以黄元更加肆无忌惮。杨洪便启奏太子,遣发他的亲兵,让将军陈曶、郑绰去讨伐黄元。众人议论认为黄元如果不能围困成都,就会经过越巂占据南中。杨洪说:"黄元历来性格凶残暴虐,没有什么恩德信义,怎么能做到这样?他不过要沿水路东下,希望主上平安,那样的话他将自首听凭主公处置;如果情况发生别的变化,他只能投奔东吴谋求活命罢了。命令陈曶、郑绰只需在南安峡口拦截,便可以抓到他了。"陈曶和郑绰按照杨洪所言办理,果然活捉了黄元。杨洪建兴元年被赐爵关内侯,又为蜀郡太守、忠节将军,后来任越骑校尉,依然统辖旧郡。

五年,丞相诸葛亮北上驻军汉中,打算任用张裔为留府长史,问杨洪怎么样。杨洪回答说:"张裔天姿聪明敏锐,擅长处理繁难事务,才能的确可以胜任,但他生性不怎么理会公平的重要性,恐怕不宜一心信用,不如留下向朗。向朗性格中虚伪的成分较少,让张裔跟着您,奉献他的才能,对于这事可谓两全其美。"当初,张裔年轻时跟杨洪的关系很是亲近和善。张裔不幸流放东吴时,杨洪到张裔那个郡任职,张裔的儿子张郁是郡里小吏,犯下小错受到处罚,杨洪没有给予特别宽贷。张裔回来后听说了这件事,十分气愤,与杨洪的友情自然受损。等到杨洪见诸葛亮已经出兵,便到了张裔那里,将自己对诸葛亮说过的话原原本本地告诉了张裔。张裔回答杨洪说:"丞相留我的意思很明白,你没法阻止。"当时有人怀疑杨洪的本意是要自己做长史,也有人怀疑杨洪知道张裔对自己心有成见,所以不希望张裔身处要职,掌管后方事务。后来张裔跟司盐校尉岑述不能和睦相处,以至相互仇恨。诸葛亮在给张裔的信中说:"过去你在陌下的时候,营垒被攻破,我那时为你操心,到了食不甘味的地步;后来你又流亡南海,我也为你感到悲哀叹息,辗转反侧难以安睡;到你终于从东吴返回,我委你以重任,共同辅佐王室,我自认为跟你可算是古代那种友谊坚如磐石的朋友了。'石交'友情的原则,就算是推举仇敌以使朋友获益,割下自己的骨肉来表达自己的诚心,也在所不惜,何况我还只是有意于岑述,而你就不能忍受了呢?"议论的人由此明白杨洪当时是没有私心的。

杨洪年轻时不喜学问,但是忠诚廉正,正直坚贞,忧虑公事如同自己家事一样,侍奉继母至为孝顺。建兴六年在任上去世。当初杨洪在李严手下当功曹,李严未离开犍为郡而杨洪却已经做了蜀郡太守。杨洪又接纳自己门下的文书吏何祇,因这人有才智谋略,就提拔他做郡吏,没几年何祇被任命为广汉太守,而杨洪也还在蜀郡太守任上。因此西部人士都佩服诸葛亮能够人尽其用。

费诗字公举,犍为郡南安人。刘璋任益州牧时他是绵竹县令,刘备攻打绵竹时,费诗首先举城投降。成都平定后,刘备兼任益州牧,任命费诗为督军从事,出任牂牁太守,后回成都任州前部司马。刘备做了汉中王,派费诗去封拜关羽为前将军,关羽听说黄忠为后将军,发怒说:"大丈夫终究不和老兵同列!"拒绝让费诗按授官仪式完成任命。费诗对关羽说:"大凡开创帝王大业的人,用人不可能限于一个或一类。过去萧何、曹参与高祖刘邦从小就是亲戚朋友,而陈平、韩信都是后来加入的逃亡者,论其朝班排序,韩信位居最上,没听说萧何、曹参因此而有怨言。今天汉中王因一时的功劳而对黄忠给予特别高的恩宠,但在主公内心深处,难道是把他跟您看待得同等重要吗!况且汉中王与您如同一体,休戚与共,福祸同当,我个人替您考虑，您不应当以官号的高下、爵禄的多少介意才对。我不过是一个使臣，奉命而行的人，如果您不肯接受任命，我也就这样回去了，只是不免对您的举动感到惋惜，还担心您将来会要后悔！"关羽大受震动而感悟，连忙接受了任命。

后来君臣都议论要推举汉中王刘备称帝，费诗上疏说："殿下因为曹操父子逼迫汉帝以篡夺帝位，所以才不惜风尘万里，招集人马，准备讨伐逆贼。今天大敌尚未消灭，却自己先称帝起来，恐怕人们要对此心生疑惑。过去汉高祖和楚霸王约定，先破灭秦国的人为王。等到攻入了咸阳，擒获了子婴，还仍然心存推让之礼；况且如今殿下还没出宫廷，便要自立为帝了么！我的确不希望殿下如此。"因此而违背了刘备的旨意，被降职为永昌从事。建兴三年，跟随诸葛亮南行，归途中到汉阳县，有投降的李鸿来拜见诸葛亮，诸葛亮接见李鸿时，蒋琬和费诗在坐。李鸿说："近来经过孟达那里时，正好碰见王冲从南边来，讲起过去孟达去留时的细节，说您对他切齿痛恨，打算诛杀他的妻子儿女，幸赖先主不听您的意见罢了。孟达说：'诸葛亮了解其中的原因始末，终究不会这样做的。'完全不肯听信王冲的话，对您的信任和仰赖，确实没有止境的了。"诸葛亮对蒋琬和费诗说："回到成都还是应当写封信给孟达让他知道。"费诗进言说："孟达这家伙，过去跟着刘璋就没有忠心，后来又背叛先帝，这种反复无常的人，怎么值得给他写信呢！"诸葛亮默然不答。诸葛亮想引诱孟达为外援，终究还是给孟达写信说："往年南征，到年底才回，恰好跟李鸿在汉阳相会，从他那里得知一些你的消息，慨然感叹，因此而想起你平时心志，难道只是空求虚荣，喜欢做背离的事吗！孟达呀，这实在都是刘封欺压凌辱于你，破坏了先帝以恩信对待部下的宗旨啊。听到李鸿又说王冲编造不实之词，而你竟能够体谅我的用心，不信王冲的胡说。回味你谈话中清楚明白的事理，追忆平生的友好，依依向东遥望，所以写给你这封书信。"孟达接到诸葛亮的信后，多次跟蜀国这边书信往来，说自己准备背叛魏国。魏国派司马懿征讨，斩灭了孟达。诸葛亮也因为孟达没有坦诚之心，所以也不肯出兵救助。蒋琬执政后，以费诗为谏议大夫，后来费诗在家中去世。

王冲，广汉郡人。任牙门将，由江州督李严统管。因被李严忌恨，害怕获罪而投降魏国。魏国任命王冲为乐陵太守。

评：霍峻坚守孤城而不动摇，王连秉持气节而不改变，向朗好学不倦，张裔聪敏机智，杨洪忠诚公正，费诗据理直言，都有可圈可点的地方。以先主刘备的宽容待物，加上诸葛亮的坚持原则，像费诗这样口吐直言，尚且不能免于身心的折磨，更何况是平庸如后主的人呢！

白话三国志卷四十二　蜀书十二

杜周杜许孟来尹李谯郤传第十二

杜微字国辅，梓潼郡涪县人。年青时在广汉人任安门下学习。刘璋征召他为从事，因病去官。到刘备平定蜀地后，杜微常装耳聋，闭门不出。刘禅建兴二年，丞相诸葛亮兼任益州牧，选拔和任命的官吏都是有德望的故老。以秦宓为别驾，五梁任功曹，杜微作主簿。杜微坚决推辞不肯就任，官府不得不动用车轿将他拉来。杜微既到，诸葛亮忙安排跟他见面，杜微向诸葛亮表示歉意。诸葛亮因为杜微听力不好，在座上用笔与他交谈说："早闻先生德行并十分佩服，很久以来盼望见面都到了如饥似渴的程度，只是清流与浊水常常泾渭分明，一直无缘相见请教。王元泰、李伯仁、王文仪、杨季休、丁君干、李永南兄弟、文仲宝等人，常在我面前赞叹您的高尚志向，所以虽未见面却好像已是老相识了。在下我才疏学浅，掌管贵州，德行浅薄而责任重大，为此我十分忧虑苦恼。皇上今年才十八岁，天性仁爱聪明，爱惜德行并著的长老，屈身接纳贤能的学子。天下民众都思慕汉王室，我想同您一起顺应天意民心，辅佐英明之主，以成就兴复汉室的功业，留勋名于史册。如果您觉得贤愚有别不足以共谋大事，因此便与世隔绝，仅仅甘于淡薄辛劳而已，您确实是没有想过这是太过委屈自己了。"杜微还是以自身年老多病而请求辞官归家。诸葛亮又书写作答说："曹丕篡位弑君，自立为帝，这就像土塑的龙、草扎的狗，徒有其名而已。我想与各位贤士从他的邪恶诈伪入手，运用正道的力量消灭他。我很奇怪您还完全没有给予任何指教，就要求回归田园山野。曹丕又大兴劳役，准备向吴、楚大地的敌手开战。我们姑且先稳守边关致力农桑,抓紧境内民众的休养生息,积财练兵,等待魏国受挫的时机,然后出兵讨伐它,就可以实现兵不血战民不劳苦而天下平定的目标。您只需用您的德行名望辅佐时政即可,不会勉强您操心军事,您又何必如此急切地要求回去呢!"诸葛亮就是这样敬重杜微。任命杜微为谏议大夫,以满足其志趣。

五梁,字德山,犍为郡南安县人,以精于儒学、有气节操行被人称道。从议郎升为谏议大夫、五官中郎将。

周群字仲直,巴西郡阆中人。父亲周舒,字叔布,年青时拜广汉人杨厚为师学习术数,名望仅次于董扶和任安。多次被征召,却始终不肯接受。当时有人问他:"《春秋谶》中说'代汉者,当涂高',所指究竟是什么呢?"周舒说:"当涂高,就是'魏'字。"同乡学者私下里传扬他的话。周群年青时由父亲周舒教导,专心于观测占验的学问。在自家庭院中建了一座小楼,家境富裕拥有众多奴仆,常令家奴轮流在楼上值班以观察天灾征兆,一旦见到云气变异,就马上禀告周群,周群亲自上楼观看,不管是清晨还是深夜。所以凡有云气异动,没有逃过周群眼睛的,为此他的预言往往都很灵验。益州牧刘璋征召他为师友从事。刘备平定蜀地后,命他代理儒林校尉。刘备想和曹操争夺汉中,询问周群,周群回答说:"可以得到那里的土地,却得不到那里的人民。若派非主力部队出击,必定受挫,应当特别谨慎行事!"当时州后部司马蜀郡人张裕也通晓占候术,而且天资超过周群,也劝谏刘备说:"不能与曹操争夺汉中,出兵必定不会顺利。"刘备最终没有听取张裕的意见,果然得了汉中地而没有得到汉中人民。派将军吴兰、雷铜等人进入武都,都兵败身死,所部将士有去无回,这一切都像周群预测的那样。于是荐举周群为茂才。

张裕又曾私下对人说:"庚子那年,天下当改朝换代,刘氏的帝运至此终结。主公得到益州,九年之后,壬寅、癸卯年之间又会失去。"有人秘密地把这话告诉了刘备。当初,刘备和刘璋在涪县会见,当时张裕是刘璋的从事,陪同在坐。张裕胡须特别茂密,刘备嘲笑他说:"过去我住在涿县时,姓毛的特别多,东西南北都是诸毛,涿县县令说:'诸毛围着涿居住嘛!'"张裕马上回答说:"从前有做上党郡潞县县长而升为涿县县令的人,解职回家,当时有人给他写信,想写'潞'就漏了'涿',想写'涿'又遗了'潞',于是写为'潞涿君'。"刘备没有胡子,所以张裕用这话反唇相讥。刘备常因此事对张裕耿耿于怀,加上恨他泄露天机,便宣布张裕劝阻争汉中的预言没有应验,把他投进大牢,要杀了他。诸葛亮上表请予宽贷,刘备答复说:"芬芳的兰草长在房门口,不得不铲除。"于是张裕被处以死刑。后来曹丕受禅称帝,刘备的病死,都和张裕预测的时间吻合。张裕又通晓相术,每次拿镜子看自己面相,自知要死于刑法,没有哪次不把镜子摔到地上的。

周群去世,儿子周臣传承了他的本领。

杜琼字伯瑜,蜀郡成都人。年青时在任安门卜学习,精心探究任安的技艺。刘璋为益州牧时征召他为从事。刘备平定益州,兼任益州牧,任命杜琼为议曹从事。刘禅即位,任命他为谏议大夫,升为左中郎将、大鸿胪、太常。他的性格静默少言,闭门自守,不问世事。蒋琬、费祎等人都很器重他。杜琼虽然学问精深,但从不对天象征兆作任何评判。身为晚辈但通晓古今、学识渊博的儒者谯周常问他之所以如此的原因,杜琼说:"想要究明这种技艺十分困难,必须要亲身观察,仔细分辨云气的形态色泽,不可以听信他人所说。自清晨至深夜苦苦守望,然后才能知道端的,明白后又担心泄漏天机,还不如完全不知道为好,所以我不再观察天象。"谯周因此又问:"从前周徵君认为'当涂高者魏也',其中的隐义是指什么?"杜琼说:"魏,是阙的名称,当道耸立,则是圣人取类作譬的说法罢了。"回过头反问谯周:"难道有什么奇怪的地方吗?"谯周说:"不很明白。"杜琼又说:"古代命名官职都不称曹;自汉开始,职官都命名为曹,吏员称属曹,士卒称侍曹,这大概就是天意吧。"杜琼活到八十多岁,延熙十三年去世。著有《韩诗章句》十多万字,他不肯教授自己的儿子们,所以他的谶纬学问没有继承的人。谯周根据杜琼的话,触类旁通并加以光大，他说："《春秋传》记载晋穆侯给太子命名为仇，仇的弟弟起名为成师。师服说：'奇怪啊还有国君这样给儿子起名的！好的配偶叫妃，不好的配偶叫仇。现在国君给自己儿子起名为仇，仇的弟弟又起名为成师，这已经兆示要发生叛乱，兄长大概是要遭致废立的灾祸了吧？'后来果然像师服预言的那样。汉灵帝给他的两个儿子起名为史侯和董侯，先后登上过帝位，后都被免为诸侯，与师服所说的情况相似。先主名为备，训为具。后主名禅，训为授。这就如同说刘氏已具备了，应当授予别人；这要比晋穆侯和汉灵帝给儿子起的名字还要不祥。"后来宦官黄皓在宫中玩弄权术把持朝政，景耀五年，宫中大树无故折断，谯周为此非常担忧，但无法对人说，便在柱子上写道："众而大，期之会，具而授，若何复？"曹的意思是众，魏的意思是大，众而且大，天下应当会聚在一起，具备而且授予了别人，怎么还有人能继续承袭皇位呢？蜀国灭亡后，众人都认为谯周的话应验了。谯周说："这虽然是我所推断的，然而也有所因袭，不过把杜琼的说法光大了而已，并没有什么神秘的灵感和异于常人的地方。"

许慈字仁笃，南阳郡人。从师于刘熙，精通郑玄的经学，钻研《易经》、《尚书》、《三礼》、《毛诗》、《论语》。建安年间，与许靖等人一起从交州进入蜀地。当时还有魏郡人胡潜，字公兴，不知道他来益州的前因后果。胡潜的学问虽然不能说融会贯通，但博闻强记，古人的法令、礼俗一类规范，丧事五服的规定，他都了如指掌，信手拈来。刘备平定蜀地后，正值天下经历离乱多年，学问之事衰落荒废，于是聚集法典图籍等重要文献，淘汰杂学，许慈和胡潜都做了博士，与孟光、来敏等共同掌管古代的文献典籍。这时正是百业草创的时候，看问题常有不同的认识和观点，许慈和胡潜相互攻击，怨恨毁谤忿怒相争，以至于声色俱厉；书籍在各人手中，从不肯互通有无，还时常大打出手，试图让对方惊异并折服。他们夸耀自己，妒嫉对方，竟然到了这样的程度。刘备对两人这种情形十分头痛，于是会集百官，让倡优扮成二人模样，模仿他们相互争吵的情形，酒到酣处让音乐响起，作为游戏逗大家开心，表演者最初还只是相互据理辩驳，最终发展到刀杖相加，目的是通过这种方式感化他们。胡潜先去世，许慈在后主刘禅的时候逐渐升到大长秋，去世。他的儿子许勋继承他的事业，又做了博士。

孟光字孝裕，河南洛阳人。与汉朝太尉孟郁同族。汉灵帝末年任讲部吏。汉献帝迁都长安，他便逃到蜀中，刘焉父子以宾客的礼节对待他。他通晓众物，了解古史，无书不读。尤其专意于《史记》、《汉书》和《东观汉记》的钻研，擅长于汉朝的典章制度。喜欢《公羊春秋》而非难《左传》，每每与来敏争辩《春秋》二传的深微大义，孟光常是大声吵嚷。刘备平定益州后，任命他为议郎，跟许慈等人一起掌管法令礼俗。刘禅即位，孟光任符节令、屯骑校尉、长乐少府，升为大司农。延熙九年秋，颁布大赦令，孟光当着众人的面责难大将军费祎说："大赦天下的做法，好比半边枯萎的事物，不是盛明之世所应该运用的。衰败困厄到极点，万不得已之时，然后可以暂且用一下罢了。现在皇上仁爱贤明，百官都很称职，有什么旦夕的危险，倒悬的急务，非要多次施予特殊的恩惠，让那些为非作歹者频频得益呢？况且眼下正是鹰隼一类猛禽刚刚当道之时，却原宥宽免那些有罪的人，实是上犯天时，下违做人的道德规范。我已老朽，不了解治国的根本，个人认为这种做法难以长久，难道这就是宰辅大臣的功大德善对于才德兼备者的理解和体现么！"费祎只是毕恭毕敬地表示歉意而已。孟光敢于指摘时弊，往往都跟这事一样直接而尖锐。所以执政的重臣心里都不喜欢他，他的爵位得不到升迁；每每直言极谏无所顾忌，遭到世俗同僚的嫌弃。太常广汉人镡承、光禄勋河东人裴俊等人，年资都在孟光之后，却都升上高位，职级处于孟光之前，其原因都在于孟光的直言。

后辈文士秘书郎郤正多次咨询孟光，孟光问郤正太子所学所读的内容，及其性情和喜好如何，郤正回答说："侍候双亲很虔恭，早晚都不懈怠，有古代世子的风范；接待百官，一举一动显示出仁慈宽厚。"孟光说："像你所说的这些，是普通人家都具备的；我现在要问的是他的权变谋略跟智数是怎样的。"郤正说:"做世子的原则,在于继承君父的志向并尽力使双亲开心快乐,本来就不应该肆意妄为,况且智数深藏于心底,权变智谋要到必要时才能发挥显露,这些东西的有无,怎么可以事先设计呢?"孟光明白郤正慎于言谈所宜,不愿纵情谈论,便说:"我好说实话,无所回避,每每指斥利弊,受到世人的讥讽忌恨;我猜你的本意也不会太喜欢听我的话,但我所说的还是有些道理和依据的。现在天下还没有平定,权变智谋是第一重要的东西,权谋虽说取决于天赋,但也可以通过后天的努力获取。因此储君读书,怎可效法我们这些人一味致力于博闻强识以备咨询,像博士那样射策讲究考校从而谋求爵位啊!应该学习急迫而实用的学问。"郤正非常认同孟光的见解。后来孟光因事而免官,九十多岁去世。

来敏字敬达,义阳郡新野县人,是来歙的后人。父亲来艳,曾任汉朝司空。汉末大乱,来敏跟随姐姐逃奔荆州。姐夫黄琬是刘璋祖母的侄子,所以刘璋派人迎接黄琬的妻子,来敏便和他姐姐一同入蜀,常常作为刘璋的宾客。他涉猎典籍,擅长《左氏春秋》,尤精于《仓颉篇》和《尔雅》的训诂学,喜欢校正古书文字。刘备平定益州,命来敏为典学校尉,册立太子之后,改任家令。刘禅即位,任虎贲中郎将。丞相诸葛亮驻守汉中,请他去任军师祭酒、辅军将军,因事获罪而被免职。诸葛亮去世后,来敏返回成都,任大长秋,又被免官,后来屡次升迁为光禄大夫,又因过错被免官。前后多次被削职,都因为他说话不遵法度,行事违反常理。当时孟光也因为言行不够谨慎,议论违反时势,然而他的情形还要比来敏好些,二人都是宿儒而受到世人的尊重。而来敏出身于荆楚有名的士族,又是东宫的老臣,受到特别优待,所以每次贬黜后又被起用。后来任命来敏为执慎将军,想以这一职位名称来让他时刻警惕约束自己。来敏一直活到九十七岁,景耀年间去世。其子来忠,也博览经学典籍,有来敏的风范,跟尚书向充等人都能协助大将军姜维。姜维很欣赏他,任用他为参军。

尹默字思潜，梓潼郡涪县人。益州这个地方的学者都崇尚今文经学而不喜欢古文章句，尹默明白这种学问不够广博，于是远游到荆州，向司马德操、宋仲子等人学习古文经学。都从经史的深入贯通入手，又专一求精于《左氏春秋》，从刘歆对经书所作义例要言，到郑众、贾逵父子、陈元、服虔等诸家注解，他都是在大略诵读之后，援引时无须再看相关的原文。刘备平定益州，兼任益州牧，任用尹默为劝学从事，等到立了太子，又任命他为仆射，负责教授刘禅《左氏传》。后主即位，任命为谏议大夫。丞相诸葛亮驻守汉中，请他担任军师祭酒。诸葛亮去世，尹默返回成都，任太中大夫，后去世。其子尹宗继承父业，任博士。

李譔字钦仲，梓潼郡涪县人。父亲李仁，字德贤，跟同县人尹默一起游学荆州，师从司马徽、宋忠等人学习。李譔承袭父业，又师从尹默钻研儒家经义。五经、诸子，无不遍览，加上他对技巧性的事物有着普遍的爱好，因此对算术、卜数、医药、弓弩、机械的机巧，也都付出了不少心血。最初担任州书佐、尚书令史。延熙元年，刘禅立太子，任命李譔为庶子，升为仆射。转任中散大夫、右中郎将，仍然侍从太子。太子因为他知识广博，特别喜欢他。但李譔为人轻佻，喜好嘲弄戏谑，所以不能得到世人的敬重。著述解析古文《易经》、《尚书》、《毛诗》、《三礼》、《左氏传》、《太玄》等书的主旨，都以贾逵、司马德操的见解为参照标尺，有别于郑玄。他跟王肃时空相隔，当初并没有见到后者的任何著述，然而两人的见解颇多相似之处。景耀年间去世。

当时又有汉中人陈术，字申伯，也博学多闻，著有《释问》七篇、《益州耆旧传》和《益州耆旧志》，曾历任三个郡的太守。

谯周字允南，巴西郡西充国人。他的父亲谯㟙，字荣始，研治《尚书》，兼通诸经及河图谶纬之书。州郡征召，他都不应聘，州里顺其心意给了他一个师友从事的荣誉职位。谯周幼年丧父，与母亲、兄长一起生活。成年后，酷爱古籍，笃志好学，家境贫寒却从不关心家产增值，诵读典籍，乐在其中，为此常常废寝忘食。深入钻研六经，尤其擅长作读书札记。又很懂天文，却不愿专意关注；诸子文章若非自己心志所在，就不肯全面阅读。身高八尺，体态容貌质朴无华，本性诚恳毫无矫饰，没有口若悬河的辩论才能，然而见识深刻内慧异常。

建兴年间，丞相诸葛亮兼任益州牧，任命谯周为劝学从事。诸葛亮病死于魏国境内，谯周在家得到消息，当即前去奔丧，不久便有诏书禁绝这种行为，只有谯周因为行动迅速得以到达。大将军蒋琬兼任益州刺史，改任谯周为典学从事，总管全州的学者。

后主刘禅立太子，任命谯周作仆射，后改任家令。当时刘禅很喜欢微服出游，又增加供奉音乐的人员。谯周上疏劝谏说："从前王莽衰败，豪杰四起，各占州郡，图谋获取帝位，这时贤才智士选择自己所要依附的人，未必看他势力的强弱和占地的多寡，而只看他的德行厚薄。因此，当时的更始刘玄、公孙述以及其他人多势众者都已各霸一方，但没有谁不是恣情快意放纵欲望，无心立德行善，一味游猎吃喝，不珍惜人民和万物。世祖光武帝刘秀刚进入河北时，冯异等人便劝他：'应该做别人所不做的事。'于是致力于清理冤狱，节约饮食开支，行事遵守法度，所以得到北州百姓的歌颂赞叹，他的好名声随即远播四方。于是邓禹从南阳追上来归附光武帝，吴汉、寇恂从没见过世祖，远闻世祖的道德品行，便用计率领渔阳、上谷的铁骑到广阿迎接。其余思慕世祖品德而归附者还有邳肜、耿纯、刘植等著名人物，以至于抱病载棺，背负婴儿前来的人，不可胜计，所以能够由弱变强，屠灭王郎、吞并铜马、挫败赤眉而成就帝王大业。等到进入了洛阳，光武帝有那么一次曾经打算便服出行，车马已经就绪，铫期劝谏道：'天下尚未安宁，我的确不希望您经常便服出行。'光武帝当即下令回驾。到征讨隗嚣的时候，颍川一带的盗寇起事，世祖回到洛阳，只派寇恂前去平叛，寇恂说：'颍川正是因为知道陛下远征，所以那些奸诈狡猾的人才敢纠合起来反叛，他们却不清楚陛下现已返回洛阳，只怕他们不肯马上投降；陛下亲自前往颍川，那里的盗贼们必然即时投降。'光武帝于是前往颍川,结果正如寇恂所说的那样。因此若非紧急事务,想要微服出行也不敢,到了紧急事件临头的时候,想要安坐宫中也不干,所以帝王要求尽善必须能达到这样的程度!所以《传》中说'百姓不会无缘无故地依附',的确是把德行看作最重要的。现在汉室遭受厄运,天下三足鼎立,正是雄武明哲之士渴盼明主之时。陛下天性至孝,居丧超过三年,每谈及还必落泪,就算是曾参和闵子骞也不过如此。尊敬贤士并任有才能的人,使他们各尽所能,就能超过成、康之治。所以国内团结统一,大官小民同心协力,这样的功德是微臣难以尽述的。但我还有更大的心愿,希望您能做大多数人做不到的事情。拖动大而重的东西,担心的是人少力微,处理极为艰巨的问题,担心的是好的办法不多,况且奉祀宗庙的人,不仅仅是为了求得赐福保佑,更主要的是要引导百姓尊敬长上。至于说到四季的祭祀,有时没有亲临,而池苑游玩之类的事情,或者还时有发生,微臣愚笨迟钝,实在难以自安其心。大凡担负重任的人,没有时间去穷尽欢乐,先帝的愿望,父辈的遗业尚未完成,的确还不是悠游享乐的时候。希望您消减乐官及后宫增造的数目,只应奉修先帝所留下的宫室,以节俭来教育后代子孙。"改任谯周为中散大夫,仍旧陪侍太子。

这时军队频频出征,百姓贫困衰微,谯周跟尚书令陈祇讨论此事的利弊,回家后写成文章,名为《仇国论》。文中说:"因馀国是个小国,而肇建之国是个大国,它们同时争夺天下而成为仇敌。因馀之国有个叫高贤卿的人,向伏愚子请教说'现在国家统一大业尚未完成,上官下民为此忧心,往古事例,能以弱胜强的人,他们用的是什么办法?'伏愚子说:'我听说,疆土广大而且少有什么忧患的国家往往骄傲怠慢,辖境窄小而且忧患深重的国家总是想着推行善政;经常骄傲怠慢就将发生变乱,想着推行善政就能实现安定,这是永恒的规律。所以周文王爱护人民,以少胜多,勾践抚恤百姓,以弱胜强,这就是往古之人以弱胜强的办法。'高贤卿说:'过去项羽强大而刘邦弱小,双方经常争战,没有宁息的时候,然而项羽跟刘邦约定以鸿沟作为双方的分界线,都想各自收兵使人民得到休养生息;

张良却认为百姓的心意稳定之后,就很难使他们动摇了,于是带兵追击项羽,终于消灭了项羽,难道非按照文王的办法办事吗?肇建之国现正毛病缠身,我想抓住这一可趁之机,攻陷它的边地,寄望于加重其毛病实现最终消灭它的目的。'伏愚子说:'在殷商和西周的时候,王侯世代受尊敬,群臣的位置长久不变,人民习惯专心于拥戴国君;根深的东西很难拔出,坚固的东西很难移动。在那个时候,即使是汉高祖又岂能仗剑策马而取得天下呢?当秦国罢去诸侯之制而改置郡守之后,百姓不堪役使,天下土崩瓦解。有的一年变换一个君主,有的一个月换一个诸侯,飞鸟心惊而走兽胆寒,没有人知道自己可以恒久追随的对象,于是豪强纷纷兴起以争夺天下,虎吼狼嚎裂土分地,行动快的得到的就多,迟来后到的就要被吞并。现在我国和肇建之国都传国易世了,既非秦末局势混乱的时候,又实有六国并存的形势,所以可以做文王,却做不了汉高祖。大凡百姓疲惫劳苦就预示着社会动乱的发生,在上者傲慢而在下者强暴就会有土崩瓦解的局面出现。谚语说:'与其屡次射失目标,不如瞄准了再一发中的。'所以聪明的人不为小利而抬眼,也不会因为似是而非的东西而举步。时机到了而后行动,合于天命然后兴起,所以商汤、周武王的大军不用二次出征就取得了胜利,诚然是关注人民疾苦和审时度势所致。如果一味穷兵黩武,必然有土崩瓦解的局势出现,一旦遭遇危难,即使是大智大慧的人也难以为之挽回。至于挟持变幻无穷的奇谋巧变,能在至微处出入自如,或者凌波而行快逾奔马,身无双翼而飞越高山深谷,无需舟船却要安渡黄河直达孟津的构想,像我这样愚蠢的人,就确实是力所不及的了。'"

　　谯周后来升为光禄大夫,官位仅次于九卿。谯周虽然不参与政事,然而以儒者的品行受到敬重,刘禅常就大事向他请教,谯周则引经据典给以答复,而后生好奇多事者也向他请教一些疑难问题。

　　景耀六年冬天,魏国大将军邓艾攻克江由,然后长驱直入。蜀国内部原以为敌人不至于马上攻到都城,没作任何守城御敌的调度,等到听说邓艾已进入阴平,百姓骚动,都四散逃往山谷之中,不可禁止。后主刘禅召集群臣商议对策,没人能想出什么妙计。有人认为蜀国和吴国是联合的盟友,应可投奔吴国;有人认为南中七郡,高山陡绝,容易守卫,应可南奔。谯周认为:"自古以来,没有依附于别的国家而做天子的,现在如果投奔东吴,必然就要向吴国臣服。况且国家政治就和自然界一样,大的可以吞并小的,这是必然的规律。由此来说,魏国可以吞并吴国,而吴国却不能吞并魏国是再明白不过的道理。同样是臣服,与其向小国称臣,臣服大国岂非更好?与其遭受两次屈辱,只受一次屈辱岂非较好?再说若要逃奔南中,就应该早作准备,才能有预想的结果;现在大敌已近,祸败在旦夕之间,底下的人心,没有一个可保不变的,只怕刚刚出发的当日,不可预测的变乱就要发生了,还能等到你到达南中吗!"有人非难谯周说:"现在邓艾因已距成都不远,只恐他不肯接受你的投降,又该怎么办呢?"谯周说:"现在东吴还没有归附魏国,时势所迫之下他不得不受降,而受降以后,又不得不给以礼遇。如果陛下降魏,魏国不裂地分封陛下,我谯周请求亲自到魏国首都,用古人的道义替您争得这些。"众人没有能驳倒谯周的意见的。

刘禅仍迟疑着想入南中,谯周上疏说:"有人说陛下因北方大军深入蜀国,有想到南中的考虑,我认为这个想法很不实际。为什么这么说呢?南方是偏远蛮夷生活的地方,平时国家没让他们有任何人力财物的负担,尚且还有过多次反叛,自从丞相诸葛亮南征,兵势所逼,实在无计可施了他们才归附。这之后要他们交纳官家赋税,我们拿来供应军队,由此忧愁怨恨缠结,很显然他们只是使国家面临灾患的人。现在因为无路可走而去投奔,只怕他们必定又要反叛,这是第一点;北方军队杀来,不限于攻取蜀地而已,我们若奔南方,他们必然要乘我们势力衰弱,即时跟在后面穷追猛打,这是第二点;若去南方,对外得抵御魏军,内部则需要供应服饰车马器用,费用大幅增加,又没有其他途径可以获取,势必只能加剧对诸夷财物的消耗,消耗加剧意味着他们的反叛也将加速爆发,这是第三点。过去王郎假冒太子在邯郸称帝,当时世祖正在信都,受到王郎的威逼,想要放弃信都而返回关中。邳肜劝谏说:'您西还关中,而邯郸城的民众不肯抛弃父母,背弃城主,而千里送您西去,他们的叛逃必不可免。'世祖听从了他的意见,于是攻破了邯郸。现在北方魏军逼来,陛下南走,恐怕邴肜当年所言又要应验于今天了,这是第四点。愿陛下早拿主意,降魏可以获得封地和爵位;果真要南奔,到了山穷水尽时再降,那时将受祸更深。《易经》说:'亢字的意思,是指只知道成功而不知道失败,只知道存在而不知道灭亡;明白进退存亡的道理且能做到中正合度者,大概就是圣人了!'说的就是圣人了解天命而不敢固执己见。所以尧、舜因为自己的儿子没有才能,知道天意另有要授予的对象,于是寻找要接受天下的人;儿子尽管不肖,灾祸也还没有萌芽,就把政权主动授予天命所归者,更何况是灾祸已经迫在眉睫的时候了呢!所以微子以纣王的庶兄弟的身份,却自行捆缚嘴含玉玺投降了周武王,难道是他乐意这样做么?实属情非得已罢了。"于是刘禅听从了谯周的建议。刘氏没有受到危害,蜀国也因此免于战火荼毒,全都有赖于谯周的谋略。

这时晋文王司马昭担任魏国的相国,因谯周有保全国家的功劳,而封他为阳城亭侯。又下诏书征召谯周。谯周出发到汉中,因病不能继续前行。咸熙二年夏,巴郡人文立从洛阳回到蜀地,顺便拜访了谯周。谯周交谈期间,在木版上写了这么一句话给文立看:"典午忽兮,月酉没兮。"典午说的是司马,月酉指八月,到八月间晋文王果然驾崩。西晋受禅建国后,多次下诏命当地官府征召谯周。谯周于是抱病上车前去洛阳,泰始三年到京,因他病未痊愈,还特别派人到他寓所任命他为骑都尉,谯周自己陈述不该无功受封,请求退还爵位封地,晋武帝均不允许。

泰始五年,我(陈寿)曾担任本郡中正,政事交接清楚之后,请求休假回家,行前去跟谯周道别。谯周对我说:"过去孔子活七十二岁,刘向、扬雄七十一岁去世,现在我年过七十了,期望活到孔子那个年纪,或者与扬雄、刘向同寿,恐怕不出后年,我必定就要告别人世,不能再跟您相见了。"我怀疑谯周凭术数而知道这些,不过借这种方式说出来罢了。泰始六年秋,任命谯周为散骑常侍,因他病重而没有履行授职仪式,到这年冬天去世。他写的东西,有《法训》、《五经论》、《古史考》等书,共一百余篇。谯周有三个儿子,即谯熙、谯贤和谯同。最小的儿子谯同很喜欢父亲的事业，也以忠厚质朴作为自己的品行标准，被推举为孝廉，授职锡县县令、东宫洗马，征召却不肯就任。

郤正字令先，是河南偃师人。祖父郤俭，汉灵帝末年任益州刺史，被盗贼所杀。恰逢天下大乱，所以郤正的父亲郤辑便留在蜀中。后来郤辑在将军孟达手下任营都督，跟随孟达投降了魏国，任中书令史。郤正原名纂。年少时父死母嫁，茕茕孑立，安于贫困而好学不倦，博览古代典籍。二十岁就能写出很好的文章，入朝任秘书吏，转任令史，再升为秘书郎，一直到秘书令。天性不慕荣华势利，尤其酷爱文章，从司马相如、王褒、扬雄、班固、傅毅、张衡、蔡邕一类名人的诗赋散文，到当代的佳作美文，凡是益州有的，都千方百计寻访搜求，大部分都曾读过。自从在宫中任职以来，与宦官黄皓近身交往，前后达三十年之久。黄皓从卑微到显贵，玩弄权术执掌朝政，郤正既不被黄皓喜欢，也不是黄皓所憎恨的对象，所以官位虽不过六百石而已，却也能免于忧患。

他学习先辈儒者，借文章表达自己的心意，命名为《释讥》，这篇文章仿照崔骃《达旨》的体式。文章说："有人讥讽我说：'从前代的记载听说，大凡人事与天时相一致，名位和功劳不可分割。然而名位和人事，却被前哲列在优先考虑的位置。所以要创立国家的制度和规范，时机不当是办不到的，要想声名流传后世，不靠功劳也是办不到的。名位须凭功劳才显赫，人事也得依赖天时才决定进退，身死而名声即随之消亡，这是君子引以为耻辱的事情。因此通达事理的人钻研天地万物的本原，探索幽深隐微的事理，观察天象的祥瑞异兆，推求人事的盛衰兴亡，有辩才的人四处游说，聪明的人顺应机缘，计谋之士施展谋略，有勇力的人奋勇扬威，风云际会，变化莫测，审时度势，取其所宜，从而为世所用，先稍受委屈而后大有作为，公而忘私，不因尺寸之得失而影响寻丈之大局，终究向世界展示自己的光辉。现在天下三足鼎立，九州尚未平定安宁，辽阔四海，遍遭祸败，悲叹道义的沦落，怜悯百姓的颠沛流离，这正是圣贤解民倒

悬、仁人志士建功立业的时候。您以高超的才能，美玉般的品质，博闻多见，用心于道德学问，没有什么深远的意义不能究明，没有什么精微的道理不能通晓；您奋不顾身，掌管国家机密，出入宫廷，执掌着王命下达的中枢重任，官显权重达二十七年而无人可以动摇您的位置，自从入朝执政便没有谁能让您退出高高在上的庙堂重地，您确应探究古今事务的虚实真伪，并考察当世大事的利弊得失。然而您尽管有时也献一策，偶而也进一言，可以塞塞官责，宽慰自己没有纯粹浪费国家的俸禄，但确实未能竭尽忠心，披肝沥胆，玉带在腰供职于深宫，不是也该多少让黎民百姓领受您点滴恩惠，使我们这些卑微的小人物也听听您这方面的作为吧。为何不试着稳住车辕放松缰绳，掉转车头改换道路，让车辆平稳，驾驭闲适，走平坦大道以光大仁爱，播种秋兰使芬芳惠及百代，帮助我们这些人从前贤图籍中汲取营养，这样不也是很盛大的事业吗！'我听后叹息说：'啊！难道可以有这样的说法吗！大凡人心的不同，就跟人的容貌一样千差万别，你虽然光彩夺目，且华美而艳丽，眼界却有如手持管窥天、抱着竹筐量海，拘泥于自己的成见而不知变通，就很难对你谈及辽阔大地的界线，也不能跟你阐明万事万物的要义。'有人随即抬头望天并舒展眉目说：'这是什么话啊！这是什么话啊！'

"我回答说：'虞帝警惕当面的顺从，孔圣人视刻意的奉承为过失。你所说的这些，也正是我所思考的东西，我将针对你的种种疑问给以论述和解释。过去天地鸿荒，人民混沌，世界初创，三皇顺应上天的符箓，五帝承受上天的符命，到了夏、商之际，遵循前人的典章制度。姬周衰微，礼崩乐坏，称霸者人们都来归附，嬴秦凶狠残暴，兼并天下，于是纵横之术云起，奸诈之士多如繁星，奇策邪谋如蜂飞舞，巧诈萌生；有人掩饰真相以应付欺诈，有人以不正当的手段以谋求荣华富贵，有人用诡诈之术以要挟主上，有人靠卖弄技艺以自高身价；背弃正义而崇尚邪恶，抛却正直而接近谗佞，忠诚没有固定的名分，大义不能长久的保持。所以商鞅的法规失效而邪恶因之成形，李斯的法理败亡而奸诈随之兴起，吕不韦因势力大了而灭族，韩非的政论一完善而被杀。这都是什么原因呢？利益可以改变心志，荣宠可以使人羡慕，赫赫的龙纹图徽，华美的车马服饰，为了侥幸获取苟且得到，常常因此辗转反侧，一旦得志即沉溺于淫邪而迷失方向，恣意妄为而不计后果，因此鸾铃还没来得及叮当作响就已身死辕下，深宅大院还没来得及进入就已梁柱倾覆。上天收去他的精魄，大地吸走他的福泽，人们哀悼他的身躯，鬼魅收割他的头颅。刚刚走上高冈，而最终死于深谷，早晨荣光焕发，到晚上已是枯枝孤魂。所以贤人君子，深谋远虑，畏惧罪责灾祸，因而超脱尘世归隐山泽，宁愿像泥路上拖着尾巴的乌龟那样安贫乐道，而视尘世的美好声誉为污泥浊水。这样的人难道是轻视君主无视百姓，而不理时务么！《易经》有对人们行为举止的告诫，《诗经》有为人应平和恭敬的咏叹，是天神监听着道义促使他们这样的。自从我大汉建国，应天顺民，政治清明，光明如同和煦的春天，俯依地神法则，仰法天帝准绳，传布皇帝的恩泽以哺育人民，传播教化使风俗纯正，君臣尽责合度，上下各司其职。皇上有从谏如流的宽阔胸怀，臣下有匡正补救的积极用心，官吏没有虚无不实的荣宠，百姓有坚守正义的品行，勤勉的修养品德，崇尚尽忠报效的益处。然而世道有深厚与粗劣，事物有兴盛和败落，有声响也会有沉寂，有光明也将有阴暗。繁盛的夏日被萧索的秋天接替，阴冷的冬季被和煦的春天取代，太阳消逝而明月当空，月华淡去而太阳又徐徐升起。孝冲帝、孝质帝享年短暂，汉桓帝、汉灵帝之时国运衰微，英雄云集，豪杰满地，家家有不同的意见，人人有不轨的图谋，所以游说者凭借其合纵连横的技巧而大展抱负，伺机取诈的人一时也鼓动如簧之舌。而今国法已经制定，德义在西蜀树立，光大祖先宏伟的规章，把美好的爵位赐予人民，倡导五教以移风易俗，推崇九德以安济百姓，肃穆明审四时祭礼，兆示皇道辅佐真君。虽然割据的天下还没统一，假冒的君主没有分辨出来，但根据圣人留给后代的训诫，只有公平合理才不致使一些人贫穷，因而朝廷中君臣和协，百姓就会由衷拥护，行动符合规范，动静合符法则。人才济济，有如元凯之类，知错必改，效法颜回的仁德，处理政务有条不紊，就是冉有、子路的政治才能，鹰扬鹜飞，想见伊尹、吕尚曾创建的功业；总括群贤智谋，听取薛公的上中下三

计,运用张良、陈平的奇谋妙策,所以努力奋进为国事而辛勤操劳,皇帝选贤任能尚且忙不过来,哪里还有闲暇顾及杂乱污秽处的枯竹呢!而我没有才能,在朝任职二十多年,献身王朝,全凭自己的一片忠心。喜好大海的广阔和深厚,赞叹嵩山的高大巍峨,听说孔子赞扬子夏的仁德,感受到乡校对自己的益处,像平仲那样调和鼎鼐,它的作用是增加芳香而去掉不好的气味;我愚昧昏庸的话中,时时也有可采纳的意见,就像人们可以在市间中考察到政治的得失,游戏的儿童在田边的吟咏,或许也可以增加国家的福分和祥瑞,所以尽力规谏。如被采纳了,是自己的昏庸无知符合了皇上的高明见解,进而应验了神意;如果自己的意见不被采纳,这也是自己应尽的义务,退下来守着自己愚蠢的想法而已。进和退听凭天意,不矫情也不虚假不实,顺性而为,乐天知命,又有什么可遗憾的呢?这就是我为什么进朝几十年而没有出朝,有官位却好像没有一样的原因。视屈原所谓众人皆醉而我独醒的说法为情绪的偏激,也不赞同渔父那种顺应浊世随波逐流而自我沉醉的心态,把柳下惠的做法当作迂腐不通的积习,认为伯夷和叔齐那些深深的怨恨属于气量狭隘的结果。建议被采纳了不认为有所得,建议不合主人之意也不认为有所失,有所采纳不会得意忘形,不被采用不至于黯然神伤;不因自己的喜好而轩轾事物的高低和前后,不沽名钓誉以获取功名利禄,不推卸责任以回避斥责贬黜。有什么责任需要解释?有什么俸禄值得可惜?说什么腰悬玉带名不副实?说什么入值殿中尸位素餐?九考二十七年而官位无所动摇,当然有我一贯坚持的道理在。如今朝臣如山积,英杰群集,犹如小鱼游于大海,小鸟进入森林,鸟飞走不显得少,鱼游来也不显得多。况且太阳也有受制于唐尧之世的时候,月亮也需要应随殷商的时辰,禹在阳盱向上天请求帮助而洪灾停息,成汤在桑林这个地方祈雨而甘霖降落人间。人的行动要遵循一定的规律,开启和停止都有一定的期运。先师给我留下遗训,要不怨不尤,听凭命运的安排并且严格地约束自己,我有什么可说的呢?辞穷而又路尽,我将要返回我的本色,整理先人流传下来的三坟五典,搜寻演绎孔子遗留的精髓,用精微的语言来表达深远的道理,以先人为楷模,遵循先人制定的规则,赞赏叔胖的优游自得,羡慕疏广的归老故乡,收住脚步而归田园,泛舟江湖享受悠闲安逸,身处方丈之室而乐在其中,远避这个世界的祸难,但我的心还未安稳,担心晚年的路泥泞难行,仍要激励自己发愤,敞开自己的胸怀而发誓。过去九方皋善于观察马的内在品质,秦牙善于观察马的外形;薛烛以善鉴宝剑而知名,瓠梁以善琴而留给世人美妙的音乐;孟尝君的宾客以鸡鸣狗盗的本领而救了他,楚将子发手下善偷的人保住了国家;雍门周抱琴而成一家之说,韩哀靠赶车而驰名海内;卢敖翱翔于玄阙,若士飞身而入云。我的确没能学会他们所有的本领,只好默然坚守着自己的志向以达到心灵的宁静。'"

景耀六年,后主听从谯周的计策,派使者向邓艾投降,那封降书,就是出于郤正之手。次年正月,钟会在成都反叛,后主东迁洛阳,当时纷扰喧乱,行程仓猝,蜀国的大臣没有能跟随保护后主的,只有郤正和殿中督汝南人张通,舍弃妻子儿女而只身跟随侍候刘禅。后主靠郤正指导行事分寸,言谈举止没有什么缺失,后主感慨叹息,悔恨了解郤正太晚了。当时的舆论都嘉赏郤正。魏国赐给他关内侯的爵位。泰始年间,被任命为安阳县令,升巴西太守。咸宁四年去世。他的著述,包括诗歌、论赞辞赋等有一百多篇。

评:杜微以隐退沉静为修身根本,不受当世名利驱使,差不多有伯夷、商山四皓的气概。周群占卜天象都有征验,杜琼沉默少言而谨慎细密,都是儒生中纯粹美善的代表。许慈、孟光、来敏、李譔,博览群书学识宏富,而尹默精通《左传》,虽然不以德行与功业受到世人称许,但都确实可算是当时的饱学之士。谯周文词义理渊博通达,是一代大儒,有董仲舒和扬雄的气度;郤正文采灿烂,有张衡、蔡邕的风范,加上品行美好,是才德兼备者学习的榜样。他们两人在晋朝的事迹较少,而在蜀国的事迹较多,所以收载于本篇之中。

白话三国志卷四十三　蜀书十三

黄李吕马王张传第十三

　　黄权字公衡,巴西郡阆中人。年青时曾任巴西郡吏,益州牧刘璋征召他为主簿。这时别驾张松向刘璋建议,应该迎请刘备入蜀,让他去讨伐张鲁。黄权劝谏说:"左将军刘备有骁勇善战的名声,现在请他来,若用对待部曲那样的方式对待他,则不能满足他的要求,若以宾客之礼对待他,而一国又不能让两位国君同时并存。如果客人的处境稳如泰山,那么主人就会有累卵之危了。现在只可以关闭国境,等待黄河水清天下安定。"刘璋不肯采纳黄权的意见,终究派遣使者去迎接刘备,并让黄权出任广汉县长。到刘备攻取益州之时,其将帅分别攻占州内郡县,各郡县望风归附,而黄权关闭城门坚守城池,直到刘璋投降之后,他这才归附刘备。刘备让黄权代理偏将军。到曹操打败张鲁,张鲁逃到巴中,黄权进言说:"如果失去汉中,那么巴东、巴西和巴郡就将连带受损,这是割去蜀国的大腿和胳膊呢。"于是刘备以黄权为护军,率领诸将去迎接张鲁。张鲁这时已经返回南郑,投降了曹操,然而刘备最终击败杜濩、朴胡,攻杀夏侯渊,占据汉中,这都是出于黄权当初的谋划。

　　刘备做汉中王后,仍兼益州牧,任用黄权为治中从事。到刘备称帝,准备东伐吴国,黄权劝阻说:"吴人骠悍善战,而且我们的水兵是顺流而下,容易进攻却难于退却,我请求您允许我作为先驱去试探敌人虚实,陛下应该在后面坐镇。"刘备没有听从,而任命黄权为镇北将军,督率江北的军队防御魏军;刘备在江南亲自统军作战。后来吴国大将陆议乘流而下完全打乱蜀军部署,致使江南蜀军惨败,刘备只好撤退。然而这时返蜀通道已被陆议阻断,黄权没法返回,便带着自己统领的人马投降了魏国。有关部门依法行事,禀报刘备说已收捕了黄权的妻子儿女。刘备说:"是我辜负了黄权,而黄权并没有辜负我。"对待他还和当初一样。

魏文帝对黄权说:"你背弃叛逆者而效命于顺应天意的人,是想要仿效陈平和韩信吗?"黄权回答说:"我身受刘备厚恩,不能投降吴国,回蜀又无路可通,所以才归顺了魏国。况且败军之将,能免于一死就很幸运了,还谈得上什么追慕效法古人!"文帝很是欣赏,任命他为镇南将军,封为育阳侯,加官侍中,让他陪同坐同一辆车。来自蜀国的投降者说蜀国已经诛杀黄权的妻子儿女,黄权知道这是谎言,没有马上发丧。后来得到了准确的消息,果然像黄权所说的那样。刘备病逝的消息传来,魏国群臣相互庆贺而黄权没有一点欢容。魏文帝察觉黄权很有气量,想试着惊吓他一下,就派自己的亲信去通知黄权说皇帝有诏召见,他未到之前,还另派人一个接一个地前去催促,骑马的使者往来奔驰于道路之上,黄权的部属都吓得心胆俱碎,而黄权举止仍跟平常一样泰然自若。后来黄权兼任益州刺史,又调任河南尹。魏国大将军司马懿极为器重黄权,问黄权说:"像你这样的人你们蜀国有多少?"黄权笑着回答道:"没想到您对我如此看重!"司马懿在给诸葛亮的信中说:"黄公衡确是豪爽之士,无论什么时候谈起您,都对您赞不绝口。"景初三年,蜀延熙二年,黄权升为车骑将军、仪同三司。次年去世,谥号为景侯。他的儿子黄邕承袭爵位。黄邕无子,绝嗣。

黄权留在蜀国的儿子黄崇,任尚书郎,跟随诸葛瞻迎击邓艾。兵到涪县,诸葛瞻在此徘徊迟疑着没有及时推进,黄崇多次劝他应该迅速前进占据险要地势,不让敌人进入平川。诸葛瞻仍犹豫不定没有采纳,黄崇为此急得痛哭流涕。等到邓艾长驱而入,诸葛瞻边打边退到绵竹,黄崇率领并激励将士,约定与敌人决死一战,竟在战斗中阵亡。

李恢字德昂,建宁郡俞元县人。曾任郡中的督邮,他的姑夫爨习任建伶县令，有犯法的事情，李恢依法裁定爨习应当免去官职。太守董和认为爨习是当地的大姓，所以压下李恢的提议而没有让爨习免官。后来推举李恢去州里任职，还在途中未到，听说刘备从葭萌关南下攻打刘璋。李恢料到刘璋必败而刘备定能成功，于是托名为建宁郡的使者，北上去见刘备，在绵竹相遇。刘备很赞赏他的举措，让李恢跟随到了雒城，然后派他到汉中去结交马超，于是马超归附了刘备。成都平定后，刘备兼任益州牧，任命李恢为功曹书佐、主簿。后来被逃亡的罪人诬告，牵扯李恢到谋反案中，有关部门拘捕了李恢并送交刘备发落，刘备指出李恢不会如此，还额外升迁李恢为别驾从事。章武元年，庲降都督邓方去世，刘备问李恢说："谁可以替代邓方？"李恢回答说："人的才能，各有长短，所以孔子说'用人要根据对方的才器而定'。而且大凡圣明的君主在上，那么做臣子的必然竭尽心力，所以西零战役那时，赵充国就自荐说'没人比得过老臣'。我不自量力，愿陛下明察。"刘备笑着说："我的本意，也就是你啊。"于是任命李恢为庲降都督，使持节兼任交州刺史，治所设在平夷县。

刘备去世后，高定在越巂恣意妄为，雍闿在建宁飞扬跋扈，朱褒则在牂牁郡公然反叛。丞相诸葛亮南征，先从越巂进军，李恢则按照行军路线向建宁进军。敌人好几个县纠合起来，把李恢包围在昆明。当时李恢的人马比敌人少一半，又加上没有得到诸葛亮的消息。他派人哄骗南人说："官军粮草已尽，正在计划撤退，我等离开家乡很久了，今天才得以返回，也不愿再返回北方，想着要跟你们共谋大事，特此以诚相告。"南人信了他的话，所以对李恢的围困和警戒有所松懈。于是李恢派兵出击，大败敌人，追击败军，向南到了槃江，向东到了牂牁，与诸葛亮的部队相互呼应。南土平定之后，李恢的军功最为显著，爵封汉兴亭侯，加官安汉将军。后来军队返回，南夷不久又反叛，杀害驻守将领。李恢亲自前去征讨，尽灭坏人，并把当地的首领迁到成都。从叟、濮等族中征收耕牛、战马、金、银、犀、革，供应军需，当时这些费用没有缺乏过。

建兴七年，因为交州归属了吴国，解除了李恢交州刺史职衔。

改为兼任建宁太守，让李恢回到建宁郡居住。后又迁居汉中郡，建兴九年去世。其子李遗继承封爵。李恢弟弟的儿子李球，任羽林右部督，随诸葛瞻迎击邓艾，临阵拼命，死在绵竹。

吕凯字季平，永昌郡不韦县人。任郡中五官掾、功曹。当时雍闿等人听说刘备在永安去世，变得越加狡诈骄横。都护李严给雍闿写了一封六页纸的长信，解释晓谕此中厉害得失。雍闿只回复有一页纸说："听说'天无二日，地无二王'，当今天下三足鼎立，国家历法有三个不同的版本，所以身处远方的人很疑惑，不知归向那一方才好。"雍闿桀骜不驯竟达到如此程度。雍闿又投降了吴国，吴国在遥远的东边任命雍闿为永昌太守。永昌本就在益州郡的西边，而且道路阻塞，与蜀郡隔绝，而郡太守又换了人，吕凯跟府丞蜀郡人王伉统率并激励官吏和百姓，关闭四境以抵抗雍闿。雍闿多次发檄文到永昌，如此这般地诱逼吕凯。吕凯答以檄文说："上天降下死亡祸乱，奸雄忙着利用机会，天下百姓切齿痛恨，万国为之悲痛伤感，臣民无论大小，没有谁不想竭尽心力，肝脑涂地，从而消除国家的危难。据我所知将军您世代领受汉室厚恩，本来以为您应该亲自汇聚部属将士，率先启行，对上报效国家，对下不负先人，把功劳记载在史册上，千载留名。何曾想到您却向东吴俯首称臣，背本而就末呢？从前舜尽力于民事，身死苍梧，史书赞美他，芳名流播至于无穷。死在江南，又有什么可悲的呢！周文王和武王受命于天，到成王才大功告成。先帝振兴王业，海内望风归附，大臣聪明睿智，这是上天降下的安宁。可是将军您却不看盛衰的历史记载，成败的征兆，就像野火在荒原上燃烧，人在河冰上行走，一旦火灭冰消，您还能依靠些什么呢？从前将军您的父亲雍侯，虽和高祖结怨却仍旧得到了封爵，窦融知道东汉兴起属于天命，从而归顺了世祖，他们都流芳后世，世世都在歌颂他们的美德。当今丞相诸葛亮英才出众，明察事物于未然，接受先帝临终托孤的重任，辅佐蜀汉，跟众人相处无所避忌，记录他人的功劳而不纠缠于过失。将军您如果能够幡然悔悟而改弦更张，另行选择正确的道路，料必不难追踪古人，岂止是主宰永昌这样的土地而已！听说楚国对周朝不恭敬，齐桓公率师前去责问，夫差僭越自称尊号，晋人拒绝认他为霸主，何况向违逆天命的君主称臣，有谁肯归附您？我私下思考古人的道义，臣下不能有越境的交往，所以前后只有来信而没有回音。但既然您又发来如此郑重其事的檄文，表达了发愤忘食的决心，所以才大致地表述一下我的想法，请将军您仔细地考虑。"吕凯的仁政与刑治在郡中很有名，郡里的人都很信任他，因此他能保全自己的名节。

等到丞相诸葛亮亲自南征雍闿，讨伐大军已在路上，雍闿却已被高定的武士所杀。诸葛亮到了南方，向刘禅上表说："永昌郡的官吏吕凯、府丞王伉等人，在如此边远的地方对朝廷忠心不二，十多年来，雍闿、高定威逼郡境东北，而吕凯等人却坚守节操不与他们交往。我实在没有想到永昌人的风俗是这样的敦厚诚实！"于是任命吕凯做云南太守，封为阳迁亭侯。恰在这时吕凯被叛乱的蛮夷所杀，由他的儿子吕祥继承爵位。而王伉也被封为亭侯，担任永昌太守。

马忠字德信，巴西郡阆中县人。幼时生活在外祖母家，姓狐，名笃，后来才恢复父姓，改名为忠。任郡中官吏，建安末年被荐举为孝廉，授职汉昌县长。刘备东征东吴，在猇亭大败，巴西郡太守阎芝从下属各县派遣五千多名士兵以填补伤亡空缺，派马忠送往前线。这时刘备已返回永安，接见马忠并与他交谈，然后对尚书令刘巴说："我虽然失去了黄权，却得到狐笃，表示这个世上不缺乏贤人呀。"建兴元年，丞相诸葛亮成立府署，任用马忠为门下督。建兴三年，诸葛亮南征，任命马忠为牂牁郡太守。郡丞朱褒反叛。叛乱过后，马忠安抚百姓，赈济贫困，在百姓中很有刑治和仁政之名。建兴八年，被征召为丞相参军，辅助长史蒋琬管理留府事宜。又兼州治中从事。次年，诸葛亮出兵祁山，马忠到诸葛亮行营，参谋军事。军队返回后，督察将军张嶷等人征讨汶山郡的叛羌。建兴十一年，南夷首领刘胄造反，扰乱邻近郡县。朝廷征召庲降都督张翼返回，以马忠代替张翼。马忠于是斩了刘胄，平定了南方。给马忠加官监军、奋威将军，封为博阳亭侯。当初，建宁郡叛乱杀了太守正昂，又把继任太守张裔抓住送往东吴，所以之前都督常年住在平夷县。到马忠任都督时，才把治所移到味县，处在汉民与夷人之间。越嶲郡有名无土也很有了一些年头，马忠率领太守张嶷恢复了越嶲郡的实际地界，因此朝廷派人前来给马忠加官安南将军，进封彭乡侯。延熙四年回朝，接着又去汉中，见大司马蒋琬，传达皇帝诏令，加官为镇南大将军。延熙七年春，大将军费祎往北抵御魏国的军队，留马忠在成都，负责打理尚书事务。费祎回到成都，马忠于是返回南方。延熙十二年去世，他的儿子马修继承爵位。

马忠为人宽和乐施而雅有度量，只嘲谑大笑，愤怒不形于色。然而办事明快决断，仁政与刑治并行，所以蛮夷各族都很敬畏并爱戴他。到他去世之时，蛮夷中没有谁不是亲自前来吊丧，而且悲痛流泪竭尽哀思，事后还给马忠立庙祭祀，祠庙至今仍在。

张表，当时的名士，声望清雅还超过马忠。阎宇，很早就表现出有办事能力，做事精细勤勉。他们是继马忠之后很有才能的人，但说到使人敬畏的声势气派和令人称颂的政绩，都不能跟马忠相比。

王平字子均，巴西郡宕渠人。本来在外祖母何氏家中长大，后来才恢复原来的王姓。随杜濩、朴胡一起到洛阳，代理校尉之职，随曹操出征汉中时，就此归降了刘备，被任命为牙门将、裨将军。建兴六年，是参军马谡手下的先锋。马谡舍弃临水布营而扎寨于山上，措施纷扰，王平多次规劝，而马谡不能听取他的意见，结果大败于街亭。马谡所领部众全都四处逃散，只有王平率领的一千人仍鸣鼓坚守阵地，魏国将领张郃怀疑有预设伏兵，不敢逼近。于是王平慢慢地招集各营战败而奔散的残兵，率领将士返回。丞相诸葛亮杀了马谡和将军张休、李盛，剥夺了将军黄袭等人的兵权，而王平却特别得到尊贵显要的对待，加官为参军，统领五部兵兼管营屯事宜，进位讨寇将军，封为亭侯。建兴九年，诸葛亮包围祁山，王平另率一支部队经略南部营地。魏国大将军司马懿进攻诸葛亮，张郃进攻王平，王平坚守不动，张郃没能攻克。建兴十二年，诸葛亮在武功病逝，蜀军撤退,魏延作乱,仅一仗就失败身死,这都是王平的功劳。升为后典军、安汉将军,协助车骑将军吴壹驻守汉中,又兼任汉中太守。建兴十五年,进封为安汉侯,代替吴壹督率汉中人马。延熙元年,大将军蒋琬驻守在沔阳,王平改任前护军,掌管蒋琬府中事务。延熙六年,蒋琬返回住在涪县,任命王平为前监军、镇北大将军,统领汉中军队。

延熙七年春,魏国大将军曹爽率步兵、骑兵十余万人杀奔汉川,前锋已抵骆谷。这时汉中的蜀国守军不到三万,诸将十分惊恐。有的人说:"现在的兵力不足以抵抗敌人,只好固守汉、乐二城,遇见敌军就放他们进来,用不了多久,涪县的援军就足以救援阳平关了。"王平说:"不是这样。汉中离涪县将近千里。敌军如果得了关口,便种下祸根。现在应该先派刘护军、杜参军去占领兴势,我担任后援;如果敌军分兵向黄金进攻,我率千人下去亲自对阵,这样周旋下来,涪县的援军也就赶到了,这才是上策。"护军刘敏跟王平的意见一致,当即执行。涪县的各支部队和大将军费祎都从成都相继赶到,魏军撤回,正如王平计策中所预言的那样。这时邓芝在东、马忠在南、王平在北部,都名声卓著。

王平生长在部队中,不会写字,能认识的也不过十几个字,而他口授书信,却都很有意趣条理。让别人朗读《史记》、《汉书》中的纪传,他听,之后都能了解书中的要义,讨论起来并不失原书旨趣。遵守法纪,说话从不开玩笑,从早到晚,整日里正襟危坐,作派并不像一位武将。然而他心地狭隘多疑,总以为被人轻视,因此声誉受损害。延熙十一年去世,其子王训继承爵位。

当初,跟王平同郡的汉昌人句扶忠诚勇敢而宽大厚道,屡建战功,功名和爵位仅次于王平,官至左将军,爵封宕渠侯。

张嶷字伯岐,巴郡南充国人。二十岁时任县里的功曹。刘备平定益州的时候,山寇攻打南充国,县长弃家而逃,张嶷穿行于刀风剑影之中,贴身保护着县长夫人出逃,夫人得以免祸。张嶷从此出名,州里征召他为从事。当时巴郡的士人龚禄、姚伷都是官位二千石的大官，在社会上很有声望，都与张嶷友好。建兴五年，丞相诸葛亮北行驻扎在汉中郡，广汉、绵竹的山贼张慕等人劫掠军用物资，抢劫官吏百姓，张嶷以都尉的身份带兵讨伐他们。张嶷考虑到山贼们惯于如鸟飞散，难以通过作战擒获他们，于是佯装与山贼和亲，约定日期设宴相会。等到山贼喝到尽兴畅快之际，张嶷亲率将士冲入座中，便就在宴席斩下了张慕等五十几人的首级，山贼头目被一网打尽。追歼山贼余部，十天之内这一带便清静平安了。后曾患病十分沉重，而他家素来穷寒困乏，蜀郡人何祗时任广汉太守，有豁达宽厚的名声，张嶷之前跟他素昧平生，竟自己坐车去见何祗，拜托他为自己治病。何祗倾尽自己的财力为他治疗，几年后张嶷的疾病得到根治。他对道义的坚守和信赖就大多与此类似。被任命为牙门将，归属马忠统领，北上讨伐汶山郡叛乱人羌，往南平定四郡蛮夷，张嶷都常有出谋划策，摧锋陷阵的功劳。建兴十四年，武都氐王苻健请求归降，派将军张尉前去迎接，但过了约定的日期人还没到，大将军蒋琬为此深为担忧。张嶷评估说："苻健请求归附的心志很真诚，一定不会发生意外，但一贯听说苻健的弟弟很狡诈，而且胡人不懂得共享功劳，难免有所背离，所以才耽延些时日罢了。"过了几天，消息传来，苻健的弟弟果然带着四百户人家投奔了魏国，只有苻健照原定计划归降。

当初，越巂郡自从丞相诸葛亮讨伐高定之后，叟夷多次反叛，前后杀了太守龚禄、焦璜，从此以后太守不敢到郡中就任，只住在安定县，距郡治所在地达八百余里，该郡徒有其名而已。当时的议论主张要恢复对这个郡的实际管辖，于是任命张嶷为越巂郡太守。张嶷带领属下人等前往越巂郡，以恩惠和信义来开导他们，蛮夷都很信服，来归降的人不在少数。北部边境的捉马族人最是骁勇劲健，不受管制调度，张嶷便前去征讨他们，活捉了他们的首领魏狼，又将他释放，晓谕他回去后招抚其他族人。张嶷表请封授魏狼为邑侯，这样该部落的三千多户都安守本土而能尽心于自己的职责。其他部落听说这件事，也大多渐次降服了，张嶷因功被赐爵关内侯。

苏祁邑君冬逢、冬逢的弟弟隗渠等人，投降后又反。张嶷杀了冬逢。冬逢的妻子是旄牛王的女儿，张嶷用计宽免了她。而隗渠则逃入了西部的边境。隗渠刚强勇猛而敏捷彪悍，各部族都很惧怕他，他派了两个亲信来向张嶷诈降，实际是要刺探消息。张嶷察觉后，许诺给予这两人重赏，让他们充当了自己的间谍，这两人于是合谋杀了隗渠。隗渠一死，各个部落便都得以安定。此外又有斯都族头领李求承，从前就是他亲手杀了原越嶲郡太守龚禄，张嶷悬赏募人抓住了他，历数他前后的罪行然后杀了他。

最初张嶷因城郭屋宇已倾倒崩坏，另行修建了一座小城堡。在任三年之后，迁回原来的郡城，将城郭修缮一新，当地夷人无论男女没有谁不来出力。

定莋、台登、卑水三县离郡治所在地达三百余里，过去出产盐、铁和漆，而边疆的蛮夷长期独占其利。张嶷率领他的部下夺了过来，在那里设置官署加以管理。张嶷到定莋，定莋的蛮夷首领狼岑和槃木王舅，都很受蛮夷信任，他们对张嶷到定莋侵夺自己的利益非常不满，不肯自动来见张嶷。张嶷派几十个壮士径直把他俩抓来，鞭打之后杀了，把尸体送还给他们的部落，对其部落却给予丰厚赏赐，并晓谕狼岑的罪恶，同时警告大家："不要试图轻举妄动，作乱就将被消灭啊！"全部落的人都反绑双手前来认罪。张嶷杀牛设宴，席间向蛮夷重申恩信，于是获得了盐铁，器具食用充足完备。

汉嘉郡边界上的旄牛部族有四千多户，头领狼路试图替他的姑父冬逢报仇，就派他的叔父离带着冬逢的部属去观察估量形势。张嶷派自己的亲近人员送牛和酒来犒劳赏赐离的人，又让离去见冬逢的妻子以阐发张嶷的意图。离既接受了赏赐，又见到了姐姐，姐弟欢喜，便全都率领各自的人众来见张嶷，张嶷给予丰厚的赏赐和款待，让他们回去。旄牛族从此不再为患。

郡中过去有条古道，经过旄牛族居住的地方直到成都，既平坦路途又短；自从旄牛族人阻绝道路以来，这条路不能通行已有一百余年了，改从安上经过，既险又远。张嶷派左右带着财物赐给狼路，特别让狼路的姑姑传达自己的意思，狼路于是率领兄弟和妻儿来见张嶷，张嶷与他结盟立誓，开通了旧道，千里之间一路清平，古老的邮亭驿站也都得以恢复。张嶷奏请封狼路为旄牛䀣毗王,派使节带狼路去成都朝见进贡。后主刘禅于是给张嶷加官抚戎将军,仍兼郡太守。

张嶷最初感觉费祎作为大将军,对人无所不爱,对待归附的新人太过信赖,就写信劝诫他说:"过去岑彭统帅军队,来歙持符节征讨公孙述,都被刺客暗杀。如今大将军您位尊权重,应该借鉴前人有过的教训,多少有些警觉。"后来费祎果然被魏国投降过来的人郭修所害。

吴国太傅诸葛恪因为刚打败了魏国军队,就大举兴兵图谋进攻中原。侍中诸葛瞻,是蜀丞相诸葛亮的儿子,诸葛恪的堂弟,张嶷给诸葛瞻写信说:"东吴君主孙权刚刚驾崩,即位的皇帝还确实太过幼小,太傅肩负吴大帝的托孤重任,哪是容易之事!至亲之间就如成王叔父周公这样有才能的人,尚且还遭致管叔、蔡叔散布流言酿成祸害,霍光受遗诏辅政,也发生过燕王旦、盖长公主、上官桀的叛乱图谋,当时纯粹依赖周成王、汉昭帝的英明,才使得他们各自免除临头的大祸。过去曾听说吴主孙权一手主宰生死赏罚,不由底下官僚依法裁决,而今又是在将死之际,仓促召见太傅,以身后大事嘱托,对此确实应有足够的防患意识。加上吴、楚二地的人性格急躁易怒,这是以前就有的记载,而太傅却远离少主,亲自领兵进入敌国境内,恐怕不是好的办法,更非长久之计。虽然说东吴的法纪严明,上下和睦,但百有一失,这不是聪明人都应该考虑的吗?用古代的事情审度今天,今天就和古代一样,若不是郎君您向太傅提出忠告,还有谁能把自己心中的思虑对他和盘托出呢!太傅不如回师推广农桑,致力于恩德仁惠的施予,几年之内,东吴西蜀一起行动,实在不能算是太晚,希望您深切采纳并慎重考察。"诸葛恪最后就因为伐魏之事而被灭族。张嶷的见识大多都像这样。

张嶷任越巂太守长达十五年,境内安定肃穆。他屡次请求返京,于是受到征召调回成都。汉、夷百姓都恋恋不舍,扶着他的车毂哭泣流泪。经过旄牛邑,邑君扶老携幼前来迎接,以至跟随着车驾把他直送到蜀郡边界,他们的头领一起相随张嶷进京朝见进贡的多

达一百多人。张嶷到达成都，被任命为荡寇将军。他性格豪爽，意气风发，士大夫们都很敬重他；然而他也任性随意不拘礼节，人们也因此而对他有所讥嘲。这一年是延熙十七年。

魏国狄道县长李简来密信请求归降蜀国，卫将军姜维率领张嶷等人靠李简的帮助从而前出陇西。到了狄道，李简率城中的官吏百姓都出来迎接蜀军。张嶷在阵前与魏将徐质交锋，战死沙场，然而被他杀死杀伤的敌人也应成倍计算。张嶷死后，蜀国封他的长子张瑛为西乡侯，次子张护雄则承袭父亲的爵位。南方越巂郡的汉、夷民众得悉张嶷的死讯，无不悲伤哭泣，他们为张嶷在当地建庙，四时节令和水、旱灾害降临时都对他进行祭祀。

评：黄权志趣高雅器量出众，李恢公正诚信志向专注，吕凯信守节操矢志不移，马忠和顺大度刚强坚韧，王平忠诚勇敢严肃缜密，张嶷见识不凡聪颖果决，他们几个人都各以自己的长处建功立业名声显扬，当然也是因为把握了大好时机的缘故。

白话三国志卷四十四　蜀书十四

蒋琬费祎姜维传第十四

　　蒋琬字公琰,零陵郡湘乡县人。二十岁时与表弟泉陵县人刘敏都很有名气。蒋琬以州书佐的身份随先主刘备入蜀,任命为广都县长。刘备有一次外出游览时突然来到广都,发现蒋琬政事没有得到治理,而且当时又喝得烂醉,刘备大怒,要拿他治罪严办。军师将军诸葛亮为他求情说:"蒋琬,属于国家栋梁级的人物,他的才能不在于治理一个百里范围的小县。他治政以安定百姓为本,而不是首先讲求外在形式,希望主公再三考察他。"刘备特别敬重诸葛亮,才没有治他重罪,仓促间只免了他的官职而已。蒋琬被免官追究之后,夜里梦见一个牛头在门前流血满地,心中非常厌恶,叫来占梦的赵直求问吉凶。赵直说:"大凡梦里见血,表示事情显明无疑。牛角和鼻子合在一起,那是'公'字的形象,您的官位必能到达三公,这是大吉的征兆呢。"不久,被任命为什邡县令。刘备被拥立为汉中王,蒋琬入京任尚书郎。建兴元年,丞相诸葛亮成立丞相府署,征召蒋琬为东曹掾。被荐举为茂才,蒋琬坚持让给刘邕、阴化、庞延、廖淳,诸葛亮开导他说:"想您离开亲人故土,而为百姓奔忙,众人既内心不安,又确实会使远近之人不明其中要义,因此您应该显示您因功而被举荐,以表明此次铨选的清贵和慎重。"升为参军。五年,诸葛亮进驻汉中,蒋琬与长史张裔主持留守相府的事务。八年,代替张裔任长史,加官抚军将军。诸葛亮多次带兵外出征战,蒋琬总是以足够的粮饷和足够的兵力供给前方。诸葛亮常说:"公琰以他的忠心和正直来寄托报国的志向,他应该是和我共同辅佐皇上实现统一大业的人。"他给后主刘禅呈上密表说:"我如果有什么不幸,后事应托付给蒋琬。"

诸葛亮去世,刘禅以蒋琬为尚书令,转瞬又加官都护将军,假以符节,兼益州刺史,又升为大将军,总领尚书台事,封为安阳亭侯。当时新遭元帅诸葛亮丧事,远近的人都忧心忡忡。蒋琬才智出类拔萃,为群臣之首,既无悲戚仪容,又没有喜悦之色,神态举止,一如往日,由此渐为众人所归。延熙元年,刘禅下诏书给蒋琬说:"敌寇带来的灾难尚未消弭,曹叡骄横凶暴,辽东三郡人民备受其暴虐之苦,于是联合起来,与魏国决裂。曹叡大兴各种劳役,征伐频繁毫无节制。从前秦国的灭亡,是由陈胜、吴广首先发难,今天魏国有辽东三郡之变,实是天赐良机。您应整治行装,统率各路军队屯驻汉中,等待吴国发兵,东西构成犄角之势,伺机进攻。"又命令蒋琬成立府署,次年又在府中加官为大司马。

东曹掾杨戏平素待人简慢,蒋琬与他谈话,杨戏有时并不回应。有的人想在蒋琬面前陷害杨戏,说:"您与杨戏说话他不理睬,杨戏这样轻慢上司,不也是太过分了么!"蒋琬说:"人的心性不同,与人的容貌一样千差万别;当面顺从而背后非议,这在古人多有训诫。杨戏想要赞成我呢,却不是他的本心,想要不赞成,又是暴露了我的不对,所以他默然不语,这恰是他直爽心性的体现。"又督农官杨敏曾毁谤蒋琬说:"做事昏庸糊涂,实在不如前人。"有人把这话告诉了蒋琬,主事的人请求推治杨敏,蒋琬说:"我的确不如前人,他没有什么可以追究的。"主事人再次陈说,而蒋琬不去追究。主事的人又呈请说就算不推问他的毁谤之罪,至少也要问清楚杨敏所谓昏庸糊涂的凭据何来。蒋琬说:"如果不如前人,那就是做事不合理,做事不合理,那么就是昏愦糊涂了。还有什么可问的呢?"后来杨敏因罪下狱,大家担心杨敏必死无疑,蒋琬却并未以偏见处置,杨敏得以免去重罪。他的爱憎好恶合于道义,都像这样。

蒋琬认为诸葛亮从前几次出兵秦川,因为道路险恶运输艰难,最终没有什么成果,不如从水路东下,于是造了很多战舰,想要从汉水、沔水袭击魏国的魏兴和上庸。恰逢蒋琬旧病连续发作,没有来得及及时执行。而大家的议论都认为如果不能成功，退路很难，这不是长远的计策。于是派尚书令费祎、中监军姜维去告诉蒋琬上述见解。蒋琬受命上疏给刘禅说："消灭曹魏以平息国难，这是为臣我的职责。自从臣奉命撤离汉中，至今已经六年了，我既昏愦懦弱，又加上旧病缠身，规划方略没有成就，昼夜为此忧虑不安。现今魏国据有九州，根蒂日渐蔓延，清除他们很不容易。如果东吴西蜀联手合力，首尾形成犄角之势，虽然不能迅速取得成功，也姑且可以分割蚕食，先消灭魏国的党羽。然而吴国约定出兵的时间一再推迟，东西连动局面不能形成，进退两难，我确实为此而寝食不安。每与费祎商量此事，都认为凉州胡人居住的地方是北方的边塞要地，进攻退守都可凭据，这是敌人非常重视的地方；况且羌、胡人都十分思念汉朝，又因为过去偏军进入过羌地，郭淮失败逃走，考虑得失，我们认为当前的首要事情，应该任用姜维为凉州刺史。如果姜维出征，与敌相持在河右，我则率师为姜维镇守后方，做他的后援。现在涪县水陆交通四通八达，能够及时应急，如果东北一带有情况，奔赴前去并无困难。"因此蒋琬就返回住在涪县。他的病情加剧，到延熙九年去世，谥号为恭。

他的儿子蒋斌继承爵位，任绥武将军、汉城护军。魏大将军钟会到汉城，给蒋斌写信说："巴蜀贤明睿智文臣武将太多了，至于您和诸葛思远，譬如草木同类，跟我也是气味相投的。敬仰前辈名贤，古今称道。到西蜀来，想要瞻仰尊父大人的墓地，洒扫其坟茔，亲自祭祀以表敬意。希望告诉我令尊坟墓的所在。"蒋斌回信说："得知您引我为同类，示以推诚交往，不敢拒绝来信的要求。先父当年患病，在涪县去世，占卜者说那是一块风水宝地，于是就在那里埋葬了。知道您来西蜀，竟要屈驾瞻仰先父墓地以致敬意。'颜回把我视同自己的父亲'，孔子当年曾这样推许颜回的仁义，因此得到您的吩咐心生感伤，也更增加了我的思念。"钟会得到蒋斌的回信，对信里所表达的思想内容很是嘉赏感叹，等到了涪县，他所做的一切都像给蒋斌信中所说那样。

刘禅投降邓艾以后，蒋斌到涪县拜会钟会，钟会以朋友之礼相待。蒋斌后随钟会到成都，被乱兵所杀。蒋斌的弟弟蒋显，任太子仆射，他的才能学识也受到钟会的欣赏，成都兵乱时与蒋斌一同被害。

刘敏，任左护军、扬威将军，跟镇北大将军王平一起镇守汉中。魏国派遣大将军曹爽袭击蜀国，当时的议论者都倾向认为"只可坚守城池，不必出战，敌人必定自行撤退"，而刘敏则认为"百姓正满布田野，粮食还没来得及收割，如果听任敌人深入，则一切都完了"。于是率自己的部队跟王平占据兴势，多设旗帜，连绵百余里。恰好大将军费祎率援军从成都赶到，魏军当即撤退。刘敏因功被封为云亭侯。

费祎字文伟，江夏郡鄳县人。幼时丧父，依托族父伯仁生活。伯仁的姑姑是益州牧刘璋的母亲，刘璋派人迎接伯仁，伯仁带着费祎入蜀游学。恰逢刘备平定了蜀郡，费祎便留在益州。他和当时的汝南人许叔龙、南郡人董允齐名。这时许靖的儿子死了，董允、费祎想一起去参加葬礼。董允禀告他父亲董和说要一辆车子，董和派了一辆侍从使用的小车给他们。董允表现出难以乘坐的样子，而费祎却从前面首先上了车。等到了治丧处，诸葛亮等一干显贵全都到齐了，车马都很华美。董允仍显得局促别扭，而费祎却神态安然自如。驾车人返回，董和向他问了情况，知道了两人的不同表现，便对董允说："我曾认为你和费祎的造化高低难以区分，但从今天开始，我心里全明白了。"

刘备册立太子，费祎和董允都担任太子舍人，升为庶子。后主刘禅即位后，费祎任黄门侍郎。丞相诸葛亮南征返回，百官都到数十里外去迎接，这些人的年资官位都排在费祎前面，而诸葛亮却特地让费祎跟自己同坐一辆车，由此大家都对他刮目相看。诸葛亮因为刚从南方回来，所以特命费祎以昭信校尉身份出使东吴。孙权天性幽默诙谐，讥嘲调笑随心所欲，诸葛恪、羊衜又都才识渊博能言善辩，会见时辩论诘难纷至沓来，费祎措辞和顺而语义笃实，据理一一答复，终究没有被他们屈服。孙权非常器重他，对费祎说："您是天下美德的化身，必当辅佐蜀汉，恐怕今后再不能常来我们吴国了。"费祎出使回国，升为侍中。诸葛亮驻守汉中，请费祎做参军。因为奉命出使办事符合皇帝的旨意，常常到吴国去。建兴八年，调任中护军，后又任司马。其时军师魏延跟长史杨仪之间相互嫌憎，每当坐在一起便不断争吵，魏延有时还举刀对着杨仪比划，杨仪则涕泪横流。费祎常过去坐在他们中间，劝说开导将两人拉开，因而一直到诸葛亮去世之前，魏延、杨仪的才能作用都始终得以发挥，这跟费祎从中匡正补救是绝对分不开的。诸葛亮去世后，费祎任后军师。不久，代替蒋琬担任尚书令。蒋琬从汉中返回涪县，费祎升为大将军，总领尚书台事务。

延熙七年，魏国军队驻扎在兴势，刘禅授予费祎皇帝符节，命他率军前去御敌。光禄大夫来敏到费祎住处送别，要求跟他对弈一局。这时紧急军事公文纷至沓来，人马披挂已毕，坐车也已备好，只等出发了。费祎跟来敏专心下棋，脸上看不到一丝不安或厌倦的神色。来敏说："我此举不过是试试您罢了！您真是个令人称心如意的人，必能退敌。"费祎到达汉中，魏军便撤退了，封费祎为成乡侯。蒋琬执意要让出州职，费祎便又兼任益州刺史。费祎主持国事的功业和名声，大体与蒋琬相近。延熙十一年，出京驻守汉中。自蒋琬到费祎，虽然身在京城之外，但有赏赐刑罚大事，朝廷都会事先向他们进行远距离的咨询，由他们做出决定，然后才予以施行，他们就是如此地备受刘禅的推重和信任的。后来在延熙十四年的夏天，费祎返回成都，成都懂得望气的人说都城中没有宰相的位置，所以凡是冬夏他都驻扎在北部的汉寿。延熙十五年，命令费祎成立府署。延熙十六年岁首大宴会，从魏国来降的郭修（循）也在坐。费祎开怀畅饮以至于酩酊大醉，被郭修（循）亲手杀害，谥号为敬侯。他的儿子费承继承爵位，任黄门侍郎。费承的弟弟费恭娶公主为妻。费祎的长女嫁给太子刘璿为妃。

姜维字伯约，天水郡冀县人。幼年丧父，与寡母一起生活。喜好郑玄的经学。最初担任天水郡的上计掾，后来州里征召他为从事。由于他的父亲姜冏曾是天水郡的功曹，正赶上羌、戎族叛乱，挺身保护郡将，身死战场，因此赐给姜维中郎一职，参与本郡军事。建兴六年，丞相诸葛亮出师祁山，当时天水太守恰好外出巡视，姜维和功曹梁绪、主簿尹赏、主记梁虔等都随行。太守听说蜀军即将到来而各县都起来响应诸葛亮，怀疑姜维等随行的人都怀有二心，于是趁着夜色跑到上邽谋求自保。姜维等发觉太守离去，追赶已迟了一步，等他们追到上邽城外，城门已关闭，城内不肯接纳他们。姜维一行又一同返回冀县，冀县同样也不肯放他们进城。于是姜维等人一同去见诸葛亮。正赶上马谡在街亭战败，诸葛亮带着西县一千余家百姓以及姜维等人收兵返回，因此姜维就与老母失散了。诸葛亮征召姜维为仓曹掾，加官奉义将军，封为当阳亭侯，当时姜维年仅二十七岁。诸葛亮给留府长史张裔、参军蒋琬写信说："姜伯约对自己的职事忠心勤奋，思虑问题精细周密，考察他所具有的人品才能，李绍和马良也比不上他，他的确是凉州的优秀人士。"又说："必须先让他教练中虎步兵五六千人。姜伯约在军事方面非常敏锐，既有胆识而明义理，又精通用兵之道。此人忠于汉室，而且才力过人。等他结束军事教练后，应派他进宫，觐见陛下。"后来姜维升为中监军、征西将军。

　　建兴十二年，诸葛亮去世，姜维回到成都，任右监军、辅汉将军，统帅诸军，又进封他为平襄侯。延熙元年，跟随大将军蒋琬驻扎在汉中郡。蒋琬升为大司马后，让姜维担任司马，多次率领一支部队进入西部。延熙六年，升为镇西将军，兼凉州刺史。十年，升为卫将军，与大将军费祎共同执掌尚书台事务。这一年，汶山郡平康县夷人造反，姜维率军前去平定。又出兵陇西、南安和金城一带，在洮西与魏国大将军郭淮、夏侯霸交战。胡王治无戴等人带领整个部落投降姜维，姜维带领他们返回并且给予了很好的安置。延熙十一年，假以姜维皇帝符节，又出兵西平，不胜而还。姜维自认为熟习西部地区的风土民情，加上自负才能和勇武，打算诱使各羌、胡部落作为羽翼，认为这样一来自陇以西地域都可截断而被占有。姜维每次想大举兴兵，费祎却经常制止不准，给他的士兵不超过一万人。

延熙十六年,费祎被刺身亡。当年夏天,姜维率领数万人从石营出击,经过董亭,包围南安。魏国雍州刺史陈泰到洛门解围,姜维因粮尽而退兵。次年,加官为督中外军事。又出兵陇西,狄道代理县长李简全城投降。又进兵包围襄武县,与魏国将领徐质交锋,斩首破敌,魏军败退。姜维乘胜推进降服了很多敌人,并迁移河间、狄道、临洮三县百姓返回。十八年,又与车骑将军夏侯霸一起出兵狄道,在洮西大败魏国雍州刺史王经,王经的部队死亡数万人。王经退守狄道城,姜维实施围困。魏征西将军陈泰带领军队前来解围,姜维退到钟题驻扎。

延熙十九年春,就在姜维驻地任命他为大将军。于是又整顿人马,与镇西大将军胡济约定会师于上邽,胡济却失约不到,所以姜维在段谷被魏国大将邓艾击败,士卒四散逃命,伤亡惨重。众人由此怨恨诽谤,而陇山以西地区也骚动不宁,姜维引咎自责,请求自行贬官削爵。降为后将军,代行大将军事。

延熙二十年,魏国征东大将军诸葛诞在淮南造反,魏国分派关中的一部分军队东下淮南。姜维想乘敌空虚进兵秦川,于是又率数万人出兵骆谷,径直来到沈岭。这时长城镇囤积大量粮食而守兵很少,听说姜维到了,全都惊恐万状。魏大将军司马望带兵抵御姜维,邓艾也从陇右赶来,都驻军于长城。姜维率军进驻芒水,都倚山扎营。司马望、邓艾临渭水修建坚固壁垒,姜维多次下山挑战,司马望和邓艾都置之不理。景耀元年,姜维得到诸葛诞已被击败的消息,于是返回成都。又任命他为大将军。

当初,先主刘备留魏延镇守汉中,都采用重兵坚守各个营寨以防御外敌,敌人若来进攻,使他们不能越过防线。直到兴势战役,王平抵抗曹爽,都袭用这种办法。姜维建议,认为交错防守各个营寨,虽然合乎《周易》"重门"所说的道理,但只可防御,却不可以获得更大的胜利。不如在得知敌兵来到之际,各营寨都约束兵马积聚粮食,退守汉城和乐城,使敌人不能进入平坦地带,并且再用多层关卡镇守来抵御来敌。有敌来犯时,让游击部队同时推进等待时机攻击敌人。敌人攻关不下,四野又找不到粮食,依靠千里之外运粮,自然疲乏。敌人退却的时候，各城中士兵一齐出动，与游击部队并力杀敌，这是消灭敌人的好办法。于是命令督汉中的胡济退往汉寿县，将军王含驻守乐城，护军蒋斌驻守汉城，又在西安、建威、武卫、石门、武城、建昌、临远等地建立防御工事。

景耀五年，姜维率军出汉城、侯和，被邓艾打败，退到沓中屯扎。姜维本属托身他国的流寓之人，连年征战，没能建立奇功，而宦官黄皓等人在朝内玩弄权术，右大将军阎宇又跟黄皓相互勾结，黄皓阴谋废掉姜维以阎宇取而代之。姜维也怀疑黄皓，因此他自己感到忧惧，不再返回成都。六年，姜维上表刘禅说："听说钟会在关中练兵，想是要准备进攻我国。应该派张翼、廖化督诸军分别守卫阳安关口、阴平桥头，以防患于未然。"黄皓取信于装神弄鬼的巫师，说敌人终究不会前来侵犯，他劝说刘禅不理会姜维所奏请的军事行动，而朝中大臣都全然不知道这件事情。等到钟会将要杀奔骆谷，邓艾将要进入沓中的时候，才派右车骑廖化赶赴沓中援助姜维，派左车骑张翼、辅国大将军董厥等前往阳安关口作为各营防线的外援。诸军刚到阴平，听说魏国将领诸葛绪正向建威杀来，所以就驻扎下来原地等待敌人到来。过了一个来月，姜维被邓艾打得大败，也撤到阴平驻扎。钟会围攻汉、乐二城，另派将领进攻关口，蒋舒打开城门投降，傅佥奋战而死。钟会攻打乐城，没有攻下，听说阳安关口已经攻破，便率领部队长驱而入。张翼、董厥才到汉寿，姜维、廖化也舍弃阴平后撤，恰与张翼和董厥会合，都退保剑阁以抵御钟会。钟会给姜维写信说："公侯您文武全才，有超世之谋略，功业成就于巴蜀和汉中，威名远扬到华夏各地，远远近近的人们没有谁不推崇您的。每常想起往昔的时光，我们曾同浴王化，吴季札、郑子产当年那样的关系，能够用来说明您我的友谊。"姜维拒不回信，部署各部守卫险要。钟会攻打不下，粮运又路途遥远供应不及，准备商议撤兵回去。

而邓艾已从阴平经由景谷道走捷径进入蜀境，随后在绵竹击败诸葛瞻。刘禅向邓艾请求投降，于是邓艾进驻成都。姜维等人最初听说诸葛瞻战败之后，传言有说刘禅准备坚守成都，也有说刘禅要东入吴国，还有说刘禅要南奔建宁，于是都率兵由广汉、郪道后撤以便查探虚实。不久接到刘禅命令，姜维等人才放下武器脱下铠甲，到涪县钟会的军营前投降，将士们都内心郁愤，拔刀砍石。

钟会厚待姜维等人，而且从权将他们各自原来的印章、令号、符节、车盖都归还本人。钟会跟姜维出则同乘一个车子，坐则同坐一个席子。钟会对长史杜预说："拿姜伯约来跟中原名士相比，就是诸葛诞、夏侯玄也赶不上他。"钟会既已陷害了邓艾，邓艾被押在囚车中送回魏国，因而带着姜维等人来到成都，自称益州牧，反叛魏国。钟会打算给姜维五万人马，作为大军的前驱。魏国的将士群情激愤，杀死了钟会和姜维，姜维的妻儿也都被杀。

郤正写了一篇文章论述姜维说："姜伯约身居上将的重任，位列群臣之首，住所破败，家产无余，侧室中没有侍妾婢女，后院里没有声乐消遣，衣服仅求够用，车马仅求具备，饮食克制，不奢不俭，官家供给的俸禄费用，随手用尽而不留节余；考察他这样做的原因，并非为了激励贪浊之人，让后者抑制欲望加强自制，只是表示如此便已足够，不必贪多苛求。大凡人们纵谈古今，习惯于夸赞成功而诋毁失败，褒扬高官显爵而贬抑人微言轻者，都以为姜维错奔蜀国，落得身死于乱兵之手，宗族也同时毁灭的下场，因此而贬抑他，不加任何分辨，这同《春秋》褒贬人物的旨趣很不一致。又如姜维如此地好学不倦，清正廉洁而节制自律，自应是一时之楷模了。"

当年和姜维一起来到蜀国的人中，梁绪官至大鸿胪，尹赏为执金吾，梁虔任大长秋，都在蜀国灭亡以前去世了。

评：蒋琬方正端庄而有威严持重的举止气度，费祎宽容济世而博大仁爱，他们都承袭诸葛亮的成规，因循而不敢擅自变更，所以边境安宁，国家和睦同心，然而他们仍未能穷尽治理小国的合宜策略，以及清静无为的根本道理。姜维稍具文才武略，志在建立功名，但穷兵黩武，决断欠缺英明周密，终致于命丧乱兵之手。《老子》说过："治理大国有如烹小鱼一样。"况且刘蜀这么一个蕞尔小国，怎么可以经常扰动呢？

白话三国志卷四十五　蜀书十五

邓张宗杨传第十五

邓芝字伯苗,义阳郡新野县人,是汉司徒邓禹的后代。汉朝末年入蜀,并没有人了解和任用他。当时益州从事张裕善于相术,邓芝前去让他给自己看相,张裕对邓芝说:"您年过七十岁之后,官位可以到大将军,并且封侯。"邓芝听说巴西太守庞羲喜爱人才,便前去依附他。刘备平定益州,邓芝任郫县的邸阁督。刘备出外巡视到了郫县,跟邓芝交谈后,对他的才能大为惊奇,提拔他为郫县令,又升为广汉太守。而邓芝凡所任职都清廉严正而且政绩不俗,后入朝担任尚书。

先主刘备在永安去世。在这之前,吴王孙权求和,刘备多次派遣宋玮、费祎等人回访答复。丞相诸葛亮深切担心孙权得知刘备去世的消息,恐怕会有别的打算,不知怎么办才好,邓芝去见诸葛亮说:"现在主上年幼,刚刚即位,应派大使跟吴国重修旧好。"诸葛亮说:"我考虑很长时间了,只是一直没有物色到合适的人选,今天才算是找到了。"邓芝问道:"这个人是谁?"诸葛亮说:"就是使君您啊。"于是派邓芝去和孙权建立友好关系。孙权果然心生猜疑,没有及时接见邓芝,邓芝于是自己上表求见孙权说:"微臣今天也是为吴国而来,不单单是为蜀国而已。"孙权这才接见邓芝,他对邓芝说:"我的确想跟蜀国和亲,但恐怕蜀主年幼,国家弱小而形势危急,被魏国趁虚而入,不能自我保全,因此而心中犹豫罢了。"邓芝对他说:"吴、蜀二国拥有四个州的土地,大王您又是当世英雄,诸葛亮也是一时的杰出人物。蜀国有重重险阻足以坚守,吴国也有三条大江作为国家屏障,将这两大优势结合在一起,彼此唇齿相依,进可以并吞天下,退可以鼎足而立,这是很自然的道理。大王您现在如果依附魏国,魏国必然一方面希望您亲自前去朝见,其次还要让您派太子过去作为人质,如果达不到他们的这些要求,他们就会找借口来讨伐所谓叛逆,那样蜀国也必然顺流而下见机进兵,这样以来,整个江南就不会再是大王您的了。"孙权沉默良久说:"你的话是对的。"于是自动跟魏国绝交,与蜀联合,还派张温回访蜀国。蜀国又派邓芝前往吴国,孙权对邓芝说:"如果有一天天下太平了,二主分治天下,不也是很令人高兴的事吗!"邓芝回答说:"天无二日,地无二王,如果吞并了魏国之后,大王您也不知道天命归谁,做君王的各自去光大自己的德行,做臣子的各自尽自己的忠心,做将领的拿着鼓桴击鼓,那么战争才刚刚开始罢了。"孙权大笑说:"您的忠诚,竟是如此啊!"孙权给诸葛亮书信说:"丁厷浮艳,阴化言不尽意;和好二国,只有邓芝一人。"到诸葛亮北上驻守汉中,任用邓芝做中监军、扬武将军。诸葛亮去世后,邓芝升为前军师、前将军,兼任兖州刺史,封阳武亭侯,不久,又都督江州。孙权多次跟邓芝互致问候,馈赠丰厚。延熙六年,朝廷就地提升邓芝为车骑将军,后又假以符节。十一年,涪陵属国有人杀死都尉反叛,邓芝率军征伐,当即斩杀其首领,百姓安居。延熙十四年邓芝去世。

邓芝任大将军二十余年,赏罚分明,执行果断,并能善待士兵。衣食都靠国家供给,不刻意追求清素简朴的生活,但也始终不聚敛私人财富,妻儿甚至不能免于饥寒,到他去世之日家里没有什么多余的财产。为人刚强率略,不注重志向与气概的修养,跟士大夫们没有形成良好融洽的关系。对当时的人他很少有所敬重,唯独器重姜维一人而已。儿子邓良,承袭邓芝的爵位,景耀年间任尚书应选郎。入晋后任广汉太守。

张翼字伯恭,犍为郡武阳县人。高祖父司空张浩,曾祖父广陵太守张纲,都有声名与业绩。刘备平定益州,兼任益州牧,张翼任书佐。建安末年,张翼被推举为孝廉,任江阳县长,调任涪陵县令,升梓潼郡太守，逐渐升迁到广汉、蜀郡太守。建兴九年，任庲降都督、绥南中郎将。张翼执法严厉，因而得不到这些风俗不同的远方人的喜欢。当地首领刘胄背叛作乱，张翼带兵实施讨伐。刘胄还没被击败，就有旨征张翼回朝，张翼的手下人全都认为他应该快马加鞭赶回去认罪受罚，张翼说："不是这样。我是因为蛮夷造反，不称职而被召回罢了，但是代替我的人还没有到来，我又正好身临战场，理应运粮屯积，为消灭敌人打好基础，怎么可以因被撤职而荒废公家的大事呢？"于是仍统领事务无所懈怠，替代者到来他才出发。后任马忠正是凭借他的扎实准备才消灭了刘胄，丞相诸葛亮听说后对张翼的做法给予了充分的肯定。诸葛亮出兵武功，任用张翼为前军都督，兼任扶风太守。诸葛亮去世后，朝廷任命张翼为前领军，又追论他征讨刘胄的功劳，赐爵为关内侯。延熙元年，张翼入朝任尚书，渐渐升迁到建威将军，假以符节，后进封为都亭侯，任征西大将军。

延熙十八年，与卫将军姜维一起返回成都。姜维建议再次出兵，只有张翼当廷反对，认为国家小而人民劳苦，不宜滥用武力。姜维没有听从他的意见，带领张翼等人同行，提升张翼为镇南大将军。姜维来到狄道，大败魏国雍州刺史王经，王经的部队在洮水一战中死亡数以万计。张翼对姜维说："可以停止了，不宜再向前推进，继续进攻有可能毁掉已取得的大功。"姜维大怒，说："你这是画蛇添足！"姜维终究将王经围困在狄道城内，没能攻克。自从张翼有过异议以来，姜维心中便不再喜欢张翼，然而却常常带着他一起出征，张翼也不得已而跟随。景耀二年，张翼升为左车骑将军，兼任冀州刺史。六年，跟姜维同守剑阁，后又一起到涪县向钟会投降。次年正月，随钟会到成都，被乱兵杀害。

宗预字德艳，南阳郡安众县人。建安年间，随张飞入蜀。建兴初年，丞相诸葛亮任命他为主簿，升为参军、右中郎将。到诸葛亮去世，东吴担心魏国乘蜀国衰弱之机攻取蜀国，往巴丘增派了一万守兵。一方面想作为蜀国的救援部队，其次也是为分割蜀国的土地做些打算。蜀国听说后，也增加了永安的守兵，以防不测。宗预身负使命出使吴国,孙权问宗预说:"东吴和西蜀,就如同一家,却听说你们西蜀增加了白帝城的守兵,这是为什么?"宗预说:"我认为东吴增加巴丘的防御,西蜀增加白帝的守卫,这都是事势应当如此,都不值得双方相互探问。"孙权大笑,赞赏他的直率得体,待他特别友爱,宗预在东吴所受的尊重仅次于邓芝、费祎。升为侍中,调为尚书。延熙十年,任屯骑校尉。当时车骑将军邓芝从江州返回,来朝见天子,对宗预说:"按礼,六十岁不服兵役,而您这个年龄才刚刚开始带兵,这是为什么呢?"宗预回答说:"您都已经七十了还不交还兵权,我才六十岁为何就不能带兵呢?"邓芝天性骄傲,从大将军费祎到其他朝臣都让他三分,唯独宗预不肯对他有所屈服。宗预再度出使东吴,孙权抓着宗预的手流着泪跟宗预道别说:"您每次都身负使命来结二国之好。现在您年纪大了,我也已衰老不堪,恐怕我们再不能相见了!"赠送给宗预一斛大珠子,让他返回蜀国。升任后将军,都督永安,就在永安被任命为征西大将军,赐爵关内侯。景耀元年,因病被召回成都。后任镇军大将军,兼兖州刺史。当时都护诸葛瞻刚刚统领朝政,廖化来看望宗预,想和宗预一起去拜见诸葛瞻。宗预说:"我已年过七十,所得到的已经够多的了,现在只少一死而已,还有什么要求年少后辈而劳碌我小心地去登门拜访呢!"终究没去。

廖化字元俭,本名淳。襄阳人。曾任前将军关羽的主簿,关羽败亡,他成了吴国的战利品。想要回归刘备,于是装死,当时旁边的人都以为他确实死了,因而他得以带着老母昼夜西行。正赶上刘备东征吴国,在秭归相遇。刘备非常高兴,任用廖化为宜都太守。刘备去世后,任丞相参军,后又任广武都督,逐渐升至右车骑将军,假以符节,兼任并州刺史,封爵中乡侯。以果敢刚烈著称。官位和张翼相等,而在宗预之上。

咸熙元年春,廖化和宗预都被迁往洛阳,途中病死。

杨戏字文然,犍为郡武阳人。年青时和巴西郡程祁(字公弘)、巴郡人杨汰(字季儒)、蜀郡人张表(字伯达)都很有名气。杨戏常常推重程祁为这群人中的翘楚。丞相诸葛亮对他非常赏识。杨戏

邓张宗杨传第十五

二十岁出头时，从州书佐改任督军从事，掌管刑狱，执法断案，以公允得当著称，诸葛亮征召他为相府属主簿。诸葛亮去世后，任尚书右选部郎，刺史蒋琬请他做治中从事史。蒋琬以大将军身份建立府署，又征召杨戏为东曹掾，升为南中郎参军，又为庲降都督的副官，兼任建宁太守。因病被召回成都，被任命为护军、监军，出任梓潼太守，后又入朝任射声校尉，凡所任职都保持了清明简约而不烦冗的作风。延熙二十年，跟随大将军姜维出兵到芒水。杨戏一贯对姜维就没心服过，酒后谈笑中，常有傲慢戏弄的言辞。姜维外表宽容而内心忌恨，不能忍受杨戏的轻慢，军队返回后，有关部门秉承他的意旨弹劾杨戏，将杨戏免为庶人。杨戏后来在景耀四年去世。

杨戏虽性格孤傲疏于礼敬，从不向他人说好听的话，也不屑于虚情假意交结他人，书写叙事，很少有写满一张纸的。然而对故交旧友很是笃实，可谓真诚厚道。他跟巴西郡的韩俨、黎韬幼年起就彼此要好，后来韩俨疾病缠身而被弃用，黎韬品行不佳而被免官，杨戏都给予照料救济，大家恩好如初。又如当时有人说谯周没有济世的才能，很少有人对他表示敬重的，只有杨戏器重他，曾经称述说："我们这些后辈，终究不如这个长者。"有识见的人为此事而尊敬杨戏。

张表有威仪风度，最初名声和官位跟杨戏相当，后来做到尚书、督庲降、后将军，先于杨戏去世。程祁、杨汰也都早逝。

杨戏在延熙四年写成《季汉辅臣赞》，其赞颂叙述的人事，现在大多收载于《蜀书》，因而将其赞文记录在下面。延熙四年之后去世的，则不追加谥号，所以有些应该加以记述却没有列入《季汉辅臣赞》之中的。凡杨戏有赞而现在没给作传的人，我（陈寿）都在他的赞下注明这些人的生平，可以粗略地了解他们的事迹。

从前文王歌唱道德，武王颂扬开拓，大凡闻名于世的帝王，树威立德，推行道义，不仅仅在于一时所需，也是为了开创世代相传的基业，使它们在来世得以发扬光大。自从中汉末年，朝纲失控，英雄并起，劳役繁重，生灵涂炭。于是先帝感慨而为之忧虑，最初在燕、代之时，他已仁声卓著，来到齐、鲁则美名传扬，寄身创业荆、郢时又让这些地方君长臣下心悦诚服，结盟吴、越则无论贤愚都仰望他的风采，振威巴、蜀则万里肃穆震撼，出兵庸、汉则大盗巨寇销声匿迹，所以能上承高祖开创的基业，恢复皇汉的宗庙祭祀。然而奸凶残暴，上天的征伐还没有施加到他们身上，正如孟津盟罢而还的大军，还须在鸣条再展威武。人的生命有限，先主与世长辞。虽然天下终将归于一统，万国必将合为一家，而当时俊杰辅佐拥戴，实由君主的美德之所招致，这种英才济济的盛况颇有可观。于是一并记述他们的美好业绩，传于后世。其辞为：

高祖遗留根基，长于四面八方，源自中山一脉，天地精华滋养，应时应运而生，凤翔虎步龙骧。燕、代基业草创，豫、荆奉为首长，吴、越依赖仰望，盟好声有响。西行席卷巴、蜀，庸汉以并。乾坤秩序重建，宗庙祭祀安定，承袭祖业登极，仁德缔造美名。华夏思慕圣恩，《西伯》古音新声，福庆绵延后世，万代千秋兴盛。　　赞昭烈皇帝

忠武侯英才高明，献策江汉之滨，妙计联吴入蜀，谋定人神皆惊。整肃文治武备，碧如伊尹再生，广布道德教化，移风易俗惠民，贤愚竞相归心，效力奋不顾身。安定国内众生，四边友好和平，屡次亲临敌境，扬威只因践行，专意匡扶大业，壮志未酬遗恨。　　赞诸葛丞相

司徒品行高洁，谋划评议精绝，惜才善于甄别，回声嘹亮清越。　　赞许司徒

关羽、张飞勇武盖世，献身挽救汉室，同心扶助人主，豪气干云破石。常在左右护卫，动如闪电出击，艰难困苦同舟，先主大业共济，功比韩信、耿弇，德业难分轩轾。交往待人无礼，引发凶徒杀机，可叹思虑轻率，先后殉国身死。　　赞关云长、张翼德

邓张宗杨传第十五

骠骑将军奋起，合纵连横抗敌，发兵三秦腹地，河、潼再为表里，合议扶持朝廷，心态各有同异，堕入离间诡计，败军破家相继，迷途知返正义，攀龙附凤有礼。　　赞马孟起

翼侯心有良谋，预判盛衰休咎，倾心投效先主，劝谏训导俱优，思维敏捷深远，事机巨细通透。　　赞法孝直

军师美善禀赋，才华高雅不俗，无悔献身明主，忠诚一束心烛，心系忠义家国，舍身报德显著。　　赞庞士元

将军结实强壮，摧锋赴难敢当，说到建功立业，世称之为干将。　　赞黄汉升

掌军节操高洁，刚强习以为常，在任敢言直谏，治绩万民怀想。　　赞董幼宰

安远志存高远，品质功绩双全，轻财坚毅勇武，临难果决应变，善于以少胜多，盛名素著边关。　　赞邓孔山

　　孔山名方，南郡人。以荆州从事身份随先主刘备入蜀。蜀地平定后，任犍为郡属国都尉，因改换郡名，为朱提太守，升安远将军、庲降都督，治所在南昌县。章武二年去世。其事迹失考，所以没有为他作传。

扬威才干突出，文才武略有余，在官履职胜任，明断目张纲举，致富乐善好施，仁义合宜有序。　　赞费宾伯

　　宾伯名观，江夏郡鄳人。刘璋的母亲是费观的同族姑姑，刘璋又把女儿嫁给费观。费观建安十八年任李严的参军，在绵竹县抵御刘备，与李严一同投降。刘备平定益州后，任命他为裨将军。后任巴郡太守、江州都督，建兴元年封为都亭侯，加官振威将军。费观为人善于交往。都护李严性格高傲，护军辅匡

等人的资历、官位都跟李严相近,而李严却不与他们亲近;费观小李严二十多岁,却跟李严亲密得像同辈人一样。三十七岁时去世。事迹失考,所以没为他立传。

屯骑校尉护旧主,节操坚贞矢志不移,一朝奉命归新君,尽心效力如往昔,寅时军需卯时办,轻重缓急总相宜。　　赞王文仪

尚书清白高尚,行事立身严谨,志存道德大义,精研典籍宏论,身怀高雅情操,心存古风古韵。　　赞刘子初

安汉温文大方,又是国家姻亲,备受上宾礼遇,本身称为循臣。　　赞麋子仲

王少府处世谨慎,何鸿胪本性纯真,杜谏议心存阴德,周儒林通晓天文,尽心传布王化,倡导儒学精神。　　赞王元泰、何彦英、杜辅国、周仲直

王元泰名谋,汉嘉人。有不错的仪容举止和操守品行。刘璋做牧益州时,他任巴郡太守,后调回担任益州治中从事。刘备平定益州,兼任益州牧,任用他为别驾。刘备为汉中王,任用荆楚故老零陵人赖恭为太常,南阳人黄柱为光禄勋,王谋为少府;建兴初年,赐爵为关内侯,后来代替赖恭任太常。赖恭、黄柱、王谋三人的事迹俱失考,所以没有为他们作传。赖恭的儿子赖厷,任丞相西曹令史,随诸葛亮到汉中,早逝,诸葛亮很惋惜他,在给留府长史参军张裔、蒋琬的信中说:"令史中失去了赖厷,掾属中杨颙去世,都是朝廷的重大损失。"杨颙也是荆州人。后来大将军蒋琬问张休说:"汉嘉前辈人中有王元泰,谁能继承他?"张休回答说:"说到王元泰,整个益州都没有能步其后尘的人,更何况是小小的汉嘉郡呢!"可见他受人推重的程度。

何彦英名宗,蜀郡郫县人。跟广汉人任安学习,精心钻研

任安的学说,跟杜琼师出同门而名声学问超过杜琼。刘璋作牧益州时,他任犍为太守。刘备平定益州,兼任益州牧,征召他为从事祭酒。他后来还援引河洛、谶纬之说,劝刘备登极称帝。刘备称帝之后,提升他为大鸿胪。建兴年间去世。其事迹失考,所以没有替他作传。他的儿子何双,字汉偶。言笑滑稽,谈吐诙谐,有淳于髡和东方朔的风范。任双柏县长。早年去世。

车骑高尚刚直,仁爱广被将士,故能以弱胜强,常常化险为夷。
　　赞吴子远

　　吴子远名壹,陈留人。随刘焉入蜀。刘璋作牧益州时,他任中郎将,受命带兵在涪县抵抗刘备进攻,他自动投降了刘备。刘备平定益州,任命吴壹为护军、讨逆将军,又娶了吴壹的妹妹做夫人。章武元年,吴壹任关中都督。建兴八年,跟魏延进入南安界,击败魏将费瑶,封亭侯,再进封为高阳乡侯,升为左将军。建兴十二年,丞相诸葛亮去世,朝廷命吴壹都督汉中,任车骑将军,假以符节,兼任雍州刺史,进封为济阳侯。建兴十五年去世。其事迹失考,所以没为他单独作传。吴壹同族弟吴班,字元雄,是大将军何进属官吴匡的儿子。其人以豪侠著称,官位常跟吴壹在伯仲之间。先主刘备之时,他任领军。刘禅即位后,逐渐升至骠骑将军,假以符节,封绵竹侯。

安汉坐镇南疆,奋击安定故乡,剪除败类奸人,境内刑威伸张,拓地广迁蛮、濮,国家财用增强。　　赞李德昂

辅汉大智大慧,机敏不误仁惠,闻言幽思致远,对问恳切入微,助推时世淳善,致力大业和美。　　赞张君嗣

镇北才思敏捷,谋划合宜得当,劝导剪除污秽,功业顺理成章。独守东方重镇,终究命运受创,可叹初心不守,流落异国他乡。
　　赞黄公衡

越骑校尉忠义,虔敬自我磨砺,在朝在外任职,总能因公忘私。
赞杨季休

征南敦厚持重,征西忠诚勇猛,总括应时虎豹,猛将功业称雄。
赞赵子龙、陈叔至

陈叔至名到,汝南人。从豫州开始跟随先主刘备,名声职位常跟在赵云之后,都以忠诚勇敢著称。建兴初年,官至永安都督、征西将军,爵封亭侯。

镇南粗豪刚强,监军品行忠实。都曾肩负军机,爵禄惠及后裔。
赞辅元弼、刘南和

辅元弼名匡,襄阳人。跟随刘备入蜀。益州平定后,任巴郡太守。建兴年间,调任镇南,升右将军,爵封中乡侯。

刘南和名邕,义阳人。随刘备入蜀。益州平定后,任江阳太守。建兴年间,逐渐升为监军、后将军,受赐关内侯爵,后去世。他的儿子刘式继承爵位。最小的儿子刘武,有文才,跟樊建齐名,官也做到尚书。

司农天生有才,铺陈和协适当,辞藻华美有理,文采灿灿发光。
赞秦子敕

正方受命托孤,事及后世朝纲,建言任事无为,可恨谣言中伤,谁说一时放逐,功业暗黑无光。　　赞李正方

文长刚猛粗豪,临危接受遗命,御敌常传捷报,镇边保国安宁。不能和睦协调,忘节倡乱阻兵,痛其有始无终,败亡实由天性。
赞魏文长

威公狭隘偏执,试图卓尔不群;平时行事合理,事急伤害侵凌,

凶恶取代和顺，应了《易经》所云。　　赞杨戏公

　　季常忠良信实，文经勤勤恳恳，士元谋划有方，处仁妙计无形，还有孔休、文祥，有才或有人品，志向业绩流传，楚天兰香氤氲。
　赞马季常、卫文经、韩士元、张处仁、殷孔休、习文祥

　　卫文经、韩士元，这两人的名声、事功、籍贯全部失考。张处仁原名存，南阳人，以荆州从事身份随刘备入蜀，南行到雒县时，刘备任命他为广汉太守。张存向来不服庞统，庞统中箭身亡后，刘备不住口地给予赞叹，张存说："庞统虽然竭尽忠心，他的死确实令人痛惜，只是跟《诗经》所谓大才高德的本义对照起来有所不符。"刘备发怒道："庞统杀身成仁，反倒做错了吗？"当下免了李存的官职。不久，李存病死。他的生平事迹散失不可考，所以没为他作传。

　　殷孔休名观，担任过荆州主簿、别驾从事，参见《先主传》。其籍贯失考。习文祥名祯，襄阳人。随刘备入蜀，历任雒县、郫县令、广汉太守。事迹失考。他的儿子孔忠，官至尚书郎。

　　国山风范美好，永南长于深思，盛衡以及承伯，一时藏锋才士；孙德果断敏锐，伟南淳厚忠实，德绪以及义强，志气刚强有力。萃聚高尚气节，蜀地芬芳流溢。　　赞王国山、李永南、马盛衡、马承伯、李孙德、李伟南、龚德绪、王义强

　　王国山名甫，广汉郡郪县人。好发议论，评论人物。刘璋做牧益州时，他任州书佐。刘备平定益州后，他先是担任绵竹令，后返回州里任荆州议曹从事。追随刘备征伐吴国，因大军败于秭归，不幸遇害。其子王祐，有父亲的风范，官至尚书右选郎。

　　李永南名邵，广汉郡郪县人。刘备平定益州后，他先后担任州书佐、部从事。建兴元年，丞相诸葛亮征召他为西曹掾。诸葛亮南征，留李邵任治中从事，这一年李邵去世。

　　马盛衡名勋，马承伯名齐，都是巴西郡阆中人。马勋在刘

璋作牧益州时任州书佐，刘备平定益州，征召他为左将军属吏，后转任州别驾从事，去世。马齐是太守张飞的功曹。张飞把他推荐给刘备，任尚书郎。建兴年间，任从事丞相掾，升为广汉太守，又任诸葛亮的参军。诸葛亮去世后，他任尚书。马勋和马齐都以办事能干引人注目；至于在州里享有的威望，就不如姚伷。姚伷字子绪，也是阆中人。刘备平定益州后，他任功曹书佐。建兴元年，任广汉太守。丞相诸葛亮北上驻守汉中，征召他为掾吏。他在任举荐了不少文臣武将，诸葛亮称赞他说："尽忠报效的益处没有能超过推荐人才的，只是推荐人都会专注于自己崇尚的方面；现在姚伷却能刚柔并济，以兼顾发挥文、武人才的作用，可以用学识渊博、品行端正来评价他，希望各位掾吏都能加以仿效，不辜负国家的厚望。"升姚伷为参军。诸葛亮去世后，姚伷逐渐升为尚书仆射。当时的人都佩服他的真诚纯粹。延熙五年去世，在杨戏作赞之后。

李孙德名福，梓潼郡涪县人。刘备平定益州后，他任书佐、西充国长、成都令。建兴元年，改为巴西太守，任江州督、扬威将军，入朝任尚书仆射，封为平阳亭侯。延熙初年，大将军蒋琬出征汉中，李福以前监军身份兼任司马，去世。

李伟南名朝，是永南的哥哥。曾任郡功曹，被荐举为孝廉，任临邛县令，入朝任别驾从事。随刘备东征吴国，章武二年在永安去世。

龚德绪名禄，巴西郡安汉县人。刘备平定益州，他任郡从事、牙门将。建兴三年，任越巂太守，随丞相诸葛亮南征，被蛮夷所害，时年三十一岁。弟弟龚衡，景耀年间为领军。

王义强名士，广汉郡郪县人，是王国山的堂兄。跟随刘备入蜀后，被举为孝廉，任符节县长，升为牙门将，出任宕渠太守，后调任犍为郡。其时碰上丞相诸葛亮南征，他转任益州太守，在即将南行时被蛮夷所害。

休元统兵轻敌，败军并且丧身，文进勇气可嘉，受难方显忠心，

灾难虽由一人,也见广大精神。　　赞冯休元、张文进

冯休元名习,南郡人。随刘备入蜀。刘备东征吴国,他任领军,统率诸军,大败于猇亭。

张文进名南,也从荆州跟随刘备入蜀,领兵跟随刘备东征,与冯习一起因兵败身死。当时还有义阳人傅肜,刘备退军,他断后拒敌,士兵已死尽,东吴将领劝傅肜投降,傅肜骂道:"吴狗!哪里会有汉将军投降的!"于是战死。朝廷任命他的儿子傅佥为左中郎,后任关中都督。景耀六年,又在战场上献出了自己的生命。议论者都赞扬他们父子的累世忠义。

江阳刚毅勇烈,励志献身明君,交战遭遇强敌,不肯畏死逃生。何妨单枪匹马,杀敌丧身成仁。　　赞程季然

程季然名畿,巴西郡阆中县人。刘璋作牧时他任汉昌县长。该县有賨族人,全都刚烈勇猛,过去高祖用他们平定关中。巴西太守庞羲认为天下混乱,郡中应该有武装自卫,于是招募不少賨人组建了私人武装。有人向刘璋进谗言,说庞羲想要反叛,刘璋便暗里怀疑庞羲。庞羲听说之后,十分害怕,想谋求自保,就派程季然的儿子程郁宣布命令,召集士兵自卫。程畿回报庞羲说:"郡中招集部曲,本来不是为了反叛,虽然遭遇谗言陷害,而关键还在于自己倾尽忠诚;如果一定因为害怕,便生不轨图谋,那么这就不是我想要听到的。"并且命令程郁说:"我受州牧的恩惠,应当给州牧尽节。你身为郡中的官吏,应当为太守效力,不得因为我的缘故而怀有异心。"庞羲使人告诉程畿说:"你的儿子在郡中做官,不追随太守,那就要祸及家人。"程畿说:"过去乐羊做将领,吃他儿子的血肉熬成的羹,不是父子没有恩情,而是正道使然。今大纵然也把我儿子做成羹,我也一定会喝的。"庞羲知道程畿肯定不能替自己效力,便主动诚恳地向刘璋表示歉意,因而没有引来什么灾祸。刘璋听说这件事,提升程畿为江阳太守。刘备兼任益州牧,征召他为从事祭酒。后随刘备征伐吴国,遭遇大军溃败,逆流而还,有人对程畿

说:"后面的追兵已到,你离开战船轻装逃跑,才能免于送命。"程畿说:"我在军中,从没有被敌军吓跑过,何况跟随天子出征而陷入了困境呢!"东吴追兵很快就赶上了程畿的坐船,程畿亲手持戟与敌人格斗,敌人的船有因此而沉没的。后来大批敌兵赶到,群起攻打他,程畿于是阵亡。

公弘虽然年轻,才华卓尔不群,英年二十而死,可恨壮志未伸。
赞程公弘
　　程公弘名祁,程季然的儿子。

古代臣子出奔,逼迫才是原因,官员上下怨恨,大节岂可亏损。不曾匡正补救,背义投敌称臣,可叹自绝于人,竟成两国笑柄。
赞麋芳、士仁、郝普、潘濬
　　麋芳字子方,东海人,曾任南郡太守;士仁字君义,广阳人,为将军,驻扎公安,均由关羽统辖。都与关羽有所隔阂,两人叛投孙权。郝普,字子太,义阳人。刘备从荆州入蜀,任命郝普为零陵太守,后来郝普被吴将吕蒙欺骗,开城向吕蒙投降。潘濬字承明,武陵人。刘备入蜀,任用他为荆州治中,掌管荆州留守事务,他也跟关羽不和。孙权派兵偷袭关羽,于是他也投进了吴国怀抱。在东吴那边,郝普官至廷尉,潘濬官至太常,都封侯爵。

评:邓芝坚定正直而能因公忘私,张翼敢顶姜维的锐气,宗预无惧孙权的威严,他们都有可称道的地方。杨戏评说嘲讽他人,本意让自己卓尔不群,但智慧和气度均有缺憾,这大概是他最终时运不济的根本原因吧。

白话三国志卷四十六　吴书一

孙破虏讨逆传第一

孙坚字文台,吴郡富春人,大概是孙武的后代。年轻时曾任县吏。十七岁那年,与父亲一同坐船前往钱唐,正好碰上海盗胡玉等人从匏里上抢劫商人的财物,正在岸上分赃,来往行人都远远停下了脚步,过往的船只也不敢继续前进。孙坚对父亲说:"这些海盗可以被攻击,请让我去讨伐他们。"他父亲说:"这件事可不是你所做的。"孙坚还是照旧提刀上岸,挥手东西指点,好像正在部署人马分头包抄海盗的样子。那些海盗见到这种情形,以为是官兵前来抓捕,连忙抛下抢来的财物四散而逃。孙坚追上去,斩得一个强盗的首级返回;他的父亲对此大为惊奇。孙坚自此之后名声大震,府里征召他为代理校尉。后来会稽郡妖人许昌在句章起兵,自称阳明皇帝,和儿子许韶煽动周边各县,参加者数以万计。孙坚以郡司马的身份招募了精锐勇士,共有一千余人,与州郡合兵共同讨伐许昌并且剿灭了他。这一年,是汉灵帝熹平元年。刺史臧旻条列有功者事迹上奏朝廷,有诏任命孙坚为盐渎丞,几年后改任盱眙县丞,再调任下邳县丞。

中平元年,黄巾军首领张角在魏郡起事,假托自己神灵附体,派出八路使者用所谓正道来教化天下,而在暗中却相互串联,自称黄天泰平。三月初五,三十六方教徒同时起义,天下民众纷纷响应,焚烧郡县,斩杀官吏。汉灵帝派遣车骑将军皇甫嵩、中郎将朱儁领兵征讨。朱儁表奏孙坚为佐军司马,那些随孙坚到下邳的乡里少年都自愿跟着孙坚去作战。孙坚又招募一些流动商人以及淮河、泗水一带的精兵，合计一千来人，与朱儁并力奋战，所向无敌。汝、颖两地的黄巾军局势艰难窘迫，逃到宛城自保。孙坚独当一面，率先登城杀入，众兵士这才蜂拥而上，于是大破黄巾军。朱儁将孙坚的功劳奏明皇上，孙坚被任命为别部司马。

边章、韩遂在凉州作乱，中郎将董卓抵御讨伐不见成效。中平三年，派司空张温代理车骑将军，西行讨伐边章等人。张温表请孙坚参与军事，屯兵长安。张温用诏书宣召董卓，董卓过了很久才来见张温。张温责问董卓，董卓应答很不恭顺。孙坚当时在坐，上前在张温耳边低语道："董卓不怕治罪反倒如此言行嚣张，应以受召不按时前来的罪名，按照军法斩了他。"张温说："董卓在陇蜀一带素有威名，今日如果杀了他，我们西行讨伐就失去依靠了。"孙坚说："您亲率朝廷大军，威震天下，凭什么要依赖他董卓？观察董卓今日所言，他并不肯听从您的指挥，轻慢上司，不循礼法，这是他的第一条罪状。边章、韩遂飞扬跋扈已经多年，本应及时进兵讨伐，然而董卓却说不可，败坏士气，迷惑将士，这是他的第二条罪状。董卓奉命讨伐始终没有成效，诏书宣召却姗姗来迟，并且骄狂高傲不可一世，这是他的第三条罪状。自古名将，受命统帅大军之时，没有不断然处斩罪人来显示权威的，因此才有穰苴斩庄贾，魏绛斩杨干的事。现在您对董卓手下留情，不当即给予诛杀，军法严肃性受到损害的情况，就在这里发生了。"张温到底不忍心执行军法，于是就说："您请先回，否则董卓将会怀疑。"孙坚因而起身离去。边章、韩遂听说朝廷大军将很快到达，底下的徒众纷纷离散，都乞求投降。大军返回，议论者认为军队并没有与敌兵交战，不应论功行赏，然而当他们听说孙坚曾条列董卓三条罪状，力劝张温斩掉董卓的事后，无不叹息。任命孙坚为议郎。这时长沙的贼寇区星自称将军，拥有徒众一万余人，攻围城邑，于是朝廷任命孙坚为长沙太守。孙坚赶到长沙郡，亲自率领将士，施展权谋，用了不到一个月的时间，就击败了区星等人。周朝、郭石也率徒众在零陵、桂阳起事，与区星遥相呼应。孙坚于是又越境讨伐，使三郡全部安定下来。汉朝廷累计孙坚前后所立功绩，封他为乌程侯。

汉灵帝驾崩之后,董卓操纵朝政,横行京城。各州郡各兴义兵,准备讨伐董卓。孙坚也举兵响应。荆州刺史王叡平时对待孙坚很无礼,孙坚经过荆州时便杀了他。等到了南阳,孙坚的部队已发展到了几万人。南阳太守张咨听说孙坚率军到来,泰然自若。孙坚用牛和酒作为礼物献给张咨,张咨第二日也回访酬答孙坚。酒到酣畅时,长沙主簿进来禀告孙坚:"先前已有文书给南阳郡,而今却是道路未曾修整,军用物资也未具备,请收押南阳郡主簿拷问此中缘故。"张咨大为惊恐,打算离去,但因孙坚的士兵已守定四周而未能脱身。不长时间之后,长沙主簿又进来禀告说:"南阳太守拖延时间并停发义兵,使得逆贼不能得到及时讨伐,请逮捕他押出营门按军法从事。"当下便把张咨拖到军门外斩首。南阳郡中震惊万分,义兵所提要求无不给予满足。孙坚进兵到鲁阳,与袁术相见。袁术上表推荐孙坚为代理破虏将军,兼豫州刺史。于是孙坚就在鲁阳城练兵。当要进军讨伐董卓时,孙坚派长史公仇称带士兵和从事回州督办军粮。孙坚在城东门外设置帐幔,设酒宴给公仇称饯行,主要官员及其属吏无不到会。董卓派步、骑兵数万人来迎击孙坚,其中几十个轻骑兵先到。孙坚这会儿正在依次斟酒谈笑风生,得到消息当即命令各部整顿军阵,不得擅自行动。后来敌方骑兵数量越来越多,孙坚才从容离席,带领官员属吏入城,之后才对左右说:"刚才我所以不立即起身离座,是怕士兵拥挤互相践踏,诸位不能进城罢了。"董卓的骑兵见孙坚的兵阵严整,不敢攻城,自行退去。孙坚移兵驻扎梁郡东面,遭到董卓军队的大举猛攻,孙坚与几十个骑兵突围而去。孙坚常戴红色的包头巾,这时便脱下头巾让亲近的将领祖茂戴上。董卓的骑兵争着追逐祖茂,所以孙坚从小道得以逃脱。祖茂被追得走投无路,滚鞍下马,将头巾放在坟墓间的烧柱上,自己隐伏在草丛中。董卓的骑兵看见头巾,内外包围了好几层,等到走近细看才知道只是根柱子,于是离去。孙坚再次收拢士兵,在阳人这个地方与董卓军会战,大破董卓军,击杀了董卓的都督华雄等人。这时,有人在袁术面前离间孙坚,袁术对孙坚起了疑心,便不给他运送军粮。阳人离鲁阳有一百余里,孙坚连夜骑马去见袁术,画地与袁术说理,他说:"我之所以这样不顾身家性命,是上为国家讨伐逆贼,下为安慰将军您跟董卓间的家门私仇,我跟董卓并没有什么刻骨仇恨,而将军现在却听信小人挑拨,居然怀疑起我来了!"一席话说得袁术的神情很是不安,于是立即调发军粮。孙坚也便返回驻地。董卓畏惧孙坚的勇猛强壮,就派将军李傕等人来向孙坚请求彼此结成姻亲同盟,让孙坚列出要任刺史、郡守的子弟名单,答应上表任用他们。孙坚说:"董卓违背天意不行正道,颠覆汉朝王室,如今若不灭他三族,悬首示众于全国,我死不瞑目,难道还能与他和亲吗?"再次进军大谷关,距离雒邑仅九十里。董卓迅速迁都西入函谷关,纵火焚烧雒邑。孙坚于是进兵来到雒邑,修缮各处皇陵,填塞被董卓所发掘的陵墓。事毕,率军回返,仍驻军鲁阳。

初平三年,袁术派孙坚出征荆州,攻打刘表。刘表派黄祖在樊、邓两地之间阻击孙坚。孙坚击败黄祖,一直追过汉水,于是围困襄阳,孙坚单人匹马巡视岘山,被黄祖的军士发箭射死。孙坚哥哥的儿子孙贲,率领将士投奔袁术,袁术又表荐孙贲为豫州刺史。

孙坚有四个儿子:孙策、孙权、孙翊、孙匡。孙权称帝后,追谥孙坚为武烈皇帝。

孙策字伯符。孙坚刚兴义兵之时,孙策侍奉母亲迁居到舒县,与周瑜结为好友,招纳会聚士大夫们,江、淮之间的人都归心于他。孙坚中箭身亡后,孙策将他运回曲阿安葬。事了,孙策渡过长江移居到江都。

徐州牧陶谦非常顾忌孙策。孙策的舅舅吴景,当时任丹杨太守,于是孙策带着母亲迁居曲阿,与吕范、孙河一起投靠吴景,凭借着吴景的关系招募了几百人。汉献帝兴平元年,追随袁术。袁术认为孙策非同凡响,便将孙坚原有部属还给了孙策。太傅马日䃅执皇帝符节安抚关东,在寿春以礼征召孙策,上表任命为怀义校尉,袁术的大将乔蕤、张勋都倾心敬重他。袁术时常叹息说:"如果我袁术有像孙策这样的儿子,我死之后又有什么可遗憾的!"孙策有个骑兵犯了罪，逃进了袁术的军营，隐藏在马厩中，孙策指派手下就地斩首，事后，又亲自去见袁术请罪。袁术说："兵士喜欢叛变，应当共同痛恨他，又有什么可请罪的呢？"从此军中更加敬畏孙策。袁术当初答应让孙策任九江太守，不久又改用丹杨人陈纪。后来袁术准备攻打徐州，向庐江太守陆康求援三万斛米，陆康不给，袁术大怒。孙策以前也曾去见陆康，陆康不见他，只让自己的主簿接待了事，孙策曾为此耿耿于怀；袁术派孙策攻打陆康，对他说："先前我错用了陈纪，常常悔恨自己的本意没有实现。如今你如果能抓获陆康，庐江郡就真的非你莫属了。"孙策攻败陆康，打下了庐江郡，袁术却再次任用他以前的下属刘勋为太守，孙策更加失望。在此以前，刘繇为扬州刺史，州治原设寿春。而袁术已经占领了寿春，刘繇只得过江以曲阿为治所。此时吴景还在丹杨，孙策的堂兄孙贲任丹杨都尉，刘繇到来后，将他们全都驱逐出境。吴景、孙贲退居历阳。刘繇派樊能、于麋往东驻扎在横江津，张英屯兵当利口，以便抵御袁术。袁术任用自己以前的下属琅邪人惠衢为扬州刺史，又任用吴景为督军中郎将，与孙贲共同率兵攻打张英等人，连打了几年都未能取胜。孙策于是游说袁术，请他让自己去帮助吴景等人平定江东。袁术上表任命孙策为折冲校尉，代理殄寇将军，但孙策只有兵士一千多，战马几十匹，以及宾客中愿意跟随的几百人。等到到达了历阳，兵力已发展到了五六千人。孙策的母亲已先从曲阿迁居到历阳，孙策又将母亲迁到阜陵，然后渡江转战，所向披靡，没有人敢与他交锋，而且军令严肃，百姓们都心怀依附。

　　孙策为人，容颜英俊出众，喜欢谈笑，性格豁达虚心，乐于接受意见，善于用人，因此凡是见过他的，无论士庶，没有谁不尽心尽力，都乐意为他拼死效命。刘繇弃军逃走，各郡太守也都放弃城池自顾逃命。吴郡人严白虎等各率一万多人，分开各处屯聚。吴景等人想先击破严白虎，于是来到会稽。孙策说："严白虎这些盗贼，没有什么远大志向，这次一定能擒获他们。"于是领兵渡过浙江，攻占会稽，血洗东冶，打败了严白虎等人。全都重新安置长官佐吏，孙策自己兼任会稽太守，而以吴景为丹杨太守，孙贲为豫章太守，又从豫章分出庐陵郡，以孙贲的弟弟孙辅为庐陵太守，丹杨人朱治为吴郡太守。任用彭城人张昭、广陵人张纮、秦松、陈端等为主要谋士。此时袁术自称帝号，孙策写信谴责并与他绝交。曹操上表荐举孙策为讨逆将军，封为吴侯。后来袁术病死，其长史杨弘、大将张勋等人率领袁术的部众想投靠孙策，庐江太守刘勋半路邀击，将这些人悉数俘虏，并收缴了他们的珍宝而归。孙策听说后，假意跟刘勋结为盟友。刘勋刚得到了袁术的军队，此时豫章上缭宗民有一万余家在江东，孙策劝刘勋前去攻取。刘勋出兵后，孙策率军轻装疾行一夜间偷袭攻占了庐江，刘勋的人马全部投降，刘勋只带着几百个部下自行投奔曹操。此时袁绍的势力正当强盛之际，而孙策又吞并了江东，曹操无力两面兼顾，就想安抚孙策。于是以弟弟的女儿许配孙策的小弟孙匡，又替儿子曹章娶了孙贲的女儿，同时用礼节征召孙策的弟弟孙权、孙翊，又命扬州刺史严象举荐孙权为茂才。

建安五年，曹操与袁绍在官渡相持不下，孙策暗地里想袭击许昌，迎接汉献帝，便秘密训练军队，部署诸将。孙策还没发动，恰好被原吴郡太守许贡的门客刺杀。在此以前，孙策杀了许贡，许贡的小儿子与门客隐匿在长江边。孙策单人匹马外出，仓促之间与许贡的门客相遇，门客击伤了他。孙策伤势沉重，就请来张昭等人，对他们说道："中原正在大乱，以我们吴、越之兵众，以三江为坚固屏障，就足以静观成败，伺机而动。诸公要好好辅助我的弟弟！"又叫来孙权佩带自己的印绶，对他说："率领江东人众，伺机决胜于敌我两大战阵之间，与天下争衡，你不如我；举贤任能，让他们各尽其心，用以保卫江东，我不如你。"当夜孙策去世，时年二十六岁。

孙权称帝后，追谥孙策为长沙桓王，封他的儿子孙绍为吴侯，后改封为上虞侯。孙绍去世，他的儿子孙奉袭爵。孙晧在位时，谣言说孙奉应该即位为君，因此遭孙晧诛杀。

评：孙坚勇猛刚毅，出身低微贫贱，终于立功扬名，劝张温杀董卓，修复填埋被董卓发毁的帝王陵墓，有忠直豪壮的功业。孙策英武豪迈，文武兼备，勇猛刚强，举世无双，搜罗奇才异士，有气吞中原的远大志向。然而两人都轻率急躁，以致丧命。况且割据江东，原是孙策打下的基础，但孙权对他尊崇并未达到应有的程度，孙策的子孙所得到的回报仅止于封侯而已，从道义的角度看是有些失之于俭薄的了。

白话三国志卷四十七　吴书二

吴主传第二

孙权字仲谋。在哥哥孙策平定江东诸郡时，孙权年仅十五岁，就被任命为阳羡县长。郡里举荐他为孝廉，州里又推举他为茂才，代理奉义校尉。汉王朝因为孙策远在江东仍能坚守臣节按时进贡纳税，就派使者刘琬前去给他颁诏封赐。刘琬对人说："我看孙家兄弟几人虽都才华出众而深明事理，但都难以长享富贵，只有老二孙权，形象奇特伟岸，体格不同凡响，有大贵的骨相，寿命又最长，你不妨记住我所说的这些。"

建安四年，孙权跟随孙策征讨庐江太守刘勋。刘勋被打败后，又进军沙羡征讨黄祖。

建安五年，孙策去世，把军国大事托付给孙权，孙权痛哭不止，孙策的长史张昭对孙权说："孝廉，这难道是哭泣的时候吗？再说古时周公制定的丧礼就连他的儿子伯禽也没遵守，并不是他要违逆父训，只是由于当时的形势容不得他照章办事罢了。况且现在违法作乱者竞相角逐，豺狼当道，这时候却要对死去的兄长尽哀，顾忌礼制，这就像打开门户招引盗贼一样，是不能称之为仁德的。"于是让孙权换掉丧服，扶他上马，外出巡视军队。这时，孙权所拥有的还只有会稽、吴郡、丹杨、豫章、庐陵，而五郡的边远险要之地还没有完全归附，天下的英雄豪杰又散布在各州郡之中，做客寄寓的士人往往以个人的安危决定去留，尚未建立起君臣一样的牢固关系。张昭、周瑜等人认为可以与孙权一起成就大事业，所以尽心辅佐他。曹操上表奏封孙权为讨虏将军，兼会稽太守，驻扎在吴郡，由郡丞到会稽郡代理公文事务。孙权对张昭待以师傅之礼,任命周瑜、程普、吕范等人为将帅。招揽才智杰出之人,礼聘知名人士,鲁肃、诸葛瑾等人这时才成了他的宾客。分派众将,安抚山地越人,讨伐那些不服从管辖的人。

建安七年,孙权的母亲吴氏去世。

建安八年,孙权向西讨伐黄祖,击败了他的水军,只有城池还未被攻克,而这时山贼偏又在后方骚扰。孙权撤兵经过豫章,派吕范平定鄱阳,程普讨伐乐安,太史慈统领海昏,韩当、周泰、吕蒙等人分别担任繁难之县的县令或县长。

建安九年,孙权的弟弟、丹杨太守孙翊被身边的人杀害,孙权命堂兄孙瑜接替孙翊的丹杨太守职位。

建安十年,孙权派贺齐讨伐上饶,分上饶部分地区设置建平县。

建安十二年,孙权西征黄祖,掳掠了他的民众而后撤回。

建安十三年春天,孙权再次征讨黄祖,黄祖先派水军抗击,都尉吕蒙击败了其水军的前锋,凌统、董袭等人又用全部精兵强攻,于是血洗该城。黄祖脱身逃跑,骑士冯则追上去斩下其首级,俘虏了黄祖的部属男女几万人。这一年,孙权派贺齐讨伐黟县和歙县,分歙县为始新、新定、黎阳、休阳县,以这六县作为新都郡。荆州刺史刘表死后,鲁肃请求接受使命去慰问刘表的两个儿子,借机观察荆州的变化。鲁肃还没到荆州,曹操已率军来到荆州境内,刘表的小儿子刘琮率众投降。刘备准备南渡长江,鲁肃与他相见,趁便向他转达了孙权的想法,对于孙、刘两家的现状和成败前景发表了自己的见解。刘备进驻夏口,派诸葛亮去见孙权,孙权派周瑜、程普等人率军行动。这时曹操刚得到刘表的人马,军容气势蔚为壮观,孙权的谋士们都望风生畏,多劝孙权迎降曹操。只有周瑜、鲁肃主张坚决抗击曹军,意见恰与孙权不谋而合。周瑜、程普任左、右都督,各自率兵一万,跟刘备一同进军,在赤壁与曹军相遇,大败曹操的军队。曹操烧毁余下战舰领兵撤退,士兵们因为饥饿和瘟疫的缘故,死亡大半。刘备、周瑜等人又追击到南郡,曹操于是撤回北方,留下曹仁、徐晃镇守江陵,让乐进镇守襄阳。这时甘宁在夷陵,被曹仁的部队包围,孙权采用吕蒙的计策,留下凌统抵御曹仁,用一半兵力解救甘宁,吴军终究都得胜凯旋。孙权亲自率军包围合肥,派张昭攻打九江郡的当涂县。张昭进兵不利,孙权攻打合肥城一个多月也未拿下。曹操从荆州回来,派张喜率骑兵奔赴合肥救援。援兵还没到达,孙权已从合肥撤兵而去。

建安十四年,周瑜和曹仁相互对峙了一年多,消灭了大量曹兵。曹仁弃城逃走。孙权委任周瑜为南郡太守。刘备表荐孙权代理车骑将军,兼任徐州牧。刘备兼任荆州牧,屯兵公安。

建安十五年,孙权分割豫章郡新增鄱阳郡;分割长沙郡增设汉昌郡,任命鲁肃为太守,驻扎陆口。

建安十六年,孙权将治所迁到秣陵。第二年,修筑石头城,改秣陵为建业。听说曹操将要南侵,就修筑了濡须坞。

建安十八年正月,曹操攻打濡须坞,孙权与他相持了一个多月。曹操遥望孙权的军队,感叹其军容之整齐严肃,于是自行撤退。最初,曹操担心近江郡县遭到孙权侵夺,下令将这些地区的百姓迁往内地。百姓们转相惊恐,从庐江、九江、蕲春、广陵一带十多万户全都东渡长江而去,长江西岸于是空无人烟,合肥以南也只剩下皖城。

建安十九年五月,孙权征讨皖城。闰五月,攻下皖城,俘虏了庐江太守朱光及参军董和,以及男女百姓数万人。这一年刘备平定了蜀地。孙权认为刘备已得到益州,就派诸葛瑾去向刘备讨回荆州各郡。刘备不肯,说:"我正在图谋凉州,如果凉州平定,就把荆州全部归还给吴国。"孙权说:"这是借而不还,想用些空话来拖延时间。"于是设置了荆州南部三郡的太守,结果关羽把他们全部赶走。孙权大怒,就派吕蒙都督鲜于丹、徐忠、孙规等人的二万兵马攻取了长沙、零陵、桂阳三郡,派鲁肃率军一万驻扎在巴丘以便防御关羽。孙权驻扎在陆口,指挥调度各路军队。吕蒙一到,长沙、桂阳二郡都归附了,只有零陵太守郝普不愿投降。正好刘备来到公安,派关羽率军三万到益阳,孙权就召回吕蒙等人北返以援助鲁肃。吕蒙派人诱惑郝普,郝普投降,三郡的将领和太守至此全部归附了东吴,于是领兵回返,与孙皎、潘璋、鲁肃的军队数道并进,在益阳抗击关羽。还

未曾交战,适逢曹操进攻汉中,刘备害怕失去益州,便派使者向孙权求和。孙权派诸葛瑾回报刘备,愿意重新结为盟友,于是划分荆州、长沙、江夏、桂阳以东属于孙权,南郡、零陵、武陵以西属于刘备。刘备回到蜀中,曹操也已撤退。孙权从陆口返回,就征讨合肥。合肥没有攻下,宣布撤军,士兵全部上路后,孙权与凌统、甘宁等人却在逍遥津北面遭到魏将张辽袭击,凌统等人拼死保护孙权,孙权骑骏马冲过津桥才得以脱险。

建安二十一年冬天,曹操驻军居巢,于是又攻打濡须坞。

建安二十二年春天,孙权命令都尉徐详去见曹操请求归降,曹操派使者回报孙权同意和好,立誓重新结为姻亲。

建安二十三年十月,孙权将要去吴郡,亲自骑马在庱亭射虎。他的马被虎咬伤,孙权用双戟投中老虎,老虎受重伤后退,随从张世又用戈继续攻击,将伤虎捕获。

建安二十四年,关羽在襄阳围困曹仁,曹操派左将军于禁前去救援。正巧汉水暴涨,关羽出动水军俘虏了于禁的全部步骑兵三万多人送往江陵,只剩襄阳城还未攻克。孙权既出于对关羽势力不断增长的畏惧,同时也是做好表面上的邀功文章,就写信给曹操,请求通过讨伐关羽以贡献自己的力量。曹操的本意还是想使关羽与孙权相持互斗,就派驿使传递孙权的书信到前线,让曹仁用弩箭将信发给关羽。关羽看信后仍犹豫着没有撤军。闰十月,孙权征讨关羽,先派吕蒙袭击公安,俘虏守将士仁。吕蒙到南郡,南郡太守麋芳献城投降。吕蒙占据江陵,抚恤当地老弱,释放被囚禁的于禁等人。陆逊又进攻宜都郡,攻占了秭归、枝江、夷道,回师驻扎夷陵,扼守峡口以防御蜀军的进攻。关羽返回当阳,向西退保麦城。孙权派人诱降他。关羽假装投降,在城楼上树旗帜和草人迷惑敌人,自己悄然逃走,手下士兵全都逃散,只有十余个骑兵跟随。孙权已先派朱然、潘璋阻断关羽逃亡的必经之路。十二月,潘璋的司马马忠在章乡抓获了关羽和他的儿子关平,以及都督赵累等人,于是平定了荆州。这年瘟疫流行,孙权免除了荆州百姓的全部租税。曹操表奏孙权为骠骑将军,假以符节兼任荆州牧,封南昌侯。孙权派校尉梁寓向汉朝廷敬纳贡品,并让王惇购买马匹,又送原先俘虏的朱光等人返回北方。

建安二十五年春正月,曹操去世,太子曹丕接替曹操做了丞相和魏王,改年号为延康。当年秋天,魏将梅敷派张俭求见孙权希望得到安抚接纳。南阳郡的阴、酇、筑阳、山都、中庐五县的五千多户百姓前来归附孙权。冬天,继任魏王曹丕称帝,改纪元为黄初。黄初二年四月,刘备在蜀称帝。孙权从公安迁都鄂城,改名为武昌,以武昌、下雉、寻阳、阳新、柴桑、沙羡六县地设置武昌郡。五月,建业禀报说天降甘露。八月,孙权修筑武昌城,并下令诸将:"大凡生存时不忘死亡,安定时一定要考虑到危险,这是古人有益的教诲。从前,隽不疑是汉代的名臣,在太平的日子里还刀剑从不离身,这说明君子对于军备,时刻不能有所松懈。何况地处国家边沿,跟豺狼般的敌人为邻,又怎么可以掉以轻心而不考虑到突然的事变呢?近来我听说诸将出入时,都崇尚谦慎检束,不带士兵,可以说这是非常忽略武备宗旨及自身安全的做法。保全自身而留名后世,使君主和亲人安心,与可能遭受的危险羞辱相比,哪一种做法更为可取呢?应该特别警惕防备,务必提升对此重大问题的认识,以符合我的意愿。"自从魏文帝曹丕受禅称帝,孙权派使者前去请求成为魏国的藩邦,并送于禁等人回去。十一月,曹丕策封孙权的文书上说:"圣明君主的法度,是根据德行设立不同的爵位,以功劳制定不同的俸禄;功劳大的俸禄就丰厚,德行高的礼遇就隆重。所以周公旦有辅佐武王、成王的功勋,姜太公有定计消灭殷商使周朝强大的业绩,因此一同受到分封土地的礼遇,得到整套礼器的赏赐,这是为了表彰功臣,使贤明睿智者获得不同于一般人的崇高荣誉。近世汉高祖称帝时,也把肥沃的土地分封给八个异姓王,这是前代的美好举措,给后世帝王提供了很好的借鉴。我本德行缺乏,却承受天命而变革汉室的皇统,统治全国,执掌国家机要,有心效法先代圣帝明王,为此忙碌而通宵达旦。您天资忠诚坚贞,治国雄才足以辅佐帝王,洞察帝王相承的次序,能明白透彻地预见汉废魏兴,从遥远的地方派遣使者,渡过潜水和汉水以表达您的诚意。得到消息便随即表示归附,上疏要做我魏朝的藩臣,并且敬献丝绸等南方贡物,把我的将领全部送回。忠诚恭敬发自内心,真诚精神显露无遗,信用铭刻金石,道义普盖山河,我很赞赏。现在封您为吴王,派使持节太常卿高平侯邢贞作为使者,授予您印玺、绶带、策封文书、金虎符左半第一到第五枚、竹使符左半第一到第十枚,命您以大将军使持节的身份都督交州,兼任荆州牧,赐给您青土,用白茅包裹,要报答称扬我的任命,治理好东部中国。要上缴过去封授您的骠骑将军、南昌侯的印玺、绶带、符节和策封文书。现在又加赐给您九锡之礼,请您敬听下面的命令。因为您安定了东南,治理好了长江下游南岸地区,老百姓安居乐业,没有人心怀二志,所以赐给您天子专用的玉辂以及兵车各一辆,黑色公马八匹。因为您重视生财,鼓励农桑,仓库里堆满余粮,所以赐给您帝王公侯专用的礼服和礼冠,并配上一双红色的鞋子。因为您用德政教化人民,使礼教盛行,所以赐给您一套三面悬挂的诸侯钟磬乐器。因为您倡导良好的社会风习,笼络安抚了百越夷民,所以赐给您有红色大门的房子居住。因为您运用才干和谋略,任用贤良方正之士,所以赐给您启用舒缓省力而隐身藏威的'纳陛',以便登殿理事。因为您忠诚勇猛,清除奸恶,所以赐给您'虎贲'卫士一百人。因为您用无与伦比的威武,效力于荆州以南,诛灭恶人丑类,使有罪者无所遁形,所以赐给您斧、钺各一具。因为您的文臣在内和睦,武将在外信从,所以赏给您红色的弓一张、红色的箭一百支、黑色的弓十张、黑色的箭一千支。因为您将忠诚恭敬视为做人的准则,把肃敬勤勉作为美好的品德,所以赐给您以黑黍和郁金香草酿造的祭祀用美酒一罐,并配上玉制的酒杓。敬勉啊!要切实遵行训言,以服从我的命令,努力辅佐我治理国家,以便永久地保持您昭著的功业!"这一年,刘备率军前来讨伐,到了巫山、秭归,另派使者去诱降武陵郡的夷民部落,权宜授予他们印信,许诺给他们封赏。于是各县及五溪一带的百姓都反吴归蜀。孙权任命陆逊为都督,率领朱然、潘璋等人迎击。派遣都尉赵咨出使魏国。魏文帝曹丕问赵咨:"吴王是个怎样的君主?"赵咨回答说:"他聪明仁爱又有智慧,是个有雄才大略的君主。"魏文帝问详情如何,赵咨说:"自世间常人中起用鲁肃,是他的聪;从一般士兵中提拔吕蒙,是他的明;获得了于禁而不加害,是他的仁;取得荆州而兵不血刃,是他的智;拥有三州虎视天下,是他的雄才;屈身向陛下称臣,是他的谋略。"魏文帝还想封赏孙权的长子孙登,孙权以孙登年幼为理由,上书辞封,重新派遣西曹掾沈珩前去表示感谢,并献上地方的特产。立孙登为吴王太子。

黄武元年正月,陆逊的部将宋谦等人攻打蜀国的五个屯营,都攻破了,并斩了蜀军守将。三月,鄱阳说黄龙出现。蜀军分别占据险地,兵营前后相连达五十余个,陆逊根据强弱缓急派兵迎击,从正月到闰六月,大败蜀军,当阵被杀及放下武器投降的蜀兵有好几万人。刘备仓皇逃跑,也就是幸而没有被杀或成为吴军俘虏而已。

当初,孙权表面上假托奉事魏国,其实并非出自真心。魏国打算派侍中辛毗、尚书桓阶前往东吴与孙权结盟立誓,并征召孙权的儿子入朝做人质,孙权推辞不受。秋九月,魏国于是命令曹休、张辽、臧霸出兵洞口,曹仁出兵濡须坞,曹真、夏侯尚、张郃、徐晃围攻南郡。孙权派吕范等人都督五军,以水军抵御曹休等人,以诸葛瑾、潘璋、杨粲等人援救南郡,朱桓以濡须督的身份迎击曹仁。当时扬、越夷民大多还没有平定,内患还没有消除,所以孙权言辞谦恭地上书魏文帝,请求准予改过自勉:"如果我的罪过难以除去,一定不能得到赦免,我理当奉还土地和人民,乞求寄身交州,了却余生。"魏文帝回复说:"您生在天下大乱之际,本来就有纵横驰骋天下的大志,能屈身奉事魏国,长期享有福泽。自从您被策封为吴王以来,奉献的贡品摆满了道路。讨伐刘备的功业,魏国是仰仗着您才取得成功。像狐狸那样埋了又挖,反复不定,古人引以为耻。我跟您之间,君臣的名分已经确定,难道会乐于劳师动众远征江汉吗?朝廷讨论军国大事,做君主的也不能独断专行;三公上表弹劾您的过失,都有根有据。我因为不贤明,虽有曾母投杼的疑虑,但还是希望所有传言都是不真实的,并以此为国家的幸事。所以我先派使者前去犒劳,又派尚书、侍中来跟您继续重订先前的誓言,同时跟您商定送儿子来做人质。您却借口推辞,不想让儿子前来,让朝中议论者都深感奇怪。再者前都尉浩周劝您发送儿子,这实际上是大臣们共同的意见,以此来试探您的诚意如何,您果真找了借口推辞,对外援引隗嚣送儿子给光武帝做人质却终于背叛的事例,对内比喻窦融虽不送儿子做人质却能做到忠诚不渝。世道和时代不同了,人们也会各有打算。浩周回来后,连说带比划地转述了您的观点,越发让议事的大臣们发挥了原来的种种疑点,认为您所谓始终忠于魏国的承诺,没有任何凭据,所以我就只得同意了大臣们的意见。现在看了您所上的表,诚恳而深刻,内心为之感慨,以至于伤感动容。当日我就颁下诏书,命令各路军队只能深挖战壕,高筑壁垒,不得擅自往前推进。如果您一定要表现忠贞的节操,来解除众人对您的疑虑,那么人质孙登早上来到魏国京城,晚上我就下令让军队撤回。我这话的诚意,有如长江东去不会改变!"孙权于是改了年号,沿长江布防以守备魏军的进攻。冬十一月,起了大风,吕范等部士兵落水溺死了好几千人,其余的军队就撤回了江南。曹休派臧霸率轻便战船五百艘、敢死队一万人偷袭徐陵,烧掉了攻城车,杀戮掳掠了几千人。将军全琮、徐盛追斩了魏将尹卢,斩杀及俘获达几百人。十二月,孙权派太中大夫郑泉到白帝城交好刘备,吴、蜀两国又开始恢复盟好。然而孙权与魏文帝之间仍有使者相互往来,到第二年才正式断交。这一年孙权将夷陵改名为西陵。

黄武二年春正月,曹真分出一支人马占据江陵中州。当月,孙权在江夏山筑城。改《四分历》,使用《乾象历》。三月,曹仁派将军常雕等人,率兵五千,乘坐油船,早晨渡到濡须坞附近的江心小岛。曹仁的儿子曹泰趁机领兵猛攻朱桓,朱桓率兵迎击,派将军严圭等击败了常雕等部。这个月,魏军全部撤退。夏四月,孙权的大臣们劝他称帝,孙权没有答应。刘备在白帝城去世。五月,曲阿一带宣称天降甘露。在此以前戏口守将晋宗杀掉了将军王直,率领兵众叛投魏国,魏国任用他为蕲春太守,屡次侵犯吴国边境。八月,孙权命令将军贺齐率领糜芳、刘邵等人袭击蕲春,刘邵等人活捉了晋宗。冬十一月,蜀国派中郎将邓芝来东吴修好。

黄武三年夏天,孙权派辅义中郎将张温回访蜀国。秋八月,大赦犯死罪的囚犯。九月，魏文帝出巡广陵，隔长江远望，说"吴国有能人，不能谋取"，于是回返。

黄武四年夏五月，丞相孙邵去世。六月，任命太常顾雍为丞相。秋七月，皖口一带传言有树木长了连理枝。冬十二月，鄱阳贼彭绮自称将军，攻陷了几个县，人马发展到几万人。当年地震接连不断。

黄武五年春，孙权下令说："战争已经打了很多年了，百姓们离乡背井而荒废了农桑，父子夫妇分离，不能够相互体贴照顾，我很同情他们。如今北方之敌已经缩回老巢，边境已无战事，特此下令州郡，对百姓采取宽松包容休养生息的政策。"这时陆逊因为驻守的地方缺粮，上表请求孙权让诸将广开农田。孙权答复说："非常好。现在我们父子亲自接受一份农田，车府中的八头牛去拉四张犁耕种，虽然赶不上古代圣贤君主，我也想与大家同等地劳动。"秋七月，孙权听说魏文帝曹丕驾崩，就出征江夏郡，围困石阳，没能攻取而撤兵。苍梧郡说是出现了凤凰。孙权分相邻三郡还未开发的十个县设置东安郡，任命全琮为太守，去平定讨伐山越族的叛乱。冬十月，陆逊上表向孙权陈述该办的事情，劝孙权推行德政，减轻刑罚，减少田赋，停收户税。又说："忠臣正直之言，不能一一陈述，谄媚求容的小人，会经常在您面前灌输唯利是图的观点。"孙权回复说："大凡法令的设置，就是要用来防止邪恶，以防患于未然的，怎么可能不设置刑罚以威服小人呢？这是先有法令约束然后才依法制裁，不想有人犯罪罢了。你认为刑罚太重的部分，对我又有什么好处？只是不得已才这样去做罢了。现在接受你的意见，当重新讨论斟酌，务必使法令趋于合理适当。况且亲近的大臣应竭力谏诤，亲戚也应有弥补过错、明察得失的建议，从而匡正君主的过失并表明自己的忠诚信实。《尚书》载'我违背你的辅佐，你不得当面屈从'，我难道不愿意听取忠实诚恳的话来弥补自己的欠缺吗？而你却说'不敢尽力上言'，这又怎能算是忠诚正直呢？如果地位低下的臣民中，有可采纳的意见，难道也因人废言而不予采纳么？只要是奉承讨好自求安身的行径，我虽愚昧倒也能识别清楚。至于征发户税的问题，只是因为天下还没有平定，事业必须靠众人的扶持才能成功。如果只是守住江东，用心推行宽大和缓的政策就行了，兵力也自然足用，要那么多又有什么用处？只是固守江东而不思进取，难免要遭人鄙薄罢了。如果不预先征收户税，恐怕临时征用就不那么容易了。再者我跟你名分虽然有别，但喜乐忧虑实在是一样的，你来表中说不敢与众人一样苟安容身以求免祸，这确实是我真心希望你所做的。"于是孙权便下令有关部门写出全部的法令条款，派郎中褚逢带去送给陆逊和诸葛瑾过目，觉得有所不妥之处，就让他们增删修改。这一年，孙权从交州郡分地增设广州，不久又恢复到原有设置。

黄武六年春正月，诸将俘获彭绮。闰十二月，韩当的儿子韩琮率领他的部属投降了魏国。

七年春三月，孙权封儿子孙虑为建昌侯。撤销东安郡。夏五月，鄱阳太守周鲂假装背叛东吴，引诱魏将曹休。秋八月，孙权来到皖口，派将军陆逊指挥诸将在石亭大败曹休。大司马吕范去世。当年，孙权改合浦郡为珠官郡。

黄龙元年春，公卿百官都劝孙权正式称帝。夏四月，夏口、武昌都说黄龙、凤凰出现。十三日，孙权在南郊正式登基称帝，当天大赦，改年号，追尊父亲破虏将军孙坚为武烈皇帝，母亲吴氏为武烈皇后，哥哥讨逆将军孙策为长沙桓王。吴王太子孙登为皇太子。将士官吏都加官进爵，得到封赏。当初，汉献帝兴平年间，吴中一带有童谣说："黄金车，班兰耳，闿昌门，出天子。"五月，孙权派校尉张刚、管笃去辽东。六月，蜀国派卫尉陈震前来祝贺孙权登上帝位，孙权就与蜀国使者商议平分天下：豫、青、徐、幽四州属于东吴，兖、冀、并、凉四州属于蜀；司州的土地，以函谷关作为两家均分的界线。制定盟书说："上天降下祸乱，汉室的皇统丧失常规，叛逆之臣伺机而动，明抢暗夺国家大权，这种情况从董卓开始，到曹操结束，他们穷凶极恶，颠覆天下，致使中国四分五裂，普天之下不得正统，神与人怀痛含怨，没有一天得到过安定。到了曹操的儿子曹丕，凶暴忤逆而步其后尘，奸险邪僻并屡次作恶，终于窃取了天子之位。曹叡这个微不足道的小丑，重蹈曹丕的恶行劣迹，倚仗兵力窃据国土，至今未能伏法就诛。从前共工作乱而被唐尧兴师问罪，三苗违法而被虞舜征讨。如今消灭曹叡,将逆党一网打尽,不是蜀汉和东吴,还有谁能承担这样的重任?凡是讨伐凶恶消灭残暴,一定要声讨他们的罪行,应该先分裂其疆域,夺取他的土地,让广大人民的心灵,都能明确自己的归属。所以《春秋》记载晋文公讨伐卫国,首先是把卫国的田地分给宋人,就是这个道理。而且古人图谋大事,一定要先结盟立誓,所以《周礼》有主管盟誓及其礼仪的专门职官,《尚书》有'诰'、'誓'一类反映结盟立誓的文章,蜀汉与东吴,虽然信义发自内心,但是分割魏国的疆土,还是应当有盟誓约定。诸葛丞相以德行威,盛名远播,他辅助拥戴本国君主,在外主持军国大事,道义感动人神,忠诚震撼天地,重新缔结两国盟好,推广诚信约定誓言,使东吴和西蜀的人民都能全部知晓。所以设立祭坛而宰杀祭牲,明确地告知神明,再度歃血盟誓,把盟约副本藏在朝廷御库。上天虽远也能听到下民的心愿,神灵的威力必定帮助诚心的实现。司慎和司盟这些监督结盟诚信的神灵,还有所有主管山川的众神以及大祀中祀以下列在祀殿的诸神,他们无不光临这场神圣的大会。从今日蜀汉与东吴结盟之后,将戮力同心,共同讨伐魏贼,扶危救困,共患难而同喜庆,好恶一致,没有二心。如果有人危害蜀汉,那么吴国就讨伐他;如果有人危害吴国,那么蜀汉就讨伐他。各自守好自己的疆土,互不侵犯。传于后代,始终如一。凡是各项盟约,都按照盟书记载的原则办理。真实的话并不华丽,实在是出自于彼此的友好。如果有谁背弃盟约,率先制造祸乱,心存二志不能和协,怠慢天命,神明的上帝就会讨伐他、督察他,山川的诸神就会举发他、诛灭他,使他丧失民众,国运不得长久。神灵啊,请您明察!"秋九月,孙权迁都到建业,就用原来的府第而不再修建新的宫室,征召上大将军陆逊辅佐太子孙登,掌管武昌的留守事务。

黄龙二年春正月,魏国修筑合肥新城。孙权下诏设立都讲祭酒,用以教育几个儿子。派遣将军卫温、诸葛直率领一万甲兵航海搜寻夷洲和亶洲。亶洲在海中,故老相传秦始皇曾派方士徐福率童男童女几千人入海上,寻找蓬莱仙山和仙药,留在亶洲没有返回。世代繁衍至今已有几万户人家,亶洲的百姓,时常有到会稽一带买

卖布匹的，会稽东部地区的百姓航海，也有遇到大风漂流到亶洲的。亶洲极远，卫温等人终究没能到达，只搜寻带回几千夷洲人。

黄龙三年春二月，孙权派太常潘濬率兵五万征讨武陵蛮夷。卫温、诸葛直都因违背诏令办事没有成效，下狱诛死。夏天，有野蚕作茧，大如鸡蛋。由拳县野稻自然生长，于是改由拳县为禾兴县。中郎将孙布假装投降以引诱魏将王凌，王凌率兵迎接孙布。冬十月，孙权率大兵潜伏在阜陵等候王凌到来，王凌察觉后逃走。会稽郡南始平县说有嘉禾生长。十二月二十九日，发布大赦令，这是改第二年为嘉禾元年的缘故。

嘉禾元年春正月，建昌侯孙虑去世。三月，孙权派将军周贺、校尉裴潜由海路前往辽东。秋九月，魏将田豫半路拦截，在成山斩了周贺。冬十月，魏国辽东太守公孙渊派校尉宿舒、阆中令孙综向孙权自称藩臣，并进献貂皮和骏马。孙权非常高兴，加封公孙渊爵位。

嘉禾二年正月，孙权下诏书说："我本来没有德行，自从承受天命称帝以来，日夜操劳国事，连闭目养神都没有时间。只想着怎样平定世上的祸乱，救济百姓，对上报答神灵，对下宽慰人民的厚望。因而诚心诚意，努力访求才智杰出的人士，将与他们通力合作，共同平定天下。如果能同心协力，我将与他们团结到老。现在使持节都督幽州、兼任青州牧、辽东太守、燕王公孙渊，长期被曹魏胁迫，远隔在一方，虽然他心系吴国，但道路却一直没有开通。现在他顺应天命，从遥远的地方派遣两个使者前来，忠诚外露，章表中也表达了深厚的情意，我得到他这样的表现，还有什么样的喜悦能超过它呢！即使是商汤遇到伊尹，周文王获得吕望，汉光武帝天下未定而先得河右，跟我今天的心情相比，又怎么能有所超过呢？天下一统，现在算是肯定的了。《尚书》不是说过吗，'天子一人有了善事，亿万臣民得以仰赖'。特此大赦天下，与广大人民除旧布新，命令下达州郡，让百姓们都知道。特别下诏书给燕国，让他们奉旨传扬我的恩德，让全天下无不得悉这一喜讯。"三月，送宿舒、孙综回辽东，并派太常张弥、执金吾许晏、将军贺达等人率兵万人，携带金银珠宝珍奇物品，还有九锡之礼的全部行头，由海路赐给公孙渊。满朝文武，从丞相顾雍以下都规劝孙权,认为公孙渊不可相信,对他的恩宠礼遇却过分优厚,只需派一般官吏和几百士兵护送宿舒、孙综回去就可以了,孙权终究不肯采纳。后来,公孙渊果然杀了张弥等人,把他们的首级送往魏国,没收了他们的军需物资。孙权大怒,打算亲自征讨公孙渊,尚书仆射薛综等人极言劝谏才算劝住。这一年,孙权向合肥新城进军,派将军全琮征讨六安,都没有获胜而回。

嘉禾三年春正月,孙权下诏书说:"战争长年不止,百姓苦于劳役,年成有时歉收。特此宽缓百姓拖欠的各种赋税,不要再催促征收。"夏五月,孙权派陆逊、诸葛瑾等人率兵驻扎在江夏、沔口,孙韶、张承等人进军广陵、淮阳,孙权率大军包围合肥新城。此时蜀丞相诸葛亮出兵武功,孙权认为魏明帝不可能率军到南方打仗,而魏明帝却派兵援助司马懿抵御诸葛亮,自己亲率水军东征。魏明帝还没到寿春,孙权就退兵回国,孙韶也停止进攻广陵。秋八月,孙权任命诸葛恪为丹阳太守,讨伐山越。九月初一,落霜冻坏稻谷。冬十一月,太常潘濬平定武陵蛮夷,诸事完毕,返回武昌。孙权下诏恢复曲阿县为云阳县,丹徒县为武进县。庐陵贼李桓、罗厉等人作乱。

嘉禾四年夏,孙权派吕岱讨伐李桓等人。秋七月,有冰雹。魏国派使者请求用马换取珠宝、翡翠、玳瑁,孙权说:"这些都是我不用的东西,却能换取战马,何苦不听凭他们进行这样的交易呢?"

嘉禾五年春,铸造大钱,一枚当五百小钱。孙权下诏让官民交纳铜,按铜的重量付钱。设立了禁止私铸货币的法律条文。二月,武昌上言有甘露降礼宾殿。辅吴将军张昭去世。中郎将吾粲生擒李桓,将军唐咨俘获罗厉等人。从去年十月开始不下雨,直到今年夏天。冬十月,彗星在东方出现。鄱阳贼彭旦等人叛乱。

嘉禾六年春正月,孙权下诏书说:"守孝三年,是天下通行的制度,也是人的情感痛到极处的体现;贤明的人割舍个人的哀思以服从国家的大礼,不成才的人也会勉力做到。天下安定太平,圣贤之道通畅,上下无事,君子就不会去剥夺人之常情,因此三年不登孝子的家门。至于有国事时,就要减少丧礼来顺从国家需要,穿着孝服也得处理公事。所以圣人制定礼法,合礼而不合时就难以通行。遇到丧事而不奔丧并非古制,只不过是因时随宜,因国家大义需要而割舍个人恩情罢了。以前特地设置条例,官员在职的,遇到丧事务必办理交代手续,有明知故犯的,即使马上治罪,但公务还是被荒废了。现在正当多事之秋,国家困难重重,凡是在职官吏,应该各尽臣节,先公后私,不能严格奉行朝廷所制定的法令,可以说是非常错误的。朝廷内外大臣,请重新商议此事,务必让这方面的法令合情合理,有详尽明确的管理条文可资依据。"顾谭发表意见,认为"为奔丧立法,轻了则不能禁止孝子奔丧的私情,重了则离职奔丧本不是应死大罪,即使让严厉的刑罚设置得更多,违背人的意愿而迫使改变的效果必定不会显著。如果偶有触犯的,加重对他的处罚对于私情来说于心不忍,减轻处罚则导致法令废弛不能施行。我认为高级官员若在远方任职,假如有丧而不告知,势必不可得知其事。在选择接替他的人选期间,如果有走漏消息给他的,一定处以极刑,这样也就可保高级官员不因怠忽职守而犯罪,孝子不因触犯重罪而受到严刑惩处的事了"。将军胡综发表意见,认为"丧事礼仪,虽有典章法度,如果不顺从时宜,也是行不通的。现在正当战争年代,军事与政事的处置应有所区别,而官吏遇到丧事,明知有法令禁止,却公然触犯,苟且于孝子闻丧不奔的耻辱,而不顾及身为臣子触犯法禁的罪责,这是由条例禁令根本太轻所造成的。忠贞的节操在于为国献身,以孝为本的礼法规范在于立家,既然已经为官为臣,忠孝又怎可以完全兼顾?所以要做忠臣就不能做孝子。应该制定法令条文,用死刑作为警示,如果有故意违犯法令的,有罪就绝不给予赦免。用死刑来制止臣子犯死罪,处置一个人,那以后这种行为就一定会绝迹"。丞相顾雍奏请孙权同意违法奔丧按死刑处置。这以后吴县县令孟宗因母亲去世而违令奔丧,事后在武昌将自己关押起来等候惩处。陆逊向孙权陈奏完孟宗的一贯品行,然后为孟宗求情,孙权于是给孟宗减刑一等,并申明下不为例,由此违法奔丧的事就绝迹了。二月,陆逊讨伐彭旦等人,当年,把他们都打败了。冬十月,派卫将军全琮袭击六安,没有成功。诸葛恪平定山越之后,向北驻扎在庐江郡。

赤乌元年春，孙权铸造了一枚当千枚小钱的大钱。当年夏天，吕岱讨伐庐陵贼，事毕，返回陆口。秋八月，武昌说有麒麟出现。有关部门上奏说麒麟是天下太平的征兆，应该改年号。孙权下诏书说："近来红色乌鸦聚集在殿前，我亲眼所见，如果神灵以为是吉祥的事，那改年号就用赤乌元年吧。"群臣奏请说："过去周武王伐纣，有红乌鸦的吉祥征兆，君臣们见到了它，于是就拥有了天下，圣人在书策上记载得最为详尽，认为像近来的这件事已经很吉祥了，何况又是明白无误的亲眼所见。"于是更改年号。步夫人去世，追赠为皇后。当初，孙权信任校事吕壹，吕壹本性苛刻残忍，执法严峻苛刻。太子孙登屡次进谏劝说，孙权都不采纳，大臣们因此没人再敢说话。后来吕壹奸恶邪僻的罪行暴露，被依法处死，孙权引咎自责，就派中书郎袁礼向诸位大将致歉，借机也询问政事应该有何增减变化。袁礼回来，孙权又下诏责备诸葛瑾、步骘、朱然、吕岱等人说："袁礼回来，说'已与子瑜、子山、义封、定公相见，并对当前朝政缓急先后的事宜进行了咨询，而每个人各以不管民事为由，不肯陈述自己的见解，而全部推给伯言和承明两人。伯言、承明见了袁礼，伤心流泪而言辞悲切凄恻，甚至还有恐惧不安，心怀忐忑的表现'。我听说后很不开心，并深深自责。这是什么原因呢？我以为只有圣人能够没有过失，说到底那也是大智大慧者具有自我省察的能力罢了。人的行为举止，怎么可能全部正确无误呢？自以为是而拒绝听取别人的意见，一时没能觉悟，所以各位才因有避忌而为难；若非如此，又怎会弄到现在这种地步呢？从我起兵至今五十年来，劳役赋税等等无一不是出自于百姓。天下还未平定，丑类还在逍遥法外，人民为此备受勤苦，我心里其实再明白不过。然而有劳于百姓，也完全是事不得已。与诸位共事，从少到长，头发都花白了，可以说从内心到外在大家相互间都足以显露明白，于公于私也应是足以相互信任。言无不尽，正直劝谏，我指望的就是诸位指出我的不足，弥补我的缺点过失，我指望的也是你们。从前卫武公才过青壮年时期，便勤恳地寻求辅佐的大臣，每每独自叹息自责。况且普通的平民，相认相交，也以情分和志趣相投者为友，还不因处于艰难困苦之中而变心。如今

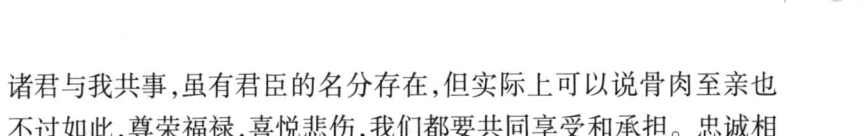

诸君与我共事，虽有君臣的名分存在，但实际上可以说骨肉至亲也不过如此，尊荣福禄，喜悦悲伤，我们都要共同享受和承担。忠诚相待就不要隐瞒真情，贡献智慧就不要有半点保留，事关大是大非便应该认识一致，你们又怎么可能安闲自在地仅仅应付而已呢！这种同舟共济的状态，又有谁还能加以改变？齐桓公是诸侯中的霸主，他有善行时管仲没有不赞叹的，当他有过错时管仲又未尝不规劝，规劝而不采纳，就规劝不止。如今我自行省察绝没有齐桓公那样的德行，但你们的劝谏之言还未出口，就先因避忌而为难起来了。以此看来，我跟齐桓公相比确实是更为优秀了，不知你们与管仲相比怎么样呢？久不相见，就以这些事当作笑谈吧。共定帝业，一统天下，应当还有谁来担此重任呢？凡事应当有所改进和变革的，我都乐于听到不同的意见，用以纠正我的不当不周之处。"

赤乌二年春三月，孙权派使者羊衕、郑胄、将军孙怡到辽东，袭击魏守将张持、高虑等人，俘获了男女人口。零陵郡说喜降甘露。夏五月，修筑沙羡城。冬十月，将军蒋秘向南讨伐夷族叛乱者。蒋秘的部下都督廖式杀了临贺太守严纲等人，自称平南将军，与他弟弟廖潜一起进攻零陵、桂阳郡，并使交州、苍梧、郁林各郡发生了动乱，拥有几万人众。孙权派将军吕岱、唐咨讨伐他们，一年多之后将他们全部打败。

赤乌三年春正月，孙权下诏说："君主没有百姓就不能在位，百姓没有五谷就不能生存。最近以来，百姓徭役不少，年成又遇水旱灾害，粮食歉收，而官吏有的品行不良，侵夺百姓务农的时间，以致造成饥馁穷困。从今而后，督军郡守，要从严监督大力查处违法行为，当农桑时节，以徭役公事侵扰百姓的人，要列举其罪而正之以法并将情况上报。"夏四月，大赦天下，下诏命各郡县整治城郭，修筑望楼，挖通护城河，用来防备盗贼。冬十一月，百姓饥荒，孙权下诏开官仓赈济贫穷百姓。

赤乌四年春正月，天降大雪，平地雪深三尺，鸟兽死了大半。夏四月，孙权派卫将军全琮攻掠淮南，决开芍陂堤，纵火烧安城粮仓，迁移了那里的百姓。威北将军诸葛恪进攻六安。全琮与魏将王凌在芍陂交战，中郎将秦晃等千余人战死。车骑将军朱然围攻樊城，大将军诸葛瑾攻取柤中。五月，太子孙登去世。这一月，魏国太傅司马懿救援樊城。六月，军队撤回。闰月，大将军诸葛瑾去世。秋八月，陆逊修邾县城墙。

赤乌五年春正月，孙权立儿子孙和为太子，大赦，改禾兴县为嘉兴县。百官奏请册立皇后和四王，孙权下诏说："现在天下还没有平定，百姓劳苦，况且有功的人有的还没有录用，饥寒的人还没有得到抚恤，就分封土地来使子弟富裕，提高爵位来表达对妃妾的宠幸，我认为很不可取。还是放弃这个建议吧。"三月，海盐县上言黄龙出现。夏四月，禁止进献御用物品，减少供应皇帝的膳食。秋七月，派将军聂友、校尉陆凯率兵三万征讨珠崖、儋耳。这一年瘟疫十分严重，有关部门又奏请册立皇后和诸王。八月，孙权立儿子孙霸为鲁王。

赤乌六年春正月，新都上言有白虎出现。诸葛恪出征六安，攻破魏将谢顺的大营，迁移了那里的百姓。冬十一月，丞相顾雍去世。十二月，扶南王范旃派使者进献歌舞艺人和当地特产。这一年，司马懿率军进入舒县，诸葛恪从皖城迁移到柴桑。

赤乌七年春正月，任命上大将军陆逊为丞相。秋天，宛陵上言有嘉禾生长。这一年，步骘、朱然等各上疏说："从蜀国回来的人，都说蜀国要背叛盟约与魏国交好，制造了许多舟船，修治城郭。再者蒋琬驻守汉中，得知司马懿向南进兵，他不出兵乘虚夹击敌人，反而放弃汉中，撤兵返回到靠近成都的地方。事情已经昭然若揭，没有什么可再怀疑的了，应当为此做好准备。"孙权推断蜀国不会这样，他说："我对待蜀国不薄，聘问献纳结盟立誓，没有对不起蜀国的地方，怎么有这样的情况呢？再说司马懿不久前领兵入舒县，仅十来天就已撤走，蜀国在万里之外，怎能那么快就得知东南危急而随即出兵西北呢？以前魏国准备入侵汉中，我们这里刚开始戒备，也还没有什么具体行动，正好听到魏国退回去就停止行动了，蜀国难道可以也因此对我们有怀疑吗？而且人家治理国家，舟船城郭，怎么能不修缮维护呢？现在我们这里训练军队，难道也是想用来抵御蜀国吗？别人的话很不可信，我可以为你们破家来担保这件事。"蜀国终究没有类似阴谋，正如孙权所预料的一样。

赤乌八年春二月，丞相陆逊去世。夏天，雷电击中了皇宫的门柱，又击中了南津大桥的桥柱。茶陵县洪水泛滥，冲走居民二百多家。秋七月，将军马茂等人图谋叛逆，被诛灭三族。八月，大赦天下。派校尉陈勋带领屯田及从事劳作的工匠人等共三万人开凿句容中路运河，从小其至云阳西城，沟通商业城市，建造粮仓。

赤乌九年春二月，车骑将军朱然征讨魏国的柤中，斩杀及俘获一千多人。夏四月，武昌上言天降甘露。秋九月，孙权以骠骑将军步骘为丞相，车骑将军朱然为左大司马，卫将军全琮为右大司马，镇南将军吕岱为上大将军，威北将军诸葛恪为大将军。

赤乌十年春正月，右大司马全琮去世。二月，孙权以南宫为正寝。三月，改建太初宫，诸将及州郡官员都参加义务劳动。夏五月，丞相步骘去世。冬十月，赦免死刑犯。

赤乌十一年春正月，朱然修筑江陵城。二月，地震频繁。三月，太初宫改建完毕。夏四月，雨夹冰雹，云阳上言黄龙出现。五月，鄱阳上言有不伤人的白虎。孙权下诏说："古代圣王积累德行善事，修身养性推行仁道，得以拥有天下，所以吉祥的征兆就会显现，这是上天用来表彰高尚的品德的。我并不圣明，怎么能得到上天的表彰呢？《尚书》上说'即使已经很完善了却不可固步自封'，公卿百官，希望各自努力完成自己的职责，以便纠正那些不足。"

赤乌十二年春三月，左大司马朱然去世。四月，有两只乌鸦叼着喜鹊掉落在东宫。九日，骠骑将军朱据兼任丞相，焚烧喜鹊以祭神。

赤乌十三年夏五月，夏至这天，荧惑星犯南斗星座，秋七月，又犯北斗星座的第二星宿而东去。八月，丹阳、句容以及故鄣、宁国发生山崩，洪水泛滥。孙权下诏宽免百姓拖欠的赋税，借给百姓种子粮食。废掉太子孙和，让他到故鄣居住。鲁王孙霸被赐死。冬十月，魏将文钦假意叛变以引诱朱异，孙权派吕据到朱异那儿以便迎接文钦。朱异等人都很谨慎，文钦不敢前来。十一月，孙权立儿子孙亮为太子。派兵十万，修筑堂邑的涂塘坝从而淹没北方通往建业的大道。十二月，魏大将军王昶围攻南郡，荆州刺史王基进攻西陵。孙权派将军戴烈、陆凯前往迎击，王昶、王基都撤兵而去。这一年，神人授予天书，告知要更改年号、册立皇后。

太元元年夏五月，立皇后潘氏，大赦天下，改年号。当初临海郡罗阳县有神仙，自称王表。他游走于民间，语言饮食，跟常人没有区别，但却看不见他的形体。他还有一个婢女，名叫纺绩。这个月，孙权派中书郎李崇带着辅国将军罗阳王的印绶迎接王表。王表跟随李崇一起出来，与李崇以及所经过地方的郡守县令谈论，李崇等人不能驳难改变他的说法。经过的山河，总是派婢女向那神人报告。秋天七月，李崇与王表到达建业。孙权在苍龙门外给他修建了宅第，多次让身边的大臣送酒食去。王表说些水旱小事，往往还很灵验。秋八月初一，大风狂暴，长江大海暴涨，平地水深八尺，吴郡高陵的松柏连根拔起，郡城南门瓦被大风吹落。冬十一月，大赦天下。孙权到南郊祭天返回，重病卧床。十二月，派驿使传书召回大将军诸葛恪，任命为太子太傅。又下诏减省徭役，减免田税，除去百姓感到痛苦的法令。

太元二年春正月，孙权立原来的太子孙和为南阳王，居住长沙；儿子孙奋为齐王，居住武昌；儿子孙休为琅邪王，居住虎林。二月，大赦天下，改年号为神凤。皇后潘氏去世。诸将和官员们多次到王表那儿去请求赐福，王表逃走。夏四月，孙权去世，时年七十一岁，谥号为大皇帝。秋七月，安葬在蒋陵。

评：孙权屈身忍辱，任用有才之人，尊崇计谋之士，有勾践那样的雄才大略，堪称人中俊杰。所以能独霸江南，成就鼎足对峙的大业。然而生性猜忌多疑，诛杀果决，到了晚年，尤其变本加厉。以至于听信谗言，滥施暴行，废黜太子，杀害子嗣，这难道就是所谓要留下顺应天下人心的谋略从而安全地庇护子孙的道理吗？他的后代衰微，终致国家灭亡，未必不是由此而起的。

白话三国志卷四十八　吴书三

三嗣主传第三

孙亮字子明,是孙权的小儿子。孙权年事已高,而孙亮年纪最小,因而孙权对他尤为关心。孙亮的姐姐全公主曾经诬陷过太子孙和跟太子的母亲,心中一直不安,因而想依赖孙权对孙亮的喜爱,预先巴结孙亮,她多次称赞全尚的女儿,劝孙权给孙亮娶为妃子。赤乌十三年,太子孙和被废,孙权于是策立孙亮为太子,以全氏为太子妃。

太元元年夏天,孙亮的母亲潘氏被册立为皇后。冬天,孙权重病卧床,征召大将军诸葛恪为太子太傅,会稽太守滕胤为太常,一起受诏辅佐太子。第二年四月,孙权去世,太子孙亮即帝位,大赦天下,更改年号。这一年,是魏国的嘉平四年。

建兴元年闰月,任命诸葛恪为皇帝的太傅,滕胤为卫将军兼尚书事,上大将军吕岱为大司马,在任的文武官员都一律晋升爵位颁赐奖赏,闲散官员也都提升等级。冬十月,太傅诸葛恪率兵堵截巢湖水,修筑东兴城,派将军全端守卫西城,都尉留略守卫东城。十二月初一,大风雷电,魏国派将军诸葛诞、胡遵等人率步、骑兵七万人围攻东兴,将军王昶攻打南郡,毌丘俭进军武昌。十日,诸葛恪派重兵迎击敌军。十四日,大军到达东兴,交战,大破魏军,斩杀了魏将韩综、桓嘉等人。这一月,雷雨大作,武昌端门因雷电起火;改建端门,雷火又殃及内殿。

建兴二年春正月初二,册立皇后全氏,大赦天下。六日,魏将王昶等人都撤兵退回。二月,吴国大军自东兴撤回,孙亮大行封赏。

三月，诸葛恪率军讨伐魏国。夏四月，围攻新城，遭遇严重瘟疫，士兵死亡过半。秋八月，诸葛恪领兵返回。冬十月，孙亮大摆筵宴。武卫将军孙峻在殿堂埋伏士兵杀死诸葛恪。宣布大赦。任用孙峻为丞相，封富春侯。十一月，有五只大鸟在春申出现，第二年改年号为五凤。

五凤元年夏，发大水。秋天，吴侯孙英计划诛杀孙峻，图谋被察觉，孙英自杀。冬十一月，流星直射斗宿和牛宿。

五凤二年春正月，魏国镇东大将军毌丘俭、前将军文钦率淮南大军向西挺进，与前来迎击的吴军在乐嘉交战。闰月九日，孙峻与骠骑将军吕据、左将军留赞率兵袭击寿春，军队到达东兴，就听说文钦等人已经战败。十九日，军队进驻橐皋，文钦来向孙峻投降，淮南所剩的几万兵士来投奔。魏将诸葛诞进驻寿春，孙峻领兵退回。二月，与魏国将军曹珍在高亭遭遇，双方交战，曹珍战败。留赞在菰陂被诸葛诞的别将蒋班打败，留赞及将军孙楞、蒋修等人全部遇害。三月，派镇南将军朱异袭击安丰，未能取胜。秋七月，将军孙仪、孙怡、林恂等人谋划杀死孙峻，事情败露后，孙仪自杀，林恂等人被处死。阳羡县离里山巨石自行直立。派卫尉冯朝修筑广陵城，任命将军吴穰为广陵太守，留略为东海太守。这一年大旱。十二月，修建太庙。派冯朝为监军使者，都督徐州诸军事，百姓饥荒，士兵怨恨叛逃。

太平元年春二月初一，建业发生火灾。孙峻采用征北大将军文钦的计谋，准备征讨魏国。八月，先派文钦及骠骑将军吕据、车骑将军刘纂、镇南将军朱异、前将军唐咨率领军队从江都进入淮河、泗水一带。九月十四日，孙峻病死，孙亮任命孙峻的堂弟偏将军孙綝为侍中、武卫将军，兼管内外诸军事务，召吕据等各路人马返回。吕据听说由孙綝接替孙峻，十分愤怒。十六日，大司马吕岱去世。十九日，太白星犯南斗星座。吕据、文钦、唐咨等上表荐举卫将军滕胤为丞相，孙綝没有听从。三十日，改任滕胤为大司马，接替吕岱驻守武昌。吕据领兵返回，准备讨伐孙綝。孙綝派使者持皇帝诏命告谕文钦、唐咨等人，让他们攻取吕据。冬十月四日，孙綝派孙宪、丁奉、施宽等人率领水军在江都迎击吕据，派将军刘丞指挥步兵和骑兵进攻滕胤。滕胤兵败被诛杀。六日，孙亮大赦天下，更改年号。八日，在新州抓获吕据。十一月，任命孙綝为大将军、假以符节，封永宁侯。孙宪与将军王惇谋划诛杀孙綝，事情败露，孙綝杀了王惇，又逼迫孙宪自杀。十二月，派五官中郎将刁玄向蜀国通报吴国发生的内乱。

太平二年春二月十三日，暴雨，雷电交加。十四日，下大雪，天气十分寒冷。以长沙郡东部为湘东郡，西部为衡阳郡，会稽郡东部为临海郡，豫章郡东部为临川郡。夏四月，孙亮来到正殿，宣布大赦，开始亲自处理朝政大事。孙綝上表奏报的事情，多被孙亮诘难责问。孙亮又从士兵子弟中挑选了三千余名年龄在十八岁以下十五岁以上的年轻人，选大将子弟年轻有勇力的做他们的将帅。孙亮说："我组建这支军队，是要与它一起成长。"每天在皇家园林里操练。

五月，魏国征东大将军诸葛诞凭借淮南的军队自保于寿春城，派遣将军朱成来向吴国上疏称臣，又派儿子诸葛靓、长史吴纲和各位武将子弟到吴国做人质。六月，孙亮派文钦、唐咨、全端等人率步、骑兵三万援救诸葛诞。朱异从虎林领兵袭击夏口，夏口都督孙壹投奔魏国。秋七月，孙綝率兵解救寿春，驻扎在镬里，朱异从夏口到来，孙綝任命他为前部都督，与丁奉等人率领精兵五万给寿春解围。八月，会稽郡南部发生叛乱，杀死了都尉。鄱阳、新都的百姓作乱，廷尉丁密、步兵校尉郑胄、将军钟离牧领兵征讨。朱异因兵士缺乏粮食引兵撤退，孙綝大怒。九月初一，在镬里杀了朱异。三日，孙綝从镬里回到建业。十六日，孙亮大赦天下。十一月，全绪的儿子全祎、全仪带着母亲投奔魏国。十二月，全端和全怿等人反出寿春城投奔司马昭。

太平二年春正月，诸葛诞杀文钦。三月，司马昭攻克寿春，诸葛诞及其左右随从战死，将军长官以下人员全部投降。秋七月，孙亮封原来的齐王孙奋为章安侯。诏令各州郡砍伐修建宫殿的木材。自八月以来天空阴沉无雨达四十余日。孙亮因为孙綝专权放纵，与太常全尚、将军刘丞策划诛杀孙綝。九月二十六日，孙綝带兵抓获全尚，派弟弟孙恩在苍龙门外攻杀刘丞，召集大臣在宫门会齐，废黜孙亮为会稽王，当时孙亮十六岁。

孙休字子烈，是孙权的第六个儿子。十三岁时，跟随中书郎射兹、郎中盛冲学习，太元二年正月，封为琅邪王，居住在虎林。四月，孙权去世，孙休的弟弟孙亮继承皇位，诸葛恪主持政事，不愿让诸王居住在沿江军事要地，把孙休迁往丹杨郡。丹杨太守李衡多次借故触犯孙休，孙休上书请求迁往其他郡，孙亮下诏让他迁往会稽郡。过了几年，孙休梦见自己乘龙上天，回头看不见龙尾，醒来后觉得非常奇怪。孙亮被废黜，二十七日，孙綝派宗正孙楷与中书郎董朝来迎接孙休。孙休听到这个消息，起先有所疑虑，孙楷与董朝具体陈述了孙綝等人所以要奉迎孙休的本意，停留一天两夜，才出发上路。十月十七日，走到曲阿，有一位老人拦住孙休叩头说："事情拖久了就将生变，帝位是众人所仰慕的，希望陛下尽快赶路。"孙休认为老人说得对，这一天就赶到了布塞亭。武卫将军孙恩代理丞相事务，领着文武百官带着天子车驾在永昌亭迎接孙休，修筑行宫，用军用帷帐盖成临时殿堂，设置御座。十八日，孙休到达，望见殿堂就停住了，让孙楷先去见孙恩。孙楷返回后，孙休乘坐天子车驾前行，群臣再拜称臣。孙休登上便殿，谦逊地没有去坐御座，只停在东厢。户曹尚书向前走近台阶宣读赞辞奏请，丞相捧着天子印信。孙休三次推让，群臣三次请求。孙休说："将相诸侯全都推举我，我怎敢不接受天子印信！"群臣按等级秩序给孙休导引车驾，孙休乘上帝辇，百官陪位，孙綝率领一千兵士到近郊迎接，在道路旁边下拜，孙休下车答拜。当天，孙休来到正殿即位，宣布大赦，更改年号。这一年，在魏国是甘露三年。

永安元年冬十月二十一日，孙休下诏说："大凡褒扬有德赏赐有功，是古今通行的大义。特此任命大将军孙綝为丞相、荆州牧，为他增加五个县的食邑。武卫将军孙恩为御史大夫、卫将军、中军督，封为县侯。威远将军孙据为右将军、县侯。偏将军孙干为杂号将军、亭侯。长水校尉张布辛勤辅佐，任命张布为辅义将军，封永康侯。

董朝亲自奉迎我即位,封为乡侯。"又下诏说:"丹杨太守李衡,因往事与我结下的怨仇,自行拘押到有关部门。古人有射钩斩祛的做法,在哪位君王手下就当为其效力,遣送李衡返回本郡,不要使他有自疑之心。"二十八日,封孙皓为乌程侯,孙皓的弟弟孙德为钱唐侯,孙谦为永安侯。

十一月三日,大风翻来覆去,浓雾几天不散。孙綝一门五个侯爵都掌管着皇帝的禁卫部队,权力直逼君王,他有所陈述,孙休都只是恭敬对待而不敢违背,于是孙綝更加放纵。孙休担心孙綝变乱,于是屡屡给予赏赐。五日,下诏说:"大将军忠诚发自内心,首先提出重大的谋略以安定社稷,朝廷内外文武百官,无不赞成他的提议,全都有功。过去霍光决定朝廷大政,百官同心,也没有超过如今这种盛况的。立即查实前些时参与议定拥立皇帝并禀告祖宗的人员,按照惯例应加爵位的,都尽快办理。"七日,又下诏说:"大将军执掌内外诸军事,事务繁多,特加授卫将军、御史大夫孙恩为侍中,与大将军分担管理各种事务的重任。"二十一日,又下诏说:"各低级官员家中,有全家五人中就有三人在为官家效力的情况,父兄在都城,子弟在郡县做小官,既要按规定交纳税米,军队出征又得随行,以至于家中事务无人处理,我很同情他们。那些一家五人有三人在为官家效力的,任凭那家父亲兄长决定由谁留下,留一人在家,免除他应交的税米,军队出征也不必跟去。"又下令说:"诸将领官吏在永昌亭迎接陪位者都加官一级。"不久,孙休听说孙綝有叛逆图谋,就暗中与张布商议对策。十二月八日举行腊祭,百官朝贺,公卿大臣上殿,孙休下令武士捆绑孙綝,当天依法处死。九日,下诏让左将军张布讨伐奸臣,加授张布为中军督,封张布的弟弟张惇为都亭侯,给予士兵三百人,张惇的弟弟张恂为校尉。

孙休下诏说:"古代建国,教育优先,目的是疏导世俗修养性情,为时代培养人才。自建兴年间以来,时事多有变故,人们颇为眼前利益奔走驱驰,舍本逐末,不遵循古代之道。大凡崇尚的东西不淳厚,就会伤风败俗。特命按照古制来设立学馆,立五经博士,考核选取那些接受铨选的人才,给予他们优宠俸禄,从现职官吏之中以及将领官员的子弟中挑选志向品行俱佳者,让他们从师就学。一年考试一次,分出他们的品第,给予相当的职位和赏赐。让见到他们的人为他们的荣耀而高兴,听到他们的人羡慕他们的声誉。以使仁爱敦厚化生万物,风俗美好于时兴盛。"

永安二年春正月,电闪雷鸣。三月,完备了九卿官制,孙休下诏说:"我凭着寡薄的德行,位居于王公之上,日夜战战兢兢,废寝忘食。现在想要停息武备,采取措施加强文治,以推崇深广的教化。推崇教化的方法,应当从人民的供给着手,必须致力于加强农桑。《管子》上说:'仓库充实,百姓就懂得礼节;衣食充足,百姓就知道荣辱。'如果一个男子不耕种,就有人要忍饥挨饿;一个女子不纺织,就有人要经受寒冷;饥寒交迫而百姓不做非法之事的,这种事还从未有过。近几年以来,州郡的官吏百姓以及诸营士兵,大多背离农桑这个根本,都驾船于长江,上上下下做买卖,良田逐渐荒芜,现存的谷物日益减少,要在这种情况下谋求国家安定,又怎么可能呢?也是由于租税过重,农作利薄,才使情况变成这样的吧!现在要广泛推行农业,减轻百姓的赋税,区别劳力的强弱,评定田亩税率,务必能协调均等,让公家和私人各得其所,使家家丰足,足以供养家中老幼,那么百姓就会爱惜自身而重视生命,不再触犯法令,这之后刑罚就可以不用,风俗就可以淳正。凭着群臣百官的忠实贤明,如果尽心于时务,即使太古时代隆盛的教化未能仓促实现,但汉文帝时候的太平景象或许是可以达到的。能够达到则君臣都有光荣,达不到就会遭致损失和凌辱,怎么能够安逸闲适地得过且过呢?诸位公卿尚书,可以共同商议考虑,务必提出利国利民的好办法。农桑的大忙季节到了,不可误了农时。事情决定后立即施行,这才符合我的心意。"

永安三年春三月,西陵上言出现红乌鸦。秋天,采用都尉严密的建议,修浦里塘。会稽郡谣传会稽王孙亮应当要回来做天子,而孙亮的宫人举报孙亮让巫师祈祷,并且还有不满言论。主管官员把这事报告了孙休,孙亮被贬黜为候官侯,遣送他去封国。途中孙亮自杀,护送的人都判罪处死。孙休分出会稽郡南部为建安郡,分宜都郡设置建平郡。

永安四年夏五月,大雨,洪水泛滥。秋八月,孙休派光禄大夫周奕、石伟巡视各地风俗,监察将领官吏的清浊及为百姓所厌恨的行径,下达进升和贬退官员的诏书。九月,布山上言出现白龙。这一年,安吴的百姓陈焦死,已经安葬,六天后死而复生,自己破土而出。

永安五年春二月,白虎门北楼火灾。秋七月,始新上言出现黄龙。八月三十日,大雨,电闪雷鸣,洪水泛滥。十六日,册立皇后朱氏。十九日,册立儿子孙𩅦为太子,大赦天下。冬十月,任命卫将军濮阳兴为丞相,廷尉丁密、光禄勋孟宗为左右御史大夫。孙休因为丞相濮阳兴及左将军张布过去对自己有恩,所以委以重任,张布掌管宫廷安全,濮阳兴参掌军国大事。孙休锐意吸取古代典籍的营养,有心读尽百家之言,此外喜欢射野鸡,春夏之间经常早出晚归,他也只在这个时候才会放下书本。孙休想与博士祭酒韦曜、博士盛冲讨论各种学问和技能。韦曜、盛冲向来恳切率直,张布担心他们入侍会揭发自己的阴私和过失,让自己不能专权,就胡编乱造些荒唐的道理以阻止孙休与他们亲近。孙休回答他说:"我涉猎学问,大抵各种书籍都看过一遍了,所见道理不少;那些明君昏主,奸臣贼子,古今贤愚成败之事,没有不认真浏览的。现在韦曜等人入宫,我只是想跟他们商讨书里的道理罢了,并不是为了跟他们重新学习。而且即使是跟他们重新学习了,又有什么损失?你不过担心韦曜等人可能说出臣下奸邪作乱的事,因此才不想让他们入宫。而类似事情,我自己早有准备,不需韦曜等人告知然后才了解。这些都没有什么损害,你的心里只是有所顾忌罢了。"张布接诏读过后向孙休表示歉意,再次陈述,说担心孙休读书会妨碍专心政事。孙休回答说:"读书的事情,只怕人们不爱好,爱好读书是没有坏处的。与韦曜等人讲论没有什么不对,而你认为不应该,因此上次诏令中我就谈到了这件事。政务跟学业,它们的性质各有不同,不会互相妨碍。没有想到你如今居官任事,就对我做这样的事,实在是很不可取。"张布奉上奏章磕头请罪,孙休回答说:"只不过是为了开导你罢了,何至于磕头呢!像你这样忠诚,远近都知道,以往我都十分为之感动;

你今日之所以这么显赫，都是你自己的功劳。《诗经》中说：'人们无不有好的开始，却很少有能够好到最后的。'善终实在是很难的，希望你能善终。"当初孙休为琅邪王时，张布是他身边的将领，向来被孙休信任爱惜；到了孙休登极，对他优宠厚待，张布于是专擅国家大权，做了许多无礼的事，自己疑虑自己的缺点和短处，害怕韦曜、盛冲说出来，所以特别嫌忌。孙休虽然明白张布的心思，对此心中不悦，但更担心张布怀疑畏惧而生变故，最终还是依从了张布的意思，停止了讲论学问的事情，不再让盛冲等人入宫。这一年孙休派察战（吴国官名）到交阯征调孔雀和大猪。

永安六年夏四月，泉陵上言黄龙出现。五月，交阯郡的官吏吕兴等人反叛，杀了太守孙谞。孙谞起初征调郡里的手工匠人一千多名送往建业，而察战又到，百姓们担心再被征调，所以吕兴等人借此煽动士兵和百姓，招抚和诱使各夷族部落一起造反。冬十月，蜀国将魏国前来征讨的大事告知吴国。二十一日，建业的石头小城失火，烧去西南部一百八十丈内的建筑。二十二日，孙休派大将军丁奉督率各路军队向魏国的寿春进军，将军留平另外到南郡去见施绩，商议军队的进攻方向，将军丁封、孙异到沔中，都负责援救蜀国。蜀国后主刘禅投降魏国的消息传到，援救行动然后作罢。吕兴杀掉孙谞后，派使者到魏国，请求担任太守及领兵。丞相濮阳兴建议取屯田的一万人作为军队。从武陵郡分出天门郡。

永安七年春正月，宣布大赦。二月，镇军将军陆抗、抚军将军步协、征西将军留平、建平太守盛曼，率军围攻蜀地的巴东守将罗宪。夏四月，魏国将领新附督王稚从海路到句章，掠取官吏、资财以及男女百姓二百多人。将军孙越截回一船，得到三十多人。秋七月，海盗攻破海盐，杀死司盐校尉骆秀。孙休派中书郎刘川发兵庐陵。豫章百姓张节等人作乱，人数多达万余。魏国派将军胡烈领步、骑兵二万侵犯西陵，以援救罗宪，陆抗等人带领军队撤退。孙休又分出交州的一部分设立广州。二十四日，大赦天下。二十五日，孙休去世，时年三十岁，谥号为景皇帝。

孙晧字元宗,是孙权的孙子,孙和的儿子,又名彭祖,字晧宗。孙休登基时,封孙晧为乌程侯,遣送到封地。西湖人景养看过孙晧的骨相后说他将要大贵,孙晧心里暗喜而不敢有所泄露。孙休去世,那时蜀国刚刚灭亡,而交阯郡又发生叛乱,国内震惊,人们十分希望能由比较年长的人来掌控国家局势。左典军万彧原来担任过乌程县令,与孙晧关系不错,他称许孙晧"才能识见清明果断,可以跟长沙桓王孙策相比;再加上好学,能遵守法度"。为此他多次向丞相濮阳兴、左将军张布称赞孙晧。濮阳兴和张布劝说孙休的妃子太后朱氏,想让孙晧来继承帝位。朱氏说:"我只是个孤寡妇人,哪里知道考虑国家的大事,只要吴国不亡,宗庙能有依靠,就可以了。"于是就迎来孙晧立为皇帝,当时孙晧二十二岁。更改年号,大赦天下。这一年,在魏国是咸熙元年。

元兴元年八月,以上大将军施绩、大将军丁奉为左、右大司马,张布为骠骑将军,加官侍中,所有官员都增位加赏,完全遵循旧例。九月,孙晧贬太后为景皇后,追谥父亲孙和为文皇帝,尊奉母亲何氏为太后。十月,封孙休的太子孙𩅦为豫章王,二儿子为汝南王,三儿子为梁王,四儿子为陈王,立皇后滕氏。孙晧得志后,粗暴骄横,多忌讳,好酒色,大小官员都感到失望。濮阳兴、张布心里暗自后悔。有人把这事告诉了孙晧,十一月,孙晧诛杀濮阳兴和张布。十二月,安葬孙休于定陵。孙晧封皇后的父亲滕牧为高密侯,舅舅何洪等三人都封为列侯。这一年,魏国任命的交阯太守到任。晋文王司马昭当时任魏国的相国,他派以前吴国寿春城的降将徐绍、孙彧带着使命书信,陈述形势的利弊,来反复开导孙晧。

甘露元年三月,孙晧派使者随徐绍、孙彧去魏国并给晋文王回信说:"知道您以高超卓绝的才能,身当宰辅重任,建熏染引导之功,勤心勤力达到极点。我凭不高明的德行,顺次承继帝位,想与有德行才能的人共同拯救社会,但是由于种种阻隔而没有相见之缘,您的美意昭著,令人思慕无限。现派光禄大夫纪陟、五官中郎将弘璆来公开表明我的至诚心意。"徐绍走到濡须,孙晧又把他召回来杀了,把他的家属迁徙到建安,起因是有人告发徐绍称赞了中原的缘故。夏四月,蒋陵上言甘露下降,于是改年号,大赦天下。秋七月,孙皓逼杀景皇后朱氏,她没有死在正殿,丧事也只是在宫廷园林的小屋中办理,大家都知道景皇后的死因不是因为疾病,无不悲痛哀切。孙皓又送孙休的四个儿子到吴郡的小城,不久又追杀了两个大的。九月,孙皓听从西陵都督步阐的表奏,迁都到武昌,御史大夫丁固、右将军诸葛靓镇守建业。纪陟、弘璆到达洛阳,适逢晋文王司马昭去世,十一月,才让他们返回吴国。孙皓到了武昌,又宣布大赦。以零陵郡的南部为始安郡,桂阳郡的南部为始兴郡。十二月,司马氏受禅称帝建立西晋王朝。

宝鼎元年正月,孙皓派大鸿胪张俨、五官中郎将丁忠吊唁晋文王司马昭。等到回国时,张俨在途中病死。丁忠对孙皓说:"北方防守与进攻的器具不完备,弋阳可以通过袭击而获取。"孙皓询问群臣,镇西大将军陆凯说:"军队是不得已才用的,况且三国鼎立以来,彼此之间你来我往攻守不定,没有一年得到过安宁。如今强敌刚刚吞并巴蜀,有兼并土地而带来的实力增长,而对方派使者前来求和,打算停息战事,不应该把对方的这种行为视为对我方的求援。当前敌人的势力正在强大状态,而我们却想侥幸求胜,我不明白这样做的好处何在。"车骑将军刘纂说:"天生勇、智、仁、信、忠五种德性,谁能离开军戎兵革之事?彼此欺诈相互争胜,历来如此。如果对方存在失误,怎么能够放弃机会呢?应该派出间谍,去观察对方的情况。"孙皓心里认同刘纂的意见,同时考虑到蜀国新近被灭的现实,因此而没有行动,然而从此也就断绝了跟晋国的关系。八月,武昌宣称找到大鼎,孙皓于是更改年号,大赦天下。任命陆凯为左丞相,常侍万彧为右丞相。冬十月,永安山贼施但等大小头目聚众数千人,劫持孙皓的庶弟永安侯孙谦离开乌程,又取走孙和陵上的乐器和曲柄伞盖。等到达建业时,人数已达到一万多人。丁固、诸葛靓在牛屯迎击他们,双方大战,施但等战败逃走。救出孙谦,孙谦自杀。孙皓从会稽郡中分出一部分设置东阳郡,从吴郡、丹杨郡中分出吴兴郡,以零陵郡北部为邵陵郡。十二月,孙皓重新以建业为国都,卫将军滕牧留镇武昌。

宝鼎二年春,大赦天下。右丞相万彧到上游镇守巴丘。夏六月,修建显明宫,冬十二月,孙晧移居显明宫。这一年,从豫章、庐陵、长沙三郡分出安成郡。

宝鼎三年春二月,以左右御史大夫丁固、孟仁分别担任司徒和司空。秋九月,孙晧出兵东关,丁奉进军合肥。这一年,派交州刺史刘俊、前部督脩则等人袭击交阯,被晋将毛炅等击溃,刘俊、脩则等都战死,兵士溃散回到合浦。

建衡元年春正月,孙晧册立儿子孙瑾为太子,又封了淮阳王和东平王。冬十月,改年号,大赦。十一月,左丞相陆凯去世。孙晧派监军虞汜、威南将军薛珝、苍梧太守陶璜由荆州出发,监军李勖、督军徐存从建安海路出发,都到合浦会师攻打交阯。

建衡二年春,万彧回到建业。李勖因建安海路不畅通,杀了作向导的将领冯斐,领兵返回。三月,因雷火之灾烧掉了一万多户人家,死的人有七百。夏四月,左大司马施绩去世。殿中列将何定说:"少府李勖枉杀冯斐,擅自撤军返回。"李勖以及徐存的家属都被处死。秋九月,何定领兵五千逆水而上到夏口打猎。都督孙秀投奔晋国。这一年大赦天下。

建衡三年春正月的最后一天,孙晧领着大批人员出宫去华里,孙晧的母亲及后宫姬妾都同行,东观令华覈等人据理力劝,这才返回。这一年,虞汜、陶璜攻破交阯,抓获并斩杀了晋国任命的守将,九真、日南都收回到吴国版图。孙晧大赦天下,从交阯郡中分出新昌郡。诸将攻破扶严,设置武平郡。以武昌都督范慎为太尉。右大司马丁奉、司空孟仁去世。西苑上言有凤凰汇集,为此更改明年年号。

凤皇元年秋八月,征召西陵都督步阐。步阐不理,守住城池投降了晋国。孙晧派乐乡都督陆抗围攻步阐,步阐的人马全部投降。步阐及其同谋数十人都被诛灭三族。大赦天下。这一年右丞相万彧遭到孙晧谴责后忧郁而死,其子弟被迁徙到庐陵。何定奸邪卑污的罪行被揭发,处以死刑。孙晧认为何定的恶行很像张布,追改何定的名字为何布。

凤皇二年春三月，孙皓以陆抗为大司马。司徒丁固去世。秋九月，改封淮阳王为鲁王、东平王为齐王，又封陈留、章陵等九王，共十一位王，王各授给兵士三千。宣布大赦。孙皓的爱妾不时派人到集市上抢夺百姓财物，司市中郎将陈声，平时是孙皓宠幸的臣子，他仗着孙皓的恩宠，对抢夺的人绳之以法。妾以此向孙皓告状，孙皓大怒，借其他事由烧红锯子割断陈声的头，把他的尸体丢在四望山下。这一年，太尉范慎去世。

凤皇三年，会稽郡谣传章安侯孙奋将要成为天子。临海太守奚熙给会稽太守郭诞写信，批评国政。郭诞只报告了奚熙的信，不报告谣言，被押送到建安造船。孙皓派三郡都督何植捉拿奚熙，奚熙发兵自卫，截断海路。奚熙的部下杀死奚熙，并把他的首级送到建业，孙皓诛灭了奚熙三族。秋七月，派使者二十五人分别到各州郡，纠察叛逃人员。大司马陆抗去世。自更改年号到这年，连年瘟疫盛行。分郁林郡为桂林郡。

天册元年，吴郡宣称从地下挖到一块银子，长一尺，宽三分，上刻有年月等字，于是大赦天下，更改年号。

天玺元年，吴郡上言临平湖自汉末以来被杂草堵塞，现在又自行开通了。老年人传说：这座湖一堵塞，天下就大乱，一开通，天下就太平。又在湖边得到一个石匣，里面有一块小的石头，色呈青白，长四寸，宽二寸多，上刻有皇帝字样，于是更改年号，大赦天下。会稽太守车浚、湘东太守张咏不上交工商税，就地斩首，并把首级送往各郡巡回示众。秋八月，京下都督孙楷向晋国投降，鄱阳郡传说历阳的山石纹理组成了文字，共有二十个字，即"楚，九州渚；吴，九州都；扬州士，作天子；四世治，太平始"。又吴兴郡阳羡县山上有一块空心石，长十多丈，名叫石室，当地官员上表认为是大祥瑞。孙皓于是派兼司徒董朝、兼太常周处到阳羡县，把那座山封为国山。明年更改年号，大赦天下，以便协和石头上的文字。

天纪元年夏，夏口都督孙慎出兵江夏、汝南，烧毁民居，掳掠百姓。当初，孙皓车夫的儿子张俶多次诬陷别人，屡次升迁到司直中郎将，封侯，深受孙皓宠爱，这一年，他的奸邪罪行被揭发，依法处死。

天纪二年秋七月,孙晧册立成纪、宣威等十一位王,王各授兵三千,大赦天下。

三年夏天,郭马造反。郭马原是合浦太守脩允的亲兵首领。脩允转任桂林太守,因生病而暂住广州,先派郭马领五百兵士到桂林郡安抚各夷族。脩允死后,所属亲兵应当分派合浦、桂林,郭马等人都是几代旧军人,不愿分离。孙晧此时又核查落实广州民户人口,郭马与亲兵将领何典、王族、吴述、殷兴等人恐吓煽动士兵和百姓,把人聚合起来,攻杀广州都督虞授。郭马自称都督交阯、广州二州诸军事、安南将军,殷兴为广州刺史,吴述为南海太守。何典进攻苍梧,王族进攻始兴。八月,孙晧任命军师张悌为丞相,牛渚都督何植为司徒。执金吾滕循为司空,还未正式授任,就转任镇南将军,假以符节兼任广州牧,率领一万军队从东路去讨伐郭马,在始兴与王族遭遇,军队无法前进。郭马攻杀南海太守刘略,驱逐广州刺史徐旗。孙晧又派徐陵都督陶濬率领七千人从西路前往,命交州牧陶璜整编属下人马及合浦、郁林等郡军队,与东西两路军队一起进攻郭马。

有鬼目菜生在工匠黄耉家,它依附攀缘枣树,长一丈多,茎宽四寸,叶厚三分。又有买菜生在工匠吴平家,高四尺,叶厚三分,像枇杷形状,顶宽一尺八寸,下面的茎半径五寸,两边生绿叶。东观的官员查考植物图名,把鬼目菜称作芝草,买菜称作平虑草,孙晧于是以黄耉为侍芝郎,吴平为平虑郎,都授与银印及青色绶带。

冬天,晋国命镇东大将军司马伷向涂中进军,安东将军王浑、扬州刺史周浚向牛渚进军,建威将军王戎向武昌进军,平南将军胡奋向夏口进军,镇南将军杜预向江陵进军,龙骧将军王濬、广武将军唐彬率水军沿长江东下,太尉贾充为大都督,考量宜适,权衡机要,极尽军事力量的优势分配。陶濬到达武昌,听到北方大举出兵,便就地驻扎不再前进。

当初,孙晧每次宴会群臣,都会强令群臣喝得烂醉。为此设置黄门郎十人,特地不给他们酒喝,让他们整天站立侍候,作为纠察群臣过失的官员。宴会结束后,让每人都陈述朝臣们的过失,包括眼神不善，醉语妄言等等，无不一一列举。大的过失立即施加严刑，小过也往往给予惩处。后宫已有数千佳丽，然而孙皓仍要不断地选美。又把湍急的流水引入后宫，遇有不合意的宫女，随即处死抛进水渠让水冲走。或者剥去活人的面皮，或挖去活人的眼睛。岑昏凭借阴险谄媚的功夫而得到宠幸，谋取到了九卿尊位，他喜欢大兴土木广征劳役，众人深受其苦。因此上下离心，没有人肯为孙皓尽力，这是因为积恶已到极点，人民已不能再忍受驱使的缘故。

天纪四年春，孙皓又册立中山王、代王等十一位诸侯王，大赦天下。王濬、唐彬所到之处，吴军都土崩瓦解，没有谁能抵挡晋军的进攻。杜预又斩杀江陵都督伍延，王浑再斩丞相张悌、丹杨太守沈莹等人，所到之处，每战必克。

三月九日，宫中数百亲近人员向孙皓磕头请求诛杀岑昏，孙皓惊慌昏聩地允许了。十一日，陶濬从武昌返回，孙皓立即接见，问水军情况，陶濬回答说："蜀地所造都是小船，现在如能得到二万士兵，乘大船作战，自然足以击溃敌军。"于是集合军队，授予陶濬符节和斧钺。第二天就将出发，当夜士兵们却全部逃走了。此时王濬顺流而下即将到达，司马伷、王浑也都已接近吴境。孙皓采用光禄勋薛莹、中书令胡冲等人的建议，分派使者给王濬、司马伷、王浑送去降书信说："过去汉室失去了皇统，九州分裂，我的先辈顺应天时，夺得江南，于是分隔山川，与魏国背离。现在大晋龙飞九天而王业兴盛，恩德覆盖四海。我昏聩糊涂，苟且偷安，不知天命。到了现在，烦劳大晋六军，旌旗漫野车马满路，远涉万里来到这江中小洲，举国因此震惊惶恐，苟延残喘而已时刻不多。我斗胆仰仗天朝包容宏博的广大胸怀，谨派私署太常张夔等送上我所佩戴的玉绶带，就此臣服并请求指示，诚望相信并采纳，以便拯救百姓。"

十五日，王濬最先到达，于是接受了孙皓的投降，给他解去缚着的绳子，烧掉他随带的棺材，邀请相见。司马伷因为孙皓把印玺和绶带交给了自己，就派人护送孙皓。孙皓全家西迁，于太康元年五月一日到达京城。四月二十八日，皇帝司马炎下诏说："孙皓窘迫无计自动投降，上次诏书曾承诺让他不死，如今孙皓很快就要到来，我

心里还是怜悯他，特此赐给他归命侯的封号。给予衣服车辆，田三十顷，每年给谷米五千斛，钱五十万，绢五百匹，丝绵五百斤。"孙皓的太子孙瑾被任命为中郎，各个儿子曾被封王的，都任命为郎中。太康五年，孙皓死于洛阳。

  评：孙亮年幼而没有贤明的宰辅，他的帝位被中途废替，这是必然的事情。孙休因为过去的友爱和恩惠，任用濮阳兴和张布，没能选拔进用良才，及时改弦易辙，虽然有志于善道并喜好学问，可是对于救治乱世又有什么实际的益处呢？又让已被废黜的孙亮不得善终，兄弟之间的情义太过淡薄了。孙皓滥施刑罚，被他处死、流放、贬黜的人，恐怕不可胜数。所以群臣人人恐惧，全都天天心存侥幸，朝不保夕。而他还炫惑于巫祝之术，竟相招来所谓祥瑞，把这些东西看作当务之急。过去舜和禹亲自耕作，已经到达道德智能的化境了，仍然要跟众臣折箭起誓说，'我有过失你要匡正'，有时听到正直的劝谏便会拜谢，常常觉得自己还有没能做到的地方。何况孙皓凶狠愚顽，肆行残暴，忠心劝谏的人遭到诛杀，谗言阿谀者飞黄腾达，虐待民众，荒淫无度而穷奢极欲，真应该让他身首分离，从而告慰江南百姓。既然让他承受了不死的诏命，还额外给予归命侯的优待，这难道不是浩荡无边而过于宽厚的恩泽了吗！

白话三国志卷四十九　吴书四

刘繇太史慈士燮传第四

刘繇字正礼,东莱郡牟平县人。齐孝王的小儿子被封为牟平侯,他的子孙都定居在那里。刘繇的伯父刘宠,是汉朝的太尉。刘繇的哥哥刘岱,字公山,历任侍中、兖州刺史。

刘繇十九岁时,叔父刘韪被强盗劫去做人质,刘繇用计把他抢夺回来,因此显名。他被推举为孝廉,任用为郎中,授职下邑县长。当时郡守把贵戚托付他特别关照,刘繇便弃官而去。州里征召他为济南部丞,济南相是中常侍的儿子,贪污狼藉不循法度,刘繇上表免去了他的官。平原人陶丘洪推举刘繇,想要让州里举荐他为茂才。刺史说:"前年才推举他哥哥公山,为何又要推举正礼呢?"陶丘洪说:"如果贤使君您先用了公山,然后又提拔正礼,这就叫驾驭双龙而奔行长途,骑乘骏马而驰骋千里,不也是很可以的吗!"正好朝廷征召他为司空掾,又任命他为侍御史,刘繇都不肯就任。他到淮浦避乱,皇帝下诏任命他为扬州刺史。当时袁术在淮南,刘繇对袁术心怀畏惧,不敢去扬州上任。他准备南渡长江,吴景、孙贲把他迎接到曲阿安置。袁术图谋僭越称帝,攻陷了多个郡县。刘繇派遣樊能、张英驻扎在长江边以抵御袁术,因为吴景、孙贲是袁术所任命的官员,刘繇就逼迫驱逐他们离去。于是袁术就自己任命扬州刺史,与吴景、孙贲等人合力攻打张英、樊能等,打了一年多没能攻克。汉廷又下诏给刘繇加官为扬州牧、振武将军,领兵几万人。孙策东渡长江,攻破了张英、樊能等人。刘繇逃往丹徒,于是逆江而上自保豫章,屯兵彭泽。笮融先到豫章,杀了太守朱皓,占据豫章郡。刘繇进军讨伐笮融,被笮融击溃,稍后刘繇又再召集所属各县的人马,击垮了笮融。笮融逃进山中,被百姓所杀。刘繇不久病死,时年四十二岁。

笮融,丹杨郡人,当初聚集了几百人的队伍,去依附徐州牧陶谦。陶谦让他督管广陵、下邳、彭城等地的漕运,他便放纵横行,擅自杀戮,坐地垄断,截取三郡的运输物资由自己享受。于是他大肆修建佛寺,用铜作佛像,上涂黄金,给佛像穿上锦绣衣裳,垂挂九层铜盘,下面修建了重楼复道,可容纳三千多人,全部让他们诵读佛经,让郡内以及邻郡喜好佛教的人都来听经受道,免除他们的其他徭役来加以招引,这样远近前后到来的达到五千多家。每到浴佛节,就准备许多酒饭,在路边摆上酒席,绵延几十里,百姓来观看和就食的将近万人,费用支出数以亿万计。曹操攻打陶谦时,徐州一带发生骚动,笮融率领男女一万人、马三千匹,逃到广陵,广陵太守赵昱用招待宾客的礼节来接待他。在这以前,彭城相薛礼受到陶谦逼迫,驻扎在秣陵。笮融贪图广陵郡的兵马,乘酒酣之际杀了赵昱,放纵士兵大肆抢掠,满载而去。经过秣陵时杀了薛礼,然后再杀了朱皓。

后来孙策往西讨伐江夏,回程时经过豫章,将刘繇的尸骨收殓并用车载回,善待刘繇的家属。王朗在给孙策的信上说:"刘繇过去刚来扬州时,上任无门几乎没处容身,实在是全赖您家的支持帮助,他才能渡过长江建立州治,获得较稳定的安身之处。能容许他进入您所控制地区的礼遇,他曾心怀感激时刻铭记,决心自始至终保持对您的情谊。后来由于对袁术的怨恨,关系才渐渐变得不很和谐。改变最初的同盟关系,将彼此变为仇敌,追究他的本心,实在不是他乐意如此。等到情形趋于安宁,他常有抛弃前嫌而重修旧好的愿望。可惜自从分离之后,这份诚恳的心意尚未来得及表达,他就突然去世了,实在令人悲伤遗憾!我知道您要以忠厚的美德来激励薄情的风俗,通过恩德来报答怨恨,收殓他的骸骨并抚养他的后人,哀悼亡灵而怜悯生者,抛弃过去的猜疑不快,保护他未成年的孤儿,确实是恩义深切而情分厚重,名声美好而情谊敦厚。从前鲁国人虽然对齐国有仇怨,但仍对齐孝公尽吊唁之礼,《春秋》里称赞了这件事,认为这样做合乎礼仪规则,这确实是好的史官应该加以记载,六乡州党的学校也应该引为教义的事情。刘繇的长子,很有志向和节操,想必有不同于常人的地方。您声威隆盛法度谨严,如果对他施以恩惠,不也是很好吗!"

刘繇的长子刘基,字敬舆,十四岁时,为刘繇服丧便竭尽礼仪,对于父亲以前下属给予的馈赠,他一概不肯收受。刘基仪容美好,很得孙权的喜爱尊重。孙权任骠骑将军,征召他为东曹掾,任命他为辅义校尉、建忠中郎将。孙权被封为吴王,升任刘基为大农令。孙权曾有一次设宴饮酒,骑都尉虞翻酒醉犯不敬之罪,孙权要杀了他,怒火冲天的样子令人胆寒,由于刘基极力劝谏,虞翻得以免死。孙权还有一次为了消除酷暑炎热,曾在船上举行酒宴,在船的楼台上遇上雷雨,孙权用伞遮护自己,又命令遮着刘基,其余的人都得不到这种待遇。刘基受孙权厚待到这种地步。后改任郎中令。孙权称帝后,又改任他为光禄勋,兼职分管尚书事务。四十九岁时刘基去世。后来孙权替儿子孙霸娶了刘基的女儿,赐给宅第一处,一年四季都有恩赐,与全、张家平列。刘基有两个弟弟,即刘铄和刘尚,都任骑都尉。

太史慈字子义,东莱郡黄县人。年少时好学,在郡里任奏曹史。适逢郡府和州府有矛盾,还没有分清谁是谁非,谁先向朝廷报告谁就得利。当时州里的奏章已送走,郡太守担心自己落后,便寻求可以委派送奏章的人。太史慈当时二十一岁,被郡守选中上路,他日夜兼程,抵达洛阳,到了通传上奏文书事宜的公车门外,见到州里的小官正要请求通报。太史慈问道:"您是要通报奏章吗?"小官说:"是的。"太史慈又问:"奏章现在何处?"小官说:"在车上。"太史慈又问:"奏章的签署该不会有什么错误吧?拿来看看。"小官并不知道他是东莱人,就为他拿来了奏章。太史慈已先在怀里藏好了刀,拿过奏章就砍了个稀巴烂。小官急得跳脚大叫:"这人毁坏了我的奏章!"太史慈把他带到车厢,对他说:"假如你不把奏章给我,我也没办法毁坏它,这就是说我们两人的吉凶祸福都是一样的,我不可能一个人承受罪名。还不如默不作声两人一块逃跑了事,落得个逃死就生,胜于让彼此都受到刑法制裁。"小官说:"你替郡里毁坏了我的奏章,已经达到了目的,还要逃跑干什么?"太史慈回答说:"当初受郡里派遣,只是来看奏章送上去了没有。我的处置方式过了头,这才毁了奏章。现在回去,也担心因此而被谴责迁怒,所以想跟你一起逃走算了。"小官认同了太史慈的歪理,当天就与他一起逃走了。太史慈跟他一块出城之后,找个机会又溜回去递上了郡里的奏章。州里得到消息,改派另一个小官去送奏章,主管官员因通达章奏的原则性缘故而不再受理,最终由州牧承受指责。太史慈因此而出名,却被州牧所痛恨。他担心受到祸害,于是就躲避到了辽东。

北海相孔融听说这事后认为太史慈是个奇才,多次派人问候太史慈的母亲,并给予馈赠。当时孔融因为黄巾军烧杀抢掠,出兵驻扎在都昌,被盗首管亥包围。太史慈从辽东回来,母亲对他说:"你跟孔融从未谋面,从你出门之后,他一直送钱送物,对我关怀备至,超出了故交老友,现在他被强盗所包围,你应当赶去帮他。"太史慈在家只呆了三天,就一个人步行来到了都昌。当时城外的封锁线还不很严密,太史慈等到夜里见缝插针,得以进城会见孔融,当下就请求领兵出城杀贼。孔融不听,想等外面的援兵到来,可是一直没能等到援兵,城外的围困却一天比一天严重。孔融想向平原相刘备紧急求援,城里的人无法出去,太史慈主动请求前往平原。孔融说:"现在强盗们的封锁密不透风,大家都说出不去,你的决心虽然很大,可真要出去这难度不是确实太大么?"太史慈说:"过去您那样诚心诚意关照我的母亲,老母亲感激您的恩遇,让我在您有急难的时候帮助您,这是老母本就认为我有可取之处,来了必定对您有些益处。现在大家都说不行,我太史慈也跟着说不行,难道这就是您给予关注的宗旨,或是老母亲让我来的本心吗?事情已经很紧急了,希望您别再犹豫。"孔融这才同意。太史慈于是收拾行装并草草填饱肚子,等到天明,就带上箭袋持弓上马,让两名骑兵跟在身后,各做一个靶子拿在手上,打开城门径直出去。外面包围的人都大为惊骇，步兵、骑兵纷纷出动。太史慈牵着马来到城下的壕沟内，插好随行骑兵所拿的两个箭靶，然后出壕沟射靶，射完后，又径直入城。第二天早晨又像这样，包围的人有的起身观望，有的趴着不动，太史慈又插好靶，射完后又入城去了。第三天早晨又像这样，包围的人再也没人起身，太史慈于是挥鞭策马直向包围圈冲去。等到强盗们醒悟过来，太史慈已冲出封锁线，同时又发箭射死了好几人，都是应弦而倒，所以没人敢去追他。于是赶到平原，劝刘备说："我太史慈，只是东莱的百姓而已，与孔融既非骨肉亲情，也不是同乡关系，纯粹因为彼此志趣相投而相互友好，有分担灾祸共御患难的情义。现在管亥行凶作乱，孔融身陷重围，突围无望而孤立无援，情形已是万分危急。因为您有仁义的名声，能够拯救他人急难，所以孔融热切希望能得到您的救助，才派我冒白刃，突重围，从万死之中将自己托付于您，希望您想办法让他死里逃生。"刘备严肃地回答说："孔融知道这世间还有刘备啊！"立即派精兵三千跟随太史慈前去。强盗们听说救兵已到，便解除包围四散逃走了。孔融得到解救后，越发认为太史慈是个奇才，也就更加看重他，说："您，是我的小友。"事情完毕，太史慈回去告知母亲，母亲说："我真高兴你能报答孔融。"

扬州刺史刘繇跟太史慈是同郡人，太史慈从辽东回来，没有跟他见面，不久渡过长江到曲阿见了刘繇，还没有离去，恰在这时孙策率军到达。有人劝刘繇可以让太史慈做大将军，刘繇说："我如果任用太史慈，许劭不是就要嘲笑我了吗？"只派太史慈去侦察孙策的兵马多寡虚实。当时太史慈只带着一名骑兵仓促间遭遇孙策，而骑马跟着孙策的有十三人，都是韩当、宋谦、黄盖一流的勇将。太史慈便直冲上去交手，正对孙策。孙策刺太史慈的马，夺走了太史慈插在背后的手戟，太史慈也夺得了孙策的头盔。正好此时双方的步、骑兵都赶来了，于是各自罢手散去。

太史慈本应跟刘繇一起逃往豫章，可他却悄悄来到芜湖，逃进山中，自称丹杨太守。这时，孙策已平定了宣城以东地区，只有泾县以西的六个县尚未归附。太史慈当即率兵驻扎泾县，设置屯府，很得山越民众的归附。孙策亲自率兵攻打，太史慈因而被抓获。孙策

立即给他松绑,握住他的手说:"还记得在神亭的那个时候吗?如果您当时抓到我该会怎样呢?"太史慈说:"那就很难说了。"孙策大笑说:"当前的事业,要跟您共同开创。"当即任命太史慈为门下督,回到吴郡后又授给他士兵,让他担任折冲中郎将。后来刘繇在豫章病死,部下一万多人没有归属,孙策命太史慈前去安抚招集。孙策的左右心腹都说:"太史慈一定往北而去不再回来。"孙策说:"太史慈除了我,他还能归附谁?"孙策在昌门给太史慈饯行,握着他的手臂问:"何时能够返回?"太史慈回答说:"不超过六十天。"他果然如期返回。

刘表的侄子刘磐,为人勇猛,多次到艾县和西安各县掠夺骚扰。孙策于是分出海昏、建昌周边六个县,任命太史慈为建昌都尉,治所设在海昏,负责率诸将防御刘磐。刘磐于是绝迹不敢再来这些地方捣鬼。

太史慈身高七尺七寸,长须飘逸优美,手臂长如猿猴而善于射箭,箭无虚发。曾经跟随孙策征讨麻保贼。屯堡里有贼兵爬到楼上恶骂,手扶在楼梁上。太史慈张弓射去,箭穿透那人的手钉在梁上,包围的兵士上万人没有不叫好的。他的箭法就是如此神妙。曹操听说了太史慈的大名,就给他送来书信,用小箱子封着,打开看里面也没写一个字,只是装了当归这种中药。孙权掌权以后,因为太史慈能制服刘磐,于是委任他管理南方的事务。他只活了四十一岁,在建安十一年去世。儿子太史亨,官做到越骑校尉。

士燮字威彦,苍梧郡广信县人。他的先祖本是鲁国汶阳人,到王莽作乱时,避乱来到交州。六代之后到了士燮的父亲士赐,汉桓帝时任日南太守。士燮年轻时到京城求学,拜颍川人刘子奇为师,研究《左氏春秋》。后被荐举为孝廉,补授尚书郎,因公事被免去官职。为父亲服丧期满后,士燮被推举为茂才,担任巫县县令,后又升任交阯太守。

士燮的弟弟士壹,最初担任郡里的督邮。刺史丁宫被征召返回京都,士壹随行侍候表现得勤勉恭敬,丁宫为之感动,临别时说:"我以后如果能有幸位居三公，理当征召你。"后来丁宫担任司徒，就征召士壹。等士壹到达，丁宫已被免职，黄琬接替他为司徒，对士壹更加以礼相待。董卓作乱，士壹逃回故乡。交州刺史朱符被作乱的夷民杀害，州郡动荡不宁。士燮于是表奏让士壹兼任合浦太守，二弟徐闻县令士䵋兼任九真太守，士䵋的弟弟士武兼任南海太守。

士燮为人宽容厚道，胸怀谦虚而礼贤下士，中原士人去依附他的数以百计。他专心研究《春秋》，给它作注解。陈国名儒袁徽给尚书令荀彧写信说："交阯郡士燮学问渊博，又善于处理政务，处在大乱年代，还保持一个郡的安定，二十多年境内没有什么变故，百姓没有失去谋生的职业，外来客居人士都蒙受他的好处。即使是窦融保全河西，又怎么能超过他呢？政事稍有空闲，又玩味研习古人典籍，《春秋左氏传》尤其被他钻研到了简要精炼微妙细致的程度，我多次向他咨询《传》里的许多疑问，他的解答都以大师的学说作为依据，表述十分细密。他还兼通古义《尚书》和今文《尚书》，对于《尚书》包含的要义了解得详细完备。他听说京城里古文学派和今文学派之间，各持己见争执不休，现在就想分条列出他对《左氏春秋》和《尚书》的研究创见上呈朝廷。"士燮被人称道就都像这样。

士燮兄弟同时担任相近各郡太守，称雄于一州之内，虽然僻处于万里之外，威望和尊贵却至高无上。出入鸣钟击磬，仪仗完备，箫箫鼓吹，车骑满道，当地人夹在车马两旁焚香礼拜的常常有几十个。妻妾们都乘坐有车盖和帷幕的车子，子弟都有跟随的步兵骑士，当时他们所显示的高贵尊严，使各种蛮夷都震动归附，就是秦汉之际独霸南越的尉他（即赵佗）也不足以超过他们的威风气派。士武先因病去世。

朱符死后，汉廷派张津担任交州刺史，张津后来又被部将区景所杀，而荆州牧刘表派遣零陵人赖恭接替张津。这时苍梧太守史璜去世，刘表又派吴巨接替，跟赖恭同时到达，汉廷得知张津已死，就赐给士燮诏书说："交州远隔内地，僻居南方，连通江海，皇上的恩典不能宣达，臣下的名分受到阻隔，获悉逆贼刘表又派赖恭觊觎南边的疆土，现在任命士燮为绥南中郎将，总督南边七郡，照旧兼任交阯

太守。"后来士燮派官吏张旻到京城进贡，当时天下混乱不堪，道路隔绝，而士燮没有因此而荒废人臣朝贡的职责，皇帝特地再次下诏任命他为安远将军，封给龙度亭侯的爵位。

后来吴巨与赖恭失和，吴巨发兵驱逐赖恭，赖恭逃回零陵。建安十五年，孙权派步骘为交州刺史。步骘到达后，士燮率领兄弟接受节制调度。而吴巨却怀有异心，步骘斩了他。孙权加授士燮为左将军。建安末年，士燮遣送儿子士廞去吴国做人质，孙权任命士廞为武昌太守，士燮、士壹在南方的几个儿子，都被任命为中郎将。士燮又诱导益州的大姓雍闿等人，率领郡中百姓在遥远的地方归附远在东方的吴国。孙权对士燮更加赞赏，升他为卫将军，封龙编侯，升士壹为偏将军，封都乡侯。士燮常派使者去朝见孙权，进献各种香料和细纹葛布，总是数以千计，明珠、大贝、琉璃、翡翠、玳瑁、犀角、象牙之类的珍品，还有奇异果品，如香蕉、椰子、龙眼之类，没有哪一年不曾送到。士壹则时常进贡骏马，累计数百匹。孙权就下诏书，给予优厚的恩赐，以此回报安抚他们。士燮在郡四十多年，黄武五年去世，时年九十岁。

孙权因为交阯偏远，于是分出合浦以北设置广州，任用吕岱为刺史；交阯以南为交州，戴良担任刺史。又派陈时接替士燮为交阯太守。吕岱留驻南海，戴良与陈时一起前行到达合浦。而士燮的儿子士徽已自任交阯太守，派宗族兵马来抵抗戴良。戴良被阻留在合浦。交阯人桓邻，是士燮推荐的官吏，他叩头劝说士徽派人去迎接戴良，士徽发怒，用鞭刑将桓邻活活打死。桓邻的哥哥桓治及其儿子桓发又集合宗族人马攻打士徽，士徽闭门守城，桓治等人攻打了几个月没能攻克，于是双方商议讲和，各自退兵回去。吕岱接受诏命诛讨士徽，从广州领兵昼夜兼程而来，经过合浦，与戴良会合往前推进。士壹的儿子中郎将士匡与吕岱以前就有交情，吕岱任命士匡为师友从事，先送信到交阯，向士徽说明祸福关系，又派士匡去见士徽，劝说他归附请罪，虽然会失去郡守之职，但保证他没有别的忧患。吕岱在士匡之后很快到达，士徽的哥哥士祇、弟弟士干、士颂等六人袒露上身恭迎吕岱。吕岱答谢后又命令他们重新穿上衣服，继续前进到郡守所在地。第二天一早就设置好军帐,请士徽兄弟依次进入,宾客满座。吕岱起身,怀抱符节宣读诏书,历数士徽的罪行,左右随从于是反绑士徽等人推出军帐,当即全部处死,通过驿站把他们的首级传送武昌。士壹、士䵋、士匡因未参与叛乱或对平叛有功,孙权宽免了他们的罪过,把他们以及士燮充当人质的儿子士廞,都贬为平民。几年后,士壹、士䵋违法被处死。士廞病死,没有儿了,妻了寡居,孙权下诏让她居住地的官府每月供给俸米,赐钱四十万。

评:刘繇砥砺名节,喜好品评褒贬人物,至于说到抓住动荡不宁的时机,占据万里疆土,就不是他的长处了。太史慈坚守信用道义,忠贞壮烈,有古人的风范。士燮身为南越一郡太守,悠闲自在一直到老,到了儿子这一代不能谨慎做人,自取灭门大祸,大概是才能平庸者贪图富贵并且认为山川险阻可以让自己高枕无忧,才使得他们有这样的结局吧。

白话三国志卷五十　吴书五

妃嫔传第五

　　孙坚的吴夫人,是吴大帝孙权的母亲。本是吴郡人,迁居到钱唐,早年失去父母,与弟弟吴景住在一起。孙坚听说她才貌双全,就想娶她为妻。吴氏亲戚都嫌孙坚轻佻狡诈,打算拒绝他的求亲,孙坚对此非常惭愧和气恨。吴夫人对亲戚说:"为何要为怜惜一个女子而招致灾祸呢?如果我找不到好丈夫,那是命中注定。"于是吴家便同意了这门婚事,生有四个儿子一个女儿。

　　吴景常随孙坚征伐有功,被任命为骑都尉。袁术上表荐举吴景兼任丹杨太守,讨伐原太守周昕,于是占据了丹杨郡。孙策与孙河、吕范依靠吴景,集合人马共同讨伐泾县山贼祖郎,祖郎兵败逃走。适逢吴景受到刘繇逼迫,又回到江北依附袁术,袁术任命他为督军中郎将,与孙贲一起进军横江讨伐樊能、于麋,又在秣陵攻打笮融、薛礼。这时孙策在牛渚受伤,降服者又重新反叛,吴景率军攻讨,将他们全部擒获,又跟随孙策讨伐刘繇,刘繇逃往豫章郡,孙策派吴景、孙贲去寿春禀报袁术。袁术正与刘备争夺徐州,就任命吴景为广陵太守。袁术后来僭越称帝,孙策写信劝告,袁术不予理睬,孙策便封锁了江边渡口,不与袁术交往,并派人告知吴景。吴景当即放弃广陵郡回到江南,孙策又任命吴景为丹杨太守。东汉朝廷派遣议郎王诲,肩负使命南行,上表荐举吴景为扬武将军,仍旧兼任丹杨太守。

　　等到孙权少年时节继承父兄开创的大业,吴夫人辅助他治理军国大事,对孙权很有补正裨益。建安七年,吴夫人临去世前,召见张昭等人，将后事嘱托他们，死后与孙坚合葬高陵。

建安八年，吴景死在任上，他的儿子吴奋被授兵为将，封新亭侯。吴奋去世，儿子吴安继承爵位。吴安因被列入鲁王孙霸一党而被处死。吴奋弟弟吴祺继承爵位，封都亭侯。吴祺去世，儿子吴纂承嗣。吴纂的妻子就是滕胤的女儿，滕胤被诛杀，吴纂同时遇害。

吴大帝孙权的谢夫人，是会稽郡山阴县人。父亲谢煚，是汉朝的尚书郎、徐县县令。孙权的母亲吴夫人，将她聘来作为孙权的妃子，受到孙权宠幸。后来孙权又娶了姑母的孙女徐氏，想降谢夫人为徐氏之下，谢夫人不肯，由此失宠，早死。十几年之后，她的弟弟谢承被任命为五官郎中，逐渐升迁为长沙东部都尉、武陵太守，撰写《后汉书》一百多卷。

孙权的徐夫人，是吴郡富春县人。祖父徐真，与孙权父亲孙坚关系密切，孙坚将妹妹嫁给徐真，生子徐琨。徐琨年轻时就在州郡做官，汉末社会动乱，他舍弃官职，跟随孙坚征伐有功，被任命为偏将军。孙坚去世后，他又追随孙策在横江讨伐樊能和于麋，在当利口进攻张英，但是船只不够，徐琨便打算先安下营来搜求船只。徐琨的母亲这时正在军中，她对徐琨说：“恐怕州里会派水军前来迎击，那样形势就不利了，怎么可以让军队停驻下来呢？应该砍伐芦苇做成排筏，辅助船只渡运军人。"徐琨把母亲的意见禀报孙策，孙策当即照章办理，军队全部顺利过江，于是打垮了张英，打跑了笮融、刘繇，奠定了大业。孙策上表推举徐琨为丹杨太守，正巧吴景此时放弃广陵东来，只能再任命他为丹杨太守，而让徐琨任督军中郎将率领军队，跟随孙策打败庐江太守李术，封为广德侯，升迁平虏将军。后又跟随孙策讨伐黄祖，中流箭身亡。

徐琨生徐夫人，起初嫁给同郡人陆尚。陆尚死后，孙权正以讨虏将军的身份待在吴郡，就纳她为妃，让她像母亲一样抚养儿子孙登。后来孙权迁移驻地，因为徐夫人有妒忌的毛病，便把她贬弃在吴郡居住，前后达十多年。孙权被封为吴王，以及后来称帝，孙登被立为太子,群臣请求立徐夫人为皇后,孙权心里想立步氏,所以直到最后也没有答允。后来徐夫人因病去世。他的哥哥徐矫,继承了父亲徐琨的侯爵,讨伐平定了山越,任偏将军,早于徐夫人去世,没有儿子。弟弟徐祚继承爵位,也以战功官至芜湖都督、平魏将军。

孙权的步夫人,是临淮郡淮阴县人,与丞相步骘同族。汉末,她的母亲带着她迁往庐江,庐江被孙策攻破后,她跟母亲都渡过长江来到江南,以容颜美丽得到了孙权的爱幸,所受到的宠幸在后宫中无人可比。她生有两个女儿,大者叫鲁班,字大虎,先许配周瑜之子周循为妻,后又改嫁全琮;小女儿叫鲁育,字小虎,先许配朱据,而又改嫁刘纂。

步夫人生性不妒忌,对孙权的事业颇有推进,所以长久得到孙权的宠爱厚待。孙权为王以及称帝后,内心很想立步夫人为王后和皇后,而群臣的意见都在徐氏,孙权迟疑不决十多年,然而宫内都称步氏为皇后,亲属上疏时也都称中宫。到步夫人去世后,群臣顺着孙权的心意,请求追封步夫人的皇后名号,于是追赠印玺、绶带,策封命令说:"赤乌元年闰月初一,皇帝说:呜呼皇后,只有皇后辅佐我,与我一起承受天地的大德。日夜虔诚恭敬,为我分担劳苦。你妇德严谨,礼法道义从无过失。待人宽容仁爱,有贤淑美好的德行。臣民引颈仰望,远近诚心归附。我因为战乱没有平定,统一天下的大业还没有完成,也因为皇后你平素的意愿,总是常常自谦推让。因此当时没能及时授予名号,我也以为皇后必定享年久长,永远跟我亲身报答天赐的福佑。没想到突然之间,寿命已终。我很后悔本意没能及早表露,伤痛皇后你抛却红尘翩然远逝,没有尽享天赐的福分。为此哀悼之至,为你肝肠寸断。现在特派使持节、丞相、醴陵亭侯顾雍捧着册书授予尊号,配享皇太后。魂魄如果有灵,请一定赞赏并接受这份尊荣。呜呼哀哉!"步夫人被安葬在蒋陵。

孙权的王夫人,是琅邪人。王夫人因选秀入宫,黄武年间得到爱幸,生下儿子孙和,受宠的程度仅次于步夫人。步夫人去世后,孙和被立为太子,孙权打算立王夫人为皇后,而全公主向来憎恨王夫人,有计划地对她进行诬陷诋毁。到了孙权卧病在床时,全公主说她脸有笑容,因此孙权狠狠地怒斥责备了她,因而忧郁而死。后来孙和的儿子孙皓登基,追尊王夫人为大懿皇后,夫人的三个弟弟都封为列侯。

孙权的王夫人,是南阳人,因选秀入宫,在嘉禾年间得到爱幸,生下儿子孙休。等到孙和被立为太子,孙和的母亲也因儿子而更加显贵,凡是受到孙权宠爱的姬妃,都让她们出宫住到外地。王夫人迁往公安,去世,就安葬在当地。孙休即位后,派使者前去追尊她为敬怀皇后,改葬到敬陵。王氏这一脉没有后人,封她同母弟弟王文雍为亭侯。

孙权的潘夫人,是会稽郡句章县人。父亲曾做小官,因犯法而死。潘夫人与姐姐一起被送往织室服役,孙权一见觉得她容貌出众,就召来充实后宫。得到孙权爱幸而有身孕,曾梦见有人授给自己一个龙头,自己用护膝的围裙接纳,于是生下孙亮。赤乌十三年,孙亮被立为太子,夫人请求允许自己的姐姐出嫁,孙权答应了。第二年,立夫人为皇后。生性阴险毒辣,善于奉承谄媚,自进宫后到死,诬陷加害了袁夫人等多人。孙权生病时,她派人向中书令孙弘询问当年吕后专制的故事。她侍候孙权十分疲劳,因为虚弱而病倒,宫女们趁她昏睡后,一起把她勒死,托辞说她暴病身亡。后来事情败露,因此而被处死的有六七人。孙权不久去世,潘夫人与他合葬在蒋陵。孙亮即位,任命潘夫人的姐夫谭绍为骑都尉,授与兵权。孙亮被废黜后,谭绍及其家属被送往原籍庐陵。

孙亮的全夫人,是全尚的女儿。堂祖母全公主很喜爱她,每次入宫朝见孙权都带着她一起。等到潘夫人母子受到宠爱,全公主自认为与孙和的母亲有矛盾,于是劝孙权为潘氏所生的儿子孙亮纳全夫人,孙亮于是被立为太子。全夫人立为皇后,孙亮任用全尚为城

门校尉,封都亭侯,代替滕胤为太常、卫将军,进封永平侯,管理尚书事务。这时全氏家族封侯的有五人,都统领兵马,其余的为侍郎、骑都尉,担任皇帝的警卫人员护卫在身边,自东吴兴起以来,外戚的贵盛没有能比得上全氏家族的。直到魏国大将诸葛诞进献寿春并归附东吴时,全怿、全端、全祎、全仪都在这时投降魏国,全熙因谋诛孙綝的消息泄露被杀,由此全氏家族衰落。适逢孙綝废黜孙亮为会稽王,后又贬为候官侯,全夫人随他到封地,定居在候官,全尚带着家属迁往零陵郡,被追杀。

孙休的朱夫人,是朱据的女儿,孙休的姐姐朱公主所生。赤乌末年,孙权为孙休纳朱氏为妃。孙休被封为琅邪王,朱夫人随他居住丹杨。建兴年间,孙峻专擅朝政,王公家族都畏惧并痛恨他。全尚的妻子就是孙峻的姐姐,所以只有全公主袒护孙峻。当初,孙和为太子时,全公主诬陷加害王夫人,想废除孙和的太子身份,另立鲁王,朱公主不同意,因此两人有了矛盾。五凤年间,孙仪谋杀孙峻,事情发觉后被处死。全公主便向孙峻说朱公主与孙仪是同谋,孙峻枉杀了朱公主。孙休惧怕,让朱夫人回建业,执手哭泣而别。朱夫人到了建业,孙峻又把她送还孙休住地。太平年间,孙亮知道了朱公主是被全公主所加害的,就问朱公主的死因,全公主害怕地说:"我实在不知道,这都是朱据的两个儿子朱熊、朱损说出来的。"孙亮就杀了朱熊、朱损。朱损的妻子是孙峻的妹妹,孙綝因此更加忌恨孙亮,于是废了孙亮,迎立孙休。永安五年,孙休册立朱夫人为皇后。孙休去世,群臣尊称朱夫人为皇太后。孙晧即位刚一个多月,就把她贬为景皇后,住处称安定宫。甘露元年七月,被孙晧逼死,与孙休合葬于定陵。

孙和的何姬,是丹杨郡句容县人。父亲何遂,本来是一名骑士。孙权曾经巡游诸军营,何姬在路旁观看,孙权见她长得容貌不凡,就命令宦官把她召入宫中,赐给儿子孙和。后来她生了个儿子,孙权很喜欢,给孩子起名叫彭祖,就是孙晧。太子孙和被废黜后,改封为南阳王,居住在长沙郡。孙亮即位,孙峻辅佐国政。孙峻一直讨好全公主,全公主与孙和的母亲有仇怨,于是劝孙峻将孙和迁徙到新都,派使者赐他死,正妃张氏也自杀了。何姬说:"如果都跟着去死,谁来抚养留下的孤儿?"于是她便坚持抚育孙晧和他的三个弟弟。孙晧即位后,追尊孙和为昭献皇帝,何姬为昭献皇后,住在升平宫,一个多月后,又进为皇太后。又封何氏的弟弟何洪为永平侯,何蒋为溧阳侯,何植为宣城侯。何洪去世,儿子何邈继承爵位,任武陵监军,后被晋国所杀。何植官至大司徒。吴国末年,孙晧昏庸无道,何氏家族骄狂而不守本分,子弟们横行霸道,百姓们都害怕憎恨他们。所以民间有"孙晧已经死了很久了,当今立的皇帝是何家的人"的谣言。

孙晧的滕夫人,是原太常滕胤同族的女儿。滕胤被孙綝族灭,滕夫人的父亲滕牧,因为与滕胤关系疏远而被迁徙到边远的地区。孙休即位后,宣布大赦,滕牧一家才得以返回,孙休任命滕牧为五官中郎。孙晧被封为乌程侯,纳滕牧女儿为妃,孙晧即位后,立滕夫人为皇后,封滕牧为高密侯,任命为卫将军,总领尚书事务。后来朝中大臣认为滕牧是贵戚,常常推举他去向皇帝劝谏和争议。滕夫人所受的宠幸渐渐减少,孙晧越来越不喜欢滕夫人,孙晧的母亲何氏常在一边扭转他的想法。又借太史的说法指出,根据天象所显示的国运历数,皇后不能更换,孙晧迷信巫师,所以滕氏才没有被废,而常年在升平宫供养何太后。滕牧被遣送到苍梧郡居住,虽然没有被剥夺爵位,其实也就是被流放,于是在前往苍梧郡的途中忧郁而死。皇后宫中的官员,只是凑数而已,滕氏只照例接受朝贺和章表奏疏。而孙晧后宫中诸受宠妃嫔,佩皇后玺印绶带的人可多的是呢。天纪四年,滕夫人跟随孙晧西迁到了洛阳。

评:《易经》中说:"能使家庭关系正常有序,然后就可以安定天下。"《诗经》中说:"用礼法对待妻子,再推行到自己的兄弟,如此才可以治理好国家。"这些话真是再正确不过的啊!远观齐桓公,近察孙权,都有知人的英明和英雄豪杰的大志,可是他们不能严格区分正妻与侍妾的不同地位,后宫尊卑关系错乱,贻笑古今,殃及后代。由此说来,只有始终心存道德礼义,坚持公平一致的原则,然后才能够免除这些祸害啊!

白话三国志卷五十一　吴书六

宗室传第六

孙静字幼台,是孙坚最小的弟弟。孙坚刚开始举事时,孙静纠合乡里以及宗族子弟五六百人作为后盾,大家全都归附他。孙策击垮刘繇,安定各县,将要进攻会稽,派人迎请孙静,孙静带着家属与孙策在钱唐会合。此时,太守王朗在固陵抵御孙策,孙策几次渡水作战,都没能取胜。孙静劝孙策说:"王朗凭借险要地形和城池的守备,很难马上击败他。往南有查渎距此数十里,是通往会稽的交通要道,应该从那里攻取其后方重地,这就是所谓的攻其不备、出其不意。我将自己率领士兵作为大军的先锋,必定可以击败敌军。"孙策说:"好。"于是在军中发布旨在迷惑守军的假命令说:"近来连日下雨导致饮用水浑浊,士兵饮用后多有腹痛,命令立刻备办瓦缸几百口澄清浑水。"到了黄昏,在四周燃起连绵火堆迷惑住王朗,当下分兵连夜奔往查渎道,袭击高迁屯。王朗大惊,派遣原丹杨太守周昕等人领兵前往交战。孙策击垮了周昕等人,并且斩了他们,于是平定了会稽。孙策上表任命孙静为奋武校尉,准备授予他重要的职务,孙静眷恋家乡宗族,不乐意出外做官,因此请求留在家乡镇守。孙策答应了。孙权统领大事后,就地升迁孙静为昭义中郎将,孙静最终还是在家乡寿终正寝。他有五个儿子,即孙暠、孙瑜、孙皎、孙奂和孙谦。孙暠有三个儿子,即孙绰、孙超和孙恭。孙超为偏将军。孙恭生有孙峻。孙绰生有孙綝。

孙瑜字仲异,以恭义校尉的身份开始领兵。当时门客和各位将领大多是江淮之间的人,孙瑜诚心地安抚大家,得到众人的信任。建安九年,孙瑜兼任丹杨太守,受到众人拥护,兵力达到一万多人。被加官为绥远将军。建安十一年,与周瑜一起讨伐麻屯和保屯,取得大胜。后来跟从孙权在濡须抵御曹操,孙权打算交战,孙瑜劝孙权谨慎从事,孙权不听,出击果然没有成功。后升为奋威将军,照旧兼任丹杨太守,从溧阳迁到牛渚驻扎。孙瑜任用永安人饶助为襄安县长,无锡人颜连为居巢县长,让他们招纳庐江二郡,这两人各得到投降和归附的人众。济阳人马普专心好学而喜爱古代事物,孙瑜对他厚礼相待,让军政二府的将士和官吏的子弟几百人跟他学习,还设立了学官,他自己亲临讲堂的开业祭典。当时诸将都专心军事,而孙瑜却嗜好古人典籍,虽然身处军旅,却从不中断读书。孙瑜仅活到三十九岁,建安二十年就去世了。孙瑜有五个儿子,即孙弥、孙熙、孙耀、孙曼和孙纮。孙曼官做到将军,封侯。

　　孙皎字叔朗,最初被任命为护军校尉,领兵二千多人。当时曹操多次出兵濡须,孙皎每常赶赴迎击,号称精锐。后来升为都护、征虏将军,代替程普都督夏口。黄盖和哥哥孙瑜去世后,孙皎又并统他们两人的军队。受赐沙羡、云杜、南新市、竟陵作为封地,由他自己配置官吏。孙皎轻财好施,善于交结朋友,与诸葛瑾交谊最深,又委任庐江人刘靖关注政事得失,江夏人李允协理日常事务,广陵人吴硕、河南人张梁筹划军事,他对这些人无不倾心相待,大家也没有不为他尽力的。孙皎曾经派遣士兵侦察魏国军情,他们回来时带着所抓获的魏国边境将士和官吏的漂亮女子来送给孙皎,孙皎让这些美女们换了衣服送回远处,他下令说:"现在所要讨伐的是曹氏,他的百姓有什么罪?从今以后,不许攻击魏国的老弱百姓。"因此江淮一带归附他的人很多。孙皎曾经因为小事与甘宁忿争,有人劝甘宁让步,甘宁说:"人臣和皇子同等,征虏将军虽然是皇家公子,但怎么可以独断专行地侮辱别人呢!我遇到的是贤明的君主,只应当尽心效力不计生命,从而报答主公的知遇之恩,除此之外确实不能顺应时俗屈从歪理呀。"孙权听说后,写信责备孙皎说:"自从我跟北方为敌，已经过去了十年，相持之初你年龄还小，现在已将近三十岁了。孔子说'三十而立'，不只是说学习五经的事。授给你精兵，委你以重任，在千里之外统帅诸将，是想让你跟从前楚国任用昭奚恤那样，扬威于北方边疆，不是仅仅让你快意于私情就够了。近来听说你与甘宁饮酒，因酒醉同他发生冲突，冒犯欺侮了他，他请求归属吕蒙管辖。甘宁这个人虽然粗疏豪放，有不如人意的时候，然而他总体上是一位大丈夫。我亲近他的原因，不是偏爱他。我亲近爱护他，而你却疏远憎恶他；你所做的每常与我背道而驰，难道可以长久吗？持身恭敬而行事简易，才可以治理民众；爱护他人并多些包容，才能赢得众人的拥戴。这两个方面尚且不够明白，又怎么能够统帅诸军远离国都，抵御敌人而解救危难呢？你行将长大，特地让你担当重任，上有远方仰望期待，下有亲兵朝夕相随，怎么可以任意大发脾气呢？人谁无过，贵在知错能改，你应该牢记以前的过失，深刻地反省责备自己。现在特意劳烦诸葛子瑜着重向你说明我的心意。面对所写的书信我很难过，悲从中来眼泪下落。"孙皎得到书信后，上疏陈词请罪，于是和甘宁结下了很深的友情。后来吕蒙准备袭击南郡，孙权想让孙皎和吕蒙分别担任左、右部大都督，吕蒙劝说孙权道："如果至尊您认为征虏将军合适，就应该用他；认为我吕蒙合适，就应该用我。过去周瑜、程普分别担任左、右部都督，一起进攻江陵，虽然大事都由周瑜决定，但程普仗着自己是久经沙场的资历，而且同为都督，于是两人不能和睦共事，几乎坏了国家的大计，这是当前的鉴戒呢。"孙权醒悟，向吕蒙道歉说："让你做大都督，命孙皎为后续。"抓获关羽，平定荆州，孙皎立有大功。建安二十四年去世。孙权追录他的功劳，封他儿子孙胤为丹杨侯。孙胤去世，没有儿子。孙胤的弟弟孙晞继承爵位，统领军队，后来有罪自杀，封国撤销。孙胤的另外几个弟弟孙咨、孙弥、孙仪都做到将军，封侯。孙咨为羽林军都督，孙仪为无难军都督。孙咨被滕胤所杀，孙仪被孙峻所害。

孙奂字季明。哥哥孙皎去世后，他接替孙皎统领其部队，以扬武中郎将的身份兼任江夏太守。在任职的一年里，遵循孙皎过去的

行迹，礼貌对待刘靖、李允、吴硕、张梁以及江夏人闾举等，对他们的好建议都一并采纳。孙奂不善言辞却在居官称职方面有着敏捷的天赋，因此受到军民的称道。黄武五年，孙权进攻石阳，孙奂以当地主人的身份，派部将鲜于丹带领五千人先截断淮河的水路，自己率领吴硕、张梁等五千人充当大军前锋，迫使高城投降，俘获敌方的三员大将。大军从前线返回，孙权下诏让孙奂的部队在前面停下，车驾经过孙奂的军队时，只见阵容整齐，孙权感叹说："当初我还担心他反应迟钝，现在看他治理军队，诸将很少有能赶上他的，我没有什么好担忧的了。"任命孙奂为扬威将军，封沙羡侯。吴硕、张梁都被任命为裨将军，赐爵为关内侯。孙奂也喜欢亲近读书人，又命令亲兵子弟都读书学习，后来这些人入朝做官的有好几十个。孙奂活到四十岁，嘉禾四年去世。儿子孙承继承爵位，以昭武中郎将的身份接替孙奂统领该部人马，兼任郡守。赤乌六年孙承去世，他没有儿子，孙权封孙承的庶弟孙壹接续孙奂这一脉的香火，并承袭爵位担任将军。孙峻诛杀诸葛恪的时候，孙壹与全熙、施绩攻击诸葛恪的弟弟、公安都督诸葛融，诸葛融自杀。孙壹从镇南将军升为镇军将军，假以符节都督夏口。到孙綝诛杀滕胤、吕据之时，滕胤、吕据都是孙壹的妹夫，孙壹的弟弟孙封又知道滕胤、吕据的计划，孙封自杀。孙綝派朱异暗中偷袭孙壹。朱异率军抵达武昌，孙壹知道他来攻打自己，就率亲兵一千多人带着滕胤的妻子一同投奔魏国。魏国命孙壹为车骑将军，仪同三司，封吴侯，把原君主曹芳的贵人邢氏嫁给他为妻。邢氏外表美丽而内心妒嫉，下属不堪忍受其无礼驱使，于是一起杀了孙壹和邢氏。孙壹入魏三年而死。

孙贲字伯阳，父亲孙羌字圣台，是孙坚的孪生哥哥。孙贲很早就失去了双亲，弟弟孙辅那时还是个婴儿，孙贲自己哺育弟弟，友爱兄弟的情谊十分深厚。孙贲做过郡里的督邮、郡守、县令一类地方长官。孙坚在长沙兴义兵，孙贲抛弃官职跟随征战。孙坚去世后，孙贲代领孙坚余部，扶送孙坚的灵柩。后来袁术迁徙寿春，孙贲又去依附他。袁术的堂兄袁绍任用会稽人周昂为九江太守，而袁绍与袁术不和，袁术派孙贲在阴陵打败了周昂。袁术上表荐举孙贲兼任豫州刺史，转任丹杨都尉，代理征虏将军，讨伐平定了山越。后来孙贲被扬州刺史刘繇逼迫驱逐，因而带领人马回历阳驻扎。不久，袁术又派孙贲和吴景一起攻打樊能、张英等人，未能攻克。直到孙策东渡长江，帮助孙贲、吴景打败了樊能、张英等人，于是并力攻打刘繇。刘繇逃往豫章。孙策派孙贲、吴景返回寿春向袁术复命，正值袁术自称帝号，部署设置文武百官，让孙贲担任九江太守。孙贲没去就任，抛下妻儿返回长江以南。当时孙策已平定吴郡和会稽郡，孙贲与孙策征讨庐江太守刘勋、江夏太守黄祖，军队返回时，听说刘繇已病死，便顺手平定了豫章，孙策上表让孙贲兼任豫章太守，后封都亭侯。建安十三年，汉廷使者刘隐奉诏任命孙贲为征虏将军，仍旧兼任豫章太守。在任十一年去世。儿子孙邻继承爵位。

孙邻九岁时，代理豫章太守，进封都乡侯。在郡将近二十年，讨伐平定叛贼，政绩端谨整饬。召回武昌，任绕帐督。当时太常潘濬执掌荆州事务，重安县长陈留人舒燮有罪下狱，潘濬曾与舒燮失和，想置他于死地。议论的人多为舒燮说情，潘濬还是不肯放过他。孙邻对潘濬说："从前舒伯膺（舒燮的伯父）兄弟争死，天下人都赞叹他们的义举，传为佳话，舒仲膺（舒燮的父亲）往日又有拥戴我国的旧情。现在你杀了他的后代，如果天下一统，君王到北方巡视，中原士人一定要问起仲膺继承人的情况，回答的人说是潘濬杀了舒燮，你拿这件事情怎么办呢？"潘濬当即转变了念头，舒燮因此而得到保全。孙邻升任夏口沔中都督、威远将军，所在称职。赤乌十二年去世。儿子孙苗继承爵位。孙苗的弟弟孙旅和叔父孙安、孙熙、孙绩，都身历爵位。

孙辅字国仪，是孙贲的弟弟，以扬武校尉的身份辅佐孙策平定三郡。孙策讨伐丹杨七县时，派孙辅西行驻守历阳以阻击袁术，并招集劝诱余下的百姓，聚合失散的士卒。后又跟随孙策讨伐陵阳，活捉祖郎等人。孙策西进袭击庐江太守刘勋，孙辅跟随参战，身先士卒,立下战功。孙策奏荐孙辅为庐陵太守,安抚平定所属的城镇,分别设置管理长官。升平南将军,假以符节兼任交州刺史。后来孙辅派使者与曹操私下交往,事情发觉后,孙权幽禁了他。数年后去世。他的儿子孙兴、孙昭、孙伟、孙昕,都身历爵位。

孙翊字叔弼,是孙权的弟弟,他骁勇强悍,果敢刚烈,有他哥哥孙策的风范。太守朱治推举他为孝廉,被司空征召。建安八年,以偏将军的身份兼任丹杨太守,时年二十岁。第二年却被随从边鸿杀害,边鸿也随即被处死。

孙翊的儿子孙松为射声校尉、都乡侯。黄龙三年去世。蜀国丞相诸葛亮在给哥哥诸葛瑾的信中说:"你既受东吴的厚恩,福荫又延及到子弟。再者子乔是很优秀的人才,我为他的不幸悲痛。见到他送给我的器物,便感慨而流泪。"诸葛亮悲悼孙松就像这样,而这是因为诸葛亮的养子诸葛乔向他叹息诉说才有这番话的。

孙匡字季佐,是孙翊的弟弟。被荐举为孝廉和茂才,还没有来得及试用,他就去世了,时年还只二十岁出头。他的儿子孙泰,是曹氏的外甥,任长水校尉。嘉禾三年,跟随孙权围攻新城,中流箭身亡。孙泰的儿子孙秀任前将军、夏口都督。孙秀是皇室至亲,在外掌握兵权,孙晧很不放心。建衡二年,孙晧派何定带领五千人到夏口狩猎。在此之前,民间都传说孙秀将要被谋害,而今何定居然远道前来狩猎,孙秀深为惊恐,连夜带着妻子和亲兵数百人投奔了晋国。晋国任命孙秀为骠骑将军、仪同三司,封为会稽公。

孙韶字公礼。伯父孙河,字伯海,本姓俞,也是吴郡人。孙策喜爱他,赐他姓孙,把他列入孙氏家族之中。后来做了将军,驻扎在京城县。

当初,孙权杀了吴郡太守盛宪,盛宪的老朋友孝廉妫览、戴员逃入山中隐藏起来,孙翊任丹杨太守,对他们以礼相待,使他们都来归附。妫览为大都督领兵,戴员为郡丞。到孙翊遇害时,孙河飞马疾驰奔赴宛陵，发怒指责妫览和戴员，认为他们没能尽到职责，致使奸人逆谋得逞。妫览、戴员两人商议说："孙河跟孙翊关系疏远，还如此严厉谴责我们。若是讨虏将军孙权亲自到来，我们没有一人可以活命了。"于是杀掉孙河，派人往北迎接扬州刺史刘馥，让他出兵历阳，他们从丹杨来接应。适逢此时孙翊的部下徐元、孙高、傅婴等人杀了妫览、戴员。

孙韶十七岁时，收聚孙河所统余部，整修京城县防御设施，建起瞭望敌情的高台，修治作战器具以防御敌军。孙权听说发生了叛乱，从椒丘回师时，便顺路平定了丹杨，然后率军返回东吴。夜里到达京城扎营，他试着进攻京城想惊吓孙韶，京城的士兵都登上城墙传令警戒，声势动地，并且迅速发箭迎击进攻者，孙权派人让城内明白真相后守城行动才停止。第二天孙权见到孙韶，对他甚是器重，立即任命他为承烈校尉，统领孙河的部队，以曲阿、丹徒两县作为他的食邑，并自行任命官吏，一切都像从前孙河那样。后来孙韶升为广陵太守、偏将军。孙权被封为吴王后，升孙韶为扬威将军，爵封建德侯。孙权称帝，孙韶为镇北将军。孙韶做边防将领几十年，爱护关怀士兵，得到将士们的拼死效力。他常常把边防警戒和敌后侦察作为自己的重大军务，先摸清情况并提前做好准备，所以很少打败仗。青、徐、汝、沛等地百姓多来归附，魏国在淮南滨江地带屯守窥伺的部队都撤回内线避其锋芒，徐、泗、江、淮一带，没有屯兵驻守者的地方各有几百里。自从孙权西征，将都城迁回武昌，孙韶已有十几年没有朝见孙权。孙权把都城重新迁回建业，孙韶这才得以朝见。孙权问起青州、徐州各屯营的要害之处，远近人马的多少，魏国将帅的姓名，孙韶都心里有数，有问必答。孙韶身高八尺，仪态容貌美好闲雅。孙权高兴地说："我很长时间没有见到公礼了，没想到他的进步如此显著。"命他兼任幽州牧、假以符节。赤乌四年孙韶去世。儿子孙越继承爵位，官至右将军。孙越的哥哥孙楷为武卫大将军、临成侯，代孙越担任京下督。孙楷的弟弟孙异官至领军将军，孙奕官至宗正卿，孙恢官至武陵太守。天玺元年，征召孙楷入朝为宫下镇骠骑将军。当初永安贼施但等劫持孙晧的二弟孙谦，袭击建安，有人向孙皓禀报说孙楷首鼠两端而没有立即投入征讨，孙皓为此多次派人责问过孙楷。孙楷常常心怀恐惧，对这时突然又有征召命令深觉蹊跷，于是带着妻儿和亲兵数百人投奔晋国，晋国任用他为车骑将军，爵封丹杨侯。

孙桓字叔武，是孙河的儿子。二十五岁时，被任命为安东中郎将，与陆逊共同迎击刘备。刘备人马众多，漫山遍野的都是蜀军，孙桓挥刀拼命，跟陆逊齐心合力，刘备终于败走。孙桓又率兵截断了上夔门的道路，断绝了蜀军后撤的要道。刘备爬山越险，才得以脱身逃走，他为此怨恨长叹："我过去刚到京城，孙桓还是一个毛头小儿，然而今天竟把我逼迫到了如此地步！"孙桓因功被任命为建武将军，爵封丹徒侯，到下游都督牛渚，修筑横江坞，恰在此时去世。

评：大凡人都有亲爱自己亲人的恩情，这也是古今不变的人文规则。"皇族子弟连城卫国"，这是诗人所赞美的道理。况且这些孙氏子孙，有的佐助振兴吴国最初的事业，有的为国镇守边关重地，都能很好地胜任他们所肩负的重担，一点也不曾辱没他们所享受的荣耀！所以这里替他们做了比较详尽的记载。

白话三国志卷五十二　吴书七

张顾诸葛步传第七

张昭字子布,彭城人。他从小喜欢学习,擅长隶书,跟着白侯子安学习《左氏春秋》,博览群书,跟琅邪人赵昱、东海人王朗同时出名而且彼此关系友好。二十岁那年被举荐为孝廉,他没有接受任命,与王朗共同讨论已故君主的讳名讳事的问题,州里的才子陈琳等人都很赞赏他的见解。刺史陶谦推举他为茂才,他不应召,陶谦认为他轻视自己,就把他抓了起来。赵昱竭尽全力营救,张昭才得以免祸。东汉末年天下大乱,徐州一带的民众大多逃往扬州避难,张昭等人也都南渡长江。孙策开创东吴大业,任命张昭为长史、抚军中郎将,与他一起登堂拜见张昭老母,关系如同同辈老友那般密切,军政大事,也全都委托给张昭。张昭常常收到北方士大夫的书信,他们对东吴业绩的赞美几乎全都是专门针对张昭的。张昭想对此默不作声则担心有人说他藏私,而要如实呈报又担心不甚妥当,为此很是进退两难而内心不安。孙策听说后,开怀大笑说:"从前管仲担任齐相,人家齐桓公开口称仲父,闭口称仲父,而齐桓公因此成为争霸天下者的楷模。如今张子布很贤能,我能够重用他,他的功绩名声难道独独就不能归功于我吗!"

孙策临终前,把弟弟孙权托付给张昭,张昭率领郡僚拥戴孙权为主公并辅佐他。给汉室上表奏明人事变动,给所属郡县发布公文,命令内外的将校武官,让他们各自忠于职守。孙权因为悲痛伤感而没有处理政事,张昭对孙权说:"身为继承人,重要的是能够担负起先辈的遗业,使之兴隆昌盛,以成就伟大的功业。当今天下形势纷扰动乱,群盗满山遍野,孝廉您怎么可以卧床悲戚,任意宣泄普通人的情感啊?"于是亲自扶孙权上马,排列兵士警卫出巡,这样才使人们在心里感到有了依托。张昭又担任孙权的长史,授官任命的职权仍跟孙策在世时一样。后来刘备表奏孙权兼任车骑将军,张昭为军师。孙权每次打猎,常骑马射虎,曾经有老虎突然冲过来抓住了孙权的马鞍。张昭变了脸色上前对孙权说:"将军您怎么能这样做?所谓人君,是指有能力驾驭英雄,驱使群贤,难道是说他能奔驰追逐于原野之上,与猛兽较量勇力吗?如果出现万一的意外,该如何去面对天下人的耻笑呢?"孙权向张昭表示歉意说:"我年轻没能从长远的角度考虑问题,这件事让我很惭愧。"但孙权仍然不能放弃这种嗜好,于是制作了一辆专门的射虎车,在车上方开个方孔,四周安装护栏却不设车盖,由一人驾车,他自己通过车子的方孔往外射箭。尽管如此仍不时有离群的野兽,又来冲犯车辆,而孙权常常因为能够亲手击打野兽觉得非常开心。张昭尽管竭力劝说,他却常常笑而不答。魏黄初二年,魏国派使者邢贞任命孙权为吴王。邢贞进入宫门,不肯下车。张昭对邢贞说:"大凡礼仪没有不恭敬的,所以刑法也没有不施行的。而你竟敢妄自尊大,难道是因为江南人少势弱以至于连一把杀人的小刀也没有的缘故么!"邢贞当即速速下车。任命张昭为绥远将军,封由拳侯。孙权在武昌时,亲临钓台,饮酒到酩酊大醉。孙权让人用水泼洒群臣说:"今天痛饮,只有醉倒在台上,才可以停止。"张昭表情严肃地不发一言,起身出去在车里坐着。孙权派人把张昭叫回来,对他说:"大家在一起开心取乐罢了,您为什么这样生气呢?"张昭回答说:"从前殷纣王酒糟成山美酒满池地通宵达旦长饮,当时也只以为是行乐,并不觉得是什么坏事。"孙权沉默无语,面露愧色,于是结束了酒宴。起初,孙权决定设置丞相一职,朝臣议论都倾向于张昭。孙权说:"眼下正当多事之秋,统领之职责任重大,这不是表示优宠的办法。"后来丞相孙邵去世,百官再度推举张昭,孙权说:"我难道是要对子布特别吝啬么?丞相事务繁杂,而他这个人性情刚烈,他说的话不能照办,就会产生埋怨或责备的事端,这样做对他没有好处。"于是任用顾雍。

孙权称帝后，张昭以年老多病为由，交还了自己的官位以及所统领的部队。改为辅吴将军，朝班次于三公，并改封为娄侯，食邑一万户。张昭在家闲居无事，于是著述《春秋左氏传》的释义以及《论语》、《孝经》二书的注解。孙权曾经问卫尉严畯说："你还记得小时候熟读的书吗？"严畯就背诵了《孝经》"仲尼居"一节。张昭说："严畯是个浅陋的书生，我请求为陛下背诵。"于是背诵"君子之事上"一章，众人都认为张昭知道在君主面前应该诵读些什么。

张昭每次上朝，语气刚直毅烈，神色大义凛然，他曾经因为出言耿直而违逆了孙权的意旨，中间一度不去晋见孙权。后来蜀国使者到来，称颂蜀国的德政美好，而群臣却没有谁能够辩驳，孙权感叹说："假如张公在座，蜀国使者就算不被说得口服心服也要被彻底打掉嚣张气焰，哪里还再敢自卖自夸呢？"第二天，孙权派宫中使臣去慰问张昭，并趁势请见张昭。张昭离席起立向孙权赔罪，孙权跪着阻止了他。张昭坐定后，扬头说道："从前太后、桓王不把老臣托付给陛下，而把陛下托付给老臣，因此我想竭尽人臣的节操，来报答厚恩，使我在离开这个世界之后，留下些可让后人称道的地方；而我思虑肤浅，违背了陛下的盛意，自以为必受冷落而沉沦，将会永远弃置于沟壑之中；没想到又能蒙受引导入见，得以在朝廷侍奉陛下。然而我这颗愚陋的心是用来报效国家的，立志于尽忠报效美好的东西，死而后已。若要让我改变心意和思维方式，从而苟且获取荣华富贵，用讨好来谋求自己安身，这是臣下我所不能做的。"孙权向张昭表示了歉意。

孙权因为公孙渊向吴国称臣，决定派张弥、许晏前去辽东任命公孙渊为燕王，张昭劝谏说："公孙渊背叛魏国害怕受到讨伐，才远道来向我们求援，称臣并非其本来意愿。如果公孙渊改变意图，打算向魏国表明心迹，导致两位使者有去无回，这不是也遭受天下人的耻笑吗？"孙权与他反复辩论，而张昭的意见更加切直。孙权忍无可忍，手按着刀柄发怒说："吴国的儒生入宫则向我跪拜，出宫则拜您，我对您的敬重，也算是无以复加的了，而您屡次在众人面前顶撞我，我常常担心自己会做出什么失策的事来。"张昭注目细看着孙权

说：" 我虽然知道我的话不会被采用，我还是常常这样竭尽愚忠，确实是因为太后驾崩之前，把老臣叫到床前，那临终留诏殷殷嘱托的话语总是在我耳边回响的缘故啊。" 说话间他已泪流满面。孙权把刀抛落在地，与张昭相对而泣。然而孙权最终还是派张弥、许晏去了辽东。张昭恨自己的意见不被采纳，声称有病不再上朝。孙权也恼恨他，用泥土塞住张昭的家门，张昭自己又在里面用土把门封死。公孙渊果然杀了张弥和许晏。孙权多次慰问张昭并向他赔礼道歉，张昭坚决不肯起来履行职事。孙权出宫经过张昭家门时喊他相见，张昭则以病重推托。孙权放火烧他家的大门，想吓他一吓，而张昭反而把内室的门也封闭起来。孙权让人灭了火，在他门前站了很久，张昭的几个儿子一起搀扶着张昭出来，孙权用车把他载回宫里，深深地自责了一番。张昭迫不得已，此后才又恢复了朝见。

张昭容貌矜持严肃，有使人敬畏的声势气派，孙权常说：" 我跟张公交谈，不敢随便乱说。" 整个国家的人都敬畏他。张昭活到八十一岁，嘉禾五年去世。临终叮嘱用全幅细绢束发头巾和简朴的棺材，以及当时通行的服装予以装殓即可。孙权身穿丧服亲临吊唁，赠予他谥号为文侯。张昭的长子张承已经封侯，故由小儿子张休继承他的爵位。

张昭弟弟的儿子张奋二十岁时，制造了攻城用的大攻车，受到步骘的推荐。张昭不满意地说：" 你年纪还小，为什么要投身于军队呢？" 张奋回答说：" 从前鲁国的童子汪踦殉身国难，齐国的子奇能治理东阿，我张奋确实没什么能耐，说到年龄就不算很小了。" 他终于领兵做了将军，接连建立功勋，官至半州都督，爵封乐乡亭侯。

张承字仲嗣，很年轻就以才学知名，跟诸葛瑾、步骘、严畯都关系亲密。孙权任骠骑将军时，征召他为西曹掾，出任长沙西部都尉。征讨平定山寇之后，他的部队增加了一万五千精兵。后担任濡须都督、奋威将军，封都乡侯，领部曲五千人。张承为人勇壮刚毅而且忠诚正直，很有知人之明，他所提拔的彭城人蔡款、南阳人谢景最初或是出身低微贫贱，或者还在小小年纪，后来都成了国家的优秀人物，蔡款官至卫尉，谢景官至豫章太守。另外诸葛恪年少时，众人都对他的才华啧啧称奇,张承却说"最终使诸葛氏败落的,就是元逊了"。他勤奋进取,对待志趣相投者十分厚道,凡是人品才学与自己相近的,他没有不登门拜访的。享年六十七岁,赤乌七年去世,谥号为定侯。儿子张震继承爵位。当初,张承的妻子去世,张昭想为他求娶诸葛瑾的女儿,张承因为与诸葛瑾曾彼此往来交情不错,对这事感到为难,孙权听说后就劝他,于是他便成了诸葛瑾的东床快婿。后妻给他生了个女儿,孙权替儿子孙和娶了她。孙权多次要孙和敬待张承,对后者应履行女婿应有的礼节。张震在诸葛恪被害时也死了。

张休字叔嗣,刚成年便与诸葛恪、顾谭等人一起成了太子孙登的官属,他负责给孙登讲授《汉书》。后从中庶子改任右弼都尉。孙权经常出游打猎,日暮才回,张休上疏劝诫,孙权认为他说的非常正确,便拿给张昭看。到孙登去世后,张休为侍中,被任命为羽林都督,兼管三典军的事务,升扬武将军。被鲁王孙霸的党羽所谮毁,罪名是和顾谭、顾承一起因芍陂论功之事,张休、顾承和典军陈恂互通私情,虚报军功,都被流放交州。中书令孙弘奸佞阴险,张休一向恨他,孙弘便趁此机会加以诬陷,因而朝廷又下诏赐死张休,这年他四十一岁。

顾雍字元叹,吴郡吴县人。蔡伯喈从朔方返回后,曾来到吴郡躲避仇人,顾雍跟他学琴读书。州郡都上表推荐他,刚成年就担任合肥县长,后转任娄县、曲阿、上虞等地,都有政绩。孙权兼任会稽太守时,没有到郡治所在地,而是任用顾雍为郡丞,代理太守的职事,顾雍在郡讨灭寇贼,郡内稳定平静,官吏和百姓都归附他。几年后,入朝任左司马。孙权被封吴王,顾雍逐渐升任大理、奉常,兼任尚书令,封阳遂乡侯,封拜完毕即直接返回官廨,他家里人都不知情,后来听说了才感到吃惊。

黄武四年,顾雍到吴郡迎接母亲。顾母到达后,孙权亲临祝贺,并且亲自在厅堂向他母亲跪拜致敬,朝廷大臣全都到齐,后来太子又前来庆贺。顾雍为人不喝酒,寡言少语,举止行为适时得当。孙权曾经感叹地说："顾君要么不说，一说必定得当。"到了饮酒宴会欢乐之时，左右的人都担心酒后失态而必定会被顾雍看在眼里，因此都不敢放纵尽情。孙权也说："顾公在座，使人们乐不起来。"他就是如此让人畏惧。这一年，顾雍改任太常，进封为醴陵侯，接替孙邵任丞相，兼理尚书事务。他所选用的文武官员都是按各自的才能安排职位，心里毫无亲疏厚薄的观念作怪。他经常到民间察访征询意见，如有政务所应采用的，就秘密地呈报。如果被采纳，就归功于皇上，没有采纳，就永不泄露。孙权因为这点很看重他。然而他在朝廷上有所陈述和建议，言辞和神色虽然恭顺却都能坚持正理。孙权曾就朝政得失咨询朝臣们，张昭趁便将自己收集到的意见做了陈述，主要是法令过于烦苛，刑罚稍重，应当有所减免。孙权听了没有表态，回头问顾雍："您觉得如何？"顾雍回答说："我所听闻的情况，也和张昭所陈述的一样。"孙权这才决定审议狱讼法令及减轻刑罚的措施。过了很久，吕壹、秦博任中书，主管审核各官府及州郡呈报的文书。吕壹等人趁机步步为营作威作福，于是将酒类、矿产、山林、水泽、关隘等一应可以牟利的项目都制定专卖专管法令，以此检举罪人纠察奸利，细微小事也必定往上呈报，再加深入追查和丑化诬陷，诽谤大臣，排挤陷害无辜，顾雍等人都曾被他们检举告发，并因此而遭到谴责。后来吕壹邪恶的罪行被揭发，被廷尉收押。顾雍前去审案，吕壹以囚犯的身份见面，顾雍却和颜悦色，询问他的口供，临走时，又对吕壹说："你心里莫非还有什么要申诉的吧？"吕壹只是叩头无语。当时尚书郎怀叙当面咒骂羞辱吕壹，顾雍责备他说："国家有公正的法度，何必到这种程度！"

顾雍任丞相十九年，享年七十六岁，于赤乌六年去世。起初在他病势还较轻微时，孙权派医官赵泉给他诊病，紧接着任命他的小儿子顾济为骑都尉。顾雍听到消息，悲哀地说："赵泉善于诊断生死，我的病是肯定好不起来了，所以皇上想让我亲眼看到顾济被任命。"孙权身穿丧服亲临吊唁，赠予他谥号为肃侯。顾雍的长子顾邵早年去世，次子顾裕身患不治之症，由小儿子顾济继承爵位，但顾济无后，封爵的承袭断绝。永安元年，孙休下诏说："已故丞相顾雍，品德高尚,忠诚贤良,辅佐国政有礼有节,而他的侯爵承袭乏嗣断绝,我非常怜悯同情他。特此以顾雍的次子顾裕继承爵位为醴陵侯,以褒扬顾雍过去的功勋。"

顾邵字孝则,博览书传,喜好品评人物。年轻时和舅舅陆绩齐名,而陆逊、张敦、卜静等人的名声都在他之后。从州郡贤才到四方的杰出人士,都跟他往来相见,有的交谈议论后离去,有的结下深厚情谊而惜别,名声流传,远近称赞。孙权把孙策的女儿嫁给了他,二十七岁那年,从家中征召出来担任豫章太守。顾邵刚刚到任就先去祭祀前代贤人徐孺子的墓,优待他的后人;同时又禁止那些不合礼制的祭祀。郡县小官凡是资质不错的,就让他们去从师学习,从中选择学业优秀的,提拔到重要的职位上,他推举善行因人施教,良好的社会风气得以盛行。起初,钱唐人丁谞出身行伍,阳羡人张秉出身平民,乌程人吴粲、云阳人殷礼出身卑微,顾邵都提拔并友爱他们,给他们树立声誉。张秉遇到父母的丧事,顾邵亲自穿上丧服束上麻带吊唁。顾邵将要到豫章去时,已经快要上路出发了,正值张秉生病,当时送行的人数以百计,顾邵向众宾客解释说:"张仲节有病,苦于不能前来送别,我也很为不能见他而遗憾,暂且让我回去与他辞别,诸位请稍稍等一会儿。"他关心并屈身交接贤士,致力于善行善事,大多跟这件事反映的一样。后来丁谞官至典军中郎,张秉官至云阳太守,殷礼官至零陵太守,吴粲官至太子少傅。世人都认为顾邵知人善任。在郡任职五年,在任上去世,有儿子顾谭和顾承。

顾谭字子默,二十岁时与诸葛恪等人成为太子四友,从中庶子转任辅正都尉。赤乌年间,代替诸葛恪任左节度。每次审阅账簿,未曾用过算筹,纯粹依靠屈指心算,就能尽行发现其中的疑点错误,下属官吏因此很佩服他。加官奉车都尉。薛综受命担任选曹尚书,却坚持要把这个职位让给顾谭,他说:"顾谭心思精细周密,彻悟至理能直达幽微,才华照人,德孚众望,确实不是我所能超越的。"顾谭后来真的替代了薛综。祖父顾雍去世几个月后,他就被任命为太常,接替顾雍兼管尚书事务。当时,鲁王孙霸特别得宠,跟太子孙和不相上下,顾谭上书说:"我听说有国有家的人,必须要明确嫡庶的

地位，用不同的礼遇显示尊卑的区别，使得高下各有等级，等级之间各有距离，这样一来骨肉之间的恩情就产生了，非分的企图就断绝了。从前贾谊陈述维护政治清明和社会安定的策略，论及诸侯的形势，认为诸侯的权势太重，即使亲近者也一定会有叛逆的念头或行为而招致的祸害，权势较轻，即使疏远也一定会有得到保全的福运。所以淮南王是汉文帝的亲弟弟，却没能永久享有封国，失之于权势太重；吴芮是外姓臣子，却能将长沙王的福运代代相传，受益于权势较轻。从前汉文帝让慎夫人与皇后同席，袁盎撤去了慎夫人的座位，汉文帝面有怒色，等到袁盎向他说明尊卑的礼仪，并以戚夫人做'人彘'的故事引为教训之后，汉文帝才龙颜怡悦，慎夫人也顿时省悟。现在微臣陈说这一切，并不是我个人有什么偏向，确实是想使太子安定并且也利于鲁王。"由此孙霸对顾谭有了嫌怨。当时长公主的丈夫是卫将军全琮之子全寄，全寄是孙霸的宾客，此人向来邪僻不正，为顾谭所不接纳。在此之前，顾谭的弟弟顾承与张休一同北征寿春，全琮当时任大都督，与魏国将领王淩在芍陂交战，吴军失利，魏军乘胜消灭了五营将秦晃的部队，张休、顾承奋力迎击，终于遏制了魏军的攻势。当时全琮的几个儿子全绪、全端也都是将领，他们利用魏军攻势受阻的时机发起猛攻，王淩的军队因此撤退。而当时论功行赏，认为遏制敌人攻势的功劳更大，而迫使敌军撤退的功劳较小，为此张休、顾承都被任命为杂号将军，全绪、全端只是偏将裨将而已。全寄父子更加忌恨，共同罗织罪名陷害顾谭。顾谭为此被流放交州，他幽居发愤，撰写了《新言》二十篇，其中的《知难篇》大抵就是因自我感伤而作。他被流放两年，四十二岁时，在交阯去世。

　　顾承字子直，嘉禾年间与舅舅陆瑁一起被朝廷以礼仪征召为官。孙权赐信给丞相顾雍说："您的孙子子直，名声美好胸怀宽广，跟他见面之后，发现他的优点其实超过了关于他的传闻，我为您感到欣慰。"任命顾承为骑都尉，统领羽林军。后来担任吴郡西部都尉，跟诸葛恪等人一起平定了山越，另外获得精兵八千人，回师驻军章阬，又被任命为昭义中郎将，入朝任侍中。芍陂战役之后，被任命为奋威将军，外出兼任京下督。几年后，与哥哥顾谭及张休等人同被流放交州，三十七岁时去世。

诸葛瑾字子瑜，琅邪郡阳都县人。东汉末年到江东避乱。正值孙策去世，孙权的姐夫曲阿人弘咨见到诸葛瑾就认为他很不寻常，把他推荐给孙权，与鲁肃等人同被当作宾客受到优待。后来担任孙权的长史，转任中司马，建安二十年，孙权派遣诸葛瑾出使蜀国与刘备互通友好，他与弟弟诸葛亮都是因公事会晤才相见，公事之外没有私下见过面。

他跟孙权谈话或有所劝谏讽喻，从不急切直言，只稍露态度神色，大体陈述主旨，一旦有跟孙权的心意不合，便放弃现有讨论转换话题，慢慢地再借其他事情回到原来的话题上面，用事物类比的方法以求得孙权的理解，于是孙权往往能自己打消原有的固执。吴郡太守朱治，是举荐孙权为孝廉的将领，孙权对他曾有所怨恨，但由于平时一直很敬重对方，很难亲自开口诘问责备，因而心中气愤而难以排解。诸葛瑾揣摩知道了其中的缘故，却又不敢公开劝说孙权，就请求自己用孙权的想法来询问自己，于是就在孙权面前写信，泛论事理，趁机把自己的想法及对孙权心意的猜度迂回相连。写完后，把信呈交孙权，孙权看完后很高兴，笑着说："我的思想疙瘩被您解开了。颜渊的恩德，是使人们更加亲爱，难道说的就是这个么？"孙权又责怪校尉殷模，给他定了个难以意料的重罪。群臣都为殷模说情，孙权的怒气更盛，与众人反复争辩，只有诸葛瑾默然无语，孙权说："子瑜为何独独不发表意见？"诸葛瑾离席站立回答道："我和殷模等人都遭遇了故土沦陷灾难，生灵灭亡殆尽。为此抛弃了祖祖辈辈生活的地方，扶老携幼，披荆斩棘，来归顺圣明的教化，在流亡的群氓之中，蒙受主公养育成全的福分，却不能相互督促砥砺，以报答万分之一的恩德，以至于使殷模辜负了恩惠，自陷罪愆。我认罪尚且来不及，实在不敢再说什么了。"孙权听了他的话内心伤感，就说："特地为您赦免他。"

后来跟随讨伐关羽，爵封宣城侯，以绥南将军的身份接替吕蒙兼任南郡太守，驻扎在公安。刘备东进讨伐吴国，吴王孙权求和，诸葛瑾给刘备写信说："我突然间听说您的大军来到白帝城，有人担心您的议事大臣会认为吴王侵夺了荆州，杀害了关羽，怨恨深刻而灾祸巨大，不应当答应和解，这样的见解只是从小处用心，算不得从大处着眼。请让我为陛下分析一下这件事情的轻重及其大小。陛下如果能抑制威怒而平息愤恨，稍微省察一下我的意见，就可立即拿定主意，不必再咨询各位大臣了。陛下认为您与关羽的亲近程度比之于汉朝先帝哪个更亲？以荆州比之于整个天下哪个更大？对曹操和孙权都应该仇恨，谁该当先又谁应在后？如果已思考清楚这中间的道理，该怎样决定就都易如反掌了。"当时有人说诸葛瑾另派亲信与刘备通报消息，孙权说："我跟子瑜有生死不渝的誓言，子瑜不可能背弃我，就像我不可能背弃子瑜一样。"黄武元年，诸葛瑾升为左将军，督公安，假以符节，爵封宛陵侯。

虞翻因为疏狂率直而被流放，只有诸葛瑾屡次为他说情。虞翻在给亲友的信中说："诸葛仁厚，效法苍天拯救他人，近来承蒙他公正评价，力图保住我的名分。可我积怨过多罪孽太深，受到的忌恨深切沉重，就算有贤如祁奚的人诚心救助，我自己却没有羊舌氏那样的德行基础，要获得赦免是难以企及的了。"

诸葛瑾有容颜相貌和才思器量，当时的人都佩服他的高雅，孙权也很器重他，重大的事情都要征询他的意见。还曾特别咨询诸葛瑾说："最近得到陆伯言所上奏表，认为曹丕已死，备受荼毒的百姓，理应一望见我们的旌旗就会土崩瓦解，没想到反而更加平静泰然；听说新主曹叡全部选用忠诚善良的人，宽缓刑罚，布施恩惠，减轻赋税徭役，以取悦民心，对我们的威胁比曹操那时还有增无减。我认为不是这样。曹操的所作所为，主要还是杀戮过度，以及造成他人骨肉分离，表现得比较残酷罢了；至于他驾驭将领的本领，则是自古少有。曹丕比之于曹操，那是万万不及的。如今曹叡不如曹丕，就像曹丕不如曹操一样；他之所以极力推崇小恩小惠，必定是因为他父亲刚死，自我考量也明白国势衰败，担心困苦百姓转眼之间分崩离析，所以才勉强委屈自己来收买民心，想用这个办法来稳定自己的地位罢了,哪里是什么兴隆的开端啊!听说他任用了陈长文、曹子丹之流,这些人有的是文人书生,有的是皇亲国戚,难道能驾驭雄才虎将来控制天下吗?威权不能集中,国家大事就将错乱,比如从前张耳、陈余,两人关系不能说不够亲厚和睦,到了权势归属的节骨眼上,就反目成仇自相残杀,这是事理使然。另外陈长文这类人,原来之所以能坚守善道,是因为曹操箍着他们的头,他们害怕曹操的威严,所以尽心尽意,不敢为非作歹罢了;到了曹丕继承父业,年岁已经很大,他步曹操的后尘,用恩惠加固他们,因此他们还能感恩戴德;如今曹叡年幼势弱,随人摆布,这一类人啊,一定会趁机弄巧作态,结党营私,各自扶助所依附的势力。到了这个时候,奸邪逸佞会一起滋生,互相陷害仇视,以至于猜嫌离心。长此以往,群臣争权夺利,君主年幼失控,他们的失败还会需要等待太久么?之所以知道他们必定如此,是因为从古到今,哪有四五个人同时把持法令威权,而不违逆背离互相倾轧的!强者必然欺凌弱者,弱者必然寻求外援,这是败乱灭亡之道。子瑜,你只管侧耳听着,伯言通常善于谋划,只怕在这件事上他多少有些判断失误了。"

　　孙权称帝后,任命诸葛瑾为大将军、左都护,兼任豫州牧。到吕壹被诛杀之后,孙权又还有诏书责备诸葛瑾等人,这些话记载在《孙权传》里。诸葛瑾随即根据具体情况给予回答,言辞恭顺而道理正当。诸葛瑾的儿子诸葛恪,名气盛于当世,孙权特别器重他;但诸葛瑾却常常嫌弃他,说他不是保全家族的儿子,每常为此忧愁烦恼。赤乌四年,诸葛瑾六十八岁时去世,临终命令用质朴无饰的棺木和当时通行的衣服装殓,丧事从简省。诸葛恪之前已经封侯,所以他的弟弟诸葛融承袭爵位,统领父亲属下将士,驻守公安,他的部属官兵都亲近依附他。边境上如果没有战事,秋冬二季他就狩猎和讲习武事,春天和夏天则邀请宾客举行盛大宴会,在家休假的官兵,有的人不远千里前来参加。每次聚会他总是逐一询问客人,让他们各自说说自己会玩的游戏,然后连接桌案座席,自己选择相应的对手,有的人博弈,有的人参加樗蒲,还有投壶弓弹,都分门别类安置妥当,于是果品菜肴随后送上,清酒慢慢斟饮,诸葛融来往观看,终日不知疲倦。诸葛融的父亲和哥哥生活朴素，虽然在军旅中，穿着都不华丽。而诸葛融则身穿锦绣衣服，偏偏讲究奢侈绮丽。孙权去世后，诸葛融改任奋威将军，后来诸葛恪征讨淮南，授予诸葛融符节，让他率领军队进入沔水一带，攻击西边的魏军，诸葛恪被诛杀后，孙峻派无难督施宽会同施绩、孙壹、全熙等人去收押诸葛融。诸葛融突然听说施宽等人带兵到来，惊恐犹豫，不能拿定主意，兵到围城，他服毒自杀，三个儿子全被处死。

步骘字子山，临淮郡淮阴人。因世道混乱，他来到江东避难，孤身一人穷困潦倒。与广陵人卫旌同年并且关系要好，两人都靠种瓜养活自己，白天劳动四肢，夜里诵读经书。

会稽人焦征羌，是郡里的豪门大族，家人门客放任而不受约束。步骘和卫旌在他的地盘内谋生，害怕被他们欺凌，就一同写好名片，带着瓜去献给焦征羌。焦征羌正在内室休息，步骘和卫旌等候了多时，卫旌打算放弃见面回去算了，步骘阻止他说："我们之所以来这里，本就是畏惧他的强横；现在不见而去，想自以为清高，结果只会与他结怨罢了。"过了很久，焦征羌开窗接见了他们，他自己身靠几案坐在帷帐中，叫人在地上铺了席子，让步骘、卫旌坐在窗外，卫旌更加感到耻辱，而步骘言辞神色泰然自若。焦征羌吩咐用餐，他自己享用大食案，上面满是美食好菜，却用小盘盛饭给步骘和卫旌，只有蔬菜下饭而已。卫旌吃不下，步骘则放开肚子直到吃饱了才告辞出来。卫旌生气地对步骘说："你怎么能忍受这种羞辱？"步骘说："我们贫穷低贱，所以主人用贫穷低贱的规格对待我们，本来就是合适的，这有什么可觉得羞耻的呢？"

孙权任讨虏将军时，征召步骘为主记，任命为海盐县长，不久再征召为车骑将军东曹掾。建安十五年，步骘出外兼任鄱阳太守。年内，又改任交州刺史、立武中郎将，统领武射吏一千人，轻装上路南行。第二年，补授为使持节、征南中郎将。刘表任命的苍梧太守吴巨暗怀叛离之心，表面归附而内心背离。步骘屈意招引，请吴巨前来会面，趁机将他斩首示众，由此威声大震。士燮兄弟，相继前来听从差遣,南方疆土的归顺,就是从这时开始的。益州的世家大族雍闿等人杀了蜀国任命的太守正昂,与士燮相通,要求归顺吴国。步骘秉承君主旨意派使者宣示圣恩给予安抚接纳,因此给步骘加官平戎将军,封为广信侯。

延康元年,孙权派遣吕岱接替步骘,步骘则率领交州义士一万人赴长沙。正好刘备东下,武陵蛮夷蠢蠢欲动,孙权于是命令步骘向北进军益阳。刘备惨败之后,零陵、桂阳等郡仍然惊动扰乱,处处有人招兵买马,步骘辗转征讨,把这几个郡都平定了。黄武二年,步骘升为右将军、左护军,改封临湘侯。黄武五年,假以符节,改屯沤口。

孙权称帝后,任命步骘为骠骑将军,兼任冀州牧。这一年,他都督西陵,代替陆逊镇抚荆州与冀州,不久因为冀州已划归蜀国,就解除了冀州牧一职。当时孙权的太子孙登驻守武昌,友爱他人而乐于为善,他给步骘写信说:"大凡说贤人君子,就是用来使国家教化兴盛,协助治理当世大事的人。我这人天性愚昧,不通达道理,尽管我确实很想尽心追求美德,让自己跻身于才德出众者的行列,但说起从古到今的饱学儒生,先世君王们种种得体合宜的举措,对于我来说还比较遥远,我没能详细了解他们的情况。《传》里说:'爱慕他能不让他劳苦吗?忠于他能不行使教诲吗?'这句话包含的本旨,难道不是对才德兼备的君子们所寄予的厚望吗!"于是步骘把当时任职于荆州境内的人物开列给太子,有诸葛瑾、陆逊、朱然、程秉、潘濬、斐玄、夏侯承、卫旌、李肃、周条、石干等十一人,他对这些人的履历事迹分别做了介绍,并借机上疏鼓励孙登说:"我听说君主不亲自管理小事,百官和各主管部门各司其责。所以虞舜任用九大贤人,自己无需耗费什么心力,只是弹弹五弦之琴,吟吟南风之诗,不必迈出朝堂而天下已治理得井井有条。齐桓公任用管仲,自己披头散发驱车游玩,不仅治理好了齐国本土,还造就了九合诸侯以匡扶天子的大业;近世汉高祖招揽豪杰三人而成就了帝王大业,西楚霸王丧失英雄俊杰从而丧失了行将到手的天下。汲黯在朝,淮南王不得终止其谋反的企图;郅都守边,匈奴人闻风而遁迹远方。所以有才德的人所在之处，可以制敌取胜于万里之外，他们的确是国家的锋利武器，关系到王朝的存亡盛衰。当今天子的教化还没有遍及到汉水以北，黄河、洛水两岸还有篡位悖逆的丑类逍遥法外，确实是招揽英雄、选拔俊杰、任用贤能的时候。希望英明的太子多多留心于此，那么天下的人就十分幸运了。"

后来中书吕壹负责审阅公文，很多人遭到他督察检举，步骘上疏说："我听说那些负责审阅公文的典校们专挑事情的细微末节，吹毛求疵，夸大案情并加深诬妄，动辄想着陷害他人以使自己作威作福；无罪无辜的人，不知不觉就遭受重刑的处置，因此使得人们惶恐不安时刻谨慎戒惧，有谁不是战战兢兢？从前主持刑狱的官吏，都是由才德兼备的人所担任，所以皋陶执掌刑法，吕侯用钱物赎罪，张释之、于定国担任廷尉，百姓没有谁无辜而被判处有罪的，安宁的福运，实在是由此兴盛。当今这班小臣，所作所为与古人天壤有别，断案靠行贿以决定结果，草菅人命，而又把责任推给朝廷，替国家招致人民的怨恨。天下有一个人悲声叹息，仁政的理想就受到抑损，这是非常令人痛恨的！才德兼备者慎于刑罚，制裁犯罪者严守刑法，这是经书所赞美的事情。从今而后断案量刑，都城及其附近的就应当咨询顾雍，属于武昌的就应当咨询陆逊和潘濬，用心公平专一，务必弄清实情，我依从神明的意志而发声，就算承受处罚又有什么可遗憾的呢？"又说："天子以天为父而以地为母，所以宫室布局和百官设置，都要效法天上的众多星宿。如果实施政策法令，能够敬顺时令节气，且命官授任得其所宜，阴阳二气才会和谐，七星运行才会遵循正轨。说到当前，官员配置本欠齐全，虽然还有几位尊贵的臣子在位，又得不到信任，这样天地怎么能不产生异常的变化呢？所以连年的干旱，正是阳气太盛的体现。另外嘉禾六年五月十四日，赤乌二年正月一日和二十七日，都发生了地震。地属丁阴类，是臣子的象征，阴气盛所以地震，这是臣子专擅朝政的反映。凡天地产生异变，都是用来警醒君主的，能不深切思量其中的含意吗！"又说："丞相顾雍、上大将军陆逊、太常潘濬，他们忧思深切而责任重大，立志竭尽忠诚，日夜兢兢业业，寝食不能安宁，一心只想着安定国家利于人民，制定长治久安的政策方略，可以说是君王的心腹和左右手，国家的栋梁之臣。应当充分信任他们，不让其他官员监督干扰他们各自主管的工作，从而苛责他们的办事成效，以至于将他们的考绩名次列为末等。这三位大臣，除非是他们的思虑确实无法企及才可能作罢，又哪里敢于独揽大权作威作福从而欺诈违背陛下呢？"又说："出具赏格以表彰善行，设立刑罚以威慑奸佞，用贤任能，明察法家学问，那么什么功业不能成就？什么事情不能明辨？什么传言不能听到？什么现象不能看到？如果当今管辖百里的郡守都得到合适的人选，共同规划治理，这样一来，各种政务怎么可能有不兴盛的道理！我私下听说各县都有不干正事的闲散人员，官吏多了民众难免不胜其扰，社会风气也将因此败坏。只不过那些人格卑劣者借着机缘接受使命，并不是努力奉行公事反而作威作福，非但无益于朝廷视听，相反只会加深对人民的祸害，我认为这样的官员可以一律省免。"孙权也有所醒悟，后来终于处死了吕壹。步骘先后为举荐久居下位得不到提升的人才，拯救解脱处境艰险困苦的无助官员，上书过几十次。孙权虽然不能悉数采纳，但还是不时接受他的意见，很多人都因他的帮助而受益。

　　赤乌九年，步骘接替陆逊做了丞相，仍然教导弟子，手不释卷，穿戴和居处就像读书人一样。然而内室妻妾的服饰奢侈华丽，这个方面很是招来了他人的讥嘲讽刺。他在西陵二十年，邻近敌军都敬畏他的威望与信誉。他胸襟开阔能得到众人拥护，喜怒从不表现在脸色声音上，所以内外人士都对他肃然起敬。

　　赤乌十年步骘去世，儿子步协继承爵位，统领步骘旧部，并加官抚军将军。步协去世，儿子步玑承袭侯爵。步协的弟弟步阐，继承父业担任西陵督，加官昭武将军，封西亭侯。凤皇元年，征召为绕帐督。步阐父兄几代都驻扎西陵，突然间接到受征诏命，自以为失职，又担心受到谗言陷害，于是占据西陵城请求投降晋国。他派步玑的弟弟步璿去洛阳作为人质，晋国任命步阐为都督西陵诸军事、卫将军，仪同三司，加官侍中，假以符节兼任交州牧，封为宜都公；步玑为监江陵诸军事、左将军，加官散骑常侍，兼任庐陵太守，改封为江陵侯；步璿为给事中、宣威将军，封为都乡侯。晋国命令车骑将军羊祜、荆州刺史杨肇前往增援步阐。孙皓派陆抗西进，羊祜等人逃跑退却。陆抗攻陷西陵城，捉拿并斩了步阐等人，步氏灭绝，只剩步璿一人承续整个家族的香火。

颖川人周昭著书称赞步骘和严畯等人说："古今贤能的士大夫之所以名败身裂灭家害国，其中的原因不止一个，但归纳其大致的规律，总结其常见的祸患，不过是四方面的原因而已。一是太急于评价人事好坏是非，二是过于在意名声与权势，三是过于注重拉帮结派，四是太专注于快速见效。急于议论就会伤害他人，争名夺势就会失去朋友，拉帮结派就要蒙蔽君主，务求速成就会丧失道义，这四个方面的缺陷不能根除，没有谁能最终得以保全的。当代才德兼备的人物能避免四大缺陷的，其实也不乏其人，哪里仅限于古人呢！但要说到其中最为超群脱俗的，就很少有能比得上顾豫章、诸葛使君、步丞相、严卫尉、张奋威所表现出的完美了。《论语》说'孔子很善于按部就班地引导教育他人'，又说'成全他人为善的美名，不促成别人的坏名恶行'，这就是顾豫章所拥有的。'一眼看过去样子严肃庄重，靠近他会感觉如沐春风，听他说话会受到鼓舞和勉励'，这就是诸葛使君所体现的。'敬慎而平静，威严而不威猛'，这就是步丞相所实践的。求学而不以追求名利为目的，心中没有获取不义之财的想法，这就是严卫尉、张奋威所履行的。这五位君子，虽然德能各有差别，出身尊卑也有不同，说到举止取舍的主要操行，特别是不犯前述四大忌讳，无疑是高度划一的。从前丁谞出身孤儿，吾粲本是牧童，顾豫章彰显他们的优点，使他们的地位最终与陆氏、全氏并列，因此贤才不被埋没而社会风俗趋向淳厚。诸葛使君、步丞相、严卫尉三人，过去同以平民的身份相互关系亲善，众多议论者各自排列他们的优劣等次。起初，严卫尉列为第一，其次是步丞相，再次为诸葛使君；后来他们共同事奉贤明的君主，规划管理当世政务，出仕及隐退的才能各不相同，各自的名次先后跟原来的排序来了个根本逆转，当然这都是世间普通人根据他们所受待遇的厚薄所做的评定。至于他们三人的情谊，最终也没有因为这些变化而受到损害，难道这不是古人的交往风范么！另外鲁肃原先统领一万人马,屯兵据守陆口,这是当时的美好事业,无论有无能力,会有谁能拒绝这样的美差呢？到了鲁肃去世,严卫尉被选中接替鲁肃,但他自认为才干不胜将帅之任,诚心坚决推让,最终不肯就任。后来他跻身九卿之列,改任执掌八座尚书事务,荣誉不足以自我炫耀,俸禄不足以养家糊口。诸葛使君和步丞相二人,却都位居上将,极尽富贵。严卫尉既没有追名逐利的欲望,另外两位君子也不向上称赏荐举,大家各自坚守自己的志向,保全自己的名誉嗜好。孔子说:'才德兼备者端庄而不斤斤计较,合群而不拉帮结派。'他们三人都具有这种风范。另外张奋威的名声,也应该是仅次于他们三位,他担当镇守一方的重任,身负上将的职事,与诸葛使君和步丞相没有什么不同。然而说到参与国事,比较功劳大小,确有高低程度的差别,所以封爵官位的尊荣程度也不尽一致。而张奋威对待这些东西,很能摆正自己的身份和位置,心里没有违背道义的想法,行事没有得意忘形的狂妄,每次上朝,举止遵循礼仪,措辞语气正直无私,时刻不忘尽心尽忠。张叔嗣尽管亲近贵幸,张奋威言语中曾忧虑他的失败,蔡文至虽然疏远贫贱,张奋威谈论时就赞赏他的贤能。女儿许配太子,接受聘礼时他就像被人吊唁一样难受,奔赴君命时却又说不出的激昂奋发,确实是个忠实厚道的人物,而结果的成败得失,都像他曾预测的那样,可以说他是个坚守道德规范而能见微知著,推崇古代风范的贤人了。要说到治理国家,统率军队,纵横驰骋于沙场之上,建立霸王的功业,这五个人还算不上有什么过人之处。至于他们那种精纯完美而躬行正道的作风,追求进取而不抱苟且获取企图的立场,不论当时升官或降职,都能保全自己的名声与品行,远远地超出世俗窠臼,实在有值得人们学习的地方。所以我概括地议论他们的事迹,以便留给后来的君子观看。"周昭字恭远,与韦曜、薛莹、华覈一起撰述《吴书》,后任中书郎,因犯法入狱,华覈上表救他,孙休不答应,于是被处死。

评:张昭接受遗诏辅佐继任君主,功勋卓著,他忠诚端方人品正直,行事奉公不为私利,却因为严厉而令人畏惧,因为清高而被遭到疏远,既没能担任统帅百官总揽朝政的宰相,也没有荣升辅弼帝王教导王子的师保,只好赋闲在家,养老而已,由此明白孙权不如孙策。顾雍凭借清白的操守,加上明智与器量的运作,所以能穷尽令名尊位。诸葛瑾、步骘均以道德气度和循规蹈矩而受到当世器重,张承、顾邵属于虚怀若谷的长者,爱好和崇尚人才,在周昭的评论中,对他们的称赞都很完美,所以这里也采摘作为详细的记录。顾谭献忠言供君王采纳而无不着眼于国家利益,有忠贞的节操。张休、顾承培养高尚的志向,都做了很多善事。爱好与厌恶相互攻击,致使他们被流放到南疆,真的令人哀伤!

白话三国志卷五十三　吴书八

张严程阚薛传第八

张纮字子纲,广陵人。年轻时游学京都,后返回本郡,被举荐为茂才,及受三公之府征召,他都不接受任命。躲避战乱来到江东,孙策创立基业时,张纮便委身投靠了孙策。孙策表奏他为正议校尉,跟随讨伐丹杨。孙策亲临前线作战,张纮劝谏说:"所谓主将,是军事谋略的制定者,关系到三军命运的依托,不应轻率大意亲自与区区小寇对阵。希望您珍重上天授予您的英才,顺应天下人的期望,不要使国内上下人等都为您忧虑恐惧。"

建安四年,孙策派张纮带奏章前往许昌觐见汉献帝,就留在那里担任侍御史。少府孔融等人都跟他亲近友善。曹操听说孙策去世,想借吴国治丧之机讨伐东吴。张纮进行劝阻,认为抓住别人国丧为进攻时机,本就不合传统道义,如果进攻不胜,反而使两国结下仇怨丧失了往日的盟好,不如借此机会厚待吴国。曹操采纳了他的意见,当即上表推荐孙权为讨虏将军,兼任会稽太守。曹操想让张纮辅佐并游说孙权归附魏国,便让张纮出任会稽东部都尉。

后来孙权任命张纮为长史,让他跟随讨伐合肥。孙权率领轻装骑兵准备突击敌军,张纮劝阻说:"军队是凶器,战争是危险的事情。现在您仗着强壮的血气,轻视强暴的敌人,三军将士,无不担心,即使能斩杀敌将夺得敌军帅旗,威震敌阵,可这是偏将的责任,不是主帅所应该做的。希望您克制孟贲、夏育般的侠客勇武,多多发扬称霸称王的豪情。"孙权接受张纮的意见而停止行动。回师之后,第二年孙权又准备再次出兵,张纮又规劝说:"自古以来帝王就是承受天命的君主,尽管上有天帝庇佑,下有礼乐教化传扬,也要依赖武功来昭示功勋。然而武功贵在适时而动,然后才能显示使人畏惧慑服的力量。现在您正遭遇汉廷四百年的厄运,有扶危济难的功业,应暂且隐伏偃息军队,广泛地致力于农桑,任用贤才能人,务必推崇宽厚的惠政,顺应天命以实施诛讨,这样就可以不用过于劳师动众而使天下平定。"于是孙权便停止了这次的出兵计划。张纮提议应当迁往秣陵建都,孙权听取了他的意见。孙权命张纮回吴郡迎接家眷,半路上张纮却因病去世了。临终之前,张纮让儿子张靖代笔写下最后的奏表上呈给孙权说:"自古以来有国有家的人,都想推行德政来和过去的盛世比美,至于后来的治理结果,大多没有可流传后世的美好名声。并不是没有深明治国纲领的忠臣贤才,而是因为君主不能克制自己的私情,不能正确地任才用能罢了。人的常情总是畏难就易,喜好跟自己相同的意见而讨厌异议,这与治理国家的根本方针恰好背道而驰。《传》中说'依从善言善道就如登山那般不易,学习坏人坏事却跟山崩一样迅速',说的就是从善学好的难度。君主继承几代相传的基业,凭借自然形成的势力,手握着驾驭臣下的八种手段而形成的威信,习惯于做容易的事及听取相同的意见,没有什么要求借助于别人的;而忠臣心怀难于进达的治国方法,倾吐逆耳的劝谏之语,君臣意愿不能水乳交融,不也是理所当然的事吗!不合就将产生隔阂,诡辩者就会乘虚而入,君主被小事上的效忠献媚所迷惑,对奸邪小人的恩爱假象依依不舍,致使贤能与愚昧者鱼龙混杂,长幼尊卑丧失次序,这些现象得以产生的根源,离不开人君个人好恶私情的错乱。所以圣明的君主感悟到这个道理,寻求贤人则如饥似渴,接纳劝谏则不知满足,克制私情而减少私欲,为了道义而割舍私恩,上面没有偏颇错误的任命,下面就没有想入非非的企图。您应加以三思,宽仁大度地广采众言,来完成仁义覆盖天下的大业。"去世时张纮六十一岁。孙权看了他的遗书眼泪落下。

张纮所作的诗赋铭诔有十几篇。儿子张玄,官至南郡太守、尚书。张玄的儿子张尚,孙皓在位时任侍郎,因言语敏捷善辩得到孙皓的了解和赏识,提拔为侍中、中书令。孙皓让张尚弹琴,张尚回答说："我从来就不会。"孙晧下令让他学习。后来在宴会言谈之间说到琴音的精妙时，张尚随口说道"晋平公让师旷弹奏清角，师旷说我们的国君德行浅薄，不足以聆听这种琴音"。孙晧心里认为张尚是用这话来讽喻自己，很不高兴。后来又累计了其他事情把张尚关进监狱，追究起来都用这件事诘问他，又把他遣送到建安去造船。过了很久，又就地加以诛杀。

当初，张纮的同郡人秦松字文表、陈端字子正，与张纮一起受到孙策的重视，并参与谋划大事。他们两人都早年去世。

严畯字曼才，彭城人。从小酷爱学习，对《诗经》、《尚书》和三《礼》都有深入的了解，又喜好《说文解字》。在江东避乱时，与诸葛瑾、步骘齐名并且关系友好。严畯性情朴直淳厚，对于有才能的人，能给予忠告善加诱导，目的是想对他们的进步和发展有所补益。张昭把他推荐给孙权，孙权任命他为骑都尉、从事中郎。到横江将军鲁肃去世时，孙权让严畯接替鲁肃，督率一万人的军队，镇守陆口。众人都为严畯高兴，但他自己却一再坚持推辞说："我本寻常书生，对军事缺乏了解，才不堪任而占据这个位置，灾患必将随之而来。"说这话时情绪激昂，以至于流下了眼泪。孙权于是听取了他的辞让。当时的人都赞赏他这种据实辞让的精神。孙权做吴王以及称帝之后，严畯曾担任卫尉，出使到蜀国，蜀国丞相诸葛亮对他十分欣赏。严畯从不积蓄俸禄赏赐，财物都分送给亲友故旧，家用经常不够充裕。广陵郡人刘颖与严畯是故交，刘颖在家精研学问，孙权得知后便征召他，他称病不肯应召。他弟弟刘略任零陵太守，在任上去世，刘颖前往奔丧。孙权知道刘颖原是装病，急传驿令收押并审讯他。严畯也快马赶去告知刘颖，让他回来向孙权道歉请罪。孙权发怒撤了严畯的官职，而刘颖却得以免罪。过了很久，又任命严畯为尚书令，而后直到他去世。严畯著有《孝经传》、《潮水论》，又与裴玄、张承撰书评论管仲和季路，这些作品都流传于世。

裴玄字彦黄，下邳人，也有学问品行，官至太中大夫。他问儿子裴钦关于齐桓公、晋文公、晋夷公、晋惠公四人的优劣，裴钦以自己的见解作答，与裴玄的想法恰恰相反，且各有各的文辞义理。裴钦与太子孙登交往相处，孙登也称赞他的文采。

程秉字德枢，汝南郡南顿县人。他曾跟从郑玄学习，后来避乱来到交州，与刘熙考查论证古书要旨，于是精通五经。士燮任命他为长史。孙权听说他是著名的儒士，便以礼征召他；程秉到来后，被任命为太子太傅。黄武四年，孙权替太子孙登聘娶周瑜的女儿为妻，程秉代理太常，前去吴郡迎接太子妃，孙权亲自来到程秉船上，给予他特别显著的优待礼遇。迎接太子妃归来，程秉从容地向孙登进言说："婚姻是人际尊卑等级秩序的发端，是王者教化的基石，因此圣明的君王都重视它，用它来给民众作表率，教育感化天下，所以《诗经》赞美《关雎》，把它列在篇首。希望太子在闺房中尊崇礼教，心存《诗经·周南》所歌咏的美德，那么道德风化自上而兴隆，颂扬之声就将自下而产生了。"孙登笑着说："扶助发扬我的优点，匡正补救我的过失，确实都要仰赖于太傅呢。"

程秉在任上因病去世。著有《周易摘》、《尚书驳》、《论语弼》，共计三万余字。

程秉任太子太傅时，率更令河南人徵崇也是个专心好学而建德修行的人。

阚泽字德润，会稽郡山阴县人。家里世代务农，到了阚泽喜爱学习，而家里贫穷没有学资，便常常受雇替别人抄书，以此换来纸笔的费用，抄完书后，他也将抄写的书全部诵读完了。他又寻求老师讲论，遍览群书，兼通历法天文，由此名声在外。被推举为孝廉，授官为钱唐县长，升郴县县令。孙权任骠骑将军时，征召他补任西曹掾；到孙权称帝之后，任命阚泽为尚书。嘉禾年间，阚泽任中书令，加官侍中。赤乌五年，由他担任太子太傅，照旧兼任中书令。

阚泽认为经传文字繁多，很难得以全部应用，于是斟酌推敲各家之说，删削《礼》的正文和各家注释以指导天子和太子，并为他们拟定了出入及会见宾客的礼仪，又著《乾象历注》来校正时日。每当朝廷集议国家大事，遇到经典中有疑难之处，都向他咨询。因为他对儒学的辛勤研究，被封为都乡侯。他的性情谦恭厚道，言行谨慎，就是宫廷诸府的小官，招呼他互相问答交谈，他都以平等礼节相待。有人非议他的短处，他从不开口反驳，表情就显示出自己有不足的样子，但非议之声便渐渐地越听越少了。孙权曾问他："书传诗赋，哪一篇为好？"阚泽想用讽谏比喻来说明治乱之道，就趁机回答说贾谊的《过秦论》最好，孙权便阅读了这篇文章。当初，由于吕壹的奸邪罪行被揭露上报，主管部门彻底查办，奏请判处极刑，有人认为应施以炮烙车裂之刑，用来昭示元凶的罪恶。孙权就此征询阚泽的意见，阚泽说："昌明的时代，不应该再有这种刑罚。"孙权听从了。此外各官署都存在一些隐患和弊端，孙权想增加法律条令，来约束控制臣下，阚泽每次都说"应当依照礼制和律法来处理"，他平和而正直的个性，都跟这样的事例一样。赤乌六年冬天阚泽去世，孙权痛惜哀悼，几天吃不下饭。

阚泽的同州前辈丹杨人唐固，也是个注重陶冶身心，涵养德性，积累学问的人物，被称为儒者，著有《国语》、《公羊》、《穀梁传》等三部古籍的注释，听他讲授学问的常有几十人。孙权被封为吴王，任命唐固为议郎，自陆逊、张温、骆统等人以下都拜他为师。黄武四年任尚书仆射，后去世。

薛综字敬文，沛郡竹邑人。小时候跟随族人到交州避难，跟从刘熙学习。士燮依附孙权以后，朝廷征召薛综为五官中郎将，任命为合浦、交阯太守。当时交州刚刚开辟，刺史吕岱率领大军讨伐，薛综随行，渡海南征，一直推进到九真。任务完成后回到京都，代理谒者仆射。西蜀使者张奉在孙权面前拆分尚书阚泽的姓名来嘲弄阚泽，阚泽不能反击。薛综下席巡行斟酒，利用劝酒的机会对张奉说："蜀是什么呢？有犬为獨，无犬为蜀，苟字为身，横生眼目，一条虫子，钻入其腹。"张奉说："不应该再拆一拆你们的吴字吗？"薛综应声说道："无口为天，有口为吴。君临万国，天子之都。"于是在座众人欣喜欢笑，而张奉却无言以对。薛综的机智敏捷，都跟这件事情类似。

吕岱从交州被征召出来,薛综担心吕岱的继任者不是适当的人选,就上书说:"从前舜帝南巡,死在苍梧。秦朝设置了桂林、南海、象郡,这样看来这四郡归属中国,实是由来已久。赵佗在番禺起家,安抚降服百越的首领,这就是珠官以南的地区。汉武帝诛杀吕嘉,开辟九郡,设置交阯刺史来镇抚监管这个地方。这里山长水远,风俗习惯不一,语言各异,要通过多重翻译才能沟通,百姓如同禽兽,长幼没有等级差别,绾一撮发髻而光脚步行,头上扎着带子而衣襟左开,官员的设置,即使有也如同没有一样。从那以后,有不少中原地区流放的罪人杂居在他们中间,逐渐使他们学习写字,然后粗通汉语,又派驿传往来,让他们看到礼仪教化。到后来锡光担任交阯太守,任延担任九真太守,才教会他们耕田种地,让他们戴帽穿鞋;为他们设置媒官,他们才开始懂得何为聘问嫁娶;又建立学校,用经义教导他们。自此而后,四百多年之中,各任太守大都依法炮制。自从微臣先前刚来此处客居之时,珠崖一带除州县治所所在实行正式嫁娶外,其他各处都必须要等到八月份自认门户,民众集会的那个时候,男女之间自行寻求合适对象,当即结为夫妻,父母不能阻止。交阯郡的麋泠、九真郡的都庞二县,都是哥哥死了弟弟娶嫂子为妻,世代相沿为俗,地方长官放任自流,不能禁止限制。日南郡男女裸体,不以为是什么羞耻。由此而言,可以说都是虫兽之类,只不过多了张人脸而已。然而这里地广人众,遍地险阻并多猛兽害虫,容易利用这些条件作乱,难以使他们服从治理。县里官吏一方面采取笼络政策,同时宣布法令达到威力慑服而已,至于农户租赋的征收,以及供应措办物资的斟酌取用,重在使他们贡献远方珍宝著名珠玉、香料、象牙、犀角、玳瑁、珊瑚、琉璃、鹦鹉、翡翠、孔雀之类稀奇土产,充实完备珍贵赏玩之物的收藏,而不必仰仗他们交纳赋税,来补益中原地区。然而这些地方远在京城的数千里之外,地方长官的选择,通常多数没有经过详细考核。汉朝时法令宽缓,这些官员大多自主放纵,所以导致造反违法事件的屡屡出现。珠崖郡的得而复失,起因就在于地方官员看见当地人头发漂亮,强行剪取做成假发。

到后来我亲眼所见的，比如南海人黄盖担任日南太守，一到任就因郡府陈设不丰，而把主簿暴打致死，他自己也因此遭到郡人驱逐。九真太守儋萌为岳父周京大摆宴席，请来所有大官，饮酒作乐，酒酣之际开始行乐，功曹番歆特为周京起舞，周京不肯起身，番歆还是用强请他共舞，儋萌发怒杖打番歆，把他打死在郡衙内。番歆的弟弟番苗率众攻打郡府，发毒箭射儋萌，儋萌中箭身死。交阯太守士燮派兵讨伐，最终没能打垮番苗。又如前任刺史会稽人朱符，多把同乡如虞褒、刘彦等人分任为长官，侵害虐待百姓，强收百姓赋税，捕一条黄鱼就要上缴一斛稻子，百姓怨恨反叛，山贼们纷纷杀出，攻打州郡。朱符逃往海上，颠沛流离而死。再如南阳人张津，与荆州牧刘表有矛盾，本来实力就远不如对方，还年年兴师动众，诸将都很厌倦忧心，离去或留下便有些随心所欲。张津稍稍加以约束监督，自身又威风气派不足以服众，遭到部下凌辱，最终被杀。后来又还有零陵人赖恭，这位前辈仁厚谨慎，但他不明时局，刘表又派长沙人吴巨担任苍梧太守。吴巨是一介武夫，为人轻捷勇悍，不被赖恭所信服，便相互怨恨，吴巨驱逐了赖恭，赖恭便请求依附步骘。这时张津时期的将领如夷廖、钱博还有不少余党，步骘逐次铲除，法度纲常刚刚得以健全，恰好又因朝廷征调而去。吕岱接任之后，发生了士氏的叛乱。他率越军南征，在讨伐平定之时，改任地方长官，彰明天子的纲纪，威风覆盖万里，人们无论长幼尊卑都接受教化洗礼。以此而言，安定抚慰边疆远人，确实应有称职的人选。担任州郡长官这种职务，本来就应是清正而能干的人，而在荒僻边远之地，官吏的选择就尤其显著地关系到成败祸福。如今交州虽然名义上已经大致平定，但还有高凉的惯匪存在；其间南海、苍梧、郁林、珠官四郡交界处尚未安抚停当，依然有贼寇出没作乱，并已变成叛乱逃亡者的集中藏身之地。倘若吕岱不再回到南面任职，那么新任刺史应该选择精细谨慎，能够控制八郡，具有策略智谋，能逐渐平治高凉的人担任，给予他权力优宠，以及声势后援，责成他务必拿出治绩，这样才有希望弥补因吕岱调走而留下的缺憾。如果只是寻常的人才，行事墨守成规，胸无奇谋妙策，那么各种坏事恶行将日益滋长，久而久之必成祸害。所以国家的安危，就在于所任官吏的质量，这是不能不明察的。我私下担心朝廷轻忽了交州刺史的选任，所以斗胆竭尽我的忠心，以开广陛下的思虑。"

黄龙三年，建昌侯孙虑任镇军大将军，驻扎在半州，任命薛综为长史，对外掌管各种政事，在内讲授经传典籍。孙虑去世后，薛综入朝代理贼曹尚书，升为尚书仆射。当时公孙渊投降后再度反叛，孙权怒不可遏，打算亲自实施征伐。薛综上书劝谏说："所谓帝王，是万国的元首，他的一举一动关系到国家命运。因此居所要设置重重门户及打更巡夜以防意外，出行便要清道戒严并按辔徐行以体现威风尊严，目的在于保障万全的福运，镇抚四海的民心。从前孔子痛感时弊，托言要乘筏出游大海，季由为此而兴高采烈，而孔子却告诉他无法获取需要的材料而让他空自欢喜了一场。汉元帝想乘楼船，薛广德请求刎颈用自己血来染红皇帝车驾。为什么呢？水火是最危险的东西，不是帝王所应涉足的。谚语说：'富贵人家的孩子，不坐在堂屋的檐下。'何况是贵为天子的人物呢？如今辽东这种戎貊小国，没有坚城深壕作为固守资本，以及相应的防御办法应对进攻，武器拙劣，部队如犬羊一般没有组织纪律，我大军一到就可攻克，的确像圣明的诏书所说的那样。然而那个地方寒冷贫瘠，谷物不能生长收获，百姓习惯骑马，辗转迁徙不定，突然听说大军到来，自料无法抗衡，便会像鸟兽惊动，驱马远驰四散，届时连一人匹马也不能见到，即便获得那片无人的空地，守住它也毫无益处，这是不可出兵的原因之一。加上大海茫茫惊涛骇浪，又有成山岛构成的危难，海上航行天气变幻无常，狂风恶浪势难避免，可能眨眼之间，人员和船只所面临的形势就会截然不同。那时即使德行直追唐尧和虞舜，也空有智谋而难以施展，即使威猛胜于孟贲和夏育，也徒有勇力而无处发挥。这是不可出兵的原因之二。况且浓雾郁结下落，咸水蒸发上腾，人在其间很容易身患流肿，转而互相传染，大凡航海的人，很少有不得此病的，这是不可出兵的原因之三。上天降生神圣的帝王，用吉祥的征兆加以昭示，应当趁机扫平祸乱，使人民重获康安；如今美好的征兆与日俱增，国家即将得到平定，叛逆之徒和凶恶残暴之辈，其灭亡的时刻也已临近。中原一旦平定，辽东叛逆将自行败亡，我们只需拱手等待而已。而今却要违背必然的规律，去寻求极度危险的患难，忽视九州的巩固，宣泄一时的愤恨，这既不是国家的重大决策，又是创业以来未曾有过的事情，这正是文武百官之所以侧身叹息、食不甘味、寝不安席的原因。希望陛下克制雷霆般的天威，忍耐赫然喷薄的怒火，遵循乘桥而行的平安之道，远离如履薄冰的危险境地，那么臣子便可仰仗您的福佑，天下百姓也会感到十分幸运。"当时群臣多有劝谏，孙权便没有亲自出征。

黄龙三年正月二十二日，孙权下令薛综有关祭祖的赞辞不得使用通常的文字，薛综接到诏命，迅速拟就文章的主要内容，措辞诚敬而文采灿烂。孙权说："再增加首尾两段，使赞辞凑足三个部分。"薛综又写出两段祝辞，文辞都很新颖，众人都称好。赤乌三年，改任选曹尚书。赤乌五年，任太子少傅，依旧兼任选曹尚书。赤乌六年春，薛综去世。他所撰写的诗赋论文共有几万字，名为《私载》，又考定著述《五宗图述》及《二京解》，都流传于世。

薛综的儿子薛珝，官至威南将军，出征交阯回师，在途中病死。薛珝的弟弟薛莹，字道言，最初担任秘府中书郎，孙休即位后，他任散骑中常侍。几年后，因为有病而辞去官职。孙晧在位初期，薛莹担任左执法，升为选曹尚书，等到孙晧册立了太子，他又兼任太子少傅。建衡三年，孙晧追思赞叹薛莹父亲薛综的遗文，又命令薛莹继续往下写。薛莹献诗说："从前我的祖先，曾在汉朝做官，一代接着一代，多有登上台观。到了先父薛综，遭遇时世艰难，刘氏政权失控，国家颠覆动乱。来到这片乐土，希望劫后幸存，天神启示心灵，我等奔向江南。最初流亡微贱，受困蛮地边荒。大帝开创大业，恩德流布远方。特蒙征召恩命，获救逃出泥尘，脱下粗布褐衣，接着授职领兵。担任合浦太守，远在南海之滨，后来迁升入京，执掌机要权柄。恰如枯木逢春，世系将灭复明，微贱变身显贵，实非当初本能。感念优宠厚遇，内心油然知足。后又再遇文皇，太子备位东宫。臣父担任少傅，更加显耀光荣。英明圣主承嗣，大德虚怀若谷，加倍礼遇臣下，隆恩润泽无数。可怜我父先臣，一心竭力尽忠，天恩未及报答，突然弃世而终。可叹微臣卑贱，只有兄长小弟，所幸生育逢时，延续薛综血脉。虽受先父严训，难开愚顽本性。不能继承遗业，志在退隐耕耘。不料圣朝天子，仁德恩泽流盈。追录先父功勋，哀其事业未竟，特别扶持提拔，殊荣赐予子孙。薛珝忝职千里，奉命率军南征，旌旗仪仗扬威，金鼓传播名声。至于浅陋小臣，实在蒙昧低能，既袭先父要职，执掌人才选评；又授东宫少傅，两代荣耀相承，才能不及先父，辱没违背圣恩。圣德广大光明，推重礼教殷殷，追思悼念亡臣，心存保全传人。奈何愚昧后裔，不肖徒有虚名！敬视先父旧宠，顾念我辈愚钝，谁能厚颜忍羞，小臣抱愧此心。反侧自夜至晨，始终扪心自问，一门父子兄弟，世代蒙受圣恩，死当结草报答，在生誓死献身，即使化为灰烬，难报万分恩情。"

  这一年，何定建议凿穿圣溪以贯通长江与淮河，孙皓命令薛莹督率一万人前往，终因存在众多巨石难以操作，停工返回，出任武昌左部督。后来何定被诛杀，孙皓追究开凿圣溪停工一事，把薛莹投入大牢，判处流放广州。右国史华覈上书说："我听说五帝三王都设置史官，负责记载功劳美德，使之流传无穷。汉朝的司马迁、班固，都是著名于当世的卓越人才，他们所撰写的史书精微奥妙，与六经一起流传于世。大吴帝国承受天命，建国于南方。大皇帝末年，命令太史令丁孚、郎中项峻开始撰写《吴书》。丁孚、项峻都不是修史之才，他们所撰写的，都不值得收录传世。到少帝时，又让韦曜、周昭、薛莹、梁广和在下五人，探访寻求过去的事情，共同撰写的史实，已具备始末原委。周昭、梁广先已去世，韦曜辜负皇恩成为罪人，薛莹出任将领，再因过失而被流放，这部书的撰述工作就此搁置下来，至今未能完稿进奏。我才疏学浅，只能替薛莹等人做做史实记录而已，倘若让我一人来写完全书，必定会走丁孚、项峻的老路，只恐要败坏大皇帝的首倡原意，损害当今的盛世盛事了。薛莹不仅学识渊博，文笔尤其精妙，在同僚之中，薛莹是首屈一指的。如今在职的官员，虽然不乏经学大家，说到记叙写作的才华，可以比美薛莹的人就很少了，因此我恭谨地替国家惋惜他。实在是很想让即将大功告成的《吴书》得以完成，使它能编列在前代史书的后面。书成奏上之后，我即使老死沟壑，也没有什么可再遗憾的了。"孙晧于是召回薛莹，任命为左国史。不久，选曹尚书、与薛莹同郡的缪袆因坚持自己的意见不轻易动摇，受到不少小人的忌恨，被贬为衡阳太守。已经任命，又追究他原先职务内的事而予以责问，缪袆也就上表以示谢罪。利用这个机会他顺道拜访了薛莹，却又遭人举报，说缪袆不服罪，带了众多宾客到薛莹住所聚会。于是收押缪袆投入监牢，判处流放桂阳，薛莹则被遣送回广州。还没到流放地，朝廷又召薛莹回京，让他官复原职。当时法律和政令多有谬误，措施烦杂苛刻，薛莹常常上书进献利于国家合乎时宜的建议，陈述应当放宽刑罚减轻劳役，从而救济抚育百姓，他的建议有的被采纳施行了。升为光禄勋。天纪四年，晋国军队征讨孙晧，孙晧奉送降书给司马伷、王浑、王濬请求归降，那封降书，就出自于薛莹的大手笔。薛莹到了洛阳以后，特别地受到优先录用，任命为散骑常侍，回答问题决断事务，都很有条理。晋太康三年薛莹去世。他的著作有八篇，书名为《新议》。

评：张纮文辞义理立意方正，是当世的优秀人才，孙策待他仅次于张昭，确实是有道理的。严畯、程秉、阚泽，堪称一代博学儒生。至于严畯辞让荣显以及帮助故交旧友的行为，不也是德高望重的人吗！薛综的学识纯粹宏富而且善于规劝进言，是吴国的忠良大臣。到了薛莹继承父业，确实有他先人的遗风，但他身当暴虐残酷的朝代，还屡登高位，君子替他感到危险啊！

白话三国志卷五十四　吴书九

周瑜鲁肃吕蒙传第九

周瑜字公瑾,庐江郡舒县人。堂祖父周景,以及周景的儿子周忠,都做过汉朝的太尉。父亲周异,曾任洛阳县令。

周瑜身高体壮而容貌英俊。当初,孙坚组织义兵讨伐董卓,把家迁到了舒县。孙坚的儿子孙策与周瑜同年,两人之间建立起了很好的关系,周瑜把大路南边的一座大宅院让给孙策居住,还常去后堂拜见孙策的母亲,各种生活用品也都互通有无,共同享用。周瑜的叔父周尚任丹杨太守,周瑜去看望他。孙策恰在这时准备渡江东向,他到了历阳,就写信通知周瑜,周瑜带兵迎接孙策。孙策高兴无比地对周瑜说:"得到你,大事就能成功了。"于是周瑜就跟随孙策去攻打横江、当利,都攻克了。接着又渡江进攻秣陵,打垮了笮融、薛礼,转攻湖孰、江乘,进入曲阿,刘繇败走,这时孙策的人马已发展到几万人了。孙策对周瑜说:"我用这几万人马攻取吴郡和会稽郡,及平定山越,都已经绰绰有余了。你还是回去镇守丹杨吧。"周瑜因此返回丹杨。不久,袁术派他堂弟袁胤替代周尚任丹杨太守,这样周瑜和周尚便都回到了寿春。袁术想要任命周瑜为部将,但周瑜考察分析袁术最终不会有什么成就,所以只请求担任居巢县长,目的是想借道回归江东,袁术同意了他的请求。周瑜便经居巢回到了吴郡。这一年,是建安三年。孙策亲自迎接周瑜,任命他为建威中郎将,当即派给他二千步兵和五十名骑兵。周瑜这时才二十四岁,吴郡的人都称呼他为周郎。孙策因为周瑜的恩德信义名震庐江,便派他防守牛渚,后又兼任春谷县长。不久,孙策打算攻取荆州,命周瑜为中护军，兼任江夏太守。周瑜跟随孙策攻打皖县，攻克。这时得到桥公两个女儿，都是天姿国色的美人。孙策自己娶了大桥，周瑜娶了小桥。接着又进军寻阳，打垮了刘勋，讨伐江夏郡，回兵时又平定了豫章、庐陵二郡，周瑜则奉命留守巴丘。

建安五年，孙策去世，由孙权统管政务。周瑜领兵前来吊唁，就此留在吴郡，以中护军身份与长史张昭共同执掌军政大事。建安十一年，他统领孙瑜等将征讨麻、保二屯，将这二个屯营的首领斩首，俘虏了一万多人，然后回兵驻防宫亭。江夏太守黄祖派部将邓龙带领几千人马进入柴桑，周瑜追击，将邓龙活捉送往吴郡。建安十三年春，孙权讨伐江夏郡，周瑜担任前部大都督。

这年九月，曹操进入荆州，刘琮率众投降，曹操得到了他的水军和舟船，步兵则多达几十万人，东吴将士听说后都非常惊恐。孙权召集众部下，询问对策。议论的人都说："曹操如豺虎一般凶狠残暴，但他凭借汉朝丞相的名义，挟制天子来征伐四方，动辄以朝廷旨意为借口，如今若是跟他抗衡，事情就将变得更加不利于我们。况且将军您大体可以跟曹操一决高下的优势，无非是长江天险。而今曹操已经取得荆州，那里全都在他的控制之下，加上刘表昔日所训练的水军，以及数以千计的蒙冲战舰，曹操将战舰全部沿江摆开，加上步兵，水陆两条战线同时沿江东下，这就意味着长江这一天险，曹操已是跟我们共同所有了。而敌我实力之间的众寡差别，又实在不能相提并论。因此我们的最佳选择莫过于向他投降。"周瑜说："不对。曹操虽然假借汉朝丞相的名义，其实是汉廷的盗贼。将军您凭借英明威武和雄才大略，加上依仗着父兄的赫赫功业，割据江东，土地方圆几千里，兵马精良而财用富足，境内英雄又都在愉快地从事本业，本当横行天下，为汉廷铲除奸邪祸害。况且曹操自己前来送死，怎么可以去向他投降呢？请让我为您分析谋划一下：即使现在北方的局势已经完全稳定，曹操毫无后顾之忧，能做到旷日持久，不惜跟我们胶着于这片战场之上，并且还能够跟我们的水军一决雌雄，姑且可以说他胜算较大；可惜目前北方并没有形成平静安定的局面，加上马超、韩遂还在关西威胁着曹操的后方；况且舍弃骑兵，

周瑜鲁肃吕蒙传第九

凭借舟船,来跟熟悉水战的吴越较量,这本来就不是曹军的长处;再者当前天气严寒,军马缺乏草料,驱使中原大军远涉南方的江河湖泊,水土不服,必然发生疾病:这四个方面,都是用兵大忌,而曹操却全都贸然施行了。将军想要活捉曹操,眼下正是最佳时机。我请求率领精兵三万,进驻夏口,保证为将军击破曹操。"孙权说:"曹操这老贼想废除汉帝自己登极的图谋已经很有一些时日了,只是顾忌袁绍和袁术、吕布、刘表和我这几个人罢了。现在那几个人都已被他消灭了,只有我还在,我跟那老贼势不两立。您说应当抗击,与我的想法非常一致,这是上天派您来帮助我。"

当时刘备被曹操击垮,打算向南撤退渡过大江,与鲁肃在当阳相遇,于是共同商议对付曹操的计策,然后也乘便进驻夏口,派诸葛亮前去拜见孙权。孙权当下便派周瑜、程普等将与刘备合力迎击曹操,两军在赤壁相遇。此时曹操大军中已有人染上疾病,刚一交战,曹军就败退了,退到江北驻军。周瑜等人驻兵南岸。周瑜的部将黄盖说:"如今敌众我寡,难以与他们长久相持。我观察到曹军正在连接战舰,使它们首尾相连,可用火攻的办法彻底击退他们。"周瑜依计调来蒙冲战舰几十艘,船舱内塞满柴草,在其中浇上膏油,用帷幕遮盖伪装,上面立起主将大旗,先让黄盖写信给曹操,欺骗说准备向他投降。又预备了轻便快速的小船,分别系在大船后面,然后依次同时前进。曹军官兵都伸长了脖子在北岸观看,指点着船队说黄盖投降来了。黄盖等到距离已近便命令放开所有大船,各船同时点火。当时风势极其猛烈,大火全都蔓延烧到了岸上的曹军营寨。顷刻之间,浓烟与火光冲天而起,曹军人马被烧死淹死的不计其数,曹军于是败退,回师保守南郡。刘备和周瑜等人又合力追击。曹操留下曹仁等人驻守江陵城,自己则径直返回北方去了。

周瑜和程普又进军南郡,与曹仁隔江对峙。两军还没有交战,周瑜就派甘宁前去占据了夷陵。曹仁抽调出一部分步兵和骑兵攻打甘宁。甘宁向周瑜告急,周瑜采用吕蒙的计策,留下凌统镇守后方,他亲自和吕蒙一起到上游解救甘宁。甘宁的围困一被解除,周瑜即部署诸军过江驻扎于北岸,约定日期与曹仁决战。周瑜亲自骑马掠阵，恰被流箭射中右胸，伤势非常严重，只好退回军营中。曹仁得悉周瑜卧床不起，便挥兵排阵挑战。周瑜便带伤坐着小车巡视军营，激励鼓舞官兵士气，曹仁因此退走。

孙权委任周瑜为偏将军，兼任南郡太守。以下隽、汉昌、刘阳、州陵四县作为周瑜的奉邑，屯兵驻守江陵。刘备当时以左将军的身份兼任荆州牧，治所设在公安。刘备到京口见孙权，周瑜上疏说："刘备本人骁勇雄豪，而又有关羽、张飞这样猛如熊虎的大将，他一定不会长久屈服为人所用。我认为现在的合适策略是将刘备迁往吴郡，替他大修豪华住宅，多送给他一些美女宝玩，使他的视听沉迷于声色之中，再把关羽和张飞分开，各处一方，让像我这样的人挟制他们参与征战，大事就可以定了。如今轻率地割让土地来资助他们，让这三个人聚在一起，又都身处战场，只怕将来他会像蛟龙得到云雨，终究不是池中之物啊。"孙权因为曹操在北方虎视眈眈，应当广泛招揽英雄豪杰，再者也担心刘备并非一朝一夕之间可以制服，所以没有采用周瑜的意见。

此时刘璋担任益州牧，外有张鲁经常入境侵扰掠夺，周瑜便来到京口觐见孙权说："如今曹操刚刚战败，正忧虑变乱自内部发生，不能跟将军您对阵交战了。请允许我和奋威将军一道进取蜀地，占领蜀地后再吞并张鲁，然后留下奋威将军在蜀中坚守，以便跟马超结成联盟。我从那边返回再与将军占据襄阳以使曹操日益窘困，北方就可以谋取了。"孙权同意了这个计划。周瑜折回江陵准备行装，然而却在途经巴丘时因病去世了，时年三十六岁。孙权穿上丧服为周瑜举哀，感伤哀痛影响到了身边所有亲近。当周瑜的灵柩要运回吴郡时，孙权又亲自到芜湖迎接，举办丧事的所有费用，也一概下令供给。后来又发布书面命令说："已故将军周瑜、程普，这两家若有佃客，一律免除他们的赋税徭役。"当初周瑜得到孙策友好相待，孙策的母亲又让孙权以兄长之礼尊奉他。那时孙权的职位还只是将军，诸将和宾客对他的礼节还比较随易简单，而周瑜独独率先对他竭尽敬意，习惯于遵循臣子的礼节。周瑜的性情气度宽宏大量，大体上很得人心，只跟程普不很和睦。

周瑜年少时曾精心钻研过音乐,即使酒过数巡之后,演奏者有些小小差错,周瑜也必定不会漏过,他一知道就必定会回头注视,所以当时有人编了歌谣说:"曲有误,周郎顾。"

周瑜有两个儿子和一个女儿。女儿许配给太子孙登。儿子周循娶了公主,被任命为骑都尉,他有周瑜的风范,还很年轻就去世了。周循的弟弟周胤,最初被任命为兴业都尉,孙权把同宗人家的女儿嫁给他为妻,授予他士兵千人,驻扎在公安。黄龙元年,封为都乡侯,后因有罪而被迁徙到庐陵郡。赤乌二年,诸葛瑾、步骘联名上疏说:"已故将军周瑜的儿子周胤,过去受到赞美和表扬,受封为将,他不能养身惜福,不思立功报效国家,而是放纵情欲,为自己招致罪罚。我们私下考虑到周瑜过去曾被主上您宠爱信任,在朝廷内是您的心腹重臣,出京时又是卫国大将,受命出征,身当弓箭礌石,尽忠献身,视死如归,所以在乌林打得曹操失魂落魄,在郢都迫使曹仁落荒而逃,他让国家的声威与德行得到显扬,整个华夏为之震动,愚昧的荆蛮莫不称臣归服,即使是周朝的方叔,前汉的韩信和英布,也实在无法超过他。大凡制敌取胜抵御外侮的大臣,自古以来的帝王没有不加以特别器重的,所以汉高祖在封爵誓词中说'纵使黄河细如衣带,泰山已变成砺石,他们的封国也将永存,并将福荫代代相传给他们的子孙';他用丹砂书写以申明誓词,加以盟誓来体现举措的隆重,然后将誓词藏在宗庙之中,让它永世相传,意在使功臣的后代,世世相承,不仅仅是数代子孙,而是要传到更久远的后裔,报答臣下恩德和表彰他们的功勋,勤勤恳恳,如此这般的到了极点,无非是要勉励告诫后人,使效命的臣子,虽死无悔。何况在周瑜而言还去世没有多久,而他的儿子周胤却已经被贬降为平民百姓,这就更加令人哀伤不过。我们私下认为陛下敬肃明察考察古事,特别留意于兴亡继绝,所以替周胤申诉,恳请宽免他未尽的罪罚,赐还他的兵权及恢复他的爵位,使曾经报晓失误的公鸡,冉能获得一次打鸣的机会,让有罪在身的臣子,可以尽心改过而显示出日后的成效。"孙权答复说:"作为心腹老臣,与我同心协力共事的,周瑜是其中之一,我内心确实不能忘怀。过去周胤年少,还没有什么功劳,平白地授予他精

741

兵,给予他封侯拜将的待遇,就是因为追念周瑜的功绩而延伸到周胤。而周胤却依仗着这些,沉溺于酒色而自我放纵,我前后多次告诫劝谕,他却丝毫不知悔改。我和周瑜,道义上就如同跟你们二位一样,只希望周胤能有所成就,这样的心情又怎么可能会有止境呢?迫于周胤所犯罪行的严重性,未便即行召还,想让他经受一些艰苦磨砺,使他自己知罪改正罢了。如今你们二位诚恳地援引汉高祖封爵时的誓词,我为此感到惭愧。尽管我的德行不能与汉高祖同日而语,仍然有着向他靠近的心思,事情也就是这样了,所以没有顺从你们的建议。作为周瑜的儿子,又有你们二位在中间说情,假定他能够自知改正,又还有什么可担心的呢!"诸葛瑾、步骘的奏章呈上未久,朱然和全琮也跟着上表为周胤说情,孙权这才同意了。恰在这时周胤病死。

周瑜的侄子周峻,也因为周瑜的重大功勋而被任命为偏将军,领官兵一千人。周峻去世,全琮奏请任命周峻的儿子周护为将领。孙权说:"过去击退曹操,夺取开辟荆州,都是周瑜的功劳,我常记在心不曾忘记。最初听到周峻去世,我仍有打算任用周护,但我听说周护本性与行为险恶,任用他无异于制造灾祸,所以我也就打消了用他的念头。我怀念周瑜,难道会有止境的吗?"

鲁肃字子敬,临淮郡东城人。出生不久就失去了父亲,跟祖母一起生活。家庭富裕多财,生性喜好施舍。其时天下已经大乱,鲁肃不理家庭事务,大肆散发家里的钱财货物,标价出卖田地,把救济穷困和结交读书人作为当务之急,很得乡里乡亲的欢心。

周瑜担任居巢县长,带着几百人专程登门拜访鲁肃,并请求资助粮食。鲁肃家有两仓米,各三千斛,鲁肃用手指一仓就送给了周瑜,周瑜就更加明白这人的不同凡响了,于是就与他亲近结交,友情就像公孙侨、季札那样。袁术听到鲁肃的名声,就让他代理东城县长。鲁肃发现袁术没有什么法度,不值得为他建功立业,就带着同族老弱亲属和有侠气的少年一百多人,南行来到居巢投奔周瑜。周瑜东渡大江,鲁肃就与他同行,把家属留在曲阿。恰逢祖母去世,鲁

肃便护送老人家的灵柩回东城安葬。

刘子扬与鲁肃的交情很深,他写信给鲁肃说:"当今天下豪杰并起,你的资质才干,尤其适宜在当今这种形势下有所作为。赶紧回去迎接老母,不要滞留在东城。最近有个叫郑宝的人,现在控制着巢湖,手下有一万多人马,他身处富饶之地,庐江郡内许多人都去投奔他,何况是我们这种人物呢?观察他的形势,还可招聚更多的人,时不可失,你应该尽快赶去。"鲁肃答允认同了他的计划。待祖母葬事完毕他就返回曲阿,打算北上。这时适逢周瑜已把鲁肃的母亲接到吴郡,鲁肃便把自己想要投奔郑宝的计划告诉了周瑜。当时孙策已经去世,孙权还住在吴郡,周瑜对鲁肃说:"过去马援回答光武帝说'当今时代,不限于君主选择臣下,臣下也同样可以选择君主'。现在吴郡主人亲近尊重贤能之人,接纳录用奇才异能之士,况且我听说过先世贤人的隐秘预言,说到秉承天命替代刘氏政权的人,必定兴起在东南,用天象历法来推算形势,可知他也正当帝王传承的序次,终究会要成就帝王大业,从而协和上天的命令,这正是具备节操壮志者攀龙附凤奔驰建功的时候。我总算弄明白了这个道理,你根本不必把刘子扬的话放在心上。"鲁肃听从了周瑜的话。周瑜因而向孙权推荐说鲁肃具备辅助君主治理时政的大才,应当广为招揽类似人物,据以成就帝王功业,而不能让他们离去。

孙权当即接见鲁肃,跟他交谈后很是欣赏。众宾客告退,鲁肃也辞别出来,而孙权却单独挽留鲁肃重新归座,两人同席对饮起来。孙权与鲁肃秘密商议说:"当今汉廷摇摇欲坠,四方乱哄哄的风云变幻,我继承父兄创立的基业,试图建立齐桓公、晋文公那样的功业。既然劳你驾光临了,你准备用什么来帮助我呢?"鲁肃回答说:"过去汉高祖一心一意只想尊崇侍奉义帝却没能如愿,这是因为项羽的加害。如今的曹操,就如从前的项羽,将军您又怎么可能做到像齐桓公、晋文公当年那样呢?我私下里估计,汉廷已是不可复兴的了,曹操也不可能一下子就被铲除。为将军考虑,只有占据江东先构成三足鼎立之势,从而观察天下形势的变化。照这种方式谋划,也用不着有什么顾忌。这是为什么呢?是因为时下的北方实在是变故重重。抓住北方多事而混乱的机会,剿灭黄祖,进伐刘表,穷尽长江所覆盖的地方,全都据为已有,然后称帝建号以图进一步夺取天下,这就是汉高祖那样的事业了。"孙权说:"我如今在这地方尽力而为,目的只是希望对汉廷有所辅佐帮助罢了,你说的这些是我没想到的。"张昭非难鲁肃不够谦虚,对鲁肃多有诋毁,说鲁肃年轻而料事不精细,不可任用。然而孙权并没有把张昭的话放在心上,反而更加尊重鲁肃,并赐给鲁肃母亲衣服帷帐,以及日用杂品,让他家富裕得跟从前一样。

刘表去世,鲁肃向孙权进言说:"荆州与东吴接邻,江河连通北方,外有长江、汉水环绕,内有山陵险阻,如同金城一般坚固,那里沃野万里,官绅百姓殷实富足,如果能够据为己有,就等于获得了建立帝业的基础。现在刘表刚刚去世,他的两个儿子向来就不和睦,军中的将领们,也分成了彼此对立的两派。加上刘备是天下雄豪杰出的人物,与曹操有矛盾,寄居在刘表那里,刘表嫉妒他的才能而不重用他。如果刘备与他们关系融洽,上下同心协力,我们就该安抚他们,与他们结成盟好关系;如果刘备与他们离心离德,就该另想办法,以成就大事。我请求允许奉您的命令去向刘表的两个儿子吊唁,同时去慰劳他们军队中的将领,以及说服刘备去安抚刘表的部下,同心一意,共同对付曹操,刘备一定会高兴地接受我们的意见。这件事如果成功了,天下就可以平定了。现在不能速去荆州,恐怕曹操就会赶在我们前面了。"孙权当即派鲁肃前往。鲁肃到达夏口,听说曹操已向荆州进军,于是日夜兼程。等他到达南郡,得悉刘表的儿子刘琮已经投降了曹操,刘备仓惶逃跑,准备南渡长江。鲁肃直接去迎见刘备,到了当阳县的长阪,与刘备相见,鲁肃向刘备详细转达了孙权的意图,并陈述了江东的强大巩固,劝刘备和孙权通力合作。刘备非常高兴。这时诸葛亮正跟随着刘备,鲁肃对诸葛亮说"我是诸葛瑾的朋友",两人当即结交。刘备于是来到夏口,派诸葛亮出使拜见孙权,鲁肃也与他一起回江东复命。

恰在这时孙权得到了曹操准备东进的消息,与诸将商议,大家都劝孙权迎降曹操,唯有鲁肃一言不发。孙权起身去上厕所,鲁肃追到檐下，孙权知道他的意思，就握着他的手说："你想说什么？"鲁肃回答说："我刚才观察众人的议论，简直就是妨害将军，您不值得跟他们谋划大事。现在我鲁肃可以去迎降曹操，而像将军您这样的人物，却是不可以的。为什么这样说呢？现在我去投降曹操，曹操会把我送回故乡，品评我的名气和地位，总还能做个下曹从事之类的小官，乘着牛车，带同吏卒，交游周旋于士大夫们之间，慢慢升迁也少不了做到州郡的长官。可是将军您要投降了曹操，想想该怎样设计自己的归宿呢？希望您早定大计，不要理会众人的那些议论。"孙权叹息道："这些人的主张，让我大失所望；现在你所阐明的大计，正与我的想法相同，这是上天把你赐给我呀。"

当时周瑜接受使命前往鄱阳，鲁肃劝孙权追回周瑜。于是任命周瑜主管军事，让鲁肃担任赞军校尉，协助他出谋划策。曹操大败而逃，鲁肃先行返回吴郡，孙权大请众将迎接鲁肃。鲁肃要入阁门拜见孙权，孙权起身行礼，便对他说："子敬，我用扶鞍下马的方式迎接你，足以使你显耀么？"鲁肃小步快走而前说："不够。"众人听到这话，没有不惊讶的。就座之后，鲁肃缓缓举起马鞭说道："我希望将军的声威与德行覆盖四海，囊括九州，完成帝王大业，再用迎接德高望重者的安车软轮来征召我，那样才真算是显耀了。"孙权听后鼓掌欢笑。

后来刘备到京口拜见孙权，请求都督荆州，只有鲁肃劝孙权将荆州借给刘备，从而共同抵敌曹操。曹操听说孙权以荆州的土地资助刘备，当时他正在写信，笔都掉到了地上。

周瑜病势危重，上疏说："当今天下，正当战事频繁，这是我内心日夜所忧虑的事，希望主公首先考虑好尚未发生的一切，然后才能安逸享乐。现在既然已与曹操为敌，刘备又近在公安，敌我边境近在咫尺，附近的百姓还没有归附，应当任用良将来镇守安抚。鲁肃的智慧谋略足以胜任，我请求让他来接替我的职务。我离开这个世界的时候，就没有放心不下的事了。"于是孙权当即任命鲁肃为奋武校尉，接替周瑜统率军队。周瑜的四千多士兵，以及作为其奉邑的四个县，全都归属鲁肃。孙权又命程普兼任南郡太守。鲁肃刚开始驻扎在江陵,后又改到下游的陆口驻扎,声威和恩泽普遍施行,部队增加到一万多人,又被任命为汉昌太守、偏将军。建安十九年,鲁肃跟从孙权攻破皖城,转任横江将军。

在此以前,益州牧刘璋法度废弛,周瑜、甘宁一同劝说孙权攻取蜀地,孙权就此事询问刘备,刘备心中替自己打算,于是假意回报说:"我与刘璋托名为汉朝宗室,希望凭借先人的英灵,以匡救汉室。现在刘璋得罪了您,我内心惊恐不安,不敢听到类似的设想,希望您放过刘璋免予追究。如果将军您不答应我的请求,刘备我将披头散发归隐山林。"后来刘备西进图谋降伏刘璋,留下关羽镇守荆州,孙权说:"这狡猾的家伙竟敢对我使诈!"待到关羽与鲁肃的辖区接境,多次产生猜疑,双方互不信任,疆界也交错纷杂,鲁肃常用友好的态度来安抚对方。刘备平定益州以后,孙权便请求他归还长沙、零陵、桂阳三郡,刘备拒不答应,孙权便派吕蒙率军攻取。刘备听说后,亲自带兵回到公安,派关羽去争夺三郡。鲁肃驻兵于益阳,与关羽对峙。鲁肃邀请关羽相见,各自将所率兵马都留在百步之外,只请主将单刀相会。鲁肃责问数说关羽道:"我们国家诚心诚意地将土地借给你们,是因为你们战败后远道而来,没有土地可作依靠的缘故。如今你们已经得到益州,却既无归还荆州全境的意思,对于我们只求取三郡的提议,你们也不肯理会。"他的话还没有说完,在座就有一人插嘴说:"说到土地,只归有德行者所有,哪有常属哪一家的道理!"鲁肃厉声呵斥他,言辞神色非常严厉。关羽拿刀起身对那人说道:"这是国家的大事,你这人知道些什么!"同时示意让那个人离去。刘备就划湘水为双方边界,于是彼此罢兵。

鲁肃活到四十六岁,于建安二十二年去世。孙权为他发哀,又亲自参加他的葬礼。诸葛亮也为鲁肃的去世举行了哀悼仪式。后来孙权称帝,登上祭坛,回头对公卿大臣们说:"过去鲁肃曾经对我说过称帝的事,他真可以说是明白天下大势的人物。"

鲁肃的遗腹子鲁淑长大成人后,濡须督张承说鲁淑最终将得到显赫的官位。永安年间,鲁淑为昭武将军、都亭侯、武昌督。建衡年间,被假以符节,升任夏口督。他所到之处都管理得严明整齐,有谋略才干。凤皇三年去世。儿子鲁睦承袭爵位,率领军队。

吕蒙字子明,汝南郡富陂县人。年轻时南渡长江,依附姐夫邓当。邓当是孙策的部将,多次讨伐山越。吕蒙那时还只十五六岁,就悄悄跟随邓当去攻击山贼,邓当回头看见吕蒙大吃一惊,呵斥他却也没办法禁止。回来后邓当将这件事告诉了吕蒙的母亲,他母亲生气打算惩罚他,吕蒙说:"贫贱的生活难以维持,万一我从军立功,就能得到富贵。况且不入虎穴,怎得虎子呢?"他的母亲怜惜他的志向而宽恕了他。当时在邓当手下担任职务的小官因为吕蒙年纪小而轻视他,说:"吕蒙那小子有什么能耐?这是想拿他自己的肉来喂虎而已。"过些日子与吕蒙相见,又侮辱他。吕蒙非常愤怒,拔出刀来杀了那个小官,然后逃走,跑到同乡郑长家里躲了起来。后来又通过校尉袁雄出来自首,袁雄趁机替他向孙策求情,孙策召见吕蒙认为他很特别,便把他安置在自己身边。

几年后,邓当去世,张昭举荐吕蒙接替邓当领兵,任命为别部司马。孙权统领军政事务后,清查小将系列中兵员既少且费用不足的部队,准备予以合并。吕蒙暗中借了一笔钱,为士兵们做了大红色的衣服和绑腿,等到检阅的那天,吕蒙的部队队列整齐威武,士兵人人都能操练,孙权见了非常高兴,于是就给吕蒙增补了兵员。吕蒙跟随孙权讨伐丹杨,所到之处都建有战功,被任命为平北都尉,兼任广德县长。后又跟随孙权征讨黄祖,黄祖命令都督陈就率领水军迎战。吕蒙率领前锋部队,亲自击斩陈就,将士们乘胜前突,进攻黄祖的城池。黄祖听说陈就已死,就弃城逃跑,士兵们追上去将他活捉。孙权说:"这次战事的成功,是由于首先打垮了陈就。"于是任命吕蒙为横野中郎将,赐钱一千万。

这一年,吕蒙又与周瑜、程普等人向西进军在乌林打垮曹操,在南郡围困曹仁。益州将领袭肃率领全军前来归附东吴,周瑜上表建议将袭肃的人马增补给吕蒙,吕蒙极力称赞袭肃有胆识才能,又是仰慕东吴教化远道前来归附,从道义上讲应该增加他的兵员而不应该夺取他的兵权。孙权赞同吕蒙的说法,把部队归还给了袭肃。周瑜派甘宁先行占领夷陵，曹仁分派部队进攻甘宁，甘宁陷入重围情况危急，派出使者请求救援。诸将认为人马本就有限不可再行分兵，吕蒙对周瑜、程普说："让凌公绩留守，我与你们前去替甘宁解围，从当前形势看也用不了多长时间，我保证凌公绩定能坚守十天。"又劝周瑜分派三百人砍伐木柴阻断危险通道，敌兵逃跑时可以截留他们的战马。周瑜采用了吕蒙的建议。援军到达夷陵，当天就与围城曹军交战，杀伤敌人过半。曹军连夜逃遁，途中遇到被木柴阻塞的道路，骑兵都下马徒步逃走。吴军一路穷追不舍，缴获曹军战马三百匹，之后把舟船连接起来将这些军马运回。于是将士们气势倍增，就渡江建立屯营，跟江北曹军交锋，曹仁后撤逃走，吴军又占据了南郡，安抚平定了荆州。返回之后，吕蒙被任命为偏将军，兼寻阳县令。

鲁肃接替周瑜，要去陆口，路过吕蒙驻扎之处。鲁肃仍有些轻视吕蒙，有人劝说鲁肃说："吕将军的功绩名声日益显赫，不可以再用原来的观念对待他，您应当去拜访他。"于是鲁肃去见吕蒙。酒到酣畅之际，吕蒙问鲁肃："您担当重任，与关羽辖境相邻，准备采取何种方略来防备意料不到的事变呢？"鲁肃很随便地回答说："临时视情况而定。"吕蒙说："现在东吴和西蜀虽然还是一家，但关羽实在是个猛如熊虎的大将。对策怎么可能不预先制定呢？"接着便给鲁肃策划了五条对策。鲁肃于是越过座席来到吕蒙身边，拍着他的背说："吕子明，我真没料到你的才能谋略竟达到了如此程度。"于是就去拜见吕蒙的母亲，与吕蒙结成朋友之义才告辞离去。

当时吕蒙的驻地与成当、宋定、徐顾的屯营彼此相邻，成当等三位将领去世，因为他们的子弟还都年纪幼小，孙权想把这三支部队合并到吕蒙的军队编制内。吕蒙坚决推辞，并上书陈述徐顾等将领都曾为国家大事辛勤操劳，他们的子弟虽然还小，却不可废弃。他连续三次上书，孙权才答应了。吕蒙于是又给这三位将领的子弟选择老师，让老师辅导教育他们，他为人操心办事大多如此。

魏国派庐江人谢奇担任蕲春典农都尉，屯营设在皖县，多次侵扰东吴边境。吕蒙派人去引诱他投降，他不肯理会，吕蒙就寻找机会袭击他,谢奇于是退缩后撤,他的部下孙子才、宋豪等人,都扶老携幼,来向吕蒙投降。吕蒙后又跟随孙权在濡须抗击曹操,屡次进献奇谋妙计,又劝孙权在濡须口两面建造坞堡,正因防御措施精细到位,曹操攻打不下这才撤退。

曹操委派朱光为庐江太守,驻扎在皖县,大力开垦稻田,又派出间谍利诱招徕鄱阳贼帅,让他们作为内应。吕蒙说:"皖县田地肥沃,如果他们一旦收割了成熟的稻子,其人马必定增加,这样几年下来,曹操就要故态复萌大举南征了,应该及早铲除他们。"接着详细陈述了皖县的屯田现状。于是孙权亲自率兵征讨皖县,召见诸将,询问进攻策略。吕蒙就推荐甘宁担任升城督,在前线指挥攻城,吕蒙率领精锐部队紧随其后。凌晨发起总攻,吕蒙亲自执槌擂鼓,士兵们都腾跃前冲奋勇登城,才到早餐时分就攻破了皖县。不久张辽进军到夹石,听说皖县城池已被攻陷,就退兵回去了。孙权嘉奖吕蒙的功劳,就地任命他为庐江太守,缴获的人马都分给了他,另外又赐给他寻阳屯田客六百户,属官三十人。吕蒙回到寻阳,不到一年庐陵贼又起来作乱,诸将征讨攻打都没能擒获,孙权说:"鸷鸟上百,不如一只大鹏。"又命令吕蒙前去讨伐。吕蒙一到庐陵,就诛杀了贼寇首领,其余的人都予以释放,让他们继续当平民百姓。

这时刘备命关羽镇守荆州,荆州全境都在刘蜀的控制之下,孙权命令吕蒙西向攻取长沙、零陵、桂阳等三郡。吕蒙致书长沙、桂阳二郡,二郡守将望风归附东吴,只有零陵太守郝普守城不肯归降。而刘备亲自从蜀中来到公安,派关羽争夺这三个郡。孙权当时驻扎在陆口,派鲁肃率领一万人驻扎在益阳抵御关羽,又派人快马加鞭将加急文书送给吕蒙,让他放弃零陵,火速返回援助鲁肃。当初,吕蒙平定长沙郡之后,要去零陵郡,经过酃县时,让南阳人邓玄之同车而行,邓玄之这个人,是郝普的老友,吕蒙想让他诱降郝普。接到孙权让他回军北上的来信,吕蒙却秘而不宣,当夜召集诸将,部署计划,确定第二天早晨必定攻打零陵城,他回顾邓玄之说:"郝子太知道世间有忠义之事,也想这样做,可他不识时机,左将军刘备现在汉中,被夏侯渊所围困。关羽在南郡,现在我东吴国主也亲自到了那里。近日攻破了关羽设在樊城的大本营,关羽打算救援酃县,反倒被孙规打得大败。这都是最近发生的事,您是亲眼所见的。他们现在正是首尾倒悬,自救尚且来不及,哪里还有余暇再来营救零陵呢?如今我方士卒精锐,每个人都想拼死一战,国主又继续调兵遣将,现正络绎不绝地赶往零陵。如今子太以朝夕不保的性命,而引颈盼望着永远等不来的援兵,就像牛蹄窝积水中的鱼,想望着长江、汉水的救急一样,这种不可靠也是再明白不过的。如果子太能使士卒齐心,力保孤城不失,还可勉强拖延些时日,从而等待后来的变化和结果,这还可以;可现在经过我对双方力量对比的分析并且照这方式实施攻击的话,用不了一天时间零陵城就将被攻破,城破之后,自己身死又于事何补?此外让自己的百岁老母,满头白发还落得个被杀的结局,难道不令人痛心吗?我猜度郝普是得不到外面的消息,认为有援军可以倚仗,所以才到了今天这个地步。您可以去见他,给他讲讲祸福利害。"邓玄之去见郝普,详细转述了吕蒙的意见,郝普惧怕而听从了。邓玄之先出城回报吕蒙:"郝普稍后就到。"吕蒙预先命令四位将领,各自挑选一百人,等郝普一出来,就立即进去守住城门。不一会郝普出城,吕蒙迎上去握住他的手,同他一起下船。寒暄已毕,吕蒙取出孙权所写来信给郝普观看,忍不住拍手大笑。郝普看了信,明白刘备到了公安而关羽已驻扎在益阳,羞愧后悔得无地自容。吕蒙留下孙皎,委托他处理后续事宜,当天便率领军队赶赴益阳。刘备请求与孙权和好结盟,孙权便归还了郝普等人,约定以湘水为界,把零陵郡还给了刘备。又以寻阳、阳新二地作为吕蒙的奉邑。

孙权率师返回,接着征讨合肥,撤军途中,被张辽等人突袭,吕蒙与凌统拼死作战保卫了孙权的安全。后来曹操又向濡须大举进军,孙权任命吕蒙为都督,据守以前所建的坞堡,在城堡上面设置了一万张强弩,以抵御曹操。曹军前锋到来尚未来得及站稳脚跟,吕蒙便出击打垮了他们,曹操率军退了回去。孙权为此任命吕蒙为左护军、虎威将军。

鲁肃去世,吕蒙向西驻屯陆口,孙权把鲁肃的军队一万多人马

全部归并给了吕蒙。又任命他为汉昌太守,以下隽、刘阳、汉昌、州陵四县作为他的食邑。与关羽的辖境相邻,吕蒙了解关羽骁勇雄豪,有并吞东吴的野心,而且对方又处在东吴国的上游,两国目前的和好局面势必难以持久。起初,鲁肃等人认为曹操还在,魏国的祸害相连,蜀、吴应该互相帮助协力同心,形成同仇敌忾的局面,刘蜀这个盟友不可失去,吕蒙那时就曾向孙权秘密地陈述计策说:"让征虏将军孙皎守南郡,潘璋驻守白帝城,蒋钦率游击兵力一万人沿长江上下行动,根据敌情所在随时实施机动攻击,吕蒙为国家前去占据襄阳,这样的话,曹操有什么可担忧的?关羽又有什么可依赖的呢?况且关羽君臣依仗他们的欺诈与暴力,所到之处都遭到倾覆,不可以把他们当作心腹看待。如今关羽之所以还没有立即东向发难,是因为主上您的圣明,以及吕蒙等人还健在的缘故。现在若不能趁着我们还强壮的时候铲除这个祸患,一旦我们死去,想再要施展才力,那还能办得到吗?"孙权深心采纳了他的全部计策,又顺便跟他讨论起攻取徐州的意图,吕蒙回答说:"如今曹操远在黄河以北,不久之前还打垮了袁熙、袁尚等人,安抚聚集了幽州和冀州,没有余暇顾及东面。徐州境内的驻防士兵,听说力量微不足道,只要进击自然可以攻克。然而徐州地面只有陆路相通,适合骁勇的骑兵驰骋作战,主上您今日得到徐州,曹操不出十天就将前来争夺,即使动用七八万人来坚守它,攻守形势还是值得担忧。不如攻取关羽,占据长江流域全境,形势就会更加壮大。"孙权尤其认为吕蒙这段话十分得当。等到吕蒙接替鲁肃领兵,刚到陆口驻地的那段时间,他在表面上加倍体现出仁爱笃实,保持着与关羽间的友好往来。

后来关羽征讨樊城,留下将士分别驻守公安和南郡。吕蒙上疏说:"关羽讨伐樊城却留下不少守兵,必定是害怕我谋取他后方的缘故。我时常生病,请求带领部分人马跟我一起回建业,而以回去治病为幌子。关羽得到消息,必定会撤走守兵,全部开赴襄阳。届时我们的大军乘船走水路,昼夜逆流而上,袭取他的空虚所在,那么南郡可被攻克而关羽将成为我们的俘虏了。"奏疏送走以后吕蒙便声称病情危重,孙权就发布公告召吕蒙回到建业,暗中与吕蒙商议计策。关羽果真信而不疑，逐渐撤掉南郡的兵力开赴樊城。魏国派于禁救援樊城，关羽全部俘虏了于禁等人，人马多达数万，又以缺粮为借口，擅自取用湘关内属于吴国的粮食储备。孙权听到这个消息，随即发兵，先派吕蒙在前先行。吕蒙到了寻阳，将精兵全部埋伏在大船中，让人穿上白衣摇橹驾船，船里要露面的人都装扮成商人模样，昼夜兼程，来到关羽设置在江边的哨所，将防守士兵全部抓获捆绑起来，因此关羽没有听到丝毫风声。接着进军南郡，公安守将士仁、南郡太守糜芳先后投降。吕蒙进据江陵城，俘获了关羽及各部将的全部家眷，他都给予安抚慰问，同时明令军中不得干扰冒犯百姓，不能向百姓索取任何财物。吕蒙部下一个兵士，是汝南人，拿了百姓家一顶斗笠，用来遮盖铠甲，铠甲虽然是公物，吕蒙依然认为这人违反了军令，不可以因为同乡的关系而废除法令，于是流着泪斩了犯法士兵。于是军中震惊，做到了路不拾遗。吕蒙早晚让身边亲近人员慰问抚恤老人，问他们缺少什么，有病的看病给药，饥寒的给予衣服粮食。关羽府中所藏财宝，他也一概封存等待孙权到来处理。关羽返回，还在途中，就多次派人质问吕蒙，吕蒙总是优厚地接待关羽的使者，让他们周游城中，挨家挨户地询问情况，或者让蜀兵家人亲手写信以表示状况真实可靠。关羽的使者返回后，将士们私下里互相探问，都知道自己家中平安无事，受到的待遇比平时更好，所以关羽的将士们都没有斗志。恰好孙权紧跟着来到了江陵，关羽自知孤立危急，就逃奔麦城，再往西到了漳乡，手下将士都脱离关羽向吴军投降。孙权派遣朱然、潘璋截断关羽西逃的必经之路，当即擒获关羽父子，荆州由此平定。

孙权任命吕蒙为南郡太守，封他为孱陵侯，赐钱一亿、黄金五百斤。吕蒙坚决推辞所赐金钱，孙权不允许。封爵令还没有下达，恰好吕蒙发病，孙权当时还在公安，就把吕蒙接到自己所住的内殿，用了各种方法给他诊治，招募国内有能治好吕蒙疾病者，将赏赐黄金一千斤。因时常要对吕蒙实施针灸治疗，孙权便为吕蒙所受痛苦而悲伤凄切，他很想尽可能多地看望吕蒙，又担心这样会使得吕蒙过分烦劳，为此他常在墙壁上凿洞观看他，见他稍微能够进食就感到

高兴,对左右的人就有说有笑,如果吕蒙情况不佳他就叹息不止,以至夜间不能安睡,当吕蒙病稍好一些,孙权就为他颁发赦令,群臣都来庆贺。后来吕蒙病情加重,孙权亲自到病榻前探望,命令道士在星辰下为吕蒙祈祷延寿。四十二岁时,吕蒙病逝于内殿。当时孙权极度悲痛,为他减乐损膳。吕蒙未死之前,将孙权赏赐给自己的金银珠宝全部交给府库收藏,命令主管人在他命绝之日全部上交,并嘱咐丧事务必简约。孙权听说了这些事情,更加悲哀伤感。

吕蒙年少时读书不多,每次陈述大事,常常口授书札和奏章。他曾因部下的事情而被江夏太守蔡遗弹劾,吕蒙对他却并无怨恨之意。到豫章太守顾邵去世,孙权询问吕蒙该用谁接任,吕蒙因而荐举蔡遗说这是个奉行职事的好官,孙权笑着说:"你是想做祁奚吗?"于是任用蔡遗。甘宁脾气粗暴喜欢杀人,既常常使吕蒙不满意,又时常违背孙权的命令,孙权对他很是恼怒,吕蒙每每向孙权陈述求情说:"天下还没有平定,甘宁这样的战将很难得,应该宽容他。"孙权于是厚待甘宁,终于发挥了他的作用。

吕蒙的儿子吕霸承袭爵位,孙权又赐给守墓人三百家,及全免租税的田地五十顷。吕霸去世,由他的哥哥吕琮承袭侯爵。吕琮去世,弟弟吕睦继承爵位。

孙权跟陆逊评论周瑜、鲁肃和吕蒙时说:"周瑜勇武刚烈,胆识谋略远超常人,因而能够击垮曹操,开拓荆州,他的超卓高妙的确很难有人步其后尘,而您现在继承了他。周瑜过去邀请鲁肃来到东吴,把他引见给我,我和他对饮交谈,他一开始就提出了建立帝王之业的远大谋略,这是第一件快事。后来曹操因为得到投降者刘琮原有的军事实力,扬言要率领数十万大军由水陆两路一起东下。我广请诸将,咨询该用何种合宜的策略应对,诸将无非拿些权宜行事之类的话先应付搪塞,到了张子布、文表,两人都说应该派使者送降书迎接曹操,鲁肃当即反驳说不可那样,劝我火速召回周瑜,委以统帅重任,前去迎击曹操,这是第二件快事。而且他所谋定的计策方略,见解远远超过了张仪、苏秦;后来虽然劝我把荆州借给刘备,是他的一大失误,但不足以损害他的两大长处。周公对人不求全责备,所以我也忘掉他的短处而敬重他的长处,常把他比为邓禹。再者吕蒙年少时,我只认为他不惧艰难,果敢而有胆量而已;到他长大以后,学问增益,运筹谋略出奇至极,可以说是仅次于周瑜,只是言谈显示的才华横溢赶不上周瑜而已。谋划攻取关羽,他又胜于鲁肃。鲁肃在给我的回信中说:'帝王的兴起,都有人为他清除障碍,关羽不值得顾忌。'这是鲁肃内心明知他无能为力,表面上又夸大其词罢了,我也原谅了他,不随便加以责备。然而他治理军队,屯营从没丢过,能做到令行禁止,辖区内没有旷废职守之过,路不拾遗,他的法度也是很完善的。"

评:曹操以汉朝丞相的名位作资本,托名天子旨意而四处扫灭各路英雄豪杰,刚刚荡平荆州,又倚仗兵威胁迫江东,当时参与议论的无不因猜忌而生异心。周瑜、鲁肃提出了独自决断的高明主张,超出众人的意料之外,实在是奇才呀。吕蒙勇猛而有谋略,把握军机显得决断而有识见,智取郝普,生擒关羽,是他军事生涯中最精妙的事例了。他最初虽然轻捷果敢有过滥杀的瑕疵,后来却做到了克制私欲严以律己,有国士的气度,岂止是一名武将而已啊!孙权的评论,对他们的优劣高下都说得平允适当,所以收录在传末。

白话三国志卷五十五　吴书十

程黄韩蒋周陈董甘凌徐潘丁传第十

程普字德谋,右北平郡土垠人。最初担任州郡小官,他容貌端正而有谋略,善于应酬对答。跟随孙坚征伐,在宛县、邓县讨伐黄巾军,在阳人击败董卓,攻城野战,身上多处负伤。

孙坚去世后,程普又随孙策转战淮南,跟着他攻打庐江,攻克之后,又和孙策一起回师东渡长江。孙策率军到横江、当利,击败张英、于麋等人,转而攻陷秣陵、湖孰、句容、曲阿,程普都立有战功,孙策给他增加兵员二千,战马五十匹。又进军攻占乌程、石木、波门、陵传、馀杭,程普的功劳最多。孙策进据会稽,任命程普为吴郡都尉,治所设在钱唐。后改任丹杨都尉,驻扎在石城。又讨伐宣城、泾县、安吴、陵阳、春谷等地的盗贼,将他们全部击败。孙策曾经攻打祖郎,陷入敌人重围,程普与另一名骑兵共同护卫孙策,驱马狂奔怒喝,挥动长矛前突贼兵,贼兵当者披靡,孙策乘机随着程普从缺口中杀出。后来任命程普为荡寇中郎将,兼任零陵太守,程普又跟随孙策到寻阳讨伐刘勋,在沙羡进攻黄祖,回师后仍镇守石城。

孙策去世,程普与张昭等人共同辅佐孙权,于是转战三郡之间,平定讨伐不归附的势力。又随孙权出征江夏,回师经过豫章,另率一支部队讨伐乐安。乐安半定后,接替太史慈驻防海昏,与周瑜分别担任左、右都督,在乌林击败曹操,又进攻南郡,打跑了曹仁。任命为裨将军,兼任江夏太守,治所在沙羡,奉邑达四个县。

吴国老一辈将领中,程普年龄最大,当时的人都称他为程公。他天性喜好施舍,乐意接交士大夫。周瑜去世后,程普代任南郡太守。孙权把荆州分给刘备，程普又回头兼任江夏太守，升为荡寇将军，直到去世。孙权称帝之后，追念程普的功绩，封程普的儿子程咨为亭侯。

黄盖字公覆，零陵郡泉陵人。最初在郡里任小官，被举荐为孝廉，征召进入三公府。孙坚发动义军，黄盖跟随他作战。孙坚在南面击败山贼，北上打跑董卓之后，任命黄盖为别部司马。孙坚去世，黄盖又跟随孙策和孙权，披甲转战，不顾生死攻城掠地。

各地山越人不肯归顺，凡有贼寇作乱的县，总是由黄盖去任县令。石城县的官吏，特别难以约束驾驭，黄盖便任命了两个掾吏，分别主管各部门的事务。黄盖教导这两个人说："我这县令缺乏德行，只是凭着打仗的军功当了官，并不是因为文法能力受人称道。如今贼寇还未平定，我有军务在身，一应公文都委托你们两位处理，你们应当监督管埋好各个部门，纠察揭发错误。你们两掾管埋的事务，有所报入就必答复，若有奸邪欺诈，终究不会是加以鞭杖刑责。你们应各自尽心尽力，不要带头冒犯。"最初这两个掾吏都还害怕黄盖的威严，早晚恭奉职责；一段时间之后，两位掾吏认为黄盖不看公文，他们也就渐渐地包容非法行为。黄盖也不满官吏们的松懈懒散，不时有所关注访查，掌握了两个掾吏不能奉公守法的几个事例。于是遍请县中官员，赐给大家酒食，乘机拿出违法事例责问。两掾吏无话可说，都叩头道歉认罪。黄盖说："以前已告诫过你们，我最终不会对你们施以鞭杖之刑，这不是欺骗你们的。"当即就把那两个掾吏杀了。全县官员震惊战栗。后来黄盖转任春谷县长、寻阳县令。前后任职达到九个县，都被他治理得平安稳定。后升为丹杨都尉，他抑制豪强而扶助贫弱，山越民众都感怀而向他归服。

黄盖外表严肃刚毅，善于培养士卒，每次征战，士兵们都争先恐后。建安年间，跟随周瑜在赤壁抵御曹操，黄盖提议巧用火攻，这段话记载在《周瑜传》中。孙权任命他为武锋中郎将。武陵郡的蛮夷造反作乱，攻取城镇后固守，孙权便让黄盖兼任武陵太守。当时武陵郡的官兵只有五百人，黄盖认为难以抵挡敌人，便打开城门，等到叛军进来了一半人马，他这才发起攻击，斩杀了几百人，其余的都奔走逃命，全部返回各自的村落。黄盖接着征讨并诛杀各寨的叛军首领，跟随作乱者都予以赦免。从春天到夏天，叛乱全部平定，一些偏僻的地方如巴、醴、由、诞的大小首领，都洗心革面，捧着礼物前来请求接见，武陵郡境内就此清静安宁。后来长沙郡益阳县遭山贼攻打，黄盖又去平定讨伐，被加官为偏将军，在任时因病去世。

黄盖任职处事决断，公事从不滞留拖延，吴国人都怀念他。到了孙权登上帝位，追认评定黄盖的功绩，赐给他儿子黄柄关内侯的爵位。

韩当字义公，辽西郡令支人。因他善于骑射，膂力强劲，受到孙坚宠爱，跟随孙坚转战征伐，多次舍生忘死，冲锋陷阵，擒杀敌人，被任命为别部司马。到了孙策东渡长江之时，韩当跟随他征战于三郡，升为先登校尉，孙策授予他兵员二千，战马五十匹。又随孙策征讨刘勋，打败黄祖，回师讨伐鄱阳，由他兼任乐安县长，山越人都畏惧服从。后来韩当以中郎将的身份与周瑜等人迎击并打败曹操，又与吕蒙偷袭占领了南郡，升为偏将军，兼任永昌太守。宜都战役中，他与陆逊、朱然等人在涿乡共同进攻蜀军，大破蜀军，升为威烈将军，封都亭侯。曹真进攻南郡，韩当负责防守南郡的东南面。他在外担任将帅，激励官兵同心坚守防地，又敬重督司，遵奉法令，孙权很赞赏他。黄武二年，封为石城侯，升昭武将军，兼任冠军太守，后又加授都督的名号。韩当率领"敢死"士和"解烦"兵一万人，讨伐丹杨的贼寇，大败他们。恰在此时因病去世。儿子韩综，承袭侯爵并且领兵。

这年，孙权征伐石阳，因韩综有父丧，便让他驻守武昌，但韩综淫乱不守法度。孙权虽因他父亲韩当的缘故未予追究，但韩综心怀恐惧，用车载了父亲的棺木，带着母亲、家眷及属下兵士几千人投奔魏国。魏国以他为将军，封广阳侯。韩综多次率军越境侵犯，杀害吴国百姓，孙权常对他切齿痛恨。东兴战役中，韩综担任魏军前锋，战败身死，诸葛恪斩下他的首级，送到太庙告慰孙权的在天之灵。

蒋钦字公奕，九江郡寿春县人。孙策依附袁术之时，蒋钦跟随供职。等到孙策东渡长江，任命蒋钦为别部司马，并授予士兵。跟着孙策转战征伐，平定三郡，又随孙策平定了豫章郡。调任葛阳县尉，历任三县县长，讨伐平定盗贼，升为西部都尉。会稽、东冶一带的贼寇吕合、秦狼等人作乱，蒋钦率军讨伐，最终活捉了吕合、秦狼，五县得以平定，改任讨越中郎将，以泾拘、昭阳两县作为他的奉邑。贺齐讨伐黟县贼寇时，蒋钦统领一万人马，与贺齐合力进剿，黟县山贼被平定。蒋钦跟随孙权出征合肥，魏将张辽在逍遥津北面突袭孙权，蒋钦奋战立功，升为荡寇将军，兼任濡须督。后受召返回国都，任命为右护军，掌管诉讼事务。孙权曾进入蒋钦家的内室，见他母亲用的是粗布蚊帐和素色被子，妻妾所穿都是一般的布裙。孙权赞叹蒋钦身处富贵却能保持俭省，当即命令御守给他母亲制作锦被，改换蚊帐，供给他妻妾衣服都以锦绣做成。

当初，蒋钦驻扎宣城时，曾讨伐豫章郡的贼寇。芜湖县令徐盛收押了蒋钦的一名屯守小官，上表请求将他处死，孙权认为蒋钦远在外地统兵就没有批准，徐盛由此自认为蒋钦对自己有了嫌隙。曹操出兵进攻濡须，蒋钦和吕蒙执掌对诸将的指挥调度大权。徐盛常常惟恐蒋钦会借机加害，而蒋钦却每每称道他的优点。徐盛敬佩蒋钦的品德，议论的人也无不赞美。

孙权讨伐关羽，蒋钦督率水军进入沔水，回师途中，他因病去世。孙权身穿丧服为他举哀，并将芜湖百姓二百户、田地二百顷，赐给蒋钦的妻子儿女。其子蒋壹封为宣城侯，领兵抵御刘备有功，又回师奔赴南郡，与魏军交战，战死阵前。蒋壹没有儿子，由他弟弟蒋休接替蒋壹带兵，后因犯罪失去职位。

周泰字幼平，九江郡下蔡人。他与蒋钦一起跟随孙策并都成为孙策的得力助手，任职虔诚敬肃，在多次战斗中立有战功。孙策进据会稽，任命周泰为别部司马，授予他士兵。孙权喜欢周泰的为人，请求孙策把周泰调给自己。孙策征讨六县的山贼，孙权驻扎在宣城,让士兵自卫,兵员不足一千,孙权心中还疏忽大意,不设防御工事,而山贼几千人却突然杀到。孙权刚刚来得及上马,贼人锋锐的尖刀已从左右交叉刺来,有的还刺中了马鞍,众兵士无不惊慌失措。只有周泰激扬振奋,舍命护卫孙权,胆量勇气过人,左右士兵由于周泰的缘故而奋力参战。贼人被打散后,周泰身上受创达十二处之多,很久才苏醒过来。这天如果没有周泰,孙权的性命就几乎不保。孙策深深感激周泰,补任他为春谷县长。后来周泰又随孙策进攻皖县,以及讨伐江夏,回师经过豫章时,又被补任为宜春县长,凡是他任职所在县的一切赋税都特批作为他的俸禄。

随同孙权讨伐黄祖有功。后与周瑜、程普在赤壁抵御曹操,在南郡攻打曹仁。荆州平定后,周泰带兵驻扎在岑县。曹操出兵攻打濡须,周泰又奔赴迎击,曹操撤退,周泰留督濡须,授任平虏将军。当时朱然、徐盛等人都归他统属,内心并不服气,孙权为此特地巡视到濡须坞,借机宴请诸将,大家很是畅快欢乐,孙权亲自斟酒到周泰面前,命周泰解开衣服,孙权用手一一指点他身上的伤疤,问他受伤的原因。周泰便回忆起以前战斗的情况来回答,答完后,孙权让他重新穿好衣服,欢宴直到夜深。第二天,孙权派使者给周泰送去天子专用的黄罗伞盖。于是徐盛等人才对周泰心服口服。后来孙权打垮关羽,打算进一步谋取蜀国,任命周泰为汉中太守、奋威将军,封陵阳侯。黄武年间周泰去世。儿子周邵以骑都尉的身份统兵。曹仁出兵进攻濡须,周邵作战有功,又跟随孙权打败曹休,提升为裨将军,黄龙二年去世。由他弟弟周承统领部队并承袭侯爵。

陈武字子烈,庐江郡松滋县人。孙策在寿春时,陈武前往求见,他当时年仅十八岁,身高七尺七寸,就跟随孙策东渡长江并参与征战有功,任命为别部司马。孙策打败刘勋,俘获许多庐江人,从中挑选出精锐,就交给陈武统领,果然所向无敌。到了孙权统管江东事务时,陈武转督五校。他仁爱宽厚而乐善好施,乡里乡亲及远方来人大多前来依靠他。他特别受到孙权的亲近喜爱,孙权多次到过他家。因陈武屡建功劳,晋升他为偏将军。建安二十年,跟随孙权攻打合肥,陈武拼命战死。孙权哀痛他的死,亲自参加他的葬礼。

其子陈修有陈武的风范,十九岁时,孙权召见并给予鼓励,任命他为别部司马,授予他五百士兵。当时新兵多有叛逃的现象,而陈修因为安抚得当,不曾逃走一人。孙权对他的才能感到惊异,任命他为校尉。建安末年,追录功臣的后代,封陈修为都亭侯,任命为解烦督。黄龙元年陈修去世。

陈修的弟弟陈表,字文奥,是陈武的妾所生。陈表年轻时便有名声,与诸葛恪、顾谭、张休等人一起侍奉太子,相互间都能亲爱友好,尚书暨艳也与陈表关系很不错,后来暨艳有罪,当时人人都设法保护自己,信誓虽厚却很少人出面说话求情,陈表单单不是这样,士人因此很敬重他。陈表从太子中庶子被任命为翼正都尉。哥哥陈修去世,陈表的母亲不愿侍奉陈修的母亲,陈表对自己母亲说:"哥哥不幸早死,我总管家中事务,理当奉养嫡母。母亲若能为了我委屈自己而顺从嫡母的心意,这就是我最大的愿望了;倘若母亲不愿意这样,就只好请您出去另外居住了。"陈表对于正道就是这样公正。从此两位母亲感动醒悟而相互和睦。陈表因为父亲战死沙场,请求任用为统军将领,领兵五百人。陈表为了调动士兵们尽心效力的积极性,而特别用心地善待他们,士兵们也都爱戴依附他,乐于为他效命。当时军中有人盗窃了官方物品,怀疑是无难士施明。施明向来勇壮强悍,收押后对他进行了极为残酷的拷问,但他只求一死而不说一句话,廷尉将这情况向上汇报。孙权认为陈表能得壮士们的信任,便下诏将施明交给陈表,让陈表用自己的方法获取实情。陈表便打开了施明的枷锁并让他沐浴,换了他的衣服,给他准备了丰盛的酒菜,用欢乐的情绪来诱导施明。施明于是自首服罪,一一交代出同党。陈表上书禀报结果。孙权认为陈表非同一般,想保全他的名声,特为他赦免了施明,而把施明的同党全部诛杀。升陈表为无难右部督,封都亭侯,以继承他父亲先前的爵位。陈表上书全部辞让,请求将这些官职爵位传给陈修的儿子陈延,孙权没有同意。嘉禾三年,诸葛恪兼任丹杨太守,讨伐平定了山越人,孙权让陈表兼任新安都尉,与诸葛恪形成参互交合的形势。当初,陈表曾受赐免交赋税的二百户人家,这二百家都在会稽郡新安县。陈表观察这些人,都可以成为好的士兵,于是上书辞让不受,请求还给官家,以充实精兵的数量。孙权下诏说:"已故的陈武将军为国家立有战功,国家以此作为回报,你怎么能够推辞呢?"陈表就回答说:"如今要铲除国贼,为我父亲报仇,都是以人为根本。白白地枉费这些强健的人来做仆人,不是我的意愿。"接着全部挑选出其中的精华以充实部队。当地官员将情况上报,孙权对此十分赞赏。有诏下发郡县,选取为官府服役的人家和贫民来补充陈表应得的二百户赏赐。陈表在任三年,大开招降接纳之门,得到兵士一万多人。事情办好正当离任调出之时,正逢鄱阳人吴遽等作乱,攻陷城池,所属各县动荡不安,陈表便率军跨境讨伐,吴遽因为兵败,于是向陆逊投降。任命陈表为偏将军,进封为都乡侯,往北驻扎在章阬。陈表三十四岁去世。他的家财全用在供养将士之上,死的那天,妻子儿女连个住处都没有,太子孙登为他们建起了屋宅。陈表的儿子陈敖十七岁,任命为别部司马,授予士兵四百人。陈敖去世,陈修的儿子陈延又任别部司马以接替陈敖。陈延的弟弟陈永,官做到将军,封侯。当初施明感激陈表,自觉改恶从善,终于成为英勇善战的将领,官位升到将军。

董袭字元代,会稽郡余姚县人,身高八尺,勇力过人。孙策进据会稽郡,董袭在高迁亭迎接,孙策见他身材魁梧,到官署就任命他为门下贼曹。当时,山阴大贼黄龙罗、周勃纠集党羽几千人,孙策出兵讨伐,董袭亲手斩下了黄龙罗、周勃的首级,回师后孙策任命他为别部司马,授予士兵几千人,又升他为扬武都尉。董袭跟随孙策进击皖县,又在寻阳攻讨刘勋,到江夏征伐黄祖。

孙策去世时,孙权还年轻,刚开始统管国事,太妃为此很是担忧,便让人引导张昭和董袭等人入见,询问江东能否保证稳定不乱。董袭回答说:"江东的地理形势,有山川的险固可资凭借。而讨逆将军是贤明太守,他给予的恩德存于百姓心中。讨虏将军继承基业,大小官员都听命效力,张昭执掌各项事务,我等为战将,这正是我们具有地利人和的时候,绝对没有什么可忧虑的。"众人都认为董袭的话气势雄壮。鄱阳贼彭虎等人拥有党羽数万,董袭与凌统、步骘、蒋钦分别带兵讨伐。董袭大军所向贼营都被攻破,彭虎等望见董袭的军旗,就要逃散,十天之内贼寇被全部平定,任命董袭为威越校尉,升为偏将军。

建安十三年,孙权征讨黄祖,黄祖安置了两艘蒙冲战舰横断河面从左右两旁锁住沔口,并用棕榈大绳拴住大石墩将船拴住,船上安排箭手千人,用强弩交错发射,利箭如雨,孙权的水军根本无法前进。董袭与凌统都是前锋,他们各带一百敢死士,每人身披双层铠甲,乘坐大船,冲入蒙冲战舰构成的封锁线以内。董袭亲手挥刀砍断两根大绳,蒙冲战舰于是打横漂流,孙权的大军得以向前推进。黄祖打开城门逃走,吴兵追上去斩了他。第二天举行盛大宴会,孙权举杯对董袭说:"今日的盛会,是得益于你的断绳之功。"

曹操出兵攻打濡须,董袭跟随孙权奔赴迎敌,孙权让董袭统领五楼船驻守濡须口。夜里突起暴风。五楼船侧翻,士兵们都四散逃到了小船上,他们请求董袭从战舰里出来。董袭发怒说:"我接受将军重任,在这里防备贼军,凭什么理由弃船而去!敢有再劝我离船的人处斩。"于是没有人敢于违令劝说。这一夜战舰沉没,董袭殉职。孙权换上丧服参加董袭的丧礼,供给治丧财物十分丰厚。

甘宁字兴霸,巴郡临江县人。年轻时有气力,喜好游侠,招集一批轻薄少年,做了他们的首领;他们经常成群结队聚在一起,手拿弓弩,背负箭囊而马带铃铛,百姓们一听到铃铛声,便知是甘宁来了。有人在路上跟他相遇,就算是他所在的城中长官,接待周到就与他们结交欢娱;否则,就放任他所带领的轻薄少年强夺别人的财产,对地方行政长官的辖境也有所祸害,使他们因废职而获罪,这种状况持续了二十余载。停止攻击掠夺的生涯之后,甘宁用心阅读了不少诸子百家的书籍,接着便去依附刘表,因而住在南阳,却得不到刘表的选拔任用,后又转而依附黄祖,黄祖又把他当作寻常人养着。

于是甘宁到了东吴。周瑜、吕蒙都并力推荐引进,孙权认识到甘宁的不寻常之处，待他如同老臣一样。甘宁献计说："如今汉朝的国运日益衰微，曹操更加骄傲专横，终究要篡权盗位。南方荆州之地，大山连绵地理优势显著，江河流转畅通，实在是国家西面的有利形势。我已观察过刘表，他本身就思虑短浅，儿子又不长进，不是能够传承基业的人物。主上应当尽早谋取，不可落在曹操的后面。谋取荆州的计划，应当先攻取黄祖。黄祖如今年老，昏聩糊涂得很，资财粮食全都匮乏，身边的人又欺骗愚弄他，贪图货物财利，侵夺官兵利益，官兵心怀怨恨，舟船以及各种作战器具，废弃而不加维修整治，懈怠农事耕种，军队没有固定的编制。主上现在如果前去，必定能够打垮他。一旦打败了黄祖，再击鼓向西进军，在西面占据楚关，基本局势就有了更加广阔的视野，然后就可以逐渐谋取巴蜀了。"孙权十分赞许他的意见。张昭当时在坐，他诘难说："东吴眼下危机四伏，若是军队真的出征，只怕必定要导致祸乱。"甘宁对张昭说："国家把萧何那样的重任交给您，您留守后方而害怕变乱，您用什么来追慕古人呢？"孙权举起酒杯叮嘱甘宁说："兴霸，今年出征讨伐，就如这杯酒，我决定把它交付给你。你只管努力筹划策略，使我们必定能征服黄祖，那么这就是你立下的大功了，又何必顾虑张长史所说的那些呢！"孙权于是向西进军，果然擒获了黄祖，俘虏了他的全部人众。于是授予甘宁一支人马，屯驻当口。

后来甘宁又随周瑜在乌林大败曹操。又在南郡攻打曹仁，还没有攻克，甘宁献计先直接进占夷陵，并且他自己率军前去顺利拿下了这座城池，于是入城驻守。当时他手下只有几百士兵，加上俘虏，也仅满一千人。曹仁却命令五六千人围攻甘宁。甘宁连日受到攻击，敌军架设高楼，箭雨自上而下射向城内，士兵们都心里害怕，惟独甘宁谈笑自如。他派人将情况禀报周瑜，周瑜采用吕蒙的计策，率诸将给甘宁解除了围困。后来甘宁又随鲁肃镇守益阳，抵抗关羽的进攻。关羽号称有三万人马，还亲自挑选出五千精锐士兵，派往益阳县上游十多里的浅水地带，说要在夜里涉水过河。鲁肃就此事与诸将商议。甘宁手下当时有三百士兵，居然请战说："可再给我增加五百兵士，我前去跟他对阵，保证关羽一听见我咳嗽吐唾沫的声音,就不敢渡河,倘若他敢渡河就将被我生擒活捉。"鲁肃便挑选了一千兵士加给甘宁,甘宁便连夜赴赴上游。关羽听说甘宁来了,停下不再渡河,就地布寨扎营,如今就把这个地方叫做关羽濑。孙权嘉赏甘宁的功劳,任命他为西陵太守,兼任阳新、下雉两县县令。

此后甘宁随同孙权进攻皖县,担任升城督。甘宁手持练绳,亲自攀登城墙,身先士卒,终于攻破城池抓获了朱光。评议战功,吕蒙功劳最大;甘宁功居第二,被任命为折冲将军。

后来曹操出兵攻打濡须,甘宁担任前部督,受命出击砍杀曹军的前锋部队。孙权专门赏赐了米酒和很多菜肴,甘宁便将这些酒菜赐给选定出击的一百多手下共享。吃完后,甘宁先用银碗斟酒,自己喝了两碗,接着便斟酒给他的都督。都督伏下身子,不肯即时接酒。甘宁拿过一把雪亮的刀放在膝上,呵斥都督说:"你被主上信任,与我相比怎样?我尚且不惜生命,你为什么偏偏怕死呢?"都督见甘宁满脸怒气,马上起身拜谢端酒,喝完后给兵士们通通斟上一银碗酒。到了二更时分,大家口里衔着竹枚出击杀敌。敌人惊骇动摇,于是退走。甘宁更受器重,孙权给他增加了二千兵员。

甘宁虽然粗鲁凶猛喜欢打打杀杀,却也豁达爽朗胸藏韬略,轻视钱财敬重士官,能以优厚的待遇供养勇士,勇士们也都乐意为他效命。建安二十年,他跟随孙权进攻合肥,正逢疾病流行,军队都已全面撤离,只剩车下虎士一千多人,还有吕蒙、蒋钦、凌统及甘宁,跟随孙权还在逍遥津的北边。魏将张辽通过侦察得知这一情况,当即率步、骑兵突然杀到。甘宁弯弓射敌,与凌统等人拼死格斗。刀光剑影中甘宁还厉声喝问军乐何以不奏响助威,豪迈雄壮的气概显得极为坚定果断,孙权尤为嘉许。

甘宁厨房中一个童仆曾犯有过错,走来投奔吕蒙。吕蒙怕甘宁把童仆杀了,所以没有及时送回。后来甘宁带着礼物来拜见吕蒙的母亲,当甘宁按规矩要登上厅堂对吕蒙母亲行拜见之礼的时候,吕蒙才叫出那个童仆还给甘宁。甘宁向吕蒙承诺说不杀。一会回到船上,甘宁却将那童仆绑在桑树上,亲自挽弓搭箭将他射死。完事后,甘宁命令船上人再增加几根船缆,自己脱下衣服躺在船上。吕蒙大怒,擂鼓集合士兵,要上船攻杀甘宁。甘宁听说这些后,故意躺着不起身。吕蒙的母亲光着脚出来劝阻吕蒙说:"主上待你如同骨肉,把军国大事托付给你,哪里有因为私怨就想攻杀甘宁的道理?甘宁死去之时,纵然主上不加责问,你作为臣下这么去做也还是违反法律的。"吕蒙一向最是孝顺,听了母亲的话,当即豁然消除了对甘宁的恨意,他亲自来到甘宁船上,笑着招呼甘宁说:"兴霸,老母正等您吃饭,快点上来!"甘宁痛哭流涕感叹说:"我对不起您。"便跟着吕蒙一起回去见吕蒙的母亲,十分欢畅地宴饮了一整天。

甘宁去世,孙权心痛惋惜他。甘宁的儿子甘瑰,因罪流放会稽,没过多久便死了。

凌统字公绩,吴郡余杭县人。父亲凌操,轻生重义有胆有勇,孙策刚起兵时,凌操常常跟随征战,每每行军冲锋在前。担任永平县长,治理山越人很有成效,境内奸猾之人束手不敢违法,升为破贼校尉。到了孙权统领军政事务,凌操跟随他讨伐江夏。攻占夏口,凌操率先进击,大败敌军前锋,乘轻舟独自冲锋在前,身中流箭而亡。

凌统这年十五岁,周围的人大多称赞他,孙权也因凌操为国丧身,任命凌统为别部司马,代理破贼都尉,让他带领父亲凌操的原班人马。后来跟随孙权攻打山贼,孙权攻破保屯后先行回师,剩下麻屯的一万敌人,让凌统与都督张异等人留下围攻,并限定进攻的日期。在此之前,凌统与都督陈勤一起饮酒,陈勤刚强勇猛而纵情任性,他担任宴会的祭酒官,欺凌满座,不按正常的规矩罚酒。凌统痛恨陈勤的傲慢无礼,当面纠正他的过失而不被理会。陈勤还反过来怒骂凌统,延及凌统的父亲,凌统流泪没有作声,众人因此罢席离去。陈勤趁着酒性凶恶悖逆,又在路上侮辱凌统。凌统忍无可忍,拔刀砍了陈勤,几天之后陈勤便死了。等到将要攻打麻屯的时候,凌统说:"我不战死无从得到原谅。"于是率领激励士卒,亲身冒着飞箭垒石前冲,他所攻打的一面,顿时攻破,诸将乘胜跟进,于是大获全胜。回师之后,他自行捆绑让军中执法官将自己关押起来。孙权认为他果敢坚毅令人钦佩,使他得以将功赎罪。

后来孙权再次征讨江夏，凌统担任前锋，与他平日所厚待的勇士几十人共乘一条船，常常离开自己大军几十里。船进入右江，斩杀了黄祖的部将张硕，全部抓获敌船上的人员。凌统回来向孙权禀报敌情，孙权率军兼程推进，水陆两军全都汇集敌城之下。这时吕蒙打垮了黄祖的水军，而凌统又率先攻进了江夏城，于是大获全胜。孙权任命凌统为承烈都尉，与周瑜等人在乌林抵御并击败曹操，接着又攻打曹仁，升为校尉。凌统虽身在军旅之中，但能够亲近贤才接纳士人，轻视钱财而看重道义，具有国士的风尚。

凌统又随孙权攻破皖县，被任命为荡寇中郎将，兼任沛郡相。与吕蒙等人向西攻取了三郡，从益阳回师，又随孙权征伐合肥，他任右部督。当时孙权开始撤军，先头部队已经出发，魏将张辽等人却突然杀到逍遥津北面。孙权派人想追回先头部队，而那些人离去已远，势难相救，凌统率领亲兵三百人冲入敌军包围圈，保护孙权杀出重围。此时敌人已毁坏了桥梁，桥的连接处只剩下两块木板，孙权驱马飞驰冲过桥去，凌统又掉头再入战圈，手下人已全部战死，他自己也身负重伤，但继续杀敌数十人之后，估计孙权已经脱险，他才返回。那时桥已坏路已断，凌统只好披甲隐蔽前进。孙权已经上船，看见凌统不胜惊喜。凌统痛惜自己的亲兵没有一人生还，悲伤得难以自控。孙权拉起袖子为凌统擦泪，对他说："公绩，死的人已经死了，只要你活着，还怕没有人吗？"任命凌统为偏将军，加倍授给他本部兵员。这时有人向孙权推荐凌统的同郡人盛暹，认为盛暹的刚直气概和临难不苟的节操有超越凌统之处，孙权说："只要让他像凌统这样就足够了。"后来召盛暹连夜赶来，其时凌统已经睡下，听说盛暹来了，便整饬衣装出门，拉着盛暹的手进屋。凌统爱才而不妒忌就像这样。

凌统认为山里还多的是强壮剽悍之人，可以用声威和恩泽诱导他们，孙权便命令他到东部各县去招募乃至征讨，又命令各所属城镇官员，凡是凌统所需求的一切，都先供给再上报。凌统向来爱护官兵，官兵也都仰慕他。凌统募得精兵一万多人，经过老家所在县，做到步行进入官府大门，见了县吏执版三拜，恭恭敬敬，礼节周到，对亲戚朋友，情意更加深厚。事情办完将要离开时，不幸因病去世，时年四十九岁。孙权得到噩耗，捶床坐起，哀痛不能自止，几天都很少吃饭，一说到凌统就泪流满面，还让张承写了记述凌统经历和功德的铭诔。

凌统的两个儿子凌烈、凌封，年龄都才几岁，孙权将他们收养在宫中，爱护相待就如同自己的几个儿子一样，每当宾客进见，便把他两人叫出来给客人看，说："这是我的两个虎子。"到了他们八九岁时，让葛光教他们读书，每十天让他们骑一次马，孙权追记凌统的战功，封凌烈为亭侯，还给他父亲的原班人马。后来凌烈有罪被免除封爵官职，凌封又继承爵位并统领部队。

徐盛字文向，琅邪郡莒县人。遭逢战乱，客居吴郡，以勇气闻名。孙权统领军政事务，任命徐盛为别部司马，授予他五百名士兵，由他代理柴桑县长，抵御黄祖。黄祖的儿子黄射，曾率几千人顺流而下攻打徐盛。徐盛当时的官兵还不足二百人，与来敌对抗，杀伤黄射官兵一千余人。接下来又打开城门出战，大败黄射。黄射从此销声匿迹不敢再来侵犯，孙权任命他为校尉、芜湖县令。又讨伐临成南阿的山贼，立下战功，升中郎将，督校兵。

曹操出兵攻打濡须，徐盛跟随孙权前去抵御。魏国曾派大军出横江，徐盛与诸将一起奔赴讨伐。当时他们乘着蒙冲战舰，遇上疾风，船漂到敌军岸边，诸将都很畏惧，没有人敢于出战，徐盛单独领兵上岸冲向敌营挥刀砍杀敌兵，敌兵溃败逃跑，还是有所杀伤，风一停徐盛便带兵返回，孙权大为赞赏他的勇敢豪壮。到了孙权向魏国自称藩臣，魏国派使者邢贞册封孙权为吴王。孙权出都亭迎接邢贞，邢贞面有骄色，张昭对此已经很生气，而徐盛则更加愤怒不平，他转头对同僚们说："我等不能奋勇献身，为国家夺取许昌、洛阳，吞并巴、蜀，却让我们的国君与邢贞盟誓，不也是很羞耻吗！"说完泪流满面。邢贞听说后，便对他的随从说："江东将相如此忠勇，是不会久居人下的。"

后来升任建武将军，封为都亭侯，兼任庐江太守，赐予临城县作为徐盛的食邑。刘备驻军西陵，徐盛攻取了蜀军多个屯营，每次出击都立有战功。曹休出兵洞口，徐盛与吕范、全琮渡江抵御防守。遇上大风，船舶和士兵损失严重，徐盛聚集余兵，与曹休隔江对峙。曹休命令将士近船进攻徐盛，徐盛以少敌众，曹军不能取胜，各自领兵退回。升为安东将军，爵封芜湖侯。后来魏文帝曹丕大举出兵，有跨江进攻的意图，徐盛献计从建业城开始修筑围墙，建造藩篱，围墙上造假楼，江中浮动战船。诸将认为这样做毫无益处，徐盛不理睬他们的意见，坚决照做。魏文帝到了广陵，望见围墙十分惊愕，围墙藩篱绵延几百里，而江水又暴涨，便领军退走。诸将这才心服。

黄武年间徐盛去世。儿子徐楷，继承爵位并统领部队。

潘璋字文珪，东郡发干县人。孙权担任阳羡县长时，他才前去跟随孙权。潘璋放荡而性喜饮酒，家里贫穷，喜欢赊账买酒，债主上门催讨，他就说等我以后大富大贵了再还。孙权认为他奇特可爱，便让他招募士兵，得到一百多人，于是用他为将。潘璋讨伐山贼立下战功，任别部司马。后担任吴郡大市的刺奸官，盗贼绝迹，因此而闻名。升任豫章郡西安县长。刘表做荆州牧时，该县百姓屡遭贼寇侵扰，自从潘璋任西安县长以来，贼寇不敢入境。邻县建昌强盗作乱，让潘璋转领建昌县令，加官武猛校尉，讨伐惩治百姓中的恶人，一个月便全部平定，又召集本地的散兵游勇，得到八百人，带领他们返回建业。合肥战役中，魏将张辽突然杀到，诸将没有防备，陈武战死，宋谦、徐盛全部败逃，潘璋位置在后，便驱马前进，横过马头，斩了宋谦、徐盛军中的两名逃跑者，士兵便全都掉头接战。孙权十分赞赏他的勇壮，任命他为偏将军，于是带领百校部队，屯兵半州。

孙权讨伐关羽时，潘璋与朱然截断关羽的退路，来到临沮，驻扎在夹石。潘璋部下司马马忠活捉了关羽，以及关羽的儿子关平、都督赵累等人。孙权当即分出宜都郡的巫县、秭归二县作为固陵郡，任命潘璋为太守、振威将军，封为溧阳侯。甘宁去世，潘璋合并了他的部队。刘备出兵夷陵，潘璋与陆逊合力抵御他的进攻，潘璋的部下斩杀了刘备的护军冯习等人，杀死杀伤的敌人很多，孙权任命潘璋为平北将军、襄阳太守。

魏将夏侯尚等人围攻南郡，分出前锋部队三万人设置浮桥，渡江到百里洲上，诸葛瑾、杨粲一起聚集部队前往救援，但不知向什么地方出击，而魏军却天天过渡不停。潘璋说："魏军声势正旺，江水又浅，不能与他们交战。"便带领自己的人马，到魏军上游五十里处，砍伐几百万捆芦苇，绑成大筏，想顺水放火，烧毁魏军浮桥。筏才扎好，正待水涨放筏，夏侯尚却领军退走了。潘璋到下游驻防陆口。孙权称帝，任命潘璋为右将军。

潘璋为人粗犷勇猛，军中禁令严明，喜好建功立业，带领的兵马不过几千，但所到之处常常如同有一万人马。征战驻扎时，便设立军中市场，其他部队没有的东西，都靠他的军中市场补给充实。但他天性奢侈，到了晚年更是变本加厉，服饰物品都超越身份等级。富有的官兵，有的便被他杀死夺走财物，屡次不守法令。监察的官员将潘璋的违法行为举报上奏，孙权爱惜他的功劳总是原谅而不责问他。嘉禾三年潘璋去世。儿子潘平，因为品行不端被流放会稽。潘璋妻子居住在建业，赐给田地房屋，以及免除赋役的佃户五十家。

丁奉字承渊，庐江郡安丰县人。年轻时因骁勇做了军中小将，先后隶属甘宁、陆逊、潘璋等人。多次随同征战，作战常常勇冠三军。往往斩杀敌将，拔取敌旗，身负创伤。慢慢升为偏将军。孙亮即位，丁奉为冠军将军，爵封都亭侯。

魏国派遣诸葛诞、胡遵等人进攻东兴，诸葛恪率军抵御。诸将都说："敌人听说太傅亲自前来，我军上岸后他们必定逃走。"只有丁奉说："不对。魏国动员了全国的力量，调集许昌、洛阳的全部军队大举前来，一定有完整成熟的计划，难道肯空手而回吗！不要依赖敌人的不来，而要靠我们有办法战胜他们。"等诸葛恪上了岸，丁奉与将军唐咨、吕据、留赞等人，都从山的西面前进。丁奉说："如今各军行动迟缓，倘若敌人占据有利地势，就难于与他们争胜负了。"便排开各军让他们让开船道，亲率所部三千人径直前进。当时正刮北风，丁奉扬帆两天就到达了目的地，于是占据徐塘。天寒降雪，敌军诸将正摆酒举行盛宴，丁奉发现敌人先头部队人数偏少，就对部下们说："获取封侯爵位奖赏，正在今日！"便让士兵脱下铠甲，戴上头盔，手持短兵器。敌人因而嘲笑，对此不做防备。丁奉挥兵肆意砍杀，大败敌人的先头部队。恰在此时吕据等人赶到，魏军于是溃败。提升丁奉为灭寇将军，进封为都乡侯。魏将文钦前来投降，朝廷让丁奉任虎威将军，随孙峻到寿春迎接文钦，与追赶的敌军在高亭交战。丁奉骑马执矛，冲入敌阵中，斩杀数百人，缴获了敌人的兵器。进封为安丰侯。

太平二年，魏国大将军诸葛诞占据寿春来向吴国投降，魏军将寿春包围。吴国派朱异、唐咨等人前往救援，又派丁奉与黎斐率军解围。丁奉首先到达，驻扎在黎浆，奋力作战立下功劳，被任命为左将军。孙休即位，与张布密谋，想诛杀孙綝。张布说："丁奉虽然写不好官府的文书，但他的计谋策略却超过一般人，能够决断大事。"孙休召见丁奉并对他说："孙綝把持国家的权柄，将要叛乱，我打算跟将军一起诛杀他。"丁奉说："丞相的兄弟朋友和同党人数众多，只恐人心不齐，不能立刻制服，可利用腊祭聚会，用陛下的卫兵来诛杀他。"孙休采纳了丁奉的计策，借腊祭之会请孙綝到来，丁奉与张布用眼神示意左右卫兵杀了孙綝。丁奉升为大将军，加官左右都护。永安三年，假以符节兼任徐州牧。永安六年，魏军征伐蜀国，丁奉率领各军开赴寿春，做出援救蜀国的态势。蜀国灭亡，军队返回。

孙休去世，丁奉与丞相濮阳兴等人听从万彧的意见，共同迎立孙皓，升任右大司马、左军师。宝鼎三年，孙皓命令丁奉与诸葛靓攻打合肥。丁奉写信给西晋大将石苞，离间并陷害他，石苞因此而被召回。建衡元年，丁奉再次率军修治徐塘，趁机攻打西晋的谷阳。谷阳百姓知道后，预先离去，丁奉无所斩获。孙皓发怒，斩了丁奉的导军。建衡三年，丁奉去世。丁奉因显贵有功，便逐渐骄傲自负，有人诋毁他，孙皓追究他以前出师不利的事情，将他一家流放到临川。丁奉的弟弟丁封，官至后将军，先于丁奉去世。

评：以上诸将，都是东吴的勇武大臣，是孙氏家族所厚待的。凭潘璋这样的不讲究道德修养的人,孙权都能忘掉他的过错而记住他的功绩,孙氏能居守东南河山,理应如此啊!陈表是将门庶出支系,而与嫡生长子、贵胄名人比翼齐飞,出类拔萃,不也值得赞美吗!

朱治朱然吕范朱桓传第十一

朱治字君理，丹杨郡故鄣人。起初做县吏，后来被推举为孝廉，州里征召为从事，跟随孙坚征战讨伐。中平五年，被任命为司马，随孙坚讨伐长沙、零陵、桂阳三郡的贼寇周朝、苏马等人，立下战功，孙坚表奏朱治为代理都尉。又随孙坚在阳人击败董卓，进入洛阳。孙坚又表奏朱治代理督军校尉，专门率一支步兵和骑兵，到东面协助徐州牧陶谦征讨黄巾军。

适逢孙坚去世，朱治辅佐孙策，依托袁术。后来明白袁术政事和德行双双匮乏，朱治就劝孙策回师平定江东。当时太傅马日䃅在寿春，征召朱治担任掾吏，升为吴郡都尉。这时吴景已驻扎在丹杨，而孙策替袁术攻打庐江，刘繇因为害怕被袁术、孙策吞并，于是就对孙策产生了怨恨。而孙策的家人全在扬州，朱治便派人到曲阿迎接太妃（孙策母亲）和孙权等兄弟们，一路侍奉保护，很有恩情。朱治从钱唐出兵想进军到吴郡，吴郡太守许贡在由拳组织抗击，朱治与他交战，大败许贡。许贡南逃投靠山贼严白虎，朱治于是进入吴郡，兼任吴郡太守事务。

孙策打跑了刘繇后，东进平定了会稽郡。孙权那年十五岁，朱治举荐他为孝廉。后来孙策去世，朱治与张昭等人共同尊崇侍奉孙权。建安七年，孙权表奏朱治为吴郡太守，代理扶义将军，分出娄县、由拳、无锡、毗陵等县作为朱治的奉邑，由他自置官吏。朱治征讨山越，辅佐孙权平定东南，俘获了黄巾军的余党陈败、万秉等人。黄武元年，被封为毗陵侯，仍旧兼任吴郡太守。黄武二年，被授予安国将军,佩金印紫绶,改封到故鄣县。

孙权历任上将,直到身为吴王,朱治每次进见时,孙权都会亲自迎接,手执笏板相互行礼,宴饮与赠送赏赐,恩惠礼敬特别隆重,以至于他的随行小官,都得以带着见面礼得到孙权接见,他受到的特殊礼遇到了如此程度。

当初,孙权的弟弟孙翊,性情严厉急躁,喜怒都随心所欲,朱治屡次责备数落他,用道德义理加以劝导。孙权的堂兄、豫章太守孙贲,他的女儿是曹操的儿媳,到曹操占领荆州,威势震动南方时,孙贲心怀畏惧,打算送儿子去魏国做人质。朱治听说后,请求去见孙贲,向孙贲陈述平安与危险的道理,孙贲因此打消了送人质的念头。

孙权常常赞叹朱治为国事操心尽力。朱治天性俭省节约,虽然身处富贵,但车马服饰只满足任职的基本需要而已。孙权特别优待他,亲自下令督军御史负责处理他奉邑内城镇的公文,朱治只管领取四个县的租税就行了。然而贵族子弟及吴郡四大家族大多在担任郡职,郡中官员常常数以千计,朱治大体上几年一次调发人手到吴王府中去办事,调发过几百人,一年四时都有进献,孙权的回报也十分优厚。这时丹杨郡腹地常有奸贼作乱,朱治也因为自己逐渐年老,思恋故土,便自己上表请求屯驻故鄣,负责安抚山越。他到了那里,诸多父老乡亲旧友故交,无不上门求见,朱治都把他们请进家门,与他们一起宴饮,乡亲们引以为荣。在故鄣住了一年有余,又回到吴郡。黄武三年朱治去世,在郡三十一年,享年六十九岁。

朱治的儿子朱才,原先就是带兵校尉,继承父亲爵位后,升为偏将军。朱才的弟弟朱纪,孙权把孙策的女儿嫁给了他,也是以校尉的身份带兵。朱纪的弟弟朱纬、朱万岁,都早年去世。朱才的儿子朱琬,承袭封爵做了将领,官至镇西将军。

朱然字义封,是朱治姐姐的儿子,本来姓施。最初,朱治还没有儿子,到朱然十三岁时,朱治便报请孙策请求把朱然作为自己的继承人。孙策命令丹杨郡用羊、酒等礼物召来朱然,朱然来到吴郡后,孙策用丰厚的礼物予以祝贺。

朱然曾与孙权同窗学习，彼此情谊深厚。到了孙权统领军政事务，就任命朱然为余姚县长，这年他才十九岁。后来升为山阴县令，加官折冲校尉，管理五个县的军事。孙权认为他才能奇特，分出丹杨郡增设临川郡，以朱然为太守，授予士兵二千人。正碰上山贼嚣张作乱，朱然出兵讨伐，一个月就平定了。曹操出兵濡须，朱然防守大坞和三关屯，升为偏将军。建安二十四年，随主帅征讨关羽，又另率一支部队与潘璋到临沮活捉了关羽，升为昭武将军，爵封西安乡侯。

虎威将军吕蒙病重，孙权问吕蒙说："您如果一病不起，谁可以接替您？"吕蒙回答说："朱然胆量和操守绰有余裕，我认为可堪任用。"吕蒙去世后，孙权假授朱然符节，让他镇守江陵。黄武元年，刘备发兵进攻宜都，朱然率五千人与陆逊合力抵御刘备。朱然另率一支兵马击败刘备的前锋部队，截断了刘备的后路，刘备于是大败而逃。任命朱然为征北将军，封爵为永安侯。

魏国派曹真、夏侯尚、张郃等人进攻江陵，魏文帝曹丕亲自坐镇宛城，为进攻做后盾，扎下连营围困江陵城。孙权派将军孙盛统领一万人马在江州备防，修建围堡，作为朱然的外援。张郃指挥士兵渡江攻打孙盛，孙盛抵敌不住，即时撤退，张郃占江州进围打援，朱然的内外联系都告断绝。孙权派潘璋、杨粲等人去解围却没能成功。当时朱然城中守兵大多身患肿病，能够参与战斗的人员仅有五千人。曹真等人堆起土山，挖掘地道，修筑高楼迫近城池，箭下如雨，城内将士都惊恐失色，朱然却泰然自若没有一丝恐惧的神色，还激励官兵，伺机攻取了魏军两座屯营。魏军围攻朱然共六个月，不肯退兵。江陵县令姚泰率兵防守城北门，见城外敌军人多势众，城内守军人手单薄，粮食即将耗尽，便与魏军勾结，图谋作为敌军内应。将要发动时，事情败露，朱然以法诛杀了姚泰。夏侯尚等人不能攻陷江陵，就撤围退军。由此开始朱然的威名响震敌国，被改封为当阳侯。

黄武六年，孙权亲自率军进攻石阳，到回师之际，潘璋断后。夜间行军杂乱无序，敌军追击潘璋，潘璋不能控制局面。朱然当即掉头抵御敌人,让前边的船开得很远了,才慢慢开船从后出发。黄龙元年,朱然被授予车骑将军、右护军,兼任兖州牧。不久,因为兖州已划归蜀国,就解除州牧一职。

嘉禾三年,孙权与蜀国约定日期大举进攻魏国,孙权亲自进军新城,朱然与全琮各自被授予斧钺,担任左、右督。适逢官兵中疾病流行,所以没有进攻就退兵了。

赤乌五年,征讨柤中,魏将蒲忠、胡质各率几千人,蒲忠在危险狭窄的地段拦截,试图断绝朱然的后路,胡质作蒲忠的后援。当时朱然所统领将士先已向各个方向出发了,要通知他们也来不及集合,朱然便率大本营内现有的八百士兵迎头冲杀过去。蒲忠出战不利,胡质等人也都退去。赤乌九年,又出征柤中,魏将李兴等人听说朱然深入腹地,便率步、骑兵六千人截断朱然的后路,朱然趁夜出兵迎战,部队得以获胜而回。在此之前,降将马茂心怀不轨,因事情败露而被处死,孙权十分痛恨这家伙。朱然临行上疏说:"马茂这小人,胆敢辜负主上的爱护养育。我今天仰仗天威,出征必胜,想要让所获战绩,震动远近,连接战船遮蔽大江,使胜利局面蔚然可观,以消除君臣心头之恨。希望陛下记住我这里所说的话,检验我以后的实际成效。"孙权当时压住朱然的奏表不让人知道。到朱然的捷报传来,群臣都向孙权祝贺,孙权因而设宴奏乐,这才出示朱然的奏表说:"此人先前就有奏表,我认为他一定很难必胜,如今果真如他自己所言,他对事情可以说是看得很明白的了。"派使者前去任命朱然为左大司马、右军师。

朱然身高不满七尺,神态风貌清爽开朗,内在品行高尚纯洁,他的才华学识,只体现在军事上,其他方面都不加文饰。他终日谨慎戒惧,经常像在战场上一样,遇到急难而能勇敢镇定,这点尤其无人可及。即使当时没有战事,他照样早晚击戒严鼓,凡在军营的士兵,全都整装列队,以此麻痹敌人,使对方不知如何防备,所以他一出兵就能建功。诸葛瑾的儿子诸葛融、步骘的儿子步协,虽然各自继承父亲的职位,但孙权特别又让朱然担任大都督。再加上陆逊也已去世,功臣名将活着的只有朱然,再没人能比他地位更高的了。朱然卧病两年，后来病情日见加重，孙权为此白天减少了自己的饮食品种和数量，夜里难以安睡，宫中使者去送医药食品的，前后络绎不绝。朱然每次派使者上表说明疾病情况，孙权就召见使者，亲自询问，来时赏赐酒菜，回去时赠送布帛。自从创业功臣有所疾病，孙权最为关切的，吕蒙、凌统第一，朱然就算第二了。朱然活到六十八岁，赤乌十二年去世，孙权穿丧服举哀，为他感伤悲痛。朱然的儿子朱绩继承爵位。

朱绩字公绪，因父亲的职任关系做了郎官，后来官拜建忠都尉。朱绩的叔父朱才去世，朱绩率领他的部队，跟随太常潘濬讨伐五溪蛮夷，以胆量和勇力著称。升为偏将军、营下督，兼管惩治盗贼的事务，执法公正不偏不倚。鲁王孙霸有心结纳朱绩，曾来到朱绩的公署，他靠近朱绩坐下，想对朱绩表示亲近，朱绩起身下地站立，推辞不敢承受。朱然去世，朱绩继承其父故业，官拜平魏将军、乐乡督。第二年，魏国征南将军王昶率军攻打江陵城，没能攻下而退去。朱绩给奋威将军诸葛融写信说："王昶远道而来疲惫困乏，战马没有草料，力竭而退，这是上天在帮助我们。如今我去追击但实力不足，你可率军作为我的后援，我打算在前面打败他们，你在后面乘乱进攻，这难道只会是一个人的功劳吗，我们应该像兄弟那样同心协力去争取胜利。"诸葛融答允许诺配合朱绩。朱绩便领兵在纪南追上了王昶，纪南离江陵城有三十里地，朱绩先打了胜仗而诸葛融却不跟进，导致朱绩后来的作战失利。孙权深心嘉赏朱绩，非常严厉地怒责诸葛融，诸葛融的哥哥大将军诸葛恪当时位尊权重，诸葛融才没有被撤职。当初朱绩与诸葛恪、诸葛融兄弟之间本就关系不和，到发生这次变故之后，造成的隔阂就更深了。建兴元年，朱绩升为镇东将军。建兴二年春，诸葛恪进军新城，要朱绩合力成事，结果却又把朱绩留在半州，让诸葛融兼任朱绩的职责。冬天，诸葛恪、诸葛融被杀害，朱绩又回到乐乡，假以符节。太平二年，拜官骠骑将军。孙綝执掌朝政，朝臣们因疑忌而各怀异心，朱绩担心吴国必定扰乱不宁，而中原那边会见机而动，便秘密写信与蜀国结交，让蜀国充分考虑共同面临的兼并大势。蜀国派右将军阎宇领兵五千人，增强白帝城的守备力量,以等待朱绩后续的指令。永安初年,朱绩升为上大将军、都护督,管辖从巴丘以上直到西陵的广大地区。元兴元年,就在任所被任命为左大司马。当初朱然为朱治守丧完毕,请求恢复本姓,孙权不准,朱绩在五凤年间上表得以恢复施姓。建衡二年朱绩去世。

吕范字子衡,汝南郡细阳县人。年轻时做过县吏,容貌仪表美好。同县人刘氏,家中富有并且女儿长得很漂亮,吕范便向刘家求婚。女孩的母亲嫌弃他,不想答应这门婚事,刘氏却说:"看看吕子衡,他难道会是永远受穷的人吗?"于是让女儿与吕范成婚。吕范后来避乱来到寿春,孙策一见就觉得他很不平凡,吕范于是自动表现亲近,带领门客一百人投奔孙策。当时太妃(孙策母亲)住在江都,孙策派吕范去迎接她。徐州牧陶谦认为吕范替袁术前来窥探消息,便暗示县令拷问吕范,吕范的亲近门客和勇士们抢了吕范后回返。当时只有吕范与孙河常跟随在孙策左右,跋涉艰辛,不避危难,孙策也像对待自己家人一样对待他,常常与他共登厅堂在太妃面前饮宴。

吕范后来跟随孙策攻取了庐江,回师一齐东渡长江,到横江、当利,打败了张英、于麋,接着攻占小丹杨、湖孰,吕范兼任湖孰相。孙策平定秣陵、曲阿,收聚笮融、刘繇的残余人马,给吕范增加兵员二千人,战马五十匹。后来吕范兼任宛陵县令,讨伐打败了丹杨贼寇,返回吴郡,升为都督。

此时下邳人陈瑀自称吴郡太守,住在海西,与豪强大族严白虎相互勾结。孙策亲自率军讨伐严白虎,又另派吕范和徐逸在海西进攻陈瑀,杀了他的大将陈牧。吕范又跟随孙策在陵阳讨伐祖郎、在勇里讨伐太史慈。七个县先后平定,吕范被任为征虏中郎将,出征江夏,回师又平定了鄱阳。孙策去世,吕范到吴郡奔丧。后来孙权再次出征江夏,吕范与张昭担任留守。曹操进军到赤壁,吕范与周瑜等人共同抵御大败曹操,升为裨将军,兼任彭泽太守,以彭泽、柴桑、历阳作为他的奉邑。刘备来京邑进见孙权,吕范曾秘请孙权扣留刘备。后来升为平南将军，驻扎在柴桑。

孙权讨伐关羽，经过吕范的官署，对他说："以前早听了您的话，就没有这番劳累了。如今我将去上游攻取关羽，您替我守好建业。"孙权灭掉关羽回来，建都武昌，任命吕范为建威将军，封宛陵侯，兼任丹杨太守，治所在建业，统管扶州以下直至海边的广大地区，转以溧阳、怀安、宁国作为他的奉邑。

曹休、张辽、臧霸等人前来讨伐，吕范率领徐盛、全琮、孙韶等人，在洞口用水军抵御曹休等人。升为前将军，假以符节，改封为南昌侯。当时遇上大风，船翻人溺，淹死了好几千人，军队返回，拜官扬州牧。

吕范天性讲究服饰仪表，州里人如陆逊、全琮以及贵族公子，都对他毕恭毕敬，不敢轻佻放纵。他的居室服饰，当时称为奢侈，但勤于职事奉公守法，所以孙权喜欢他的忠诚，而不责怪他的奢侈。当初孙策让吕范主管财务会计，孙权当时还很年轻，私下向他有所求取，吕范必定向孙策禀报，不敢擅自答应给予，当时因此遭到孙权埋怨。孙权代理阳羡县长，有所私人用度，孙策有时要进行抽查，功曹周谷总为孙权在账簿上弥缝，使孙策没有理由责问。孙权那时很喜欢周谷，到了他自己统领军政事务时，却认为吕范忠诚，特别予以信任，认为周谷能用欺骗手法更改账簿，因而不加任用。

黄武七年，吕范升为大司马，印绶还没有颁下，便因病去世了。孙权身穿丧服举哀，派人追赠他官印绶带。到将都城重新迁回建业的时候，孙权路经吕范墓前喊道："子衡！"边喊边流泪，并用牛、羊、豕三牲太牢大礼祭祀吕范。

吕范的大儿子早年去世，二儿子吕据承嗣。吕据字世议，因父亲的关系担任郎官，后来吕范卧病，吕据被任命为副军校尉，辅助其父统领军事。吕范去世，吕据升为安军中郎将。他多次深入偏僻凶险之地讨伐山贼，每次进攻都取得胜利。跟随太常潘濬征讨五溪，又立战功。朱然进攻樊城，吕据与朱异攻破樊城外围，回师后官拜偏将军，入朝补任马闲右部督，升为越骑校尉。太元元年，天刮大风，江水暴涨横流，逐渐淹到城门，孙权派人观察水情，独独看见吕据派人驾来大船防备水淹宫廷。孙权嘉奖他，授予他荡魏将军。孙权卧病，任命吕据为太子右部督。太子即位，任命吕据为右将军。魏国出兵东兴，吕据率军前往讨伐有功。第二年，孙峻诛杀诸葛恪，升迁吕据为骠骑将军，兼管西宫事务。五凤二年，假以符节，与孙峻等人袭击寿春，回师时遭遇魏将曹珍，在高亭打败了他。太平元年，吕据率军侵入魏国，尚未到达淮河，听说孙峻死了，让他的堂弟孙綝接替职位，吕据大怒，领兵返回，想废除孙綝。孙綝得到消息，派中书捧着皇帝的诏书，命令文钦、刘纂、唐咨等人去攻取吕据，又派堂兄孙宪率都下军到江都迎击吕据。左右亲信都劝吕据投降魏国，吕据说："做叛国之臣我感到羞耻。"于是自杀。孙綝诛灭了他的三族。

朱桓字休穆，吴郡吴县人。孙权为将军时，朱桓供职幕府，被任命为余姚县长。到任时遇上当地瘟疫流行，粮食匮乏而价格高昂，朱桓分派正直官吏，亲自抚恤送医给药，粥饭发放不断，所有百姓对他感恩戴德。升职为荡寇校尉，授给兵员二千人。让他统管吴郡和会稽郡的军务，他纠集散兵游勇，一年之内，得到一万余人。后来丹杨、鄱阳二郡山贼蜂拥而起，攻陷城池，杀戮掳掠地方长官，到处聚众为害。朱桓率领诸将辗转讨伐，全部平定，逐渐地升为偏将军，封为新城亭侯。

后来接替周泰担任濡须督。黄武元年，魏国派大司马曹仁率步、骑兵数万人出兵濡须，曹仁本意在于派兵突袭占据濡须口百里洲，却先放出风声要向东攻打羡溪；朱桓分派官兵奔赴羡溪，已经出发，突然得到曹仁已进军到距离濡须七十里的报告。朱桓派使者去追回发往羡溪的部队，这支部队尚未赶回而曹仁大军已突然杀到。此时朱桓手下亲兵及所率士兵加起来才五千人，诸将神色畏惧而各有害怕之心，朱桓告谕说："大凡两军对阵交战，胜负结果在于将领，不在兵力的多寡。各位所知曹仁用兵作战，与我相比谁更高明呢？兵法之所以有'客军一倍而主军一半'的说法，实际是指双方都处在平旷地带，没有城池可以据守，再加双方士兵的勇武程度对等一致。如今曹仁既称不上有勇有谋，加之他的士兵十分胆怯，又是千里跋涉,人困马乏,我与诸位各带所部官兵共同据守于高城之上,南临大江,北依高山,以逸待劳,作为主军制伏客军,这是百战百胜的形势呀。即使曹丕亲自前来,尚且不值得忧虑,何况曹仁之辈呢!"朱桓因而偃旗息鼓,表面上显得兵力薄弱以诱骗曹仁进入圈套。曹仁果然派儿子曹泰率军进攻濡须坞,分派将军常雕率领诸葛虔、王双等人乘油船另行袭击中洲。中洲,那是吴军将领家属所住的地方。曹仁自己带领一万人留守橐皋,又作为曹泰等人后盾。朱桓部署兵将或者攻取油船,或是攻打常雕等人。朱桓则亲自率军抵御曹泰,曹泰烧毁军营退却,于是杀了常雕,活捉了王双,送往武昌;加上临阵斩杀和溺死的人员,魏军死亡总数达到一千多人。孙权嘉奖朱桓的功劳,封他为嘉兴侯,升为奋武将军,兼任彭城相。

黄武七年,鄱阳太守周鲂用诈降计诱骗魏国的大司马曹休,曹休率步兵和骑兵十万人到皖城迎接周鲂。当时陆逊担任元帅,全琮与朱桓为左、右都督,各率三万人袭击曹休。曹休知道自己被欺骗了,本应领兵退回,但他自恃人多势众,居然要跟吴军决一死战。朱桓献计说:"曹休本来是由于亲属关系才被任用的,并不是智勇双全的名将。现在交战他必定失败,失败后必定逃跑,逃走当从夹石、挂车经过,这两条路都险要狭窄,如果用一万兵士用木柴塞断道路,那么敌军便可全部消灭,而曹休也可活捉,我请求带上我的部队去截断他们的退路。倘若仰仗天威,能以生擒曹休来报效国家,就可以乘胜长驱直前,进军夺取寿春,占领淮南,进而谋取许昌、洛阳,这是万世一时的机会,不可失去。"孙权先与陆逊商议,陆逊认为不行,所以朱桓的计策没有采纳施行。

黄龙元年,任命朱桓为前将军,兼任青州牧,假以符节。嘉禾六年,魏国庐江主簿吕习请吴国派大军前来迎接,他自己打算打开城门作为内应。朱桓与卫将军全琮一起率军前去接应。到达后,事情败露,军队应该返回。庐江城外有条小溪,离城有一里左右,宽三十多丈,最深处八九尺,浅的地方也有四五尺,诸军整队渡水而去,朱桓自己断后。这时庐江太守李膺正严密部署人马,想等吴军各部渡到河中时,再逼近攻击。等他看见朱桓的大将伞盖在队伍最后,最终没敢出击，朱桓竟被敌人畏惧到如此地步。

此时全琮担任都督，孙权又命令偏将军胡综传达宣布他的诏令，让胡综参与军事。全琮因出兵无所斩获，商议准备部署诸将，搞些突然袭击。朱桓向来心高气傲，耻于被人分派，于是去见全琮，询问行军意图，感奋激发怒气上冲，与全琮计较。全琮想自求解脱，就说："主上自然是让胡综为都督，胡综本意以为应当这样。"朱桓更加气恼愤怒，回到本营，就让人去叫胡综。胡综来到军营门前，朱桓出去迎接，回头吩咐手下亲信说："我要放开手脚做事了，你们各自离去。"有一个人从旁边先出去，告诉胡综让他回去。朱桓出来，没看见胡综，知道是手下人所为，便把那人杀了。朱桓的一位佐军上前规劝，也被他刺死，于是朱桓假托狂病发作，到建业治病。孙权爱惜他的功劳才能，所以没有治罪。让朱桓的儿子朱异代领所部，命医生看护朱桓，几个月后又把朱桓派回屯驻地。孙权亲出相送，对朱桓说："如今敌人还在，四海尚未统一，我应该与您共同平定天下，想让您率领五万人独当一面，以图进取，想必您的病就不会复发了。"朱桓说："上天授予陛下天子的仪容，应当一统天下，辱没您把重任交付给我，以消灭凶恶叛逆之敌，我的病自然会痊愈的。"

朱桓天性争强好胜，耻在人下，每次与敌人交战，指挥调度不能自行决策时，往往就气恼与愤怒交加。但他轻财重义，加上有过目不忘的能力，与别人见上一面，几十年都不忘记，所部将士多达一万，他们的妻子儿女他全都认识。注重爱护培养官兵，赡养保护亲属，俸禄产业，都与他们共同分享。到知朱桓病势沉重，军营内所有人为之忧愁烦恼。朱桓活到六十二岁，赤乌元年去世。官兵们及男女老少家属，无不哀号追思。他家里没有剩余的财产，孙权便赏赐盐五千斛以接济其丧事。朱桓的儿子朱异继承爵位。

朱异字季文，因父亲的关系担任郎官，后任骑都尉，接替朱桓掌管部队。赤乌四年，跟随朱然进攻魏国樊城，献计攻破了樊城的外围，回师后升为偏将军。魏国庐江太守文钦驻军于六安，大量设置屯营兵寨，分布在各交通要道之上，用以招募引诱叛逃的人员，成为吴国边境上的祸害。朱异便亲率手下二千人，突袭摧毁了文钦的七座屯营,斩首数百级,被提升为扬武将军。孙权与他讨论攻守战略,朱异的对答很称孙权心意。孙权对朱异的叔父骠骑将军朱据说:"我本来知道季文勇敢而且镇定,认真见过之后,发现他的优点又多过我所听到的。"赤乌十三年,魏将文钦诈降,秘密写信给朱异,想让朱异亲自来接应。朱异上表并附上文钦的密信,因而说明文钦的投降是假装的,不可立即迎接。孙权下诏说:"当今北方尚未统一,文钦说要归顺,应当立刻迎接他。倘若怀疑他有诈,只应设计捉他归来,派出重兵加以防备也就罢了。"于是派吕据统领二万人马,与朱异合力前去,到了北方边界,文钦果然不投降。建兴元年,升为镇南将军。这一年魏国派胡遵、诸葛诞等人出兵东兴,朱异指挥水军进攻敌军浮桥,将它摧毁,魏军大败。太平二年,假以符节,担任大都督,解救陷入魏军重围的寿春城,未获成功。回师后,被孙綝枉加残害。

评:朱治、吕范因为是旧臣而被重用,朱然、朱桓以勇猛刚烈著名,吕据、朱异、施绩都有将领的才干,能继承先辈的遗业。像吕范、朱桓的越礼狭隘,得以善终,至于吕据、朱异没有类似的过失却反遭祸害,这是他们所处的时世截然不同啊。

白话三国志卷五十七　吴书十二

虞陆张骆陆吾朱传第十二

虞翻字仲翔，会稽郡余姚县人，太守王朗任命他为功曹。孙策征讨会稽，虞翻其时正为父亲服丧，他披麻带孝来到郡府门前，王朗想迎接他，他便脱下丧服进见，劝王朗避开孙策。王朗没能采用他的建议。王朗迎击孙策而遭到失败，逃往海上。虞翻追随保护王朗，逃到东部候官县，候官县长紧闭城门不愿接纳，虞翻前去劝说，才肯开门让他们进城。王朗对虞翻说："您家有老母，可以回去了。"虞翻回到会稽以后，孙策又任命他为功曹，用朋友间的礼节来对待他，亲自到他家中拜访。

孙策喜欢骑马狩猎。虞翻劝谏说："太守您运用乌合之众，驱驰那些零散归服的士兵，他们都为您拼死效力，即使是汉高祖在这个方面也赶不上您。至于您轻易地微服出行，随从官员无暇戒严，官兵们常常因此忧虑不安。大凡统治者不慎重就没有威仪，所以白龙化为鱼形，就会被豫且的密网所困；白蛇自我放逸，就被刘季杀害，希望您稍加注意。"孙策说："您的话是对的。但我时常有所思考，安坐在家忧郁愁闷，就像精于谋划的裨谌坐在室内却心中空空那样，因此才出去走动走动罢了。"

虞翻出任富春县长。孙策去世，诸地方长官都想前去奔丧，虞翻说："只怕邻县山民或许会有奸贼作乱，大家都远离城郭，必然会招致意料不到的事。"于是留下来穿上丧服守丧。各县都加以仿效，因此各自境内都平安无事。后来虞翻本州推举他为秀才，汉廷征召他为侍御史，曹操以司空身份征召他，他都不接受任命。

虞翻给少府孔融写信,并呈示自己所著《易注》。孔融回信说:"听说延陵弟子研习音乐,现又看了您对《易》的研究心得,才知道东南地区的美好事物,并非只限于会稽郡的竹箭呀。您的《易注》还观察星云天象,明辨与寒暑变化的对应关系,推究祸福的根源,都与玄妙莫测的事理吻合,可以说是探索奥秘通晓道德之源的了。"会稽东部都尉张纮又给孔融写信说:"虞仲翔以前多被评论者所非难,但他资质有如宝玉,越是雕琢磨砺就越是流光溢彩,任何非难都不足以减损其价值。"

孙权任命虞翻为骑都尉。虞翻多次不留情面地直言进谏甚至于据理力争,使得孙权不高兴,再加秉性不与世俗苟同,常常遭人毁谤,终因有罪被流放到丹杨郡的泾县。吕蒙图谋攻取关羽,诈病回到了建业,他以虞翻兼通医术为由,请求让虞翻跟随自己,也是想因此使虞翻得以解脱。后来吕蒙统领大军西进,南郡太守麋芳打开城门出来投降。吕蒙没有进占郡城却在城外沙滩上游玩行乐,虞翻对吕蒙说:"如今真心投降的只有麋将军一人而已,城里的人怎能全都相信,为什么还不火速进城控制四门钥匙呢?"吕蒙当即听取了他的建议。当时城里确有伏击吴军的阴谋,幸赖虞翻早有预见使得城里的阴谋没能得逞。关羽被打败逃走,孙权让虞翻占筮其结果,虞翻占得兑下坎上,即《节》卦,第五爻为《临》卦,阴阳逆转,虞翻说:"不出两日,关羽必当身首分离。"事实果如虞翻所言。孙权说:"你不如伏羲,但可以和东方朔比美了。"

魏国大将于禁被关羽擒获,关押在江陵城中,孙权入城后释放了他,请他前来相见。后来的一天,孙权骑马出游,带于禁并马而行,虞翻呵斥于禁说:"你是俘虏,怎么敢跟我们的君主并驾齐驱呢!"说话间准备挥鞭抽打于禁,孙权呵斥制止了他。后来孙权在楼船上召集群臣宴饮,于禁听到音乐声流下了眼泪,虞翻又说:"你想用作伪来希求免罪脱身么?"孙权听后流露出失意不满的神色。

孙权做了吴王以后,在一次欢宴接近尾声之际,他亲自起身依次斟酒,虞翻趴在地上装醉,不端酒杯;孙权离开后,虞翻又坐了起来。孙权因此非常愤怒,抽出剑来就要劈杀他,陪坐的人无不惊惶失措,只有大司农刘基起身抱住孙权劝谏说:"大王因酒过三巡之后亲手杀死有德士人,即使虞翻有罪,天下人又有谁清楚真相?况且大王因为能够海纳贤能并容留普通之人,所以天下人才望风归附,如今一旦丢弃这些,值得吗?"孙权说:"曹操尚且杀了孔融,我对虞翻有什么可珍惜的!"刘基说:"曹操随意杀害才德之士,天下人都非议他。大王亲自推行道德信义,想与尧、舜同等兴盛,怎么能自比曹操那种人呢?"虞翻因此免于一死。孙权因而告诫侍从:"从今而后凡酒后说杀,都不得杀。"

虞翻曾经乘船出行,与糜芳相遇,糜芳船上人大多想让虞翻自行回避,开道的人喊道:"回避将军的船!"虞翻厉声道:"失去忠贞与信义,凭什么事奉君主?倾覆了他人两座城池,还口称将军,可以这样吗?"糜芳关闭窗户不作声而且让船迅速避开。后来虞翻乘车出行,又经过糜芳的军营,守门小官关闭了营门,虞翻的车不得通过。虞翻又发怒说:"应该关门时反而打开,应该开门时反而关闭,难道合乎事情的道理吗?"糜芳听到这话,面有羞惭之色。

虞翻天性粗疏直率,多次因酒醉而犯下过错。孙权与张昭谈到神仙,虞翻手指张昭说:"他们都是死人,却说是什么神仙,世上难道真有仙人!"孙权对虞翻积压的怒气已不止一次,于是将虞翻流放到交州。尽管身处获罪流放的境地,虞翻依旧讲学不倦,弟子常常多达几百人。他还为《老子》、《论语》、《国语》作了训释注解,那些书都流传于世。

起初,山阴人丁览,太末人徐陵,或处在县吏之中,或根本还不被人了解,虞翻一见他们,就与他们亲密友好,这两人最后都有显耀的名声。

虞翻流放南方十余年,活到七十岁去世。其灵柩运回余姚老家的祖坟安葬,妻子儿女也得以返回故里。

虞翻有十一个儿子,第四个儿子虞汜最是有名,永安初年,虞汜从选曹郎升为散骑中常侍,后来担任监军使者,讨伐扶严,因病去世。虞汜的弟弟虞忠,任宜都太守;虞耸,先任越骑校尉,累次升迁为廷尉、湘东太守、河间太守;虞昺,历任廷尉、尚书、济阴太守。

陆绩字公纪，吴郡吴县人。父亲陆康，汉朝末年任庐江太守。陆绩六岁那年，在九江进见袁术。袁术拿出橘子招待他，陆绩在怀里揣了三个，临走，跪拜告辞时橘子掉落在地。袁术对他说："陆郎做宾客还要把橘子藏在怀里吗？"陆绩跪着回答说："想带回去给母亲吃。"袁术对他大为惊奇。孙策在吴郡时，张昭、张纮、秦松都是上宾，他们在一起谈及天下还没有安定，必须用武力加以平定。陆绩年纪小而坐在末席，他在远处大声说道："从前管夷吾辅佐齐桓公，前后九次纠集诸侯，使天下得以匡正，凭借的就并不是战车。孔子说：'远方的人不归服，就要修养礼乐教化使他们前来归顺。'现在的议论者不是致力于钻研以道德教化怀柔招致天下的法门，而一味推崇武力，我虽然幼稚愚昧，心里也认为不妥呀。"张昭等人都对他感到惊异。

陆绩外貌雄伟勇武，博学多识，天文、历法、算术等等无不遍览。虞翻年老而负有盛名，庞统是荆州的才学美盛之士，他们和陆绩的年龄相差很大，却都与陆绩亲近友好。孙权统领军政事务，征召陆绩为奏曹掾，他因说话耿直而被人忌惮，外出担任郁林太守，加官偏将军，授给兵员二千人。陆绩既有腿疾，又志在治学，统兵打仗不是他的志向所在。尽管身当军事，仍著述不止，撰写《浑天图》，注解《易经》，训释《太玄》，都流传于世。他预知到自己的死期，于是给自己作了挽辞说："汉朝志士吴郡人陆绩，年幼时熟读《诗经》、《尚书》，长大后研习《礼》、《易》，奉命南征，有病危急，命难久长，呜呼悲叹，阴阳永隔！"又说："从今以下，六十年开外，天下将再现车同轨、书同文的局面，遗憾的是我将看不到了。"陆绩三十二岁去世。长子陆宏，担任会稽南部都尉；次子陆叡，为长水校尉。

张温字惠恕，吴郡吴县人。父亲张允，因为轻财重士，扬名于所在州郡，曾任孙权的东曹掾，在任去世。张温从小就修养节操，容貌奇异不凡。孙权听说后，因而询问公卿大臣："张温能与当今的哪一位人物相比？"大司农刘基说："可以和全琮互为伯仲。"太常顾雍说："刘基不是很了解张温的为人。张温在当今无人可比。"孙权说："如果是这样,那张允就等于没死。"征召张温并延请相见,张温文采飞扬应答如流,旁观者惊奇万状,孙权也动容待以非常礼仪。见面完毕辞出,张昭握着张温的手说："老夫对您深心相托,您应该明白。"官拜议郎,选曹尚书,升为太子太傅,很是得到孙权的信任重用。

　　三十二岁那年,张温以辅义中郎将的身份出使蜀国。孙权对张温说："你不宜出国远行,只是担心诸葛亮不明白我为什么要向曹魏表达出那样的意愿,所以才委屈你出这趟远门。倘若山越的隐患得以根除,我们便要大举进攻曹丕。身为国家使者的名分,就是只接受使命而不听从君主的令辞。"张温回答说："我在朝既没有贡献什么贤智的谋划,出使又缺乏独自随机应答的本领,很担心建立不了有似于张老播扬国君声誉那样的功绩,又产生不了子产叙事那样的实效。然而诸葛亮对于谋略权术具有明白透彻的预见能力,他必定能够了解主上权宜进退的英明意图,加之对方蒙受我朝仁德广被的恩惠,我推测诸葛亮的心思,必定不会因猜忌而产生异心。"张温到达蜀国,进宫呈递表章说："从前商汤王在居丧之时使商朝的福运再度复兴昌盛,周成王凭年幼之身光大周朝的德政而国家得到太平,他们的功业覆盖天下,美名流布无穷。如今陛下凭借明察秋毫的天资,深合往古圣君明王成功的标准,有贤能的宰辅帮您执掌各种政务,得众多文武大臣的尽力倾心,远远近近的人都仰望您的风采,无不欣喜仰赖。我们吴国勤思尽力,澄清江旁大局,希望能与政治清明的贵国平定天下,倾心共同谋划,这种立场就如江河东流而义无反顾,然而战事繁多,我国可供驱使的力量比较单薄,因此不顾浅陋背理的羞耻,委派下臣张温前来通达友好的情意。陛下崇尚礼节和仪式,不当为此感到羞辱而有所轻视。我从遥远的边境一路走来,直到进入贵国都城的近郊,频频承蒙陛下的慰劳和劝勉,降恩的诏书接连不断,这样的荣耀使我深深戒惧,惶恐并且受宠若惊。谨此奉上我所带来的国书一封。"蜀国非常器重张温的才华。出使返回,还没过多久,张温又被派往豫章郡治军出兵,他所承担的大事未及完成。

孙权既心里暗恨张温赞美蜀国的政治，又忌讳他的名声过于显赫，人们都被他的才华所迷惑，只怕他终究不能为自己所用，就想着寻找借口给予诬蔑陷害，适逢暨艳事件发生，于是借机向张温发难。暨艳字子休，也是吴郡人，由张温引荐出仕，授职选曹郎，此时身为尚书。暨艳为人气量狭窄而严厉，喜欢发表关于时政的议论，他见时下官署内混浊杂乱，官员多不称职，就打算加以品评区分，使贤愚良莠各得其所。他指摘文武百官，考核选拔三署职员，大抵都是贬高就低，降抑几个等级，其中能够保留原职的不到总数的十分之一，那些在职为官贪婪卑鄙、志向和节操污浊低下者，都被降职改任军中小官，发往武将府中给以安置。于是乎怨愤之声日积月累，谗言诽谤水滴石穿。利益受损者都竞相检举暨艳和选曹郎徐彪，说这两人专一凭借私人感情办事，爱憎褒贬不遵循社会公理。暨艳、徐彪都因被定罪而自杀。张温向来与暨艳、徐彪意气相投，彼此常有书信往来，而这种互通音问的行为便是有罪的证据。孙权将张温幽禁在有关部门，下令说："从前我下令征召张温，虚心等待他的到来，他一来就让他位居显职，待遇超过旧臣，何曾想到他会如此凶恶丑陋居然专一图谋不轨！从前暨艳的父亲和哥哥，就曾依附奸恶逆乱之人，我对此并无忌讳，所以照旧提拔给予任用，想观察暨艳到底是何许人物。在前后过程中细心考察，他的真实面目果然暴露。而张温却和他结为死党，暨艳任情录取与黜退官吏的做法，都发端于张温，二人互为表里，关系亲密无间，只要不是张温的党羽，暨艳就吹毛求疵，妄生非议。再者此前我曾任命张温总督三郡，指挥那里的官吏田客和残余士兵，当时担心有战事发生，想让他迅速赶回，所以授予前导仪仗，以威信权力给予勉励。他却擅自去了豫章，上表说要讨伐所谓元凶大恶，我相信并接受了他的意见，特地把绕帐、帐下、解烦等三部精兵五千人交给他统领。后来听说曹丕亲自出征淮河、泗水一带，所以我预先下令张温有紧急情况就立即撤出回到这里，而张温却纵放诸将，纷纷进入深山老林，接到命令而不赶回。幸亏曹丕自行退去，否则后果不堪设想！还有殷礼这个人，本就因为他善于占筮而被召来，而张温却前后几次请求要将他带往蜀中，他在别人国内大肆称誉殷礼，为殷礼大造舆论。再说殷礼回来之后，本应就任原职，可张温却让他代理尚书户曹郎的事务，这样的任命安置，全都是张温一人做主。张温还又曾告诉贾原：'我肯定推荐你做御史。'回头又告诉蒋康：'我一定用你接替贾原。'专门贩卖国家恩典，为自己营造有利形势。考察分析他的邪恶用心，可以说是无所不为。我不忍心杀他，现在斥退他回去本郡，在老家充任厮吏以供驱使。呜呼张温，免你死罪就是万幸！"

将军骆统上表为张温申辩说："尊敬的殿下，上天生就您的美德，神灵开启您的圣心，招纳才俊之士于六合之内，安置贤德之臣于宫内朝中。百官蒙受您广大深厚的恩惠，张温尤其得到您无与伦比的宠爱。而张温自招罪责，辜负了殿下所给予的荣耀待遇，想到他变成现在这样，确实令人悲伤痛心。不过据我与他的交往经历，及为国家观察并打听到的细节，对他的情况了解得比较透彻，所以在此详尽地陈述其中的缘由。张温内心其实并没有别的不良企图，他的所作所为也没有任何叛逆的迹象，只是他年纪还轻，大臣的庄重还欠缺历练，就蒙受显赫的恩宠，展示高超伟大的才气，兴起裁定是非的品评，倡导升降优劣的议论。于是趋炎附势者垂涎他的荣宠，争名逐利者妒嫉他的才干，沉静不语者非议他的品评，劣迹斑斑者忌讳他的议论，这是臣下应当详尽分辨，朝廷也应深究细察的。从前的贾谊，堪称忠心耿耿无可挑剔的大臣，汉文帝，也可谓明辨是非而不可多得的君主，然而周勃、灌婴的一句话，贾谊便被疏远放逐。为什么呢？是因为嫉恨者藏得太深，谗毁者法子太巧啊。然而这也使得汉文帝的错误在当时成为天下人伤痛的听闻，到后世也仍是足资借鉴的显著过失，所以孔子说'做君主难，做臣子不易'。张温虽然讲智慧并无合纵连横的奇才异能，论武功他也不是一声怒吼山摇地动的猛将，但他高雅的气质，高尚的品德，文章的风采，议论的雄辩，卓越超群，光辉耀世，当世没有人能与他比肩。所以论张温的才华本就应予爱惜，谈他的罪过则实可宽恕。如果殿下克制威势而赦免品德高尚的人士，宽宥贤才以促进帝王大业，这必定成为朝廷的勋业,流布四方的美德。国家对暨艳,本就没有把他纳入败类的行列,仍然把他等同于平民,因此他先被朱治所任用,接下来受到众人推荐,然后再被朝廷所任用,同时也为张温所结交。君臣间的名分,是名分中最重要的一环;朋友之间的交情,是交情中最一般的关系。国家不忌讳对暨艳实行最重要的名分,那么张温也不忌讳跟暨艳保持最一般的交情。这是时世宠爱暨艳在前,而张温私人亲近他在后。一般作恶的人,放任到山中险要之处,就会成为强寇;将他们安置于平地旷野之间,就能成为强悍的士兵。所以张温想着招安豫章郡那些元凶大恶级的山贼,在消除劲寇祸害的同时,为国家增添作战打仗的精锐。只是这前后存在不一致的地方,他的实际成效与自己的想法不相吻合。然而计算他所派发的兵员,用许晏作比,从数量上看,张温不少于他,士兵的素质,不比许晏的兵差,派发到位的速度,也不比许晏迟缓。所以他能赶在秋冬相交之际,在边境发生紧急情况时按时奔赴战场,并不是斗胆忘恩而不全力以赴。张温出使蜀国,跟蜀人称誉殷礼,尽管人臣不应有国外的私交,但也有情有可原的地方。所谓境外的私交,说的是没有国君的命令而私自交往,不是为了国事而暗中互通消息;如果是奉国家使命出行,在建立两国君主间友好关系的同时,利用这个机会沟通个人的交情,这也是外交使臣的正常做法。所以孔子出使邻国,就有过私人相见的礼节;季子聘问中原诸国,也曾有私下叙谈的合理举动。古人说过,要了解这个国家的君主,就观察他所派来的使臣,目睹这个国家使臣的勤勉多智,可以想见这个国家君主的显赫伟大。张温如果称誉殷礼,能使对方也赞叹不已,诚然足以显示出我国大臣的贤良众多,表明所派使者任得其人,因而在异国展示了国家的优势,在他邦弘扬了国君的使命。因此晋国赵文子到宋国订立盟约,向楚国的屈建称扬随会;楚国王孙围出使晋国,向赵鞅赞誉左史的非凡。他们也是向别国的辅臣赞叹本国的大臣,经传赞美他们光耀了本国,而不指斥那是私自与外人结交。王靖内不忧虑时政,外不关心战事,张温弹劾他并非徇私,追究他又事实俱在,于是便跟王靖结下了深深的怨恨,这是张温尽心竭力保全节操的明证。王靖的兵多势众及职位的重要,都胜于贾原和蒋康,张温尚且不容私情以便与王靖相安无事,又怎么敢贩卖国恩以笼络贾原、蒋康之辈呢?再者贾原在职不够勤勉,当事又不能胜任,张温多次给过他难看的脸色,还用激烈的言辞指责过他;如果张温真想贩卖国恩准备结党作乱,那他也不至于要纠合这样的人来帮自己达到什么目的。凡此种种,拿来与事实对照原不吻合,向众人验证也觉得不合常情。我私心想到国君虽有超人的道德才智,英明非比寻常,但是仅凭独自一人的力量来治理亿万百姓,身在深宫禁院,要俯察国家四境,了解臣民的情势,寻求实现纷繁政务的井然有序,仍然是很不容易达到无微不至的程度,本就应当多倾听分析群臣的意见,以光大明智的功业。如今别人非难张温已经达到不遗余力的地步,我推许张温也应该说是心神劳苦,大家所用言辞都很机巧,要表达的意思也都已面面俱到,各自都说是为了国家利益,谁还会承认只是为了个人恩怨,仓促之间,孰是孰非还真难以即时甄别。然而凭借殿下的聪明睿智,细察双方论辩的曲直黑白,如果潜心留意,大小巨细都加以审察考查,那么还有什么样的实情不能水落石出,什么样的事实真相会蒙昧不明而不昭然若揭呢?张温并不是对我有所亲近,我对他也并非有什么偏爱。从前才德兼备的人物,莫不是克制个人的愤恨,以增广君主的英明。他们已在前面身体力行了这一美好举措,我在后面也觉得抛弃这种美德十分可耻,所以就在今天抒发我一贯的情怀,向殿下奉献我鄙陋的见解,实在是想为朝廷竭尽忠心,而非出于对张温个人的顾念。"孙权最终也没有采纳骆统的意见。

事过六年,张温因病去世。他的两个弟弟张祗、张白,也很有才华和名望,与张温同时遭到废黜。

骆统字公绪,会稽郡乌伤县人。父亲骆俊,官至陈国相,被袁术杀害。骆统的母亲改嫁,被华歆纳为小妾,骆统当时八岁,便和亲戚田客一起回到会稽。他的母亲送他,他拜辞母亲就上车,再没回头,他母亲在车后哭泣。赶车的人说:"夫人还在原地。"骆统说:"我不想增添母亲的思念,所以不回头看她。"他侍奉嫡母很恭敬。当时遇上饥荒,乡里乡亲以及远方来客大多生活贫困,骆统为帮助他们而减少了自己的饮食。他的姐姐仁爱有品行,守寡没有儿子,她看见骆统的样子很为他难过,多次追问其中缘由。骆统说:"士大夫们连粗食还不够吃的,我哪有什么心思一人吃饱!"他姐姐说:"真要这样,为什么不告诉我,而让自己清苦到这个程度?"于是她就把自己的存粮交给骆统,又把这事告诉了母亲,母亲也认为他有贤德,便叫人分发施舍粮食给别人,骆统由此出名。

孙权以将军的身份兼任会稽太守,骆统这时二十岁,试任乌程相,乌程百姓超过一万户,都赞叹骆统的仁爱治绩。孙权嘉赏他,征召为功曹,代理骑都尉,并把堂兄孙辅的女儿嫁给他为妻。骆统用心于补救考查时政,如果有他看到和听到的事情,他绝不会将晚上的事留到天亮再来处理。他常常劝说孙权尊重接纳贤才能人,勤于探索时政兴革,在飨宴赏赐之时,可以让群臣分别进见,对他们嘘寒问暖,加以亲密的情意,启发诱寻他们表露心迹,体察他们的志趣所在,使他们都能感恩戴德,心怀报答的立场。孙权采纳并实行了他的建议。后来出任建忠中郎将,统领武射吏三千人,到凌统死后,他又统领了凌统的部队。

当时东吴徭役繁多,再加上瘟疫流行,户口减少,骆统上书说:"我听说统治国家的君主,通过占据疆土来实现富强,控制赏罚权柄来实现尊贵,推崇道德仁义来达到声名显耀,永保子孙世袭来巩固国家福运。然而财富必须有赖于百姓生产,强盛有赖于百姓的力量,权威要凭借百姓的势力,赐福来自于百姓的积累,福庆有待于百姓的昌盛,道义要通过百姓来推行,这六项条件都具备了,然后才能顺应天命蒙受福运,保佑宗族敦睦邦国。《尚书》说:'百姓没有国君就无从获得安宁,国君没有百姓就无从统治四方。'推此而言,就是百姓因国君而平安稳定,国君因有百姓而成就大业,这是不变的规律。如今强大的敌人尚未被消灭,天下还没有平定,三军有着无休无止的战事,江岸边境有不可松懈的守备,赋税和劳力的征调有增无减,这种情况至今已十二年了,加上灾荒瘟疫造成的人口死亡,郡县中到处有地无人居住,有田无人耕种,仅据我辖区城邑的报告，百姓的户口日益减少，又大多是老弱病残，少见丁壮劳力，听到这些情况的时候，我心急如焚。寻思其中的原因，主要是百姓不明事理，他们既有安守故土不愿轻易迁移的习性，加之又有先后外出当兵的人，活着生活困苦难得温饱，死去弃尸埋骨他乡不再返回故乡的缘故，因此他们尤其贪恋故土并畏惧远行，把离开家园等同于死亡。每次征丁服役，身体瘦弱、为人本分、家庭负担沉重的人往往先被输送。那些稍有财产的人家，会把全部积蓄拿出来行贿，不惜倾家荡产。轻率剽悍的人则逃进深山依凭险阻，与恶人成群结党。百姓疲困耗竭，饥饿哀号而忧愁烦躁，因为忧愁烦躁就不去从事生产，不从事生产就招致穷困，招致穷困就了无生趣，所以肚子饿到极点，奸心就开始作怪而叛乱者跟着越来越多。又听说民间有这种事情，若非生活还可以勉强维持，否则就是生下了儿子，也多半不愿抚养，就连那些屯田的贫穷士兵，也大多抛弃儿子。上天让这些孩子出生，而他们的父母却加以扼杀，我担心这样会要冒犯和气，致使阴阳失调。况且殿下开基建国，本来是无穷无尽的功业，强邻大敌并非短时间所能消灭，边疆的正常防守也不是以一个月为期限的状况，然而士兵百姓于时衰减，青年男子不能养育长成，这不是经历长远，最终取得成功的办法。国家有百姓，就如同船在水上，水平则船安，水乱则船危，百姓虽然愚昧却不可欺骗，人民即使软弱却不可战胜，因此德才超群的帝王都重视百姓，明白国家的祸福取决于民众，所以才会采取让民众休养生息的策略，以此考察时事所宜来制定政策。当今的地方长官本应以亲近爱护民众为己任，但他们只以备办征收为能事，搜刮民众财富超出国家目前的急需，很少推行实惠亲民的仁政，从而符合殿下广被天下的仁义，以及关怀民众的恩德。官政民俗，日益颓败衰微，势必难以持久。大凡治病要在病入膏肓之前，除祸要在祸患尚未蔓延之际，希望殿下在日理万机的繁忙中稍用余暇，集中精力思量考察，弥补不足，深谋远虑，抚育幸存百姓，充实人力和财力的用度，如此美德就能与日月同辉，德业跟天地等高同厚。我骆统这一宏愿若得以实现，也足以死而不朽了。"孙权被骆统的这些话打动，因此特别重视他的意见。

因骆统跟随陆逊在宜都击垮了蜀国大军,升为偏将军。黄武初年,曹仁进攻濡须,派非主力部队的常雕等人袭击中洲,骆统与严圭共同抵御并打败了他们,骆统因而被封为新阳亭侯,后任濡须督。他多次陈述有利于时政的见解,前后几十次上书,所说的都很有道理,涉及文章太多就没在这里备细记载了。他最为突出的观点是,招募方式在民间助长邪恶而伤风败俗,导致百姓离叛之心的产生,应立即禁绝,孙权与他多次商讨可否,最终还是按他的主张实行。骆统活到三十六岁,黄武七年去世。

陆瑁字子璋,是丞相陆逊的弟弟。从小就好学重义。陈国人陈融、陈留人濮阳逸、沛郡人蒋纂、广陵人袁迪等人,都出身寒微并志向高远,都来找陆瑁生活在一起,陆瑁往往拿出自己的珍品美味,与他们同甘共苦。以至于同郡人徐原,先前已移居到会稽,与陆瑁素不相识,临终前却写下遗书,把自己年幼的儿子托付给他,陆瑁替徐原修建坟墓,并收养教导他的儿子。另外陆瑁的叔父陆绩早年去世,留下二子一女,都只有几岁就返回故里,陆瑁把他们接来抚养,到他们长大后才分开。州郡征召举荐他,他都不去就任。

当时尚书暨艳过度褒贬人物,裁量三署官员,很喜欢张扬他人隐晦不明的过失,以彰显贬职的根源。陆瑁给他写信说:"大凡圣人总是嘉勉善良而怜悯愚昧,忘记其过失而牢记其功绩,从而成就美好的教化。如今国家大业才刚刚建立,将来还要一统天下,这正是汉高祖弃人之短用人之长的时代。如果让善恶泾渭分明,推崇汝颍人许邵、许靖兄弟那种每月初一品评褒贬人物的风气,诚然可以整顿习俗昌明教化,但恐怕并不是那么容易施行的。应当从远效法孔子的泛爱精神,中则学习郭泰的广济博施,就近当从有益于正道的角度着想。"暨艳不愿照陆瑁所说的那样去做,终于招致败亡。

嘉禾元年,朝廷用公车征召陆瑁,任命他为议郎、选曹尚书。孙权怨恨公孙渊的奸诈反复,准备亲自前去征讨。陆瑁上书劝谏说:"我听说英明的君主统治远方的蛮夷,只是加以控制约束而已,而不是长期据守那些地区,所以古人制定地域名称,称它们为荒服,也就是说这种地方人事迷茫充满反复不定，不可以保有。如今公孙渊本属东夷小丑，被远隔在大海一角，虽然托生人的面孔，本质上无异于禽兽。国家所以不惜珠宝财货远远地恩施颁赐给他，并不是要嘉奖他的道德信义，说到底只是想招引接纳并蒙骗玩弄，以便得到他那里的马匹而已。公孙渊傲慢狡猾，仗着他地处偏远而违背国命，这是荒僻蛮夷的通常表现，哪里值得大惊小怪？从前汉朝各代皇帝也曾专心一意地从事安抚境外蛮夷的工作，派使者奔驰往来恩赐财宝，足迹遍及西域，尽管西域蛮夷有时也能恭敬从命，但汉朝使者被杀，所带财物同被侵吞的事件，不可胜计。现在陛下不能忍受心底的忿恨，打算越过大海，亲自踏上那荒僻之地，群臣不高明的议论，私下里都认为不妥。为什么呢？北边曹魏与我国之间，疆土邻境相连，只要有任何可乘之机，他们立刻就能进攻过来。我们之所以跨海谋取军马，违背本意地迎合公孙渊，无非是为了拯救天下的急难，根除曹魏这一心腹大患；如果转而舍本逐末，弃近求远，因气恼而改变计划，为激愤而兴师动众，这正是狡猾的敌人所希望的，而不是我们大吴国的根本大计。再说兵家的策略，讲究的是以工程兴作来疲惫对方，用自己的安逸静待对方劳瘁，而得失之间，感觉到的差距往往不小。况且沓渚那个地方距离公孙渊的老巢还有很远的一段路程，如果现在到了敌方海岸，兵势将不得不一分为三，首先要派主力部队进取，其次要留兵守船，再次还需要人手转运粮草，出征的人即使很多，也很难全部用于军事进攻；加上徒步背粮，长途跋涉才深入敌方腹地，而贼人地界内马匹众多，来去无踪的邀击拦截随时都可能发生。倘若公孙渊伺机取诈，与北方的曹魏关系并未曾中断，那么我国的大军出征之日，也就会是他与曹魏之间的唇齿关系形成同恶相济的局面之时。如果他确是独立行事无所依靠，他又将因为畏惧害怕而跑得无影无踪，或许也很难迅速消灭他。假如主上的远征军长时间稽留在北方的原野，而南方山越人又乘机起事，恐怕不是绝对安全的长远谋略啊。"孙权没有同意他的建议。

陆瑁又上书说："凡武力军备，本是前代用以诛暴伐乱，威慑四夷的工具，但要做的也只是在奸雄已经消除，天下太平，君臣悠闲地坐在朝堂之上，放在大事商议之余谈谈罢了。至于中原纷扰混乱，九州盘根错节的时候，大抵必须深根固本，爱护兵力并珍惜费用，致力于自身的休养生息，来等待邻近敌人的疏失，没有正处在这样的时期，反而要舍近求远，使军队疲惫奔驰的做法。从前尉佗叛逆，超越本分自称皇帝，当时天下太平，百姓殷实富足，甲兵的数量，粮食的储备，可以说是很多的了，但汉文帝还是认为远征并非易事，对发动大军十分慎重，结果也只是告诫晓谕尉佗而已。如今凶残的大敌还未消灭，边境尚需警戒防备，因而即使有蚩尤、鬼方那样的叛乱，也应当以缓急不同而加以区分，不宜就把公孙渊视为国家的当务之急。希望陛下克制威怒而停止行动，暂且稳定六军，宁心静气默默规划，以制定将来适用的宏图，天下人将因此而非常庆幸。"孙权再度见到陆瑁的上书，称赏他的言辞义理正当切实，于是放弃征讨。

起初，陆瑁的同郡人闻人敏在国都很受优待，有人认为他强于宗修，只有陆瑁觉得并非那么回事，后来果然应证了他的看法。

赤乌二年，陆瑁去世。他的儿子陆喜也涉猎文章典籍，喜好品评人物，孙皓在位时他任选曹尚书。

吾粲字孔休，吴郡乌程县人。孙河担任县长，吾粲是他手下的小官，孙河非常器重他的卓异才干。孙河后来做了将军，得以自行选用地方长官，便上表任用吾粲为曲阿丞，又升为长史，治绩有声有色。吾粲虽然出身寒微，但他与同郡的陆逊、卜静等人并肩齐名。孙权任车骑将军时，征召吾粲为主簿，出任山阴县令，后回将军府任参军校尉。

黄武元年，吾粲与吕范、贺齐等人一起率领水军在洞口抵御魏将曹休。当时正值天刮大风，连结舟船的缆绳崩断，士兵有的漂到岸边，被魏军虏获，有的翻转沉没，那些幸存的大船，船舷边便有不少落水吴兵攀缘呼救，别的官兵担心战船倾覆，都用戈矛撞击不让落水者上船。吾粲和黄渊独独让船上人搭救落水士兵，手下人认为船超载必定破裂，吾粲说："船破了，了不起大家同死罢了！别人走投无路的时候，为什么要抛弃他们！"吾粲和黄渊因此而救活的士兵有一百多人。

回师后，吾粲升为会稽太守，征召隐士谢谭为功曹，谢谭推说有病不肯前来，吾粲写教令开导说："应龙因为能屈能伸才叫神奇，凤凰因为叫声美好方显珍贵，为什么一定要把形体隐藏于天外，将鳞甲潜伏在深渊呢？"吾粲招募聚合了不少人马，官拜昭义中郎将，与吕岱讨伐平定了山越，又入朝担任屯骑校尉、少府，再升为太子太傅。遭遇太子孙和、鲁王孙霸的事变，吾粲发言主持公道，申明嫡长子与庶出王子的本质区别，想让鲁王孙霸出京去驻守夏口，又放逐杨竺不让他留在京城。他又多次把消息告知陆逊，陆逊当时驻守武昌，得到消息便接连上表劝阻。吾粲由此遭到孙霸、杨竺等人谗言陷害，被打入大牢处死。

朱据字子范，吴郡吴县人，仪表堂堂而膂力过人，还善于辩论诘难。黄武初年，被征召为五官郎中，补任侍御史。当时选曹尚书暨艳痛恨贪赃枉法者占据官位，打算淘汰他们。朱据认为天下还没有平定，应让这些人将功抵过，忽略他们的缺点而用其所长，提升清廉之人以激励污浊者，足以阻止恶行而勉励善事，如果一时间降职斥退者太多，恐怕会有后患。暨艳不听其言，终于败亡。

孙权忧心于良将名帅的缺乏，为此常常长叹，追思起吕蒙和张温的好处，认为朱据文武双全，可以继承吕、张二人的功业，因此便任命朱据为建义校尉，领兵屯驻湖孰。黄龙元年，孙权迁都建业，征召朱据，把公主许配给他，并任命他为左将军，爵封云阳侯。朱据谦虚结交贤德之人，轻视财产而乐善好施，俸禄赏赐虽多却常常入不敷出。嘉禾年间，开始铸造大钱，一枚大钱当五百小钱。后来朱据的部队应当得到三万缗军饷，工匠王遂造假将这笔钱装进了私人的荷包，典校吕壹怀疑是朱据实际上贪污了，便拷问主管人员，直到打死在杖下，朱据哀怜其人无辜惨死，就买了一具好棺材替他装殓。吕壹又上表告发说朱据的属官为朱据隐瞒罪行，所以朱据才替这人安排厚葬。孙权多次责问朱据，朱据没有办法自我表白，就坐在草垫上等待治罪。几个月后，典军吏刘助察觉了真相所在，说钱是被王遂中饱私囊了,孙权因此感动而有所醒悟,他说:"朱据尚且被冤枉,何况是一般的官员百姓呢?"于是彻底追查吕壹的罪恶,奖赏了刘助一百万钱。

赤乌九年,朱据升为骠骑将军。遭遇两宫明争暗斗,朱据拥护太子孙登,陈述恳切,正义之色现于颜面,决心以死捍卫太子的权利,于是被降职出任新都郡丞,还未到任,中书令孙弘进一步谗毁朱据,并趁孙权卧病在床之机,伪造诏书追加赐死命令。这一年朱据五十七岁。孙亮执政时,朱据的两个儿子朱熊、朱损又各自领兵,被全公主谗毁,都遇害而死。永安年间,追录朱据过去的功绩,让朱熊的儿子朱宣继承云阳侯的爵位,娶公主为妻。孙皓在位期间,朱宣官至骠骑将军。

评:虞翻有古人那种疏狂率直的风骨,本来就很难在一个朝代的衰亡时期脱身免祸,但孙权不能容他,就算不上什么胸怀宽广了。陆绩对于扬雄《太玄经》的贡献,就如同孔子的《春秋》有了左丘明,老子的《道德经》有了严周;他有着瑚琏般的安邦治国之才,却让他去驻守南越,不也是毁了这个人么!张温才思文采卓越杰出,但他欠缺善于料事而又明哲自保的能力,因此招致艰难忧患。骆统深明大义,言辞恳切而说理周详,可惜赶上了孙权闭塞而不开通的时期。陆瑁恩义深厚的规劝,由此显示出才德兼备者应得的称道。吾粲、朱据遭遇艰难困苦,因正直而丧身,可悲啊!

白话三国志卷五十八　吴书十三

陆逊传第十三

陆逊字伯言，吴郡吴县人。他本名陆议，世代都是江东的大族。陆逊从小失去父亲，跟随堂祖父庐江太守陆康到他的任所生活。袁术与陆康有仇，准备进攻陆康，陆康便让陆逊及亲属们返回吴县。陆逊年龄比陆康的儿子陆绩大几岁，就替陆康管理家族事务。

孙权做了将军，陆逊二十一岁那年，开始进入孙权幕府任职，历任东西曹令史，出任过海昌县屯田都尉，同时兼管县里的政务。该县已连年大旱，陆逊就打开官仓放粮赈济贫民，劝勉督促农业生产，百姓们因此受益。当时吴郡、会稽、丹杨等郡有不少人进山躲藏以逃避赋役，陆逊向孙权陈述有利国家而又切实可行的建议，请求招募这些人。会稽郡山贼大头目潘临，长期以来都是本地的一大祸害，而官府一直未能将他捉拿归案。陆逊率手下新招募的士兵，深入偏远险地实施讨伐，所到之处山贼无不降服，他的部队因而发展到二千多人。鄱阳郡的贼寇头目尤突作乱，陆逊又前往征讨，官拜定威校尉，屯驻在利浦。

孙权将哥哥孙策的女儿许配给陆逊，多次征询他对时局的看法，陆逊建议说："当今英雄豪杰星罗棋布而各各对峙，彼此如狼似虎地等待机会吞并对手，要在这种情形下战胜敌人平定祸乱，没有强大的军队必定难以成功。而山寇跟我们之间过去就有仇恨，至今仍盘踞于深山险阻之中。大凡内乱尚未平定，就很难设想往境外发展，可以加大军队规模的建设，从中选取培养精锐将士。"孙权采纳了他的建议，任命他为帐下右部督。恰在此时丹阳郡的匪首费栈接受了曹操的拜官印绶,煽动山越居民,作为曹操的内应,孙权派陆逊前去讨伐。费栈的党羽众多而陆逊带去的官兵较少,陆逊采取多设牙旗及分散布置战鼓号角的策略,趁夜潜入山谷之中,然后擂鼓呐喊一起突进,费栈贼兵顿时被攻破而四散奔逃。于是陆逊将东三郡的部队加以整编,强壮的继续当兵,羸弱的补入民户,得到了好几万精兵,大寇元凶一举荡涤,所过之处整肃清平,然后回师驻扎芜湖。

会稽太守淳于式表奏陆逊违法征用人力,所在郡县苦于他的苛扰。陆逊后来到国都晋见孙权,言谈之间,称赞淳于式是个好官,孙权问他:"淳于式告你的状而你却举荐他,为什么啊?"陆逊回答说:"淳于式意在保养民力,因此才举报我陆逊。如果我再诋毁他从而扰乱主上的视听,这种风气不可助长。"孙权说:"这确实是德高望重者的行事方式,但是一般人做不到罢了。"

吕蒙声称有病要去建业,陆逊去见他,对他说:"关羽跟我国接壤驻兵,怎么您还远离防区东下,您的后方难道不该有所顾虑么?"吕蒙回答说:"诚然如你所言,但我的病情确实很重。"陆逊说:"关羽仗着自己的勇猛气势,凌驾于他人之上。刚刚建立大功,意态骄纵放肆,只顾向北进攻,对我国不存戒心,如果他听说您病了,必定更加无所备防。眼下对他发动出其不意的进攻,自然可以将他擒拿制服。您到下游面见主上,应好好谋划此事。"吕蒙说:"关羽一向勇猛,本来就很难跟他对敌,况且他已经占据荆州,对百姓广施恩信,再加之他刚刚建有大功,胆气和威势越发旺盛,不容易谋取他。"吕蒙到了国都,孙权问他:"那边谁可以代替您呢?"吕蒙回答说:"陆逊思虑深远,有担当重任的才能,我观察他的谋划,最终可以承担起制服关羽的重要职责。同时他在敌国的名头还不大,不是关羽所顾忌的人物,没有人再比他更合适的了。倘若任用他,应让他对外不露锋芒,暗中观察有利形势,然后就可以打败关羽了。"孙权便召见陆逊,任命他为偏将军、右部督,代替吕蒙。

陆逊来到陆口,写信给关羽说:"以前承您勘破敌人破绽果断行动,遵循兵法调度军队,轻而易举便取得重大胜利,这是何等的崇高伟大啊!敌国大败亏输,利益归于同盟,听到您的胜利喜讯不觉击

节叫好,想您乘胜前进席卷中原,共同维护汉朝天子的纲纪。最近我凭着微不足道的才能,受命西来与您为邻,一直仰慕您的风采,想望领受您有益的教诲。"又说:"于禁等人被您俘获,远近对您都钦佩赞叹,认为将军您的功勋足以永垂来世,即使是昔日晋文公城濮之战的得胜之师,以及淮阴侯韩信攻取赵国的谋略,也丝毫不能超过将军您的功绩。听说徐晃等人以小规模的骑兵驻扎,暗中观察您的动向。曹操是个狡猾的敌人,失败所带来的愤怒使得他完全不计后果,只怕他会暗自增派大军,从而达到自己的目的。虽说敌军出征日久已疲惫不堪,其中毕竟还会有勇猛强悍的人物。况且军队战胜之后,往往会有轻敌的困扰。古人凭借兵法作战,克敌制胜之后反而更加警惕。希望将军您多多注意计策的运用,来保全您独一无二的大捷。我身为书生而懒散迟钝,有愧于这个职位深恐难以胜任,为此我十分高兴并且钦佩有您这位声威与德行同样显赫的邻居,也特别乐意向您倾诉自己的肺腑之言,尽管我所说的一切未必吻合您的深谋远虑,但我的心情您是可以理解的。假如您明白了我的仰慕,请您对我的意见有所体察。"关羽看过陆逊的来信便认为这是种谦虚并希望仰赖自己的姿态,为此他大为宽心,不再对东吴军队有所戒备。陆逊把这些情况详细禀告孙权,陈述分析可以擒获关羽的要点所在。孙权于是悄悄派兵逆流而上,让陆逊与吕蒙担当前锋,一到便迅速攻占了公安、南郡。陆逊长驱推进,兼任宜都太守,拜授抚边将军,爵封华亭侯。刘备任命的宜都太守樊友弃郡逃走,下属各城的长官及蛮夷头目纷纷投降东吴。陆逊请求发给金、银、铜等三种官印,以便给予那些刚刚投降归附的人授予非正式的任命。这一年是建安二十四年十一月。

陆逊派将军李异、谢旌等人率三千兵士,进攻蜀将詹晏和陈凤。李异统领水军,谢旌统领步兵,阻断险地关隘,当即打败詹晏等人,迫使陈凤投降。又进攻房陵太守邓辅和南乡太守郭睦,大获胜利。秭归的豪门大族文布、邓凯等纠合夷兵几千人,在西边呼应蜀军。陆逊又指挥谢旌击败文布、邓凯。文布、邓凯脱身逃走,蜀国任命他们为将军。陆逊派人引诱他们,文布率军又回来投降。陆逊前后斩杀、俘虏、招降及收罗的，总共有几万人。孙权任命陆逊为右护军、镇西将军，进封娄侯。

当时荆州流亡在外的儒生、士大夫们新近返回，有的人还没有得到合适的安置，陆逊上疏说："从前汉高祖登极称帝，招揽延用德才非凡的人，光武帝中兴，众多杰出的人才都来到他的麾下，意味着只要是可以使国家政教昌明的，不必在乎人才的远近亲疏。如今荆州刚刚平定，那些有名望才能的人还没有显达，在此我以恭谨的心意，恳请您普遍给予培养提拔的恩德，使他们都能获得进用，然后天下人就会引颈倾慕，都想着前来接受您广远深切的教化了。"孙权恭敬地采纳了他的意见。

黄武元年，刘备亲率大军来到吴国西部边境，孙权任命陆逊为大都督、假以符节，统帅朱然、潘璋、宋谦、韩当、徐盛、鲜于丹、孙桓等部共五万人马迎击。刘备的军营从巫峡、建平直到夷陵边界都以木石筑成防御工事彼此相连，一共设置了几十个营寨，用金银、锦缎、爵位封赏来引诱众蛮夷接受调度，让将军冯习担任大都督，张南为前锋，辅匡、赵融、廖淳、傅肜等人分任各部都督，先派吴班带领数千人在平地扎营，想以此挑动吴军出战。诸将都想出营作战，陆逊说："对方必定有诈，姑且先观察一阵再说。"刘备明白此计难以奏效，就带着八千名伏兵，从山谷中撤出。陆逊说："我之所以不许各位进攻吴班，是因为揣测蜀军定有诡诈的缘故。"陆逊给孙权上疏说："夷陵是军事要地，堪称国家的关隘险阻，尽管容易攻占，同样也容易丢失。夷陵失守并非只是损失一个郡的土地，接下来荆州的安危就都令人担忧了。如今去争夺此地，我保证务必能马到成功。刘备违背常理，不固守巢穴反而自己前来送死，我虽然没有什么才能，但仰仗主上显赫的声威，以顺讨逆，彻底打垮刘备的捷报已近在眼前。我综合考察刘备前后用兵的经历，可以说是败多胜少，由此推论，对他这次的军事行动也不必犯愁。我最初还顾忌他水陆并进，现在他却弃船上岸改为全面的步兵作战方式，各处安营扎寨，从他的军事部署可知，到后来也不会有什么大的变动。我深心希望主上高枕无忧，不必因此挂念。"诸将一致认为："进攻刘备应在他大军刚到的时刻，如今已让他深入国境五六百里地，相互对峙也已经七八个月，他的诸多险要之处都已严密布防，这时要对他发起进攻必定讨不到什么好处。"陆逊说："刘备是个狡诈的对手，加上经历丰富，在其大军集结之初，他的谋划也最是精纯专一，不可以轻易进犯他。如今屯驻已久，没能占到我军的便宜，官兵疲惫而士气渐渐低落，他也再想不出其他妙计，夹击并对他形成围歼局面，就正是眼下这个时候啊。"于是先出兵进攻蜀军的一处营寨，被对方击退。诸将都说："这是白白地让士兵送死。"陆逊说："我已经想明白打败他的办法了。"接着便命令士兵每人各持一束茅草，展开火攻，真的攻陷了蜀军屯营。一等到火攻在蜀军连营内形成燎原之势，陆逊便率领各军同时进攻，斩杀了张南、冯习及胡王沙摩柯等人，攻破蜀军营寨四十多处。刘备的将领杜路、刘宁等人因走投无路而被迫请求投降。刘备登上马鞍山，周围布置军队防守。陆逊督促各军四面逼攻，蜀军土崩瓦解，死者数以万计。刘备乘夜逃走，靠着驿站里的人员将败逃士兵丢弃的铙钹、铠甲一担一担地挑来纵火焚烧阻断后面的追兵，刘备才幸而得以逃入白帝城内。他的舟船兵器以及水陆两军的军用物资，一时间损失殆尽，蜀军尸体随波逐流，塞满了整个江面。刘备十分羞惭和忿恨，说："我竟然被陆逊所挫败羞辱，这难道不是天意吗！"

当初，孙桓另率一支人马在夷道进攻刘备的前锋部队，被刘备包围，因而向陆逊求援。陆逊说："还不能去救他。"众将说："安东将军孙桓是主上的同族，他被围困而且情况紧急，为何不去救他呢？"陆逊说："安东将军很得官兵人心，又城池坚固而且粮食充足，没有什么可担忧的。等我的计谋得以施行，就算不去救他，敌军对他的围困也会自然解除。"到了陆逊的计谋得以全面实施，刘备果然奔逃崩溃。孙桓后来见到陆逊说："以前我确实怨您不来相救，如今大局已定，才知道您的指挥自有方略啊。"

当抵御刘备时，众将军有的是孙策执政时的老将，有的是皇亲国戚，各自骄矜自负，互不买账，不听指挥。陆逊手按剑柄说："刘备天下闻名，曹操对他都畏惧三分，如今他率军来到边界，这是我们强劲的对手呀。诸位都深受国家恩典,彼此应当和睦相处,同心协力消灭这个强敌,向上报答所受的国恩,而现在却是互不和睦协调,就不是我前面所说的这层意思了。我虽是一介书生,接受主上的委任已是事实。国家之所以委屈诸位来接受我的统一指挥,是因为我多少还有一些长处可以相称,并且能够忍辱负重的缘故。每个人都应各自承担自己的职责,怎么能再推三阻四呢!军令有不可变更的法则,是不可以违犯的。"等到打败了刘备,其间决胜谋划大多出自于陆逊,众将这才对他心服口服。孙权听说了这些情况,说:"您当初为何不上奏众将不服从指挥约束呢?"陆逊回答说:"我承受国家深厚的恩典,所担负的重任超出了我的才能。再说众将有的是心腹重臣,有的是得力战将,有的是国家功勋,都是国家所应依靠以共同奠定大业的人物。我虽然愚钝懦弱,私下里也很钦慕蔺相如、寇恂那种互相谦让的风范,从而成就国家的大事。"孙权大笑称好,加授陆逊为辅国将军,兼任荆州牧,当即改封他为江陵侯。

　　再说刘备已在白帝城住下,徐盛、潘璋、宋谦等人争相上书孙权说刘备必可擒获,请求再出兵进攻他。孙权为此询问陆逊,陆逊与朱然、骆统认为"曹丕大举集结人马,嘴上说是要帮助吴国讨伐刘备,实际上却是包藏祸心,因此应当机立断撤军返回"。没过多久,魏军果然出动,吴国三面受敌。刘备随后不久病死,儿子刘禅继位,诸葛亮执掌国政,与孙权结盟联合。依据当时的形势所应采取的适当举措,孙权总是命陆逊告知诸葛亮,并且刻了自己的玉玺,放置于陆逊官署。孙权每次给刘禅、诸葛亮写信,通常都要让人拿过去给陆逊看过,措辞的适当限度及内容的恰当与否,若有不够稳妥的地方,都叫陆逊即时改定,然后用孙权御印封缄送走。

　　黄武七年,孙权让鄱阳太守周鲂诱骗魏国大司马曹休,曹休果然率大军进入皖县,孙权因而征召陆逊并假授黄钺,任命为大都督,迎击曹休。曹休已经察觉真相,却耻于受到如此欺骗,自负兵强马壮人多势众,就同陆逊交战。陆逊自率主力充当中军,命朱然、全琮指挥左右两翼部队,三路同时进攻,果然冲破了曹休的伏兵,乘势赶跑他们,追击败逃之敌,一直到了夹石,斩杀及俘获了一万多人,曹军牛、马、骡、驴所拉各色车辆一万辆,以及军用物资、兵器等等,都被吴军缴获一尽。曹休兵败回去,因羞愤导致背上毒疮发作而死。陆逊整队班师经过武昌,孙权命令左右侍从用他的御伞遮护陆逊,迎接进宫并送出宫门,凡是赐给陆逊的东西,都是孙权自己所用的上等珍品,当时没有人能与陆逊相比。然后仍派陆逊返回西陵。

黄龙元年,任命陆逊为上大将军、右都护。这年,孙权东巡建业,将太子、皇子及尚书等九卿留在武昌,征召陆逊辅佐太子,并掌管荆州及豫章等三郡事务,统率军政大事。当时建昌侯孙虑在住所堂前建了一座斗鸭栏,很是花了些小聪明。陆逊态度严肃地对孙虑说:"您应当勤学经典来让自己日有所得,用这些个东西能干什么?"孙虑当时就拆毁了斗鸭栏。射声校尉孙松在公子中最受孙权的疼爱,他所统领的戏下兵军纪松弛,陆逊当着他的面对他的手下官员施以剃除毛发的刑罚。南阳人谢景称赏刘廙先刑后礼的理论,陆逊呵斥谢景说:"礼法早于刑法已很久了,刘廙用细碎的诡辩来歪曲先世圣人的教诲,都是错的。您如今在东宫侍奉太子,理应遵奉仁义以彰显德言,类似于刘廙那样的说法,就不必再讲了。"

陆逊虽在京城外任职,却一心记挂着国家大计,他上疏陈述对时事的看法说:"我认为法令严厉,下面犯法的人就多。近年以来,将领官吏犯罪,虽说是他们自己不够慎言慎行应受责罚,然而天下还没有统一,应该谋求进取,小小过错应予开恩宽免,从而安抚臣民的心意,况且谋身治世的事情日渐增多,用人先应注重对贤良有才者的任用,除非是邪恶污秽进身及有难以容忍的过错的恶人,否则请您还是给予提拔重用,使他们各施才能为国效力。这就是德才超群的帝王忘人过失而记人功劳,从而统一天下而建立王朝的做法。从前汉高祖不计较陈平的过失,采用他的奇谋妙策,最终建立国家功业和汉朝福运,功垂千载。大凡严刑酷法,不是帝王使大业兴隆的办法;只有惩罚而没有宽恕,也不是安抚远方的宏图大计。"

孙权打算派主力军以外的部分军队前去攻取夷州和朱崖,都事先咨询陆逊,陆逊上疏说:"我认为天下尚未平定,正是需要民众的人力、物力、财力,来成就当今的大事。如今战事多年不止,现有人口损失减少,陛下忧劳思虑,废寝忘食,将要派兵远出谋取夷州,来成就大业,我左思右想,没有发现这一举措的好处何在,不远万里奔袭攻取,动荡不定难以预测,人们改换环境而不服水土,必定导致疾病流行,如今驱使现役士兵,越过僻远的不毛之地,本意虽想增益而得到的却会是损耗,想要获利最后却会是招致祸害。据了解朱崖地势极为险要,当地居民犹如鸟兽而不知礼仪,因此就算得到了那里的人口也不足以帮助我们成就事业,没有那里的士兵加入也不足以亏损我军的数量。当今江东现有的民众,已经足以图谋大事,只是应当积蓄力量然后再行动罢了。过去桓王(孙策)开创东吴基业之时,兵员不足五百,却创建了大功业。陛下承受天命,开拓平定了江南。我听说治理乱世讨伐叛逆,必须凭借军队的威力,农耕纺织以获取衣食,是百姓的基本生业,然而战争没有停息过,百姓们还在承受饥寒。我肤浅地认为应当养育人民,宽缓对租赋的征收,依靠民力取胜也就在于让他们同心协力,用道义来鼓励勇敢精神,那么黄河与渭水流域就可以荡平,九州就可以统一了。"孙权依然去征讨夷州,结果是得不偿失。

到了公孙渊背弃盟约之后,孙权想前往征讨,陆逊上疏说:"公孙渊凭借险要地势和坚固防守,拘押我国大使,也不肯进献名马,实在令人愤恨。蛮夷扰乱中原,他们尚未沾染天子的教化,有如飞鸟投身于荒芜边远之地,抗拒我国的军队,致使陛下勃然震怒,竟要亲自乘坐小船跨越大海,不考虑危难而跋涉不测之地。当今天下纷乱如云,群雄相争如虎,英雄豪杰跃跃欲试,叱咤雄视。陛下凭神明威武的英姿,承受天赐机运,在乌林打败曹操,在西陵战胜刘备,在荆州擒获关羽;这三个敌人,都是当世的杰出英雄,却都被您打掉了锋芒。圣明君王教化安抚所及,万里远近的人们都恰如小草随风倒伏那样向您归附,这正是荡平中原,一统天下的时候。如今陛下不能克制小小忿恨,而为此大发雷霆,有违古人千金之子不坐房檐之下的训诫,看低了万乘君王的贵重身份,这是我所迷惑不解的。我听说立志远行万里的人,不会在半途停下前进的脚步;谋取天下的人,不会为了计较小事而危害大局。强大的敌人正在北方边境伺机而动，境内边远地区还没有归服朝廷，陛下乘船远征，必然给敌人以可乘之机，灾祸到了才开始忧心如焚，那时已经是后悔莫及的了。假使统一大业得以按计划实现，那么公孙渊不必讨伐他也会自然降服；现在既然万里远征是因为舍不下遥远的辽东民众和名马，为什么独独打算抛弃江东万无一失的根本事业而不觉得可惜呢？我恳请停止六军远征辽东的打算，用来威慑目前主要的强敌，尽早平定中原，使功名光耀未来。"孙权采纳了他的意见。

　　嘉禾五年，孙权北征魏国，让陆逊和诸葛瑾攻打襄阳。陆逊派亲信韩扁带着奏表呈报孙权，返回时，在沔中碰上敌兵，敌兵巡逻查问时抓住了韩扁。诸葛瑾听说后十分担忧，写信给陆逊说："陛下现已回师，敌兵抓获韩扁，就足以掌握我方的虚实底细。况且江水已经干涸，应当尽快撤走。"陆逊没作答复，他正忙着督促人们种植葑菁、大豆，与诸将下棋玩射覆游戏，一切都跟平时一样。诸葛瑾说："陆伯言足智多谋，他这样做必定有他的理由。"就亲自去见陆逊，陆逊说："敌人知道陛下已经回师，没什么可再忧虑的了，得以全力来对付我们。再者他们已经据守险要关隘，影响到我军官兵的士气变动，为此务必自行镇定以便稳住军心，同时施展应变的谋略，然后才可部署撤退。现在就显示出了退兵迹象，敌军就会认为那是我们心怀恐惧的标志，而趁机前来逼攻，那将是我们必败无疑的情势。"于是与诸葛瑾秘密商定计策，让诸葛瑾统一指挥舟船，陆逊率领全部兵马，向襄阳城推进。敌人向来惧怕陆逊，便立即拔营返回城里。诸葛瑾这才带领船队出现在江边，陆逊从容地整顿队伍，张扬声势，步行离岸上船，敌兵不敢进犯。回军经过白围，陆逊声称要安营狩猎，暗中却派将军周峻、张梁等人袭击江夏郡的新市、安陆、石阳等县。石阳当时正是集市的高峰时期，周峻等人突然杀到，人们都抛下财物匆忙进城。城门因人流拥堵而无法关闭，敌兵只得砍杀自己的百姓，然后才得以关上城门。被吴军斩杀及俘获的，共有一千多人。那些被活捉的魏国人，都给予救护，不许士兵有所侵扰欺辱。其中有携家带口的，让他们聚到一处彼此照料。若有失去了妻子儿女的人，当即资助衣服和粮食，给予优厚慰劳，打发他们回家，以至于有感念仰慕而相扶相伴前来归附的。邻近地区的人归心于他，魏国江夏功曹赵濯、弋阳蜀将裴生以及夷人首领梅颐等人，都率领党羽来归附陆逊。陆逊倾尽资财，周济照料他们。

魏国的江夏太守逯式兼管当地兵马，给吴国边境带来了不少危害，但他与魏国老将文聘的儿子文休素来不和。陆逊得知这一前因后果，就使诈写了一封给逯式假回信说："收到了您诚恳痛切的来信，知道您与文休早就仇怨纠结，彼此势不两立，有心前来归附我国，我当即向朝廷秘密呈报了您的来信，并集合人马做好了迎接您的准备。您应当暗中加快部署整装待发，另行告知您来归附的确切时间。"然后将这信放置在两国的边界上，逯式的士兵见到书信并拿给逯式看，逯式惊惶不安，只得亲自将妻子儿女送回洛阳。自此以后逯式的属下官兵不再亲近依附他，最终他因此而被免职罢官。

嘉禾六年，中郎将周祗请求在鄱阳郡招募兵士，孙权将此事下达征询陆逊的意见。陆逊认为该郡民众具有易动乱难安定的特性，不可实施招募，否则只怕会招致他们成为贼寇。然而周祗坚持陈请招取，郡民吴遽等人果然作乱而杀了周祗，并攻陷了多个县城，豫章郡、庐陵郡的惯匪恶民也都同时起兵响应吴遽。陆逊听说后，立即征讨并打败了他们，吴遽等人相继投降，陆逊从中选得精兵八千多人，三郡平定。

这时中书典校吕壹，玩弄权柄，擅自裁决赏罚大事。陆逊和太常潘濬都对此深为忧虑，上言陈述时到了流泪的地步。后来孙权诛杀了吕壹，并深深以此自责，有关内容记载在《孙权传》中。

当时谢渊、谢厷等人各自陈述了合乎事宜便于实施的建议，设想为国家兴办谋利之事而改革相关政策。孙权将此事下发给陆逊审定。陆逊评议说："国家以人民为根本，强盛取决于人民的力量，财富依靠人民的生产。大凡人民富足而国家贫弱，或者说人民贫弱而国家强盛，这两样事情都是从未出现过的。所以治理国家的人，得到人民拥护就能安定，失去人民的支持就将陷入动乱，如果人民不能受益获利，而一味只想着让他们尽心效力，也实在是件令人为难的事情。因此《诗经》里慨叹说'君主能让民众安居乐业并且使官吏各当其位,就能获得上天赐予的福禄了'。恳请陛下将恩宠赐予下民,来安定和赈济百姓,经过几年的休养生息,等到国家财力稍稍丰裕了,然后再考虑兴利改革的问题不迟。"

赤乌七年,陆逊接替顾雍担任丞相,孙权在任命诏书上说:"我以缺乏德行的资质,顺应天命气运而登上皇帝大位,天下还没有统一,作奸犯科者充塞道路,为此我朝夕长惧,顾不上安睡休息。想到您天资聪明睿智,美德显著,总领军务身任上将,匡扶国家消除灾难。大凡功劳盖世的人物,必定受到荣耀显赫的尊宠;兼具文才武略的能人,必定要担当国家的重任。从前伊尹使商汤的大业兴盛,吕尚辅佐周武王夺得天下,如今朝廷内外的大事,您一人实际上都肩负了。现在以您为丞相,特派使持节代理太常傅常授予您印绶。您应当进一步彰显美德,建立美好的业绩,恭敬地遵行我的诏命,安抚平定四方。呜呼!总领三公职事,从而训导文武百官,怎么能不慎重呢,您努力吧!您原任的荆州牧、右都护、武昌留守之职都一切照旧。"

在此之前,太子和鲁王两宫并列,朝廷内外的职官,大多派自己的子弟进宫服侍。全琮将这种情况告知了陆逊,陆逊认为官宦子弟们如果真有才能,不愁得不到任用,不应当私自请托邀取荣华富贵;如果这些人确实不行,私自入侍最终只能招致祸患。况且听说两宫势均力敌,子弟们身处其间势必各有取舍帮衬,这是古人十分忌讳的事情。全琮的儿子全寄,果然奉承依附鲁王,轻率地同鲁王结交。陆逊写信给全琮说:"你不效法金日䃅,却让你儿子阿寄入宫宿卫,终究会给你的家族招来祸害呀。"全琮不接受陆逊的意见,反而与陆逊有了隔阂。等到太子孙和有不安于位的议论后,陆逊上疏陈述说:"太子是皇位的正统继承人,他的地位应该获得磐石般的稳定性,鲁王身为藩臣,应使他的受宠程度和地位等级上有别于太子,两人各得其所,这样才能保证上下相安无事。我恳切地向陛下叩头流血陈述我的意见。"他上书三四次,甚至于请求进京,想亲口与孙权讨论嫡长子跟庶出王子的应有名分,从而匡扶当前宫廷内的过失。陆逊的建言请求既未得到采纳允准,而他的外甥顾谭、顾承、姚信,还都因为亲附太子,遭到无辜流放。太子太傅吾粲因多次与陆逊有书信往来而被判有罪,打入大牢处死。孙权又多次派宫中使者谴责陆逊,陆逊悲愤含恨而死,时年六十三岁,死时家中没有多余的财物。

当初,暨艳曾倡议将不称职官员贬职送入武将府邸担任小官,陆逊规劝并告诫他,认为这样必定会招来祸患。他又对诸葛恪说:"地位在我之上的,我一定帮衬他跟我一起升迁;地位在我之下的,则要帮助扶持他。现在看你盛气侵凌上级,内心蔑视下属,这不是巩固德行的基础。"再者广陵人杨竺很年轻就受人称誉,而陆逊认为他最终会遭祸败亡,劝他哥哥杨穆分家另立门户。他的先见之明达到了如此地步。陆逊的长子陆延未成年就已去世,次子陆抗承袭爵位。孙休在位时,追赠陆逊的谥号为昭侯。

陆抗字幼节,是孙策的外孙。陆逊去世时,他二十岁,被任命为建武校尉,统率陆逊的官兵五千人。护送陆逊的灵柩从荆州回吴县安葬,并到京都向孙权谢恩,孙权拿杨竺控告陆逊的二十件事情责问陆抗,禁绝陆抗会见任何宾客,由宦官当面盘问,陆抗毫不迟疑,逐条作答,孙权内心对陆逊的不满才慢慢消除。赤乌九年,升迁陆抗为立节中郎将,与诸葛恪换防屯驻柴桑。陆抗离开之前,全面整修了城墙,房屋也作了修缮,住宅周围的桑树果木,不许随意毁坏。诸葛恪进入屯营,一切都整齐如新。而诸葛恪原先驻守的柴桑屯营,存在较为严重的损毁现象,诸葛恪为此感到惭愧。太元元年,陆抗到京城治病。病愈应当返回驻地时,孙权流泪为他送别,对他说:"我以前听信谗言,对待你父亲有失君臣之间应当坚持的正道,因此亏待了你。朝廷前前后后那些追究责问的材料,一律烧毁,不要让别人见到。"建兴元年,陆抗被任命为奋威将军。太平二年,魏将诸葛诞献寿春城投降吴国,吴国任命陆抗为柴桑督,赶赴寿春,击败了魏国牙门将偏将军,升为征北将军。永安二年,任命陆抗为镇军将军,都督西陵,辖区从关羽濑直到白帝城。永安三年,假以符节。孙皓即位后,加官镇军大将军,兼任益州牧。建衡二年,大司马施绩去世,又任命陆抗都督信陵、西陵、夷道、乐乡、公安等地军事,治所设在乐乡。

陆抗听说朝廷政令多有失误，忧思深重并虑及将来，于是上疏说："我听说君主德行相当则人多的一方战胜人少的一方，势均力敌则国家安定的一方制服国家动乱的一方，这大概就是六国之所以被强秦兼并，西楚霸王之所以被汉高祖战胜的原因吧。如今敌国控制了王畿以外的九等地区，并非如强秦当年那样只有关西那点领地；它割据了全国的绝大部分疆域，岂止像刘邦那样只是分得鸿沟以西而已。我国外无盟国的援助，内部也不如西楚霸王的强大，各方面的政事衰败，百姓也不安定，而议论者所仗恃的，只不过是周边的大江高山，阻隔围绕国家疆界，这一切原是保国守土的非关根本之事，不是智谋人士所应优先思虑的问题。我常常遥想战国之时关涉各国存亡的征兆，就近考察汉朝灭亡的祸根所在，用典籍加以考证，以往事给予检验，午夜抚枕难以成眠，面对饭菜却忘了进食。从前匈奴尚未消灭，霍去病推辞掉汉武帝替他建造的府第；汉朝的治国之道不纯正，贾谊为之悲哀哭泣，何况我是王室的外孙，世代蒙受荣耀恩宠，个人身家名誉的顺逆盛衰，与国家休戚相关，存亡与共，在道义上不容苟且马虎，我早晚忧伤，想到这些内心惨戚。大凡人臣侍奉君主的宗旨在于犯颜直谏而无所欺瞒，臣子的节操在于忠心耿耿而不惜以身相殉，谨此陈奏当务之急十七条如下。"这十七条原文已失，所以这里没有记载。

当时何定玩弄权柄，宦官干预朝政；陆抗上疏说："我听说'建国传家，不用小人'，'安于谗言而任用奸邪'，《尚书·尧典》对此早有鉴戒。因此方正的人才为此咏叹讽刺，孔子也因之而叹息。从春秋以来，直到秦汉，国家灭亡的征兆，没有谁不是从这个方面开始的。人格卑劣者并不明白治国的道理，他们识见浅狭，就算竭力保全其人臣节操，尚且难以胜任，更何况他们的作奸犯科之心素来坚定不移，而爱憎之情变化无常呢？如果害怕失去他们，那么朝廷就没有不可以委以重任的人了。如今把需要明察事理的重任托付给这些小人，授予他们独断专行的权威，还希望谱写和乐升平的盛世之音，建立太平安定而法纪严明的教化秩序，那是不可能的。当今的现职官员,有卓越才气的人尽管不多,然而他们有的是官宦的后裔,从小浸润于道德教化,有的人守贫刻苦而卓然独立,他们的资质能力足堪任用,自然可以根据他们的才能授予官职,同时贬废那些拉帮结派专门作奸犯科的小人,然后风俗教化才得以纯净,各项政务才能荡尽污泥浊水。"

凤皇元年,西陵督步阐守城反叛,派使者向晋国投降。陆抗得到消息,当天就部署诸军,命将军左奕、吾彦、蔡贡等人直扑西陵城,下令在安营之后另行修筑连绵的木石防御工事,从赤溪一直连接到故市,对内用以围困步阐,对外用来防御敌寇,陆抗昼夜催迫,就像敌军已经到来,官兵们为此都很疲惫苦恼。诸将都劝阻道:"现在如果趁着三军高涨的锐气,迅速指挥将士们进攻步阐,在晋国援军赶到以前,步阐一定能够被攻克。何必为了修筑这种防御工事,而让官兵和百姓们劳苦不堪呢?"陆抗说:"该城所处地势本就坚固,城内粮食储备又很充足,况且所修缮的守备防御工事及器械,都是我以前筹划安置的。现在反过来要攻打这样一座坚城,一方面不可能仓促攻克,而且晋国的援兵必定会要杀到,若是敌人援兵到来我们却没有守备措施,对于内外夹击所构成的灾难,我们又拿什么来加以抵御呢?"诸将都主张攻打步阐,陆抗总是不肯批准。宜都太守雷谭尤其把话说到了极度诚恳痛切的份上,陆抗为了让众人信服自己的指令,决定听凭他进攻一次。攻城行动果然失利,陆抗的连绵防御工事才得以修筑合围。晋国车骑将军羊祜率领大军开赴江陵,诸将都认为陆抗不应该率军去上游的西陵,陆抗说:"江陵城池坚固且守兵充足,没有什么可担心的。假定敌人攻陷了江陵,也必定防守不住,我们所受损失不大。如果让西陵被敌军盘踞,那么南面山区的众多夷人都将出现骚乱,接下来值得忧虑的事,就不是三言两语所能说清的了。我宁可放弃江陵而前往西陵,更何况江陵城本身还如此坚固呢?"当初,江陵地势平旷,道路通畅,陆抗下令江陵督张咸筑坝挡水渐次淹没低平之处,以便阻隔外寇内叛。羊祜想利用大坝堵塞的积水来浮船运粮,却放出风声说要毁掉挡水坝以便步兵通行。陆抗听说后,让张咸立即摧毁大坝,诸将对此困惑不解,屡次劝阻而陆抗都不听从。羊祜来到当阳,得知大坝已毁,不得已改船运为车运,因此大大增加了运输时间和力量的损耗。晋巴东监军徐胤率水军到建平,晋荆州刺史杨肇来到西陵。陆抗命令张咸固守江陵城;由公安督孔遵游走于江南沿岸防御羊祜;命水军督留虑、镇西将军朱琬迎击徐胤;陆抗亲率三军,凭借连绵防御工事与杨肇对阵。将军朱乔的营都督俞赞逃走向杨肇投降。陆抗说:"俞赞是军中任职已久的小官,是了解我军虚实底细的人,我一直担心夷兵素来未经淘汰洗练,如果敌军要进攻围垣,必定先从这里下手。"当即趁夜撤掉夷兵,全都换成手下久经沙场的将领到此驻防。第二天,杨肇果然进攻原来由夷兵防守的地段,陆抗下令反击,利箭垒石如雨点纷飞,杨肇的士兵伤亡狼藉。杨肇到达西陵一个多月之后,因无计可施而连夜逃跑。陆抗打算追击杨肇,又担心步阐早已在要害处养精蓄锐,只等有机可乘便发动攻击,自己若要追击与防守并行则兵力不够分配,于是只击鼓告诫将士,做出将要追击的样子。杨肇的人马惊扰不安,全都抛弃铠甲退走,陆抗派小股部队尾随攻打,杨肇军队溃败,羊祜等人也率军撤退北去。陆抗于是攻陷了西陵城,诛杀了步阐全家以及他属下的高级将官,自将官以下,由他向朝廷请求赦免的人多达数万。陆抗修治了西陵城墙之后,向东返回乐乡,脸上没有骄矜之色,谦虚如常,所以深得将士们的拥护爱戴。

陆抗被加官都护一职。听说武昌左部督薛莹受征入朝关进了监狱,陆抗上疏说:"才德出众的人,属于国家的瑰宝,是社稷的珍贵财富,国政因为他们而有条不紊,四方因为他们而太平祥和。原大司农楼玄、散骑中常侍王蕃、少府李勖,都是当世优异聪颖的人,一代著名的人物,他们当初蒙受主上给予的荣宠,循规蹈矩地在官供职,却都没过多久便被诛杀,有的被灭门绝种,有的被发配流放到偏远荒芜之地。《周礼》上有赦免贤人过错的法律,《春秋》中有对宽贷善良之人失误的嘉许。《尚书》上说:'与其杀死无辜,宁可失之于不合常法。'而王蕃等人的罪名尚未确认,就被处死,他们心怀忠义,却身遭极刑,难道不令人痛心吗!况且已经死去的刑犯,本来就不再有什么知觉,竟至于还要被化骨扬灰,或抛尸水中,这恐怕不是先王颁定的典章制度，或者就属于甫侯立法时所要禁戒的那些东西。因此百姓哀痛变色，官吏和民众同感悲愁。王蕃、李勖已死，后悔也来不及了，我正想恳切地希望陛下赦免楼玄并召他出来，而最近又听说薛莹突然被逮捕收押了。薛莹的父亲薛综曾事奉先帝并掌管王命出纳，还辅佐过文皇帝，到了薛莹承袭父业，十分注意修养名声与品行，如今他所犯的罪名，属于可以宽贷的过失。我担心主管官员没能详察其中的来龙去脉，如果再杀了他，将更加失去民众的希望，请求陛下降恩，宽恕赦免薛莹的罪过，怜悯身陷刑罚的囚犯，肃清刑律，放宽法网，那么天下将非常庆幸！"

当时军队频繁出征，百姓疲惫困苦，陆抗上疏说："我听说《周易》推崇顺应时势，《左传》赞美察敌破绽，所以夏桀罪孽深重了才有商汤的用兵作战，商纣王荒淫暴虐才使得周武王委派大将出征。假使时机尚未成熟，那么商汤王宁肯被夏桀囚禁于玉台而忧愁悲伤，周武王就算已推进到孟津也宁可断然退兵。如今不尽心于富国强兵，致力于农事增加粮食储备，让文武大臣的才能得到充分的施展运用，使各衙门公署不玩忽职守，明确升降进退的措施来激励各级官吏，慎定刑罚标准以阐明鼓励和禁止的内容，以道德来训导众官，用仁义来安抚百姓，然后顺应天命把握时运以席卷天下，而听任诸将舍身以求名，穷兵黩武，动辄耗资上万，士兵因此衰败枯萎，敌寇势力未见削弱，而我方却已陷入深重的困境了。现在要争的是帝王的大事，却被商贾般的小利蒙蔽了眼睛，这是臣子所玩弄的奸计，而不是利于国家的良策。过去齐、鲁两国大战三次，鲁国打了两次胜仗结果呢还没回过神来就灭亡了。为什么这样呢？是因为两国的实力强弱不同。何况如今出兵征战所得到的战果，还弥补不了自己的损失呢？而且仗恃军队将丧失民众的支持，这是古代的明鉴，确实应该暂停出兵进取的计划，以便积蓄军民的力量，窥伺敌人的动荡破绽再适时出击，能做到这样大概就不会有悔恨了。"

凤皇二年春，就在陆抗驻地任命他为大司马、荆州牧。凤皇三年夏，陆抗患病，他上疏说："西陵和建平，属于国家边防上的屏障，地处巴蜀下游，形势上两面受敌。倘若敌军舟船顺流而下，快船日

行千里，势如风驰电掣，顷刻之间就会到达，不是可以依靠别处援军来解救危急的所在。这里是国家安危的关键，不只是边境被侵犯的小灾小难。我父亲陆逊当初在西部边界上书有过陈述，认为西陵是国家的西门，虽说容易防守，但也很容易丢失。倘若西陵万一失守，不只是失去一个郡的地盘而已，就连荆州也不再是吴国所有的了。如果西陵有所不测，应当倾尽全国兵力前去争夺。我过去驻守西陵，得以了解到父亲陆逊曾有过的规划，他最初曾请求在此部署三万精兵，但主管军务的官员因循常规，不肯派发那么多军队前往。自从步阐反叛之后，兵力更有损耗。如今我统辖千里之地，又四面受敌，对外要抵御强敌，对内要安抚各蛮夷部落，而我辖区内自上游到下游全部现有兵员才几万人而已，又久已疲弱困乏，很难应付突发的事变。我认为诸皇子年纪尚小，还没有管理过国事，应该姑且设置傅相，辅导教育即可，暂时无需给他们配备兵马，以免妨碍国家的中心任务。再者宫中的宦官，开了私自招募人手的先河，士兵与百姓怨恨兵役劳役，逃到宦官门下接受招募。恳请特别下诏予以拣选审定，不合格人员一律遣出王宫，用来充实常常遭受敌人侵犯的防区，使我统率的部队得以补足到八万人，精简事务，做到赏罚有信，那么即使敌军有韩信、白起那样的名将再生，也无法在这里施展他们的诡计。如果防区兵员不能得到增补，宫中制度不加改变，而想成就大事，结果究竟怎样正是我所深心忧虑的。假如我死之后，请求陛下对西部边境多加留意。希望陛下考虑我的意见，那么我就将死而不朽了。"

当年秋天陆抗去世，儿子陆晏继承爵位。陆晏和他的弟弟陆景、陆玄、陆机、陆云，分别率领陆抗的部队。陆晏任裨将军、夷道监。天纪四年，晋军讨伐吴国，晋龙骧将军王濬顺江东下，所到之处无不攻克，最终吴国土崩瓦解的局面恰如陆抗生前所担心的那样。陆景字士仁，因为娶了公主而被任命为骑都尉，爵封毗陵侯，率领陆抗的部队后，又拜官偏将军、中夏督，他修身好学，著书几十篇。二月五日，陆晏被王濬的分支部队所杀。二月六日，陆景也被杀害，时年三十一岁。陆景之妻，是孙皓的亲妹妹，与陆景都是张承的外孙。

评：刘备号称天下英雄，当时的豪杰都对他心存畏惧，陆逊年纪还轻，威望名声并不显著，一战就使刘备陷入了全军覆灭的困境，前后攻守没有哪一步不在他的算计当中。我既惊奇陆逊的谋略，又赞叹孙权的慧眼识珠，这就是他之所以能够成就大业的原因吧。至于陆逊忠诚恳切，忧心国事并为此丧身，差不多可以称之为国家的栋梁了。陆抗忠贞诚信并且谋略才干突出，都有他父亲的风范，世代美誉相继，相较陆逊仅是气魄稍稍逊色，可说是能完成前辈事业的人物了。

白话三国志卷五十九　吴书十四

吴主五子传第十四

　　孙登字子高,是孙权的长子。魏国在黄初二年,策封孙权为吴王,同时任命孙登为东中郎将,爵封万户侯,孙登推辞不接受侯爵。这一年,孙权立孙登为太子,为他选择安排老师,考量选拔德行才艺出众的人,作为他的宾客朋友,于是诸葛恪、张休、顾谭、陈表等人得以选入东宫,陪孙登研读诗书,外出跟着骑马射猎。孙权想让孙登读《汉书》,熟知近代发生的大事,认为张昭在这方面很有师承渊源,但又不愿让他过于烦劳,于是命张休跟随张昭学习《汉书》,回来再传授孙登。孙登接待下属,大抵行用平民间的礼节,与诸葛恪、张休、顾谭等人有时同坐一辆车,有时共床而眠。太傅张温对孙权说:"大凡中庶子是与太子最亲密的职位,太子恳切求教他就要即时作答,应该选用才德杰出的人。"于是便任用陈表等人为中庶子。后来又因为中庶子的礼节的约束,又让他们头戴裹巾陪坐。黄龙元年,孙权称帝,立孙登为皇太子,命诸葛恪为左辅,张休为右弼,顾谭为辅正,陈表为翼正都尉,这就是所谓的太子四友。谢景、范慎、刁玄、羊衜等人都为宾客,于是东宫便号称人才济济。

　　孙权迁都建业,征召上大将军陆逊辅佐孙登镇守武昌,兼理官府的留守事务。孙登有时出外狩猎,本应走捷径近路,但他常常远避良田,不去践踏庄稼,到了需要休息时,也只选择空闲的场所,他就是这样不想烦扰百姓。他曾骑马出行,有一颗弹丸从他身旁飞过,左右侍卫便去寻找发射弹丸的人。正巧有个人手持弹弓身带弹丸,随从们都认为发弹的就是这人,但这人不肯承队,随从便想捶打他,孙登不允许,派人找来刚才那颗弹丸,跟这人身上携带的弹丸比对后发现有所不同,就把这人放了。还有一次孙登丢失了盛水的金马盂,察觉出了作案之人,原来就是自己手下人所为,孙登不忍心处罚他,就把他叫来责备了一番,遣送他永远归家,并命令身边亲近人员不要张扬此事。后来他弟弟孙虑去世,孙权为此特地降低了自己的御膳标准和数量,孙登昼夜兼程,来到赖乡,亲自通报,孙权立刻召见他。孙登见孙权在悲伤哭泣,就劝说道:"孙虑一病不起,这是他的命呀。现在北方尚未统一,四海之内都在翘首仰慕,上天授命陛下,陛下却因对晚辈的追思,降低自己的御膳标准,超越了礼制,我私下里为此忧愁惶恐。"孙权采纳了他的意见,为了他的缘故而增加了饮食。孙登住了十几天,孙权准备让他西行返回武昌,他恳切地为自己求情,认为长久离别未能早晚侍奉父母,身为人子的名分有了欠缺,又陈述陆逊忠诚勤勉,武昌方面没有什么可顾虑的,孙权就把他留了下来。嘉禾三年,孙权出征新城,让孙登留守建业,总管留守事务。那年粮食歉收,盗贼不少,孙登便上表奏定有关法令律条,用以防范,很得惩治奸邪的要领。

起初,孙登的生母地位低贱,徐夫人对他从小就有养育之恩,后来徐夫人因为妒嫉被废黜安置到吴郡,而步夫人最受宠幸。步夫人有赏赐,孙登不敢推辞,但只是恭敬接受而已。徐夫人派人来,所赐给的衣服,他一定会先沐浴然后穿在身上。孙登将被册立为太子,他推辞说:"根基树立而道义生长,要立太子,应该先立皇后。"孙权问:"你的母亲在哪里?"孙登回答说:"在吴郡。"孙权沉默不语。

孙登立为太子共二十一年,三十三岁去世。临终前,他上疏说:"我因为资质浅陋难以成器,身染重病不能痊愈,自知生机衰弱,只恐要突然撒手尘寰。我并不惋惜自己,只是想到将要离开父母,埋骨大地,永远不能再进奉仰望宫禁,不能再朝见父皇母后,活着对国家没有贡献,死后还留给陛下深深的悲愁,因此而郁积难言。我听说生死有命,命长命短取决于天意,周晋、颜回都是有上等智慧的人才,尚且英年早逝,何况我愚昧鄙陋,在世时间已超过他们的年寿,活着是国家的储君,死后还得享荣禄,对于我来说所得到的已经很

多了,还有什么可悲伤遗憾的呢!当今统一天下的大业尚未完成,流窜在各地的寇贼还没有讨平,天下人仰望期待,都把命运维系于陛下,身处危难者希望您给予安定,环境动乱者仰仗您得到整治。希望陛下彻底忘弃我这个人,割舍对晚辈的恩爱,修炼黄老之术,专心保养精神,增加美味佳肴,广开神圣高超的思虑,奠定传承无穷的帝业,那么天下百姓都有幸依靠,我也就死而无憾了。皇子孙和仁爱孝顺而聪慧明智,道德品行高洁淳美,应当尽快册立为太子,以寄托人民的希望。诸葛恪才能谋略广博通达,应器重任用他来辅佐时政。张休、顾谭、谢景,他们三位都通达聪慧并且见识不凡谋事决断,在朝廷内应该用为亲近心腹,出征可以成为得力武将。范慎、华融卓然不群而节操壮烈,具有国家最优秀人才的风采。羊衙论辩敏捷,有独立应对的能力。刁玄大度优雅,有履行道学真谛的志向。裴钦博闻强记,文采足以驱使。蒋修、虞翻二人,志向和节操光明磊落。所有这些臣僚,有的适宜在朝廷供职,有的可以担任将帅,他们都通晓时政,洞明法令,坚守信用道义,有不可动摇的气节。这都是出于陛下的光辉照耀,选拔安置他们到我的东宫,使我得以跟他们共同致力于治政,因而我才清楚了解他们各自的情怀,并斗胆将他们的情况陈述给陛下。我深切地想到当今境外忧患繁多,战事不断,应当激励六军,以谋求进取。军队以人民作为力量的基石,而人民则以财富作为兴旺的宝藏,我私底下听说郡县中很有些荒芜残破的现象,民生凋敝百姓困顿,奸邪祸乱滋生,因此法令律条频繁增加,刑罚日益严厉苛刻。我听说治理政事要顺应民心,法令律条应与时俱进,陛下确实应该与将相大臣审察采择合乎时宜的政策,广泛采用大家的意见,宽缓刑法并减轻赋税,调整降低对民力的征用,以顺应百姓的愿望。陆逊对时政忠心勤劳,献身忧国,正直无私,具有忠心耿耿不顾自身的气节。诸葛瑾、步骘、朱然、全琮、朱据、吕岱、吾粲、阚泽、严畯、张承、孙怡都忠心为国,通晓治国的纲领。可以让他们陈述上奏利于国家而合乎时宜的建设性意见,革除苛刻烦琐的政令,爱惜养护兵马,安抚慰谕百姓。如此则五年之后,十年以内,境外的人将纷纷归附,境内的人会尽心效力,不必激战交锋,而一统天下的大业就可奠定。我听说'鸟之将死,其鸣也哀;人之将死,其言也善',所以子囊临去世前夕,留下遗言以劝诫时政,君子认为这是他忠诚的体现,何况我孙登,难道还能不这样做吗?希望陛下留意听取我的意见,那么我即使哪天不在了,那一天也就如同我出生的时候啊。"在他气绝之后这份章表才呈报上去,孙权越发悲痛伤感,一说起孙登就泪流不止。这一年,是赤乌四年。谢景当时担任豫章太守,他难以承受悲伤的感情,竟自动解职去官前来奔丧,并上表检举自己这一过失。孙权说:"您与太子曾经共事,有别于其他官员。"派宫中使者给予慰劳,允许官复原职,发送他返回豫章郡。给予孙登谥号为宣太子。

孙登的儿子孙璠、孙希,都早已去世。由他第二个儿子孙英承嗣,爵封吴侯。五凤元年,孙英因为大将军孙峻专权,图谋诛杀孙峻,事情败露后自杀,封国被取消。

谢景字叔发,南阳郡宛县人。在郡守的职位上政绩显著,官吏和百姓都称誉他,认为前有顾劭,其后就是谢景了。几年后在职去世。

孙虑字子智,是孙登的弟弟。从小机敏聪慧而才能突出,孙权器重喜爱他。黄武七年,爵封建昌侯。过了两年,丞相顾雍等人上奏说孙虑天性聪颖明白事体,崇尚日日更新以提升自我,比照近代的汉朝,应当给他进爵称王,孙权没有同意。过了好一阵,尚书仆射存上疏说:"帝王兴起,无不褒扬推崇至亲骨肉,以此光耀诸侯,所以鲁、卫二国在周朝实行裂土封爵制度之时,受到的恩宠超过所有的诸侯,汉高祖的五个儿子,都在封王之列,目的就是要他们成为中央朝廷的屏障,让他们镇守捍卫国家。建昌侯孙虑禀性聪敏,兼具文才武略,参照古代典章制度,应当为他正名定号。陛下秉持谦虚的光明美德,不肯因循古代的制度办理,群臣不论官职大小,都因此忧郁烦闷。当今奸人贼寇放纵暴戾,战争不止,作为君主心腹的文臣武将,只有亲属和贤才。我总是跟丞相顾雍等人商讨此事,都认为孙虑应该担任镇军大将军,交给他统领一个方面的职责,以弘扬光

大陛下的伟业。"孙权这才同意,于是向孙虑非正式授予符节并让他开建官府,治所在半州。孙虑凭借皇子的尊贵地位,加之年纪又轻,远近的人都怀疑他能否关注政务。而到他就职处事时,遵照奉行法度,恭敬接纳师友,超过了众人的期望。孙虑只活到二十岁,嘉禾元年去世。他没有儿子,封国被取消。

孙和字子孝,是孙虑的弟弟。小时候因为母亲王氏被孙权宠幸而受孙权喜爱,十四岁那年,就为他安排了宫廷侍卫,让中书令阚泽教他书计。他喜好学习并且礼贤下士,颇为人们所称道。赤乌五年,册立为太子,那年他十九岁。阚泽任太傅,薛综任少傅,蔡颖、张纯、封俌、严维等都悠闲舒缓地随侍在他左右。

当时官吏大多根据分条书写的公文过问国家大事,孙和认为奸诈虚妄的人,将因事曲解,从而产生作恶的念头,这种风气是不可助长的,表奏应当禁绝。有一次都督刘宝状告中庶子丁晏,丁晏也告发刘宝,孙和对丁晏说:"文臣武将居官任事的,能有几人?因为矛盾而相互攻击,都企图危害对方,难道会得到赐福吗?"于是对这两人都不追究,让他们依从厚道。他常说:"当世才学之士应探讨研习道术学识,考校学习骑马射箭技能,以便胜任谋身治世之事,若只一味地交游下棋妨碍事业追求,不能说这就是立志有所作为。"后来群臣出席他的宴会,谈到下棋,孙和认为"这事妨碍实务虚耗时光而毫无用处,徒耗精力损害思维而最终一无所成,不是用来提升德行致力功业,积累事功的做法。而且有志之士都懂得珍惜时间和精力,君子最大的仰慕和追求,也无不是高山仰止景行行止的境界,并以不能紧随于这类名贤之后而倍感羞愧。由于天地的永恒特性,而人们身处天地之间,因而就有了人生短促恍如白驹过隙的慨叹,人一旦到了暮年,青春年华将一去永不回头。总之所应担忧的,在于人的情感难以做到当断即断,诚然能够割舍无益的欲念而将精力全都用在奉行道德仁义的正道上,放弃对非紧迫事宜的投入并且全力以赴地奠定功业的基础,对于个人的名声与品行,难道不是很好吗?大凡人的感情还不能完全没有游戏玩乐,而游戏玩乐方面的爱好,也应集中于饮酒欢宴或弹琴写字及射箭御马之间,为什么非得下棋才有愉悦的感觉呢!"于是命令陪坐人员中的八位,各自撰写论文以矫正下棋行为的偏差。于是中庶子韦曜辞别回去就写了一篇论文上奏,孙和出示给宾客们观看。当时蔡颖喜欢下棋,在他官署中任职的很多人都向他学艺,所以孙和用这个办法加以规劝。

在这以后王夫人跟全公主有了矛盾。孙权曾经卧病在床,孙和替父皇到太庙上祭祷祠,孙和妃子的叔父张休的住处离太庙不远,就邀请孙和去他家做客。全公主派人尾随窥视,趁机对孙权告发说太子不在太庙里,专门到妃子家去谋划事情,又说王夫人见皇上卧床不起,脸上有高兴的神色。孙权因此发怒,王夫人忧惧而死,而孙和受到的宠爱也日益减少,令他很是担心自己要被废黜。鲁王孙霸对太子之位的非分企图也愈演愈烈。陆逊、吾粲、顾谭等人多次上书陈述嫡庶之间应有的名分,各自坚守正理决不动摇,而全寄、杨竺作为鲁王孙霸的死党,谗言诬告日甚一日。吾粲终于被关进大牢诛杀,顾谭被流放到交州。孙权犹豫了好几年,后来终于幽禁了孙和。于是骠骑将军朱据、尚书仆射屈晃便带领诸将以泥涂首并各自捆绑,不惜用这种自辱服罪的方式连日来到宫门外为孙和求情。孙权登上白爵观看见这一幕,非常厌恶这些人,挖苦朱据、屈晃等人"无需匆忙"!孙权打算废黜孙和而册立孙亮,无难督陈正、五营督陈象上书,援引了晋献公杀申生,立奚齐,晋国因此大乱的历史典故试图改变孙权的心意,再加朱据、屈晃也坚持劝谏不停,孙权大发雷霆,将陈正、陈象满门抄斩,让人把朱据、屈晃牵到大殿里,每人杖打一百,最终还是把孙和流放到故鄣,群臣因为劝谏而遭到诛杀或流放的多达十几人。民众都为他们感到冤枉。

太元二年正月,孙权封孙和为南阳王,派发到长沙。四月,孙权去世,诸葛恪执掌朝政。诸葛恪就是孙和妃子张氏的舅舅。张妃让宦官陈迁前往建业上疏中宫,并对诸葛恪致以问候。陈迁临离建业时,诸葛恪对他说:"替我转告张妃,到时我一定让她超过其他人。"这话颇为泄露。另外诸葛恪有迁都的想法,派人修治武昌的宫殿,民间有人说他想迎立孙和。到诸葛恪被杀,孙峻因此剥夺了孙和的印玺绶带,流放到新都,又派使者赐他自尽。孙和与张妃告别,张妃说:"无论吉凶我都一定跟随着你,终究不会独自活下来。"她跟着也自杀了,全国上下都为此悲伤。

孙休即位,封孙和的儿子孙皓为乌程侯,从新都迁往封国所在地。孙休去世,孙皓登上皇位,当年就追谥父亲孙和为文皇帝,改葬到明陵,安置护陵人户二百家,设令、丞管理守护。第二年正月,又分出吴郡、丹杨郡中的九个县为吴兴郡,治所设在乌程,设置太守,四季按时祭祀明陵。有关官员进言说,应该为文皇帝在京城立庙。宝鼎二年七月,孙皓派代理将作大匠薛珝营建寝堂,命名为清庙。十二月,派代理丞相孟仁、太常姚信等人配备官员及中军步、骑兵两千人,用灵车法驾往东到明陵奉迎孙和神主。孙皓召见孟仁,亲自在庭前拜送。灵车将要到来时,派丞相陆凯敬奉三牲在近郊上祭,孙皓则在金城外露宿。第二天,在东门外遥望拜祭。第三天,在清庙拜谒神主,荐牲祭祀,孙皓悲泣伤痛。连续七日都用了三祭之礼,祭祀乐舞通宵达旦。有关官员进言说"祭祀不要太频密,太频密就有失庄重,应该用礼制来控制私情",祭祀活动这才停止。

孙霸字子威,是孙和的同母弟弟。在孙和做太子的时候,孙霸被封为鲁王,受到的宠爱优厚特异,与孙和毫无区别。不久,孙和、孙霸彼此不和的风声传到孙权耳中,孙权便禁断他们的外部交往,借此让他们精心治学。督军使者羊衜上疏说:"我听说古代拥有天下的人,都首先明确区别嫡庶的名分,给王室子弟封邦建国,目的是让他们尊重祖宗,成为保护国家的屏障,东宫太子、西宫鲁王的授任,天下都称道合乎时宜,这是我们大吴国兴盛的基础。近来听说二宫与宾客的交往同被禁绝,远近之人都惶恐不安,大小官员也很失望。我私下里倾听下面的议论,采集众人的意见,都认为二宫聪慧敏达而才智超群,从他们确定名位建立称号以来,至今已经三年,德行昭著于国内,美名传扬到境外,就连西边的刘蜀和北方的曹魏,也早已敬服他们的名望。众人都认为陛下应当顺应远近人们归顺德政的愿望,尽量让二宫延请四方的宾客,使别的国度听到他们的名声，都想着来做他们的臣仆。如今陛下既没有注意到这点，反而颁布诏令，减省他们的侍卫，隔绝往来宾客，使四方合于礼仪的尊崇，再不能通达二宫，就算确实是陛下崇尚古代的道义，想使二宫专心致志地学习，不再考虑观察听取细小的事宜，期望他们温习借鉴历史并通晓众物而已，但这并不是臣下仰望期待的最大心愿。有人认为二宫不遵守典章制度，这正是我坐卧不宁的原因。即使实际情形就是人们所猜疑的那样，还应该补过误而察得失，缜密地加以思量甄别，不使远近的人们得以听信这些流言蜚语。我担心猜疑日积月累而演变为毁谤，时移势转就将到处流布，而西边刘蜀和北方曹魏这两个国家，都离我国不远，不同的言论或相似的说法，就容易传播过去。一旦出现跨境的传播，舆论就会在异地产生，他们将认为二宫有叛逆的罪行，不知陛下届时该向他们作何解释？倘若解释不能使邻国信服，那么也就无从消除国内的疑惑。国内百姓心存疑惑，邻国之人大兴毁谤，就不是发展宏伟事业及保卫神圣国土的道理了。希望陛下尽快颁发褒美嘉奖的诏书，使二宫在礼聘与任命规则约束下的宾客交往仍同原先一样，那么天地便会清平安宁，天下都将感到万分的幸运了。"

当时全寄、吴安、孙奇、杨竺等人暗地里都共同依附孙霸，图谋危害太子孙和。在他们的诬陷诽谤得逞之后，太子因此遭到废黜，孙霸也被赐死。杨竺的尸体被抛入江中，他的哥哥杨穆之前曾对他有过多次劝诫，因此得以免除死刑，但还是被流放到南方的州郡。孙霸被赐死之后，又诛杀了全寄、吴安、孙奇等人，都是因为他们党同孙霸而陷害孙和的缘故。

孙霸有两个儿子，即孙基和孙壹。五凤年间，孙亮封孙基为吴侯，孙壹为宛陵侯。孙基在宫中侍奉孙亮，太平二年，因为偷骑御马，而被收押关进了监狱。孙亮问侍中刁玄说："偷骑御马是什么罪名？"刁玄回答说："按律条应当处死。不过鲁王死得早，希望陛下哀怜宽贷他。"孙亮说："法律，是天下人所应共同遵行的，怎么能因为爱自己亲人的缘故而有所偏袒呢？应当想个可以使他免罪的办法，为什么要用亲情来逼迫我呢？"刁玄说："以前赦免罪犯有大赦、

小赦之分，有的是全国范围的，也有千里之内、五百里之内的赦免等级，听凭君主的心意裁定。"孙亮说："善解人意者不正应该像你这样吗！"于是下令赦免宫内罪犯，孙基因而得以免死。孙晧即位后，追究孙和跟孙霸以前的仇恨，削除孙基、孙壹的爵位封地，把二人和他们的祖母谢姬一同流放到会稽郡乌苏县。

孙奋字子扬，是孙霸的同母弟弟，母亲叫仲姬。太元二年，孙奋被立为齐王，居住武昌。孙权去世后，太傅诸葛恪不想让诸王居住在长江沿岸的军事要地，就把孙奋迁移到豫章郡。孙奋发怒，不服从命令，又多次逾越法令制度的制约。诸葛恪写笺书规劝他说："帝王的尊贵，与天处于同样的地位，因此帝王以天下为家，以父兄为臣，四海之内，所有人都是臣仆。仇人有善行，不能不举拔，亲戚有过失，不得不惩治，以此承受天命而治理万物，国家当先而个人得失在后，这是圣人建立的法度，百世不变的道理。从前汉朝兴建之初，多把子弟封为藩王，到了诸王势力过于强盛时，不觉就做出许多越轨违法的事来，严重的是几乎危害国家政权，次一等的则是骨肉相残，后来以此为戒，将藩王的尾大不掉视为最大的禁忌。自从汉光武帝以来，对诸王给予禁制，只许在王宫内自娱自乐，不得统治百姓，干预政事，与他们交往的人，都有严格的限制，如此才得以上下相安无事，各自都能保全属于自己的福运。这是前代得失已经证明了的。近世袁绍、刘表各有领地，辖境并非狭小，人众并非虚弱，但都因为嫡庶名分不能正确处理，最终导致宗庙祭祀的灭绝。这是全天下人无论上智下愚都共同叹息痛心的事情。大行皇帝考察古代得失而引以为当今鉴戒，防微杜渐，思虑长远。因此他在卧床不起之时，分别发遣诸王，各自尽早前往封地，诏书措辞恳切，禁令明确严格，其间所有劝诫警告，都到了无微不至的程度，诚然是想上安宗庙，下保诸王，使帝业百世相传相承，没有危害国家的悔恨。大王应当远思周代太伯顺从父亲意愿的志向，中想河间献王刘德、东海王刘强恭敬的节操，下则应当克制骄傲放纵荒谬悖乱的行为并以此为戒。但我听说大王最近来到武昌之后，多次违犯诏令，不守法度，擅自调发众将官士兵修治宫室。另外左右亲随人员犯有罪行过失的，本该写表上奏，交付到有关部门秉公处置，而您却擅自私下杀掉，致使事情不明不白。大司马吕岱亲自接受了先帝的诏令，担负辅导大王的重任，您却不接受采纳他的意见，使他因此而忧愁害怕。华锜是先帝的亲近大臣，忠良正直，他对您有所陈述，您应当接纳采用，而您听了却恼怒华锜，有过要捆缚收押他的说法。还有中书杨融，也曾亲受先帝诏令，在他面前您本该恭敬严肃，而您竟然说出'就是不听从禁令，你奈我何'之类的话来。听到这话时，大小官员都感到惊异奇怪，无不因此寒心。俗语说：'明镜用以观照容貌俊丑，古事用以了解今事是非。'大王应当深以鲁王为戒，反思不当的行为而改弦易辙，畏惧谨慎，尽心敬奉朝廷，能够做到这样就没有什么正当追求是劳而无功的了。倘若抛开甚至忘却先帝的法制教化，心怀轻视傲慢的想法，那么臣下宁可辜负大王，也不敢辜负先帝的遗诏，宁可遭受大王的怨恨，又怎敢遗忘至尊君王的威命，而让他的诏令不能实行于诸侯藩王呢？这是从古到今的正当道理，也是大王应该明察的。大凡福运的到来总有自身的根源，灾祸的降临也同样包含着逐渐显著的演变过程。灾祸已经萌芽而无所忧虑，将来就会后悔莫及。假使鲁王能早早采纳忠直的建议，心里有惊慌害怕的念头，那么他将安享无穷无尽的福运，怎么还会有身死国灭的大祸呢？大凡良药苦口，只有病人会甘之若饴。忠言逆耳，也只有通达事理的人才可能接受。如今我等诚恳恭敬地想替大王您消除危险于萌芽状态，从而光大您幸福的根源，因此不知不觉就说了出来，希望能承蒙您再三思考。"

孙奋得到笺书后觉得害怕，这才迁居南昌，但他出游打猎的行径更加变本加厉，官员部属们都难以忍受他的驱使。到诸葛恪被杀时，孙奋改迁到长江下游的芜湖居住，打算到建业窥视时势的变化相机而动。傅相谢慈等人劝谏孙奋，孙奋将他们都杀了。判罪废黜他为平民，流放到章安县。太平二年，被封为章安侯。

建衡二年，孙晧的左夫人张氏去世。孙晧悲伤思念过度，早早晚晚地为她发哀，几个月没有从宫中出来过，因此民间有人就说孙

皓已死,谣传孙奋与虞侯孙奉二人中必有一人要被立为皇帝。孙奋母亲仲姬安葬在豫章郡,豫章太守张俊猜测此事或许是真的,就为仲姬祭扫坟茔。孙皓得知此事,对张俊施以车裂酷刑,夷灭了张俊三族,又诛杀孙奋和他的五个儿子,孙奋的封国消亡。

评:孙登内心的所思所想,足以成就美好的德业。孙虑、孙和都有乐于为善的资质,能自觉勉励自行磨砺,但他们或短命夭折,或不得善终,可悲啊!孙霸以庶子的身份而干犯嫡子,孙奋不守规则法度,本来就是自取灭亡的途径。然而孙奋之所以被诛灭,却还是飞来横祸使然。

贺全吕周钟离传第十五

贺齐字公苗，会稽郡山阴县人。年青时担任郡中小官，并做过剡县代理县长。县吏斯从轻薄放纵违法作恶，贺齐想惩治他，主簿劝说道："斯从一家，是本县的豪门大族，得到山越人的依附，你今天治他的罪，明天山寇就会杀来。"贺齐听后大怒，当即斩了斯从。斯从的族人便相互纠合，聚集了千余人，发兵攻打县城。贺齐率领官吏和百姓打开城门实施突击，大获全胜，由此威震山越。后来太末、丰浦县的民众造反，贺齐又转到太末任代理县长，惩治恶徒而扶助良民，一个月便全部平定了动乱。

建安元年，孙策担任会稽郡守，考察举荐贺齐为孝廉。当时王朗逃到东冶，候官县县长商升替王朗发兵。孙策派永宁县长韩晏兼任南部都尉，率兵讨伐商升，任命贺齐为永宁县长。韩晏被商升打败，贺齐又替代韩晏兼任南部都尉。商升惧怕贺齐的威名，派来使者向贺齐请求订立盟约。贺齐借机晓谕商升，向他陈述祸福的利害取舍，于是商升送交官印，出外居住以请求投降。叛军将领张雅、詹强等人不同意商升投降，反而一起杀了商升，张雅自称无上将军，詹强自称为会稽太守。叛军人多势众而贺齐兵力偏少，没法实施讨伐，贺齐便驻军停止用兵。张雅与他女婿何雄为争权夺利而彼此失和，贺齐让山越人利用事由两相陷害这一对翁婿，致使他们彼此由猜疑而生怨仇，最终发展到各自仗恃军队想图谋对方。贺齐这才趁机进军讨伐，只一仗便击溃了张雅，詹强一伙感到震惊，率手下全部人马出来投降。

贺全吕周钟离传第十五

候官县平定之后，建安、汉兴、南平等地再度骚乱，贺齐进军建安，设立都尉府，这一年是建安八年。本郡调发所辖各县的五千士兵，各县人马各由本县县长率领，都受贺齐的调度指挥。贼首洪明、洪进、苑御、吴免、华当五人，大体都领着万户人马，在汉兴地界内连营驻兵，吴五的六千户人马另行屯扎大潭，邹临的六千户人马也另屯于盖竹，七支人马同时出动开赴余汗。贺齐率军讨伐汉兴，经过余汗。贺齐认为贼寇人马众多而自己兵力偏少，深入攻击如果缺乏后援，只怕会被贼兵截断后路，为此他命令松阳县长丁蕃留守余汗。丁蕃与贺齐各为相邻县的县长，他认为接受贺齐的调动是自己的耻辱，便推辞不肯留守。贺齐当即斩了丁蕃，全军惊惧，没有人敢不执行命令，于是分出部分人马留守余汗，其余各部继续推进讨伐洪明等人，连战大败贼兵。交战中斩了洪明，而吴免、华当、洪进、苑御全部投降。然后转攻盖竹，再进军大潭，吴五、邹临等三将又投降了。前后讨伐累计斩首六千，有名的贼首全被擒获，紧接着又重新整治诸县城，选出士兵一万人，被任命为平东校尉。建安十年，移兵征讨上饶，从该县划出部分地区设置建平县。

建安十三年，贺齐升为威武中郎将，讨伐丹阳郡的黟县和歙县。当时武强、叶乡、东阳、丰浦四乡最先投降，贺齐表奏将叶乡作为始新县。而歙县贼首金奇的一万户人马屯于安勒山，毛甘的一万户人马屯于乌聊山，黟县贼首陈仆、祖山等二万户人马驻扎在林历山。林历山四面峭壁耸立，高有几十丈，小路危险狭窄，身佩长刀宽盾便无法通行，贼兵居高临下抛滚垒石，下面无法推进攻击。军队驻扎了好些日子，军官们对此感到忧虑。贺齐亲自出营绕山而行，观察分析有利于进攻的地理形势，而后暗中招募行动敏捷的兵士，为他们打造了铁弋，悄悄隐身于贼兵不防备的危险地带，用铁弋开凿出一条可以攀缘而上的小道，趁夜命令这些人偷偷爬上山顶，然后垂下很多布绳接引山下人陆续跟进，这样得以上山的士兵达到一百几十人，四面分散布置完毕，便一同擂鼓吹号，贺齐则约束大军在山下等待时机。贼兵在夜里突然听到战鼓声四面齐鸣，误以为进攻大军已全部攻上山来，惊慌害怕而乱成一团，不知道应该做些什么，那些

把守险要封锁路口的人，也都逃回山上本部，贺齐的大军趁机攻上山来，大败陈仆等人，其余贼寇全部投降，总计杀敌七千人。贺齐又上表把歙县分为新定、黎阳、休阳县，连黟县、歙县在内共六个县，孙权于是割出诸新县另设新都郡，命贺齐担任太守，在始新县设立府治，又加授他偏将军一职。

建安十六年，吴郡余杭人郎稚纠集宗族起事做贼，接着又有几千人入伙，贺齐出兵讨伐，一到那里就大败郎稚，上表建议从余杭县分地另设临水县。奉命到孙权驻地觐见，等到要返回新都郡时，孙权亲自祭祀路神并设宴为他送行，奏乐学象舞。赐给贺齐有帷幕的车子和骏马，饯行完毕孙权停下自己的车驾，要贺齐先上车，贺齐推辞不敢，孙权就让左右强扶着贺齐上车，命令吏卒兵骑充当前导，就像在郡中的出行仪仗那样。孙权望着离去的贺齐笑着说："人应该努力，不积累德行和劳苦，这种荣耀是不能得到的。"一直等到贺齐离去已一百多步了孙权才起驾回去。

建安十八年，豫章郡东部百姓彭材、李玉、王海等人起来叛乱，聚集了一万多人。贺齐讨伐平定，只诛杀了其中的罪魁祸首，其余参与作乱的就都投降归服了。贺齐从这些人中拣选精锐强健者作为士兵，身体素质较差的用来充当县里的居民。升迁贺齐为奋武将军。

建安二十年，贺齐跟随孙权征伐合肥。当时城里守军出战，徐盛受伤丢了长矛，贺齐领兵迎击，又拾回了徐盛所丢失的兵器。

建安二十一年，鄱阳郡人尤突接受曹操授予的官印，诱使百姓做贼叛乱，陵阳、始安、泾县三县都与尤突相互呼应。贺齐与陆逊讨伐并打垮了尤突，斩杀数千人，其残余党羽因震慑而归服，丹阳郡呼应尤突的三县叛军全部投降，从中选得精兵八千人。贺齐被任命为安东将军，爵封山阴侯，出兵镇守长江沿岸，督管地区自扶州以上直到皖县。

黄武初年，魏国派曹休前来征伐，贺齐因为路途遥远而比各部吴军晚到，因而驻扎在新市就地防守。正好洞口各军渡江时遭遇大风导致大量人员落水，溺死的人占了一半，将士失色，幸赖贺齐还没有渡江，他这支军队独独毫无损失，众将领依靠它才稳住了阵势。

贺齐天性奢侈华丽，尤其爱好军事，兵甲器械都极为精良，所乘的船都雕刻花纹并在纹饰上加涂红彩，配置青色的篷顶和深红色的帷幔，桅杆桨橹盾牌长矛，上面都有花卉瓜果一类雕饰彩画，弓弩矢箭，全都选取上好材料制作，蒙冲战舰排列江面，远望就如山峰连绵。曹休等人心怀忌惮，于是领军撤回。贺齐升为后将军，假以符节，兼任徐州牧。

当初，晋宗为戏口守将，率部叛逃魏国，后被派回任蕲春太守，图谋袭击安乐，抢走他昔日留下充当人质的妻子儿女。孙权对此感到耻辱和愤恨，趁着军队刚刚休战，便在六月盛夏之时，出其不意地诏令贺齐统率糜芳、鲜于丹等将奔袭蕲春，于是活捉了晋宗。四年后贺齐去世，儿子贺达和弟弟贺景都有美好名声，也都是出色的将领。

全琮字子璜，吴郡钱唐县人。父亲全柔，汉灵帝时被举荐为孝廉，补任尚书郎右丞，董卓祸乱汉廷时，全柔弃官归家，州府征召他为别驾从事，朝廷又下诏就地任命他为会稽东部都尉。孙策来到吴郡，全柔起兵率先归附，孙策上表推荐他为丹杨都尉。孙权任车骑将军时，任命全柔为长史，又改任桂阳太守。全柔曾派全琮带几千斛米到吴郡，要他用米换回一些其他物品。全琮到吴郡，将米全部散发用光，驾着空船而回。全柔大怒，全琮叩头说："我认为要买的东西并非急需，而士大夫们又生计困苦有如倒悬，所以赶着放粮赈济他们，没来得及向您禀报。"全柔听明白之后反倒认为全琮非同一般。其时中原读书人为了躲避战乱纷纷来到南方，依托全琮的多达百余人，全琮倾尽家产给予救济，与他们有无相共，于是名声传布远近。后来孙权任命全琮为奋威校尉，授予他几千兵员，让他讨伐山越。全琮借此机会公并招募，得到精兵一万余人，出兵驻扎于牛渚，逐渐地升为偏将军。

建安二十四年，刘备手下大将关羽围攻樊城、襄阳，全琮上疏陈述可以成功讨伐关羽的计策，孙权此时已与吕蒙暗中商量好袭击关羽，担心计划被泄露，所以将全琮的奏表放在一边不作答复。等到已擒获关羽，孙权在公安设宴庆祝，看着全琮说："您以前陈述了类似的计策，我尽管没作答复，而今天的胜利，按说也包含您的功劳。"于是封全琮为阳华亭侯。

黄武元年，魏国派水军大举出兵洞口，孙权派吕范统率诸将迎击，双方军营隔水相望。敌军多次使用轻捷战船从侧面发动突袭，全琮常常是铠甲不离身而兵器不离手，守候观望不停。不久，敌军几千人出兵江中，全琮击垮了他们，斩杀敌将尹卢。升迁全琮为绥南将军，进封钱唐侯。黄武四年，假以符节兼任九江太守。

黄武七年，孙权到皖城，派全琮与辅国将军陆逊进攻曹休，在石亭击败敌军。此时丹阳、吴郡、会稽三郡山民又发动叛乱，攻陷三郡属县，孙权分出三郡的险要地区设置东安郡，命全琮兼任太守。全琮到任后，严明赏罚，招纳引诱山民来投降或归附，几年之间，就得到了一万多人。孙权征召全琮返回牛渚，撤销了东安郡。黄龙元年，全琮升为卫将军、左护军、徐州牧，娶公主为妻。

嘉禾二年，全琮统领步、骑兵五万人征伐六安，六安百姓都纷纷逃散，众将打算分兵追捕。全琮说："趁人之危而心怀侥幸，有所行动却不能力争万无一失，都不是国家的办事原则。如今分兵追捕百姓，得失的几率各占一半，难道可以说是周全的考虑吗？即使有所捕获，还是不足以削弱敌人以符合国家的期望。如果有所意外，亏损就不会是什么小事，与其招致罪责，我全琮宁肯自己担当无所斩获的责任，也不敢为了邀功而做出有负于国家的事来。"

赤乌九年，升为右大司马、左军师。全琮为人恭谨顺从，善于察言观色再进言规劝，言辞从不激切冒犯。当初，孙权准备出兵围攻珠崖和夷州，事先都询问全琮，全琮说："凭借我圣朝的兵威，指向哪里而不能马到成功？然而这种远方异域，大海阻隔是第一不便，加之水土湿热瘴气横流，自古就有过记载，士兵和民众进出那种地方，必定发生疾病，并且相互传染，去的人都恐怕很难平安归来，怎么可能取得很大收获呢？大量抽调长江沿岸的兵员，来希冀获得万分之一的小利，我感到非常不安。"孙权没听劝谏。出兵一年，士兵生病

染瘟疫死亡的十成中去了八九成,孙权深为后悔。后来在交谈中又提到这件事,全琮回答说:"在当时那种情况下,群臣中有不加以劝谏的人,我认为就是不忠。"

全琮既受孙权亲近重用,他的宗族子弟也一起得宠显贵,前后给予全琮的赏赐累计多达千金,但他还是谦虚地接交士人,脸上看不到骄矜之色。赤乌十二年全琮去世,儿子全怿继承爵位。后来全怿又子承父业带领部队,在寿春救援诸葛诞时,率先出城投降,魏国任命他为平东将军,封为临湘侯。全怿哥哥的儿子全祎、全仪、全静等人也投降了魏国,都官至郡守,爵封为侯。

吕岱字定公,广陵郡海陵县人,做过郡县小官,为躲避战乱南渡长江。孙权统领军政事务,吕岱来到孙权幕府,出任吴县的代理县丞。孙权亲自裁决各县的仓库和在押人犯,县长县丞都来见面,吕岱处理事务的方法和回答孙权的询问,都让孙权觉得非常满意,因而召他到郡为录事官,补缺出任余姚县长,他在那里招募精干强健者,得到一千多人。会稽郡东冶等五县的贼寇吕合、秦狼等人作乱,孙权命吕岱为督军校尉,与将军蒋钦等人率兵讨伐,于是活捉了吕合、秦狼,五县都被平定,任命吕岱为昭信中郎将。

建安二十年,吕岱统领孙茂等十位将领跟随孙权攻取长沙等三郡。安成、攸县、永新、茶陵四县的县吏一齐进入阴山城,联兵抵抗吕岱,吕岱进攻并实施围困,守城者当即投降,三郡平定。孙权留下吕岱镇守长沙。安成县长吴砀及中郎将袁龙等人呼应关羽,再次发动叛乱。吴砀占据攸县,袁龙据守醴陵。孙权派横江将军鲁肃进攻攸县,吴砀突围逃走。吕岱进攻醴陵,最终擒斩袁龙,升职为庐陵太守。

延康六年,吕岱接替步骘任交州刺史。到得交州,高凉贼首钱博请求投降,吕岱便秉承孙权旨意,任命钱博为高凉西部都尉。还有郁林夷贼围攻郡县,吕岱讨伐并打败了他们。当时桂阳、浈阳一带的贼寇王金在南海界上纠集人马,为首作乱为害,孙权又诏令吕岱讨伐,活捉了王金,押送到国都,斩杀及俘获的贼兵共达一万多人。升迁为安南将军、假以符节,爵封都乡侯。

交阯太守士燮去世,孙权任命士燮的儿子士徽为安远将军,兼任九真太守,并任用校尉陈时接替士燮原职。吕岱上表孙权建议分出海南三郡为交州,以将军戴良为刺史,海东四郡为广州,吕岱自任刺史。孙权派戴良与陈时南行进入交阯,士徽不服从命令,发兵驻守海口抵御戴良等人的到来。吕岱于是上疏请求讨伐士徽的罪行,督率三千士兵昼夜地渡海南进。有人对吕岱说:"士徽凭借家族历代树立的恩信,得到整个交州百姓的拥戴,不是很轻易可以制服的。"吕岱说:"如今士徽虽有叛逆的计划,却未曾防备我会突然杀到,如果我军秘密出兵轻装速进,攻其不备,击败他就是必然的事情。但拖延时间而不能尽快赶到,使他有机会产生疑心,环城坚守,再加上七郡无数蛮夷,云集而响应,那么即使有智谋杰出的人前来,又还能拿他怎样呢?"于是继续进军,经过合浦,与戴良会合一起前进。士徽听说吕岱已到,果然大为惊慌,不知所措,当下就率领兄弟六人裸露上身出来迎见吕岱,吕岱将士徽众兄弟全都杀了并把他们的首级传送京城。士徽手下大将甘醴、桓治等人率领官吏百姓进攻吕岱,吕岱奋力还击,大败敌兵,进封为番禺侯。于是撤销广州,仍然恢复为原有的交州设置。吕岱平定交州以后,又进军讨伐九真,合计斩杀及俘虏的数量超过一万人。他又派从事到更南的地区去宣示国家的风尚教化,直到国境以外的扶南、林邑、堂明等国的国王,都各自派遣使者前来朝贡。孙权嘉赏吕岱的功绩,晋升他为镇南将军。

黄龙三年,因南方地区清平安定,孙权命吕岱回师到长沙郡的沤口屯扎。赶上武陵蛮夷骚动作乱,吕岱与太常潘濬共同出兵讨伐并平定了骚乱。嘉禾三年,孙权命令吕岱率领潘璋的原班人马屯驻陆口,后又调往蒲圻。嘉禾四年,庐陵贼李桓、路合,会稽郡东冶贼随春,南海贼罗厉等人,同时起兵作乱。孙权又诏令吕岱都督刘纂、唐咨等人分兵讨伐,随春当即自首投降,吕岱任命随春为偏将军,让他继续带领自己的原班人马,于是成为众将之一。李桓、罗厉等人都被斩杀,其首级被送往京都。孙权下诏给吕岱说:"罗厉凭借险阻

作乱,自招斩首示众的祸殃;李桓凶恶狡猾并且反复无常,投降了又叛变。前后多次讨伐他们,历经多年也未能将他们制服,如果不是您的规划谋略,谁能诛灭他们?您忠诚勇武的节操,由此显示得更加清楚。元凶既被消灭,大小贼党都震惊心寒,其余小股余孽,也全都被扫荡干净。从今以后,国家将永远没有对南方的后顾之忧,三郡清平安宁,没有了忐忑不安的戒惧,又使得原先的恶民从良来承担赋税徭役的供给,真的令人深为赞叹。赏功不能超出一个月的期限,这是国家固定不变的法典,只要是符合制度的,您尽管自行裁定。"

潘濬去世,吕岱接替他处置荆州公文,由于跟陆逊同处武昌,所以照旧督管蒲圻。不久,廖式作乱,围攻城镇,零陵、苍梧、郁林各郡骚乱不安,吕岱自动上表请战并且即刻出发,昼夜兼程。孙权派使者追授吕岱为交州牧,并派唐咨等将领陆续跟进增援。攻讨一年,终于击溃叛军,斩杀了廖式,并放逐了廖式非法任命的临贺太守费杨等人,收编了他们的党羽,相关郡县全部平定,吕岱这才回到武昌。当时他已八十岁高龄,而身体向来精健勤勉,依然亲自处理王命差遣的公事。奋威将军张承给吕岱写信说:"过去周公旦、召公奭辅佐周王室,便有《周南》、《召南》那种赞美他们的诗歌出现,当今的周公、召公就是您和陆逊了。忠心勤恳争先,勤劳谦恭相让,功绩因审时度势而建立,教化与道义相符,君子赞叹您的德行,百姓喜爱您的美善。加上公文事务纷扰繁忙,宾客终日往来不断,疲惫了不肯放下政事,劳累了不愿诉说困倦,又得知您上马总是自己跃上马背,不必经由跨踏的步骤,这样说来您就有胜于廉颇了,为什么每件事那么快意呢。《周易》上说,礼仪要恭敬,德行要隆盛,您怎么一人占尽了这些美德啊!"到了陆逊去世,诸葛恪接替陆逊的职司之后,孙权就分武昌为两部分,吕岱督领右部,辖区从武昌以上直到蒲圻。升迁吕岱为上大将军,任命他的儿子吕凯为副军校尉,在蒲圻监察军队。孙亮即位,任命吕岱为大司马。

吕岱清廉奉公,任职所经之处都受人称道。当初他在交州,多年没过问家人生计,妻子儿女饥饿困乏。孙权听说后为之叹息,因此责问群臣说:"吕岱身在万里之外,一心为国勤勉操劳,他家里如此贫困,而我却没能尽早了解。你们这些充当我腹心耳目的人,职责都到哪里去了?"于是给吕岱加赐钱粮布绢,每年都有常规。

最初,吕岱亲近吴郡人徐原,此人性格豪爽且有才能和志向,吕岱料到此人堪成大器,便赏给他头巾和单衣,与他共同探讨国计民生,后来便推荐提拔了他,官至侍御史。徐原性格忠直豪壮,喜欢实话实说,吕岱有时言行失当,徐原总是直言规劝,又在众人面前公开议论这些过失,有人将情况禀报给吕岱,吕岱叹息说:"这就是我看重德渊的原因所在。"到徐原去世时,吕岱非常悲痛地为他哀哭,说:"德渊,你是我吕岱的益友,现在你死了,我吕岱又从哪里再听到我自己的过失呢?"谈论这事的人都赞美他们之间的友情。

太平元年,吕岱九十六岁时去世,儿子吕凯承嗣。吕岱临终前嘱咐殡葬使用一般棺木,穿戴粗布头巾和单衣,出殡送葬,务必简约节俭,吕凯都遵奉他的遗言办理。

周鲂字子鱼,吴郡阳羡县人。从小好学,被举荐为孝廉,担任宁国县长,转任怀安县长。钱唐大帅彭式等人聚众为寇,朝廷任命周鲂为钱唐侯相,一个月之内,便斩了彭式和他的党羽,升迁周鲂为丹杨西部都尉。黄武年间,鄱阳大帅彭绮作乱,攻陷鄱阳郡所辖城镇,于是朝廷让周鲂担任鄱阳太守,与胡综合力攻打,终于活捉彭绮,押送到武昌,为周鲂加官昭义校尉。接下来周鲂又奉命暗中寻访山区内那些曾有一定社会政治地位的家族中并曾知名于曹魏集团的名将,让他们去诈降诱骗魏国大司马扬州牧曹休。周鲂答复说,只怕民间武将地位低贱不值得依靠,事情还很可能遭到泄露,不能达到引诱曹休的目的,他请求派自己的亲信带着七条笺书去引诱曹休。

第一条说:"我由于千载难逢的幸运,得以充任您所辖大州的百姓,但远隔江水,我的敬意没能显示,只能像遥望云霓一般瞻望您的风采,这种阻隔实是上天造成。我心怀真诚但出身微贱,声名地位没能得到昭显,即使有着如饥似渴的仰慕情怀,又该通过怎样的途径才能得到您的明察?狐狸死时头会朝向有恩于自己的山丘,人的

感情也同样的眷恋根本,而我却受制于人,有失拜见之礼,常常独自抬头西望,没有哪一天不曾昼夜劳神悲叹,辗转反侧而难以入眠。如今抓住这个难得的时机,得以向您陈述我一直以来的志向,如果不是来自于神明的启迪,我又怎能做到这一步!我对您翘首仰慕如仰望日月,所以不远万里来向您表达归顺的诚意。谨派我的亲信董岑、邵南等人假托叛逃向您奉上我的笺书。至于这边时局的意外变化一类详情,我已另纸条列讲述,希望您降下日月一样的光辉,照亮远方百姓的志趣,永远使归顺的人有所感戴仰赖。"

第二条说:"我身处偏远一角,大江又从中分隔阻绝,圣帝明王的恩泽教化,未曾得以浸润,因而在这山谷之间,遥隔着山高水长向您倾述情怀,担心因为现有的国家与君臣关系而得不到您的信任接纳。凡人都有感奋激发的时候,计谋也会根据情况的变化而产生,这个道理无论古今是一致的。我供职东吴而主管一郡,最初的愿望已经实现,铭记在心立志报效,永远没有二心。可哪里想到会在不久之前遭受那般平白无故的谴责,灾祸就在顷刻间来到眼前,危机就好比正被掷向石头的鸡蛋,向前一步有聚散取舍的权宜选择,后退一步便只剩下受冤屈死的灾祸,我尽管志向操守微不足道,也知道无论存亡都应有一致节操的道理,只可惜注定要死得不明不白,又怎么能不郁郁失意!我冒昧地遵循古人的指示,因而才明白必然的归宿,诚挚地奉献自己的真情,为了表白不惜披肝沥胆。请求您降下春天雨露般的恩泽,悲悯拯救我逃出危急的处境,不再对我有所猜疑,从而再拒绝我以身相托的恳请。此事一旦泄露,我将承受的惩罚将难以预料,一则有伤您仁慈的名声而损害了我避难的图谋,二则会杜绝将来归向教化者的诚心,希望您远察前代的范例,因怜悯而赐予同情,关注我所表达的真诚,尽快赐给我机密的回音。我一定静候您的重大行动,等待机会给予您积极响应。"

第三条说:"我所接替的原太守广陵人王靖,此前也是因为郡内百姓作乱,因此而遭到谴责,王靖尽了全力为自己辩护,但最终未能得以解除过失,因此他订下秘密计划,打算归顺北方大国,不巧事情败露,全家妇孺老幼无一幸免。我既亲眼目睹了王靖的惨事,又观察东吴国君一旦对谁有所非难鄙薄,好事就再也轮不到这人了,尽管可能暂时不加深究,但最终要被剪除。如今又让我统管郡中事务,这是想借所谓观察后来成效的责难,暗含必定要将我杀掉的旨趣。虽然现在还能苟且偷生,但时刻忧虑戒惧焦躁不安,了不知这身家性命,毕竟会在何时突然被终结。人生在世,本就像白驹过隙一般短暂,却还要时常生活在危险恐惧之中,个中滋味哪里是能向他人诉说的呢!我只能陈述我的心意,深深地倾诉苦衷而无所隐藏,又担心凭自己卑贱的身份,不能被您采纳。希望您稍微屈驾详细考察,思量我所说的一切是否真实。现今本郡境内的百姓,虽然表面上号称已经降服,但仍然生活在山野草莽之间,偷偷地观察时机,准备再次作乱,他们作乱的那一天,也就是我的生命结束的时候。东吴国君近些日子暗中调兵遣将,图谋向北方进军。吕范、孙韶等人进兵淮河流域,全琮、朱桓直扑合肥,诸葛瑾、步骘、朱然开往襄阳,陆议、潘璋等人讨伐梅敷。东吴国君自率中军掩袭石阳,另派堂弟孙奂缮治安陆城,修建大型粮仓,车马运送粮食军资,作为军事储备,又让诸葛亮进军关西,长江沿岸众将没有还在原地的,只留下三千来名士兵驻守武昌而已。如果您率一万人马从皖南进兵江边,我便从这里率领激励官吏百姓,作为您的内应。这一带各郡,前后起兵造反,而都在接近成功时遭遇失败,说来都是缺乏外援的缘故;如果北方大军开到边境,传布檄文到郡属各县,那些思慕咏叹北方的百姓,谁不是跂起脚跟急切仰望呢?希望您上观天时,下察人事,中间参考蓍草龟甲占卜显示的吉兆,那就足以清楚显示我前面所说的一切都不是虚辞谎言了。"

第四条说:"我派去的董岑、邵南从小在我家长大,我亲近信任他们有如自己的儿子,因此特地让他们带着笺书送去,我这里先以他们叛逃北方作为搪塞的借口,我只用眼神而非言语向他们暗示了我的真实意图,我的骨肉至亲,也没人知道这事。我又告诫他们,到了州城就要说明自己是前来投降的,目的是要让北方叛逃来吴国的人得以传播这个消息。我周鲂定下此计,然后听命于上天,如果筹谋得以实现,就有身家性命得以保全的福分;万一不幸泄露,就要遭受身死族灭的惨祸。我常在夜半时分仰望天空,向星辰发誓祷告。这微不足道的精诚,又岂能感动上苍,然而情势紧迫而我又孤立危急,只能这样向上天诉说罢了。派出使者的当日,我这人就成了若生若死的状态,形体虽存而精气消亡,魂魄游离心神恍惚。私下又担心您不能深心负责向上申明,那么董岑、邵南两人您可以留下其中一位,以便作为后来的凭信。请让另外一人带着您的教令返回,我一得到您的回书就说他后悔反叛所以自动回来自首。东吴国君有固定不变的律令规则,凡是后悔背叛而自动回头者,都自然而然地要得到宽免。如此一来两方面都已弥缝堵漏,永远也不会有事机不密的隐患了。我命悬一线而向西仰望,眼泪随着笔墨一起落下。"

第五条说:"鄱阳郡的百姓,其实大多愚昧而刚劲,率领他们去服役打仗,他们决不会即时响应,若有人倡导他们作乱,往往就闻风而动一呼百应。如今虽然已被降服,但种种盘根错节的关系并未解除,他们栖身深山或藏身草莽,作乱之心依然存在,如今东吴国君图谋发动大军,全国的兵力都倾巢出动,长江沿岸守备空虚,屯营兵堡的兵力大幅减少,只剩下刺奸诸部人马而已。若能借此时机造成这里的百姓骚动,旦夕之间就能演变为归顺的有利时机,但需要依靠外部的支援,形成里应外合的局面,否则继续发展的结果,仍免不了一事无成。假如您取道皖县进军驻扎到江边,我将从南面对应江岸的历口发兵作为内应。如果没有直接到江边,可驻扎在百里洲上,让这里的百姓知道北方大军的所在,就能自行振作而完善行动。这里的百姓并非苦于饥寒而甘心成为乱兵和贼寇,说到底是不能承受常年征伐的困苦,这才乐于归顺北方,但在走投无路的情形下起兵造反,又不能及时得到外援的呼应,很快就要遭受大祸了。如果能让石阳和青州、徐州的军队首尾相顾,牵制住东吴派去的军队,俾得吴军不能迅速回撤,那就是再好不过的事了。我生长在长江、淮河一带,善于观察分析当今时局,了解那一带作战的有利地形,所以能确保百战百胜,大好时机不会再来,所以冒昧地陈述我的肺腑之言。"

第六条说："东吴国君后悔前次未能攻取石阳，现在他接着采取行动，居然大举招聚新兵，同时又让潘濬征发夷民，人数众多，听说已预先立下法律条文，要把新兵和体弱士兵放在攻击前沿，精兵留在后面跟进，攻城之时，说要用羸弱士兵充当填塞城沟的材料，达到迅速破城的目标，虽然到时未必真是这样，但事情大体上也就是如此了。我私下里担心石阳城规模偏小，不能长久滞留东吴派去的大军，您应火速赶去救援，而且诚然要快速机密。王靖事件当年的惨变，其覆辙之鉴还并不遥远。现在我周鲂的归顺，成败不再寄托于天意，而真正只取决于您的决定。若能得到救援再去归顺，那么大功必定可成，如果援军不能及时到来，那么我将和王靖等人遭受同样的灾祸。以前鄱阳人彭绮举事之时，听说您的军队就在逢龙，该郡百姓无论贵贱都很高兴，都想着为您效力。若当时您能留下多一个月的时间，那次起事必定会大获成功，只可惜当时您的离去快如闪电，东吴得以集中兵力专心对付彭绮，彭绮这才遭到败亡。希望您深入考察我所说的这一切。"

第七条说："如今发动大事，倘若不是给予爵位称号就无从实现劝勉，我请求您给予将军、侯爵之印各五十枚，郎将之印百枚，校尉、都尉之印各二百枚，我得以对诸首领给予非正式的委任，以嘉奖激励他们的意志，同时还要请得贵军的旌旗仪仗几十套，作为我方标帜，使得山越士兵及官吏百姓亲眼目睹之后，清楚知道归属的名分已经确定，接应援救的部队已经布置停当。再者南北二国各自都有人投向对方怀抱，这种事每天每月都在发生，迟早之间，这件事总会漏出风声。现在我们计划的大事，行事应当极端秘密，如果您看过了我的笺书，恳请您加以秘密的保存。我知道您的明智和器量有如神灵，防范的思虑必定深远无比，而我心怀忧虑同时震慑于您的威势，禀明事由难免累赘繁复，恳请您不要怪罪。"

周鲂又另写了一份机密章表上奏说："当今江北还逍遥法外的强寇，凭借着黄河、洛水流域冥顽不化，长时间逃脱国家的诛讨，擅自霸占北方广大的疆土，微臣我对此还从未进献过任何奇谋妙计，对上帮助君王光大辅佐宏大的教化，对下奉献施展微不足道的能

力,为此我忧虑焦急内心有如遭到重物的冲击,而常常夜不能寐。圣明的国君仁德广被,对我这种一无所成的人给予包容养育之恩,有辱朝廷所颁赐的优宠任命,让我在前面引诱敌贼曹休前来受诛,可惜谋划没有如愿。接着又让我在本郡境内寻找山中曾被北方敌贼所听闻了解的大将,要他们去跟北方勾结往来。我虔诚地思考大计,兴奋与不安的心情交织在一起,私底下担心这种人难以仓促找到,即使找到了,也只怕他们都不值得信赖,还不如让我自己来诱骗曹休,对于计划的实施较为便利。这样我就得以把自己多年的心愿,正好用在千载难逢的一次机会上,因而自勉尽力,竭尽陋识浅见,撰写了意图骗取曹休信任的信札,内容详见另纸所附。我心知自己不具备古人那种运筹帷幄而决胜千里的奇才异能,加之仓促间奉承远大的谋略,惶惑匆忙,担心由于自己的轻率愚钝,辱没辜负了朝廷的特别举措,因而事前就心怀忧虑焦急。我听说唐尧总在行事之前告请上天而上天从未违逆过他的意图,他还要广泛征求草野之人的意见,从而成就伟大的功勋。如今朝廷制定英明谋略的目的,是肯定要把曹休引入灾祸之神为他设计的陷阱之中,而凭借神明的帮助和圣人的谋划,曹休必定会自己送上门来,使我六军一张法网,将他们消灭得一干二净,朝廷的声威气派将有如闪电破空迅速传遍四方,让天下百姓因此而感到无比的庆幸。谨此呈上章表禀明事实,并且呈上给曹休的信札副本,我担心自己见识短浅而才能低劣,思想起来便觉得惶惧而屏息不安。"朝廷答复照准其表奏之方案施行。曹休果然相信了周鲂,率领十万步、骑兵,运输军用器械和粮草的车辆挤满道路,直接前来进入皖县。周鲂也集合人马,跟随陆逊拦腰截击曹休,曹休所率大军土崩瓦解,被斩杀及俘获的曹兵数以万计。

　　周鲂最初实施这个秘密的计谋时,频频有郎官奉诏前来诘问各种政事,周鲂于是来到郡府门前,借机剃落头发谢罪,所以曹休得到这个消息之后,就不再对周鲂有所怀疑。作战胜利军队凯旋,孙权召集众将设宴欢会,酒酣之际,孙权对周鲂说:"你剃落头发肩负道义,成就了我的大事,你的功绩美名,应当书之于竹帛长存于史册。"

给周鲂加官裨将军,赐予关内侯的爵位。

山贼首领董嗣凭借险阻劫掠,豫章、临川二郡都受到他的危害。吾粲、唐咨曾带三千人马攻打贼巢,几个月都没能攻克。周鲂上表请求停止进攻,而准许他审时度势随机应变自行处理。之后周鲂便派出间谍,授予相应的计谋对策,将董嗣诱入伏击圈伺机诛杀。董嗣的弟弟心怀惶恐,就到武昌投降陆逊,请求迁到平旷地带生活,自己改恶从善,从此以后多个受害郡便不再有原先的忧虑戒惧。

周鲂任郡守职务十三年后去世,他奖赏善行而惩罚恶人,刑罚与恩赏并行不悖。儿子周处,也有文才武略,天纪年间历任东观县令、无难督。

钟离牧字子干,会稽郡山阴县人,是汉朝鲁国相钟离意的第七代孙。年轻时迁居永兴,亲自开垦田地,种了二十多亩水稻。稻子将要成熟时,该县居民中有人指认这些田地原是他的,钟离牧说:"本来就是因为这些田地已经荒芜,所以我才把它开垦出来。"于是就把所种稻子给了那人。县长听说后,把那人关进监狱,打算依法给予惩治,钟离牧又为那人求情。县长说:"您仰慕承宫的风范,自然可以做公益之事,我身为管理百姓的官员,则应当用法令来统率百姓,怎么可以放弃国法来顾及您个人的高尚情操呢?"钟离牧说:"这里是郡治范围之内,由于您有心关照,所以我才来暂时栖身。如今为了一点稻米就要杀了这个人,我还有什么心情再留在这里?"于是取出行装,就要返回山阴,县长亲自前去劝阻他,并为他释放了被关押的那个百姓。那人既羞愧又害怕,带着妻子儿女把从钟离牧田里收割的稻子舂得六十斛米,送还给钟离牧,钟离牧闭门不愿接受。那人就把送去的稻米放在路边,没有人去取用。钟离牧由此出了名。

赤乌五年,钟离牧从郎中补任太子辅义都尉,升为南海太守。后又回来担任丞相长史,转任司直,升为中书令。正值建安、鄱阳、新都三郡的山民作乱,朝廷让钟离牧出任监军使者,讨伐平定了乱民。贼兵首领黄乱、常俱等人交出了各自的人马,以承担兵役。钟离牧受封秦亭侯,官拜越骑校尉。

永安六年,蜀国被魏国兼并,武陵郡的五溪夷人与蜀地接壤,当时的舆论担心五溪蛮夷叛乱,朝廷便任命钟离牧为平魏将军,兼任武陵太守,前往该郡。魏国派汉葭县县长郭纯试任武陵太守,率领涪陵百姓进入蜀中的迁陵县界,屯兵赤沙,引诱招罗各夷人部落的首领,有些首领就起来响应郭纯的招抚,郭纯又进攻酉阳县,郡内人心震惊不安。钟离牧询问相关官员说:"西蜀灭亡,我国边境受到侵扰,用什么办法来加以抵御呢?"得到的回答都是:"如今这两个县山高势险,各部夷人拥兵拒守,不可动用军队惊动扰乱他们,一旦惊动扰乱就会导致各部夷人相互勾结。应当循序渐进地实施安抚,可以派遣曾在这些夷人中恩威信用突出的官员去宣扬教化并给予慰问劳勉。"钟离牧说:"不对。境外之敌已侵入境内,欺骗诱惑人民,就应当在他们根基尚未深入牢固的时候扑灭他们,这是救火务必迅速及时的情势。"于是下令外面速速整备行装,郡府官员若有阻挠非议者就以军法从事。抚夷将军高尚劝钟离牧说:"从前潘太常统领人马达到五万,然后才对五溪夷人实施讨伐。而且当时跟刘蜀还是友好盟国,各部夷人也都遵循教化,如今我们既无往日的那种外援,郭纯又已占据迁陵在先,您却只凭借三千士兵深入夷人腹地,我还没有看出这里面的任何有利之处。"钟离牧说:"非同寻常的事情,怎么能因循守旧呢?"当即率领所部人马,昼夜兼程,专挑山中险要处推进,奔行了将近两千里,从要塞攻进去,斩杀了怀有异心的恶民大头目一百多人及其党羽共一千多人,郭纯等人逃散,五溪平定。升迁钟离牧为公安督、扬武将军,爵封都乡侯,又调任濡须督。后再度以前将军的身份假以符节,兼任武陵太守。在任去世。死时家里没有节余的资财,官吏百姓都思念他。儿子钟离祎继承爵位,接替父亲统领原班人马。

评:山越人喜欢造反作乱,难得安定而容易骚动,因此孙权无暇对付外敌,只能对曹魏言辞谦恭。本传所有这些列名的臣子,都是平定内乱,安抚国家使之清静太平的重要人物。吕岱清廉忠贞而一心为公;周鲂谲诈多谋而奇计迭出;钟离牧仰慕前贤而有德高望重者的风骨;全琮才堪治世,位高权重显赫一时,却不能约束奸邪的儿子,因此遭到讥讽而名声败坏。

白话三国志卷六十一　吴书十六

潘濬陆凯传第十六

潘濬字承明,武陵郡汉寿县人。刚成年就拜宋仲子为师求学。年纪不到三十,荆州牧刘表征召他为主管江夏的从事。当时沙羡县长贪赃纳贿而品行不良,潘濬依法予以诛杀,郡内官吏为此震惊戒惧。后来担任湘乡县令,治绩很有名声。刘备兼任荆州牧后,任命潘濬为治中从事。刘备进入蜀中,潘濬掌管荆州的留后事务。

孙权杀了关羽,兼并荆州,任命潘濬为辅军中郎将,授予兵员。后又升迁为奋威将军,爵常迁亭侯。孙权称帝,任命潘濬为少府,进封为刘阳侯,后又升职为太常。五溪蛮夷叛乱勾结,孙权假授潘濬皇帝符节,督率诸军讨伐众蛮夷。潘濬有功必赏,执法如山,蛮夷前后被他斩杀及俘获的人数,差不多要以万人为计算单位,自此以后众蛮夷便势力衰弱,这一方疆土获得安宁太平。

在这以前,潘濬与陆逊同驻武昌,共同执掌留守事务,他平叛返回后仍旧掌管原来的职事。当时校事吕壹把持玩弄威势和权力,上奏审查丞相顾雍、左将军朱据等人,两位重臣都遭到软禁。黄门侍郎谢厷在交谈中间问吕壹说:"顾公的事情怎样了?"吕壹说:"不会往好处发展。"谢厷又问:"如果顾公被撤职,谁将会接替他?"吕壹没有答复谢厷,谢厷又问:"莫不是潘太常要得到这个职位吧?"吕壹沉吟了很久道:"您说的有些接近。"谢厷对他说:"潘太常对您常常切齿痛恨,只是碍于路途遥远没能下手机会罢了。他今天接替顾公,恐怕明天就要来打击您了。"吕壹十分害怕,于是解除了对顾雍的审查和软禁。潘濬请求朝见,想到建业,便尽力规劝孙权。

他到达建业，得知太子孙登已多次进言劝谏而不被采纳，潘濬便大请文武百官，想借聚会之机亲手诛杀吕壹，准备由自己承担杀人之罪，为国家除去祸患。吕壹通过秘密渠道预先得到消息，就借口生病不去赴会。潘濬每次进见孙权，无不陈述吕壹的奸诈邪恶。由此吕壹所受的恩宠渐渐减少，后来终于被孙权诛杀。孙权引咎自责，也因此责备了大臣，那些话记在《孙权传》中。

赤乌二年，潘濬去世，儿子潘翥继承爵位。潘濬的女儿许配给建昌侯孙虑。

陆凯字敬风，吴郡吴县人，是丞相陆逊的族侄。黄武初年曾任永兴、诸暨县长，所在之处有政绩名声，授职建武都尉，领一支人马。他虽然统领部队，但手没离开过书籍。喜好扬雄的《太玄》，研究阐发其间深意，用以占卜总很灵验。赤乌年间，担任儋耳太守，讨伐朱崖，斩首与俘虏敌贼有功，升迁为建武校尉。五凤二年，在零陵郡讨伐山贼陈毖，斩了陈毖并得胜凯旋，官拜巴丘督、偏将军，爵封都乡侯，又转任武昌右部督。与众将一起奔赴讨伐寿春，回师后，接连升为荡魏、绥远将军。孙休即位，升迁陆凯为征北将军，假以符节兼任豫州牧。孙晧登上皇位，升迁陆凯为镇西大将军，都督巴丘，兼任荆州牧，进封为嘉兴侯。孙晧与晋国讲和，使者丁忠从北方回来，游说孙晧弋阳可以奔袭得手，陆凯劝说制止，那些话记载在《孙晧传》中。宝鼎元年，升为左丞相。

孙晧天性不喜欢别人正视自己，群臣陪侍进见，都没人敢于违背这一规则。陆凯劝说孙晧道："君臣之间不应该有互不相识的道理，如果突然发生了什么意外，臣子都不知该奔向哪里。"孙晧听取了陆凯的意见允许别人看他。

孙晧当时迁都武昌，扬州一带的百姓对逆流输送武昌用度，深感厌恶，加之政事存在众多谬误，黎民百姓贫穷匮乏。陆凯上疏说："我听说政治清明的君主，用快乐的事情让百姓生活开心；不行正道的君主，用快乐的事情使自己身心愉悦。能使百姓生活开心的，开心快乐的局面将更加久长；只顾自己身心愉悦的，享乐不了多久就会走向灭亡。大凡百姓，那是国家的根本，确实应该重视他们的衣食生计，珍惜他们的身家性命。百姓安定了君主才能长治久安，百姓快乐了国君才会快乐久远。自近年以来，国君的威信被夏桀、殷纣般的暴行所伤害，国君的聪明被弄权欺世而窃取高位的人所蒙蔽，国君的恩惠被众多邪恶阴险的小人所阻塞。没有天灾而民众的性命危在旦夕，无所作为而国家的财政储备已经枯竭，无罪的人受到惩罚，无功的人受到奖赏，致使国君有差错和罪过，上天为此而兴妖作怪。然而各位公卿大臣还在逢迎国君以求得宠爱，继续让百姓陷于贫困以求取自己的富有，引导国君踏上不合乎道义的歧途，把政事败坏在不正的风俗之中，我私底下为此痛心而疾首。如今与邻国结盟而关系友好，四方边境没有战事，应当致力于减征徭役而让人民得以休养生息，提升公私财富的储备，等待上天恩赐的最好时机。然而还变本加厉地动摇上天的心意，使广大地区动荡不安，使黎民百姓难以安宁，到处是妇孺老幼的呼号哀叹，这实在不是保持国家福运及抚养民众的方法。

"我听说吉凶取决于上天，就如影子追随形体，回音追随响声，形体移动则影子移动，形体静止影子就静止，这种天命源于它所关联的内在，而不是经由言语来损益变化的。以前秦王朝之所以失去天下，就因为奖赏轻微而惩治严峻，政令和刑罚杂乱无序，民众的人力、物力、财力都被君主的奢侈耗尽，君主的视线被女人的美色迷惑，其宏图大志受制于财富的贪念而污秽不堪，奸臣在位执掌大权，贤明睿智的人匿迹隐身，百姓心怀危惧，天下为之困苦，因此便出现了覆巢灭国的祸殃。汉朝之所以能走向强盛，与君王亲身履行诚信，听取劝谏接纳贤人，恩惠一直施加到樵夫农民之身，不惜亲赴山林延请隐士高人，广开言路多所采纳，以此形成利国利民的大政方针。这些都是前代事情的明确验证。

"说到距今时日尚近的事例即如汉朝衰败以来，三家鼎足而立的局面形成之后，曹魏朝廷法度失常，晋国便夺走了它的政权。再者益州地势险要，士兵众多而精锐强悍，关闭国门牢固防守，可保国运承传万世，可是刘蜀的赐予和剥夺荒谬悖乱，赏罚失当，君主肆意挥霍浪费以追求过分的享受，民众的人力、财力、物力在无关紧要的事情上耗竭，因此遭到晋国讨伐，君臣都成为后者的俘虏。这些都还是近在眼前的事情的明证。

"我对大道理蒙昧不明，言辞又不能确切地表达想说的意思，而且智慧肤浅低劣，自己不再有任何奢望，只是私心替陛下珍惜国家社稷罢了。我恭谨地奏陈自己的所见所闻，主要是百姓受困于繁杂苛细的法令，刑法政令受困于杂乱无序的管理，希望陛下停止任何不切实际而铺张浮夸的事功，减少形形色色的徭役，致力于颁行宽弘浩荡的恩惠，取消繁重的赋税和苛刻的法令。

"另外武昌这个地方，实在是易攻难守而土地硗薄，不是帝王建都以安定国家抚育民众的理想处所，舟船停泊会沉没漂荡，居住在高丘上又险峻异常，况且童谣也这样说道：'宁饮建业水，不食武昌鱼；宁还建业死，不止武昌居。'我听说翼宿星座发生变异，火星也在作怪，童谣中的说法，实出于上天心意的指引，于是才用安居来比拟死亡，足以明白显示上天的意志，了解到民众困苦感觉中的症结所在。

"我听说国库没有三年的储备，便不能叫做国家，而如今我国却连维持一年的积蓄也没有，这都是臣子应负的责任。然而众公卿位处众人之上，爵禄延及子孙，居然没有为国捐躯的节操，以及匡正补救的办法，只是姑且给上面进献些微小利益，以此求取奉承谄媚的好处，这是残害百姓，也不为国君着想的做法。自从孙弘倡建不事屯田的义兵以来，耕种事务便被荒废，军队所在没有自给方式的粮食资财收入，并且又把一家父子分开服役，官府承担的粮食供给压力一天重于一天，而国库积蓄却在日复一日地衰减，民众有妻离子散的怨叹，国家有彻底丧失人民的危险兆头，却没有人为此心有所忧。民众的人力、财力、物力一概耗尽，已沦落到卖儿鬻女的地步，而租赋征收还照旧接连不断，民众的疲惫日趋极限，他们所在的地方长官，明知邪曲不对也不加以矫正，加上有些监官，既不爱护民众，又致力于各自的威严权势，所到之处造成动乱不安，对策就只是让现有法令更加繁杂苛细，民众遭受来自于这两个方面的困苦，财力进一步耗损,这样做除了有害而百无一利呀。希望陛下全部罢免这类官员,怜悯爱惜孤苦微弱的百姓,从而安抚民众的心意。这就好比是鱼鳖能逃出毒螫的渊薮,鸟兽能脱离罗网的约束,四方民众也将扶老携幼而前来归顺了。这样一来,民众可以得到保全,先王传下的国家也就能长存下去了。

"我听说沉溺于音乐会使人听力不聪,沉溺于颜色会使人视力不明,这些东西无益于政治,而只有损于治事。从前先帝那时候,后宫嫔妃,加上织造女工,总数还不满一百人,粮食有积蓄,钱财有节余。先帝驾崩之后,幼主及景帝先后在位,变更旧制而趋向于铺张浪费,不能遵行先帝的成法。我听说宫中的织造女工和无事闲坐的宫女,就多达千人,计算她们所生产的,不足以给国家增加财富,然而却不劳而食官府供给的粮食,年复一年相沿不断,这种状况毫无益处,希望陛下选出一些宫女准予出嫁,分配给没有妻子的男子。这样做的话,对上可以顺应天帝的心愿,对下契合地神的旨意,天下百姓就非常庆幸了。

"我听说殷汤王从商贾中选拔人才,齐桓公从马车夫中选取官员,周武王从樵夫中选取公卿,大汉朝从奴仆中选取将帅。圣明帝王选拔人才只看他贤能与否,而不考虑他出身的卑贱,所以他们的功德广泛传播,美名载入史册,关键在于他们不是追求外表而选取那些喜爱服饰、能言善辩、曲意逢迎以取悦于上的人。我看见当今宫廷内受宠的臣子,所处官位不是他们的能力所能胜任的,更非他们的器量所能承担,既不能辅佐国政匡正时弊,而且还拉帮结派通同营私,陷害忠良而埋没贤能。希望陛下精选文武百官,让他们各自努力做好分内的工作,州牧和大将,务必安抚好境内镇守好边关,公卿尚书,理应致力于仁慈教化的修养及推广,对上能辅佐陛下,对下应拯救百姓,各自竭尽他们的忠诚,补正陛下万一出现的过失,那么像《尚书·益稷》篇中那种歌颂太平的词章就将撰写于当世,刑法搁置不用的清明景象将会重现。希望陛下注意考虑我的愚见。"

当时的殿上列将何定奸佞巧诈而谄媚逢迎,受宠显贵且担当要职,陆凯当面指责何定说:"你看自古至今那些事奉君主既不忠诚,并且扰乱国家政事的人，难道有哪一个是寿终正寝的吗！为什么你要专做奸邪的勾当，从而污染皇上的视听呢？应该改正勉励自己。不这样的话，会看见你有难以预料的灾祸的。"何定因此十分痛恨陆凯，想要中伤他，而陆凯始终不把这件事放在心上，照样心系国事，正义之色形于颜面，上表上疏都直指其事而不肯为谁文过饰非，忠诚恳切发自内心。

建衡元年，陆凯重病不起，孙皓派中书令董朝询问他有什么要说的话，陆凯陈述说："何定不可重用，应该让他出外任职，不应把国家大事托付给他。奚熙是个小官，却倡议重开浦里田，打算恢复严密以前的规模，也不可听信。姚信、楼玄、贺邵、张悌、郭逴、薛莹、滕修以及我的族弟陆喜、陆抗，他们或是清正纯洁忠诚勤勉，或者资质禀赋卓越丰茂，都是国家的栋梁之材，朝廷的优异助手，希望陛下对他们着重关注，征求他们关于时务的意见，让他们各自竭尽忠诚，以补正朝廷万一出现的过失。"不久陆凯去世，时年七十二岁。

儿子陆祎，起初任黄门侍郎，在外带领部队，被任命为偏将军。陆凯去世后，陆祎入朝担任太子中庶子。右国史华覈上表推荐陆祎说："陆祎本质方正刚烈，才干杰出专一，统率军队的才能，就连鲁肃也比他不过。当他接到征召命令，立刻回返直接赶赴京城，路过武昌，竟然毫无停留，兵器及其他军用物资，他也一毫不取。他在军事上果断刚毅，面对钱财时节操当先。夏口所在，是敌贼进攻我国的军事要地，应选名将前往镇守，我私下考虑，没有人能比陆祎更合适的了。"

当初，孙皓常常怨恨陆凯屡次当面冒犯违逆自己的旨意，加上何定不止一次地用谗言诽谤陆凯，但既因陆凯身为国家倚重并享有崇高声望的大臣而难以用法制裁，又因陆抗当时身为大将处在边关重地，所以几经权衡到底还是容忍了。陆抗去世之后，孙皓终究将陆凯一家流放到了建安县。

有人传说宝鼎元年十二月，陆凯曾与大司马丁奉、御史大夫丁固谋划，准备趁孙皓拜谒宗庙时废掉他另立孙休的儿子为帝。当时左将军留平领兵担任孙皓出行的前导，所以陆凯把这个计划悄悄告知了留平,但留平拒不应许,同时又立誓决不泄漏,因此这一重大图谋终于没有实行。太史郎陈苗奏报孙晧说长时间连阴而不下雨,风气回转逆行,将会有秘密计划的事情出现,孙晧深为警戒恐惧。

我(陈寿)接连从荆州、扬州来的人那里得到陆凯劝谏孙晧二十件事的奏章,并广泛询问东吴人,他们大多回答说没有听过陆凯有过这些奏表。再者从奏表中文辞特为恳切率直的角度来看,也恐怕不是孙晧所能容忍得了的。有人认为陆凯先是把奏表藏在箱子里,不敢让它流布开来,病情紧急时,孙晧派董朝来探视询问他想要说的话,陆凯趁便把奏表交给了董朝。这些说法的真伪虚实很难辨别清楚,所以不收录在陆凯本传之内,然而我很欣赏这些奏章对孙晧的过失的指斥,足以成为后世的鉴戒,所以抄录在《陆凯传》的后面。

孙晧派亲信赵钦口传诏命答复陆凯之前呈报的奏表说:"孤有所举措都往往追随先帝足迹,有什么不满?您劝谏的事是不对的。再者建业的皇宫存在风水方面的危害,所以要避开它。并且西宫的房屋也已腐败,必须考虑迁都,为什么就不能迁都呢?"陆凯上疏说:"我私下看见陛下执政以来,阴阳不调,五星不在各自的正常轨道,主管级官员不忠诚,奸臣结党营私,这都是陛下不遵守先帝遗训带来的后果。帝王的兴起,受命于上天,并通过道德修养所致,难道是宫殿所能决定么?而陛下不咨询三公四辅等佐命大臣,就决意驱驰行动,六军颠沛流离而悲哀恐惧,违犯天地心意,天地以灾变显示愤怒,儿童因此唱出传达天地意志的歌谣。纵使陛下一人由于迁都而获得安宁,然而百姓忧愁劳苦,您又能用什么来体现自己的统治呢?这是不遵守先帝遗训的第一条。我听说拥有国家的人是以任贤用能作为治国的根本,夏桀杀了直言敢谏的龙逄,商汤获得伊尹的辅佐而灭夏建国,这是前代的显著效验,属于当今行事的成败表率。中常侍王蕃品德美好通晓事理,在朝任职处事忠诚正直,这是国家倚重的大臣,是大吴国的龙逄,但陛下忿恨他说话逆耳,厌恶他的直言应答,竟在殿堂上杀了他,还将他的尸体抛弃在野外示众。国内人民为此寒心,天下有识之士也为之悲痛伤感,都认为从陛下身上看到了昔日吴国暴君夫差的再生。先帝亲近贤人，陛下却反其道而行之，这是陛下不遵行先帝遗训的第二条。我听说宰相是国家的柱石，不能不强盛有力，因此汉朝有萧何、曹参的辅弼，先帝有顾雍、步骘的佐助。然而万彧才能琐细而资质平庸，从前是府属小官，一步登天进入朝廷要地，对于万彧而言这样的恩惠已是丰厚不过的了，就他的才气来说实已用到了极致，但陛下却偏爱他曾有过的微不足道的帮助，不在意他的主体旨趣，动用宰辅这种尊贵官位来显示他的荣耀，超过了功勋老臣的待遇。致使有德行才能的人叹息忿恨，而足智多谋的人为之怒气勃发，这是不遵行先帝遗训的第三条。先帝爱护人民有过于爱自己的幼儿，人民没有妻子的就把自己的妾配给他们作为妻子，看见衣衫单薄的人就把布帛赠给他，死人骸骨暴露于野外，就予以收殓并且掩埋。而陛下的所作所为恰好相反，这是不遵行先帝遗训的第四条。从前夏桀、殷纣的灭亡都是由妖艳淫邪的妇人引起，周幽王、周厉王的祸乱产生于所宠幸的侍妾，先帝借鉴这些悲剧，并把它们作为自己的警戒，所以身边不安排淫邪妖艳的女子，后宫也没有常年无夫而心怀怨苦的妇人。如今陛下宫中女人充斥而数以万计，她们大多没有嫔妃的名分与事实，宫外鳏夫比比皆是，多余怨苦的女子却在深宫之中幽幽哀叹。风雨反常失度，正是因此而起，这是不遵行先帝遗训的第五条。先帝尽心操劳纷繁复杂的国家事务，仍然担心有所疏失。陛下登上帝位以来，在后宫优游嬉闹，沉溺于女色之间，致使各种政事普遍荒废，下属官员包容邪恶诈伪行径，这是不遵行先帝遗训的第六条。先帝纯厚高尚而力行俭朴，服饰不追求精致华丽，皇宫没有修建高台，日用物品不雕琢文饰以使之华美，所以国富民足，奸邪盗窃都不发生。但陛下征发州郡物资，耗尽百姓财力，地上覆盖黑黄两色丝帛以象征天玄地黄，宫中充斥着朱衣紫绶，这是不遵行先帝遗训的第七条。先帝在外依靠顾雍、陆逊、朱然、张昭，在内亲近胡综、薛综，因此百政和乐升平，境内清明整肃。如今在外任职者不能担当相应的重任，在内任职者又不是合适称职的人选，陈声和曹辅这样两位都是才识短浅而气量狭窄的小官，先帝弃而不用，而陛下却宠幸有加，这是不遵行先帝遗训的第八条。

"先帝每次设宴会见群臣,对于浓厚甘美的醇酒都做了总量控制,因而臣下饮宴终日都没有失礼轻慢的过错,文武百官,都能畅所欲言。但陛下却以瞻望的恭敬礼仪来约束群臣,用无节制的饮酒来使他们惧怕。酒是用来成就礼仪的,饮酒过度就将败坏品行,这与商纣王的长夜之饮毫无分别,这是不遵行先帝遗训的第九条。从前汉朝的桓帝和灵帝,都亲近宦官,导致民心严重丧失。如今高通、詹廉、羊度,也都是宦官小人,可陛下却赏赐给他们高官显爵,让他们执掌兵权。倘若江岸有了外敌入侵,报警的烽火交错点燃,那么羊度等人的武略不能抵御外侮是再明白不过的,这是不遵行先帝遗训的第十条。如今后宫多余的女子已经成千上万,而宦官们还在奔走于州郡之间,发文通告采选民女,有钱的给钱就放过,无钱的就把人带走,弄得怨声载道,母女永别,这是不遵行先帝遗训的第十一条。先帝在世时,也养育诸王太子,如果为他们选取了乳母,而乳母的丈夫又在服役,就赐给钱财,供给粮食,不定期地发送乳母回家一趟,以便她得以探视自己的子女。如今就不是这样,乳母夫妇被生生拆散,丈夫还得照常服役,子女无人照料随后死去,家庭成为空户,这是不遵行先帝遗训的第十二条。先帝曾感叹说:'国家以民众为根本,民众以食物为生存的依据,服饰在其次,这三个方面,我是时刻牢记在心的。'如今却不是这样,农桑大事都遭到荒废,这是不遵行先帝遗训的第十三条。

"先帝选拔人才,不拘泥于地位的卑贱,委托乡里举荐,通过实际事务的处理能力给予检验,从而保证举荐的人不曾弄虚作假,接受荐举的人没有名不副实。如今就不是这样,表面上华丽阔气而不务实际的人优先晋级,同恶相济互为表里的人被提拔重用,这是不遵行先帝遗训的第十四条。先帝的士兵,不让他们再承担别的劳役,他们只须在春季耕耘播种,到秋季收获稻子就可以了,长江沿岸若有战事,才责令他们拚死效力。如今的战士,需要承担的劳役固然名目繁多,而官府的衣食供给还得不到保障,这是不遵行先帝遗训的第十五条。大凡赏赐用以激励建功立业,惩罚则用来禁止奸邪，赏罚不能得当，那么人民就将离心离德。如今镇守长江沿岸的将士，战死没有应得的哀怜抚恤，辛劳得不到应有的赏赐，这是不遵行先帝遗训的第十六条。如今各地的监察官员，已经繁多杂乱，再加上朝廷派出的使者，还在其中制造混乱，一名百姓便要供养十数位官员，百姓又如何承受得了？从前景皇帝在位时，交阯人造反作乱，实际就是因为这类事情充当的导火线，这是因循景皇帝的过失，是不遵行先帝遗训的第十七条。专门刺探情报的校事，是官员民众的仇敌。先帝在位的晚年，尽管也有吕壹、钱钦那样的恶人，但他们作恶不久就被先帝诛杀，从而向广大百姓表示朝廷的歉意。如今再度大张旗鼓地建立校事部门，放纵他们检举告发，这是不遵行先帝遗训的第十八条。先帝在位时，官员都经由长时间担任某一职务的历练，然后对他们的治绩进行考核再做出相应的奖惩升降。如今各州郡的官员，有的到任还没有几天，就被征召升职或调任，迎新送旧，路上常见赴任离任官员们交错来往，伤财害民，在这个方面最为严重，这是不遵行先帝遗训的第十九条。先帝每常审查已经结案的刑事公文，常常留心推究审问案情的前因后果，所以狱中没有受冤枉的囚犯，判刑被杀的人也死得明明白白而毫无怨言。现在则违背了先帝当年的正确做法，这是不遵行先帝遗训的第二十条。如果我说的话还值得采纳，就把它收藏在掌管保存盟约文书的官府之中；如果我说的一切本身虚假不实，就拿我治罪。希望陛下关注。"

陆胤字敬宗，是陆凯的弟弟。最初担任御史、尚书选曹郎，太子孙和听到他的名声，便用特别的礼遇来对待他。恰好碰上全寄、杨竺等人迎合亲附鲁王孙霸，与孙和分庭抗礼，暗中诬陷孙和致使太子被废，陆胤也牵连获罪被收捕入狱，用尽了酷刑拷打，但最终也没能让他改口服罪。

后来陆胤出任衡阳督军都尉。赤乌十一年，交阯、九真二郡夷贼攻陷城镇，交州动荡不安。朝廷任命陆胤为交州刺史、安南校尉。陆胤进入南方地界，用恩德信义晓谕夷人，致力推行招安纳降，高凉匪首黄吴等党羽三千多家都出来向他投降。陆胤率军队继续向南推进，再度宣示招安的极端诚意，并赠给当地人钱财礼品。贼兵大将一百多人,居民五万多家,包括极度偏远从来不服管辖的地区人员,都无不叩头归服,交州地区归于清静平安。给陆胤就地加官安南将军。他又率军讨伐苍梧郡的建陵贼,打败了他们,前后从俘获及降服的人员中挑出士兵八千余人,用以补充军队兵员。

永安元年,征召陆胤为西陵督,爵封都亭侯,后来转督虎林一军。中书丞华覈上表举荐陆胤说:"陆胤天资聪明颖悟,才干通达而品行高洁,以前担任过选曹官员,有值得称道的政绩。之后到交州,奉命宣扬朝廷恩典,流亡潜伏的民众都出来归附国家,极南僻远之地完全清平。苍梧、南海郡境,年复一年都有飓风和瘴气的灾害,飓风一来便吹折大树,飞砂走石,瘴气则有如雾气郁结,飞鸟也不敢从这些地方经过。自从陆胤来到交州上任,暴风瘴气断绝平息,商人旅客平安通行,百姓没有疾病瘟疫,田里庄稼丰收。州治面临大海,海水到秋天特咸,陆胤又让人储水晒盐,民众得以用盐调味。仁政到处流布,教化感动人神,终于凭借朝廷的声威,招集了境内流散的百姓。到了陆胤接到诏书将要离开交州之时,当地百姓感念他的恩德,因此忘记了眷恋故土的情结,扶老携幼,心甘情愿地像影子一样跟随他同行,民众毫无二心,一路上无须烦劳军队护卫。从来众将征集民众,都用兵威加以胁迫,没有谁能像陆胤那样仅靠恩德信义就聚集成功的。他奉命任职交州,前后十几年,来往宾客多为异域风俗,而且交州又是出产珍宝的所在,但陆胤的居室内寝却没有涂脂抹粉而环佩叮当的小妾,家里也没有玳瑁、犀角、象牙之类奇珍异宝的收藏,以当今的臣子来做比较,实在是难能可贵。他应当来京任职,担当起辅佐王室的重任,从而唱响虞舜时代那样的太平盛世的颂歌了。长江沿岸驻守的责任太轻,不能充分发挥他的才能,要挑选个虎林都督,能够胜任者不在少数。倘若将陆胤召回京城,以授予高级职位来显示对他的恩宠,那么上天的职任就都将趋于完美,各种政事也会呈现和乐升平的景象。"

陆胤去世,儿子陆式继承爵位,担任柴桑督、扬武将军。天策元年,陆式与堂兄陆祎一同被放逐到建安。天纪二年,召回建业,恢复将军职务和侯爵。

评：潘濬清廉无私处事决断，陆凯忠直豪壮而朴实正直，志节气概都光明磊落，有大丈夫的品格功业。陆胤立身廉洁而事业成功，声名流布于南方，可以说是很优秀的州牧了。

白话三国志卷六十二　吴书十七

是仪胡综传第十七

是仪字子羽，北海郡营陵县人。本姓是氏字，最初在县里做过小官，后来到了郡里任职，郡相孔融嘲笑氏仪，说"氏"字是"民"无上，可改为"是"，于是就改了姓。是仪后来依附刘繇，躲避战乱来到江东。刘繇的军队被击败，是仪迁居会稽。

孙权继任执掌东吴军政事务，发布褒奖文告征召是仪。是仪一到就受到孙权亲近信任，专门掌管机密事务，被任命为骑都尉。吕蒙图谋袭取关羽，孙权拿这事征求是仪的意见，是仪赞许吕蒙的计谋，劝孙权听取施行，是仪也随军讨伐关羽，官拜忠义校尉。是仪婉言推辞，孙权下令说："我尽管不是赵简子，你怎能不委屈自己做周舍那样的人呢？"荆州平定后，孙权建都武昌，任命是仪为裨将军，后又封他为都亭侯，代理侍中。孙权打算再授予他兵员，是仪自认为不是统兵征战的材料，坚决推辞不肯接受。黄武年间，孙权派是仪到皖县协助将军刘邵，打算诱骗伏击曹休。曹休率军到来，吴军将他彻底击溃，升迁是仪为偏将军，入朝署理尚书事务，对外总领众官，兼管刑事诉讼，孙权额外又让他教授众公子读书学习。

孙权往东迁都建业，太子孙登留守武昌，孙权派是仪辅佐太子。孙登敬重是仪，有事都先向他咨询，然后才予实施。晋封是仪为都乡侯。后来随孙登回到建业，再被授予侍中、中执法，管理众官事务，兼任诉讼管理的职司照旧。典校郎吕壹诬告原江夏太守刁嘉诋毁国政，孙权发怒，收押刁嘉关进大牢，逐项检验查问。当时受到牵连的人都害怕吕壹，同声承认说曾听到刁嘉说过诋毁朝政的话，唯独是仪说没有听到过。于是乎是仪被穷追不舍地追问了好几天,并有诏令要对他严厉审查,众臣都为此畏惧而不敢出声。是仪答复说:"现在刀锯已架在我脖子上,我又怎敢为了替刁嘉隐瞒,而自取诛杀之祸,成为不忠的鬼魂呢!我只是认为既然有所听闻就应该弄清事情的来龙去脉。"他照旧据实回答提问,每一句都不肯背离真相。孙权终于放了他,刁嘉也得以免罪。

蜀国丞相诸葛亮去世,孙权关注蜀国变动,派是仪为使者前往蜀国申明吴蜀两国坚决维持友好盟国关系的态度。是仪奉命出使让孙权感觉满意,后来被任命为尚书仆射。南阳王孙和、鲁王孙霸刚刚册立,是仪以原职兼任鲁王傅。是仪担忧南、鲁二宫相距过于切近,就上疏说:"我个人认为鲁王天赐美德,又兼具文才武略,当今最为合宜的举措,应该是让他去镇守边疆,作为拱卫国家的藩镇。宣扬传播仁德美政,广泛显耀神灵威力,这是国家的正当策略,也是四海的众望所归。只是我的言辞鄙陋粗野,不能准确详尽地表达想说的内容。我还认为南、鲁二宫等级应有所分别递减,从而端正尊卑秩序,明确教化根本。"他连续上呈了三四次奏章。身为鲁王傅是仪堪称竭尽了忠诚,动不动就给予劝谏;侍奉主上勤奋,待人接物谦恭。

是仪不置办家产,不接受别人所施舍的恩惠,建房修屋能够容身就好。他的邻居有修建大宅院的,孙权出行正好看见,询问修建大宅的是谁家,身边亲信回答说:"好像是是仪家。"孙权说:"是仪为人节俭,必定不是他家。"一问果然是别的人家。是仪就是这样被孙权所了解和信任。而他服饰也不追求精致,饮食不求丰美,却留心救济赡养贫困人家,因而家中没有积蓄。孙权听说这些后,亲自来到是仪家里,要求看看他家的饭菜,并亲自品尝,结果自然让他叹息不已,当即给是仪增加俸禄赏赐,增广了他的田地和住宅。是仪累次谦逊推让,把接受恩赐视为值得警戒的事情。

是仪时常举荐他人出仕做官,从未说过别人的短处。孙权经常责备是仪不进谏及议论政事,对人对事不存在褒贬,是仪回答说:"圣明的君主在上,臣下谨守本职,还只恐不能称职,实在不敢拿自己肤浅无知的见解，往上冒犯陛下的视听。"是仪侍奉国家几十年，从未曾犯过错误。吕壹逐个告发将相大臣，甚至有人被指称有罪遭到了超过四次的告发，但他独独没有找到借口来告发是仪。孙权感叹说："假如人人都像是仪，哪里还用得着法令条文呢？"

是仪卧病不起，临终嘱咐死后只用一般棺木，装殓也只用当时通行的衣服，务必遵循简约的丧葬原则，八十一岁那年去世。

胡综字伟则，汝南郡固始县人。从小就失去父亲，母亲带他避难来到江东。孙策兼任会稽太守，胡综那年十四岁，在太守府充当使唤小厮，留在吴县与孙权一起读书。孙策去世后，孙权担任讨虏将军，任命胡综为金曹从事，随军讨伐黄祖，任命他为鄂县县长。孙权升为车骑将军，营府设在京县，征召胡综回来，担任书部，与是仪、徐庆一起掌管军政机密大事。刘备率大军推进到白帝城，孙权因现役兵员人数偏少，便让胡综到各县征兵，选得六千人，建立解烦兵左右二部，徐详任左部督，胡综任右部督。吴将晋宗叛变归附魏国，魏国任命他为蕲春太守，离长江只几百里远近，多次侵犯危害吴国。孙权派胡综与贺齐轻装快速突袭，活捉了晋宗，给胡综加官建武中郎将。魏国封拜孙权为吴王，封胡综、是仪、徐详都为亭侯。

黄武八年夏天，有黄龙现身于夏口，于是孙权称帝，顺应祥瑞改了年号。又制作了黄龙大牙旗，常立在中军大营内，诸军进退，都跟随黄龙大牙旗的指向，孙权让胡综为此作赋一篇道："乾坤开创之时，三才应运而生。天狼猎户显像，实是预见战争。圣人观象悟法，仿效而有发明，兵器武备面世，但求马到功成。炎黄倡建朝代，帝王基业初兴，对上顺应天意，对下革除民病。共工灭于高辛，舜征三苗南巡，甘师促成夏启，商汤鸣条制胜。牧野商周换代，垓下楚汉易鼎，九个关涉武备，帝王大业成真。吴国至尊光明，实赖上天慈恩，神明英武肇始，帝业将无穷尽。寻根应自远古，黄帝而后虞舜，先秦迄于秦汉，五代更迭至今。吴国应天承命，兴起南方江滨，志在恢复治道，革除九州不平。为此协调天意，创建雄师利兵，取法太一本象，设置五军三门；疾驰有如闪电，夭矫舒卷若云，进退皆有法度，实用高效简明。四方麟凤龟龙,居中黄龙啸吟,日月绕龙旋回,此乃帝王旗旌,龙旗高耸挺立,六军瞻望依凭。上有仙人值守,洞察四方动静,确系神明指引,祥瑞保国安宁。六军攻守变向,皆受龙旗指引,无需击鼓鸣金,变化悄然无声,秘计若有神助,简直奇妙无伦。从前周王兴盛,赤乌衔书作证,当下大吴崛起,黄龙口吐符信。契合河图洛书,行动与道共存,天助并得人和,同唱国运无尽。"

蜀国听说孙权称帝,派来使者重申原先的盟好关系,胡综撰写的盟誓,文章义理十分优美,已经收录在《孙权传》中。

孙权东下建都建业,徐详、胡综一同担任侍中,进封为乡侯,分别兼任左、右领军。当时从魏国归降者中有人说到,魏国都督河北振威将军吴质很被魏国猜疑,胡综于是冒充吴质替他撰写投降书三条:

第一条说:"帝统废弛中断,天下分崩离析,黎民百姓困顿不堪,知识人士颠沛流离,兵匪所到之处,城镇空无一人,战乱烽火,处处燃烧,从夏商周三代以来,天下大乱的极致,也没有像今天这样的。臣吴质志节浅薄,处世缺乏方略,局限于所生活的地方,不能展翅翱翔于四方,终于沦落到替曹魏领兵征战,身处遥远的河朔,上达天朝的道路隔绝不通,尽管仰望风范思慕大义,有心归顺天命,惭愧的是没有找到机会,从而施展自己的志愿。每当遇到去过吴国的人,我暗中打听吴国风教,得知陛下与天地同德,与日月共明,英明威武的英姿,得之于自然,因而能推演大中至正之道,流布教化远达万里,从长江以南,家家户户都蒙受恩泽。英雄豪杰,积极上进的士人,无不衷心歌咏赞叹,乐于归顺陛下。今年六月末,敬闻在那个吉祥的日子,黄龙飞腾而陛下登极,发扬治国大道,整治国家法纪,将使汉朝大乱以来遭致遗弃仍心怀旧主的人民,见到真正的君主。从前周武王讨殷伐纣,殷人临阵倒戈;汉高祖围困项羽,垓下四面楚歌。与当今形势相比,还不足以比喻贴切。我吴质不能克制自己要亲近昊天那样的深切志愿,谨派我所亲信的同郡人黄定恭敬地前来奉上章表,并向陛下托付叛降事宜,长途跋涉以求得上达陛下,想要陈述的内容,都列在章表之后。"

第二条说:"从前伊尹离弃夏朝投奔殷商,陈平背弃西楚而归附汉朝,他们的功绩都载入史册,美名流传后世,国君不说他们是背叛者,而认为他们懂得天命。我从前被曹氏所接纳,对外以君臣关系相依托,在内实与骨肉至亲无异,彼此情意殷切,达到了只有聚合而不容分离的境界,于是接受了统管一方的重任,得以统领黄河以北的军队。在这种时候,心怀高大志向,立誓要与曹氏永远同生死而共存亡,只怕功勋不能建立,事业没能成功。到了曹叡去世,由他的后人即位,年幼执掌国政,谗言频频兴起。同僚们倚仗势力相互陷害,志趣不同的人得以在中间说三道四挑拨离间,而我天性疏阔,不懂得谦让巴结,看那几个小人,用心确实是要加害于我,这也是我的过失。终于我被邪恶的议论所陷害,招致幼主的猜疑,诬蔑我想背叛。尽管了解真情的人担保说明了我的心意,但时世混乱而谗言获胜,幼主心中疑忌犹存,我常常担忧某一天会凭空遭遇无辜的罪名,因而内心忧虑痛苦万分,感觉就像行走于下面炭火熊熊的薄冰之上。从前乐毅替燕昭王讨伐齐国而立下大功,到了燕惠王即位,就因猜疑而剥夺了他的职权,为此他离开燕国而投奔赵国,其盛美的事业并未有所亏损。他难道是要对燕国三心二意而让自己的德行不能贯彻始终吗?只不过担心功绩声名有建树,而忧患灾祸接踵而至罢了。先前我曾派魏郡人周光以经商为名,托付他将我想要投降的想法带往南方,同时禀明我的秘密谋划。当时因为事情仓促,不敢就写章表呈奏,只让周光传递口信而已。我认为天下的最终归宿已经可以看得明白,上天意旨所在,不是吴国又还有谁呢?这个地区的人民,都想成为陛下所驱使的民众和藩属,他们伸长脖子踮起脚跟殷切盼望,只怕吴国的军队来得太迟。假使陛下降恩对我稍加信任和接纳,我必定凭借黄河以北的疆土迎候天子的大军,我的一片赤诚忠心,青天白日可以明确见证。然而周光南下已经一年,却没有一点音讯返回,不知道我的诚意他终究上奏转达了没有?我遥望南天而长声浩叹,数着日子月份期盼不止,即使是春秋的鲁国人盼望齐卿高傒敬仲的到来,又怎能跟我此时此刻的心情相比!再者我现在所受待遇日见菲薄,小人谗毁我的声音,有如苍蝇的嗡嗡声那般绵绵不断，我肯定要遭受谗言引起的灾祸，只是时间的早晚罢了。我私心揣测陛下之所以还没有垂示明确的慰勉，必定是认为我吴质融会贯通仁义的本原，不会做出类似于这样的事来，认为周光代为传述的一切，虚妄的编造多于实际的成分，或者认为其中还存在着别的奥妙，却不知我吴质遭到谗言陷害而被朝廷猜疑，只怕就要大祸临头的前因后果。况且我吴质若是到了真正有罪的那天，必定会自己奔向鼎镬，自绑身体等待惩处，这大概就是身为臣子的人应有的表现。如今我本无丝毫过错，却凭空遭到谗言毁谤，即将有商鞅、白起那样的杀身之祸发生在我的身上。思前想后权衡情势，离开魏国也是理所当然的事情。死去而不能合乎生命的真谛，不离开那又是所为何来！乐毅的出奔，吴起的逃亡，君子只对他们不被赏识而感到忧伤，没有人非议指责他们出逃的行为。希望陛下推考往古以对比今世同类事情，不要再奇怪我吴质怎么会有这样的选择了。或许陛下又认为臣子遭罪于君主，就应该像伍子胥那样以自杀来表示效命，不应当侥幸地借助时事趋利避害。然而拿眼下比之于往古，实际情形又各不相同，南北两地山高水长路途遥远，如果不能自行其事，哪里还能有脱身幸免的机会！因此我只能将志向远大者应有的节操置之度外，而考虑建功立业的大义。况且我吴质又觉得曹氏的继承人，并非天命所托，国政衰弱而刑罚错乱，权柄被大臣劫夺，诸将在外独擅威势，大家各自为政，没有人同心同德，士兵衰减，国库空虚，法纪废弛，君臣同样昏聩，推想陛下前后多次得到魏国的投降叛变者，这些情况都应该从他们那里有所听闻。兼并弱小及攻取政治昏乱的国家，应当顺应天时，眼下正是陛下发兵进取的有利时机，因此我才斗胆奉献我的计划。现在如果进军聚于淮水、泗水一带，占据下邳，荆州和扬州，将闻风响应，我从黄河以北席卷南下，造成首尾联成一体的局面，那样一来得胜的根基就难以动摇了。关西的曹军被束缚在戍守之地，青州及徐州的军队不敢撤防赴援，许昌、洛阳二地所剩的兵员不满一万人，谁又能到东方来与陛下争锋呢？这实在是千载难逢的机会都碰到了一起，怎么能不深思熟虑而周密地谋划呢！说到我所镇守的地方，本来就盛产军马，加之羌人、胡人经常在三四月间水草丰盛时,赶马出来游牧,粗略估计当前的实际情形,可以获得军马三千余匹。陛下出兵,应当把握这个时间,多带些骑兵前来驰骋这些战马就可以了。以上陈述的都是根据已大体了解的情况预先制订的方案。大凡两军对垒无法摸清对方底细,如今这边的兵力确很虚弱,很容易就可平定,陛下一旦出兵前来,响应的人必定为数众多。对上而言可以奠定帝王大业,实现天下一统,对下来说能让我吴质建立非比寻常的奇功,这真是天意呀。如果不能得到陛下接纳,这也是天意难违了。希望陛下考虑,我不再多说什么了。"

第三条说:"从前许子远背叛袁氏转投曹操,他的谋划计策,当即都被采纳接受了,于是大败袁军,奠定了曹魏的基业。假使曹操不信任许子远,心怀疑虑而游移不决,拿不出果断决心,那么他当今的天下就归袁氏所有了。希望陛下考虑。近日听说本国边境上的将领阎浮、赵楫想归顺吴国教化,但互相呼应与配合不够及时而迅速,以至于兵败身死。现在我本着忠心诚意,远托身家性命,如果陛下对我再有疑心,不及时出兵接应,使我身陷孤立无援的境地,遭受阎浮等人一样的惨祸,我很担心普天之下那些想为吴国建功立业的英雄壮士,不敢再把自己的身家性命托付给陛下了。希望陛下考虑。皇天在上而后土在下,天地神明也肯定听到了我这样的倾述。"等到这篇文章广泛传布开来,吴质已回朝担任侍中了。

黄龙二年,青州人隐蕃投奔吴国,他上书说:"我听说殷纣王不行正道,微子预先出逃;汉高祖宽厚贤明,陈平当先投靠。我现在二十二岁,背弃家乡故土,来投奔政治清明的国度,仰仗上天的神灵庇佑,得以平安到达。我已经来了很有些日子,而主管宾客的官员把我等同为普通的投降人员,没有给予精细的区分,致使我精深微妙的言辞要义,不能上达陛下。我郁郁叹息,这样下去该如何是好!谨此来到宫阙拜上奏章,恳请承蒙陛下召见。"孙权当即召他入宫。隐蕃回答问题以及陈述关于当世政务的认识,谈吐仪表十分出色。胡综当时陪坐,孙权问他对隐蕃的看法,胡综回答说:"隐蕃呈上的章表,言语夸张类似东方朔,巧言诡辩如同祢衡,而才气都赶不上他们。"孙权又问隐蕃能胜任何种职务,胡综回答说:"不可以让他治理百姓,姑且让他试任京城小官来考察他的实际才能。"孙权因为隐蕃对刑罚谈得特多,就任用他为廷尉监。左将军朱据、廷尉郝普都称赞隐蕃有辅佐君王的才干,郝普与他尤其亲近友善,时常为隐蕃的屈才而抱怨叹息。后来隐蕃图谋作乱,事情败露而被处死,郝普受到责备而自杀。朱据被软禁,过了很长时间才被释放。孙权任命胡综为偏将军,兼任左执法,管理诉讼。在孙权执意要远征辽东这件事上,辅吴将军张昭因劝谏孙权言辞切直尽理,孙权也大发雷霆,而使君臣二人和睦相处,让他们彼此不存怨恨,胡综在这中间发挥的作用不小。

胡综天性好酒,酒后狂呼大叫纵情任意,有时还杯盏横飞,殴打手下。孙权爱惜他的才干,没有责问他。

从孙权统领江东军政事务以来,各种文诰策命以及邻国之间的书信往来,大体上都是出自胡综手笔。当初曾因国内外事务繁多,专门制定了一项法律,规定地方长官遭遇父母大丧,一律不准擅离职守回家奔丧,而屡次有人违犯。孙权为此很担忧,让朝廷大臣写下意见。胡综的建议认为应制定法令条文,宣布违者处死,只要在一人身上施行,之后类似现象就将绝迹。于是孙权采用了胡综的意见,从此奔丧的现象就杜绝了。

赤乌六年胡综去世,儿子胡冲继承爵位。胡冲性情温和而有文思才干,天纪年间担任中书令。

徐详字子明,吴郡乌程县人,先于胡综去世。

评:是仪、徐详、胡综,都是孙权时期参与创立吴国的功臣。是仪廉洁恭谨贞纯素朴,徐详多次出使沟通君命,胡综文章华美才能突出,他们各自都受到孙权的亲信重用,若将天下比之为大厦,他们大概都像是榱橼那样承担重任的辅佐人物了!

白话三国志卷六十三　吴书十八

吴范刘惇赵达传第十八

吴范字文则,会稽郡上虞县人。因钻研帝位相承秩序的内在奥妙及善于观风望气而闻名于郡界之内。被推举为有道,来到京都,由于世道混乱而没被任用。恰逢孙权在东南兴起,吴范便投奔到孙权麾下承担公职,一有吉凶灾变的征兆,他就推算运数并做出形容描述,由于这些预言大多应验,因此而名声大震。

当初,孙权还在吴郡的那个时候,曾打算讨伐黄祖,吴范说:"现在实施的话还得不到显著的好处,不如等到明年再说。到得明年戊子那天,荆州牧刘表也将身死国亡。"孙权照旧发兵征讨黄祖,终于没能击败对手。第二年,又出兵讨伐,军队刚开到寻阳,吴范观风望气做了占候,就到孙权座船上道贺,并催动人马加速前进,一到就打败了黄祖,黄祖趁着夜色才得以逃走。孙权担心黄祖逃脱,吴范说:"逃去不远,必定能活捉黄祖。"到了五更时分,果然捉住了黄祖。刘表居然也在此时病死,荆州被吴、蜀分割。到了壬辰年,吴范又报告说:"甲午那年,刘备将得到益州。"后来吕岱从蜀中返回,曾在白帝城与刘备相遇,据他说刘备人马离散,死亡近半,进占益州的图谋必定不会成功。孙权因此诘难吴范,吴范说:"我所说的是天意,而吕岱所看见的只是人事罢了。"刘备终究得到了蜀地。

孙权与吕蒙谋划突袭关羽,与亲近大臣会商,大臣们多数认为不可执行。孙权拿这事询问吴范,吴范说:"能够击败关羽。"后来关羽逃到麦城,派使者请求投降。孙权问吴范说:"他终究会肯投降吗?"吴范说:"他有逃走的征兆,说要投降是他的欺骗手段而已。"

孙权让潘璋截断关羽逃走时的必经之路,负责侦察的士兵回来,禀报说关羽已经逃离麦城。吴范说:"尽管已经逃走还是会被抓获。"问他关羽被捉的时间,他回答说:"明天正午。"孙权设立测量日影的标杆并打开计时沙漏以等待那个时刻到来。第二天到了中午还没见消息传到,孙权询问原因,吴范说:"时间还没到正午时分。"不久,有风吹动帷帐,吴范拍手说:"关羽到了。"片刻之间,就听得外面欢呼万岁,传话说关羽已被抓获。

后来孙权与曹魏和好,吴范说:"根据占候显示的征兆分析,魏国与我们联合只是它的表面现象,实际上另有图谋,应该加以防备。"刘备大举屯兵于西陵,吴范说:"稍后还是要友好亲善。"事情终究都像他预言的那样。他的占卜往往应验都达到了如此明察精细的地步。孙权任命吴范为骑都尉,兼任太史令,多次屈身请教,想了解他的秘诀。吴范珍惜自己的占卜术,不肯把其间最关键的秘诀告诉孙权。孙权由此对吴范怀恨在心。

当初,孙权还只是讨虏将军的身份,吴范曾对他说起过江南有象征帝王运数的祥瑞之气,当地支变化到亥与子之间的年份就将出现值得大庆的事件。孙权说:"倘若最终像你所说的那样,就封你为侯。"到了孙权被魏国册立为吴王时,吴范当时也在陪宴之列,他对孙权说:"从前还是在吴郡时,我曾说过会有今天这样的大事,大王还记得吗?"孙权说:"有这事。"便叫左右亲近拿来侯爵的绶带给吴范戴上。吴范知道孙权想以此搪塞以前的承诺,当即挥手推开不接受。到后来论功行赏时,以吴范为都亭侯。诏令将要发出之际,孙权恼恨吴范对自己吝惜道术,便在诏简上削去了他的名字。

吴范为人刚强正直,很是喜欢自我称扬,但是与亲朋老友交往有始有终。他向来跟同乡魏滕友好。魏滕曾经有罪,孙权怒责极为严厉,谁要斗胆劝说便予以处死。吴范对魏滕说:"我与你同死。"魏滕说:"你死了也于事无补,凭什么害自己白死呢?"吴范说:"我怎能顾忌这些东西而眼睁睁地看着你被处死呢!"吴范便剃去头发自行捆绑来到宫门前,让守门人去向孙权通报。守门人不敢,说:"一通报就必死无疑,我不敢去说。"吴范说:"你有孩子吗?"守门人说："有。"吴范说："假使你为我吴范而死，你的孩子全交我抚养。"守门人说："好。"便推门而入。他的话还没说完，孙权便大发雷霆，打算掷戟杀掉他。守门人倒退着走出，吴范趁势闯进去，叩头流血，声泪交加。过了很久，孙权怒气消解，于是免了魏滕的死罪。魏滕见了吴范拜谢说："父母能生我养我，但不能免除我于一死。大丈夫相交知心，像你这样的人一个就足够了，何必要许多！"

黄武五年，吴范因病去世。长子已先于他死去，而小儿子还年幼，于是他的占卜妙技就此失传。孙权追念他，便招募三州中凡有像吴范、赵达这种精于方术，通过对自然现象的观察便能推测人的气数和命运的高人，便封为千户侯，但到最后也没能找到这样的人物。

刘惇字子仁，平原郡人。遭遇战乱逃到外地避祸，旅居庐陵，奉事孙辅。因懂得天文通晓占卜而显名南方。每次有水旱天灾及兵匪灾变，他都能预先指明灾变发生的时间和地点，没有哪次不能应验。孙辅对此表示惊异，以刘惇为军师，军队里的人全尊敬侍奉他，号称为神明。

建安年间，孙权正在豫章郡，当时有星象变化，拿它询问刘惇，刘惇说："灾变应在丹杨郡。"孙权又问："结果如何？"刘惇说："客兵战胜主人，到某一天就会得到消息。"当时边鸿作乱，最终像刘惇所说的一样。刘惇对各种方术都很精通，尤其精通太一天道，有关这方面的事都能推论演绎，极度透彻地发明个中奥妙，著书一百余篇，名儒刁玄称道这些著述的奇妙。刘惇也十分珍视自己的方术，不把它们告诉别人，所以世人没有谁能够明白其间奥妙究竟何在。

赵达，河南人。年轻时随汉朝侍中单甫求学，思维缜密，他说东南方向有帝王之气，可以作为避难之所，所以从北方脱身渡过长江。钻研"九宫一算"之术，探求其中精深微妙的要领，因此能随机应变立刻完成，互相问答交谈如有神助，以至于计算飞蝗数量，猜度隐藏着的事物，无不灵验。有人诘难赵达说："飞动的东西本就无法验证,谁又能知道它的数量真是所说的那么回事,这只怕是胡乱虚构一通罢了。"赵达让那人取来几斗小豆,撒在席子上,赵达立即说出小豆的总数,经过检验果然真实无误。他曾经去拜访一位老友,老友做了饭食接待。等他吃完,老友对他说:"仓促之际没去买酒,又无佳肴,无法畅叙情怀,怎么办呢?"赵达便拿过盘中的一只筷子,反复纵横摆弄,之后便说:"您的东墙下面有美酒一斛,又有鹿肉三斤,干吗借口说没有呢?"当时在座的还有别的客人,这样一来便都知道了主人的底细,主人惭愧地说:"因为你善于猜测有无,不过是试你一下而已,居然真的如此灵验。"于是拿出酒来大家开怀畅饮。还有一次有人在简牍上写了上千万的数目,放在空仓里封存起来,让赵达算出仓库里的粮食多寡。赵达算出主人写在简上的数目之后,说:"只不过有名无实。"他在射数方面的造诣就都像这样的精深微妙。

赵达极度珍惜自己的技艺,像阚泽、殷礼这些著名的儒学有德人士,都曾亲自登门屈身向他求教,赵达却都保守秘密而不肯告知。太史丞公孙滕年轻时拜赵达为师学艺,勤苦多年,赵达同意教他也有好些年了,但临到要告诉他时又总是打消了念头。公孙滕某一天带着美酒佳肴到来,观察赵达的脸色,跪拜请求赵达传授秘诀,赵达说:"我祖先获得这项技艺,想要做帝王的师傅,但仕宦以来已经三代,最大的官职也只不过是太史郎,实在不想把它再传承下去。况且这项技艺很微妙,前面乘后边除,得到一算的法门,就是父子之间也不相互告知。但是因你特别好学不倦,如今我真的要把它传授给你了。"饮酒几遍,赵达起身取来两卷白色绢书,宽窄有如手指,说:"应当抄写阅读这些帛书,就能自作解说了,我有很久没碰过它们,不再像当年那样心里明白,现在想着重新思考推敲一遍,过几天我会把它交付给你。"公孙滕按时前往,赵达见他到来就假意找那帛书,然后露出吃惊的样子说书不见了,回头又道:"女婿昨天来过,必定是他偷走的。"于是那书便从此绝迹不见了。

当初,孙权出师征伐,往往叫赵达推算,结果都如他所说的那样。孙权询问他所用方法,赵达始终不讲,为此遭到孙权鄙薄,没有给他更高的官职爵位。

赵达常常笑着对那些靠占星望气观风来推断吉凶的占卜者说:"应该回头在帐幕中推算,不出门户就知道天意,但你们反过来无论白天黑夜都呆在外面以便观望云气变异,不也是很难如愿吗!"他在家闲着无事,便拿出算筹推算自己的命运,因而叹息说:"我的寿命结束于某年某月某日,就要告别人世了。"赵达的妻子多次看到赵达推算的灵验,听后便哭泣不止。赵达想消除妻子的担忧,就重新推步运算,说:"刚才的推算有误,还没到寿终之时呢。"后来他果真死于自己所推算的那一天。孙权听说赵达有这方面的书籍,索取没能得到,就逮捕审问他的女儿,甚至于打开赵达的棺材搜寻,仍是一无所获,赵达的技艺和方法都就此绝灭。

评:上述三人在各自掌握的技艺领域都堪称精密深奥,运用心思也到了奇妙的境界,然而君子同样运用心思精力,应该是在大而长远的方面,因此见识卓越的人,都是舍弃前者而选择后者。

白话三国志卷六十四　吴书十九

诸葛滕二孙濮阳传第十九

诸葛恪字元逊,是诸葛瑾的长子。从小就有名气。刚刚成年就被任命为骑都尉,与顾谭、张休等人随侍太子孙登讲论学问和技能,同为太子的宾客朋友。后从中庶子转任左辅都尉。

诸葛恪的父亲诸葛瑾脸长似驴,孙权曾大会群臣,让人牵一头驴进来,在驴脸上挂上长长的封缄,上题四字为诸葛子瑜。诸葛恪跪下说:"请给我一支笔增加两字。"孙权同意并给了他毛笔。诸葛恪在封缄下边续写了"之驴"二字。在座的人无不欢笑,于是孙权把驴赐给诸葛恪。某一天又是类似的群臣聚会场面,孙权问诸葛恪说:"你父亲跟你叔父相比谁更贤明一些?"诸葛恪回答说:"我父亲贤明些。"孙权问他原因所在,他回答说:"我父亲知道该为谁做事,叔父却不知道,因此我父亲更加贤明些。"孙权又大笑起来。他命诸葛恪依次斟酒,到张昭面前时,张昭先已有了醉意,不肯再饮,并且说:"这不是奉养老年人的礼节。"孙权对诸葛恪说:"你若能让张公理屈辞穷,那样他就不得不喝下这酒了。"于是诸葛恪诘难张昭说:"从前周太师姜尚已年满九十,还秉白旄而仗黄钺率师出征,尚且没有告老。如今带兵打仗的事,将军您在后,喝酒吃饭的事,将军您在前,怎么还能说不够敬奉老人呢?"张昭最终无话反驳,于是喝干了杯里的酒。后来蜀国的使者到来,群臣都来会见,孙权对蜀使说:"这位诸葛恪向来喜欢骑马,回去后告诉你们丞相,给他挑一匹好马送来。"诸葛恪当即离席跪谢,孙权说:"马还没到你就谢什么恩呢?"诸葛恪回答说:"蜀国是陛下在境外的马厩,今天既然下了恩诏,马是一定要送到的,我怎敢不谢恩呢?"诸葛恪的才思敏捷,都和上面例举的事情类似。孙权觉得他很不寻常,想用政务来测试他的实际才能。让他代理节度。节度掌管军队的粮草,公文繁多,不是他所喜欢的职务。

诸葛恪认为丹杨郡山高路险,百姓大多果敢强劲,尽管以前曾发兵清剿,但只搜得外围各县的平民而已,其余的人居住在僻远深山之中,没能一网打尽,为此他多次让自己出任丹杨郡官以便招引山居者出来,并说用三年时间就可以招募兵士四万人。众人的议论都认为丹杨郡地势险阻,又与吴郡、会稽、新都、鄱阳四郡相邻接壤,盘曲达数千里,山谷连绵万重,那些生活在深山老林里的人,从未进过城镇,没有见过什么地方长官,他们都手持兵器在野外游荡,终身不出山林。而逃亡元凶,也都一齐逃窜到那里。山中又出产铜铁,得以自行制造铠甲器械。习俗爱好武功练习作战,推崇勇力,而登山赴险,穿越丛生荆棘,就像鱼游深渊那般自由,又正如猿猴爬树一样灵巧,他们不时窥伺可乘之机,出山骚扰抢掠。官府没少发兵清剿,搜寻他们隐身的巢穴,而双方交战他们就蜂拥而来,一旦战败就像飞鸟一样逃逸四散,从前代以来,就没能对他们形成有效的控制。大家都以为诸葛恪的想法难以成为现实。诸葛恪的父亲诸葛瑾听说以后,也认为这种事情终究不会成功,他叹息道:"诸葛恪不能使我家光大兴旺,他是要让我们遭灭族之祸。"诸葛恪极力陈述自己必定获胜的理由。孙权任命诸葛恪为抚越将军,兼任丹杨太守,并授予他执缯衣木戟的勇武骑卒三百人充当前导仪仗。任命仪式结束,孙权命诸葛恪整顿好仪仗队伍,擂鼓吹号,前呼后拥地回家而去,当时他三十二岁。

诸葛恪一到丹杨郡府衙,就发送公文给邻近四郡所属城镇的地方长官,让他们各自守卫辖地边界,明确建立部曲行伍,凡已归顺国家的平民,都让他们集中居住。然后部署诸将,指挥士兵扼守深险关隘,只管修缮防御设施,不跟山民交锋作战,等到他们种植的粮食即将成熟时,立即发兵收割,不给山民们留下一粒粮食种子。旧粮已经吃完,新种的庄稼又颗粒无收,山外平民都已聚居自守,出来抢掠也一无所获，于是山民们陷入饥饿穷困的境地，慢慢地一拨接一拨地自动出山向官军投降。诸葛恪又告诫下属说："山民不再作恶而自行归顺，都应给予安抚存恤，把他们迁到外县定居，不能心存怀疑，而对他们有所捉拿扣押。"臼阳县长胡伉得到前来投降的周遗，周遗从前就是作恶的刁民，因艰难窘迫才姑且出山投降，内心深处还在图谋背叛，胡伉便把他绑送到郡府并做了说明。诸葛恪因为胡伉违反教令，于是将他斩首巡行示众，并陈述事由上表朝廷。山民听说胡伉因为抓人的罪行被杀，明白官府只是要让大家出山生活而已，便都扶老携幼搬出深山，期满一年时，诸葛恪获得的人数全跟他原先规划的一样。诸葛恪自留一万人，其余三万分派给诸将统领。

孙权嘉奖诸葛恪的功勋，派尚书仆射薛综前去慰劳军队。薛综先传递文书给诸葛恪等人说："山越依仗险阻，历代不肯臣服，招安首鼠两端，征剿狼奔豕突。皇帝勃然大怒，派将西行出征，秘授奇谋妙计，出师声威远震。兵器不染血迹，铠甲不沾汗泥。元凶斩首示众，党徒归附正义。扫清山林祸患，进献十万军士。野无漏网盗寇，城镇奸邪匿迹。凶顽荡灭既尽，军事用度大增。曾是野菜杂草，洗心编为良民。此前作恶鬼怪，革面跻身虎贲。尽管基于国威赫赫，诚然又有神灵庇佑，若非元帅临阵巧思，何来征战一蹴而就？尽管擒敌讯问，获得《诗经》咏唱，王师有征无战，《周易》嘉美受降，尽管方叔、召伯，皆称西周猛将，汉有卫霍舅甥，威名一时无两，比之诸葛将军，实属流萤之光，将军功盖古人，凌驾前世辉煌。皇上衷心欢悦，遥致赞叹旌扬。感念《四牡》所咏，想及将军劳顿，思维'饮至'故典，为您庆功表彰。特派尚书近臣，奉迎凯旋颁赏，旌表盖世功勋，慰劳尽瘁边荒。"接下来举行仪式任命诸葛恪为威北将军，爵封都乡侯。诸葛恪请求率部到庐江皖口驻兵屯田，借机派轻装部队偷袭舒县，乘其不备抓获那里的居民得胜返回。他又分派人员远出侦察，察看行军的必经要道，打算谋取寿春，而孙权没有批准这一军事行动。

赤乌年间，魏国司马懿计划要攻打诸葛恪，孙权正准备发兵应战，观察云气以预测吉凶的占卜家认为此举不利，于是将诸葛恪调

往柴桑驻防。诸葛恪给丞相陆逊写信说："杨敬叔转述您公正的评论，认为当今人才凋敝，枯竭到了极点，能坚守德行功业的已经少之又少，因此大家应当互相帮助，更加注重保持互为依存的关系，对上振兴国家大事，在下互相珍重爱惜。您又说厌恶世俗之人喜欢互相毁谤，使已经成才的人物，半途受到损害拖累；导致有意上进的人才，内心郁闷难以开颜。我听过这些评论很是感叹，确实忍不住击节认同。我认为君子不会对一个人求全责备，孔子前后招收过大约三千门生，其中在他看来特别突出的也只有七十二人而已，至于子张、子路、子贡等名列七十贤徒的人物，虽然德行已仅次于圣人，但还是各有缺点，例如子张偏激，子路鲁莽，子贡则不能安分守己，更何况是德行造诣逊色于他们的其他弟子又怎会没有更多的缺陷呢？然而孔子并没有因为这几个人修养不完备就不把他们当作朋友，也没有盯着人家的短处而无视或放弃他们的长处。加之当今选拔人才的规则，应当比古代更为宽容，为什么这样说呢？原因是时下的事务错综复杂，而道德修养完善的人又特别稀少，各部主管职务，常常苦于找不到官员来任职。假使为人的本质不是天生奸邪，又有为国家贡献才力的志向，这样的人就可以奖掖委任，尽可能发挥他们各自的才能。至于细微方面不符合标准，任意行事的不足之处，都应用宽容的态度加以对待，不值得吹毛求疵。况且对待有才能的人不可一味苛刻要求其细微末节，一定要苛刻要求的话就是古代的圣贤也没有谁是完美无缺的，更何况是比他们相差更远的人呢？所以说用完美道德来衡量人物就难以找到完人，用常人的标准衡量人才就容易发现贤俊，而贤士愚人就可分辨明白。自汉末以来，中原士大夫如许子将之流，他们之所以相互指责诽谤，有的人甚至招引大祸，探究其中根源，并不是因为彼此有何深仇大恨，只是因为没能遵行礼教的规范而严于律己，相反专门搜寻正当的道理来苛求他人。大凡自己不能遵行礼制规范，那么他人就不可能心悦诚服。只管用正当的道理对他人求全责备，他人就会难以承受。内心不佩服别人的德行，外在表现又不肯承受别人的责备，彼此就不能不互相怨恨。互相怨恨的心态一旦滋生，小人就得到了从中挑拨离间的机会。挑拨离间者有了用武之地，那么多次传播的谣言，日积月累的诽谤，就会纷繁杂乱地一齐到来，即使是明察秋毫或亲如骨肉的人面对这种状况，尚且难以做到自行决断，更何况已有隔阂在先，并且不懂得明辨是非的人呢？所以张耳、陈余的友谊发展到最终的互相残杀，萧育、朱博也没能将友情交好坚持到最后，都出于相同的原因罢了。大凡不肯放过别人的小小过失，在微不足道的事情上相互指责，久而久之就将形成家家户户互相埋怨的局面，整个国家就都找不到品行完美无缺的人了。"诸葛恪知道陆逊因为这几点而嫌弃自己，所以就阐发陆逊所议论的义理并称赞其间包含的深刻旨趣。恰好陆逊去世。诸葛恪升为大将军，假以符节，驻扎在武昌，接替陆逊兼任荆州刺史。

多年之后，孙权患病，而太子年纪还小，于是征召诸葛恪以大将军的身份兼任太子太傅，中书令孙弘兼任太子少傅。孙权病势沉重，召集诸葛恪、孙弘及太常滕胤、将军吕据、侍中孙峻，把后事嘱托给他们。

第二天，孙权去世。孙弘向来与诸葛恪不和，害怕被诸葛恪惩治，便封锁孙权去世的消息，想假传圣旨除掉诸葛恪。孙峻把这个阴谋告知诸葛恪，诸葛恪以请孙弘议事为由，在座席上杀了他，于是发布噩耗定制丧服。他给弟弟公安督诸葛融写信说："本月十六日乙未，大行皇帝舍弃国家而去，群臣无论官阶高低，无不悲伤悼念。至于我们父子兄弟，都受到特殊的恩典，不同于凡庸的下属，因此悲伤痛哭，肝肠寸断。皇太子在丁酉日即位称帝，我的悲哀和喜悦交织，不知所措。我身受先皇临终遗命，辅佐幼主，自己私下忖度，才智赶不上博陆侯霍光却肩负周公旦辅佐成王那样的重托，担心辱没叔父诸葛丞相辅助蜀汉的榜样，惟恐有损先帝托付重任的英明，因此忧虑惭愧而惶惶不安，思虑万端。况且老百姓厌恶当权者，上头的一举一动都备受他们关注，什么时候才能改变这样的局面呢？现在我以愚笨鲁钝的资质，身处保傅的官位，困难重重而智慧不足，任务繁重而谋略短浅，谁可作为依靠？近代汉朝，燕王和盖长公主互相勾结，造成上官桀等人图谋杀害霍光的祸乱，现在我的处境与那

时大同而小异,怎么敢心怀安乐呢?弟弟你所驻扎的地方,与敌寇的地界犬牙交错,应当趁现在就整顿军用器具,率领督促将士,警戒防备的措施应比平时更为慎重,要具备即使身当万次死难,而不苟且偷生一次的立场,从而报效朝廷,不辱没我们的先人。另外众将的防备驻守各有自己的区域,要提防敌寇得悉先帝去世的消息,肆意纵兵前来抢劫。边镇各主管官署,我已另行下发约束的公文,让他们管好所属各领兵将官,不得胡乱抛开驻守重任而直接来京奔丧。尽管大家都怀有不可抑制的悲痛,但是公事的规则胜于私情,这也就是伯禽丧服未完就领兵出征的故事来历,如果随意违背,就不只是微小的过失了。通过亲近者的榜样作用来纠正疏远的人,这是古人的明白告诫。"诸葛恪改任太傅。于是停止对臣下的监控刺探,撤除校官设置,宽免百姓所拖欠的赋税,取消关税,各项政事都注重使百姓获得恩惠,民众没有不悦服的。诸葛恪每次外出,百姓都伸长脖子想望着看到他的容颜。

当初,孙权于黄龙元年迁都建业,黄龙二年修筑东兴堤以阻遏巢湖水。后来他出征淮南,竟被湖内敌军舰船击败,因此废堤不再修治。诸葛恪于建兴元年十月在东兴聚集民众,另行修建了规模更大的湖堤,两端凭借山势各筑城堡一座,每座城堡留下一千士兵,让全端、留略分别率兵驻守,诸葛恪自己则率军返回建业。魏国因吴军侵入自己的领地,耻于受到侮辱,命令大将胡遵、诸葛诞等人率军七万人,打算围攻防守大堤的两座城堡,试图破坏阻遏湖水的大堤。诸葛恪发兵四万人,日夜兼程赶往救援。胡遵等人命令各部造浮桥跨越湖面,把士兵渡往堤上,分兵对左右城堡发动攻击。城堡所建位置高险,仓促间难以攻克。诸葛恪派将军留赞、吕据、唐咨、丁奉等人为先头部队。当时天寒下雪,魏国众将在堤上聚会饮酒,眼见得留赞等人兵力不多,而且仝都解开了铠甲,手中不用矛戟,只戴着头盔持刀握盾,等于裸体攀缘上堤,都大肆嘲笑吴兵的荒唐模样,却不部署军队。吴国军队得以上得堤来,随即群起呐喊冲向魏军乱砍乱剁。魏军惊慌骚乱四散逃走,争着渡过浮桥,浮桥毁坏断裂,魏兵纷纷掉落湖中,又自相践踏。乐安太守桓嘉等人同时被溺死,魏军

875

好几万人因此丧生。过去从吴国叛变投敌的将领韩综此时担任魏国的前军都督，也被斩杀。缴获了牛马驴骡所拉车辆各有几千辆，资仗器械堆积如山，吴军整队班师而回。进封诸葛恪为阳都侯，加官荆扬州牧，总督内外各项军事，赐黄金一百斤，马二百匹，缯布各一万匹。

诸葛恪于是产生了轻敌的心态，因在十二月战胜敌人，第二年春天，他又打算再次出征。众大臣认为频频出兵导致将士疲劳，都异口同声劝阻诸葛恪，诸葛恪不予理会。中散大夫蒋延因时常坚决劝谏，被强制搀扶出殿。

诸葛恪为此撰写文章晓谕大家说："古人说'天上没有两个太阳，地上没有两个帝王'，身为帝王不能致力于兼并天下却想着要把福运传给自己的后代子孙，从古至今都没有过类似的先例。从前战国之时，诸侯们自仗着兵强地广，又彼此可以相互救援，认为这样一来就足以代代传承，世人没有谁能危及自己的政权。于是就纵情随心所欲，畏惧勤劳辛苦，致使秦国得以日渐强大，终于吞并了他们，这都是过去所发生的事情。近代的刘景升拥有荆州，手下将士多达十万，财富粮食堆积如山，但他不在曹操实力还很微弱的时候跟他拼实力决雌雄，反而冷眼旁观对方日益强大，吞并消灭了诸袁。等到北方全部平定，曹操率领三十万大军开赴荆州，当时就算有智谋杰出的人在，也不可能给他谋划什么退敌的方略了，于是刘景升的儿子，反绑双臂请求投降，成了曹魏的俘虏。大凡敌对国家都想着互相吞并，如同仇人都试图消灭对方的道理一样。有仇敌而放任他越来越强，灾祸不在自己身上发生，就将应在后人的身上，不能不对此有所深谋远虑。过去伍子胥说：'越国十年生息繁衍，十年教育训练，二十年之后，吴国大概就要被前来进攻的越军践踏成泥沼了吧！'夫差自恃国家强大，耳闻忠言完全不以为意，因此诛杀了伍子胥而对越王勾践毫无戒备，直到灭国大祸即将临头才开始心生懊悔，难道还来得及改变什么吗？越国比吴国弱小，尚且是吴国的祸患，何况实力更为强劲的敌国呢？从前秦国只占据了函谷关以西那点疆土而已，尚且以此吞并了六国，现在的敌寇全部占领了昔日秦、赵、韩、魏、燕、齐六国所有的疆土,那些地方都是军马的故乡以及人才的渊薮。如今拿曹魏比之于古代的秦国,现有疆土比秦国多出几倍;将吴国和蜀国合起来跟古代的六国相比,全部领地还赶不上六国的一半。说到目前之所以还能与曹魏抗衡,只不过因为曹操执政时期的兵力到眼下恰已损耗殆尽,而之后出生的人还没有全部长大,正是敌贼兵力弱小尚未强盛的时候。加之司马懿先杀了王凌,紧接着他自己也翘了辫子,他的儿子还年纪不大,就独自执掌朝政大权,即使有那么些能够出谋划策的人物,其谋略并不能就得以施行。当前出兵征伐魏国,正是它遭逢厄运之时。圣人急于把握时机,说的就是现今这样的情形。如果依从众人的想法,怀着苟且偷安的心态,以为长江天险可以绵延世业,不考虑魏国的发展进程,而以它现在的状况轻视其将来的变化,这正是我要长声叹息的原因呀。自古以来,各国都致力于人口的生息养育,现在敌贼的人口正在日积月累,只是因为男子年龄偏小,暂时还不能够发挥作用。如果往后再过十几年,曹魏的人口一定要比今天多出一倍,而我国能够提供精锐军队的地方,都已资源枯竭,只有现役将士可以凭借成就大事了。如果不能尽早发挥这些人的作用,坐等他们年华老去,再过十几年,大致上会要减少一半的可用兵力,而现有子弟的数量到那时也还不值一提。如果敌贼人口增加一倍,而我方兵力减少一半,就算让伊尹、管仲再生来经营谋划,也不可能有何回天之术。如今不能通达远大谋略的人,必定认为我所说的这些纯属迂腐而不切实际。大凡祸患尚未到来就预先忧虑重重,这本来就是众人所认为迂腐的事。等到大难临头了,除了屈膝下拜叩头求降,那时即使仍有智谋杰出的人在,要再想出别的回天妙计都是绝不可能的事了。这是从古至今共同担忧的问题,不只是存在于某时某刻而已。从前吴国最初也认为伍子胥的说法过于迂腐,所以人难临头而没有办法解救。刘景升不能远虑十年以后的大事,所以没能把基业留给后代子孙。今天我诸葛恪没有人臣的才能,而秉承大吴委托给我像萧何、霍光那样的重任,智慧与普通大众无所分别,思虑不能达到长远谋划的境界,如果不趁现在为国家开拓疆土,弹指之间就已是人到老年，而那时敌寇将更加强大，就算刎颈自杀以谢罪责，难道还会有任何补益吗？我现在听说众人中有的认为百姓还贫困，应当致力于人民的休养生息，这真是不懂得忧虑人民的重大危难而只体恤其细小勤苦的想法。过去汉高祖刘邦已经幸运地占有了三秦之地，他为何不闭关守险让自己安享欢娱逸乐，却还要出关攻打西楚项羽，自己身遭创伤，铠甲头盔里都长满了虮虱，将士们饱受困苦，难道是他偏爱战争而厌憎安宁吗？这是考虑楚汉双方终究不可能长久共存啊！我每常读到荆邯劝说公孙述出兵攻取天下的筹谋，近来又见到家叔父上表陈述与曹魏争夺天下的计划，没有哪次不是长声叹息的。我朝夕辗转反侧，所忧虑的就是这些内容，所以姑且条列我愚昧的想法，送到诸位君子的身旁。若有一天我死了，谋略没能得以实现，也想让后世了解我所忧虑的事，并可在以后再谋求解决的办法。"众人都认为诸葛恪这篇文章是为坚决执行自己的出兵主张而铺垫的理论依据，然而却没有人敢再发言诘难。

丹杨太守聂友与诸葛恪向来友好，他写信劝谏诸葛恪说："大行皇帝本来就有遏制东关的打算，计划没有施行而已。现在您辅佐大业，成就先帝的遗志，敌寇远道而来自行送死，将士们仰赖您的声威与德行，献身效命，一天之间就建立了非比寻常的功业，这难道不是宗庙神灵和国家的福庆吗！目前应当暂且按兵不动以养精蓄锐，寻找到可乘之机再发兵行动。如今乘着前一次胜利的形势打算再度大举出兵，从天时看并不合适。如果一味地凭借热情，我私下里为此感到不安。"诸葛恪在上面所引述的那篇文章后面写了几句话，作为回信答复聂友说："足下虽然讲述了顺其自然的道理，然而却没有看明白胜负存亡的大势。熟读我这篇文章，就可以省悟了。"于是违背众人意愿出兵，大举征发州郡人马达二十来万，百姓动荡不安，诸葛恪开始丧失了民情人愿。

诸葛恪打算在淮南炫耀武力，驱掠敌境百姓，而众将之中有人诘难说："现在率军深入，靠近边界的敌国百姓，必定相继远逃，只怕徒劳士兵而收效微小，不如只围攻合肥新城。新城受困，敌人救兵必定到来，等它救兵来时再运筹攻取，这样就能大获全胜。"诸葛恪采用了此人的计谋,掉头回来围攻新城。攻战持续了好几个月,新城没能攻下。士兵疲劳,又因酷暑而饮用生水,腹泄、脚气等疾病一并爆发,患病者超过半数,死伤情形十分严重。各营军官天天上报都有大量人员生病的情况,诸葛恪认为那都是弄虚作假,要斩了上报士兵病情的人员,自此而后没有人敢再上报了。诸葛恪自己反思此次出兵实属失策,但又耻于攻城不下,内心的愤怒都表现在脸上。将军朱异有所评论,诸葛恪发怒,立刻剥夺了他的兵权。都尉蔡林多次陈述用兵之计,都不被诸葛恪采用,他就策马而去投奔了魏国。魏军因此了解到吴国将士疲劳多病的情况,这才命令援兵向前推进。诸葛恪率军退走。士兵非伤即病,归途中持续扩散,有的困顿倒毙露尸荒野,有的成了敌军俘虏,活着的心怀忿恨并为死去的人感到悲痛,大小人等纷纷呼号哀叹。而诸葛恪泰然自若。又顺道在江中小洲上住了一月,还试图在浔阳开发田园,直到催他返回的诏书首尾相接,他才不慌不忙地引兵回师。从此民众对他丧失希望,而针对他的怨恨诽谤也开始出现了。

秋八月大军返回建业,诸葛恪陈列士兵作为前导后卫,回到大将军府。随即召见中书令孙嘿,厉声问他说:"你们这些人怎敢妄自屡次写诏传召?"孙嘿心怀恐惧告辞而出,借口有病回家去了。诸葛恪这次出征期间,凡是选曹奏准任命的令长级别的主管职务,一律撤销重新选用,他自己愈发讲究威严,对待官员动辄怪罪责备,应当进见他的人无不诚惶诚恐。他又改换了宫廷卫队,任用自己的亲近人员;又下令军队整装待发,准备开赴青州和徐州。

孙峻借着百姓对诸葛恪的怨恨丛生,以及众臣对诸葛恪的厌憎痛恨,诬陷诸葛恪有反逆图谋,他跟孙亮合计,摆酒宴请诸葛恪。诸葛恪将要晋见孙亮的头天夜里,心神烦躁不安,整晚没有合眼。天亮时准备洗漱,闻到水里有腥臭味,侍者递给他衣服,衣服也有臭味。诸葛恪对这种变故感到奇怪,换了水又换了衣服,但臭味依旧,这使他内心懊恼不快。整装后快步走出,家犬衔住他的衣服拖拽不放,诸葛恪说:"狗儿不想让我出行么?"回头坐下,片刻就又起身,家犬再次衔住他的衣服,诸葛恪让随从赶开家犬,然后得以上车。

当初，诸葛恪将要出征淮南时，有一孝子身穿丧服走进了他的内室，随从人员禀报了这件事，诸葛恪命令将那孝子带到外间追问，那孝子说："我不知道是怎么进来的。"当时担任内外守卫的人员，也全都说没有看见那孝子出入，众人都觉得怪异。诸葛恪出征之后，他平时坐堂办公的厅堂大梁自中央折断。从新城回程时住在东兴，有白虹出现在他的座船旁边；然后去拜祭蒋陵，又见白虹环绕着他所乘坐的车子。这天将要会见孙峻时，诸葛恪车停在宫门外面，孙峻已在帷帐内设下伏兵，担心诸葛恪不按时进来，事情会被泄露，他便亲自出来见诸葛恪说："您如果贵体不适，自然可以等以后再见，我会向主上详细禀明。"想以此试探诸葛恪。诸葛恪回答说："我应该竭力进见。"散骑常侍张约、朱恩等人写秘信送给诸葛恪说："今日殿内部署与往常大为不同，怀疑有别的原故。"诸葛恪看完密信就转身离去。他还没走出内宫正门，碰见太常滕胤，诸葛恪说："我突然腹痛，无法忍受就不进宫了。"滕胤不知孙峻的阴谋，对诸葛恪说："您自从出征回来后还没朝见过，今天主上陈设酒宴请您，您已经到了宫门了，应当勉力进见。"诸葛恪犹豫着折回，带剑穿鞋上殿，拜谢了孙亮，回身坐下。斟上了酒，诸葛恪因怀疑而没喝，孙峻因而说："您的病尚未平复，应当带有常服的药酒，自己可以取用。"诸葛恪的内心这才安定，另饮自己带来的药酒。饮酒几巡，孙亮回去内殿。孙峻起身上厕所，借机脱掉长衣，穿着短装，出来说："有诏收捕诸葛恪！"诸葛恪吃惊起身，拔剑尚未出鞘，孙峻的刀已接连砍下。张约从旁刀劈孙峻，仅仅砍伤了他的左手，孙峻随手一刀就砍断了张约的右臂。武卫军士兵都紧急冲上殿来，孙峻说："要收取的只是诸葛恪，他现在已经死了。"命令所有卫士刀剑入鞘，然后扫除干净接着饮酒。

在这以前，有童谣说："诸葛恪，芦苇单衣蔑钩落，于何相求成子阁。"所谓成子阁，反切就是石子冈三字。建业城南有一座高大的土山，名叫石子冈，是埋葬死人的地方。钩落，就是革带上的装饰，民间称之为钩络带。诸葛恪果然是用苇席裹身加上竹蔑束腰，被抛到了这座石子冈上。

诸葛恪的长子诸葛绰,任骑都尉,因有勾结鲁王的事件,孙权把他交付给诸葛恪,让诸葛恪再加教育训导,诸葛恪用毒酒杀了他。次子诸葛竦,任长水校尉。小儿子诸葛建,任步兵校尉。听到诸葛恪被杀的消息,用车子载着母亲逃走。孙峻派骑督刘承在白都追杀了诸葛竦。诸葛建已经渡过长江,想往北走投奔魏国,前行了几十里,被追兵抓获。诸葛恪的外甥都乡侯张震以及常侍朱恩等人,都被夷灭三族。

当初,诸葛竦屡次劝谏诸葛恪,而诸葛恪都不听从,他常常忧心忡忡只怕会有大祸临头。到得诸葛恪被杀,临淮人臧均上表请求收葬诸葛恪说:"臣听说响雷闪电,不会持续一整天,大风突然而起,罕见终日不停,并且接下来会要云聚雨落,因而得以滋润万物,虽则天地逞威,不能整日过辰,而帝王发怒,也不应穷情尽意。为臣我狂妄愚昧,不懂得有所避忌,所以斗胆冒着破家灭身之罪,来求得君王降下雷鸣电闪后的风云雨露。念及已故太傅诸葛恪得以继承其祖先流风余韵的辉煌,他的几位伯父叔父遭遇汉朝福运终结,而九州局面鼎足而立,分别依托魏、蜀、吴三方,都能坚守忠心勤劳,而帮助兴隆先辈的事业。到了诸葛恪,生长在吴国,接受圣明的教化培育,获得英俊奇伟的名声,承担公职几十年,没有萌生祸乱之心,先帝把伊尹、周公一样的重任托付给他,将国家纷繁复杂的日常政务委任给他。诸葛恪本性倔强固执,骄矜自负而盛气凌人,不能谨小慎微地守护国家政权,从而实现国家的和睦安宁,他为了建立功业而使军队长期辛劳在外,不到一年时间就先后出兵三次,致使军力民力徒然损耗,而国家库藏平白枯竭,又独揽国家大权,任意罢免任用官员,凭借刑法胁持大众,大小官员都不敢出声。侍中武卫将军都乡侯孙峻跟他一起接受先帝托付的诏命,眼见他逞奸施虐,日甚一日,担忧他将使天下动摇,国家颠覆,于是奋起威怒,精诚贯日,计谋思虑先于神明而发,智勇双全百倍于荆轲、聂政,亲自手执锋利的刀剑,诛杀诸葛恪于殿堂之上,勋业超越朱虚侯,功勋远胜东牟侯。国家的首害,瞬间就被根除,传送他的首级巡回示众,六军欢喜雀跃,日月增辉,风尘平息,这确实是宗庙的神主显灵,天与人共同体察的效验。现在诸葛恪父子三人的首级,高悬于市集已不少日子,观看的人数以万计,骂声成风。国家的重刑,没有哪个不深受震动,男女老少,也无不完全看在眼里。以人情来推演万物,就知乐极生悲的道理,曾见诸葛恪高贵显赫,当世没有谁能与他匹敌,身居三公宰相的显位,前后已有多年,现在遭到的诛杀,跟禽兽被杀毫无二致,看完后感情起伏跌宕,能不心怀忧伤吗!况且已经死去的人,与土壤同归一处,凿挖砍刺的刑罚,不可能再施加其上。希望圣朝明主效法天地,震怒不超过一旬,让他的乡人譬如他过去的官员百姓用普通士兵的服装加以收殓,惠赐他三寸厚的一具薄棺。从前项羽兵败自刎还得到殡葬的恩赐,韩信谋反被杀还获得收殓尸体的恩惠,这就是汉高祖显现了神明般的声誉。希望陛下笃行三皇的仁爱,垂降怜悯之心,让国家的恩泽也覆盖有罪被杀的罪犯,使罪犯的骸骨再次蒙受不尽的圣恩,以此扬声远方,用惩恶扬善的规则激励天下之人,难道不是很弘大的德业吗!从前栾布假托君命祭奠彭越,我私下里痛恨这种做法,不先请示主上,而独享声名以放纵私情,他没有被杀,实在是很幸运的了。如今我不敢公开宣扬我的愚昧情怀以显露皇上的恩德,谨此俯伏在地亲手写下这份奏表,冒昧陈述自己的想法,恳请圣朝哀怜体察。"于是孙亮、孙峻允准诸葛恪原来的下属官吏收殓安葬他,就在石子冈找到了他的尸体。

当初诸葛恪退军返回,聂友就料到他将走向败亡,他曾写信给滕胤说:"当一个人强盛的时候,可以力拔山岳让江河改道流淌;一旦他走向衰败,人情百态也就将暴露无遗,说起来令人悲叹。"诸葛恪被杀之后,孙峻猜忌聂友,打算调他担任郁林太守,聂友发病忧虑而死。聂友字文悌,豫章郡人。

滕胤字承嗣,北海郡剧县人。伯父滕耽,父亲滕胄,与刘繇是州里的世交,因为时势动乱,渡过长江依附刘繇。孙权任车骑将军时,任命滕耽为右司马。滕耽以为人宽厚著称,早年去世,没有后人。滕胄善写文章,孙权用宾客的礼节对待他,军政公文,常常让他修饰润色,滕胄也不幸短命。孙权受封吴王,追录昔日的恩义,封滕胤为

诸葛滕二孙濮阳传第十九

都亭侯。滕胤从小就有志节操守,姿态仪表端庄。二十岁那年娶公主为妻。三十岁时,初任职为丹杨太守,又调任吴郡、会稽郡太守,所到之处都受人称许。

太元元年,孙权卧病在床,滕胤来到京城,留京担任太常,与诸葛恪等人一起接受孙权的遗诏辅佐国政。孙亮即位,给他加官卫将军。

诸葛恪打算出动全国军队讨伐魏国,滕胤劝诸葛恪说:"您在先帝去世新君继任之际,接受了伊尹、霍光那样的重托,入朝安定国政,出征摧折强敌,名声响彻海内,天下无不震动,百姓之心,都希望仰赖您而得到安定。如今劳役结束未久,又兴兵出征,百姓疲惫力竭,远方的国君也有了防备。如果进攻不能夺取城池,野外粮谷的抢夺又一无所获,这样就会丧失以前的功劳而招致以后的指责。不如按兵不动,见机而发。况且用兵是重大的事情,军事要依靠众人来成就,众人如果不能悦服,您难道准备独自办到它不成?"诸葛恪说:"所有指认不可以出兵的人,都是不懂得谋划的规则,而心怀苟且偷安的想法罢了,而您又认为他们是对的,我还能指望什么呢?由于曹芳愚昧低劣,魏国的朝政大权又控制在权臣之手,那里的臣民,本来就有叛离之心。现在我利用国家资财,依仗着战胜者的威势,那么攻向哪里而不能获胜呢!"他任命滕胤为都下督,总管留守事务。滕胤白天接待宾客,入夜披阅公文,有时通宵不眠。

孙峻字子远,是孙坚的弟弟孙静的曾孙。孙静生孙暠。孙暠生孙恭,孙恭曾任散骑侍郎。孙恭生孙峻。孙峻从小擅长骑射,精明果断而胆识狠决。孙权末年,孙峻升为武卫都尉,担任侍中。孙权临终前,他接受遗诏辅佐朝政,兼任武卫将军,按惯例掌管宫廷警卫,爵封都乡侯。在杀了诸葛恪之后,升任丞相大将军,总管朝廷内外一切军事,假以符节,进封为富春侯。滕胤因自己是诸葛恪的儿子诸葛䂮的岳父而自请辞去职位,孙峻说:"鲧之罪尚且不曾连累他的儿子大禹,滕侯您这是为什么呢?"孙峻与滕胤尽管内心并不融洽,但表面上仍相互包容。孙峻进封滕胤的爵位为高密侯,两个人还像从前一样共事。

孙峻向来没有很高的名望,而为人骄矜阴险,滥刑好杀,百姓怨声载道。他还淫乱宫女,跟公主鲁班私通。五凤元年,吴侯孙英图谋诛杀孙峻,但因事情泄露被害。

五凤二年,魏将毌丘俭、文钦凭借部众反叛,与魏军在乐嘉交战,孙峻率领骠骑将军吕据、左将军留赞袭击寿春,正赶上文钦战败投降吴国,于是率军回师。这一年,蜀国使者前来通好,将军孙仪、张怡、林恂等人想借会见蜀国使者的机会诛杀孙峻,事情败露,孙仪等人自杀,连累被害的人有好几十个,并且株连到公主鲁育。

孙峻打算在广陵筑城,朝臣都知道那里不可筑城,但因为害怕孙峻而无人敢说。只有滕胤发言阻止,孙峻不听,而筑城之事最终也没见成效。第二年,文钦游说孙峻征伐魏国,孙峻派文钦与吕据、车骑将军刘纂、镇南将军朱异、前将军唐咨从江都进入淮河、泗水一带,图谋攻取青州和徐州。孙峻与滕胤来到石头城,顺便为诸将饯行,他带着一百余名亲随进入吕据的军营。吕据管理军队整齐肃穆,孙峻厌恶他,就声称心痛而离去,接着就梦见被诸葛恪攻击,因此恐惧发病而死,时年三十八岁,死前将后事托付给了孙綝。

孙綝字子通,跟孙峻出自于同一祖父。孙綝的父亲孙绰曾任安民都尉。孙綝最初担任偏将军,到孙峻死后,他担任侍中、武卫将军,兼管朝廷内外一切军事,接替孙峻主持朝政。吕据听说后十分恐惧,与众督将联名共同上表推荐滕胤担任丞相,而孙綝改任滕胤为大司马,接替吕岱驻守武昌。吕据领兵返回,派人通报滕胤,想共同废黜孙綝。孙綝得到消息,派堂兄孙宪领兵在江都迎击吕据,让中使以圣旨名义命令文钦、刘纂、唐咨等人联合攻击吕据,又派侍中左将军华融、中书丞丁晏告知滕胤要攻取吕据,并劝谕滕胤应迅速离京。滕胤自认为大祸已经临头,就扣押了华融、丁晏,部署人马进行自卫,他召见典军杨崇、将军孙咨,把孙綝作乱的事告诉他们,迫使华融等人写信责备孙綝。孙綝不听,上表指称滕胤谋反,并且允诺将军刘丞可得封爵,让他率步兵、骑兵火速围攻滕胤。滕胤又

诸葛滕二孙濮阳传第十九

胁迫华融等人让他们假造诏令征调部队,华融等人不肯听从,滕胤便把他们全都杀了。滕胤神色不变,谈笑自若有如平时。有人劝说滕胤"领兵到苍龙门,将士们看到滕公您出现,必定离弃孙綝来投奔滕公"。当时已是夜半时分,滕胤仗着与吕据有时间约定,再者也以带兵开向皇宫的举措感到为难,于是下命令约束部下,说"吕侯已在很近的路上了",所以部下都替滕胤拚死而战,没有谁临阵脱逃。这时大风呼啸,到得拂晓时分,吕据的人马没见到来。孙綝的兵马大举会集,于是攻杀了滕胤及其数十名将士,夷灭了滕胤三族。

孙綝升迁为大将军,假以符节,爵封永宁侯,他仗着地位尊贵而傲慢自大,常做无礼之事。当初,孙峻的兄弟孙虑参与了诛杀诸葛恪的阴谋,孙峻很厚待他,使他官至右将军、无难督,授予符节与车盖,管理朝中九卿六部事务,孙綝给予孙虑的待遇比孙峻的时候要差,孙虑发怒,与将军王惇图谋诛杀孙綝。结果是孙綝杀了王惇,孙虑服毒自杀。

魏国大将军诸葛诞占据寿春反叛,并固守城池请求投降吴国。吴国派文钦、唐咨、全端、全怿等人率领三万士兵前去救援。魏国镇南将军王基率军围攻诸葛诞,文钦等人突破重围进入城中。魏国调动朝廷内外全部二十余万军队赶来加大对诸葛诞的围困。朱异率三万人马驻扎在安丰城,作为文钦的羽翼。魏国兖州刺史州泰在阳渊抵御朱异,朱异败退,被州泰追击,死伤了两千人。孙綝于是大举出兵屯驻镬里,再派朱异率将军丁奉、黎斐等人的五万兵马进攻魏军,把随行军用器械和粮草留在都陆。朱异屯兵黎浆,派将军任度、张震等人招募勇气出色的士兵六千人,在离驻地西面六里处架设浮桥趁夜渡水,到对岸筑起半月形的营垒。但他们被魏国监军石苞及州泰击败,军队撤退到高处。朱异又以车箱式的包围阵形奔赴五木城。石苞、州泰攻打朱异,朱异又失败而回。魏国太山太守胡烈用五千奇兵从隐秘的小路偷袭都陆,把朱异的军资粮食一把火烧得精光。孙綝再给三万兵让朱异拚死作战,朱异不肯服从,孙綝便在镬里斩了他,另派弟弟孙恩去援救,碰上诸葛诞已经失败,只得率军回国。孙綝既不能救出诸葛诞,反倒损失不少人马,还亲自杀了国内名将，因而无人不怨恨他。

孙綝因为孙亮开始亲理政事，对自己多有责难诘问，心里很是害怕。他回到建业，称病不去上朝，在朱雀桥南边修筑房屋，让弟弟威远将军孙据进入苍龙门担任宿卫，弟弟武卫将军孙恩、偏将军孙干、长水校尉孙闿分别驻守各军营，试图以此独揽朝政稳固自己的地位。孙亮内心厌恶孙綝，借着追查公主鲁育被杀原委一事，怒责虎林督朱熊、朱熊的弟弟外部督朱损没有尽到匡正孙峻的责任，于是命令丁奉在虎林杀了朱熊，在建业杀了朱损。孙綝入宫劝谏而不被采纳。孙亮紧接着又与公主鲁班、太常全尚、将军刘承合议诛杀孙綝。孙亮的妃子，是孙綝堂姐的女儿，她把孙亮的谋划告知了孙綝。孙綝率领人马趁夜袭击全尚，派弟弟孙恩在苍龙门外杀了刘承，然后包围皇宫。孙綝派光禄勋孟宗到宗庙祭告废黜孙亮，又召集众主管官员计议说："少帝荒唐而昏庸无道，不堪身处帝位，奉祀宗庙，已经祭告先帝把他废黜了。诸位如有不同意的，就发表异议。"众人都很震惊，说："只听将军的命令。"孙綝派中书郎李崇夺取孙亮的印玺绶带，把孙亮的罪状颁布各地。尚书桓彝不肯署名，孙綝发怒将他杀了。

典军施正劝孙綝征请琅邪王孙休继承皇位，孙綝听从了他的建议，派宗正孙楷向孙休奉书信说："我孙綝凭着浅薄的才能，被授予重任，却不能辅佐引导陛下。近几个月以来，他多次大兴土木，又宠信刘承，迷恋女色，征发官民家中的妇女，选出其间姿色姣好的，留在宫内，挑选士兵子弟中十八岁以下者三千多人，在宫苑中习武练兵，日以继夜，大呼小叫，毁坏武库中的矛戟五千多枝，用来制作玩乐游戏的器具。朱据是先帝的老臣，他的儿子朱熊、朱损都继承了父亲的基业，以忠贞义烈为立身根本。从前杀害小公主，自是大公主所中伤，皇帝不再精细核查事情的来龙去脉，便杀了朱熊和朱损，有所劝谏都不采用，各位臣下无不恐惧自危。皇帝在宫中制造小船三百余艘，用金银制成，工匠为此昼夜不停地工作。太常全尚，几代蒙受皇恩，却不能督察自己的各远近亲属，而全端等人更是弃城投奔了魏国。全尚地位尊崇非同一般，竟然没有一句话来劝谏陛下，

诸葛滕二孙濮阳传第十九

却与敌人交往,派人传送国家的消息给敌国,只恐他必定要危害国家。考查推求旧时的法则,国家福运齐集在大王您的身上,所以我就在本月二十七日捉拿全尚并斩了刘承,废黜皇帝为会稽王,派孙楷奉迎大王继位。百官仰望期待,夹道欢迎之至。"

孙綝派将军孙耽送孙亮去封国,流放全尚到零陵,把全公主迁往豫章郡。孙綝越发志得意满,轻侮冒犯民间诸神,竟至于纵火烧毁大桥头的伍子胥庙,又毁坏佛寺,斩杀道人。孙休即位后,他自称草莽臣,来到宫门上书说:"微臣伏地反省,论才能不懂得治理国家,纯粹由于是皇室近亲,官位才高居群臣之上,实在是贻误公务而损害国家,罪责显然,寻思推究罪过,日夜忧愁恐惧。我听说天命辅助诚信,必定亲近道德品行高尚且能身体力行的贤人,因此周幽王、周厉王丧失法度,周宣王则由衰微而复兴周朝。陛下具有至高无上的道德,继承帝业,应当得到贤良的辅弼,以便协理和乐升平的国政,即使像唐尧那样的盛世,尚且要寻求稷、契的辅佐,从而协和明达圣哲的美德。古人有言:'施展能力就承担职务,不能胜任就该辞职。'我尽管已竭智尽力,对各种政务却无所裨益,谨此呈上印玺绶带符节斧钺,退归田园,以给贤人让开道路。"孙休召见他给予安慰劝导。又下诏书说:"我凭着寡薄的德行,在外驻守藩国,遇上这一时机,承蒙众公卿士大夫聚集在我身边,让我得以奉祀宗庙。我因此怅然,好像身临深渊而行走在薄冰之上。大将军忠诚的计划发乎内心,匡扶危急而平定倾覆,使国家获得安宁,功勋昭著。从前汉宣帝即位称帝,霍光尊荣显贵,褒扬贤德及奖赏功勋,这是古今相通的道理。特此任命大将军为丞相、荆州牧,食邑五个县。"又任命孙恩为御史大夫、卫将军,孙据为右将军,都封为县侯。孙干为杂号将军,爵封亭侯。孙闿也封为亭侯。孙綝一家五人封侯,都掌管禁卫军,权势超过君主,从吴国朝廷大臣受宠的情况看可谓前所未有。

孙綝进献牛酒礼物给孙休,孙休不接受,他便转送给左将军张布;酒到酣处,孙綝口出怨言说:"当初废掉少帝时,多的是劝我自立为帝的人。我因陛下贤能英明,所以才迎立他为帝。皇帝没有我就立不了,现在我奉献礼品却遭到拒绝,这样待我与一般大臣毫无区别,我应当重新改变计划了。"张布把这话告诉孙休,孙休心里暗恨,担心孙綝制造变乱,所以多次给予他赏赐,又再给孙恩加官侍中,与孙綝分管审阅公文。有人告发孙綝心怀怨怒轻侮皇上有谋反企图,孙休把这人抓起来交给孙綝,孙綝就把这个人杀了,从此孙綝更加惧怕,他通过孟宗请求外出屯驻武昌,孙休答应了他的请求,命令孙綝督率中营精兵一万多人,都让他们跟随孙綝启程,孙綝从武库中取走的兵器,也全让带走。将军魏邈劝孙休说:"孙綝居住在京城之外必定会生变乱。"武卫士施朔又告发说"孙綝意图谋反已有迹象"。孙休秘密询问张布,张布和丁奉谋划借腊祭聚会诛杀孙綝。

永安元年十二月七日,建业有民谣说明天的聚会将有变故,孙綝听说后,心里不快。当夜狂风拔树飞沙,孙綝更加恐惧。八日腊祭大会,孙綝声称有病。孙休执意请他到会,前后派出了十几批催请的使者,孙綝迫不得已,准备入宫,手下人都阻止他。孙綝说:"国家多次有命令,不可推辞。可预先整顿士兵,让将军府内起火,我借此就能立即返回。"于是入宫,没多久将军府火起,孙綝请求出宫,孙休说:"外面兵士本来就多的是,不值得烦劳丞相。"孙綝起身离席,丁奉和张布用眼神暗示手下人捆绑了孙綝。孙綝叩头说:"我愿被流放交州。"孙休说:"你为什么就不流放滕胤、吕据?"孙綝又说:"我愿意沦为官府奴仆。"孙休说:"为什么就不让滕胤、吕据为奴呢!"随即斩了孙綝。让人提着孙綝的首级命令他的部众说:"所有跟孙綝同谋的人都予赦免。"放下兵器的有五千人。孙闿乘船想往北投降魏国,被追兵赶上杀掉。夷灭了孙綝的三族。挖出孙峻的棺木,收取他的印玺绶带,砍破他的棺木将其尸体埋掉,这是因为他杀害公主鲁育等人的缘故。

孙綝死时二十八岁。孙休认为自己跟孙峻、孙綝同宗共族是一种耻辱,特地将他们的名字从宗族名册中革除,称之为故峻、故綝。孙休另下诏令说:"诸葛恪、滕胤、吕据都因无辜遭到孙峻、孙綝兄弟的残害,确实令人痛心,从速全部给予重新安葬,分别为他们祭奠。那些受诸葛恪等人连累而被流放远方的人,一律召回。"

濮阳兴字子元，陈留人。父亲濮阳逸，汉朝末年避乱来到江东，官至长沙太守。濮阳兴年轻时就有才士的名声，孙权在位时任命他为上虞县令，渐渐升到尚书左曹，以五官中郎将身份出使蜀国，回来后担任会稽太守。当时琅邪王孙休居住在会稽，濮阳兴与他相交深厚。到孙休即位，征召濮阳兴为太常卫将军、平军国事，封为外黄侯。

永安三年，都尉严密建议在丹杨围湖造田，筑浦里塘。孙休诏令百官聚会商议，大家都认为费工太多而湖田不能保证成功，只有濮阳兴认为能够成功。于是征集士兵和百姓前去兴建，工程花费和劳力付出不可胜数，士兵有的因为劳瘁死亡，有的不能承受而自杀，百姓十分怨恨濮阳兴。濮阳兴升为丞相，与孙休的宠臣左将军张布互为表里，国内人民大失所望。

永安七年七月，孙休去世。左典军万彧一向就与乌程侯孙晧关系友好，就劝说濮阳兴和张布，于是濮阳兴和张布废掉孙休的嫡子而迎立孙晧为帝。孙晧登基后，为濮阳兴加官侍郎，兼任青州牧。不久万彧诬告濮阳兴、张布追悔迎立之事。这年十一月初一上朝时，孙晧乘机收押了濮阳兴和张布，将二人流放广州，半路上又派人追杀了他们，并夷灭三族。

评：诸葛恪的才能气魄以及治事的才干谋略，都受到国人的称道，然而他骄纵并且不懂得体恤他人，周公德比日月功高盖世尚且不肯表现得目空一切，更何况还只是他诸葛恪这样的才德水平？他夸耀自己以势压人，怎么能不招致败亡啊！如果他能身体力行自己写给陆逊和弟弟诸葛融的信里所讲论的行为规范，那么悔恨就不会临头，又哪里会有后来的祸殃呢？滕胤努力培养士节，循规蹈矩，然而在孙峻玩弄权柄之时他还试图力保自己的尊贵，这是他必遭危险的根源。孙峻、孙綝这两个凶险而恶贯满盈的小人，本来就不值得作何评论。濮阳兴身为辅政重臣，不思虑更好地治理国家，却去协助张布的邪行私心，采纳万彧迎立孙晧的劝说，遭到诛灭也是理所当然的了。

白话三国志卷六十五　吴书二十

王楼贺韦华传第二十

王蕃字永元,庐江郡人。他博学多闻,兼通方伎卜筮之类技艺。最初担任尚书郎,后又解除官职。孙休即位,他与贺邵、薛莹、虞汜同任散骑中常侍,都加官驸马都尉。当时舆论对他做出了为人清雅的评议。朝廷派他出使蜀国,蜀国人也称赞他,回来后担任夏口监军。

孙晧在位初年,王蕃又入朝担任常侍,与万彧官职相同。万彧跟孙晧有老交情,这人鄙陋庸俗,仗势欺凌他人,说受到王蕃轻视。再有中书丞陈声,是孙晧的宠臣,多次谗毁王蕃。王蕃秉性高尚忠正,不愿察颜观色见风使舵,时常违背孙晧的意愿,日积月累就因此遭受皇上的责备。

甘露二年,丁忠出使晋国归来,孙晧举行盛大宴会招待群臣,王蕃酩酊大醉而倒在席上,孙晧怀疑王蕃存心不敬而感到很不高兴,于是命人用肩舆把王蕃抬出大殿。不久王蕃请求回席,而醉意未消。王蕃天性注重尊严,此时此刻他的举止自若,一如往常,这使得孙晧怒气冲天,喝令左右亲随将王蕃斩杀于殿陛之下。卫将军滕牧、征西将军留平为他求情,却未能解救成功。

丞相陆凯上疏说:"常侍王蕃善于对事理融会贯通,知天文而懂万物,身处朝廷忠诚正直,是国家倚重的柱石,大吴国的龙逢。从前他事奉景帝,在景帝身边进言献谏,景帝敬重而嘉许他,赞叹他与众不同。而陛下却恼恨他言语逆耳,厌恶他直言应对,将他斩杀于殿堂之内,尸骸抛露在外,国内人民因此心灵受伤,有识之士为他哀痛追念。"陆凯痛惜王蕃达到了如此程度。王蕃死时三十九岁,孙晧又把王蕃的家属流放广州。王蕃的两个弟弟王著、王延都才行出众,郭马起兵造反之时,他们不愿给郭马效力,都被杀害。

楼玄字承先,沛郡蕲县人。孙休在位时他任监农御史。孙晧即位之后,他跟王蕃、郭逴、万彧同任散骑中常侍,后出任会稽太守,再入朝任大司农。以前宫禁中的主管人员都是任用自己的亲近,万彧陈述说皇上的近身亲信应当任用品行端正的人,孙晧因而下令有关部门寻求忠诚廉正的人员,作为宫中职官的选拔对象,于是任用楼玄为宫下镇禁中候,主管殿中防卫事务。楼玄以九卿官品作为带刀侍卫,坚持端正自身以统领部下,奉法行事,应对恳切率直,因此多次违逆孙晧的心意,渐渐地受到孙晧怒责。后来有人诬告楼玄曾与贺邵相逢,二人停车凑在一起私语狂笑,诽谤讥讽政事,于是受到诏书责问,并被流放广州。

东观令华覈上疏说:"我私下认为治国的基本方法,大体上犹如治家。主管田野事务的人,都应该贤良诚信。还应该有那么一个人负责整理安排细节,并为它做出纲纪,这样各项家事才能料理完善。《论语》说:'无需烦忧就能使天下太平的人恐怕就是虞舜吧!他只用面向正南端坐在帝王宝座上就可以了。'说的就是任用的人称职得当,所以自己就可以悠闲自得而身心安适。如今四海尚未平定,天下事变层出不穷,事情无论大小,都应当关心过问,如果凡事动不动要经由陛下,必然会使得陛下劳心损力。陛下既然关注通晓古代的事情,总集穷尽六艺群书,加之苦心孤诣探求原道,随季节推移而提神养气,应当获取闲静境界来放飞想象,吸纳高洁纯朴的养分,达到身心的天长地久。我日夜思考,在众多官员之中,能承担重要事务,并且值得委任信赖的人,没有谁能超过楼玄。楼玄清正忠诚奉公守法,是当世的表率,人们都悦服他的德行,没有谁可以跟他争先攀比。凡是清廉的人就心情平静而志向正直,忠诚的人只有正确的途径他才肯往前迈步,像楼玄这样的性情,可保自始至终不会改变,请求陛下宽恕楼玄以前的过失,使他得以悔过自新,提拔主管朝廷各部门职事,责成他后来的工作实绩,使他替国家选拔人才,根据人才实力授予相应的职务,那么像虞舜那样只需端坐南向而天下大治的情形,眼前就可以得到。"孙皓忌恨楼玄的名声,再次发配楼玄及其儿子楼据,交付给交阯将领张奕,让他们参与战斗来作为自己为国效命的体现,暗中又命令张奕杀掉楼玄。楼据到达交阯以后,就因病而死。楼玄孤身一人跟随张奕讨伐贼寇,持刀步行,见了张奕就行大礼,张奕不忍心杀他。正好张奕突然死亡,楼玄殡殓张奕,在张奕的器具中见到了孙皓要杀他的敕书,然后回到住所就自杀了。

贺邵字兴伯,会稽郡山阴县人。孙休即位,他从中郎升为散骑中常侍,出任吴郡太守。孙皓在位时,他又入朝任左典军,后升中书令,兼任太子太傅。

孙皓凶狠残暴并且骄傲自负,政务日益衰败。贺邵上疏劝谏说:"古代圣明的君主,之所以能够身在深宫而了解万里之外的事情,垂衣拱手坐在席上,却能将明察的智慧延伸到极度遥远的边境,那是因为任贤用能的缘故。陛下凭借最高的道德和美好的姿容,继承了帝业,应当以身作则履行正道,恭谨地奉守帝位,表彰贤才善人,从而治理各项政务。从近年以来,朝廷官员纷繁杂乱,良莠不齐,上下尸位素餐,文武空居职位,边镇没有得力的守将,朝中缺乏忠勤敢言的谏官;奸佞阿谀之徒飞黄腾达,钻营朝廷权威,盗名窃利,而忠正贤良者遭到排挤贬斥,诚信可靠者屡遭毁谤陷害。因此正直之人被摧折棱角,而庸俗的臣子苟合献媚,及时揣测陛下心意而奉承恭维,各自迎合时尚,人人坚持违反常理的评述,个个口吐欺骗诡诈的议论,于是使清澈的流水变得混浊不堪,让忠于君主的官吏三缄其口。陛下站在至高无上的地方,身居千门万户的深宫之内,一言既出百姓的顺服将像小草一样迎风披靡,命令发布后人们的追随就如影子追随形体一样寸步不离,亲近那些献媚取宠的小臣,每天听到的都是顺从心意的言词,只怕就要认为这帮人真的贤明,而天下也已经太平无事了。我心里感到不安,怎敢不据实禀报陛下!

"我听说想使国家兴盛的君主乐意听到有人指出自己的过失,荒淫昏聩的国君喜欢听取讨好赞誉之辞;能听到自己过失的君主他的过失日益减少而福运降临,爱听好言美誉的君主他的美名将与时递减而灾祸来到。因此古代的君主,用礼乐文德来进纳贤能,以谦和克制的胸怀来寻找过错,把身居帝位应有的谨慎比之为策马狂奔,并且始终保持高度的警戒就像脚踏着老虎尾巴一样。说到陛下,却是加重刑罚以杜绝正直的言语,废黜有德之士以反击直言规劝之臣,迷惑不明毁谤赞誉的实质,沉溺于受宠亲信之人的花言巧语。从前殷高宗思得辅佐,梦里便得到了贤才,而陛下寻求贤人显得那般漫不经心,轻忽贤人却恰如丢弃废物一样随意坚决。原常侍王蕃忠诚恭谨一心为公,才能胜任辅佐之职,却在他酒醉之时施以极刑。最近大鸿胪葛奚,这位先帝时期的老臣,偶有连逆不顺,都不过是酒醉后的糊涂言语罢了,本来酒过三巡之后,礼仪上也不再有所避忌,陛下却大发雷霆,说他态度傲慢,要他喝下醇酒,中毒毙命。从此以后,国内人民心中惶恐,朝廷大臣失去指望,做官者把贬退视为幸运,在朝者将出外任职看作福分,这确实不是用来保持并光大帝业,兴盛道德教化的做法。

"再者何定本属奔走服役的小人,地位还不如一般的奴仆,自身没有丝毫的德行,能力当不得鹰犬的作用,而陛下却喜欢他的巧言讨好,授予他威权,使得何定仗着宠幸肆无忌惮,擅自作威作福,口里裁决对国事的议论,手里把玩国家的机要事宜,对上亏损陛下日月般的英明,对下阻塞君子进身的通道。大凡小人谋求进取,必定要获取非法谋取的利益,何定妄自兴发劳役,征调长江沿岸的守军去追猎麋鹿,在山中布下猎兽罗网,砍伐山林,尽驱山野百兽,聚歼于重重围猎之中,对上没有补益时政的名分,对下却有损耗财力的浪费。士兵们疲于来往运送,人力耗竭于驱逐狩猎,老弱饥寒交迫,大人小孩怨声载道。我私下观察天象的变化,自近年以来阴阳错乱,四季节令反复无常,日食地震,仲夏降霜,参检典籍,都是阴气侵凌阳气,而小人玩弄权势所招致的。我曾经披阅典籍,校验时下已发生的事件,吉凶灾变的征兆都能对应,我为之心惊而全身颤抖。

从前殷高宗自我修养以消退雉立鼎耳的妖异征象,宋景公推崇仁德来禳除火星不祥的变化,希望陛下对上畏惧皇天显示的谴责警告,对下追随高宗、景公禳除灾祸的办法,远察前代帝王任用贤能的功业,近悟当今错授官职的过失,审察官位,旌表进用才德超卓的贤人,放逐斥退奸佞的小人,剥夺奸人手中的权势,如前所述种种小人,一律不再任用,广泛招纳久沦下位的才德兼备者,包容接受正直的言词,谨慎地承受上天的旨意,恭敬地奉守祖先的基业,那么广远深入的教化将得以广布,天上人间就不再有所怨恨了。

"《传》说:'国家兴旺,是因为把民众视为婴儿;国家灭亡,是因为把百姓当作草芥。'陛下以前隐藏神异的灵光,在东方潜修德行,凭着至高无上的道德和美好的资质,比如飞龙腾空以顺应天命,四海民众延颈期待,八方百姓拭目盼望,认为周成王、周康王那样的美好教化必定会在近日兴隆了。但自陛下即位以来,刑法和禁令变得苛刻,赋税名目日益繁多;宫里的小人,分布到各州各郡,他们肆意兴发劳役,竞相营求不正当利益;百姓遭受穿梭一般连续不断的困扰,民众疲于无休无止的索求,不分老幼忍饥受冻,家家户户面有菜色,而各处地方长官,迫于畏惧承担罪责,各自推行严刑峻法,向百姓搜刮置办。因此民力不堪承受,家家户户妻离子散,呼号哀叹声此起彼伏,损伤了导致吉利的祥和之气。另外长江沿岸的守卫部队,从远处考虑应用来开拓国土扩大疆域,从近处着眼应用来驻守边境防备战乱,应该对他们特别给予优厚的生活待遇,以待战事来临时发挥他们的作用,而现在却要征收他们的赋税,频繁得就如烟云一般密集,使得这些人穿不上一袭粗布衣服,饮食则朝不保夕,出征要担当战争的生死考验,归来又要面对贫穷无依的忧伤愁苦。因此父子之间相互离弃,叛变投敌者成群结队。希望陛下放宽赋税去除烦苛,赈济贫困之人,减省各项不急需的劳役,放宽禁条简省法令,那么国内百姓就将安居乐业,广远深入的教化就会普施四方。大凡民众是国家的根本,粮食是百姓的命脉,如今国库没有一年的储备,民家没有整月的积蓄,而后宫之中不劳而食的却多达一万余人。宫里有妇人离家独处空守的怨气,宫外有无端损耗的浪费,致使国库被无用的支出耗尽,而让广大人民因糟糠的不足而备受饥饿。

"再次北方的敌人虎视耽耽,窥视着我国的盛衰,陛下不凭恃自己的声威与德行,而要依赖敌人的不来侵犯,忽略国家的艰难窘迫,而又轻视敌寇一时没有发难,这确实不是克敌制胜的良计妙策预先出于朝廷制定的要义。昔日大皇帝不辞辛劳,在江南创立吴国基业,割据江山,拓土万里,尽管也是承蒙上天赞助,实质依靠的还是人的努力。他所留下的福庆帝运,传到陛下手中,陛下应当勉力崇尚道德修养与才识度量,从而光大祖先的功业,爱民养士,保全先王的法度,怎么能够忽略祖先的功劳,轻视好不容易得到的帝业,而忘掉天下的败乱不兴,不顾王朝兴衰更替的巨变规律呢?我听说祸福变化无常,吉凶由人决定,长江的天赐险阻,不可长久凭据,如果我们不去防守,敌人用一叶小舟就可渡过。从前秦国创立皇帝的称号,据守着殽山、函谷关的险要关隘,可是不修德教,法律和政令苛刻残酷,毒害人民,忠臣闭口,因此一个普通不过的农夫振臂一呼,国家便遭到覆灭。近时刘蜀占据三关险阻,守卫着重重叠叠的崇山峻岭所构成的坚固防线,可以说有金城石室的实质,可保万代相续的大业,可是授任臣僚不以贤能为标准,弹指间便国家破灭,君臣自缚求降,一并成为被敌国羁押的奴仆。这是当世的明显借鉴,眼前才发生的清楚警戒。希望陛下远考前代事件,近鉴当世的变故,丰隆基业培根固本,割舍私情依从正道,那么像周成王、周康王那样的政治就能兴旺,而开国先帝留下的福运也将走向隆盛。"

章表呈奏已毕,孙晧对他可以说是深恶痛绝。贺邵奉行公事坚贞端方,皇上周围的亲信们都畏惧他。于是这些人便共同诬陷贺邵和楼玄谤毁国家政事,贺邵、楼玄二人都被责问。楼玄被流放到南方的广州,贺邵得到宽免复职。后来贺邵患了中风,不能说话,离职多月,孙晧怀疑他假托患病,就把他收押在酒库里,拷打了上千次,贺邵终究没说出一句话,最终被杀害,家属也被流放到临海。孙晧同时下诏诛杀楼玄的子孙,这一年是天册元年,贺邵四十九岁。

韦曜字弘嗣,吴郡云阳县人。从小好学,擅写文章,从丞相掾授任西安县令,回朝任尚书郎,升迁为太子中庶子。

当时蔡颖也在东宫,生性喜欢下棋,太子孙和认为下棋毫无益处,就让韦曜给予论述。韦曜在文章中说:"听说君子羞于年富力强而功业没有建立,痛悔离开人世时而名声不曾受人称道,所以说'学习如果不及时,还只怕就要失去机会'。因此古代有远大志向的人,悲叹岁月流逝年华老去而担心名声没有传扬于世,所以振奋精神砥砺节操,早起晚睡,无暇休息,累积每天的精神气力,像春秋之时宁越那样勤学,如西汉董仲舒那样笃实,在道德与信义的渊潭中浸润,在学问和技能的国度里游息。并且凭着文王的圣明,加上周公的才智,尚且还要夜以继日地辛劳,所以才能兴隆周王朝的道统,美名流传万世,何况对于一般的臣民,又怎可止步不前呢?历观古今建立了功名的人士,他们都有日积月累不同寻常的经历,劳苦身体,勤勉尽心地思索,闲居不荒废学业,穷困不改变志向,因此卜式在耕田放牧时立下志愿,黄霸在狱中接受正道,他们最终得到了荣耀显赫的福庆,也因此成就了不朽的名声。所以仲山甫昼夜勤劳,而吴汉不离开官府,他们哪里有游戏的惰性呢?

"当今世人大多不肯致力于钻研经学,喜欢游戏于棋坛,荒废事业,废寝忘食,从白天玩到黑夜,再燃蜡烛继续。当他们面对棋局交锋,胜负未分时,就聚精会神而专心一意,以至于身心俱疲,人情事理荒废而不整治,宾客到了门前而无人接待,即使有太牢之类的美味佳肴,《韶》《夏》之类的动听音乐,也无暇给予品味欣赏。甚至有人用衣物来赌输赢,改变下棋的目的而变易行事的原则,廉耻的意识废弛了,忿怒蛮横的姿态暴露无遗,然而他们的志趣从没有跳出一个棋盘的大小,他们的追求也没有越过方格之间的距离,战胜敌人没有封爵的奖赏,夺取地盘没有兼并土地的实惠。技艺与经典六艺无关,才能与治理国家无涉;立身处世者不能凭借这种技巧,征召选拔者不经由这一途径。向它寻求战术阵法,它不是孙武、吴起那种类型;从它考究学问技能,又不属于孔子的后学门生。以巧变诡诈作为急务,这不是忠诚信实的事情;把劫持攻杀作为名称,也不合乎仁义的本意。而且白白耗费光阴荒废正业,终究没有什么益处。这种游戏跟设立木杆而击打它,安放石块而投掷它又会有什么本质的不同么!况且君子在家要不辞劳苦以奉养父母,在朝廷则应尽忠授命来事奉君王,遇到事务繁忙尚且要推迟吃饭,又哪里还有时间沉溺于下棋之中呢?这样,孝顺父母友爱兄弟的品行就能树立,守正纯洁的名声就将显扬。

"当今大吴承受天命,海内尚未平定,圣朝自强不息,致力于获得人才,具备勇敢和谋略的人就接受武将的任命,学问渊博气度雍容的人就进入舞文弄墨的官署,多方面的人才兼容并蓄,文臣武将并驾齐驱,广泛选拔优秀人才,表彰录用杰出才士,设立铨叙考试的科目,出具金印紫绶的赏格,这确实是个千载一遇的昌盛际会,百年难逢的美好机遇。当代的读书人,应该努力寻思最好的学说和道德,爱惜功业而珍重精力,从而辅佐政治清明的时代,使自己的名字载入史册,授勋的策书也在掌管盟约文书的盟府得以长存,这才是君子的首要任务,当前时期的紧迫大事。

"一方木头棋盘哪里比得上一个方国的封疆呢?三百颗枯楠的棋子哪里比得上率领一万兵马的大将呢?绣有飞龙的礼服,金石钟磬的音乐,足以兼容棋局的乐趣并换取局戏和围棋的游戏了。假使世间士人肯将局戏围棋的精力转向于攻读诗书,就会有颜回、闵损的志向了;改为用于智谋,就会有张良、陈平的谋划了;改用在生财上,就会有猗顿的财富了;改用到射箭骑马,就会有将帅的才能了。能做到这一步那么功名就可建立而卑微下贱就将远离了。"

孙和被废黜后,韦曜担任黄门侍郎。孙亮即位,诸葛恪辅佐朝政,表奏韦曜为太史令,撰写《吴书》,华覈、薛莹等人都共同参加编撰。孙休登极后,韦曜担任中书郎、博士祭酒。孙休命令韦曜依照刘向的先例,考核订正各种书籍。又打算延请韦曜作为侍讲。而左将军张布是孙休宠幸的近臣,品行存在不少污点,他害怕韦曜担任侍讲儒士,主要觉得韦曜秉性专心坚定,他担心韦曜说古道今从而引发孙休的警戒,就坚决争辩不能让韦曜进宫侍讲。孙休为此对张布十分恼恨,这件事记载在《孙休传》里。然而韦曜终究因为张布的阻止而没能入宫。孙皓即位,封韦曜为高陵亭侯,升迁他为中书仆射,后因职司简省,担任侍中,曾兼任左国史。当时各地迎合孙皓的意旨而屡次上报天降祥瑞。孙皓以此询问韦曜,韦曜回答说:"这不过是寻常人家箱子里的东西罢了。"另外孙皓想为父亲孙和作纪,而韦曜坚持认为孙和没登帝位,对他的记述应当定名为传。类似事件有过不止一次,韦曜渐渐地受到孙皓的怒责。韦曜更为忧愁恐惧,自己陈述年老体衰,请求免除侍中、左国史两项职务,请求让他完成自己所写的书,而把所担任的工作另外交付他人,孙皓始终不肯答应。当时韦曜身患重病,需医治护理,要求辞职的愿望更加急迫。

孙皓每次设宴,没有哪一次不是持续一整天,坐席中不管能否饮酒都以七升酒为最低标准,即使自己不全部饮用,也都要被强行灌下。韦曜向来饮酒不超过两升,最初他被特殊礼遇时,孙皓常为他减少数量,有时还暗中赐给他茶水代酒,到得宠幸衰减之时,反而受到更加明显的逼迫强制,动不动就以饮酒违例给予责罚。孙皓又在酒后让侍臣诘难公卿大臣,把嘲笑戏弄侵害打击揭发隐私缺点作为乐趣。此时要是谁有过失,或在无意中冒犯了孙皓的忌讳,就要被收系,甚至遭到诛杀。韦曜认为朝臣在公共场合相互毁伤,内心会滋长怨恨,致使群臣不能和洽,这并非好事,因此他只是提出些经书义理方面的疑问加以谈论而已。孙皓认为韦曜不接受诏命,无意于尽献忠心,就把前后对他的嫌隙恼恨累计到一起,收押韦曜投入了监狱,这一年是凤皇二年。

韦曜通过狱吏向孙皓上书表白说:"囚犯我身负皇恩承蒙爱惜,可以说无与伦比,我却从未有过丝毫贡献来报答陛下,辜负污辱了陛下的恩宠,自己陷入死罪之中。想到我将灰飞烟灭,永久地抛弃人世奔赴黄泉,愚昧的情怀仍然恭谨,心里有些想法,忍不住冒犯禁令而要呈报陛下。我过去发现世上流传有古代历法的注释,上面的记载有许多虚假而无根据的东西,跟一般图书上的记录比较也存在错杂乖谬。我查考经书的注释,研究综合其间异同,又采用耳闻目睹所收集的素材,糅合写作了《洞纪》,从庖牺开篇,直至秦汉,共计

三卷,还将从黄武年间开始续写,另外作为一卷,目前尚未写完。另外看到刘熙所作《释名》,确实有很多绝妙之处,但物类众多,难以详细探究,所以时常会有失误,而有关爵位方面的解释,又还存在不确切的地方。我认为官爵问题,是目前的当务之急,不应当出现错谬。囚犯我便忘记了自己极为卑微的身份,又撰写了《官职训》及《辩释名》各一卷,想写表呈献陛下。新作刚刚杀青,正赶上因为我的无礼,被关在狱中等待处置,泯灭之时,会遗憾还没有呈报陛下,谨此在临死之前将这些著作一一开列出来,请求陛下告知秘府,让他们前往我家选取,呈献宫内以报陛下。回顾所写的著作我又怕过于浅陋蔽塞,不能符合陛下的听闻,心怀惶恐我屏息不敢做声,请求陛下布施哀怜并予省察。"

韦曜希望借此能免于治罪,而孙皓另行责怪他的奏表上有污迹,所以又以此诘问韦曜。韦曜回答说:"囚犯我撰写这个章表,确实是想上呈陛下,因此唯恐中间有错,经过屡次阅读,不知不觉便弄脏了。遭到诘问时我心惊胆战,表情呆滞语气结巴。谨此补加谢罪,叩头五百下,用两手击打自己。"而华覈接连上书援救韦曜说:"韦曜幸运地碰上了千载难逢的时机,特别蒙受皇上的怜爱赏识,凭着他的儒学造诣,得以担任史官职务,身穿官服入宫奉侍,随时应答皇上的提问,皇上仁爱笃厚,哀悼至亲而追祭远祖,在迎接神灵来降的时刻,流着泪吩咐韦曜。韦曜愚昧迷乱而不达事理,不能传扬陛下大舜般的孝行美德,而是拘泥于史官的陈规陋习,使得神圣的意旨不能表述,卓绝的品行不能彰显,这实在是韦曜愚钝犯下了该死的罪行。但我应当恭谨地陈述我的愚见,我发现韦曜从小勤奋学习,即使年老还依旧读书不倦,他探究贯通古代典籍,温故而能知新,加以他心中贯穿的古今大事,在外应值的官员很少有人能与他相比。从前李陵身为汉将,军队溃败后他没有回国而是投降了匈奴,司马迁非但不加憎恶,反倒替李陵到处说情,汉武帝因为司马迁具有优秀史官的才能,想要他完成所写的《史记》,就宽容他而没加诛杀。书最终完成,流传千古。如今韦曜在吴国,也就是汉朝的太史令司马迁了。我先后看见吉祥的征兆十分昭著,神灵的指示和上天的感应，接连不断地显示并屡被发现，统一天下的期运，大概要不了太久就要来临。天下平定之后，应察看时机建立典章制度，而三王互不因循礼仪体系，五帝互不沿袭礼乐制度，实质内容与外在形式的表现途径各不相同，具体条文的增减也体例有别，应当依托韦曜这样的人来遵照古书的义理，对前代制度有所改定创建。汉朝紧承秦朝，则有叔孙通制定了一个朝代的礼仪制度，韦曜的才学也可与汉朝的叔孙通相比。另外《吴书》尽管已粗有头绪，但书前叙言及书后的赞评尚未撰写。从前班固撰述《汉书》，文章典雅，后来刘珍、刘毅等人所写《汉记》，就远远不如班固的引典有据和高雅脱俗，叙传部分尤为拙劣。如今《吴书》应当流传千古，按次序编排而纳入诸史书之中，让后代有才华的人论定编次的高低优劣，这就必须得有像韦曜那样的优秀人才，而且也确实不能使这部不朽的史书存在缺漏。像我这样愚笨的人，确实不是担当如此重任的良才。韦曜年已七十，生命中剩下的时间已经没有多少了，希望陛下赦免他的头等大罪，就让他做终身囚徒，完成史书的撰述，使《吴书》足以昭示久远，流传百世。谨此奉献章表，叩头百下。"孙晧没有恩准华覈的请求，于是诛杀韦曜，把他的家人流放零陵。韦曜的儿子韦隆，也有文才学问。

华覈字永先，吴郡武进县人。最初担任过上虞县尉、典农都尉，因为有文才学问入朝任秘府郎，升为中书丞。

蜀国被魏国吞并，华覈来到宫门前呈表上奏说："不久前我听说敌人蚂蚁般聚集开向西蜀国境，西蜀境内地势艰难险恶，认为不必担忧。而现在又确切地听说陆抗的章表已到，知道成都失守，君臣流离失所，国家覆灭。从前卫国被戎狄所灭而齐桓公使卫国重建，如今由于道路遥远，不可能挽救复兴蜀国，失去了归附我们的疆土，丢失了进贡的国家，我这样的一介草民，私下里尚且心怀不安。陛下圣明仁爱，恩泽广大惠及远方，突然听到这个消息，必然心生悲痛的追念。我心中不胜忧愁惆怅，谨此呈报章表以奏知陛下。"

孙晧即位，封华覈为徐陵亭侯。宝鼎二年，孙晧又营建新的宫殿,规模宏大,用珍珠美玉作为装饰,花费数额巨大。此时正是盛夏兴工,农桑和边备同被荒废,华歆上书劝谏道:"我听说汉文帝时代,天下清静安宁,秦朝百姓庆幸摆脱了残暴的苛政,归顺了宽厚仁慈的刘氏王朝,减少劳役精简法令,朝廷与民众重新开创全新的世界,分封子弟为王以作为护卫汉室的屏障,这在当时看来,都认为汉朝江山稳如泰山,开始了无穷无尽的基业。至于贾谊,独独认为可为之痛哭流涕的事有三件,值得为之长声悲叹的事有六件,甚至还说当时的形势无异于有人抱火置于柴堆之下而后安睡在柴堆之上,大火还没有燃烧起来就自然认为很平安。后来发生的变乱,都跟他原先所说的一样。我尽管非常愚蠢,不懂大道理,私下里还是想用过去发生的事件来推论当今的形势。

"贾谊预测之后又过了几年,刘氏诸王正当盛年,汉廷派去的傅相各自声称有病辞职,想通过这种方式来达到国家的大治,即使是唐尧、虞舜那样的圣人也不可能实现天下的安定。如今强大的敌人已经占有九州的大部分疆土,控制了大多数的民众,熟悉攻战的各种方法,凭借精于骑战的一贯优势,我们想要与中原比拼相互吞并的计划,这就像楚、汉两方那样势不两立,并非只是类似于淮南王、济北王那样的汉代诸侯王国而已。贾谊当年想为之痛哭的局势,比起现在来还算和缓,抱火卧薪的比喻,在当今而言却更为紧急。大皇帝看到前代的情况曾是那样,省察今天的形势也是如此,所以广泛拓展农桑事业,积累无法计量的储备,抚恤担当了繁重劳役的百姓,致力于供养参加战斗的士兵,因此官吏百姓感怀恩德,各自都想尽心效命。统一的机运尚未到来,大皇帝就过早地离开了人世。自此之后,强臣专擅朝政,对上违背天道运行的规律,对下无视众人的计议,不顾安定生存的根本,追逐一时的功利,多次发兵出征,耗尽府库储备,士兵劳瘁而百姓困苦,没有一刻得到安宁。如今的幸存者只是战祸破坏后的残兵以及悲哀痛苦的遗民罢了。于是导致军用物资穷乏,仓廪空空如也,布帛的赏赐,不能兼顾寒暑,加上百姓失去谋生的职业,家家户户缺衣少食。而北方的敌人却在积蓄粮食抚养百姓,专心东向做好准备,不再有其他方面的危急顾虑。蜀国曾充当我国西边的藩镇，国土险阻坚固，加之延续了先主刘备时期的控制策略，只认为他们的防御完全可以长久坚持，没料想就在朝夕之间突然覆灭！唇亡齿寒，这是古人所担忧的事情。交州各郡，是我国的南部疆土，而交阯、九真二郡已经陷落，日南郡孤立危急，要拯救它的危亡还难以做出保证，合浦以北，百姓动摇，由于牵连逃避劳役，有不少人离心背叛，而且驻防守备的人员减少，威慑作用越来越弱，常常担心顷刻之间再有变故。从前海盗窥伺东部诸县，掳掠了不少流离失所的百姓，他们熟悉地理又航行海上，比往年更为驾轻就熟，抢劫的事情没有哪一天不曾发生，如今可以说腹背受敌，南北两端多灾多难，这正是我国众灾会合的时候。实在应该停止修建新宫的劳役，优先制定防备敌寇的谋略，鼓励垦荒种植的工作，推行赈济饥饿困乏的措施。只怕适宜农耕的时节即将过去，春耕生产为时已晚，一旦战争发生，军队的粮草装备都没有置办。如果舍弃这些当务之急，而将所有国力用于土木营造，突然遭遇战乱或发生其他意想不到的变故，这才暂停修建宫室的劳役，去应付边防事变的急需，驱使怨恨痛苦的人众，奔赴刀剑交加的沙场，这正是强大的敌人可凭借的取胜资源啊。如果只是固守，旷日持久，那么军粮必定缺乏，不等交战，而参战的士兵已经窘迫不支了。

"从前在商朝太戊王的时候，有桑树野谷在殿庭长出，太戊畏惧而修养德行，怪异现象消失而殷商走向兴盛。火星侵入心宿区域，宋人认为是上天降灾，宋景公屈身听取瞽史的意见，火星后移，宋景公得以益寿延年。大凡修养自身德行就能感触异类，忠言出口就将通达神明，我凭着愚钝的资质，谬误地跻身宫中官署，不能辅助陛下宣示仁德恩泽从而感动神灵，对上对下都心怀羞愧，简直无地自容。静下来仔细思索，火星桑谷之类异兆，是上天在告示前述二位君王，至于其他种种微小的怪异，大抵都出于门庭小神的作为，拿到天地间加以校验，看不到其他变故，而吉祥的征兆先后频频出现，明珠已经显露端倪，神鸟白雀接着到来，表明国家亿万年的福运，确实是由神灵所主宰，而帝王以九州为宅，以天下为家，本来就不同于普通百姓的流转迁徙。再说现在的宫室，本属先帝所营建，经由占卜选地奠基,并非不吉祥。再说杨市的土地与皇宫相连,如果浩大的工程终于完成,陛下迁移过去居住,掌管门庭与出行的神灵,也都要跟随转移,只怕时间一长新宫未必会胜过旧宫。屡次迁宫不切实际,仍居旧宫又心怀狐疑,这正是我要为此日夜忧虑焦急的原因。我考察《礼记·月令》,当夏末之时,不可以兴建土木,不可以会盟诸侯,不可以兴师动众,动作越大灾祸越重。如今尽管没了诸侯会盟的事情,但诸侯的军队集结与诸侯的会盟没有区别。六月戊己这天,土德正当旺盛之时,本就不可兴土功而有所冒犯,加之又是农忙月份,农时不能错过。从前鲁隐公夏季在中丘修筑城池,《春秋》记载了这件事,传示后人作为鉴戒。如今修建宫室为的是千秋万代相传相承的帝业,却冒犯了天地间最大的禁忌,沿袭了《春秋》所记载的错误行为,荒废了《尚书·尧典》'敬授人时'所阐明的首要任务,我凭着愚陋的管见,私心为此不安。

"又只怕所征召的流散百姓,或者会有不肯前来的,讨伐他们就要废弃劳役兴起战事,如不讨伐又会让这种抗命的行为日益生长蔓延。如果他们全都来到,人数众多而聚在一起,很少能够避免疾病的发生。况且人心安定就能知耻行善,人心愁苦就会怨恨背叛。长江南岸的精锐部队,让北方的敌人感到难以对付,所以他们想用十个士兵来对付我们一个士兵。天下尚未平定,应该给予深深的顾惜。如果新宫建成,因此而死亡叛逃的人数达到五千,那么北方军队的人数就相当于又增加了五万,如果死亡叛逃的人数达到一万,那么北方军队的人数就将翻倍而增加到十万。生病的人由于可能的死亡而导致人员损失,叛逃的人又会去传播不利于朝廷的言论,这正是强大的敌人所乐于看到的景象。如今敌我双方将在中原决战,以决定强弱的归属,正在这个关键时刻,敌益我损,加之还有士兵们的辛劳困顿,这正是壮士谋主所深为忧虑的局面。

"我听说古代的君王治理国家,如果没有三年的资源储备,便认为这个国家不像国家。太平时代尚且戒备到如此程度,何况现在敌人强大而我们还在轻视农业忽略储备。如今虽然有些种植,但其中部分田地被大水淹没,其余留存下来的田地还应当去耕耘收获,而地方长官害怕延误为修建新宫而征调的期限,东部各郡的官员,竟亲自来到山林里监督催促,动用全部人力砍树伐木,废弃农桑事务,士人民众的妻子儿女瘦弱幼小,垦殖的土地又少,如果遇上水旱灾害就永远一无所获。州郡现存的粮食,应当等到有紧急情况时动用,而吃闲饭的众人,却还在依赖官府供给。如果上下空虚匮乏,水路运输又供应不上,而北方的敌人又在此时侵犯边疆,那么即使让周公、召公再生,张良、陈平复出,也不能替陛下规划回天之术是再明白不过的事情。我听说国君明察则臣子忠诚,君主贤圣则臣子正直,因此我诚恳恭敬,冒昧地触犯天威,请求降下哀怜省察我的表文。"

章表呈奏,孙晧没有采纳。后来升迁华覈为东观令,兼任右国史,华覈上书谦逊推让,孙晧答复说:"已见章表,你因东观是儒林学士荟萃之地,应当讲究考校撰述和写作方面的学问,排疑解难,汉朝时都是著名学者饱学儒士才担任那里的职务,请求改选任用德才杰出的人。据我所知,你精研古代典籍,博览群书见识广博,可说是喜好礼乐崇尚诗书的人了。你应当奋笔疾书以展示你的文采,光辅当世政事,从而超越扬雄、班固、张衡、蔡邕这些古代名流。我奇怪的是你竟如此谦虚,将自己的才德说得鄙陋不堪,你应当勉力承担并做好这份职事,让自己超过先世的贤人,就不要再说什么了。"

当时仓库储备枯竭,世间风俗习惯却日趋奢侈,华覈上书说:"当今敌寇众多,征伐不止,平时没有多年的储备,出战没有应敌的积蓄,这正是统治国家的人所应深加忧虑的事情。大凡财富粮食的来源,都出自百姓,抓紧农时致力农耕,是国家最急迫的大事。而京城众多官员,掌管的部门各不相同,而都各自向下征调徭役,不考虑民众的承受能力,总是规定近前的期限。地方长官畏惧罪刑,日以继夜催逼百姓,弃置农田事务不管,匆匆按期奔赴集合之处,限期发送到京,有的虽已征调前来却闲置不用,徒然致使百姓消耗精力耽误农时。到得秋收月份,又督责百姓限期交纳,剥夺他们播种的农时在先,而后又向他们索取当年的租税,如有拖欠,就登记没收他们家中的财物,所以家家户户陷于贫困,人人缺衣少食。应当暂停各种徭役,专心从事农桑耕织。古人说一个男子不耕种,有人就要因他忍饥挨饿,一个女子不纺织,有人就要因她受寒受冻,因此前代君王治理国家,无不致力于农业生产。汉末战乱爆发以来,已将近百年,农夫荒废了农田的事务,女工停止了纺织的本业。以此推测当前的局势,那么粗食果腹还要长期挨饿,身穿单衣却要踏冰履霜的人,必定是不在少数的了。我听说君主所要求于民众的有两件事,民众所企望于君主的有三件事。君主要求的两件事是一要民众为自己尽心效力,二要民众为自己舍命献身。民众企望的三件事包括了饥饿者能给口饭吃,辛劳者能给予休息,有功者能得到赏赐。民众如果实践了君主的两个要求而君主却使民众的三个愿望都竹篮打水,那么怨心恨意就将产生而建功立业也成为空话。如今国库空虚,民众辛劳而徭役繁多,君主对民众的两个要求已经完备,而民众的三个愿望却无不落空。况且饥饿者并不盼望美味佳肴才感到满足,寒冷者并不期待狐裘貂皮才觉得暖和,因为美味只不过是口腹的猎奇,刺绣华美衣服只不过能做身体的装饰。如今事务众多而徭役繁杂,民众贫困而风俗奢侈,各种工匠制作没有用处的器皿,妇女制作格调浮华的饰品,不能勤力于麻布的纺织,而是并力刺绣花纹华美的礼服,人们互相仿效,把独独没有这些华服看成是自己的耻辱。士兵和民众之家,也跟着追逐时俗,家里无一担粮食的储备,而出外却穿着绫罗绸缎制作的衣服,至于富贾商贩家庭,再加上穿金戴银,任意挥霍浪费更为厉害。天下尚未平定,百姓衣食不足,应当规范养民的根本,大力发展农耕纺织这一本业,然而眼下却是在浮华的雕虫小技上浪费功力,在奢侈浪费的事情上荒废时日,上无尊卑等级的差别,下有耗财费力的损害。现在的官宦之家,很少没有子女的,多的三四个,少的一两人,全都只按一家仅有一个女人的方式计算,十万家就有十万女子,每人每年只要纺织一匹布帛,十万人也就可达十万匹的总量。假如四境之内同心尽力,几年之内,布帛必定堆积起来。可以听凭民众采用五色,做他们穿用的衣服,只需禁止彩色丝织品之类无益的服饰。况且拥有美貌的人不需要华美的色彩来增添美色,本身风姿艳美的人不必靠富丽的丝织物来招人喜爱，五色的装饰，已足以衬托主人的美丽了。即使用尽粉黛，穿尽华丽的服饰，也未必没有丑妇；废弃华丽的色彩，去掉刺绣华美的服饰，也未必没有美人。倘若确实如我所论，有它无益去之无损的话，为什么舍不得放弃而不暂行禁止以便充实府库的急需呢？这是拯救匮乏的首要任务，富强国家的根本事业，就算管仲、晏婴再生，也无从改变这种办法。汉代的文帝和景帝，都是在天下太平的环境中继承皇位的，当时天下已经平定，四方没有变故，二帝尚且还认为彩绘花纹的制作会妨害农事，华丽夺目的丝织品纺织将损害女工，因而拓展富强国家的有利事业，杜绝带来饥寒的害本源头。何况如今的天下正当分崩离析，豺狼当道，士兵时刻不离疆场，甲胄从不解带离身，在这种情况下还可以不在广开生财渠道及充实仓库积蓄的方面狠下功夫吗？”

孙晧因华覈年老，就让他草拟章表，华覈不敢领命。孙晧又命他写篇文章，并伫立一旁待他完稿。华覈在所写的文章里说："想我华覈小臣，草芥一样平庸。谬得明主眷顾，享受特别优宠。出身山野腐土，蝉蜕跻身朝中。帝宫光彩熠熠，依凭雕梁画栋。可掬清凉甘露，沐浴和煦南风。恨无丝毫报效，有负深心推崇。浸润不弃污垢，问责多为包容。顽劣愧对显贵，贱命长享亨通。报答何有穷尽，真意托付苍穹。圣恩常如时雨，免罪无论轻重。辱命草拟对策，滋润愚钝心胸。不敢违令抗命，惧罪惧刑震恐。奉诏冒昧陈词，魂魄若在虚空。"

华覈前后陈奏有利国家而合乎时宜的事情，以及举荐贤才能人，解救他人的罪名过错，章表上呈多达一百余次，对各方面都有匡正裨益，涉及文章为数众多此处不能逐一收载。天册元年因微小过失被谴责免职，几年后去世。韦曜、华覈论述时事政治的奏表章疏，都流传于世。

评：薛莹称道王蕃气度卓越杰出，学识广博，艺精多门；楼玄品行气节纯良，才思通畅，条理分明；贺邵励志高尚纯洁，明辨人才，深得要领；韦曜好学以达古道，博学多闻，叙事高明。胡冲认为楼玄、贺邵、王蕃都堪称一代清高美好的人士，几乎没有优劣之分。如果非要分出个高下，那么楼玄应当位次靠前，而贺邵次之。华覈文章诗赋方面的才能，要超过韦曜，但典章诏令一类的写作水平却有所不及。我看华覈多次进献有益的规谏，希望竭尽所能，差不多可称为忠臣了。然而这几个人身处灾祸变乱的时代而都有声望地位，为了坚定的原则而不顾性命，能免于枉死不过是万一的幸运罢了。

《华阳国志·陈寿传》

陈寿字承祚,巴西安汉人也。少受学于散骑常侍谯周,治《尚书》、三《传》,锐精《史》、《汉》,聪警敏识,属文富艳。初应州命,卫将军主簿,东观秘书郎,散骑、黄门侍郎。大同后,察孝廉,为本郡中正。

益部自建武后,蜀郡郑伯邑、太尉赵彦信及汉中陈申伯、祝元灵、广汉王文表皆以博学洽闻,作《巴蜀耆旧传》。寿以为不足经远,乃并巴、汉撰为《益部耆旧传》十篇。散骑常侍文立表呈其传,武帝善之。再为著作郎。吴平后,寿乃鸠合三国史,著魏、吴、蜀三书六十五篇,号《三国志》,又著《古国志》五十篇,品藻典雅,中书监荀勖、令张华深爱之,以班固、史迁不足方也。出为平阳侯相。华又表令次定《诸葛亮故事集》为二十四篇,时寿良亦集,故颇不同。复入为著作郎。镇南将军杜预表为散骑侍郎,诏曰:"昨适用蜀人寿良具员,且可以为侍御史。"上《官司论》七篇,依据典故,议所因革。又上《释讳》、《广国论》。华表令兼中书郎,而寿《魏志》有失勖意,勖不欲其处内,表为长广太守。遵继母遗令不附葬,以是见讥。数岁,除太子中庶子。太子转徙后,再兼散骑常侍。惠帝谓司空张华曰:"寿才宜真,不足久兼也。"华表欲登九卿,会受诛,忠贤排摈,寿遂卒洛下,位望不充其才,当时冤之。

兄子符,字长信,亦有文才,继寿著作佐郎,上廉令。符弟莅,字叔度,梁州别驾,骠骑将军齐王辟掾,卒洛下。莅从弟阶,字达芝,州主簿,察孝廉,褒中令,永昌西部都尉,建宁、兴古太守。皆辞章粲

丽，驰名当世。凡寿所述作二百余篇，符、苣、阶各数十篇。二州先达及华夏文士多为作传，大较如此。

时梓潼李骧叔龙亦俊逸器，知名当世，举秀才，尚书郎，拜建平太守，以疾辞不就，意在州里，除广汉太守。初与寿齐望，又相昵友，后与寿情好携隙，还相诬攻，有识以是短之。

《晋书·陈寿传》

陈寿字承祚,巴西安汉人也。少好学,师事同郡谯周。仕蜀为观阁令史,宦人黄皓专弄威权,大臣皆曲意附之,寿独不为之屈,由是屡被遣黜。

遭父丧,有疾,使婢丸药,客往见之,乡党以为贬议;及蜀平,坐是沉滞者累年。司空张华爱其才,以寿虽不远嫌,原情不至贬废,举为孝廉,除佐著作郎,出补阳平令。撰《蜀相诸葛亮集》,奏之,除著作郎,领本郡中正。撰魏、吴、蜀《三国志》,凡六十五篇,时人称其善叙事,有良史之才。夏侯湛时著《魏书》,见寿所作,便坏己书而罢。张华深善之,谓寿曰:"当以《晋书》相付耳。"其为时所重如此。或云丁仪、丁廙有盛名于魏,寿谓其子曰:"可觅千斛米见与?当为尊公作佳传。"丁不与之,竟不为立传。寿父为马谡参军,谡为诸葛亮所诛,寿父亦坐被髡,诸葛瞻又轻寿;寿为亮立传谓"亮将略非长,无应敌之才",言"瞻惟工书,名过其实"。论者以此少之。

张华将举寿为中书郎,荀勖忌华而疾寿,遂讽吏部迁寿为长广太守。辞母老不就。杜预将之镇,复荐之于帝,宜补黄散。由是授御史治书,以母忧去职。母遗言令葬洛阳,寿遵其志。又坐不以母归葬,竟被贬议。初,谯周尝谓寿曰:"卿必以才学成名,当被损折,亦非不幸也,宜深慎之。"寿至此再致废辱,皆如周言。后数岁,起为太子中庶子,未拜。元康七年病卒,时年六十五。

梁州大中正尚书郎范頵等上表曰:"昔汉武帝诏曰'司马相如病甚,可遣悉取其书',使者得其遗书,言封禅事,天子异焉。臣等按故治书侍御史陈寿作《三国志》,辞多劝诫,明乎得失,有益风化。虽文艳不若相如,而质直过之。愿垂采录。"于是诏下河南尹、洛阳令就家写其书。寿又撰《古国志》五十篇、《益部耆旧传》十篇,余文章传于世。

图书在版编目(CIP)数据

白话三国志/(西晋)陈寿撰;吴顺东译.—长沙:岳麓书社,2019.5
(2025.6重印)

ISBN 978-7-5538-0923-6

Ⅰ.①白… Ⅱ.①陈…②吴… Ⅲ.①中国历史—三国时代—纪传体②《三国志》—译文 Ⅳ.①K236.042

中国版本图书馆 CIP 数据核字(2018)第 177602 号

BAIHUA SANGUO ZHI

白话三国志

[西晋]陈寿撰 吴顺东译

责任编辑:王文西 邱建明 鲁云云 包文放
责任校对:舒 舍
封面设计:风格八号

岳麓书社出版发行
地址:湖南省长沙市爱民路47号
直销电话:0731-88804152 0731-88885616
邮编:410006

版次:2019 年 5 月第 1 版
印次:2025 年 6 月第 3 次印刷
开本:890mm×1240mm 1/32
印张:29.25
字数:812 千字
印数:10 001—13 000
书号:ISBN 978-7-5538-0923-6
定价:80.00 元

承印:长沙鸿发印务实业有限公司

如有印装质量问题,请与本社印务部联系
电话:0731-88884129